CHRISTIANO
CASSETTARI

ELEMENTOS DE **DIREITO CIVIL**

DÉCIMA PRIMEIRA EDIÇÃO

ATUALIZAÇÕES

LEI **14.309/2022** • LEI **14.382/2022** • LEI **14.405/2022**
LEI **14.341/2022** • LEI **14.365/2022**

2023 © Editora Foco
Autor: Christiano Cassettari
Diretor Acadêmico: Leonardo Pereira
Editor: Roberta Densa
Assistente Editorial: Paula Morishita
Revisora Sênior: Georgia Renata Dias
Capa Criação: Leonardo Hermano
Diagramação: Ladislau Lima
Impressão miolo e capa: FORMA CERTA

NOTAS DA EDITORA:

Atualizações e erratas: A presente obra é vendida como está, atualizada até a data do seu fechamento, informação que consta na página II do livro. Havendo a publicação de legislação de suma relevância, a editora, de forma discricionária, se empenhará em disponibilizar atualização futura.

Erratas: A Editora se compromete a disponibilizar no site www.editorafoco.com.br, na seção Atualizações, eventuais erratas por razões de erros técnicos ou de conteúdo. Solicitamos, outrossim, que o leitor faça a gentileza de colaborar com a perfeição da obra, comunicando eventual erro encontrado por meio de mensagem para contato@editorafoco.com.br. O acesso será disponibilizado durante a vigência da edição da obra.

Impresso no Brasil (01.2023) – Data de Fechamento (12.2022)

2023

Avenida Itororó, 348 – Sala 05 – Cidade Nova
CEP 13334-050 – Indaiatuba – SP

E-mail: contato@editorafoco.com.br
www.editorafoco.com.br

A minha querida sogra, Maria Helena Pansano,
que nos deixou precocemente e de forma repentina em outubro de 2009,
quando este trabalho estava sendo por mim finalizado, ofereço esta obra
em agradecimento aos 11 anos maravilhosos de convívio que tivemos juntos,
e em homenagem por você ter sido uma mãe guerreira de todos os seus filhos,
uma filha muito atuante e participativa, uma avó dedicada e carinhosa com seus netos e
uma sogra perfeita, minha amiga em todos os momentos, felizes e tristes,
que passei nesse tempo em que tive o privilégio de estarmos juntos.
Obrigado por sempre ter me tratado como um filho, e por sua preocupação
diuturna comigo e com os meus familiares. Saiba que a senhora rompeu
com a ideia de que genro e sogra não podem ser amigos.
Com o meu amor e saudade...

Christiano Cassettari

Agradecimentos

Primeiro, a Deus, início e motivo de tudo, por todas as coisas que possuo na vida, pela família maravilhosa que tenho e pelas inúmeras oportunidades e portas que Ele me abriu em toda a minha existência.

À minha esposa, Cristina, e aos meus filhos, Júlia e João Vítor, que são a razão da minha existência e o motivo da minha caminhada e dos meus sucessos, pois de vocês subtraí vários momentos de convívio para exercer minha carreira acadêmica e para escrever minhas obras jurídicas.

À minha família biológica, na qual incluo minha mãe, Norma, minha avó Antonieta e minha tia Nanci, por todo o apoio, afetivo e financeiro, que me permitiu tornar-me um homem.

À minha família por afinidade, que me acolheu com muito carinho após o início do namoro com minha esposa e depois do nosso casamento, só tenho a agradecer por todo o apoio que recebi sempre e pela torcida de um enorme sucesso profissional. Espero que, mesmo após a perda da minha sogra, possamos estar sempre unidos, pois devemos seguir duas lições importantíssimas que ela nos deixou: a alegria e o prazer de viver em família.

A todos os amigos da Editora Saraiva, primeira casa editorial que acolheu essa obra até sua 10 edição, de todos setores, pelo carinho com a concepção desta obra, bem como de sua comercialização. Publicar pela Editora Saraiva foi a realização de um sonho. A todos as pessoas que se envolveram com o projeto desse livro nesse período, estejam ou não na editora ainda, minha gratidão que homenageio na pessoa da minha última editora, Iris Ferrão, que foi uma profissional ímpar e de dedicação total, para que esse livro se tornasse um sucesso. Vocês moram meu coração sempre!!!

A Editora Foco, que recebe essa obra a partir da 11ª edição, minha casa editorial da Coleção Cartórios e de outros livros, o meu agradecimento pela acolhida e carinho com que tratam meus escritos. Agradeço a todos na pessoas dos queridos amigos Roberta Densa e Leonardo Pereira, parceiros de longa data.

Ao amigo Leone Pereira, coordenador da área trabalhista do Complexo Jurídico Damásio de Jesus, por acreditar no meu trabalho e ser um grande incentivador de que eu faça neste livro uma leitura do Direito Civil, também, à luz do Direito do Trabalho, e por recomendar esta obra aos seus inúmeros alunos.

A todos os professores que indicam este livro aos seus alunos em todo o Brasil, meu muito obrigado pela confiança.

Aos meus queridos alunos, e aos que estão se preparando para provas de concurso, obrigado pelo carinho com que tratam e divulgam esta obra aos colegas e nas mídias sociais.

A Alessandra Siqueira e Rosana Ferreira da Rocha, duas lutadoras na batalha pela aprovação em concursos públicos, o meu agradecimento pelo auxílio em digitarem algumas de minhas aulas.

À amiga Tânia Faga, pela gentileza em me ajudar a organizar a divisão das súmulas do STJ e do STF por matéria.

Minhas homenagens a dois grandes juristas, que me deram a oportunidade de gozar de suas valiosíssimas amizades, Zeno Augusto Bastos Veloso e José Manuel de Arruda Alvim Netto, falecidos em 2021, e que deixam uma saudade enorme no coração desse autor, que a eles deve muito por sua trajetória acadêmica, e um imenso legado jurídico e exemplo como professores, a sempre ser seguido.

A todos os meus amigos e amigas, alunos e alunas e a todas as instituições em que coordeno curso ou leciono – prefiro não enumerá-las para não correr o risco de esquecer alguém –, minhas homenagens e o meu muito obrigado por acreditarem em meu trabalho.

SUMÁRIO

Apresentação da 11ª edição

Estamos de casa editorial nova.

Depois da publicação desse livro na Editora Saraiva por 10 edições, onde fomos muito felizes nesse período, chegamos na querida Editora Foco para seguir a diante a partir da 11 edição.

A Editora Foco já publica a nossa Coleção Cartórios, com volumes individualizados para especialidade notarial e registral, e minha obra *Divórcio, Extinção de União Estável e Inventário por Escritura Pública*: teoria e prática, e agora acolhe, generosamente, o meu querido "Elementos de Direito Civil".

A estrutura da obra não muda, que continua com o mesmo conteúdo, dividido da mesma forma, porém, com a atualização desse ano.

Outra questão importante é que este livro permanece em constante atualização, pois, em razão de lecionarmos para turmas que estão se preparando para TODOS os concursos públicos, nas mais diversas e concorridas carreiras, bem como para a OAB, temos contato com todas as provas que vêm sendo aplicadas e por isso conseguimos colocar em nossa obra tudo aquilo que você precisa saber de maneira bem objetiva, sem rodeios.

Esta é uma das maiores virtudes de nosso livro, permitir que você se prepare para provas tradicionalmente complexas como Magistratura e MP, bem como para outras, também não menos difíceis, como analista e OAB.

Isso sem contar que nossa obra servirá de porto seguro para alunos de graduação, pós-graduação e profissionais de diversas áreas do direito, tais como Advogados, Notários, Registradores, entre outros, encontrando tudo o que necessitam para exercer suas profissões.

Noutro giro, mais um ponto virtuoso do nosso livro é a interdisciplinaridade com temas relacionados ao Direito Civil, pois nela fazemos uma leitura dessa importante matéria à luz do Direito do Trabalho, Notarial e Registral nos capítulos em que há pertinência temática, para que esta obra se torne uma ferramenta essencial para quem se prepara para concursos das carreiras trabalhistas e para cartórios.

Ao longo dos anos, nosso livro se desenvolveu muito e amadureceu bastante. Como eu ouvi elogios sobre ele! E os elogios se multiplicavam a cada ano. À medida que o tempo passou, a aceitação só aumentou, o que me envaidece muito. Posso dizer que esta é uma das minhas obras favoritas, pela qual tenho muito carinho.

Elementos de Direito Civil foi concebido a partir do pedido de diversos alunos que desejavam um livro em que pudessem estudar o Direito Civil atualizado, com todos os pontos polêmicos e em discussão na doutrina e na jurisprudência, de maneira profunda quando os temas assim exigissem, mas em linguagem simples e acessível. A obra aborda, de forma clara, sucinta e pontual, os institutos que estão no Código Civil vigente, sem se deter na análise histórica dos pontos expostos e sem fazer desnecessárias repetições sobre assuntos já abordados.

E tudo isso num único volume!!!

Este foi o pioneiro no mercado dos manuais de Direito Civil em volume único que romperam com o paradigma da superficialidade. O leitor de hoje não tem tempo de ler uma coleção de sete volumes para estudar o Direito Civil, e, na mesma medida, receia que um único volume não consiga abordar todos os temas atuais e indispensáveis para o seu estudo, quando seja relevante aprofundá-lo.

Este foi meu maior desafio: estruturar uma obra que pudesse, em menos de 1.000 páginas – e me esforcei ao máximo para não passar disso –, reunir a maior quantidade de informações essenciais sobre o Direito Civil atual.

Pelo retorno que tenho recebido dos meus leitores e alunos, acho que atingi esse objetivo, mas entendia que era possível aperfeiçoar. Então, depois de muitos comentários e sugestões, levei para a Editora Saraiva uma série de ideias que foram aceitas imediatamente, e juntos decidimos realizar alterações na formatação da obra.

Nossa obra tem diagramação inovadora para auxiliar no estudo da matéria, inovações que certamente serão identificadas por você, leitor, ao longo de sua leitura.

O livro conta com destaques em negrito ao longo do texto, recurso que indica palavras-chave de suma importância para o leitor. O negrito também é utilizado para ressaltar o número dos julgados mencionados, o que facilita a citação destes em trabalhos ou peças. Adotamos o negrito, ainda, para realçar os nomes de institutos do Direito Civil, separando-os de sua conceituação, nas oportunidades em que é necessário indicar um rol deles.

A obra tem vários quadros e tabelas, para reforçar a assimilação do conteúdo estudado, muitos deles com fundo cinza e destaques em negrito, o que ajuda a otimizar a leitura.

No final de cada capítulo, trazemos as súmulas do STJ e do STF, os enunciados do Conselho da Justiça Federal (CJF) e do Instituto Brasileiro de Direito de Família (IBDFAM), todos organizados por assunto.

O conteúdo, naturalmente, foi atualizado com base nas modificações que ocorreram, desde a última edição, na legislação, na jurisprudência, na doutrina, nos enunciados, em resoluções, enfim, em tudo o que impactou o estudo do Direito Civil.

Continuamos abordando e analisando temas novos e julgados relevantes, ilustrando boa parte da teoria com quadros comparativos, tabelas e esquemas.

Este livro é uma ferramenta de utilidade inegável para que os alunos da graduação possam estudar um Direito Civil completo e terminar seu curso de bacharelado como *experts* nessa matéria. Com ele, estarão a salvo do "trauma" com relação ao Direito Civil, que infelizmente persegue a maioria dos que concluem a faculdade, e conseguirão obter êxito no Exame da OAB, primeira batalha a ser enfrentada após a conclusão do curso.

Aliás, uma alegria que possuo é saber que *Elementos de Direito Civil* é adotado não apenas na faculdade em que leciono, pelos meus generosos colegas, mas também em muitas outras em todo o País, fato que me motiva e demonstra a grande aceitação do projeto pelos estudantes da graduação.

Será muito útil também aos alunos dos cursos de pós-graduação de todas as áreas que envolvem o Direito Civil (Civil, Contratos, Imobiliário, Família e Sucessões, Consumidor, Notarial e Registral, Processo Civil, Agrário, entre outros), para estudar, de forma bem atualizada e prática, os temas abordados nas aulas.

Nosso livro é imprescindível para quem está se preparando para concursos públicos nas mais diversas carreiras jurídicas, abrangendo todo o conteúdo necessário para concursos como Magistratura, Ministério Público, Procuradorias, Defensorias, Delegado de Polícia, Analistas, entre outros. Aliás, nossos alunos que se preparam para os concursos são os que mais me enviam elogios sobre esta obra, e muitos dos que já foram aprovados me revelam que estudaram por ela.

Elementos de Direito Civil é o único no mercado que faz uma leitura do Direito Civil à luz do Direito Notarial e Registral, motivo pelo qual é indicadíssimo para o concurso para ingresso e remoção em serventias extrajudiciais (cartórios). Aproveitando nossa experiência nessa matéria, incluímos sempre observações relevantes ligando o Direito Civil ao Notarial e Registral.

O livro está adaptado, também, a quem almeja a aprovação em concursos das carreiras trabalhistas. Com a experiência das muitas aulas ministradas em turmas que se preparam para a Magistratura do Trabalho, Ministério Público do Trabalho e Procuradoria do Trabalho, inserimos comentários, exemplos e julgados dessa área.

Tudo foi feito com o maior carinho e dedicação. Espero que vocês gostem!!!!

Dúvidas e sugestões para aprimorar a obra continuarão sendo muito bem-vindas no e-mail contato@professorchristiano.com.br.

Bons estudos!!!

Christiano Cassettari

www.professorchristiano.com.br

@profcassettari – Instagram e Twitter

Profcassettari – Facebook

Introdução ao Estudo do Direito Civil Constitucionalizado

1. O CÓDIGO CIVIL VIGENTE

O atual Código Civil busca valorizar o sistema de cláusulas gerais.

As cláusulas gerais são preceitos subjetivos descritos na lei que serão preenchidos pelo juiz com a utilização da equidade (justiça no caso concreto).

Há vários exemplos de cláusulas gerais no Código Civil, por exemplo, a descrita no art. 421, que trata da função social do contrato.

Essas cláusulas gerais obrigam o magistrado, no momento de dizer o direito, que as preencha utilizando a aplicação principiológica, retirada, em especial, da Constituição Federal.

2. CONSTITUCIONALIZAÇÃO DO DIREITO CIVIL

O Direito Civil deverá ser interpretado de acordo com o conjunto de princípios e regras descritos na Constituição Federal e em tratados internacionais, em razão da hierarquia das leis.

Nem sempre foi assim, haja vista que na época do Estado Liberal a Constituição tinha o papel de limitar o Estado e o poder político, e o Código Civil o de garantir a amplitude do espaço de autonomia dos indivíduos, principalmente no campo econômico, o que se denomina autonomia privada.

Em razão disso, as constituições liberais eram totalmente omissas quanto às questões privadas, cabendo tais normatizações serem feitas pelas leis infraconstitucionais, no caso, o Código Civil.

Por esse motivo, o Código Civil de 1916, inspirado no liberalismo iluminista de Rousseau, Montesquieu, Voltaire, Locke, dentre outros, que teve o seu apogeu com a Revolução Francesa, possuía um espírito individualista, em que buscava valorizar dogmas importantes do poder e da ascensão social da burguesia, que são a propriedade e os contratos.

Assim, como é o contrato que permite a circulação da propriedade pela nossa sociedade, a legislação se estrutura para criar uma teoria geral dos contratos que permitisse a valorização patrimonial e o enrijecimento das cláusulas estabelecidas, por meio do princípio *pacta sunt servanda*, que por muitos anos foi tido como absoluto em nossa legislação.

A mudança se dá com o Estado Social, que passa a dominar o cenário constitucional no século XX, buscando que prevaleçam o interesse coletivo e o fim das relações abusivas ao valorizar a dignidade humana, a justiça social e a isonomia.

No Estado Social as constituições sociais tratam de questões privadas, obrigando as leis infraconstitucionais a serem interpretadas de acordo com os seus princípios e regras.

As características do Estado social são:

a) relativização dos direitos privados que devem cumprir a função social;

b) vinculação ético-social dos direitos;

c) redução do formalismo exagerado que imperava no direito privado clássico do século XIX.

Estado Liberal	Estado Social
Valorização do patrimônio (patrimonialização)	Valorização da pessoa humana (personificação)

Como exemplo de valorização da dignidade da pessoa humana, Luiz Edson Fachin escreveu sua tese de cátedra tratando sobre o estatuto jurídico do patrimônio mínimo, segundo o qual toda pessoa deve ter um patrimônio mínimo para que sua dignidade seja mantida.

No direito obrigacional moderno se substitui o paradigma liberal de prevalência do interesse do credor pelo equilíbrio de direitos e deveres entre credor e devedor fundado na função social da obrigação.

São três os princípios do Direito Civil Constitucional:

a) dignidade da pessoa humana: art. 1º, III, da CF;

b) solidariedade social: art. 3º, I, da CF;

c) igualdade ou da isonomia: art. 5º, *caput*, da CF.

3. PRINCÍPIOS INFORMADORES DO CÓDIGO CIVIL

Princípios são **regramentos básicos** aplicáveis aos institutos jurídicos, extraídos da lei, da doutrina, da jurisprudência e de aspectos políticos, econômicos e sociais.

Os princípios informadores do Código Civil são os especificados a seguir.

1) **Princípio da eticidade:** a eticidade busca a valorização da ética por meio das cláusulas gerais.

O Código Civil de 1916 sofreu uma forte influência do formalismo jurídico existente na Europa, que formou o positivismo jurídico – que pregava o excessivo apego à norma sem buscar efetiva justiça. O idealizador desse sistema foi Hans Kelsen, que o estabeleceu na sua Teoria Pura do Direito. A equação positivista para explicar o direito é:

Direito = fato + norma

Note que nessa equação não havia preocupação com a justiça, pois tinha-se a ideia de que ela ocorre com a aplicação da lei. Assim, verifica-se que, na hipótese de a aplicação da lei causar uma injustiça, isso não geraria problemas, pois o importante é valorizar a aplicação da norma jurídica a qualquer custo. A aplicação da norma ao caso concreto chama-se **subsunção**.

O Código Civil de 2002 rompeu com tal sistema. Miguel Reale, um dos seus elaboradores, é autor da Teoria Tridimensional do Direito, pela qual teremos a seguinte equação:

Direito = fato + valor + norma

A diferença entre essa equação e a positivista, que vimos anteriormente, é a necessidade da aplicação de valores nas decisões judiciais, que trazem justiça para o cidadão, e isso ocorre com a aplicação de princípios pelo juiz, pois não se aplica a norma sem determinados valores de nossa sociedade.

Mas como os juízes utilizam princípios na aplicação da lei?

Para o professor Miguel Reale, a subsunção exige critérios valorativos. Quando há subsunção, saímos de uma norma geral e abstrata (que vale para todos) e chegamos à norma individual e concreta (que vale somente para os interessados).

A Teoria Tridimensional do Direito é uma forma de permitir a abertura do sistema jurídico, pois faz com que se tenham preceitos subjetivos na lei que permitam a aplicação de princípios, para que seja possível ao magistrado levar em conta, na sua decisão, os valores da sociedade.

O sistema de cláusulas gerais é a prova de que o Código Civil adotou e seguiu a Teoria Tridimensional do Direito de Miguel Reale, que aliás foi o grande mentor do Código Civil.

Dessa forma, as cláusulas gerais permitem que o juiz leve ética para a sua decisão, ao aplicar a lei conjuntamente com princípios, motivo pelo qual a doutrina moderna entende que eles possuem eficácia normativa.

2) **Princípio da operabilidade:** pela operabilidade buscam-se evitar conceitos na norma que a tornem obsoleta para ganhar efetividade. Outra função da operabilidade é facilitar o estudo dos institutos jurídicos. Isso pode ser verificado quando o legislador do Código Civil opta por destinar uma normatização ao instituto da decadência, haja vista ser agora possível compará-lo com a prescrição, no intuito de desenvolver uma teoria que permita acabar com a grande confusão existente para estudar ambos os institutos.

3) Princípio da socialidade: esse princípio impõe limites ao exercício dos direitos para que se perca o caráter individualista nas relações jurídicas objetivando a valorização do coletivo. Ele é o retrato da aplicação da função social ao direito como um todo.

4. A DIVISÃO DO CÓDIGO CIVIL

Como está estruturado o Código Civil?

O Código Civil se divide em duas partes: **Parte Geral** e **Parte Especial**. A Parte Geral é base para a Parte Especial.

Parte Geral	Parte Especial
Nela se estuda a relação jurídica como um todo. O primeiro assunto são as pessoas (sujeitos das relações jurídicas), o segundo assunto os bens (objetos das relações jurídicas) e o terceiro e último assunto os negócios jurídicos (a forma de exteriorização das relações jurídicas).	**Está dividida em 5 livros:** 1º Livro – Direito das Obrigações 2º Livro – Direito de Empresa 3º Livro – Direito das Coisas 4º Livro – Direito de Família 5º Livro – Direito das Sucessões

O livro mais robusto de informações da Parte Especial é, sem sombra de dúvida, o que trata do Direito das Obrigações, pois nele se estuda:

a) Teoria geral das obrigações (obrigações civis e mercantis).

b) Teoria geral dos contratos.

c) Contratos em espécie.

d) Responsabilidade civil.

1
Lei de Introdução às Normas do Direito Brasileiro[1] (LINDB) – Decreto-Lei n. 4.657, de 4-9-1942

1.1. ASPECTOS GERAIS

A Lei de Introdução às Normas do Direito Brasileiro, apesar de não estar incluída no Código Civil, possui extrema importância, uma vez que regula o nascimento, o cumprimento e a extinção de uma lei.

Para Maria Helena Diniz[2], é uma lei de introdução às leis, por conter princípios gerais sobre as normas sem qualquer discriminação, sendo, portanto, aplicável a todos os ramos do Direito. Verifica-se, desta forma, que a referida norma não introduz apenas o Direito Civil, mas também outros ramos do Direito, como o Tributário e do Trabalho, por exemplo, motivo pelo qual a **Lei 12.376/2010** foi promulgada com o fito exclusivo de modificar o seu antigo, e famoso, nome (Lei de Introdução ao Código Civil), para Lei de Introdução às Normas do Direito Brasileiro (LINDB).

José Manoel de Arruda Alvim Netto a compara a um "Código Civil em miniatura"[3], haja vista que ela apresenta normas de conexão à pessoa e à família (arts. 7º e 11), aos bens (art. 8º), às obrigações (art. 9º) e à sucessão (art. 10), na hipótese de existir fato interjurisdicional.

1.2. FINALIDADE DA LEI DE INTRODUÇÃO ÀS NORMAS DO DIREITO BRASILEIRO

A Lei de Introdução tem por finalidade:

a) resolver conflitos de lei no tempo;

b) resolver conflitos de lei no espaço;

c) estabelecer critérios de hermenêutica;

d) estabelecer critérios de integração do ordenamento jurídico;

e) regular a vigência e eficácia das normas jurídicas;

f) cuidar de normas de direito internacional privado.

---

1. Trata-se da antiga Lei de Introdução ao Código Civil (LICC), que, com o advento da Lei n. 12.376, de 30 de dezembro de 2010, passou a ser denominada dessa forma.
2. DINIZ, Mari Helena. *Curso de direito civil brasileiro*. 35. ed. São Paulo: Saraiva, 2018, v. 1, p. 58.
3. ARRUDA ALVIM, José Manoel de. *Direito processual civil*. São Paulo: Revista dos Tribunais, 1972, v. 1.

1.3. MECANISMOS DE INTEGRAÇÃO (FONTES DO DIREITO)

1.3.1. Fontes imediatas, formais ou diretas

Fonte imediata primária: é a fonte que deve ser aplicada primeiramente, ou seja, a Lei.

Fonte imediata secundária: quando ocorre omissão em uma lei, o juiz deve recorrer, na ordem descrita abaixo[4], às fontes do direito para embasar sua decisão, que são: a **analogia**, ou seja, aplicar hipóteses não previstas especialmente em lei. Trata-se da disposição relativa a um caso semelhante; os **costumes**, o uso reiterado e uniforme que estabelece regra de conduta; e os **princípios gerais de direito**, que são normas de valor genérico para compreensão do nosso sistema jurídico.

Observação: A Emenda Constitucional n. 45 inseriu o **art. 103-A na Constituição Federal**, criando a súmula vinculante. Seria ela uma fonte primária? Em que pese poucos autores terem escrito sobre tal assunto, entendemos que afirmativa será a resposta, ou seja, será fonte primária em face do poder que ela terá, idêntico à Lei.

1.3.2. Fontes mediatas, não formais ou indiretas

Jurisprudência: é o fruto das decisões reiteradas de nossos Tribunais Superiores, em casos semelhantes.

Doutrina: é o produto do estudo dos jurisconsultos de nossa sociedade.

Equidade: Aproxima-se do conceito de igualdade, justiça, equilíbrio. Para muitos não é considerada mecanismo de integração para preencher lacunas da lei, mas, sim, um meio que o juiz possui para suavizar a aplicação da norma, objetivando estabelecer tratamento igualitário para se fazer justiça. Porém, como o Código Civil está pautado no sistema de cláusulas gerais[5], a equidade passa a ter o papel de fonte, como afirmava Aristóteles.

1.4. DA LEI

A lei é a norma imposta pelo Estado, que deve ser respeitada. O **art. 5º, II, da CF** revela a importância da lei, pois determina que ninguém será obrigado a fazer ou deixar de fazer alguma coisa senão em virtude de lei.

Pelo **Princípio da Obrigatoriedade**, descrito no **art. 3º da LINDB**, ninguém poderá descumprir a lei alegando não conhecê-la.

Postulado famoso, e muito importante, é o de que, na aplicação da lei, o juiz atenderá aos fins sociais a que ela se dirige e às exigências do bem comum. Eis a origem da função social do Direito.

Sabe-se que a atividade legislativa é muito tormentosa, já que é tarefa das mais difíceis ter que prever todos os casos que podem ocorrer na nossa sociedade, e estabelecer leis que o regulamentem. Tal fato não faz com que o Direito seja lacunoso, mas há lacunas na lei. O

4. As referidas fontes constam nesta ordem no art. 4º da LINDB.
5. O assunto é tratado no item 1 do Capítulo Introdutório.

Direito não é lacunoso, pois a LINDB, nos **arts. 4º e 5º**, prevê solução, afirmando que, em caso de omissão de lei, o juiz deve aplicar as fontes imediatas do direito ao caso concreto. A necessidade de o magistrado sempre dizer o direito, independentemente da existência ou não de lei, chama-se *non liquet*.

1.4.1. Classificação das lacunas

A lacuna não é, porém, conceituada somente como a hipótese de omissão de lei. Para demonstrar isso, utilizaremos a classificação proposta por uma das maiores estudiosas sobre o tema no Brasil, que é a professora Maria Helena Diniz[6].

Lacuna normativa: é a ausência de norma.

Lacuna ontológica: ocorre quando a norma não tem eficácia social. Um exemplo disto era **o art. 219 do Código Civil de 1916**, que determinava no inciso IV ser causa de anulabilidade do casamento por erro essencial sobre a pessoa do cônjuge o defloramento da mulher ignorado pelo marido.

Lacuna axiológica: é aquela em que, se a norma for aplicada, irá gerar injustiça. Por exemplo, citamos o **art. 1.790, IV, do Código Civil**, que sugeria uma concorrência sucessória do companheiro com o município. Ainda bem que esse artigo foi declarado inconstitucional pelo STF, como será visto mais adiante nesta obra, na parte que trata do Direito das Sucessões.

Lacuna de conflito ou colisão: antinomias (conflito de normas).

1.4.2. Antinomias

Havendo conflito de normas, são aplicados os seguintes metacritérios para solucioná-lo:

Cronológico: norma posterior prevalece sobre anterior (é o metacritério mais fraco, pois todos o vencem).

Especialidade: norma especial prevalece sobre geral (cumpre lembrar que o Código Civil é norma geral mas contém várias normas especiais).

Hierárquico: norma superior prevalece sobe norma inferior.

1.4.2.1. Classificação das antinomias

Antinomia de primeiro grau: aquela cujo conflito envolve um metacritério. Exemplo: norma especial *versus* geral, ou posterior *versus* anterior.

Antinomia de segundo grau: aquela cujo conflito envolve dois metacritérios. Exemplo: norma especial "anterior" *versus* norma geral "posterior".

Antinomia aparente: é aquela para cuja solução há metacritério.

Antinomia real: é aquela para cuja solução não há metacritério.

---

6. DINIZ, Maria Helena. *As lacunas no direito*. 9. ed. São Paulo: Saraiva, 2009.

1.4.2.2. Forma de resolução de antinomias

a) Norma **especial anterior** *x* Norma **geral posterior** (antinomia de segundo grau aparente): o critério da especialidade prevalece sobre o cronológico.

b) Norma **superior anterior** *x* Norma **inferior posterior** (antinomia de segundo grau aparente): o critério hierárquico prevalece sobre o cronológico.

c) Norma **geral superior** *x* Norma **especial inferior** (antinomia de segundo grau real, pois não há solução).

Na antinomia de segundo grau real, qual é o critério que prevalece quando há conflito entre o da especialidade e o hierárquico? Nossa doutrina se divide quanto à forma de resolver tal problema, quando há conflito entre norma geral superior e norma especial inferior. Para Norberto Bobbio, prevalece o critério hierárquico; já para a professora Maria Helena Diniz prevalece o critério da especialidade, previsto em cláusula pétrea na Constituição Federal, que determina no art. 5º a necessidade de tratar igualmente os iguais e desigualmente os desiguais (norma especial e geral são desiguais).

Mas, neste caso, interpretar-se-á o fato como omissão de lei, restando duas soluções:

a) solução legislativa – criar uma nova lei que resolva o conflito;

b) solução judiciária – integrar na decisão, pela ordem, a analogia, os costumes e os princípios gerais de direito.

Não podemos esquecer que, no caso de antinomia real, o Poder Judiciário não poderá se furtar a dar uma decisão, em razão do *non liquet*[7].

1.4.3. Elaboração, promulgação e publicação da lei

A **elaboração** da lei obedece ao procedimento legislativo ordinário previsto no próprio ordenamento jurídico.

Depois de elaborada e aprovada por votação no Poder Legislativo, a lei é enviada ao Chefe do Executivo (Presidente, Governador ou Prefeito), para ser sancionada.

Depois de ser sancionada, será promulgada. A **promulgação** é um ato em que se declara, de forma solene, a existência de uma norma.

O passo seguinte à promulgação será a **publicação**, ato que tem como objetivo dar conhecimento à sociedade do conteúdo da lei que ingressa no ordenamento jurídico. Porém, a publicação da norma pode ou não conferir vigência à lei, motivo pelo qual se faz necessário estudar como ela poderá ocorrer.

1.4.4. Nascimento da lei – validade, vigência e eficácia

Validade: é um critério lógico-formal em que se analisa a compatibilidade da norma com o ordenamento.

A validade de uma lei pode se dividir em: **validade formal**, analisando-se o processo de criação da lei. Por exemplo, a necessidade de votação em dois turnos, em cada casa do

7. Que é a proibição dirigida ao juiz de se negar a decidir um caso concreto em razão de inexistência de lei.

Congresso Nacional, para se fazer uma emenda constitucional (**art. 60, § 2º, da CF**). Se a emenda for votada em turno único, a lei será considerada inválida quanto à forma; **validade material**, que é a necessidade de observar a matéria normatizada. O **art. 22 da CF** estabelece o que é de competência exclusiva da União.

Vigência: é o período de validade (critério temporal) de uma norma, que terá força vinculante até a revogação.

Eficácia: é a possibilidade de produção de efeitos de uma lei. Na ineficácia a norma permanece no sistema, pois não foi revogada, mas não consegue produzir efeitos jurídicos, em face da mudança de outras leis, por exemplo. No entanto, havendo novas mudanças futuras no ordenamento, a norma ineficaz pode voltar a produzir efeito, pois ela não foi retirada do sistema jurídico.

1.4.5. Vigência da lei no tempo (início da vigência da lei)

Depois de publicada, para que a lei entre em vigor devemos analisar certos aspectos formais, motivo pelo qual poderemos ter três tipos de vigência:

Vigência imediata: quando há dispositivo expresso na norma determinando que ela entrará em vigor na data da sua publicação. Esse tipo de vigência é utilizado para lei que cause baixa repercussão, por exemplo, a **Lei n. 12.376, de 2010**, que apenas modificou o nome da Lei de Introdução ao Código Civil.

Vigência com prazo certo: quando o legislador descreve na lei o momento em que ela entrará em vigor. O **art. 2.044** determinou que o Código Civil só entraria em vigor um ano após a sua publicação, pois se trata de lei de grande repercussão.

Surgirá, porém, o problema de como se deve contar o prazo descrito pelo legislador. A título de exemplo, o Código Civil vigente entrou em vigor um ano após a sua publicação, que se deu no dia 11 de janeiro de 2002. Muitos discutiram se a vigência se iniciaria em 10, 11 ou 12 de janeiro de 2003.

Para Mário Luiz Delgado Régis[8], o Código Civil de 2002 entrou em vigor no dia 11 de janeiro de 2003, considerando que o **art. 8º, § 1º, da LC n. 95/98**, com a nova redação dada pela LC n. 107/2001, determina a forma de contagem do prazo da seguinte forma: inclui-se o do começo, inclui-se o do último dia, e a vigência começará no dia posterior.

Vejamos, a seguir, a representação disso no desenho:

Inclui-se o dia do começo (publicação)	⇒	Inclui-se o último dia	⇒	A vigência se inicia no dia seguinte
11-1-2002 publicação do Código Civil vigente	⇒	10-1-2003 último dia do prazo de 1 ano da *vacatio legis*	⇒	11-1-2003 início da vigência do CC/2002

8. *Problemas de direito intertemporal no Código Civil.* São Paulo: Saraiva, 2004, p. 52.

Omissão: se o legislador se furtar a determinar quando a lei entra em vigor, o art. 1º da LINDB determina que ela entrará em vigor em 45 dias no Brasil e em 3 meses no exterior (quando admitida a obrigatoriedade da lei brasileira), depois de oficialmente publicada. De acordo com o art. 9º da LC n. 95/98, a cláusula de revogação de determinada norma deverá enumerar, expressamente, as leis ou disposições legais revogadas. Mesmo com essa disposição na referida lei, o art. 1º da LINDB, citado anteriormente, não foi revogado, pois já houve casos em que o governo federal, de acordo com questões políticas do momento, vetou o artigo de norma que foi promulgada.

Nos casos de vigência por prazo certo e por omissão, surge um lapso temporal entre a publicação da norma e o início da sua vigência, que será denominado *vacatio legis*. Se ocorrer modificação da lei durante a *vacatio*, por exemplo para uma correção, o prazo para entrada em vigor será contado novamente com relação à parte que foi modificada. Porém, as situações jurídicas celebradas sob a égide da lei anterior a ela se subordinam, pois as correções a texto de lei já em vigor consideram-se lei nova.

1.4.6. Formas de revogação

Segundo o **princípio da continuidade das leis**, previsto no art. 2º da LINDB, a lei estará em vigor até que outra a modifique ou revogue. Por esse motivo, passaremos a estudar a revogação da lei.

A lei que tem **vigência temporária**, ou seja, a que tem um prazo certo de vigência em seu bojo, é revogada automaticamente com o seu término.

A lei nova que estabeleça disposições gerais ou especiais a par das já existentes não revoga nem modifica a lei anterior.

São espécies de revogação:

a) Ab-rogação: é a revogação total da norma. Citamos como exemplo o art. 2.045 do Código Civil, que na primeira parte estabelece a revogação total do Código Civil de 1916.

OBSERVAÇÃO: A lei revogada pode ainda ser aplicada, em decorrência do instituto da **ultratividade**, que nada mais é do que a aplicação de lei revogada no tempo. Isso se dá em vários casos.

O primeiro caso disso que podemos citar é o da regra sucessória aplicável, em decorrência do *Droit de Saisine*, em que o momento da morte fixa a lei material aplicável no tempo. Se fizermos um inventário hoje de uma pessoa que vivia em união estável, se ela morreu em 1995, aplica-se a Lei n. 8.971/94; se o óbito foi em 2002, aplica-se a Lei n. 9.278/96; e, se ocorreu em 2009, aplica-se o Código Civil de 2002, por serem essas as leis vigentes no momento do falecimento.

O segundo caso é para verificar a validade do negócio jurídico, que exige a análise da lei vigente no momento da celebração, em veneração ao princípio de que *tempus regit actum* (o tempo rege o ato).

b) Derrogação: é a revogação parcial da norma. Citamos como exemplo o **art. 2.045 do Código Civil**, que na segunda parte estabelece a revogação parcial do Código Comercial (somente a Primeira Parte).

c) Expressa: é a revogação em que o legislador indica expressamente a norma a ser revogada. Citamos como exemplo o art. 2.045 do Código Civil, que expressamente estabeleceu a revogação do Código Civil de 1916.

Observação: O **art. 9º da LC n. 95/98**, incluído pela LC n. 107/2001, determina que o legislador deverá enumerar expressamente na cláusula de revogação a lei que será retirada do sistema. Porém, infelizmente, não é isso que vem ocorrendo na prática, haja vista que o legislador civil nada mencionou acerca da revogação da Lei de União Estável, Alimentos, Condomínio etc.

d) Tácita: é a revogação no qual o legislador não indica expressamente a norma a ser revogada, mas estabelece regras contrárias a uma norma já existente. Citamos como exemplo o **art. 2.043 do Código Civil**, que fez menção à continuidade da vigência das leis de natureza administrativa, penal ou processual, o que demonstra que, quanto à Lei do Divórcio, as regras de direito material foram derrogadas, e as de direito processual estão válidas.

e) Global: é a revogação que ocorre quando a nova lei regula inteiramente a matéria de que tratava a anterior.

OBSERVAÇÃO: A Lei de Introdução às Normas do Direito Brasileiro autoriza a possibilidade de existência da repristinação, desde que ela seja expressa (**art. 2º, § 3º**). Porém, cumpre lembrar que, na ausência de previsão expressa, a lei revogada não se restaura por ter a lei revogadora perdido a vigência.

A norma repristinatória é aquela que revoga a norma revogadora, dando eficácia à norma anteriormente revogada.

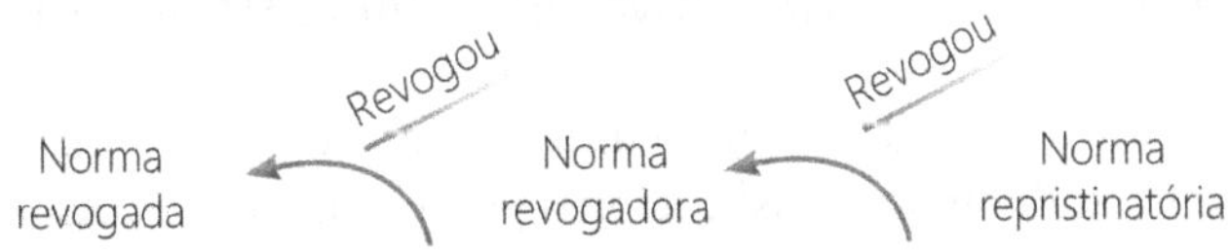

1.4.7. Vigência da lei no espaço

No Brasil, vige a Teoria da Territorialidade Moderada, pelos seguintes motivos:

a) no Brasil se aplica lei brasileira;

b) sentença estrangeira deve ser homologada pelo STJ (arts. 105, I, *i*, da CF e 961 do CPC). Cumpre salientar, porém, que o **CPC/2015** criou uma exceção a essa regra no **§ 5º do art. 961**, ao estabelecer que: *"A sentença estrangeira de divórcio consensual produz efeitos no Brasil, independentemente de homologação pelo Superior Tribunal de Justiça"*;

c) Tratado ou Convenção Internacional pode ser aplicado (**art. 17 da LINDB**).

1.4.8. Interpretação das leis

A interpretação das leis é estudada de acordo com as seguintes teorias:

Teoria Subjetiva: analisa a vontade histórica do legislador.

Teoria Objetiva: analisa a real vontade da lei (é a teoria mais utilizada).

São espécies dessas duas teorias:

a) Interpretação autêntica: feita pelo legislador (por exemplo, a Exposição de Motivos do Código Civil feita pelo professor Miguel Reale).

b) Interpretação gramatical: analisa o sentido do texto (literalidade).

c) Interpretação ontológica: busca a razão (motivo) de ser da lei (*voluntas legis*).

d) Interpretação histórica: analisa a lei dentro do contexto histórico no momento da elaboração da norma. Exemplo: Lei de Usura (criada após a quebra da Bolsa de Nova York, quando o mundo atravessava uma grave crise financeira e a agiotagem crescia assustadoramente).

e) Interpretação sistemática: realiza a comparação com leis anteriores.

f) Interpretação sociológica: conforma a lei ao contexto da sociedade.

g) Interpretação declarativa: é feita no exato termo que consta da lei.

h) Interpretação extensiva: realizada por meio da ampliação do sentido do texto, pois o legislador disse menos do que deveria. Os Enunciados 170 e 25 do CJF determinam que o art. 422 do Código Civil deve ser interpretado extensivamente, para que o princípio da boa-fé objetiva seja observado em todas as fases da relação contratual (fases pré-contratual, contratual e pós-contratual).

i) Interpretação restritiva: restringe o texto legal, já que na hipótese o legislador disse mais do que deveria. Como exemplo, citamos o art. 819 do Código Civil, para o qual a fiança não admite interpretação extensiva.

1.5. REGRAS DE ALCANCE DA LEI NOVA NO ORDENAMENTO JURÍDICO

A lei nova que entra em vigor no ordenamento jurídico, por força do **art. 6º da LINDB**, que obedece ao mandamento constitucional previsto no **art. 5º, XXXVI, da CF**, deve respeitar três institutos basilares:

a) a coisa julgada;

b) o ato jurídico perfeito;

c) o direito adquirido.

O ato jurídico perfeito é aquele já consumado segundo a lei vigente ao tempo em que se efetuou.

Consideram-se adquiridos assim os direitos que o seu titular, ou alguém por ele, possa exercer, como aqueles cujo começo do exercício tenha termo pré-fixo, ou condição preestabelecida inalterável, a arbítrio de outrem.

Chama-se coisa julgada ou caso julgado a decisão judicial de que já não caiba recurso.

1.6. DAS FONTES SECUNDÁRIAS (ANALOGIA, COSTUMES E PRINCÍPIOS GERAIS DE DIREITO)

De acordo com o art. 4º da Lei de Introdução às Normas do Direito Brasileiro, que veda o *non liquet* (não está claro), o julgador está obrigado a proferir uma decisão, pois, em caso de omissão de lei, ele deverá se utilizar das fontes secundárias: analogias, costumes e princípios gerais de direito.

a) Analogia: significa aplicar uma norma próxima pela ausência de outra, que regulamente o fato expressamente. Como exemplo, citamos o caso da decisão do STF na **ADPF 132** e **ADIn 4.277**, que determinou a aplicação das regras da união estável para a união homoafetiva, por ausência de previsão legal regulamentadora.

São espécies de analogia:

a1) Analogia *legis*: aplicação de apenas uma norma próxima. Como exemplo, citamos a possibilidade de se aplicar a regra do art. 1.848 do Código Civil, que se refere ao testamento, para o contrato de doação, já que é norma que trata de ato de liberalidade.

a2) Analogia *iuris*: aplicação de conjunto de normas próximas. Como exemplo citamos o julgamento do STF na **ADPF 132** e **ADIn 4.277**, que determinou a aplicação de **todas** as regras da união estável à união homoafetiva.

b) Costumes: trata-se da prática de uma conduta social reiterada e constante, acompanhada da convicção da sua obrigatoriedade pela comunidade.

São espécies de costumes:

b1) *Secundum legem* (segundo a lei): é aquele que está referenciado expressamente na lei, como ocorre no caso do art. 596 do Código Civil. Por conta disso, deve ser subsumido ao caso concreto (é caso de subsunção);

b2) *Praeter legem* (falta lei): é aquele aplicado no caso de omissão da lei. Essa modalidade é fonte secundária e de integração. Como exemplo, citamos o cheque pré-datado (ou pós-datado, como seria o certo), aceito pela jurisprudência, mesmo não havendo previsão legal específica, como causa que pode acarretar dano moral se apresentado antes da data combinada. As decisões reiteradas nesse sentido fizeram com que o STJ editasse a Súmula 370, na qual se afirma que caracteriza dano moral a apresentação antecipada do cheque pré-datado. Dessa forma, o cheque pré-datado deixou de ser um costume *contra legem* (já que cheque é ordem de pagamento à vista) e passou a ser um costume *praeter legem*, uma vez que o Judiciário chancelou a sua existência, mesmo não havendo lei que o regulamentasse;

b3) *Contra legem* (contra lei): é aquele que contraria disposição de lei. Trata-se de costume repudiado pelo ordenamento e que caracteriza abuso de direito, consoante o art. 187 do Código Civil.

c) Princípios gerais de Direito: conforme Alexandre Freitas Câmara, são regras que, embora não se encontrem escritas, encontram-se presentes em todo o sistema, informando-o[9]. É o caso da velha parêmia segundo a qual "o direito não socorre os que dormem". Para Miguel Reale[10], são enunciações normativas de valor genérico, que condicionam e orientam a compreensão do ordenamento jurídico em sua aplicação e integração ou mesmo para a elaboração de novas normas. Os princípios gerais do Direito são os alicerces do ordenamento jurídico, informando o sistema independentemente de estarem positivados em norma legal. Como exemplos, citamos a função social do contrato e a da propriedade.

---

9. CÂMARA, Alexandre Freitas. *Lições de direito processual civil.* 24. ed. São Paulo: Atlas, 2013, v. I, p. 24.
10. REALE, Miguel. *Lições preliminares de direito.* 27. ed. São Paulo: Saraiva, 2002, p. 315.

1.7. REGRAS DE DIREITO INTERNACIONAL PREVISTAS NA LINDB

A lei do país em que domiciliada a pessoa determina as regras sobre o começo e o fim da personalidade, o nome, a capacidade e os direitos de família.

Realizando-se o casamento no Brasil, será aplicada a lei brasileira quanto aos impedimentos dirimentes e às formalidades da celebração.

O casamento de estrangeiros poderá celebrar-se perante autoridades diplomáticas ou consulares do país de ambos os nubentes.

Tendo os nubentes domicílio diverso, regerá os casos de invalidade do matrimônio a lei do primeiro domicílio conjugal.

O regime de bens, legal ou convencional, obedece à lei do país em que tiverem os nubentes domicílio, e, se este for diverso, à do primeiro domicílio conjugal.

O estrangeiro casado que se naturalizar brasileiro pode, mediante expressa anuência de seu cônjuge, requerer ao juiz, no ato de entrega do decreto de naturalização, que se apostile a ele a adoção do regime de comunhão parcial de bens, respeitados os direitos de terceiros e dada essa adoção ao competente registro.

De acordo com o art. 7º, § 6º, da LINDB, o divórcio realizado no estrangeiro, se um ou ambos os cônjuges forem brasileiros, só será reconhecido no Brasil depois de 1 (um) ano da data da sentença, salvo se houver sido antecedida de separação judicial por igual prazo, caso em que a homologação produzirá efeito imediato, obedecidas as condições estabelecidas para a eficácia das sentenças estrangeiras no país. O Superior Tribunal de Justiça, na forma de seu regimento interno, poderá reexaminar, a requerimento do interessado, decisões já proferidas em pedidos de homologação de sentenças estrangeiras de divórcio de brasileiros, a fim de que passem a produzir todos os efeitos legais.[11]

Salvo o caso de abandono, o domicílio do chefe da família estende-se ao outro cônjuge e aos filhos não emancipados, e o do tutor ou curador aos incapazes sob sua guarda.

Quando a pessoa não tiver domicílio, considerar-se-á domiciliada no lugar de sua residência ou naquele em que se encontre.

Para qualificar os bens e regular as relações a eles concernentes, aplicar-se-á a lei do país em que estiverem situados.

Aplicar-se-á a lei do país em que for domiciliado o proprietário quanto aos bens móveis que ele trouxer ou se destinarem a transporte para outros lugares.

O penhor regula-se pela lei do domicílio que tiver a pessoa em cuja posse se encontre a coisa apenhada.

Para qualificar e reger as obrigações, aplicar-se-á a lei do país em que se constituírem.

---

11. Em 2016 entrou em vigor o Código de Processo Civil vigente, que no art. 961, § 5º, inovou, ao estabelecer que a sentença estrangeira de divórcio consensual produz efeitos no Brasil, independentemente de homologação pelo Superior Tribunal de Justiça.

Destinando-se a obrigação a ser executada no Brasil e dependendo de forma essencial, será esta observada, admitidas as peculiaridades da lei estrangeira quanto aos requisitos extrínsecos do ato.

A obrigação resultante do contrato reputa-se constituída no lugar em que residir o proponente.

Já a sucessão por morte ou por ausência obedece à lei do país em que domiciliado o defunto ou o desaparecido, quaisquer que sejam a natureza e a situação dos bens.

Por sua vez, a sucessão de bens de estrangeiros, situados no país, será regulada pela lei brasileira em benefício do cônjuge ou dos filhos brasileiros, ou de quem os represente, sempre que não lhes seja mais favorável a lei pessoal do *de cujus*.

A lei do domicílio do herdeiro ou legatário regula a capacidade para suceder.

As organizações destinadas a fins de interesse coletivo, como as sociedades e as fundações, obedecem à lei do Estado em que se constituírem.

Não poderão, entretanto, ter no Brasil filiais, agências ou estabelecimentos antes de serem os atos constitutivos aprovados pelo governo brasileiro, ficando sujeitas à lei brasileira.

Os governos estrangeiros, bem como as organizações de qualquer natureza, que eles tenham constituído, dirijam ou hajam investido de funções públicas, não poderão adquirir no Brasil bens imóveis ou suscetíveis de desapropriação, mas podem adquirir a propriedade dos prédios necessários à sede dos representantes diplomáticos ou dos agentes consulares.

É competente a autoridade judiciária brasileira, quando for o réu domiciliado no Brasil ou aqui tiver de ser cumprida a obrigação.

Só à autoridade judiciária brasileira compete conhecer das ações relativas a imóveis situados no Brasil.

A autoridade judiciária brasileira cumprirá, concedido o *exequatur* e segundo a forma estabelecida pele lei brasileira, as diligências deprecadas por autoridade estrangeira competente, observando a lei desta quanto ao objeto das diligências.

A prova dos fatos ocorridos em país estrangeiro rege-se pela lei que nele vigorar quanto ao ônus e aos meios de produzir-se, não admitindo os tribunais brasileiros provas que a lei brasileira desconheça.

Não conhecendo a lei estrangeira, poderá o juiz exigir de quem a invoca prova do texto e da vigência.

Será executada no Brasil a sentença proferida no estrangeiro que reúna os seguintes requisitos:

a) haver sido proferida por juiz competente;

b) terem sido as partes citadas ou haver-se legalmente verificado a revelia;

c) ter passado em julgado e estar revestida das formalidades necessárias para a execução no lugar em que foi proferida;

d) estar traduzida por intérprete autorizado;

e) ter sido homologada pelo Superior Tribunal de Justiça (*vide* art. 105, I, *i*, da Constituição Federal).

Quando, nos termos dos artigos precedentes, se houver de aplicar a lei estrangeira, ter-se-á em vista a disposição desta, sem considerar qualquer remissão por ela feita a outra lei.

As leis, atos e sentenças de outro país, bem como quaisquer declarações de vontade, não terão eficácia no Brasil quando ofenderem a soberania nacional, a ordem pública e os bons costumes.

Tratando-se de brasileiros, são competentes as autoridades consulares brasileiras para lhes celebrar o casamento e os mais atos de Registro Civil e de tabelionato, inclusive o registro de nascimento e de óbito dos filhos de brasileiro ou brasileira nascido no país da sede do Consulado.

As autoridades consulares brasileiras também poderão celebrar a separação consensual e o divórcio consensual de brasileiros, não havendo filhos menores ou incapazes do casal e observados os requisitos legais quanto aos prazos, devendo constar da respectiva escritura pública as disposições relativas à descrição e à partilha dos bens comuns e à pensão alimentícia e, ainda, ao acordo quanto à retomada pelo cônjuge de seu nome de solteiro ou à manutenção do nome adotado quando se deu o casamento.

É indispensável a assistência de advogado, devidamente constituído, que se dará mediante a subscrição de petição, com ambas as partes, ou com apenas uma delas, caso a outra constitua advogado próprio, não se fazendo necessário que a assinatura do advogado conste da escritura pública.

1.8. A LEI N. 13.655, DE 25 DE ABRIL DE 2018, QUE INCLUIU OS ARTS. 20 A 30 NA LINDB, PARA CRIAR REGRAS SOBRE SEGURANÇA JURÍDICA E EFICIÊNCIA NA CRIAÇÃO E NA APLICAÇÃO DO DIREITO PÚBLICO

Nas esferas administrativa, controladora e judicial, não se decidirá com base em valores jurídicos abstratos sem que sejam consideradas as consequências práticas da decisão.

A motivação demonstrará a necessidade e a adequação da medida imposta ou da invalidação de ato, contrato, ajuste, processo ou norma administrativa, inclusive em face das possíveis alternativas.

A decisão que, nas esferas administrativa, controladora ou judicial, decretar a invalidação de ato, contrato, ajuste, processo ou norma administrativa deverá indicar de modo expresso suas consequências jurídicas e administrativas. A referida decisão deverá, também, quando for o caso, indicar as condições para que a regularização ocorra de modo proporcional e equânime e sem prejuízo aos interesses gerais, não se podendo impor aos sujeitos atingidos ônus ou perdas que, em função das peculiaridades do caso, sejam anormais ou excessivos.

Na interpretação de normas sobre gestão pública, serão considerados os obstáculos e as dificuldades reais do gestor e as exigências das políticas públicas a seu cargo, sem prejuízo dos direitos dos administrados.

Em decisão sobre regularidade de conduta ou validade de ato, contrato, ajuste, processo ou norma administrativa, serão consideradas as circunstâncias práticas que houverem imposto, limitado ou condicionado a ação do agente.

Na aplicação de sanções, serão consideradas a natureza e a gravidade da infração cometida, os danos que dela provierem para a administração pública, as circunstâncias agravantes ou atenuantes e os antecedentes do agente.

As sanções aplicadas ao agente serão levadas em conta na dosimetria das demais sanções de mesma natureza e relativas ao mesmo fato

A decisão administrativa, controladora ou judicial que estabelecer interpretação ou orientação nova sobre norma de conteúdo indeterminado, impondo novo dever ou novo condicionamento de direito, deverá prever regime de transição quando indispensável para que o novo dever ou condicionamento de direito seja cumprido de modo proporcional, equânime e eficiente e sem prejuízo aos interesses gerais.

A revisão, nas esferas administrativa, controladora ou judicial, quanto à validade de ato, contrato, ajuste, processo ou norma administrativa cuja produção já se houver completado levará em conta as orientações gerais da época, sendo vedado que, com base em mudança posterior de orientação geral, se declarem inválidas situações plenamente constituídas.

Consideram-se orientações gerais as interpretações e especificações contidas em atos públicos de caráter geral ou em jurisprudência judicial ou administrativa majoritária, e ainda as adotadas por prática administrativa reiterada e de amplo conhecimento público.

Para eliminar irregularidade, incerteza jurídica ou situação contenciosa na aplicação do direito público, inclusive no caso de expedição de licença, a autoridade administrativa poderá, após oitiva do órgão jurídico e, quando for o caso, após realização de consulta pública, e presentes razões de relevante interesse geral, celebrar compromisso com os interessados, observada a legislação aplicável, o qual só produzirá efeitos a partir de sua publicação oficial.

O compromisso citado acima:

I – buscará solução jurídica proporcional, equânime, eficiente e compatível com os interesses gerais;

II – não poderá conferir desoneração permanente de dever ou condicionamento de direito reconhecidos por orientação geral;

III – deverá prever com clareza as obrigações das partes, o prazo para seu cumprimento e as sanções aplicáveis em caso de descumprimento.

A decisão do processo, nas esferas administrativa, controladora ou judicial, poderá impor compensação por benefícios indevidos ou prejuízos anormais ou injustos resultantes do processo ou da conduta dos envolvidos.

A decisão sobre a compensação será motivada, ouvidas previamente as partes sobre seu cabimento, sua forma e, se for o caso, seu valor.

Para prevenir ou regular a compensação, poderá ser celebrado compromisso processual entre os envolvidos.

O agente público responderá pessoalmente por suas decisões ou opiniões técnicas em caso de dolo ou erro grosseiro.

Em qualquer órgão ou Poder, a edição de atos normativos por autoridade administrativa, salvo os de mera organização interna, poderá ser precedida de consulta pública para manifestação de interessados, preferencialmente por meio eletrônico, a qual será considerada na decisão. A convocação conterá a minuta do ato normativo e fixará o prazo e demais condições da consulta pública, observadas as normas legais e regulamentares específicas, se houver.

As autoridades públicas devem atuar para aumentar a segurança jurídica na aplicação das normas, inclusive por meio de regulamentos, súmulas administrativas e respostas a consultas. Tais instrumentos terão caráter vinculante em relação ao órgão ou entidade a que se destinam, até ulterior revisão.

1.9. O DECRETO N. 9.830, DE 10 DE JUNHO DE 2019, QUE REGULAMENTOU OS ARTS. 20 A 30 DA LINDB

O Decreto n. 9.830 de 2019 trouxe normas para regulamentar os arts. 20 a 30 da LINDB, estudados no tópico anterior, que, apesar de dizerem respeito ao Direito Administrativo, colocaremos um resumo logo aqui embaixo.

Segundo o decreto, a decisão será motivada com a contextualização dos fatos, quando cabível, e com a indicação dos fundamentos de mérito e jurídicos, e a motivação:

a) conterá os seus fundamentos e apresentará a congruência entre as normas e os fatos que a embasaram, de forma argumentativa;

b) indicará as normas, a interpretação jurídica, a jurisprudência ou a doutrina que a embasaram;

c) poderá ser constituída por declaração de concordância com o conteúdo de notas técnicas, pareceres, informações, decisões ou propostas que precederam a decisão.

A decisão que se basear exclusivamente em valores jurídicos abstratos observará as regras acima e as consequências práticas da decisão.

Segundo o Decreto, consideram-se valores jurídicos abstratos aqueles previstos em normas jurídicas com alto grau de indeterminação e abstração.

Na indicação das consequências práticas da decisão, o decisor apresentará apenas aquelas consequências práticas que, no exercício diligente de sua atuação, consiga vislumbrar diante dos fatos e fundamentos de mérito e jurídicos.

A motivação demonstrará a necessidade e a adequação da medida imposta, inclusive consideradas as possíveis alternativas e observados os critérios de adequação, proporcionalidade e de razoabilidade.

A decisão que decretar invalidação de atos, contratos, ajustes, processos ou normas administrativos observará as regras acima e indicará, de modo expresso, as suas consequências jurídicas e administrativas, e, quando cabível, a decisão indicará, na modulação de seus efeitos, as condições para que a regularização ocorra de forma proporcional e equânime e sem prejuízo aos interesses gerais.

A consideração das consequências jurídicas e administrativas é limitada aos fatos e fundamentos de mérito e jurídicos que se espera do decisor no exercício diligente de sua atuação.

A motivação demonstrará a necessidade e a adequação da medida imposta, consideradas as possíveis alternativas e observados os critérios de proporcionalidade e de razoabilidade.

Na declaração de invalidade de atos, contratos, ajustes, processos ou normas administrativos, o decisor poderá, consideradas as consequências jurídicas e administrativas da decisão para a administração pública e para o administrado:

I – restringir os efeitos da declaração; ou

II – decidir que sua eficácia se iniciará em momento posteriormente definido.

A modulação dos efeitos da decisão buscará a mitigação dos ônus ou das perdas dos administrados ou da administração pública que sejam anormais ou excessivos em função das peculiaridades do caso.

A decisão que determinar a revisão quanto à validade de atos, contratos, ajustes, processos ou normas administrativos cuja produção de efeitos esteja em curso ou que tenha sido concluída levará em consideração as orientações gerais da época, e terá que ser motivada nas regras vistas acima.

É vedado declarar inválida situação plenamente constituída devido à mudança posterior de orientação geral, mas tal hipótese não exclui a possibilidade de suspensão de efeitos futuros de relação em curso.

O decreto define orientações gerais as interpretações e as especificações contidas em atos públicos de caráter geral ou em jurisprudência judicial ou administrativa majoritária e as adotadas por prática administrativa reiterada e de amplo conhecimento público.

A decisão administrativa, sempre motivada conforme as regras vistas acima, que estabelecer interpretação ou orientação nova sobre norma de conteúdo indeterminado e impuser novo dever ou novo condicionamento de direito, preverá regime de transição, quando indispensável para que o novo dever ou o novo condicionamento de direito seja cumprido de modo proporcional, equânime e eficiente e sem prejuízo aos interesses gerais.

A motivação considerará as condições e o tempo necessário para o cumprimento proporcional, equânime e eficiente do novo dever ou do novo condicionamento de direito e os eventuais prejuízos aos interesses gerais.

Considera-se nova interpretação ou nova orientação aquela que altera o entendimento anterior consolidado.

Quando cabível, o regime de transição preverá:

I – os órgãos e as entidades da administração pública e os terceiros destinatários;

II – as medidas administrativas a serem adotadas para adequação à interpretação ou à nova orientação sobre norma de conteúdo indeterminado; e

III – o prazo e o modo para que o novo dever ou novo condicionamento de direito seja cumprido.

Na interpretação de normas sobre gestão pública, serão considerados os obstáculos, as dificuldades reais do agente público e as exigências das políticas públicas a seu cargo, sem prejuízo dos direitos dos administrados.

Na decisão, sempre motivada conforme as regras anteriormente estudadas, sobre a regularidade de conduta ou a validade de atos, contratos, ajustes, processos ou normas administrativos, serão consideradas as circunstâncias práticas que impuseram, limitaram ou condicionaram a ação do agente público.

A decisão do processo administrativo poderá impor diretamente à pessoa obrigada compensação por benefícios indevidos ou prejuízos anormais ou injustos resultantes do processo ou da conduta dos envolvidos, com a finalidade de evitar procedimentos contenciosos de ressarcimento de danos.

A decisão do processo administrativo, sempre motivada, é de competência da autoridade pública, que poderá exigir compensação por benefícios indevidamente fruídos pelo particular ou por prejuízos resultantes do processo ou da conduta do particular, e será precedida de manifestação das partes obrigadas sobre seu cabimento, sua forma e, se for o caso, seu valor.

Na hipótese de a autoridade entender conveniente para eliminar irregularidade, incerteza jurídica ou situações contenciosas na aplicação do direito público, poderá celebrar compromisso com os interessados, mediante decisão motivada, observada a legislação aplicável e as seguintes condições:

I – após oitiva do órgão jurídico;

II – após realização de consulta pública, caso seja cabível; e

III – presença de razões de relevante interesse geral.

O compromisso:

I – buscará solução proporcional, equânime, eficiente e compatível com os interesses gerais;

II – não poderá conferir desoneração permanente de dever ou condicionamento de direito reconhecido por orientação geral; e

III – preverá:

a) as obrigações das partes;

b) o prazo e o modo para seu cumprimento;

c) a forma de fiscalização quanto a sua observância;

d) os fundamentos de fato e de direito;

e) a sua eficácia de título executivo extrajudicial; e

f) as sanções aplicáveis em caso de descumprimento.

O compromisso firmado somente produzirá efeitos a partir de sua publicação.

O processo que subsidiar a decisão de celebrar o compromisso será instruído com:

I – o parecer técnico conclusivo do órgão competente sobre a viabilidade técnica, operacional e, quando for o caso, sobre as obrigações orçamentário-financeiras a serem assumidas;

II – o parecer conclusivo do órgão jurídico sobre a viabilidade jurídica do compromisso, que conterá a análise da minuta proposta;

III – a minuta do compromisso, que conterá as alterações decorrentes das análises técnica e jurídica previstas nos itens I e II; e

IV – a cópia de outros documentos que possam auxiliar na decisão de celebrar o compromisso.

Na hipótese de o compromisso depender de autorização do Advogado-Geral da União e de Ministro de Estado, nos termos do disposto no § 4º do art. 1º ou no art. 4º-A da Lei n. 9.469, de 10 de julho de 1997, ou ser firmado pela Advocacia-Geral da União, o processo de que trata o § 3º será acompanhado de manifestação de interesse da autoridade máxima do órgão ou da entidade da administração pública na celebração do compromisso.

Na hipótese de que trata o § 5º, a decisão final quanto à celebração do compromisso será do Advogado-Geral da União, nos termos do disposto no parágrafo único do art. 4º-A da Lei n. 9.469, de 1997.

A compensação poderá ser efetivada por meio do compromisso com os interessados com as regras vistas acima.

Poderá ser celebrado termo de ajustamento de gestão entre os agentes públicos e os órgãos de controle interno da administração pública, sempre em decisão motivada, com a finalidade de corrigir falhas apontadas em ações de controle, aprimorar procedimentos, assegurar a continuidade da execução do objeto, sempre que possível, e garantir o atendimento do interesse geral.

Não será celebrado termo de ajustamento de gestão na hipótese de ocorrência de dano ao erário praticado por agentes públicos que agirem com dolo ou erro grosseiro.

A assinatura de termo de ajustamento de gestão será comunicada ao órgão central do sistema de controle interno.

O agente público somente poderá ser responsabilizado por suas decisões ou opiniões técnicas se agir ou se omitir com dolo, direto ou eventual, ou cometer erro grosseiro, no desempenho de suas funções.

Considera-se erro grosseiro aquele manifesto, evidente e inescusável praticado com culpa grave, caracterizado por ação ou omissão com elevado grau de negligência, imprudência ou imperícia.

Não será configurado dolo ou erro grosseiro do agente público se não restar comprovada, nos autos do processo de responsabilização, situação ou circunstância fática capaz de caracterizar o dolo ou o erro grosseiro.

O mero nexo de causalidade entre a conduta e o resultado danoso não implica responsabilização, exceto se comprovado o dolo ou o erro grosseiro do agente público.

A complexidade da matéria e das atribuições exercidas pelo agente público será considerada em eventual responsabilização do agente público.

O montante do dano ao erário, ainda que expressivo, não poderá, por si só, ser elemento para caracterizar o erro grosseiro ou o dolo.

A responsabilização pela opinião técnica não se estende de forma automática ao decisor que a adotou como fundamento de decidir e somente se configurará se estiverem presentes elementos suficientes para o decisor aferir o dolo ou o erro grosseiro da opinião técnica ou se houver conluio entre os agentes.

No exercício do poder hierárquico, só responderá por **culpa *in vigilando*** aquele cuja omissão caracterizar erro grosseiro ou dolo.

Esta regra não exime o agente público de atuar de forma diligente e eficiente no cumprimento dos seus deveres constitucionais e legais, e não afasta a possibilidade de aplicação de sanções previstas em normas disciplinares, inclusive nos casos de ação ou de omissão culposas de natureza leve.

A análise da regularidade da decisão não poderá substituir a atribuição do agente público, dos órgãos ou das entidades da administração pública no exercício de suas atribuições e competências, inclusive quanto à definição de políticas públicas.

A atuação de órgãos de controle privilegiará ações de prevenção antes de processos sancionadores.

A eventual estimativa de prejuízo causado ao erário não poderá ser considerada isolada e exclusivamente como motivação para se concluir pela irregularidade de atos, contratos, ajustes, processos ou normas administrativos.

No âmbito do Poder Executivo federal, o direito de regresso previsto no § 6º do art. 37 da Constituição somente será exercido na hipótese de o agente público ter agido com dolo ou erro grosseiro em suas decisões ou opiniões técnicas, nos termos do disposto no art. 28 do Decreto-Lei n. 4.657, de 1942, e com observância aos princípios constitucionais da proporcionalidade e da razoabilidade.

O agente público federal que tiver que se defender, judicial ou extrajudicialmente, por ato ou conduta praticada no exercício regular de suas atribuições institucionais, poderá solicitar à Advocacia-Geral da União que avalie a verossimilhança de suas alegações e a consequente possibilidade de realizar sua defesa, nos termos do disposto no art. 22 da Lei n. 9.028, de 12 de abril de 1995, e nas demais normas de regência.

A decisão que impuser sanção ao agente público, que deverá ser motivada, considerará:

I – a natureza e a gravidade da infração cometida;

II – os danos que dela provierem para a administração pública;

III – as circunstâncias agravantes ou atenuantes;

IV – os antecedentes do agente;

V – o nexo de causalidade; e

VI – a culpabilidade do agente.

As sanções aplicadas ao agente público serão levadas em conta na dosimetria das demais sanções da mesma natureza e relativas ao mesmo fato.

A edição de atos normativos por autoridade administrativa poderá ser precedida de consulta pública para manifestação de interessados, preferencialmente por meio eletrônico.

A convocação de consulta pública, em decisão motivada, conterá a minuta do ato normativo, disponibilizará a motivação do ato e fixará o prazo e as demais condições.

A autoridade decisora não será obrigada a comentar ou considerar individualmente as manifestações apresentadas e poderá agrupar manifestações por conexão e eliminar aquelas repetitivas ou de conteúdo não conexo ou irrelevante para a matéria em apreciação.

As propostas de consulta pública que envolverem atos normativos sujeitos a despacho presidencial serão formuladas nos termos do disposto no Decreto n. 9.191, de 1º de novembro de 2017.

As autoridades públicas atuarão com vistas a aumentar a segurança jurídica na aplicação das normas, inclusive por meio de normas complementares, orientações normativas, súmulas, enunciados e respostas a consultas. Estes instrumentos terão caráter vinculante em relação ao órgão ou à entidade da administração pública a que se destinarem, até ulterior revisão.

O parecer do Advogado-Geral da União de que tratam os arts. 40 e 41 da Lei Complementar n. 73, 10 de fevereiro de 1993, aprovado pelo Presidente da República e publicado no *Diário Oficial da União* juntamente com o despacho presidencial, vincula os órgãos e as entidades da administração pública federal, que ficam obrigados a lhe dar fiel cumprimento.

O parecer do Advogado-Geral da União aprovado pelo Presidente da República, mas não publicado, obriga apenas as repartições interessadas, a partir do momento em que dele tenham ciência.

Os pareceres citados anteriormente têm prevalência sobre outros mecanismos de uniformização de entendimento.

Os pareceres das consultorias jurídicas e dos órgãos de assessoramento jurídico, de que trata o art. 42 da Lei Complementar n. 73, de 1993, aprovados pelo respectivo Ministro de Estado, vinculam o órgão e as respectivas entidades vinculadas.

A autoridade que representa órgão central de sistema poderá editar orientações normativas ou enunciados que vincularão os órgãos setoriais e seccionais.

As controvérsias jurídicas sobre a interpretação de norma, instrução ou orientação de órgão central de sistema poderão ser submetidas à Advocacia-Geral da União. A submissão à Advocacia-Geral da União será instruída com a posição do órgão jurídico do órgão central de sistema, do órgão jurídico que divergiu e dos outros órgãos que se pronunciaram sobre o caso.

A autoridade máxima de órgão ou de entidade da administração pública poderá editar enunciados que vinculem o próprio órgão ou a entidade e os seus órgãos subordinados.

Compete aos órgãos e às entidades da administração pública manter atualizados, em seus sítios eletrônicos, as normas complementares, as orientações normativas, as súmulas e os enunciados a que se referem os arts. 19 ao 23 do Decreto n. 9.830/2019.

1.10. ENUNCIADO DA JORNADA DE DIREITO CIVIL DO CJF SOBRE A LEI DE INTRODUÇÃO ÀS NORMAS DO DIREITO BRASILEIRO

En. 408

Art. 7º da Lei de Introdução às Normas do Direito Brasileiro. Para efeitos de interpretação da expressão "domicílio" do art. 7º da Lei de Introdução às Normas do Direito Brasileiro, deve ser considerada, nas hipóteses de litígio internacional relativo a criança ou adolescente, a residência habitual destes, pois se trata de situação fática internacionalmente aceita e conhecida.

2
Da Pessoa Natural

2.1. INTRODUÇÃO E CONCEITO

O Código Civil vigente entrou em vigor no dia 11 de janeiro de 2003, conforme enfatiza Mário Luiz Delgado[1]. Sua primeira parte denomina-se "Parte Geral", na qual estudaremos os sujeitos da relação jurídica (pessoas), o objeto da relação jurídica (bens) e a relação jurídica como um todo (fato jurídico).

Somente poderão ser sujeitos de direitos e deveres, partes em relações jurídicas, as pessoas. Com isso é importante frisar que os animais não são sujeitos de relações jurídicas, pois não possuem personalidade civil. Esse tema será melhor visto mais adiante.

Dois são os tipos de pessoas no Código Civil: a pessoa natural, que é o ser humano, e a pessoa jurídica, que é um ente moral. Começaremos o estudo das pessoas pela pessoa natural.

Pessoa natural é o ser humano considerado como sujeito de direitos e deveres.

Surge nesses conceitos a ideia de que toda pessoa, sem distinções de idade, sexo, raça e nacionalidade, é sujeito de direitos, como decorrência de sua natureza humana. Há quem diga que é o ente biologicamente criado, mas esse conceito não engloba as fertilizações artificiais, já que ela pode ser fruto de mecanismo de concepção natural ou artificial.

2.2. INÍCIO DA PERSONALIDADE CIVIL DA PESSOA NATURAL

A personalidade civil confere à pessoa natural a aptidão genérica para adquirir direitos e contrair obrigações. Ela permitirá a alguém ser titular do direito de propriedade, por exemplo, ou parte numa relação negocial.

Para a pessoa natural adquirir personalidade civil, basta o nascimento com vida, previsão insculpida no art. 2º do CC, que adota a **Teoria Natalista**, em contraposição à teoria concepcionista adotada em alguns países, e que acarreta sérias diferenças em vários direitos, como o hereditário, por exemplo. Ambas as teorias serão estudadas mais adiante.

Para que ocorra o fato do nascimento, ponto de partida da personalidade, será preciso que a criança se separe completamente do ventre materno, e, mesmo assim, é necessário ainda que o recém-nascido haja dado inequívocos sinais de vida, mesmo que venha a falecer instantes depois.

---

1. *Problemas de direito intertemporal no Código Civil*. São Paulo: Saraiva, 2004, p. 52.

De acordo com o art. 29, item 6, da **Resolução n. 1, de 13-6-1988, do Conselho Nacional de Saúde**, o nascimento com vida é a expulsão ou extração completa do produto da concepção quando, após a separação, respire e tenha batimentos cardíacos, tendo sido ou não cortado o cordão umbilical, estando ou não desprendida a placenta.

Dessa forma, não se exige o corte do cordão umbilical, nem que a criança tenha forma humana (como era exigido no direito espanhol, art. 30 do Código Civil de 1889, até o advento da *Ley* 20/2011).

Se a criança nasce morta, não chega a adquirir personalidade, hipótese em que não recebe nem transmite direitos. Caso nasça com vida, ainda que seja ela efêmera, recobre-se de personalidade, adquire e transfere direitos.

A palavra natimorto [*natus* (nascido) e *mortus* (morto)] é o vocábulo tecnicamente empregado para distinguir ou designar a criança que nasce sem vida ou que, nascendo com sinais de vida, não logrou respirar e morreu.

O registro do natimorto, segundo o art. 33, V, da Lei n. 6.015/73 (Lei de Registros Públicos), é feito no livro "C-Auxiliar", designado para esse fim.

De acordo com as normas da Corregedoria-Geral da Justiça do Estado de São Paulo, determina o item 32 do Capítulo XVII que, em caso de "natimorto", é facultado o direito de atribuição de nome, devendo o registro ser efetuado no livro "C-Auxiliar", com o índice em nome do pai ou da mãe, dispensando o assento de nascimento.

Essa determinação é importante, pois o art. 53 da Lei n. 6.015/73 é muito vago ao afirmar que, no caso de ter a criança nascido morta ou ter morrido na ocasião do parto, será, não obstante, feito o assento **com os elementos que couberem** e com remissão ao do óbito; entendemos estar incluídos na ideia de "elementos que couberem" o nome com prenome e sobrenome.

Ademais, o Enunciado 1 do Conselho da Justiça Federal garante o direito ao nome a natimorto:

A proteção que o Código defere ao nascituro alcança o natimorto no que concerne aos direitos da personalidade, tais como nome, imagem e sepultura.

Assim, verifica-se na Lei de Registros Públicos e no Enunciado 1 do CJF que o natimorto possui direito ao nome, nele compreendidos prenome e sobrenome.

Foi por esse motivo que levamos, na II Jornada de Prevenção e Solução de Litígios do Conselho da Justiça Federal (CJF), realizada em agosto de 2021, proposta de enunciado sobre o tema, que foi aprovado não apenas pela comissão da qual participamos (desjudicialização), mas também pela plenária, se tornando um enunciado dessa jornada, que recebeu o número 124, e que possui o seguinte conteúdo: "*É direito dos genitores o registro do natimorto com inclusão de nome e demais elementos de registro, independentemente de ordem judicial, sempre que optarem por seu sepultamento, nas hipóteses em que tal providência não for obrigatória*".

Agora, se a criança nasceu com vida e faleceu na sequência, o art. 53, § 2º, da Lei n. 6.015/73 estabelece que serão feitos os dois assentos, o de nascimento e o de óbito, com os elementos cabíveis e com remissões recíprocas.

Para identificar se o recém-nascido nasceu com vida, é feito um exame nos pulmões do feto que nasceu e logo morreu, para verificar se há ou não ar presente. O nome desse exame é Docimasia Hidrostática de Galeno (ou exame dos pulmões).

2.3. DO NASCITURO E DO EMBRIÃO

Nascituro é o ser já concebido mas que ainda não nasceu, tendo seus direitos protegidos desde a concepção, consoante o art. 2º do Código Civil.

Existe, porém, polêmica na doutrina sobre o nascituro ter ou não personalidade jurídica. Isso se deve ao fato de o direito brasileiro contemplar quatro teorias sobre o assunto, como ensina a professora Silmara Juny de Abreu Chinelato e Almeida[2]:

Teoria natalista ou negativista: Para a referida teoria, a personalidade do homem se inicia com o nascimento com vida, momento em que o nascituro a adquire.

Teoria da personalidade condicional: A referida teoria confere direitos ao nascituro, desde a concepção, que estarão condicionados ao nascimento com vida.

Teoria concepcionista ou afirmativista: Para a referida teoria, a personalidade do homem se inicia com a concepção, portanto o nascituro é pessoa, e possuirá direitos da personalidade.

Teoria mista ou moderada: Há personalidade jurídica material e formal. A **material (ou subjetiva)** depende do nascimento com vida, pois será ela que permitirá adquirir direitos e deveres de conteúdo patrimonial. Já a **formal (ou objetiva)** nasce com a concepção, haja vista que por meio dela é dada a proteção dos direitos da personalidade. Assim, temos que:

Personalidade formal + Personalidade material = Personalidade plena

A teoria natalista, defendida por Silvio Rodrigues, tinha maior aceitação por parte da doutrina, que hoje, na construção de um novo Direito Civil, prefere a Teoria Concepcionista, defendida por Francisco Amaral.

Embora o Código Civil tenha adotado a teoria natalista no art. 2º, nesse mesmo dispositivo o legislador ressalva a regra dando ao nascituro direitos protegidos desde a concepção, que não os patrimoniais.

Por esse motivo, em nosso sistema como um todo (leis extravagantes) e nas decisões judiciais, verifica-se uma tendência de equilíbrio entre as teorias natalista e concepcionista, que acarreta a aplicação da chamada **Teoria Mista**, defendida por Maria Helena Diniz, Washington de Barros Monteiro e Caio Mário da Silva Pereira, que concede ao nascituro uma **personalidade formal**, que lhe garante, desde o momento da concepção, a proteção dos direitos da personalidade.

Prova disso é a Lei de Alimentos Gravídicos (Lei n. 11.804/2008), que normatiza proteção para que o nascituro nasça com vida (maior direito da personalidade).

---

2. *Tutela civil do nascituro*. São Paulo: Saraiva, 2000, p. 144.

Mas, como é o próprio art. 2º do Código Civil que determina ter a personalidade civil da pessoa natural início com o nascimento com vida, a interpretação desse artigo será feita no sentido de entender que a personalidade nele referida é a material, ou seja, a que permite de direitos e deveres de conteúdo patrimonial. Como exemplo, citamos a possibilidade da realização de doação ao nascituro (art. 542 do CC).

Essa ideia se coaduna com o art. 4º, item 1, do Pacto de São José da Costa Rica, que está vigendo no Brasil por força do Decreto n. 678, de 6 de novembro de 1992, que determina:

> **Art. 4º, item 1:** Toda pessoa tem o direito de que se respeite sua vida. Esse direito deve ser protegido pela lei e, em geral, desde o momento da concepção. Ninguém pode ser privado da vida arbitrariamente.

Outro problema doutrinário será precisar quando ocorre a concepção. Isso se deve ao avanço da medicina em relação à fertilização laboratorial e principalmente ao congelamento de embriões.

Existem dois tipos de embriões:

In vivo: que é o implementado no útero materno após a fertilização artificial.

In vitro: que é armazenado após a fertilização artificial, para ser implementado no útero futuramente.

Adriana Caldas do Rego Freitas Dabus Maluf[3] afirma que o embrião e o nascituro possuem proteção aos olhos da lei, posição essa também defendida por Maria Helena Diniz[4], para quem o embrião e o nascituro têm direitos resguardados desde a concepção, pois a partir dessa passam a ter existência, e vida orgânica e biológica própria, independente da mãe. Assim sendo, concluímos que o embrião conta com a mesma proteção do nascituro.

Os mecanismos artificiais são os de fertilização medicamente assistida, que pode se dar por fertilização *in vitro* (ou de proveta), em que a concepção é laboratorial, ou fertilização artificial, em que a concepção é natural, *in vivo*, no corpo da mulher.

Tanto a fertilização *in vitro* como a inseminação artificial podem ser *heterólogas* (material genético de terceiro – pode haver até 5 pessoas envolvidas) ou *homólogas* (material genético do casal). A fertilização heteróloga deve ser autorizada pelo marido.

O Código Civil não disciplina a fertilização medicamente assistida, mas estabelece uma consequência jurídica prevista no art. 1.597, que é a **presunção de paternidade**, O inciso III do artigo em análise prevê a presunção de paternidade, na fertilização homóloga, mesmo após a morte do pai. O inciso V dispõe sobre a presunção decorrente da implantação de embriões excedentários (aqueles que sobram de um procedimento médico) decorrentes de concepção artificial heteróloga.

A Lei de Biossegurança (11.105/2005), que foi reconhecida constitucional pelo Supremo Tribunal Federal (**ADI 3.510/DF, j. 29-5-2008**), estabelece que os embriões devem ser

3. MALUF, Adriana Caldas do Rego Freitas Dabus. *Curso de bioética e biodireito*. 3. ed. São Paulo: Atlas, 2015, p. 110.
4. DINIZ, Maria Helena. *O estado atual do biodireito*. 10. ed. São Paulo: Saraiva, 2017, p. 116-117.

guardados por três anos. Se, nesse período, não houver interesse dos pais, serão utilizados em pesquisas com células-tronco.

Se o casamento terminar, extingue-se a presunção de paternidade, motivo pelo qual as pessoas que se separam e deixam embriões excedentários devem notificar o médico sobre a separação e a intenção de inutilizarem o material. Se o médico desatender tal notificação, será responsabilizado civilmente.

No Brasil é permitida a gravidez de substituição (popularmente conhecida como barriga de aluguel), em que ocorre a gestação em útero alheio. Disciplina essa matéria a Resolução n. 2.121/2015, do Conselho Federal de Medicina, que exige os seguintes requisitos:

a) mulheres maiores e capazes de até 50 anos, salvo casos excepcionais autorizados;

b) relação de parentesco entre elas (até segundo grau), pois, se não forem parentes, deverá haver autorização do Conselho Federal de Medicina, ou até mesmo judicial;

c) deve haver impossibilidade de gestação (não se admite gestação em útero alheio por motivos fúteis) ou em caso de união homoafetiva;

d) gratuidade;

e) limitação da quantidade de embriões a serem implantados conforme a idade (2 a 4);

f) autorização do cônjuge ou companheiro;

g) consentimento livre e esclarecido e impossibilidade de uso da técnica para definir sexo ou qualquer outra característica física do filho.

Em razão da obrigatoriedade da gratuidade, a denominação "barriga de aluguel" é incorreta, devendo o procedimento ser chamado de **gravidez de substituição**.

Como na declaração do médico que faz o parto (Declaração de Nascido Vivo) constará o nome da mãe hospedeira, havendo a documentação exigida no Provimento 63 do CNJ, o registro pode ser feito diretamente no cartório, que fará constar como mãe a que contribuiu com o material genético, e não a parturiente. Se não foi feito seguindo essas regras, haverá necessidade de propositura de ação judicial para retificação do registro do nascimento.

O CPC/1973 admitia, no art. 878, parágrafo único, a nomeação do curador do ventre se a mãe viesse a falecer durante o parto, para cuidar dos interesses do nascituro, mas essa regra não foi reproduzida no CPC/2015, porém ela continua existindo no art. 1.779 do CC, que permite a nomeação do **curator ventris** ao nascituro se o pai falecer estando grávida a mulher, e não tendo o poder familiar.

O julgamento da ADPF 54 em 2012 pelo STF, que permitiu a interrupção da gravidez quando o feto for anencéfalo, foi na contramão das conclusões supraexpostas, sob o fundamento de proteção da dignidade da mulher que se encontra nessa situação, e seus direitos fundamentais, para permitir a realização da prática do aborto, sem que este tipifique *in casu* conduta criminosa, sendo mais uma exceção à regra, como as que já existiam no art. 128, incisos I e II, do Código Penal, que o autoriza quando o médico não tem outra forma de salvar a vida da gestante, se a gravidez resulta de estupro e o aborto é precedido de consentimento da gestante ou, quando incapaz, de seu representante legal.

2.4. DO DOMICÍLIO DA PESSOA NATURAL

Sendo o Direito um complexo de relações que se estabelece entre os homens, torna-se necessário que estes estejam presentes em determinado local conhecido, para que se exerçam normalmente as relações jurídicas. É uma necessidade de ordem social e geral fixar a pessoa em determinado lugar. Esse ponto de referência, esse local prefixado pela lei, é o **domicílio**.

Não podemos, porém, confundir os conceitos de morada, residência e domicílio.

Morada é o lugar em que a pessoa natural se estabelece temporariamente, ou seja, de forma provisória.

Residência é o lugar em que a pessoa natural se estabelece habitualmente, e por isso pressupõe maior estabilidade em relação à morada, onde exerce o centro de suas ocupações.

Domicílio é o lugar onde a pessoa estabelece sua residência com **ânimo definitivo**. É a sede legal da pessoa, onde ela se presume presente para efeitos de direito. É a residência ou morada da pessoa, onde ela efetivamente exerce suas atividades, ou, ainda, o lugar em que eventualmente se encontram ou habitam seus representantes legais. Assim:

Domicílio = Residência + Ânimo Definitivo

O domicílio é um conceito jurídico, pois o **art. 70 do Código Civil** estabelece:

> O domicílio da pessoa natural é o lugar onde ela estabelece a sua residência com ânimo definitivo.

O ânimo definitivo pode ser explicado como o local em que a pessoa concentra negócios, possui relações obrigacionais, adquire imóveis, possui domicílio fiscal, eleitoral etc. É também domicílio da pessoa natural, quanto às relações concernentes à profissão, o lugar onde esta é exercida. Se a pessoa exercitar a profissão em lugares diversos, cada um deles constituirá domicílio para as relações que lhe corresponderem. Aqui estamos falando de domicílio em que existe exercício da atividade profissional e econômica, denominado *domicílio profissional*.

Para facilitar a compreensão e o entendimento do assunto, tem-se a seguir um quadro explicativo com as diferenças entre os três institutos:

Morada	Residência	Domicílio
Local em que a pessoa natural se estabelece TEMPORARIAMENTE	Local em que a pessoa natural se estabelece PERMANENTEMENTE	Local em que a pessoa natural se estabelece DEFINITIVAMENTE
Possui caráter provisório	Possui caráter habitual	Possui caráter definitivo
A pessoa natural não transfere toda a sua vida para o local	A pessoa natural transfere alguns aspectos de toda sua vida para o local	Toda vida da pessoa natural está concentrada no local

A nossa legislação admite a possibilidade de uma única pessoa ter pluralidade de domicílio, de acordo com o **art. 71 do Código Civil.**

Se a pessoa natural tiver diversas residências, onde alternadamente viva, considerar-se-á domicílio seu qualquer delas. Agora, se a pessoa exercitar profissão em lugares diversos, cada um deles constituirá domicílio para as relações que lhe corresponderem, conforme determina o **art. 72 do Código Civil**.

Já o domicílio da pessoa natural que não tenha residência habitual é definido pelo **art. 73** como o lugar onde ela for encontrada. Essa norma consagra o **Princípio da Indeclinabilidade do Domicílio**, segundo o qual toda pessoa tem domicílio, quer queira ou não, pois, na pior das hipóteses, será o local em que for encontrada.

Muda-se o domicílio, transferindo a residência, com a intenção manifesta de o mudar. A prova da intenção resultará do que declarar a pessoa às municipalidades dos lugares que deixa e para onde vai, ou, se tais declarações não fizer, da própria mudança, com as circunstâncias que a acompanharem. Assim sendo, não se muda o domicílio apenas com a alteração da residência, mas também com a **intenção manifesta de mudar**.

As espécies de domicílio são as seguintes:

Domicílio voluntário: escolhido voluntariamente pela pessoa natural.

Domicílio de eleição: o estabelecido contratualmente pelas partes, em que especificam local onde se cumprirão os direitos e deveres oriundos da avença, o foro onde irá apreciar os possíveis litígios decorrentes do negócio jurídico contratual (**art. 78 do CC**).

Domicílio incerto: sendo incerto ou desconhecido o domicílio do réu, este será acionado onde for encontrado ou no domicílio do autor (art. 46 § 2º, do CPC/2015).

Foro competente fixado em razão do domicílio do réu: se o réu tiver vários domicílios, poderá ser acionado em qualquer um deles (art. 46, § 1º, do CPC 2015). Mas, se a pluralidade for de réus com diferentes domicílios, serão demandados no foro de qualquer um deles, à escolha do autor (art. 46, § 4º, do CPC 2015).

Domicílio necessário ou legal: quando for determinado por lei, em razão de condição ou situação de certas pessoas.

Domicílio do incapaz	É o do seu representante ou assistente.
Domicílio do servidor público	É o lugar onde exerce permanentemente suas funções. Note que, se o servidor exercer função temporariamente em cidade vizinha, não será ela considerada o seu domicílio.
Domicílio do militar	É o local onde servir, e, sendo da Marinha ou Aeronáutica, a sede do comando a que se encontrar imediatamente subordinado.
Domicílio do marítimo (que vive no mar)	Será o do local em que o navio estiver matriculado.
Domicílio do preso	Preso terá por domicílio o lugar onde cumpre sentença. Cumpre ressaltar que o preso temporário e o provisório não têm domicílio necessário, pois não estão cumprindo sentença.

2.5. DA CAPACIDADE CIVIL

A capacidade civil é a aptidão para adquirir direitos e exercer por si, ou por outrem, atos da vida civil.

As espécies de capacidade são duas:

Capacidade de direito (também chamada de gozo ou de aquisição): é a capacidade para ser sujeito de relação jurídica, e que por esse motivo **não pode ser recusada ao indivíduo**, já que é ínsita a quem possui **personalidade jurídica plena**, ou seja, para quem nasceu com vida, pois, segundo o art. 1º do Código Civil, toda pessoa é capaz de direitos e deveres na ordem civil.

Ela é definida como a medida jurídica da personalidade, ou seja, a extensão dos direitos e deveres de uma pessoa, motivo pelo qual não se confunde com personalidade, já que a última dá aptidão e a primeira mede sua extensão. Cumpre lembrar que a capacidade de direito inicia com o nascimento com vida.

A capacidade de direito é a medida, a extensão da personalidade, mas com ela não se confunde. Enquanto a capacidade estabelece poderes para a aquisição e o exercício dos direitos, a personalidade revela-se como a aptidão para exercer esses poderes.

Capacidade de fato ou de exercício: é a **aptidão de exercer por si os atos da vida civil, dependendo, portanto, do discernimento**, cujo critério é prudência, juízo, inteligência, e, sob o prisma jurídico, a aptidão que tem a pessoa de distinguir o lícito do ilícito, o conveniente do prejudicial. Esse tipo de capacidade pode sofrer restrições legais quanto ao seu exercício pela ocorrência de um fato genérico, como o tempo (maioridade ou menoridade), de uma insuficiência somática (loucura). Aos que assim são tratados por lei, o direito denomina "incapazes".

A capacidade jurídica de fato da pessoa natural é limitada, pois uma pessoa pode ter o gozo de um direito, sem ter o seu exercício, por ser incapaz, logo, seu representante legal é quem vai exercê-la.

Se a pessoa tem capacidade jurídica de direito e de fato, tem capacidade jurídica plena ou geral.

A teoria das incapacidades incide sobre a capacidade de fato, já que a capacidade jurídica de direito é ilimitada.

Essa capacidade civil de fato, estudada na Parte Geral do Código Civil, chama-se **Capacidade Genérica**, pois é aplicada a todos os atos que não estejam regulados por lei especial. A capacidade específica para a prática de certo ato, que é regulada por lei especial, chama-se *legitimação*. Como exemplo, citamos a que está descrita no **parágrafo único do art. 1.860 do Código Civil**, que estabelece ser de 16 anos a capacidade para fazer testamento. Ao completar 16 anos, a pessoa é relativamente incapaz para a prática de todos os atos (via de regra), menos para testar, pois o dispositivo em comento deu capacidade testamentária ativa ao maior de 16 anos, motivo pelo qual não haverá necessidade de assistência no testamento, mesmo ele sendo relativamente incapaz para a prática dos outros atos. Para o testamento, ele é capaz.

Portanto, não se pode confundir capacidade com **legitimação**, que é conceituada como uma **Capacidade Específica**, para a prática de certo ato. Somente quem tem capacidade de fato pode ter legitimação. Como exemplo podemos citar o caso da outorga do cônjuge que deve ser dada para que possa ocorrer alienação de bens imóveis, exigida pelo **art. 1.647 do Código Civil**. A outorga é necessária somente no casamento, e não na união estável, e é dispensada se o regime de bens do casamento for o da separação absoluta, acarretando sua falta a anulabilidade do negócio jurídico. Há casos em que o Direito proíbe totalmente a prática de certos atos por determinadas pessoas menores, como ocorre no caso da adoção, em que o art. 42 do ECA exige idade mínima de 18 anos, e em outros dá capacidade plena para determinado ato, mesmo a pessoa ainda não tendo atingindo a maioridade ou ter sido emancipado, como para ser mandatário, art. 666, e no caso do testamento, art. 1.860, parágrafo único, ambos do CC, em que o maior de 16 anos não precisará ser assistido, como exige o art. 71 do Código de Processo Civil.

2.6. DA AQUISIÇÃO DA CAPACIDADE CIVIL DE FATO

A capacidade civil de fato pode ser adquirida de duas formas:

a) Quando o menor completar 18 anos. Aos 18 anos a pessoa natural torna-se maior, adquirindo a capacidade de fato, podendo, então, exercer pessoalmente os atos da vida civil. Reza o art. 5º do Código Civil que com 18 anos completos acaba a menoridade, ficando habilitado o indivíduo para todos os atos da vida civil.

b) Se houver emancipação pelas formas previstas no art. 5º do Código Civil. A emancipação é ato que concede capacidade e não maioridade, motivo pelo qual a pessoa será qualificada, depois de emancipada, como **menor capaz**.

2.6.1. Cessação da incapacidade por emancipação

São três as espécies de emancipação: voluntária ou expressa, legal ou tácita e judicial.

As espécies voluntária e judicial de emancipação devem ser inscritas no Registro Civil das Pessoas Naturais do 1º Ofício da Comarca na qual o emancipado estiver domiciliado, já que apenas no primeiro cartório é que terá o livro "E", em que se faz tal registro, por determinação expressa do **art. 89 da Lei de Registros Públicos**. O registrador civil deverá encaminhar ao cartório onde está registrado o nascimento do emancipado uma comunicação informando sobre o ato, para que ele seja anotado à margem do nascimento (**arts. 106 e 107, § 1º, da Lei de Registros Públicos**).

Correta e acertadamente, Mário de Carvalho Camargo Neto, Marcelo Salaroli e Andreia Ruzzante Gagliardi[5], em lúcida e técnica posição, com a qual concordamos integralmente, afirmam que as hipóteses de emancipação legal possuem publicidade pela própria situação, não carecendo de registro, e que qualquer posição oposta a essa contraria nossa legislação, que é expressa em obrigar o registro somente das modalidades voluntária e judicial (**art. 89 da Lei de Registros Públicos e art. 9º, II, do CC**).

Uma regra importantíssima que deve ser lembrada é que o **parágrafo único do art. 91 da Lei n. 6.015/73** estabelece que, antes do registro, a emancipação, em qualquer das hipóteses registráveis, não produzirá efeito.

---

5. CAMARGO NETO, Mário de Carvalho; SALAROLI, Marcelo; GAGLIARDI, Andreia Ruzzante. In: CASSETTARI, Christiano (Coord.). *Registro civil das pessoas naturais*. 3. ed. Indaiatuba: Foco, 2021, p. 401. (Coleção Cartórios).

Vale lembrar que, quando o juiz conceder a emancipação do tutelado, deverá comunicá-la, de ofício, ao oficial de registro, se não constar dos autos haver sido efetuado este dentro de 8 (oito) dias.

Emancipação voluntária ou expressa. Antes da maioridade civil, pode haver a outorga de capacidade civil por concessão dos pais, aos 16 anos no mínimo, mediante escritura pública lavrada no Tabelionato de Notas, que deverá ser registrada no Cartório de Registro Civil (**art. 9º, II, do CC**), independentemente de autorização judicial.

É um ato do pai e da mãe em conjunto, mas, como o **art. 5º, parágrafo único, inciso I, do Código Civil** estabelece que este pode ser praticado por um deles na falta do outro, se um deles estiver morto ou destituído do poder familiar, a legitimação para o ato será de um só. Porém, se houver divergência entre pai e mãe, o juiz decidirá. Essa expressão contida no citado artigo (um deles na falta do outro) deve ser interpretada extensivamente, pois, em decorrência da falência de muitos núcleos familiares, que culminam com o afastamento por completo do pai ou da mãe do lar conjugal para sempre, sem deixar notícias ou indicação de onde estão, o poder familiar passa, mesmo sem uma decisão judicial que o reconheça, a ser exercido individualmente por quem permanece em contato com o filho. Por esse motivo, e pela morosidade de se obter uma decisão judicial, que a torna inviável, o Conselho Superior da Magistratura de São Paulo, em correta decisão, autoriza no Estado que o tabelião declare tal fato na escritura e a lavre com a assinatura de apenas um dos pais (**Ap. Civ. 96.914-0/9 – Comarca de Americana, rel. Luiz Tâmbara, *DJe* de 18-12-2002**).

Por fim, registre-se que, mais uma vez, Mário de Carvalho Camargo Neto, Marcelo Salaroli e Andreia Ruzzante Gagliardi[6] afirmam, corretamente em nossa posição, que o ato de emancipação voluntária é unilateral, motivo pelo qual não se deve colher assinatura do menor, já que ele não tem poder para autorizá-lo ou vetá-lo, pois o **art. 5º, parágrafo único, inciso I, do Código Civil** estabelece, expressamente, que o ato é praticado por outorga dos pais, ou seja, o filho não tem legitimação para fazê-lo.

Concordamos com Paulo Luiz Netto Lôbo[7], que afirma dever a escritura conter o motivo pelo qual a emancipação está sendo concedida, para que ela seja passível de averiguação judicial, inclusive por iniciativa do Ministério Público, se necessário. Acreditamos que dessa forma os pais possam perceber a seriedade do ato, e que com isso se inibam as emancipações descabidas. Porém, a ausência de tal justificativa não deve ser um óbice para o registrador civil se negar a registrar a escritura.

A escritura deve conter o requerimento de registro para atender a exigência da Lei de Registros Públicos, mas a sua falta pode ser suprida por um requerimento em documento particular apartado, assinado, apenas, por um dos pais ou pelo menor.

Emancipação judicial. Se estiver sob tutela, o pupilo será emancipado por sentença, desde que tenha no mínimo 16 anos completos. O tutor não tem poderes para, voluntariamente, emancipar o tutelado. Dos autos será exarada uma ordem judicial (certidão ou carta de sentença), que será o título hábil para providenciar o registro, lembrando que, por

6. CAMARGO NETO, Mário de Carvalho; SALAROLI, Marcelo; GAGLIARDI, Andreia Ruzzante. In: CASSETTARI, Christiano (Coord.). *Registro civil das pessoas naturais*. 3. ed. Indaiatuba: Foco, 2021, p. 401. (Coleção Cartórios).
7. LÔBO, Paulo Luiz Netto. *Direito civil* – parte geral. 7. ed. São Paulo, Saraiva, 2018, p. 127.

força do parágrafo único **do art. 91 da Lei de Registro Públicos**, somente com ele é que a sentença passa a produzir os seus regulares efeitos. O juiz que concede a emancipação do tutelado deverá comunicá-la, de ofício, ao oficial de registro, se não constar dos autos haver sido efetuado este dentro de 8 (oito) dias, conforme o *caput* do art. 91 da Lei de Registros Públicos, que obriga as partes a informarem o juízo da ocorrência do registro.

Emancipação legal ou tácita. Ocorre por determinação da lei, em que a prática de determinados atos, descritos no parágrafo único do art. 5º do Código Civil, gera, automaticamente, a emancipação.

Determina o art. 5º que cessará para os menores a incapacidade:

a) Pelo casamento: não é a autorização que os pais devem dar para o casamento (art. 1.517 do CC) que emancipa, mas sim a realização do ato.

Realizado o ato, a pessoa está emancipada, e mesmo que se divorcie antes dos 18 anos não volta a ser incapaz, pois a emancipação é ato irrevogável.

Uma exceção a essa regra ocorre no caso de a emancipação se dar pelo casamento. Caso este seja declarado nulo ou anulado, deverá o magistrado, nessa ação que busca invalidar o matrimônio, analisar a boa-fé dos cônjuges. Se um ou ambos os cônjuges estiverem de boa-fé, o casamento será considerado putativo (art. 1.561 do CC), hipótese em que produzirá efeitos para quem estiver de boa-fé, motivo pelo qual a emancipação permanece. Mas, para quem está de má-fé, o casamento não produz os seus regulares efeitos, e, como a emancipação é um efeito dele, a pessoa volta a ser incapaz[8], porém respeitado o direito de terceiros que já tenham celebrado relações jurídicas com o cônjuge emancipado, pois eles não podem ser prejudicados, motivo pelo qual essa volta ao estado de incapaz não o prejudica.

b) Pelo exercício do emprego público efetivo: apensar de a **Súmula 14 do STF** estabelecer que não é admissível, por ato administrativo, restringir, em razão da idade, inscrição em concurso para cargo público, a Lei n. 8.112, de 11 de dezembro de 1990, que dispõe sobre o regime jurídico dos servidores públicos civis da União, das autarquias e das fundações públicas federais, estabelece no **art. 5º, V**, que é requisito básico para investidura em cargo público a idade mínima de 18 anos. Essa regra também é seguida pelos Estados e Municípios.

Porém, na **Súmula 683 do STF** o Supremo se manifestou sobre o assunto, afirmando que o limite de idade para a inscrição em concurso público só se legitima em face do art. 7º, XXX, da Constituição, quando possa ser justificado pela natureza das atribuições do cargo a ser preenchido. Essa súmula foi aplicada pelo STJ no **REsp 1.462.659-RS, rel. Min. Herman Benjamin, julgado em 1º-12-2015, *DJe* 4-2-2016**, que permitiu a posse de menor com 17 anos e 10 meses como auxiliar de biblioteca, após ser aprovado em concurso.

c) Pela colação de grau em ensino superior: nos dias de hoje é também praticamente impossível um menor de 18 anos conseguir colar grau em curso de ensino superior.

d) Pelo estabelecimento civil ou comercial, ou pela existência de relação de emprego, desde que, em função deles, o menor com 16 anos completos tenha economia própria:

8. CAHALI, Yussef Said. *O casamento putativo*. 2. ed. São Paulo: RT, 1979, p. 129.

questão tormentosa é saber o que seria economia própria, capaz de gerar a emancipação legal no caso do estabelecimento civil ou comercial, ou, ainda, relação de emprego?

Concordamos com o Juiz do Trabalho do TRT da 2ª Região Mauro Schiavi, para quem:

> "Quanto ao inciso V do artigo 5º do Código Civil que prevê a emancipação do menor em razão da relação de emprego e desde que, em razão dela, o menor tenha economia própria, pensamos que a menoridade cessará pela existência de vínculo de emprego, caso o menor receba um salário mínimo por mês. Embora se possa questionar que o menor que receba apenas um salário mínimo não tenha economia própria, acreditamos que a finalidade da lei ao conceder a emancipação legal foi no sentido de deferir a emancipação do menor que apresenta maior maturidade em razão das responsabilidades inerentes ao contrato de emprego"[9].

A Secretaria de Relações do Trabalho – SRT publicou a Portaria n. 1, de 25-5-2006, interpretando o art. 439 da CLT/43 em consonância com o art. 5º do Código Civil, em que na Ementa n. 1 se verifica que "não é necessária a assistência por responsável legal, na homologação da rescisão contratual, ao empregado adolescente que comprove ter sido emancipado".

2.6.2. Consequências da emancipação

Assim sendo, o adolescente emancipado tem capacidade de fato para manifestar sua vontade, e, portanto, dar quitação ao empregador, desde que comprove a condição de emancipado.

Diante disso, verifica-se que, estando a manifestação de vontade do menor emancipado pautada na capacidade de entendimento, não há necessidade de assistência de seus responsáveis legais, mas na aplicação de normas que prestigiem o aspecto psicossocial do menor, uma vez que têm caráter de ordem pública, exigem a assistência, sejam eles emancipados ou não.

A emancipação é sempre irrevogável e irretratável, tanto a legal como a voluntária, motivo pelo qual, se a causa que a originou for extinta, não será cancelada. Não é um instituto intermitente. Por esse motivo, se ocorrer a separação ou o divórcio de cônjuges menores, a emancipação permanece.

Uma vez emancipado o filho menor, o pai fica exonerado da responsabilidade civil somente quando a emancipação for legal. Segundo o STJ, a emancipação por outorga dos pais (voluntária) não exclui, por si só, a responsabilidade decorrente de atos ilícitos do filho (**AgRg no Ag 1.239.557-RJ, rel. Min. Maria Isabel Gallotti, 4ª Turma, j. em 9-10-2012**).

A emancipação é ato que concede capacidade e não maioridade, motivo pelo qual a pessoa será qualificada, depois de emancipada, como **menor capaz**. Menor, pois ainda não tem 18 anos, e capaz por ter sido emancipado. Isso se dá pois, mesmo emancipado, o menor ainda é adolescente, e fica, ainda, sujeito às normas protetivas do ECA. Nosso pensamento é corroborado pelo **TJSC na Apelação n. 2014.076727-5 (Herval D'Oeste), 4ª Câmara Criminal, rel. Des. Rodrigo Collaço, j. em 12-12-2014, *DJSC* 18-12-2014**. Por esse motivo não pode uma adolescente de 16 anos, emancipada, posar nua para uma revista masculina, pois estará, ainda, sujeita às proteções do Estatuto da Criança e do Adolescente

9. SCHIAVI, Mauro. *Manual de direito processual do trabalho*. 14. ed. São Paulo: LTr, 2018, p. 229.

(ECA). Com isso, verifica-se que a emancipação não libera o menor a fazer tudo o que um adulto está permitido a fazer.

A emancipação, nos termos do **art. 5º, parágrafo único, do Código Civil**, extingue o poder familiar, consoante a norma do **art. 1.635, II**, do mesmo diploma legal.

2.7. INCAPACIDADE – CONCEITO E ESPÉCIES

A incapacidade advém da lei, por isso é uma restrição legal ao exercício dos atos da vida civil.

A incapacidade pode ser de duas espécies: absoluta e relativa.

A **incapacidade absoluta** ocorre quando há proibição total do exercício do direito pessoalmente pelo incapaz, sendo necessária a sua representação por seu representante legal (pai, mãe, tutor ou curador). No caso da inobservância de tal preceito, o negócio jurídico será nulo (art. 166, I, do CC). Em regra, eles não possuem vontade juridicamente relevante, já que é irrelevante para a prática do negócio jurídico, uma vez que este será praticado pelo seu representante legal.

De acordo com o **art. 3º do Código Civil**, modificado pelo Estatuto da Pessoa com Deficiência (Lei n. 13.146/2015), só existe, desde então, uma única hipótese de incapacidade absoluta, que é o caso dos menores de 16 anos.

Os que, por enfermidade ou deficiência mental, não tiverem o necessário discernimento para a prática desses atos não mais constam do artigo, e por esse motivo, *a priori*, serão pessoas capazes.

Já as pessoas que, mesmo por causa transitória, não puderem exprimir a sua vontade tornaram-se relativamente incapazes. Por essa regra, alguém que esteja em coma profundo num hospital, não podendo exprimir sua vontade, é relativamente incapaz, e não absolutamente. Ou seja, o ato praticado com essa pessoa seria anulável, e não nulo. Um verdadeiro absurdo.

Note os graves problemas da modificação: a lei dá, inicialmente, capacidade aos enfermos e deficientes mentais **sem discernimento** para praticar atos da vida civil e transforma a pessoa que **não consegue** exprimir vontade em relativamente incapaz, cujo ato, se praticado, pode ser convalidado com o decurso de prazo, já que será anulável.

A única forma de tentar minimizar o problema é dizer que o enfermo ou deficiente mental que não tem discernimento para praticar atos da vida civil é relativamente incapaz não por ser enfermo ou deficiente, mas por ser pessoa que não consegue exprimir sua vontade.

A **incapacidade relativa** diz respeito àqueles que podem praticar por si os atos da vida civil, desde que assistidos por quem o Direito encarrega desse ofício, em razão de parentesco, de relação de ordem civil ou de designação judicial. O efeito da violação dessa norma é gerar a anulabilidade do negócio jurídico (art. 171 do CC), que deve ser alegada no prazo de 4 anos contados de quando cessar a incapacidade (art. 178 do CC).

Porém, a incapacidade relativa, por idade, é relativizada pelo art. 180 do Código Civil, ao afirmar que o menor, entre 16 e 18 anos, não pode, para eximir-se de uma obrigação, invocar a sua idade se dolosamente a ocultou quando inquirido pela outra parte, ou se, no ato de obrigar-se, declarou-se maior.

Outra regra importante é a do art. 181 do Código Civil, que proíbe alguém de reclamar o que, por uma obrigação anulada, pagou a um incapaz, se não provar que reverteu em proveito dele a importância paga.

De acordo com o **art. 4º do Código Civil**, modificado pelo Estatuto da Pessoa com Deficiência (Lei n. 13.146/2015), são considerados relativamente incapazes a certos atos, ou à maneira de os exercer:

a) os maiores de 16 e menores de 18 anos;

b) os ébrios habituais e os viciados em tóxicos;

c) aqueles que, por causa transitória ou permanente, não puderem exprimir sua vontade;

d) os pródigos (aqueles que dilapidam seu patrimônio).

As pessoas que por **deficiência mental** tenham o **discernimento reduzido** e os excepcionais sem desenvolvimento mental completo adquiriram capacidade civil com o Estatuto da Pessoa com Deficiência (Lei n. 13.146/2015).

A crítica a se fazer ao Estatuto da Pessoa com Deficiência é que este, no intuito de promover a inclusão social da pessoa com necessidades especiais, acabou retirando dela um manto protetivo que existia na legislação, não para promover uma discriminação, mas para impedir que pudesse ser enganada por quem, sem nenhum escrúpulo, desejasse levar sobre ela algum tipo de vantagem.

Isso se deu porque o art. 2º do Estatuto da Pessoa com Deficiência equiparou todo o tipo de deficiente. Eis a sua redação:

> **Art. 2º** Considera-se pessoa com deficiência aquela que tem impedimento de longo prazo de natureza física, mental, intelectual ou sensorial, o qual, em interação com uma ou mais barreiras, pode obstruir sua participação plena e efetiva na sociedade em igualdade de condições com as demais pessoas.

Equiparados os deficientes, independentemente do tipo e grau de deficiência, o art. 6º do Estatuto lhes dá **plena** capacidade civil:

> **Art. 6º A deficiência não afeta a plena capacidade civil da pessoa**, inclusive para:
>
> I – casar-se e constituir união estável;
>
> II – exercer direitos sexuais e reprodutivos;
>
> III – exercer o direito de decidir sobre o número de filhos e de ter acesso a informações adequadas sobre reprodução e planejamento familiar;
>
> IV – conservar sua fertilidade, sendo vedada a esterilização compulsória;
>
> V – exercer o direito à família e à convivência familiar e comunitária; e
>
> VI – exercer o direito à guarda, à tutela, à curatela e à adoção, como adotante ou adotando, em igualdade de oportunidades com as demais pessoas.

Até casar e constituir uma união estável, dividindo integralmente o seu patrimônio com a outra pessoa, num regime de comunhão universal, independerá de qualquer tipo de representação ou assistência.

Corroborando com os dispositivos acima, o **art. 84 do Estatuto da Pessoa com Deficiência**, estabelece que a pessoa com deficiência tem assegurado o direito ao exercício de sua capacidade legal em igualdade de condições com as demais pessoas.

Não podemos medir uma incapacidade em razão de uma deficiência, até porque existem vários tipos e em diferentes estágios. Assim, está correta a disposição de que toda pessoa com deficiência é capaz, pois o que vai indicar incapacidade é o comprometimento no discernimento, que impede a real manifestação de vontade, e isso pode ocorrer quando a pessoa tem ou não uma deficiência.

Sobre interdição, recomenda-se a leitura do tópico deste livro que trata da **curatela**, na parte de Direito de Família, que está mais adiante. O Estatuto da Pessoa com Deficiência determina que o **referido instituto é medida excepcional, que deverá durar o menor tempo possível (art. 84, § 3º)**, por conta da criação do instituto da **tomada de decisão apoiada (art. 1.783-A do CC)**, que é de aplicação facultativa e de iniciativa da pessoa com deficiência **(art. 84, § 2º)**.

Eis o motivo pelo qual a **curatela se referirá apenas aos atos de natureza patrimonial e negocial (art. 85)**, e por esse motivo **não alcança o direito de contrair matrimônio (art. 85, § 1º)**. Assim sendo, o curatelado não precisa do curador para casar, exceto se decidir fazer pacto antenupcial, adotando regime diverso da comunhão parcial de bens, pois esse ato seria patrimonial.

Os **serviços notariais e de registro** não podem negar ou criar óbices ou condições diferenciadas à prestação de seus serviços em razão de deficiência do solicitante, devendo reconhecer sua capacidade legal plena, garantida a acessibilidade. O descumprimento dessa regra constitui discriminação em razão de deficiência **(art. 83)**. **Discriminação** é um crime tipificado no Estatuto **(art. 88)**, com pena de reclusão de 1 a 3 anos e multa.

Esta norma gerou muita dúvida sobre o que seria "criar óbices". Por exemplo, o exercício do direito do Registrador de suscitar Dúvida, concedido pelo **art. 198 da Lei n. 6.015/73 (LRP)**, extensivo a todos os registradores de qualquer modalidade e não apenas aos de imóveis, seria uma hipótese de criação de óbice, e portanto acarretaria crime de discriminação.

Entendemos que não, e, para pacificar esta questão, foi editada a **Resolução n. 230 de 22 de junho de 2016 do CNJ**, que criou parâmetros sobre o que seria a criação de óbice, referido na lei.

De acordo com o parágrafo único do **art. 4º do Código Civil**, a capacidade dos indígenas (silvícolas), e não mais índios, como estabelecia o Código Civil antes da Lei n. 13.146/2015, será regulada por legislação especial. A modificação era necessária, e foi acertada, pois nem todo índio é silvícola, mas somente aquele que não foi socializado (índio da selva). A defesa dos interesses coletivos dos indígenas será feita pelo Ministério Público Federal.

O indígena tem capacidade *sui generis*, já que o **art. 8º do Estatuto do Índio (Lei n. 6.001/73)** estabelece que deve ser **assistido** pela FUNAI, cuja ausência acarreta **nulidade** somente se for prejudicial ao indígena. Essa norma não se aplica no caso em que o índio revele consciência e conhecimento do ato praticado, desde que não lhe seja prejudicial, e da extensão dos seus efeitos. Com essas regras, verifica-se não ser possível enquadrá-lo nem como absolutamente nem como relativamente incapaz.

Já o pródigo será relativamente incapaz, conforme o **art. 1.782 do Código Civil**, somente com relação aos atos de alienação de bens, gravação de ônus reais no seu patrimônio, porém poderá se casar e adotar sem ser assistido por curador.

O absolutamente incapaz é representado, enquanto o relativamente incapaz é assistido. Nulo será o ato praticado diretamente por pessoa absolutamente incapaz. E apenas anulável o realizado por pessoa relativamente incapaz, sem assistência do representante legal.

Não se confunde o **representante legal** (imposto por lei) com o **representante voluntário, privado** ou **convencional**, que pressupõe a plena capacidade de uma pessoa que não pode estar presente a determinado ato e que estabelece poderes de representação por meio do contrato de mandato.

O representado só responde civilmente pelos prejuízos causados pelo representante a um terceiro se a representação for convencional, hipótese em que será solidária. Porém, se a representação for legal, a responsabilidade será exclusiva do representante.

Quanto aos ausentes, não há que se cogitar de sua capacidade, já que não estão presentes.

A incapacidade submete-se a dois diferentes critérios: **etário** ou **psíquico** (falta de discernimento, e não deficiência). Quando a incapacidade é etária, a causa é **objetiva**. Quando é psíquica, a causa é **subjetiva**, hipótese em que somente o juiz, por meio da ação de interdição (que é um procedimento de jurisdição voluntária previsto no art. 747 do CPC 2015), pode determinar que uma pessoa seja incapaz psiquicamente. Nessa ação, é obrigatória a perícia médica.

Extingue-se a incapacidade pela cessação da causa que a originou. A incapacidade etária cessa aos 18 anos e, quando se tratar de problema com discernimento, quando este terminar.

2.8. DOS DIREITOS DA PERSONALIDADE (ARTS. 11 A 21 DO CC)

2.8.1. Introdução ao tema

Após as barbáries praticadas contra a integridade humana em duas grandes guerras mundiais, tais como o holocausto, capitaneado por Adolf Hitler, e as bombas atômicas que destruíram cidades como Hiroshima e Nagasaki, no Japão, todos os países do mundo chegaram à conclusão de que deveriam colocar em seus ordenamentos regras de proteção à personalidade da pessoa humana.

Em 1948 a Declaração Universal dos Direitos Humanos, aprovada pela Assembleia Geral das Nações Unidas, afirmou que o reconhecimento da dignidade dos seres humanos e de seus direitos iguais são inalienáveis, e possuem como fundamento a liberdade, a justiça e a paz no mundo.

No Brasil, a Constituição Federal consagrou, no art. 1º, III, a Dignidade da Pessoa Humana como um dos fundamentos da República, que assumiu um papel de destaque em nosso ordenamento jurídico sendo considerada um princípio fundamental, no qual os demais princípios têm origem, e que norteia todas as regras jurídicas, como sempre afirma Gustavo Tepedino em suas palestras.

2.8.2. Conceito de direitos da personalidade

São direitos inerentes à pessoa natural ou jurídica, dotados de personalidade jurídica, que têm por objetivo promover a defesa da integridade física, moral e intelectual.

2.8.3. Alguns exemplos de direitos da personalidade

São espécies de direitos da personalidade:

a) **direito à vida:** proteção da existência da pessoa natural e do nascituro;

b) **direito à integridade física:** proteção à saúde pessoal;

c) **direito ao corpo e partes separadas:** utilização do corpo como lhe aprouver, exceto se atentar contra a vida, saúde física e mental. Veda também a comercialização de partes do corpo;

d) **direito à imagem:** proteção à imagem, a expressão visual do titular;

e) **direito à honra:** proteção a aspectos morais da personalidade;

f) **direito à voz:** retirar proveito econômico da sua expressão vocal;

g) **direito aos alimentos:** de perceber alimentos para subsistência se estiver necessitando e sem condições de obtê-los;

h) **direito ao cadáver e partes separadas:** proteção dos restos mortais, até a decomposição física.

De acordo com o Enunciado 274 do CJF, os direitos da personalidade são regulados de maneira não exaustiva pelo Código Civil. Isso se dá porque são expressões da cláusula geral de tutela da pessoa humana, contida no art. 1º, III, da Constituição (princípio da dignidade da pessoa humana), já que sofrem influência dos direitos fundamentais (e em caso de colisão entre eles, deve-se aplicar a técnica da ponderação de Robert Alexy).

2.8.4. Características dos direitos da personalidade (art. 11 do CC)

INTRANSMISSIBILIDADE	IRRENUNCIABILIDADE

Dessas duas características dos direitos da personalidade, decorrem outras, são elas: a) indisponibilidade; b) incomunicabilidade; c) impenhorabilidade; d) imprescritibilidade; e) perpetuidade; f) oponibilidade *erga omnes*.

É importante ressaltar que o direito da personalidade é imprescritível, mas a pretensão indenizatória prescreve no prazo de 3 anos, conforme já decidiu o Tribunal de Justiça de São Paulo[10]. Recomendamos a leitura do capítulo que trata da responsabilidade civil, mais

10. "Ação declaratória, cumulada com indenização por danos morais. Alegação de prescrição. Afastamento. Prazo estabelecido no art. 206, § 3º, V, do CC não transcorrido. Ilegitimidade passiva. Restrição ao nome do autor causada pela conduta do banco requerido. Legitimidade para figurar no polo passivo da demanda. Indevida restrição ao nome do autor. Ausência de qualquer relação jurídica entre as partes a justificar a restrição. Negligência do réu no exame da documentação apresentada por terceiro fraudador. Risco de fraudes que se insere na atividade desenvolvida pelo réu. Restrição que impediu o autor de realizar uma compra a prazo. Abalo de crédito configurado, dano moral reconhecido. Lesão que

adiante, onde comentamos a hipótese de pretensão indenizatória imprescritível, no caso de tortura, em face das decisões do STJ nesse sentido.

Com exceção dos casos previstos em lei, os direitos da personalidade são intransmissíveis e irrenunciáveis, não podendo o seu exercício sofrer limitação voluntária, ou seja, somente a lei poderia autorizar a pessoa a impor uma limitação voluntária a um direito da personalidade ou transmiti-lo e renunciá-lo.

Cumpre salientar que a fração patrimonial dos direitos da personalidade pode ser transmitida, como autoriza o art. 28 da Lei n. 9.610/98[11], que trata do direito do autor. Assim, o que é cedido é o exercício do direito da personalidade, e não a sua titularidade.

Há quem defenda que a irrenunciabilidade dos direitos da personalidade não pode ser absoluta, tema que gera debates acalorados na doutrina e na jurisprudência, mas que por ora é posicionamento minoritário. Porém, juristas respeitáveis defendem essa tese, que inspiraram o **Enunciado 139** do Conselho da Justiça Federal, que estabelece que os direitos da personalidade podem sofrer limitações, ainda que não especificamente previstas em lei, não podendo ser exercidos com abuso de direito de seu titular, contrariamente à boa-fé objetiva e aos bons costumes. Essa mitigação também está prevista no Enunciado 4 do Conselho da Justiça Federal, que diz que o exercício dos direitos da personalidade pode sofrer limitação voluntária, desde que não seja permanente nem geral.

2.8.5. Tutela jurisdicional dos direitos da personalidade (art. 12 do CC)

Pode-se exigir que cesse a ameaça (por ação cautelar) ou a lesão (por ação indenizatória) a direito da personalidade, e reclamar perdas e danos, sem prejuízo de outras sanções previstas em lei.

A legitimidade (e não legitimação, como está descrito no parágrafo único do art. 12 do Código Civil) para ingressar com tais demandas será da vítima, mas, em se tratando de morto, será do cônjuge sobrevivente, ou qualquer parente em linha reta ou colateral até o quarto grau. O **Enunciado 275 do Conselho da Justiça Federal** determina a inclusão também do companheiro no rol dessas pessoas legitimadas.

O Código Civil reconhece nesse dispositivo **direito da personalidade da pessoa morta**. O **Enunciado 400 do Conselho da Justiça Federal** estabelece que os parágrafos únicos dos arts. 12 e 20 asseguram legitimidade, por direito próprio, aos parentes, cônjuge ou companheiro para a tutela contra lesão perpetrada *post mortem*. Estes, como as demais pessoas que estão no dispositivo, são **legitimados indiretos**, motivo pelo qual sofrem dano em ricochete, por isso podem pleitear a indenização em nome próprio.

Mas, como o morto tem direito da personalidade reconhecido, nada obsta a que o espólio posso pleiteá-lo também, e que eventual indenização existente seja dividida entre os sucessores seguindo as regras legais.

---

deriva do próprio fato (*in re ipsa*) dispensando maiores comprovações. Valor da indenização (R$ 8.300,00). Suficiência. Verba honorária (15% da condenação). Manutenção. Sentença preservada. Apelo improvido" (Ap. c/Rev 595.228-4/0, Ac. 393.280-7, 3ª Câmara de Direito Privado, rel. Des. Donegá Morandini, j. em 7-7-2009, *DJESP* de 29-7-2009).

11. "Art. 28. Cabe ao autor o direito exclusivo de utilizar, fruir e dispor da obra literária, artística ou científica."

Essa posição foi referendada pelo STJ[12], para quem, embora a violação moral atinja apenas os direitos subjetivos do falecido, o espólio e os herdeiros têm legitimidade ativa *ad causam* para pleitear a reparação dos danos morais suportados pelo *de cujus*.

Essa posição deu origem à **Súmula 642 do STJ**: "*O direito à indenização por danos morais transmite-se com o falecimento do titular, possuindo os herdeiros da vítima legitimidade ativa para ajuizar ou prosseguir a ação indenizatória*".

O Tribunal da Cidadania[13] tem entendimento ainda de que os sucessores possuem legitimidade para ajuizar ação de reparação de danos morais em decorrência de perseguição, tortura e prisão, sofridos durante a época do regime militar.

2.8.6. A disposição do corpo vivo e a proteção dos direitos da personalidade (art. 13 do CC)

Salvo por exigência médica, é defeso o ato de disposição do próprio corpo, quando importar diminuição permanente da integridade física, ou contrariar os bons costumes, sendo, porém, admitido para fins de transplante, na forma estabelecida em lei especial.

O presente artigo, que foi criado com o objetivo de impedir a comercialização ilegal de órgãos e tecidos de pessoas vivas, fato este que se comprova com o texto do seu parágrafo único, com o tempo ganhou grande importância e relevância por abarcar outros casos também.

Há quem o critique ao fazer uma interpretação *contrario sensu* da norma, afirmando que, se a diminuição da integridade física não for permanente, ela estaria autorizada pelo texto.

Essa crítica fundamenta-se na licitude que há no Brasil da pessoa natural colocar *microchip* subcutâneo ou outros equipamentos removíveis (diminuição não permanente), ainda que com finalidade comercial, como se tem notícia ocorrer nos EUA para o controle de acesso de funcionários.

Trata-se de algo muito perigoso, e por tal motivo não podemos deixar prevalecer uma ideia de que as partes regeneráveis do nosso corpo, tais como saliva e fio de cabelo, merecem menor proteção do que as que não se regeneram.

Com o avanço da medicina, essas partes regeneráveis possuem nossa intimidade, que pode ser revelada por exames de última geração, motivo pelo qual vários países as consideram como extensão do corpo humano.

---

12. Julgados: AgInt no AREsp 85.987/SP, rel. Min. Raul Araújo, 4ª Turma, j. em 5-2-2019, *Dje* 12-2-2019; AgInt no AgInt nos EDcl no AREsp 1.112.079/PR, rel. Min. Luis Felipe Salomão, 4ª Turma, j. em 21-8-2018, *Dje* 24-8-2018; REsp 1.185.907/CE, rel. Min. Maria Isabel Gallotti, 4ª Turma, j. em 14-2-2017, *Dje* 21-2-2017; AgRg no AREsp 326.485/SP, rel. Min. Sidnei Beneti, 3ª Turma, j. em 25-6-2013, *Dje* 1º-8-2013; REsp 1.071.158/RJ, rel. Min. Nancy Andrighi, 3ª Turma, j. em 25-10-2011, *Dje* 7-11-2011; AgRg nos EREsp 978.651/ SP, rel. Min. Felix Fischer, Corte Especial, j. em 15-12-2001, *Dje* 10-2-2011 (*vide* Informativo de Jurisprudência, n. 475).
13. Julgados: AgInt no REsp 1.669.328/SC, rel. Min. Francisco Falcão, 2ª Turma, j. em 21-2-2019, *Dje* 1º-3-2019; AgInt no REsp 1.678.628/ RJ, rel. Min. Herman Benjamin, 2ª Turma, j. em 6-3-2018, *Dje* 13-11-2018; AgInt no AREsp 473. 278/RS, rel. Min. Benedito Gonçalves, 1ª Turma, j. em 2-10-2018, *Dje* 5-10-2018; AgInt no REsp 1.489.263/RS, rel. Min. Assusete Magalhães, 2ª Turma, j. em 21-6-2018, *Dje* 28-6-2018; AgInt no REsp 1.590.332/RS, rel. Min. Sérgio Kukina, 1ª Turma, j. em 21-6-2016, *Dje* 28-6-2016; AgRg nos EDcl no REsp 1.328.303/PR, rel. Min. Humberto Martins, 2ª Turma, j. em 5-3-2015, *Dje* 11-3-2015.

No Brasil não há proteção às partes regeneráveis, haja vista situações como a utilização da saliva de Roberta Jamilly, coletada contra sua vontade numa bituca de cigarro fumado em uma Delegacia, para realização de um exame de DNA que comprovou que ela não tinha vínculo de parentesco com sua mãe de criação, que tinha sequestrado o menino Pedrinho de sua mãe biológica. Outro caso é o da cantora mexicana Gloria Trevi, que engravidou durante o período em que esteve presa e teve sua placenta coletada para realizar exame de DNA, com autorização do STF na Reclamação 2040/DF, j. 21-2-2002.

Porém, cumpre ressaltar que o **art. 45 do Código de Ética Médica (2010)** determina que é vedado ao médico retirar órgão de doador vivo quando este for juridicamente incapaz, mesmo se houver autorização de seu representante legal, exceto nos casos permitidos e regulamentados em lei.

O art. 13 do CC possui atualmente grande importância para nossa sociedade, pois acaba tratando não só de questões relacionadas aos transplantes de órgãos e tecidos de pessoas vivas, mas autoriza a cirurgia de transgenitalização em transexuais, veda o uso exagerado do corpo quando gerar problemas de saúde pública, e entra na questão dos limites ao embelezamento e das cirurgias estéticas, que vem expondo as pessoas a riscos e levando-as a óbito.

Nessa esteira, o Enunciado 276 do CJF determina que a permissão de disposição do próprio corpo por exigência médica autoriza as cirurgias de transgenitalização, em conformidade com os procedimentos estabelecidos pelo Conselho Federal de Medicina, e a consequente alteração do prenome e do sexo no Registro Civil[14]. Cumpre ressaltar que já há decisões dos Tribunais de Justiça dos Estados de São Paulo[15], Rio de Janeiro, Minas Gerais, Rio Grande do Sul, Mato Grosso do Sul, Piauí e Sergipe que autorizam a mudança de nome

14. Conforme REsp 1.008.398/SP, rel. Min. Nancy Andrighi, 3ª Turma, j. 15-10-2009.

15. Retificação de registro civil. Transexual que preserva o fenótipo masculino. Requerente que não se submeteu à cirurgia de transgenitalização, mas que requer a mudança de seu nome em razão de adotar características femininas. Possibilidade. Adequação ao sexo psicológico. Laudo pericial que apontou transexualismo. Na hipótese dos autos, o autor pediu a retificação de seu registro civil para que possa adotar nome do gênero feminino, em razão de ser portador de transexualismo e ser reconhecido no meio social como mulher. Para conferir segurança e estabilidade às relações sociais, o nome é regido pelos princípios da imutabilidade e indisponibilidade, ainda que o seu detentor não o aprecie. Todavia, a imutabilidade do nome e dos apelidos de família não é mais tratada como regra absoluta. Tanto a lei, expressamente, como a doutrina, buscando atender a outros interesses sociais mais relevantes, admitem sua alteração em algumas hipóteses. Os documentos juntados aos autos comprovam a manifestação do transexualismo e de todas as suas características, demonstrando que o requerente sofre inconciliável contrariedade pela identificação sexual masculina que tem hoje. O autor sempre agiu e se apresentou socialmente como mulher. Desde 1998 assumiu o nome de "Paula do Nascimento". Faz uso de hormônios femininos há mais de vinte e cinco anos e há vinte anos mantém união estável homoafetiva, reconhecida publicamente. Conforme laudo da perícia médico-legal realizada, a desconformidade psíquica entre o sexo biológico e o sexo psicológico decorre de transexualismo. O indivíduo tem seu sexo definido em seu registro civil com base na observação dos órgãos genitais externos, no momento do nascimento. No entanto, com o seu crescimento, podem ocorrer disparidades entre o sexo revelado e o sexo psicológico, ou seja, aquele que gostaria de ter e que entende como o que realmente deveria possuir. A cirurgia de transgenitalização não é requisito para a retificação de assento ante o seu caráter secundário. A cirurgia tem caráter complementar, visando a conformação das características e anatomia ao sexo psicológico. Portanto, tendo em vista que o sexo psicológico é aquele que dirige o comportamento social externo do indivíduo e considerando que o requerente se sente mulher sob o ponto de vista psíquico, procedendo como se do sexo feminino fosse perante a sociedade, não há qualquer motivo para se negar a pretendida alteração registral pleiteada. A sentença, portanto, merece ser reformada para determinar a retificação no assento de nascimento do apelante para que passe a constar como "PN". Sentença reformada. Recurso provido (TJSP, AC 0013934-31.2011.8.26.0037, 10ª C. Dir. Priv., Rel. Carlos Alberto Garbi, j. 23-9-2014).

e sexo no registro de nascimento sem necessidade de a pessoa se submeter à cirurgia de transgenitalização, bastando a prova do transexualismo.

A cirurgia de transgenitalização, erroneamente chamada de "mudança de sexo", é um procedimento sério, feito quando há diagnóstico médico de transexualismo, motivo pelo qual é um direito da personalidade da pessoa promover a chamada adequação sexual. Transexualismo, no conceito de Roberto Farina[16], é uma pseudossíndrome psiquiátrica, na qual o indivíduo se conduz como se pertencesse ao gênero oposto, por ter aversão e negação ao sexo de origem, desejando, por esse motivo, a realização da cirurgia de reversão genital, para assumir a identidade do seu desejado gênero.

Roberto Farina foi o primeiro médico brasileiro a realizar na cidade de São Paulo a cirurgia de transgenitalização, em 1971. Sete anos depois, foi condenado, em primeira instância, a dois anos de reclusão, sob a acusação, feita pelo próprio Conselho Federal de Medicina, de ter causado uma lesão corporal grave em Waldyr Nogueira (que era chamada de Waldirene Nogueira e sofria de transexualismo comprovadamente por laudo do Hospital das Clínicas de São Paulo), e depois absolvido pela 5ª Câmara de Direito Público do Tribunal de Alçada Criminal de São Paulo.

Foi por esse motivo que muitos transexuais, depois desse episódio, tiveram de ser operados em outros países, como ocorreu com Roberta Close (Luís Roberto Gambini Moreira), operada na Inglaterra em 1989, que teve negado o pedido feito à Justiça, depois disso, de mudança de nome e sexo, em 1992. Esse erro foi reparado em 2005, quando um novo pedido foi feito e autorizado.

Somente em 1997, o Conselho Federal de Medicina autorizou, por meio da Resolução CFM n. 1.482/97, que fosse feita, em caráter experimental, a cirurgia de transgenitalização no Brasil. Em 2002, essa cirurgia deixou de ser feita em caráter experimental em nosso país, quando a Resolução CFM n. 1.652/2002 passou a normatizá-la de forma definitiva, tendo sido ela revogada pela Resolução CFM n. 1.955/2010, já revogada também.

Como todas as resoluções acima estão revogadas, atualmente, o assunto é normatizado pela **Resolução CFM n. 2.265/2019.**

Essa resolução define **transgênero** ou incongruência de gênero a não paridade entre a identidade de gênero e o sexo ao nascimento, incluindo-se neste grupo transexuais, travestis e outras expressões identitárias relacionadas à diversidade de gênero.

Segundo a norma, considera-se **identidade de gênero** o reconhecimento de cada pessoa sobre seu próprio gênero.

Ainda na mesma norma, definem-se **homens transexuais** aqueles nascidos com o sexo feminino que se identificam como homem, e **mulheres transexuais** aquelas nascidas com o sexo masculino que se identificam como mulher.

A citada resolução define **travesti** como a pessoa que nasceu com um sexo, identifica-se e apresenta-se fenotipicamente com outro gênero, mas aceita sua genitália.

16. FARINA, Roberto. *Transexualismo*: do homem à mulher normal através dos estado de intersexualidade e das parafilias. São Paulo, Novalunar, 1982.

Por fim, a definição de **afirmação de gênero** nada mais é do que o procedimento terapêutico multidisciplinar para a pessoa que necessita adequar seu corpo à sua identidade de gênero por meio de hormonioterapia e/ou cirurgias.

Em 2008, a Portaria do Ministério da Saúde n. 1.707/2008, posteriormente revogada pela **Portaria do Ministério da Saúde n, 2.803/2013**, instituiu que todo o processo pudesse ser feito no âmbito do Sistema Único de Saúde (SUS). Porém, atualmente, apenas quatro hospitais estão credenciados para realizar a cirurgia de adequação sexual pelo SUS: o Hospital das Clínicas de Porto Alegre, o Hospital das Clínicas da Universidade Federal de Goiás, o Instituto de Psiquiatria da Fundação Faculdade de Medicina de São Paulo e o Hospital Universitário Pedro Ernesto, da Universidade Estadual do Rio de Janeiro (UERJ). Por esse motivo, em agosto de 2013 foi noticiado que no Estado de São Paulo, o maior de todos os centros, são realizadas somente 50 cirurgias por ano, e que em Goiás a fila para ser submetido ao procedimento dura até 6 anos.

Como a cirurgia paga pelo SUS não é realizada em todo o país, a Defensoria Pública de vários Estados vem obtendo vitórias no Judiciário, para que o Estado pague as despesas da realização da cirurgia em outros Estados, quando não há o centro no Estado de origem do transexual.

Um exemplo disso foi a ação judicial proposta pela defensora do Estado de Pernambuco, Viviane Chrystian Albuquerque Sotero de Melo, para que Alexandre Emanuel de Almeida Castro conseguisse realizar a cirurgia sem custo. Em 22 de agosto de 2012, o juiz Marcus Vinícius Nonato Rabelo Torres, da 4ª Vara da Fazenda Pública de Recife, concedeu uma liminar nos autos do processo n. 0055724-21.2012.8.17.0001, para que o Estado pernambucano arcasse com todo o custo da cirurgia, a ser realizada no Estado de Goiás. Em 13 de setembro de 2012, o juiz Djalma Andrelino Nogueira Júnior proferiu sentença nesse processo, condenando o Estado de Pernambuco a, por meio do Programa Estadual de Tratamento Fora do Domicílio, proporcionar o encaminhamento do autor para o Estado de Goiás, com passagem aérea, hospedagem e ajuda de custo, a fim de que se submeta à cirurgia de metoidioplastia no Hospital das Clínicas de Goiás.

Outro caso noticiado foi o da juíza Alethea Assunção dos Santos, da Comarca de Juara/MT (664 quilômetros de Cuiabá), que julgou procedente o pedido feito pelo defensor público Saulo Fanaia Castrillon para que J. V. S fizesse a cirurgia de redesignação sexual, conforme a necessidade atestada em laudos médicos emitidos por profissionais credenciados ao Sistema Único de Saúde (SUS). J. V. S. sofre de transtorno de identidade sexual, manifestando o desejo de mudar o sexo masculino (biológico) para o feminino (psicológico e social). O juízo da 1ª Vara de Juara, ao julgar procedente o pedido da Defensoria Pública de Mato Grosso, fixou um prazo de 10 dias para que o estado e o município de Juara providenciem ao assistido atendimento psiquiátrico e demais especialidades e, ainda, no prazo de 180 dias, a realização da cirurgia de redesignação sexual e demais procedimentos pós-operatórios necessários, pelo SUS. A decisão judicial aponta ainda que, não sendo possível pelo SUS, seja providenciado pelo sistema de saúde privado, sob pena de multa diária de R$ 2.000,00[17].

17. Disponível em: <http://www.defensoriapublica.mt.gov.br/portal/index.php/noticias/item/9103-justi%C3%A7a-determina-cirurgia-de-redesigna%C3%A7%C3%A3o-sexual-a-assistido-pela-defensoria-p%C3%BAblica>. Acesso em: 26 dez. 2014.

O Enunciado 6 do CJF determina que a expressão "exigência médica" contida no art. 13 do Código Civil refere-se tanto ao bem-estar físico quanto ao psíquico do disponente.

Entretanto, esse "bem-estar" pode dar interpretação para o que fazem os ***wannabes* ou *amputees-by-choice***, que são pessoas que se **amputam** em qualquer **parte do corpo por vontade própria**, questão que vem crescendo nos Estados Unidos e na Grã-Bretanha. O cirurgião Robert Smith, no final da década de 1990 na Escócia, amputou as duas pernas de um paciente totalmente saudável, explicando que havia ameaça por parte dele de fazer isso com arma de fogo ou numa linha de trem, já que odiava suas pernas, o que poderia colocar em risco sua vida e a de terceiros.

O art. 13 é aplicado, também, no uso exagerado do corpo, onde não há mais limites para as pessoas fazerem **tatuagens** e colocarem ***piercing***. Temos hoje pessoas tão tatuadas que são irreconhecíveis em sua forma humana, e parecem personagens de histórias em quadrinhos, socorrendo-se, quando não há mais espaço no corpo para tatuagens, a locais não convencionais, que geram inúmeros problemas de saúde e risco de morte, como a parte branca dos olhos, o pênis, o ânus, entre outros locais. Há também o exagero das pessoas que colocam inúmeros *piercings* em seu corpo, inclusive locais perigosos, como o hímen da vagina, as glândulas do pênis, entre outros. Até onde vai o limite da pessoa poder autorizar tais procedimentos, e de terceiros concordarem em realizá-los? Há crime quando o ato gerar lesão corporal, ou a pessoa falecer? Caberia indenização nesse caso? Ou o fato de existir autorização do "dono do corpo" elidiria tudo isso? Está aberta a polêmica.

Não podemos esquecer dos vários falecimentos que ocorreram em razão da **colocação de gel** para aumento do volume das nádegas, muitos por profissionais habilitados, mas não médicos, ou seja, de outras profissões, e outros tantos por cabeleireiros e esteticistas. Há crime e responsabilidade civil nesse caso também?

Existem, também, pessoas que querem se tornar igual a outra, como é o caso do brasileiro Rodrigo Alves, conhecido como o "**Ken Humano**", que realizou mais de 60 cirurgias plásticas para se tornar igual ao personagem "Ken", namorado da boneca "Barbie". Qual seria o limite disso?

Outro procedimento que já começa a ocorrer é o **corte da língua** para que ela se pareça com a de um **lagarto/dragão**, em formato de "V". A autonomia privada do ser humano permite que ele autorize esse procedimento? Eis outro ponto polêmico.

2.8.7. A disposição do corpo morto e a proteção dos direitos da personalidade (art. 14 do CC) – consenso afirmativo e negativo

O Código Civil prevê, no art. 14, ser válida, com objetivo científico, ou altruístico (não pode ter outra finalidade), a disposição gratuita (não pode ser onerosa) do próprio corpo, no todo ou em parte, para depois da morte.

Trata-se do ato de **consenso afirmativo ou negativo**, em que cada um deve manifestar a vontade de doar ou não seus tecidos e órgãos para fins terapêuticos ou de transplante, depois da morte.

O art. 4º da Lei de Transplantes (n. 9.434/97), estabelecia a presunção de doação de órgãos ou tecidos de todos os cidadãos, salvo disposição em contrário, que era feita no documento de identificação (RG), que recebia o carimbo "não doador de órgãos ou tecidos", quando a pessoa manifestava-se contrária à doação ao tirar o documento.

Essa regra, que tinha por objetivo aumentar a doação de órgãos e tecidos, foi revogada em 2001, com a alteração do referido artigo, que passou a exigir autorização da família: "(...) *dependerá da autorização do cônjuge ou parente, maior de idade, obedecida a linha sucessória, reta ou colateral, até o segundo grau inclusive* (...)"

Não há exigência de solenidade ou formalidade desse ato, podendo ser feito, inclusive, perante entidade de classe (como a OAB), lembrando que ambos os atos de disposição podem ser livremente revogados a qualquer tempo.

Diante disso, como a alteração do art. 4º da Lei de Transplantes, que exige autorização da família para o órgão ser retirado do falecido, se deu em 2001, e o art. 14 do CC, que autoriza a pessoa em vida praticar o ato de consenso afirmativo ou negativo, passou a viger em 2003, a dúvida que surgiu é se esta última regra afetou a primeira.

O **Enunciado 277 do CJF** estabelece que o Código Civil, ao afirmar a validade da disposição gratuita do próprio corpo, com objetivo científico ou altruístico, para depois da morte, determinou que a manifestação expressa do doador de órgãos em vida prevalece sobre a vontade dos familiares.

Portanto, a aplicação do **art. 4º da Lei n. 9.434/97** ficou restrita à hipótese de silêncio do potencial doador[18]. Essa interpretação é importante para resolver esse aparente conflito entre as normas que não existe, já que elas conviverão harmonicamente.

Essa questão voltou ao debate com a publicação do **Decreto n. 9.175, de 18-10-2017**, que trouxe dois artigos sobre esse tema, com o seguinte conteúdo:

Art. 20. A retirada de órgãos, tecidos, células e partes do corpo humano, após a morte, somente poderá ser realizada com o consentimento livre e esclarecido da família do falecido, consignado de forma expressa em termo específico de autorização. **§ 1º** A autorização deverá ser do cônjuge, do companheiro ou de parente consanguíneo, de maior idade e juridicamente capaz, na linha reta ou colateral, até o segundo grau, e firmada em documento subscrito por duas testemunhas presentes à verificação da morte. **§ 2º** Caso seja utilizada autorização de parente de segundo grau, deverão estar circunstanciadas, no termo de autorização, as razões de impedimento dos familiares de primeiro grau. **§ 3º** A retirada de órgãos, tecidos, células e partes do corpo humano de falecidos incapazes, nos termos da lei civil, dependerá de autorização expressa de ambos os pais, se vivos, ou de quem lhes detinha, ao tempo da morte, o poder familiar exclusivo, a tutela ou a curatela. **§ 4º** Os casos que não se enquadrem nas hipóteses previstas no § 1º ao § 3º dependerão de prévia autorização judicial.	**Art. 21.** Fica proibida a doação de órgãos, tecidos, células e partes do corpo humano em casos de não identificação do potencial doador falecido. **Parágrafo único.** Não supre as exigências do *caput* o simples reconhecimento de familiares se nenhum dos documentos de identificação do falecido for encontrado, exceto nas hipóteses em que autoridade oficial que detenha fé pública certifique a identidade.

18. "Art. 4º A retirada de tecidos, órgãos e partes do corpo de pessoas falecidas para transplantes ou outra finalidade terapêutica, dependerá da autorização do cônjuge ou parente, maior de idade, obedecida a linha sucessória, reta ou colateral, até o segundo grau inclusive, firmada em documento subscrito por duas testemunhas presentes à verificação da morte" (redação dada pela Lei n. 10.211, de 23-3-2001).

Como o art. 20 estabelece que a retirada dos órgãos só poderá ser feita se houver autorização expressa dos familiares lá elencados, dependendo de autorização judicial nos demais casos, pergunta-se:

a) nos casos em que a pessoa tenha deixado em vida a autorização expressa para a doação, como determina o art. 14 do CC, é preciso ter ainda a autorização de algum familiar?

b) e nos casos em que a pessoa tenha proibido expressamente em vida a doação, como também permite o CC, poderia algum familiar decidir o contrário?

Parece-me que a resposta é **NÃO** em **AMBAS** as perguntas, pois, caso contrário, estaríamos vilipendiando o direito de disposição do corpo para depois da morte, como direito da personalidade, esculpido no art. 14 do CC.

Ademais, cumpre salientar que um Decreto não pode revogar uma Lei, pois segundo o **Princípio da Continuidade das Leis**, contido no art. 2º da Lei de Introdução às Normas do Direito Brasileiro (LINDB), uma lei estará em vigor até que **outra lei** a modifique ou revogue.

Assim sendo, a interpretação do Enunciado 277 do CJF, mais democrática, inclusive, pois prevê harmonização da norma mais recente (CC), com a mais antiga (Lei de Transplantes), ainda prevalece, mesmo após a publicação do referido decreto, e qualquer ato contrário que desrespeite a vontade da pessoa manifestada em vida, seja afirmativa ou negativa, se contrariada, terá que se tornar caso de polícia, bem como de apuração civil, penal e administrativa dos envolvidos.

2.8.8. O direito ao esclarecimento e a morte digna como proteção dos direitos da personalidade (art. 15 do CC) – consentimento informado e diretivas antecipadas de vontade (DAV)

Ainda em razão dos direitos atribuídos à personalidade, segundo o art. 15 do Código Civil, ninguém pode ser constrangido a se submeter, com risco de vida, a tratamento médico ou a intervenção cirúrgica.

Como exemplo, citamos o caso dos testemunhas de Jeová, que em razão de sua crença, não podem receber transfusões de sangue. Sabemos que nossa Constituição é laica, e que é garantida a liberdade religiosa. Porém, se esse direito colidir com o direito à vida, que também é uma garantia fundamental, o Tribunal de Justiça de São Paulo já decidiu, aplicando a técnica da ponderação, que o direito à vida deve prevalecer[19].

O grande problema da questão dos testemunhas de Jeová é que, mesmo havendo um fundamento religioso (amparado pela Constituição Federal) para a recusa em se submeter à transfusão de sangue, mesmo no caso de risco de vida, a prática é vista como absurda,

19. "*Indenizatória. Reparação de danos. Testemunha de Jeová. Recebimento de transfusão de sangue quando de sua internação.* Convicções religiosas que não podem prevalecer perante o bem maior tutelado pela Constituição Federal, que é a vida. Conduta dos médicos, por outro lado, que pautou-se dentro da lei e ética profissional, posto que somente efetuaram as transfusões sanguíneas após esgotados todos os tratamentos alternativos. Inexistência, ademais, de recusa expressa a receber transfusão de sangue quando da internação da autora. Ressarcimento, por outro lado, de despesas efetuadas com exames médicos, entre outras, que não merece acolhido, posto não terem sido os valores despendidos pela apelante. Recurso não provido" (TJSP, Ap. Cív. 123.430-4, 3ª Câmara de Direito Privado, rel. Des. Flavio Pinheiro, j. em 7-5-2002).

ilegal e inconstitucional, por violação ao bem maior da Constituição Federal, que é o direito à vida, também direito da personalidade.

O assunto é polêmico e o pensamento do TJSP, que é majoritário, vem sendo adotado. Porém, entendemos que no caso de testemunha de Jeová incapaz que está em risco de vida, não há possibilidade alguma de ele ou de seus representantes ou assistentes disporem sobre a vida em veneração à liberdade religiosa, pois a vida deve prevalecer em razão da incapacidade. Porém, no caso de pessoas capazes, confesso que ainda tenho minhas dúvidas, mas, lembre-se, esse pensamento é considerado minoritário, por ora.

Um bom exemplo de aplicação do art. 15 do Código Civil é que o art. 44 do Código de Ética Médica (2010) estabelece que é vedado ao médico deixar de esclarecer ao doador, ao receptor ou aos seus representantes legais sobre os riscos decorrentes de exames, intervenções cirúrgicas e outros procedimentos nos casos de transplantes de órgãos. Assim sendo, a cirurgia em caso de transplante depende do consentimento do paciente a ser operado.

Porém, o fato de o Código Civil determinar no art. 15 que ninguém pode ser constrangido a se submeter, com risco de vida, a tratamento médico ou intervenção cirúrgica não significa que haja autorização para eutanásia, que é uma forma de apressar a morte de um doente incurável sem que esse sinta dor ou sofrimento. A ação é praticada por um médico com o consentimento do doente ou da sua família.

No Brasil, a eutanásia é proibida e considerada crime. Sobre o tema, o Código de Ética Médica (2010), no art. 41, estabelece que é vedado ao médico abreviar a vida do paciente, ainda que a pedido deste ou de seu representante legal. O parágrafo único do referido artigo ainda estabelece que, nos casos de doença incurável e terminal, deve o médico oferecer todos os cuidados paliativos disponíveis sem empreender ações diagnósticas ou terapêuticas inúteis ou obstinadas, levando sempre em consideração a vontade expressa do paciente ou, na sua impossibilidade, a de seu representante legal.

Assim sendo, o que o art. 15 do Código Civil vem autorizar é a ortotanásia, termo usado para definir a **morte** natural, sem interferência da **ciência**, permitindo ao paciente morte **digna**, sem **sofrimento**, deixando-o à evolução e ao percurso da **doença** que possui. Portanto, evitam-se métodos extraordinários de suporte de vida, como **medicamentos** e aparelhos, em pacientes irrecuperáveis. A persistência **terapêutica** em paciente irrecuperável pode estar associada à **distanásia**, que é a prática pela qual se prolonga, através de meios artificiais e desproporcionais, a vida de um **enfermo** incurável.

No Código de Ética Médica, no capítulo I, que trata dos princípios fundamentais, temos que:

> XXII – Nas situações clínicas irreversíveis e terminais, o médico evitará a realização de procedimentos diagnósticos e terapêuticos desnecessários e propiciará aos pacientes sob sua atenção todos os cuidados paliativos apropriados.

O Conselho Federal de Medicina editou a Resolução n. 1.805/2006, autorizando a ortotanásia, permitindo que, na fase terminal de enfermidades graves e incuráveis, o médico poderá limitar ou suspender procedimentos e tratamentos que prolonguem a vida do doente, garantindo-lhe os cuidados necessários para aliviar os sintomas que levam ao sofrimento, na perspectiva de uma assistência integral, respeitada a vontade do paciente ou de seu representante legal. Porém, a referida resolução garante que o doente continuará a receber todos os cuidados necessários para aliviar os sintomas que levam ao sofrimento, assegurada a assistência integral, o conforto físico, psíquico, social e espiritual, inclusive assegurando-lhe o direito à alta hospitalar.

Essa resolução foi contestada pela Ação Civil Pública n. 2007.34.00.014809-3, que tramitou na 14ª Vara Federal do Distrito Federal, movida pelo Ministério Público Federal, julgada improcedente em 1º-12-2010 pelo juiz Roberto Luis Luchi Demo, sendo reconhecida a legalidade da referida resolução, que, então, pode ser utilizada normalmente.

Por esse motivo, o médico deverá sempre explicar ao paciente como será o tratamento, indicando as suas consequências, pedindo-lhe que assine, logo na sequência, o documento chamado **consentimento informado**, cujo objetivo é mostrar que o dever de informação anexo à boa-fé objetiva foi cumprido.

Ainda sobre o art. 15 do Código Civil, tema que tem sido objeto de muita discussão é o testamento vital.

Roxana Cardoso Brasileiro Borges[20] conceitua o testamento vital como o documento em que a pessoa determina, de forma escrita, que tipo de tratamento, ou de não tratamento, deseja receber na ocasião em que se encontrar doente, em estado incurável ou terminal, e incapaz de manifestar sua vontade.

Acreditamos ser equivocada a expressão "testamento vital". Concordamos com Ricardo Rabinovich[21], que afirma não se tratar tal negócio jurídico de disposição de última vontade (testamento), já que os seus efeitos deverão ser produzidos antes da ocorrência do falecimento, diferentemente do testamento.

A origem de tal ato é norte-americana: em 1969, Luiz Kutner criou o *living will*, um ato cujo objetivo é que seu autor manifeste o desejo de se recusar a ser submetido a certo tratamento médico, caso tivesse doença incurável ou estivesse em estado vegetativo.

Ao ser traduzido para o português, *living will* virou testamento vital ou biológico. Mas, como bem adverte Luciana Dadalto, a palavra *will* pode ser traduzida como "testamento" ou "desejo", motivo pelo qual entendemos que a expressão mais correta, pelos motivos expostos acima por Ricardo Rabinovich, é "*desejos de vida*"[22].

No Brasil, não há legislação que autorize, proíba ou normatize tal ato, motivo pelo qual o Conselho Federal de Medicina editou a **Resolução n. 1.995/2012**, estabelecendo o regramento para tal ato, o qual denominou *diretiva antecipada de vontade* (DAV). Entendemos que esse é o nome adequado, motivo pelo qual gostaríamos de esclarecer que não usaremos a expressão "testamento vital" neste livro para denominar tal ato, mas sim diretiva antecipada de vontade, por entender que essa é a denominação correta, pelos motivos expostos anteriormente.

---

20. BORGES, Roxana Cardoso Brasileiro. Direito de morrer dignamente: eutanásia, ortotanásia, consentimento informado, testamento vital, análise constitucional e direito comparado. In: SANTOS, Maria Celeste Cordeiro Leite. *Biodireito – ciência da vida, os novos desafios*. São Paulo: RT, 2001, p. 283-305.
21. RABINOVICH-BERKMAN, Ricardo D. *Responsabilidad del médico*. Buenos Aires: Astrea, 1999, p. 90.
22. DADALTO, Luciana. *Testamento vital*. 4. ed. Indaiatuba: Foco, 2018, p. 97.

Em face da ausência de lei, a Resolução n. 1.995/2012 do CFM, criada para vincular os médicos, conforme autoriza a Lei n. 3.268, de 30 de setembro de 1957, acaba sendo usada, também, juridicamente pelos operadores do Direito.

A Resolução n. 1.995/2012 do CFM foi alvo de uma ação civil pública, proposta pelo Ministério Público Federal, que recebeu o número 1039-86.20 13.4.01.3500/Classe 7100, e tramitou perante a 1ª Vara da Justiça Federal de Goiás, que acabou sendo julgada improcedente em 21-2-2014, pelo juiz Eduardo Pereira da Silva, motivo pelo qual ela pode ser utilizada *in totum*.

Segundo a citada resolução, as diretivas antecipadas do paciente prevalecerão sobre qualquer outro parecer não médico, inclusive sobre os desejos dos familiares.

Não há uma forma solene para fazer a DAV, porém na resolução há norma para que o médico a registre no prontuário. No entanto, para evitar qualquer tipo de problema com a aceitação do documento por parte dos médicos, até porque a Resolução n. 1.995/2012 estabelece que o médico deixará de levar em consideração as diretivas antecipadas de vontade do paciente ou representante que, em sua análise, estiverem em desacordo com os preceitos ditados pelo Código de Ética Médica, recomendamos que tal documento seja feito sempre por escritura pública, pois os Tabelionatos de Notas possuem grande *expertise* na criação do seu conteúdo, isso sem contar que, conforme o art. 215 do Código Civil, a escritura pública faz prova plena.

Na DAV é necessário incluir o chamado **mandato duradouro**, uma cláusula por meio da qual se nomeia um ou mais representantes para que os médicos os consultem quando tiverem de tomar alguma decisão sobre o tratamento, em caso de incapacidade do paciente, definitiva ou não. Trata-se de uma espécie de mandato que excetua o art. 682 do Código Civil, pois ele não se extingue com a morte.

O mandato duradouro é denominado *durable power of attorney* nos Estados Unidos, procuradores de cuidados de saúde em Portugal e *poder para el cuidado de salud ou mandato de asistencia sanitaria* na Espanha[23].

Esse tipo de mandato é uma interessante exceção à regra descrita no art. 682, II, do Código Civil, que estabelece que o mandato se extingue com a morte de uma das partes.

A regra prevista no art. 15 do Código Civil, ora em comento, foi reproduzida no art. 11 do Estatuto da Pessoa com Deficiência (Lei n. 13.146/2015), com adaptações, para atender ao deficiente. Possui a seguinte redação:

> **Art. 11.** A pessoa com deficiência não poderá ser obrigada a se submeter a intervenção clínica ou cirúrgica, a tratamento ou a institucionalização forçada.
>
> Parágrafo único. O consentimento da pessoa com deficiência em situação de curatela poderá ser suprido, na forma da lei.

O consentimento prévio, livre e esclarecido da pessoa com deficiência é indispensável para a realização de tratamento, procedimento, hospitalização e pesquisa científica, ainda

---

23. DADALTO, Luciana. *Testamento vital*. 4. ed. Indaiatuba: Foco, 2018, p. 86.

que em situação de curatela, hipótese em que deverá ser assegurada sua participação, no maior grau possível, para a obtenção de consentimento.

A pessoa com deficiência somente será atendida sem seu consentimento prévio, livre e esclarecido em casos de risco de morte e de emergência em saúde, resguardado seu superior interesse e adotadas as salvaguardas legais cabíveis.

Tudo isso são inovações importantes do Estatuto da Pessoa com Deficiência, que surgem para complementar o Código Civil no que tange aos direitos da personalidade das pessoas com algum tipo de deficiência.

2.8.9. O nome da pessoa natural como direito da personalidade e as questões dele decorrentes (arts. 16, 17, 18 e 19 do CC). A proteção do pseudônimo

Toda pessoa tem direito ao nome, nele compreendidos o prenome e o sobrenome. O nome da pessoa não pode ser empregado por outrem em publicações ou representações que a exponham ao desprezo público, ainda quando não haja intenção difamatória, e, sem autorização, não se pode usar o nome alheio em propaganda comercial.

SOBRE O TEMA É IMPORTANTE LEMBRAR DUAS REGRAS	
ENUNCIADO 278 DO CJF	SÚMULA 403 DO STJ
"A publicidade que divulgar, sem autorização, qualidades inerentes a determinada pessoa, ainda que sem mencionar seu nome, mas sendo capaz de identificá-la, constitui violação a direito da personalidade."	"Independe de prova do prejuízo a indenização pela publicação não autorizada de imagem de pessoa com fins econômicos ou comerciais."

O art. 17 do CC protege o direito a honra, que se subdivide em: **honra subjetiva**, que significa a autoestima, o que a pessoa pensa de si; e **honra objetiva**, que é a repercussão social da honra, ou seja, o que os outros pensam.

2.8.9.1. Individualização da pessoa natural pelo nome

O nome integra a personalidade por ser o sinal exterior pelo qual se individualiza e se reconhece a pessoa no seio da família e da sociedade. É inalienável, imprescritível. O nome está sujeito ao **princípio da imutabilidade relativa**, previsto no art. 58 da Lei n. 6.015/73, já que ele será definitivo, salvo exceções descritas nas leis e na jurisprudência.

A alteração do nome, seja modificação de prenome ou de sobrenome, com o advento da Lei 14.382/2022 pode ser requerida diretamente no Cartório de Registro Civil da Pessoas Naturais, seguindo as regras dos artigos 56 e 57 da Lei 6.015/73.

Excepcionalmente, o art. 110 da Lei n. 6.015/73, com redação alterada pela Lei n. 13.484/2017, permite que, o oficial retifique o registro, a averbação ou a anotação, de ofício ou a requerimento do interessado, mediante petição assinada pelo interessado, representante legal ou procurador, independentemente de prévia autorização judicial ou manifestação do Ministério Público, nos casos de:

I – erros que não exijam qualquer indagação para a constatação imediata de necessidade de sua correção;

II – erro na transposição dos elementos constantes em ordens e mandados judiciais, termos ou requerimentos, bem como outros títulos a serem registrados, averbados ou anotados, e o documento utilizado para a referida averbação e/ou retificação ficará arquivado no registro no cartório;

III – inexatidão da ordem cronológica e sucessiva referente à numeração do livro, da folha, da página, do termo, bem como da data do registro;

IV – ausência de indicação do Município relativo ao nascimento ou naturalidade do registrado, nas hipóteses em que existir descrição precisa do endereço do local do nascimento;

V – elevação de Distrito a Município ou alteração de suas nomenclaturas por força de lei.

O nome é composto pelos seguintes elementos:

a) Prenome: possui a função de individualizar a pessoa na sociedade e, por esse motivo, vem antes do sobrenome. O prenome pode ser simples (João) ou composto (João Vítor), podendo ser livremente escolhido, desde que obedeça as regras contidas no **art. 55 da Lei 6.015/73**, e não exponha o portador ao ridículo, caso em que os oficiais do Registro Público poderão recusar-se a registrá-lo.

Além das hipóteses de alteração do nome como um todo, contidas nos artigos 56 e 57 da Lei 6.015/73, elencamos as seguintes hipóteses principais de modificação:

a1) quando o nome expuser a pessoa ao ridículo. Exemplo: nomes de remédios: Novalgina, Magnopirol;

a2) em caso de adoção, conforme o art. 47, § 5º, do ECA;

a3) inclusão de alcunha (art. 58 da LRP). Exemplo: Xuxa, Neguinho da Beija-Flor;

a4) por requerimento, após ter atingido a maioridade civil, feito pessoalmente e imotivadamente solicitando a alteração de seu prenome, independentemente de decisão judicial, que será averbada e publicada em meio eletrônico.

a5) tradução do nome estrangeiro em procedimento de naturalização (art. 71, § 1º, da Lei de Migração, n. 13.445/2017);

a6) reconhecimento de filiação, seja biológica ou socioafetiva (Provimento n. 63 de 2017 do CNJ), judicial ou extrajudicialmente. Foi aprovado na II Jornada de Prevenção e Solução Extrajudicial de Litígios, realizada pelo CJF em agosto de 2021, enunciado sobre o tema, a ser aplicado no reconhecimento biológico e socioafetivo: "*O direito à inclusão de sobrenome em virtude do reconhecimento de filiação se estende aos descendentes e cônjuge da pessoa reconhecida, faculdade a ser exercida por mero requerimento perante o Oficial de Registro Civil das Pessoas Naturais, independentemente de decisão judicial*".

a7) erro de grafia. O art. 110 da Lei n. 6.015/73 autoriza que essa retificação seja administrativa, mediante requerimento da parte interessada ao Oficial do Registro Civil, sem a necessidade de ação judicial, advogado e oitiva do Ministério Público, somente nos casos contemplados no artigo;

a8) homonímia;

a9) inclusão do sobrenome do cônjuge. Com a nova redação dada pela Lei 14.382/2022, ao art. 57 da LRP, agora é possível solicitar, diretamente no cartório, a inclusão ou exclusão de sobrenome do cônjuge, na constância do casamento, bem como a exclusão de sobrenome do ex-cônjuge, após a dissolução da sociedade conjugal, por qualquer de suas causas Em virtude da possibilidade de conversão da união estável homoafetiva em casamento, questão tormentosa se dá se os nubentes tiverem o mesmo prenome e desejarem, ambos, adotar o sobrenome do outro, pois isso pode acarretar uma homonímia. Assim sendo, deve o oficial do registro civil verificar e impedir a sua ocorrência;

a10) inclusão do sobrenome do companheiro[24], pois os conviventes em união estável devidamente registrada no registro civil de pessoas naturais poderão requerer a inclusão de sobrenome de seu companheiro, a qualquer tempo, bem como alterar seus sobrenomes nas mesmas hipóteses previstas para as pessoas casadas. O retorno ao nome de solteiro ou de solteira do companheiro ou da companheira será realizado por meio da averbação da extinção de união estável em seu registro.

a11) inclusão do sobrenome do padrasto ou madrasta pelo enteado ou enteada, sem retirar o patronímico da família biológica (art. 57, § 8º, da LRP)[25];

a12) coação à testemunha. Nesse caso é feita a averbação no registro de origem de menção da existência de sentença concessiva da alteração, sem a averbação do nome alterado, que somente poderá ser procedida mediante determinação posterior, que levará em consideração a cessação da coação ou ameaça que deu causa à alteração (art. 57, § 7º, da LRP);

a13) em até 15 (quinze) dias após o registro, qualquer dos genitores poderá apresentar, perante o registro civil onde foi lavrado o assento de nascimento, oposição fundamentada ao prenome e sobrenomes indicados pelo declarante, observado que, se houver manifestação consensual dos genitores, será realizado o procedimento de retificação administrativa do registro, mas, se não houver consenso, a oposição será encaminhada ao juiz competente para decisão.

a14) inclusão de sobrenomes familiares, que não foram colocados no momento do registro de nascimento.

a15) inclusão e exclusão de sobrenomes em razão de alteração das relações de filiação, inclusive para os descendentes, cônjuge ou companheiro da pessoa que teve seu estado alterado (chamada de alteração de patronímico, que pode ser requerida diretamente no cartório).

a16) poderá, também, ser averbado, nos mesmos termos, o nome abreviado, usado como firma comercial registrada ou em qualquer atividade profissional.

a17) retirada do sobrenome do pai ou da mãe em caso de abandono afetivo (STJ, **REsp 1.304.718-SP**, 3ª Turma, rel. Min. Paulo de Tarso Sanseverino, j. em 18-12-2014);

a18) cirurgia de transgenitalização (STJ, **REsp 1.008.398/SP, rel. Min. Nancy Andrighi, j. em 15-10-2009**).

---

24. Esse artigo, por força do julgamento da ADPF 132 e da ADIn 4.277 pelo STF, estende-se, também, aos casos de união homoafetiva.
25. Alterado pela Lei n. 11.924, de 17-4-2009, que recebeu o nome de Lei Clodovil, já que foi de autoria do parlamentar, falecido antes da sua aprovação.

Com o julgamento da **ADI 4.275**, que teve como Relator o Ministro Marco Aurélio, em 1º-3-2018, o STF autorizou a mudança do nome e gênero das pessoas transgêneros, diretamente no Cartório de Registro Civil das Pessoas Naturais, independentemente de ação judicial, laudo psicológico e cirurgia de transgenitalização, em respeito à legislação internacional de direitos humanos, em especial, o Pacto de San Jose da Costa Rica, que impõe o respeito ao direito ao nome (art. 18), ao reconhecimento da personalidade jurídica (art. 3º), à liberdade pessoal (art. 7º.1) e à honra e à dignidade (art. 11.2), bem como a Convenção Interamericana de Direitos Humanos, da qual a República Federativa do Brasil é signatária e cujos dispositivos devem ser observados sob pena de responsabilidade internacional.

Por força dessa decisão, foi editado o **Provimento n. 73, de 28 de junho de 2018**, pelo CNJ, dispondo sobre a averbação da alteração do prenome e do gênero nos assentos de nascimento e casamento de pessoa transgênero no Registro Civil das Pessoas Naturais (RCPN), e prevendo que toda pessoa, desde que seja maior de 18 anos completos, habilitada à prática de todos os atos da vida civil, poderá requerer ao ofício do RCPN a alteração e a averbação do prenome e do gênero, a fim de adequá-los à identidade autopercebida, independentemente da realização de procedimento cirúrgico.

O citado provimento não contemplou os transexuais, motivo pelo qual colocamos a diferença conceitual[26] entre eles:

Transgênero: assim como os travestis, o transgênero **não se identifica com o seu gênero biológico**. Sendo simplistas, é como se a pessoa tivesse nascido no corpo errado. Na sociedade, há certos tipos de comportamento que estão intrinsecamente associados ao universo feminino ou masculino. O transgênero tem um sexo, mas se identifica com o sexo oposto e espera ser reconhecido e aceito como tal. E, ao contrário do que alguns podem pensar, antes de ser uma questão de orientação sexual, é uma questão de pertencimento cultural e social. Ser transgênero não implica um desejo de mudar de sexo biológico, nem a existência de atração por pessoas do mesmo sexo. O que há é um conflito de identidade de gênero.

Transexual: a forma mais fácil de explicar a um leigo a transexualidade é apontá-la como uma "radicalização" do transgenerismo. O sentimento de não pertencer ao gênero biológico é tão intenso que há um rechaço por tudo aquilo que é característica do seu sexo de nascimento. Por isso, o transexual é aquele que deseja alterar sua constituição biológica e fazer a mudança de sexo, sendo a cirurgia a única forma de se sentir totalmente identificado e correspondido na identidade do gênero a que sente pertencer, mas que não foi biologicamente atribuída.

Pelos conceitos acima, verifica-se que transgênero é gênero do qual transexual é espécie, por ser este último um transgênero que deseja fazer a cirurgia de transgenitalização/adequação sexual.

Assim sendo, quando o **Provimento n. 73 do CNJ** autoriza a mudança de nome e gênero do transgênero, independentemente de ação sexual e cirurgia, leia-se o transexual também, que após a cirurgia deseja realizar essa mudança e, por força do provimento,

26. Conceitos retirados do artigo "Há diferenças entre transgêneros, travestis e transexuais?". Disponível em: <https://br.mundopsicologos.com/artigos/ha-diferencas-entre-transgeneros-travestis-e-transexuais>. Acesso em: 15 ago. 2018.

não dependerá de ação judicial. Esse entendimento pode ser verificado no art. 4º, § 7º, do Provimento n. 73 do CNJ.

Para as hipóteses de modificação do nome previstas no art. 57 da Lei n. 6.015/73, não haverá a necessidade da propositura de ação judicial, pois ela pode ser requerida diretamente no Cartório de Registro Civil das Pessoas Naturais **b) Sobrenome ou patronímico:** é o elemento do nome que identifica a qual família a pessoa está ligada.

O art. 55 da Lei 6.015/73, com a redação dada pela Lei 14.382/2022, estabelece que toda pessoa tem direito ao nome,(repetição do art. 16 do CC) nele compreendidos o prenome e o sobrenome, observado que ao prenome serão acrescidos os sobrenomes dos genitores ou de seus ascendentes, **em qualquer ordem** e, na hipótese de acréscimo de sobrenome de ascendente que não conste das certidões apresentadas, deverão ser apresentadas as certidões necessárias para comprovar a linha ascendente, no momento do registro de nascimento.

O STJ já tinha decidido que não há uma ordem de sobrenomes a ser adotados pelas pessoas. Há uma lenda de que primeiro deve vir o sobrenome da mãe e por último o do pai. O julgado abaixo prova que isso é lenda, ou seja, que, no registro civil de alguém, poderá ser adotada a ordem que quem fizer o registro quiser:

> Recurso especial. Retificação de registro civil. Inclusão de sobrenome do pai. Posição. 1. Tanto o art. 57, como o art. 109, da Lei n. 6.015/73, expressamente, dispõem sobre a necessidade de intervenção do Ministério Público nas ações que visem, respectivamente, a alteração do nome e a retificação de registro civil. 2. A regra geral, no direito brasileiro, é a da imutabilidade ou definitividade do nome civil, mas são admitidas exceções, como as dos arts. 56 e 57 da Lei de Registros Públicos. 3. A lei não faz nenhuma exigência de observância de uma determinada ordem no que tange aos apelidos de família, seja no momento do registro do nome do indivíduo, seja por ocasião da sua posterior retificação. Também não proíbe que a ordem do sobrenome dos filhos seja distinta daquela presente no sobrenome dos pais. 4. Recurso especial provido (**STJ, REsp 1.323.677/MA, rel. Min. Nancy Andrighi, j. em 5-2-2013, 3ª Turma**).

c) Alcunha ou codinome: é a designação dada a alguém devido a uma particularidade sua, podendo agregar-se de tal modo à personalidade da pessoa que, se não for jocoso, pode ser acrescentado, sob certas condições, ao nome da pessoa. Exemplos: Xuxa, Neguinho da Beija-Flor etc.

d) Agnome: distinção dada para pessoas que possuem o mesmo prenome e sobrenome. Exemplo: Júnior, Neto, Segundo, Sobrinho.

De acordo com o art. 19 do CC, o pseudônimo adotado para atividades lícitas goza da proteção que se dá ao nome. Com isso, sendo a norma respeitada, todas as regras que se aplicam ao nome se estendem ao pseudônimo.

Para que não exista dúvida, segundo definição do dicionário Michaelis da língua portuguesa, pseudônimo é: "***Adj* (*pseudo+ônimo*): 1.** Que assina com um nome suposto. **2.** Escrito ou publicado sob um nome suposto. ***Sm* 1.** Nome falso ou suposto. **2.** Autor que escreve sob nome suposto."

Assim sendo, um pseudônimo geralmente é adotado quando o escritor deseja esconder seu verdadeiro nome, evitando assim sua identificação.

Por exemplo, quando J. K. Rowling utilizou o pseudônimo de Robert Galbraith, ela tinha como objetivo sentir-se livre novamente como escritora, sem julgamentos, avaliações, cobranças e outras consequências que inevitavelmente surgiriam (isso dito por ela mesma), pois, em virtude de seu enorme reconhecimento literário mundial, os críticos sempre esperam grandes sucessos, e com isso um fracasso comercial mancharia sua obra tão popular.

No Brasil, um dos casos mais famosos de pseudonímia envolve o escritor, jornalista e dramaturgo Nelson Rodrigues, que era tido por muitos como machista e misógino: figura polêmica, escrevia de um jeito ácido e investigava a essência da própria natureza do homem (às vezes, vil), oferecendo ao leitor um panorama sobre a sociedade brasileira. Como Nelson queria sentir-se livre, criou o pseudônimo Suzana Flag, uma "escritora" que publicou folhetins nos jornais brasileiros entre os anos de 1944 e 1948, para poder livremente criar personagens dignos de filmes de amor, como mocinhas inocentes, mocinhos salvadores e vilões cruéis, pois quem poderia imaginar que um escritor tão realista se interessaria pelo universo do melodrama?

Na década de 70 a doutrina italiana cria o **direito à identidade pessoal** como um corolário do direito ao nome, que abrange também os outros traços com os quais a pessoa humana é representada na sociedade, tais como suas convicções políticas, econômicas, esportivas, entre outros, para ser um ***diritto ad essere se stesso*** (direito de ser em si mesmo).

2.8.10. A proteção da imagem e da vida privada da pessoa natural como um direito da personalidade (arts. 20 e 21 do CC). A questão das biografias não autorizadas e dos requerimentos proibitivos aos provedores de internet

Salvo se autorizadas, ou se necessárias à administração da justiça ou à manutenção da ordem pública, a divulgação de escritos, a transmissão da palavra, ou a publicação, a exposição ou a utilização da imagem de uma pessoa poderão ser proibidas, a seu requerimento e sem prejuízo da indenização que couber, se lhe atingirem a honra, a boa fama ou a respeitabilidade, ou se se destinarem a fins comerciais. Em se tratando de morto ou de ausente, são partes legítimas para requerer essa proteção o cônjuge, os ascendentes ou os descendentes. Essa é a regra contida no art. 20 do Código Civil.

De acordo com o Enunciado 279 do CJF, a proteção à imagem deve ser ponderada com outros interesses constitucionalmente tutelados, especialmente em face do direito de amplo acesso à informação e da liberdade de imprensa. Em caso de colisão, levar-se-á em conta a notoriedade do retratado e dos fatos abordados, bem como a veracidade destes e, ainda, as características de sua utilização (comercial, informativa, biográfica), privilegiando-se medidas que não restrinjam a divulgação de informações.

Assim sendo, para resolver a polêmica das **biografias não autorizadas**, se podiam ou não ser publicadas, em face da regra contida no art. 20 do Código Civil, foi ajuizada no STF, pela Associação Nacional dos Editores de Livros (ANEL), uma **ADI cujo número é 4.815**, julgada em 10-6-2015.

O Tribunal, por unanimidade e nos termos do voto da relatora, Ministra Cármen Lúcia, julgou procedente o pedido formulado na ação direta para dar interpretação conforme à Constituição aos arts. 20 e 21 do Código Civil, sem redução de texto, para, em consonância com os direitos fundamentais à liberdade de pensamento e de sua expressão, de criação artística, produção científica, declarar inexigível o consentimento de pessoa biografada relativamente a obras biográficas literárias ou audiovisuais, sendo por igual desnecessária autorização de pessoas retratadas como coadjuvantes (ou de seus familiares, em caso de pessoas falecidas).

A Ministra Cármen Lúcia destacou em seu voto que a Constituição prevê, nos casos de violação da privacidade, da intimidade, da honra e da imagem, a reparação indenizatória, e proíbe "toda e qualquer censura de natureza política, ideológica e artística". Assim, uma regra infraconstitucional (o Código Civil) não pode abolir o direito de expressão e criação de obras literárias. "Não é proibindo, recolhendo obras ou impedindo sua circulação, calando-se a palavra e amordaçando a história que se consegue cumprir a Constituição", afirmou. "A norma infraconstitucional não pode amesquinhar preceitos constitucionais, impondo restrições ao exercício de liberdades."

Assim sendo, o que o STF fez foi permitir que uma pessoa escreva a biografia de quem ela quiser, porém de forma responsável, sob pena de ter que indenizar os danos causados pelo seu escrito, o que chamamos de **"liberdade com responsabilidade"**.

Cumpre lembrar o caso da biografia de Mané Garrincha, *A estrela solitária*, escrita por Ruy Castro, que segundo o TJRJ ofendeu o biografado "ao descrever seus órgãos genitais de forma chula para tornar o livro atraente e obter o lucro almejado".

Outro caso foi da biografia de Virgulino Ferreira da Silva, *Lampião:* o mata sete, escrita por Pedro de Moraes Silva, que afirma ter sido Lampião homossexual e, com isso, colocando em xeque a fidelidade de Maria Bonita e a paternidade da filha do casal. Em primeira instância se reconheceu a responsabilidade civil, mas em segunda instância o TJSE reformou a decisão, argumentando que "afirmar a homossexualidade de uma pessoa nos dias de hoje não caracteriza demérito e por isso não causaria dano".

O art. 20 do Código Civil permite que qualquer pessoa faça um **requerimento proibitivo**, que é uma espécie de notificação feita para proibir a divulgação de escritos, a transmissão da palavra, a publicação, exposição ou utilização da imagem de uma pessoa. Por força do citado artigo, qualquer pessoa poderia impedir, mediante simples requerimento notificatório, que uma emissora de TV, revista ou jornal fizesse tal divulgação.

Essa regra sempre foi aplicada, também, para provedores de internet. Todavia, ocorre que o art. 19 do **Marco Civil da Internet** (Lei n. 12.965/2014) estabelece que, com o intuito de assegurar a liberdade de expressão e impedir a censura, o provedor de aplicações de internet somente poderá ser responsabilizado civilmente por danos decorrentes de conteúdo gerado por terceiros se, **após ordem judicial específica, não tomar as providências** para, no âmbito e nos limites técnicos do seu serviço e dentro do prazo assinalado, tornar indisponível o conteúdo apontado como infringente, ressalvadas as disposições legais em contrário.

Ou seja, o requerimento proibitivo não tem mais força para impedir que um provedor de internet divulgue um escrito, transmita palavras, publique, exponha ou utilize a imagem de uma pessoa, pois pela referida norma se faz necessária uma ordem judicial. Ruim a modificação legislativa, pois em razão da dificuldade de acesso ao Judiciário pela maioria da população, quando a ordem judicial for obtida, isso se conseguida for, a divulgação já foi realizada e a única via que restaria seria a das perdas e danos.

A notificação só poderá ser feita a um provedor de internet se a proibição estiver ligada à divulgação de coisas com conotação sexual ou de nudez. Isso se dá porque o art. 21 do Marco Civil da Internet (Lei n. 12.965/2014) estabelece que o provedor de aplicações de internet que disponibilize conteúdo gerado por terceiros será responsabilizado subsidiariamente pela violação da intimidade decorrente da divulgação, sem autorização de seus participantes, de imagens, de vídeos ou de outros materiais contendo cenas de nudez ou de atos sexuais de caráter privado quando, após o recebimento de notificação pelo participante ou seu representante legal, deixar de promover, de forma diligente, no âmbito e nos limites técnicos do seu serviço, a indisponibilização desse conteúdo.

Mas o parágrafo único do citado dispositivo determina que a referida notificação deverá conter, sob pena de nulidade, elementos que permitam a identificação específica do material apontado como violador da intimidade do participante e a verificação da legitimidade para apresentação do pedido.

A imagem se subdivide em: **imagem retrato**, que se refere à fisionomia da pessoa natural; e **imagem atributo**, que significa o que a pessoa representa para a sociedade.

De acordo com o art. 21 do Código Civil, a vida privada da pessoa natural é inviolável, e o juiz, a requerimento do interessado, adotará as providências necessárias para impedir ou fazer cessar ato contrário a esta norma.

Infelizmente a privacidade do ser humano não é inviolável, pois, depois de tantos ataques terroristas envolvendo aviões, as pessoas são revistadas em Raio X de forma a terem que tirar cintos e sapatos, cadeirantes e pessoas com gessos nos membros são revistados, há uma segunda inspeção antes de entrar nas aeronaves, feita por companhias internacionais, há controles biométricos para usar serviços, e fotos são tiradas para adentrar em edifícios. Tudo isso é feito relativizando a vida privada em prol da segurança de todos.

Isso sem contar os *cookies* da internet que invadem nossos computadores e celulares e conseguem todos os dados que possuímos e, com o uso popular das mídias sociais, isso é preocupante, pois nossa vida hoje fica dentro de um aparelho celular.

A Constituição Federal prevê o **Habeas Data** como um *Writ Constitucional* para tutelar a privacidade do ser humano, mas esse remédio não é muito utilizado em nosso país, pois dependemos de uma lei robusta e específica para nos proteger, e há vários projetos de lei parados na Câmara e no Senado sobre o tema que precisam voltar a caminhar.

Um dos exemplos de aplicação de proteção à vida privada é o **Direito ao Esquecimento**, que encontra origem no ***Diritto all'oblio*** do Direito Italiano, que busca evitar que a pessoa humana seja sempre identificada, descrita e percebida a partir daquele dado do passado, incompatível com sua identidade atual, pois as pessoas têm o direito de ser esquecidas pela opinião pública e até pela imprensa, pois, se já pagaram pelo ilícito cometido no passado, essa ligação com divulgação sem fim não pode ecoar para sempre, sob pena de tornar-se uma punição eterna.

Já os atos praticados pela pessoa no passado não devem ser esquecidos, para não se correr o risco de apagar a história.

A tese do direito ao esquecimento foi reconhecida no STJ pela primeira vez em maio de 2013, quando a 4ª Turma julgou dois recursos especiais, em virtude de ações judiciais que questionavam reportagens da TV Globo, um deles interposto por um dos acusados — mais tarde absolvido — pelo episódio que ficou conhecido como a Chacina da Candelária, no Rio de Janeiro (**REsp 1.334.097-RJ**), e o outro, pela família de Aída Curi (**REsp 1.335.153-RJ**), estuprada e morta em 1958 por um grupo de jovens. Os casos foram à Justiça porque os personagens das notícias — no caso de Aída, os familiares — sentiram que não havia necessidade de resgatar suas histórias, já que aconteceram há muitos anos e não faziam mais parte do conhecimento comum da população.

O direito ao esquecimento não é recente na doutrina do Direito, mas entrou na pauta jurisdicional com mais contundência desde a edição do Enunciado 531 da VI Jornada de Direito Civil do Conselho da Justiça Federal (CJF). O texto, uma orientação doutrinária baseada na interpretação do Código Civil, elenca o direito de ser esquecido entre um dos direitos da personalidade. A questão defendida é que ninguém é obrigado a conviver para sempre com erros pretéritos, pois ninguém é obrigado a conviver para sempre com o passado.

Mas a grande dificuldade da discussão do direito ao esquecimento é que não se pode falar em regras, pois são sempre debates principiológicos que dependem muito da análise do caso concreto. E foi nessa linha que argumenta o ministro Luis Felipe Salomão, relator dos dois recursos especiais que discutiram a tese no STJ. "Não se pode, pois, nestes casos, permitir a eternização da informação. Especificamente no que concerne ao confronto entre o direito de informação e o direito ao esquecimento dos condenados e dos absolvidos em processo criminal, a doutrina não vacila em dar prevalência, em regra, ao último", afirmou.

Para o ministro Salomão, a questão é uma das decorrências do conflito entre a liberdade de imprensa e o direito à intimidade, pois ao mesmo tempo em que a Constituição assegura que a imprensa é incensurável e goza de total liberdade, encontra barreiras em princípios como a inviolabilidade da intimidade, da vida privada, da honra e da imagem das pessoas.

"E é por isso que a liberdade de imprensa há de ser analisada a partir de dois paradigmas jurídicos bem distantes um do outro. O primeiro, de completo menosprezo tanto da dignidade da pessoa humana quanto da liberdade de imprensa; e o segundo, o atual, de dupla tutela constitucional de ambos os valores", afirmou o ministro. Mas o ministro pondera que "a história da sociedade é patrimônio imaterial do povo" e o registro dos fatos, portanto, é um direito da sociedade. O registro de crimes, continua o ministro, é uma forma de a sociedade analisar a evolução de seus próprios costumes e de deixar para as futuras gerações marcas de como se comportava.

No caso do acusado de ter participado da Chacina da Candelária, a 4ª Turma do STJ condenou a Globo a pagar R$ 50 mil de indenização por danos morais. Entendeu que a menção de seu nome como um dos partícipes do crime, mesmo esclarecendo que ele foi absolvido, causou danos à sua honra, já que ele teve o direito de ser esquecido reconhecido. A Chacina da Candelária aconteceu em 1993 no Rio de Janeiro, em frente à Igreja da Candelária. Numa madrugada de julho, policiais à paisana abriram fogo contra as cerca de 70 crianças e adolescentes que dormiam nas escadarias da igreja. Várias ficaram feridas e oito morreram. Três policiais foram condenados pelo crime e dois foram absolvidos.

Um dos grandes argumentos contra a aplicação da tese do direito ao esquecimento em casos concretos é que, se um fato é lícito quando aconteceu, o passar do tempo não pode torná-lo ilícito. Fosse assim, argumentam os opositores, fatos históricos prescreveriam. Mas o ministro Luis Felipe Salomão afirma que "a assertiva de que uma notícia lícita não se transforma em ilícita com o simples passar do tempo não tem nenhuma base jurídica". Ele explica que a passagem do tempo, no campo do Direito, é o que permite a "estabilização do passado", "mostrando-se ilícito sim reagitar o que a lei pretende sepultar". Salomão empresta a tese da prescrição no Direito Penal para explicar por que fatos antigos perdem o interesse da sociedade: "Ao crime, por si só, subjaz um natural interesse público, caso contrário nem seria crime. E esse interesse público, que é, em alguma medida, satisfeito pela publicidade do processo penal, finca raízes essencialmente na fiscalização social da resposta estatal que será dada ao fato". Ele explica que "o interesse público que orbita o fenômeno criminal tende a desaparecer na medida em que também se esgota a resposta penal conferida ao fato criminoso, a qual, certamente, encontra seu último suspiro, com a extinção da pena ou com a absolvição, ambas irreversivelmente consumadas".

No caso de Aída Curi, Salomão também reconheceu o direito ao esquecimento dos familiares, concordando com as alegações de que a reportagem da Globo trouxe de volta antigos sentimentos de angústia, revolta e dor diante do crime, que aconteceu há quase 60 anos atrás. Portanto, o ministro reconhece o direito à família de Aída de não ver o caso ser lembrado pela imprensa, ainda que dentro do contexto histórico. Mas no caso de um crime que se fez notável pelo nome da vítima — caso de Aída Curi e também, por exemplo, da missionária Doroty Stang ou do jornalista Vladimir Herzog —, não há outra solução a não ser falar no nome dos envolvidos. As decisões das instâncias anteriores afirmaram que a reportagem só mostrou imagens originais de Aída uma vez, usando sempre de dramatizações. O foco foi, segundo o voto do ministro, no crime e não na vítima. Sendo assim, não se poderia falar em dano moral. Salomão também afirmou que, se o tempo se encarregou de tirar o caso da memória do povo, também fez o trabalho de abrandar seus efeitos sobre a honra e a dignidade dos familiares. "No caso de familiares de vítimas de crimes passados, que só querem esquecer a dor pela qual passaram em determinado momento da vida, há uma infeliz constatação: na medida em que o tempo passa e vai se adquirindo um 'direito ao esquecimento', na contramão, a dor vai diminuindo, de modo que, relembrar o fato trágico da vida, a depender do tempo transcorrido, embora possa gerar desconforto, não causa o mesmo abalo de antes", afirmou.

Após este julgamento histórico, o STJ proferiu várias decisões sobre direito ao esquecimento, e algumas queremos listar em face de sua importância.

Uma delas, por exemplo, é de que **"A Súmula 403/STJ é inaplicável às hipóteses de divulgação de imagem vinculada a fato histórico de repercussão social" (REsp 1.631.329-RJ)**. Trata-se de precedente bem interessante que, de certa forma, estabelece limites à interpretação da Súmula 403, pois o julgamento diz respeito a uma matéria jornalística feita pela TV Record com entrevista do ex-ator Guilherme de Pádua, que foi condenado pelo assassinato da filha da dramaturga Glória Perez, Daniella Perez, que pleiteava indenização por dano moral. Na reportagem foram expostas imagens da vítima e fatos relativos às apurações do crime. A matéria foi feita 20 anos após o assassinato e não houve autorização da autora (mãe da vítima) e familiares à exposição da imagem da ex-atriz na reportagem. Por conta disso, ajuizou ação alegando que a matéria tinha conteúdo especulativo e fantasioso, com exposição indevida da imagem da falecida filha.

Sustentava, então, que, como não havia autorização para o uso de imagem da falecida, deveria haver indenização por danos morais com base na **Súmula 403 do STJ**: "Independe de prova do prejuízo a indenização pela publicação não autorizada de imagem de pessoa com fins econômicos ou comerciais".

Em outra decisão, do **HC 402.752-MS**, em maio de 2018, o ministro Rogerio Schietti Cruz, do STJ, aplicou excepcionalmente o direito ao esquecimento em um caso de condenação por tráfico de drogas e reduziu a pena imposta ao réu, de sete para cinco anos de reclusão, ao afastar a avaliação de maus antecedentes decorrentes de uma condenação por posse de drogas que transitou em julgado em 1991.

O réu havia sido condenado em 1991 a seis meses de detenção por posse de drogas para uso próprio, ainda sob a antiga Lei das Drogas. Em 2015, foi preso novamente com 22 gramas de cocaína e acabou condenado no ano seguinte a sete anos de reclusão. O juízo de primeiro grau utilizou a condenação ocorrida 25 anos antes como motivo para não conceder a redução de pena prevista no art. 33, § 4º, da atual Lei de Drogas.

Segundo o ministro, é preciso levar em conta as particularidades do caso e considerar que durante o transcurso desses 25 anos o réu não voltou a delinquir; portanto, "deve ser relativizado o único registro anterior do acusado, tão antigo, de modo a não lhe imprimir o excessivo relevo que pretenderam as instâncias ordinárias". Schietti citou teoria de Samuel Warren e Louis Brandeis sobre o direito ao esquecimento, adotado na esfera civil, e afirmou que a essência da teoria, com as devidas adaptações e temperamentos, também pode ser aplicada no âmbito criminal. "Com efeito, não se pode tornar perpétua a valoração negativa dos antecedentes, nem perenizar o estigma de criminoso para fins de aplicação da reprimenda, sob pena de violação da regra geral que permeia o sistema. Afinal, a transitoriedade é consectário natural da ordem das coisas. Se o transcurso do tempo impede que condenações anteriores configurem reincidência, esse mesmo fundamento – o lapso temporal – deve ser sopesado na análise das condenações geradoras, em tese, de maus antecedentes", declarou o ministro.

Rogerio Schietti salientou que sua decisão não implica dizer que o mero decurso de tempo baste para impedir que fatos pretéritos sejam considerados na avaliação de antecedentes. No entanto – esclareceu –, "eternizar a valoração negativa dos antecedentes sem nenhuma ponderação sobre as circunstâncias do caso concreto não se coaduna com o direito penal do fato". O relator lembrou que o STJ possui entendimento de que as condenações prévias, com trânsito em julgado há mais de cinco anos, apesar de não ensejarem reincidência, podem servir de alicerce para valoração desfavorável dos antecedentes. Entretanto, decisões no STJ e também no Supremo Tribunal Federal (STF) relativizam a existência desses maus antecedentes para fins de dosimetria da pena em casos excepcionais.

Na decisão, o ministro reduziu a pena-base para o mínimo legal (cinco anos), já que todas as outras circunstâncias judiciais do réu, exceto os antecedentes, foram consideradas favoráveis no processo, e determinou o retorno dos autos ao juízo responsável para a análise do eventual preenchimento dos demais requisitos necessários para concessão do benefício do art. 33, § 4º, da Lei das Drogas: não se dedicar a atividades delituosas nem integrar organização criminosa.

E, por fim, ao julgar o **REsp 1.660.168-RJ**, no mês de maio de 2018, em um julgamento apertado que teve diversos pedidos de vista, a 3ª Turma do STJ garantiu a uma promotora de Justiça que seu nome seja desvinculado do tema "fraude em concurso para juiz" nos resultados de pesquisas na internet.

A promotora foi inocentada pelo CNJ da acusação de fraudar um concurso para magistratura, no qual foi reprovada, fato ocorrido em 2007. Contudo, a busca por notícias relacionadas ao tema retornava com resultados que citavam a servidora. O acórdão impugnado nos recursos do Google, do Yahoo e da Microsoft assentou que há "prevalência do direito à imagem, à personalidade e ao esquecimento, com vista a evitar o exercício da livre circulação de fatos noticiosos por tempo imoderado".

A relatora do processo, ministra Nancy Andrighi, reconheceu que o acórdão recorrido teria aplicado o direito ao esquecimento de forma indiscriminada e em contrariedade à finalidade precípua do instituto, porquanto não se pretendia a exclusão do conteúdo disponibilizado por terceiros no ambiente virtual, mas a instalação de filtros para que o conteúdo não fosse apontado.

A ministra concluiu que o acórdão adotou solução parecida com a do precedente da União Europeia, mas que "não teríamos uma lei geral de proteção de dados", diferentemente da Comunidade Europeia, e que a responsabilidade civil do provedor estaria disciplinada no Marco Civil da Internet, de modo que, ao indexar o conteúdo disponibilizado, não poderia ser chamado a responder tampouco a exercer a função de censor privado, impedindo o acesso do público em geral a conjunto de dados mantidos no meio virtual.

A tese que prevaleceu no julgamento foi a do ministro Marco Aurélio Bellizze, que, divergindo da relatora, considerou que as regras positivadas no território nacional não são tão distintas daquelas em que se apoiou a Corte europeia para normatizar a incidência da Diretiva de proteção de dados aos aplicativos de busca, reconhecendo se referir a tratamento de dados a organização dos resultados exibidos.

O ministro apresentou à turma voto no qual explica o funcionamento dos sites de busca, que formam uma espécie de índice do conteúdo disponível na internet, qualquer que seja esse conteúdo. "Essa sistemática de busca, na essência, é a mesma para qualquer buscador, variando de acordo com os algoritmos próprios para a atribuição de importância a fim de ordenar as respostas apresentadas. Assim, no intuito de agregar velocidade ao sistema de pesquisas e reduzir o tempo de resposta, alcançando resultados mais relevantes e úteis aos usuários, a base de dados trabalha num crescente, sempre adicionando novos resultados e novos conteúdos." Assim, apontou o ministro, não se pode afirmar que os resultados um dia existentes serão necessariamente excluídos.

Para o ministro, a análise contextualizada e individualizada do caso – "o fato referido já conta com mais de uma década, e ainda hoje os resultados de busca apontam como mais relevantes as notícias a ele relacionadas, como se, ao longo desta década, não houvesse nenhum desdobramento da notícia, nem fatos novos relacionados ao nome da recorrida" – leva ao entendimento de que a insurgência é restrita ao apontamento de seu nome como critério exclusivo, desvinculado de qualquer outro termo, e a exibição de fato desabonador divulgado há mais de dez anos entre as notícias mais relevantes. "A manutenção desses resultados acaba por se retroalimentar, uma vez que, ao realizar a busca pelo nome da recorrida e se deparar com a notícia, o cliente acessará o conteúdo – até movido por curiosidade despertada em razão da exibição do link – reforçando, no sistema automatizado, a confirmação da relevância da página catalogada."

Considerando imprescindível a atuação do Judiciário, Bellizze afirmou: "Essa é a essência do direito ao esquecimento: não se trata de efetivamente apagar o passado, mas de permitir que a pessoa envolvida siga sua vida com razoável anonimato, não sendo o fato desabonador corriqueiramente rememorado e perenizado por sistemas automatizados de busca. Por outro vértice, aqueles que quiserem ter acesso a informações relativas a fraudes em concurso público, não terão seu direito de acesso impedido, porquanto as fontes que mencionam inclusive o nome da recorrida permanecerão acessíveis. Contudo, sua busca deverá conter critérios relativos a esse conteúdo, seja em conjunto com o nome da recorrida, seja de forma autônoma".

Segundo Bellizze, a manutenção do acórdão recorrido caracteriza uma via conciliadora do livre acesso à informação e do legítimo interesse individual, porque não serão excluídos da busca referências ao nome da recorrida, nem serão ocultados definitivamente os resultados advindos de uma busca que faça referência a seu nome em conjunto com termos que remetam ao resultado hoje exibido. "O que se evitará é, tão somente, que uma busca direcionada a informações sobre a sua pessoa, por meio da inclusão de seu nome como critério exclusivo de busca, tenha por resultado a indicação do fato desabonador noticiado há uma década, impedindo a superação daquele momento".

Existem três correntes doutrinárias sobre o direito ao esquecimento, são elas:

a) pró-informação – que entende não existir direito ao esquecimento;

b) pró-esquecimento – que entende que o direito ao esquecimento existe e deve ser aplicado sempre, de forma irrestrita, como modo de cumprir as garantias constitucionais;

c) intermediária – uma corrente mista, pautada num meio termo entre as anteriores, que entende ser necessário a aplicação da tese de forma responsável e analisando as demais garantias constitucionais, porém, sem apagar o fato histórico existente.

Por se tratar de questão polêmica, por conta da divisão (contra e a favor) e dos vários tipos de correntes doutrinárias existentes, o tema chegou ao STF, que no dia 11/02/2021 proferiu decisão, de forma majoritária, concluindo que ***é incompatível com a Constituição Federal a ideia de um direito ao esquecimento que possibilite impedir, em razão da passagem do tempo, a divulgação de fatos ou dados verídicos em meios de comunicação.*** Segundo a Corte, eventuais excessos ou abusos no exercício da liberdade de expressão e de informação devem ser analisados caso a caso, com base em parâmetros constitucionais e na legislação penal e civil.

O Tribunal, por maioria dos votos, negou provimento ao **Recurso Extraordinário (RE) 1.010.606/RJ**, com repercussão geral reconhecida, em que familiares da vítima de um crime de grande repercussão nos anos 1950 no Rio de Janeiro buscavam reparação pela reconstituição do caso, em 2004, no programa "Linha Direta", da TV Globo, sem a sua autorização. Após quatro sessões de debates, o julgamento foi concluído, com a apresentação de mais cinco votos (ministra Cármen Lúcia e ministros Ricardo Lewandowski, Gilmar Mendes, Marco Aurélio e Luiz Fux).

Ao votar pelo desprovimento do recurso, a ministra Cármen Lúcia afirmou que "não há como extrair do sistema jurídico brasileiro, de forma genérica e plena, o esquecimento como direito fundamental limitador da liberdade de expressão e, portanto, como forma de coatar outros direitos à memória coletiva". Ela fez referência ao direito à verdade histórica no âmbito do princípio da solidariedade entre gerações e considerou que não é possível, do ponto de vista jurídico, que uma geração negue à próxima o direito de saber a sua história. "Quem vai saber da escravidão, da violência contra mulher, contra índios, contra gays, senão pelo relato e pela exibição de exemplos específicos para comprovar a existência da agressão, da tortura e do feminicídio?", refletiu.

No voto em que acompanhou o relator, ministro Dias Toffoli, pelo desprovimento do RE, o ministro Ricardo Lewandowski afirmou que a liberdade de expressão é um direito de capital importância, ligado ao exercício das franquias democráticas. No seu entendimento, enquanto categoria, o direito ao esquecimento só pode ser apurado caso a caso, em uma ponderação de valores, de maneira a sopesar qual dos dois direitos fundamentais (a liberdade de expressão ou os direitos de personalidade) deve ter prevalência. "A humanidade, ainda que queira suprimir o passado, ainda é obrigada a revivê-lo", concluiu.

Por outro lado, o ministro Gilmar Mendes votou pelo parcial provimento do RE, acompanhando a divergência apresentada pelo ministro Nunes Marques. Com fundamento nos direitos à intimidade e à vida privada, Mendes entendeu que a exposição humilhante ou vexatória de dados, da imagem e do nome de pessoas (autor e vítima) é indenizável, ainda que haja interesse público, histórico e social, devendo o tribunal de origem apreciar o pedido de indenização. O ministro concluiu que, na hipótese de conflito entre normas constitucionais de igual hierarquia, como no caso, é necessário examinar de forma pontual qual deles deve prevalecer para fins de direito de resposta e indenização, sem prejuízo de outros instrumentos a serem aprovados pelo Legislativo.

O ministro Marco Aurélio também seguiu o relator. A seu ver, o artigo 220 da Constituição Federal, que assegura a livre manifestação do pensamento, da criação, da expressão e da informação, está inserido em um capítulo que sinaliza a proteção de direitos. "Não cabe passar a borracha e partir para um verdadeiro obscurantismo e um retrocesso em termos de ares democráticos", avaliou. Segundo o ministro, os veículos de comunicação têm o dever de retratar o ocorrido. Por essa razão, ele entendeu que decisões do juízo de origem e do órgão revisor não merecem censura, uma vez que a emissora não cometeu ato ilícito.

Para o presidente do STF à época, ministro Luiz Fux, é inegável que o direito ao esquecimento é uma decorrência lógica do princípio da dignidade da pessoa humana, e, quando há confronto entre valores constitucionais, é preciso eleger a prevalência de um deles. Para o ministro, o direito ao esquecimento pode ser aplicado. Mas, no caso dos autos, ele observou que os fatos são notórios e assumiram domínio público, tendo sido retratados não apenas no programa televisivo, mas em livros, revistas e jornais. Por esse motivo, ele acompanhou o relator pelo desprovimento do recurso.

Não participou do julgamento o ministro Luís Roberto Barroso, que declarou sua suspeição, por já ter atuado, quando era advogado, em outro processo da ré em situação parecida com a deste julgamento.

Com isso, finalizado o julgamento, o STF formou a seguinte tese de repercussão geral:

"É incompatível com a Constituição Federal a ideia de um direito ao esquecimento, assim entendido como o poder de obstar, em razão da passagem do tempo, a divulgação de fatos ou dados verídicos e licitamente obtidos e publicados em meios de comunicação social – analógicos ou digitais. Eventuais excessos ou abusos no exercício da liberdade de expressão e de informação devem ser analisados caso a caso, a partir dos parâmetros constitucionais, especialmente os relativos à proteção da honra, da imagem, da privacidade e da personalidade em geral, e as expressas e específicas previsões legais nos âmbitos penal e cível".

O **art. 52 do Código Civil** estabelece que a proteção dos direitos da personalidade aplica-se, no que couber, às pessoas jurídicas. É por esse motivo que a Súmula 227 do STJ afirma ser possível a pessoa jurídica sofrer dano moral. Porém, esse dano atinge somente a **honra objetiva** (reputação) e não a subjetiva (sentimento).

Como vimos, o Código Civil estabeleceu uma distinção entre a proteção da personalidade e do direito de imagem de pessoas mortas. Para detalhar essa diferença, apresentamos o quadro abaixo:

Proteção à personalidade da pessoa morta (art. 12 do CC)	Proteção à imagem da pessoa morta (art. 20 do CC)
Legitima descendentes, ascendentes e colaterais até o 4º grau (sem companheiro)	Legitima somente cônjuges, descendentes e ascendentes (sem colaterais até o 4º grau e companheiro)

Cumpre lembrar que, segundo o Enunciado 275 do Conselho da Justiça Federal, o companheiro está legitimado em ambos os casos supramencionados, mesmo não constando expressamente dos dois artigos do Código Civil.

2.9. EXTINÇÃO DA PERSONALIDADE JURÍDICA DA PESSOA NATURAL

A existência da pessoa natural termina com a morte (art. 6º do CC). Os mortos não são mais sujeitos de direitos e deveres (*mors omnia solvit*). Porém, não é absoluto o fim da pessoa natural pela morte, pois sua vontade sobrevive por meio do testamento. O parágrafo único do art. 12 do Código Civil estabelece proteção aos direitos da personalidade de pessoa falecida, mostrando que, mesmo a morte provocando a sua extinção, ainda encontraremos resquícios dela.

A Lei n. 9.434/97 elege o critério de morte encefálica com declaração médica, também denominada atestado de óbito, que deve ser levada a registro no Cartório de Registro Civil, para que seja lavrado o assento em livro próprio.

Dois são os tipos de morte previstos no art. 6º do Código Civil, ou seja, morte real e presumida. De acordo com o referido dispositivo, presume-se a morte quanto aos ausentes nos casos em que a lei autoriza a abertura da sucessão definitiva.

De acordo com o art. 7º do Código Civil, pode ser declarada a morte presumida sem decretação de ausência em duas hipóteses:

a) se for extremamente provável a morte de quem estava em perigo de vida;

b) se alguém, desaparecido em campanha ou feito prisioneiro, não for encontrado até 2 anos após o término da guerra.

Nesse caso haverá um processo de jurisdição voluntária denominado **justificação de óbito**, que tramita na Vara de Registros Públicos (quando houver), e o Ministério Público irá intervir nesse processo. Tal questão também é regulamentada pelos arts. 77 e 78 da LRP.

A Lei n. 9.140/95 dispõe sobre a *presunção de morte* das pessoas desaparecidas entre 2 de setembro de 1961 e 15 de agosto de 1979 por terem participado ou sido acusadas de participar de movimentos políticos, motivo pelo qual as famílias terão direito a indenização. A lei traz uma lista com os nomes das pessoas presumidas mortas. Se o nome de alguém não estiver na lista, é possível a formulação de pedido à comissão prevista na própria lei. Da decisão dessa comissão cabe recurso. Trata-se de morte presumida sem ausência.

A morte cessa a personalidade jurídica da pessoa natural, que deixa de ser sujeito de direitos e deveres, acarretando, por exemplo:

a) dissolução do vínculo conjugal e da comunhão de bens;

b) extinção do poder familiar;

c) extinção das obrigações personalíssimas;

d) cessação da obrigação de alimentos com o falecimento do credor;

e) abertura da sucessão com transmissão da herança;

f) suspensão imediata e automática do processo, pois independe de manifestação judicial;

g) extinção da punibilidade no Direito Penal (art. 107 do CP).

Há outro tipo de **morte** denominada **civil**, em que uma pessoa viva será considerada morta para determinados fins. Como exemplos, podemos citar: **indignidade** (art. 1.814 do CC) e **deserdação** (arts. 1.961 a 1.963 do CC); **indignidade do oficialato militar** (art. 7º do Decreto-lei n. 3.038 de 10-2-1941), na qual o oficial militar perderá sua patente e seus descendentes continuarão a receber o soldo, como se morto fosse. Porém, a morte civil não foi admitida no Direito brasileiro, que tutela os direitos da personalidade, pois pune o indivíduo com a privação do exercício de sua personalidade, mesmo estando vivo.

2.10. AUSÊNCIA, SUCESSÃO PROVISÓRIA E DEFINITIVA

O procedimento de ausência, regulamentado pelos Códigos Civil e de Processo Civil, possui três fases sucessivas:

1ª FASE ⇒ Curadoria dos bens do ausente (***cura rei***);
2ª FASE ⇒ Sucessão provisória dos bens do ausente;
3ª FASE ⇒ Sucessão definitiva dos bens do ausente.

Desaparecendo uma pessoa do seu domicílio sem deixar notícias, representante ou procurador a quem caiba administrar-lhe os bens, poderá qualquer interessado ou o Ministério Público requerer ao juiz a declaração da ausência em procedimento com jurisdição voluntária (arts. 744 e 745 do CPC/2015) e nomeação de um curador, para administrar os bens da pessoa ausente (*cura rei*).

Também se declarará a ausência, e se nomeará curador, quando o ausente deixar mandatário que não queira ou não possa exercer ou continuar o mandato, ou se os seus poderes forem insuficientes.

O juiz, ao nomear o curador, irá fixar os poderes e obrigações, conforme as circunstâncias, observando, no que for aplicável, o disposto a respeito dos tutores e curadores, lembrando que **o curador de ausentes** é nomeado para gerir o patrimônio do ausente e não a sua pessoa.

O cônjuge do ausente, sempre que não esteja separado judicialmente, ou de fato por mais de 2 anos antes da declaração da ausência, será o seu legítimo curador. Na falta do cônjuge, a curadoria dos bens do ausente incumbe aos pais ou aos descendentes, nesta ordem, não havendo impedimento que os iniba de exercer o cargo. Entre os descendentes, os mais próximos precedem os mais remotos, e, na falta dessas pessoas, competirá ao juiz a escolha do curador.

Não é necessário que a pessoa tenha deixado patrimônio para que seja possível requerer ao Judiciário a sua declaração de ausência em caso de sumiço, como bem já decidiu o STJ (**REsp 1.016.023/DF**, rel. Min. Fátima Nancy Andrighi, 3ª Turma, j. em 27-5-2008), pois é possível que os herdeiros tenham interesse em suceder o ausente em direitos e deveres, como para a sub-rogação legal de um contrato de locação de imóvel urbano, como permite a Lei n. 8.245/91.

Decorrido 1 ano da arrecadação dos bens do ausente, ou, se ele deixou representante ou procurador, passando-se 3 anos, poderão os interessados requerer que se declare a ausência e se abra provisoriamente a sucessão.

Somente podem requerer a declaração de ausência e a abertura provisória da sucessão:

a) o cônjuge não separado judicialmente;

b) o companheiro (conforme o Enunciado 97 do CJF);

c) os herdeiros presumidos, legítimos ou testamentários;

d) os que tiverem sobre os bens do ausente direito dependente de sua morte;

e) os credores de obrigações vencidas e não pagas.

Decorrido o prazo, e não havendo interessados na sucessão provisória, cumpre ao Ministério Público requerê-la ao juízo competente.

A sentença que determinar a abertura da sucessão provisória só produzirá efeito 180 dias depois de publicada pela imprensa, mas, logo que transitar em julgado, será realizada a abertura do testamento, se houver, e ao inventário e partilha dos bens, como se o ausente fosse falecido.

Não comparecendo herdeiro ou interessado para requerer a abertura do inventário até 30 dias depois do trânsito em julgado da sentença que mandar abrir a sucessão provisória, será realizada a arrecadação dos bens do ausente pela forma estabelecida nos arts. 1.819 a 1.823 do Código Civil.

Antes da partilha, o juiz, quando julgar conveniente, ordenará a conversão dos bens móveis, sujeitos a deterioração ou a extravio, em imóveis ou em títulos garantidos pela União.

Os herdeiros, para se imitirem na posse dos bens do ausente, darão garantias da restituição deles, mediante penhores ou hipotecas equivalentes aos quinhões respectivos. Aquele que tiver direito à posse provisória, mas não puder prestar a garantia, será excluído, mantendo-se os bens que lhe deviam caber sob a administração do curador, ou de outro herdeiro designado pelo juiz, e que preste essa garantia. Os ascendentes, os descendentes e o cônjuge, uma vez provada a sua qualidade de herdeiros, poderão, independentemente de garantia, entrar na posse dos bens do ausente.

Os imóveis do ausente só se poderão alienar, não sendo por desapropriação, ou hipotecar, quando o ordene o juiz, para lhes evitar a ruína.

Empossados nos bens, os sucessores provisórios ficarão representando ativa e passivamente o ausente, de modo que contra eles correrão as ações pendentes e as que de futuro àquele forem movidas.

O descendente, ascendente ou cônjuge que for sucessor provisório do ausente terá direito a todos os frutos e rendimentos dos bens que a este couberem. Já os outros sucessores, porém, deverão capitalizar metade desses frutos e rendimentos, segundo o disposto no art. 29 do Código Civil, de acordo com o representante do Ministério Público, e prestar anualmente contas ao juiz competente. Se o ausente aparecer e ficar provado que a ausência foi voluntária e injustificada, perderá ele, em favor do sucessor, sua parte nos frutos e rendimentos.

O excluído da posse provisória poderá, justificando falta de meios, requerer lhe seja entregue metade dos rendimentos do quinhão que lhe tocaria (art. 30 do CC).

Se durante a posse provisória se provar a época exata do falecimento do ausente, considerar-se-á, nessa data, aberta a sucessão em favor dos herdeiros que o eram àquele tempo.

Caso o ausente apareça, ou se lhe provar a existência, depois de estabelecida a posse provisória, cessarão para logo as vantagens dos sucessores nela imitidos, ficando, todavia, obrigados a tomar as medidas assecuratórias precisas, até a entrega dos bens a seu dono.

Dez anos depois de passada em julgado a sentença que concede a abertura da sucessão provisória, poderão os interessados requerer a sucessão definitiva e o levantamento das cauções prestadas.

Pode-se requerer a sucessão definitiva, também, provando-se que o ausente conta 80 anos de idade, e que de 5 datam as últimas notícias dele.

Regressando o ausente nos 10 anos seguintes à abertura da sucessão definitiva, ou algum de seus descendentes ou ascendentes, aquele ou estes terão direito somente aos bens existentes no estado em que se acharem, os sub-rogados em seu lugar, ou o preço que os herdeiros e demais interessados houverem recebido pelos bens alienados depois daquele tempo. Se o ausente não regressar nesse prazo, e nenhum interessado promover a sucessão definitiva, os bens arrecadados passarão ao domínio do Município ou do Distrito Federal, se localizados nas respectivas circunscrições, incorporando-se ao domínio da União, quando situados em território federal.

O art. 1.571, § 1º, do Código Civil estabelece um efeito não patrimonial da ausência, que é a dissolução do casamento. Com isso o cônjuge do ausente é considerado viúvo e pode se casar novamente.

Questão polêmica se dá na análise de quando ocorre a dissolução do casamento do ausente. Muitos autores estão se baseando no art. 6º do Código Civil e entendem que é a partir da abertura da sucessão definitiva. Porém, nesse caso, há de se esperar no mínimo 11 anos, prazo esse que é muito longo e que impediria o recomeço da vida afetiva pelo cônjuge viúvo. Por esse motivo é que entendemos ser a sentença de ausência que põe fim ao casamento, momento em que se obtém a declaração do fim da afetividade conjugal.

As sentenças declaratórias de ausência e de morte presumida devem ser inscritas no Registro Civil das Pessoas Naturais do 1º Ofício da Comarca do domicílio anterior do ausente, já que apenas no primeiro cartório é que terá o livro "E", em que se faz tal registro, por determinação expressa do art. 94 da Lei de Registros Públicos.

2.11. RESUMO ESQUEMÁTICO SOBRE AUSÊNCIA

INÍCIO DO PROCEDIMENTO DE AUSÊNCIA

Quando alguém se ausenta do seu domicílio sem deixar notícias ou representante ou quando o mandatário não quiser ou não puder exercer o mandato.

⇓

Requerimento judicial de arrecadação dos bens a serem entregues para o curador de ausentes que será nomeado. O requerimento judicial de arrecadação dos bens (art. 22 do CC) pode ser feito por qualquer interessado (algum parente ou um credor, por exemplo) e o Ministério Público. Poderá ser nomeado curador (art. 25 do CC): o cônjuge (que não pode estar separado judicialmente, extrajudicialmente ou de fato por mais de 2 anos), ou companheiro (conforme o Enunciado 97 do CJF). Na falta do cônjuge e companheiro, **os pais (note que não são todos os ascendentes)**, e, na falta de pais e cônjuge, os descendentes. Havendo vários descendentes, o de grau mais próximo será o curador. Inexistindo os três, o curador será uma pessoa escolhida pelo juiz.

⇓ ⇓

Após 1 ano da arrecadação — ou — Após 3 anos, se o ausente deixou representante ou procurador

⇓

Declaração de ausência e abertura da sucessão provisória, a requerimento das pessoas enumeradas no art. 27 do Código Civil. A sentença que autoriza a abertura da sucessão provisória só produz efeito 180 dias depois de publicada. Nesse período é possível abrir testamento, se houver, e o inventário, apenas para adiantar o processo, porém este não poderá ser concluído antes do referido prazo.

⇓

Se nesses 180 dias não for aberto o inventário, poderá o MP fazê-lo.

⇓

Antes da partilha poderá o juiz converter bens móveis em imóveis, pois os herdeiros não podem alienar bens imóveis durante o período de sucessão provisória. Depois de 180 dias de publicada a sentença que autoriza a abertura da sucessão provisória, permitirá a realização da partilha.

⇓

Para que os herdeiros **colaterais** possam imitir-se na posse dos bens da herança, deverão prestar caução.

⇓

Após 10 anos da sentença que autoriza a abertura da sucessão provisória
ou
Se o ausente conta 80 anos e as suas últimas notícias datam de 5 anos

⇓

Haverá a conversão da sucessão provisória em definitiva. O procedimento é moroso em razão da possibilidade de regresso do ausente. Se o ausente retorna antes da sucessão definitiva, terá direito de exigir a devolução dos seus bens.

⇓

Se o ausente reaparecer em até 10 anos da sucessão definitiva, os bens deverão ser devolvidos. Caso algum bem tenha sido alienado, terá o ausente direito de receber os bens no estado em que se encontram, os sub-rogados em seu lugar, e o dinheiro recebido em caso de alienação.

⇓

De acordo com o art. 6º do Código Civil, presume-se a morte nos casos em que a lei autoriza a abertura de sucessão definitiva. **Não confundir morte presumida com sucessão provisória, pois são coisas diferentes. Quando é aberta a sucessão provisória, ainda não ocorreu a morte presumida do ausente.** Cumpre lembrar que, **excepcionalmente**, o art. 7º do Código Civil autoriza em duas hipóteses a declaração de morte presumida sem decretação de ausência: I – se for extremamente provável a morte de quem estava em perigo de vida; II – se alguém, desaparecido em campanha ou feito prisioneiro, não for encontrado até 2 anos após o término da guerra. A declaração da morte presumida, nesses casos, somente poderá ser requerida depois de esgotadas as buscas e averiguações, devendo a sentença fixar a data provável do falecimento.

2.12. COMORIÊNCIA

Comoriência é a **presunção** da simultaneidade de morte de duas ou mais pessoas, na mesma ocasião, não sendo possível a constatação da premoriência. De acordo com o art. 8º do Código Civil, se dois ou mais indivíduos falecerem na mesma ocasião, não se podendo averiguar se algum dos comorientes precedeu aos outros, presumir-se-ão simultaneamente mortos.

Em suma, podemos dizer que **comoriência é a presunção de simultaneidade de morte**.

Pode ocorrer entre pessoas que estão em lugares diferentes, já que comoriência significa tempo e não lugar.

A principal consequência da comoriência é que não há transferência de bens entre os comorientes, já que eles não participam da sucessão do outro.

Somente se afasta a comoriência com prova em contrário, demonstrando a existência da premoriência. De acordo com o art. 612 do CPC/2015, só se discute comoriência no inventário havendo prova pré-constituída, senão tal questão deverá ser analisada nas vias ordinárias.

Não existirá comoriência entre pessoas que não transmitem direitos entre si. Porém ela pode ocorrer entre pessoas que não possuem vínculo de parentesco com o outro, como no caso do seguro de vida, quando falecerem segurado e beneficiário num mesmo evento. Nesse caso, como comoriente não participa da sucessão do outro, quem recebe a indenização será o cônjuge do segurado e seus herdeiros, conforme o art. 792 do Código Civil.

Outro exemplo de aplicação da comoriência entre não parentes se dá na doação com cláusula de reversão (art. 547 do CC). Entre doador e donatário, havendo cláusula de reversão no contrato de doação, a comoriência não ocorrerá, já que comoriente não participa da sucessão do outro, motivo pelo qual o bem doado será transferido aos herdeiros do donatário.

2.13. SÚMULAS E ENUNCIADOS DO CJF SOBRE PESSOA NATURAL

- Súmulas do STJ

Súm. 63

São devidos direitos autorais pela retransmissão radiofônica de músicas em estabelecimentos comerciais.

Súm. 261

A cobrança de direitos autorais pela retransmissão radiofônica de músicas, em estabelecimentos hoteleiros, deve ser feita conforme a taxa média de utilização do equipamento, apurada em liquidação.

- Enunciados das Jornadas de Direito Civil do CJF

En. 1

Art. 2º: A proteção que o Código defere ao nascituro alcança o natimorto no que concerne aos direitos da personalidade, tais como nome, imagem e sepultura.

En. 2

Art. 2º: Sem prejuízo dos direitos da personalidade nele assegurados, o art. 2º do Código Civil não é sede adequada para questões emergentes da reprogenética humana, que deve ser objeto de um estatuto próprio.

En. 3

Art. 5º: A redução do limite etário para a definição da capacidade civil aos 18 anos não altera o disposto no art. 16, I, da Lei n. 8.213/91, que regula específica situação de dependência econômica para fins previdenciários e outras situações similares de proteção, previstas em legislação especial.

En. 4

Art. 11: O exercício dos direitos da personalidade pode sofrer limitação voluntária, desde que não seja permanente nem geral.

En. 5

Arts. 12 e 20: 1) As disposições do art. 12 têm caráter geral e aplicam-se, inclusive, às situações previstas no art. 20, excepcionados os casos expressos de legitimidade para requerer as medidas nele estabelecidas. 2) As disposições do art. 20 do novo Código Civil têm a finalidade específica de regrar a projeção dos bens personalíssimos nas situações nele enumeradas. Com exceção dos casos expressos de legitimação que se conformem com a tipificação preconizada nessa norma, a ela podem ser aplicadas subsidiariamente as regras instituídas no art. 12.

En. 6

Art. 13: A expressão "exigência médica" contida no art. 13 refere-se tanto ao bem-estar físico quanto ao bem-estar psíquico do disponente.

En. 97

Art. 25: No que tange à tutela especial da família, as regras do Código Civil que se referem apenas ao cônjuge devem ser estendidas à situação jurídica que envolve o companheiro, como, por exemplo, na hipótese de nomeação de curador dos bens do ausente (art. 25 do Código Civil).

En. 138

Art. 3º: A vontade dos absolutamente incapazes, na hipótese do inciso I do art. 3º, é juridicamente relevante na concretização de situações existenciais a eles concernentes, desde que demonstrem discernimento bastante para tanto.

En. 139

Art. 11: Os direitos da personalidade podem sofrer limitações, ainda que não especificamente previstas em lei, não podendo ser exercidos com abuso de direito de seu titular, contrariamente à boa-fé objetiva e aos bons costumes.

En. 140

Art. 12: A primeira parte do art. 12 do Código Civil refere-se às técnicas de tutela específica, aplicáveis de ofício, enunciadas no art. 461 do Código de Processo Civil[27] de 1973, devendo ser interpretada com resultado extensivo.

En. 272

Art. 10: Não é admitida em nosso ordenamento jurídico a adoção por ato extrajudicial, sendo indispensável a atuação jurisdicional, inclusive para a adoção de maiores de 18 anos.

27. Equivale ao art. 497 do CPC/2015.

En. 273

Art. 10: Tanto na adoção bilateral quanto na unilateral, quando não se preserva o vínculo com qualquer dos genitores originários, deverá ser averbado o cancelamento do registro originário de nascimento do adotado, lavrando-se novo registro. Sendo unilateral a adoção, e sempre que se preserve o vínculo originário com um dos genitores, deverá ser averbada a substituição do nome do pai ou da mãe natural pelo nome do pai ou da mãe adotivos.

En. 274

Art. 11: Os direitos da personalidade, regulados de maneira não exaustiva pelo Código Civil, são expressões da cláusula geral de tutela da pessoa humana, contida no art. 1º, III, da Constituição (princípio da dignidade da pessoa humana). Em caso de colisão entre eles, como nenhum pode sobrelevar os demais, deve-se aplicar a técnica da ponderação.

En. 275

Arts. 12 e 20: O rol dos legitimados de que tratam os arts. 12, parágrafo único, e 20, parágrafo único, do Código Civil também compreende o companheiro.

En. 276

Art. 13: O art. 13 do Código Civil, ao permitir a disposição do próprio corpo por exigência médica, autoriza as cirurgias de transgenitalização, em conformidade com os procedimentos estabelecidos pelo Conselho Federal de Medicina, e a consequente alteração do prenome e do sexo no Registro Civil.

En. 277

Art. 14: O art. 14 do Código Civil, ao afirmar a validade da disposição gratuita do próprio corpo, com objetivo científico ou altruístico, para depois da morte, determinou que a manifestação expressa do doador de órgãos em vida prevalece sobre a vontade dos familiares, portanto a aplicação do art. 4º da Lei n. 9.434/97 ficou restrita à hipótese de silêncio do potencial doador.

En. 278

Art. 18: A publicidade que venha a divulgar, sem autorização, qualidades inerentes a determinada pessoa, ainda que sem mencionar seu nome, mas sendo capaz de identificá-la, constitui violação a direito da personalidade.

En. 279

Art. 20: A proteção à imagem deve ser ponderada com outros interesses constitucionalmente tutelados, especialmente em face do direito de amplo acesso à informação e da liberdade de imprensa. Em caso de colisão, levar-se-á em conta a notoriedade do retratado e dos fatos abordados, bem como a veracidade destes e, ainda, as características de sua utilização (comercial, informativa, biográfica), privilegiando-se medidas que não restrinjam a divulgação de informações.

En. 397

Art. 5º: A emancipação por concessão dos pais ou por sentença do juiz está sujeita a desconstituição por vício de vontade.

En. 398

Art. 12, parágrafo único: As medidas previstas no art. 12, parágrafo único, do Código Civil podem ser invocadas por qualquer uma das pessoas ali mencionadas de forma concorrente e autônoma.

En. 399

Arts. 12, parágrafo único, e 20, parágrafo único: Os poderes conferidos aos legitimados para a tutela *post mortem* dos direitos da personalidade, nos termos dos arts. 12, parágrafo único, e 20, parágrafo único, do CC, não compreendem a faculdade de limitação voluntária.

En. 400

Arts. 12, parágrafo único, e 20, parágrafo único: Os parágrafos únicos dos arts. 12 e 20 asseguram legitimidade, por direito próprio, aos parentes, cônjuge ou companheiro para a tutela contra a lesão perpetrada *post mortem*.

En. 401

Art. 13: Não contraria os bons costumes a cessão gratuita de direitos de uso de material biológico para fins de pesquisa científica, desde que a manifestação de vontade tenha sido livre e esclarecida e puder ser revogada a qualquer tempo, conforme as normas éticas que regem a pesquisa científica e o respeito aos direitos fundamentais.

En. 402

Art. 14, parágrafo único: O art. 14, parágrafo único, do Código Civil, fundado no consentimento informado, não dispensa o consentimento dos adolescentes para a doação de medula óssea prevista no art. 9º, § 6º, da Lei n. 9.434/1997 por aplicação analógica dos arts. 28, § 2º (alterado pela Lei n. 12.010/2009), e 45, § 2º, do ECA.

En. 403

Art. 15: O direito à inviolabilidade de consciência e de crença, previsto no art. 5º, VI, da Constituição Federal, aplica-se também à pessoa que se nega a tratamento médico, inclusive transfusão de sangue, com ou sem risco de morte, em razão do tratamento ou da falta dele, desde que observados os seguintes critérios: a) capacidade civil plena, excluído o suprimento pelo representante ou assistente; b) manifestação de vontade livre, consciente e informada; e c) oposição que diga respeito exclusivamente à própria pessoa do declarante.

En. 404

Art. 21: A tutela da privacidade da pessoa humana compreende os controles espacial, contextual e temporal dos próprios dados, sendo necessário seu expresso consentimento para tratamento de informações que versem especialmente o estado de saúde, a condição sexual, a origem racial ou étnica, as convicções religiosas, filosóficas e políticas.

En. 405

Art. 21: As informações genéticas são parte da vida privada e não podem ser utilizadas para fins diversos daqueles que motivaram seu armazenamento, registro ou uso, salvo com autorização do titular.

En. 530

Art. 5º, parágrafo único: A emancipação, por si só, não elide a incidência do Estatuto da Criança e do Adolescente.

En. 531

Art. 11: A tutela da dignidade da pessoa humana na sociedade da informação inclui o direito ao esquecimento.

En. 532

Arts. 11 e 13: É permitida a disposição gratuita do próprio corpo com objetivos exclusivamente científicos, nos termos dos arts. 11 e 13 do Código Civil.

En. 533

Art. 15: O paciente plenamente capaz poderá deliberar sobre todos os aspectos concernentes a tratamento médico que possa lhe causar risco de vida, seja imediato ou mediato, salvo as situações de emergência ou no curso de procedimentos médicos cirúrgicos que não possam ser interrompidos.

En. 576

Art. 21: O direito ao esquecimento pode ser assegurado por tutela judicial inibitória.

En. 613

Art. 12: A liberdade de expressão não goza de posição preferencial em relação aos direitos da personalidade no ordenamento jurídico brasileiro.

En. 614

Art. 39: Os efeitos patrimoniais da presunção de morte posterior à declaração da ausência são aplicáveis aos casos do art. 7º, de modo que, se o presumivelmente morto reaparecer nos dez anos seguintes à abertura da sucessão, receberá igualmente os bens existentes no estado em que se acharem.

En. 645

Art. 8º: A comoriência pode ocorrer em quaisquer das espécies de morte previstas no direito civil brasileiro.

En. 646

Art. 13: A exigência de autorização de cônjuges ou companheiros, para utilização de métodos contraceptivos invasivos, viola o direito à disposição do próprio corpo.

En. 677

A identidade pessoal também encontra proteção no ambiente digital.

• Enunciados **II Jornada de Prevenção e Solução de Litígios** do CJF

En. 124

É direito dos genitores o registro do natimorto com inclusão de nome e demais elementos de registro, independentemente de ordem judicial, sempre que optarem por seu sepultamento, nas hipóteses em que tal providência não for obrigatória.

• Enunciados das Jornadas de Direito Notarial e Registral do CJF

En. 2

Não obstante a ausência de previsão legal, é facultado aos pais a atribuição de nome ao natimorto, a ser incluído em registro que deverá ser realizado no Livro C-Auxiliar.

3
Da Pessoa Jurídica

3.1. CONCEITO E NATUREZA JURÍDICA

Pessoa jurídica é o ente constituído pelo ser humano ou pela lei, que ganhou da ordem jurídica uma personalidade distinta dos seus membros ou instituidores, adquirindo assim uma individualidade própria, para que possa ser titular de direitos e deveres.

A pessoa jurídica pode ser conceituada como a unidade de pessoas naturais ou de patrimônios, que visa à consecução de certos fins, reconhecida pela ordem jurídica como sujeito de direitos e obrigações.

Assim, os seus requisitos são:

a) organização de pessoas ou bens;

b) licitude de propósitos ou fins;

c) capacidade jurídica reconhecida pela norma.

Quanto à sua natureza jurídica, há várias teorias que tentam explicar se a pessoa jurídica tem ou não personalidade jurídica. Vejamos:

1) Teoria da Ficção Legal (Savigny): para essa teoria, a pessoa jurídica é uma ficção legal, ou seja, uma criação artificial da lei para exercer direitos patrimoniais e facilitar a função de certas atividades, pois só a pessoa natural é sujeito de direitos.

A crítica que se faz a essa teoria é que, se o Estado é pessoa jurídica, e ela é uma ficção legal, o direito (as normas) que dele emana também será. Por esse motivo, essa teoria não é a adotada pela doutrina.

2) Teoria da Equiparação (Windscheid e Brinz): para essa teoria, a pessoa jurídica é um patrimônio equiparado no seu tratamento jurídico às pessoas naturais. A crítica que se faz a ela é que eleva os bens à categoria de sujeito de direitos e obrigações, confundindo pessoas com coisas. Por esse motivo, essa teoria não é a adotada pela doutrina.

3) Teoria da Realidade Objetiva ou Orgânica (Gierke e Zitelmann): junto às pessoas naturais, que são organismos físicos, existem as pessoas jurídicas, que são organismos sociais com existência e vontade próprias, distintas das de seus membros, tendo por finalidade realizar um objetivo social. A crítica que se faz a essa teoria é que ela recai na ficção ao afirmar que a pessoa jurídica tem vontade própria, já que a vontade é peculiar ao ser humano e não ao ente coletivo. Por esse motivo, essa teoria não é a adotada pela doutrina.

4) Teoria da Realidade das Instituições Jurídicas (Maurice Hauriou): essa teoria admite um pouco de verdade nas anteriores. Como a personalidade humana deriva do direito (tanto que ele privou os humanos de ter personalidade, como os escravos), da mesma forma pode concedê-la a agrupamentos de pessoas ou de bens que tenham por objetivo a realização de interesses humanos. Assim, verifica-se que de fato a ordem jurídica estatal outorga personalidade jurídica, tanto para a pessoa natural quanto para a jurídica.

É a teoria mais adequada, pois estabelece que pessoa jurídica é realidade jurídica.

Hoje a discussão parece superada, pois o **art. 49-A do CC**, incluído pela Lei 13.874/2019 (Liberdade Econômica), estabelece que a pessoa jurídica não se confunde com os seus sócios, associados, instituidores ou administradores, ou seja, possui personalidade jurídica própria.

O parágrafo único do citado artigo, determina que a autonomia patrimonial das pessoas jurídicas é um instrumento lícito de alocação e segregação de riscos, estabelecido pela lei com a finalidade de estimular empreendimentos, para a geração de empregos, tributo, renda e inovação em benefício de todos.

3.2. DESCONSIDERAÇÃO DA PESSOA JURÍDICA

A pessoa jurídica tem existência distinta da dos seus membros, porém, em caso de abuso da personalidade jurídica, caracterizado pelo desvio de finalidade, ou pela confusão patrimonial, poderá o juiz decidir, a requerimento da parte ou do Ministério Público, quando lhe couber intervir no processo, que os efeitos de certas e determinadas relações de obrigações sejam estendidos aos bens particulares dos administradores ou sócios da pessoa jurídica.

Por esse motivo, a teoria da desconsideração foi desenvolvida pelos tribunais norte-americanos, quando a sociedade se desviava de suas finalidades para fraudar algo (derrubar o véu existente). Ela recebeu o nome de *disregard doctrine*, mas também pode ser chamada de teoria da penetração (nome adotado na França).

Para impedir a consumação de fraudes ou abuso de direito que prejudiquem terceiros, pode o magistrado responsabilizar os sócios ou administradores pessoalmente.

Gilberto Gomes Bruschi, Rita Dias Nolasco e Rodolfo da Costa Manso Real Amadeo[1] afirmam corretamente que a desconsideração da personalidade jurídica não é hipótese de extinção, liquidação ou dissolução da pessoa jurídica, como ocorre na falência, pois a sociedade continua a existir, tendo apenas o seu limite patrimonial desconsiderado, excepcional e episodicamente, para que a responsabilidade pelo cumprimento forçado de certa e determinada obrigação recaia tanto nos bens da sociedade quanto dos sócios.

A previsão legal está no art. 50 do Código Civil, mas é aplicável, também, ao Direito do Trabalho, por força dos arts. 8º e 769 da Consolidação das Leis do Trabalho, assim como nas relações de consumo, art. 28 do Código de Defesa do Consumidor.

O art. 8º da Consolidação das Leis do Trabalho justifica a aplicação subsidiária do direito comum ao direito do trabalho para permitir a aplicação da teoria da desconside-

1. BRUSCHI, Gilberto Gomes; NOLASCO, Rita Dias; AMADEO, Rodolfo da Costa Manso Real. *Fraudes patrimoniais e a desconsideração da personalidade jurídica no Código de Processo Civil de 2015*. São Paulo: RT, 2016, p. 138-139.

ração. Mas, qual norma deve ser aplicada *in casu*: o Código Civil ou o Código de Defesa do Consumidor? O CDC estabelece norma de tutela ao vulnerável e hipossuficiente, assemelhando-se ao objetivo de tutela do direito do trabalho, motivo pelo qual essa similitude de finalidade tutelar das normas do consumidor e trabalhistas justifica a aplicação da normatização mais ampla do direito do consumidor em detrimento do Código Civil, que apresenta hipóteses mais restritas da teoria em exame, posto que assegurará garantia mais ampla aos créditos trabalhistas.

Os princípios juslaborais chamam à aplicação do § 5º do art. 28 do CDC, que por ter uma cláusula geral, permite o seu preenchimento pelos princípios e valores da sociedade no momento de sua aplicação, como acaba ocorrendo no Direito do Trabalho, que pode e deve atribuir aspectos peculiares aos institutos que utiliza dos outros ramos da ciência do direito, em razão da natureza do crédito que é fadado a defender. Assim sendo, sempre que a autonomia patrimonial for obstáculo à satisfação do crédito trabalhista está autorizada a desconsideração da personalidade jurídica.

Os requisitos da desconsideração da personalidade jurídica no Direito Civil estão no art. 50 do Código Civil, alterado pela Lei n. 13.874/2019, denominada "Lei da Liberdade Econômica". Eis a redação do artigo, com um quadro comparativo entre a redação antiga e a atual:

REDAÇÃO ANTIGA	REDAÇÃO ATUAL
Art. 50. Em caso de abuso da personalidade jurídica, caracterizado pelo desvio de finalidade, ou pela confusão patrimonial, pode o juiz decidir, a requerimento da parte, ou do Ministério Público quando lhe couber intervir no processo, que os efeitos de certas e determinadas relações de obrigações sejam estendidos aos bens particulares dos administradores ou sócios da pessoa jurídica. Na redação antiga não existiam os §§ 1º a 5º ao lado.	**Art. 50.** Em caso de abuso da personalidade jurídica, caracterizado pelo desvio de finalidade, ou pela confusão patrimonial, pode o juiz, a requerimento da parte, ou do Ministério Público quando lhe couber intervir no processo, **desconsiderá-la** para que os efeitos de certas e determinadas relações de obrigações sejam estendidos aos bens particulares dos administradores ou de sócios da pessoa jurídica **beneficiados direta ou indiretamente pelo abuso**. § 1º Para fins do disposto neste artigo, **desvio de finalidade** é a utilização dolosa da pessoa jurídica com o propósito de lesar credores e para a prática de atos ilícitos de qualquer natureza. § 2º Entende-se por **confusão patrimonial** a ausência de separação de fato entre os patrimônios, caracterizada por: I – cumprimento repetitivo de sociedade de obrigações do sócio ou do administrador ou vice-versa;
	II – transferência de ativos ou de passivos sem efetivas contraprestações, exceto o de valor insignificante; III – outros atos de descumprimento da autonomia patrimonial. § 3º O disposto no *caput* e nos § 1º e § 2º também se aplica à extensão das obrigações de sócios ou de administradores à pessoa jurídica. § 4º A mera existência de grupo econômico sem a presença dos requisitos de que trata o *caput* não autoriza a desconsideração da personalidade da pessoa jurídica. § 5º Não constitui desvio de finalidade a mera expansão ou a alteração da finalidade original da atividade econômica específica da pessoa jurídica.

A referida lei incluiu o **art. 49-A** no CC que, expressamente, reconhece que a pessoa jurídica tem personalidade jurídica, porém distinta de seus membros, ao trazer a redação de que a pessoa jurídica não se confunde com os seus sócios, associados, instituidores ou administradores.

A Lei da Liberdade Econômica teve o objetivo de endurecer a norma que já era rígida, ou seja, tornar mais difícil a desconsideração da personalidade jurídica no Direito Civil, e claro também Empresarial, sendo importante observar que a referida norma não alterou o instituto no Direito do Consumidor nem no Direito do Trabalho.

O Código de Processo Civil de 2015, nos arts. 133 a 137, criou o Incidente de Desconsideração da Personalidade Jurídica para que a mesma seja requerida.

Segundo o art. 133 do CPC/2015, o incidente de desconsideração da personalidade jurídica será instaurado a pedido da parte ou do Ministério Público, quando lhe couber intervir no processo, e deverá observar os pressupostos previstos em lei. Essa regra põe fim ao debate se poderia o magistrado desconsiderar a personalidade de ofício, pois a resposta é não.

A Instrução Normativa n. 39/2016 do TST, que dispõe sobre as normas do Código de Processo Civil de 2015 aplicáveis e inaplicáveis ao Processo do Trabalho, de forma não exaustiva, estabelece no art. 6º que se aplica ao Processo do Trabalho o incidente de desconsideração da personalidade jurídica regulado no Código de Processo Civil (arts. 133 a 137), assegurada a iniciativa também do juiz do trabalho na fase de execução (CLT, art. 878).

Com a Lei n. 13.467/2017 foi incluído o art. 855-A na CLT, que determina a aplicação do incidente de desconsideração da personalidade jurídica ao Processo do Trabalho, porém é o Provimento n. 1, de 8 de fevereiro de 2019, da Corregedoria Geral da Justiça do Trabalho (CGT) que normatiza o recebimento e processamento do incidente nas relações trabalhistas.

O incidente de desconsideração é cabível em todas as fases do processo de conhecimento, no cumprimento de sentença e na execução fundada em título executivo extrajudicial. Dispensa-se a instauração do incidente se a desconsideração da personalidade jurídica for requerida na petição inicial, hipótese em que será citado o sócio ou a pessoa jurídica.

A instauração do incidente será imediatamente comunicada ao distribuidor para as anotações devidas.

A instauração do incidente suspenderá o processo, salvo na hipótese de a desconsideração da personalidade jurídica ser requerida na petição inicial.

O requerimento deve demonstrar o preenchimento dos pressupostos legais específicos para desconsideração da personalidade jurídica.

Instaurado o incidente, o sócio ou a pessoa jurídica será citado para manifestar-se e requerer as provas cabíveis no prazo de 15 dias.

Concluída a instrução, se necessário, o incidente será resolvido por decisão interlocutória. Se a decisão for proferida pelo relator, cabe agravo interno.

Acolhido o pedido de desconsideração, a alienação ou a oneração de bens, havida em fraude de execução, será ineficaz em relação ao requerente.

O § 2º do art. 133 do CPC/2015 incorporou no ordenamento jurídico a possibilidade de se realizar a desconsideração inversa da personalidade jurídica, já consagrada pela jurisprudência do STJ[2].

No Direito de Família, é possível a desconsideração inversa, para imputar responsabilidade dos sócios para a pessoa jurídica quando há fraude, no caso de alimentos e partilha de bens (casamento, união estável e sucessão), bem como a criação de empresa para a administração do patrimônio do casal.

Segundo o STJ, **no REsp 1.315.110-SE, rel. Min. Nancy Andrighi, j. em 28-5-2013**, a **desconsideração da personalidade jurídica pode atingir sócio que não exerce a administração da sociedade**. Na hipótese em que tenha sido determinada a desconsideração da personalidade jurídica de sociedade limitada modesta na qual as únicas sócias sejam mãe e filha, cada uma com metade das quotas sociais, é possível responsabilizar pelas dívidas dessa sociedade a sócia que, de acordo com o contrato social, não exerça funções de gerência ou administração. É certo que, a despeito da inexistência de qualquer restrição no art. 50 do Código Civil de 2002, a aplicação da desconsideração da personalidade jurídica apenas deve incidir sobre os bens dos administradores ou sócios que efetivamente contribuíram para a prática do abuso ou fraude na utilização da pessoa jurídica. Todavia, no caso de sociedade limitada modesta na qual as únicas sócias sejam mãe e filha, cada uma com metade das quotas sociais, a titularidade de quotas e a administração da sociedade se confundem, situação em que as deliberações sociais, na maior parte das vezes, ocorrem no dia a dia, sob a forma de decisões gerenciais. Nesse contexto, torna-se difícil apurar a responsabilidade por eventuais atos abusivos ou fraudulentos. Em hipóteses como essa, a previsão no contrato social de que as atividades de administração serão realizadas apenas por um dos sócios não é suficiente para afastar a responsabilidade dos demais. Seria necessária, para tanto, a comprovação de que um dos sócios estivera completamente distanciado da administração da sociedade.

Como a desconsideração possui ampla aplicação em vários ramos do direito, a doutrina brasileira se dividiu criando duas correntes: a teoria maior e a teoria menor.

---

2. Direito civil. Recurso especial. Ação de dissolução de união estável. Desconsideração inversa da personalidade jurídica. Possibilidade. Reexame de fatos e provas. Inadmissibilidade. Legitimidade ativa. Companheiro lesado pela conduta do sócio. Artigo analisado: 50 do CC/2002. 1. Ação de dissolução de união estável ajuizada em 14-2-2009, da qual foi extraído o presente recurso especial, concluso ao gabinete em 8-11-2011. 2. Discute-se se a regra contida no art. 50 do CC/2002 autoriza a desconsideração inversa da personalidade jurídica e se o sócio da sociedade empresária pode requer a desconsideração da personalidade jurídica desta. 3. A desconsideração inversa da personalidade jurídica caracteriza-se pelo afastamento da autonomia patrimonial da sociedade para, contrariamente do que ocorre na desconsideração da personalidade propriamente dita, atingir o ente coletivo e seu patrimônio social, de modo a responsabilizar a pessoa jurídica por obrigações do sócio controlador. 4. É possível a desconsideração inversa da personalidade jurídica sempre que o cônjuge ou companheiro empresário valer-se da pessoa jurídica por ela controlada, ou de interposta pessoa física, a fim de subtrair do outro cônjuge ou companheiro diretos oriundos da sociedade afetiva. 5. Alterar o decidido no acórdão recorrido, quanto à ocorrência de confusão patrimonial e abuso de direito por parte do sócio majoritário, exige o reexame dos fatos e provas, o que é vedado em recurso especial pela Súmula 7/STJ. 6. Se as instâncias ordinárias concluem pela existência de manobras arquitetadas para fraudar a partilha, a legitimidade para requerer a desconsideração só pode ser daquele que foi lesado por essas manobras, ou seja, do outro cônjuge ou companheiro, sendo irrelevante o fato deste ser sócio da empresa. 7. Negado provimento ao recurso especial (REsp 1.236.916/RS, rel. Min. Nancy Andrighi, 3ª Turma, j. 22-10-2013, *DJe* 28-10-2013).

Na teoria maior, também denominada **teoria subjetiva**, usando de seu livre convencimento, o magistrado, se entender que houve fraude ou abuso de direito, pode aplicar a desconsideração da personalidade jurídica. Para tanto, é necessário fundamentação, porquanto utiliza o livre convencimento.

Já na teoria menor, **teoria objetiva**, como denomina parte da doutrina, ensina-nos Fábio Ulhoa Coelho[3] que:

> "Há uma tentativa, da parte de Fábio Konder Comparato, no sentido de desvincular o superamento da pessoa jurídica desse elemento subjetivo. Elenca, então, um conjunto de fatores objetivos que, no seu modo de ver, fundamentam a desconsideração. São os seguintes: ausência do pressuposto formal estabelecido em lei, desaparecimento do objetivo social específico ou do objetivo social e confusão entre estes e uma atividade ou interesse individual de um sócio. Mas, de qualquer forma, ainda que se adote uma concepção objetiva nesses moldes, dúvida não pode haver quanto à natureza excepcional da desconsideração".

A teoria menor, baseada em critérios objetivos, tem seu âmbito de aplicação restrito ao Direito Ambiental (art. 4º da Lei n. 9.605/98) e ao Direito do Consumidor (art. 28, § 5º, da Lei n. 8.078/90), e, não se tratando desses dois casos, caberá a teoria maior, a qual exige fundamentação robusta do magistrado, por ser subjetiva, e que é a adotada pelo Código Civil, no art. 50.

Esse é o posicionamento do STJ no **REsp 744.107-SP, rel. Min. Fernando Gonçalves, j. em 20-5-2008**.

O STJ rejeita a desconsideração de personalidade jurídica de empresa extinta antes da ação de cobrança, conforme se verifica no julgamento do **AgR no REsp 762.5-SC, rel. Min. Isabel Gallotti, 4ª Turma, j. em 16-10-2012**.

A teoria menor se aplica no Direito do Trabalho, pela dificuldade de o credor conseguir provar no processo trabalhista o abuso de personalidade. Assim sendo, basta que não existam bens da empresa para responder pela execução, para ser feita a desconsideração.

3.3. DA ADMINISTRAÇÃO DA PESSOA JURÍDICA

Obrigam a pessoa jurídica os atos dos administradores, exercidos nos limites de seus poderes definidos no ato constitutivo.

Agora, se a pessoa jurídica tiver administração coletiva, as decisões se tomarão pela maioria de votos dos presentes, salvo se o ato constitutivo dispuser de modo diverso. Porém, é importante frisar que **decai em 3 anos** o direito de **anular** tais decisões, quando violarem a lei ou estatuto, ou forem eivadas de **erro, dolo, simulação ou fraude**.

O art. 48, parágrafo único, do Código Civil estabelece que nessa hipótese a simulação causa anulabilidade (como no Código Civil de 1916). Ocorre que o legislador de 2002 mudou a consequência jurídica da simulação, atribuindo-lhe a sanção da nulidade, ao passar a tratá-la como causa de invalidade do negócio jurídico. Assim sendo, formou-se um descompasso no instituto, pois em regra geral acarreta nulidade e no caso de administração coletiva de pessoal jurídica geraria anulabilidade no prazo de 3 anos (que

---

3. COELHO, Fábio Ulhoa. *Direito antitruste brasileiro*. São Paulo: Saraiva, 1995.

não é nem de 4 anos, como nos casos de vícios do negócio jurídico). Dessa forma, o que prevalece? A regra especial da simulação para a pessoa jurídica ou a norma de ordem pública, que é a norma especial que impõe nulidade? Ninguém na doutrina entra nessa questão, e não há decisões sobre o tema. Em nosso sentir, como a norma de ordem pública é mais forte, ela é que deve prevalecer nesse caso, mesmo a outra sendo especial. Não se pode desprezar nulidade.

Se a administração da pessoa jurídica vier a faltar, o juiz, a requerimento de qualquer interessado, nomear-lhe-á administrador provisório.

A Lei 14.382/2022, incluiu no Código Civil o **art. 48-A**, para resolver um problema que surgiu com o isolamento social da pandemia da Covid-19: a assembleia virtual. A norma estabelece que:

> "Art. 48-A. As pessoas jurídicas de direito privado, sem prejuízo do previsto em legislação especial e em seus atos constitutivos, poderão realizar suas assembleias gerais por meio eletrônico, inclusive para os fins do disposto no art. 59 deste Código, respeitados os direitos previstos de participação e de manifestação."

A representação em juízo da Pessoa Jurídica, ativa e passivamente, possui regra específica contida no art. 75 do CPC, e ela se dará da seguinte forma:

I – a União será representada pela Advocacia-Geral da União, diretamente ou mediante órgão vinculado;

II – o Estado e o Distrito Federal serão representados por seus procuradores;

III – o Município será representado por seu prefeito, procurador ou Associação de Representação de Municípios, quando expressamente autorizada;

IV – a autarquia e a fundação de direito público serão representadas por quem a lei do ente federado designar;

V – a massa falida, será representada pelo administrador judicial;

VI – a herança jacente ou vacante, será representada por seu curador;

VII – o espólio, será representado pelo inventariante;

VIII – a pessoa jurídica, será representada por quem os respectivos atos constitutivos designarem ou, não havendo essa designação, por seus diretores;

IX – a sociedade e a associação irregulares e outros entes organizados sem personalidade jurídica, serão representados pela pessoa a quem couber a administração de seus bens;

X – a pessoa jurídica estrangeira, será representada pelo gerente, representante ou administrador de sua filial, agência ou sucursal aberta ou instalada no Brasil;

XI – o condomínio, será representado pelo administrador ou síndico.

3.4. CLASSIFICAÇÃO DA PESSOA JURÍDICA

Quanto à nacionalidade:

a) pessoa jurídica nacional: organizada conforme a lei brasileira, tem sede no Brasil, conforme os arts. 1.126 a 1.133 do Código Civil;

b) pessoa jurídica estrangeira: organizada conforme a lei estrangeira, tem sede no exterior. Essa pessoa jurídica depende de autorização do Poder Executivo Federal[4] para funcionar, conforme os arts. 1.134 a 1.141 do Código Civil.

Quanto à estrutura interna:

a) ***universitas personarum*****:** conjunto de pessoas que só gozam de direito coletivamente, por meio de uma vontade única, como as associações;

b) ***universitas bonorum*****:** patrimônio personalizado, destinado a um fim que lhe dá unidade, como ocorre com as fundações.

Quanto às funções e à capacidade:

Pessoa jurídica de direito público

Interno: a União, os Estados, o Distrito Federal, os Municípios, os Territórios (que são órgãos da Administração Pública direta legalmente constituídos no art. 18, §§ 1º a 4º, da Constituição Federal), autarquias (INSS, INCRA, INPI, CVM, USP), associações públicas e demais entidades criadas por lei.

São exemplos de entidades criadas por lei: **a) Fundações públicas** (art. 37, XI e § 9º, e art. 38, ambos da CF) – são aquelas fundações que possuem patrimônio voltado para atingir finalidade de interesse público. Como exemplo, citamos a FAPESP, no amparo à pesquisa, bem como a FUNARTE e a FUNASA, esta na área de saúde. **b) Agências reguladoras** (Lei n. 9.986/2000) – são as pessoas jurídicas que têm a incumbência de normatizar e fiscalizar a prestação de serviço público pelos particulares. São autarquias em regime especial, tais como a ANS, ANEEL, ANATEL etc. **c) Agências executivas** (Decreto n. 2.487/98) – são autarquias ou fundações públicas dotadas de regime especial qualificadas como tais pelo Poder Executivo, desde que cumpram certos requisitos. Essas agências têm maior autonomia de gestão que as autarquias e fundações públicas comuns.

As pessoas jurídicas de direito público interno são civilmente responsáveis por atos dos seus agentes que nessa qualidade causem danos a terceiros, ressalvado direito regressivo contra os causadores do dano, se houver, por parte destes, culpa ou dolo.

Externo: Estados estrangeiros, pessoas regidas pelo Direito Internacional Público, tais como o Mercosul, a União Europeia, a ONU, a OEA, a UNESCO, a OIT e o FMI.

Salvo disposição em contrário, as pessoas jurídicas de direito público, a que se tenha dado estrutura de direito privado, regem-se, no que couber, quanto ao seu funcionamento, pelas normas do Código Civil.

Pessoa jurídica de direito privado

4. O Decreto n. 5.664, de 10 de janeiro de 2006, delega competência ao Ministro de Estado do Desenvolvimento, Indústria e Comércio Exterior para decidir e praticar os atos de autorização de funcionamento no Brasil de sociedade estrangeira, inclusive para aprovação de modificação no contrato ou no estatuto, sua nacionalização e a cassação de autorização de seu funcionamento, permitida a subdelegação.

Associações civis: conjunto de pessoas unidas para atingir certos fins.

Fundações particulares: conjunto de patrimônio destacado para atingir certo fim. Como exemplo, citamos a Fundação Roberto Marinho, a Fundação Cásper Líbero e a Fundação São Paulo (mantenedora da PUC-SP).

Sociedades.

Organizações religiosas: são livres a criação, a organização, a estruturação interna e o funcionamento das organizações religiosas, sendo vedado ao Poder Público negar-lhes reconhecimento ou registro dos atos constitutivos e necessários ao seu funcionamento.

Partidos políticos: os partidos políticos serão organizados e funcionarão conforme o disposto em lei específica.

3.5. DAS ASSOCIAÇÕES CIVIS (ARTS. 53 A 61 DO CC)

As associações civis são formadas pelo conjunto de pessoas unidas para atingir certos fins. Sua normatização encontra-se prevista nos arts. 53 a 61 do Código Civil.

Constituem-se as associações pela união de pessoas que se organizam para fins não econômicos. Não há, entre os associados, direitos e obrigações recíprocos.

Admite-se que as associações desenvolvam atividade de caráter econômico desde que não haja finalidade lucrativa (***animus lucrandi***), que é a finalidade de obter lucro e dividi-lo entre seus associados, por ser isso característica das sociedades, conforme art. 981 do CC.

A **Lei 14.195/2021** incluiu um parágrafo único no art. 971 do Código Civil para estabelecer que será feita a inscrição da associação que desenvolva atividade futebolística em caráter habitual e profissional, no Registro Público de Empresas Mercantis da respectiva sede, caso em que ela será considerada empresária, para todos os efeitos. Trata-se de uma exceção à regra, pois, normalmente, as associações civis, por não terem fins lucrativos, são inscritas/registradas no Cartório de Registro Civil das Pessoas Jurídicas, conforme art. 121 da Lei 6.015/73.

Explica, acertadamente, Rodrigo Xavier Leonardo[5] que as organizações sociais e as OSCIPS correspondem a duas das principais qualificações que atualmente podem ser ostentadas por uma associação.

Sob pena de nulidade, o estatuto das associações conterá:

a) a denominação, os fins e a sede da associação;

b) os requisitos para a admissão, demissão e exclusão dos associados;

c) os direitos e deveres dos associados;

d) as fontes de recursos para sua manutenção;

e) o modo de constituição e de funcionamento dos órgãos deliberativos;

f) as condições para a alteração das disposições estatutárias e para a dissolução;

g) a forma de gestão administrativa e de aprovação das respectivas contas.

5. LEONARDO, Rodrigo Xavier. *Associações sem fins econômicos.* São Paulo: RT, 2014, p. 277.

Os associados devem ter iguais direitos, mas o estatuto poderá instituir categorias com vantagens especiais. O Enunciado 577 do CJF, complementa que essas categorias com vantagens especiais podem ter atribuição de peso diferenciado de voto, desde que não gere supressão as matérias previstas no art. 59 do CC.

A qualidade de associado é intransmissível, se o estatuto não dispuser o contrário. Mas o TJSP já decidiu que a previsão no estatuto de transmissão da qualidade de associado em razão de casamento ao cônjuge, depende de manifestação expressa de vontade deste, sendo vedada a associação compulsória pela Constituição Federal (**Ap. Civ. 9064345-12.2006.8.26.0000, 1ª Cam. Direito Privado, j. em 30-11-2010**).

Se o associado for titular de quota ou fração ideal do patrimônio da associação, a transferência daquela não importará, de per si, a atribuição da qualidade de associado ao adquirente ou ao herdeiro, salvo disposição diversa do estatuto.

A exclusão do associado só é admissível havendo justa causa, assim reconhecida em procedimento que assegure direito de defesa e de recurso, nos termos previstos no estatuto. O STF já reconheceu que a exclusão de associado deve obedecer ao devido processo legal (**RE 201.819/RJ, 2ª Turma, j. em 11-10-2005**).

Nenhum associado poderá ser impedido de exercer direito ou função que lhe tenha sido legitimamente conferido, a não ser nos casos e pela forma previstos na lei ou no estatuto.

Compete privativamente à assembleia geral:

a) destituir os administradores;

b) alterar o estatuto;

c) aprovar as contas.

Para as deliberações a que se referem os itens I e II acima, é exigida deliberação da Assembleia especialmente convocada para esse fim, cujo *quorum* será o estabelecido no estatuto, bem como os critérios de eleição dos administradores.

A convocação dos órgãos deliberativos far-se-á na forma do estatuto, garantido a 1/5 dos associados o direito de promovê-la.

Dissolvida a associação, o remanescente do seu patrimônio líquido, depois de deduzidas, se for o caso, as quotas ou frações ideais, será destinado à entidade de fins não econômicos designada no estatuto, ou, omisso este, por deliberação dos associados, à instituição municipal, estadual ou federal, de fins idênticos ou semelhantes. Por cláusula do estatuto ou, no seu silêncio, por deliberação dos associados, podem estes, antes da destinação do remanescente, receber em restituição, atualizado o respectivo valor, as contribuições que tiverem prestado ao patrimônio da associação. Não existindo no Município, no Estado, no Distrito Federal ou no Território, em que a associação tiver sede, instituição nas condições indicadas no art. 61, o que remanescer do seu patrimônio se devolverá à Fazenda do Estado, do Distrito Federal ou da União.

Como tipos de associações, podemos citar a APAE (como associação pia, beneficente ou filantrópica), as creches e asilos (como associações de assistência social), a APM, a associação dos ex-alunos da USP e PUC-SP (como associações estudantis), associação de amigos de bairro, entre outras.

Questão polêmica é saber se é possível desconsiderar a personalidade jurídica de uma associação. Em que pese o Prof. Gustavo Tepedino entender possível em um famoso artigo do seu livro Temas de Direito Civil, da Editora Renovar, o entendimento não é pacífico.

Em 4-4-2017, a 3ª Turma do STJ julgou o **REsp 1.398.438-SC**, relatado pela Min. Fátima Nancy Andrighi, onde a relatora afirma, expressamente:

> Veja-se que, ao se desconsiderar a personalidade jurídica de uma associação, pouco restará para atingir, pois os associados não mantêm qualquer vínculo jurídico entre si, por força do artigo 53 do Código Civil.

As associações, segundo a ministra, têm a marca de serem organizadas para a execução de atividades sem fins lucrativos, propósito diferente das sociedades empresariais, que possuem finalidade lucrativa.

3.6. DAS FUNDAÇÕES PARTICULARES (ARTS. 62 A 69 DO CC)

As fundações particulares se formam pelo conjunto de patrimônio, destacado pelo seu fundador para atingir certo fim, e estão normatizadas nos arts. 62 a 69 do Código Civil.

Para criar uma fundação, o seu instituidor fará, **por escritura pública ou testamento**, dotação especial de bens livres, especificando o fim a que se destina, e declarando, se quiser, a maneira de administrá-la.

Essa regra é interessante por dois aspectos. O primeiro porque institui para uma pessoa jurídica de direito privado a necessidade do seu ato constitutivo ser criado por escritura pública, o que não é comum. E a segunda é que autoriza a criação por testamento, mas não indica a forma, motivo pelo qual entendemos que a fundação poderá ser constituída por qualquer uma das formas ordinárias de testamentos (art. 1.862 do CC), quais sejam, público, cerrado ou particular.

Conforme o parágrafo único do art. 62 do Código Civil, atualizado pela Lei n. 13.151/2015, a fundação **somente** poderá constituir-se para fins de:

> I – assistência social;
>
> II – cultura, defesa e conservação do patrimônio histórico e artístico;
>
> III – educação;
>
> IV – saúde;
>
> V – segurança alimentar e nutricional;
>
> VI – defesa, preservação e conservação do meio ambiente e promoção do desenvolvimento sustentável;
>
> VII – pesquisa científica, desenvolvimento de tecnologias alternativas, modernização de sistemas de gestão, produção e divulgação de informações e conhecimentos técnicos e científicos;
>
> VIII – promoção da ética, da cidadania, da democracia e dos direitos humanos;
>
> IX – atividades religiosas.

Essa alteração se deve ao fato de que a redação antiga do citado dispositivo estabelecia que a fundação somente poderia ser constituída para fins religiosos, morais, culturais ou de assistência.

Por esse motivo, apesar da utilização da palavra "somente", sempre se argumentou na doutrina e jurisprudência que o rol esposado em tal dispositivo é exemplificativo, haja vista que existem fundações com outras finalidades.

Por esse motivo, o Conselho da Justiça Federal (CJF), no Enunciado 8, firmou entendimento no sentido de que "a constituição de fundação para fins científicos, educacionais ou de promoção do meio ambiente está compreendida no Código Civil, art. 62, parágrafo único", e, no Enunciado 9, que "o art. 62, parágrafo único, deve ser interpretado de modo a excluir apenas as fundações com fins lucrativos".

Com a modificação do parágrafo único do art. 62, a pergunta que se faz agora é se o rol será, a partir de agora, taxativo ou exemplificativo.

A pergunta não é muito fácil de responder.

Primeiro porque, examinando a Lei n. 13.151/2015, verifica-se que esse dispositivo teve o último inciso vetado pela Presidenta da República. Trata-se do inciso X, que permitia a constituição de fundações com a finalidade de habitação de interesse social.

Nas razões do veto foi dito que:

> Da forma como previsto, tal acréscimo de finalidade poderia resultar na participação ampla de fundações no setor de habitação. Essa extensão ofenderia o princípio da isonomia tributária e distorceria a concorrência nesse segmento, ao permitir que fundações concorressem, em ambiente assimétrico, com empresas privadas, submetidas a regime jurídico diverso.

Por esse motivo, podemos concluir que o rol é taxativo, pois há proibição de constituir fundação nesse caso, o que implica um desejo da norma de restringir a criação de fundações a tais finalidades.

Mas o problema para tal conclusão é que o art. 31 da Lei Complementar n. 109/2001 estabelece que as entidades fechadas de previdência complementar organizar-se-ão sob a forma de fundação ou sociedade civil, sem fins lucrativos.

Essa hipótese não foi contemplada no Código Civil, motivo pelo qual se verifica que o rol do parágrafo único do art. 62 é exemplificativo.

Mas como harmonizar o desejo do legislador de restringir as finalidades das fundações no Código Civil, com a hipótese existente na Lei Complementar n. 109/2001 não contemplada pela lei civil?

Acreditamos que a melhor solução é entender que o rol previsto em todo o sistema (que inclui todas as leis) é taxativo, ou seja, que só poderá ser constituída uma fundação nos casos previstos em lei, que, necessariamente, não precisa ser o Código Civil. Cria-se, com isso, o **princípio da legalidade nas finalidades de fundações**, semelhante ao existente nos Direitos Reais.

Assim, verifica-se a hipótese de se ter a criação de fundação com finalidades não previstas no Código Civil.

Quando insuficientes para constituir a fundação, os bens a ela destinados serão, se de outro modo não dispuser o instituidor, incorporados em outra fundação que se proponha a fim igual ou semelhante.

Constituída a fundação por negócio jurídico entre vivos, o instituidor é obrigado a transferir-lhe a propriedade, ou outro direito real, sobre os bens dotados, e, se não o fizer, serão registrados, em nome dela, por mandado judicial.

Aqueles a quem o instituidor cometer a aplicação do patrimônio, ao ter ciência do encargo, formularão logo, de acordo com as suas bases (finalidade da fundação), o seu estatuto, submetendo-o, em seguida, à aprovação da autoridade competente, com recurso ao juiz. Se o estatuto não for elaborado no prazo assinado pelo instituidor, ou, não havendo prazo, em 180 dias, a incumbência caberá ao Ministério Público.

Consoante o art. 66 do Código Civil, alterado pela Lei n. 13.151/2015, velará pelas fundações o Ministério Público do Estado onde situadas. Se funcionarem no Distrito Federal, ou em Território, caberá o encargo ao Ministério Público do Distrito Federal e Territórios. Se estenderem a atividade por mais de um estado, caberá o encargo, em cada um deles, ao respectivo Ministério Público.

O art. 67 do Código Civil, também alterado pela Lei n. 13.151/2015, determina que para que se possa alterar o estatuto da fundação, é mister que a reforma:

> I – seja deliberada por 2/3 dos competentes para gerir e representar a fundação;
>
> II – não contrarie ou desvirtue o fim desta;
>
> III – seja aprovada pelo órgão do Ministério Público no prazo máximo de 45 dias, findo o qual ou no caso de o Ministério Público a denegar, poderá o juiz supri-la, a requerimento do interessado.

Com relação à possibilidade de ser necessária a intervenção judicial, o **art. 764 do CPC** estabelece que o juiz decidirá sobre a aprovação do estatuto das fundações e de suas alterações sempre que o requeira o interessado quando:

> I – ela for negada previamente pelo Ministério Público ou por este forem exigidas modificações com as quais o interessado não concorde;
>
> II – o interessado discordar do estatuto elaborado pelo Ministério Público.

Antes de suprir a aprovação, o juiz poderá mandar fazer no estatuto modificações a fim de adaptá-lo ao objetivo do instituidor.

Quando a alteração não houver sido aprovada por votação unânime, os administradores da fundação, ao submeterem o estatuto ao órgão do Ministério Público, requererão que se dê ciência à minoria vencida para impugná-la, se quiser, em dez dias.

Tornando-se ilícita, impossível ou inútil a finalidade a que visa a fundação, ou vencido o prazo de sua existência, o órgão do Ministério Público, ou qualquer interessado, lhe promoverá a extinção, incorporando-se o seu patrimônio, salvo disposição em contrário no ato constitutivo, ou no estatuto, em outra fundação, designada pelo juiz, que se proponha a fim igual ou semelhante.

Vale lembrar que o **art. 765 do CPC** determina que qualquer interessado ou o Ministério Público promoverá em juízo a extinção da fundação quando:

> I – se tornar ilícito o seu objeto;
>
> II – for impossível a sua manutenção;
>
> III – vencer o prazo de sua existência.

3.7. DAS SOCIEDADES (ARTS. 981 A 1.141 DO CC)

Apesar das modificações introduzidas pelo Código Civil vigente, que derrogou o Código Comercial no que tange às sociedades, ainda assim elas continuarão sendo estudadas pelo Direito Empresarial, motivo pelo qual faremos algumas breves considerações.

Abaixo estão exemplos de pessoas jurídicas que possuem personalidade jurídica de direito privado, mas que geram confusão por terem algum tipo de influência estatal:

Empresa pública: tem personalidade jurídica de direito privado, com capital exclusivo estatal e patrimônio próprio. É criada por lei para a exploração de atividade econômica que o governo precise exercer (EMURB, EPE).

Sociedade de economia mista: tem personalidade jurídica de direito privado (Súmulas 39 e 42 do STJ), criada por lei para a exploração de atividade econômica sob forma de S/A, cujas ações com direito a voto pertencem, na maioria, à União ou à entidade da administração indireta, como a DERSA.

A empresa pública e a sociedade de economia mista são regidas pelo direito privado (normas comerciais e trabalhistas), conforme o art. 173, § 1º, I a V, da Constituição Federal, e quanto ao seu funcionamento, salvo disposição em contrário, pelo Código Civil, apenas no que couber (art. 41, parágrafo único), e também por normas administrativas e tributárias, sempre com a cautela do direito público (como fazer licitação), já que lidam com recurso público.

Serviços sociais autônomos: têm personalidade de direito privado, mesmo sendo entes de cooperação do Estado. Por exemplo: SESC, SESI (Serviço Social da Indústria).

Consórcios públicos: têm personalidade jurídica de direito privado, devendo observar normas de direito público como licitação e prestação de contas.

As disposições concernentes às associações aplicam-se subsidiariamente às sociedades não personificadas (sociedade em comum e em conta de participação) e às sociedades personificadas (simples, em nome coletivo, em comandita simples, limitada, anônima, em comandita por ações, cooperativa, coligadas, nacional e estrangeira).

3.8. RESUMO ESQUEMÁTICO SOBRE PESSOA JURÍDICA

As pessoas jurídicas de direito público se dividem em:

Pessoas jurídicas de direito público interno: elencadas no art. 41 do Código Civil:

a) a União;

b) os Estados, o Distrito Federal e os Territórios;

c) os Municípios;

d) as autarquias, inclusive as associações públicas;

e) as demais entidades de caráter público criadas por lei.

Pessoas jurídicas de direito público externo: elencadas no art. 42 do Código Civil:

a) os Estados estrangeiros;

b) as pessoas que forem regidas pelo direito internacional público.

São pessoas jurídicas de direito privado – elencadas no art. 44 do Código Civil:

a) as associações;

b) as fundações;

c) as sociedades;

d) os partidos políticos;

e) as organizações religiosas;

Veja, a seguir, um resumo esquemático do que tratamos acima:

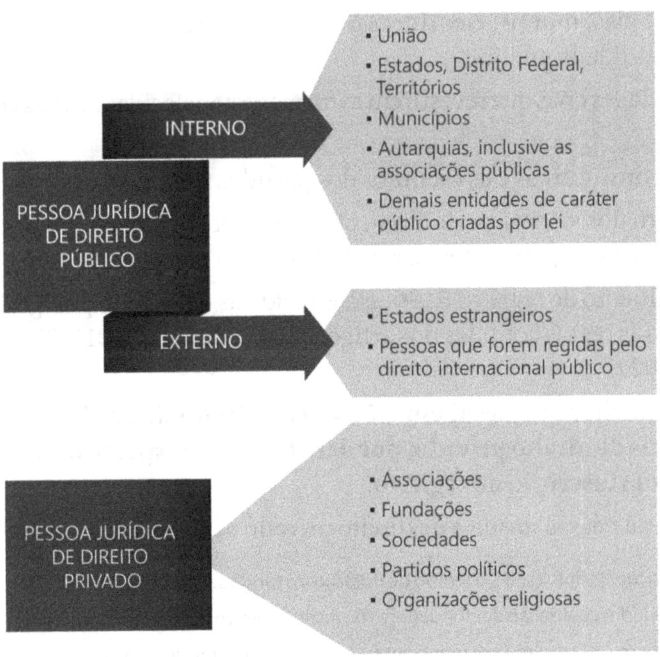

3.9. INÍCIO DA EXISTÊNCIA LEGAL

A **pessoa jurídica de direito público** tem início com a lei que a criou (constitucional, especial, tratado), seja norma constitucional ou lei especial, bem como com os tratados internacionais.

A **pessoa jurídica de direito privado** tem início com o registro do ato constitutivo na Junta Comercial ou no Cartório de Registro Civil das Pessoas Jurídicas, dependendo de sua natureza, segundo o art. 45 do Código Civil, precedida, quando necessário, de autorização ou aprovação do Poder Executivo (como o caso da pessoa jurídica estrangeira que queira se instalar no Brasil), averbando-se no registro todas as alterações por que passar o ato constitutivo.

O art. 1.150 do Código Civil estabelece que o empresário e a sociedade empresária vinculam-se ao Registro Público de Empresas Mercantis a cargo das Juntas Comerciais, e a sociedade simples ao Registro Civil das Pessoas Jurídicas, o qual deverá obedecer às normas fixadas para aquele registro, se a sociedade simples adotar um dos tipos de sociedade empresária. Nos 30 dias subsequentes à sua constituição, a sociedade simples deverá requerer a inscrição do contrato social no Registro Civil das Pessoas Jurídicas do local de sua sede, segundo o art. 998 do Código Civil, e, se a sociedade simples que instituir sucursal, filial ou agência na circunscrição de outro Registro Civil das Pessoas Jurídicas, neste deverá também inscrevê-la, com a prova da inscrição originária.

É importante lembrar que, segundo o art. 114 da Lei de Registros Públicos (Lei n. 6.015/73), no Cartório de Registro Civil das Pessoas Jurídicas serão inscritos:

a) os contratos, os atos constitutivos, o estatuto ou os compromissos das sociedades civis, religiosas, pias, morais, científicas ou literárias, bem como o das fundações e das associações de utilidade pública;

b) as sociedades civis que revestirem as formas estabelecidas nas leis comerciais, salvo as anônimas;

c) os atos constitutivos e os estatutos dos partidos políticos;

d) o registro dos jornais, periódicos, oficinas impressoras, empresas de radiodifusão e agências de notícias a que se refere o art. 8º da Lei n. 5.250, de 9-2-1967.

O procedimento de registro das pessoas jurídicas citadas no parágrafo anterior é realizado segundo as regras contidas nos artigos 120 e 121 da Lei 6.015/73, comas alterações da Lei 14.382/2022.

Cumpre ressaltar que **decai em três anos o direito de anular a constituição das pessoas jurídicas de direito privado, por defeito do ato respectivo, contado o prazo da publicação de sua inscrição no registro.**

O registro da pessoa jurídica de direito privado declarará (art. 46 do CC):

I – a denominação, os fins, a sede, o tempo de duração e o fundo social, quando houver;

II – o nome e a individualização dos fundadores ou instituidores, e dos diretores;

III – o modo por que se administra e representa, ativa e passivamente, judicial e extrajudicialmente;

IV – se o ato constitutivo é reformável no tocante à administração, e de que modo;

V – se os membros respondem, ou não, subsidiariamente, pelas obrigações sociais;

VI – as condições de extinção da pessoa jurídica e o destino do seu patrimônio, nesse caso.

Por fim, vale ressaltar que o registro do ato constitutivo de **empresa pública** é feito na junta comercial, e da **sociedade de economia mista** será feito na junta comercial, se ela tiver natureza empresarial, e no cartório de RCPJ, se ela tiver natureza civil, mas ambos devem ser precedidos de autorização legal (art. 37, XIX, da CF).

3.10. CAPACIDADE DA PESSOA JURÍDICA

Decorre da personalidade que a ordem jurídica lhe confere com sua criação (lei ou registro). Tem direito a denominação, nacionalidade, domicílio e conta com a proteção aos direitos da personalidade (nome, marca, imagem, liberdade, privacidade, existência, segredo), conforme o art. 52 do Código Civil, no que couber. Tal dispositivo reflete o descrito na Súmula 227 do STJ, que enuncia ser a pessoa jurídica suscetível de sofrer dano moral.

Mas, para Gustavo Tepedino[6], como esse "dano moral da pessoa jurídica" é mais restrito, pois os direitos da personalidade a ela se aplicam somente "no que couber", o mesmo deveria ser chamado de **dano institucional**.

Essa capacidade permite que a pessoa jurídica seja sujeito de direitos e deveres. Mas, como a pessoa jurídica não pode praticar pessoalmente atos da vida civil, segundo o art. 47 do Código Civil, obrigam a pessoa jurídica os atos dos administradores, exercidos nos limites de seus poderes definidos no ato constitutivo. Entretanto, se a administração da pessoa jurídica vier a faltar, o juiz, a requerimento de qualquer interessado, nomear-lhe-á administrador provisório.

Mas, se a pessoa jurídica tiver administração coletiva, as decisões se tomarão pela maioria de votos dos presentes, salvo se o ato constitutivo dispuser de modo diverso. Decai em 3 anos o direito de anular tais decisões, quando violarem a lei ou o estatuto, ou forem eivadas de erro, dolo, simulação ou fraude.

3.11. DOMICÍLIO

Segundo o art. 75 do Código Civil, o domicílio das pessoas jurídicas é:

a) da União, o Distrito Federal;

b) dos Estados e Territórios, as respectivas capitais;

c) do Município, o lugar onde funcione a administração municipal;

d) das demais pessoas jurídicas, o lugar onde funcionarem as respectivas diretorias e administrações, ou onde elegerem domicílio especial no seu estatuto ou em atos constitutivos.

Tendo a pessoa jurídica diversos estabelecimentos em lugares diferentes, cada um deles será considerado domicílio para os atos nele praticados.

Se a administração, ou diretoria, tiver a sede no estrangeiro, haver-se-á por domicílio da pessoa jurídica, no tocante às obrigações contraídas por cada uma das suas agências, o lugar do estabelecimento, sito no Brasil, a que ela corresponder.

---

6. TEPEDINO, Gustavo; Crise de Fontes Normativas. p. XXIX-XXX. In: TEPEDINO, Gustavo; BARBOZA, Heloísa Helena; MORAES, Maria Celina Bodin de. *Código Civil interpretado Conforme a Constituição da República*. Rio de Janeiro: Renovar, 2004, Parte Geral e Obrigações, v. I, p. 135.

3.12. GRUPOS DESPERSONALIZADOS

São os que não têm personalidade jurídica, pois lhes faltam requisitos indispensáveis, embora possam agir ativa e passivamente. Não há *affectio societatis* (intenção de constituir uma sociedade). Como exemplo, citamos:

a) sociedades irregulares: são aquelas que possuem ato constitutivo que não foi levado a registro, ou que desrespeitaram exigências legais, na sua constituição ou após dela, como a contida no art. 2.031 do Código Civil;

b) sociedade de fato: aquelas que não foram constituídas formalmente, não possuindo ato constitutivo, como o camelô, por exemplo, ou uma sociedade formada verbalmente para a realização de um negócio;

c) sociedade em comum: *vide* arts. 986 a 990 do Código Civil;

d) sociedades em conta de participação: *vide* arts. 991 a 996 do Código Civil;

e) massa falida: instituição criada por lei para exercer os direitos do falido;

f) espólio: conjunto de direitos e deveres do falecido (massa de patrimônio);

g) heranças jacente e vacante: *vide* arts. 1.819 a 1.823 do Código Civil;

h) condomínio geral ou ordinário: aquele formado quando uma coisa pertence a várias pessoas distintas – *vide* arts. 1.314 a 1.330 do Código Civil.

Uma dúvida que surge é: o condomínio edilício tem personalidade jurídica?

Para Maria Helena Diniz[7], no condomínio existe *affectio societatis* similar à fundação, que está expressa no seu ato constitutivo, motivo pelo qual ele possui personalidade jurídica. Se assim for, poderá o condomínio edilício adquirir imóveis, por exemplo, um terreno ao lado do condomínio para a criação de uma garagem que não existia, ou até mesmo a ampliação da existente, já que essas vagas se tornaram o grande problema dos centros urbanos.

Concordamos com o posicionamento de que o condomínio edilício possui personalidade jurídica, pois, ordinariamente, ele contrata funcionários e fica suscetível a uma reclamação trabalhista com consequente penhora de bens, pode ser protestado se não pagar títulos, pode abrir conta em banco, fazer aplicação financeira na Bolsa de Valores, comprar a prazo etc.

Ademais, segundo o **art. 63, § 3º, da Lei n. 4.591/64** (Condomínio e Incorporações), poderá ele ser dono de uma unidade autônoma, já que a referida norma autoriza a adjudicação da unidade inadimplente com a cota condominial mensal. Esse artigo dá personalidade implícita ao condomínio, pois permite que ele seja dono de uma unidade. Se ele pode ser dono de uma unidade, por que não poderia comprar o terreno ao lado do condomínio para aumentar a sua área e ampliar as vagas de garagem?

O referido posicionamento é referendado pelo CJF, no **Enunciado 246**. Mas, infelizmente, o STJ possui entendimento diverso, ao citar, no **AgInt no REsp 1521404-PE, rel. Min. Paulo de Tarso Sanseverino, j. em 24-10-2017**, que *"A doutrina dominante reconhece*

7. DINIZ, Maria Helena. *Curso de direito civil brasileiro*. Teoria geral do direito civil. 25. ed. São Paulo: Saraiva, 2018, v. 1, p. 339.

que os condomínios edilícios não possuem personalidade jurídica, sendo, pois, entes despersonalizados; também chamados de entes formais, com a massa falida e o espólio".

Para quem entende que o nascituro não possui personalidade formal, advoga a tese de ele ser um ente despersonalizado, pensamento minoritário atualmente.

3.13. ENUNCIADOS DAS JORNADAS DE DIREITO CIVIL DO CJF SOBRE PESSOA JURÍDICA

En. 7

Art. 50: Só se aplica a desconsideração da personalidade jurídica quando houver a prática de ato irregular e, limitadamente, aos administradores ou sócios que nela hajam incorrido.

En. 8

Art. 62, parágrafo único: A constituição de fundação para fins científicos, educacionais ou de promoção do meio ambiente está compreendida no Código Civil, art. 62, parágrafo único.

En. 9

Art. 62, parágrafo único: O art. 62, parágrafo único, deve ser interpretado de modo a excluir apenas as fundações com fins lucrativos.

En. 10

Art. 66, § 1º: Em face do princípio da especialidade, o art. 66, § 1º, deve ser interpretado em sintonia com os arts. 70 e 178 da LC n. 75/93.

En. 141

Art. 41: A remissão do art. 41, parágrafo único, do Código Civil às "pessoas jurídicas de direito público, a que se tenha dado estrutura de direito privado", diz respeito às fundações públicas e aos entes de fiscalização do exercício profissional.

En. 142

Art. 44: Os partidos políticos, os sindicatos e as associações religiosas possuem natureza associativa, aplicando-se-lhes o Código Civil.

En. 143

Art. 44: A liberdade de funcionamento das organizações religiosas não afasta o controle de legalidade e legitimidade constitucional de seu registro, nem a possibilidade de reexame pelo Judiciário da compatibilidade de seus atos com a lei e com seus estatutos.

En. 144

Art. 44: A relação das pessoas jurídicas de Direito Privado, constante do art. 44, incisos I a V, do Código Civil, não é exaustiva.

En. 145

Art. 47: O art. 47 não afasta a aplicação da teoria da aparência.

En. 146

Art. 50: Nas relações civis, interpretam-se restritivamente os parâmetros de desconsideração da personalidade jurídica previstos no art. 50 (desvio de finalidade social ou confusão patrimonial). (Este Enunciado não prejudica o Enunciado n. 7)

En. 147

Art. 66: A expressão "por mais de um Estado", contida no § 2º do art. 66, não exclui o Distrito Federal e os Territórios. A atribuição de velar pelas fundações, prevista no art. 66 e seus parágrafos, ao Ministério Público local – isto é, dos Estados, Distrito Federal e Territórios onde situadas – não exclui a necessidade de fiscalização de tais pessoas jurídicas pelo Ministério Público Federal, quando se tratar de fundações instituídas ou mantidas pela União, autarquia ou empresa pública federal, ou que destas recebam verbas, nos termos da Constituição, da LC n. 75/93 e da Lei de Improbidade.

En. 246

Fica alterado o Enunciado n. 90, com supressão da parte final: "nas relações jurídicas inerentes às atividades de seu peculiar interesse". Prevalece o texto: "Deve ser reconhecida personalidade jurídica ao condomínio edilício".

En. 280

Arts. 44, 57 e 60: Por força do art. 44, § 2º, consideram-se aplicáveis às sociedades reguladas pelo Livro II da Parte Especial, exceto às limitadas, os arts. 57 e 60, nos seguintes termos: a) Em havendo previsão contratual, é possível aos sócios deliberar a exclusão de sócio por justa causa, pela via extrajudicial, cabendo ao contrato disciplinar o procedimento de exclusão, assegurado o direito de defesa, por aplicação analógica do art. 1.085; b) As deliberações sociais poderão ser convocadas pela iniciativa de sócios que representem um quinto do capital social, na omissão do contrato. A mesma regra aplica-se na hipótese de criação, pelo contrato, de outros órgãos de deliberação colegiada.

En. 281

Art. 50: A aplicação da teoria da desconsideração, descrita no art. 50 do Código Civil, prescinde da demonstração de insolvência da pessoa jurídica.

En. 282

Art. 50: O encerramento irregular das atividades da pessoa jurídica, por si só, não basta para caracterizar abuso de personalidade jurídica.

En. 283

Art. 50: É cabível a desconsideração da personalidade jurídica denominada "inversa" para alcançar bens de sócio que se valeu da pessoa jurídica para ocultar ou desviar bens pessoais, com prejuízo a terceiros.

En. 284

Art. 50: As pessoas jurídicas de direito privado sem fins lucrativos ou de fins não econômicos estão abrangidas no conceito de abuso da personalidade jurídica.

En. 285

Art. 50: A teoria da desconsideração, prevista no art. 50 do Código Civil, pode ser invocada pela pessoa jurídica em seu favor.

En. 286

Art. 52: Os direitos da personalidade são direitos inerentes e essenciais à pessoa humana, decorrentes de sua dignidade, não sendo as pessoas jurídicas titulares de tais direitos.

En. 406

Art. 50: A desconsideração da personalidade jurídica alcança os grupos de sociedade quando presentes os pressupostos do art. 50 do Código Civil e houver prejuízo para os credores até o limite transferido entre as sociedades.

En. 407

Art. 61: A obrigatoriedade de destinação do patrimônio líquido remanescente da associação a instituição municipal, estadual ou federal de fins idênticos ou semelhantes, em face da omissão do estatuto, possui caráter subsidiário, devendo prevalecer a vontade dos associados, desde que seja contemplada entidade que persiga fins não econômicos.

En. 534

Art. 53: As associações podem desenvolver atividade econômica, desde que não haja finalidade lucrativa.

En. 577

Art. 55: A possibilidade de instituição de categorias de associados com vantagens especiais admite a atribuição de pesos diferenciados ao direito de voto, desde que isso não acarrete a sua supressão em relação a matérias previstas no art. 59 do Código Civil.

En. 615

Art. 53: As associações civis podem sofrer transformação, fusão, incorporação ou cisão.

En. 693

A proteção conferida pela LGPD não se estende às pessoas jurídicas, tendo em vista sua finalidade de proteger a pessoa natural.

- Enunciados das Jornadas de Direito Notarial e Registral do CJF

En. 37

Os atos constitutivos de organizações religiosas, e suas alterações, observarão o disposto nos arts. 44 e 46 do CC/2002, sendo tais organizações livres quanto à regência de cultos e atos confessionais.

En. 38

Não cabe ao registrador, quando da qualificação dos atos constitutivos, verificar a unicidade sindical e a base territorial de entidades sindicais.

En. 39

A regra da nomeação de administrador provisório pelo juiz, nos termos do art. 49 do Código Civil, poderá ser excepcionada quando a solicitação de reativação das atividades da pessoa jurídica for feita ao Oficial de Registro Civil das Pessoas Jurídicas competente por pelo menos 1/5 (um quinto) das pessoas que a integravam ao tempo de sua paralisação.

En. 40

Em razão do princípio da continuidade registral, antes de averbar a ata de eleição/ nomeação e posse da atual diretoria e órgãos deliberativos das pessoas jurídicas, é necessária a averbação das atas anteriores de eleição/nomeação e posse, bem como de qualquer alteração havida no decorrer dos respectivos mandatos.

4
Dos Bens

4.1. CONCEITO

Bens são coisas, porém nem todas as coisas são bens. As coisas são o gênero do qual os bens são espécie. As coisas abrangem tudo quanto existe na natureza, exceto a pessoa, e somente se consideram bens as coisas existentes que possuam algum valor econômico (trabalho, terra e valor), e proporcionam ao homem utilidade e são suscetíveis de apropriação, podendo ser objeto de uma relação de direito. Coisas e bens econômicos constituem o **patrimônio** da pessoa, e para que possam integrá-lo, é preciso que sejam economicamente apreciáveis. Além daquilo que pode ser apropriado pelo ser humano, devemos estender o conceito de bens aqueles que não podem ser apropriados de forma exclusiva, tais como o bem ambiental e o bem histórico.

4.2. CLASSIFICAÇÃO DOS BENS

4.2.1. Bens considerados em si mesmos (arts. 79 a 91 do CC)

1) Bens imóveis, ou de raiz: são os bens que não podem ser transportados sem que se altere sua essência. De acordo com o Código Civil, o solo e tudo aquilo que nele se incorpora natural ou artificialmente é considerado bem imóvel.

Espécies de bens imóveis:

a) por natureza: tudo aquilo que é incorporado ao solo naturalmente;

b) por acessão física artificial (ou industrial): tudo aquilo que é incorporado ao solo artificialmente, por interferência humana, por exemplo, as construções;

c) por determinação legal: imposta por lei cuja descrição se encontra no art. 80 do Código Civil, que determina serem bens imóveis por força de lei: I – os direitos reais sobre imóveis (usufruto, anticrese, hipoteca) e as ações que lhe asseguram; II – o direito à sucessão aberta.

Cumpre lembrar que os navios e aviões (art. 1.473, VI e VII, do Código Civil), mesmo sendo bens móveis, são suscetíveis de ser hipotecados, pois nada impede ao legislador atribuir a um bem móvel uma característica de um bem imóvel sem alterar sua natureza.

De acordo com o Enunciado 11 do CJF, não persiste no novo sistema legislativo a categoria dos bens imóveis por acessão intelectual, que era aquele incorporado ao solo pelo homem para explorá-lo financeiramente, mesmo ainda constando na parte final do art. 79 do Código Civil o qualificativo "tudo quanto se lhe incorporar natural ou artificialmente".

Conforme o art. 81 do Código Civil, não perdem o caráter de bens imóveis: I – as edificações que, separadas do solo, mas conservando a sua unidade, forem removidas para outro local; II – os materiais provisoriamente separados de um prédio, para nele se reempregarem.

2) Bens móveis: são móveis os bens suscetíveis de movimento próprio, ou de remoção por força alheia, sem alteração da substância ou da destinação econômico-social.

Espécies:

a) por natureza: são os que podem se locomover por força própria (semoventes, que são os animais[1], que possuem movimento próprio) ou alheia (mesa, cadeira);

b) por antecipação: são incorporados ao solo por vontade alheia para depois serem retirados e transformados em bem móvel. Exemplo: árvore para produção de móveis;

c) por determinação legal: imposta por lei cuja descrição se encontra no art. 83 do Código Civil, que estabelece serem bens móveis por força de lei:

I – as energias que tenham valor econômico;

II – os direitos reais sobre objetos móveis (penhor) e as ações correspondentes;

III – os direitos pessoais de caráter patrimonial (fiança, locação, caução etc.) e respectivas ações.

De acordo com o art. 84 do Código Civil, os materiais destinados a alguma construção, enquanto não forem empregados, conservam sua qualidade de móveis; readquirem essa qualidade os provenientes da demolição de algum prédio.

Assim, vejamos o exemplo do azulejo:

- se ele estiver na loja, é considerado bem móvel;
- se estiver na parede, é considerado bem imóvel;
- se for retirado da parede para nela ser reempregado (para uma restauração, por exemplo), continua sendo considerado bem imóvel;

---

1. Cumpre ressaltar que a jurisprudência, em alguns casos, já começa a modificar a natureza jurídica dos animais, não aceitando ser estes uma coisa. "Direito civil – Reconhecimento/dissolução de união estável – Partilha de bens de semovente – Sentença de procedência parcial que determina a posse do cão de estimação para a ex-convivente mulher. Recurso que versa exclusivamente sobre a posse do animal – Réu apelante que sustenta ser o real proprietário – Conjunto probatório que evidencia que os cuidados com o cão ficavam a cargo da recorrida. Direito do apelante/varão em ter o animal em sua companhia – Animais de estimação cujo destino, caso dissolvida sociedade conjugal, é tema que desafia o operador do direito. Semovente que, por sua natureza e finalidade, não pode ser tratado como simples bem, a ser hermética e irrefletidamente partilhado, rompendo-se abruptamente o convívio até então mantido com um dos integrantes da família. Cachorrinho *'Dully'* que fora presenteado pelo recorrente à recorrida, em momento de especial dissabor enfrentado pelos conviventes, a saber, aborto natural sofrido por esta – Vínculos emocionais e afetivos construídos em torno do animal, que devem ser, na medida do possível, mantidos. Solução que não tem o condão de conferir direitos subjetivos ao animal, expressando-se, por outro lado, como mais uma das variadas e multifárias manifestações do princípio da dignidade da pessoa humana, em favor do recorrente. Parcial acolhimento da irresignação para, a despeito da ausência de previsão normativa regente sobre o *thema,* mas sopesando todos os vetores acima evidenciados, aos quais se soma o princípio que veda o *non liquet,* permitir ao recorrente, caso queira, ter consigo a companhia do cão *Dully,* exercendo a sua posse provisória, facultando-lhe buscar o cão em fins de semana alternados, das 10:00hs de sábado às 17:00hs do domingo. Sentença que se mantém" (TJRJ, Apelação Cível 19757-79.2013.8.19.0208, 22ª Câmara Cível, rel. Des. Marcelo Lima Buhatem, j. 27-1-2015).

- se estiver fora da parede em virtude de demolição, para ser comercializado, volta a ser considerado bem móvel.

3) Bens fungíveis: são os **bens móveis** que podem ser substituídos por outros da mesma espécie, qualidade e quantidade, conforme o art. 85 do CC. A fungibilidade é atributo exclusivo de bens móveis, não existem bens imóveis fungíveis. Porém, existem móveis fungíveis, que, por vontade das partes, podem tornar-se infungíveis.

Exemplos de bens fungíveis: dinheiro, fruta, arroz, feijão. O mútuo é empréstimo de coisa fungível para ser consumida, o mutuário é obrigado a devolver ao mutuante o que ele recebeu em coisa do mesmo gênero, qualidade e quantidade.

4) Bens infungíveis: são bens que não podem ser substituídos por outros da mesma espécie, qualidade e quantidade. Exemplo: uma tela de pintura. O credor de coisa certa não pode ser obrigado a receber outra, ainda que mais valiosa. A infungibilidade pode apresentar-se em bens imóveis e móveis. O empréstimo de bem infungível se chama comodato.

Assim sendo, podemos fazer os seguintes trocadilhos:

- todo bem fungível é móvel;
- nem todo bem móvel é fungível;
- nem todo bem infungível é imóvel;
- todo bem imóvel é infungível.

5) Bens consumíveis: são os **bens móveis** cujo uso importa destruição imediata da própria substância, conforme o art. 86 do CC. Também são assim considerados aqueles destinados à alienação. Por esse motivo, a consuntibilidade se divide em:

a) Consuntibilidade física: para os bens móveis cujo uso importa destruição imediata da própria substância;

b) Consuntibilidade jurídica: para os que são destinados à alienação, e por esse motivo são chamados de alienáveis ou no comércio.

Os doutrinadores clássicos classificavam os bens consumíveis juridicamente em alienáveis e inalienáveis, apresentados abaixo:

b1) bens alienáveis são aqueles disponíveis ou no comércio. São os que se encontram livres de quaisquer restrições que impossibilitem sua transferência ou apropriação.

B2) bens inalienáveis ou fora do comércio são os que não podem ser transferidos de um acervo patrimonial a outro, ou insuscetíveis de apropriação. Eles não podem ser dados em garantia, pois, segundo o art. 1.420 do Código Civil, só quem pode alienar pode dar em garantia.

São suas espécies:

- **inalienáveis por natureza** – ar, mar, luz solar;
- **legalmente inalienáveis** – têm seu comércio proibido pela lei. Poderão ser alienados, por autorização legal ou judicial. Exemplos: bens públicos, bem de família convencional e bens dos menores;

- **inalienáveis por vontade humana** – que lhes impõe cláusula de inalienabilidade[2], temporária ou vitalícia, por ato *inter vivos* ou *causa mortis*.

6) Bens inconsumíveis: são os que podem ser usados continuadamente, possibilitando que se retirem todas as suas utilidades sem atingir sua integridade. A inconsuntibilidade também pode ser física (bens que permitem uso reiterado) ou jurídica (bens inalienáveis).

7) Bens divisíveis: são os que se podem fracionar sem alteração na sua substância, diminuição considerável de valor, ou prejuízo do uso a que se destinam. Exemplo: saco de dinheiro.

Os bens naturalmente divisíveis podem tornar-se indivisíveis por determinação da lei ou por vontade das partes.

8) Bens indivisíveis: são aqueles que, quando fracionados, perdem a possibilidade de prestar os serviços e utilidades que o todo anteriormente oferecia, conforme o art. 87 do CC. Exemplo: carro, casa. Segundo o art. 88 do Código Civil, os bens naturalmente divisíveis podem se tornar indivisíveis por determinação da lei ou por vontade das partes. Assim, a indivisibilidade pode ter as seguintes origens:

a) natural: quando se referir à origem do bem, por exemplo, uma casa;

b) legal: quando for oriunda de previsão legal, por exemplo, a herança (art. 1.791 do CC);

c) convencional: quando tiver origem em acordo de vontade (art. 1.320, §§ 1º e 2º, do CC).

9) Bens singulares: são aqueles que possuem um valor próprio, pois, embora considerados isoladamente, têm individualidade. Como exemplo citamos o livro.

10) Bens coletivos: são aqueles que só possuem valor próprio agrupados.

Os bens coletivos se dividem em:

a) universalidade de fato: que são vários bens singulares ligados entre si por vontade humana. Segundo o art. 90 do Código Civil, constitui universalidade de fato a pluralidade de bens singulares que, pertinentes à mesma pessoa, tenham destinação unitária. Os bens que formam essa universalidade podem ser objeto de relações jurídicas próprias. Como exemplos, citamos a biblioteca e a manada de elefantes;

b) universalidade de direito: vários bens singulares ligados entre si por vontade da lei. De acordo com o art. 91 do Código Civil, constitui universalidade de direito o complexo de relações jurídicas, de uma pessoa, dotadas de valor econômico. Como exemplos, citamos o espólio e a massa falida.

11) Bens corpóreos, materiais ou tangíveis: são os bens dotados de existência física, de existência material, e por isso podem ser tocados. Podem ser objeto de compra e venda.

12) Bens incorpóreos imateriais ou intangíveis: são os bens que possuem existência abstrata ou ideal, ou seja, não possuem existência física. Eles são reconhecidos pela ordem jurídica e possuem para o homem valor econômico, por exemplo, a propriedade literária

2. Sobre o tema, recomendamos a leitura do livro *Cláusulas de inalienabilidade, incomunicabilidade e impenhorabilidade*, de autoria do Prof. Carlos Alberto Dabus Maluf, publicado pela Editora Yk.

e artística. Tais bens não podem ser objeto de compra e venda, devendo ser transferidos somente por cessão.

4.2.2. Bens reciprocamente considerados (arts. 92 a 97 do CC)

1) **Bens principais:** são aqueles cuja existência independe de outro bem. Como exemplo, citamos o solo.

2) **Bens acessórios:** são aqueles cuja existência exige outro bem. Como exemplo, citamos o fruto em relação à árvore.

Neste tipo de bem se aplica o **princípio da gravitação jurídica**, cuja regra é a de que o acessório segue o principal. Porém, veremos mais adiante que essa regra é relativa.

A natureza do acessório é a mesma da do principal: se esta é imóvel, aquela também será. O proprietário do principal é proprietário do acessório. Neste tipo de bens, encontramos as benfeitorias, os frutos, os produtos e pertenças, que apesar de ainda não terem sido separados do bem principal, podem ser objeto de negócio jurídico.

Espécies:

2.1) Frutos: são utilidades que a coisa produz periodicamente, pois periodicamente nascem e renascem da coisa, sem acarretar-lhe a destruição no todo ou em parte.

Espécies de frutos:

a) **frutos naturais:** decorrem da natureza. Exemplo: frutos de árvore;

b) **frutos industriais:** decorrem da atividade humana. Exemplo: artesanato;

c) **frutos civis:** remuneram a cessão do bem para terceiros. Exemplo: juros;

d) **frutos pendentes:** são aqueles que ainda não foram colhidos;

e) **frutos percebidos:** são aqueles que já foram colhidos;

f) **frutos estantes:** são aqueles que estão armazenados;

g) **frutos percipiendos:** são aqueles que deviam ter sido colhidos, mas ainda não foram;

h) **frutos consumidos:** são aqueles que foram colhidos e utilizados.

2.2) Produtos: são utilidades que se podem retirar da coisa, alterando sua substância, com a diminuição da quantidade até o esgotamento, pois não se reproduzem periodicamente. Exemplo: pedras preciosas.

Apesar de ainda não separados do bem principal, os frutos e produtos podem ser objeto de negócio jurídico.

2.3) Pertenças: são bens que, não constituindo partes integrantes, destinam-se, de modo duradouro, ao uso, ao serviço ou ao aformoseamento de outro. Trata-se de modalidade excepcional de bem acessório, já que, em regra, não irá seguir o principal. Exemplos: quadro, tapete.

As pertenças são, pois, coisas ajudantes (a serviço ou aformoseamento) que, não sendo parte integrante, não são fundamentais para a utilização de uma coisa, conservando assim a sua individualidade e autonomia.

As pertenças compreendem a espécie de bens acessórios em que há a vinculação menos íntima entre coisas. Daí assistir razão na informação de que toda pertença é coisa acessória, mas nem toda coisa acessória é pertença.

De acordo com o art. 94 do Código Civil, os negócios jurídicos que dizem respeito ao bem principal não abrangem as pertenças, salvo se o contrário resultar da lei, da manifestação de vontade ou das circunstâncias do caso.

A classificação das coisas acessórias nos leva ao estudo das pertenças, na medida em que aquelas englobam um conceito mais amplo, no qual estas se incluem ao lado das partes integrantes. A doutrina costuma distinguir dentre as coisas acessórias as partes integrantes essenciais, as partes integrantes não essenciais e as pertenças. A vinculação mais íntima dá ensejo ao conceito de parte integrante essencial, e a mais distante origina o entendimento de pertença; entre ambos os institutos, situa-se a parte integrante não essencial.

Parte integrante é aquela espacialmente distinguível de uma coisa que deve considerar-se como unidade, já que compõe, junto com a coisa principal que integra, uma unidade jurídica e, por isso mesmo, compartilha aquela da mesma sorte jurídica desta, se o oposto não foi convencionado. As partes integrantes distinguem-se em essenciais e não essenciais.

Partes integrantes essenciais: não podem ser separadas entre si sem que alguma resulte destruída ou essencialmente modificada.

Partes integrantes não essenciais: podem ser separadas da coisa sem que isso signifique um prejuízo à sua existência.

Assim, restará modificada na sua essência a parte integrante, quando sua utilidade e o seu valor ficarem reduzidos substancialmente por consequência da separação. Isso não ocorre com as partes que podem ser movidas e que são tratadas como coisas independentes e, assim, facilmente substituíveis e novamente utilizáveis.

Com efeito, coisas que à primeira vista possam parecer partes integrantes essenciais, após melhor análise com vistas ao critério econômico (que é o juridicamente relevante), qualificar-se-ão como partes integrantes não essenciais. É o caso, por exemplo, do motor de um automóvel, desde que o seu restante esteja em estado que permita interessar à montagem de outro motor, como da turbina de um avião.

A distinção entre partes integrantes essenciais e não essenciais é de fundamental importância, porquanto as últimas são passíveis de suportar relação jurídica própria, ao passo que as primeiras não podem ser objeto de direitos especiais.

Disso decorre que pode haver, por exemplo, a venda de um automóvel com reserva de domínio somente do motor, bem como que, se alguém edificar sobre sua propriedade com material alheio, o proprietário do material não poderá destruir a construção, eis que, constituindo-se em parte integrante essencial da coisa, operou-se a transmissão da propriedade dos materiais, restando somente a indenização por perdas e danos.

As pertenças, da mesma forma que as partes integrantes não essenciais, podem ser objeto de direitos separados e, por isso, nem sempre é fácil distingui-las na prática. Para tal fim, deve-se adotar o critério da não fundamentalidade para a utilização da coisa principal e o da conservação da individualidade, sempre presentes nas pertenças. Estas, ao contrário das partes integrantes não essenciais, não formam com a coisa principal uma unidade.

No direito pátrio, não há óbice algum para que uma coisa imóvel seja pertença, sendo, pois, plenamente aceita essa configuração. Para Pontes de Miranda, "a legislação imobiliária brasileira permite que se ligue, pertinencialmente, um imóvel a outro: o campo de tênis, separado, espacialmente, do hotel; o pavilhão de doentes, no topo do morro, 'pertencente' ao imóvel do hospital. Para isso, é preciso que se averbe no registro de imóvel principal e conste da transcrição do imóvel-pertença"[3].

2.4) Benfeitorias: são obras ou despesas que se fazem num bem móvel ou imóvel visando o seu melhoramento, utilidade ou comodidade. São bens acessórios que seguem o principal.

Espécies de benfeitorias:

a) benfeitorias necessárias: são obras indispensáveis à manutenção do bem, ou seja, têm por fim conservar a coisa ou evitar que se deteriore. Exemplo: conserto no teto de uma casa;

b) benfeitorias úteis: são aquelas que aumentam ou facilitam o uso da coisa principal. Exemplo: rampa para deficientes e idosos;

c) benfeitorias voluptuárias: são as de mero deleite ou recreio, que têm o objetivo de lazer ou embelezamento. Exemplo: piscina.

Não se consideram benfeitorias os melhoramentos ou acréscimos sobrevindos ao bem sem a intervenção do proprietário, possuidor ou detentor.

4.2.3. Bens particulares e públicos (arts. 98 a 103 do CC)

1) Bens particulares: são aqueles de propriedade da pessoa natural ou da pessoa jurídica de direito privado. Segundo o art. 98 do Código Civil, são tratados por exclusão, como aqueles que não são públicos.

2) Bens públicos: são aqueles que pertencem ou estão sob a administração da pessoa jurídica de direito público interno ou externo. São impenhoráveis, imprescritíveis e inalienáveis enquanto guardarem afetação pública, desde que destinados ao uso comum do povo ou a fins administrativos.

Espécies de bens públicos:

2.1) bens de uso comum do povo: são aqueles que podem ser utilizados sem restrição. Exemplo: praça, rua, mar;

2.2) bens de uso especial: são os edifícios ou terrenos destinados pelo próprio Poder Público ao serviço ou estabelecimento da administração federal, estadual, territorial ou municipal, inclusive os de suas autarquias. No Direito Administrativo, são chamados de bens afetados;

3. MIRANDA, Pontes de. *Tratado de direito privado*. 3. ed., Rio de Janeiro: Borsoi, 1970, t. II, p. 114-115.

2.3) bens dominicais: são os que compõem o patrimônio das pessoas jurídicas de direito público, abrangem móveis ou imóveis, e não possuem destinação específica. Não dispondo a lei em contrário, consideram-se dominicais os bens pertencentes às pessoas jurídicas de direito público a que se tenha dado estrutura de privado. No Direito Administrativo, são chamados de bens desafetados.

São imprescritíveis, pois não podem ser usucapidos, conforme o art. 102 do CC, que é mais abrangente que os arts. 183, § 3º e 191, parágrafo único, da CF que afirmam que os **imóveis** públicos não podem ser usucapidos.

Os bens públicos de uso comum do povo e de uso especial são inalienáveis; e os dominicais, alienáveis, conforme as regras previstas no art. 17 da Lei n. 8.666/93. E são impenhoráveis porque não podem ser objeto de penhora para não prejudicar a sociedade.

De acordo com o Enunciado 287 do CJF, o critério da classificação de bens indicado no art. 99 do Código Civil não exaure a enumeração dos bens públicos, podendo ainda ser classificado como tal o bem pertencente a pessoa jurídica de direito privado que esteja afetado à prestação de serviços públicos.

Outro exemplo que podemos citar é o bem ambiental, também chamado de bem difuso, que pertence a todas as gerações (presentes e futuras) e deve ser preservado, conforme determinam o art. 225 da CF e a Lei n. 6.938/81.

4.2.4. Bem de família[4]

É aquele reservado à moradia da família. Deve preencher certos requisitos e pode ser convencional ou legal.

1) Convencional (aquele instituído por vontade humana, com origem na *homesteaad* criado no Texas em 1839): a lei faculta aos cônjuges ou à entidade familiar, mediante escritura pública ou testamento, destinar parte de seu patrimônio para instituir o bem de família voluntário, desde que não ultrapasse 1/3 do patrimônio líquido existente ao tempo da instituição, mantidas as regras sobre impenhorabilidade de imóvel residencial estabelecidas em lei especial (art. 1.711).

Particularidades: o bem de família é isento de execução por dívidas posteriores à sua instituição, salvo as provenientes de tributos relativos ao prédio, ou de despesas do condomínio. Sua extinção se dá com a morte dos cônjuges e a maioridade dos filhos, desde que não sujeitos à curatela.

Como o Código Civil permite que o valor do imóvel locado seja protegido como bem de família, a **Súmula 486 do STJ** estabeleceu que "é impenhorável o único imóvel residencial do devedor que esteja locado a terceiros, desde que a renda obtida com a locação seja revertida para a subsistência ou a moradia da sua família".

2) Legal: decorre da Lei n. 8.009/90, a qual diz que o imóvel residencial próprio do casal, ou da entidade familiar, é impenhorável e não responderá por qualquer tipo de dívida civil, comercial, fiscal, previdenciária ou de outra natureza, contraída pelos

4. Suas modalidades serão melhor estudadas na parte que trata do Direito de Família.

cônjuges ou pelos pais ou filhos que sejam seus proprietários e nele residam, salvo nas seguintes situações:

a) pelo titular do crédito decorrente do financiamento destinado à construção ou à aquisição do imóvel, no limite dos créditos e acréscimos constituídos em função do respectivo contrato;

b) pelo credor da pensão alimentícia, resguardados os direitos, sobre o bem, do seu coproprietário que, com o devedor, integre união estável ou conjugal, observadas as hipóteses em que ambos responderão pela dívida (art. 3º, III, da Lei n. 8.009/90, com redação dada pela Lei n. 13.144/2015);

c) para cobrança de impostos, predial ou territorial, taxas e contribuições devidas em função do imóvel familiar;

d) para execução de hipoteca sobre o imóvel oferecido como garantia real pelo casal ou pela entidade familiar;

e) por ter sido adquirido com produto de crime ou para execução de sentença penal condenatória a ressarcimento, indenização ou perdimento de bens;

f) por obrigação decorrente de fiança concedida em contrato de locação. Como houve muita discussão sobre a constitucionalidade desse dispositivo, o STJ, em outubro de 2015, editou a Súmula 549[5], corroborando a tese. Mas, com o julgamento do **RE 605.709**, 1ª Turma do STF, em 12-6-2018, o conteúdo da Súmula 549 do STJ foi mitigado.

Na sessão do dia 12-6-2018, a 1ª Turma do STF, quando da conclusão do julgamento do RE 605.709, iniciado em outubro de 2014, tendo como relator o ministro Dias Toffoli, então ainda integrante da turma, decidiu, por maioria de votos (3 a 2) – Rosa Weber, Marco Aurélio e Luiz Fux favoráveis e Toffoli e Barroso contrários –, pela impenhorabilidade do bem de família do fiador em contrato de locação comercial. A citada decisão relativiza a Súmula 549 do STJ que determina ser válida a penhora de bem de família pertencente a fiador de contrato de locação. Com o julgamento, a interpretação da súmula deverá ser no sentido de que **é válida a penhora de bem de família pertencente a fiador, somente se o contrato de locação for residencial**.

Vale ressaltar que a impenhorabilidade é oponível em razão dos créditos de trabalhadores da própria residência e das respectivas contribuições previdenciárias, já que a Lei Complementar n. 150, de 1º-6-2015, conhecida como Lei das Domésticas, revogou o inciso I do art. 3º da Lei n. 8.009/90, já que deu os mesmos direitos aos trabalhadores domésticos que os demais.

Na hipótese de o casal, ou entidade familiar, ser possuidor de vários imóveis utilizados como residência, a impenhorabilidade recairá sobre o de menor valor. Como o conceito de família atualmente é plural, e o bem de família protege a família, a Súmula 364 do STJ, adequando-se a essa realidade, estabelece que o conceito de impenhorabilidade do bem de família abrange também o imóvel pertencentes a pessoas solteiras, separadas ou viúvas, ainda que vivam sozinhas.

5. A **Súmula 549 do STJ** (que teve origem no REsp 1.363.368) estabelece que é válida a penhora de bem de família pertencente a fiador de contrato de locação.

4.3. SÚMULAS E ENUNCIADOS SOBRE BENS

- **Súmulas do STJ**

Súm. 103

Incluem-se entre os imóveis funcionais que podem ser vendidos os administrados pelas Forças Armadas e ocupados pelos servidores civis.

Súm. 364

O conceito de impenhorabilidade do bem de família abrange também o imóvel pertencentes a pessoas soleiras, separadas ou viúvas.

Súm. 486

É impenhorável o único imóvel residencial do devedor que esteja locado a terceiros, desde que a renda obtida com a locação seja revertida para a subsistência ou a moradia da sua família.

Súm. 549

É válida a penhora de bem de família pertencente a fiador de contrato de locação. Com o julgamento do RE 605.709, 1ª Turma do STF, em 12-6-2018, o conteúdo da Súmula 549 do STJ fica mitigado para **"é válida a penhora de bem de família pertencente a fiador, somente se o contrato de locação for residencial"**.

- **Súmulas do STF**

Súm. 340

Desde a vigência do Código Civil, os bens dominicais, como os demais bens públicos, não podem ser adquiridos por usucapião. (Refere-se ao Código Civil de 1916. Cf. art. 102 do Código vigente.)

- **Enunciados** das Jornadas de Direito Civil **do CJF**

En. 11

Art. 79: Não persiste no novo sistema legislativo a categoria dos bens imóveis por acessão intelectual, não obstante a expressão "tudo quanto se lhe incorporar natural ou artificialmente", constante da parte final do art. 79 do Código Civil.

En. 287

Art. 98: O critério da classificação de bens indicado no art. 98 do Código Civil não exaure a enumeração dos bens públicos, podendo ainda ser classificado como tal o bem pertencente a pessoa jurídica de direito privado que esteja afetado à prestação de serviços públicos.

En. 288

Arts. 90 e 91: A pertinência subjetiva não constitui requisito imprescindível para a configuração das universalidades de fato e de direito.

En. 535

Art. 93: Para a existência da pertença, o art. 93 do Código Civil não exige elemento subjetivo como requisito para o ato de destinação.

5
Dos Fatos Jurídicos

5.1. CONCEITO

Fato jurídico é todo acontecimento natural ou humano capaz de criar, modificar, conservar ou extinguir direitos e deveres.

5.2. CLASSIFICAÇÃO DO FATO JURÍDICO *LATO SENSU*

1) Fato natural ou fato jurídico *stricto sensu*. É o que decorre da natureza, subdividindo-se em:

a) fato natural ordinário, que é o acontecimento produzido pela natureza de forma esperada. Como exemplo citamos a morte;

b) fato natural extraordinário, que é o acontecimento produzido, pela natureza, de forma inesperada. Como exemplo citamos choque da Lua com o planeta Terra. Esse evento caracteriza um caso fortuito ou uma força maior, que será melhor estudado mais adiante, no capítulo sobre responsabilidade civil.

2) Ato humano. O que decorre da vontade humana. Não o classificamos como "fato humano" porque o conceito de fato está ligado à inexistência da vontade humana, enquanto o ato é o acontecimento que depende da vontade humana. O ato humano se subdivide em:

2.1) Ato humano lícito: é o praticado em consonância com o ordenamento jurídico, e se subdivide em:

a) **ato jurídico**, que, por sua vez, abrange o ato material ou ato real, que é o ato baseado na vontade humana, porém seus efeitos estão previstos em lei, por exemplo, a escolha do domicílio, e o ato de participação, que é um ato de mera comunicação, sem sentido negocial, tais como as notificações e intimações;

b) **negócio jurídico**, que é aquele cujas consequências são estabelecidas pelas próprias partes, por exemplo, o contrato.

2.2) Ato humano ilícito: é o que gera dano, e, por esse motivo, é um dos pressupostos da responsabilidade civil (art. 186 do CC).

3) Ato-fato jurídico: trata-se de um fato jurídico qualificado pela atuação humana sem a existência de vontade do agente. Como exemplo, citamos o caso da compra de um doce por uma criança, e o achado de tesouro (arts. 1.264 a 1.266 do CC).

Veja, a seguir, um resumo esquemático do que tratamos acima:

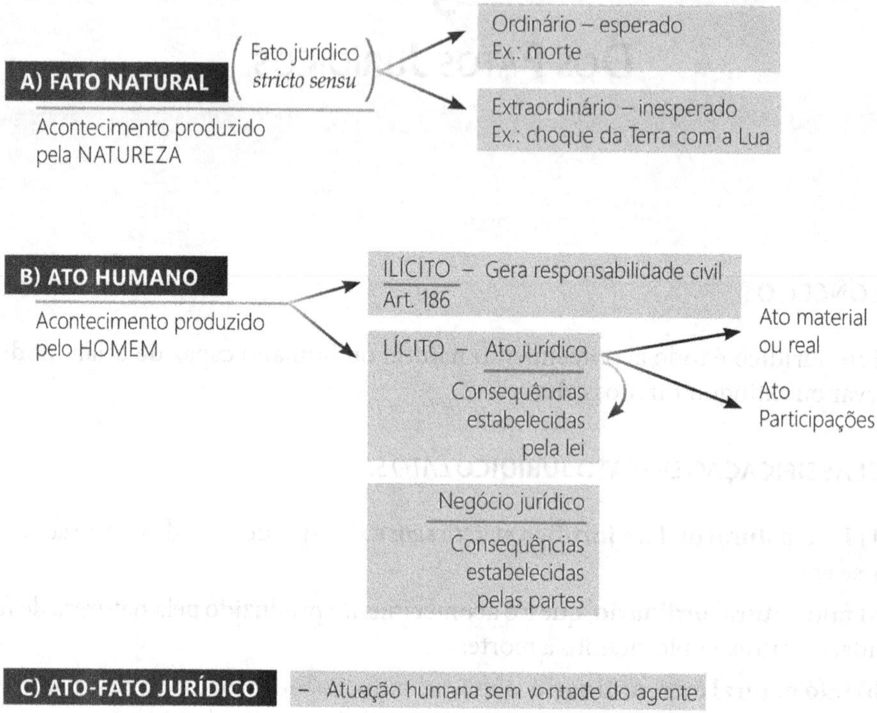

5.3. TEORIA GERAL DO NEGÓCIO JURÍDICO

5.3.1. Classificação do negócio jurídico

1) Negócio jurídico unilateral: trata-se de um negócio jurídico em que há a vontade de uma única pessoa. Como exemplos citamos o testamento, a aceitação e a renúncia (que é exemplo de negócio jurídico não receptício). No Código Civil há um título que trata de atos unilaterais no livro que cuida do Direito das Obrigações, no qual encontramos os seguintes exemplos: promessa de recompensa (art. 854 do Código Civil), gestão de negócios (art. 861), pagamento indevido (art. 876 do Código Civil) e enriquecimento sem causa (art. 884).

Qual é a diferença entre negócio jurídico receptício e não receptício?

a) Negócio jurídico receptício é o que depende de chegar ao conhecimento de uma pessoa para produzir efeitos, já que a manifestação da vontade de uma parte deve estar em consonância com a outra.

b) Negócio jurídico não receptício não precisa chegar ao conhecimento de ninguém para produzir efeitos, já que se realiza com uma simples manifestação unilateral de vontade, não havendo a necessidade de seu direcionamento a uma pessoa específica para que produza efeitos.

2) Negócio jurídico bilateral: trata-se do negócio jurídico em que há a vontade de duas pessoas, ou seja, um sujeito ativo e outro passivo. Como exemplo citamos o contrato.

3) Negócio jurídico plurilateral: trata-se do negócio jurídico em que há a vontade de mais de duas pessoas em cada polo, ou seja, mais de uma como sujeito ativo e/ou mais de uma como sujeito passivo.

O contrato exige alteridade contratual, que é a necessidade de ter no mínimo duas pessoas na relação contratual. O contrato consigo mesmo ou autocontrato, previsto no art. 117 do Código Civil, em regra, é anulável, no prazo de dois anos a contar da data da conclusão do ato (art. 179 do citado Código).

Como exemplo citamos o mandato para compra e venda de imóvel, em que o mandante outorga à outra parte mandato para que o mandatário venda bem para si mesmo (denomina-se **mandato em causa própria**, por ter a cláusula *in rem suam* e encontra-se previsto no art. 685 do Código Civil). O estudo desse instituto será aprofundado mais adiante, no Capítulo 8, quando tratarmos do conceito de contrato.

4) Negócio jurídico neutro: é aquele que não possui atribuição patrimonial específica, motivo pelo qual não é nem gratuito e nem oneroso, tais como o bem de família convencional.

5) Negócio jurídico bifronte: é aquele que pode ser tanto oneroso quanto gratuito, de acordo com a vontade das partes. Como exemplo, citamos o mandato, que é contrato gratuito, mas em que pode ser convencionada uma remuneração, como no caso do advogado.

5.3.2. Dos planos do negócio jurídico e da escada ponteana

Para estudar o negócio jurídico, devemos dividir o referido instituto em três planos distintos: **existência, validade** e **eficácia**. Esses três planos foram colocados por Pontes de Miranda em uma escada, para facilitar a sua compreensão e estudo.

A referida escada é uma forma didática de estudar o negócio jurídico porque possui três degraus. Quando se sobe um deles, significa que no degrau de baixo as regras foram cumpridas. Vejamos como funciona:

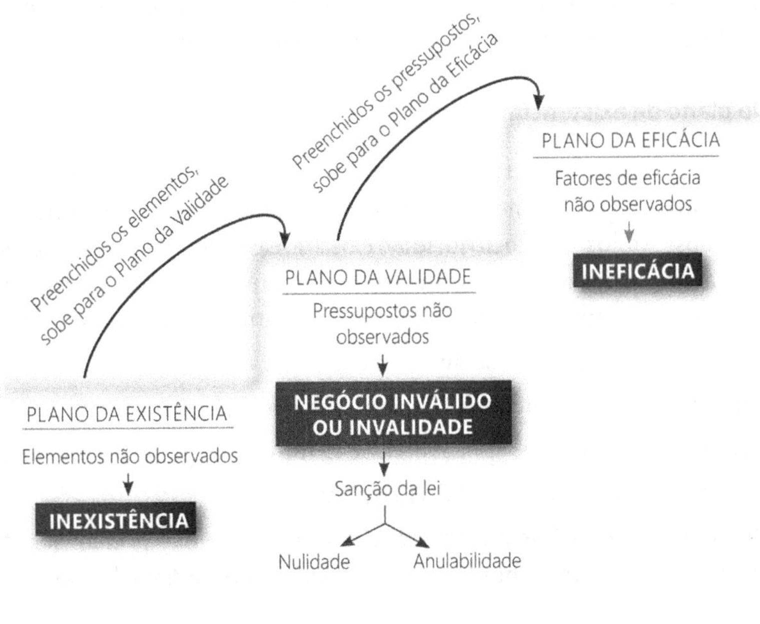

Para saber se o negócio jurídico existe e é válido, devemos observar a lei vigente no momento da sua celebração, em atenção ao brocardo romano *tempus regit actum* (o tempo rege o ato). Mas, para verificar a sua produção de efeitos, há de se analisar a lei vigente no momento da produção de efeitos. Isso é o que extraímos da leitura do art. 2.035 do Código Civil:

> **Art. 2.035.** A validade dos negócios e demais atos jurídicos, constituídos antes da entrada em vigor deste Código, obedece ao disposto nas leis anteriores, referidas no art. 2.045, mas os seus efeitos, produzidos após a vigência deste Código, aos preceitos dele se subordinam, salvo se houver sido prevista pelas partes determinada forma de execução.

O citado artigo é constitucional, e não macula o ato jurídico perfeito, pois é verificado nos planos da existência e da validade, e não no plano da eficácia.

Como exemplo de aplicação da referida escada, podemos citar o testamento. Ao ser realizado, o testamento existirá se respeitar os elementos de existência, será válido se observar os requisitos de validade, mas será ineficaz, pois a produção de efeitos se dá somente quando ocorrer óbito (abertura da sucessão).

Outro exemplo está no caso da multa do condomínio edilício. A multa que poderia ser cobrada do condômino inadimplente era de 20% (Lei n. 4.591/64) e, com o advento do Código Civil vigente, o percentual foi reduzido para 2% (art. 1.336). Com isso, surgiu a dúvida se os condomínios que possuem convenção determinando a cobrança de 20% poderiam continuar cobrando esse patamar. Negativa foi a resposta do STJ, no **Resp 718.217/SP (2005/0008523-7), rel. Min. Carlos Alberto Menezes Direito, j. em 14-6-2005**, ao entender que a multa está no plano da eficácia, já que só produz efeito com o inadimplemento, momento em que se deve verificar a lei vigente para saber se o efeito pode ou não ser produzido.

Assim sendo, mesmo para os prédios que possuem convenção celebrada antes do início da vigência do Código Civil de 2002, aos preceitos dele se subordina no que tange aos efeitos.

5.3.3. Do plano da existência

O plano da existência é um plano doutrinário que é reconhecido pela jurisprudência, porém não há no Código Civil menção a ele. Nesse plano existem os elementos de existência, que, se forem observados, o negócio jurídico existirá, caso contrário, será inexistente. Sendo inexistente, cabe ação declaratória de inexistência, que é imprescritível, e pode ser proposta por qualquer interessado ou pelo MP (já que se aplicam as mesmas regras da nulidade).

Os elementos de existência se dividem em:

a) elementos gerais: aplicáveis a qualquer negócio jurídico;

b) elementos categoriais: aplicáveis a determinado negócio jurídico específico.

Os elementos categoriais se subdividem em:

a) elementos categoriais inderrogáveis: aqueles que não podem ser afastados pela autonomia privada das partes, por exemplo, o *animus donandi* na doação;

b) elementos categoriais derrogáveis: aqueles que podem ser afastados pela autonomia privada das partes, por exemplo, a cláusula *non praestanda evictione*, que exclui a responsabilidade pela evicção.

Como estamos estudando a Parte Geral do Direito Civil, iremos nos ater somente aos elementos gerais, já que são aplicáveis a qualquer negócio jurídico.

Os elementos gerais de existência são:

a) agente: todo negócio jurídico deve ter ao menos um sujeito para existir.

b) objeto: todo negócio jurídico deve ter uma prestação de interesse das partes.

c) forma: todo negócio jurídico deve ter uma forma, seja ela escrita ou verbal.

d) declaração de vontade: pode ser expressa, por meio da palavra escrita, falada ou por gestos.

Cumpre salientar que os **negócios jurídicos verbais** só podem ser provados por testemunhas, e não existe mais na legislação processual civil nem no Código Civil limitação de valor ao negócio jurídico para realizá-lo, motivo pelo qual esta forma de negócio foi valorizada, pois pode ser celebrada independentemente do seu valor.

O silêncio também é forma de manifestação da vontade, pois conforme o art. 111 do CC, o silêncio importa anuência, quando as circunstâncias ou os usos o autorizarem, e não for necessária a declaração de vontade expressa. Quando isso ocorre, e as regras do referido artigo são cumpridas, ele é chamado de **Silêncio Circunstanciado ou Qualificado**.

Por fim, importante tratar também da **Reserva Mental**, que é o fato de a pessoa celebrar o negócio jurídico com a intenção de não cumpri-lo, motivo pelo qual se fala em inadimplemento premeditado (Exemplo: Comprar com intenção de não pagar ou Vender com intenção de não entregar). Quando o negócio jurídico é celebrado havendo uma reserva mental, ele é **válido**, já que ela não é exteriorizada, mas, se ela for conhecida pela outra parte, o negócio será **inexistente**, pois, se o comprador souber que não pagará ou o vendedor que não irá entregar, não haverá compra e venda.

Nas declarações de vontade se atenderá mais à intenção nelas consubstanciada do que ao sentido literal da linguagem.

Os negócios jurídicos devem ser interpretados conforme a boa-fé e os usos do lugar de sua celebração.

A Lei da Liberdade Econômica (Lei n. 13.874/2019), incluiu parágrafos no art. 113 do CC para alterar as **regras de interpretação do negócio jurídico**, determinando que a mesma deve lhe atribuir o sentido que:

I – for confirmado pelo comportamento das partes posterior à celebração do negócio;

II – corresponder aos usos, costumes e práticas do mercado relativas ao tipo de negócio;

III – corresponder à boa-fé;

IV – for mais benéfico à parte que não redigiu o dispositivo, se identificável; e

V – corresponder a qual seria a razoável negociação das partes sobre a questão discutida, inferida das demais disposições do negócio e da racionalidade econômica das partes, consideradas as informações disponíveis no momento de sua celebração.

As partes poderão livremente pactuar regras de interpretação, de preenchimento de lacunas e de integração dos negócios jurídicos diversas daquelas previstas em lei.

Os negócios jurídicos benéficos e a renúncia interpretam-se estritamente.

Se os elementos de existência forem respeitados, o negócio jurídico existe e podemos subir para o segundo degrau da escada ponteana, onde discutiremos a sua validade ou invalidade.

5.3.4. Do plano da validade

No plano da validade já se pressupõe que o negócio jurídico existe. Nesse plano temos requisitos de validade que devem ser observados para o negócio ser válido, pois caso contrário ele será inválido. A lei gera dois tipos de sanções aos negócios jurídicos inválidos: **nulidade** e **anulabilidade**.

Os requisitos de validade devem ser analisados quando da celebração do negócio jurídico, momento em que se forma o chamado ato jurídico perfeito, se todos eles forem respeitados, devendo ser observada, para tanto, a lei vigente no momento da celebração.

Os requisitos de validade também se subdividem em gerais (aplicáveis para qualquer negócio jurídico) e categoriais (aplicáveis para determinado negócio jurídico). Os requisitos gerais de validade são:

1) Agente capaz: a capacidade do agente é um requisito de validade que já estudamos no Capítulo 2. Os absolutamente incapazes (aqueles elencados no art. 3º do CC) não podem praticar pessoalmente atos da vida civil, pois quem deve revoga-los é o seu representante legal. Se, por acaso, um absolutamente incapaz praticar pessoalmente algum ato da vida civil, será então nulo (que não se convalida no tempo).

Já os relativamente incapazes (aqueles elencados no art. 4º do CC) podem praticar pessoalmente atos da vida civil, porém devem ser assistidos por seus representantes legais. Se por acaso o relativamente incapaz praticar algum ato da vida civil sem assistência, será anulável no prazo decadencial de quatro anos, contado de quando cessar a incapacidade (trata-se de causa impeditiva da decadência, que pode existir, excepcionalmente, por força do art. 207 do Código Civil).

2) Objeto lícito, possível, determinável ou determinado: se o objeto for ilícito, impossível ou indeterminável, de acordo com o art. 166, II, do Código Civil o negócio jurídico será nulo.

3) Respeito à forma prescrita em lei: o conceito atual de solenidade estabelece a obrigatoriedade de celebrar o negócio jurídico por escritura pública no Tabelionato de Notas. Trata-se de situação excepcional, pois o art. 107 do Código Civil estabelece que, por via de regra, o negócio jurídico é não solene, e que somente será exigido algum tipo de solenidade quando a lei expressamente determinar. Assim sendo, esse dispositivo adota o **Princípio da Liberdade das Formas**, também chamado de **Princípio do Consensualismo**.

ALGUNS EXEMPLOS DE DISPENSA DA ESCRITURA PÚBLICA
Valor do imóvel igual ou inferior a 30 salários mínimos envolvendo Direitos Reais (art. 108 do CC). Promessa de compra e venda de bem imóvel independentemente do valor (art. 1.417 do CC) Operações do Sistema Financeiro de Habitação (art. 61, § 5º, da Lei n. 4.380/64) Carta de arrematação (art. 37 do Decreto-lei n. 70/66) Atos de imóveis pertencentes à União (art. 13, VI, Decreto-lei n. 147/67) Fusão, cisão e incorporação de bens nas S/A (art. 64 da Lei n. 8.934/94) Compromisso de compra e venda, cessão e promessa de cessão de lotes (art. 26, § 6º, da Lei n. 6.766/79) Conferência de bens imóveis utilizados para a formação ou aumento de capital social das sociedades mercantis (art. 64 da Lei n. 8.934/94) Contratos de alienação fiduciária de bens imóveis (art. 38 da Lei n. 9.514/97) Programa de arrendamento residencial – PAR (Lei n. 10.188/2001) Compra e venda de imóvel por Sistema de Consórcio (art. 45 da Lei n. 11.795/2008)

Em agosto de 2021 foi aprovado **Enunciado 114 na II Jornada de Prevenção e Solução Extrajudicial de Litígios do CJF**, trazendo a conformação de mais uma exceção:

> "**En. 114 do CJF** – O artigo 10-A, § 2º, do Decreto-Lei n. 3.365/1941, com redação dada pela Lei n. 13.867/2019, permite o registro de acordo de desapropriação amigável sem necessidade de escritura pública, ainda que de valor superior a 30 salários mínimos."

Um bom exemplo disso são os negócios jurídicos que envolvem direitos reais que recaiam sobre bens imóveis de valor superior a 30 salários mínimos, que, obrigatoriamente, de acordo com o art. 108 do Código Civil, deverão ser feitos por escritura pública no Tabelionato de Notas, sob pena de nulidade (art. 166, IV, do CC).

Questão importante sobre os 30 salários mínimos, como fator que obriga ou dispensa a escritura pública, está no Enunciado 289 do CJF, que possui a seguinte redação:

> **En. 289 do CJF** – O valor de trinta salários mínimos constante no art. 108 do Código Civil brasileiro, em referência à forma pública ou particular dos negócios jurídicos que envolvam bens imóveis, é o atribuído pelas partes contratantes e não qualquer outro valor arbitrado pela Administração Pública com finalidade tributária.

Porém, o STJ tem posição contrária à do enunciado 289 do CJF, pois a 4ª Turma, ao julgar em 02/12/2014 o **Resp 1.099.480-MG**, rel. Min. Marco Buzzi (Informativo 562), decidiu que caso ocorra disparidade entre o valor do imóvel e o preço pago, deve ser utilizado o critério do valor real do imóvel – calculado pelo fisco e baseado em critério objetivo e público.

Esse posicionamento vem sendo seguido pelos tribunais estaduais, como o TJ/SP, ao julgar em 10/02/2017 a AP 000.2869-23.2015.8.26.0482, relatada pelo Desembargador Pereira Calças, decidindo que "*O art. 108 do CC refere-se ao valor do imóvel, não ao preço do negócio. Havendo disparidade entre ambos, é aquele que deve ser levado em conta para considerar a escritura pública como essencial à validade do negócio jurídico. À míngua de avaliação específica, prevalece, para tais fins, o valor venal do imóvel, quando superior ao preço pactuado entre os contratantes*".

Ou seja, não se adota para calcular o valor dos 30 salários mínimos nem o valor venal do imóvel nem o valor de referência que existe no Município de São Paulo e que foi criado pela Prefeitura local.

Urge lembrar que a LC n. 103/2000 autoriza os Estados e o Distrito Federal a instituírem o piso salarial a que se refere o inciso V do art. 7º da CF[1] por aplicação do disposto no parágrafo único do seu art. 22. Isso, equivocadamente, está sendo chamado de salário mínimo estadual.

Para dar um exemplo, em São Paulo foi a Lei estadual n. 12.640/2007 que criou os pisos salariais mensais dos trabalhadores. Ela está sendo alterada anualmente para revalorizar os valores originais. Isso se deu nos anos seguintes pelas Leis n. 12.967/2008, 13.485/2009, 13.983/2010 e 14.394/2011.

Após a promulgação da Constituição Federal de 1988 ocorreu a unificação do salário mínimo, não podendo mais os Estados, como anteriormente, estabelecer salários mínimos regionais. Essa proibição consta no art. 7º, IV, da CF, que determina: *São direitos dos trabalhadores urbanos e rurais, além de outros que visem à melhoria de sua condição social* **salário mínimo, fixado em lei, nacionalmente unificado**, *capaz de atender a suas necessidades vitais básicas e às de sua família, com moradia, alimentação, educação, saúde, lazer, vestuário, higiene, transporte e previdência social, com reajustes periódicos que lhe preservem o poder aquisitivo, sendo vedada sua vinculação para qualquer fim.*

Não podemos esquecer que no Direito do Trabalho encontramos as seguintes espécies de salário:

a) salário mínimo (CF, art. 7º, IV – definido nacionalmente);

b) piso salarial (CF, art. 7º, V, e Lei Complementar n. 103/2000 – valor mínimo dos Estados);

c) salário normativo (criado por convenção coletiva de trabalho, acordo coletivo de trabalho ou sentença normativa);

d) salário profissional (que é o atribuído para certa profissão, como no caso da tabela de honorários mínimos da OAB).

Assim sendo, a parte do art. 108 do Código Civil que menciona o maior salário mínimo vigente no país é ineficaz por conta do texto constitucional, pois se deve considerar o salário mínimo fixado pelo Governo Federal, já que os pisos beneficiam apenas os trabalhadores da iniciativa privada que não possuem piso salarial definido por lei federal, convenção ou acordo coletivo de trabalho, e não servem para completar a norma do citado artigo.

Vale a pena recordar quais são os direitos reais elencados no art. 1.225 do Código Civil, que recaem sobre bens imóveis:

<table>
<tr><td>Propriedade</td><td>Uso</td><td>Hipoteca</td><td rowspan="4">Laje</td></tr>
<tr><td>Superfície</td><td>Habitação</td><td>Servidão</td></tr>
<tr><td>Usufruto</td><td>Penhor</td><td>Anticrese</td></tr>
<tr><td>Concessão de direito real de uso</td><td>Direito do promitente comprador do imóvel</td><td>Concessão de uso especial para fins de moradia</td></tr>
</table>

Dos direitos reais acima, muitos recaem exclusivamente sobre bens imóveis e outros podem recair tanto em bens móveis quanto imóveis. O direito do promitente comprador

1. "Art. 7º São direitos dos trabalhadores urbanos e rurais, além de outros que visem à melhoria de sua condição social: (...) V – piso salarial proporcional à extensão e à complexidade do trabalho."

do imóvel não segue a regra do art. 108 do Código Civil, por disposição expressa do art. 1.417 do referido Código.

4) Inexistência de defeito (ou vício) no negócio jurídico: os defeitos do negócio jurídico são o vício da vontade ou do consentimento e os vícios sociais.

- **Vício da vontade ou do consentimento:** trata-se de vício que macula a vontade de uma das partes. São eles o erro, dolo, coação, lesão e estado de perigo. Todos esses vícios geram a anulabilidade do negócio jurídico, que deve ser arguida no prazo de 4 anos a contar da data da celebração do negócio, exceto no caso da coação, que terá o seu prazo contado de quando cessar a coação.
- **Vícios sociais:** trata-se de vícios que não contaminam a vontade, mas que prejudicam a sociedade. São os casos da fraude contra credores e a simulação. A fraude contra credores tem o mesmo tratamento dos vícios de vontade (gera anulabilidade no prazo de 4 anos contado da celebração do negócio). Embora a simulação não esteja mais prevista no Código Civil no título que trata dos defeitos do negócio jurídico, decidimos mantê-la como sempre historicamente foi tratada (como vício social), para fins didáticos. Hoje, a simulação é uma causa invalidante do negócio jurídico, já que a consequência que ela gera ao negócio jurídico é a nulidade e não anulabilidade, como todos os vícios acarretam.

5.3.5. Os vícios (ou defeitos) dos negócios jurídicos

DEFEITOS DOS NEGÓCIOS JURÍDICOS

A) VÍCIOS DA VONTADE
(Contaminam o consentimento)

- Erro
- Dolo
- Coação
- Estado de perigo
- Lesão

↓

Geram anulabilidade no prazo de 4 anos da celebração, exceto a coação, que se conta do momento em que ela cessar

↑

B) VÍCIO SOCIAL
(Contamina a sociedade) → Fraude contra credores

OBS.: Simulação não é mais vício, pois acarreta nulidade e não anulabilidade como os demais.

5.3.5.1. Erro ou ignorância (arts. 138 a 144 do Código Civil)

É a noção falsa sobre uma pessoa ou objeto. Não devemos confundir o erro (que é um vício da vontade) com o vício redibitório, pois, enquanto o primeiro recai sobre o consentimento, o segundo recai sobre a coisa. Erro também não se confunde com inadimplemento contratual, pois neste último a obrigação não é cumprida na forma pactuada.

As espécies de erro são: erro substancial e essencial e erro acidental.

1) Erro substancial ou essencial: é aquele que recai sobre qualidade essencial da pessoa ou coisa. Como exemplo citamos o caso de uma pessoa que compra uma estátua pensando ser de marfim, quando na verdade é de material sintético.

De forma mais detalhada, estabelece o art. 139 do Código Civil que o erro será substancial quando:

a) interessar à natureza do negócio, ao objeto principal da declaração, ou a alguma das qualidades a ele essenciais;

b) concerne à identidade ou à qualidade essencial da pessoa a quem se refira a declaração de vontade, desde que tenha influído nesta de modo relevante;

c) sendo de direito e não implicando recusa à aplicação da lei, for o motivo único ou principal do negócio jurídico.

De acordo com o Enunciado 12 do CJF, atualmente não se analisa mais a escusabilidade do erro. Diz o referido enunciado:

> **En. 12 do CJF** – Na sistemática do art. 138, é irrelevante ser ou não escusável o erro, porque o dispositivo adota o princípio da confiança.

Assim, para o negócio jurídico ser anulável por erro essencial, há a necessidade de verificar se a outra parte tinha condições de saber que o errante possuía a noção falsa, já que o art. 138 do Código Civil menciona na parte final que o erro deve poder ser percebido por pessoa de diligência normal, em face das circunstâncias do negócio. Nessa parte final o artigo não se refere ao errante, mas sim à outra parte, motivo pelo qual se ela sabia da noção falsa, o negócio jurídico será anulável, caso contrário será válido.

Há várias espécies de erro substancial, que acarretam a anulabilidade do negócio jurídico[2]:

a) Erro sobre a natureza do negócio (*error in negotio*): é aquele em que os figurantes, ou somente um deles, manifestam vontade de querer certo negócio jurídico, e, na verdade, o que se realiza é outro diferente (art. 139, I, do Código Civil). Exemplo: "A" empresta sua caneta de ouro para "B" tomar posse em cargo público, e "B" a recebe como se fosse uma doação (presente);

b) Erro quanto aos fatos (*error facti*): é aquele ligado aos fatos que originaram a celebração do negócio jurídico. Exemplo: "A" celebra cessão de direitos hereditários com "B", acreditando ser ele único herdeiro, mas outros aparecem quando da abertura do inventário;

c) Erro sobre o objeto (*error in corpore*): é aquele em que o conteúdo da manifestação quanto ao objeto encerra desconformidade com o objeto do negócio tal qual se quis (art. 139, I, do Código Civil). Exemplo: pessoa que compra mobilete pensando ser motocicleta;

d) Erro sobre a pessoa (*error in persona*): é aquele que se refere à identidade da pessoa com quem se celebra o negócio jurídico (art. 139, II, do Código Civil). Exemplo: pessoa que

---

2. MELLO, Marcos Bernardes de. *Teoria do fato jurídico*: plano da validade. 14. ed. São Paulo: Saraiva, 2015, p. 157-165.

se casa com quem matou seu pai, desconhecendo o fato (erro substancial sobre a pessoa do cônjuge, consoante art. 1.557 do Código Civil);

e) Erro de direito (*error iuris*): é aquele que, não implicando recusa à aplicação da lei, for o motivo único ou principal do negócio jurídico (art. 139, III, do Código Civil). Exemplo: celebração de escritura de inventário, na qual os herdeiros são concordes por acreditarem que a companheira do falecido não participaria da sucessão. Esse tipo de erro abrange, também, quando há (i) equívoco na interpretação da norma jurídica; (ii) prática de ato baseado em lei declarada inconstitucional posteriormente, em sede de ADIn com efeito *ex tunc*. Assim sendo, não se confunde com a ignorância da lei, vedada pelo princípio da obrigatoriedade das leis, vigente no art. 3º da LINDB[3].

f) Falso motivo: é aquele que faz a parte manifestar a sua vontade com base em falsa razão intencional, que deve estar expressa no negócio como razão determinante ou sob a forma de condição (consoante art. 140 do Código Civil), pois, em regra, o motivo que fez a pessoa celebrar o negócio é irrelevante.

2) Erro acidental: é aquele que recai sobre qualidade secundária da pessoa ou da coisa. Ele não contamina a vontade, motivo pelo qual o ato é válido, porém se resolve em perdas e danos. Como exemplo citamos o caso da pessoa que compra uma casa pensando que esta tinha 7 janelas, quando na verdade só possuía 6.

O **erro de cálculo**, segundo o art. 149 do Código Civil, não invalida o negócio jurídico, pois apenas autoriza a retificação da declaração de vontade.

5.3.5.2. Dolo (arts. 145 a 150 do CC)

É o artifício astucioso usado para enganar a vítima. Não se confunde com o dolo, que é um dos pressupostos da responsabilidade civil e que é conceituado como uma conduta volitiva em que o agente deseja produzir certo resultado.

A diferença entre erro e dolo é que o primeiro é um engano espontâneo, enquanto o segundo é um engano induzido.

São espécies de dolo:

1) Principal x acidental: o **dolo principal**, ou *causam*, é a causa determinante da celebração do negócio jurídico, motivo pelo qual acarreta a anulabilidade do ato; já o **dolo acidental,** ou *incidens*, é aquele que não contamina a vontade, mas é utilizado para que o negócio seja celebrado de outra forma mais onerosa ou menos vantajosa. Ele não gera a anulabilidade, pois o negócio se resolve em perdas e danos.

2) *Bonus* x *malus*: o **dolo *bonus*** é o que acarreta um exagero na qualidade, enquanto o **dolo *malus*** é aquele praticado com a intenção de prejudicar a outra parte.

3) Positivo x negativo: o **dolo positivo** é fruto de uma atuação comissiva, enquanto o **dolo negativo** é aquele em que há uma atuação omissiva (dolo por omissão).

4) Que provém de terceiro: trata-se de um dolo que é praticado por terceira pessoa que não faz parte da relação negocial. De acordo com o art. 148 do Código Civil, que adota

3. Art. 3º Ninguém se escusa de cumprir a lei, alegando que não a conhece.

a **Teoria da Confiança**, se o beneficiado pelo dolo sabia, ou tinha condições de saber, da sua existência, o negócio será anulável, senão se resolve em perdas e danos.

5) Bilateral, recíproco ou enantiomórfico: é o dolo cometido por ambas as partes, que, de acordo com o art. 150 do Código Civil, não invalida o negócio jurídico e não permite que a parte pleiteie indenização.

5.3.5.3. Coação (arts. 151 a 155 do CC)

Trata-se da violência física ou moral que impede a real declaração da vontade. Existem duas espécies de violência: *vis absoluta* (violência física) e *vis compulsiva* (violência moral).

O art. 171 do Código Civil estabelece que a coação gera anulabilidade do negócio jurídico, mas é relevante destacar que existe parte da doutrina que entende, nos casos de *vis absoluta*, que haverá a inexistência do negócio jurídico e não invalidade, já que no caso não há declaração de vontade (consentimento) no negócio jurídico, pois o paciente está ciente do que está acontecendo. A importância de tal celeuma é que a ação declaratória de inexistência é imprescritível e a anulatória está sujeita a um prazo decadencial de quatro anos, contado de quando cessar a coação.

São características da coação:

a) A coação deve gerar medo no paciente de um grave dano, que deve ser conhecido pela outra parte.

b) O medo que a coação deve gerar, necessariamente, tem que se referir à pessoa do paciente, à sua família ou aos seus bens.

c) Se a coação disser respeito a pessoa não pertencente à família do paciente, o juiz, com base nas circunstâncias, é quem analisará se houve ou não coação (art. 151, parágrafo único, do CC).

d) Ao analisar a coação, devemos considerar o sexo, a idade, a condição, a saúde, o temperamento do paciente e outras circunstâncias que possam interferir na gravidade dela.

e) Não podemos confundir coação com temor reverencial (respeito) e nem com exercício regular de um direito (credor que pede para o devedor pagar sob pena de execução não exerce coação).

f) A coação pode ser exercida por terceiro estranho ao contrato. Nesse caso, o art. 154 do Código Civil adota a "Teoria da Confiança", pois, se a pessoa favorecida pela coação tiver ou devesse ter conhecimento da sua existência, o ato é anulável, respondendo solidariamente por perdas e danos a parte favorecida e o terceiro (trata-se de um exemplo de solidariedade legal – ver art. 265 do CC). Mas, se a parte favorecida com a coação dela não sabia, o negócio é válido, mas o terceiro responderá por perdas e danos.

5.3.5.4. Lesão (art. 157 do CC)

Ocorre a lesão quando alguém se obriga a uma prestação manifestamente desproporcional em razão de necessidade ou inexperiência.

Teve sua origem em *laesio enormis*.

A *laesio enormis* foi um termo cunhado pelos glosadores, no século XIII, e não consta expressamente das fontes romanas, pois o estudo sistemático do *Corpus Iuris Civilis* demonstra que a palavra lesão foi diversas vezes associada a qualificativos de tamanho, o que deve ter ensejado o termo medieval. O texto que deu origem ao instituto, a *Lex Secunda de Diocleciano* (C. 4.44.2), fala em *laesio ultra dimidium*, ou "lesão além da metade" em português. Trata-se de um rescrito em que se possibilitava a extinção do negócio lesado, quando o vendedor de um imóvel recebia menos do que a metade do preço justo. O comprador podia optar entre completar o preço ou desfazer o ato.

O Código Civil de 1916 expurgou a lesão do direito positivo brasileiro, até então presente nas Ordenações Filipinas. O Código Civil de 2002 resgatou o instituto na legislação civil, em que pese ter havido figuras parecidas no âmbito trabalhista e consumerista durante o século XX.

A Consolidação das Leis do Trabalho, no art. 462, §§ 2º a 4º, traz vedação ao *truck system*, ou seja, ao pagamento da remuneração laboral em vales para gastar no armazém do empregador.

De acordo com o art. 157 do Código Civil vigente, a lesão é defeito do negócio jurídico constituído de dois tipos de elementos: **elemento subjetivo** – o elemento subjetivo é a inferioridade do lesado (sua inexperiência ou premente necessidade); **elemento objetivo** – o elemento objetivo é a desproporção manifesta entre as diferentes prestações do negócio.

Aprecia-se a desproporção das prestações segundo os valores vigentes ao tempo em que foi celebrado o negócio jurídico.

Segundo o Enunciado 290 do CJF, não basta a desproporção manifesta (elemento objetivo), sendo importante a necessidade ou a inexperiência do lesado (elemento subjetivo).

Conforme o art. 157, § 2º, do Código Civil, não será anulado o negócio jurídico se for oferecido suplemento suficiente, ou se a parte concordar com a redução do proveito. Isso se dá pelo princípio da conservação do negócio jurídico, que tem por objetivo determinar que se faça uma tentativa de revisão do negócio antes de extingui-lo, pois a anulação deve ser a última hipótese.

Tal pensamento encontra guarida no Enunciado 149 do CJF, para o qual é dever do magistrado incitar as partes a rever os negócios jurídicos, ao invés de anulá-lo. Na IV Jornada do Conselho da Justiça Federal foi aprovado o Enunciado 291, que entende ser faculdade do lesionado rever o negócio jurídico ou anulá-lo. Mas, caso ele não exerça tal faculdade, o juiz terá de aplicar o Enunciado 149 acima.

Por fim, verifica-se, de acordo com o Enunciado 150 do CJF, que na lesão não é exigido o dolo de aproveitamento. Podemos conceituar o dolo de aproveitamento como a intenção de uma das partes de gerar dano a outra ao estipular prestações contratuais desarrazoadas entre si. Trata-se de uma situação de necessidade que deve ser conhecida da parte beneficiada pelo negócio que se está celebrando.

5.3.5.5. Estado de perigo (art. 156 do CC)

Configura-se o estado de perigo quando alguém assume obrigação excessivamente onerosa, com necessidade de salvar a si ou pessoa de sua família de um grave dano conhecido pela outra parte.

São seus requisitos (cumulativos):

a) necessidade de salvar a si ou alguém da família;

b) grave dano conhecido pela outra parte;

c) obrigação excessivamente onerosa.

Tratando-se de pessoa não pertencente à família do declarante, o juiz decidirá segundo as circunstâncias.

O estado de perigo pode se configurar quando um médico decide cobrar R$ 1.000.000,00 de honorários para fazer uma cirurgia em pessoa que sofreu acidente.

Sobre o tema, cumpre ressaltar que hospitais e prestadores de serviço médico não podem exigir cheque-caução ou nota promissória antes de prestar atendimento. A Agência Nacional de Saúde Suplementar criou a Resolução Normativa n. 44/2003, que proíbe a exigência de caução no ato ou anteriormente à prestação de serviço médico[4]. Se for exigido cheque, nota promissória ou qualquer outro documento a título de caução, antes da prestação do serviço médico, tal procedimento implicará investigação, a ser apurada pela Agência Nacional de Saúde e pelo Ministério Público Federal[5], além de crime tipificado pelo art. 135-A do Código Penal, incluído pela Lei n. 12.653/2012. Porém, infelizmente, se em uma situação de perigo for exigido cheque-caução, claro que a pessoa terá que ceder a tal pressão, e fazer a denúncia posteriormente, para que não se coloque em risco a vida de alguém. Isso não invalida a possibilidade da propositura de ação anulatória por lesão do cheque emitido.

---

4. Resolução Normativa n. 44, de 24 de julho de 2003: *Dispõe sobre a proibição da exigência de caução por parte dos prestadores de serviços contratados, credenciados, cooperados ou referenciados das Operadoras de Planos de Assistência à Saúde.*

A Diretoria Colegiada da Agência Nacional de Saúde Suplementar – ANS, no uso das atribuições que lhe confere o inciso VII do art. 4º da Lei n. 9.961, de 28 de janeiro de 2000, considerando as contribuições da Consulta Pública n. 11, de 12 de junho de 2003, em reunião realizada em 23 de julho de 2003, adotou a seguinte Resolução Normativa e eu, Diretor-Presidente, determino a sua publicação.

Art. 1º Fica vedada, em qualquer situação, a exigência, por parte dos prestadores de serviços contratados, credenciados, cooperados ou referenciados das Operadoras de Planos de Assistência à Saúde e Seguradoras Especializadas em Saúde, de caução, depósito de qualquer natureza, nota promissória ou quaisquer outros títulos de crédito, no ato ou anteriormente à prestação do serviço.

Art. 2º Fica instituída Comissão Especial Permanente para fins de recepção, instrução e encaminhamento das denúncias sobre a prática de que trata o artigo anterior.

§ 1º As denúncias instruídas pela Comissão Especial Permanente serão remetidas ao Ministério Público Federal para apuração, sem prejuízo das demais providências previstas nesta Resolução.

§ 2º Os processos encaminhados ao Ministério Público Federal serão disponibilizados para orientação dos consumidores no *site* da ANS, www.ans.gov.br.

Art. 3º A ANS informará à operadora do usuário reclamante quanto às denúncias relativas a prestador de sua rede, bem como a todas as demais operadoras que se utilizem do referido prestador, para as providências necessárias.

Art. 4º Esta Resolução Normativa entra em vigor na data de sua publicação.

Januário Montone.

Diretor Presidente.

5. Tal conduta pode ser denunciada pelo *site* www.ans.gov.br.

Porém, para a 3ª Turma do STJ[6], a exigência de cheque-caução para o pagamento de despesas hospitalares emergencial (colocação de um cateterismo) não previstas no contrato não gera por si só danos morais.

Trata-se de situação excepcional, onde no caso concreto, analisou a Min. Nancy, a paciente foi acolhida pelo serviço de emergência hospitalar, o diagnóstico médico fornecido, indicado o tratamento correspondente, solicitada a cobertura pelo plano de saúde, assinado termo de responsabilidade hospitalar, disponibilizada ao consumidor a opção de pagamento particular pela cirurgia excluída pelo convênio, realizado o pagamento por meio de cheque-caução e efetivamente prestado o serviço de atenção à saúde.

De acordo com o parágrafo único do art. 156 do Código Civil, é possível se caracterizar o estado de perigo na hipótese de a pessoa que se encontrar em estado delicado não ter vínculo de parentesco com a parte celebrante do negócio, porém caberá ao juiz decidir tal questão.

Por fim, de acordo com o Enunciado 148 do CJF, deverá ser aplicado por analogia ao estado de perigo o art. 157, § 2º, do Código Civil, que permite no vício da lesão o juiz não anular o negócio jurídico se as partes oferecerem suplemento suficiente, ou se a outra concordar com a redução do proveito, em atendimento ao princípio da conservação do negócio jurídico.

5.3.5.6. Fraude contra credores (arts. 158 a 165 do CC)

5.3.5.6.1. Conceito de fraude contra credores

Trata-se da prática maliciosa de alienação de bens, para tornar o devedor insolvente.

De acordo com o art. 955 do Código Civil, procede-se à declaração de insolvência toda vez que as dívidas excedam à importância dos bens do devedor. A insolvência não se confunde com a falência, e pode ser declarada tanto para a pessoa natural quanto para a jurídica. Nesse caso, instaura-se o chamado concurso de credores, cujo objetivo é verificar quem possui a preferência para receber o crédito.

A prevalência se dá na seguinte ordem :

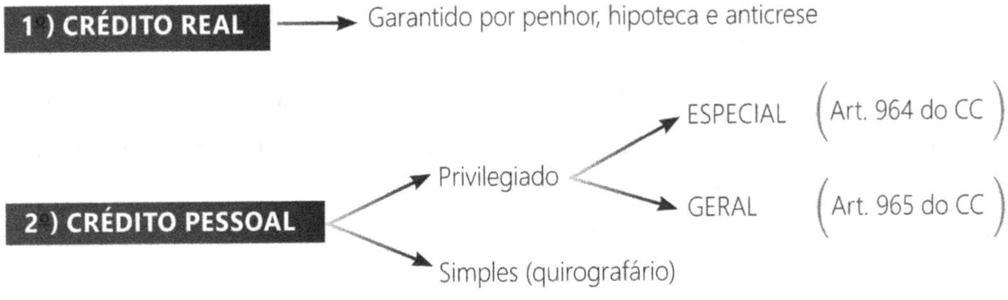

De acordo com o art. 964 do Código Civil, têm privilégio especial:

6. REsp n. 1.771.308/PR, *DJe* 22-2-2019.

a) sobre a coisa arrecadada e liquidada, o credor de custas e despesas judiciais feitas com a arrecadação e liquidação;

b) sobre a coisa salvada, o credor por despesas de salvamento;

c) sobre a coisa beneficiada, o credor por benfeitorias necessárias ou úteis;

d) sobre os prédios rústicos ou urbanos, fábricas, oficinas, ou quaisquer outras construções, o credor de materiais, dinheiro, ou serviços para a sua edificação, reconstrução, ou melhoramento;

e) sobre os frutos agrícolas, o credor por sementes, instrumentos e serviços à cultura, ou à colheita;

f) sobre as alfaias e utensílios de uso doméstico, nos prédios rústicos ou urbanos, o credor de aluguéis, quanto às prestações do ano corrente e do anterior;

g) sobre os exemplares da obra existente na massa do editor, o autor dela, ou seus legítimos representantes, pelo crédito fundado contra aquele no contrato da edição;

h) sobre o produto da colheita, para a qual houver concorrido com o seu trabalho, e precipuamente a quaisquer outros créditos, ainda que reais, o trabalhador agrícola, quanto à dívida dos seus salários;

i) sobre os produtos do abate, o credor por animais (inciso IX do art. 964 do Código Civil, incluído pela Lei n. 13.176/ 2015).

Já de acordo com o art. 965 do Código Civil, goza de privilégio geral, na ordem seguinte, sobre os bens do devedor:

a) o crédito por despesa de seu funeral, feito segundo a condição do morto e o costume do lugar;

b) o crédito por custas judiciais, ou por despesas com a arrecadação e liquidação da massa;

c) o crédito por despesas com o luto do cônjuge sobrevivo e dos filhos do devedor falecido, se foram moderadas;

d) o crédito por despesas com a doença de que faleceu o devedor, no semestre anterior à sua morte;

e) o crédito pelos gastos necessários à mantença do devedor falecido e de sua família, no trimestre anterior ao falecimento;

f) o crédito pelos impostos devidos à Fazenda Pública, no ano corrente e no anterior;

g) o crédito pelos salários dos empregados do serviço doméstico do devedor, nos seus derradeiros seis meses de vida;

h) os demais créditos de privilégio geral.

5.3.5.6.2. Elementos da fraude

a) *Consilium fraudis* (elemento subjetivo): é o propósito de fraudar. Não confundir esse elemento com *concilium fraudis* (com a letra "c" e não com "s"), que significa *conluio* (ambos intencionados), pois esse elemento é dispensável no direito nacional;

b) *Scientia fraudis* (outro elemento subjetivo): é a ciência da fraude e/ou do dano, aplicável somente aos negócios onerosos, em que é necessário provar que o adquirente tinha ciência do dano que causa tal negócio a eventuais credores (má-fé), consoante art. 159 do Código Civil. Como exemplo, citamos o caso do comprador que adquire imóvel de vendedor que possui títulos protestados e/ou ações judiciais;

c) *Eventus damni* (elemento objetivo): prejuízo causado aos credores do alienante em razão de a alienação gerar a insolvência. Nos negócios gratuitos, só é necessário provar o prejuízo causado aos credores (*damni*), pois a *scientia fraudis* é dispensada, conforme o art. 158 do Código Civil, já que a ciência é presumida.

5.3.5.6.3. Da conservação dos atos na matrícula do imóvel, para demonstração de boa-fé

A Lei n. 13.097/2015, que alterou artigos da Lei n. 7.433/85 (que dispõe dos requisitos para a lavratura de escrituras públicas), dentre outras questões, e que entrou em vigor em fevereiro de 2015, criou regra para determinar a **concentração dos atos na matrícula do imóvel**, objetivando que notícias processuais que podem afetar o patrimônio da pessoa, esteja na num único local. Vejamos o que estabelece a referida norma, que foi atualizada pela Lei 14.382/2022:

> **Art. 54.** Os negócios jurídicos que tenham por fim constituir, transferir ou modificar direitos reais sobre imóveis são eficazes em relação a atos jurídicos precedentes, nas hipóteses em que não tenham sido registradas ou averbadas na matrícula do imóvel as seguintes informações:
>
> I – registro de citação de ações reais ou pessoais reipersecutórias;
>
> II – averbação, por solicitação do interessado, de constrição judicial, de que a execução foi admitida pelo juiz ou de fase de cumprimento de sentença, procedendo-se nos termos previstos no art. 828 da Lei n. 13.105, de 16 de março de 2015 (Código de Processo Civil); (Redação dada pela Lei n. 14.382, de 2022)
>
> III – averbação de restrição administrativa ou convencional ao gozo de direitos registrados, de indisponibilidade ou de outros ônus quando previstos em lei; e
>
> IV – averbação, mediante decisão judicial, da existência de outro tipo de ação cujos resultados ou responsabilidade patrimonial possam reduzir seu proprietário à insolvência, nos termos do inciso IV do caput do art. 792 da Lei n. 13.105, de 16 de março de 2015 (Código de Processo Civil). (Redação dada pela Lei n. 14.382, de 2022)
>
> § 1º Não poderão ser opostas situações jurídicas não constantes da matrícula no registro de imóveis, inclusive para fins de evicção, ao terceiro de boa-fé que adquirir ou receber em garantia direitos reais sobre o imóvel, ressalvados o disposto nos arts. 129 e 130 da Lei n. 11.101, de 9 de fevereiro de 2005, e as hipóteses de aquisição e extinção da propriedade que independam de registro de título de imóvel. (Renumerado do parágrafo único com redação dada pela Lei n. 14.382, de 2022)
>
> § 2º Para a validade ou eficácia dos negócios jurídicos a que se refere o *caput* deste artigo ou para a caracterização da boa-fé do terceiro adquirente de imóvel ou beneficiário de direito real, não serão exigidas: (Incluído pela Lei n. 14.382, de 2022)
>
> I – a obtenção prévia de quaisquer documentos ou certidões além daqueles requeridos nos termos do § 2º do art. 1º da Lei n. 7.433, de 18 de dezembro de 1985; e (Incluído pela Lei n. 14.382, de 2022)
>
> II – a apresentação de certidões forenses ou de distribuidores judiciais. (Incluído pela Lei n. 14.382, de 2022)
>
> O art. 129, item 11, da Lei de Registros Públicos, após a Lei 14.382/2022, estabelece, quanto aos bens móveis, para entrar em consonância com a regra anterior aplicada aos imóveis, que estão sujeitos a registro, no Cartório de Registro de Títulos e Documentos, para surtir efeitos em relação a terceiros, as constrições judiciais ou administrativas sobre bens móveis corpóreos e sobre direitos de crédito. Essa regra não se aplica ao registro e à constituição de ônus e de gravames previstos em legislação específica, inclusive o estabelecido:

I – na Lei n. 9.503, de 23 de setembro de 1997 (Código de Trânsito Brasileiro); e

II – no art. 26 da Lei n. 12.810, de 15 de maio de 2013.

A inscrição em dívida ativa da Fazenda Pública não se sujeita ao registro previsto no art. 129, item 11, da Lei de Registros Públicos, para efeito da presunção de fraude de que trata o art. 185 da Lei n. 5.172, de 25 de outubro de 1966 (Código Tributário Nacional).

O objetivo desta lei é que o adquirente de um imóvel não precise tirar inúmeras certidões em vários locais para verificar se existe problema com o vendedor ou com o imóvel. Um dos receios é se o alienante está fraudando seus credores. Com as certidões em mãos se afasta a ***scientia fraudis***. Assim sendo, todas as informações restritivas deverão constar da matrícula do imóvel, sob pena de não poderem ser opostas contra terceiros.

5.3.5.6.4. Preservação do negócio jurídico (manutenção)

De acordo com o art. 160 do Código Civil, o adquirente pode evitar o prejuízo do credor depositando em juízo o valor do bem se não foi pago ao alienante, em veneração ao princípio da conservação do negócio jurídico. O parágrafo único do citado dispositivo permite ao adquirente complementar o depósito se o valor pago for inferior ao de mercado.

5.3.5.6.5. Ação pauliana para anular negócio jurídico

O negócio jurídico fraudulento é anulado com **ação pauliana**, também chamada de **revocatória** (não confundir com a revocatória proposta pelo administrador judicial da massa falida), no prazo de 4 anos da celebração do negócio jurídico.

Vamos estudar alguns pontos relevantes da ação pauliana:

1) Legitimidade ativa: será do credor quirografário prejudicado. O credor com garantia real insuficiente prejudicado (e que por isso se torna quirografário na diferença que falta receber do seu crédito) só pode cobrar a parte faltante na ação pauliana. O art. 158, § 1º, do Código Civil dispensa a renúncia da garantia para que o credor com garantia real insuficiente possa propor ação pauliana. Essa questão é esclarecida no Enunciado 151 do CJF, para quem "*O ajuizamento da ação pauliana pelo credor com garantia real prescinde de prévio reconhecimento judicial da insuficiência da garantia*".

O autor da ação pauliana deve ter a qualidade de credor anterior à realização do negócio fraudulento (consoante o art. 158, § 2º, do CC). Nesse diapasão, o Enunciado 292 do CJF abrange o conceito de dívida incerta e ilíquida ao afirmar que "a anterioridade do crédito é determinada pela causa que lhe dá origem, independentemente de seu reconhecimento por decisão judicial".

O exemplo que citamos é o da pessoa que aliena o seu patrimônio após um acidente de trânsito, prevendo que um dia pode ser compelida, em ação indenizatória futura, a pagar indenização. Nesse caso, entende o enunciado que a causa (acidente) é anterior à alienação, e que por isso haveria fraude contra credores. Entendemos que a aplicação do enunciado no caso exemplificado seria fonte de injustiça, pois prejudicaria o adquirente de boa-fé.

O STJ mitigou o Enunciado 292 do CJF, que desconsiderava o terceiro de boa-fé na fraude contra credores, no **Resp 1.100.525/RS, rel. Min. Luis Felipe Salomão, 4ª Tur-**

ma, j. 16-4-2013. Concordamos com a decisão, que corrige um problema sério do citado enunciado, que não se preocupava com o terceiro de boa-fé que não tinha *scientia fraudis*.

b) Legitimidade passiva: é do devedor insolvente, do adquirente do bem alienado e de terceiros que agiram com má-fé (por exemplo, o cônjuge que deu a outorga conjugal), que porventura se beneficiaram, conforme o art. 161 do Código Civil.

5.3.5.6.6. Prova

Na ação pauliana deve ser provado:

a) o prejuízo que o negócio causou (*damni*);

b) o estado de insolvência do alienante;

c) a *scientia fraudis* do adquirente se o negócio for oneroso.

Urge lembrar a **Súmula 195 do STJ**, que estabelece a impossibilidade de invocar fraude contra credores em embargos de terceiro, em face da necessidade de desconstituição do negócio jurídico, pois não podemos esquecer que, anulado o negócio, o bem volta ao patrimônio do devedor para o concurso de credores.

5.3.5.6.7. Presunções

Presunção de fraude: no art. 163 do Código Civil temos uma presunção de fraude, pois se presumem fraudatórias dos direitos dos outros credores as garantias de dívidas que o devedor insolvente tiver dado a algum credor.

Presunção de boa-fé: no art. 164 do Código Civil temos uma presunção de boa-fé, pois se presumem de boa-fé e valem os negócios ordinários indispensáveis à manutenção de estabelecimento mercantil, rural, ou industrial, ou à subsistência do devedor e de sua família.

5.3.5.6.8. Questões relevantes

Os negócios de transmissão gratuita de bens ou remissão de dívida, se os praticar o devedor já insolvente, ou por eles reduzido à insolvência, ainda quando o ignore, poderão ser anulados pelos credores quirografários, como lesivos dos seus direitos. Igual direito assiste aos credores cuja garantia se tornar insuficiente, e só os credores que já o eram ao tempo daqueles atos podem pleitear a sua anulação.

Serão igualmente anuláveis os contratos onerosos do devedor insolvente quando a insolvência for notória ou houver motivo para ser conhecida do outro contratante.

Se o adquirente dos bens do devedor insolvente ainda não tiver pagado o preço, e este for, aproximadamente, o corrente, desobrigar-se-á depositando-o em juízo, com a citação de todos os interessados. Mas, se inferior, o adquirente, para conservar os bens, poderá depositar o preço que lhes corresponda ao valor real.

O credor quirografário que receber do devedor insolvente o pagamento da dívida ainda não vencida ficará obrigado a repor, em proveito do acervo sobre que se tenha de efetuar o concurso de credores, aquilo que recebeu.

Anulados os negócios fraudulentos, a vantagem resultante reverterá em proveito do acervo sobre que se tenha de efetuar o concurso de credores. Mas, se esses negócios tinham por único objeto atribuir direitos preferenciais, mediante hipoteca, penhor ou anticrese, sua invalidade importará somente na anulação da preferência ajustada.

Fraude contra credores não se confunde com fraude à execução (quando a alienação é posterior ao ajuizamento da execução) nem com fraude à lei (usar interposta pessoa para a prática de negócio jurídico vedado pela lei). Assim, apresentamos uma tabela para indicar tais diferenças:

Fraude contra credores	Fraude à execução	Fraude à lei
É um vício do negócio jurídico.	Atenta contra a administração da justiça.	Trata-se de violação de uma norma cogente proibitiva por negócio feito por interposta pessoa.
Exige a propositura da ação pauliana.	É reconhecida na própria execução ou no cumprimento de sentença.	Exige a propositura da ação declaratória de nulidade.
Gera a anulabilidade do negócio jurídico.	O negócio jurídico é ineficaz.	O ato é nulo.

5.3.5.7. Simulação

É uma causa invalidante decorrente da declaração enganosa da vontade visando produzir efeito diverso do ostensivamente indicado.

Espécies de simulação:

1) Simulação absoluta: trata-se da declaração de vontade, ou confissão de dívida, emitida para não gerar efeito jurídico algum.

2) Simulação relativa: nessa modalidade as partes realizam um negócio jurídico para esconder outro negócio que desejam encobrir. Por esse motivo, teremos dois tipos de negócios: simulado e dissimulado. O negócio simulado é aquele que aparece para o mundo, que todos podem ver. Já o negócio dissimulado é o pretendido pelas partes, o que elas buscam esconder, mas desejam os seus efeitos. Na tabela abaixo há alguns exemplos.

Negócio simulado (o que aparece para o mundo)	Negócio dissimulado (o pretendido pelas partes)
Exemplo 1: Compra e venda feita para amante, sem o pagamento do preço descrito no contrato (esse negócio *sempre* será *nulo*).	Exemplo 1: A compra e venda feita para amante, sem o pagamento do preço descrito no contrato, visa encobrir uma doação que é repudiada pelo art. 550 do Código Civil (esse negócio também é *nulo*, pois a lei o proíbe).
Exemplo 2: Compra e venda de imóvel declarada pelo valor venal, quando realizada por valor maior (esse negócio *sempre* será *nulo*).	Exemplo 2: A compra e venda de imóvel declarada pelo valor venal, quando realizada por valor maior, visa esconder o real valor (esse negócio é válido porque a lei não o proíbe).
O negócio simulado sempre é nulo.	O negócio dissimulado pode ser nulo ou válido, dependendo de a lei proibi-lo ou autorizá-lo.

De acordo com o **Enunciado 153 do CJF**, o negócio jurídico simulado é nulo, mas o dissimulado é válido se não ofender a lei nem trazer prejuízos a terceiros. Nesse caso ocorre o fenômeno da **extraversão**, que é a entrada do ato dissimulado no mundo jurídico.

Já o **Enunciado 293 do CJF** estabelece que o aproveitamento do negócio dissimulado depende do preenchimento de todos os requisitos substanciais, formais e de validade.

De acordo com o § 1º do art. 167 do Código Civil, haverá simulação nos negócios jurídicos quando:

a) aparentarem conferir ou transmitir direitos a pessoas diversas daquelas às quais realmente se conferem, ou transmitem;

b) contiverem declaração, confissão, condição ou cláusula não verdadeira;

c) os instrumentos particulares forem antedatados, ou pós-datados.

3) Simulação inocente ou nocente: é aquela na qual inexiste o desejo de prejudicar alguém.

4) Simulação maliciosa: é aquela em que existe o desejo/intenção de prejudicar.

Cumpre ressaltar que, de acordo com o **Enunciado 152 do CJF**, toda simulação, inclusive a inocente, é invalidante. O referido enunciado se justifica em razão de o art. 103 do Código Civil de 1916 fazer essa distinção, que não é apresentada no Código Civil vigente, pois nesse dispositivo havia regra segundo a qual essa modalidade não invalidava o negócio jurídico, regra não repetida no atual código.

Por fim, de acordo com o **Enunciado 294 do CJF**, sendo a simulação uma causa de nulidade do negócio jurídico, ela pode ser alegada por uma das partes contra a outra, já que se trata de preceito de ordem pública.

5.3.6. Principais diferenças entre ato nulo e anulável

Abaixo, em formato de tabela, apontamos as principais diferenças entre ato nulo e anulável[7].

Ato nulo	Ato anulável
Atinge preceitos de ordem pública.	Atinge preceitos de ordem privada.
Pode ser declarado *ex officio* pelo juiz.	*Não pode* ser declarado *ex officio* pelo juiz.
O reconhecimento se dá em ação declaratória de nulidade.	O reconhecimento se dá em ação anulatória.
A legitimidade para arguir a nulidade é dos interessados e do Ministério Público (quando lhe couber intervir no processo).	A legitimidade para arguir a anulabilidade é *somente* dos interessados.
Não tem prazo para ser arguida, pois o ato nulo não se convalida no tempo (a ação declaratória de nulidade é imprescritível).	A ação anulatória está sujeita a prazo decadencial, pois o ato anulável se convalida no tempo (na Parte Geral tais prazos estão descritos no art. 178 do Código Civil, mas há diversos outros na Parte Especial do mesmo Código).

7. Cumpre ressaltar que o STJ, ao analisar o REsp 1.353.864-GO, rel. Min. Sidnei Beneti, j. em 7-3-2013, *afirmou que a decisão proferida em ação anulatória tem eficácia* ex tunc, *a exemplo do que ocorre na declaratória de nulidade, dando eficácia ao art. 182 do CC, esquecido por grande parte dos doutrinadores.*

Ato nulo	Ato anulável
O efeito da sentença é *ex tunc* (retroativos).	O efeito da sentença é *ex nunc* (não retroativos). Cumpre ressaltar que o art. 182 do CC contraria essa regra, mas a interpretação que prevalece é a primeira.
Não há prazo geral para a nulidade, pois o ato nulo não se convalida no tempo.	Se a lei dispuser que o ato é anulável e não estabelecer prazo, será este de dois anos contados da conclusão do negócio (art. 179 do CC).
Não se usa mais a nomenclatura nulidade absoluta, mas apenas *nulidade*.	Não se usa mais a nomenclatura nulidade relativa, mas apenas *anulabilidade*.
O ato nulo *não admite* confirmação, apenas conversão do negócio jurídico (art. 170 do CC).	O ato anulável *admite* confirmação, afastada a hipótese de conversão do negócio jurídico.

A conversão do negócio jurídico vem estabelecida no art. 170 do Código Civil, que, em difícil linguagem, estabelece:

> **Art. 170.** Se, porém, o negócio jurídico nulo contiver os requisitos de outro, subsistirá este quando o fim a que visavam as partes permitir supor que o teriam querido, se houvessem previsto a nulidade.

Como exemplo citamos a compra e venda de um imóvel com valor superior a 30 salários mínimos feita por instrumento particular. Por não obedecer a forma prevista em lei, esse contrato é nulo (art. 166, IV, do CC). Mas, como o contrato preliminar de compra e venda de imóvel não depende de forma solene (arts. 462 e 1.417 do CC), pode ser convertido em promessa de compra e venda. Nesse caso temos a **conversão substancial do negócio jurídico**, pois se converte um negócio jurídico em outro.

Outro exemplo é o caso do testamento público. O art. 1.864 do Código Civil estabelece os seus requisitos, dentre eles a observância da oralidade (ser lido o testamento ao testador na presença de duas testemunhas). Imaginemos que isso não ocorreu, mas que o testador, por excesso de cautela, levou três testemunhas para presenciar o ato. Por ter sido preterida essa formalidade essencial prevista na lei, o testamento é nulo (art. 166, V, do CC). Porém, como o testamento particular não possui tal requisito, e os que estão previstos no art. 1.876 do CC foram preenchidos, é possível converter esse testamento público (que é nulo) em particular, para produzir os efeitos desejados. Nesse caso, temos a **conversão formal do negócio jurídico**, pois o negócio jurídico permanece o mesmo, mas a forma pública é convertida em particular.

O negócio anulável pode ser confirmado pelas partes, salvo direito de terceiro, e o ato de confirmação deve conter a substância do negócio celebrado e a vontade expressa de mantê-lo.

É dispensável a confirmação expressa, quando o negócio já foi cumprido em parte pelo devedor, ciente do vício que existia. A confirmação expressa, ou a execução voluntária de negócio anulável, importa a extinção de todas as ações, ou exceções, de que contra ele dispusesse o devedor. Quando a anulabilidade do ato resultar da falta de autorização de terceiro, será validado se este a der posteriormente.

Hipóteses de nulidade	Hipóteses de anulabilidade
Art. 166. É nulo o negócio jurídico quando: I – celebrado por pessoa absolutamente incapaz; II – for ilícito, impossível ou indeterminável o seu objeto; III – o motivo determinante, comum a ambas as partes, for ilícito;	**Art. 171.** Além dos casos expressamente declarados na lei, é anulável o negócio jurídico: I – por incapacidade relativa do agente; II – por vício resultante de erro, dolo, coação, estado de perigo, lesão ou fraude contra credores.
IV – não revestir a forma prescrita em lei; V – for preterida alguma solenidade que a lei considere essencial para a sua validade; VI – tiver por objetivo fraudar lei imperativa; VII – a lei taxativamente o declarar nulo, ou proibir-lhe a prática, sem cominar sanção. **Art. 167.** É nulo o negócio jurídico simulado, mas subsistirá o que se dissimulou, se válido for na substância e na forma.	**Art. 178.** É de quatro anos o prazo de decadência para pleitear-se a anulação do negócio jurídico, contado: I – no caso de coação, do dia em que ela cessar; II – no de erro, dolo, fraude contra credores, estado de perigo ou lesão, do dia em que se realizou o negócio jurídico; III – no de atos de incapazes, do dia em que cessar a incapacidade.

5.3.7. Do plano da eficácia

No plano da eficácia estudamos os efeitos produzidos pelo negócio jurídico. Se estamos analisando eficácia, temos que lembrar que o negócio existe e é válido (escada ponteana). Para saber a partir de quando o negócio jurídico produz efeitos, ou quando ele para de produzi-los, devemos analisar os seus fatores de eficácia.

5.3.7.1. Fatores de eficácia (ou elementos acidentais) que indicam se o negócio produzirá ou não efeitos

Os fatores de eficácia devem ser analisados quando da produção de efeitos do negócio jurídico. Isso não macula o ato jurídico perfeito que está ligado ao plano da validade, e a sua análise deve sempre partir da lei vigente no momento da sua celebração.

Essa ideia vem contemplada no *caput* do art. 2.035 do Código Civil, que estabelece:

> **Art. 2.035.** A validade dos negócios e demais atos jurídicos, constituídos antes da entrada em vigor deste Código, obedece ao disposto nas leis anteriores, referidas no art. 2.045, mas os seus efeitos, produzidos após a vigência deste Código, aos preceitos dele se subordinam, salvo se houver sido prevista pelas partes determinada forma de execução.

Vimos, nesse dispositivo, que o Código Civil adotou a escada ponteana.

Os fatores de eficácia são:

1) Condição: trata-se da cláusula que subordina o efeito do negócio jurídico a um **evento futuro e incerto**. Como exemplo, citamos o casamento.

1.1) **Classificação principal da condição:**

a) Condição suspensiva: é aquela que subordina a **eficácia** do negócio jurídico quando do implemento da condição (ocorrer o evento). **Exemplo:** eu te darei um fogão quando casares (trata-se de uma doação com condição suspensiva, pois o evento **dá** efeitos ao negócio).

Subordinando-se a eficácia do negócio jurídico à condição suspensiva, enquanto esta se não verificar, não se terá adquirido o direito, a que ele visa.

Se alguém dispuser de uma coisa sob condição suspensiva, e, pendente esta, fizer quanto àquela novas disposições, estas não terão valor, realizada a condição, se com ela forem incompatíveis.

b) Condição resolutiva: é a que subordina a **ineficácia** do negócio jurídico quando do implemento da condição. **Exemplo:** eu te empresto minha casa até casares (trata-se de um comodato com condição resolutiva, pois o evento **retira** efeitos do negócio).

Se for resolutiva a condição, enquanto esta se não realizar, vigorará o negócio jurídico, podendo exercer-se desde a conclusão deste o direito por ele estabelecido.

Sobrevindo a condição resolutiva, extingue-se, para todos os efeitos, o direito a que ela se opõe; mas, se aposta a um negócio de execução continuada ou periódica, a sua realização, salvo disposição em contrário, não tem eficácia quanto aos atos já praticados, desde que compatíveis com a natureza da condição pendente e conforme aos ditames de boa-fé.

Ao titular do direito eventual, nos casos de condição suspensiva ou resolutiva, é permitido praticar os atos destinados a conservá-lo.

1.2) Classificação secundária da condição:

a) Condição lícita: é aquela não contrária à lei, à ordem pública ou aos bons costumes.

b) Condição ilícita: é aquela que vai contra o ordenamento, fazendo o negócio ser **nulo** (art. 123, II, c/c o art. 166, VII, ambos do CC).

c) Condição perplexa, incompreensível ou contraditória: é aquela que priva de todo efeito o negócio jurídico (art. 122 do CC). De acordo com o art. 123, III, c/c o art. 166, VII, ambos do Código Civil, tal condição gera nulidade do negócio jurídico. **Exemplo:** eu lhe empresto a minha casa se você não morar nela.

d) Condição puramente potestativa: é aquela cujo efeito depende do arbítrio exclusivo de uma das partes. O art. 122 do Código Civil a proíbe. Washington de Barros Monteiro chama essa condição de mero capricho. Porém, excepcionalmente, existe no instituto da venda a contento, que é uma cláusula especial a compra e venda, uma permissão para uma condição puramente potestativa (cf. art. 509 do CC).

e) Condição simplesmente (ou meramente) potestativa: é aquela que conjuga a vontade de uma das partes e um fato externo. Essa condição é lícita. **Exemplo:** eu lhe darei R$ 2.000,00 se você, campeão de futebol, jogar no próximo torneio.

f) Condição fisicamente impossível: se essa condição for suspensiva, o negócio é nulo (art. 123, I, c/c o art. 166, VII, ambos do CC). Já se for resolutiva, será uma condição inexistente (art. 124 do CC). **Exemplo:** condicionar a doação de uma casa se a pessoa atravessar o país em 20 minutos.

g) Condição juridicamente impossível: se essa condição for também suspensiva, o negócio é nulo (art. 123, I, c/c o art. 166, VII, ambos do CC). Já se a for resolutiva, será uma condição inexistente (art. 124 do CC). **Exemplo:** condicionar o negócio à venda de bem público de uso comum do povo (vender o mar).

h) Condição casual: é aquela que depende de um evento natural alheio à vontade das partes. **Exemplo:** eu lhe darei R$ 1.000,00 se amanhã chover no campo.

i) Condição mista: é aquela que depende da vontade da parte e de um terceiro.

Exemplo: eu lhe dou R$ 1.000,00 se você montar uma empresa com o seu irmão.

j) Condição promíscua: é a que nasce simplesmente potestativa e perde tal característica por fato alheio à vontade do agente que prejudica a sua realização. **Exemplo:** eu lhe darei R$ 2.000,00 se você, campeão de futebol, jogar no próximo torneio. Se o jogador machucar a perna, a condição se torna promíscua.

Reputa-se verificada, quanto aos efeitos jurídicos, a condição cujo implemento for maliciosamente obstado pela parte a quem desfavorecer, considerando-se, ao contrário, não verificada a condição maliciosamente levada a efeito por aquele a quem aproveita o seu implemento.

2) Termo: trata-se da cláusula que subordina o efeito do negócio jurídico a um *evento futuro e certo*. Citamos como exemplo as datas (uma semana, um mês, um ano etc.).

2.1) Classificação principal do termo:

a) termo inicial, suspensivo ou *dies a quo*: é aquele que subordina a eficácia do negócio jurídico. O termo inicial suspende o exercício, mas não a aquisição do direito.

b) termo final, resolutivo ou *dies ad quem*: é aquele que subordina a ineficácia do negócio jurídico.

2.2) Classificação secundária do termo:

a) termo certo (*certus an certus*): é aquele certo quanto à prefixação e certo quanto ao fato e ao seu tempo de duração. Como exemplo, citamos uma data específica (5 de outubro de 2090);

b) termo incerto (*certus an incertus*): é aquele certo quanto ao fato, mas incerto quanto à duração. Como exemplo, citamos a morte (sabemos que ela chega, mas não quando ocorre);

c) termo convencional: aquele fixado pelas partes;

d) termo legal: aquele fixado pela lei;

e) termo de graça: aquele fixado judicialmente para o cumprimento de obrigação;

f) termo essencial: aquele que não admite cumprimento fora do prazo (no caso de inadimplemento absoluto);

g) termo não essencial: aquele que admite cumprimento fora do prazo (no caso de inadimplemento relativo).

Salvo disposição legal ou convencional em contrário, computam-se os prazos excluindo o dia do começo e incluindo o do vencimento. Se o dia do vencimento cair em feriado, considerar-se-á prorrogado o prazo até o seguinte dia útil. Meado considera-se, em qualquer mês, o seu décimo quinto dia. Os prazos de meses e anos expiram no dia de igual número do de início, ou no imediato, se faltar exata correspondência. Os prazos fixados por hora contar-se-ão de minuto a minuto.

Nos testamentos, presume-se o prazo em favor do herdeiro, e, nos contratos, em proveito do devedor, salvo, quanto a esses, se do teor do instrumento, ou das circunstâncias, resultar que se estabeleceu a benefício do credor, ou de ambos os contratantes.

Os negócios jurídicos entre vivos, sem prazo, são exequíveis desde logo, salvo se a execução tiver de ser feita em lugar diverso ou depender de tempo.

Ao termo inicial e final aplicam-se, no que couber, as disposições relativas à condição suspensiva e resolutiva.

3) Modo ou encargo: trata-se de ônus que deve ser suportado pela parte para que o negócio jurídico produza efeito. Exemplificamos com a doação modal (ou com encargo), em que o donatário deve suportar um ônus para a doação produzir efeito (eu lhe darei uma casa se você cuidar do meu irmão até ele morrer). Para compreender melhor essa modalidade, recomendamos a leitura sobre o tema mais adiante, na parte em que tratamos do contrato de doação.

O encargo não suspende a aquisição nem o exercício do direito, salvo quando expressamente imposto no negócio jurídico, pelo disponente, como condição suspensiva.

Considera-se não escrito o encargo ilícito ou impossível, salvo se constituir o motivo determinante da liberalidade, caso em que se invalida o negócio jurídico.

O modo, entretanto, é diferente da condição, na medida em que suspende o direito até que se realize determinado evento (condição suspensiva); porém, ao ser adquirido, o direito torna-se pleno. Ao passo que, ao contrário da condição, o encargo permite do direito desde a formação do ato, porém restringindo-o a determinada obrigação que deve ser observada pelo adquirente.

Condição	Termo	Modo/Encargo
Evento futuro e *incerto* Quando suspensiva: suspende a aquisição e o exercício do direito. Quando resolutiva, a aquisição e o exercício se dão desde logo, até o implemento da condição.	Evento futuro e *certo* Quando suspensivo: *não* impede a aquisição do direito, mas apenas o seu exercício – gera direito adquirido. Quando resolutivo, a aquisição e o exercício se dão desde logo, até o advento do termo.	Cláusula acessória à liberalidade *Não* impede a aquisição nem o exercício do direito – gera direito adquirido.

5.4. SÚMULA E ENUNCIADOS SOBRE NEGÓCIO JURÍDICO

• Súmula do STJ

Súm. 375

O reconhecimento da fraude à execução depende do registro da penhora do bem alienado ou da prova de má-fé do terceiro adquirente (data da decisão: 18-3-2009).

• Enunciados das Jornadas de Direito Civil do CJF sobre negócio jurídico

En. 12

Art. 138: na sistemática do art. 138, é irrelevante ser ou não escusável o erro, porque o dispositivo adota o princípio da confiança.

En. 13

Art. 170: o aspecto objetivo da convenção requer a existência do suporte fático no negócio a converter-se.

En. 148

Art. 156: Ao "estado de perigo" (art. 156) aplica-se, por analogia, o disposto no § 2º do art. 157.

En. 149

Art. 157: Em atenção ao princípio da conservação dos contratos, a verificação da lesão deverá conduzir, sempre que possível, à revisão judicial do negócio jurídico e não à sua anulação, sendo dever do magistrado incitar os contratantes a seguir as regras do art. 157, § 2º, do Código Civil de 2002.

En. 150

Art. 157: A lesão de que trata o art. 157 do Código Civil não exige dolo de aproveitamento.

En. 151

Art. 158: O ajuizamento da ação pauliana pelo credor com garantia real (art. 158, § 1º) prescinde de prévio reconhecimento judicial da insuficiência da garantia.

En. 152

Art. 167: Toda simulação, inclusive a inocente, é invalidante.

En. 153

Art. 167: Na simulação relativa, o negócio simulado (aparente) é nulo, mas o dissimulado será válido se não ofender a lei nem causar prejuízos a terceiros.

En. 289

Art. 108: O valor de trinta salários mínimos constante no art. 108 do Código Civil brasileiro, em referência à forma pública ou particular dos negócios jurídicos que envolvam bens imóveis, é o atribuído pelas partes contratantes e não qualquer outro valor arbitrado pela Administração Pública com finalidade tributária.

En. 290

Art. 157: A lesão acarretará a anulação do negócio jurídico quando verificada, na formação deste, a desproporção manifesta entre as prestações assumidas pelas partes, não se presumindo a premente necessidade ou a inexperiência do lesado.

En. 291

Art. 157: Nas hipóteses de lesão previstas no art. 157 do Código Civil, pode o lesionado optar por não pleitear a anulação do negócio jurídico, deduzindo, desde logo, pretensão com vista à revisão judicial do negócio por meio da redução do proveito do lesionador ou do complemento do preço.

En. 292

Art. 158: Para os efeitos do art. 158, § 2º, a anterioridade do crédito é determinada pela causa que lhe dá origem, independentemente de seu reconhecimento por decisão judicial.

En. 293

Art. 167: Na simulação relativa, o aproveitamento do negócio jurídico dissimulado não decorre tão somente do afastamento do negócio jurídico simulado, mas do necessário preenchimento de todos os requisitos substanciais e formais de validade daquele.

En. 294

Arts. 167 e 168: Sendo a simulação uma causa de nulidade do negócio jurídico, pode ser alegada por uma das partes contra a outra.

En. 300

Art. 2.035: A lei aplicável aos efeitos atuais dos contratos celebrados antes do novo Código Civil será a vigente na época da celebração; todavia, havendo alteração legislativa que evidencie anacronismo da lei revogada, o juiz equilibrará as obrigações das partes contratantes, ponderando os interesses traduzidos pelas regras revogada e revogadora, bem como a natureza e a finalidade do negócio.

En. 409

Art. 113: Os negócios jurídicos devem ser interpretados não só conforme a boa-fé e os usos do lugar de sua celebração, mas também de acordo com as práticas habitualmente adotadas entre as partes.

En. 410

Art. 157: A inexperiência a que se refere o art. 157 não deve necessariamente significar imaturidade ou desconhecimento em relação à prática de negócios jurídicos em geral, podendo ocorrer também quando o lesado, ainda que estipule contratos costumeiramente, não tenha conhecimento específico sobre o negócio em causa.

En. 536

Art. 169: Resultando do negócio jurídico nulo consequências patrimoniais capazes de ensejar pretensões, é possível, quanto a estas, a incidência da prescrição.

En. 537

Art. 169: A previsão contida no art. 169 não impossibilita que, excepcionalmente, negócios jurídicos nulos produzam efeitos a serem preservados quando justificados por interesses merecedores de tutela.

En. 538

Art. 179: No que diz respeito a terceiros eventualmente prejudicados, o prazo decadencial de que trata o art. 179 do Código Civil não se conta da celebração do negócio jurídico, mas da ciência que dele tiverem.

En. 578

Art. 167: Sendo a simulação causa de nulidade do negócio jurídico, sua alegação prescinde de ação própria.

En. 616

Art. 166: Os requisitos de validade previstos no Código Civil são aplicáveis aos negócios jurídicos processuais, observadas as regras processuais pertinentes.

En. 617

Art. 187: Os O abuso do direito impede a produção de efeitos do ato abusivo de exercício, na extensão necessária a evitar sua manifesta contrariedade à boa-fé, aos bons costumes, à função econômica ou social do direito exercido.

6
Prescrição e Decadência

6.1. DA PRESCRIÇÃO

Existem dois tipos de prescrição. Uma chamada prescrição extintiva, e a outra aquisitiva. A prescrição aquisitiva não é tratada no Código Civil como uma espécie de prescrição, mas sim como o instituto da usucapião, já que a ocorrência do lapso temporal não irá extinguir, mas sim constituir um direito (real de propriedade). Assim sendo, neste capítulo iremos tratar, somente, da prescrição extintiva.

6.1.1. Conceito de prescrição extintiva

O art. 189 do Código Civil conceitua a prescrição como a perda da pretensão de buscar a reparação a um direito violado.

A pretensão (*Anspruch*) pode ser conceituada[1] como o poder de fazer valer em juízo, por meio de uma ação, a prestação devida, o cumprimento de uma norma legal ou contratual infringida, ou a reparação do mal causado, dentro de um prazo legal.

Assim sendo, pretensão é a possibilidade de exigir o cumprimento de uma obrigação de dar, fazer ou não fazer. Por esse motivo é que a prescrição está atrelada a direitos obrigacionais, que são tidos como fracos, pois exigem a colaboração do devedor (pagamento) para o credor vê-lo satisfeito.

6.1.2. Características da prescrição

1) Os prazos podem ser suspensos, e depois ter sua contagem reiniciada, ou interrompidos, quando se despreza o que fora contado anteriormente, iniciando-se novamente do zero a contagem do prazo.

2) Suspensa a prescrição em favor de um dos credores solidários, só aproveitam os outros se a obrigação for indivisível.

3) A renúncia da prescrição pode ser expressa ou tácita, e só valerá, sendo feita, sem prejuízo de terceiro, depois que a prescrição se consumar; tácita é a renúncia quando se observam fatos do interessado, incompatíveis com a prescrição. Como exemplo, citamos o caso do devedor que pede prazo para pagar uma dívida prescrita, ou o parcelamento desta.

1. Maria Helena Diniz, *Curso de direito civil*, p. 375.

4) Os prazos de prescrição não podem ser alterados por acordo das partes. Trata-se de norma de alcance público, de interesse do Estado, de sorte que não está à disposição das partes.

5) A prescrição pode ser alegada em qualquer grau (1º e 2º) de jurisdição, pela parte a quem aproveita. No STJ, a jurisprudência[2] da Corte até permite sua alegação, desde que tenha tido prequestionamento.

6) A prescrição iniciada contra uma pessoa continua a correr contra o seu sucessor. Exemplo: se um credor tem 5 anos de prazo para cobrar uma dívida, e morre depois de 3 anos do vencimento desse prazo, o herdeiro poderá exigi-la, porém no tempo que falta (2 anos).

7) Os relativamente incapazes e as pessoas jurídicas têm ação contra os seus assistentes ou representantes legais que derem causa à prescrição, ou não a alegarem oportunamente. Os relativamente incapazes e as pessoas jurídicas estão vulneráveis a contar com a ajuda de assistentes e representantes para não sofrerem prejuízos. Se isso não ocorrer, haverá o direito à indenização.

8) A exceção prescreve no mesmo prazo que a pretensão. Exemplo disso é a exceção do contrato não cumprido, prevista no art. 476 do Código Civil, que pode ser usada como matéria de defesa, ou de ataque em ação de resolução contratual. O prazo para entrar com essa ação é o mesmo que o credor tem para cobrar a obrigação.

9) A **Lei 14.382 de 27 de junho de 2022** , incluiu no Código Civil o **art. 206-A**, que teve sua vigência na data da publicação da norma, para estabelecer que: "*A prescrição intercorrente observará o mesmo prazo de prescrição da pretensão, observadas as causas de impedimento, de suspensão e de interrupção da prescrição previstas neste Código e observado o disposto no art. 921 da Lei n. 13.105, de 16 de março de 2015 (Código de Processo Civil)*". Situação parecida com a que vimos no item anterior, que já existia no código.

10) Os prazos prescricionais são contados (termo inicial) do momento da violação do direito. Porém, a Súmula 278 do STJ[3] consagra o princípio da *actio nata*, afirmando que há casos em que o prazo prescricional começa a contar da ciência do fato e não da exigibilidade do direito subjetivo. Esse pensamento é o mesmo contido no Enunciado 14 do CJF.

---

2. "Processual civil. Agravo regimental no agravo em recurso especial. Prescrição. Matéria de ordem pública. Necessidade de prequestionamento quando alegadas em sede de recurso especial. Decisão agravada, que se mantém por seus próprios fundamentos. Recurso manifestamente infundado. Art. 557, § 2º, do CPC. Multa. Cabimento. 1. A pacífica jurisprudência do STJ entende que as matérias de ordem pública devem de ser analisadas *ex officio*, em qualquer tempo e grau de jurisdição ordinária, não estando sujeitas à preclusão. **Contudo, quando alegadas em sede de recurso especial, devem preencher o requisito de prequestionamento**. Nesse sentido: AgRg no EREsp 999.342/SP, rel. Min. Castro Meira, Corte Especial, julgado em 24-11-2011, *DJe* 1-2-2012. 2. O agravante, em suas razões, não traz nenhum outro argumento novo capaz de modificar a decisão ora agravada, que se mantém por seus próprios fundamentos 4. Agravo regimental não provido, com aplicação de multa" (AgRg no AREsp 270.807/SP, rel. Min. Luis Felipe Salomão, 4ª Turma, *DJe* 2-4-2013) – (Grifos nossos).
3. **Súmula 278 STJ**: "O termo inicial do prazo prescricional, na ação de indenização, é a data em que o segurado teve ciência inequívoca da incapacidade laboral". Por isso é que a **Súmula 573 do STJ** explicou que, nas ações de indenização decorrente de seguro DPVAT, a ciência inequívoca do caráter permanente da invalidez, para fins de contagem do prazo prescricional, depende de laudo médico, exceto nos casos de invalidez permanente notória ou naqueles em que o conhecimento anterior resulte comprovado na fase de instrução.

6.1.3. Das causas que impedem e suspendem a prescrição

Não corre a prescrição:

a) entre os cônjuges, na constância da sociedade conjugal (o Enunciado 296 do CJF estende essa regra ao companheiro);

b) entre ascendentes e descendentes, durante o poder familiar;

c) entre tutelados ou curatelados e seus tutores ou curadores, durante a tutela ou curatela;

d) contra (a favor o prazo corre) os absolutamente incapazes (importante lembrar que contra relativamente incapazes corre a prescrição);

e) contra os ausentes do País em serviço público da União, dos Estados ou dos Municípios;

f) contra os que se acharem servindo nas Forças Armadas, em tempo de guerra;

g) pendendo condição suspensiva;

h) não estando vencido o prazo;

i) pendendo ação de evicção;

j) quando a ação se originar de fato que deva ser apurado no juízo criminal, não correrá a prescrição antes da respectiva sentença definitiva.

6.1.4. Das causas que interrompem a prescrição

As causas que interrompem a prescrição estão descritas no art. 202 do CC em rol taxativo. São elas:

a) por despacho do juiz, mesmo incompetente, que ordenar a citação, se o interessado revoga-la no prazo e na forma da lei processual. Segundo o **art. 240, § 1º, do CPC**, a interrupção da prescrição, operada pelo despacho que ordena a citação, ainda que proferido por juízo incompetente, retroagirá à data de propositura da ação, desde que o autor adote, no prazo de 10 dias, as providências necessárias para viabilizar a citação (**art. 240, § 2º, do CPC**[4]).

No mesmo sentido, o art. 802 do mesmo diploma legal estabelece que, na execução, o despacho que ordena a citação, desde que o exequente adote, no prazo de 10 dias, as providências necessárias para viabilizar a citação, interrompe a prescrição, ainda que proferido por juízo incompetente, e essa interrupção retroagirá à data de propositura da ação.

b) por protesto, nas condições do inciso antecedente (**protesto judicial voluntário - art. 726, § 2º, do CPC**);

c) por protesto cambial[5]. Não será apenas o protesto cambial (de títulos de crédito) que terá o condão de interromper a prescrição, mas de qualquer coisa que seja objeto de protesto extrajudicialmente em tabelionato de protesto. Por esse motivo o dispositivo merece

4. Com essa regra a Súmula 106 do STJ ficou prejudicada.
5. Essa regra do art. 202 do CC prejudicou o conteúdo da Súmula 153 do STF.

interpretação extensiva, já que disse menos do que deveria, pois o **art. 517 do CPC**, por exemplo, trata do protesto de decisão judicial transitada em julgado em cartório. Segundo a **Lei n. 9.492/97 (Lei de Protesto)**, qualquer documento que indique uma dívida pode ser objeto de protesto extrajudicial;

d) pela apresentação do título de crédito em juízo de inventário ou em concurso de credores;

e) por qualquer ato judicial que constitua em mora o devedor;

f) por qualquer ato inequívoco, ainda que extrajudicial, que importe reconhecimento do direito pelo devedor. Não inclui notificação via cartório de Registro de Títulos e Documentos (RTD), por ser ela enviada pelo credor, no caso de o devedor não se manifestar (**AREsp 525.382-PR, j. 13-8-2014, *Dje* 20-8-2014**).

Conforme o **Enunciado 416 do Conselho da Justiça Federal**, a propositura de demanda judicial pelo devedor, que importe impugnação do débito contratual ou de cártula representativa do direito do credor, é causa interruptiva da prescrição.

g) Outra causa interruptiva da prescrição, mas que não está no art. 202 do Código Civil, é a que foi introduzida no **art. 19, § 2º, da Lei n. 9.307/96** (Lei de Arbitragem) pela Lei n. 13.129/2015, estabelecendo que a instituição da arbitragem interrompe a prescrição, retroagindo à data do requerimento de sua instauração, ainda que extinta a arbitragem por ausência de jurisdição.

Ocorrendo motivo para interrupção, o prazo será restituído por inteiro, voltando a zero e reiniciando-se novamente a partir de cessação do motivo de interrupção.

Por esse motivo, para que não se tenha sucessivos recomeços da contagem do prazo, o art. 202 do CC estabelece que somente será possível **uma interrupção** por motivo legal elencado. Ocorrendo uma segunda vez o mesmo motivo, não se realizará nova interrupção do prazo prescricional.

Mas, como a retomada do prazo se dá no dia do ato que o interrompeu ou do último ato do processo para o interromper, podemos ter um problema muito sério com essa regra de que só pode ocorrer uma única interrupção.

Imaginemos um prazo prescricional de 10 anos, em que o credor faz o protesto cambial do título com 6 meses de vencimento. O prazo prescricional foi interrompido e será recomeçada sua contagem do mesmo dia. Se o título não for pago e o credor tiver que cobrá-lo judicialmente, não havendo mais interrupção, a ação judicial teria que terminar antes do fim do prazo prescricional, o que seria um absurdo. Por esse motivo, a jurisprudência vem entendendo que a interrupção da prescrição pelas hipóteses do art. 202 do CC não exclui uma nova interrupção pelo despacho que ordena a citação, sendo proposta a ação judicial para cobrar a obrigação.

A prescrição pode ser interrompida por qualquer interessado.

A interrupção da prescrição por um credor não aproveita aos outros; semelhantemente, a interrupção operada contra o codevedor, ou seu herdeiro, não prejudica os demais coobrigados.

A interrupção por um dos credores solidários aproveita aos outros; assim como a interrupção efetuada contra o devedor solidário envolve os demais e seus herdeiros.

A interrupção operada contra um dos herdeiros do devedor solidário não prejudica os outros herdeiros ou devedores, senão quando se trate de obrigações e direitos indivisíveis.

A interrupção produzida contra o principal devedor prejudica o fiador.

Em 12/6/2020 entrou em vigor a Lei n. 14.010, de 10 de junho de 2020, que instituiu o Regime Jurídico Emergencial e Transitório (RJET), nas relações de Direito Privado, no período da pandemia do novo coronavírus (Covid-19).

Esta norma, no art. 3º, estabeleceu que os prazos prescricionais ficaram impedidos ou suspensos, conforme o caso, a partir da entrada em vigor da lei até 30 de outubro de 2020. Com isso há uma nova causa suspensiva e interruptiva da prescrição, que vigorará por muito tempo ainda, pois as relações privadas podem ser celebradas por prazos longos, que impediu o prazo de começar, ou o suspenderam se já iniciados, de 12/6/2020 a 30/10/2020.

A regra acima não se aplica enquanto perdurarem as hipóteses específicas de impedimento, suspensão e interrupção dos prazos prescricionais previstas no ordenamento jurídico nacional.

6.1.5. Dos prazos prescricionais

Prazo geral: será de 10 anos o prazo prescricional quando a lei não tiver fixado prazo menor.

Prazo especial: situações específicas descritas em lei. O art. 206 descreve os prazos prescricionais para determinadas causas, disciplinando que prescreve em:

1 ANO
a) a pretensão dos hospedeiros ou fornecedores de víveres destinados a consumo no próprio estabelecimento, para o pagamento da hospedagem ou dos alimentos;
b) a pretensão do segurado contra o segurador, ou a deste contra aquele, contado o prazo: b1) para o segurado, no caso de seguro de responsabilidade civil, da data em que é citado para responder à ação de indenização proposta pelo terceiro prejudicado, ou da data que a este indeniza, com a anuência do segurador; b2) quanto aos demais seguros, da ciência do fato gerador da pretensão;
c) a pretensão dos tabeliães, auxiliares da justiça, serventuários judiciais, árbitros e peritos, pela percepção de emolumentos, custas e honorários;
d) a pretensão contra os peritos, pela avaliação dos bens que entraram para a formação do capital de sociedade anônima, contado da publicação da ata da assembleia que aprovar o laudo;
e) a pretensão dos credores não pagos contra os sócios ou acionistas e os liquidantes, contado o prazo da publicação da ata de encerramento da liquidação da sociedade;

2 ANOS
a pretensão para haver prestações alimentares, a partir da data em que vencerem;

3 ANOS
a) a pretensão relativa a aluguéis de prédios urbanos ou rústicos;
b) a pretensão para receber prestações vencidas de rendas temporárias ou vitalícias;
c) a pretensão para haver juros, dividendos ou quaisquer prestações acessórias, pagáveis, em períodos não maiores de um ano, com capitalização ou sem ela;
d) a pretensão de ressarcimento de enriquecimento sem causa;
e) a pretensão de reparação civil;
f) a pretensão de restituição dos lucros ou dividendos recebidos de má-fé, correndo o prazo da data em que foi deliberada a distribuição;
g) a pretensão contra as pessoas em seguida indicadas por violação da lei ou do estatuto, contado o prazo: g1) para os fundadores, da publicação dos atos constitutivos da sociedade anônima; g2) para os administradores, ou fiscais, da apresentação, aos sócios, do balanço referente ao exercício em que a violação tenha sido praticada, ou da reunião ou assembleia geral que dela deva tomar conhecimento; g3) para os liquidantes, da primeira assembleia semestral posterior à violação;
h) a pretensão para haver o pagamento de título de crédito, a contar do vencimento, ressalvadas as disposições de lei especial;
i) a pretensão do beneficiário contra o segurador, e a do terceiro prejudicado, no caso de seguro de responsabilidade civil obrigatório[6];

4 ANOS
a pretensão relativa à tutela, a contar da data da aprovação das contas;

5 ANOS
a) a pretensão de cobrança de dívidas líquidas constantes de instrumento público ou particular;
b) a pretensão dos profissionais liberais em geral, procuradores judiciais, curadores e professores pelos seus honorários, contado o prazo da conclusão dos serviços, da cessação dos respectivos contratos ou mandato;
c) a pretensão do vencedor para haver do vencido o que despendeu em juízo.

6.1.6. Ações imprescritíveis

a) Ligadas a direitos de personalidade.

b) Ligadas a bens públicos.

c) Ligadas aos bens confiados a guarda em depósito.

d) Ligadas ao Direito de Família (questões de Estado).

e) Ações meramente declaratórias, tais como a de nulidades absolutas.

6.1.7. Da diferença com preclusão e perempção

Não se pode confundir a prescrição, matéria meritória, com preclusão ou perempção, matérias eminentemente processuais.

6. Súmula 405 do STJ: "A ação de cobrança do seguro obrigatório (DPVAT) prescreve em três anos".

Preclusão é a perda, extinção ou consumação de uma faculdade processual pelo decurso do prazo (temporal) ou por outra atitude processual (consumativa). Ela impede de repetir as mesmas questões no mesmo processo. Ocorrendo a preclusão, impedida estará a parte de praticar determinados atos ou de discutir determinados assuntos.

Perempção é a extinção do direito de ação como pena pela extinção do feito, sem julgamento do mérito, por três vezes (art. 486, § 3º, do CPC).

6.1.8. A desestabilização do sistema de prescrição em decorrência da revogação do art. 194 do Código Civil

6.1.8.1. A revogação do art. 194 do Código Civil

O art. 194 do atual Código Civil estabelecia que o juiz não podia suprir, de ofício, a alegação de prescrição, salvo se favorecesse a absolutamente incapaz.

O referido artigo, em consonância com o Enunciado 154 da III Jornada de Direito Civil do Conselho da Justiça Federal[7], ao permitir que o juiz declarasse *ex officio* a prescrição de direitos patrimoniais em favor do absolutamente incapaz, derrogou o art. 219, § 5º, do CPC/1973[8].

Registre-se, porém, a imprecisão técnica do Enunciado 154 do CJF, que se utiliza de um pleonasmo vicioso, haja vista que a prescrição está relacionada **somente** com direitos patrimoniais[9], já que extingue a possibilidade de o credor exigir do devedor o cumprimento da prestação patrimonial de dar, fazer ou não fazer, que é denominada como pretensão ou *anspruch* pelos alemães.

Isto ocorreu, conforme ensina Maria Helena Diniz[10], porque a tutela jurídica do absolutamente incapaz tem caráter social, o que motiva a exceção criada pelo legislador, haja vista que, já noticiava Antônio Luís da Câmara Leal[11], a maioria dos Códigos no mundo[12] estabelece que a prescrição não pode ser reconhecida *ex officio* pelo juiz.

A fúria do legislador, que há tempos vem modificando o Código de Processo Civil aos poucos, fez, porém, com que fosse incorretamente alocada na legislação processual norma referente à prescrição, que é matéria de direito material e não processual.

A Lei n. 11.280/2006, no art. 11, revogou o art. 194 do Código Civil, por estabelecer uma nova redação ao art. 219, § 5º, do CPC73, nos seguintes termos: *"o juiz pronunciará, de ofício, a prescrição"*. Essa regra do CPC/1973 foi reproduzida pelo CPC/2015, no art. 487, II.

Com isso, perdem sua razão de ser os Enunciados 154 e 155 da III Jornada de Direito Civil do Conselho da Justiça Federal, que ficam revogados.

---

7. "O juiz deve suprir de ofício a alegação de prescrição em favor do absolutamente incapaz."
8. Este é o entendimento do Enunciado 155 da III Jornada do Conselho da Justiça Federal.
9. Agnelo Amorim Filho. Critério científico para distinguir a prescrição da decadência e para identificar as ações imprescritíveis. *RT*, n. 300, out. 1960, p. 20.
10. DINIZ, Maria Helena. *Código Civil anotado*. 18. ed. São Paulo: Saraiva, 2017, p. 229.
11. LEAL, Antônio Luís da Câmara. *Da prescrição e da decadência*. 3. ed. Rio de Janeiro: Forense, 1978, p. 79.
12. Códigos francês, suíço, argentino, boliviano, chileno, peruano, uruguaio, venezuelano e japonês. Nos Códigos italiano e português já há previsão permissiva para o reconhecimento de ofício da prescrição pelo magistrado.

Nítida fica a intenção de o legislador modificar a legislação com o objetivo de permitir que o Poder Judiciário pudesse diminuir o número de processos existentes, já que cada vez mais o Estado se mostra incapaz de prestar uma atividade jurisdicional ágil e célere, como almejam e merecem os jurisdicionados.

É de lamentar tal iniciativa do legislador, que desmoronou um sistema de prescrição e decadência que demorou anos para ser criado, haja vista a histórica e clássica confusão entre os dois institutos. O Código Civil vigente, que se preocupou em estruturar e sistematizar os referidos institutos, ao criar um capítulo sobre a decadência, com o objetivo de permitir a comparação entre eles, passará a sofrer com a inconsequente retirada do dispositivo revogado, sem pensar nas dicotomias que ocorreriam em razão disto.

6.1.8.2. O direito do prescribente a renunciar à prescrição

Estabelece o art. 191 do Código Civil que a renúncia da prescrição pode ser expressa ou tácita, e só valerá, sendo feita, sem prejuízo de terceiro, depois que a prescrição se consumar; tácita é a renúncia quando se presume de fatos do interessado, incompatíveis com a prescrição.

O legislador, entendendo que a prescrição não é matéria que interessa à ordem pública, permite a renúncia expressa ou tácita da prescrição, desde que ela tenha se consumado, para que não se utilize cláusula de estilo nos contratos de adesão, que hoje são predominantes nas relações jurídicas civis e de consumo.

Se, porém, o juiz pode declarar a prescrição *ex officio*, como poderia a parte renunciá-la?

Entendem Nelson Nery Junior e Rosa Maria de Andrade Nery:

> **4. Renúncia e reconhecimento da prescrição *ex officio*.** O juiz, antes de pronunciar de ofício a prescrição (CPC 1973, art. 219, § 5º[13], com redação dada pela Lei n. 11.280/06), deverá observar se houve ou não renúncia pelo réu[14].

Concordamos com as palavras acima, que nos mostra a necessidade de o juiz somente declarar de ofício a prescrição **após a citação do réu.**

A razão para tal entendimento é que a renúncia da prescrição pode se dar extrajudicial ou judicialmente. Se a renúncia à prescrição consumada tiver ocorrido extrajudicialmente, o autor tem como levar as provas necessárias aos autos quando da propositura da ação judicial.

Não podemos, porém, negar que o art. 191 do Código Civil confere um **direito** ao prescribente de renunciar à prescrição. Se o juiz declarar a prescrição de ofício, antes de citar o réu, estaria retirando dele um direito garantido pela legislação civil, além de retirar a eficácia da norma.

E esse direito não foi retirado do devedor com a revogação do art. 194 do Código Civil, conforme indica o enunciado 295 do CJF.

É preciso lembrar que o art. 882 do Código Civil, ao estabelecer que "não se pode repetir o que se pagou para solver dívida prescrita, ou cumprir obrigação judicialmente inexigível" quer dizer que o pagamento de dívida prescrita gera renúncia tácita à prescrição, já que o valor não pode ser repetido.

---

13. Artigo do CPC/1973 que equivale ao art. 487, II, do CPC/2015.
14. NERY JÚNIOR, Nelson; NERY, Rosa Maria de Andrade. *Código Civil comentado*. 12. ed. São Paulo: Revista dos Tribunais, 2017, p. 302.

Dessa forma, para que se evite que a norma do art. 191 do Código Civil caia em desuso, impedindo o exercício do direito do prescribente de renunciar judicialmente à prescrição, entendemos que urge a necessidade de os magistrados somente declararem de ofício a prescrição após a citação do réu, para que se verifique se há ou não o desejo de renunciá-la.

Esse nosso posicionamento, defendido desde a primeira edição desta obra, foi acatado pelo CPC/2015 que, no art. 487, incluiu um parágrafo único para estabelecer que:

> **Art. 487.** (...)
>
> Parágrafo único. Ressalvada a hipótese do § 1º do art. 332, a prescrição e a decadência não serão reconhecidas sem que antes seja dada às partes oportunidade de manifestar-se.

Merece aplauso a norma da novel legislação processual, que ratifica a continuidade da existência do instituto da renúncia da prescrição em nosso sistema.

6.1.8.3. Até que grau de jurisdição a prescrição pode ser alegada de ofício pelo juiz?

Determina o art. 193 do Código Civil que a prescrição pode ser alegada em qualquer grau de jurisdição, pela parte a quem aproveita.

De acordo com Carlos Alberto Dabus Maluf[15], a prescrição entra na classe das exceções peremptórias, que excluem a intenção do autor, e podem ser apresentadas em qualquer fase do processo, antes da sentença, ou seja, na fase de instrução, quer em primeira ou segunda instância, ou durante a execução.

A prescrição pode ser alegada em qualquer grau de jurisdição ordinária, segundo Nelson Nery Junior e Rosa Maria de Andrade Nery[16], já que não se pode alegar a prescrição pela primeira vez em grau de recurso especial e extraordinário, pois os arts. 102, III, e 105, III, da CF exigem o prequestionamento anterior.

Dessa forma, surge a dúvida: **até que grau a prescrição pode ser declarada de ofício? Somente em instâncias ordinárias, ou também no Supremo Tribunal Federal e no Superior Tribunal de Justiça?**

Mais uma dicotomia não prevista pelo legislador ao retirar um "simples" artigo da legislação civilista, mas que deve ser discutida.

Entendemos que a regra que vale para a arguição da prescrição pela parte deve, também, ser aplicada ao caso de alegação *ex officio* pelo magistrado, ou seja, não é possível alegar a prescrição no Superior Tribunal de Justiça ou no Supremo Tribunal Federal em razão da necessidade de prequestionamento, ficando impedidos os ministros de a alegarem de ofício, por força de mandamento constitucional descrito nos arts. 102, III, e 105, III, da CF. Assim, quando o Código Civil determina que a prescrição pode ser alegada em qualquer grau de jurisdição, leiam-se primeiro e segundo graus, pois no STF e STJ não há grau de jurisdição, mas instância especial. E se houve prequestionamento, cumpre salientar que ela foi alegada em anterior instância.

15. MALUF, Carlos Alberto Dabus. *Código Civil comentado*. São Paulo: Atlas, 2009, v. III, p. 36.
16. NERY JÚNIOR, Nelson; NERY, Rosa Maria de Andrade. *Código Civil comentado*. 12. ed. São Paulo: Revista dos Tribunais, 2017, p. 302.

Vale lembrar que a parte que alega a prescrição em segunda instância se responsabiliza por pagar as custas processuais e honorários advocatícios, além de eventuais perdas e danos, pois deveria ter feito isso em primeira instância.

6.1.8.4. A ação regressiva contra os assistentes e representantes legais quando se dá causa à prescrição ou não a alega oportunamente

Determina o art. 195 do Código Civil que os relativamente incapazes e as pessoas jurídicas têm ação contra os seus assistentes ou representantes legais, que derem causa à prescrição, ou não a alegarem oportunamente.

O Código Civil estabelece que, se os assistentes dos relativamente incapazes e os representantes legais da pessoa jurídica derem causa à prescrição, ou não a alegarem oportunamente, ficarão sujeitos à ação regressiva, já que serão responsabilizados pelos prejuízos causados a eles, por caracterizar abuso de direito do exercício dos referidos cargos, o que gera responsabilização civil de acordo com o art. 927 do Código Civil.

O referido art. 195 mostra a necessidade de que têm os assistentes dos relativamente incapazes e os representantes legais da pessoa jurídica de ficarem atentos para não darem causa à prescrição ou deixarem de alegá-la oportunamente.

Hoje, porém, o juiz deverá alegar a prescrição de ofício. Será que com a referida norma o art. 195 do Código Civil perde sua eficácia?

A dúvida se pauta na "possível" inexistência de prejuízo aos absolutamente incapazes e às pessoas jurídicas, em razão de o juiz ter o dever de declarar a prescrição de ofício.

Entendemos que a referida norma **não perdeu sua eficácia**, haja vista que, mesmo com o dever do magistrado de declarar a prescrição de ofício, não podemos ignorar que, mesmo assim, pode o magistrado não declará-la, o que permitiria que ocorresse prejuízo.

Assim, como a referida norma não perdeu sua eficácia, só será aplicada quando o magistrado não declarar de ofício a prescrição, e em razão disso os absolutamente incapazes e as pessoas jurídicas sofrerem prejuízos pela inércia de seu assistente ou representante legal.

6.1.8.5. A decadência convencional e o art. 211 do Código Civil

O nosso atual Código Civil estabelece a existência de dois tipos de decadência: a **legal** e a **convencional**.

A decadência legal é aquela prevista em lei, enquanto a convencional é aquela estipulada pelas partes.

Para Nelson Nery Junior e Rosa Maria de Andrade Nery, a decadência convencional é aquela em que "as partes podem convencionar a decadência do direito objeto da relação jurídica que celebram"[17].

---

17. NERY JÚNIOR, Nelson; NERY, Rosa Maria de Andrade. *Código Civil comentado*. 12. ed. São Paulo: Revista dos Tribunais, 2017. p. 313.

No mesmo sentido é o ensinamento de Caio Mário da Silva Pereira[18], para quem a decadência convencional resulta da vontade das partes, que podem, na celebração do negócio jurídico, fixar um lapso de tempo, ao fim do qual extingue-se o direito para o titular.

Para o inesquecível professor mineiro, pode-se aplicar as mesmas regras da prescrição e decadência convencional, haja vista que ela tem cunho privado.

Simplificando o entendimento, o instituto da decadência convencional permite que as partes de um negócio jurídico **transformem** um prazo de prescrição em decadência, para que, com o advento do prazo, seja extinto o direito potestativo, e não somente a pretensão.

Exemplificando, as partes podem convencionar num contrato de prestação de serviços advocatícios que em 5 anos, prazo de prescrição para o caso descrito no art. 206, § 5º, II, do Código Civil, estará extinto o direito e não somente a pretensão.

Diante disso, surge a dúvida se o art. 211 do Código Civil ainda está em vigor com o advento da Lei n. 11.280/2006, que revogou o art. 194 do referido diploma legal, permitindo que a prescrição seja declarada de ofício.

O art. 211 do Código Civil estabelece que, se a decadência for convencional, a parte a quem aproveita pode alegá-la em qualquer grau de jurisdição, mas o juiz não pode suprir a alegação.

Vale ressaltar que o referido dispositivo demonstra a similitude da prescrição e da decadência convencional.

A exemplo da prescrição (art. 193), a decadência convencional também pode ser alegada em qualquer grau de jurisdição.

Se compararmos a decadência convencional com a prescrição imaginada pelo legislador civilista, que incluía o art. 194 do Código Civil, verifica-se que ambas não poderiam[19] ser alegadas de ofício pelo juiz.

Para Nelson Nery Junior e Rosa Maria de Andrade Nery[20], a norma do art. 211 do Código Civil caracteriza uma exceção à regra do art. 487, II, do CPC/2015.

Com todo o respeito que merecem os excepcionais professores da PUC-SP, perguntamo-nos se de fato a regra do art. 211 do Código Civil não está prejudicada. Entendemos que, se a decadência convencional é uma forma de transformar um prazo prescricional em decadencial, as mesmas regras daquele instituto devem ser aplicados a este.

Dessa forma, se o legislador entendeu por bem modificar a regra da prescrição, permitindo que seja declarada de ofício pelo juiz, a mesma regra deve ser aplicada à decadência convencional, conforme já ensinava Caio Mário da Silva Pereira.

Com o advento da Lei n. 11.280/2006, portanto, o art. 211 do Código Civil foi derrogado, pois a parte final do dispositivo ficou prejudicada, já que a decadência convencional, a exemplo da prescrição, também pode ser declarada de ofício pelo juiz.

---

18. PEREIRA, Caio Mário da Silva. *Instituições de direito civil*: introdução ao direito civil – teoria geral de direito civil. 31. ed. Rio de Janeiro: Forense, 2018, p. 691.
19. O verbo foi utilizado no passado em razão da revogação do art. 194 do Código Civil.
20. NERY JÚNIOR, Nelson; NERY, Rosa Maria de Andrade. *Código Civil comentado*. 12. ed. São Paulo: Revista dos Tribunais, 2017. p. 313.

Prova disso foi a recente alteração processual, incluída no CPC/2015, em que no art. 487, II, o legislador estabelece que tanto a prescrição quanto a decadência podem ser declaradas de ofício pelo juiz. Como a referida norma não difere a decadência legal da convencional, entendemos que ela se aplica a ambas as hipóteses.

6.1.8.6. A prescrição tornou-se matéria de ordem pública?

Para finalizar o presente estudo, cumpre analisar se a prescrição se tornou matéria de ordem pública, a exemplo da decadência, pela possibilidade de, agora, também, ser declarada de ofício pelo juiz.

Nelson Nery Junior e Rosa Maria de Andrade Nery são categóricos ao afirmar:

> A prescrição, que antes era matéria de direito dispositivo, transmudou-se para matéria de ordem pública[21].

Já para José Fernando Simão[22], o fato de o juiz pronunciar a prescrição de ofício não a transforma em matéria de ordem pública e nem altera seus normais efeitos.

No referido artigo, o citado doutrinador menciona as explicações de Henrique Herkenhoff acerca da diferença entre matéria de ordem pública e matéria de interesse público. Para o professor capixaba, os juízes não conhecem de ofício apenas matéria de ordem pública, mas também aquelas que em que há mero interesse público na proteção de matéria privada (menores, Fazenda Pública, direitos indisponíveis), bem como os pedidos que se consideram implícitos (juros legais, correção monetária) ou quaisquer outras que o legislador escolha, segundo sua discricionariedade legislativa.

Ainda no seu estudo, o professor Simão cita a explicação de Flávio Tartuce sobre a opção dos legisladores italiano e português de optarem, também, por permitir que a prescrição fosse declarada de ofício pelo juiz, sem que isso fizesse com que a prescrição se tornasse matéria de ordem pública, por se tratar de matéria de cognição privada.

Flávio Tartuce[23] também comunga do entendimento de que a prescrição ainda é matéria de ordem privada, já que envolve direitos patrimoniais.

Compartilhamos do entendimento de que a prescrição foi, é e sempre será matéria de ordem privada, a menos que se modifique por completo o instituto, já que está ligada a direitos obrigacionais e, também, porque não se podem igualar características de dois institutos somente porque eles possuem um efeito em comum: ambos podem ser declarados de ofício pelo juiz.

Dessa forma, prescrição e decadência continuam sendo institutos diferentes, com consequências próprias e com um efeito comum sobre sua declaração de ofício pelo juiz.

21. NERY JÚNIOR, Nelson; NERY, Rosa Maria de Andrade. *Código Civil comentado*. 12. ed. São Paulo: Revista dos Tribunais, 2017. p. 302.
22. Prescrição e sua alegação – Lei n. 11.280 e a revogação do art. 194 do Código Civil. Publicado no jornal *Carta Forense* n. 34, em abril de 2006.
23. TARTUCE, Flávio. *O novo CPC e o direito civil*. 2. ed. São Paulo: Método, 2016, p. 147.

6.2. DA DECADÊNCIA

6.2.1. Conceito

É a perda de um direito potestativo pelo seu não exercício, por prazo determinado em lei.

Direito potestativo é aquele sobre o qual não recai qualquer discussão, ou seja, ele é incontroverso (não admite contestação), cabendo à outra parte apenas aceita-lo, sujeitando-se ao seu exercício. Desta forma, a ele não se contrapõe um dever, mas um estado de sujeição. É o caso, por exemplo, do direito assegurado ao empregador de dispensar um empregado (no contexto do Direito do Trabalho).

Segundo Giuseppe Chiovenda, trata-se de um direito forte, que independe da participação do sujeito passivo. É como se alguém colocasse uma "faca no pescoço" da outra pessoa, pois não há defesa da outra parte, quando o titular do direito quer exercê-lo.

Por tais motivos é que a decadência é matéria de ordem pública.

6.2.2. Características da decadência

a) Deve o juiz conhecer da decadência, de ofício, quando estabelecida por lei, mas, se for convencional, estabelece o art. 211 do Código Civil que só poderá ser reconhecida a requerimento das partes. Porém, com o advento da Lei n. 11.280/2006, o juiz pode suprir a alegação de ofício, pois serão aplicadas as regras da prescrição. Com isso, o art. 211 do Código Civil foi derrogado, já que a parte final do dispositivo foi alterada pela lei citada.

b) Se a decadência for convencional, a parte a quem aproveita pode alegá-la em qualquer grau de jurisdição.

c) Não se aplicam à decadência as normas que impedem, suspendem ou interrompem a prescrição, salvo disposição legal em contrário, por exemplo, no caso de incapacidade absoluta, em que tanto a prescrição quanto a decadência não terão seus prazos iniciados.

d) A Lei n. 14.010, de 10 de junho de 2020, que instituiu o Regime Jurídico Emergencial e Transitório (RJET), nas relações de Direito Privado, no período da pandemia do novo coronavírus (Covid-19), estabeleceu no art. 3º que os prazos prescricionais ficaram impedidos ou suspensos, conforme o caso, a partir da entrada em vigor da lei até 30 de outubro de 2020. Esta regra não se aplica enquanto perdurarem as hipóteses específicas de impedimento, suspensão e interrupção dos prazos prescricionais previstas no ordenamento jurídico nacional.

O § 2º do citado artigo estabeleceu que essa regra aplica-se à decadência, conforme ressalva prevista no art. 207 do Código Civil, que permite à lei criar causas suspensivas e interruptivas da decadência.

Apesar de ser uma norma de vigência temporária, ela vigorará por muito tempo ainda, pois as relações privadas podem ser celebradas por prazos longos, e a mesma impediu o prazo prescricional e decadencial de começar, ou os suspendeu se já iniciados, de 12-6-2020 a 30-10-2020.

e) Os relativamente incapazes e as pessoas jurídicas também têm ação contra os seus assistentes ou representantes legais, que derem causa à decadência, ou não a alegarem oportunamente.

f) É nula a renúncia à decadência fixada em lei.

6.2.3. Das diferenças entre prescrição e decadência

Prescrição	Decadência
Extingue a pretensão.	Extingue o direito potestativo.
A prescrição pode ser renunciada, expressa ou tacitamente, segundo o art. 191 do Código Civil, depois de se consumar, se não prejudicar terceiros.	É nula a renúncia à decadência fixada em lei, segundo o art. 209 do Código Civil. Como não há proibição legal expressa, é possível a renúncia da decadência convencional, principalmente por ser ela a prescrição transformada em decadência, por vontade das partes, e, como vimos, a prescrição pode ser renunciada.
Os prazos são estabelecidos em lei e não podem ser alterados por convenção das partes.	Os prazos são estabelecidos em lei (decadência legal) ou por convenção das partes (decadência convencional).
Deve ser declarada de ofício pelo juiz (art. 487, II, do CPC/2015).	A decadência legal pode ser declarada de ofício pelo juiz, já a decadência convencional não (segundo o art. 211 do Código Civil), mas, como a decadência convencional é a prescrição transformada em decadência, entendemos que será possível, pois a prescrição pode ser alegada de ofício por força do art. 487, II, do CPC/2015, que, em nosso sentir, revogou a parte final do art. 211 do Código Civil.
O prazo pode ser suspenso, impedido ou interrompido.	Em regra não tem impedimento, suspensão ou interrupção dos prazos de decadência, salvo disposição em lei, como no caso dos absolutamente incapazes, em que o prazo não se inicia.

6.2.4. Critério científico para distinguir o prazo prescricional do prazo decadencial criado pelo Código Civil[24]

Para entender o critério, cumpre ressaltar que a prescrição está ligada a direitos fracos, que precisam de colaboração do sujeito passivo, e a decadência está ligada a direitos fortes, que independem de colaboração do sujeito passivo.

Como exemplo de direitos fracos, temos o direito obrigacional, que exige a colaboração do devedor para realizar o adimplemento; de direitos fortes, temos os potestativos, como o direito do locador de despejar o locatário por denúncia vazia (trata-se de uma guilhotina na cabeça do locatário, que não tem defesa).

Assim, cumpre lembrar que a prescrição está ligada a direitos obrigacionais e que estes são tutelados judicialmente com ações condenatórias. Já os direitos potestativos (fortes) são tutelados com ações constitutivas ou desconstitutivas. As ações meramente declaratórias não estão sujeitas a prazo algum, e, por esse motivo, são imprescritíveis.

Diante disso, considerando que o art. 189 do Código Civil determina que só existe prazo prescricional nos arts. 205 (que apresenta um prazo de 10 anos – prazo geral) e 206

24. Este critério científico para distinguir a prescrição da decadência, adotado pelo Código Civil, foi criado por Agnelo Amorim Filho.

(que apresenta prazos de 1 a 5 anos – prazo especial), podemos considerar que só existe prazo de prescrição em **anos**, e somente de 1, 2, 3, 4, 5 e 10 anos. Dessa forma podemos construir o critério a partir da seguinte tabela:

Prescrição	Decadência
O prazo de prescrição só poderá ser de *anos*.	O prazo de decadência poderá ser de dias, meses, *anos* e ano e dia.
O prazo de *ano* na prescrição só poderá ser de 1, 2, 3, 4, 5 ou 10 anos.	Como o prazo de decadência também poderá ser de *anos*, saberemos que prazos de 6, 7, 8, 9, ou 11 anos em diante **serão** obrigatoriamente de decadência.
A prescrição está relacionada a direitos subjetivos, atingindo ações condenatórias.	A decadência está relacionada a direitos potestativos, atingindo ações constitutivas e desconstitutivas, como a ação anulatória.

Para os prazos que estão na **zona híbrida** (pois podem ser tanto de prescrição quanto de decadência), que são de 1, 2, 3, 4, 5 e 10 anos, deve-se verificar o tipo de ação a que ele está atrelado. Se for condenatória, o prazo é prescricional, e, se for constitutiva ou desconstitutiva, o prazo será decadencial. Já as ações meramente declaratórias são imprescritíveis.

Não esqueça: o prazo de prescrição sempre é de 1, 2, 3, 4, 5 e 10 anos, mas o prazo de 1, 2, 3, 4, 5 e 10 anos nem sempre é de prescrição (pode ser de decadência).

6.3. SÚMULAS E ENUNCIADOS SOBRE PRESCRIÇÃO E DECADÊNCIA

- **Súmulas do STJ**

Súm. 39

Prescreve em vinte anos a ação para haver indenização, por responsabilidade civil, de sociedade de economia mista.

Súm. 101

A ação de indenização do segurado em grupo contra a seguradora prescreve em um ano.

Súm. 194

Prescreve em vinte anos a ação para obter, do construtor, indenização por defeitos da obra.

Súm. 229

O pedido do pagamento de indenização à seguradora suspende o prazo de prescrição até que o segurado tenha ciência da decisão.

Súm. 278

O termo inicial do prazo prescricional, na ação de indenização, é a data em que o segurado teve ciência inequívoca da incapacidade laboral.

Súm. 398

A prescrição da ação para pleitear os juros progressivos sobre os saldos de conta vinculada do FGTS não atinge o fundo de direito, limitando-se às parcelas vencidas.

Súm. 401

O prazo decadencial da ação rescisória só se inicia quando não for cabível qualquer recurso do último pronunciamento judicial.

Súm. 405

A ação de cobrança do seguro obrigatório (DPVAT) prescreve em três anos.

Súm. 409

Em execução fiscal, a prescrição ocorrida antes da propositura da ação pode ser decretada de ofício (art. 219, § 5º, do CPC/1973[25]).

Súm. 412

A ação de repetição de indébito de tarifas de água e esgoto sujeita-se ao prazo prescricional estabelecido no Código Civil.

Súm. 467

Prescreve em cinco anos, contados do término do processo administrativo, a pretensão da Administração Pública de promover a execução da multa por infração ambiental.

Súm. 477

A decadência do art. 26 do CDC não é aplicável à prestação de contas para obter esclarecimentos sobre cobrança de taxas, tarifas e encargos bancários.

Súm. 573

Nas ações de indenização decorrente de seguro DPVAT, a ciência inequívoca do caráter permanente da invalidez, para fins de contagem do prazo prescricional, depende de laudo médico, exceto nos casos de invalidez permanente notória ou naqueles em que o conhecimento anterior resulte comprovado na fase de instrução.

- **Súmulas do STF**

Súm. 150

Prescreve a execução no mesmo prazo de prescrição da ação.

Súm. 264

Verifica-se a prescrição intercorrente pela paralisação da ação rescisória por mais de cinco anos.

Súm. 443

A prescrição das prestações anteriores ao período previsto em lei não ocorre quando não tiver sido negado, antes daquele prazo, o próprio direito reclamado ou a situação jurídica de que ele resulta.

---

25. Equivale ao art. 487, II, do CPC/2015.

Súm. 445

A Lei n. 2.437, de 7-3-1955, que reduz prazo prescricional, é aplicável às prescrições em curso na data de sua vigência (1º-1-1956), salvo quanto aos processos então pendentes.

- **Enunciados** das Jornadas de Direito Civil **do CJF**

En. 14

Art. 189: 1) o início do prazo prescricional ocorre com o surgimento da pretensão, que decorre da exigibilidade do direito subjetivo; 2) o art. 189 diz respeito a casos em que a pretensão nasce imediatamente após a violação do direito absoluto ou da obrigação de não fazer.

En. 50

Art. 2.028: a partir da vigência do novo Código Civil, o prazo prescricional das ações de reparação de danos que não houver atingido a metade do tempo previsto no Código Civil de 1916 fluirá por inteiro, nos termos da nova lei (art. 206).

En. 154

Art. 194: O juiz deve suprir de ofício a alegação de prescrição em favor do absolutamente incapaz. (Prejudicado pela revogação do art. 194 do Código Civil.)

En. 155

Art. 194: O art. 194 do Código Civil de 2002, ao permitir a declaração *ex officio* da prescrição de direitos patrimoniais em favor do absolutamente incapaz, derrogou o disposto no § 5º do art. 219 do CPC/1973[26]. (Prejudicado pela revogação do art. 194 do Código Civil.)

En. 156

Art. 198: Desde o termo inicial do desaparecimento, declarado em sentença, não corre a prescrição contra o ausente.

En. 295

Art. 191: A revogação do art. 194 do Código Civil pela Lei n. 11.280/2006, que determina ao juiz o reconhecimento de ofício da prescrição, não retira do devedor a possibilidade de renúncia admitida no art. 191 do texto codificado.

En. 296

Art. 197: Não corre a prescrição entre os companheiros, na constância da união estável.

En. 415

Art. 190: O art. 190 do Código Civil refere-se apenas às exceções impróprias (dependentes/não autônomas). As exceções propriamente ditas (independentes/autônomas) são imprescritíveis.

---

26. Equivale ao art. 487, II, do CPC/2015.

En. 416

Art. 202: A propositura de demanda judicial pelo devedor, que importe impugnação do débito contratual ou de cártula representativa do direito do credor, é causa interruptiva da prescrição.

En. 417

Art. 202, I: O art. 202, I, do Código Civil deve ser interpretado sistematicamente com o art. 219, § 1º, do CPC/973[27], de modo a se entender que o efeito interruptivo da prescrição produzido pelo despacho que ordena a citação é retroativo até a data da propositura da demanda.

En. 418

Art. 206: O prazo prescricional de três anos para a pretensão relativa a aluguéis aplica-se aos contratos de locação de imóveis celebrados com a administração pública.

En. 419

Art. 206, § 3º, V: O prazo prescricional de três anos para a pretensão de reparação civil aplica-se tanto à responsabilidade contratual quanto à responsabilidade extracontratual.

En. 420

Art. 206, § 3º, V: Não se aplica o art. 206, § 3º, V, do Código Civil às pretensões indenizatórias decorrentes de acidente de trabalho, após a vigência da Emenda Constitucional n. 45, incidindo a regra do art. 7º, XXIX, da Constituição da República.

En. 579

Art. 189: Nas pretensões decorrentes de doenças profissionais ou de caráter progressivo, o cômputo da prescrição iniciar-se-á somente a partir da ciência inequívoca da incapacidade do indivíduo, da origem e da natureza dos danos causados.

En. 580

Art. 206, § 3º, V: É de 3 anos, pelo art. 206, § 3º, V, do Código Civil, o prazo prescricional para a pretensão indenizatória da seguradora contra o causador de dano ao segurado, pois a seguradora sub-roga-se em seus direitos.

En. 581

Art. 191: Em complemento ao Enunciado 295, a decretação *ex officio* da prescrição ou da decadência deve ser precedida de oitiva das partes.

- **Enunciados** das Jornadas de Direito Comercial **do CJF**

En. 40

O prazo prescricional de 6 (seis) meses para o exercício da pretensão à execução do cheque pelo respectivo portador é contado do encerramento do prazo de apresentação,

27. Equivale ao art. 487, II, do CPC/2015.

tenha ou não sido apresentado ao sacado dentro do referido prazo. No caso de cheque pós-datado apresentado antes da data de emissão ao sacado ou da data pactuada com o emitente, o termo inicial é contado da data da primeira apresentação.

En. 69

Prescrita a pretensão do credor à execução de título de crédito, o endossante e o avalista, do obrigado principal ou de coobrigado, não respondem pelo pagamento da obrigação, salvo em caso de locupletamento indevido.

En. 71

A prescrição trienal da pretensão à execução, em face do emitente e seu avalista, de nota promissória à vista não apresentada a pagamento no prazo legal ou fixado no título, conta-se a partir do término do referido prazo.

7
Do Direito das Obrigações

7.1. DIFERENÇAS ENTRE DIREITO DAS OBRIGAÇÕES E DIREITOS REAIS

Inicialmente, cumpre destacar as diferenças entre os Direitos Obrigacionais, que serão o objeto do nosso estudo neste capítulo, e os Direitos Reais.

A estrutura de um direito obrigacional compreende :

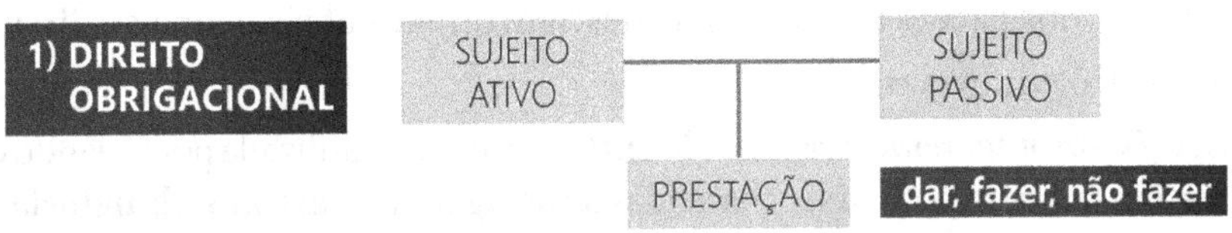

Já a estrutura de um direito real compreende:

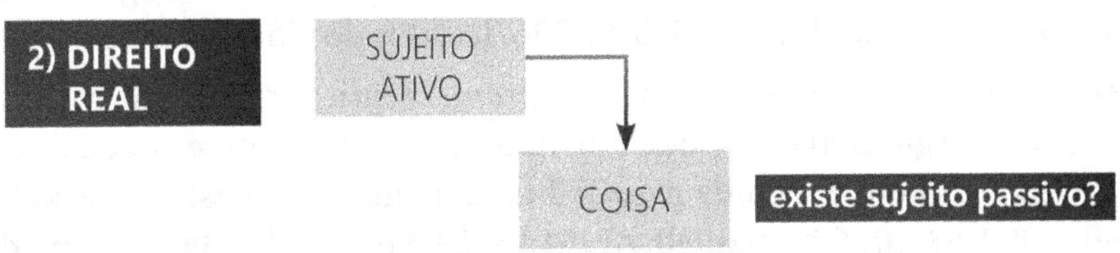

Para melhor compreendemos a matéria, segue abaixo uma tabela que identifica muito bem as principais diferenças entre ambos.

Direitos Obrigacionais	Direitos Reais
Incide sobre uma prestação.	Incide sobre um bem, uma coisa.
O sujeito passivo deve ser determinado ou determinável.	Há dúvidas sobre a existência ou não de um sujeito passivo nos direitos reais. Para a *teoria realista,* inexiste sujeito passivo. Já pela *teoria personalista,* o sujeito passivo é indeterminado, ou seja, é a coletividade de pessoas (posição majoritária em nossa doutrina).
Exige cooperação do sujeito passivo quanto à prestação (pagamento, adimplemento).	Independe da cooperação, porque existe o *ius persequendi* ou direito de sequela, que é o direito de perseguir o bem onde quer que esteja e contra quem quer que seja.

Direitos Obrigacionais	Direitos Reais
São ilimitados (*numerus apertus*).	São limitados, devendo estar expressos em lei. O art. 1.225 do Código Civil traz um rol dos direitos reais previstos no citado Código. Os direitos reais são taxativos (*numerus clausus*), mas cumpre lembrar que a taxatividade não é do artigo, mas dos direitos reais descritos na legislação como um todo, pois há outros previstos em leis extravagantes, como o patrimônio de afetação, previsto na Lei de Incorporação (Lei n. 4.591/64, arts. 31-A a 31-E), que é um direito real de garantia. Veja mais no capítulo que tratamos dos Direitos Reais, que está mais adiante neste livro.
Trata-se de um direito relativo, pois a obrigação não vincula e nem prejudica terceiro, salvo se este quiser ou se a lei determinar.	São oponíveis *erga omnes*.

7.2. OBRIGAÇÕES HÍBRIDAS

As diferenças entre direitos obrigacionais e direitos reais são de suma importância, haja vista que existem obrigações híbridas, que mesclam direitos obrigacionais e direitos reais.

São obrigações híbridas:

Obrigações *propter rem*, *in rem* ou *ob rem* (terminologia utilizada por Orlando Gomes): essas obrigações também podem ser chamadas de **obrigações reais** ou **ambulatórias** (terminologia adotada pelos autores portugueses Mário Júlio de Almeida Costa e Antunes Varella).

As obrigações *propter rem* são aquelas que nascem independentemente da vontade do devedor, por ser ele titular de um direito real, motivo pelo qual ela segue e recai sobre a coisa. Exemplos: arts. 1.286, 1.285, 1.315 e 1.336, I, todos do Código Civil.

Não é considerada exemplo de obrigação *propter rem* a obrigação de pagamento pelo fornecimento de energia elétrica, já que esta não é oriunda da titularidade de um direito real. Essa posição também é seguida pelo Tribunal de Justiça do Estado de São Paulo, na **Apelação 9077907-88.2006.8.26.0000, Ac. 5183729, Porto Feliz, 34ª Câmara de Direito Privado, rel. Des. Soares Levada, j. em 6-6-2011, *DJESP* 20-6-2011**.

Por ter origem em razão da coisa, e segui-la onde quer que ela esteja, esse tipo de obrigação, ordinariamente, é que servirá de garantia para que a obrigação seja cumprida. Assim, se o valor da dívida for superior ao da coisa, em regra, não poderá o credor invadir o patrimônio do devedor para executar outro bem. Esse é o conceito clássico e lógico de tal modalidade obrigacional. Porém, é de lamentar que tal regra não vem sendo aplicada pela jurisprudência, havendo julgados que autorizam a cobrança do excesso, o que desvirtua o conceito milenar de obrigação *propter rem* (*vide* **TJSP, AI 0552424-16.2010.8.26.0000, Ac. 4902927, São Bernardo do Campo, 35ª Câmara de Direito Privado, rel. Des. José Malerbi, j. em 17-1-2011, *DJESP* 1º-2-2011**).

O STJ editou a **Súmula 623**, que estabelece: "*As obrigações ambientais possuem natureza propter rem, sendo admissível cobrá-las do proprietário ou possuidor atual e/ou dos anteriores, à escolha do credor*".

Obrigações com eficácia real: no direito brasileiro, são modalidades excepcionais, que dependem de previsão legal expressa. Na Itália, França e Portugal, tais obrigações são regras. Já no Mercosul (Brasil, Chile, Uruguai, Paraguai e Argentina), são exceções.

A obrigação com eficácia real é aquela que deve ser respeitada por terceiros, e que depende de previsão legal para existir, por se tratar de modalidade excepcional de obrigação. Exemplo: cláusula de vigência em contrato de locação de imóvel urbano que esteja registrada (conforme o art. 167, I, 3, da Lei n. 6.015/73) na matrícula do imóvel (art. 8º da Lei n. 8.245/91).

Ônus real: trata-se de um gravame que limita o uso e gozo de uma propriedade. Exemplo: proprietário que concede servidão em seu terreno.

7.3. DISTINÇÕES TERMINOLÓGICAS

Nem toda obrigatoriedade de observar uma ordem ou consequência jurídica será tida como obrigação jurídica, que é o que estamos estudando. Por esse motivo, temos que conhecer as seguintes distinções terminológicas:

Dever: é a necessidade de observar ordens ou comandos sob pena de sanção. Pode ser um dever **moral**, **religioso** ou **social** – seu descumprimento não gera sanção estatal, mas sim social. Exemplo: desrespeitar fila de banco. Como exemplo de dever religioso, temos os dez mandamentos, e de dever social, a necessidade de contribuir com obras de caridade.

Estudaremos os deveres jurídicos, que são aqueles que têm sanção imposta pelo Estado. Trata-se de obrigação jurídica porque a sanção é estatal;

Estado de sujeição: é a necessidade de suportar consequência jurídica de exercício regular de um direito potestativo alheio. O direito potestativo é aquele que me permite atingir a seara de outra pessoa. Como exemplo, temos o direito descrito no art. 1.285 do Código Civil e a denúncia vazia em contrato de locação;

Ônus jurídico: é a necessidade de agir de certo modo para tutelar interesse próprio.

7.4. CONCEITO DE OBRIGAÇÃO

A obrigação é uma relação jurídica de caráter pessoal e transitório em que o titular do crédito pode exigir o cumprimento da prestação de dar, fazer ou não fazer, que poderá ser executada no patrimônio do devedor, observando-se os princípios da dignidade da pessoa humana, da solidariedade social e da isonomia.

Trata-se de uma relação jurídica transitória, pois toda a obrigação nasce com as partes já almejando o seu fim pela forma tradicional, ou seja, o adimplemento. O tripé do Direito Obrigacional são as obrigações de dar, fazer ou não fazer, que deverão estar presentes nas prestações. Por conta da tutela geral do patrimônio mínimo[1] – tese criada por Luiz Edson Fachin que tem por objetivo garantir ao menos um *minimum minimorum* para que o devedor executado possa sobreviver – é que se aplicam os princípios constitucionais da dignidade da pessoa humana, solidariedade social e isonomia.

1. Sobre patrimônio mínimo recomenda-se a leitura de FACHIN, Luiz Edson. *Estatuto jurídico do patrimônio mínimo*. 2. ed. Rio de Janeiro: Renovar, 2006.

Cumpre lembrar lição de Clóvis do Couto e Silva, que ensina que a obrigação é um processo em razão de não ter um caráter estático, mas sim dinâmico, pois o credor e o devedor desenvolvem vários atos até atingirem sua finalidade.

Seguindo a lição deste último mestre, verificamos que o processo obrigacional é composto por cinco fases, que serão estudadas daqui em diante:

a) pré-negocial;

b) nascimento da obrigação;

c) desenvolvimento da obrigação (transmissão);

d) adimplemento ou seu equivalente (inadimplemento);

e) fase pós-negocial.

7.5. FONTES DAS OBRIGAÇÕES

Contratos: que são atos bilaterais ou plurilaterais, pois exigem a manifestação da vontade de, no mínimo, duas pessoas.

Atos unilaterais: exigem a manifestação de vontade de somente uma pessoa, tais como o testamento, a renúncia, a aceitação, a promessa de recompensa (art. 854 do CC), a gestão de negócios (art. 861 do CC), o pagamento indevido (art. 876 do CC) e o enriquecimento sem causa (art. 884 do CC).

Títulos de crédito: cheque, nota promissória, duplicata, letra de câmbio, dentre outros.

Ato ilícito ou abuso de direito (arts. 186 e 187 do CC)**:** um dos fundamentos para o dever de indenizar, que acarreta a responsabilidade civil, a ser estudada oportunamente.

Lei: para a maioria da doutrina, a lei é fonte de obrigação. Porém comungamos do pensamento, que é minoritário, de Fernando Noronha, Paulo Lôbo e Orlando Gomes, para quem a lei, por si só, não cria obrigação, já que a vincula à existência de um fato jurídico.

7.6. ELEMENTOS DA OBRIGAÇÃO

Elemento subjetivo: é aquele formado pelos sujeitos de uma obrigação que sejam pessoas capazes. O sujeito ativo é quem pode exigir o pagamento, e o sujeito passivo é sobre quem recai a prestação.

O sujeito ativo deve ser determinado ou determinável, como ocorre, por exemplo, na promessa de recompensa a quem fizer jus a ela, bem como no contrato com pessoa a declarar, previsto no art. 467 do Código Civil, em que uma pessoa contrata com outra e pactua que os direitos pactuados serão adquiridos e as obrigações entabuladas assumidas por terceira pessoa (*electus*) que será indicada no prazo de 5 dias, salvo disposição diversa.

É possível a mudança dos sujeitos antes do pagamento, por meio de **cessão de crédito** (mudança do sujeito ativo – art. 286 do CC) ou **assunção de dívida** (mudança do sujeito passivo – art. 299 do CC).

Quando há mais de um sujeito em determinado polo da obrigação (ativo ou passivo), ela é chamada de composta quanto ao sujeito; quando só houver apenas um em cada, será simples quanto ao sujeito. A obrigação composta quanto ao sujeito está presente, obrigatoriamente, nas obrigações solidárias e nas divisíveis.

Elemento objetivo: consiste numa ação humana de dar, fazer ou não fazer. Deve ser determinada ou determinável e lícita. O objeto pode ter várias prestações.

Quando houver mais de uma prestação no objeto, a obrigação é chamada de composta quanto ao objeto, e, quando só houver uma, será simples quanto ao objeto.

Elemento imaterial ou espiritual: representa o vínculo jurídico, que consiste no nexo que liga o sujeito à prestação, obrigando ao respeito aos deveres anexos à boa-fé objetiva (honestidade, retidão, lealdade e confiança, dentre outros).

Existem algumas teorias que explicam o vínculo obrigacional:

a) Teoria monista ou unitária (desenvolvida na França por Savigny), segundo a qual o vínculo entre credor e devedor não comporta bipartição (é único), pois compõe uma relação de débito e crédito;

b) Teoria dualista ou binária (desenvolvida na Alemanha por Brinz): reconhece que o vínculo obrigacional pode sofrer uma bipartição em *Schuld* (*debitum* ou *devoir* ou *duty*), que significa *débito*, e *Haftung* (*obligatio* ou *engagement* ou *liability*, que significa *responsabilidade*).

Essa bipartição é de suma importância, pois permite a existência de um débito de responsabilidade em pagá-lo e a responsabilização de alguém sem que ele possua algum débito. Vamos estudar tais hipóteses.

Hipótese de *Schuld* sem *Haftung* (débito sem responsabilidade): nesses casos, teremos devedores que não serão responsabilizados por seus débitos ainda existentes. Os exemplos que podem ser citados são o da dívida de jogo e da aposta, previstas no art. 814 do Código Civil, e da dívida prescrita.

O referido art. 814 estabelece que dívida de jogo ou aposta, em regra, não obriga pagamento.

Como já estudado anteriormente, a prescrição, de acordo com o art. 189 do Código Civil, gera a perda da pretensão (ou *Anspruch*), ou seja, a possibilidade de exigir a prestação de dar, fazer ou não fazer.

A dívida de jogo e aposta e as dívidas prescritas são exemplos de **obrigações naturais ou imperfeitas**, que são aquelas que existem, mas não podem ser exigidas.

É por esse motivo que o art. 882 do Código Civil determina que não se pode repetir o que se pagou para solver dívida prescrita, ou cumprir obrigação judicialmente inexigível, motivo pelo qual não cabe ação de repetição do indébito.

Hipótese de *Haftung* sem *Schuld* (responsabilidade sem débito): nesses casos, teremos pessoas que são responsabilizadas por débitos que não lhes pertencem. Ocorre no caso da fiança e das garantias reais ofertadas por terceiros (penhor, hipoteca e anticrese). Outro exemplo é o da responsabilidade civil por ato ou fato de terceiro, em que o art. 932 do Código Civil elenca pessoas que também serão responsabilizadas por atos ilícitos de outrem.

7.7. MODALIDADES DAS OBRIGAÇÕES

7.7.1. Obrigação de dar

Consiste na entrega de coisa móvel ou imóvel que esteja individualizada ou não ao credor. As obrigações de dar se subdividem em:

1) Obrigação de dar coisa certa (arts. 233 a 242 do CC): quando o objeto estiver individualizado (não há dúvida quanto ao objeto da prestação). Essa modalidade pode se manifestar de três formas distintas:

1.1) Obrigação de transferir – hipótese em que o credor recebe a coisa para nela ser instituído um direito real. Por exemplo, no contrato de compra e venda de bem móvel, em que o vendedor transfere a coisa ao comprador com a finalidade de instituir o direito real de propriedade (art. 1.228 do Código Civil);

1.2) Obrigação de entregar – ocorre quando o devedor transfere ao credor somente a posse, mas não o direito real de propriedade, por exemplo, quando faz a locação de um imóvel urbano ou o dá em comodato;

1.3) Obrigação de restituir – é o inverso da obrigação de entregar. No início da obrigação, a coisa é entregue e ao final será restituída. Como exemplo, citamos o final do contrato de locação de imóvel urbano, em que o locador passa a ser credor porque a coisa deverá ser devolvida para ele. O locatário será devedor, pois deverá restituir a coisa certa ao locador.

São características da obrigação de dar coisa certa:

a) essa obrigação abrange os acessórios da coisa, salvo estipulação diversa em respeito à regra de que o acessório segue o principal (art. 233 do CC). Porém, as pertenças estão excluídas dessa característica, pois são bens acessórios, que não seguem o principal (art. 93 do CC);

b) se ocorrer o perecimento da coisa certa antes da tradição, a regra é que a coisa perece para o dono (*res perit domino*).

Nas obrigações de **transferir e entregar**, o dono é o devedor, motivo pelo qual a coisa perece para ele. Como exemplo, citamos o caso de uma compra e venda, com o comprador como credor da coisa e o vendedor como devedor da coisa. Se o perecimento se dá sem culpa do devedor, ocorrerá a extinção da obrigação. Se ocorrer com culpa do devedor, a extinção da obrigação permite indenização por perdas e danos (responsabilidade civil).

Já na obrigação de **restituir**, o dono da coisa é o credor, motivo pelo qual a coisa perece para ele. Como exemplo citamos a locação de imóvel urbano, em que no final do contrato o credor da coisa é o locador e o locatário, o devedor. Se o perecimento ocorre antes do final do contrato e sem culpa do devedor, quem arca com o prejuízo é o locador (dono da coisa), pois haverá a extinção da obrigação sem penalidade (é a regra). Mas, se ocorrer o perecimento culposo, haverá possibilidade de cobrar o valor da obrigação (na locação é o valor do imóvel) + perdas e danos. Na hipótese de perecimento parcial, aplica-se a regra do art. 235, segunda parte, do Código Civil, que permite cobrar perdas e danos se o devedor for culpado ou ficar com a coisa perecida parcialmente pleiteando abatimento no preço;

c) melhoramento na coisa (art. 237 do CC). A recusa do credor em pagar o aumento no preço decorrente do melhoramento na coisa permite ao devedor resolver a obrigação (extinção da obrigação). Se o perecimento se dá para o dono, o melhoramento também se dá para o dono – regra inversa do *res perit domino*. O parágrafo único do art. 237 do Código Civil dispõe que os frutos percebidos (já colhidos) pertencem ao devedor. Os frutos pendentes (ainda ligados à coisa) pertencem ao credor.

2) Obrigação de dar coisa incerta (arts. 243 a 246 do CC): hipótese em que a coisa está referenciada somente pela quantidade e pelo gênero, sendo necessário determinar a espécie, o local em que se encontra ou ainda a origem. Como exemplo citamos a obrigação de dar cem caixas de vinho. A coisa é incerta porque não foi individualizada: pode ser vinho tinto ou vinho branco, vinho da vinícola uva bela ou, ainda, vinho francês. A escolha pertence ao devedor, salvo estipulação diversa. Pela dicção do art. 244 do Código Civil, o devedor, ao escolher, deve adotar o **critério mediano**.

Importante ressaltar que a **concentração da obrigação** é o momento da escolha feita pela parte (devedor ou credor), em que a obrigação de dar coisa incerta se transforma em obrigação de dar coisa certa. Nesse instante, a obrigação não mais se subordina às regras de dar coisa incerta. O Código Civil adotou, para estabelecer o momento em que isso ocorre, **a teoria da escolha**. Tal teoria exige que o devedor ou o credor **comunique** a outra parte da sua escolha.

Não será possível alegar o perecimento na obrigação de dar coisa incerta, pois gênero não perece, o que perece é a espécie. De acordo com o art. 246 do Código Civil, o perecimento se dá somente após a escolha.

3) Hipóteses de satisfação da obrigação de dar:

3.1) Coisa certa: a satisfação de uma obrigação de dar coisa certa pode se dar pelo processo de execução (art. 806 do CPC/2015) ou processo de conhecimento (art. 498 do CPC/2015 – ação de obrigação de dar coisa certa).

3.2) Coisa incerta: a satisfação de uma obrigação de dar coisa incerta pode se dar pelo processo de execução (art. 811 do CPC/2015) ou processo de conhecimento (art. 498, parágrafo único, do CPC/2015 – ação de obrigação de dar coisa incerta).

A Instrução Normativa n. 39/2016 do TST, que dispõe sobre as normas do Código de Processo Civil de 2015 aplicáveis e inaplicáveis ao Processo do Trabalho, de forma não exaustiva, estabelece no art. 3º que, sem prejuízo de outros, aplicam-se ao Processo do Trabalho, em face de omissão e compatibilidade, os preceitos do Código de Processo Civil que estão nos arts. 497 a 501 (tutela específica) e 536 a 538 (cumprimento de sentença que reconheça a exigibilidade de obrigação de fazer, de não fazer ou de entregar coisa), dentre outros.

7.7.2. Obrigação de fazer (arts. 247 a 249 do CC)

É aquela em que o devedor se compromete a realizar um serviço ou determinada tarefa.

Existem semelhanças entre a obrigação de dar e a de fazer, por exemplo na compra de um quadro, pois, se ele estiver pronto, a obrigação é de dar, mas se ainda tiver que ser pintado, a obrigação é de fazer. Porém, é possível conjugar as duas em um mesmo contrato. Como exemplo, citamos o contrato de depósito, em que o depositante deve entregar a coisa (obrigação de dar) e o depositário deve cuidar da coisa como se sua fosse (obrigação de fazer – art. 629 do CC).

São espécies da obrigação de fazer:

1) De natureza fungível: aquela que pode ser cumprida por qualquer pessoa, podendo haver substituição. A fungibilidade está ligada ao sujeito da obrigação;

2) De natureza infungível: é aquela que não pode ser cumprida por outra pessoa, pois é ***intuitu personae*** ou **personalíssima**, motivo pelo qual não existe a possibilidade de o terceiro realizar a obrigação. Essa obrigação extingue-se com a morte do devedor, e o seu cumprimento é exigido de acordo com o art. 497 do CPC, com a possibilidade de cobrança de ***astreintes*** (art. 500 do CPC/2015).

Hipóteses de satisfação da obrigação de fazer:

1) Execução (art. 815 do CPC/2015).

2) Ação de conhecimento (art. 497 do CPC/2015 e art. 84 do CDC).

A Instrução Normativa n. 39/2016 do TST, que dispõe sobre as normas do Código de Processo Civil de 2015 aplicáveis e inaplicáveis ao Processo do Trabalho, de forma não exaustiva, estabelece no art. 3º que, sem prejuízo de outros, aplicam-se ao Processo do Trabalho, em face de omissão e compatibilidade, os preceitos do Código de Processo Civil que estão nos arts. 497 a 501 (tutela específica) e 536 a 538 (cumprimento de sentença que reconheça a exigibilidade de obrigação de fazer, de não fazer ou de entregar coisa), dentre outros.

3) Saída exclusiva da obrigação de fazer (somente para as obrigações de natureza fungível):

3.1) Art. 249, *caput*, do Código Civil: se o fato puder ser executado por terceiro (obrigação de fazer de natureza fungível), será livre ao credor mandá-lo executar à custa do devedor, havendo recusa ou mora deste, sem prejuízo da indenização cabível;

3.2) Art. 249, parágrafo único, do Código Civil: em caso de urgência (conceito legal indeterminado), pode o credor, independentemente de autorização judicial (autotutela), executar ou mandar executar o fato, sendo depois ressarcido. A urgência será presumida – se na petição inicial o credor disser que mandou alguém fazer, pagou e quer o ressarcimento é porque existe urgência, o devedor é que deverá provar que não há urgência.

4) Promessa de compra e venda irretratável: art. 1.417 do Código Civil: a transferência da propriedade se dá com o registro. A satisfação dessa obrigação de fazer se dá por meio da ação de adjudicação compulsória.

7.7.3. Obrigação de não fazer (arts. 250 e 251 do CC)

Obrigação negativa em que o devedor deve se abster, se omitir de praticar determinada conduta. Não se confunde com a renúncia, que é ato unilateral, enquanto a obrigação de não fazer é bilateral.

A natureza jurídica da obrigação de não fazer é de obrigação infungível[2].

Hipóteses de satisfação da obrigação de não fazer:

1) **Execução** (art. 822 do CPC/2015).

2) **Ação de conhecimento** (art. 497 do CPC/2015).

A Instrução Normativa n. 39/2016 do TST, que dispõe sobre as normas do Código de Processo Civil de 2015 aplicáveis e inaplicáveis ao Processo do Trabalho, de forma não exaustiva, estabelece no art. 3º que, sem prejuízo de outros, aplicam-se ao Processo do Trabalho, em face de omissão e compatibilidade, os preceitos do Código de Processo Civil que estão nos arts. 497 a 501 (tutela específica) e 536 a 538 (cumprimento de sentença que reconheça a exigibilidade de obrigação de fazer, de não fazer ou de entregar coisa), dentre outros.

3) **Saída exclusiva para a obrigação de não fazer:**

- art. 251, *caput*, do Código Civil: praticado pelo devedor o ato, a cuja abstenção se obrigara, o credor pode exigir dele que o desfaça, sob pena de se desfazer à sua custa, ressarcindo o culpado perdas e danos;
- art. 251, parágrafo único, do Código Civil: em caso de urgência (presumida) poderá o credor desfazer ou mandar desfazer, independentemente de autorização judicial (autotutela), sem prejuízo do ressarcimento devido.

4) **Interdito proibitório:** ação para não fazer esbulho ou turbação. Aqui também aparecem as *astreintes* (multa diária).

7.7.4. Obrigação cumulativa ou conjuntiva

Obrigação composta quanto ao objeto. A extinção se dá com o cumprimento de todas as prestações. As obrigações estão unidas pela conjunção aditiva **e**.

7.7.5. Obrigação alternativa ou disjuntiva (arts. 252 a 256 do CC)

Obrigação composta quanto ao objeto, que tem várias prestações. A extinção da obrigação se dá com o cumprimento de apenas uma das prestações. As obrigações estão unidas pela conjunção alternativa **ou**.

Características do direito de escolha:

a) a escolha cabe ao devedor, salvo estipulação diversa;

b) não pode o devedor escolher cumprir parte de uma obrigação e parte de outra, e nem o credor exigir dessa forma, se a ele couber a escolha;

---

2. STJ, REsp 521.184/SP, 2004.

c) na prestação periódica, a escolha é feita a cada período;

d) pode ser delegada a escolha para um terceiro: em caso de recusa ou impossibilidade do terceiro, a escolha caberá ao juiz;

e) a escolha na obrigação alternativa é irrevogável;

f) quando a escolha couber ao credor, ela pode ser tácita. Isso ocorre na hipótese de o devedor fazer a escolha (que não lhe cabia), e, ao pagar o que foi por ele escolhido, o credor aceita;

g) a mora não retira da parte a possibilidade de escolha, salvo disposição diversa, expressa, em sentido contrário;

h) o direito de escolha pode ser transmitido pela assunção de dívida (cessão de débito – art. 299 do CC) e pela cessão de crédito (art. 286 do Código Civil), quando a escolha couber ao credor. Se a escolha já tiver sido feita, o cessionário e o assuntor terão que respeitá-la.

A **concentração do débito** é a escolha da prestação a ser cumprida. Quando a escolha é feita, ocorre a concentração do débito, devendo ser informada a outra parte (adoção da **teoria da declaração**).

Impossibilidade das prestações:

1) Quando a escolha couber ao devedor:

a) se, **por culpa do devedor**, não for possível cumprir nenhuma das prestações, este se obriga a pagar o valor da última impossibilitada + perdas e danos;

b) se, **por culpa ou sem culpa do devedor**, uma das prestações não puder ser cumprida, o débito subsiste quanto à outra por culpa ou quanto às outras (tese da redução do objeto na obrigação alternativa);

c) se todas as prestações se tornarem impossíveis **sem culpa do devedor**, a obrigação será extinta.

2) Quando a escolha couber ao credor:

a) se, **por culpa do devedor**, uma das prestações se tornar impossível, pode o credor exigir a prestação subsistente ou o valor da impossível + perdas e danos;

b) se, **por culpa do devedor**, todas as prestações se tornarem impossíveis, o credor pode reclamar qualquer uma delas + perdas e danos;

c) se, **sem culpa do devedor**, uma das prestações se tornar impossível, a obrigação subsistirá quanto à outra (ou outras);

d) se, **sem culpa do devedor**, todas as prestações se tornarem impossíveis, a obrigação será extinta.

7.7.6. Obrigação divisível (arts. 257 a 263 do CC)

É aquela que comporta divisão do seu objeto entre os vários sujeitos. Como exemplo, citamos o caso de "A" ter um crédito de R$ 900 com "B", "C" e "D". Como o objeto é divisível, cada codevedor terá que pagar uma parte do débito. Em geral, a divisão é feita igualmente, aplicando-se a regra do *concursu partes fiunt* (o objeto é dividido igualmente entre os sujeitos). A estipulação diversa é permitida, desde que conste expressamente. Como exemplo, citamos o benefício de divisão na fiança, previsto no art. 829 do Código Civil.

7.7.7. Obrigação indivisível (arts. 257 a 263 do CC)

É aquela em que a prestação não pode ser fracionada (art. 258 do CC).

A origem da indivisibilidade pode ser: **natural**, decorre da natureza do objeto. Como exemplo, citamos o caso de três devedores que devem entregar um boi; **legal**, decorre de imposição legal. Como exemplo, citamos o caso do art. 1.791 do Código Civil (herança); **convencional**, decorre de acordo de vontade. Como exemplo, citamos o caso do art. 1.320, § 1º, do Código Civil.

Características da obrigação indivisível:

a) havendo dois ou mais devedores, cada um é responsável pelo pagamento de toda a dívida. Exemplo: "A" é credor de um boi de "B", "C" e "D". "A" poderá exigir o boi todo de "B", "C" e "D". Nesse caso não há solidariedade, pois ela não se presume (art. 265 do CC). Isso é denominado "solidariedade aparente";

b) havendo dois ou mais credores, o devedor deverá: pagar a todos conjuntamente; pagar a um dos credores, exigindo dele caução de ratificação (garantia real ou fidejussória de que o credor que recebe o pagamento irá repassar aos demais a quota correspondente). Se um dos cocredores receber a prestação indivisível, deve indenizar os demais;

c) o cocredor só pode perdoar o devedor da quota-parte a que faz jus na obrigação, não alterando a quota dos demais credores. Isso também vale para a transação, novação, confusão ou compensação;

d) perde a qualidade de indivisível a obrigação que se converte em perdas e danos (art. 263, *caput*, do CC);

e) se a conversão da obrigação indivisível em perdas e danos se der por culpa de todos os devedores, responderão todos por partes iguais;

f) se um dos devedores deixar o objeto da obrigação perecer exclusivamente por sua culpa, não mais ela podendo ser cumprida, qual será a consequência? Nesse caso a obrigação se converte em perdas e danos, mas o que a compõe e quem deverá pagá-la? O Código Civil determina que os devedores que não forem culpados estarão exonerados. Essa exoneração abrange o quê? Os prejuízos causados, ou além desses prejuízos abarca também a quota-parte que o devedor deveria arcar na obrigação? Qual o significado da expressão perdas e danos e da palavra exoneração? Para responder esse questionamento, surgem duas correntes:

Para Maria Helena Diniz, as perdas e danos correspondem ao principal mais os prejuízos, ou seja, o devedor culpado deverá arcar com tudo (principal + prejuízos), já que os devedores não culpados estariam exonerados da obrigação e por isso não teriam nenhuma responsabilidade.

Já para Álvaro Villaça Azevedo, os devedores não culpados estão exonerados somente do pagamento dos prejuízos, mas deverão arcar com a sua quota-parte na obrigação principal.

Filiamo-nos à segunda corrente, que tem o objetivo de evitar o enriquecimento sem causa. Além disso, devemos considerar que o inadimplemento não retira do devedor o *Schuld* (débito), que nasceu com a criação da obrigação. Ademais, o perecimento do objeto pode ou não causar perdas e danos que deverão ser provados, não que inexiste responsabilidade civil, por via de regra, sem dano, motivo pelo qual caso ele exista, somente o culpado deverá arcar com o pagamento de tais prejuízos, haja vista que somente ele conseguirá preencher os quatro pressupostos do dever de indenizar: (a) ação ou omissão, (b) dolo ou culpa, (c) dano, e (d) nexo causal.

Essa corrente é a que foi adotada pelo Enunciado 540 do CJF, que estabelece: "*Havendo perecimento do objeto da prestação indivisível por culpa de apenas um dos devedores, todos respondem, de maneira divisível, pelo equivalente e só o culpado, pelas perdas e danos*".

7.7.8. Obrigação solidária (regras gerais nos arts. 264 a 266 do CC)

Nesta modalidade concorre mais de um devedor ou mais de um credor, cada um com um direito ou obrigado à dívida toda. Trata-se de uma espécie de obrigação composta quanto ao sujeito.

OBSERVAÇÃO: A solidariedade não se presume; ela é fruto da lei ou da vontade das partes.

Alguns exemplos de obrigação solidária fruto de lei: arts. 829 e 932 do Código Civil e art. 2º da Lei n. 8.245/91 (Lei das Locações). Cumpre lembrar que o art. 829 do Código Civil e o art. 2º da Lei n. 8.245/91 permitem cláusula contratual que afaste a solidariedade.

As espécies de solidariedade são: ativa e passiva.

A **solidariedade ativa (arts. 267 a 274 do CC)** é a que ocorre entre vários credores. São suas características:

1) Cada credor solidário pode exigir do devedor o cumprimento da obrigação por inteiro.

2) O devedor pode pagar a dívida inteira a um dos credores solidários (livre escolha) até ser demandado por algum deles, hipótese em que não poderá pagar para outro credor. Na solidariedade ativa, o pagamento da obrigação indivisível a um dos credores dispensa caução de ratificação.

3) O recebimento parcial da dívida por um dos credores não afeta a solidariedade entre eles.

4) O cocredor solidário pode perdoar toda a dívida do devedor, porém se responsabiliza pelo reembolso da quota dos demais.

5) A morte de um dos credores não faz com que seus herdeiros sejam solidários com os demais credores, já que **a solidariedade se dá entre pessoas e não entre prestações**. Assim, cada herdeiro só poderá exigir sua quota de crédito, pois para os herdeiros não há solidariedade, salvo se a obrigação for indivisível, quando o herdeiro poderá exigir toda a prestação e se tornará devedor dos demais credores. Porém, cumpre ressaltar que a solidariedade ativa não se extingue com a morte, pois, quando o art. 270 do Código Civil estabelece que cada herdeiro só poderá exigir a sua quota do crédito, ele se refere a uma atitude individual dele, ou seja, pressupondo a existência de partilha dos bens do falecido (inventário), quando se individualiza o que é que pertence a cada um, surgindo as quotas e seus respectivos valores. Mas, até a partilha (quando ainda existe o espólio), todos os herdeiros, conjuntamente, são considerados um credor solidário diante dos demais (aplicação analógica do art. 276 do CC), podendo demandar do credor solidário que recebeu a prestação a quota parte que caberia ao falecido[3].

Em relação aos herdeiros do morto, a morte gera a **refração do crédito**, isto é, a diminuição do crédito. Imaginemos quatro credores solidários, e um deles morre. Segundo o art. 270 do Código Civil, o quinhão do que morreu é dividido entre os seus herdeiros. Isso se chama refração do crédito solidário. Cada herdeiro só pode ser cobrado até o limite do que herdou, não podendo se quer exigir por inteiro o quinhão do credor morto, salvo se for herdeiro único, ou se estiver autorizado pelos demais, ou se agir em conjunto com os demais herdeiros.

6) O devedor não pode opor as exceções pessoais (incapacidade e vícios) contra um credor se ela for oponível a outro credor solidário.

7) O art. 274 do Código Civil[4] passará a ter nova redação com a entrada em vigor do CPC/2015, por força do art. 1.068 da novel legislação processual. O dispositivo estipula que o julgamento contrário a um dos credores solidários não atinge os demais, mas o julgamento favorável aproveita-lhes, sem prejuízo de exceção pessoal que o devedor tenha direito de invocar em relação a qualquer deles.

A **solidariedade passiva (arts. 275 a 285 do CC)** é a que ocorre entre vários devedores.

Devemos lembrar que o objeto da obrigação pode ser dividido em *Schuld* (débito) e *Haftung* (responsabilidade). Dessa forma, imaginemos que "B", "C" e "D" sejam devedores solidários de um débito de R$ 900,00. Por ser possível fracionar o objeto, cada um dos devedores deverá pagar R$ 300,00. Assim, "B" possui um débito de R$ 300,00 *(Schuld)* e responsabilidade pela quota dos demais *(Haftung)*. O mesmo pode-se dizer quanto a "C" e "D".

São características da solidariedade passiva:

1) O credor pode exigir o pagamento de toda a prestação de qualquer devedor, que, pagando, terá direito de regresso contra os demais. No direito de regresso, o devedor pagante só pode cobrar a quota de cada devedor, já que entre eles não há solidariedade.

2) Em caso de inadimplemento, todos os devedores continuam responsáveis pela sua quota, mas somente o culpado responde pelas perdas e danos. Quanto aos juros de mora, todos os devedores solidários são responsáveis já que se trata de acessório à obrigação principal, tendo os codevedores ação regressiva sobre os culpados.

3) O devedor demandado pode opor ao credor as exceções que lhe são pessoais e a comum a todos (objeto ilícito, desrespeito à forma prevista em lei), mas não pode opor exceções pessoais a outro codevedor.

---

3. TEPEDINO, Gustavo; BARBOZA, Heloísa Helena. MORAES, Maria Celina Bodin de. *Código Civil interpretado conforme a Constituição da República*. Rio de Janeiro: Renovar, 2004, v. I, p. 547.
4. O art. 274 tem a seguinte redação, até a entrada em vigor do CPC/2015: "O julgamento contrário a um dos credores solidários não prejudica os demais, já o julgamento favorável aproveita aos demais, salvo se originar-se em exceção pessoal ao credor que obteve".

4) O pagamento parcial não extingue a solidariedade do pagante com os demais devedores (Enunciado 348 do CJF).

5) Não importa renúncia à solidariedade a propositura de ação pelo credor contra um ou alguns devedores.

6) O credor pode renunciar à solidariedade em favor de um, alguns ou todos os devedores. A exoneração de um devedor não afeta a solidariedade com os demais, já que persiste entre os outros a responsabilidade originária.

7) A renúncia à solidariedade não se confunde com a remissão (Enunciado 350 do CJF). A renúncia à solidariedade extingue o *Haftung* e a remissão extingue o *Schuld* e o *Haftung*. Resumindo, na renúncia à solidariedade o devedor solidário continua responsável pela sua cota, e não mais pela dos demais, mas na renúncia ele é retirado da obrigação.

8) A quota do devedor exonerado da solidariedade deve ser abatida do valor da dívida dos demais devedores que continuam solidários (Enunciado 349 do CJF).

9) O exonerado da solidariedade (tanto na renúncia quanto na remissão[5]) fica responsável somente pelo pagamento da sua quota, mas pode participar do rateio da quota do codevedor insolvente se isso ocorrer (art. 284 do CC).

10) A morte do codevedor solidário não transfere a solidariedade aos herdeiros, que responderão somente pela sua quota, respeitando-se as forças da herança (art. 1.792 do CC).

11) Sendo a obrigação solidária e indivisível, o espólio pode ser compelido a cumprir com a obrigação na totalidade. Assim, abrem-se duas alternativas ao credor: cobrar toda a obrigação de todos os herdeiros conjuntamente, ou escolher outro codevedor para pagá-la que terá direito de regresso contra os herdeiros.

Para Renan Lotufo[6], a última parte do art. 276 do Código Civil deve ser interpretada de modo que o espólio do devedor morto continue solidário com os demais devedores, podendo ser obrigado a pagar a totalidade da obrigação até a partilha, tendo o direito de regresso contra os demais. **Portanto, a morte só extingue a solidariedade passiva após a partilha aos herdeiros, momento em que se individualizam seus direitos e deveres** (como ocorre na solidariedade ativa). Havendo abuso de direito por esse motivo, caracterizado pela demora na abertura do inventário, cumpre lembrar que o credor tem legitimidade dada pelo Código de Processo Civil para fazê-lo.

Se existem vários devedores solidários e um deles morre, conforme o art. 276 do Código Civil, opera-se a refração do débito solidário. Eu só posso cobrar do espólio o quinhão. Eu só posso cobrar de cada herdeiro a sua parte. Não há mais solidariedade para os herdeiros do finado. Não posso cobrar a dívida toda de um deles, mas tão somente a sua parte.

Qualquer cláusula, condição ou obrigação adicional estipulada entre um dos devedores solidários e o credor não pode agravar a posição dos outros.

5. TEPEDINO, Gustavo; BARBOZA, Heloísa Helena; MORAES, Maria Celina Bodin de. *Código Civil interpretado conforme a Constituição da República*. Rio de Janeiro: Renovar, 2004, v. I, p. 564.
6. LOTUFO, Renan. *Código Civil comentado*. São Paulo, Saraiva, 2003, v. 2, p. 112.

TABELA COMPARATIVA ENTRE OBRIGAÇÃO INDIVISÍVEL E SOLIDÁRIA

Obrigação indivisível	Obrigação solidária
Tem origem no objeto da prestação.	Tem origem nos sujeitos.
Nasce pela natureza do objeto, pela lei ou pela vontade das partes.	Nasce da lei ou da vontade das partes.
É extinta quando da conversão em perdas e danos.	Não se extingue com a conversão em perdas e danos.
Convertendo-se em perdas e danos, todos os devedores que não tiveram culpa são exonerados.	Convertendo-se em perdas e danos, todos continuam responsáveis pela dívida e somente o culpado pelas perdas e danos.

7.8. TRANSMISSÃO DAS OBRIGAÇÕES

A transmissão das obrigações se dá na hipótese de a titularidade do polo ativo ou passivo ser transferida para alguém. Duas são as formas de transmissão das obrigações: cessão de crédito e assunção de dívida.

7.8.1. Cessão de crédito (arts. 286 a 298 do CC)

Trata-se de um negócio jurídico bilateral, gratuito ou oneroso, pelo qual o credor de uma obrigação (cedente) transfere, no todo ou em parte, a terceiro (cessionário), **independentemente do consentimento do devedor** (cedido), sua posição na relação obrigacional, com todos os acessórios e garantias, salvo disposição em contrário, sem que se opere a extinção do vínculo obrigacional.

Os sujeitos na cessão de crédito são: o **cedente**, que é quem transfere o crédito; o **cessionário**, que é quem substitui o cedente; e o **cedido**, que é a outra parte da relação obrigacional.

As espécies de cessão de crédito são:

a) gratuita: na hipótese de o cessionário (novo credor) não ter contraprestação. Na cessão por título gratuito, o cedente, ainda que não se responsabilize, fica responsável ao cessionário pela existência do crédito ao tempo em que lhe cedeu, se tiver procedido de má-fé;

b) onerosa: ocorre se o cedente a realizar com contraprestação do cessionário (novo credor). Na cessão por título oneroso, o cedente, ainda que não se responsabilize, fica responsável ao cessionário pela existência do crédito ao tempo em que lhe cedeu;

c) total: na hipótese de transferir todo o crédito;

d) parcial: na hipótese de transferir ao cessionário (novo credor) apenas parte do crédito;

e) convencional: se decorrer de livre declaração de vontade;

f) legal: quando resulta de lei, ou seja, independe da vontade das partes. Como exemplo, a cessão dos acessórios de uma obrigação (juros, cláusula penal, garantias reais e pessoais), salvo estipulação em contrário;

g) judicial: quando advém de sentença judicial. Como exemplo, a adjudicação do herdeiro único na partilha dos bens deixados pelo *de cujus;*

h) ***pro soluto*****:** na hipótese de haver exoneração imediata do cedente. É a regra geral, conforme o art. 296 do Código Civil;

i) ***pro solvendo*****:** na hipótese de a exoneração do cedente depender da cobrança do crédito. Depende de estipulação expressa no instrumento nesse sentido.

Os requisitos da cessão de crédito são capacidade, objeto e forma.

a) capacidade: são necessárias a capacidade civil genérica e a capacidade especial, ou seja, ser titular do crédito que será transferido.

b) objeto: é necessário o crédito estar vencido ou por vencer, que seja passível de transmissão e que não conste do título cláusula proibitiva de cessão. Existem três tipos de crédito que não podem ser cedidos:

- *aqueles que a natureza da obrigação impede a cessão* – por exemplo, os créditos alimentícios (art. 1.707 do CC) e de salários.
- *Aqueles que a lei impede a cessão* – por exemplo, a herança de pessoa viva (art. 426 do CC) e a obrigação de fazer de natureza infungível.
- *Aqueles em que se convencionou no instrumento da obrigação a intransmissibilidade* – por exemplo, a cláusula proibitiva de cessão.

c) forma: é ineficaz, em relação a terceiros, a transmissão de um crédito, se não se celebrar mediante instrumento público, ou instrumento particular, que deve conter a indicação do lugar onde foi passado, a qualificação do cedente e do cessionário, a data e o objetivo da outorga com a designação e a extensão dos poderes conferidos.

São efeitos da cessão de crédito:

a) o cedente (antigo credor) fica responsável pela existência do crédito, pela solvência do devedor, se existir estipulação nesse sentido, exceto se a transferência se deu por força de lei. O cedente, responsável ao cessionário pela solvência do devedor, não responde por mais do que daquele recebeu, com os respectivos juros; mas tem de ressarcir-lhe as despesas da cessão e as que o cessionário houver feito com a cobrança;

b) o cessionário (novo credor) terá os mesmos direitos do cedente, inclusive os acessórios (salvo estipulação em contrário), vantagens e ônus;

c) o credor só poderá ceder o seu crédito, se a isso não se opuser a natureza da obrigação, a lei, ou a convenção com o devedor. A cláusula proibitiva da cessão não poderá ser oposta ao cessionário de boa-fé, se não constar do instrumento da obrigação;

d) a cessão do crédito não tem eficácia em relação ao devedor, senão quando a este notificada; mas por notificado se tem o devedor que, em escrito público ou particular, se declarou ciente da cessão feita;

e) ocorrendo várias cessões do mesmo crédito, prevalece a que se completar com a tradição do título do crédito cedido;

f) fica desobrigado o devedor que, antes de ter conhecimento da cessão, paga ao credor primitivo, ou que, no caso de mais de uma cessão notificada, paga ao cessionário que lhe apresenta, com o título de cessão, o da obrigação cedida; quando o crédito constar de escritura pública, prevalecerá a prioridade da notificação;

g) independentemente do conhecimento da cessão pelo devedor, pode o cessionário exercer os atos conservatórios do direito cedido;

h) o devedor pode opor ao cessionário as exceções que lhe competirem, bem como as que, no momento em que veio a ter conhecimento da cessão, tinha contra o cedente;

i) o crédito, uma vez penhorado, não pode mais ser transferido pelo credor que tiver conhecimento da penhora; mas o devedor que o pagar, não tendo notificação dela, fica exonerado, subsistindo somente contra o credor os direitos de terceiro.

Segundo o art. 129, item 10, da Lei n. 6.015/73 (Lei de Registros Públicos), o instrumento de cessão de crédito só produz efeito perante terceiros depois de registrado no Cartório de Registro de Títulos e Documentos (RTD). Já o cessionário de crédito hipotecário tem o direito de fazer averbar a cessão no registro do imóvel.

7.8.2. Assunção de dívida ou cessão do débito (arts. 299 a 303 do CC)

Trata-se de negócio jurídico bilateral, pelo qual o devedor, com anuência expressa do credor, transfere a um terceiro os encargos obrigacionais, de modo que este assume sua posição na relação obrigacional, substituindo-o.

Pressupostos da assunção de dívida:

a) existência e validade da obrigação transferida;

b) substituição do devedor **sem alteração** (para não ter novação) na substância do vínculo obrigacional;

c) concordância do credor (expressa), para que ele analise a solvência do novo devedor. Se notificado e não responder no prazo, presume-se **recusa**.

d) observar os requisitos do art. 104 do Código Civil (agente capaz, objeto lícito, forma prescrita em lei).

Modalidades de assunção de dívida:

a) por expromissão: ocorre quando, em algum negócio jurídico, uma pessoa assume espontaneamente o débito de outra, ou seja, o devedor originário não participa. São subespécies de assunção de dívida por expromissão:

a1) liberatória: ocorre se o devedor primitivo ficar completamente exonerado, exceto se o terceiro era insolvente e o credor ignorava (é a regra geral);

a2) cumulativa: ocorre se o novo sujeito passivo entrar na obrigação como devedor solidário com o primitivo (depende de cláusula expressa nesse sentido);

b) por delegação: ocorre se o devedor transferir o débito com a anuência do credor. São suas subespécies:

b1) privativa: ocorre se o devedor primitivo ficar exonerado da obrigação, não respondendo pela insolvência do devedor (é a regra geral);

b2) simples: ocorre se o novo devedor se unir ao antigo, que continuará vinculado subsidiariamente àquele (nesse caso inexiste solidariedade). Depende de cláusula expressa nesse sentido.

São efeitos da assunção de dívida:

1) Liberação do devedor primitivo, com subsistência do vínculo obrigação, salvo se ele, ao tempo da assunção, era insolvente e o credor o ignorava.

2) Transferência do débito a terceiro.

3) Fins dos privilégios e garantias pessoais do devedor primitivo, salvo se der assentimento expresso para que elas continuem a existir.

4) Se a substituição do devedor vier a ser anulada, restaura-se o débito, com todas as suas garantias, salvo as garantias prestadas por terceiros, exceto se este conhecia o vício que inquinava a obrigação.

5) O novo devedor não pode opor ao credor as exceções pessoais que competiam ao devedor primitivo.

6) O adquirente de imóvel hipotecado pode tomar a seu cargo o pagamento do crédito garantido; se o credor, notificado, não impugnar em 30 dias a transferência do débito, entender-se-á dado o assentimento.

Segundo o art. 129, item 10 , da Lei n. 6.015/73 (Lei de Registros Públicos), o instrumento de assunção de dívida, espécie de cessão de direitos, só produz efeito perante terceiros depois de registrado no Cartório de Registro de Títulos e Documentos (RTD).

7.8.3. Cessão da posição contratual

Trata-se da substituição de uma das partes numa relação contratual por outra pessoa (terceiro), que recebe os direitos e deveres que ela possuía. Em suma, é a cessão em bloco do contrato, abrangendo o crédito e o débito.

Os sujeitos na cessão da posição contratual são: **cedente**, que é quem transfere a posição contratual; **cessionário**, que é quem substitui o cedente; **cedido**, que é a outra parte da relação contratual.

Os requisitos da cessão da posição contratual são a existência de contrato sinalagmático (em contrato unilateral é possível somente cessão de crédito e assunção de dívida) e as prestações que ainda não tiverem sido satisfeitas no todo.

Modalidades de cessão da posição contratual:

a) cessão com liberação do cedente: essa é a regra em nosso ordenamento;

b) cessão sem liberação do cedente: trata-se de uma exceção, pois depende de previsão expressa nesse sentido;

c) cessão mediante endosso: utilizada apenas em título de crédito.

Formas de cessão da posição contratual:

a) forma própria: é a modalidade contratual, que decorre do acordo de vontade;

b) forma imprópria: essa modalidade decorre de determinação legal, pois o cedente sai independentemente da concordância do cedido. Como exemplo, o caso de uma sucessão de empresa, na qual os contratos de trabalho com os funcionários são incluídos no pacote, sem a anuência deles.

A formação da cessão da posição contratual exige acordo entre cedente e cessionário e consentimento do cedido, que não precisa ser simultâneo (pode ser posterior). Porém, se houver cláusula proibitiva de cessão, ela não poderá ocorrer, assim como se o contrato for *intuitu personae.*

Somente os contratos de execução futura (diferida ou continuada) é que podem ser objeto de cessão, o que exclui o contrato de execução instantânea, já que não existe nesse contrato prazo entre a celebração e o vencimento da obrigação.

Como exemplos de cessão da posição contratual, temos: a **promessa de compra e venda**, quando o contrato após a conclusão da obra e entrega ao promitente vendedor é transferido para uma instituição financeira, e o **mútuo**, quando transferido por endosso se documentado em título de crédito.

Segundo o art. 129, item 10 , da Lei n. 6.015/73 (Lei de Registros Públicos), o instrumento de cessão da posição contratual, espécie de cessão de direitos, só produz efeito perante terceiros depois de registrado no Cartório de Registro de Títulos e Documentos (RTD).

7.9. TEORIA DO PAGAMENTO

Pagamento (remição, do verbo remir) significa extinção, ou seja, cumprimento da obrigação. Porém, o melhor termo para a extinção da obrigação hoje em dia é adimplemento, já que a sociedade utiliza a palavra pagamento como sinônimo de dar dinheiro.

O pagamento pode ser **direto** ou **indireto**. O pagamento direto é forma normal de extinção da obrigação, e ocorre quando o devedor cumpre com a obrigação da forma como ela foi instituída. Já o pagamento indireto é forma especial de cumprimento da obrigação, pois se cumpre com a obrigação de forma diferente da maneira como essa foi instituída.

7.9.1. Do pagamento direto (arts. 304 a 333 do CC)

7.9.1.1. De quem deve pagar (arts. 304 a 307 do CC)

Quem deve pagar é o devedor (também chamado de *solvens*). Porém, também devem pagar:

a) o herdeiro do devedor se este tiver falecido;

b) o representante legal do devedor, se este for absolutamente incapaz;

c) o representante contratual do devedor, na hipótese de mandato;

d) o assuntor de dívida, ou seja, aquele que assume a dívida de alguém (caso de assunção de dívida prevista no art. 299 do CC);

e) o terceiro.

Com relação ao terceiro, algumas observações devem ser feitas. A primeira é a de que o terceiro que paga a dívida de outrem só terá direito a reavê-la se o pagamento foi feito em seu nome, pois, se o pagamento foi feito em nome do devedor, nesse caso tem-se um ato de mera liberalidade, equivalente a uma doação.

Em segundo lugar, quando o terceiro paga em seu nome, o direito que ele possuirá dependerá se é terceiro interessado na dívida ou não.

O terceiro interessado é a pessoa que pode ser responsabilizada pelo pagamento, ou seja, o interesse do terceiro interessado é econômico e não afetivo. O pai do devedor maior não pode ser responsabilizado pelo débito de seu filho, motivo pelo qual terá somente interesse afetivo na dívida, ou seja, se pagá-la, será um terceiro não interessado. Diferentemente do que ocorre com o fiador que tem *Haftung* (responsabilidade) pelo débito do seu afiançado, ou seja, quando paga essa dívida é um terceiro interessado.

Quando o terceiro não interessado paga a dívida, ele terá somente o direito de se reembolsar no que pagou. Se pagar a dívida antes do vencimento, o terceiro não interessado só tem direito ao reembolso após o vencimento.

Já o terceiro interessado, na mesma hipótese, sub-roga-se nos direitos creditícios do credor originário.

A diferença entre reembolso e sub-rogação é que no primeiro só é possível exigir o que foi desembolsado, e na segunda, além de exigir o que foi desembolsado, o terceiro interessado recebe todos os direitos creditícios que o credor originário possuía (se existir cláusula penal, poderá executá-la em caso de inadimplemento, poderá cobrar juros de mora e executar as garantias que houver, por exemplo).

Cumpre lembrar que, de acordo com o art. 306 do Código Civil, o pagamento por terceiro com desconhecimento ou oposição do devedor não obriga o reembolso se o devedor tinha meios para ilidir a ação, por exemplo, na hipótese de ser possível alegar compensação, confusão ou prescrição. Não seria justo, nesses casos, obrigar o devedor a arcar com tal responsabilidade se a obrigação pudesse ser extinta de forma indireta ou não mais ser exigida.

O art. 306 do Código Civil só é aplicado na hipótese de defesa do devedor, pois, se este tinha meios para ilidir a ação, o terceiro, seja ele interessado ou não interessado, terá realizado um pagamento indevido.

Para a atual jurisprudência, cabe consignação em pagamento se o credor se recusar a receber o pagamento de terceiro, já que o art. 539 do CPC/2015 permite que a consignação em pagamento seja feita por terceiro, interessado ou não na dívida. Dessa forma, verifica-se que o comando normativo do art. 306 é destinado ao terceiro que paga e não ao credor.

7.9.1.2. *Daqueles a quem se deve pagar (arts. 308 a 312 do CC)*

O credor, ou *accipiens*, é quem tem legitimidade para receber. Porém, o pagamento pode ser feito também:

a) ao herdeiro do credor, se este tiver falecido;

b) ao representante legal do credor, se este for absolutamente incapaz;

c) ao representante contratual do credor, na hipótese de mandato;

d) ao cessionário do crédito, ou seja, àquele que recebe o crédito de alguém (caso de cessão de crédito prevista no art. 286 do CC);

e) ao credor putativo (art. 309 do CC).

O pagamento ao credor putativo é válido, mesmo que provado posteriormente que ele não era credor. *Putare* significa crer, imaginar. A crença ou imaginação está ligada ao conceito de boa-fé subjetiva.

O portador da quitação tem mandato tácito do credor para receber o pagamento.

7.9.1.3. Do objeto e da prova do pagamento (arts. 313 a 326 do CC)

Conforme o **princípio da identidade física da prestação**, o credor não é obrigado a receber coisa diversa da pactuada, ainda que mais valiosa (**art. 313 do CC**).

Ainda que a obrigação tenha por objeto prestação divisível (**art. 314 do CC**), não pode o credor ser obrigado a receber, nem o devedor a pagar, por partes, se assim não se ajustou. Exceção a essa regra é a **moratória legal**, prevista no **art. 916 do CPC**, que permite o parcelamento da dívida executada no prazo dos embargos à execução, independentemente da concordância do credor, mediante o depósito de 30% do valor em execução, acrescido de custas e honorários de advogado, para que o restante seja pago em 6 parcelas mensais, acrescidas de correção monetária e juros de 1% ao mês.

Segundo o **art. 315 do Código Civil**, a dívida em dinheiro deve ser paga no vencimento, pelo valor nominal (**princípio do nominalismo**) e em moeda corrente, pois, se o pagamento for feito em ouro (**cláusula ouro**) ou moeda estrangeira (**obrigação valutária**), ocorrerá nulidade expressa (**art. 318 do CC**).

É lícito convencionar o aumento progressivo de prestações sucessivas (**art. 316 do CC**). Essa disposição contratual é denominada **cláusula de escala móvel** ou **escalonamento**.

O devedor que paga tem direito a quitação regular, e pode reter o pagamento, enquanto não lhe seja dada. Trata-se do **direito de retenção**, que é concedido pelo **art. 319 do Código Civil**. Nesse caso, haverá ***mora accipiendi*** (ou *creditoris*), que obrigará o devedor a consignar o pagamento.

De acordo com o **inciso I do art. 335 do Código Civil**, a consignação tem lugar se o credor não puder, ou, sem justa causa, recusar receber o pagamento, ou dar quitação na devida forma.

A quitação sempre poderá ser dada por instrumento particular, e deve designar o valor e a espécie da dívida quitada, o nome do devedor, ou quem por este pagou, o tempo e o lugar do pagamento, com a assinatura do credor ou do seu representante. Esse rol de requisitos que deve constar da quitação, que consta do **art. 320 do Código Civil**, é exemplificativo.

Porém, cumpre ressaltar que, mesmo que a quitação não tenha os requisitos estabelecidos acima, ela valerá se de seus termos ou das circunstâncias resultar o pagamento da dívida.

Assim, verifica-se que a quitação não possui forma solene, mas sim livre, conforme o princípio da liberdade das formas, contido no art. 107 do Código Civil.

É importante lembrar que, de acordo com o **Enunciado 18 do CJF**, é válida a quitação dada por meios eletrônicos. Trata-se de questão importante atualmente, por conta das relações negociais que são celebradas eletronicamente por todos nós. O **art. 422 do CPC** já reconhece, aliás, a possibilidade de prova eletrônica no processo judicial.

Quando se estuda a prova do pagamento, algumas presunções relativas (*juris tantum*) devem ser analisadas:

a) o pagamento da última parcela presume quitação das anteriores (**art. 322 do CC**);

b) o pagamento do capital presume quitação dos juros, salvo ressalva na quitação (**art. 323 do CC**). Trata-se de aplicação do princípio da gravitação jurídica, segundo o qual o acessório segue o principal;

c) a entrega do título presume pagamento (**art. 324 do CC**);

d) a despesa com o pagamento presume-se do devedor (**art. 325 do CC**).

Crescem, porém, a cada dia, as regras que proíbem a cobrança de emissão de carnê e boleto bancário em nosso país. No Estado de São Paulo, a Lei estadual n. 14.463/2011 estabelece que fica proibida a cobrança de taxa por emissão de carnê ou boleto bancário no Estado de São Paulo. Já no âmbito do Direito do Consumidor, os **Resp 1.251.331-RS** e **1.255.573-RS**, ambos julgados em 28-8-2013, determinam que a cobrança de Tarifa de Abertura de Crédito (TAC) e de Tarifa de Emissão de Carnê (TEC) só pode ser feita nos contratos celebrados até 30-4-2008. Com o início da vigência da Resolução CMN n. 3.518/2007, em 30-4-2008, a cobrança por serviços bancários prioritários para pessoas físicas ficou limitada às hipóteses taxativamente previstas em norma padronizadora expedida pelo Banco Central do Brasil, e, como a Tarifa de Abertura de Crédito (TAC), a Tarifa de Emissão de Carnê (TEC) e a tarifa de emissão de boleto, não foram previstas na Resolução BACEN n. 3.919/2010, elas não podem ser cobradas.

Isso foi confirmado em duas súmulas do STJ:

Súmula 565 do STJ – A pactuação das tarifas de abertura de crédito (TAC) e de emissão de carnê (TEC), ou outra denominação para o mesmo fato gerador, é válida apenas nos contratos bancários anteriores ao início da vigência da Resolução-CMN n. 3.518/2007, em 30-4-2008.

Súmula 566 do STJ – Nos contratos bancários posteriores ao início da vigência da Resolução-CMN n. 3.518/2007, em 30-4-2008, pode ser cobrada a tarifa de cadastro no início do relacionamento entre o consumidor e a instituição financeira.

De acordo com o **art. 321 do Código Civil**, nos débitos cuja quitação consista na devolução do título, perdido este, poderá o devedor exigir, retendo o pagamento (direito de retenção), declaração do credor que inutilize o título desaparecido. Isso pode ocorrer, por exemplo, quando se paga uma nota promissória e o credor a perde.

7.9.1.4. Do local do pagamento (arts. 327 a 330 do CC)

As obrigações devem ser pagas no **domicílio do devedor**, salvo se as partes convencionarem diversamente, ou se o contrário resultar da lei, da natureza da obrigação ou das circunstâncias. Sendo designados dois ou mais lugares, cabe ao credor escolher entre eles.

Existem dois tipos de dívidas:

a) quesível ou *quérable*, que é aquela paga no domicílio do devedor. Com isso, é o credor que deve ir buscar o pagamento;

b) portável ou *portable*, que é aquela que deve ser paga no domicílio do credor. Neste caso é o devedor que deve ir pagar.

O pagamento reiteradamente feito em outro local faz presumir renúncia do credor relativamente ao previsto no contrato (**art. 330 do CC**). Dessa forma, a conduta das partes no processo obrigacional pode modificar o conteúdo do contrato.

Referido artigo mostra a aplicação de dois institutos que nasceram na Alemanha. O primeiro chama-se ***supressio*** ou **supressão**, que significa perda do direito pelo seu não exercício no tempo. O segundo é a ***surrectio***, que se caracteriza pela aquisição de um direito que não era previsto. Ambos os institutos caminham sempre juntos, pois quando há perda é sinal de que alguém ganhou.

A *supressio* e a *surrectio* têm por objetivo evitar o *venire contra factum proprium*, que corresponde à vedação da conduta contraditória.

Todos esses institutos serão melhor estudados mais adiante, no capítulo dedicado à Teoria Geral dos Contratos, quando abordarmos o princípio da boa-fé objetiva.

Se o pagamento consistir na tradição de um imóvel, ou em prestações relativas a imóvel, far-se-á no lugar onde situado o bem.

Ocorrendo motivo grave para que se não efetue o pagamento no lugar determinado, poderá o devedor fazê-lo em outro, sem prejuízo para o credor.

7.9.1.5. Do tempo do pagamento (arts. 331 a 333 do CC)

A obrigação deverá será paga no vencimento. Caso não houver vencimento, deverá ser paga imediatamente, após notificação do devedor pelo credor, porém dentro de um prazo razoável, concedido pelo credor na interpelação, que deverá levar em consideração o objeto do pagamento. Se for ele de pouco valor, pode-se dar um prazo exíguo; sendo de valor elevador, o prazo deve ser compatível para permitir que o devedor possa levantá-lo.

Esse tema é muito importante, pois o **art. 939 do Código Civil** determina que o credor que demandar o devedor antes de vencida a dívida, fora dos casos em que a lei o permita, ficará obrigado a esperar o tempo que faltava para o vencimento, a descontar os juros correspondentes, embora estipulados, e a pagar as custas em dobro.

As obrigações condicionais cumprem-se na data do implemento da condição, cabendo ao credor a prova de que deste teve ciência o devedor.

Ao credor assistirá o direito de cobrar a dívida antes de vencido o prazo estipulado no contrato ou estabelecido pelo Código Civil, nos seguintes casos:

a) no caso de falência do devedor, ou de concurso de credores;

b) se os bens, hipotecados ou empenhados, forem penhorados em execução por outro credor;

c) se cessarem, ou se se tornarem insuficientes, as garantias do débito, fidejussórias, ou reais, e o devedor, intimado, se negar a revoga-las.

Nos casos dos itens acima, se houver, no débito, solidariedade passiva, não se reputará vencido quanto aos outros devedores solventes.

7.9.2. Do pagamento indireto

O pagamento indireto é forma especial de extinção da obrigação, porque se cumpre com a obrigação de forma diversa da pactuada, pois quando a obrigação é cumprida da forma como foi instituída o pagamento é direto.

7.9.2.1. Formas indiretas de pagamento

São formas indiretas de pagamento a consignação em pagamento, a sub-rogação, a imputação ao pagamento, a dação em pagamento, a novação, a compensação, a remissão e a confusão.

1) Consignação em pagamento (arts. 334 a 345 do CC): é a forma indireta em que se faz o depósito da prestação obrigacional com o objetivo de evitar a mora e, consequentemente, extinguir a obrigação. O objetivo maior da consignação em pagamento é a extinção da obrigação, porém ela também tem por objetivo evitar a mora.

As hipóteses de cabimento da consignação em pagamento estão descritas no **art. 335 do Código Civil**. São elas:

a) se o credor não puder, ou, sem justa causa, recusar receber o pagamento, ou dar quitação na devida forma (hipótese de *mora accipiendi* do credor);

b) se o credor não for, nem mandar receber a coisa no lugar, tempo e condição devidos (hipótese de *mora accipiendi* do credor);

c) se o credor for incapaz de receber, for desconhecido, declarado ausente, ou residir em lugar incerto ou de acesso perigoso ou difícil;

d) se ocorrer dúvida sobre quem deva legitimamente receber o objeto do pagamento;

e) se pender litígio sobre o objeto do pagamento.

A doutrina entende que o rol do **art. 335 do Código Civil** é exemplificativo[7].

Cabendo a consignação em pagamento, deverá se dar de acordo com os **arts. 539 a 549 do CPC.**

A consignação pode ser **judicial** (exigindo ação judicial, processo) ou **extrajudicial** (feita em instituição financeira).

Somente as obrigações em dinheiro estão sujeitas à consignação extrajudicial (**art. 539, § 1º, do CPC**). A maioria da doutrina entende que somente dinheiro pode ser objeto de consignação extrajudicial. Porém, minoritariamente se entende que qualquer bem suscetível de depósito no banco pode ser consignado (joias, papéis e títulos).

O depósito da quantia devida se faz em qualquer estabelecimento bancário, bastando que possua o serviço.

Para a consignação extrajudicial não extinguir a obrigação, é necessário a recusa escrita do credor assinalada no prazo de 10 dias. Se nesse prazo o credor se manifestar no

7. FARIAS, Cristiano Chaves de; ROSENVALD, Nelson. *Curso de direito civil*: obrigações. 15. ed. Salvador: Juspodivm, 2021. V. II. p. 483.

sentido de que levantará o valor depositado e ressalvando que existe um valor faltante a ser discutido judicialmente, também a obrigação não se extingue.

Ocorrendo a recusa do credor tempestivamente, deve ser proposta a ação de consignação em pagamento no prazo de 30 dias. Se esse prazo não for respeitado, perderá o efeito o depósito realizado, caracterizando a mora. Há doutrinadores que entendem que o prazo não precisa ser respeitado, pois o dinheiro está depositado em conta remunerada.

Tanto a consignação judicial quanto a extrajudicial podem ser feitas pelo devedor ou por terceiro.

Para que a consignação tenha força de pagamento, será necessário que concorram, em relação às pessoas, ao objeto, modo e tempo, todos os requisitos sem os quais não é válido o pagamento.

O depósito deverá ser requerido no lugar do pagamento, cessando, tanto que se efetue para o depositante, os juros da dívida e os riscos, salvo se for julgado improcedente.

Havendo solidariedade ativa, a consignação pode ser feita em face de qualquer credor (**art. 268 do CC**).

Na obrigação indivisível, a consignação deve ser direcionada contra todos os credores (**art. 260, I, do CC**).

A boa-fé objetiva admite consignação direcionada ao intermediário do credor (exemplo: administradora de imóveis).

Enquanto o credor não declarar que aceita o depósito, ou não o impugnar, poderá o devedor requerer o levantamento, pagando as respectivas despesas, e subsistindo a obrigação para todas as consequências de direito.

Julgado procedente o depósito, o devedor já não poderá levantá-lo, embora o credor consinta, senão de acordo com os outros devedores e fiadores.

O objeto da consignação pode ser bem móvel, imóvel, e bens imateriais (*software*).

Não cabe consignação nas obrigações de fazer e não fazer (art. 334 do CC – que fala em coisa devida).

O credor que, depois de contestar a lide ou aceitar o depósito, aquiescer no levantamento, perderá a preferência e a garantia que lhe competiam com respeito à coisa consignada, ficando para logo desobrigados os codevedores e fiadores que não tenham anuído.

Se a coisa devida for imóvel ou corpo certo que deva ser entregue no mesmo lugar onde está, poderá o devedor citar o credor para vir ou mandar recebê-la, sob pena de ser depositada, ou seja, nesse caso a consignação deve ser feita no local da situação do bem (**art. 341 do CC**).

O STJ autorizou, no **Resp 1.132.662-PI, rel. Min. Mauro Campbel Marques, 2ª Turma, j. 7-6-2011, *Dje* de 14-6-2011**, que o réu da ação de consignação em pagamento levante a parte incontroversa, que foi objeto de depósito judicial, e que a ação prossiga somente quanto à parte controvertida, conforme autoriza o Código de Processo Civil.

Se a escolha da coisa indeterminada competir ao credor, será ele citado para esse fim, sob cominação de perder o direito e de ser depositada a coisa que o devedor escolher. Feita a escolha pelo devedor, ele citará o credor para vir ou mandar recebê-la, sob pena de ser depositada.

O STJ entende que é possível discutir a legalidade das cláusulas contratuais, bem como a forma de fazer a sua interpretação, na ação de consignação em pagamento (**Resp 645.756-RJ, 4ª Turma, rel. Min. Aldir Passarinho Junior, j. 7-12-2010. *Dje* de 14-12-2010**).

As despesas com o depósito, quando julgado procedente, correrão à conta do credor, e, no caso contrário, à conta do devedor.

O devedor de obrigação litigiosa exonerar-se-á mediante consignação, mas, se pagar a qualquer dos pretendidos credores, tendo conhecimento do litígio, assumirá o risco do pagamento.

Se a dívida se vencer, pendendo litígio entre credores que se pretendem mutuamente excluir, poderá qualquer deles requerer a consignação.

RESUMINDO

Legitimação ativa	Devedor, representante legal/contratual, herdeiro, assuntor da dívida, terceiro interessado e terceiro não interessado (só quando requerer em nome devedor), conforme o art. 304, parágrafo único, do Código Civil).
Legitimação passiva	Credor, representante legal/contratual, herdeiro e cessionário do crédito.
Pressupostos objetivos	Observar o prazo e o local de pagamento (dívidas quesíveis ou portáveis).

2) Sub-rogação (arts. 346 a 351 do CC): pode ser **real** (troca de bem) ou **pessoal** (troca de pessoa).

Na sub-rogação pessoal ocorrerá a transferência ao novo credor de todos os direitos, ações, privilégios e garantias do primitivo, em relação à dívida, contra o devedor principal e os fiadores.

A sub-rogação pessoal pode ser legal ou convencional.

A **sub-rogação legal** independe de vontade das partes. Ocorre nas seguintes hipóteses, previstas no art. 346 do Código Civil, de pleno direito:

a) do credor que paga a dívida do devedor comum;

b) do adquirente do imóvel hipotecado, que paga a credor hipotecário, bem como do terceiro que efetiva o pagamento para não ser privado de direito sobre o imóvel;

c) do terceiro interessado, que paga a dívida pela qual era ou podia ser obrigado, no todo ou em parte.

Outro caso de sub-rogação legal está descrito no art. 786 do Código Civil, que estabelece: *"Paga a indenização, o segurador sub-roga-se, nos limites do valor respectivo, nos direitos e ações que competirem ao segurado contra o autor do dano"*.

Na sub-rogação legal o sub-rogado não poderá exercer os direitos e as ações do credor, senão até à soma que tiver desembolsado para desobrigar o devedor.

A **sub-rogação convencional** depende de vontade das partes. Ocorre nas seguintes hipóteses, previstas no art. 347 do Código Civil:

a) quando o credor recebe o pagamento de terceiro e expressamente lhe transfere todos os seus direitos (nesse caso vigorará o disposto quanto à cessão do crédito);

b) quando terceira pessoa empresta ao devedor a quantia precisa para solver a dívida, sob a condição expressa de ficar o mutuante sub-rogado nos direitos do credor satisfeito.

O credor originário, só em parte reembolsado, terá preferência ao sub-rogado, na cobrança da dívida restante, se os bens do devedor não chegarem para saldar inteiramente o que a um e outro dever.

Diferenças da sub-rogação com a cessão de crédito:

Cessão de crédito	Sub-rogação
Decorre da manifestação da vontade das partes.	Pode não advir da vontade das partes (sub-rogação legal).
Independe do pagamento.	Exige pagamento.
Visa lucro.	Não tem aspecto especulativo.
Exige a notificação do devedor (para que ele saiba a quem deve pagar, pois, nesse caso, se pagar ao cedente, pagará mal, e por isso poderá pagar duas vezes).	Dispensa notificação do credor.
Tem por objetivo transferir o crédito, o direito ou a ação.	Objetiva exonerar o devedor perante o antigo credor.
Não opera a extinção do débito creditório do devedor (ele é transferido para novo credor).	Extingue a dívida com relação ao credor primitivo.
Ela é feita pelo credor.	Não precisa ser feita pelo credor (devedor).
O cessionário (novo credor) fica responsável pela existência do crédito.	Novo credor não fica responsável pela existência do crédito.

Segundo o art. 129, item 9, da Lei n. 6.015/73 (Lei de Registros Públicos), o instrumento de sub-rogação só produz efeito perante terceiros depois de registrado no Cartório de Registro de Títulos e Documentos (RTD).

3) Imputação ao pagamento (arts. 352 a 355 do CC): faculdade do devedor de indicar o que será pago caso tenha vários débitos líquidos e vencidos com o mesmo credor, desde que todos tenham a mesma natureza.

É o devedor quem indica aquilo que será pago, porém, caso não exerça tal faculdade, ela passará para o credor. Se o credor não agir, a lei fará a escolha (imputação legal).

A faculdade do devedor deve ser exercida até o pagamento, senão ela passa ao credor.

A **imputação legal** é feita primeiramente nas dívidas líquidas e vencidas. Se todas elas forem líquidas e vencidas, terá preferência a mais onerosa (art. 355 do CC).

De acordo com o art. 354 do Código Civil, havendo capital e juros, o pagamento imputar-se-á primeiro nos juros vencidos e depois no capital, atendendo-se ao princípio da gravitação jurídica.

Súmula 464 do STJ – A regra de imputação de pagamentos estabelecida no art. 354 do Código Civil não se aplica às hipóteses de compensação tributária.

4) Dação em pagamento (arts. 356 a 359 do CC): é forma indireta de extinção da obrigação em que o credor aceita receber objeto diferente do pactuado.

É requisito da dação em pagamento o débito estar vencido.

O valor da coisa oferecida em dação em pagamento pode ser superior ou inferior ao montante da dívida, pois se entende que será uma coisa pela outra.

Ocorrendo a evicção da coisa oferecida em dação, a obrigação anteriormente extinta se restabelece, porém, a fiança não, por disposição expressa no art. 838, III, do Código Civil.

O art. 357 do Código Civil proíbe o oferecimento de dinheiro na dação em pagamento, já que se teria, no caso, uma compra e venda.

Segundo o art. 129, item 9, da Lei n. 6.015/73 (Lei de Registros Públicos), o instrumento de dação em pagamento só produz efeito perante terceiros, depois de registrado no Cartório de Registro de Títulos e Documentos (RTD).

5) Novação (arts. 360 a 367 do CC): tem por objetivo extinguir uma obrigação antiga em razão da criação de uma nova obrigação.

A novação exige *animus novandi*, expresso no art. 361 do Código Civil, que é a intenção, o desejo de realizar a novação.

A novação exige também o chamado *aliquid nori*, que é a exigência de que haja um elemento novo relacionando a obrigação antiga com a nova.

A novação pode ser classificada em:

5.1) Novação objetiva: nessa modalidade de novação, o elemento novo é o objeto. O objeto da obrigação anterior é modificado na nova.

5.2) Novação subjetiva: nessa modalidade de novação, o elemento novo é o sujeito. O(s) sujeito(s) da obrigação anterior é(são) modificado(s) na nova. Como existem dois tipos de sujeitos na obrigação, essa modalidade se divide em:

a) Novação subjetiva ativa, na qual a modificação ocorre no sujeito ativo.

b) Novação subjetiva passiva, na qual a modificação ocorre no sujeito passivo.

A novação subjetiva passiva, por sua vez, se divide em duas modalidades (art. 362 do CC):

b1) novação subjetiva passiva por delegação, quando o devedor primitivo (original) indica (delega) quem será o novo sujeito passivo ao credor que aceita. Como exemplo, o caso do devedor que procura o irmão rico para fazer uma novação com seu credor.

B2) Novação subjetiva passiva por expromissão, quando o devedor primitivo (original) é trocado do polo passivo sem ser consultado. Como exemplo, o caso do marido que procura o banco credor de sua mulher, e, sem ela saber, realiza uma novação com a instituição, comprometendo-se a pagar o novo débito que é criado.

OBSERVAÇÃO 1: A novação subjetiva ativa não se confunde com a cessão de crédito (art. 286 do CC), já que nela é necessária a extinção da obrigação antiga para criação de uma nova, o que não ocorre nessa última, na qual se transfere o crédito da mesma obrigação.

OBSERVAÇÃO 2: A novação subjetiva ativa não se confunde com a sub-rogação, já que nela é necessária a extinção da obrigação antiga para criação de uma nova, o que não ocorre nessa última, em que se transferem todos os direitos creditícios de uma mesma obrigação, quando é realizado o pagamento.

Cessão de crédito	Sub-rogação	Novação subjetiva ativa
Transmite a qualidade de credor para terceiro.	É forma indireta de pagamento que extingue a obrigação.	É forma indireta de pagamento que extingue a obrigação.
Pode ser feita antes ou depois do vencimento, ou seja, não pressupõe pagamento.	É forma indireta de pagamento que extingue a obrigação.	É forma indireta de pagamento que extingue a obrigação.
A obrigação antiga permanece a mesma.	Com a realização do pagamento, os direitos creditícios são transferidos para terceira pessoa.	A obrigação antiga é extinta em razão da criação de uma nova.

OBSERVAÇÃO 3: A novação subjetiva passiva não se confunde com a assunção de dívida (art. 299 do CC), já que nela é necessária a extinção da obrigação antiga para criação de uma nova, o que não ocorre nessa última, em que se transfere o débito da mesma obrigação.

Assunção de dívida	Novação subjetiva passiva
Transmite a qualidade de devedor para terceiro.	É forma indireta de pagamento que extingue a obrigação antiga em razão da criação de uma nova.
Pode ser feita antes ou depois do vencimento, ou seja, não pressupõe pagamento.	É forma indireta de pagamento que extingue a obrigação antiga em razão da criação de uma nova.
A obrigação antiga permanece a mesma.	A obrigação antiga é extinta em razão da criação de uma nova.

5.3) Novação mista: nessa modalidade de novação o elemento novo é o objeto e o sujeito. Tanto o objeto quanto o sujeito da obrigação anterior são modificados na nova.

6) Compensação (arts. 368 a 380 do CC)**:** a compensação se dá quando há reciprocidade de débitos entre o mesmo credor e devedor, buscando a extinção de ambos (compensação total) ou do menor deles (compensação parcial).

A compensação pode ser: **legal**, aquela feita independentemente da vontade das partes, de forma automática, motivo pelo qual exige dívida líquida, certa, vencida e de coisa fungível, com prestações de mesma natureza; **convencional**, aquela que se dá por acordo de vontade entre as partes; e **judicial**, aquela reconhecida por sentença, e que deriva de reconvenção do réu cobrado pelo débito.

O art. 369 do Código Civil veda a compensação com obrigação de fazer, e o art. 1.707 do Código Civil proíbe a compensação envolvendo crédito de alimentos.

Embora sejam do mesmo gênero as coisas fungíveis objeto das duas prestações, não se compensarão, verificando-se que diferem na qualidade, quando especificada no contrato.

O devedor somente pode compensar com o credor o que este lhe dever; mas o fiador pode compensar sua dívida com a de seu credor ao afiançado.

Os prazos de favor, embora consagrados pelo uso geral, não obstam a compensação.

A diferença de causa nas dívidas não impede a compensação, exceto:

a) se provier de esbulho, furto ou roubo;

b) se uma se originar de comodato, depósito ou alimentos;

c) se uma for de coisa não suscetível de penhora.

Não haverá compensação quando as partes, por mútuo acordo, a excluírem, ou no caso de renúncia prévia de uma delas.

Obrigando-se por terceiro uma pessoa, não pode compensar essa dívida com a que o credor dele lhe dever.

O devedor que, notificado, nada opõe à cessão que o credor faz a terceiros dos seus direitos não pode opor ao cessionário a compensação, que antes da cessão teria podido opor ao cedente. Se, porém, a cessão lhe não tiver sido notificada, poderá opor ao cessionário compensação do crédito que antes tinha contra o cedente.

Quando as duas dívidas não são pagáveis no mesmo lugar, não se podem compensar sem dedução das despesas necessárias à operação.

Sendo a mesma pessoa obrigada por várias dívidas compensáveis, serão observadas, no compensá-las, as regras estabelecidas quanto à imputação do pagamento.

Não se admite a compensação em prejuízo de direito de terceiro. O devedor que se torne credor do seu credor, depois de penhorado o crédito deste, não pode opor ao exequente a compensação, de que contra o próprio credor disporia.

Segundo entendimento do STJ, dívida prescrita não pode ser alvo de compensação (Resp. n. 1.982.647/SP, 3 Turma, Rel. Min. Nancy Andrighi, j. 07.06.2022, DJE 13.06.2022).

7) Confusão (arts. 381 a 384 do CC): ocorre a confusão quando credor e devedor se tornam a mesma pessoa. Isso pode acontecer quando uma pessoa pede dinheiro emprestado para o seu tio, tornando-se devedor dele. Se esse tio falecer e deixar um testamento nomeando o seu sobrinho devedor como único herdeiro, este poderá cobrar todos os devedores do tio, e um deles será ele mesmo. Assim, por meio do instituto da confusão ninguém pode ser credor e devedor de si mesmo, já que, se isso ocorrer no mundo dos fatos, o Direito irá extinguir as obrigações. A extinção será total no exemplo dado já que o devedor foi nomeado em testamento único herdeiro (confusão total). Mas, se houvesse mais herdeiros nomeados em testamento, a extinção seria parcial (confusão parcial ou imprópria), pois estaria limitada ao crédito que o devedor herdeiro teria sobre a dívida.

A confusão operada na pessoa do credor ou devedor solidário só extingue a obrigação até a concorrência da respectiva parte no crédito, ou na dívida, subsistindo quanto ao mais a solidariedade.

Cessando a confusão, para logo se restabelece, com todos os seus acessórios, a obrigação anterior.

8) Remissão (arts. 385 a 388 do CC): remissão vem do verbo "remitir" e significa perdão. Cuidado para não confundir com remição, que vem do verbo remir e significa pagamento. A remissão, ou perdão da dívida, pode ser total ou parcial, mas nunca poderá ser feita para fraudar credores ou a execução, sob pena de termos a anulabilidade ou a inexistência do ato, respectivamente. O devedor deve aceitar a remissão para que ela produza efeito.

Ela pode ocorrer na forma expressa ou tácita. Como exemplo de remissão na forma tácita, temos a hipótese da devolução voluntária do título da obrigação, quando por escrito particular, prova desoneração do devedor e seus coobrigados, se o credor for capaz de alienar, e o devedor capaz de adquirir (art. 386 do CC).

A restituição voluntária do objeto empenhado prova a renúncia do credor à garantia real, não a extinção da dívida.

A remissão concedida a um dos codevedores extingue a dívida na parte a ele correspondente; de modo que, ainda reservando o credor a solidariedade contra os outros, já lhes não pode cobrar o débito sem dedução da parte remitida.

7.10. DO INADIMPLEMENTO DAS OBRIGAÇÕES

Estudar o inadimplemento obrigacional é estudar a responsabilidade civil na modalidade contratual.

O ilícito contratual que origina a responsabilidade civil contratual está previsto nos **arts. 389 e seguintes do Código Civil**. Já o ilícito extracontratual está previsto nos arts. 927 e seguintes do mesmo diploma legal.

Se o estudo do inadimplemento nos leva à responsabilidade civil, ocorrendo o descumprimento de uma obrigação, a ação a ser proposta é a indenizatória, que possui prazo prescricional de três anos, conforme o art. **206, § 3º, V, do Código Civil**, e Enunciado 419, aprovado na V Jornada de Direito Civil do CJF, em 2011.

Porém, cumpre salientar que esse entendimento não é adotado no STJ, pois a 2ª Seção deste Tribunal firmou entendimento ao julgar o **EREsp 1.280.825-RJ**, em 27-6-2018, processo relatado pela Min. Nancy Andrighi, que o prazo de prescrição de pretensão fundamentada em ilícito contratual, não havendo regra especial para o contrato em causa, é o previsto no art. 205 do Código Civil, ou seja, 10 (dez) anos, estabelecendo prazos diferentes para a pretensão indenizatória na responsabilidade civil extracontratual (3 anos) e na contratual (10 anos).

Em **15 de maio de 2019**, ao julgar o **EREsp n. 1.281.594/SP**, a **Corte Especial do STJ** finalizou a discussão e estabeleceu como posição do Tribunal que o prazo da **pretensão indenizatória decorrente de inadimplemento contratual** é de **10 anos**, conforme art. 205 do CC.

Com isso fica prejudicado o **Enunciado 419 do CJF**.

Por se tratar de responsabilidade civil contratual, temos que analisar os seus pressupostos quando houver o inadimplemento da obrigação. São eles: ação ou omissão do agente, dolo ou culpa, dano e nexo causal.

Assim, duas serão as modalidades de inadimplemento: involuntário e voluntário.

7.10.1. Inadimplemento involuntário

O inadimplemento involuntário é aquele que ocorre sem culpa do devedor. Por esse motivo, nessa modalidade não haverá responsabilidade civil, **em regra**. Dizemos em regra porque há exceções que serão estudadas mais adiante.

Haverá esse tipo de inadimplemento quando ocorrer caso fortuito ou força maior. Uma das coisas mais controvertidas em Direito Civil é o conceito de caso fortuito e força maior, já que existem seis teorias que produziram cada uma delas um conceito, baseado em critérios distintos.

Mais adiante, no Capítulo 9, iremos expor minuciosamente esse conceito. Porém, por ora, adiantamos que não seremos partidários da teoria que conceitua a força maior como o evento realizado pela natureza (sem vontade humana) e o caso fortuito como o evento praticado pelo homem (com vontade humana), como faziam Clóvis Beviláqua e Washington de Barros Monteiro. Ficaremos com a teoria adotada pelo Superior Tribunal de Justiça segundo a qual **caso fortuito** é o evento **imprevisível** e por esse motivo inevitável; **força maior** é o evento **previsível**, mas inevitável.

O caso fortuito e a força maior, porém, são considerados sinônimos pelo parágrafo único do art. 393 do Código Civil, que os conceitua como o fato necessário cujos efeitos não era possível evitar ou impedir.

Como afirmamos anteriormente, de acordo com o art. 393, *caput*, do Código Civil, não haverá responsabilidade civil quando se verificar caso fortuito ou força maior, **em regra**. Ou seja, há exceções que passamos a enumerar:

1) Se houver no contrato cláusula de assunção da responsabilidade pela ocorrência do caso fortuito ou força maior, haverá responsabilidade civil da parte que a assumiu. A segunda parte do art. 393 do Código Civil autoriza que se pactue expressamente na relação contratual cláusula em que a parte assumirá a responsabilidade pela ocorrência do caso fortuito ou força maior. Porém, tal cláusula não pode ser inserida em contrato de adesão, por ser uma forma de renúncia a um direito garantido em lei (a ausência da responsabilidade), motivo pelo qual o aderente não poderá assumir tal responsabilidade (art. 424 do CC).

2) O devedor em mora responde pela impossibilidade da prestação, embora ela resulte de caso fortuito ou de força maior, se estes ocorrerem durante o período de atraso, salvo se provar isenção de culpa, ou que o dano ocorreria mesmo que a obrigação tivesse sido cumprida (art. 399 do CC).

3) No contrato de comodato, se, correndo risco o objeto do comodato juntamente com outros do comodatário, antepuser este a salvação dos seus abandonando o do comodante, responderá pelo dano ocorrido, ainda que se possa atribuir caso fortuito, ou força maior (art. 583 do CC).

4) Se, não obstante proibição do mandante, o mandatário se fizer substituir na execução do mandato, responderá ao seu constituinte pelos prejuízos ocorridos sob a gerência do substituto, embora provenientes de caso fortuito, salvo provando que o caso teria sobrevindo, ainda que não tivesse havido substabelecimento (art. 667, § 1º, do CC).

5) Antes da escolha, nas obrigações de dar coisa incerta, não poderá o devedor alegar perda ou deterioração da coisa, ainda que por força maior ou caso fortuito (art. 246 do CC).

7.10.2. Inadimplemento voluntário

O inadimplemento voluntário é aquele que ocorre com culpa do devedor. Por isso, nessa modalidade haverá responsabilidade civil. Nesse caso, quatro são as sanções que poderão ser cobradas na ação indenizatória: perdas e danos, juros, atualização monetária e honorários advocatícios (art. 389 do CC). Por esse motivo passaremos a estudá-las.

1) **Perdas e danos:** existem vários tipos de danos que podem ocorrer no descumprimento de uma obrigação contratual.

a) **Dano material:** é aquele que acarreta um prejuízo patrimonial. Ele pode se subdividir em: a) dano emergente (trata-se da perda efetiva) e b) lucros cessantes (configura-se por aquilo que, razoavelmente, se deixou de lucrar).

b) **Dano moral:** pode ser próprio ou impróprio. O dano moral próprio é aquele que causa dor, angústia, sofrimento, tristeza, amargura, dentre outros. Já o dano moral impróprio é aquele que acarreta a violação dos direitos da personalidade.

Como exemplo de dano moral decorrente do descumprimento obrigacional, o caso do fotógrafo que não comparece à cerimônia de casamento, após ter assumido contratualmente a obrigação de realizar as fotos e a filmagem do evento.

O dano moral pode ocorrer na modalidade indireta, também chamado de dano moral em ricochete, quando atingir terceiros além da vítima direta do evento.

c) **Dano estético:** o dano estético é aquele que causa afeamento permanente em alguma parte do corpo humano.

O afeamento, que significa tornar mais feio, deve ser permanente para se caracterizar como dano estético, senão haveria um dano material passível de solução por meio do pagamento de cirurgia plástica.

As perdas e danos devem ser provadas, o que exclui o dano hipotético (aquele que poderia ter acontecido).

É permitida a tripla cumulação de danos materiais, morais e estéticos (**Súmulas 37 e 387 do STJ**).

Para aprofundamento do tema, sugerimos ao leitor a leitura do capítulo que trata da responsabilidade civil, localizado mais adiante neste livro.

2) **Juros:** os tipos de juros são os: **compensatórios** (também chamados por grande parte da doutrina de **remuneratórios**), cobrados no contrato de mútuo feneratício (empréstimo de dinheiro), ou **moratórios**, devidos em decorrência do inadimplemento culposo de uma obrigação (mora).

Os juros que nos interessam estudar no inadimplemento das obrigações são os juros moratórios, que se subdividem em juros moratórios legais e juros moratórios convencionais:

3) **Juros moratórios legais:** são aqueles descritos na lei. Com a EC n. 40/2003, o art. 192 da CF foi alterado, motivo pelo qual os juros moratórios passaram a ser normatizados em lei infraconstitucional. O artigo que os regulamenta é o 406 do Código Civil, que não possui redação muito clara quanto ao seu percentual:

> **Art. 406.** Quando os juros moratórios não forem convencionados, ou o forem sem taxa estipulada, ou quando provierem de determinação da lei, serão fixados segundo a taxa que estiver em vigor para a mora do pagamento de impostos devidos à Fazenda Nacional.

Como sua redação não apresenta, expressamente, qual é o percentual dos juros moratórios legais, duas são as correntes quanto a sua interpretação.

Para os adeptos da primeira corrente, a taxa a que se refere o **art. 406 do Código Civil** é a descrita no **art. 161, § 1º, do CTN**, ou seja, 1% ao mês.

Para os adeptos da segunda corrente, a taxa a que se refere o art. 406 do Código Civil é a taxa SELIC.

Entendemos que a razão está com a primeira corrente, por vários motivos. O primeiro é que a utilização da taxa SELIC como índice de apuração dos juros legais não é juridicamente segura, porque impede o seu prévio conhecimento.

Além disso, não é operacional, porque seu uso será inviável sempre que se calcularem somente juros ou somente correção monetária, já que se trata de uma taxa híbrida que conjuga ambas as hipóteses.

Como o entendimento da primeira corrente é o descrito no Enunciado 20 do CJF, podemos afirmar que ele é o majoritário na doutrina.

Mas não podemos dizer o mesmo quanto ao Superior Tribunal de Justiça, já que há julgados para ambas as correntes, porém prevalecendo a tese da SELIC, conforme se verifica no julgamento do **Resp 1.124.471-RJ, rel. Min. Luiz Fux, j. em 17-6-2010**.

Questão que nos causa estranheza, porém, é que há uma contradição nos julgamentos do Superior Tribunal de Justiça que adotam a taxa Selic[8] com a **Súmula 379** do mesmo Tribunal, que estabelece:

> **Súmula 379 do STJ** – Nos contratos bancários não regidos por legislação específica, os juros moratórios poderão ser convencionados até o limite de 1% ao mês.

Ora, de acordo com a citada súmula, se houver contratos bancários não regidos por lei específica, deve ser aplicada a lei geral, ou seja, o Código Civil em seu art. 406. Com isso, nesse caso de inexistência de lei especial, e necessidade de aplicação da geral, sumulou o Superior Tribunal de Justiça que os juros são de 1% ao mês, dando indício de que não deve ser aplicada a taxa Selic no entendimento do citado dispositivo.

No entanto, mesmo havendo julgados em prol da aplicação da Taxa Selic, o caso está afeto à **2ª Seção do STJ por iniciativa da 4ª Turma, que, em 2013, remeteu o Resp**

8. "Não há que se falar em violação da coisa julgada e do art. 406 do CC/2002 quando o título judicial exequendo exarado em momento anterior ao CC/2002 fixa os juros de mora em 0,5% ao mês (6% ao ano) e, na execução do julgado, determina-se a incidência daqueles juros em patamar de 1% ao mês (12% ao ano) a partir do novo Código. Quanto a isso, a jurisprudência das Turmas componentes da 1ª Seção do STJ diferencia as situações ao considerar, sobretudo, a data da prolação da sentença exequenda: se essa foi proferida antes do CC/2002 e determinou a aplicação dos juros legais; se a sentença foi proferida antes do CC/2002 e determinou juros moratórios de 6% ao ano; se a sentença é posterior ao CC/2002 e determina juros legais. Quanto a esses casos, há que aplicá-los ao patamar de 6% ao ano (os juros legais à época, conforme o disposto no art. 1.062 do CC/1916) até a entrada em vigor do novo Código (11-1-2003), para, a partir dessa data, elevá-los a 12% ao ano. Finalmente, se a sentença é posterior ao novo CC, determina juros de 6% ao ano e não há recurso, deve ser aplicado esse percentual, pois sua modificação dependeria de iniciativa da parte. Anote-se, por último, que a Corte Especial já decidiu, em recurso repetitivo, que o art. 406 do CC/2002, quando alude aos juros moratórios, refere-se mesmo à taxa Selic. Aderindo a esse entendimento, a Seção deu provimento em parte ao recurso especial, sujeito ao procedimento previsto no art. 543-C do CPC e na Res. n. 8/2008-STJ (recurso repetitivo). Precedentes citados: AgRg no REsp 1.070.154-RJ, *DJe* 4-2-2009; REsp 901.756-RS, *DJ* 2-4-2007; REsp 814.157-RS, *DJ* de 2-5-2006; e REsp 1.102.552-CE, *DJe* 6-4-2009" (REsp 1.112.743-BA, rel. Min. Castro Meira, j. em 12-8-2009).

1.081.149 para ser julgado pelo órgão colegiado, mas, por enquanto, ainda está pendente de julgamento.

b) Juros moratórios convencionais: são os convencionados pelas partes, quando estas não quiserem a aplicação da taxa legal, ou quando preferirem não adentrar na polêmica sobre a taxa descrita no art. 406 do Código Civil. Porém, os juros moratórios convencionais possuem um teto de fixação. De acordo com o **art. 5º da Lei da Usura**[9] (Decreto n. 22.626/33), não pode ser fixado em patamar superior a **1% ao mês.**

Em tempo, cumpre informar que usura significa cobrança abusiva de juros.

De acordo com o **art. 405 do Código Civil**, os juros de mora, na responsabilidade civil contratual, são devidos após a citação do devedor. Já na modalidade extracontratual, são devidos a partir da data do evento danoso, consoante **Súmula 54 do STJ**.

Porém, adverte, corretamente, o **Enunciado 428 do CJF** que os juros de mora, nas obrigações negociais, fluem a partir do advento do termo da prestação (mora *ex-re*), estando a incidência do disposto no art. 405 da codificação limitada às hipóteses em que a citação representa o papel de notificação do devedor (mora *ex-persona*) ou àquelas em que o objeto da prestação não tem liquidez.

Foi por este motivo que a 3ª Turma do Superior Tribunal de Justiça (STJ) estabeleceu que o termo inicial da incidência dos juros de mora sobre as parcelas vencidas posteriormente à citação (denominadas vincendas) deve observar o vencimento da respectiva parcela, pois é desse momento em diante que elas passam a ser exigíveis (**Resp n. 1.601.739/RS, *Dje* 12-4-2019**).

Cumpre lembrar, também, que, em decorrência de as instituições financeiras não se subordinarem à Lei da Usura, elas podem cobrar juros remuneratórios superiores ao dobro da taxa legal, já que quem os regulamenta é o Banco Central (**Súmula 596 do STF**). A favor delas, a **Súmula 382 do STJ** estabelece que a estipulação de juros remuneratórios superiores a 12% ao ano, por si só, não indica abusividade. Complementando tais regras, a **Súmula 283 do STJ** estabelece que as empresas administradoras de cartão de crédito são instituições financeiras e, por isso, os juros remuneratórios por elas cobrados não sofrem as limitações da Lei de Usura. Ainda que se não alegue prejuízo, é obrigado o devedor aos juros da mora que se contarão assim às dívidas em dinheiro, como às prestações de outra natureza, uma vez que lhes esteja fixado o valor pecuniário por sentença judicial, arbitramento, ou acordo entre as partes, consoante o art. 407 do CC.

Provado que os juros da mora não cobrem o prejuízo, e, não havendo pena convencional, pode o juiz conceder ao credor indenização suplementar.

3) Atualização monetária: a atualização monetária tem por objetivo devolver o poder de compra da moeda, ou seja, corrigi-la monetariamente em razão das perdas inflacionárias.

4) Honorários advocatícios: os honorários advocatícios só podem ser cobrados quando houver efetiva atuação do profissional da Advocacia, caso contrário não serão devidos (**Enunciado 161 do CJF**).

9. Art. 5º. Admite-se que pela mora dos juros contratados estes sejam elevados de 1% e não mais.

Por muito tempo os honorários advocatícios foram um empecilho para a plena reparação dos danos, já que o art. 23 da Lei n. 8.906/94 (Estatuto da Advocacia) determina que os honorários incluídos na condenação, por arbitramento ou sucumbência, pertencem ao advogado, tendo esse direito autônomo para executar a sentença nessa parte, podendo requerer que o precatório, quando necessário, seja expedido em seu favor.

Em razão do disposto nesse artigo, verifica-se que os honorários sucumbenciais pertencem ao advogado. Assim, imaginemos uma cobrança de um cheque em que o lesado paga R$ 1.000,00 para o advogado patrocinar a sua causa (situação hipotética). Além do valor do cheque, deverão ser incluídos na cobrança os honorários pagos ao advogado para se entrar com a ação, já que o valor da condenação sucumbencial não será revertida ao autor, mas sim ao advogado, como explicado.

Foi por esse motivo que levamos essa ideia como proposta de enunciado na V Jornada de Direito Civil, realizada pelo CJF em 2011, e que foi aprovada pela plenária, tornando-se o Enunciado 426, com o seguinte texto:

> **En. 426 do CJF** – Os honorários advocatícios previstos no art. 389 do Código Civil não se confundem com as verbas de sucumbência, que, por força do art. 23 da Lei n. 8.906/1994, pertencem ao advogado.

Assim, haverá uma dupla condenação ao vencido: os honorários advocatícios, pagos pelo autor, e a verba sucumbencial, se o réu perder a ação.

Esse era o posicionamento do STJ, no **Resp 1.134.725-MG (2009/0067148-0), rel. Min. Fátima Nancy Andrighi, j. em 14-6-2011, v.u.**

Porém, infelizmente, o STJ mudou de posicionamento, e pacificou o entendimento contrário na Corte Especial e na 2ª Seção, citado no julgado abaixo:

> PROCESSUAL CIVIL. AGRAVO INTERNO. AGRAVO EM RECURSO ESPECIAL. PEDIDO DA PARTE VITORIOSA À CONDENAÇÃO DA SUCUMBENTE AOS HONORÁRIOS CONTRATUAIS DESPENDIDOS. DESCABIMENTO. PRECEDENTES DA CORTE ESPECIAL E DA SEGUNDA SEÇÃO DO STJ. DANO MORAL. NÃO INCIDÊNCIA. REEXAME DE PROVAS. SÚMULA N. 7/STJ.
>
> **1. A Corte Especial e a Segunda Seção do STJ já se pronunciaram no sentido de ser incabível a condenação da parte sucumbente aos honorários contratuais despendidos pela vencedora. Precedentes: EREsp. 1.507.864/RS, Relatora Ministra LAURITA VAZ, CORTE ESPECIAL, julgado em 20-4-2016, Dje 11-5-2016 e EREsp 1.155.527/MG, Rel. Ministro SIDNEI BENETI, SEGUNDA SEÇÃO, julgado em 13/6/2012, Dje 28/6/2012).** 2. Não cabe, em recurso especial, reexaminar matéria fático-probatória (Súmula 7/STJ). 3. Agravo interno a que se nega provimento. (**AgInt no AREsp 1332170/SP, Rel. Ministra MARIA ISABEL GALLOTTI, QUARTA TURMA, julgado em 7-2-2019, Dje 14-2-2019**).

O STJ acabou relativizando esse posicionamento, ao julgar o Resp 1.644.890-PR, julgado em 18 de agosto de 2020 pela Terceira Turma, de relatoria do Ministro Ricardo Villas Bôas Cueva, que compõe a terceira turma, decidindo que, além dos honorários sucumbenciais, em contratos de locação de *shopping centers*, **é possível a execução também dos honorários convencionais** (ou contratuais) em uma única ação.

A dupla incidência dos honorários sobre a mesma ação dar-se-á devido à natureza distinta dos honorários sucumbenciais para os convencionais. O relator, ministro Ricardo Villas Bôas Cueva, afirmou que os honorários contratuais não se confundem com os sucumbenciais, pois os primeiros decorrem da contratação do advogado para atuar na ação, e os outros remuneram aquele que alcançou êxito no processo. O ministro lembrou que o artigo 22 da lei 8.906/94 assegura aos advogados o direito aos honorários convencionais e aos de sucumbência, e os honorários contratuais, em regra, são devidos por aquele que contrata o advogado para atuar em seu favor.

> "Assim, cada uma das partes responde pelos honorários contratuais de seu advogado. A parte vencida, além dos honorários contratuais do seu advogado, também será responsável pelos honorários sucumbenciais devidos ao patrono da parte vencedora.", afirmou. Dessa forma o STJ, ao analisar caso em que no contrato de locação de *shopping center* havia previsão de pagamento de honorários contratuais a ser suportado pela parte que desse causa a ação judicial, entendeu que esses honorários previstos contratualmente poderiam ser repassados mesmo que os honorários sucumbenciais fossem suportados pela parte que deu causa a ação judicial, sem que isso caracterizasse dupla incidência de honorários, ou seja, sem que ocorresse *bis in idem*."

Assim sendo, mantemos nosso entendimento preconizado no Enunciado 426 do CJF, mas para o STJ não é mais possível incluir os honorários contratuais nas perdas e danos, exceto se estiver previsto em contrato de locação de *shopping center*, por conta da lei especial que o rege. Como esse último julgado é posterior ao anterior, seria um prenúncio de que a corte voltaria à posição que um dia já teve? Só o tempo dirá.

Porém, há uma luz nesse assunto, considerando que já existem tribunais estaduais do país, que estão decidindo de forma contrária, como o de SP, vejamos:

> "No que tange aos honorários contratuais, embora não se ignore a iterativa jurisprudência do E. Superior Tribunal de Justiça no sentido de que as despesas com a contratação de advogado para o ajuizamento de ação ou para a defesa em juízo não constituem danos materiais indenizáveis (cf., p. ex., EREsp 1507864/RS, Corte Especial, Rel. Min. Laurita Vaz, j. 20/04/2016, Dje 11/05/2016), o *entendimento deste relator é de que os honorários advocatícios contratuais constituem sim danos materiais passíveis de indenização*, ex vi do que dispõem os arts. 389, 395 e 404, todos do Código Civil." (**Trecho do voto do Desembargador ALEXANDRE MARCONDES, da 2ª Câmara Reservada de Direito Empresarial do Tribunal de Justiça de São Paulo, relator da Apelação Cível n. 1019425-57.2014.8.26.0114, julgada em 29/07/2019**)

O art. 85 do CPC, estabelece que a sentença condenará o vencido a pagar honorários ao advogado do vencedor.

7.10.2.1. Espécies de inadimplemento voluntário

Violação positiva do contrato: é o inadimplemento decorrente da violação aos deveres anexos à boa-fé objetiva. A parte pode alegar a *exceptio non adimpleti contractus* (exceção do contrato não cumprido), prevista no art. 476 do Código Civil.

Inadimplemento absoluto: ocorre quando a prestação for inútil ao credor depois do atraso, ou seja, não poderá ser cumprida após o vencimento. Como exemplo, o caso da costureira que atrasa a entrega do vestido de noiva na data do casamento. O cumprimento depois que a noiva casou é inútil.

Segundo o Enunciado 162 do CJF, a inutilidade da prestação que autoriza a recusa da prestação por parte do credor deverá ser aferida objetivamente, consoante o princípio da boa-fé e a manutenção do sinalagma, e não de acordo com o mero interesse subjetivo do credor.

Inadimplemento relativo: ocorre quando a prestação ainda é útil ao credor. Como exemplo, o atraso no pagamento de um empréstimo bancário. Nessa hipótese, a obrigação ainda pode ser cumprida após o vencimento, motivo pelo qual, neste caso, teremos a chamada mora.

Existem vários tipos de mora:

a) mora *accipiendi* ou *creditoris*: é a mora do credor. Como exemplo, citamos o caso de ele se recusar a receber o pagamento ou dar quitação;

b) mora *solvendi* ou *debitoris*: é a mora do devedor;

c) mora *ex re*: é a que ocorre automaticamente quando há vencimento na obrigação. Decorre da famosa frase em latim *dies interpelat pro homine*, ou seja, o vencimento interpela o homem.

d) mora *ex persona*: a que exige interpelação nos casos em que não houver vencimento na obrigação. Se não há *dies* na obrigação, devemos *interpelat* o homem.

Considera-se em mora o devedor que não efetua o pagamento e o credor que não quer recebê-lo no tempo, lugar e forma que a lei ou a convenção estabelecer. Responde o devedor pelos prejuízos a que sua mora der causa, mais juros, atualização dos valores monetários, segundo índices oficiais regularmente estabelecidos, e honorários de advogado.

Se a prestação, devido à mora, se tornar inútil ao credor, este poderá enjeitá-la e exigir a satisfação das perdas e danos.

Não havendo fato ou omissão imputável ao devedor, não incorre este em mora.

O inadimplemento da obrigação, positiva e líquida, no seu termo, constitui de pleno direito em mora o devedor. Não havendo termo, a mora se constitui mediante interpelação judicial ou extrajudicial. Já nas obrigações provenientes de ato ilícito, considera-se o devedor em mora, desde que o praticou.

Purga-se a mora:

a) por parte do devedor, oferecendo este a prestação mais a importância dos prejuízos decorrentes do dia da oferta;

b) por parte do credor, oferecendo-se este a receber o pagamento e sujeitando-se aos efeitos da mora até a mesma data.

A mora do credor subtrai o devedor isento de dolo à responsabilidade pela conservação da coisa, obriga o credor a ressarcir as despesas empregadas em conservá-la e o sujeita a recebê-la pela estimação mais favorável ao devedor, se o seu valor oscilar entre o dia estabelecido para o pagamento e o da sua efetivação.

7.10.3. Adimplemento substancial

Em alguns casos de inadimplemento, a jurisprudência vem aplicando a tese do adimplemento substancial, que deriva do Direito inglês, em que é conhecida como *substancial performance*; na Itália, é conhecida como *inadempimento de scarsa importanza*.

O Código Civil de 2002 não previu, formalmente, o adimplemento substancial, mas sua aplicação vem se realizando com base nos princípios da boa-fé objetiva (art. 422), da função social dos contratos (art. 421) e da vedação ao enriquecimento sem causa (art. 884).

Essa tese é corroborada pelo Enunciado 361 do CJF, para quem o adimplemento substancial decorre dos princípios gerais contratuais, de modo a fazer preponderar a função social do contrato e o princípio da boa-fé objetiva, balizando a aplicação do art. 475 do Código Civil.

O adimplemento substancial analisa se a obrigação foi cumprida em seus pontos relevantes, importantes, essenciais. Nas palavras de Clóvis do Couto e Silva, é "um adimplemento tão próximo do resultado final, que, tendo-se em vista a conduta das partes, exclui-se o direito de resolução, permitindo tão somente o pedido de indenização".

A citada tese não permite a resolução do vínculo contratual se houver cumprimento significativo, expressivo das obrigações assumidas, mas somente a sua cobrança. Nesse contexto, se ínfimo, insignificante ou irrisório o "descumprimento" diante do todo obrigacional, não se há de decretar a resolução do contrato, de maneira mecânica, sobretudo se isso conduzir à iniquidade ou contrariar os ideais de Justiça.

O STJ vem aplicando a tese no contrato de seguro (*vide* **Resp 415.971/SP, rel. Min. Nancy Andrighi, 3ª Turma, j. 14-5-2002**) e na alienação fiduciária (**Resp 469.577/SC, rel. Min. Ruy Rosado de Aguiar, 4ª Turma, j. em 25-3-2003, *DJ* de 5-5-2003, p. 310**).

O adimplemento substancial também é aplicado pelo STJ no contrato de *leasing* (*vide* **STJ, Resp 1.051.270/RS, 4ª Turma, rel. Min. Luis Felipe Salomão, j. em 4-11-2008**).

Assim, se na alienação fiduciária o devedor pagou quase a totalidade da dívida, o inadimplemento das parcelas finais só permitirá ao credor cobrá-las, não podendo pleitear a extinção do contrato, para, como no caso em tela, ter direito a busca e apreensão do bem.

Em 22 de fevereiro de 2017, uma decisão da 2ª Seção do STJ no **Resp 1.622.555/MG** deixou atônitos os estudiosos do instituto. Pelo voto da maioria dos Ministros que compõem a 2ª Seção, o Tribunal, julgando o Recurso Especial n. 1.622.555/MG, decidiu que a teoria do adimplemento substancial não se aplica aos contratos de alienação fiduciária regidos pelo Decreto-Lei n. 911/69.

Segundo o STJ, a tese do adimplemento substancial não **se aplica nos vínculos jurídicos familiares**, menos ainda nas obrigações alimentares, conforme **HC 439.973-MG, 4ª Turma, Rel. Min. Luis Felipe Salomão, j. 16/8/2018**.

7.11. DA CLÁUSULA PENAL[10] (ARTS. 408 A 416 DO CC)

Trata-se da cláusula inserida em uma relação jurídica em que as partes estabelecem uma prefixação das perdas e dos danos na hipótese de ocorrer o inadimplemento. Também é denominada **multa contratual**. A cláusula penal pode ser compensatória ou moratória.

10. Sobre o tema, indicamos a leitura da obra de nossa autoria intitulada *Multa contratual*: teoria e prática da cláusula penal, 5. ed., São Paulo: Saraiva, 2017.

Washington de Barros Monteiro[11] e Carlos Alberto Dabus Maluf lecionam que a cláusula penal compensatória refere-se à inexecução completa da obrigação ou de alguma cláusula especial, e a moratória refere-se, simplesmente, à mora.

Incorre de pleno direito o devedor na cláusula penal que, culposamente, deixar de cumprir a obrigação ou se constitua em mora.

A cláusula penal estipulada conjuntamente com a obrigação, ou em ato posterior, pode referir-se à inexecução completa da obrigação, à de alguma cláusula especial ou simplesmente à mora.

Quando se estipular a cláusula penal para o caso de total inadimplemento da obrigação, esta converter-se-á em alternativa em benefício do credor, e, se for estipulada para o caso de mora, ou em segurança especial de outra cláusula determinada, terá o credor o arbítrio de exigir a satisfação da pena cominada, juntamente com o desempenho da obrigação principal.

De acordo com o **art. 412 do Código Civil,** o limite da cláusula penal é o valor da obrigação principal. Porém, o citado artigo não se aplica quando há lei específica sobre determinado caso, por exemplo, na hipótese de relação de consumo, em que o Código de Defesa do Consumidor estabelece limite de 2%.

Uma questão tormentosa refere-se ao fato de o citado artigo não ter estabelecido qual das cláusulas penais tem como limite a obrigação principal. Com isso, torna-se possível uma cláusula penal estar dentro do limite legal, porém ser excessivamente onerosa.

Por esse motivo é que entendemos que no **art. 413 do Código Civil** encontramos a função social da cláusula penal[12]. Isso porque o citado dispositivo determina que o juiz deverá reduzir equitativamente a cláusula penal em duas hipóteses:

Quando a obrigação principal tiver sido cumprida em parte: exemplificamos com a hipótese do locatário que celebra um contrato de locação de imóvel urbano pelo prazo de 3 anos, com cláusula que prevê multa de 3 aluguéis caso ele devolva o apartamento antes do prazo ajustado. Se ele cumprir 6 meses de aluguel, ou 1 ano, ou 2 anos, ou, ainda, 2 anos e meio, a obrigação foi cumprida em parte. Como os prejuízos causados são distintos, nesse caso o juiz deverá reduzir a cláusula penal.

Com a nova redação dada pela Lei n. 12.112/2009 ao art. 4º da Lei do Inquilinato, o locatário poderá devolver o imóvel locado, pagando a multa pactuada, proporcionalmente ao período de cumprimento do contrato, ou, na sua falta, a que for judicialmente estipulada. Com isso fica prejudicado o **Enunciado 357 do CJF**[13], já que com a mudança a Lei de Locações passa a adotar o critério da proporcionalidade nas relações locatícias. Porém, cumpre ressaltar que essa mudança não exclui a aplicação do art. 413 do Código Civil no caso em tela, pois, se a redução proporcional ainda deixar excessivo o valor da cláusula penal, ela poderá ser reduzida equitativamente com base na hipótese que explicaremos adiante.

11. MONTEIRO, Washington de; MALUF, Carlos Alberto Dabus. *Curso de direito civil*: direito das obrigações. 34. ed. 2. tir. São Paulo: Saraiva, 2009, v. 4, 1ª parte, p. 381 e 385.
12. A expressão "função social da cláusula penal" foi criada por nós na obra *Multa contratual*: teoria e prática da cláusula penal, 5. ed., São Paulo: Saraiva, 2017, cuja leitura recomendamos para o aprofundamento do tema.
13. **Enunciado 357**: "O art. 413 do Código Civil é o que complementa o art. 4º da Lei n. 8.245/91". Revogado o Enunciado 179 da III Jornada.

Quando o montante da cláusula penal for manifestamente excessivo: essa hipótese vislumbra a possibilidade de o montante da cláusula penal ser altíssimo, fora da realidade, mesmo que esteja dentro do limite fixado em lei (art. 412 do CC), que não estabelece diferença para os casos de inadimplemento absoluto ou relativo.

Para a hipótese de inadimplemento absoluto entendemos ser justo cobrar como multa o valor da obrigação principal, já que esta irá substituir aquela. Porém, quando o inadimplemento for relativo, entendemos que pode haver grandes injustiças se, por apenas um dia, o devedor da obrigação tiver que arcar com uma multa de 100% do seu valor.

Assim, verifica-se que, para a cláusula penal cumprir sua função social, haverá a necessidade de ser reduzida pelo juiz.

A norma do art. 413 do Código Civil é cogente, já que estabelece que o juiz **deverá** reduzir a cláusula penal, e não **poderá**, como estava descrito na legislação de 1916.

Por esse motivo, não podem as partes renunciar à aplicação do citado dispositivo se ocorrerem as hipóteses nele aventadas. Esse é o conteúdo do **Enunciado 355 do CJF**, que é de nossa autoria e foi aprovado na IV Jornada de Direito Civil.

O **Enunciado 356 do CJF**, que também é de nossa autoria e foi aprovado na mesma jornada, seguindo essa linha, estabelece que o juiz deverá reduzir de ofício a cláusula penal, se presentes os requisitos do art. 413 do Código Civil.

A cláusula penal, a exemplo dos juros, é uma forma de responsabilizar civilmente o devedor de uma obrigação independentemente da existência de dano (art. 416 do CC).

Merece, porém, a nossa análise o fato de o credor poder ou não buscar indenização suplementar, se o valor da cláusula penal for insuficiente para remunerar as perdas e danos. Em regra, não se pode, já que, ao estipular a cláusula penal, as partes concordam que seu valor é justo para servir de base para as perdas e danos, por ser ele fixado antes de o inadimplemento ocorrer.

Ocorre que o Código Civil de 2002 inovou ao estabelecer a seguinte exceção:

> **Art. 416.** (...)
>
> Parágrafo único. Ainda que o prejuízo exceda ao previsto na cláusula penal, não pode o credor exigir indenização suplementar se assim não foi convencionado. Se o tiver sido, a pena vale como mínimo da indenização, competindo ao credor provar o prejuízo excedente.

Trata-se de uma exceção ao risco que o instituto da cláusula penal vem oferecer, qual seja, o devedor concordar em pagar mais do que os danos causados e o credor concordar em receber menos do que os prejuízos sofridos, já que tal estipulação é feita antes da ocorrência do inadimplemento. Entretanto, cumpre ressaltar que é o credor quem terá que efetuar a prova do prejuízo excedente, valendo, neste caso, a cláusula penal como indenização mínima.

Para nós essa cláusula é inconstitucional, como já afirmamos em nosso livro *Multa contratual: Teoria e prática da cláusula penal*, pois ao credor é dada a possibilidade de pleitear valor maior ao da multa enquanto ao devedor, como a mesma é paga independentemente de prejuízo, paga-se mais mesmo gerando prejuízo menor, e isso afronta a isonomia.

Nessa linha, por sugestão da professora Cláudia Lima Marques, foi aprovado o **Enunciado n. 430 do CJF, que estabelece**:

En. N. 430: Art. 416, parágrafo único: No contrato de adesão, o prejuízo comprovado do aderente que exceder ao previsto na cláusula penal compensatória poderá ser exigido pelo credor independentemente de convenção.

Para a renomada professora gaúcha, haveria a possibilidade de, no contrato de adesão, se aplicar a regra em favor do aderente sem a necessidade de convenção.

Passado o tempo, o STJ aprova tese em sede de Recurso Repetitivo de inversão da cláusula penal na hipótese de atraso na entrega do imóvel pela construtora, e o enunciado, aprovado pela 2ª seção, possui o seguinte texto:

> No contrato de adesão firmado entre o comprador e a construtora/incorporadora, havendo previsão de cláusula penal apenas para o inadimplemento do adquirente, deverá ela ser considerada para a fixação da indenização pelo inadimplemento do vendedor. As obrigações heterogêneas (obrigações de fazer e de dar) serão convertidas em dinheiro, por arbitramento judicial.

A seção julgou os temas[14] 970 e 971, que versavam, respectivamente, sobre:

(i) a possibilidade de cumular lucros cessantes com cláusula penal em atraso na entrega de imóvel; e

(ii) a possibilidade da inversão, em desfavor da construtora, da cláusula penal estipulada exclusivamente para o consumidor, nos casos de inadimplemento também pelo atraso na entrega.

A cláusula penal pode ser classificada, também, quanto à possibilidade de indenização suplementar, sendo disjuntiva, se o credor tiver que se contentar com a cláusula penal, sem ter a possibilidade de pleitear indenização suplementar, e cumulativa, se o credor puder exigir tanto a cláusula penal quanto a indenização suplementar, desde que haja previsão expressa no negócio jurídico, não importando, porém, se ela é compensatória ou moratória.

Até no Direito do Trabalho a cláusula penal tem importância, como demonstra o enunciado 429 do CJF:

En. 429 do CJF – Art. 413. As multas previstas nos acordos e convenções coletivas de trabalho, cominadas para impedir o descumprimento das disposições normativas constantes desses instrumentos, em razão da negociação coletiva dos sindicatos e empresas, têm natureza de cláusula penal e, portanto, podem ser reduzidas pelo Juiz do Trabalho quando cumprida parcialmente a cláusula ajustada ou quando se tornarem excessivas para o fim proposto, nos termos do art. 413 do Código Civil.

Este enunciado foi proposto pelo Juiz do Trabalho na cidade do Rio de Janeiro, Marcelo Moura, que vislumbrou, corretamente, que a cláusula penal tem aplicação no Direito do Trabalho.

Uma prova da importância da cláusula penal no Direito do Trabalho é que já fomos citados pelo Tribunal Regional do Trabalho da 22ª Região, no **Agravo de Petição n. 01156-2007-001-22-00-9, publicado no *DJT/PI* em 15-10-2008**, que aplicou as regras de cláusula penal previstas no Código Civil ao caso, e o enunciado 356 do CJF, que, como dito, é de nossa autoria.

14. Processos: REsps 1.498.484/1.635.428 e REsps 1.614.721/1.631.485.

7.12. DAS ARRAS (ARTS. 417 A 420 DO CC)

O Código Civil, no art. 417, conceitua as arras como a quantia em dinheiro, ou outro bem móvel, que uma parte dá à outra na conclusão do contrato para, em caso de execução, serem restituídas ou computadas na prestação devida, se do mesmo gênero da obrigação principal.

No dia a dia, as arras são muito utilizadas nos contratos bilaterais de trato sucessivo como princípio de pagamento. Afirmava Rubens Limongi França[15] que as arras são o mesmo que sinal, e que podem ser de duas espécies: confirmatórias e penitenciais.

Para o referido autor, as arras confirmatórias são aquelas que têm por objetivo tornar o negócio irretratável, enquanto as arras penitenciais são aquelas que dão às partes o direito de arrependimento. No atual sistema, as arras confirmatórias são regra e as penitenciais são exceção, já que devem estar expressamente pactuadas.

Em ambos os casos, as arras possuem papel de sinal, garantia de que a obrigação principal será cumprida, ou são consideradas princípio de pagamento. No entanto, em caso de inexecução contratual, o valor do sinal servirá como base para as perdas e danos.

No caso das **arras confirmatórias**, como não há arrependimento pactuado e o objetivo inicial é estabelecer uma garantia para que a obrigação seja cumprida, determina o art. 418 do Código Civil que, em caso de inexecução contratual por culpa de quem as recebeu, deverão ser devolvidas atualizadas monetariamente, com juros e honorários advocatícios, à outra parte. Se a culpa for de quem as deu, as arras poderão ser retidas para compensação quanto ao pagamento das perdas e danos devidos.

Como nesta modalidade não se pactuou arrependimento, já que o intuito era buscar a irretratabilidade, o art. 419 do Código Civil estabelece que as arras servirão como taxa mínima, podendo a parte inocente propor ação indenizatória, para buscar indenização suplementar no caso de o prejuízo sofrido ser maior do que o valor das arras.

Fica claro que, em caso de inexecução contratual, as arras confirmatórias desempenharão o papel de cláusula penal, como se mostra a seguir:

1) Se as arras servem para indicar que uma obrigação será cumprida, a inexecução contratual constitui espécie de inadimplemento.

2) Já foi apontado anteriormente que, para se exigir a cláusula penal em caso de inadimplemento, não há necessidade de alegar prejuízo, pois se trata de exceção à regra da responsabilidade civil, que dispensa a prova do dano.

3) Se o valor da cláusula penal for insuficiente para remunerar as perdas e os danos, em regra, não se pode buscar indenização suplementar, salvo se houver convenção expressa nesse sentido[16].

---

15. *Instituições de direito civil.* São Paulo: Saraiva, 1988, p. 729.
16. "Art. 416. Para exigir a pena convencional, não é necessário que o credor alegue prejuízo.

    Parágrafo único. Ainda que o prejuízo exceda ao previsto na cláusula penal, não pode o credor exigir indenização suplementar se assim não foi convencionado. Se o tiver sido, a pena vale como mínimo da indenização, competindo ao credor provar o prejuízo excedente".

4) Nesse caso, as semelhanças com a cláusula penal serão evidentes, já que as arras confirmatórias servem como taxa mínima (multa pela inexecução contratual, na qual as partes convencionam que o valor da cláusula penal é o mesmo do sinal), e se pode buscar indenização suplementar, desde que provado o prejuízo excedente. A única diferença, neste caso, é que na cláusula penal, para se buscar a indenização suplementar, deve haver convenção expressa, já nas arras confirmatórias a indenização será da natureza do instituto.

Dessa forma, conclui-se que as arras confirmatórias, de início, possuem função de indicar que a obrigação será cumprida, mas, ocorrendo a inexecução contratual, passam a ter função de cláusula penal, mesmo em se tratando de institutos distintos. Essa não era a conclusão da doutrina brasileira, mas entende-se que vale prevalecer com a mudança da codificação civil, já que a norma permissiva, no parágrafo único do art. 416, não tinha correspondente no Código Civil de 1916.

Washington de Barros Monteiro e Carlos Alberto Dabus Maluf[17] já noticiavam que juristas como Barassi e Mario Ghiron consideravam as arras confirmatórias como subespécie de cláusula penal, já que pertenciam à mesma família.

Já as **arras penitenciais** possuem regras diversas, pois permitem o direito ao arrependimento. Já afirmava Miguel Maria de Serpa Lopes[18] que não se pode confundir a infração às obrigações ou a inexecução culposa do contrato com o direito de arrependimento, já que este é fruto de convenção contratual, na qual se presume a concordância das partes com tal conduta, permitida pelo contrato. Trata-se do exercício regular de um direito previsto contratualmente.

Nesse caso, as partes convencionam que o valor da multa convencional (cláusula penal) devido em razão do arrependimento será o mesmo do valor do sinal. Esta é a dicção do art. 420 do Código Civil:

> **Art. 420.** Se no contrato for estipulado o direito de arrependimento para qualquer das partes, as arras ou sinal terão função unicamente indenizatória. Neste caso, quem as deu perdê-las-á em benefício da outra parte; e quem as recebeu devolvê-las-á, mais o equivalente. Em ambos os casos não haverá direito a indenização suplementar.

Pela sistemática do referido artigo, se o arrependimento for de quem deu as arras, este irá perdê-las em benefício da outra parte. No entanto, se o arrependimento for de quem as recebeu, este deverá devolvê-la, mais o equivalente.

Inicialmente, cumpre ressaltar o erro que muitas pessoas estão cometendo, ao dizer que, se o arrependimento for de quem recebeu as arras, deverá ocorrer a devolução em dobro. Isso estava descrito no art. 1.095 do Código Civil de 1916, que facilitava muito a compreensão do instituto, já que sua exemplificação era muito didática, como se aponta a seguir:

Se o valor das arras foi de R$ 1.000,00, nas arras penitenciais, as partes pactuam que este seria o valor da multa (cláusula penal) devida em caso de arrependimento. Dessa forma, se o arrependimento for de quem as deu, este perderá o sinal dado, porém, se for

17. MONTEIRO, Washington de; MALUF, Carlos Alberto Dabus. *Curso de direito civil*: direito das obrigações, primeira parte, p. 377.
18. LOPES, Miguel Maria de. *Curso de direito civil*: fontes das obrigações – contratos. 7. ed. Rio de Janeiro: Freitas Bastos, 2001. v. III, p. 211.

de quem as recebeu, deverá haver a devolução do valor do sinal (R$ 1.000,00) para evitar o enriquecimento sem causa. Assim, o pagamento da multa convencionada fica no mesmo valor dado a título de sinal. Com o somatório R$ 2.000,00, sendo o sinal R$ 1.000,00, muito mais fácil era afirmar que deveria ocorrer a devolução em dobro.

Onde está, no entanto, o erro em continuar a fazer tal afirmação? É que o art. 1.096 do Código de 1916 só permitia que as arras fossem dadas em *dinheiro*, que é possível de ser dobrado. Já o atual Código Civil permite, no art. 417, que as arras sejam dadas em dinheiro ou outro bem móvel. Dessa forma, pergunta-se: se for dado um bem infungível, como uma motocicleta, marca Honda, ano 2003, que possui determinada placa, determinado número de chassi e determinado número de Renavam, como fazer para dobrá-la?

Fica claro que o legislador foi muito coerente em modificar a expressão **devolve o dobro** para **devolve o sinal mais o equivalente**, já que dinheiro pode ser dobrado, mas bens móveis, não.

Mesmo tendo as arras, em caso de inexecução contratual, papel de cláusula penal, cumpre ressaltar que são institutos diferentes.

Para finalizar, cumpre ressaltar outro grande problema envolvendo arras e cláusula penal. Apesar de o Código Civil não mencionar, pode ser que a regra atinente às arras que terão caráter indenizatório quando do arrependimento, convencionado ou não, traga onerosidade excessiva e um consequente desequilíbrio material do contrato, que deverá ser interpretado à luz dos seus princípios sociais.

Muitas pessoas preferem, no momento da contratação, estipular como sinal uma quantia muito elevada, próxima do valor da operação que realiza, para que o resíduo que concluirá o pagamento da obrigação seja menor. Dessa forma, pergunta-se: quem pagou a título de sinal R$ 900.000,00 para iniciar o pagamento de um imóvel avaliado em R$ 1.000.000,00, deve perder o sinal caso se arrepender do negócio? Claro que tal atitude acarretará prejuízos, mas será que tão excessivos? Entende-se que à luz da nova Teoria Geral dos Contratos, vigente no Código Civil, tal situação, omissa na atual legislação, não poderá prevalecer.

Pelos princípios sociais do contrato, função social (art. 421) e boa-fé objetiva (art. 422), mesmo o Código Civil sendo omisso, efetuando-se uma interpretação sistemática, não se pode permitir que haja uma discrepância gigante entre o valor da pena e dos prejuízos causados, o que acarretaria um desequilíbrio contratual que violaria o princípio da equivalência material dos contratos.

Para evitar tal problema, entende Rodrigo Toscano de Brito[19] que, em vista dos princípios sociais dos contratos, sendo de consumo ou não, como já reverberado, poder-se-ia revisar a cláusula de arras, de modo capaz a manter o equilíbrio econômico e financeiro do contrato, tudo de acordo com os princípios da função social e equivalência material.

Corretíssimo o pensamento de ambos os doutrinadores, porém será necessário buscar um critério para que isso se concretize. A sugestão adotada na III Jornada de Direito Civil

19. Função social dos contratos como princípio orientador na interpretação das arras. In: Mário Luiz Delgado e Jones Figueirêdo Alves. *Questões controvertidas*. São Paulo: Método, 2004, v. II, p. 379.

do Conselho da Justiça Federal deu origem ao Enunciado 165, que determina a aplicação da regra do art. 413 do Código Civil às arras de qualquer espécie[20].

Muito coerente foi a conclusão do Conselho da Justiça Federal, uma vez que o critério da equidade, estampado no art. 413 do Código Civil, para redução da cláusula penal se o seu valor for excessivamente oneroso, ou a obrigação for cumprida em parte, é o mais adequado por se tratar de uma cláusula geral que permite fazer justiça no caso concreto.

Segundo entendimento fixado no **Resp 1.617.652-DF**, julgado em 26-9-2017, a cláusula penal constitui pacto acessório, de natureza pessoal, por meio do qual as partes contratantes, com o objetivo de estimular o integral cumprimento da avença, determinam previamente uma penalidade a ser imposta ao devedor na hipótese de inexecução total ou parcial da obrigação, ou de cumprimento desta em tempo e modo diverso do pactuado.

Nos termos do art. 409 do CC, a cláusula penal, também chamada de pena convencional ou simplesmente multa contratual, pode ser classificada em duas espécies: (i) a cláusula penal compensatória, que se refere à inexecução da obrigação, no todo ou em parte; e (ii) a cláusula penal moratória, que se destina a evitar retardamento no cumprimento da obrigação, ou o seu cumprimento de forma diversa da convencionada, quando a obrigação ainda for possível e útil ao credor.

Quando ajustada entre as partes, a cláusula penal compensatória incide na hipótese de inadimplemento da obrigação (total ou parcial), razão pela qual, além de servir como punição à parte que deu causa ao rompimento do contrato, funciona como fixação prévia de perdas e danos. Ou seja, representa um valor previamente estipulado pelas partes a título de indenização pela inexecução contratual.

De outro turno, as arras se relacionam à quantia ou bem entregue por um dos contratantes ao outro, por ocasião da celebração do contrato, como sinal de garantia do negócio.

De acordo com os arts. 417 a 420 do Código Civil de 2002, a função indenizatória das arras se faz presente não apenas quando há o lícito arrependimento do negócio (art. 420), mas principalmente quando ocorre a inexecução do contrato. Isso porque, de acordo com o disposto no art. 418, mesmo que as arras tenham sido entregues com vistas a reforçar o vínculo contratual, tornando-o irretratável, elas atuarão como indenização prefixada em favor da parte "inocente" pelo inadimplemento do contrato, a qual poderá reter a quantia ou bem, se os tiver recebido, ou, se for quem os deu, poderá exigir a respectiva devolução, mais o equivalente.

Outrossim, de acordo com o que determina o art. 419 do Código Civil de 2002, a parte prejudicada pelo inadimplemento culposo pode exigir indenização suplementar, provando maior prejuízo, "valendo as arras como taxa mínima", ou, ainda, pode requerer a execução do acordado com perdas e danos, se isso for possível, "valendo as arras como o mínimo da indenização".

Nesse contexto, decidiu o STJ que "evidenciado que, na hipótese de inadimplemento do contrato, as arras apresentam natureza indenizatória, desempenhando papel semelhante

20. "Enunciado 165 – Art. 413: Em caso de penalidade, aplica-se a regra do art. 413 ao sinal, sejam as arras confirmatórias ou penitenciais".

ao da cláusula penal compensatória, é imperiosa a conclusão no sentido da impossibilidade de cumulação de ambos os institutos, em face do princípio geral da proibição do *non bis in idem* (proibição da dupla condenação a mesmo título)" (**Resp 1.431.606-SP**, rel. Min. Paulo de Tarso Sanseverino, rel. para o acórdão Min. Ricardo Villas Bôas Cueva, por maioria, julgado em 15-8-2017, *Dje* 13-10-2017).

Existe outra modalidade chamada **arras assecuratórias**, que são um sinal para garantir a formação do contrato, quando as partes se encontram na fase de negociações preliminares (período de tratativas).

7.13. SÚMULAS E ENUNCIADOS SOBRE OBRIGAÇÕES

- Súmulas do STF

Súm. 163

Salvo contra a Fazenda Pública, sendo a obrigação ilíquida, contam-se os juros moratórios desde a citação inicial para a ação.

O STF considerou que a restrição ("salvo contra a Fazenda Pública") está derrogada pelo disposto no art. 1º da Lei n. 4.414/64 (**RE 114.967, j. em 20-5-1998; ac. De 12-9-1991, *RTJ* 137/53**).

Súm. 255

Sendo líquida a obrigação, os juros moratórios, contra a Fazenda Pública, incluídas as autarquias, são contados do trânsito em julgado da sentença de liquidação. **Obs.:** Súmula cancelada (**RE 74244/PR, *DJU* 19-12-1973**).

- Súmula Vinculante do STF

Súm. Vinc. 7

A norma do § 3º do art. 192 da Constituição, revogada pela Emenda Constitucional n. 40/2003, que limitava a taxa de juros reais a 12% ao ano, tinha sua aplicação condicionada à edição de lei complementar.

- Súmulas do STJ

Súm. 30

A comissão de permanência e a correção monetária são inacumuláveis.

Súm. 35

Incide correção monetária sobre as prestações pagas, quando de sua restituição, em virtude da retirada ou exclusão do participante de plano de consórcio.

Súm. 37

São cumuláveis as indenizações por dano material e dano moral oriundos do mesmo fato.

Súm. 286

A renegociação de contrato bancário ou a confissão da dívida não impede a possibilidade de discussão sobre eventuais ilegalidades dos contratos anteriores.

Súm. 296

Os juros remuneratórios, não cumuláveis com a comissão de permanência, são devidos no período de inadimplência, à taxa média de mercado estipulada pelo Banco Central do Brasil, limitada ao percentual contratado.

Súm. 379

Nos contratos bancários não regidos por legislação específica, os juros moratórios poderão ser convencionados até o limite de 1% ao mês.

Súm. 382

A estipulação de juros remuneratórios superiores a 12% ao ano, por si só, não indica abusividade.

Súm. 387

É lícita a cumulação das indenizações de dano estético e dano moral.

Súm. 408

Nas ações de desapropriação, os juros compensatórios incidentes após a Medida Provisória n. 1.577, de 11 de julho de 1997, devem ser fixados em 6% ao ano até 13 de setembro de 2001 e, a partir de então, em 12% ao ano, na forma da Súmula 618 do Supremo Tribunal Federal.

(A Primeira Seção, na sessão de 28-10-2020, ao julgar a Pet 12.344/DF, determinou o cancelamento da Súmula 408 do STJ (DJE 18-11-2020).(direito administrativo – desapropriação)

Súm. 410

A prévia intimação pessoal do devedor constitui condição necessária para a cobrança de multa pelo descumprimento de obrigação de fazer ou não fazer.

Súm. 421

Os honorários advocatícios não são devidos à Defensoria Pública quando ela atua contra a pessoa jurídica de direito público à qual pertença.

Súm. 422

O art. 6º, *e*, da Lei n. 4.380/64 não estabelece limitação aos juros remuneratórios nos contratos vinculados ao SFH.

Súm. 426

Os juros de mora na indenização do seguro DPVAT fluem a partir da citação.

Súm. 453

Os honorários sucumbenciais, quando omitidos em decisão transitada em julgado, não podem ser cobrados em execução ou em ação própria.

Súm. 464

A regra de imputação de pagamentos estabelecida no art. 354 do Código Civil não se aplica às hipóteses de compensação tributária.

Súm. 472

A cobrança de comissão de permanência – cujo valor não pode ultrapassar a soma dos encargos remuneratórios e moratórios previstos no contrato – exclui a exigibilidade dos juros remuneratórios, moratórios e da multa contratual.

Súm. 565

A pactuação das tarifas de abertura de crédito (TAC) e de emissão de carnê (TEC), ou outra denominação para o mesmo fato gerador, é válida apenas nos contratos bancários anteriores ao início da vigência da Resolução CMN n. 3.518/2007, em 30-4-2008.

Súm. 566

Nos contratos bancários posteriores ao início da vigência da Resolução CMN n. 3.518/2007, em 30-4-2008, pode ser cobrada a tarifa de cadastro no início do relacionamento entre o consumidor e a instituição financeira.

Súm. 580

A correção monetária nas indenizações do seguro DPVAT por morte ou invalidez, prevista no § 7º do art. 5º da Lei n. 6.194/1974, redação dada pela Lei n. 11.482/2007, incide desde a data do evento danoso.

Súm. 623

As obrigações ambientais possuem natureza *propter rem*, sendo admissível cobrá-las do proprietário ou possuidor atual e/ou dos anteriores, à escolha do credor.

- Enunciados das Jornadas de Direito Civil do CJF

En. 15

Art. 240: as disposições do art. 236 do novo Código Civil também são aplicáveis à hipótese do art. 240, *in fine*.

En. 16

Art. 299: o art. 299 do Código Civil não exclui a possibilidade da assunção cumulativa da dívida quando dois ou mais devedores se tornam responsáveis pelo débito com a concordância do credor.

En. 17

Art. 317: a interpretação da expressão "motivos imprevisíveis" constante do art. 317 do novo Código Civil deve abarcar tanto causas de desproporção não previsíveis como também causas previsíveis, mas de resultados imprevisíveis.

En. 18

Art. 319: a "quitação regular" referida no art. 319 do novo Código Civil engloba a quitação dada por meios eletrônicos ou por quaisquer formas de "comunicação a distância", assim entendida aquela que permite ajustar negócios jurídicos e praticar atos jurídicos sem a presença corpórea simultânea das partes ou de seus representantes.

En. 19

Art. 374: a matéria da compensação no que concerne às dívidas fiscais e parafiscais de Estados, do Distrito Federal e de Municípios não é regida pelo art. 374 do Código Civil.

En. 20

Art. 406: a taxa de juros moratórios a que se refere o art. 406 é a do art. 161, § 1º, do Código Tributário Nacional, ou seja, 1% ao mês. A utilização da taxa SELIC como índice de apuração dos juros legais não é juridicamente segura, porque impede o prévio conhecimento dos juros; não é operacional, porque seu uso será inviável sempre que se calcularem somente juros ou somente correção monetária; é incompatível com a regra do art. 591 do novo Código Civil, que permite apenas a capitalização anual dos juros, e pode ser incompatível com o art. 192, § 3º, da Constituição Federal[21], se resultarem juros reais superiores a 12% ao ano.

En. 35

Art. 884: A expressão "se enriquecer à custa de outrem" do art. 884 do novo Código Civil não significa, necessariamente, que deverá haver empobrecimento.

En. 36

Art. 886: O art. 886 do novo Código Civil não exclui o direito à restituição do que foi objeto de enriquecimento sem causa nos casos em que os meios alternativos conferidos ao lesado encontram obstáculos de fato.

En. 160

Art. 243: A obrigação de creditar dinheiro em conta vinculada de FGTS é obrigação de dar, obrigação pecuniária, não afetando a natureza da obrigação a circunstância de a disponibilidade do dinheiro depender da ocorrência de uma das hipóteses previstas no art. 20 da Lei n. 8.036/90.

En. 161

Arts. 389 e 404: Os honorários advocatícios previstos nos arts. 389 e 404 do Código Civil apenas têm cabimento quando ocorre a efetiva atuação profissional do advogado.

En. 162

Art. 395: A inutilidade da prestação que autoriza a recusa da prestação por parte do credor deverá ser aferida objetivamente, consoante o princípio da boa-fé e a manutenção do sinalagma, e não de acordo com o mero interesse subjetivo do credor.

21. Referência ao § 3º do art. 192 da CF prejudicada devido à EC n. 40/2003 ter alterado o artigo.

En. 163

Art. 405: A regra do art. 405 do novo Código Civil aplica-se somente à responsabilidade contratual, e não aos juros moratórios na responsabilidade extracontratual, em face do disposto no art. 398 do novo Código Civil, não afastando, pois, o disposto na Súmula 54 do STJ.

En. 164

Arts. 406, 2.044 e 2.045: Tendo início a mora do devedor ainda na vigência do Código Civil de 1916, são devidos juros de mora de 6% ao ano, até 10 de janeiro de 2003; a partir de 11 de janeiro de 2003 (data de entrada em vigor do novo Código Civil), passa a incidir o art. 406 do Código Civil de 2002.

En. 165

Art. 413: Em caso de penalidade, aplica-se a regra do art. 413 ao sinal, sejam as arras confirmatórias ou penitenciais.

En. 188

Art. 884: A existência de negócio jurídico válido e eficaz é, em regra, uma justa causa para o enriquecimento.

En. 347

Art. 266: A solidariedade admite outras disposições de conteúdo particular além do rol previsto no art. 266 do Código Civil.

En. 348

Arts. 275-282: O pagamento parcial não implica, por si só, renúncia à solidariedade, a qual deve derivar dos termos expressos da quitação ou, inequivocadamente, das circunstâncias do recebimento da prestação pelo credor.

En. 349

Art. 282: Com a renúncia da solidariedade quanto a apenas um dos devedores solidários, o credor só poderá cobrar do beneficiado a sua quota na dívida; permanecendo a solidariedade quanto aos demais devedores, abatida do débito a parte correspondente aos beneficiados pela renúncia.

En. 350

Art. 284: A renúncia à solidariedade diferencia-se da remissão, em que o devedor fica inteiramente liberado do vínculo obrigacional, inclusive no que tange ao rateio da quota do eventual codevedor insolvente, nos termos do art. 284.

En. 351

Art. 282: A renúncia à solidariedade em favor de determinado devedor afasta a hipótese de seu chamamento ao processo.

En. 352

Art. 300: Salvo expressa concordância dos terceiros, as garantias por eles prestadas se extinguem com a assunção de dívida; já as garantias prestadas pelo devedor primitivo somente são mantidas no caso em que este concorde com a assunção.

En. 353

Art. 303: A recusa do credor, quando notificado pelo adquirente de imóvel hipotecado, comunicando-lhe o interesse em assumir a obrigação, deve ser justificada.

En. 354

Arts. 395, 396 e 408: A cobrança de encargos e parcelas indevidas ou abusivas impede a caracterização da mora do devedor.

En. 355

Art. 413: Não podem as partes renunciar à possibilidade de redução da cláusula penal se ocorrer qualquer das hipóteses previstas no art. 413 do Código Civil, por se tratar de preceito de ordem pública.

En. 356

Art. 413: Nas hipóteses previstas no art. 413 do Código Civil, o juiz deverá reduzir a cláusula penal de ofício.

En. 357

Art. 413: O art. 413 do Código Civil é o que complementa o art. 4º da Lei n. 8.245/91. Revogado o Enunciado 179 da III Jornada.

En. 358

Art. 413: O caráter manifestamente excessivo do valor da cláusula penal não se confunde com a alteração de circunstâncias, a excessiva onerosidade e a frustração do fim do negócio jurídico, que podem incidir autonomamente e possibilitar sua revisão para mais ou para menos.

En. 359

Art. 413: A redação do art. 413 do Código Civil não impõe que a redução da penalidade seja proporcionalmente idêntica ao percentual adimplido.

En. 422

Art. 300 (Fica mantido o teor do Enunciado n. 352): A expressão "garantias especiais" constante do art. 300 do Código Civil de 2002 refere-se a todas as garantias, quaisquer delas, reais ou fidejussórias, que tenham sido prestadas voluntária e originariamente pelo devedor primitivo ou por terceiro, vale dizer, aquelas que dependeram da vontade do garantidor, devedor ou terceiro para se constituírem.

En. 423

Art. 301: O art. 301 do CC deve ser interpretado de forma a também abranger os negócios jurídicos nulos e a significar a continuidade da relação obrigacional originária em vez de "restauração", porque, envolvendo hipótese de transmissão, aquela relação nunca deixou de existir.

En. 424

Art. 303, segunda parte: A comprovada ciência de que o reiterado pagamento é feito por terceiro no interesse próprio produz efeitos equivalentes aos da notificação de que trata o art. 303, segunda parte.

En. 425

Art. 308: O pagamento repercute no plano da eficácia, e não no plano da validade, como preveem os arts. 308, 309 e 310 do Código Civil.

En. 426

Art. 389: Os honorários advocatícios previstos no art. 389 do Código Civil não se confundem com as verbas de sucumbência, que, por força do art. 23 da Lei n. 8.906/94, pertencem ao advogado.

En. 427

Art. 397, parágrafo único: É válida a notificação extrajudicial promovida em serviço de registro de títulos e documentos de circunscrição judiciária diversa da do domicílio do devedor.

En. 428

Art. 405: Os juros de mora, nas obrigações negociais, fluem a partir do advento do termo da prestação, estando a incidência do disposto no art. 405 da codificação limitada às hipóteses em que a citação representa o papel de notificação do devedor ou àquelas em que o objeto da prestação não tem liquidez.

En. 429

Art. 413: As multas previstas nos acordos e convenções coletivas de trabalho, cominadas para impedir o descumprimento das disposições normativas constantes desses instrumentos, em razão da negociação coletiva dos sindicatos e empresas, têm natureza de cláusula penal e, portanto, podem ser reduzidas pelo Juiz do Trabalho quando cumprida parcialmente a cláusula ajustada ou quando se tornarem excessivas para o fim proposto, nos termos do art. 413 do Código Civil.

En. 430

Art. 416, parágrafo único: No contrato de adesão, o prejuízo comprovado do aderente que exceder ao previsto na cláusula penal compensatória poderá ser exigido pelo credor independentemente de convenção.

En. 540

Art. 263: Havendo perecimento do objeto da prestação indivisível por culpa de apenas um dos devedores, todos respondem, de maneira divisível, pelo equivalente e só o culpado, pelas perdas e danos.

En. 548

Arts. 389 e 475: Caracterizada a violação de dever contratual, incumbe ao devedor o ônus de demonstrar que o fato causador do dano não lhe pode ser imputado.

En. 618

Art. 288: O devedor não é terceiro para fins de aplicação do art. 288 do Código Civil, bastando a notificação prevista no art. 290 para que a cessão de crédito seja eficaz perante ele.

En. 619

Art. 397: A interpelação extrajudicial de que trata o parágrafo único do art. 397 do Código Civil admite meios eletrônicos como e-mail ou aplicativos de conversa on-line, desde que demonstrada a ciência inequívoca do interpelado, salvo disposição em contrário no contrato.

En. 620

Art. 884: A obrigação de restituir o lucro da intervenção, entendido como a vantagem patrimonial auferida a partir da exploração não autorizada de bem ou direito alheio, fundamenta-se na vedação do enriquecimento sem causa.

En. 647

Art. 251: A obrigação de não fazer é compatível com o inadimplemento relativo (mora), desde que implique o cumprimento de prestações de execução continuada ou permanente e ainda útil ao credor.

En. 648

Art. 299: Aplica-se à cessão da posição contratual, no que couber, a disciplina da transmissão das obrigações prevista no CC, em particular a expressa anuência do cedido, *ex vi* do art. 299 do CC.

En. 649

Art. 413: O art. 421-A, inc. I, confere às partes a possibilidade de estabelecerem critérios para a redução da cláusula penal, desde que não seja afastada a incidência do art. 413.

- Enunciados sobre títulos de crédito das Jornadas de Direito Comercial do CJF

En. 39

Não se aplica a vedação do art. 897, parágrafo único, do Código Civil, aos títulos de crédito regulados por lei especial, nos termos do seu art. 903, sendo, portanto, admitido o aval parcial nos títulos de crédito regulados em lei especial.

En. 40

O prazo prescricional de 6 (seis) meses para o exercício da pretensão à execução do cheque pelo respectivo portador é contado do encerramento do prazo de apresentação, tenha ou não sido apresentado ao sacado dentro do referido prazo. No caso de cheque pós-datado apresentado antes da data de emissão ao sacado ou da data pactuada com o emitente, o termo inicial é contado da data da primeira apresentação.

En. 41

A cédula de crédito bancário é título de crédito dotado de força executiva, mesmo quando representativa de dívida oriunda de contrato de abertura de crédito bancário.

En. 69

Prescrita a pretensão do credor à execução de título de crédito, o endossante e o avalista, do obrigado principal ou de coobrigado, não respondem pelo pagamento da obrigação, salvo em caso de locupletamento indevido.

En. 70

O prazo estabelecido no art. 21, § 1º, da Lei n. 9.492/97 para o protesto por falta de aceite é aplicável apenas na falta de disposição diversa contida em lei especial referente a determinado título de crédito (por exemplo, duplicatas). Aplica-se, portanto, a disposição contida no art. 44, 2ª alínea, da Lei Uniforme de Genebra ao protesto por falta de aceite de letra de câmbio.

En. 71

A prescrição trienal da pretensão à execução, em face do emitente e seu avalista, de nota promissória à vista não apresentada a pagamento no prazo legal ou fixado no título, conta-se a partir do término do referido prazo.

- Enunciados das Jornadas de Direito Notarial e Registral do CJF

En. 61

Os coobrigados solidários em títulos e documentos de dívida, inclusive os avalistas, podem figurar como devedores no protesto por falta de pagamento, se assim for indicado pelo apresentante.

En. 62

Quando o cancelamento for fundado no pagamento, e não for possível demonstrá-lo pelo título ou documento de dívida, será exigida declaração de anuência ao cancelamento, emitida pelo credor ou apresentante endossatário-mandatário, suficientemente identificado na declaração.

En. 64

O cessionário de crédito protestado tem o direito de fazer averbar a cessão no registro de protesto, inclusive por meio da central eletrônica de protesto.

En. 65

O valor do título ou documento de dívida apresentado a protesto pode ser devidamente atualizado, sob responsabilidade do apresentante.

En. 66

Em caso de endosso-mandato, o endossante-mandante pode figurar como apresentante do protesto.

En. 67

Observada a competência territorial, a intimação de protesto pode ser realizada em endereço diverso do indicado pelo apresentante como sendo do devedor, se constante de base de dados própria ou de outras bases públicas de acesso disponível, inclusive a mantida pela central de serviços eletrônicos compartilhados.

En. 68

No caso de duplicata não aceita, que tenha circulado por endosso translativo, o protesto poderá ser lavrado em face do sacador endossante e seus avalistas, se assim for indicado pelo apresentante.

8
Teoria Geral dos Contratos

8.1. INTRODUÇÃO

O Código Civil de 2002 trouxe uma nova teoria geral dos contratos para o Direito Civil, inspirado no Código de Defesa do Consumidor (Lei n. 8.078/90). Isto pode ser verificado no Enunciado 167 do CJF, que estabelece:

> **En. 167 do CJF** – Com o advento do Código Civil de 2002, houve forte aproximação principiológica entre esse Código e o Código de Defesa do Consumidor, no que respeita à regulação contratual, uma vez que ambos são incorporadores de uma nova teoria geral dos contratos.

A aproximação principiológica entre ambos os códigos se dá em função de o Código Civil incorporar dois princípios contratuais sociais: **função social do contrato** e **boa-fé objetiva**.

Para demonstrar que o Código de Defesa do Consumidor foi a fonte de inspiração do Código Civil na criação de uma nova teoria geral dos contratos, citamos o **art. 423 do Diploma Civil**, copiado da Lei Consumerista, ao estabelecer que, havendo no contrato de adesão cláusulas ambíguas ou contraditórias, dever-se-á adotar a interpretação mais favorável ao aderente. Essa regra é cópia do **art. 47 do Código de Defesa do Consumidor**[1].

O **art. 424** também foi copiado da Lei Consumerista. Ele determina que, nos contratos de adesão, são nulas as cláusulas que estipulem a renúncia antecipada do aderente a direito resultante da natureza do negócio.

O **inciso I do art. 51 do Código de Defesa do Consumidor** estabelece que são nulas de pleno direito, entre outras, as cláusulas contratuais relativas ao fornecimento de produtos e serviços que impossibilitem, exonerem ou atenuem a responsabilidade do fornecedor por vícios de qualquer natureza dos produtos e serviços ou impliquem renúncia ou disposição de direitos.

8.2. A CRISE DOS CONTRATOS

O atual modelo contratual está em crise, em decorrência da proliferação dos contratos de adesão, em que o aderente não pode alterar substancialmente o conteúdo do contrato, ou seja, uma parte impõe o conteúdo contratual à outra.

---

1. Art. 47. As cláusulas contratuais serão interpretadas de maneira mais favorável ao consumidor.

O contrato pode ser **de adesão** ou **paritário**. No contrato paritário há possibilidade de modificação do conteúdo, existindo igualdade no momento da sua fixação, diferentemente do que ocorre no contrato de adesão.

Isso fez com que houvesse uma crise na manifestação da vontade das partes de uma relação contratual, que exigiu uma **mudança de estrutura** no contrato, para que fosse possível adaptá-lo à nova realidade dos nossos tempos. Esse fato foi muito bem abordado por Grant Gilmore, na década de 1970, na obra *The death of contract*, publicada nos Estados Unidos, que mostrava que o problema era mundial e não exclusivamente brasileiro.

8.3. CONCEITO DE CONTRATO

Contrato é um negócio jurídico bilateral ou plurilateral. Por esse motivo os atos unilaterais estão excluídos da relação contratual (atos em que há apenas uma pessoa manifestando vontade).

Cumpre salientar que não se deve confundir o conceito de ato unilateral, no qual existe apenas uma única pessoa manifestando vontade, com o de contrato unilateral, que traz obrigação somente para uma das partes, como ocorre, por exemplo, no caso da doação pura e simples (que gera obrigação somente para o doador).

Como exemplos de atos unilaterais no Código Civil podemos citar a promessa de recompensa (arts. 854 a 860), a gestão de negócios (arts. 861 a 875), o pagamento indevido (arts. 876 a 883) e o enriquecimento sem causa (arts. 884 a 886).

Assim sendo, podemos conceituar o contrato como o negócio jurídico bilateral ou plurilateral que visa a criação, a modificação ou a extinção de direitos e deveres que tenham conteúdo patrimonial (conceito inspirado no art. 81 do CC de 1916).

Maria Helena Diniz entende que no contrato deve existir **alteridade**, ou seja, pelo menos duas pessoas.

A alteridade veda a chamada autocontratação, em via de regra, já que o art. 117 do Código Civil imputa anulabilidade para o autocontrato, também denominado contrato consigo mesmo, no prazo de dois anos (consoante art. 179 do citado Código).

Excepcionalmente, porém, o art. 117 do Código Civil autoriza a autocontratação na hipótese da representação, que poderá ocorrer se houver autorização da lei ou do representado.

Dessa forma, no contrato de mandato, o mandante pode outorgar poderes para o mandatário praticar atos em seu nome com qualquer pessoa, inclusive com ele mesmo (mandatário). Como exemplo, citamos o mandatário que recebe poderes para vender uma propriedade do mandante, inclusive para ele mesmo (sendo vendedor e comprador simultaneamente). Portanto, se houver permissão do mandante, o autocontrato é válido.

O mandato em que o mandante outorga poderes ao mandatário para que ele possa celebrar o contrato consigo mesmo chama-se mandato em causa própria (*in rem suam*), e encontra-se previsto no art. 685 do Código Civil:

Art. 685. Conferido o mandato com a cláusula "em causa própria", a sua revogação não terá eficácia, nem se extinguirá pela morte de qualquer das partes, ficando o mandatário dispensado de prestar contas, e podendo transferir para si os bens móveis ou imóveis objeto do mandato, obedecidas as formalidades legais.

Esse mandato, segundo o dispositivo acima, é irrevogável e não se extingue pela morte das partes, ou seja, não segue a regra geral do art. 682 do Código Civil, que determina as causas de extinção do mandato, tais como a revogação e a morte das partes.

Recomendamos ao leitor a leitura do item que trata da natureza jurídica do casamento, no capítulo dedicado ao Direito de Família, que se encontra mais adiante neste livro, para verificar se o citado instituto se enquadra ou não no conceito de contrato.

8.4. CLASSIFICAÇÃO DOS CONTRATOS

Os contratos podem ser classificados da seguinte forma:

a) contratos unilaterais: são aqueles que geram obrigações para somente uma das partes. Exemplo: doação;

b) contratos bilaterais ou sinalagmáticos: são os que geram obrigações para ambas as partes. Exemplo: compra e venda;

Alguns autores reconhecem a existência do **contrato bilateral imperfeito**[2], que é aquele que nasce como unilateral e, durante a sua execução, por circunstância acidental, gera alguma obrigação para o contratante que a ela não se comprometera. Como exemplo citamos os contratos de depósito e comodato, quando surgir para o depositante ou comodante a obrigação de indenizar certas despesas realizadas pelo comodatário e pelo depositário. O contrato bilateral imperfeito subordina-se ao regime dos contratos unilaterais porque aquelas contraprestações não nascem com a avença, mas de fato eventual, posterior à sua formação, não sendo, assim, consequência necessária de sua celebração.

c) contratos gratuitos ou benéficos: são aqueles que geram vantagem para somente uma das partes. Exemplo: doação;

d) contratos onerosos: são os que geram vantagens para ambas as partes; Exemplo: compra e venda;

e) contratos comutativos: são aqueles em que as prestações são certas e determinadas no momento da contratação. Exemplo: compra e venda de uma moto X;

f) contratos aleatórios: são os que envolvem álea (sorte), ou seja, as prestações apresentam o risco de não acontecer, pois dependem da ocorrência de um evento futuro e incerto;

Existem dois tipos de contratos aleatórios:

f1) *emptio spei* (venda da esperança): o risco assumido é quanto à existência. Exemplo: compra e venda de uma safra futura. O preço será pago se a safra existir ou não;

f2) *emptio rei speratae* (venda de coisa esperada): o risco assumido refere-se à quantidade. Exemplo: compra e venda de uma safra futura. O preço, nesse caso, é pago

2. Encontra-se quem o chame de unilateral imperfeito.

independentemente da quantidade que for colhida. Se não houver colheita, não será pago nada, pois não se assumiu risco de existência;

g) contratos típicos ou nominados: são aqueles que possuem regulamentação legal específica. Exemplo: compra e venda;

h) contratos atípicos ou inominados: são os que não possuem regulamentação legal específica. A palavra "inominado" é inapropriada, pois dá a ideia de que o contrato não tem nome. Um dos exemplos de contratos atípicos é a hospedagem, que possui nome, mas não é regulamentado por lei. Esse tipo de contrato é autorizado pelo art. 425 do Código Civil. Assim sendo, entendemos que as denominações "nominado" e "inominado" devem ser adotadas para diferenciar se o contrato possui ou não nome, e não como sinônimo de contrato típico e atípico;

i) contratos principais: são aqueles que existem por si sós, ou seja, não dependem de outro contrato. Exemplo: locação de imóvel urbano;

j) contratos acessórios: são aqueles cuja existência depende de um contrato principal. Exemplo: fiança;

k) contratos reais: são os que somente se aperfeiçoam com a entrega da coisa. Exemplo: comodato;

l) contratos consensuais: são aqueles que se aperfeiçoam com o simples consentimento das partes; Exemplo: compra e venda;

m) contratos não solenes: são aqueles que independem de forma especial. *Vide* art. 107 do Código Civil. Exemplo: compra e venda de um livro;

n) contratos solenes: são os que dependem de forma especial, ou seja, precisam ser celebrados no Tabelionato de Notas perante o tabelião por escritura pública. *Vide* o art. 108 do Código Civil. Exemplo: compra e venda de um imóvel de valor superior a 30 salários mínimos;

o) contratos não formais: são aqueles que não dependem de forma escrita, podendo ser celebrados verbalmente. Exemplo: doação verbal de bens móveis de pequeno valor, se lhe seguir incontinenti a tradição (art. 541, parágrafo único, do CC);

p) contratos formais: são aqueles que dependem de forma escrita obrigatoriamente, não podendo ser celebrados por outra forma, como é o caso da fiança, consoante art. 819 do Código Civil;

q) contratos paritários: são aqueles em que as partes discutem o conteúdo contratual e chegam a um denominador comum;

r) contratos de adesão: aqueles em que uma das partes não pode alterar substancialmente o conteúdo do contrato (conceito extraído do art. 54 do Código de Defesa do Consumidor);

Orlando Gomes[3] diferenciava esse contrato em:

- contrato **por** adesão – quando **não** houvesse atividade de monopólio da parte que cria o conteúdo contratual. Como exemplo, citamos o contrato celebrado com bancos, que não exercem sua atividade com monopólio (há concorrência);

3. GOMES, Orlando. *Contratos*. 9. ed. Rio de Janeiro: Forense, 1983, p. 132.

- contrato **de** adesão quando **houvesse** atividade de monopólio da parte que cria o conteúdo contratual. Como exemplo, citamos o contrato celebrado com a companhia de saneamento, que exerce nos Estados essa atividade com monopólio. A doutrina entende que tal classificação está superada, denominando em casos se existir ou não o monopólio a expressão contrato **de** adesão;

s) contratos de execução instantânea: são aqueles que se esgotam num só instante, ou seja, as prestações são cumpridas instantaneamente. Exemplo: a compra de uma garrafa de água;

t) contratos de execução futura: são aqueles que se prolongam no tempo. Há duas espécies desse tipo de contrato:

t1) contratos de execução diferida: são os que são cumpridos no futuro, porém de uma única vez. Exemplo: compra de terno, sob medida, com o alfaiate;

t2) contratos de execução continuada (também chamados de trato sucessivo): são aqueles que são cumpridos no futuro, porém gradativamente, periodicamente. Exemplo: financiamento de veículo em 80 meses.

u) contratos de massa: são aqueles em que a regulamentação individual das condições contratuais substitui-se pelo regulamento coletivo, que também se impõe coativamente para as relações jurídicas concernentes a interesse primários da população. Segundo Orlando Gomes[4], são exemplos desse tipo de contrato:

u1) contrato coativo (também chamado de ditado, imposto, forçado)**:** é aquele que se realiza sem o pressuposto do livre consentimento, ou seja, contra a vontade da pessoa. Como exemplo, citamos os contratos em que o Poder Público impõe o contrato para atingir certo objetivo da política econômica, ou facilitar sua ação financeira, como ocorre no caso do seguro obrigatório;

u2) contrato necessário: é aquele em que a pessoa tem a obrigação legal de contratar, como ocorre no caso do penhor legal, disciplinado no art. 1.467 do Código Civil;

u3) contrato normativo: é aquele cujo conteúdo é imposto pela lei, mas nele há o livre consentimento (por isso não é coativo). Como exemplo, citamos o contrato de trabalho;

u4) contrato-tipo (também chamado de formulário): é aquele comercializado impresso para relações contratuais futuras que nem existem ainda, como o contrato de locação de imóvel urbano vendido em papelarias;

v) contratos mistos: são aqueles que fundem vários contratos em apenas um, dando origem a um novo contrato unitário. Como exemplo, citamos a hospedagem, que funde prestação de serviços, depósito e locação de coisas;

x) contratos coligados: são formados pela união de contratos que não forma um novo, mas que se justapõem mantendo suas individualidades. Essa coligação, segundo Orlando Gomes[5], apresenta-se de três formas:

4. GOMES, Orlando. *Transformações gerais do direito das obrigações*. 2. ed. São Paulo: RT, 1980, p. 16-22.
5. GOMES, Orlando. *Contratos*. 9. ed. Rio de Janeiro: Forense, 1983, p. 112-3.

x1) união externa: que é simplesmente instrumental, pois, nesse caso, não há interdependência entre os vários tipos de contratos, pois são queridos pelas partes como um todo. Não é uma coligação propriamente dita, pois não se complementam e nem se excluem. Como exemplo, citamos o contrato de lojistas em *shopping center*, que obriga o pagamento de aluguel e de despesas de condomínio;

x2) união com dependência: acontece quando os vários contratos são queridos pelas partes como um todo (por isso se aproxima dos contratos mistos, mas com eles não se confundem, pois não formam nova modalidade contratual unitária), mas um dependerá do outro, e cada um isoladamente se torna desinteressante. A dependência pode ser recíproca, se ambos se tornarem desinteressantes isoladamente, ou unilateral se apenas um se tornar desinteressante.

Como exemplo de dependência recíproca, citamos o caso do contrato de transporte aéreo com o de seguro de passageiro (desejado pela parte) para uma viagem internacional. Um não sobrevive sem o outro. A dependência unilateral pode ser exemplificada no caso do motor de carro que é vendido com a obrigação de montá-lo. A montagem sem o motor não interessa, mas o motor sem a montagem é interessante;

x3) união alternativa: a coligação contratual é feita para que um contrato sobreviva sem o outro, realizada determinada condição. Um exclui o outro quando a condição é implementada, o que demonstra que, embora unidos, eles não se complementam. Como exemplo, citamos o caso de compra de um apartamento em Brasília, se o comprador for eleito deputado federal, senão o aluguel por um ano.

8.5. PRINCÍPIOS CONTRATUAIS

Princípios são normas finalísticas que têm por objetivo complementar o conceito de um instituto jurídico, com base em padrões legais, doutrinários, jurisprudenciais, e de aspectos políticos, econômicos e sociais. Ou seja, costumamos dizer que o princípio funciona como o atualizador de uma lei.

Cumpre notar que a visão moderna da doutrina é no sentido de que **o princípio tem força normativa**, pois no momento de dizer o Direito o intérprete deve somar **preceito** e **princípio**.

Com a constitucionalização do Direito Civil os princípios constitucionais da dignidade da pessoa humana (art. 1º, III, da CF), da solidariedade social (art. 3º, I, da CF) e da isonomia (art. 5º da CF) também se aplicam ao Direito Civil, e, consequentemente, ao contrato.

Os princípios que norteiam a relação contratual são: autonomia privada; função social do contrato; boa-fé objetiva; força obrigatória; e relatividade dos efeitos do contrato.

8.5.1. Princípio da autonomia privada

Em vista da crise da vontade, já explicada anteriormente, não se utiliza mais a expressão "autonomia da vontade".

Autores como Fernando Noronha, Renan Lotufo e Francisco Amaral defendem a supressão da expressão "autonomia da vontade", já que haverá na relação contratual uma autonomia privada, na qual as partes poderão estabelecer na relação negocial aquilo que melhor lhes aprouver.

A autonomia privada pode ser conceituada como o princípio que confere às partes liberdade de autorregulamentação, ou seja, permite que as partes possam convencionar o que melhor lhes aprouver.

Razões que fundamentam a autonomia privada em detrimento da autonomia da vontade:

1) Atualmente se entende que a autonomia não é da vontade, mas sim da pessoa, o que reforça a tese de que saímos da era de **patrimonialização** (valorização do patrimônio) e estamos em um momento de **personificação** (valorização da pessoa humana);

2) a crise que impera na manifestação da vontade em razão de vários fatores:

a) a imposição da contratação ou de algumas cláusulas contratuais pela lei e pelo Estado, o que se denomina **dirigismo contratual**. Como exemplo, podemos citar o seguro obrigatório, contrato que deve obrigatoriamente ser celebrado por proprietários de veículos automotores;

b) a imposição de cláusulas pela parte economicamente mais forte, já que na maioria das relações contratuais encontramos desigualdades sociais entre elas, o que facilita o abuso da parte mais favorecida economicamente. Como exemplo, citamos os contratos com bancos;

c) condutas de comportamento impostas pelo meio social, que geram a conhecida "sede de consumo", na qual as pessoas celebram o contrato em razão de buscarem uma valorização no meio social em que vivem, por exemplo, a aquisição de roupas de grife ou de equipamentos eletrônicos de última geração;

d) a exploração dos meios de *marketing* com mensagens subliminares (subliminar é qualquer estímulo não captado no nível de consciência por estar abaixo dos limites sensoriais receptores) para induzir à aquisição de produtos e serviços pelos consumidores;

e) os fatores políticos também influenciam, pois sem consumo não há investimento estrangeiro. Sem o investimento estrangeiro não há arrecadação de impostos. Sem pagamento de impostos, haverá desemprego. Com isso a economia desacelera e gera um efeito cascata na sociedade;

3) proliferação dos contratos de adesão.

O Código de Defesa do Consumidor assim conceitua o contrato de adesão:

> **Art. 54.** Contrato de adesão é aquele cujas cláusulas tenham sido aprovadas pela autoridade competente ou estabelecidas unilateralmente pelo fornecedor de produtos ou serviços, sem que o consumidor possa discutir ou modificar substancialmente seu conteúdo.

O Código Civil não conceitua o contrato de adesão, todavia podemos utilizar o conceito descrito na legislação consumerista como aquele em que o aderente não pode discutir ou modificar substancialmente o seu conteúdo.

Cumpre destacar, também, que os contratos de adesão não existem somente nas relações de consumo, mas também nas relações civis, já que para a sua ocorrência basta o aderente não ter a oportunidade de alterar substancialmente o seu conteúdo. Exemplo disso é o contrato de franquia, em que inexiste relação de consumo, já que o franqueado não é destinatário final dos produtos e serviços adquiridos, e não pode alterar o conteúdo, haja vista que terá que se submeter ao modelo empregado pelo franqueador.

Isso pode ser verificado do **Enunciado 171 do CJF**, que estabelece que o contrato de adesão, mencionado nos arts. 423 e 424 do novo Código Civil, não se confunde com o contrato de consumo.

O contrato de consumo é formado pela relação consumerista entre fornecedor e consumidor (relação de consumo de bens e serviços).

O art. 3º do CDC conceitua o fornecedor como toda pessoa física ou jurídica, pública ou privada, nacional ou estrangeira, bem como os entes despersonalizados, que desenvolvem atividades de produção, montagem, criação, construção, transformação, importação, exportação, distribuição ou comercialização de produtos ou prestação de serviços. Nesse conceito, verifica-se que o fornecedor pode ser pessoa física ou jurídica, que pode ser pública (de direito interno ou externo) ou privada, ou ainda um ente despersonalizado (a massa falida que continua vendendo serviço ou produto, por exemplo). Assim, podemos entender que o fornecedor é qualquer ente que participe da produção até a comercialização de bens e serviços, exceto quem não exerce com habitualidade a atividade negocial.

Segundo o citado artigo, **produto** é qualquer bem, móvel ou imóvel, material ou imaterial, e **serviço** é qualquer atividade fornecida no mercado de consumo, mediante remuneração, inclusive as de natureza bancária, financeira, de crédito e securitária (conforme a Súmula 297 do STJ[6]), salvo as decorrentes das relações de caráter trabalhista.

Vale ressaltar que condomínio edilício não é fornecedor e não há relação de consumo entre ele e os condôminos, conforme posicionamento do STJ no **Resp 239.578/SP**.

Já o art. 2º do CDC conceitua o consumidor como toda pessoa física ou jurídica que adquire ou utiliza produtos ou serviços como destinatário final. Porém, o CDC apresenta quatro conceitos de consumidor:

1º) destinatário final – art. 2º;

2º) coletividade de pessoas – art. 2º, parágrafo único;

3º) *by stander* (consumidor por equiparação) – art. 17;

4º) todas as pessoas expostas às práticas comerciais previstas no Capítulo V do CDC – art. 29.

O conceito adotado dentro da teoria contratual é o do consumidor como destinatário final, porém há duas teorias para explicar melhor isso, pois uma delas tenta "alargar" demasiadamente esse conceito, vejamos:

1) Teoria finalista ou subjetiva, para a qual o consumidor é aquele que retira o bem do mercado e não o aplica na produção, ou seja, apenas quem utiliza os bens ou serviços como destinatário final (teoria majoritária na doutrina e adotada por Claudia Lima Marques).

Após dar indicações de que iria adotar a teoria finalista, o STJ passou a entender que ela pode ser mitigada quando decorrer inegável vulnerabilidade técnica, jurídica ou econômica

6. Súmula 297 do STJ – O Código de Defesa do Consumidor é aplicável às instituições financeiras.

de uma das partes, mesmo que seja pessoa jurídica, abrindo assim espaço para a adoção da teoria maximalista. Já em 2001, o STJ não acatava a alegação de foro privilegiado para pessoas jurídicas que compravam equipamentos sofisticados (**CC 32.270**). Em seguida, afirmando a teoria finalista, o célebre **Resp 541.867** negou a uma empresa de tintas o direito de evocar o CDC contra uma administradora de cartões de crédito, por considerá-la intermediária na relação de consumo. Porém, o STJ vem amenizando sua posição, considerando consumidor empresa hoteleira em relação ao fornecedor de gás (**Resp 476.428**) e uma empresa de confecções em relação à concessionária de energia elétrica (**Resp 661.145**), tendo em vista a necessidade de se equilibrar as relações entre fornecedores e consumidores-empresários. Mas, em decisão proferida pela 4ª Turma no ano de 2010, o STJ evidencia ter adotado a teoria finalista, sem a mitigação anteriormente citada (*vide* **Resp 1.016.458-RS, rel. Min. Aldir Passarinho Junior, j. em 9-2-2010**).

2) **Teoria maximalista**, que alarga o conceito de relação de consumo para todas as relações em que há vulneráveis e hipossuficientes.

8.5.2. Princípio da função social do contrato

A função social do contrato faz com que este seja interpretado e visualizado de acordo com o contexto da sociedade, para que não fique isolado do mundo externo, mas sem que seja possível ser afetado por ocorrências externas.

Como exemplo, citamos o caso do contrato de namoro. Algumas pessoas buscam fazê-lo com o intuito de impedir a constituição de uma união estável. Como o referido contrato é firmado para burlar a lei, será nulo em razão do art. 166, VI, do Código Civil.

A função social possui origem constitucional no princípio da solidariedade social (art. 3º, I, da CF), devendo ser regulamentada por norma infraconstitucional. Por esse motivo, entendemos que a função social do contrato possui natureza constitucional, pois o art. 421 do Código Civil veio regulamentá-la.

É importante ressaltar que o parágrafo único do **art. 2.035 do Código Civil** elevou o princípio da função social do contrato (e da propriedade também) a preceito de ordem pública.

Se é preceito de ordem pública, o princípio da função social do contrato poderá ser reconhecido de ofício pelo juiz, e retroceder aos contratos celebrados antes da entrada em vigor do Código Civil de 2002, já que tal princípio foi uma inovação da citada legislação.

Há quem entenda na doutrina que o princípio da função social do contrato possui **dupla eficácia: a interna e a externa**. O Enunciado 360 do CJF corrobora esse entendimento.

A **eficácia interna** é aquela que atende aos interesses privados dos contratantes, como a que explicamos anteriormente.

Pode haver, também, **eficácia externa**, que serve de proteção e atribui deveres aos contratantes em face de interesses extracontratuais. Exemplo disso é a teoria do terceiro cúmplice, que explicaremos ao estudar o princípio da relatividade dos efeitos do contrato, que denota a aplicação da tese da tutela externa do crédito, consagrada no Enunciado 21 do CJF.

Vale citar a posição dos professores Antonio Junqueira de Azevedo e Francisco Paulo de Crescenzo Marino, ao atualizarem a obra de Orlando Gomes[7]:

> "Outra corrente, a que nos filiamos, vislumbra no princípio da função social do contrato também outras aplicações práticas. Entendemos que há pelo menos três casos nos quais a violação ao princípio da função social deve levar à ineficácia superveniente do contrato. Juntamente com a ofensa a interesses coletivos (meio ambiente, concorrência etc.), deve-se arrolar a lesão à dignidade da pessoa humana e a impossibilidade de obtenção do fim último visado pelo contrato. (...) Com relação à impossibilidade de obtenção do fim último visado pelo contrato, o fim que não mais pode ser atingido faz com que o contrato perca sua função social, devendo torná-lo juridicamente ineficaz".

Segundo o texto acima, o descumprimento da função social **gera ineficácia do contrato.**

Porém a redação do art. 421 do CC foi alterada pela Lei da Liberdade Econômica (Lei n. 13.874/2019):

> **Art. 421.** A liberdade contratual será exercida nos limites da função social do contrato.
>
> **Parágrafo único.** Nas relações contratuais privadas, prevalecerão o princípio da intervenção mínima e a excepcionalidade da revisão contratual.

A redação do *caput* da norma foi corrigida conforme os erros apontados por grandes civilistas como os professores Antônio Junqueira de Azevedo e Álvaro Villaça Azevedo, que gerou, inclusive, o texto do Projeto de Lei n. 6.960/2002, de autoria do relator do projeto de Código Civil, Deputado Ricardo Fiuza, que em razão do seu falecimento não teve sequência no Congresso Nacional.

1º erro: não deveria ter sido usada a expressão "liberdade de contratar", que se refere à liberdade para celebrar o contrato, que, em regra, todos possuem, salvo no caso de seguro obrigatório ou licitação. O correto seria utilizar a expressão "liberdade contratual", por estar relacionada ao conteúdo do contrato.

2º erro: a expressão "em razão" foi usada equivocadamente, já que a função social não é a razão do contrato, mas sim o limite. A razão do contrato é a *autonomia privada*.

Mas a mudança mais drástica foi a inclusão no artigo de um parágrafo único para limitar seu propósito e sua finalidade, uma vez que, como o mesmo funciona como uma espécie de "freio à autonomia privada", a nova regra vem para "conter o freio", para não dizer "frear o freio", pois estabelece que na relação contratual privada deverá vigorar a regra da intervenção mínima, trazendo ao Estado Juiz um recado de que não intervenha em regra nas relações entre particulares. Nem tanto ao céu nem tanto à terra: temos que ter segurança jurídica, mas o Poder Judiciário existe para coibir os abusos nas relações entre particulares, que não existe somente entre empresários, mas uma locação de imóvel urbano pequeno e de valor baixo também sofre o impacto da norma. Eis o erro que comete o *caput* do art. 421-A do CC, que não existia e foi incluído no Código pela referida norma, com o seguinte texto:

---

7. GOMES, Orlando Gomes. *Contratos* (atual. Antonio Junqueira de Azevedo e Francisco Paulo de Crescenzo Marino). 26. ed. Rio de Janeiro: Forense, 2007, p. 50-51. *Vide* na mesma direção, TARTUCE, Flávio. *Função social dos contratos*: do Código de Defesa do Consumidor ao Código Civil de 2002. 2. ed. São Paulo: Editora Método, 2007, p. 239 e s.

Art. 421-A. Os contratos civis e empresariais presumem-se paritários e simétricos até a presença de elementos concretos que justifiquem o afastamento dessa presunção, ressalvados os regimes jurídicos previstos em leis especiais, garantido também que:

I – as partes negociantes poderão estabelecer parâmetros objetivos para a interpretação das cláusulas negociais e de seus pressupostos de revisão ou de resolução;

II – a alocação de riscos definida pelas partes deve ser respeitada e observada; e

III – a revisão contratual somente ocorrerá de maneira excepcional e limitada.

Os contratos paritários são aqueles que se opõem ao contrato de adesão. A norma cria uma presunção de que todos os contratos civis são paritários e não de adesão, só pelo fato de que não são contratos de consumo. Esse é um erro clássico que já havia sido apontado e dirimida a dúvida pelo Enunciado n. 171 do CJF, que deixa claro que existem vários contratos civis de adesão, e a prova disso é o legislador ter se preocupado com isso colocando no Código Civil os arts. 423 e 424, que reconhecem e protegem o contrato de adesão civil.

As locações de imóveis urbanos e as fianças locatícias, por exemplo, são contratos civis, porém 90% desses contratos são celebrados na forma de adesão, sobrando um pequeno percentual quando há grandes imóveis e corporações envolvidas, pois não podemos esquecer, inclusive, que na papelaria se compram blocos de contratos de locação de imóvel urbano para a grande população contratar por modelos pré-definidos.

Exemplos práticos de aplicação do princípio da função social do contrato:

1) Art. 108 do Código Civil: o citado artigo reconheceu que não se pode impedir que o contrato esteja acessível a qualquer pessoa, pois cria uma regra que onera as partes (obrigatoriedade de escritura pública em certos casos), porém permite que as pessoas menos favorecidas fiquem dispensadas dessa exigência na hipótese de a negociação envolver imóveis de valor inferior a 30 salários mínimos, podendo o contrato ser feito por instrumento particular.

2) Art. 413 do Código Civil: o citado artigo trata da redução por equidade da cláusula penal. Quando uma obrigação é cumprida em parte, ou o seu montante é manifestamente excessivo, a cláusula penal deverá ser reduzida. De acordo com o citado artigo, o critério redutor é o da equidade, tendo o critério da proporcionalidade sido revogado juntamente com o art. 916 do Código Civil.

Entendemos, ao elaborarmos nossa dissertação de mestrado na PUC-SP[8], que o citado artigo apresenta a **função social da cláusula penal**, haja vista que quer permitir a ocorrência da justiça nas relações contratuais que trazem multa pecuniária (que representam a maioria em nossa sociedade).

A função social da cláusula penal pode ser verificada no conteúdo dos **Enunciados 355 e 356 do CJF**, ambos de nossa autoria.

Como já afirmamos, o art. 2.035, parágrafo único, do Código Civil prevê, expressamente, que a função social do contrato é preceito de ordem pública, podendo, desta forma, ser reconhecida de ofício pelo juiz.

8. Esse trabalho está publicado com o título *Multa contratual*: teoria e prática, pela Editora Saraiva, e encontra-se, em 2017, na 5ª edição.

3) Arts. 423 e 424 do Código Civil: aplicáveis aos contratos de adesão civil, pois trazem **o princípio da equivalência material.**

O art. 423 do Código Civil se inspirou no art. 47 do CDC, e possui o seguinte conteúdo:

Art. 423. Quando houver no contrato de adesão cláusulas ambíguas ou contraditórias, dever-se-á adotar a interpretação mais favorável ao aderente.

Já o art. 424 do Código Civil se inspirou no art. 51 do CDC, ao afirmar que, nos contratos de adesão, são nulas as cláusulas que estipulem a renúncia antecipada do aderente a direito resultante da natureza do negócio.

Como exemplo de aplicação do art. 424, citamos o caso da fiança locatícia. O art. 827 do Código Civil prevê o benefício de ordem como um direito resultante do negócio fiança. O art. 828 do mesmo Código permite que haja renúncia a tal benefício. Se não houve discussão das cláusulas contratuais, existe, no caso em tela, um **contrato de adesão**. O benefício de ordem é um direito resultante da natureza do contrato de fiança, diante do que a renúncia ao benefício de ordem é nula.

Outro exemplo é a cláusula de assunção da responsabilidade por caso fortuito e força maior, autorizada pelo *caput* do art. 393 do Código Civil, mas que retira do aderente um direito resultante da natureza do negócio, e que, por isso, não pode prejudicá-lo.

Por fim, citamos, também, o art. 448 do Código Civil, que trata da cláusula *non praestaenda evictione*, em que é possível pactuar a exoneração da responsabilidade pela evicção, mas que se pactuada em contrato de adesão representa uma renúncia antecipada do aderente a um direito resultante da natureza do negócio.

4) Art. 425 do Código Civil: que autoriza a possibilidade de as partes criarem um contrato que não está tipificado pelo Código.

Os contratos típicos são os já previstos na legislação e os atípicos são os que podem ser criados.

O contrato atípico não é um contrato sem nome (inominado). No contrato de hospedagem, por exemplo, inclusos os contratos de locação de coisa, de locação de serviço e de depósito, não está previsto em lei, mas é composto por vários contratos típicos.

5) Art. 426 do Código Civil: o citado artigo proíbe o *pacta corvina*, atualmente denominado *pacto sucessório,* e reconhece a função social do contrato como ato *inter vivos*, vedando que seja objeto de contratação a herança de pessoa viva;

6) Tese da frustração do fim do contrato: prevista no Enunciado 166 do CJF, no seguinte sentido:

En. 166 do CJF – A frustração do fim do contrato, como hipótese que não se confunde com a impossibilidade da prestação excessiva, tem guarida no direito brasileiro pela aplicação do art. 421.

A citada tese encontra origem no direito inglês. A sua aplicação se dá quando ocorrer a impossibilidade da prestação, ou seja, quando o contrato perder o seu objeto, hipótese em que deverá ser extinto.

No Brasil é difícil aplicar essa tese, pois nosso ordenamento não adota a teoria da causa, como ocorre em alguns países europeus, em que seria requisito de validade do contrato a indicação de sua causa (origem). Assim, só se pode aplicar a citada tese nos casos de os contratos indicarem a sua causa de forma minuciosa.

8.5.3. Princípio da boa-fé objetiva

A boa-fé hoje pode ser subjetiva ou objetiva.

A **boa-fé subjetiva** (*Gutten Glauben*, para os alemães) está ligada a um estado psicológico de crença na existência de um direito ou ignorância de certo fato. Ela não é princípio de direito contratual, e está presente em vários artigos do Código Civil, tais como os arts. 309, 1.242 e 1.561.

Já a **boa-fé objetiva** (*Treu und Glauben*) estabelece regra de conduta baseada em deveres que serão inerentes a qualquer negócio jurídico.

Tem a boa-fé objetiva **três funções**: a **ativa**, a **reativa** e a **interpretativa**.

1) A **função ativa da boa-fé** se verifica nos deveres anexos ou acessórios, que não derivam da vontade das partes, tais como os deveres de lealdade, cooperação, informação e segurança.

Os deveres anexos estão implícitos em qualquer tipo de contrato, por se tratar de uma conduta esperada pelo legislador.

São exemplos de deveres anexos à boa-fé objetiva:

a) dever de cuidado em relação à outra parte;

b) dever de colaboração ou cooperação;

c) dever de respeito à confiança;

d) dever de informação quanto ao conteúdo do negócio jurídico;

e) dever de lealdade;

f) dever de agir conforme a equidade e a razoabilidade.

O rol é *numerus apertus*, ou seja, exemplificativo.

Segundo o Enunciado 24 do CJF, a violação dos deveres anexos à boa-fé objetiva acarreta inadimplemento contratual independentemente de culpa (que gera responsabilidade civil objetiva, consoante o Enunciado 37 do CJF), e que se chama **violação positiva do contrato**.

2) Já a **função reativa** gera a responsabilidade dos contratantes antes da celebração do contrato (até a sua conclusão), em sua execução e mesmo após o seu término (art. 422 do Código Civil). Essa responsabilidade não termina com o fim do contrato, pois então surge a responsabilidade decorrente da culpa *post pactum finitum*. Assim, verifica-se que a boa-fé objetiva deve estar presente em todas as fases do contrato, ou seja, na fase pré-contratual, na fase contratual e na fase pós-contratual (cf. Enunciados 25 e 170 do CJF).

A fase de negociações preliminares é a primeira fase de negociação do contrato. Esta fase, em regra, não vincula as partes, porém haverá responsabilidade civil se, violada a boa-fé objetiva, existir expectativa de contratação em decorrência de *culpa in contrahendo*.

Um belo exemplo de violação da boa-fé objetiva na fase pré-contratual é o conhecido "Caso dos Tomates". No encerrar da década de 1980, pequenos produtores rurais do Rio Grande do Sul plantavam tomates com sementes fornecidas pela Companhia Industrial de Conservas Alimentícias – CICA. Na safra de 1987/1988, a empresa distribuiu sementes aos fornecedores, como era costumeiro. Recusou-se, entretanto, a adquirir a produção, acarretando prejuízo em razão da quebra da confiança despertada nos produtores antes da celebração do contrato. O Tribunal de Justiça do Estado, em um posicionamento vanguardista, entendeu que a CICA havia agido em desconformidade com os ditames da boa-fé objetiva, a despeito da legalidade de sua conduta, e incutiu-lhe responsabilidade pelos danos advindos da ruptura injustificada das negociações (**Tribunal de Justiça do Rio Grande do Sul, Embargos Infringentes n. 591083357, 3º Grupo de Câmaras Cíveis, rel. Juiz Adalberto Libório Barros, j. 1º-11-1991. Comarca de origem: Canguçu. Fonte:** ***Jurisprudência TJRS*****, Cíveis, 1992, v. 2, t. 14, p. 1-22**).

Também é possível a boa-fé objetiva ser violada na fase pré-contratual nas relações trabalhistas:

> Promessa de contratação frustrada. Fase pré-contratual. Dano moral. Tendo havido entrevista, exame admissional, abertura de conta para recebimento de salário e entrega da documentação, há a formação de um pré-contrato, fase em que também as partes devem respeitar o princípio da boa-fé objetiva consagrado no art. 422 do Código Civil. A promessa de contratação frustrada por parte da reclamada caracteriza a afronta à boa-fé, gerando a obrigação de indenizar o empregado pela falsa expectativa criada. Recurso da reclamada a que se nega provimento (**TRT da 4ª Região, processo n. 00305-60.2010.5.04.0304-RO, rel. Des. Federal do Trabalho Hugo Carlos Scheuermann, 4ª Turma, publicado em 08-11-2010**).

Na fase pós-contratual algumas obrigações perduram mesmo o contrato tendo sido extinto, motivo pelo qual a inobservância da boa-fé objetiva gera responsabilidade civil em decorrência da ***culpa post pactum finitum***.

Também é possível a boa-fé objetiva ser violada na fase **pós-contratual** nas relações trabalhistas:

> Responsabilidade civil pós-contratual – Ato lesivo à boa fama da ex-empregada – Dano moral. A reclamante logrou comprovar que o reclamado, diante de novo emprego ou simples proposta, comunicava-se com o novo ou potencial empregador, maculando sua imagem. A conduta, antijurídica e lesiva à boa fama da ex-empregada, viola o princípio da boa-fé objetiva, que deve orientar os parceiros contratuais na celebração e execução do contrato, assim como nas fases pré e pós-contratual. Confirma-se, por isso, a r. sentença que condenou o reclamado ao pagamento de indenização por danos morais (**TRT da 3ª Região, processo n. 0168200-93.2009.5.03.0050-RO, rel. Juíza convocada Taísa Maria Macena de Lima, 10ª Turma, publicado em 30-11-2010**).

Por fim, a **função reativa** é a utilização da boa-fé objetiva como exceção, ou seja, como defesa, em caso de ataque do outro contratante. Trata-se da possibilidade de defesa que a boa-fé objetiva possibilita em caso de ação judicial injustamente proposta por um dos contratantes.

São exemplos de aplicação da função reativa da boa-fé objetiva:

2.1) ***supressio*** (*Verwirkung* para os alemães)**:** é a perda de um direito pelo seu não exercício no tempo;

2.2) ***surrectio*** (*Erwirkung* para os alemães)**:** é a aquisição de um direito que não estava previsto;

2.3) ***venire contra factum proprium*** (que deriva da frase *nemo potest venire contra factum proprium*)**:** é a vedação ao comportamento contraditório;

2.4) ***tu quoque*** (deriva do grito de dor do Imperador Júlio César ao ser esfaqueado na escadaria do senado romano em março de 44 a.C.: *Tu quoque, Brute, fili mi!* – o significado da frase é "não faça para o outro o que não desejas para si").

Os quatro institutos acima podem ser encontrados no art. 330 do Código Civil, que estabelece: *"O pagamento reiteradamente feito em outro local faz presumir renúncia do credor relativamente ao previsto no contrato"*.

Tendo uma dívida portável (paga no domicílio do credor e o devedor tendo que ir lá pagar), de 18 meses, e por 8 meses o credor for até o domicílio do devedor receber, ocorre a *supressio* para ele, pois ele perde um direito por não tê-lo exercido. Já para o devedor ocorre a *surrectio*, pois ele ganha um direito que não estava previsto. Se o credor não for receber e alegar inadimplemento numa ação judicial, ocorreria *venire contra factum proprium*, proibido por ferir a expectativa que foi criada, e que não deve ser frustrada (*tu quoque*).

2.5) ***Duty to mitigate the loss*****:** que significa "o dever de o credor mitigar a própria perda". O instituto tem origem no art. 77 da Convenção de Viena (1980), e, segundo o Enunciado 169 do CJF, apresenta culpa delitual, pois afirma que **o princípio da boa-fé objetiva deve levar o credor a evitar o agravamento do próprio prejuízo**.

Um exemplo de aplicação do referido instituto está no contrato de fiança locatícia. Como a Lei de Locação não deu legitimidade para que o fiador pudesse ingressar com a ação de despejo, é possível que o locador, em um contrato de 30 meses garantido por fiança, proponha a competente ação somente no 29º mês, no caso de nunca ter recebido pagamento de aluguel, para fazer uma "poupança forçada", já que cobrará do fiador 29 meses de aluguel, com multa, juros, atualização monetária e honorários advocatícios. Isso seria uma imoralidade que viola a boa-fé objetiva.

O STJ acatou essa tese no **Resp 758.518-PR, rel. Min. Vasco Della Giustina (Desembargador convocado do TJRS), j. em 17-6-2010**.

3) Há, ainda a **função interpretativa da boa-fé objetiva**, consagrada no art. 113 do Código Civil e que serve para balizar a interpretação do contrato, e a **função de controle**, descrita no art. 187 do Código Civil, que serve para estabelecer o conceito de abuso de direito para acarretar a responsabilização civil.

8.5.4. Princípio da intervenção mínima

Este princípio está previsto expressamente no art. 421 do CC, em razão da nova redação dada ao dispositivo pela Lei da Liberdade Econômica (Lei n. 13.874/2019).

Trata-se de regra que determina que o Estado deve intervir o mínimo possível nas relações entre particulares por entender que seriam as partes capazes de se autorregulamentarem.

Com isso, a referida lei incluiu no CC o art. 421-A, que estabelece presunção relativa de que contratos civis e empresariais são simétricos. Ora, já mencionamos anteriormente que, numa locação de imóvel urbano e na fiança locatícia, o contrato é civil, mas na esmagadora maioria dos contratos celebrados diariamente no Brasil não existe simetria, pois eles não são paritários, mas sim de adesão.

Com isso entendemos ser um erro presumir que só por se tratar de contrato civil haveria paridade e simetria. E, para piorar, a norma estabelece que, por se tratar de contrato civil:

I – as partes negociantes poderão estabelecer parâmetros objetivos para a interpretação das cláusulas negociais e de seus pressupostos de revisão ou de resolução;

II – a alocação de riscos definida pelas partes deve ser respeitada e observada; e

III – a revisão contratual somente ocorrerá de maneira excepcional e limitada.

Eis um erro que deverá ser consertado pela nossa jurisprudência.

8.5.5. Princípio da força obrigatória do contrato

Também conhecido como *pacta sunt servanda* (o pacto deve ser respeitado/cumprido), tal princípio não tinha sido eliminado do direito contratual, porém sua aplicação se dava nos contratos paritários.

Isso pode ser confirmado no Enunciado 23 do CJF, que afirma que a função social do contrato, prevista no art. 421 do novo Código Civil, não elimina o princípio da autonomia contratual, mas atenua ou reduz o alcance desse princípio quando presentes interesses metaindividuais ou interesse individual relativo à dignidade da pessoa humana.

A função social do contrato busca resolver problemas em contratos de adesão, enquanto o *pacta sunt servanda* seria uma exceção aos poucos contratos simétricos existentes nas relações privadas em geral.

Com o advento da Lei da Liberdade Econômica (Lei n. 13.874/2019), o *pacta sunt servanda* voltou a ganhar força, como acontecia na época do liberalismo que antecedeu a da solidariedade social, pois a nova redação do art. 421 e o novo art. 421-A, todos do CC, deixam bem claro que:

I – o Estado Juiz não deve intervir nas relações contratuais quando demandas forem questionar o conteúdo do contrato no Poder Judiciário (intervenção mínima);

II – as partes negociantes são livres e iguais para estabelecerem parâmetros objetivos para a interpretação das cláusulas negociais;

III – as partes poderão definir os pressupostos da revisão judicial ou da resolução, como por exemplo renunciar ao direito de realizá-la, já que são iguais;

IV – a alocação de riscos definida pelas partes deve ser respeitada e observada, pois, em face da igualdade existente entre elas, há possibilidade de discuti-los amplamente; e

V – a revisão contratual somente ocorrerá de maneira excepcional e limitada.

A pergunta que faço é: **em que mundo vivemos? Como acreditar nas cinco premissas falsas apontadas acima? Muito complicado. Temo pelo contrato.**

Aos contratos entre grandes corporações podemos pregar a rigidez da lei, mas, entre pessoas economicamente fortes e outras fracas, estas últimas merecem proteção.

8.5.6. Princípio da relatividade dos efeitos do contrato

Um contrato não vincula nem prejudica terceiros, porque é um instituto de direito pessoal – salvo se o terceiro quiser ou se a lei determinar. Esse princípio é a aplicação **da *res inter alios acta***[9].

Excepcionalmente, um contrato pode gerar efeitos contra terceiros, tais como nas seguintes hipóteses:

a) estipulação em favor de terceiros (arts. 436 a 438 do CC)**:** é o contrato que gera efeitos para alguém que não é parte dele, por exemplo, o seguro de vida. A doutrina diz que são efeitos exógenos – o efeito do contrato gera consequências fora do contrato;

b) promessa de fato de terceiro (arts. 439 e 440 do CC)**:** se alguém faz promessa de conduta de terceiro sem que este saiba, responderá perante o contratante. Tal responsabilidade não existirá se o terceiro for o cônjuge do promitente, dependendo da sua anuência o ato a ser praticado, e desde que, pelo regime do casamento, a indenização, de algum modo, venha a recair sobre os seus bens.

Nenhuma obrigação haverá para quem se comprometer por outrem, se este, depois de se ter obrigado, faltar à prestação;

c) contrato com pessoa a declarar (arts. 467 a 471 do CC)**:** no momento da conclusão do contrato, pode uma das partes reservar-se a faculdade de indicar a pessoa que deve adquirir os direitos e assumir as obrigações dele decorrentes, numa convenção chamada cláusula *pro amico eligendo*. Essa pessoa é denominada *electus*.

Essa indicação deve ser comunicada à outra parte no prazo de 5 dias da conclusão do contrato, se outro não tiver sido estipulado. A aceitação da pessoa nomeada não será eficaz se não se revestir da mesma forma que as partes usaram para o contrato.

A pessoa nomeada em conformidade com as regras expostas acima adquire os direitos e assume as obrigações decorrentes do contrato, a partir do momento em que este foi celebrado.

O contrato será eficaz somente entre os contratantes originários, nos seguintes casos:

- se não houver indicação de pessoa, ou se o nomeado se recusar a aceitá-la;
- se a pessoa nomeada era insolvente, e a outra pessoa o desconhecia no momento da indicação.

Na hipótese de a pessoa a nomear ser incapaz ou insolvente no momento da nomeação, o contrato produzirá seus efeitos entre os contratantes originários, motivo pelo qual se verifica que não há prejuízo para a parte que aceita essa forma de contratação.

d) consumidor por equiparação (art. 17 do CDC)**:** também chamado de *by stander*. O citado artigo equipara a consumidor todas as vítimas do evento danoso, sejam estas partes do contrato de consumo ou não;

e) tese da tutela externa do crédito (Enunciado 21 do CJF)**:** trata-se de caso em que um terceiro alicia uma das partes a não cumprir o contrato. A citada tese tem aplicação no

9. O princípio *res inter alios acta allis nec prodest nec nocet* significa que os atos dos contratantes não aproveitam e nem prejudicam terceiro.

Brasil em decorrência dos princípios da função social do contrato e da boa-fé objetiva. No caso do contrato de prestação de serviços, encontramos no **Código Civil** menção expressa no **art. 608**, que estabelece ser devida indenização no valor do que ao prestador de serviço, pelo ajuste desfeito, houvesse de caber durante dois anos. Essa tese consagra a chamada **"Teoria do Terceiro Cúmplice"**, que gera responsabilização civil para quem, com culpa ou dolo, age no intuito de prejudicar o contrato. Tal teoria já vem sendo aplicada pelo STJ, inclusive em contratos administrativos (**Resp 468.062-CE, rel. Min. Humberto Martins, 2ª Turma, j. 11-11-2008, *Dje* de 1º-12-2008**);

f) cláusula de vigência na Lei n. 8.245/91 (Lei de Locações): segundo o art. 8º, se o imóvel for alienado durante a locação, o adquirente poderá denunciar o contrato, com o prazo de 90 dias para a desocupação, salvo se a locação for por tempo determinado e o contrato contiver cláusula de vigência em caso de alienação e estiver registrado (art. 167, I, 3, da Lei n. 6.015/73) junto à matrícula do imóvel.

É importante destacar que nem tudo que se registra em Cartório de Registros Públicos terá efeito perante terceiros, pois como dito anteriormente, depende de previsão legal.

Por esse motivo, é necessário ter cuidado com o art. 127-A da Lei de Registros Públicos, pois ele normatiza o registro facultativo para conservação de documentos ou conjunto de documentos, a ser realizado no Cartório de Títulos e Documentos, conforme admite o inciso VII do *caput* do art. 127 da mesma lei. Para o referido artigo, o citado registro terá a finalidade de arquivamento de conteúdo e data, e por isso não gerará efeitos em relação a terceiros e não poderá servir como instrumento para cobrança de dívidas, mesmo que de forma velada, nem para protesto, notificação extrajudicial, medida judicial ou negativação nos serviços de proteção ao crédito ou congêneres.

8.6. FORMAÇÃO DO CONTRATO

Existem três fases de elaboração de um contrato:

1ª fase: negociações preliminares *(também chamada de puntuação ou fase de proposta não formalizada)***:** nesta fase haverá debates prévios, tratativas, sem vinculação das partes, salvo se ocorrer expectativa de contratação, que gera responsabilidade civil pré-contratual fundada em *culpa in contraendo*. Como exemplo de negociações preliminares, citamos a carta de intenções.

2ª fase: de proposta, de policitação ou oblação (arts. 425 a 435 do CC)**:** nesta fase há proposta formalizada que obriga quem a formulou, ou seja, o proponente (policitante ou solicitante). O oblato (policitado ou solicitado) é o destinatário da proposta.

O destinatário não fica vinculado, pois a obrigação é exclusiva do proponente.

O oblato pode ser pessoa indeterminada, pois na moderna visão de contrato existem as **ofertas ao público**, que é uma verdadeira proposta vinculante, comportando algumas reservas quando encerra os requisitos essenciais ao contrato, salvo se o contrário resultar das circunstâncias ou dos usos, conforme o art. 429 do Código Civil. A oferta ao público pode ser revogada pela mesma via de sua divulgação, desde que ressalvada essa faculdade na oferta realizada.

De acordo com o art. 428 do Código Civil, não haverá vinculação do proponente nos seguintes casos:

1) se a proposta feita sem prazo a pessoa presente não foi imediatamente aceita pelo oblato: para o contrato ser celebrado entre pessoas presentes (*inter praesentes*), tem que haver facilidade de comunicação, não sendo necessária exclusivamente a presença física. Verifica-se assim que o critério é temporal e não espacial. Como exemplo, podemos citar o contrato celebrado por telefone, *chat*, teleconferência. Os contratos celebrados entre presentes são denominados **contratos com declarações consecutivas**;

2) se da proposta feita sem prazo a pessoa ausente tiver decorrido tempo suficiente para chegar a resposta ao conhecimento do proponente (prazo moral): para o contrato ser celebrado entre pessoas ausentes (*inter absentes*), é necessário que não exista facilidade de comunicação. Como exemplo, podemos citar o contrato celebrado por correspondência epistolar ou por *e-mail*, já que neste último caso a transmissão da informação não é *on-line*. Os contratos celebrados entre ausentes são denominados **contratos com declarações intervaladas**.

A expressão "tempo suficiente para chegar a resposta ao conhecimento do proponente" significa um preceito legal indeterminado, já que não há especificação do prazo necessário, haja vista que ele dependerá da situação concreta. Por este motivo ele é denominado **prazo moral**.

3) se a proposta foi feita a pessoa ausente e não tiver sido expedida a resposta dentro do prazo dado;

4) se antes da proposta, ou simultaneamente a ela, chegar ao conhecimento da outra parte (o oblato) a retratação do proponente: com relação ao contrato com declarações intervaladas (aquele formado entre pessoas ausentes), questiona-se: qual é o momento da sua formação? Para responder a esta pergunta existem duas teorias:

4.1) Teoria da cognição ou informação: dispõe que o contrato se forma no momento da ciência da aceitação pelo ofertante.

4.2) Teoria da agnição ou declaração: dispõe que a aceitação se aperfeiçoa no momento em que o oblato declara que aceita a proposta.

O Código Civil adota a teoria da agnição, que admite a existência de duas subteorias:

a) recepção: quando o proponente recebe a aceitação do oblato;

b) expedição: quando o oblato expede a resposta para o policitante com sua aceitação.

Controvertida é a posição doutrinária quanto à subteoria adotada pelo Código Civil. Em regra, podemos afirmar que o Código adotou a **teoria da agnição** na **subteoria da expedição** (art. 434, *caput*), já que o contrato entre ausentes se forma quando a aceitação é expedida pelo oblato.

O Código Civil, porém, também adota a **teoria da agnição** na **subteoria da recepção** no art. 434, I, II e III, formando o contrato entre ausentes quando a resposta é recebida pelo proponente. Essa teoria é exceção, aplicando-se nos seguintes casos:

1) considera-se inexistente a aceitação, se antes dela ou com ela chegar ao proponente a retratação do aceitante;

2) se o proponente se comprometeu a esperar a resposta;

3) se a aceitação não chegar no prazo dado.

Segundo o Enunciado 173 do CJF, ao contrato formulado pela Internet entre ausentes (por *e-mail*) aplica-se a **teoria da agnição** na **subteoria da recepção** por suposta falta de segurança.

OBSERVAÇÃO 1: Se o oblato alterar a proposta, ele passa a ser proponente, pois teremos uma contraproposta, conforme o art. 431 do Código Civil.

OBSERVAÇÃO 2: É possível a aceitação tácita de acordo com previsão contratual expressa ou com os costumes, conforme o art. 432 do Código Civil.

OBSERVAÇÃO 3: De acordo com o art. 435 do Código Civil, o local do contrato é o mesmo em que ocorreu a proposta.

3ª fase: de aceitação: é aquela em que o contrato se forma, em decorrência da existência do choque de vontades entre contratante e contratado. Quando o contrato se forma, dois são os tipos que podemos encontrar: o contrato preliminar e o contrato definitivo.

1) Contrato preliminar (arts. 462 a 466 do CC): também chamado de contrato promessa ou pré-contrato, trata-se de um contrato propriamente dito, haja vista que já possui poder de vinculação. Este contrato passa por todas as fases, inclusive a de aceitação, motivo pelo qual não pode ser confundido com as negociações preliminares, fase embrionária na qual as partes estão iniciando as tratativas para, talvez, chegar ao contrato.

O contrato preliminar vincula as partes, pois gera a obrigação de fazer o contrato definitivo. E, conforme o disposto no art. 462 do Código Civil, deve ter todos os requisitos do contrato definitivo, exceto a forma.

Duas são as espécies de contrato preliminar:

1.1) promessa unilateral de contrato ou contrato por opção (art. 466 do CC): as duas partes celebram o instrumento e apenas uma delas assume o compromisso de celebrar o contrato definitivo e a outra parte tem apenas uma opção. Exemplo disso é o contrato de arrendamento mercantil, ou *leasing*. Neste tipo de contrato temos uma locação, em que o arrendatário (locadora) possui a opção de adquirir o bem após o período do arrendamento. O correto é fazer a opção de compra no final do prazo da locação, pois, se a parte já sabe desde o início do contrato que deseja comprar, não deve celebrar esse contrato, mas uma compra e venda. Porém, a Súmula 293 do STJ estabelece que a cobrança antecipada do valor residual garantido (VRG) não descaracteriza o contrato de arrendamento mercantil.

Assim, para a citada súmula, o exercício da opção de compra no início do arrendamento não descaracteriza o *leasing*;

1.2) promessa bilateral de contrato: as duas partes celebram o instrumento e assumem o compromisso de concluir o contrato definitivo (obrigação de fazer). Essa modalidade encontra-se normatizada nos arts. 463 a 465 do Código Civil.

Na parte de contratos em espécie, próximo capítulo deste livro, tratamos de duas modalidades de contratos preliminares, quando estudamos os respectivos contratos definitivos, que são a promessa de permuta e a promessa de doação, cuja leitura recomendamos.

Com relação a bens imóveis, o compromisso bilateral de contrato pode ocorrer de duas formas:

a) promessa bilateral de compra e venda de imóvel: neste caso não há necessidade de registro na matrícula do imóvel para gerar obrigação de fazer. Isso se dá em razão de o Enunciado 30 do CJF determinar que a leitura do parágrafo único do art. 463 não deve ser feita como um dever, mas sim como uma faculdade que deverá ser exercida para obtenção de efeitos perante terceiros.

Assim, se a promessa de compra e venda não prevê a cláusula de arrependimento, duas são as saídas que podem ser adotadas:

Situação 1: ingressar com a ação de obrigação de fazer para que a outra parte outorgue a escritura definitiva (497 do CPC/2015). Nesta mesma ação, esgotado o prazo, o juiz outorga a escritura, desde que depositado o preço (art. 464 do CC). Neste caso, verifica-se que o efeito é similar ao da adjudicação compulsória (cf. art. 464 do Código Civil, Súmula 239 do STJ e Enunciado 95 do CJF).

Para a **Súmula 239 do STJ**, o direito à adjudicação compulsória não se condiciona ao registro do compromisso de compra e venda no cartório de imóveis.

Situação 2: se não tiver interesse no imóvel, poderá pleitear perdas e danos, consoante art. 465 do Código Civil;

b) promessa irretratável de compra e venda de imóvel registrado na matrícula (arts. 1.417 e 1.418 do CC): não se trata de contrato preliminar, mas sim de direito real de aquisição do promitente comprador à coisa alheia. Gera **obrigação de dar**, em face do direito real de aquisição (por isso se fala em ação de adjudicação).

c) promessa de venda referente a bens móveis (art. 129, 5º, Lei Registros Públicos) essa modalidade depende de registro no Cartório de Títulos e Documentos, para produzir efeito perante terceiros.

Várias podem ser as espécies de contrato preliminar, motivo pelo qual vale a pena ressaltar o trabalho de Tarcisio Teixeira[10], que afirma ser possível existir a promessa de locação, de *shopping center*, de sociedade, de trespasse, de cessão do controle acionário, de prestação de serviço empresarial, de trabalho, de franquia, de agência e distribuição, de consórcio, de alienação fiduciária, de mandato, dentre outros.

No âmbito trabalhista, esse instituto pode ser identificado no período compreendido entre a notícia da contratação do empregado e a elaboração do contrato. Vejamos um exemplo:

> Promessa de contratação frustrada. Fase pré-contratual. Dano moral. Tendo havido entrevista, exame admissional, abertura de conta para recebimento de salário e entrega da documentação, há a formação de um pré-contrato, fase em que também as partes devem respeitar o princípio da boa-fé objetiva consagrado no art. 422 do Código Civil. A promessa de contratação frustrada por parte da reclamada caracteriza a afronta à boa-fé, gerando a obrigação de indenizar o empregado pela falsa expectativa criada. Recurso da reclamada a que se nega provimento **(TRT da 4ª Região, processo n. 00305-60.2010.5.04.0304-RO, rel. Des. Federal do Trabalho Hugo Carlos Scheuermann, 4ª Turma, publicado em 8-11-2010**).

10. TEIXEIRA, Tarcísio. *Compromisso e promessa de compra e venda*. 2. ed. São Paulo: Saraiva, 2015, p. 9.

Apesar de o Código Civil exigir que o contrato preliminar seja levado a registro, no âmbito trabalhista se admite a forma verbal, com respaldo no art. 443 da CLT, o qual prevê essa possibilidade de contratação.

Nesse contexto, constata-se o aumento no número de ações perante a Justiça do Trabalho pleiteando indenização por danos morais e materiais por não cumprimento de um pré-contrato. Isso ocorre porque, em muitas situações o empregado, com a notícia da sua contratação pelo futuro empregador, acaba se desligando do atual empregador para assumir as novas responsabilidades. Entretanto, em alguns casos, o trabalhador se depara com o cancelamento dessa nova contratação, o que acaba gerando transtornos de ordem material e moral.

2) Contrato definitivo: forma-se pelo choque de vontades que gera responsabilidade civil contratual em função da criação do vínculo entre as partes (arts. 389, 390 e 391, todos do CC).

8.7. GARANTIAS CONTRATUAIS

8.7.1. Dos vícios contratuais

Vícios contratuais são aqueles que atingem a coisa que foi adquirida, não se confundindo com os vícios do negócio jurídico, que atingem a vontade (como o erro e dolo, por exemplo). Os vícios do consentimento (erro, dolo, coação, lesão e estado de perigo) recaem sobre a vontade, enquanto o vício redibitório recai sobre a coisa.

Os vícios contratuais podem ser:

a) vícios redibitórios (previstos no Código Civil);

b) vícios do produto ou serviço (previstos no Código de Defesa do Consumidor).

Vício redibitório é um vício oculto que torna a coisa imprópria para o uso a que se destina, ou lhe diminui o valor, e que tenha sido adquirida por contrato comutativo (aquele em que as partes já sabem qual será a prestação) ou por doação onerosa (arts. 441 a 446 do CC).

O art. 540 do Código Civil contempla dois tipos de doação onerosa: **doação remuneratória**, aquela feita em remuneração a serviço prestado, e **doação modal ou mediante encargo**, em que a parte deve cumprir com um ônus jurídico.

O art. 1.106 do Código Civil de 1916 estabelecia que não se podiam reclamar vícios redibitórios se a aquisição tivesse sido feita em hasta pública. Como a citada regra não foi reproduzida no Código Civil vigente, entende-se que com ele se tornou possível reclamar os vícios redibitórios, mesmo que a aquisição tenha sido feita em hasta pública.

Vício oculto é aquele que não pode ser descoberto com um simples exame, pois necessita de análise pericial técnica para ser encontrado.

Existindo vícios redibitórios, podem ser propostas as **ações edilícias**:

1) ação estimatória ou *quanti minoris*, aquela em que se busca o abatimento no preço pago pela coisa viciada;

2) ação redibitória, aquela em que se busca a extinção do contrato mais perdas e danos. As perdas e danos dependem da prova da má-fé do alienante.

Os prazos descritos no art. 445 do Código Civil para a propositura das referidas ações são de:

BEM MÓVEL	30 dias
BEM IMÓVEL	1 ano

Em ambos os casos o prazo é contado da entrega efetiva do bem (tradição).

Essa forma de contagem do prazo em muitos casos pode ser injusta, motivo pelo qual o citado artigo estabelece duas exceções a essa regra: se a pessoa já estava na posse, o prazo se conta da alienação, reduzindo-se à metade; se o vício, por sua natureza, só puder ser conhecido posteriormente, conta-se o prazo a partir daí, até o máximo de 180 dias para bens móveis e de 1 ano para bens imóveis.

Tratando-se de venda de animais, os prazos de garantia por vícios ocultos serão os estabelecidos em lei especial, ou, na falta desta, pelos usos locais, aplicando-se os prazos vistos acima se não houver regras disciplinando a matéria.

Conforme mencionado no referido artigo, os citados prazos são decadenciais, já que as ações edilícias são predominantemente desconstitutivas (Enunciado 28 do CJF).

A decadência, em regra, não se suspende ou interrompe, porém o art. 207 do Código Civil estabelece que isso pode acontecer se houver previsão legal específica. No art. 446 do mesmo Código há uma causa impeditiva da decadência, pois na fluência de cláusula de garantia descrita em contrato não corre o prazo descrito na lei, desde que o adquirente, em 30 dias a partir do aparecimento do vício oculto, denuncie a sua existência para o alienante.

8.7.2. Da evicção

A evicção encontra-se descrita nos arts. 447 a 457 do Código Civil, e pode ser conceituada como a perda da coisa por força de **decisão judicial**, ou **apreensão administrativa**[11], adquirida em contrato oneroso, mesmo que em hasta pública.

O STJ possui julgados emitindo o entendimento de que, em caso de perda da coisa por apreensão administrativa, também é possível falar em evicção, como no caso do **Resp 1.047.882-RJ, rel. Min. Honildo de Mello Castro (Desembargador convocado do TJ--AP), j. em 3-11-2009**.

Citamos como exemplo a hipótese de o locador vender o imóvel alugado sem dar ao locatário direito de preferência, e esse, descobrindo posteriormente, resolve exercer tal direito por meio da ação adjudicatória, regulamentada pelo art. 33 da Lei n. 8.245/91, saindo dela vitorioso. No caso em tela, o réu, adquirente, perderia a propriedade do imóvel por força de decisão judicial, ocorrendo para ele a evicção.

São partes do contrato de evicção: o **evicto ou evencido** é a pessoa que perde a coisa; o **alienante** é a pessoa que transferiu a coisa que foi perdida ao evicto; e o **evictor ou evencente**, *a* pessoa que ganha a coisa por decisão judicial.

11. STJ, REsp 259.726/RJ, rel. Min. Jorge Scartezzini, j. em 3-8-2004.

A responsabilidade pela evicção decorre de lei, não necessitando de previsão contratual expressa para se ter essa garantia.

Podem, porém, as partes, por cláusula expressa, reforçar, diminuir ou excluir tal responsabilidade, consoante o art. 448 do Código Civil, exceto em contrato de adesão, por força do art. 424 do mesmo Código.

Quanto ao reforço da responsabilidade pela evicção, o valor máximo aceito pela doutrina será o dobro o valor da coisa, ou seja, paga-se duas vezes o valor da coisa perdida.

A cláusula que diminui ou exclui a responsabilidade pela evicção recebe o nome de ***non praestaenda evictione***.

O pacto que afasta a responsabilidade pelos prejuízos da evicção nem sempre afasta a necessidade de devolver o valor da coisa, mas tão somente exonera o pagamento das perdas e danos.

Para melhor entender essa questão, citamos as fórmulas criadas por Washington de Barros Monteiro:

1ª) Fórmula:

cláusula expressa excluindo a responsabilidade pela evicção	+	ciência específica do risco por quem adquire	=	isenção total de responsabilidade pelo alienante

Neste caso, o alienante não terá que devolver o valor ou pagar perdas e danos.

2ª) Fórmula:

cláusula expressa	+	ignorância do risco **ou** não tê-lo assumido	=	responsabilidade limitada ao preço da coisa (exclui benfeitorias e perdas e danos)

3ª) Fórmula:

omissão da cláusula	=	responsabilidade total do alienante, haja vista a existência de uma garantia legal (art. 450 do CC)

Segundo o art. 450 do Código Civil, considera-se responsabilidade total o direito do evicto de receber, além da restituição integral do preço ou das quantias que pagou:

I – a indenização dos frutos que tiver sido obrigado a restituir;

II – a indenização pelas despesas dos contratos e pelos prejuízos que diretamente resultarem da evicção;

III – as custas judiciais e os honorários do advogado por ele constituído.

Considerando que a evicção pode ser total ou parcial, passaremos a analisar as regras quanto à evicção parcial.

Evicção parcial é aquela que gera uma perda inferior a 100%. O Código Civil trabalha com duas hipóteses: evicção parcial considerável (de 50 a 99%) e evicção parcial não considerável (de 1 a 49%).

Se a evicção for considerável, pode ser pedida a extinção do contrato mais perdas e danos **ou** a restituição de parte do preço correspondente ao valor do desfalque sofrido (uma espécie de abatimento no preço).

Se, porém, a evicção for não considerável, caberá somente pedido de indenização.

O preço, seja a evicção total ou parcial, será o do valor da coisa, na época em que se evenceu, e proporcional ao desfalque sofrido, no caso de evicção parcial.

Subsiste para o alienante essa obrigação, ainda que a coisa alienada esteja deteriorada, exceto havendo dolo do adquirente.

Se o adquirente tiver auferido vantagens das deteriorações, e não tiver sido condenado a indenizá-las, o valor das vantagens será deduzido da quantia que lhe houver de dar o alienante.

As benfeitorias necessárias ou úteis, não abonadas ao que sofreu a evicção, serão pagas pelo alienante.

Mas, se as benfeitorias abonadas ao que sofreu a evicção tiverem sido feitas pelo alienante, o valor delas será levado em conta na restituição devida.

Não pode o adquirente demandar pela evicção, se sabia que a coisa era alheia ou litigiosa.

Com a entrada em vigor do CPC/2015, o art. 456 do Código Civil foi revogado expressamente por ele no art. 1.072.

Já o art. 70, I, do CPC/73 foi revogado e o art. 125, I, do CPC/2015 estabelece que a denunciação da lide na evicção é facultativa. Assim, o Enunciado 29 do CJF perdeu seu suporte fático e restou prejudicada sua aplicação, pois o estado da arte atual de nosso sistema jurídico está de acordo com a jurisprudência do STJ, que já tinha se consolidado, pacificamente, no sentido da facultatividade.

Portanto, sepulta-se por completo, a partir da entrada em vigor do novo CPC, a discussão sobre a facultatividade ou obrigatoriedade da denunciação da lide na evicção, pois o art. 125, I, optou pela facultatividade, nessa e em outras hipóteses nele contidas, dessa forma de intervenção de terceiros.

8.8. REVISÃO JUDICIAL DOS CONTRATOS

A ideia de relativização do contrato não é inovadora. Só para se ter uma base, William Shakespeare, quando escreveu *O mercador de Veneza*, em 1598, já mostrava que o contrato que o judeu Shylock celebrou com o mercador Antônio – em que o primeiro fez um empréstimo de dinheiro para o segundo, dando 453 gramas de sua própria carne como garantia em caso de inadimplemento – não poderia ser cumprido.

Por conta disso, *contractus qui habent tractum sucessivum et dependentiam de futuro rebus sic stantibus intelligentur*, ou seja, os contratos que têm trato sucessivo ou a termo ficam subordinados, a todo tempo, ao mesmo estado de subsistência das coisas.

Assim, a cláusula *rebus sic stantibus* tem como objetivo permitir que, numa relação contratual, as coisas devem permanecer como são, mesmo que o contrato se prolongue no tempo e haja mudança de paradigma, pois o tempo e os fatos conseguem alterar a verdade.

A cláusula *rebus sic stantibus* surgiu na Idade Média, devido aos filósofos católicos, com a ajuda de São Tomás de Aquino, Santo Agostinho, Bartolo e seus seguidores, pois foi elaborada pelos pós-glosadores para determinar que todos os contratos dependentes de prestações futuras possuíam uma cláusula tácita de resolução, se as condições se alterassem profundamente. Porém, tal cláusula não apareceu no Direito antigo, já que começou a surgir na Idade Média, mas logo caiu no esquecimento. Depois, voltou a aparecer no século XVIII nos Códigos germânicos, sendo esquecida mais uma vez e renascendo no século XX.

A cláusula *rebus sic stantibus* não se confunde com a Teoria da Imprevisão, pois a citada teoria exige para a sua aplicação a ocorrência de um fato imprevisível.

Com o Estado Liberal a cláusula *rebus sic stantibus* foi retirada dos Códigos Civis em boa parte do mundo, motivo pelo qual o Código Civil brasileiro de 1916 não fazia menção a ela, já que a mesma relativizaria o *pacta sunt servanda*, que era um princípio absoluto na época.

Assim, o renascimento da revisão judicial do contrato se deu na França, em razão da instabilidade da moeda em decorrência das guerras de 1914 a 1918. Com isso, nasceu a ***Lei Faillot*, em 21 de janeiro de 1918**, na qual a rigidez contratual foi modificada, pois tal Lei permitia a alteração ou a renovação de contratos atingidos por situações imprevistas da guerra, consagrando o princípio da revisão e a teoria da imprevisão.

Por esse motivo é que a revisão judicial dos contratos prevista no Código Civil é diferente da descrita no Código de Defesa do Consumidor.

A revisão judicial descrita no Código Civil vem contemplada no art. 317, que estabelece:

> **Art. 317.** Quando, por **motivos imprevisíveis**, sobrevier desproporção manifesta entre o valor da prestação devida e o do momento de sua execução, poderá o juiz corrigi-lo, a pedido da parte, de modo que assegure, quanto possível, o valor real da prestação.

Analisando o referido artigo, verificamos que os requisitos para a revisão judicial de um contrato civil são:

a) contrato bilateral, oneroso e comutativo (assim, verifica-se que o contrato aleatório não pode ser objeto de revisão, salvo se tiver uma parte comutativa, em que poderá ser revisto conforme o Enunciado 440 do CJF). A comutatividade do contrato a ser revisto é exigência que possui anuência do STJ, como pode ser verificado no **Recurso Especial n. 860.277GO (2006/0087509-3), rel. Min. Luis Felipe Salomão, 4ª Turma, j. em 3-8-2010, *Dje* 3-9-2010**. Por esse motivo, não se coaduna com a jurisprudência do STJ o **Enunciado 440**, que estabelece ser possível a revisão ou resolução por excessiva onerosidade em contratos aleatórios, desde que o evento superveniente, extraordinário e imprevisível não se relacione com a álea assumida no contrato;

b) contrato de execução continuada (trato sucessivo) **ou diferida**;

c) prestação desproporcional (lesão objetiva);

d) motivo imprevisível.

O que dificulta a aplicação do presente dispositivo é a exigência do **motivo imprevisível**, que é o motivo que as partes no momento da celebração do contrato não podem prever.

Segundo a jurisprudência, o motivo imprevisível está ligado à economia e não à pessoa do devedor. Porém, na economia tudo é previsível, pelo fato de ser uma ciência dinâmica. A imprevisibilidade na economia se dá quando há "estouros", ou seja, quando os índices saem da faixa da normalidade de oscilação.

Assim, para tentar dar efetividade ao dispositivo, o Enunciado 17 do CJF amplia o conceito de motivo imprevisível, afirmando que a interpretação da expressão "motivos imprevisíveis" constante do art. 317 do novo Código Civil deve abarcar tanto causas de desproporção não previsíveis como também causas previsíveis, mas de resultados imprevisíveis.

Por força de o **art. 317 do Código Civil** exigir motivo imprevisível para rever um contrato civil, podemos afirmar que o citado Código adotou a Teoria da Imprevisão, porém de forma híbrida, mesclando-a com a Teoria da Onerosidade Excessiva.

Porém, com a modificação do texto do art. 421 do CC, feito pela Lei n. 13.874/2019 (Lei da Liberdade Econômica), o instituto da revisão judicial do contrato civil se tornou hipótese excepcional, que para ser utilizada há de ser justificada pelo magistrado, pela necessidade de aplicação do princípio da intervenção mínima dos poderes nas relações contratuais privadas, o que inclui o Judiciário. Vamos ver como a jurisprudência irá se comportar com esta expressiva modificação de paradigma em nossa legislação e principiologia.

A Lei n. 14.010, de 10 de junho de 2020, que instituiu o Regime Jurídico Emergencial e Transitório (RJET) nas relações de Direito Privado, no período da pandemia do novo coronavírus (Covid-19), estabeleceu no art. 7º que não se consideram fatos imprevisíveis, para os fins exclusivos dos arts. 317, 478, 479 e 480 do Código Civil, o aumento da inflação, a variação cambial, a desvalorização ou a substituição do padrão monetário. Essa lei temporária vigorou de 12/6/2020 a 30/10/2020.

Já o **Código de Defesa do Consumidor, o art. 6º**, V, estabelece que é direito básico do consumidor a modificação das cláusulas contratuais que estabeleçam prestações desproporcionais ou sua revisão em razão de fatos supervenientes que as tornem excessivamente onerosas.

Verifica-se, no artigo acima, que, no Código de Defesa do Consumidor, qualquer **fato superveniente** (previsível ou não) permite a revisão do contrato. Por esse motivo, verificamos que o citado Código adotou a **Teoria da Base Objetiva do Negócio Jurídico** (revisão por simples onerosidade) e não a Teoria da Imprevisão.

A Lei n. 14.010, de 10 de junho de 2020 (RJET), estabeleceu, também, no art. 6º que as consequências decorrentes da pandemia do novo coronavírus (Covid-19) nas execuções dos contratos, incluídas as previstas no art. 393 do Código Civil, não terão efeitos jurídicos retroativos, mas a mesma norma estabeleceu que as disposições sobre revisão contratual previstas na Lei n. 8.078, de 11 de setembro de 1990 (Código de Defesa do Consumidor), e na Lei n. 8.245, de 18 de outubro de 1991, não se sujeitam a essa regra.

O contrato administrativo também pode ser objeto de revisão, porém não se aplicam as regras do Código Civil e do Código de Defesa do Consumidor, mas sim as leis administrativas.

A origem da revisão do contrato administrativo está no fato do príncipe, que é a determinação geral ou imprevisível que onera ou impede a execução do contrato, repercutindo no contrato e provocando o desequilíbrio econômico-financeiro, que deverá ser restabelecido.

Por esse motivo, o contrato administrativo deverá ser objeto de revisão no intuito de restabelecer o seu equilíbrio econômico-financeiro em razão do seu rompimento por um fato superveniente de natureza imprevista e imprevisível. O equilíbrio econômico e financeiro do contrato está previsto no art. 37 da Constituição Federal.

Assim sendo, o equilíbrio da equação econômico-financeira é considerado elemento essencial do contrato administrativo, por ser mecanismo apto a manter as condições efetivas da proposta, quando ocorrer risco de prejuízo por eventos futuros, incertos e excepcionais.

A revisão ocorre quando o equilíbrio econômico-financeiro é rompido por um fato superveniente à celebração do contrato, de natureza imprevista e imprevisível e visa seu restabelecimento, dando origem a um termo de aditamento de contrato, na exata proporção do desequilíbrio comprovado documentalmente pela contratada.

O TRF da 1ª Região, ao julgar a **Apelação Cível 2001.01.00.015013-9/DF (rel. Des. Federal Selene Maria de Almeida, 5ª Turma, data da decisão: 9-5-2007)**, afirmou que o fato do príncipe consiste em medidas de ordem geral, não relacionadas diretamente com o contrato, mas que nele repercutem, provocando desequilíbrio econômico-financeiro em detrimento do contratado, sendo a Lei n. 8.178/91 a referida medida geral. Neste caso, a responsabilidade da Administração é extracontratual, e "o dever de recompor o equilíbrio econômico do contrato repousa na mesma ideia de equidade que serve de fundamento à teoria da responsabilidade objetiva do Estado".

A base legal para a revisão de contrato administrativo está no art. 65 da Lei n. 8.666/93. Nesse artigo, verificamos que os pressupostos necessários para revisão são:

a) ausência de elevação dos encargos do particular;

b) ocorrência de evento antes da formulação da proposta;

c) ausência de vínculo de causalidade entre o evento ocorrido e a majoração dos encargos do contratado;

d) culpa do contratado pela majoração dos seus encargos (o que inclui a previsibilidade da ocorrência do evento), devendo ser garantida a recomposição do equilíbrio econômico-financeiro do contrato administrativo.

É importante ressaltar que a revisão do contrato administrativo não constitui mera faculdade da Administração, pois inexiste discricionariedade, ou seja, trata-se de um dever do Poder Público. Havendo o rompimento do equilíbrio econômico-financeiro fixado quando da assinatura do contrato, pela ocorrência de fatos supervenientes, imprevistos e imprevisíveis, impõe-se seu restabelecimento.

8.9. EXTINÇÃO DOS CONTRATOS

A referida matéria está prevista nos arts. 472 a 478 do Código Civil, e pode ocorrer da sguinte forma:

1) Extinção normal: é a que se dá pelo adimplemento (cumprimento) da obrigação. É chamada de extinção normal porque é o que o contrato persegue.

2) Extinção por morte: ocorre somente se a obrigação for personalíssima (obrigação de fazer de natureza infungível).

3) Extinção por fatos anteriores à celebração: neste caso, a razão da extinção do contrato será um vício existente no **contrato** (problema de validade) ou alguma cláusula referente à **autonomia privada**. São hipóteses de extinção do contrato por fatos anteriores à celebração:

3.1) Invalidade contratual: caso em que o problema está no plano da validade, ou seja, a sanção estabelecida pela lei será a **nulidade** ou a **anulabilidade**. O contrato será nulo nas hipóteses dos arts. 166 e 167 do Código Civil, e os casos de anulabilidade estão previstos no art. 171 do Código Civil.

3.2) Cláusula resolutiva expressa: prevista no art. 474 do Código Civil, pode-se defini-la como a cláusula que contém um evento futuro, certo ou incerto, que, ocorrendo, acarretará a extinção do contrato de pleno direito. A inserção da cláusula é feita antes da celebração, embora o evento ocorra no futuro.

Como exemplo, podemos citar as promessas de compra e venda de imóveis, onde se pactua que o preço será pago uma parte em dinheiro e outra com financiamento imobiliário. Nesse caso, é comum estabelecer um prazo para o empréstimo ser obtido, sob pena de extinção do contrato. A cláusula que fixa esse prazo é resolutiva, pois prevê a sua extinção automática.

Outro exemplo seria o **pacto comissório contratual**, pelo qual, não sendo pago o preço, ou entregue a coisa, até certa data, o contrato restará extinto (art. 1.163 do CC/16). Mesmo não estando previsto no Código Civil de 2002, em razão da autonomia privada, ele pode ser convencionado em qualquer tipo de contrato, e não só na compra e venda como pacto adjeto, como ocorria no Código de 1916. Cumpre lembrar que o que não está proibido é permitido.

O **pacto comissório contratual** não se confunde com o **pacto comissório real**, pois este último é vedado. Estabelece o art. 1.428 do Código Civil que não se pode estipular, sob pena de nulidade, que o credor pignoratício, hipotecário ou anticrético fique com o objeto da garantia, se a dívida não for paga no vencimento.

3.3) Cláusula de arrependimento: é a que dá direito a uma ou a ambas as partes de se arrependerem da realização do negócio e pleitearem a extinção do contrato. Geralmente encontramos essa cláusula quando há no contrato **arras penitenciais**, que estabelecem, expressamente, a possibilidade de arrependimento, bem como uma sanção em razão disso (a perda do sinal ou sua devolução, mais o equivalente – cf. art. 420 do CC).

4) Extinção por fatos posteriores à celebração: ocorre em decorrência de fatos que têm origem após a celebração do contrato. Também é denominada **rescisão**. As hipóteses são:

4.1) Resolução: ocorre em razão da inexecução das obrigações por parte de um dos contratantes, com ou sem culpa, e que permitirá a propositura da ação judicial de resolução do contrato. Modalidades de resolução:

a) inadimplemento voluntário (ocorre com culpa do devedor): haverá responsabilidade civil contratual pelas perdas e danos e, consequentemente, a resolução do contrato.

A Lei n. 14.010 de 10 de junho de 2020, que instituiu o Regime Jurídico Emergencial e Transitório (RJET), nas relações de Direito Privado, no período da pandemia do novo coronavírus (Covid-19), estabeleceu no art. 6º que as consequências decorrentes da pandemia do novo coronavírus (Covid-19) nas execuções dos contratos, incluídas as previstas no art. 393 do Código Civil, não terão efeitos jurídicos retroativos. Essa lei temporária vigorou de 12/6/2020 a 30/10/2020.

b) inadimplemento involuntário (ocorre sem culpa do devedor): ocorre nas hipóteses de caso fortuito ou força maior. O contrato se resolve quando há caso fortuito ou força maior, em regra, SEM perdas e danos (*caput* do art. 393 do CC), ou haverá responsabilidade: **b.1)** se houver previsão contratual (art. 393 do CC); **b.2)** se o devedor estiver em mora (art. 399 do CC); **b.3)** se houver previsão legal (art. 583 do CC);

c) cláusula resolutiva tácita: é aquela que depende de interpelação judicial e que não precisa estar prevista no contrato expressamente, pois está prevista em lei (art. 474 do CC). Como exemplo, podemos citar a *exceptio non adimpleti contractus* – exceção do contrato não cumprido –, prevista no art. 476 do Código Civil, em que uma parte só poderá exigir que a outra cumpra sua obrigação se primeiro cumprir a sua. Aplica-se ao descumprimento total, pois para o descumprimento parcial temos a *exceptio rite adimpleti contractus* – exceção do contrato não cumprido corretamente –, que está ligada ao cumprimento inexato da obrigação, pois, por essa exceção, se uma das partes cumprir sua obrigação, mas de forma errada, inexata ou defeituosa, a outra parte não será obrigada a cumprir a dela.

Estas duas modalidades de exceção vistas acima podem ser excluídas por cláusula expressa denominada *solve et repete* (que significa "paga e depois pede"). Tal cláusula traz renúncia ao disposto nos arts. 476 e 477 do Código Civil, porém não pode ser inserida em contratos de adesão (art. 424 do mesmo Código).

Tais exceções são matéria de defesa, mas podem ser utilizadas como matéria de ataque, para requerer a resolução do contrato. Entretanto, urge lembrar que, segundo o art. 190 do Código Civil, a exceção prescreve no mesmo prazo que a pretensão, ou seja, o prazo que a parte tem para entrar com a ação de extinção do contrato é o mesmo que a outra possui para cobrá-la da sua obrigação, dependendo do objeto do contrato. Nesse caso, temos uma mitigação do critério de Agnelo Amorim Filho, pois a ação de resolução contratual é desconstitutiva, mas está sujeita a prazo prescricional.

Porém, cumpre ressaltar que, tratando-se de contratos administrativos, essa exceção é aplicada de forma mitigada contra a Administração Pública por conta da supremacia do Poder Público, consubstanciada no princípio da continuidade do serviço público, conforme incisos os XIV, XV e XVI do art. 78 da Lei n. 8.666/93.

Assim, se a Administração Pública der ordem escrita de suspensão da execução do contrato por prazo superior a 120 dias, ou atrase o pagamento por tempo superior a 90 dias, ou, por fim, quando a prestação dependa, causalmente, de providência prévia a cargo da Administração, poderá a outra parte invocar a *exceptio non adimpleti contractus* para não cumprir com sua obrigação, podendo, se quiser, conforme permite o citado artigo, requerer judicialmente a extinção do contrato;

d) resolução por onerosidade excessiva: prevista nos arts. 478 a 480 do Código Civil, refere-se à aplicação da teoria da imprevisão nas hipóteses em que não há possibilidade de se promover a revisão judicial do contrato. O objetivo da doutrina é permitir a aplicação do princípio da conservação do contrato, conforme nos ensina o Enunciado 367 do CJF:

> **En. 367 do CJF** – Em observância ao princípio da conservação do contrato, nas ações que tenham por objeto a resolução do pacto por excessiva onerosidade, pode o juiz modificá-lo equitativamente, desde que ouvida a parte autora, respeitada a sua vontade e observado o contraditório.

A Lei n. 14.010 de 10 de junho de 2020, que instituiu o Regime Jurídico Emergencial e Transitório (RJET), nas relações de Direito Privado, no período da pandemia do novo coronavírus (Covid-19), estabeleceu no art. 7º que não se consideram fatos imprevisíveis, para os fins exclusivos dos arts. 317, 478, 479 e 480 do Código Civil, o aumento da inflação, a variação cambial, a desvalorização ou a substituição do padrão monetário. Essa lei temporária vigorou de 12/6/2020 a 30/10/2020.

4.2) Resilição: podemos conceituá-la como a extinção do contrato pela vontade de um ou de ambos os contratantes. A resilição pode ser:

a) bilateral: aquela em que haverá vontade de todas as partes em realizá-la, sendo também chamada de **distrato**. Segundo o art. 472 do Código Civil, o distrato se faz pela mesma forma exigida no contrato, adotando este dispositivo o **Princípio do Paralelismo das Formas**, que é uma lógica coerente a ser adotada, tanto para a elaboração de um ato quanto para sua exclusão;

b) unilateral: aquela que ocorre pela vontade de uma das partes em casos previstos em lei, conforme estabelece o art. 473 do Código Civil. Não há perdas e danos pelo ato de resilição, já que é direito da parte.

Como exemplos de resilição unilateral, podemos citar:

- comodato por prazo indeterminado, no qual o comodante requer a devolução da coisa emprestada;
- depósito, em que o depositante requer a devolução da coisa guardada;
- mandato, em que o mandante não tem mais interesse na representação;
- denúncia cheia e vazia na locação de imóvel urbano;
- exoneração do fiador na hipótese do art. 835 do Código Civil;
- frustração do fim do contrato – Enunciado 166 do CJF.

Não são todos os contratos que admitem a resilição, mas apenas aqueles que a lei expressa ou implicitamente permite (art. 473 do CC).

8.10. SÚMULAS E ENUNCIADOS SOBRE TEORIA GERAL DOS CONTRATOS

- Súmulas do STJ

Súm. 5

A simples interpretação de cláusula contratual não enseja recurso especial.

Súm. 176

É nula a cláusula contratual que sujeita o devedor à taxa de juros divulgada pela ANBID/CETIP.

Súm. 181

É admissível ação declaratória, visando a obter certeza quanto à exata interpretação de cláusula contratual.

Súm. 239

O direito à adjudicação compulsória não se condiciona ao registro do compromisso de compra e venda no cartório de imóveis.

Súm. 293

A cobrança antecipada do valor residual garantido (VRG) não descaracteriza o contrato de arrendamento mercantil.

Súm. 294

Não é potestativa a cláusula contratual que prevê a comissão de permanência, calculada pela taxa média de mercado apurada pelo Banco Central do Brasil, limitada à taxa do contrato.

Súm. 295

A Taxa Referencial (TR) é indexador válido para contratos posteriores à Lei n. 8.177/91, desde que pactuada.

Súm. 380

A simples propositura da ação de revisão de contrato não inibe a caracterização da mora do autor.

Súm. 381

Nos contratos bancários, é vedado ao julgador conhecer, de ofício, da abusividade das cláusulas.

Súm. 469

Aplica-se o Código de Defesa do Consumidor aos contratos de plano de saúde.

(A Segunda Seção, na sessão de 11/04/2018, ao apreciar o Projeto de Súmula n. 937, determinou o cancelamento da Súmula 469 do STJ (Dje 17/04/2018)).

- Enunciados das Jornadas de Direito Civil do CJF

En. 17

Art. 317: A interpretação da expressão "motivos imprevisíveis" constante do art. 317 do novo Código Civil deve abarcar tanto causas de desproporção não previsíveis como também causas previsíveis, mas de resultados imprevisíveis.

En. 21

Art. 421: A função social do contrato, prevista no art. 421 do novo Código Civil, constitui cláusula geral a impor a revisão do princípio da relatividade dos efeitos do contrato em relação a terceiros, implicando a tutela externa do crédito.

En. 22

Art. 421: A função social do contrato, prevista no art. 421 do novo Código Civil, constitui cláusula geral que reforça o princípio de conservação do contrato, assegurando trocas úteis e justas.

En. 23

Art. 421: A função social do contrato, prevista no art. 421 do novo Código Civil, não elimina o princípio da autonomia contratual, mas atenua ou reduz o alcance desse princípio quando presentes interesses metaindividuais ou interesse individual relativo à dignidade da pessoa humana.

En. 24

Art. 422: Em virtude do princípio da boa-fé, positivado no art. 422 do novo Código Civil, a violação dos deveres anexos constitui espécie de inadimplemento, independentemente de culpa.

En. 25

Art. 422: O art. 422 do Código Civil não inviabiliza a aplicação pelo julgador do princípio da boa-fé nas fases pré-contratual e pós-contratual.

En. 26

Art. 422: A cláusula geral contida no art. 422 do novo Código Civil impõe ao juiz interpretar e, quando necessário, suprir e corrigir o contrato segundo a boa-fé objetiva, entendida como a exigência de comportamento leal dos contratantes.

En. 27

Art. 422: Na interpretação da cláusula geral da boa-fé, deve-se levar em conta o sistema do Código Civil e as conexões sistemáticas com outros estatutos normativos e fatores metajurídicos.

En. 28

Art. 445 (§§ 1º e 2º): O disposto no art. 445, §§ 1º e 2º, do Código Civil reflete a consagração da doutrina e da jurisprudência quanto à natureza decadencial das ações edilícias.

En. 29

Art. 456: A interpretação do art. 456 do novo Código Civil permite ao evicto a denunciação direta de qualquer dos responsáveis pelo vício.

En. 30

Art. 463: A disposição do parágrafo único do art. 463 do novo Código Civil deve ser interpretada como fator de eficácia perante terceiros.

En. 31

Art. 475: As perdas e danos mencionados no art. 475 do novo Código Civil dependem da imputabilidade da causa da possível resolução.

En. 37

Art. 187: A responsabilidade civil decorrente do abuso do direito independe de culpa, e fundamenta-se somente no critério objetivo-finalístico.

En. 166

Arts. 421 e 422 ou 113: A frustração do fim do contrato, como hipótese que não se confunde com a impossibilidade da prestação ou com a excessiva onerosidade, tem guarida no direito brasileiro pela aplicação do art. 421 do Código Civil.

En. 167

Arts. 421 a 424: Com o advento do Código Civil de 2002, houve forte aproximação principiológica entre esse Código e o Código de Defesa do Consumidor, no que respeita à regulação contratual, uma vez que ambos são incorporadores de uma nova teoria geral dos contratos.

En. 168

Art. 422: O princípio da boa-fé objetiva importa no reconhecimento de um direito a cumprir em favor do titular passivo da obrigação.

En. 169

Art. 422: O princípio da boa-fé objetiva deve levar o credor a evitar o agravamento do próprio prejuízo.

En. 170

Art. 422: A boa-fé objetiva deve ser observada pelas partes na fase de negociações preliminares e após a execução do contrato, quando tal exigência decorrer da natureza do contrato.

En. 171

Art. 423: O contrato de adesão, mencionado nos arts. 423 e 424 do novo Código Civil, não se confunde com o contrato de consumo.

En. 172

Art. 424: As cláusulas abusivas não ocorrem exclusivamente nas relações jurídicas de consumo. Dessa forma, é possível a identificação de cláusulas abusivas em contratos civis comuns, como, por exemplo, aquela estampada no art. 424 do Código Civil de 2002.

En. 173

Art. 434: A formação dos contratos realizados entre pessoas ausentes, por meio eletrônico, completa-se com a recepção da aceitação pelo proponente.

En. 174

Art. 445: Em se tratando de vício oculto, o adquirente tem os prazos do *caput* do art. 445 para obter redibição ou abatimento de preço, desde que os vícios se revelem nos prazos estabelecidos no § 1º, fluindo, entretanto, a partir do conhecimento do defeito.

En. 175

Art. 478: A menção à imprevisibilidade e à extraordinariedade, insertas no art. 478 do Código Civil, deve ser interpretada não somente em relação ao fato que gere o desequilíbrio, mas também em relação às consequências que ele produz.

En. 176

Art. 478: Em atenção ao princípio da conservação dos negócios jurídicos, o art. 478 do Código Civil de 2002 deverá conduzir, sempre que possível, à revisão judicial dos contratos e não à resolução contratual.

En. 300

Art. 2.035: A lei aplicável aos efeitos atuais dos contratos celebrados antes do novo Código Civil será a vigente na época da celebração; todavia, havendo alteração legislativa que evidencie anacronismo da lei revogada, o juiz equilibrará as obrigações das partes contratantes, ponderando os interesses traduzidos pelas regras revogada e revogadora, bem como a natureza e a finalidade do negócio.

En. 360

Art. 421: O princípio da função social dos contratos também pode ter eficácia interna entre as partes contratantes.

En. 361

Arts. 421, 422 e 475: O adimplemento substancial decorre dos princípios gerais contratuais, de modo a fazer preponderar a função social do contrato e o princípio da boa-fé objetiva, balizando a aplicação do art. 475.

En. 362

Art. 422: A vedação do comportamento contraditório (*venire* contra *factum proprium*) funda-se na proteção da confiança, tal como se extrai dos arts. 187 e 422 do Código Civil.

En. 363

Art. 422: Os princípios da probidade e da confiança são de ordem pública, estando a parte lesada somente obrigada a demonstrar a existência da violação.

En. 364

Arts. 424 e 828: No contrato de fiança é nula a cláusula de renúncia antecipada ao benefício de ordem quando inserida em contrato de adesão.

En. 365

Art. 478: A extrema vantagem do art. 478 deve ser interpretada como elemento acidental da alteração de circunstâncias, que comporta a incidência da resolução ou revisão do negócio por onerosidade excessiva, independentemente de sua demonstração plena.

En. 366

Art. 478: O fato extraordinário e imprevisível causador de onerosidade excessiva é aquele que não está coberto objetivamente pelos riscos próprios da contratação.

En. 367

Art. 479: Em observância ao princípio da conservação do contrato, nas ações que tenham por objeto a resolução do pacto por excessiva onerosidade, pode o juiz modificá-lo equitativamente, desde que ouvida a parte autora, respeitada a sua vontade e observado o contraditório.

En. 421

Arts. 112 e 113: Os contratos coligados devem ser interpretados segundo os critérios hermenêuticos do Código Civil, em especial os dos arts. 112 e 113, considerada a sua conexão funcional.

En. 431

Art. 421: A violação do art. 421 conduz à invalidade ou à ineficácia do contrato ou de cláusulas contratuais.

En. 432

Art. 422: Em contratos de financiamento bancário, são abusivas cláusulas contratuais de repasse de custos administrativos (como análise do crédito, abertura de cadastro, emissão de fichas de compensação bancária etc.), seja por estarem intrinsecamente vinculadas ao exercício da atividade econômica, seja por violarem o princípio da boa-fé objetiva.

En. 433

Art. 424: A cláusula de renúncia antecipada ao direito de indenização e retenção por benfeitorias necessárias é nula em contrato de locação de imóvel urbano feito nos moldes do contrato de adesão.

En. 434

Art. 456: A ausência de denunciação da lide ao alienante, na evicção, não impede o exercício de pretensão reparatória por meio de via autônoma.

En. 435

Art. 462: O contrato de promessa de permuta de bens imóveis é título passível de registro na matrícula imobiliária.

En. 436

Art. 474: A cláusula resolutiva expressa produz efeitos extintivos independentemente de pronunciamento judicial.

En. 437

Art. 475: A resolução da relação jurídica contratual também pode decorrer do inadimplemento antecipado.

En. 438

Art. 477: A exceção de inseguridade, prevista no art. 477, também pode ser oposta à parte cuja conduta põe manifestamente em risco a execução do programa contratual.

En. 439

Art. 478: A revisão do contrato por onerosidade excessiva fundada no Código Civil deve levar em conta a natureza do objeto do contrato. Nas relações empresariais, observar-se-á a sofisticação dos contratantes e a alocação de riscos por eles assumidas com o contrato.

En. 440

Art. 478: É possível a revisão ou resolução por excessiva onerosidade em contratos aleatórios, desde que o evento superveniente, extraordinário e imprevisível não se relacione com a álea assumida no contrato.

En. 548

Arts. 389 e 475: Caracterizada a violação de dever contratual, incumbe ao devedor o ônus de demonstrar que o fato causador do dano não lhe pode ser imputado.

En. 582

Arts. 421 e 425: Com suporte na liberdade contratual e, portanto, em concretização da autonomia privada, as partes podem pactuar garantias contratuais atípicas.

En. 583

Art. 441: O art. 441 do Código Civil deve ser interpretado no sentido de abranger também os contratos aleatórios, desde que não inclua os elementos aleatórios do contrato.

En. 584

Art. 472: Desde que não haja forma exigida para a substância do contrato, admite-se que o distrato seja pactuado por forma livre.

En. 586

Art. 475: Para a caracterização do adimplemento substancial (tal qual reconhecido pelo Enunciado 361 da IV Jornada de Direito Civil – CJF), levam-se em conta tanto aspectos quantitativos quanto qualitativos.

En. 621

Art. 421: Os contratos coligados devem ser interpretados a partir do exame do conjunto das cláusulas contratuais, de forma a privilegiar a finalidade negocial que lhes é comum.

En. 622

Art. 541: Para a análise do que seja bem de pequeno valor, nos termos do que consta do art. 541, parágrafo único, do Código Civil, deve-se levar em conta o patrimônio do doador.

En. 651

Art. 447: A evicção pode decorrer tanto de decisão judicial como de outra origem, a exemplo de ato administrativo.

En. 652

Art. 476: É possível opor exceção de contrato não cumprido com base na violação de deveres de conduta gerados pela boa-fé objetiva.

En. 683

A legítima expectativa do titular quanto ao tratamento de seus dados pessoais se relaciona diretamente com o princípio da boa-fé objetiva e é um dos parâmetros de legalidade e juridicidade do legítimo interesse.

- Enunciados das Jornadas de Direito Comercial do CJF

En. 20

Não se aplica o Código de Defesa do Consumidor aos contratos celebrados entre empresários em que um dos contratantes tenha por objetivo suprir-se de insumos para sua atividade de produção, comércio ou prestação de serviços.

En. 21

Nos contratos empresariais, o dirigismo contratual deve ser mitigado, tendo em vista a simetria natural das relações interempresariais.

En. 22

Não se presume solidariedade passiva (art. 265 do Código Civil) pelo simples fato de duas ou mais pessoas jurídicas integrarem o mesmo grupo econômico.

En. 23

Em contratos empresariais, é lícito às partes contratantes estabelecer parâmetros objetivos para a interpretação dos requisitos de revisão e/ou resolução do pacto contratual.

En. 24

Os contratos empresariais coligados, concretamente formados por unidade de interesses econômicos, permitem a arguição da exceção de contrato não cumprido, salvo quando a obrigação inadimplida for de escassa importância.

En. 25

A revisão do contrato por onerosidade excessiva fundada no Código Civil deve levar em conta a natureza do objeto do contrato. Nas relações empresariais, deve-se presumir a sofisticação dos contratantes e observar a alocação de riscos por eles acordada.

En. 26

O contrato empresarial cumpre sua função social quando não acarreta prejuízo a direitos ou interesses, difusos ou coletivos, de titularidade de sujeitos não participantes da relação negocial.

En. 27

Não se presume violação à boa-fé objetiva se o empresário, durante as negociações do contrato empresarial, preservar segredo de empresa ou administrar a prestação de informações reservadas, confidenciais ou estratégicas, com o objetivo de não colocar em risco a competitividade de sua atividade.

En. 28

Em razão do profissionalismo com que os empresários devem exercer sua atividade, os contratos empresariais não podem ser anulados pelo vício da lesão fundada na inexperiência.

En. 29

Aplicam-se aos negócios jurídicos entre empresários a função social do contrato e a boa-fé objetiva (arts. 421 e 422 do Código Civil), em conformidade com as especificidades dos contratos empresariais.

En. 35

Não haverá revisão ou resolução dos contratos de derivativos por imprevisibilidade e onerosidade excessiva (arts. 317 e 478 a 480 do Código Civil).

9
Dos Contratos em Espécie

O legislador coloca na Teoria Geral as regras aplicáveis a todos os contratos.

Contratos em espécie são os **contratos típicos** (que não se confundem com **contratos nominados** – o contrato de hospedagem, por exemplo, é um contrato nominado, mas não é típico, porque não há normas legais específicas a ele destinadas).

9.1. COMPRA E VENDA (ARTS. 481 A 532 DO CC)

9.1.1. Conceito

De acordo com o art. 481 do Código Civil, a compra e venda é o contrato em que o vendedor **compromete-se** a transferir ao comprador a propriedade de um bem móvel ou imóvel mediante o pagamento de certo preço em dinheiro.

Em razão de o vendedor se comprometer a transferir a propriedade, podemos afirmar que a compra e venda é um **contrato translativo**. Isso se torna importante porque sabemos que a forma usual de transferência da propriedade imóvel se dá com o registro do título translativo no Registro de Imóveis, e, assim, verifica-se ser a compra e venda um exemplo disso.

Não podemos esquecer que o contrato de compra e venda, por si só, gera apenas direito obrigacional, já que no Brasil a obrigação não gera eficácia real.

No sistema brasileiro, a propriedade é transferida pela tradição, no caso de bem móvel, e pelo registro do título translativo, no caso de bem imóvel.

Só podem ser objeto de compra e venda **bens corpóreos**, pois os **bens incorpóreos** são objeto de cessão.

9.1.2. Elementos essenciais

São elementos essenciais à compra e venda:

A) Partes: que são os sujeitos da compra e venda (comprador e vendedor). Não podemos esquecer que, segundo o art. 104 do Código Civil, as partes em qualquer relação contratual devem ser capazes, ou seja, devem possuir capacidade geral e especial (que é aquela específica para a celebração de tal ato, e também é chamada de legitimação).

A capacidade geral refere-se às hipóteses descritas nos arts. 3º e 4º do Código Civil.

Já a capacidade especial, ou legitimação, pode ser exemplificada em razão da necessidade de pessoas casadas, segundo o art. 1.647 do Código Civil, necessitar de vênia conjugal (autorização que o marido ou a esposa precisam dar ao consorte para a prática de determinados atos) para vender bens imóveis. Porém, a vênia é dispensada se os cônjuges casaram-se pelo regime da separação absoluta. Cumpre lembrar, também, que o art. 1.657 do Código Civil autoriza quem casa no regime da participação final nos aquestos a convencionar no pacto antenupcial a possibilidade de celebrar contrato de compra e venda de bens imóveis, desde que particulares.

Assim sendo, pergunta-se: o que é separação absoluta? Sabemos que o regime da separação de bens pode ser convencional, que é aquele estabelecido pelas partes em pacto antenupcial, ou legal, também chamado de obrigatório, que é o imposto pela lei nas hipóteses descritas no art. 1.641 do Código Civil. Dessa forma, resta imperioso saber qual separação é absoluta: a convencional ou a legal?

A separação convencional pode ser absoluta se no pacto antenupcial houver previsão expressa de que nenhum bem se comunica, ou relativa, se houver alguma exceção de bens comunicáveis.

Com relação à separação obrigatória, ou legal, a Súmula 377 do STF permite a comunicação de bens adquiridos pelo esforço comum nessa modalidade de separação. Por este motivo surge a dúvida: seria a separação obrigatória absoluta ou relativa?

Como a citada súmula possui origem no art. 259 do Código Civil de 1916, que não encontra correspondente no atual Código Civil, a sua vigência é questionável. Para Francisco José Cahali, a súmula foi revogada. Já para Giselda Maria Fernandes Novaes Hironaka, a súmula continua vigendo.

Se a posição de que a súmula foi revogada prevalecer, teremos que a separação obrigatória é absoluta. Porém, se o posicionamento de que a súmula ainda está vigendo, teremos que a separação obrigatória é relativa.

O STJ vem entendendo que a Súmula 377 do STF ainda está em vigor (que transforma a separação obrigatória em relativa), conforme decisão proferida no **Resp 1.199.790-MG (2010/0118288-3), rel. Min. Vasco Della Giustina (convocado do TJRS), v.u., j. em 14-12-2010**.

A ausência de vênia gera a invalidade do negócio jurídico. Porém, o Código Civil de 1916 estabelecia que na sua ausência, em qualquer hipótese, inclusive na da separação absoluta, o negócio era nulo, mas o atual Código de 2002 determina ser o negócio anulável. Por essa razão, pergunta-se: o que prevalece?

Como a questão da ausência de vênia está no plano da validade do negócio jurídico, deveremos verificar quando o negócio foi celebrado, pois, com relação à validade, a lei vigente no momento da celebração do negócio jurídico é que determina a sanção. Por esse motivo, se o negócio sem vênia conjugal foi celebrado à época do Código Civil de 1916, será nulo, e, se celebrado na vigência do Código Civil de 2002, anulável.

B) Coisa: a coisa objeto de compra e venda deve ser lícita, possível, determinada ou determinável. Se a coisa é certa, significa que é determinada. Se incerta, é determinável, tem existência potencial.

A coisa deve ser, ainda, alienável (estar no comércio). Como exemplo de coisa inalienável, podemos citar o bem gravado com cláusula de inalienabilidade (que pode ser quebrada judicialmente, ou seja, é relativa), bem público (pode ser de uso comum do povo, de uso especial – com destinação específica ou afetado – e dominical – sem destinação específica ou desafetado). Como relação aos bens dominicais, eles podem ser objeto de compra e venda, conforme autoriza o art. 101 do Código Civil. É também exemplo de bens inalienáveis o bem de família voluntário, aquele previsto nos arts. 1.711 e seguintes do Código Civil (o bem de família legal, previsto na Lei n. 8.009/90, é alienável).

C) Preço: os arts. 486 e 487 do Código Civil permitem a cotação do preço em moeda estrangeira, em ouro (cláusula ouro) ou em bolsa, se houver posterior conversão para a moeda nacional. Em caso de contrato de exportação, permite-se fixar o preço em moeda estrangeira.

Essas regras não colidem com as que se encontram nos arts. 315 e 318 do Código Civil. Este último artigo estabelece serem nulas as convenções de pagamento em ouro ou moeda estrangeira, pois o art. 315 determina que as dívidas em dinheiro, em decorrência do princípio do nominalismo, devem ser pagas em moeda nacional corrente.

Com isso verifica-se que o preço na compra e venda pode ser fixado em ouro (cláusula ouro) ou em moeda estrangeira, mas, na hora de realizar o pagamento, deve ser feito em moeda corrente.

O art. 488 do citado diploma legal apresenta a solução para o caso de não haver convenção sobre o preço no contrato, determinando que seja adotado: tabelamento oficial; preço habitual do vendedor e termo médio fixado pelo juiz.

Tais soluções devem ser aplicadas na ordem acima descrita. O tabelamento oficial não pode ser afastado pelo contrato, porque se trata de questão de ordem pública.

O preço não pode ser fixado por apenas uma das partes. A chamada "cláusula pague o que quiser" faz com que o contrato seja nulo, conforme o art. 489 do Código Civil.

A fixação do preço, porém, pode ser deixada ao arbítrio de um terceiro de confiança das partes. É o que se chama de **preço de avaliação.**

D) Vontade: o contrato de compra e venda deve ser isento de vícios.

9.1.3. Natureza jurídica do contrato de compra e venda

Bilateral ou sinalagmático: estabelece direitos e deveres para ambas as partes (reciprocidade).

Estrutura sinalagmática do contrato de compra e venda

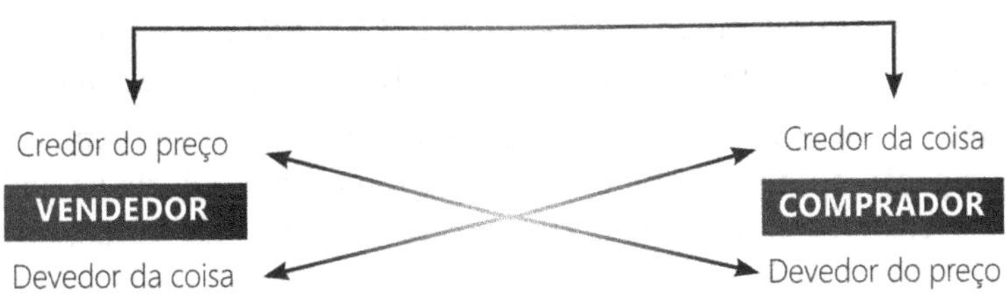

- *Preço:* o credor é o vendedor e o devedor é o comprador.
- *Coisa:* o credor é o comprador e o devedor é o vendedor.

Oneroso: deve estar presente o elemento preço.

Comutativo: há prestações equivalentes e já conhecidas.

Aleatório: vem de álea, que significa sorte (ou risco). A compra e venda aleatória pode ser classificada da seguinte forma: *emptio spei* (venda da esperança) – a contraprestação é devida mesmo se a prestação não existir. Exemplo: compra e venda de safra futura; *emptio rei speratae* (venda da esperança com coisa esperada) – neste contrato parte-se da premissa que a coisa existirá, mas em qualquer quantidade. Resolve-se o contrato se a coisa não existir, já que o risco refere-se à quantidade.

Consensual: porque se aperfeiçoa com a simples vontade das partes.

Típico: já que seu regramento vem previsto em lei.

Quanto à solenidade, a compra e venda pode ser **solene** ou **não solene** – a solenidade, modernamente, consiste na necessidade de celebrar o contrato no Tabelionato de Notas. Segundo o art. 107 do Código Civil, o contrato de compra e venda é, em regra, não solene, pois a solenidade depende de previsão legal expressa.

9.1.4. Efeitos do contrato de compra e venda

I) Risco: na compra e venda há risco quanto à coisa e quanto ao preço. O risco é sempre de quem tem o dever – quanto à coisa será do vendedor e quanto ao preço do comprador. Aplica-se a regra *res perit domino* (a coisa perece para o seu dono).

II) Registro: para ter efeito perante terceiros, se relativa a bem imóvel deve ser registrada no Cartório de Imóveis (art. 1.245 CC). Se a compra e venda, seja definitiva ou na modalidade promessa, tenha, ou não, cláusula de reserva de domínio, tiver como objeto bens móveis, deverá ser registrada no Cartório de Títulos e Documentos, conforme determina o art. 129, item 5º, da Lei 6.015/73 atualizado pela Lei 14.382/2022).**III) Despesas quanto ao transporte (tradição) e quanto à escritura e registro:** o art. 490 do Código Civil autoriza a divisão de despesas – o vendedor é responsável pela tradição e o comprador pelo registro e escritura.

IV) Contratos Internacionais de Compra e Venda: nesses contratos as INCOTERMS definem as responsabilidades de vendedores e compradores, levando em conta o local onde o vendedor torna o bem disponível para o comprador, quem arcará com o pagamento do transporte principal e como se procederá a transferência de riscos de perda ou dano ao bem. Esse termo foi desenvolvido pela Câmara Internacional de Comércio em 1936 e significa Termos Internacionais do Comércio (do inglês INCOTERMS, significa International Commercial Terms). Abaixo veremos quais são as diversas espécies existentes[1]:

A) ***Ex Works:*** a partir do local de produção ou local nomeado. O exportador encerra sua participação no negócio quando acondiciona a mercadoria na embalagem de transporte (caixa, saco etc.) e a disponibiliza, no prazo estabelecido, no seu próprio estabelecimento;

1. Disponível em: <http://pt.wikipedia.org/wiki/Incoterm>. Acesso em: 3 out. 2008.

B) ***Free carrier***: livre no transportador – entregue ao transportador nominado pelo comprador e em lugar definido (utilizado por qualquer modo de transporte). Neste caso, o vendedor (exportador) completa suas obrigações quando entrega a mercadoria, desembaraçada para exportação, aos cuidados do transportador internacional indicado pelo comprador, no local designado do país de origem;

C) ***Free alongside ship***: entregue ao lado do navio (utilizado em modais marítimos, fluviais e lacustres). A responsabilidade do vendedor se encerra quando a mercadoria é colocada ao longo do costado do navio transportador, no porto de embarque nomeado. A contratação do frete e do seguro internacionais fica por conta do comprador;

D) ***Free on board***: entregue embarcada (utilizado em modais marítimos, fluviais e lacustres). A responsabilidade do vendedor sobre a mercadoria vai até o momento da transposição da amurada do navio (*ship's rail*), no porto de embarque, muito embora a colocação da mercadoria a bordo do navio seja também, em princípio, tarefa a cargo do vendedor;

E) ***Cost and freight***: custo e frete (utilizado em modais marítimos, fluviais e lacustres). O vendedor assume todos os custos anteriores ao embarque internacional, bem como a contratação do frete internacional, para transportar a mercadoria até o porto de destino indicado. Destaque-se que os riscos por perdas e danos na mercadoria são transferidos do vendedor para o comprador ainda no porto de carga (igual ao FOB, na *ship's rail*).

F) ***Cost, insurance and freight***: custo, seguro e frete (utilizado em modais marítimos, fluviais e lacustres). O vendedor tem as mesmas obrigações que no "CFR" e, adicionalmente, deve contratar o seguro marítimo contra riscos de perdas e danos durante o transporte;

G) ***Carriage paid to***: o vendedor contrata o frete pelo transporte da mercadoria até o local designado. Os riscos de perdas e danos na mercadoria, bem como quaisquer custos adicionais devidos a eventos ocorridos após a entrega da mercadoria ao transportador, são transferidos pelo vendedor ao comprador, quando a mercadoria é entregue à custódia do transportador;

H) ***Carriage and insurance paid to***: o vendedor tem as mesmas obrigações definidas no "CPT" e, adicionalmente, arca com o seguro contra riscos de perdas e danos da mercadoria durante o transporte internacional;

I) ***Delivered at frontier***: entregue na fronteira (mais utilizado em modais terrestres). O vendedor completa suas obrigações quando entrega a mercadoria, desembaraçada para a exportação, em um ponto da fronteira indicado e definido de maneira mais precisa possível. A entrega da mercadoria ao comprador ocorre em um ponto anterior ao posto alfandegário do país limítrofe;

J) ***Delivered ex-ship:*** entrega da mercadoria embarcada no navio (utilizado em modais marítimos, fluviais e lacustres). O vendedor completa suas obrigações quando a mercadoria é entregue ao comprador a bordo do navio, não desembaraçadas para importação, no porto de descarga. O vendedor assume todos os custos e riscos durante a viagem internacional;

K) ***Delivered ex-quay***: mercadoria entregue no cais (utilizado em modais marítimos, fluviais e lacustres). O vendedor "entrega" as mercadorias quando elas são colocadas à disposição do comprador, desembaraçadas para exportação mas não desembaraçadas para importação, no cais do porto de destino nomeado. O vendedor tem obrigação de levar a mercadoria até o porto de destino e desembarcar as mercadorias no cais;

L) ***Delivered duty unpaid***: entregue com impostos a serem pagos. O vendedor somente cumpre sua obrigação de entrega quando a mercadoria tiver sido posta em disponibilidade no local designado do país de destino final, não desembaraçada para importação.

M) ***Delivered duty paid***: entregue com impostos pagos. O vendedor somente cumpre sua obrigação de entrega quando a mercadoria é sido posta em disponibilidade no local designado do país de destino final, desembaraçada para importação. O vendedor assume todos os riscos e custos, inclusive impostos, taxas e outros encargos incidentes na importação.

9.1.5. Restrições à compra e venda

A) **Venda de ascendente para descendente** (art. 496 do CC)**:** é anulável a compra e venda de ascendentes (pais, avós, bisavós etc.) para descendentes (filhos, netos, bisnetos etc.), salvo se autorizada pelos outros descendentes de **grau mais próximo** e pelo cônjuge do alienante.

O cônjuge deve autorizar também, pois, a exemplo do descendente, é herdeiro necessário. Com o julgamento da inconstitucionalidade do art. 1.790 do Código Civil pelo STF, que estabeleceu que todos os direitos sucessórios do cônjuge devem ser estendidos ao companheiro, este último se tornou herdeiro necessário, mesmo não estando contemplado como tal no art. 1.845 do Código Civil. Por esse motivo, entendemos que o companheiro também deve autorizar a venda de ascendente para descendente, exceto se o regime da união estável for da separação absoluta de bens, sob pena de anulabilidade.

Se um dos descendentes mais próximos for falecido, será necessária a autorização do seu filho, em razão do direito de representação dado pelo direito sucessório. Pela interpretação do referido artigo, o cônjuge do descendente que vai autorizar, está dispensado de participar do ato de compra e venda.

O cônjuge, ou companheiro, do ascendente alienante precisa autorizar a compra e venda, salvo se casado, ou vivendo em união estável, no regime da separação obrigatória. Vale lembrar que, de acordo com o art. 1.641 do Código Civil, é obrigatório o regime da separação de bens no casamento:

> I – das pessoas que o contraírem com inobservância das causas suspensivas da celebração do casamento (*vide* art. 1.523 do CC);
>
> II – da pessoa maior de 70 anos;
>
> III – de todos os que dependerem, para casar, de suprimento judicial.

Como vimos no início da análise deste contrato, o regime da separação absoluta não existe na classificação doutrinária, que consagra apenas a separação convencional (feita por pacto antenupcial) e a obrigatória (imposta pela lei nos casos acima). Assim, na compra e venda de bens imóveis temos uma situação interessante que torna a dispensa do art. 496 inócua, pois o referido artigo torna desnecessária a autorização do cônjuge na venda de ascendente para descendente, mas, por se tratar de bem imóvel, tal autorização é necessária, pois o art. 1.647 do Código Civil estabelece que o cônjuge deve dar outorga conjugal, exceto se o regime de bens for o da separação absoluta, e, como a separação obrigatória não é absoluta, por força da Súmula 377 do STF, a autorização não pode deixar de constar na escritura. Ou seja, o art. 496 do Código Civil dispensa a autorização do cônjuge na venda de ascendente para descendente de bem imóvel, mas o art. 1.647, I, do mesmo Código a obriga.

A expressão "em ambos os casos" contida no parágrafo único do art. 496 do Código Civil está equivocada, haja vista que só há uma hipótese tratada no dispositivo: a venda de ascendente para descendente. Para entender o equívoco, é necessário saber que o projeto original desse dispositivo impunha a restrição não apenas para a venda de ascendentes para descendentes, mas também na hipótese inversa, de descendente para ascendente. Como o texto aprovado foi modificado, pois se eliminou a restrição de descendente para ascendente, o legislador deveria ter eliminado a expressão "em ambos os casos", mas não o fez, motivo pelo qual persiste até hoje a frase sem sentido na norma.

A inobservância desses requisitos gera a anulabilidade do contrato (art. 496 do CC). A lei é omissa quanto ao prazo para se pleitear a anulação do negócio, motivo pelo qual devemos recorrer ao art. 179 do Código Civil, que estabelece ser de **dois anos**, a contar da conclusão do ato, o prazo decadencial quando não estiver fixado em lei. Porém, o STJ entende que, **em se tratando de bem imóvel, o prazo é contado do falecimento do último ascendente**. Vejamos 3 decisões sobre o tema abaixo:

> Direito civil. Venda de ascendente a descendente por interposta pessoa. Caso de simulação. Prazo quadrienal (art. 178, § 9º, v, b, CC/16). Termo inicial. Abertura da sucessão do último ascendente. 1. Na vigência do Código Civil/16, a venda de ascendente a descendente, por interposta pessoa e sem consentimento dos demais descendentes, distancia-se da situação descrita pela Súmula 49/STF. Trata-se de situação que configura simulação, com prazo prescricional quadrienal (178, § 9º, inciso V, letra b, do CC/16), mas o termo inicial é a data da abertura da sucessão do alienante. 2. Entender de forma diversa significaria exigir que descendentes litigassem contra ascendentes, ainda em vida, causando um desajuste nas relações intrafamiliares. Ademais, exigir-se-ia que os descendentes fiscalizassem, além dos negócios jurídicos do seu ascendente, as transações realizadas por estranhos, ou seja, pelo terceiro interposto, o que não se mostra razoável nem consentâneo com o ordenamento jurídico que protege a intimidade e a vida privada. Precedentes do STF. 3. Não se mostra possível ainda o reconhecimento da decadência para anulação somente parcial do negócio, computando-se o prazo a partir do óbito do primeiro ascendente, relativamente a sua meação. Em tal solução, remanesceria exigência de os demais descendentes litigarem contra seu pai ainda em vida, desconforto que, como antes assinalado, justifica o cômputo do prazo a partir da abertura da sucessão do último ascendente. 4. Recurso especial não provido (**Resp 999.921-PR, 4ª Turma, rel. Min. Luis Felipe Salomão, j. 14-6-2011,** *Dje* **1º-8-2011**).
>
> APELAÇÃO CÍVEL – AÇÃO DECLARATÓRIA – NULIDADE – COMPRA E VENDA ASCENDENTE PARA DESCENDENTE – PRESCRIÇÃO – TERMO INICIAL – ABERTURA DA SUCESSÃO – RECURSO PROVIDO – SENTENÇA ANULADA.
>
> **(AREsp 483.877-MG, 3ª Turma, rel. Min. Paulo de Tarso Sanseverino,** *Dje* **4-2-2016.)**
>
> CIVIL. AGRAVO EM RECURSO ESPECIAL. AÇÃO DECLARATÓRIA DE ATO JURÍDICO. VENDA DE ASCENDENTE PARA DESCENDENTE POR INTERPOSTA PESSOA. SIMULAÇÃO. PRESCRIÇÃO. QUADRIENAL. TERMO INICIAL A ABERTURA DA SUCESSÃO. PRECEDENTES DO STJ. INCIDÊNCIA DA SÚMULA N. DO STJ. AGRAVO NÃO PROVIDO.
>
> **(AREsp 668.801-RJ, 3ª Turma, rel. Min. Moura Ribeiro,** *Dje* **29-3-2016.)**

Correto, em nosso sentir, pois, como dito na ementa, o descendente que quer propor ação anulatória não tem a obrigação de diligenciar, permanentemente, no Registro de Imóveis, para saber se o bem foi objeto de alienação, mas tal providência obrigatoriamente é tomada, quando da ocorrência da morte para se proceder à abertura do inventário.

Qualquer decisão com pensamento diverso, ensejaria manifestação da 2ª Sessão, para que se resolvesse a divergência.

Com isso, restou prejudicado o recente Enunciado 545 do CJF, que trouxe regra contrária ao posicionamento do STJ transcrito acima, vejamos o seu conteúdo:

> En. 545 do CJF – (arts. 179 e 496) O prazo para pleitear a anulação de venda de ascendente a descendente sem anuência dos demais descendentes e/ou do cônjuge do alienante é de 2 (dois) anos, contados da ciência do ato, que se presume absolutamente, em se tratando de transferência imobiliária, a partir da data do registro de imóveis.

A **Súmula 494 do STF** trata do caso em tela, e determina que a ação para anular venda de ascendente a descendente, sem consentimento dos demais, prescreve em 20 anos, contados da data do ato, revogada a Súmula 152.

Ocorre, porém, que a referida Súmula restou prejudicada[2], já que a natureza do prazo para se propor ação anulatória é decadencial, e não prescricional, como ela estabelecia. Mas, como a matéria não será mais objeto de análise do STF, e a referida Súmula é anterior à criação do STJ, não poderá ser revogada pelo STF, mas tão somente restar prejudicada, pelos julgamentos contrários proferidos pelo STJ:

> DIREITO CIVIL. RECURSO ESPECIAL. AÇÃO DECLARATÓRIA DE NULIDADE DE ATOS JURÍDICOS CUMULADA COM CANCELAMENTO DE REGISTRO PÚBLICO. VENDA DE BEM. ASCENDENTE A DESCENDENTE. INTERPOSTA PESSOA. NEGÓCIO JURÍDICO ANULÁVEL. PRAZO DECADENCIAL DE 2 (DOIS) ANOS PARA ANULAR O ATO.
>
> 1. Ação declaratória de nulidade de atos jurídicos cumulada com cancelamento de registro público, por meio da qual se objetiva a desconstituição de venda realizada entre ascendente e descendente, sem o consentimento dos demais descendentes, em nítida inobservância ao art. 496 do CC/02. 2. Ação ajuizada em 9/2/2006. Recurso especial concluso ao gabinete em 3/4/2017. Julgamento: CPC/73. 3. O propósito recursal é definir se a venda de ascendente a descendente, por meio de interposta pessoa, é ato jurídico nulo ou anulável, bem como se está fulminada pela decadência a pretensão dos recorridos de desconstituição do referido ato. 4. Nos termos do art. 496 do CC/02, é anulável a venda de ascendente a descendente, salvo se os outros descendentes e o cônjuge do alienante expressamente houverem consentido. 5. O STJ, ao interpretar a norma inserta no art. 496 do CC/02, perfilhou o entendimento de que a alienação de bens de ascendente a descendente, sem o consentimento dos demais, é ato jurídico anulável, cujo reconhecimento reclama: (i) a iniciativa da parte interessada; (ii) a ocorrência do fato jurídico, qual seja, a venda inquinada de inválida; (iii) a existência de relação de ascendência e descendência entre vendedor e comprador; (iv) a falta de consentimento de outros descendentes; e (v) a comprovação de simulação com o objetivo de dissimular doação ou pagamento de preço inferior ao valor de mercado. Precedentes. 6. Quando ocorrida a venda direta, não pairam dúvidas acerca do prazo para pleitear a desconstituição do ato, pois o CC/02 declara expressamente a natureza do vício da venda – qual seja, o de anulabilidade (art. 496) –, bem como o prazo decadencial para providenciar a sua anulação – 2 (dois) anos, a contar da data da conclusão do ato (art. 179). 7. Nas hipóteses de venda direta de ascendente a descendente, a comprovação da simulação é exigida, de forma que, acaso comprovada que a venda tenha sido real, e não simulada para mascarar doação – isto é, evidenciado que o preço foi realmente pago pelo descendente, consentâneo com o valor de mercado do bem objeto da venda, ou que não tenha havido prejuízo à legítima dos demais herdeiros –, a mesma poderá ser mantida. 8. Considerando que a venda por interposta pessoa não é outra coisa que não a tentativa reprovável de contornar-se a exigência da concordância dos demais descendentes e também do cônjuge, para que seja hígida

---

2. O Superior Tribunal de Justiça, no REsp 771.736-0/SC, reconheceu a inaplicabilidade da Súmula 494 do STF.

a venda de ascendente a descendente, deverá ela receber o mesmo tratamento conferido à venda direta que se faça sem esta aquiescência. Assim, considerando anulável a venda, será igualmente aplicável o art. 179 do CC/02, que prevê o prazo decadencial de 2 (dois) anos para a anulação do negócio. Inaplicabilidade dos arts. 167, § 1º, I, e 169 do CC/02. 10. Na espécie, é incontroverso nos autos que a venda foi efetivada em 27/2/2003, ao passo que a presente ação somente foi protocolizada em 9/2/2006. Imperioso mostra-se, desta feita, o reconhecimento da ocorrência de decadência, uma vez que, à data de ajuizamento da ação, já decorridos mais de 2 (dois) anos da data da conclusão do negócio. 11. Recurso especial conhecido e provido. **(Resp 1.679.501/GO, 3ª Turma, rel. Min. Nancy Andrighi, j. 10-3-2020, *Dje* de 13-3-2020)**.

Assim, como vimos, a venda de ascendente para descendente sem a autorização dos demais descendentes e do cônjuge do alienante é anulável.

Porém, se mascarar uma simulação, então ela deveria ser nula, por disposição expressa do art. 167 do Código Civil, que prevaleceria sobre o 496 do mesmo código. Contudo, no referido julgado, o STJ firmou entendimento, também, de que mesmo sendo a venda por interposta pessoa (hipótese de simulação prevista no art. 167, que acarretaria nulidade), esta seria anulável. Cuidado com isso!!!!

Cumpre ressaltar que muitas pessoas fazem simulação nesse tipo de venda, vejamos os exemplos:

1º) O ascendente quer favorecer o descendente na partilha dos bens e, por conta disso, faz uma compra e venda, mas o preço fixado nunca será pago, ou seja, há simulação de doação;

2º) O ascendente quer doar bem para o descendente que não tem dinheiro para pagar o tributo (ITCMD), que em vários Estados é fixado na casa dos 4%, e, por conta disso, simula uma compra e venda, em que o tributo (ITBI) é a metade do preço em vários municípios (pois a alíquota é de 2%).

Em ambos os casos, temos uma simulação relativa, em que o negócio simulado é a compra e venda e o dissimulado é a doação. Assim, de acordo com o art. 167 do Código Civil, o negócio simulado será nulo e o dissimulado válido, pois é permitido pelo Código Civil (recomenda-se a leitura sobre nossas considerações acerca da simulação, no capítulo deste livro que trata dos fatos jurídicos, após o vício da fraude contra credores). Diante disso, ocorre o fenômeno da **extraversão**, no qual o negócio dissimulado, nos casos dos exemplos acima, será considerado uma doação.

No primeiro exemplo, o comprador, por não ter pagado o preço da venda, será tido como donatário, e, por conta de estar recebendo a doação de seu ascendente, terá que levar a mesma à colação, pois se trata de adiantamento de legítima (*vide* **art. 544 do Código Civil**).

Já no segundo exemplo, o fisco estadual poderá cobrar o ITCMD, pois o negócio produzirá efeito como uma doação. Essa artimanha é facilmente descoberta, pois o comprador deve ter respaldo patrimonial para fazer a compra e expô-la na declaração de imposto de renda.

A extraversão é isso: dar efeito ao negócio escondido, pretendido pelas partes.

Nos dois casos, por se tratar de simulação, que acarreta a nulidade, que consagra preceito de ordem pública, a anuência do descendente comprador não acarreta um *venire contra factum proprium* (vedação ao comportamento contraditório), haja vista que, por ser nulo o negócio simulado, poderá ele mesmo suscitar a nulidade.

A concepção ou adoção de descendente posterior à compra e venda não invalida o ato, pois, por ser requisito de validade, isso deve ser observado no momento da celebração do negócio.

Entendemos que a procedência em sede de investigação de paternidade, posterior ao ato, em que se reconhece que o vendedor possui mais um filho, invalida o ato, pois a decisão judicial retroage ao nascimento (efeito *ex tunc*), salvo se o bem foi alienado para terceiro, pois devemos proteger o adquirente de boa-fé. Nesse caso, o prazo de 2 anos para pleitear a anulação do ato seria contado do trânsito em julgado da sentença ou acórdão.

Nossa posição foi adotada pelo STJ, no seguinte julgado:

> RECURSO ESPECIAL. AÇÃO OBJETIVANDO A "DECLARAÇÃO DE NULIDADE" DA VENDA DE COTAS DE SOCIEDADE REALIZADA POR ASCENDENTE A DESCENDENTE SEM A ANUÊNCIA DE FILHA ASSIM RECONHECIDA POR FORÇA DE INVESTIGAÇÃO DE PATERNIDADE *POST MORTEM*.
>
> 1. Sob a égide do Código Civil de 1916, o exercício do direito de anular venda de ascendente a descendente – que não contara com o consentimento dos demais e desde que inexistente interposta pessoa –, submetia-se ao prazo "prescricional" vintenário disposto no art. 177 do codex. Inteligência da Súmula 494 do STF. Tal lapso, na verdade decadencial, foi reduzido para dois anos com a entrada em vigor do Código Civil de 2002 (art. 179). 2. Nada obstante, assim como ocorre com os prazos prescricionais, nos casos em que deflagrado o termo inicial da decadência durante a vigência do código revogado, aplicar-se-á a norma de transição estabelecida no art. 2.028 do Código Civil de 2002. Assim, devem ser observados os prazos do Código Civil anterior, quando presentes as seguintes condições: (i) redução do prazo pelo diploma atual; e (ii) transcurso de mais da metade do tempo estabelecido na regra decadencial ou prescricional revogada. 3. No caso de autor que contava com menos de dezesseis anos à época da deflagração do fato gerador da pretensão deduzida em juízo, a 4ª Turma consagrou, recentemente, o entendimento de que o confronto entre a norma de transição (art. 2.028 do Código Civil) e a regra que obsta o transcurso do prazo prescricional não poderá traduzir situação prejudicial ao absolutamente incapaz **(Resp 1.349.599/MG, Rel. Min. Luis Felipe Salomão, 4ª Turma, julgado em 13-6-2017, *Dje* 1º-8-2017)**. Tal exegese também deve ser aplicada aos prazos decadenciais reduzidos pelo Código Civil de 2002, quando em discussão o exercício de direito potestativo por menor impúbere. Necessária observância do paradigma da proteção integral, corolário do princípio da dignidade da pessoa humana. 4. O STJ, ao interpretar a norma (inserta tanto no art. 496 do Código Civil de 2002 quanto no art. 1.132 do Código Civil de 1916), perfilhou o entendimento de que a alienação de bens de ascendente a descendente, sem o consentimento dos demais, é ato jurídico anulável, cujo reconhecimento reclama: (i) a iniciativa da parte interessada; (ii) a ocorrência do fato jurídico, qual seja, a venda inquinada de inválida; (iii) a existência de relação de ascendência e descendência entre vendedor e comprador; (iv) a falta de consentimento de outros descendentes; e (v) a comprovação de simulação com o objetivo de dissimular doação ou pagamento de preço inferior ao valor de mercado. Precedentes. 5. De outro lado, malgrado a sentença que reconhece a paternidade ostente cunho declaratório de efeito *ex tunc* (retro-operante), é certo que não poderá alcançar os efeitos passados das situações de direito definitivamente constituídas. Não terá, portanto, o condão de tornar inválido um negócio jurídico celebrado de forma hígida, dadas as circunstâncias fáticas existentes à época. Precedentes. 6. Na espécie, à época da concretização do negócio jurídico – alteração do contrato de sociedade empresária voltada à venda de cotas de ascendente a descendente –, a autora ainda não figurava como filha do *de cujus*, condição que somente veio a ser reconhecida no bojo de ação investigatória *post mortem*. Dadas tais circunstâncias, o seu consentimento (nos termos da norma disposta no art. 1.132 do Código Civil de 1916 – atual art. 496 do Código Civil de 2002) não era exigível nem passou a sê-lo em razão do posterior reconhecimento de seu estado de filiação. Na verdade, quando a autora obteve o reconhecimento de sua condição de filha, a transferência das cotas sociais já consubstanciava situação jurídica definitivamente constituída, geradora de direito subjetivo ao réu, cujos efeitos passados não podem ser alterados pela ulterior sentença declaratória de paternidade, devendo ser, assim, prestigiado o princípio constitucional da segurança jurídica. Ademais, consoante assente na origem, não restou demonstrada má-fé ou qualquer outro vício do negócio jurídico a justificar a mitigação da referida exegese. 7. Recurso especial não provido.
>
> **(Resp 1.356.431/DF, 4ª Turma, rel. Min. Luis Felipe Salomão, j. 8-8-2017, *Dje* de 21-9-2017.)**

Se um dos descendentes for menor, o juiz nomeará um curador especial para consentir, já que o seu representante legal, neste caso, é o próprio alienante.

B) Venda entre cônjuges ou companheiro (art. 499 do CC)**:** a venda entre cônjuges só é lícita com relação a bens excluídos da comunhão, motivo pelo qual, se essa regra não for observada, o contrato será nulo. A regra se aplica também na união estável.

C) Vedação de compra por pessoa encarregada de zelar pelo interesse do vendedor (art. 497 do CC): por esse motivo, não podem ser comprados, ainda que em hasta pública, sob pena de nulidade:

> I – pelos tutores, curadores, testamenteiros e administradores, os bens confiados à sua guarda ou administração;
>
> II – pelos servidores públicos, em geral, os bens ou direitos da pessoa jurídica a que servirem, ou que estejam sob sua administração direta ou indireta;
>
> III – pelos juízes, secretários de tribunais, arbitradores, peritos e outros serventuários ou auxiliares da justiça, os bens ou direitos sobre que se litigar em tribunal, juízo ou conselho, no lugar onde servirem, ou a que se estender a sua autoridade;
>
> IV – pelos leiloeiros e seus prepostos, os bens de cuja venda estejam encarregados.

A proibição contida no item III não compreende os casos de compra e venda ou cessão entre coerdeiros, ou em pagamento de dívida, ou para garantia de bens já pertencentes a pessoas designadas no referido item.

Essa proibição vale para a compra e venda e para a cessão de crédito.

D) Venda de parte indivisa em condomínio (art. 504 do CC)**:** exige direito de preferência. Condomínio *pro diviso* é aquele que comporta divisão e *pro indiviso* é o que não pode ser dividido. No condomínio *pro diviso* não se exige preferência, mas no *pro indiviso* sim. O direito de preferência vale tanto para bens móveis como para imóveis. O condômino preterido no direito de preferência, conforme o art. 504 do Código Civil, pode ingressar com ação adjudicatória no prazo decadencial de 180 dias, para reaver a quota vendida.

Sendo muitos os condôminos, preferirá o que tiver benfeitorias de maior valor e, na falta de benfeitorias, o de quinhão maior. Se as partes forem iguais, haverá a parte vendida os coproprietários que a quiserem, depositando previamente o preço.

Cumpre ressaltar que, de acordo com o art. 34 da Lei do Inquilinato (8.245/91), havendo condomínio no imóvel locado, a preferência do condômino terá prioridade sobre a do locatário.

9.1.6. Vendas especiais

A) Venda mediante amostra, protótipo e modelo (art. 484 do CC)**:**

1) amostra é a reprodução total de uma coisa que será vendida;

2) protótipo é o primeiro exemplar de uma invenção;

3) modelo é a reprodução exemplificativa, por desenho ou imagem.

Se a venda se realizar à vista de amostras, protótipos ou modelos, entender-se-á que o vendedor assegura ter a coisa as qualidades que a elas correspondem, por isso o comprador pode recusar a coisa no ato do recebimento, se não forem cumpridas as qualidades asseguradas, cabendo a resolução do contrato cumulada com perdas e danos por violação da boa-fé objetiva. Prevalece a amostra, o protótipo ou o modelo se houver contradição ou diferença com a maneira pela qual se descreveu a coisa no contrato.

B) Venda *ad corpus* ou de corpo inteiro (art. 500, § 3º, do CC)**:** é aquela feita como coisa certa e determinada com relação a bens imóveis, mesmo que isso não conste expressamente no contrato. Neste caso, não interessa o tamanho da área, motivo pelo qual não se pode exigir complementação ou devolução do excesso de uma área.

C) Venda *ad mensuram* ou por medida (art. 500, *caput*, §§ 1º e 2º, do CC)**:** é aquela feita por medida de extensão (metro quadrado, alqueire, hectare). É tolerável a variação de área de 1/20 (ou 5%) do imóvel. Temos uma presunção *juris tantum* de tolerância. Se a área for inferior, haverá vício redibitório especial, cabendo ações edilícias, com regras específicas. A primeira que deve ser proposta é a ação *ex empto* ou *ex vendito*, que serve para complementação de área. Se isso não for possível, a parte poderá escolher entre a ação **redibitória e estimatória**. Prazo para tais ações: 1 ano, a contar do registro do imóvel, lembrando que a imissão na posse é uma causa impeditiva da decadência, já que, se ela não tiver ocorrido, o prazo não se inicia.

Na hipótese de haver excesso de área, o prejuízo será do vendedor, motivo pelo qual cabe pedido de diferença do preço ou devolução do excesso. O prazo é o mesmo visto anteriormente.

D) Venda conjunta (art. 503 do CC)**:** na venda de coisa conjunta, o defeito oculto de uma das coisas não autoriza a rejeição de todas.

9.1.7. Pactos adjetos (unidos) ou cláusulas especiais à compra e venda

A) Retrovenda ou *pacto retrovendendo* (arts. 505 a 508 do CC)**:** trata-se de cláusula em que o vendedor se reserva o direito de reaver, em certo prazo, o imóvel alienado, restituindo ao comprador o preço, mais as despesas por ele realizadas, inclusive as empregadas no melhoramento do imóvel, como as benfeitorias necessárias.

Características da retrovenda:

1) Só cabe em caso de bens imóveis.

2) O comprador adquire propriedade resolúvel (aquela que se extingue por haver condição resolutiva); com o registro o vendedor pode exercer tal direito, inclusive contra terceiro.

3) O prazo máximo da cláusula é de 3 anos (pode ser estipulado prazo inferior).

4) O direito de resgate é intransmissível *inter vivos*, podendo ser transferido somente aos herdeiros.

5) O perecimento do bem por caso fortuito ou força maior extingue o direito de resgate.

6) Frutos e rendimentos do bem imóvel ficam com o comprador.

7) Se o comprador se recusar a entregar o imóvel, cabe ação reivindicatória, depositando o preço (porque a propriedade é resolúvel).

8) Se a duas ou mais pessoas couber o direito de retrato sobre o mesmo imóvel, e só uma o exercer, poderá o comprador intimar as outras para nele acordarem, prevalecendo o pacto em favor de quem haja efetuado o depósito, contanto que seja integral.

B) Venda a contento (arts. 509, 511 a 512 do CC): cláusula que subordina o efeito do contrato ao agrado da coisa pelo comprador. Nesta modalidade temos uma **condição puramente potestativa**, vedada pelo art. 122 do Código Civil, mas permitida, neste caso, pelo art. 509 do mesmo Código.

Características da venda a contento:

1) Trata-se de venda sob condição suspensiva (art. 509 do CC), equivalendo o adquirente a comodatário até a decisão do contentamento (art. 511 do CC).

2) O direito é personalíssimo, não se transmitindo nem a herdeiros do adquirente.

3) O prazo para o contentamento é estabelecido pelas partes – não há limitação, mas a sua inexistência obriga a intimação do comprador para se manifestar sobre o agrado em prazo improrrogável (art. 512 do CC).

4) O art. 49 do CDC apresenta hipótese de venda a contento por determinação de lei que a difere da modalidade do Código Civil.

C) Venda sujeita a prova (arts. 510 a 512 do CC): o alienante assegura que a coisa tenha certas qualidades e seja idônea para o fim a que se destina. As regras referentes à venda a contento também valem para a venda sujeita à prova (ver arts. 509 a 512 do CC).

D) Preempção ou preferência (arts. 513 a 520 do CC): é a cláusula com a qual o comprador de um bem móvel ou imóvel fica obrigado a oferecê-lo, por meio de notificação, ao vendedor, quando desejar vendê-lo ou dá-lo em dação em pagamento para que este use o seu direito de prelação em igualdade com terceiro. **Prelação**, **preferência** e **preempção** são sinônimos.

Na locação de imóvel urbano a necessidade da preferência é dada por lei, motivo pelo qual é chamada de preferência legal. Há casos em que a lei não determina tal preferência. Na compra e venda, por exemplo, são as partes que estipulam o pacto adjeto da preempção, que será chamado de preferência convencional.

Os prazos máximos de vigência desta cláusula são de 180 dias para bem móvel e 2 anos para bem imóvel (prazo de decadência). Já para responder a notificação, o prazo é de 3 dias se o bem for móvel e 60 dias se o bem for imóvel (prazo de decadência).

A preferência pressupõe comparação, ou seja, em uma notificação só se pode falar em preferência se já houver uma proposta com preço e modo de pagamento. No momento em que o comprador originário recebe uma proposta de compra do bem, ele deve notificar o vendedor originário, informar o preço e a forma de pagamento, pois a preferência garante igualdade nesses quesitos. No momento em que o sujeito faz a contraproposta, ele está desistindo do direito de preferência.

Na compra e venda, a cláusula deve ser expressa, pois não está prevista em lei.

Se o vendedor for preterido no direito de preferência estipulado como pacto adjeto na compra e venda, caberão perdas e danos (art. 518 do CC) e não ação adjudicatória. Porém, o adquirente responde solidariamente com quem comprou o bem se este estiver de má-fé (a solidariedade está expressa na parte final do art. 518 do CC).

O direito de preferência é personalíssimo e não se transmite aos herdeiros.

Se o bem for desapropriado e a finalidade a que se destinou não for cumprida, o vendedor terá o seu direito de preferência, que será denominado, neste caso, de retrocessão (art. 519 do CC).

Cumpre ressaltar que o art. 5º, § 3º, do Decreto-Lei n. 3.365/41, que normatiza a desapropriação por utilidade pública, apresenta uma exceção em que não haverá a retrocessão, no caso do imóvel desapropriado para implantação de parcelamento popular, destinado às classes de menor renda, não se dará outra utilização nem haverá retrocessão.

Não há na preferência convencional lei que explique se é possível integralizar no capital de uma pessoa jurídica bem que tenha cláusula de preempção em vigência. Por esse motivo, aplica-se o art. 4º da LINDB, pois deve ser feita uma interpretação analógica da regra de preferência legal, aplicando o art. 32 da Lei n. 8.245/91 (Locação de Imóvel Urbano), que estabelece:

> **Art. 32.** O direito de preferência não alcança os casos de perda da propriedade ou venda por decisão judicial, permuta, doação, integralização de capital, cisão, fusão e incorporação.

Essa é uma questão muito importante, pois se estende a outros casos descritos no artigo.

E) Reserva de domínio ou *pactum reservati domini* (arts. 521 a 528 do CC)**:** trata-se da estipulação de que a coisa **móvel** e **infungível** continuará sendo de propriedade do vendedor até o pagamento integral do valor ajustado, motivo pelo qual ele terá a posse indireta até a quitação do preço.

O que transfere a propriedade de bem móvel é a tradição e do bem imóvel é o registro. Não existe reserva de domínio de bem imóvel, portanto, compromisso de compra e venda de bem imóvel não é reserva de domínio. A reserva de domínio serve para impedir que a tradição transfira a propriedade. A cláusula dispõe que a tradição, neste caso, só vai transferir a posse. A propriedade vai ser transferida após o pagamento total do preço, pois a propriedade do vendedor é resolúvel, ou seja, com condição resolutiva consistente no pagamento do preço. Com o pagamento do preço pelo comprador – que já está na posse do bem móvel –, este passa a ser o proprietário.

No caso da reserva de domínio, a tradição do bem móvel não transfere a propriedade, mas somente a posse direta. Trata-se de uma condição suspensiva (pagamento do preço), já que o vendedor fica com a propriedade resolúvel.

Ocorrendo o inadimplemento do comprador, cabe **busca e apreensão** para reaver a coisa móvel e infungível ou **ação de cobrança** *para restituição* do valor do bem.

O vendedor continua com a disposição e a reivindicação e o comprador fica com o uso e o gozo. Mas, e **se a coisa perecer antes do pagamento do preço, quem suporta o prejuízo?** O comprador, pois é ele quem terá direito de uso e gozo sobre o bem, e por isso responderá pelos riscos da coisa, já que o art. 524 do Código Civil criou exceção à regra *res perit domino*.

A propriedade resolúvel do vendedor se extingue com o implemento da condição resolutiva (pagamento do preço). Na maioria das vezes, o pagamento do preço vem atrelado a um termo/data. Se o pagamento não é feito no termo, mas pode ser feito depois, temos inadimplemento relativo (mora). A mora, neste caso, é automática (mora *ex re*). A execução da cláusula de reserva de domínio exige interpelação judicial ou protesto do título, já que o art. 525 do Código Civil criou uma exceção ao *dies interpelat pro homine* (a mora é automática e independe de notificação).

A Lei de Registros Públicos (Lei n. 6.015/73), no art. 129, item 10, 5º, determina que o contrato de compra e venda com reserva de domínio deve ser escrito para poder ser registrado no Cartório de Títulos e Documentos, objetivando que produza efeito perante terceiro, o que possibilita o **direito de sequela** (direito de perseguir o bem). Assim sendo, a compra e venda com reserva de domínio não pode ser feita verbalmente, sob pena de não poder ser registrado em cartório.

A retomada da coisa obriga a devolução das prestações pagas pelo comprador, podendo ser abatidos as despesas judiciais e os prejuízos com a depreciação do bem (cf. art. 527 do CC).

F) Venda sobre documentos (arts. 529 a 532 do CC): trata-se de venda em que a tradição da coisa é substituída pela entrega de um título representativo e dos outros documentos exigidos pelo contrato ou, no silêncio deste, pelos usos. Exemplo: vale-CD. O pagamento é feito quando da entrega do documento e não quando da troca do documento pelo bem.

Achando-se a documentação em ordem, não pode o comprador recusar o pagamento, a pretexto de defeito de qualidade ou do estado da coisa vendida, salvo se o defeito já houver sido comprovado.

Não havendo estipulação em contrário, o pagamento deve ser efetuado na data e no lugar da entrega dos documentos.

Se entre os documentos entregues ao comprador figurar apólice de seguro que cubra os riscos do transporte, correm estes à conta do comprador, salvo se, ao ser concluído o contrato, tivesse o vendedor ciência da perda ou avaria da coisa.

Estipulado o pagamento por intermédio de estabelecimento bancário, caberá a este efetuá-lo contra a entrega dos documentos, sem obrigação de verificar a coisa vendida, pela qual não responde.

Nesse caso, somente após a recusa do estabelecimento bancário a efetuar o pagamento, poderá o vendedor pretendê-lo diretamente do comprador.

9.2. TROCA OU PERMUTA (ART. 533 DO CC)

A palavra "permuta" é derivada do latim *permutare* (permutar, trocar, cambiar) e pode ser conceituada como o contrato em que os contratantes trocam entre si coisas de sua propriedade. Nesse contrato não se pode envolver dinheiro, sob pena de se ter uma compra e venda.

Segundo o art. 533 do Código Civil, aplicam-se à troca as disposições referentes à compra e venda, com as seguintes modificações:

a) salvo disposição em contrário, cada um dos contratantes pagará por metade as despesas com o instrumento da troca;

b) é anulável a troca de valores desiguais entre ascendentes e descendentes sem consentimento dos outros descendentes e do cônjuge do alienante. O cônjuge do ascendente não precisará autorizar se o regime de bens for o da separação obrigatória (aplicação do art. 496 do CC), porém, sendo o bem trocado imóvel, a autorização se faz necessária, por imposição do art. 1.647 do referido Código, consoante explicação já feita anteriormente, quando tratamos da venda de ascendente para descendente.

O cônjuge deve autorizar também, pois, a exemplo do descendente, é herdeiro necessário. Com o julgamento da inconstitucionalidade do art. 1.790 do Código Civil pelo STF, que estabeleceu que todos os direitos sucessórios do cônjuge devem ser estendidos ao companheiro, este último se tornou herdeiro necessário, mesmo não estando contemplado como tal no art. 1.845 do Código Civil. Por esse motivo, entendemos que o companheiro também deve autorizar a troca de ascendente para descendente de valores desiguais, exceto se o regime da união estável for o da separação absoluta de bens, sob pena de anulabilidade.

Diante da inexistência de previsão legal quanto ao prazo para anulação nesse caso, aplica-se o art. 179 do Código Civil, que estabelece ser esse prazo de 2 anos da conclusão do ato, exceto se o bem permutado for imóvel, hipótese em que, segundo o STJ, correrá a partir do falecimento do último ascendente.

Questão importante é sobre a possibilidade de existência de um contrato preliminar de troca, denominado **promessa de permuta**.

Esse contrato é muito comum nas incorporações imobiliárias, em que construtoras que não possuem capital para aquisição de terreno para construir um condomínio edilício propõem ao proprietário a permuta da área por algumas unidades no futuro empreendimento. Ou, ainda, podemos imaginar o loteador que oferece vários lotes ao dono de uma grande fazenda, para poder nela realizar um loteamento.

Nesses dois exemplos, não há matrícula individualizada para os apartamentos e lotes, motivo pelo qual não será possível fazer um contrato definitivo de permuta. Por isso, a única saída será a realização de um contrato preliminar de permuta.

No caso da permuta de terreno para a incorporação imobiliária de edifícios, há no art. 32 da Lei de Condomínios e Incorporações (Lei n. 4.591/64) disposição expressa autorizando o registro do contrato, no Cartório de Imóveis no caso em tela. Vejamos:

> **Art. 32.** O incorporador somente poderá negociar sobre unidades autônomas após ter arquivado, no cartório competente de Registro de Imóveis, os seguintes documentos:
>
> *a)* título de propriedade de terreno, ou de promessa, irrevogável e irretratável, de compra e venda ou de cessão de direitos ou de permuta do qual conste cláusula de imissão na posse do imóvel, não haja estipulações impeditivas de sua alienação em frações ideais e inclua consentimento para demolição e construção, devidamente registrado;

O contrato preliminar é normatizado pelo Código Civil nos arts. 462 e seguintes, e pode ser conceituado como aquele que gera a obrigação de realizar o contrato definitivo. O *caput* do art. 463 do Código Civil normatiza a forma de exigir o cumprimento da obrigação. Se for título executivo, o cumprimento seguirá o procedimento descrito nos arts. 815 e seguintes do CPC/2015, e, caso contrário, o procedimento adotado será o descrito no art. 497 do CPC/2015, ou 84 do Código de Defesa do Consumidor, tratando-se de relação de consumo.

Questão polêmica acerca desse tipo de promessa se dá com o seu ingresso no fólio real, ou seja, o seu registro na matrícula do imóvel. Entendemos que não há como proibir que isso ocorra.

Em que pese o art. 167, I, da Lei de Registros Públicos (Lei n. 6.015/73) não prever expressamente que será objeto de registro na matrícula do imóvel a promessa de permuta, entendemos que não há nenhum óbice para que isso ocorra, pelos seguintes motivos:

a) O art. 533 do Código Civil determina que se aplicam à troca as disposições referentes à compra e venda, e se, nesse contrato, a sua forma preliminar pode ser registrada por disposição expressa na Lei de Registros Públicos na matrícula do imóvel, a promessa de permuta também o será.

b) O parágrafo único do art. 463 do Código Civil determina que o contrato preliminar (independentemente de qual seja) deverá ser levado ao registro competente.

Por esses motivos, verificamos não haver empecilho para que a promessa de permuta possa ser registrada na matrícula do imóvel, para ser executada nos moldes dos arts. 463 e 464 do Código Civil.

Esse posicionamento é adotado, também, por José Osório de Azevedo Jr.[3].

O STJ já decidiu ser possível a promessa de permuta no **Resp 306.012/RJ (Recurso Especial 2001/0022845-3), rel. Min. Barros Monteiro, j. em 10-9-2002, *DJ* 17-3-2003, p. 234.**

O citado julgado faz menção ao fato de que a promessa de permuta pode ser executada nos moldes dos arts. 463 e 464 do Código Civil, para que se obtenha, em caso de recusa da celebração do contrato definitivo, que o juiz dê o efeito da adjudicação compulsória.

Foi por esse motivo que levamos essa ideia como proposta de enunciado na V Jornada de Direito Civil, realizada pelo CJF em 2011, e que foi aprovada pela plenária, tornando-se o Enunciado 435, com o seguinte texto:

En. 435 do CJF – O contrato de promessa de permuta de bens imóveis é título passível de registro na matrícula imobiliária.

9.3. CONTRATO ESTIMATÓRIO (ARTS. 534 A 537 DO CC)

Pelo contrato estimatório, o consignante entrega **bens móveis** ao consignatário, que fica autorizado a vendê-los, pagando àquele o preço ajustado, salvo se preferir, no prazo estabelecido, restituir-lhe a coisa consignada. Esse contrato também é chamado de venda em consignação.

Consignante é o que deseja vender o bem, ou seja, é o proprietário do bem. Consignatário é quem irá vender o bem entregue em consignação.

O consignatário não se exonera da obrigação de pagar o preço, se a restituição da coisa, em sua integridade, se tornar impossível, ainda que por fato a ele não imputável.

A coisa consignada não pode ser objeto de penhora ou sequestro pelos credores do consignatário, enquanto não pago integralmente o preço.

O consignante não pode dispor da coisa antes de lhe ser restituída ou de lhe ser comunicada a restituição.

3. AZEVEDO JR., José Osório de. *Compromisso de compra e venda*. 6. ed. São Paulo: Malheiros, 2013, p. 259.

Entendemos que a obrigação do consignatário é facultativa, haja vista que não temos uma obrigação composta quanto ao objeto com duas prestações nesse contrato, mas apenas uma obrigação simples, que é a de vender o bem. O consignante só pode exigir o dinheiro e não a coisa, visto que estamos diante de uma forma de venda, mas por consignação. O consignatário é quem possui, além do dever de pagar o preço, a faculdade de devolver o bem, consoante a dicção do art. 534 do Código Civil, que determina:

> **Art. 534.** Pelo contrato estimatório, o consignante entrega bens móveis ao consignatário, que fica autorizado a vendê-los, pagando àquele o preço ajustado, salvo se preferir, no prazo estabelecido, restituir-lhe a coisa consignada.

Possui o mesmo entendimento Sílvio de Salvo Venosa[4], mas como o tema é polêmico há quem entenda que a obrigação é alternativa, como Paulo Lôbo[5].

9.4. DOAÇÃO (ARTS. 538 A 564 DO CC)

9.4.1. Introdução

Considera-se doação o contrato em que o doador, por liberalidade, transfere do seu patrimônio bens ou vantagens para o do donatário, que os aceita (art. 538 do CC).

Trata-se de contrato que pode ser unilateral (aquele que gera dever para uma das partes) ou bilateral (que gera dever para ambas as partes).

Em regra, a doação é contrato unilateral, pois somente o doador tem obrigação (de dar a coisa). Porém, também pode ser bilateral no caso da **doação modal**, que impõe para o donatário um ônus a ser suportado, para que ela produza efeitos.

Há autores que dizem que a doação, neste caso, não seria bilateral, mas um contrato bilateral imperfeito (que é aquele que nasce como unilateral e durante a sua execução converte-se em bilateral), pois o encargo não é uma obrigação, mas um requisito para que o contrato se aperfeiçoe.

A doação também pode ser gratuita (quando há vantagem para apenas uma das partes) ou onerosa (quando há vantagem para ambas as partes). A doação em regra é gratuita, mas, sendo modal, o contrato é oneroso, assim como a doação remuneratória. Nas doações onerosas aplicam-se as regras dos vícios redibitórios (cf. art. 441 do CC).

9.4.2. Espécies de doação

Doação pura e simples: é aquela que não está sujeita a condição (hipótese em que a doação será chamada de condicional), termo (hipótese em que a doação será chamada de a termo) ou encargo (hipótese em que a doação será chamada de modal ou com encargo).

---

4. VENOSA, Silvio de Salvo. *Direito civil*: contratos em espécie. 18. ed. São Paulo: Atlas, 2018, v. III, p. 96.
5. LÔBO, Paulo. *Direito civil:* contratos. 8. ed. São Paulo: Saraiva, 2018, p. 324.

Doação universal: é nula a doação de todos os bens sem reservar parte ou renda suficiente para a subsistência do doador (art. 548 do Código Civil). Essa regra se aplica à partilha em vida, prevista no art. 2.018 do Código Civil, quando feita por doação. Havendo reserva de usufruto, a doação é válida, porém o usufruto será irrenunciável, ou seja, sobre o caso em tela não será permitida a aplicação do art. 1.410, I, do Código Civil, sob pena de se cometer uma perfeita burla à regra do instituto. O referido artigo não explica o percentual da parte que deveria ser reservada para a subsistência do doador, motivo pelo qual se entende que tudo dependerá do tamanho do patrimônio, pois a reserva deverá ser de uma parte que permita uma vida digna para um cidadão comum. Como o artigo fala em renda suficiente, entendemos que pode ser de natureza salarial, se vier de fonte duradoura, ou seja, como no caso de emprego, seja privado ou público, essa renda pode ser perdida, um salário elevado não preencheria tal requisito, mas uma aposentadoria de valor elevado, sendo suficiente para a mantença do doador, dispensaria o usufruto. Aliás, o usufruto não precisa ser da integralidade dos bens; basta ser daqueles que possam gerar um aluguel, por exemplo, que sirva de renda suficiente ao doador. O problema é saber qual seria esse valor em todos esses casos. Acreditamos que ele deve ser analisado *in abstrato*, ou seja, de acordo com o que é necessário para a sociedade em geral, e não para determinada pessoa, sendo necessário o uso do bom senso para analisar o caso concreto.

A doação universal só pode ser feita por quem não tem herdeiro necessário (descendente, ascendente cônjuge [e agora companheiro] - art. 1.845 do CC), pois, caso exista, a pessoa só poderá doar 50% do seu patrimônio; a parte que sobejar esse percentual será nula (art. 549 do CC). Trata-se de doação inoficiosa, que será objeto de estudo mais adiante. Esse, também, é o entendimento de Pablo Stolze Gagliano[6].

Doação de ascendente para descendente (art. 544 do CC): nesta modalidade, é dispensada a autorização do cônjuge ou companheiro (agora herdeiro necessário) e dos outros descendentes (não confundir com as regras da compra e venda, já examinadas), já que o art. 2.002 do Código Civil determina que, nesse caso, a doação importa adiantamento de herança, devendo ser levada à colação, salvo se o doador dispensá-la no próprio instrumento de doação, ou, ainda, por meio de testamento, se não tiver feito no contrato, fazendo menção à doação feita em ato pretérito, conforme autoriza o art. 2.006 do Código Civil. Segundo o art. 2.011 do Código Civil, as doações remuneratórias de serviços feitos ao ascendente também não estão sujeitas à colação.

Doação inoficiosa: é nula a parte que invadir a legítima de herdeiros necessários (art. 549 do CC). Se o doador tem herdeiro necessário (descendentes, ascendentes, cônjuge [e agora companheiro] - art. 1.845 do CC), só poderá doar 50% de seu patrimônio. A doação que ultrapassa esse percentual, chamada de inoficiosa, é nula (a parte inoficiosa é somente a que ultrapassa a legítima). É no momento da liberalidade que se deve

6. GAGLIANO, Pablo Stolze. *O contrato de doação*. 4. ed. São Paulo: Saraiva, 2014. p. 103.

averiguar se a doação é ou não inoficiosa. O STJ[7] possui precedentes[8], no sentido de que a ação declaratória de nulidade de uma doação inoficiosa está sujeita ao prazo geral de prescrição de 10 anos, previsto no art. 205 do Código Civil. Essa regra se aplica à partilha em vida, prevista no art. 2.018 do Código Civil, quando feita por doação, ou seja, quem tem herdeiro necessário não pode fazer partilha da integralidade do patrimônio, pois a parte inoficiosa (que invade a legítima) é nula. Esse nosso entendimento também é adotado por Pablo Stolze Gagliano[9].

Doação entre cônjuges ou companheiros: só podem ser objeto de doação os bens particulares. Essa regra será aplicada, também, ao **companheiro**, que vive em união estável.

Como o cônjuge é herdeiro necessário, segundo o art. 544 do Código Civil, essa doação importa em adiantamento de herança, motivo pelo qual a doação precisa ser colacionada. Cumpre lembrar que, se os bens saíram da parte disponível, a doação é válida, mas, se saíram da parte indisponível, é inoficiosa a parte excedente.

Com o julgamento da inconstitucionalidade do art. 1.790 do Código Civil pelo STF, que estabeleceu que todos os direitos sucessórios do cônjuge devem ser estendidos ao companheiro, este último se tornou herdeiro necessário, mesmo não estando contemplado como tal no art. 1.845 do Código Civil. Por esse motivo, entendemos que o companheiro também deve levar o bem recebido em doação à colação, por existir adiantamento de herança.

Doação contemplativa: é aquela feita em contemplação do merecimento do donatário, tratando-se de ato de liberalidade que não exige contraprestação. Por esse motivo é um exemplo de doação onerosa, que não perde o caráter de liberalidade (art. 540 do CC). Um exemplo dessa modalidade se dá quando alguém doa algo a instituição de caridade em razão dos relevantes serviços prestados a uma classe (como idosos, por exemplo).

Doação remuneratória: é aquela feita em agradecimento a um serviço gratuitamente prestado, razão pela qual é um exemplo de doação onerosa. Se o valor do bem doado for superior ao que se retribui, a doação remuneratória não perde o caráter de liberalidade (art. 540 do CC).

A ela se aplicam as regras dos arts. 441 e seguintes do Código Civil, que tratam dos vícios redibitórios, diante da onerosidade.

---

7. Direito civil e processual civil. Ação declaratória de nulidade de doação e partilha. Bens doados pelo pai à irmã unilateral e à ex-cônjuge em partilha. Doação inoficiosa. Prescrição. Prazo decenal, contado da prática de cada ato. Artigos analisados: 178, 205, 549 e 2.028 do CC/16. 1. Ação declaratória de nulidade de partilha e doação ajuizada em 7-5-2009. Recurso especial concluso ao Gabinete em 16-11-2011. 2. Demanda em que se discute o prazo aplicável a ação declaratória de nulidade de partilha e doação proposta por herdeira necessária sob o fundamento de que a presente ação teria natureza desconstitutiva porquanto fundada em defeito do negócio jurídico. 3. Para determinação do prazo prescricional ou decadencial aplicável deve-se analisar o objeto da ação proposta, deduzido a partir da interpretação sistemática do pedido e da causa de pedir, sendo irrelevante o nome ou o fundamento legal apontado na inicial. 4. A transferência da totalidade de bens do pai da recorrida para a ex-cônjuge em partilha e para a filha do casal, sem observância da reserva da legítima e em detrimento dos direitos da recorrida caracterizam doação inoficiosa. 5. Aplica-se às pretensões declaratórias de nulidade de doações inoficiosas o prazo prescricional decenal do CC/02, ante a inexistência de previsão legal específica. Precedentes. 6. Negado provimento ao recurso especial (STJ, REsp 1.321.998, rel. Min. Nancy Andrighi, T. 3, j. 7-8-2014).
8. Há outros dois precedentes, no mesmo sentido, nesse caso: REsp 1.049.078/SP, rel. Min. Ricardo Villas Bôas Cueva, 3ª Turma, *DJe* 1º-3-2013; e REsp 259.406/PR, rel. Min. Aldir Passarinho Junior, 4ª Turma, *DJ* 4-4-2005.
9. GAGLIANO, Pablo Stolze. *O contrato de doação*. 4. ed. São Paulo: Saraiva, 2014, p. 75.

Segundo o art. 1.647, IV, do Código Civil, a doação remuneratória de bem pertencente à pessoa não necessita de vênia conjugal.

A doação remuneratória de ascendente para descendente não precisa ser colacionada, conforme estabelecem os arts. 2.003 e 2.011 do Código Civil.

Outra característica dessa modalidade é que a doação remuneratória não pode ser revogada por ingratidão (art. 564, I, do CC).

Doação modal ou mediante encargo: é aquela que impõe um ônus ao donatário. Por esse motivo é um exemplo de doação onerosa, que não perde o caráter de liberalidade (art. 540 do CC). Cumpre lembrar que, segundo o art. 136 do Código Civil, o encargo não suspende a aquisição nem o exercício do direito, salvo quando expressamente imposto no negócio jurídico, pelo disponente, como condição suspensiva, razão pela qual o donatário já recebe no bem doado imediatamente, antes mesmo do cumprimento do encargo.

Características da doação modal:

a) A ela se aplicam as regras dos arts. 441 e seguintes do Código Civil, que tratam dos vícios redibitórios em face da onerosidade.

b) O encargo pode favorecer o doador ou um terceiro (art. 553 do Código Civil). Quando o encargo favorece terceiro, temos uma estipulação em favor de terceiro (art. 436 do Código Civil).

c) Podem exigir o cumprimento do encargo o doador, o terceiro e o Ministério Público (no caso de haver favorecimento da coletividade, interesse público ou benefício geral). No caso do Ministério Público, a sua legitimidade somente se inicia após a morte do doador (art. 553, parágrafo único, do CC). Já para a revogação, a legitimidade é do doador, pois a demanda é personalíssima.

d) Se o descumprimento do encargo ocorrer por culpa do donatário, o art. 562 do Código Civil autoriza a revogação; porém, se ocorrer sem culpa do donatário, não pode ser revogada, já que teremos a regra do art. 396 do referido Código Civil incidindo no caso concreto.

e) Há necessidade de fixar prazo para o cumprimento do encargo. Se não ficou determinado na doação esse prazo, o doador pode notificar judicialmente o donatário para haver constituição em mora, concedendo a ele um prazo razoável. O legislador se valeu de uma cláusula geral: **prazo razoável**, que deve ser analisado de acordo com o caso concreto.

f) O art. 559 do Código Civil se refere a **motivos** que acarretam a revogação da doação, porém não explica quais são esses motivos. Assim sendo, há dúvidas sobre a aplicação do prazo de 1 ano, a contar de quando chega ao conhecimento do doador o fato que a autorizar, e de ter sido o donatário o seu autor, descrito no citado artigo. Valeria esse prazo para a revogação somente por ingratidão ou também por inexecução de encargo? Comungamos do entendimento de que o referido prazo é aplicado para ambas as hipóteses. Mas, como também entendemos que o referido prazo é demasiadamente curto, seria possível, da mesma forma, retomar o bem doado, depois do prazo de 1 ano, por meio da ação de resolução do contrato, comprovando o inadimplemento contratual em razão da inexecução do encargo, e que ele se deu por culpa do donatário. Assim, como o referido prazo é prescricional, pois quando há a violação do direito (inadimplemento) nasce para o credor da obrigação uma pretensão, o referido prazo será prescricional. Como só há dois artigos que tratam de prazos prescricionais no Código Civil (segundo o art. 189 do Código Civil), em razão de não haver prazo descrito expressamente no art. 206, deverá ser aplicado o prazo geral de 10 anos, contido no art. 205.

Assim sendo, verifica-se que há duas formas de resolver a questão da inexecução do encargo.

Doação em forma de subvenção periódica: é aquela que se destina à mantença de certa pessoa, e o doador concede periodicamente ao donatário certa quantia.

A morte do donatário extingue a doação, já que é personalíssima. A morte do doador extingue a doação, salvo se este determinar que ela se transfere aos herdeiros, limitada às forças da herança.

Doação *propter nuptias* (casamento futuro): trata-se de doação condicional, que produzirá efeitos com o casamento do donatário com certa pessoa. Os presentes de casamento não se enquadram nessa definição.

Doação com cláusula de reversão: é aquela que contém uma cláusula determinando a volta do bem doado ao patrimônio do doador se o donatário morrer antes dele (art. 547 do CC).

Em caso de comoriência entre doador e donatário, a cláusula perde seu efeito, pois comoriente não participa da sucessão do outro, e por esse motivo o doador não sobrevive ao donatário (condição para a reversão).

Não é válida a cláusula de reversão que favoreça terceiros, sob pena de se ter um *pacta corvina* (disposição de herança de pessoa viva, proibida pelo art. 426 do CC).

O donatário, ao receber uma doação com cláusula de reversão, não recebe propriedade plena, mas sim resolúvel. Pode até vendê-la, mas em caso de morte do donatário, antes do doador, a alienação se tornará sem efeito (ineficaz), pois a propriedade adquirida se resolve com o implemento dessa condição resolutiva (morte do doador).

Doação do cônjuge ou companheiro adúltero: segundo o art. 550 do Código Civil, é anulável a doação que pessoa casada faz ao amante, por requerimento do cônjuge prejudicado ou pelos herdeiros necessários (art. 1.845 do CC e o companheiro), em 2 dois anos depois de dissolvida a sociedade conjugal. Essa regra se aplica também à união estável. Cumpre alertar que o conceito de concubinato e união estável pode induzir a erro, pois o art. 1.727 do Código Civil estabelece que o concubinato se forma entre pessoas impedidas de se casarem, mas o art. 1.723 do mesmo diploma legal entende nos seus parágrafos que, se houver separação de fato, judicial ou extrajudicial, mesmo havendo impedimento para o casamento, a união dessas pessoas com outra formará uma união estável. Mas, se o prazo só se inicia com a dissolução da sociedade conjugal, pergunta-se se a ação anulatória poderia ser proposta antes de o prazo começar. Como o objetivo dessa contagem de prazo é proteger o casamento, a doutrina entende que somente o cônjuge é quem poderia propor a ação ainda na vigência da sociedade conjugal.

Doação conjuntiva: é aquela que tem mais de um donatário. Se o contrato não determina o quinhão de cada donatário, presume-se (*iuris tantum*) que a doação ocorreu em partes iguais (art. 551 do CC). Em regra, não há direito de acrescer entre os donatários se um deles falecer, salvo previsão expressa no contrato, ou os donatários forem cônjuges.

Doação a entidade futura (art. 554 do CC): pode ser donatária uma pessoa jurídica que ainda não existe, mas que será constituída dentro de um prazo de 2 anos.

Doação ao nascituro (art. 542 do CC): trata-se de doação duplamente condicional:

1ª condição: a aceitação do representante legal (o curador, para autorizar, precisa de permissão judicial - art. 1.748, II, do CC);

2ª condição: nascimento com vida do nascituro.

Doação verbal (art. 541, parágrafo único, do CC): somente poderá ser verbal a doação se relacionada a bens móveis de pequeno valor, e lhe seguir a tradição.

9.4.3. Aceitação da doação

A aceitação da doação é necessária para que o contrato se aperfeiçoe, já que se trata de um negócio jurídico bilateral ou plurilateral.

Ela pode ser expressa (quando vier no próprio contrato de doação, por exemplo) ou presumida (quando o donatário não se manifestar no prazo dado pelo doador, se a doação for feita sem encargo).

Quando a doação é feita com encargo, o silêncio do donatário em dizer se aceita ou não a doação importa em recusa.

Quando a doação é feita ao nascituro, a aceitação deve ser dada pelo representante legal. Mas, quando se tratar de doação pura feita para absolutamente incapaz, presume-se aceita, salvo se o representante legal recusá-la (art. 543 do CC).

9.4.4. Revogação da doação por ingratidão

Os motivos para a revogação por ingratidão estão previstos em *rol taxativo* no art. 557 do Código Civil.

> **Art. 557.** Podem ser revogadas por ingratidão as doações:
>
> I - se o donatário atentou contra a vida do doador ou cometeu crime de homicídio doloso contra ele;
>
> II - se cometeu contra ele ofensa física;
>
> III - se o injuriou gravemente ou o caluniou;
>
> IV - se, podendo ministrá-los, recusou ao doador os alimentos de que este necessitava.

Tais condutas permitem a revogação quando o ofendido for o próprio doador, seu cônjuge (ou companheiro), seu ascendente, seu descendente ou seu irmão (art. 558 do CC). O prazo para a revogação da doação é decadencial de 1 ano, a contar de quando chega ao conhecimento do doador o fato que a autorizar, e de ter sido o donatário o seu autor (art. 559 do CC). A revogação não prejudica terceiros, já que neste caso cabem somente perdas e danos se o bem doado já tiver sido transferido a outrem.

A ação de revogação é personalíssima do doador. Como a ação tem natureza punitiva, se o donatário falecer, ela não poderá ser proposta, mas, se o doador ou o donatário falecer após iniciada a ação, poderá continuar contra seus herdeiros.

Em caso de homicídio doloso, o herdeiro pode propor a ação. É o único caso (art. 561 do CC). O perdão expresso do doador retira a legitimidade para a ação de revogação.

Revogada a doação, não será devida a devolução dos frutos percebidos antes da citação.

O art. 564 do Código Civil estabelece casos em que a doação não pode ser revogada por ingratidão:

> **Art. 564.** Não se revogam por ingratidão:
>
> I – as doações puramente remuneratórias;
>
> II – as oneradas com encargo já cumprido;
>
> III – as que se fizerem em cumprimento de obrigação natural;
>
> IV – as feitas para determinado casamento.

Segundo o art. 556 do Código Civil, não se pode renunciar antecipadamente o direito de revogar a liberalidade por ingratidão do donatário.

9.4.5. Promessa de doação

O contrato de promessa de doação é questão polêmica, pois há quem entenda que nela não há *animus donandi*, que é a intenção de doar, em caso de a promessa não ser cumprida e ter que ser executada. Esse é o pensamento majoritário da doutrina, para quem a promessa de doação é contrato inexequível, cabendo ao promitente donatário pleitear, apenas, perdas e danos. Concordamos, integralmente, com esse posicionamento, corroborado, também, por Pablo Stolze Gagliano[10].

Ocorre, porém, que tal promessa é muito comum em ações de divórcio, nos acordos quanto à partilha dos bens. Consignado na sentença homologatória que um dos cônjuges se compromete a doar para um dos filhos bem imóvel, estamos diante de uma promessa de doação. A sentença não pode fazer as vezes da escritura de doação, motivo pelo qual depois da homologação judicial será necessária a sua lavratura no Tabelionato de Notas. Ocorre, porém, que, se a ela não for feita, cabe aos filhos ingressarem com a execução da sentença, conforme as regras processuais civis.

Assim sendo, entende a jurisprudência que a "promessa" de doação de um bem aos filhos feita numa ação de divórcio, e homologada judicialmente, não seria um contrato preliminar propriamente dito, motivo pelo qual poderia ser objeto de execução em cumprimento de sentença. Essa é a posição do **TJSP, na Apelação 0077214-58.2009.8.26.0000, Ac. 5059349, Sorocaba, 33ª Câmara de Direito Privado, rel. Des. Sá Moreira de Oliveira, j. em 11-4-2011, *DJESP* 15-4-2011**, e do STJ:

> Agravo regimental no recurso especial. Embargos à execução. Acordo celebrado em separação consensual. Homologação judicial. Doação. Única filha. Ausência de vícios de validade. Exigibilidade da obrigação. Precedentes. 1. A jurisprudência desta eg. Corte já se manifestou no sentido de considerar que não se caracteriza como ato de mera liberalidade ou simples promessa de doação, passível de revogação posterior, a doação feita pelos genitores aos seus filhos estabelecida como condição para a obtenção de acordo em separação judicial. 2. Agravo regimental a que se nega provimento (**AgRg no Resp 883.232/MT, 4ª Turma, rel. Min. Raul Araújo, j. 19-2-2013, *Dje* 26-2-2013**).

10. GAGLIANO, Pablo Stolze. *O contrato de doação*. 4. ed. São Paulo: Saraiva, 2014, p. 108.

Pontes de Miranda[11] entende que a promessa de doação é possível de ser feita, e possui força vinculante, semelhante à do contrato preliminar, mas essa posição é minoritária.

Questão polêmica acerca desse tipo de promessa se dá com o seu ingresso no fólio real, ou seja, o seu registro na matrícula do imóvel.

Em que pese o art. 167, I, da Lei de Registros Públicos (Lei n. 6.015/73) não prever expressamente que será objeto de registro na matrícula do imóvel a promessa de doação imobiliária, entendemos que ela não poderá ser registrada por se tratar de ato inexequível, e por isso ineficaz contra terceiros.

Os que aceitam a promessa de doação afirmam que não há como proibir que isso ocorra, por inexistência de algum óbice expresso, e se alicerçam no parágrafo único do art. 463 do Código Civil, que determina que o contrato preliminar (independentemente de qual seja) deverá ser levado ao registro competente (matrícula do imóvel), para ser executada nos moldes dos arts. 463 e 464 do Código Civil.

9.5. LOCAÇÃO DE COISAS NO CÓDIGO CIVIL (ARTS. 565 A 578 DO CC)

De acordo com a doutrina romana, a locação apresentava a seguinte divisão: locação de coisas (*locatio rei*); locação de serviços (*locatio operarum*, hoje denominada prestação de serviços); locação de obra (*locatio operis faciendi*, hoje denominada empreitada).

A classificação romana encontra-se superada pela doutrina moderna, porém serve como parâmetro para estudar a locação. O contrato de locação de coisas encontra-se normatizado nos arts. 565 a 578 do Código Civil, e pode ser conceituado como aquele em que o locador se obriga a ceder ao locatário, por tempo determinado ou não, o uso e gozo de coisa não fungível, mediante certa retribuição.

A locação de imóveis urbanos não é normatizada pelo Código Civil, pois o art. 2.036 desse Código determina que o seu regramento continua sendo feito por lei especial (Lei n. 8.245/91 – Lei de Locação).

Referida lei, porém, exclui da sua incidência as locações dos seguintes imóveis urbanos:

a) de propriedade da União, dos Estados e dos Municípios, de suas autarquias e fundações públicas. A locação de imóveis da União é regida pelos Decretos-Lei n. 9.760/46 e 6.874/44;

b) de vagas autônomas de garagem ou de espaços para estacionamento de veículos. Nesse caso, aplicam-se os arts. 565 e seguintes do Código Civil;

c) de espaços destinados à publicidade. Nesse caso, aplicam-se os arts. 565 e seguintes do Código Civil;

d) em *apart*-hotéis, hotéis-residência ou equiparados, assim considerados aqueles que prestam serviços regulares a seus usuários e como tais sejam autorizados a funcionar. Nesse caso, aplicam-se os arts. 565 e seguintes do Código Civil;

11. PONTES DE MIRANDA, Francisco Cavalcanti. *Tratado de direito privado*. Rio de Janeiro: Borsoi, 1972, v. 46, p. 242.

e) em arrendamento mercantil, em qualquer de suas modalidades. A normatização do *leasing* é feita pela Lei n. 6.099/74, mas também se aplica **a bens móveis** (Resolução BC n. 2.309/96) e **para bens imóveis** (Lei n. 10.188/2001).

9.5.1. Conceito

Na locação de coisas, uma das partes se obriga a ceder à outra, por tempo determinado ou não, o uso e gozo de coisa não fungível, mediante certa retribuição.

9.5.2. Partes do contrato

a) Locador: quem cede o uso e gozo (dono ou possuidor). Como exemplo de possuidor, podemos citar o inventariante, o usufrutuário, o promissário comprador, o cessionário, o representante legal e o sublocatário.

A Súmula 411 do STF permite que o locatário subloque a coisa locada, se no contrato inexistir cláusula proibitiva.

O condômino de coisa indivisível não pode dar em locação coisa comum, pois o art. 1.323 do Código Civil exige autorização da maioria dos quinhões dos condôminos.

b) Locatário: quem tem o uso e gozo do bem e que deverá pagar o aluguel. Pode ser *intuitu personae* a locação, como no caso do *built-to-suit*, em que se contrata a construção de um imóvel feita de encomenda para o locatário (sistema americano).

9.5.3. Elementos do contrato

São elementos do contrato de locação:

a) a coisa objeto da locação: que pode ser imóvel ou móvel não fungíveis. Excepcionalmente, pode-se alugar coisa fungível ou consumível na modalidade *ad pompam et ostentationem* (na qual a coisa fungível se transforma em infungível por disposição contratual);

b) bens imóveis: aqueles excluídos da Lei do Inquilinato, tais como lojas alugadas (*outlets*) e os espaços em feiras (localizados em pavilhão de exposições).

9.5.4. Aluguel

O aluguel é a retribuição da locação, que pode ser paga em dinheiro, em entrega de bens (frutos) ou em percentual de lucro.

O seu valor deve ser certo ou determinável, e periódico ou à vista.

9.5.5. Tempo da locação

O contrato deve ser temporário, possuindo prazo determinado ou não. Quando o prazo for determinado, a extinção do contrato se dá de pleno direito, independentemente de aviso, conforme o art. 573 do Código Civil.

Já quando o prazo for indeterminado, será necessária a interpelação de uma das partes, pois é um contrato que permite a resilição.

A locação admite a recondução tácita, quando, findo o prazo, se ninguém se manifestar no sentido da extinção, o contrato se prorroga com o mesmo aluguel por tempo indeterminado.

9.5.6. Natureza jurídica do contrato de locação

O contrato é:

a) sinalagmático: estabelece direitos e deveres para ambas as partes (reciprocidade);

b) não solene: aplica-se a regra do art. 107 do Código Civil, pois pode ser celebrado por instrumento particular. Para produzir efeitos contra terceiros, o contrato precisa ser escrito para ser registrado (no cartório de títulos, documentos ou registros de imóveis). Cumpre lembrar que a fiança não pode ser verbal;

c) consensual: pois basta o consentimento das partes (não é contrato real, não exige entrega);

d) oneroso: pois exige o pagamento do aluguel;

e) impessoal: pois só é *intuitu personae* a locação com a manifestação das partes, como ocorre, por exemplo, na locação *built-to-suit*. Em regra, a locação se transmite com a morte das partes;

f) comutativo: pois as vantagens mútuas são conhecidas, já que não há álea. Por não ser contrato aleatório, admite-se a revisão por onerosidade excessiva (consoante arts. 317 e 478 do Código Civil);

g) de execução continuada (trato sucessivo): pois as prestações são periódicas.

9.5.7. Interpretação e promessa de locação

A interpretação do contrato deve sempre ser favorável ao locatário, por ser este a parte vulnerável no contrato.

A locação admite contrato preliminar, desde que a coisa locada, o valor do aluguel e o prazo forem predefinidos. Nesse contrato-promessa, pode haver sinal (arras) e, se não for cumprido, gera perdas e danos.

9.5.8. Obrigações do locador

As obrigações do locador consistem em:

a) entregar ao locatário a coisa alugada, com suas pertenças, em estado de servir ao uso a que se destina, e a mantê-la nesse estado, pelo tempo do contrato, salvo cláusula expressa em contrário;

b) garantir ao locatário, durante o tempo do contrato, o uso pacífico da coisa.

9.5.9. Obrigações do locatário

Resumem-se a:

a) servir-se da coisa alugada para os usos convencionados ou presumidos, conforme a natureza dela e as circunstâncias, bem como tratá-la com o mesmo cuidado como se sua fosse;

b) pagar pontualmente o aluguel nos prazos ajustados, e, em falta de ajuste, segundo o costume do lugar;

c) levar ao conhecimento do locador as turbações de terceiros, que se pretendam fundadas em direito;

d) restituir a coisa, finda a locação, no estado em que a recebeu, salvo as deteriorações naturais ao uso regular.

9.5.10. Características da locação de coisas

a) Se, durante a locação, se deteriorar a coisa alugada, sem culpa do locatário, a este caberá pedir redução proporcional do aluguel, ou resolver o contrato, caso já não sirva a coisa para o fim a que se destinava.

b) O locador resguardará o locatário dos embaraços e turbações de terceiros, que tenham ou pretendam ter direitos sobre a coisa alugada, e responderá pelos seus vícios, ou defeitos, anteriores à locação.

c) Se o locatário empregar a coisa para uso diverso do ajustado, ou do a que se destina, ou se ela se danificar por abuso do locatário, poderá o locador, além de rescindir o contrato, exigir perdas e danos.

d) Se a obrigação de pagar o aluguel pelo tempo que faltar constituir indenização excessiva, será facultado ao juiz fixá-la em bases razoáveis.

e) Morrendo o locador ou o locatário, transfere-se aos seus herdeiros a locação por tempo determinado.

f) Salvo disposição em contrário, o locatário goza do direito de retenção, no caso de benfeitorias necessárias, ou no de benfeitorias úteis, se estas houverem sido feitas com expresso consentimento do locador.

g) Se a coisa for alienada durante a locação, o adquirente não ficará obrigado a respeitar o contrato, se nele não for consignada a cláusula da sua vigência no caso de alienação, e não constar de registro, que deverá ser feito no Cartório de Títulos e Documentos do domicílio do locador, quando a coisa for móvel, ou no Registro de Imóveis da respectiva circunscrição, quando imóvel.

h) Em se tratando de bem imóvel, e ainda no caso em que o locador não esteja obrigado a respeitar o contrato, não poderá ele despedir o locatário, senão observado o prazo de 90 dias após a notificação.

9.5.11. Hipóteses de extinção da locação de coisas

a) Havendo prazo estipulado à duração do contrato, antes do vencimento não poderá o locador reaver a coisa alugada, senão ressarcindo ao locatário as perdas e danos resultantes, nem o locatário devolvê-la ao locador, senão pagando, proporcionalmente, a multa prevista no contrato. O locatário gozará do direito de retenção, enquanto não for ressarcido.

b) A locação por tempo determinado cessa de pleno direito findo o prazo estipulado, independentemente de notificação ou aviso.

c) Se, findo o prazo, o locatário continuar na posse da coisa alugada, sem oposição do locador, presumir-se-á prorrogada a locação pelo mesmo aluguel, mas sem prazo determinado.

d) Se, notificado o locatário, não restituir a coisa, pagará, enquanto a tiver em seu poder, o aluguel que o locador arbitrar, e responderá pelo dano que ela venha a sofrer, embora proveniente de caso fortuito. Se o aluguel arbitrado for manifestamente excessivo, poderá o juiz reduzi-lo, mas tendo sempre em conta o seu caráter de penalidade.

9.6. DA LOCAÇÃO DISCIPLINADA PELA LEI N. 8.245/91

A locação é um contrato consensual, não solene, pelo qual uma das partes, mediante remuneração paga pela outra, se compromete a fornecer-lhe, durante certo lapso, o uso e gozo de uma coisa infungível, a prestação de um serviço apreciável economicamente ou a execução de alguma obra. A locação de imóveis urbanos é regulada pela Lei n. 8.245, de 18-10-1991, conforme previsão, inclusive, do art. 2.036 do Código Civil.

9.6.1. Objetivo da lei – regras gerais

Segundo o art. 1º da Lei n. 8.245/91, o objetivo da lei é regulamentar a locação de imóvel urbano. Os imóveis urbanos são definidos como tal segundo sua destinação econômica e não por sua localização. A destinação do imóvel há de ser para **moradia habitual, estadia restrita** ou **fim empresarial**.

Não serão, porém, reguladas pela Lei n. 8.245/91 as locações dos imóveis urbanos:

a) de propriedade da União, dos Estados e dos Municípios, de suas autarquias e fundações públicas. A locação dos imóveis de propriedade da União é regulamentada pelo Decreto-Lei n. 9.760, de 5-9-1946, a dos Estados por lei estaduais e a dos Municípios por leis municipais:

b) caracterizados por vagas autônomas de garagem ou de espaços para estacionamento de veículos;

c) com relação aos espaços destinados à publicidade;

d) caracterizados como *apart*-hotéis, hotéis-residência ou equiparados, assim considerados aqueles que prestam serviços regulares a seus usuários e como tais sejam autorizados a funcionar;

e) o arrendamento mercantil, conhecido como *leasing*, em qualquer de suas modalidades. **A regulamentação do *leasing* é feita pela Lei n. 6.099, de 12-9-1974**.

9.6.2. Solidariedade legal

Existindo mais de um locador ou mais de um locatário, entende-se que são solidários se o contrato não estipulou regra diversa.

Cumpre lembrar que, de acordo com o art. 265 do Código Civil, a solidariedade não se presume; ela é fruto da lei ou da vontade das partes. No art. 2º da Lei do Inquilinato temos um exemplo de solidariedade legal, já que, de acordo com a regra nele estipulada, a pluralidade de locadores e a de locatários geram solidariedade entre eles. A única forma de modificar tal questão é estipular regra diversa.

9.6.3. A outorga conjugal no contrato de locação

A locação pode ser convencionada por tempo determinado ou indeterminado, não podendo ser perpétua por ser um contrato temporário. Assim sendo, não há prazo mínimo para uma locação de imóvel urbano.

Porém, se convencionada por prazo igual ou superior a 10 anos, dependerá de vênia conjugal do cônjuge do locador e do locatário, se eles forem casados, mesmo a lei não dizendo expressamente qual é o cônjuge (assim, entende-se que é de ambos – locador e locatário), conforme estabelece o *caput* do art. 3º da Lei n. 8.245/91.

Não havendo vênia conjugal no contrato de locação celebrado por prazo igual ou superior a 10 anos, do cônjuge do locador e/ou do locatário, o consorte que não a deu estará desobrigado de respeitar o prazo excedente do contrato, determina o parágrafo único do art. 3º da Lei n. 8.245/91.

Questão polêmica é saber se o art. 1.647 do Código Civil aplica-se às relações locatícias. O Código Civil de 1916 determinava, nos arts. 235 e 242, que a vênia conjugal deveria ser dada, nas hipóteses elencadas, independentemente do regime de bens.

Ocorre que o art. 1.647 dispensou a vênia conjugal na hipótese de o casamento ter sido celebrado no regime da separação absoluta. Dessa forma, pergunta-se: a vênia conjugal é necessária na locação celebrada por prazo igual ou superior a 10 anos se o casamento foi celebrado no regime da separação absoluta? Entendemos que não.

Mesmo sendo a Lei de Locações uma norma especial e o Código Civil uma lei geral, acreditamos que, fazendo uma interpretação sistemática, a vênia não será exigida na hipótese, pois senão seria possível no caso em tela a vênia ser dispensada para a venda do imóvel, e exigida para a locação, o que seria inaceitável. Já que a Lei do Inquilinato não tem por objetivo normatizar a vênia conjugal, as regras a ela aplicáveis devem ser retiradas do Código Civil.

9.6.4. Retomada do imóvel pelo locador

Se não houver prazo, a locação será por tempo indeterminado.

Havendo prazo convencionado, o locador, antes de seu vencimento, não poderá retomar o prédio alugado (nem com pagamento de multa, já que esta faculdade é só do locatário), nem o locatário poderá devolvê-lo ao locador sem o pagamento de multa (de acordo com o critério da proporcionalidade, como descreve o art. 4º da Lei de Locações, com a redação dada pela Lei n. 12.112/2009).

O contrato por tempo determinado, ajustado por escrito e com prazo igual ou superior a 30 meses, cessará com o fim do prazo estipulado, independentemente de notificação ou aviso.

Mas, quando ajustada verbalmente ou por escrito e com o prazo inferior a 30 meses, findo o prazo estabelecido, a locação prorroga-se automaticamente, por prazo indeterminado, somente podendo ser retomado o imóvel nas hipóteses do art. 47.

Durante o prazo de vigência do contrato, o locador só poderá retomar o imóvel, nas hipóteses descritas no art. 9º da Lei n. 8.245/91 (denúncia cheia):

a) por mútuo acordo;

b) em decorrência de prática de infração legal ou contratual;

c) em decorrência da falta de pagamento do aluguel e demais encargos;

d) para realização de reparações urgentes determinadas pelo Poder Público, que não possam ser normalmente executadas com a permanência do locatário no imóvel ou, podendo, ele se recuse a consenti-las.

A extinção do contrato de locação de imóvel urbano, quando requerida pelo locador, denomina-se **denúncia**.

As espécies de denúncia são: **denúncia cheia**, também chamada de motivada, que depende da existência de fato descrito em lei (nos arts. 9º e 47); **denúncia vazia**, também chamada de imotivada, que independe de justificativa do locador.

Quando a locação for ajustada por tempo indeterminado, o locatário poderá, mediante aviso ao locador, com antecedência mínima de 30 dias, dar por findo o contrato.

A retomada do imóvel pelo locador é feita por meio da **ação de despejo**, salvo se a locação terminar em razão de desapropriação, com a imissão na posse do expropriante.

Nos casos de extinção de usufruto ou de fideicomisso, a locação celebrada pelo usufrutuário ou fiduciário poderá ser denunciada, com o prazo de 30 dias para a desocupação, salvo se tiver havido aquiescência escrita do nu-proprietário ou do fideicomissário, ou se a propriedade estiver consolidada em mãos do usufrutuário ou do fiduciário, determina o art. 7º da Lei n. 8.245/91.

A denúncia deverá ser exercitada no prazo de 90 dias contados da extinção do fideicomisso ou da averbação da extinção do usufruto, presumindo-se, após esse prazo, a concordância na manutenção da locação.

9.6.4.1. Prorrogação do contrato por prazo indeterminado

9.6.4.1.1. Locação residencial (arts. 46 e 47 da Lei n. 8.245/91)

Nas locações ajustadas por prazo igual ou superior a 30 meses, a resolução do contrato ocorrerá findo o prazo estipulado, independentemente de notificação ou aviso.

Findo o prazo ajustado, se o locatário continuar na posse do imóvel alugado por mais de 30 dias, sem oposição do locador, presumir-se-á prorrogada a locação por prazo indeterminado, mantidas as demais cláusulas e condições do contrato. Com isso, o locador poderá denunciar o contrato a qualquer tempo, concedido o prazo de 30 dias para a desocupação, ou indenizar o locador em 1 mês de aluguel.

A locação ajustada verbalmente ou por escrito com prazo inferior a 30 meses, findo o prazo estabelecido, prorroga-se automaticamente por prazo indeterminado, somente podendo ser retomado o imóvel:

a) nos casos do art. 9º;

b) em decorrência de extinção do contrato de trabalho, se a ocupação do imóvel pelo locatário estiver relacionada com seu emprego;

c) se for pedido para uso próprio, de seu cônjuge ou companheiro, ou para uso residencial de ascendente ou descendente que não disponha, assim como seu cônjuge ou companheiro, de imóvel residencial próprio;

d) se for pedido para demolição e edificação licenciada ou para realização de obras aprovadas pelo Poder Público, que aumentem a área construída em, no mínimo, 20% ou, se o imóvel for destinado a exploração de hotel ou pensão, em 50%;

e) se a vigência ininterrupta da locação ultrapassar 5 anos.

9.6.4.1.2. Locação não residencial (arts. 51 a 57 da Lei n. 8.245/91)

Se as locações não residenciais forem prorrogadas por prazo indeterminado, o locador poderá retomar o imóvel a qualquer momento, concedendo ao locatário o prazo de 30 dias para a sua desocupação (denúncia vazia).

Considera-se locação não residencial quando o locatário for pessoa jurídica e o imóvel destinar-se ao uso de seus titulares, diretores, sócios, gerentes, executivos ou empregados.

Nos demais casos de locação não residencial, o contrato por prazo determinado cessa, de pleno direito, findo o prazo estipulado, independentemente de notificação ou aviso.

Findo o prazo estipulado, se o locatário permanecer no imóvel por mais de 30 dias sem oposição do locador, presumir-se-á prorrogada a locação nas condições ajustadas, mas sem prazo determinado.

Para ter direito à ação renovatória:

a) o contrato deve ser escrito, e celebrado por prazo determinado;

b) o prazo mínimo do contrato, ou a soma dos prazos ininterruptos, deverá ser de 5 anos;

c) o locatário deve exercer o mesmo ramo comercial há pelo menos 3 anos;

d) propor a ação nos primeiros 6 meses do último ano do contrato. Trata-se de prazo decadencial.

Esse direito poderá ser exercido pelos cessionários ou sucessores da locação. No caso de sublocação total do imóvel, o direito à renovação somente poderá ser exercido pelo sublocatário.

Quando o contrato autorizar que o locatário utilize o imóvel para as atividades de sociedade de que faça parte e que a esta passe a pertencer o fundo de comércio, o direito à renovação poderá ser exercido pelo locatário ou pela sociedade.

Dissolvida a sociedade comercial por morte de um dos sócios, o sócio sobrevivente fica sub-rogado no direito a renovação, desde que continue no mesmo ramo.

O direito à renovação do contrato estende-se às locações celebradas por indústrias e sociedades civis com fim lucrativo, regularmente constituídas, desde que ocorrentes os pressupostos previstos no art. 51.

9.6.5. Locação por temporada (arts. 48 a 50 da Lei n. 8.245/91)

Considera-se locação para temporada aquela destinada à residência temporária do locatário, para prática de lazer, realização de cursos, tratamento de saúde, feitura de obras em seu imóvel, e outros fatos que decorrem tão somente de determinado tempo, e contratada por prazo não superior a 90 dias, esteja ou não mobiliado o imóvel.

Isto mostra que a locação de imóvel urbano pode ser ajustada por qualquer prazo.

No caso de a locação envolver imóvel mobiliado, constará do contrato, obrigatoriamente, a descrição dos móveis e utensílios que o guarnecem, bem como o estado em que se encontram.

O locador poderá receber de uma só vez e antecipadamente os aluguéis e encargos, bem como exigir qualquer das modalidades de garantia previstas no art. 37 para atender as demais obrigações do contrato.

Findo o prazo ajustado, se o locatário permanecer no imóvel sem oposição do locador por mais de 30 dias, presumir-se-á prorrogada a locação por tempo indeterminado, não mais sendo exigível o pagamento antecipado do aluguel e dos encargos.

Ocorrendo a prorrogação, o locador somente poderá denunciar o contrato após 30 meses de seu início ou nas hipóteses do art. 47.

9.6.6. Devolução do imóvel pelo locatário

O locatário poderá denunciar a locação por prazo indeterminado mediante aviso por escrito ao locador, com antecedência mínima de 30 dias. Na ausência do aviso, o locador poderá exigir quantia correspondente a 1 mês de aluguel e encargos, vigentes quando da resilição.

Já na constância do prazo descrito no contrato, com exceção ao que estipula o § 2º do art. 54-A, da Lei n. 8.245/91 (*locação built-to-suit*), o locatário poderá devolver o imóvel pagando a multa pactuada, proporcional ao período de cumprimento do contrato, ou, na sua falta, a que for judicialmente estipulada.

O locatário, porém, ficará dispensado de multa se a devolução do imóvel decorrer de transferência de emprego (privado ou público), devendo este notificar o locador no prazo mínimo de 30 dias.

9.6.7. Casos de transferência do contrato e sublocações

Estabelecidos nos arts. 10 a 12 da Lei n. 8.245/91, são os seguintes:

a) Com a morte do locador, a locação transferir-se-á aos seus herdeiros.

b) Se ocorrer a morte do locatário, a locação transferir-se-á ao cônjuge sobrevivente ou companheiro, herdeiros necessários, ou ainda pessoas que viviam na dependência econômica do *de cujus*.

c) Com a separação de fato, separação judicial, separação extrajudicial, divórcio ou dissolução da união estável, a locação residencial prosseguirá automaticamente com o cônjuge ou companheiro que permanecer no imóvel (com a redação dada pela Lei n. 12.112, de 2009), devendo este avisar o locador com 30 dias de antecedência, que poderá exigir troca de fiador ou oferecimento de garantia.

De acordo com o § 2º do art. 12 da Lei do Inquilinato, o fiador poderá exonerar-se das suas responsabilidades no prazo de 30 dias contado do recebimento da comunicação oferecida pelo sub-rogado, ficando responsável pelos efeitos da fiança durante 120 dias após a notificação ao locador. Essa regra foi incluída pela Lei n. 12.112/2009.

A cessão da locação, a sublocação e o empréstimo do imóvel, total ou parcialmente, dependem do consentimento prévio e escrito do locador. Não se presume o consentimento pela simples demora do locador em manifestar formalmente a sua oposição. Após notificado por escrito pelo locatário, o locador terá o prazo de 30 dias para manifestar formalmente a sua oposição.

Aplicam-se às sublocações, no que couber, as disposições relativas às locações. As normas de sublocações encontram-se nos arts. 14 a 16, 21 e 30 da Lei n. 8.245/91.

Rescindida ou finda a locação, qualquer que seja sua causa, resolvem-se as sublocações, assegurado o direito de indenização do sublocatário contra o sublocador.

O sublocatário responde subsidiariamente ao locador pela importância que dever ao sublocador, quando este for demandado e, ainda, pelos aluguéis que se vencerem durante a lide.

9.6.8. Direitos do locador

São direitos do locador:

a) receber o pagamento do aluguel;

b) cobrar antecipadamente o aluguel, desde que não exceda a 1 mês e a locação não seja garantida;

c) exigir do locatário as seguintes garantias: caução em dinheiro e seguro fiança locatícia (pagamento de uma taxa, correspondente a um prêmio mensal ou anual, tendo por fim garantir o pagamento de certa soma ao locador);

d) mover ação de despejo;

e) reaver a coisa locada ou o prédio alugado após o vencimento da locação;

f) pedir revisão judicial do aluguel, ou a atualização dos aluguéis das locações residenciais.

9.6.9. Deveres do locador (art. 22 da Lei n. 8.245/91)

São deveres do locador:

a) entregar ao locatário o imóvel alugado em estado de servir ao uso a que se destina;

b) garantir, durante o tempo da locação, o uso pacífico do imóvel locado;

c) manter, durante a locação, a forma e o destino do imóvel;

d) responder pelos vícios ou defeitos anteriores à locação;

e) fornecer ao locatário, caso este solicite, descrição minuciosa do estado do imóvel, quando de sua entrega, com expressa referência aos eventuais defeitos existentes;

f) fornecer ao locatário recibo discriminado das importâncias por este pagas, vedada a quitação genérica;

g) pagar as taxas de administração imobiliária, se houver, e de intermediações, nestas compreendidas as despesas necessárias à aferição da idoneidade do pretendente ou de seu fiador;

h) pagar os impostos e taxas, e ainda o prêmio de seguro complementar contra fogo, que incidam ou venham a incidir sobre o imóvel, salvo disposição expressa em contrário no contrato;

i) exibir ao locatário, quando solicitado, os comprovantes relativos às parcelas que estejam sendo exigidas;

j) pagar as despesas extraordinárias de condomínio.

Por **despesas extraordinárias de condomínio** se entendem aquelas que não se refiram aos gastos rotineiros de manutenção do edifício, especialmente:

- obras de reformas ou acréscimos que interessem à estrutura integral do imóvel;
- pintura das fachadas, empenas, poços de aeração e iluminação, bem como das esquadrias externas;
- obras destinadas a repor as condições de habitabilidade do edifício;
- indenizações trabalhistas e previdenciárias pela dispensa de empregados, ocorridas em data anterior ao início da locação;
- instalação de equipamento de segurança e de incêndio, de telefonia, de intercomunicação, de esporte e de lazer;
- despesas de decoração e paisagismo nas partes de uso comum;
- constituição de fundo de reserva.

9.6.10. Direitos do locatário

São direitos do locatário:

a) exigir do locador a entrega da coisa, recibo do aluguel, manutenção do estado da coisa locada durante o tempo do contrato, garantia do uso pacífico do bem locado e responsabilidade dos vícios ocultos;

b) exigir do locador, quando este lhe entregar o prédio, relação escrita do seu estado;

c) reter o imóvel alugado no caso de benfeitorias necessárias ou úteis, feitas com o consentimento por escrito do locador, enquanto não receber a indenização relativa a elas. E, ainda, o direito de levantar as voluptuárias. As benfeitorias úteis feitas pelo locatário sem a licença do locador serão consideradas de má-fé, e não lhe darão direito de receber a indenização correspondente, nem lhe será permitido levantar as voluptuárias e, muito menos, reter o imóvel para haver as importâncias relativas às benfeitorias necessárias. Porém, pelas benfeitorias necessárias terá direito à indenização correspondente, visto que objetivam conservar o bem;

d) ter preferência para aquisição, no caso de alienação do imóvel locado, salvo se se tratar de venda judicial, permuta e doação;

e) ser despejado somente nos casos previstos em lei;

f) sublocar, ceder ou emprestar o bem locado com consentimento prévio e expresso do locador.

9.6.11. Deveres do locatário (art. 23 da Lei n. 8.245/91)

São deveres do locatário:

a) pagar pontualmente o aluguel e os encargos da locação, legal ou contratualmente exigíveis, no prazo estipulado ou, em sua falta, até o sexto dia útil do mês seguinte ao vencido, no imóvel locado, quando outro local não tiver sido indicado no contrato;

b) servir-se do imóvel para o uso convencionado ou presumido, compatível com a natureza deste e com o fim a que se destina, devendo tratá-lo com o mesmo cuidado como se fosse seu;

c) restituir o imóvel, finda a locação, no estado em que o recebeu, salvo as deteriorações decorrentes do seu uso normal;

d) levar imediatamente ao conhecimento do locador o surgimento de qualquer dano ou defeito cuja reparação a este incumba, bem como as eventuais turbações de terceiros;

e) realizar a imediata reparação dos danos verificados no imóvel, ou nas suas instalações, provocadas por si, seus dependentes, familiares, visitantes ou prepostos;

f) não modificar a forma interna ou externa do imóvel sem o consentimento prévio e por escrito do locador;

g) entregar imediatamente ao locador os documentos de cobrança de tributos e encargos condominiais, bem como qualquer intimação, multa ou exigência de autoridade pública, ainda que dirigida a ele, locatário;

h) pagar as despesas de telefone e de consumo de força, luz e gás, água e esgoto;

i) permitir a vistoria do imóvel pelo locador ou por seu mandatário, mediante combinação prévia de dia e hora, bem como admitir que seja visitado e examinado por terceiros, na hipótese de venda, promessa de venda, cessão ou promessa de cessão de direitos ou dação em pagamento;

j) cumprir integralmente a convenção de condomínio e os regulamentos internos;

k) pagar o prêmio do seguro-fiança;

l) pagar as despesas ordinárias de condomínio.

Por **despesas ordinárias de condomínio** se entendem as necessárias à administração respectiva, especialmente:

- salários, encargos trabalhistas, contribuições previdenciárias e sociais dos empregados do condomínio;
- consumo de água e esgoto, gás, luz e força das áreas de uso comum;
- limpeza, conservação e pintura das instalações e dependências de uso comum;
- manutenção e conservação das instalações e equipamentos hidráulicos, elétricos, mecânicos e de segurança, de uso comum;
- manutenção e conservação das instalações e equipamentos de uso comum destinados à prática de esportes e lazer;
- manutenção e conservação de elevadores, porteiro eletrônico e antenas coletivas;
- pequenos reparos nas dependências e instalações elétricas e hidráulicas de uso comum;
- rateios de saldo devedor, salvo se referentes a período anterior ao início da locação;
- reposição do fundo de reserva, total ou parcialmente utilizado no custeio ou complementação das despesas referidas nas alíneas anteriores, salvo se referentes a período anterior ao início da locação.

O locatário fica obrigado ao pagamento das despesas ordinárias de condomínio, desde que comprovadas a previsão orçamentária e o rateio mensal, podendo exigir a qualquer tempo a comprovação das mesmas.

No edifício constituído por unidades imobiliárias autônomas, de propriedade da mesma pessoa, os locatários ficam obrigados ao pagamento das despesas ordinárias de condomínio, desde que comprovadas.

9.6.12. Características do aluguel

a) O aluguel só poderá ser convencionado em reais, não podendo ser vinculado à variação cambial ou salário mínimo.

b) Salvo as hipóteses da locação para temporada, o locador não poderá exigir o pagamento antecipado do aluguel.

c) Há reajuste de lei para a locação residencial. É lícito às partes fixar, de comum acordo, novo valor para o aluguel, bem como inserir ou modificar cláusula de reajuste, onde deve ser escolhido um índice usual no mercado, não sendo possível estabelecer reajuste em período inferior a um ano. Muito usual nos contratos de locação para efeitos de reajuste anual do valor do aluguel é o IGP-M: índice geral de preços de mercado da FGV. Na ausência de algum índice pré-estabelecido em contrato a escolha fica a critério do locador

d) Não havendo acordo, o locador ou o locatário, após três anos de vigência do contrato ou do acordo anteriormente realizado, poderá pedir revisão judicial do aluguel, a fim de ajustá-lo ao preço de mercado. A cada 12 meses poderá ocorrer o reajuste do aluguel.

e) Na falta de convenção no tocante ao dia do pagamento do aluguel, o locatário deverá pagar até o sexto dia útil do mês seguinte vencido.

f) O aluguel da sublocação não poderá exceder o da locação; nas habitações coletivas multifamiliares, a soma dos aluguéis não poderá ser superior ao dobro do valor da locação. O descumprimento desta regra autoriza o sublocatário a reduzir o aluguel até os limites nele estabelecidos.

9.6.13. Das benfeitorias no imóvel

Salvo expressa disposição contratual em contrário, as benfeitorias necessárias introduzidas pelo locatário, ainda que não autorizadas pelo locador, bem como as úteis, desde que autorizadas, serão indenizáveis e permitem o exercício do direito de retenção.

As benfeitorias voluptuárias não serão indenizáveis, podendo ser levantadas pelo locatário, finda a locação, desde que sua retirada não afete a estrutura e a substância do imóvel.

9.6.14. Direito de preferência (arts. 27 a 34 da Lei n. 8.245/91)

No caso de venda, promessa de venda, cessão ou promessa de cessão de direitos ou dação em pagamento, o locatário tem preferência para adquirir o imóvel locado, em igualdade de condições com terceiros, devendo o locador dar-lhe conhecimento do negócio mediante notificação judicial, extrajudicial ou outro meio de ciência inequívoca.

A comunicação deverá conter todas as condições do negócio e, em especial, o preço, a forma de pagamento, a existência de ônus reais, bem como o local e horário em que pode ser examinada a documentação pertinente.

O direito de preferência do locatário decairá se não manifestada, de maneira inequívoca, sua aceitação integral à proposta, no prazo de 30 dias.

Ocorrendo aceitação da proposta, pelo locatário, a posterior desistência do negócio pelo locador acarreta, a este, responsabilidade pelos prejuízos ocasionados, inclusive lucros cessantes.

Estando o imóvel sublocado em sua totalidade, caberá a preferência ao sublocatário e, em seguida, ao locatário. Se forem vários os sublocatários, a preferência caberá a todos, em comum, ou a qualquer deles, se um só for o interessado. Havendo pluralidade de pretendentes, caberá a preferência ao locatário mais antigo, e, se da mesma data, ao mais idoso.

Tratando-se de alienação de mais de uma unidade imobiliária, o direito de preferência incidirá sobre a totalidade dos bens objeto da alienação.

O direito de preferência não alcança os casos de perda da propriedade ou venda por decisão judicial, permuta, doação, integralização de capital, cisão, fusão e incorporação.

Nos contratos firmados a partir de 1º de outubro de 2001, o direito de preferência não alcançará também os casos de constituição da propriedade fiduciária e de perda da propriedade ou venda por quaisquer formas de realização de garantia, inclusive mediante leilão extrajudicial, devendo essa condição constar expressamente em cláusula contratual específica, destacando-se das demais por sua apresentação gráfica.

Se preterido o seu direito de preferência, o locatário poderá:

a) reclamar perdas e danos do alienante: no **Resp 1.216.009-RS (2010/0185720-7), rel. Min. Fátima Nancy Andrighi, j. em 14-6-2011**, o STJ entendeu que, para se pleitearem perdas e danos nesse caso, é desnecessário o registro do contrato de locação;

b) pedir a adjudicação do imóvel, depositando o preço mais as despesas do ato de transferência, havendo para si o imóvel locado, se requerer no prazo de 6 meses a contar do registro da venda, desde que o contrato de locação esteja averbado (art. 167, II, 16 da Lei de Registros Públicos) na matrícula do imóvel pelo menos 30 dias antes da alienação. O registro do contrato de locação é feito à vista de qualquer das vias, desde que subscrito também por duas testemunhas.

Para surtir efeitos em relação a terceiros, o art. 129, 1º, da Lei de Registros Públicos estabelece que os contratos de locação de bens imóveis devem ser registrados no Cartório de Títulos e Documentos, ressalvados aqueles de competência do registro de imóveis para averbação da cláusula de vigência e para efeito do direito de preferência, no caso de alienação de imóvel locado, nos termos do disposto nos artigos 8 e 33 da Lei 8.245/91, respectivamente para registro da cláusula de vigência e de preferência no caso de alienação do imóvel locado.

Havendo condomínio no imóvel, a preferência do condômino terá prioridade sobre a do locatário.

9.6.15. Da denúncia em razão da alienação do imóvel

O adquirente do imóvel locado não é obrigado a cumprir o prazo que falta para o término da locação, em via de regra, em razão do princípio da relatividade dos efeitos do contrato, que consagra a máxima de que o contrato não vincula e nem prejudica terceiro, salvo se ele quiser ou se a lei determinar (*res inter alios acta*).

Se o imóvel for alienado durante a locação, o adquirente poderá denunciar o contrato, com o prazo de 90 dias para a desocupação, salvo se a locação for por tempo determinado e o contrato contiver cláusula de vigência em caso de alienação e estiver registrado junto à matrícula do imóvel.

Deixando fluir o prazo de 90 dias *in albis,* a lei presume que o adquirente quer se vincular a um contrato do qual não participou.

Idêntico direito terão o promissário comprador e o promissário cessionário, em caráter irrevogável, com imissão na posse do imóvel e título registrado junto à matrícula deste.

A denúncia deverá ser exercitada no prazo de 90 dias contados do registro da venda ou do compromisso, presumindo-se, após esse prazo, a concordância na manutenção da locação.

Para surtir efeitos em relação a terceiros, o art. 129, I da Lei de Registros Públicos estabelece que os contratos de locação de bens imóveis devem ser registrados no Cartório de Títulos e Documentos, ressalvados aqueles de competência do registro de imóveis para averbação da cláusula de vigência e para efeito do direito de preferência, no caso de alienação de imóvel locado, nos termos do disposto nos artigos 8 e 33 da Lei 8.245/91, respectivamente para registro da cláusula de vigência e de preferência no caso de alienação do imóvel locado.

9.6.16. Garantias locatícias

No contrato de locação, o locador pode exigir do locatário as seguintes garantias:

1) Caução: que pode ser de qualquer bem móvel (incluindo dinheiro) ou imóvel.

a) sendo de bens móveis, deve ser registrada no Cartório de Títulos de Documentos (art. 38, § 1º);

b) sendo de bens imóveis, deve ser averbada na matrícula do imóvel (art. 38, § 1º da Lei n. 8.245/91 e art. 167, II, 8, da Lei n. 6.015/73);

c) sendo de dinheiro, não poderá o valor exceder a 3 meses de aluguel, e deverá ser depositado em caderneta de poupança, pois todas as vantagens serão revertidas ao locatário ao fim do contrato, se não ocorrer inadimplemento (art. 38, § 2º).

2) Fiança: O fiador poderá ser substituído ou ser substituída a garantia nos casos de:

a) morte do fiador;

b) ausência, interdição, recuperação judicial, falência ou insolvência do fiador, declaradas judicialmente;

c) alienação ou gravação de todos os bens imóveis do fiador ou sua mudança de residência sem comunicação ao locador;

d) exoneração do fiador;

e) prorrogação da locação por prazo indeterminado, sendo a fiança ajustada por prazo certo;

f) desaparecimento dos bens móveis;

g) desapropriação ou alienação do imóvel;

h) exoneração de garantia constituída por quotas de fundo de investimento;

i) liquidação ou encerramento do fundo de investimento de que trata o inciso IV do art. 37;

j) prorrogação da locação por prazo indeterminado, uma vez notificado o locador pelo fiador de sua intenção de desoneração, ficando obrigado por todos os efeitos da fiança, durante 120 dias após a notificação ao locador. O locador poderá notificar o locatário para apresentar nova garantia locatícia no prazo de 30 dias, sob pena de desfazimento da locação.

3) Seguro de fiança locatícia: o seguro de fiança locatícia abrangerá a totalidade das obrigações do locatário.

4) Cessão de cotas de fundo de investimento: será feita uma aplicação financeira em banco, onde as cotas aplicadas servirão de garantia para eventual inadimplemento do locatário.

9.6.16.1. Particularidades das garantias

O locador deve pedir apenas uma das modalidades de garantia ao locatário. Essas garantias valem até a efetiva devolução do imóvel.

Não estando a locação garantida por qualquer das modalidades, o locador poderá exigir do locatário o pagamento do aluguel e encargos até o sexto dia útil do mês vincendo.

Salvo disposição contratual em contrário, qualquer das garantias da locação se estende até a efetiva devolução do imóvel, ainda que prorrogada a locação por prazo indeterminado, por força da Lei n. 8.245/91.

9.6.17. Da locação built-to-suit

A Lei n. 12.744/2012 modificou a Lei do Inquilinato para nela incluir regra sobre a locação *built-to-suit*. Essa modalidade se dá na hipótese de uma locação não residencial de imóvel urbano na qual o locador procede à prévia aquisição, construção ou substancial reforma, por si mesmo ou por terceiros, do imóvel então especificado pelo pretendente à locação, a fim de que seja a este locado por prazo determinado, prevalecerão as condições livremente pactuadas no contrato respectivo e as disposições procedimentais previstas na Lei.

Poderá ser convencionada a renúncia ao direito de revisão do valor dos aluguéis durante o prazo de vigência do contrato de locação.

Em caso de denúncia antecipada do vínculo locatício pelo locatário, compromete-se este a cumprir a multa convencionada, que não excederá, porém, a soma dos valores dos aluguéis a receber até o termo final da locação.

9.6.18. Tabela comparativa com a redação antiga da Lei do Inquilinato e a nova redação promovida pela Lei n. 12.112/2009

Como era	Como ficou
Art. 4º Durante o prazo estipulado para a duração do contrato, não poderá o locador reaver o imóvel alugado. O locatário, todavia, poderá devolvê-lo, pagando a multa pactuada, segundo a proporção prevista no art. 924 do Código Civil e, na sua falta, a que for judicialmente estipulada.	**Art. 4º** Durante o prazo estipulado para a duração do contrato, não poderá o locador reaver o imóvel alugado. O locatário, todavia, poderá devolvê-lo, pagando a multa pactuada, **proporcionalmente ao período de cumprimento do contrato**, ou, na sua falta, a que for judicialmente estipulada.
Art. 12. Em casos de separação de fato, separação judicial, divórcio ou dissolução da sociedade concubinária, a locação prosseguirá automaticamente com o cônjuge ou companheiro que permanecer no imóvel. Parágrafo único. Nas hipóteses previstas neste artigo, a sub-rogação será comunicada por escrito ao locador, o qual terá o direito de exigir, no prazo de 30 (trinta) dias, a substituição do fiador ou o oferecimento de qualquer das garantias previstas nesta Lei.	**Art. 12.** Em casos de separação de fato, separação judicial, divórcio ou **dissolução da união estável**, a locação residencial prosseguirá automaticamente com o cônjuge ou companheiro que permanecer no imóvel. **§ 1º Nas hipóteses previstas neste artigo e no art. 11, a sub-rogação será comunicada por escrito ao locador e ao fiador, se esta for a modalidade de garantia locatícia.** **§ 2º O fiador poderá exonerar-se das suas responsabilidades no prazo de 30 (trinta) dias contado do recebimento da comunicação oferecida pelo sub-rogado, ficando responsável pelos efeitos da fiança durante 120 (cento e vinte) dias após a notificação ao locador.**
Art. 39. Salvo disposição contratual em contrário, qualquer das garantias da locação se estende até a efetiva devolução do imóvel.	**Art. 39.** Salvo disposição contratual em contrário, qualquer das garantias da locação se estende até a efetiva devolução do imóvel, **ainda que prorrogada a locação por prazo indeterminado, por força desta Lei.**
Art. 40. O locador poderá exigir novo fiador ou a substituição da modalidade de garantia, nos seguintes casos: (...) II – ausência, interdição, falência ou insolvência do fiador, declaradas judicialmente; (...) IX – liquidação ou encerramento do fundo de investimento de que trata o inciso IV do art. 37 desta Lei. (NÃO TINHA INCISO X NEM PARÁGRAFO ÚNICO)	**Art. 40.** (...) II – ausência, interdição, *recuperação judicial*, falência ou insolvência do fiador, declaradas judicialmente; (...) **X – prorrogação da locação por prazo indeterminado uma vez notificado o locador pelo fiador de sua intenção de desoneração, ficando obrigado por todos os efeitos da fiança, durante 120 (cento e vinte) dias após a notificação ao locador.** **Parágrafo único. O locador poderá notificar o locatário para apresentar nova garantia locatícia no prazo de 30 (trinta) dias, sob pena de desfazimento da locação.**

9.7. EMPRÉSTIMOS

Os empréstimos podem ser de bens fungíveis, hipótese em que será denominado **mútuo**, e de bens infungíveis, quando será chamado de **comodato**.

9.7.1. Do comodato (arts. 579 a 585 do CC)

Trata-se de empréstimo gratuito de bem infungível, móvel ou imóvel, no qual o comodante transfere a posse direta ao comodatário por prazo determinado. No comodato há somente transferência de posse, já que a propriedade continua com o comodante.

Há uma exceção neste conceito denominada comodato *ad pompam vel ostentationem*, que é o empréstimo de bem **fungível**, que se torna infungível por disposição das partes, já que são utilizados para enfeite ou ornamentação.

No comodato vale a regra *res perit domino* – a coisa perece para o seu dono –, salvo se houver culpa da outra parte pelo perecimento.

A natureza jurídica do comodato é de contrato unilateral, gratuito, típico e real (pois só se perfaz com a tradição do objeto).

Há quem entenda que o comodato é um **contrato bilateral imperfeito**, porque o comodante não pode exigir a devolução do bem antes do prazo. Porém, comungamos do pensamento de Carvalho de Mendonça, para quem a classificação é equivocada, já que qualquer contrato exige que as partes respeitem o prazo pactuado. Existem pessoas que sustentam a tese na hipótese da necessidade de o comodante ter de ressarcir o comodatário pela realização de benfeitorias necessárias. Porém, não é em todos os casos que isso ocorre, e essa obrigação não é contratual, mas consequência legal prevista no ordenamento.

Segundo o STJ, aplica-se o art. 1.219 do Código Civil, que trata de posse, ao comodato, que concede ao **possuidor de boa-fé o direito de retenção** pelo valor das benfeitorias necessárias e úteis e, por semelhança, das acessões, sob pena de enriquecimento ilícito, salvo se houver estipulação em contrário.

> Recurso especial. Ação de manutenção de posse. Direito de retenção por acessão e benfeitorias. Contrato de comodato modal. Cláusulas contratuais. Validade. 1. A teor do artigo 1.219 do Código Civil, o possuidor de boa-fé tem direito de retenção pelo valor das benfeitorias necessárias e úteis e, por semelhança, das acessões, sob pena de enriquecimento ilícito, salvo se houver estipulação em contrário. 2. No caso em apreço, há previsão contratual de que a comodatária abre mão do direito de ressarcimento ou retenção pela acessão e benfeitorias, não tendo as instâncias de cognição plena vislumbrado nenhum vício na vontade apto a afastar as cláusulas contratuais insertas na avença. 3. A atribuição de encargo ao comodatário, consistente na construção de casa de alvenaria, a fim de evitar a "favelização" do local, não desnatura o contrato de comodato modal. 4. Recurso especial não provido (**Resp 1.316.895/SP, 3ª Turma, rel. Min. Fátima Nancy Andrighi, rel. p/ o acórdão Min. Ricardo Villas Bôas Cueva, j. 11-6-2013, p. 28-6-2013**).

Ponto importante do julgado é a concessão ao comodatário de ser indenizado por benfeitorias necessárias e úteis, e de exercer o direito de retenção até que isso ocorra. Questão interessante descrita na ementa é que seria possível haver cláusula contratual em sentido contrário, permitindo-se pactuar a inexistência de indenização por benfeitorias de qualquer espécie e também do direito de retenção. Para o TJSP[12], o direito do comodatário ser indenizado por benfeitorias necessárias e úteis só existe se estas forem autorizadas expressamente pelo comodante.

9.7.1.1. Obrigações do comodatário

As obrigações do comodatário, quando não cumpridas, autorizam a extinção do contrato (cabendo cumulação com perdas e danos), e resumem-se a:

a) conservar a coisa como se fosse sua. A culpa do comodatário é analisada *in concreto* e não *in abstrato* (a primeira leva em consideração a pessoa e a segunda leva em consideração o *standard* jurídico, também conhecido como homem médio). Se a pessoa for desleixada, sua culpa será analisada por essa ótica, pois o comodato é um contrato de confiança. O comodatário é responsável pelos danos causados (indenização);

12. TJSP, Apelação 52673820088260659 SP, 13ª Câmara de Direito Privado, Relator(a): Francisco Giaquinto, j. 23-11-2011, p. 25-11-2011.

b) as despesas de conservação da coisa são de responsabilidade do comodatário (luz, água, condomínio, IPTU). *Obs.:* tais despesas não podem ser recobradas do comodante, conforme o art. 584 do Código Civil;

c) se a coisa corre riscos de deterioração, o comodatário deve salvá-la antes de seus próprios objetos, sob pena de ser responsabilizado civilmente, inclusive se o fato ocorreu por caso fortuito ou força maior;

d) o uso da coisa deve ser feito de acordo com os termos do contrato, sob pena de inadimplemento que gera a resolução do contrato e a responsabilidade civil por perdas e danos;

e) restituir a coisa findo o prazo ajustado, sob pena de pagar aluguel arbitrado pelo comodante (art. 582 do CC). Esse aluguel não terá correspondência ao valor de mercado por se tratar de pena pelo inadimplemento, conforme o Enunciado 180 do CJF. O comodante pode fixar aluguel-pena, de forma unilateral, em caso de mora do comodatário na restituição da coisa emprestada, desde que em montante não superior ao dobro do valor de mercado. A natureza desse aluguel é de autêntica pena privada, e não de indenização pela ocupação indevida do imóvel emprestado. O arbitramento do aluguel-pena não pode ser feito de forma abusiva, devendo respeito aos princípios da boa-fé objetiva (art. 422 do CC), da vedação ao enriquecimento sem causa e do repúdio ao abuso de direito (art. 187 do CC). Havendo arbitramento em valor exagerado, poderá ser objeto de controle judicial, com eventual aplicação analógica da regra do parágrafo único do art. 575 do Código Civil, que, no aluguel-pena fixado pelo locador, confere ao juiz a faculdade de redução quando o valor arbitrado se mostrar manifestamente excessivo ou abusivo. Para não se caracterizar como abusivo, o montante do aluguel-pena não pode ser superior ao dobro da média do mercado, considerando que não deve servir de meio para o enriquecimento injustificado do comodante. Essa é a posição do STJ, ao julgar o **Resp 1.175.848-PR, rel. Min. Paulo de Tarso Sanseverino, em 18-9-2012**.

Cabe ação de reintegração de posse para retomar o bem imóvel após o vencimento do comodato, e ação de busca e apreensão em se tratando de bem móvel.

Se o comodato for feito sem prazo, presume-se que este será o necessário para o uso concedido. Exemplo: empresto minha casa de praia durante o verão – o comodato termina no final do verão. Exceção*:* não se aplicam as regras de devolução do comodato se existir motivo urgente por necessidade imprevista. Exemplo: o proprietário de duas casas empresta uma delas e depois a outra é incendiada.

Havendo mais de um comodatário, eles são solidários entre si (art. 585 do CC). Trata-se de um exemplo de solidariedade legal, já que ela não se presume, ou seja, decorre da vontade das partes ou da lei.

Tutor (de menores incapazes), curador (de maiores incapazes) e os administradores de bens alheios (administrador judicial da falência) não possuem legitimação para ser comodantes, já que nestes casos será exigida autorização judicial.

9.7.2. Do mútuo (arts. 586 a 592 do CC)

O mútuo é o empréstimo de coisas fungíveis em que o mutuante transfere a propriedade do bem para o mutuário, que se obriga a restituir, findo o contrato, outro do mesmo gênero, quantidade e qualidade. Cumpre salientar que, segundo o art. 85 do Código Civil, todo bem fungível é móvel.

É importante saber que, enquanto o comodato transfere posse, o mútuo transfere propriedade.

Trata-se de contrato unilateral, gratuito, típico e real (pois também só se aperfeiçoa com a tradição).

O contrato de empréstimo, seja um mútuo ou comodato, tem como característica a gratuidade, pois a onerosidade nesse contrato faria com que se tornasse uma locação. Porém, há uma exceção importante, que, diga-se de passagem, é o contrato mais celebrado na prática, ou seja, o mútuo de dinheiro, que é o único empréstimo que pode ser oneroso, por admitir a cobrança de juros. O empréstimo de dinheiro também é chamado de **mútuo feneratício**.

O art. 591 do Código Civil estabelece uma presunção legal de cobrança de juros no mútuo com fins econômicos, que são denominados compensatórios, e que os impedem que eles excedam a taxa estipulada no art. 406 do Código Civil (que trata dos juros moratórios legais), sob pena de redução. Cumpre lembrar que essa regra não é aplicada ao mútuo feneratício realizado por instituições financeiras, que seguem as taxas de mercado regradas pelo Conselho Monetário Nacional, por aplicação analógica, da **Súmula 596 do STF**.

Infelizmente o art. 406 do Código Civil não é muito claro ao estabelecer a taxa de juros legais ao estatuir:

> **Art. 406.** Quando os juros moratórios não forem convencionados, ou o forem sem taxa estipulada, ou quando provierem de determinação da lei, **serão fixados segundo a taxa que estiver em vigor para a mora do pagamento de impostos devidos à Fazenda Nacional**.

Por esse motivo a expressão "serão fixados segundo a taxa que estiver em vigor para a mora do pagamento de impostos devidos à Fazenda Nacional" pode ser interpretada de duas formas:

a) A taxa de juros compensatórios legais será fixada de acordo com o percentual da SELIC.

Entendemos não ser essa a melhor saída, haja vista que a SELIC é uma taxa híbrida, que inclui no seu percentual juros e atualização monetária, o que inviabiliza a sua aplicação quando se quer aplicar somente juros, além do que se trata de taxa flutuante, o que acarreta insegurança jurídica nos contratos civis.

b) A taxa de juros compensatórios legais será fixada em 1% ao mês, de acordo com o art. 161, § 1º, do CTN.

Acreditamos ser essa a melhor forma de interpretar o art. 406 do Código Civil, pois assim teríamos um percentual razoável, que pode ser dobrado (teríamos 2% ao mês) sem acarretar a ruína do devedor inadimplente.

O art. 591 do Código Civil permite no mútuo feneratício a capitalização anual dos juros, que se chama **anatocismo** (juros sobre juros).

No contrato de mútuo feneratício, é possível incidir juros moratórios (legais ou convencionais), no caso de inexecução culposa, cujas regras a serem aplicadas são as que já foram estudadas no tópico inadimplemento voluntário, dentro do capítulo dedicado ao Direito das Obrigações, que indicamos leitura.

Conforme o art. 592 do Código Civil, se o prazo do mútuo não for convencionado, extinguir-se-á nas seguintes hipóteses:

a) até a próxima colheita se for de produtos agrícolas;

b) com a semeadura se for para consumo;

c) em no mínimo 30 dias se for em dinheiro;

d) no espaço de tempo que declarar o mutuante se for de qualquer coisa fungível.

O mútuo feito a pessoa menor não emancipada deve ser autorizado por aquele sob cuja guarda estiver, conforme o art. 588 do Código Civil, sob pena de não poder ser exigido do mutuário e fiadores, salvo nas seguintes hipóteses previstas no art. 589 do Código Civil:

a) se a pessoa, de cuja autorização necessitava o mutuário para contrair o empréstimo, o ratificar posteriormente;

b) se o menor, estando ausente essa pessoa, se viu obrigado a contrair o empréstimo para os seus alimentos habituais;

c) se o menor tiver bens ganhos com o seu trabalho. Mas, em tal caso, a execução do credor não lhes poderá ultrapassar as forças. Cumpre lembrar que esse menor deve ter menos que 16 anos, pois o art. 5º, parágrafo único, V, do Código Civil estabelece que pela existência de relação de emprego, desde que, em função dele, o menor com 16 anos completos tenha economia própria, ele estará emancipado;

d) se o empréstimo reverteu em benefício do menor;

e) se o menor obteve o empréstimo maliciosamente.

Neste caso teremos um exemplo de *Schuld* (débito) sem *Haftung* (responsabilidade).

9.8. PRESTAÇÃO DE SERVIÇO (ARTS. 593 A 609 DO CC)

A prestação de serviço, que não estiver sujeita às leis trabalhistas ou a lei especial, será regida pelo Código Civil. Toda espécie de serviço ou trabalho lícito, material ou imaterial, pode ser contratada mediante retribuição.

9.8.1. Características da prestação de serviço

a) No contrato de prestação de serviço, quando qualquer das partes não souber ler, nem escrever, o instrumento poderá ser assinado a rogo e subscrito por duas testemunhas.

b) Não se tendo estipulado, nem chegado a acordo as partes, fixar-se-á por arbitramento a retribuição, segundo o costume do lugar, o tempo de serviço e sua qualidade.

c) A retribuição pagar-se-á depois de prestado o serviço, se, por convenção, ou costume, não houver de ser adiantada, ou paga em prestações.

d) Não sendo o prestador de serviço contratado para certo e determinado trabalho, entender-se-á que se obrigou a todo e qualquer serviço compatível com as suas forças e condições.

e) Se o serviço for prestado por quem não possua título de habilitação, ou não satisfaça outros requisitos estabelecidos em lei, não poderá quem os prestou cobrar a retribuição normalmente correspondente ao trabalho executado. Mas se deste resultar benefício para a outra parte, o juiz atribuirá a quem o prestou uma compensação razoável, desde que tenha agido com boa-fé, salvo se a proibição da prestação de serviço resultar de lei de ordem pública.

f) Nem aquele a quem os serviços são prestados poderá transferir a outrem o direito aos serviços ajustados, nem o prestador de serviços, sem aprazimento da outra parte, dar substituto que os preste.

9.8.2. Extinção da prestação de serviço

a) A prestação de serviço não se poderá convencionar por mais de 4 anos, embora o contrato tenha por causa o pagamento de dívida de quem o presta, ou se destine à execução de certa e determinada obra. Neste caso, decorridos 4 anos, dar-se-á por findo o contrato, ainda que não concluída a obra.

b) Não se conta no prazo do contrato o tempo em que o prestador de serviço, por culpa sua, deixou de servir.

c) Não havendo prazo estipulado, nem se podendo inferir da natureza do contrato, ou do costume do lugar, qualquer das partes, a seu arbítrio, mediante prévio aviso, pode resolver o contrato.

d) Na hipótese acima, dar-se-á o aviso:

- com antecedência de 8 dias, se o salário se houver fixado por tempo de 1 mês, ou mais;
- com antecipação de 4 dias, se o salário se tiver ajustado por semana, ou quinzena;
- de véspera, quando se tenha contratado por menos de 7 dias.

e) O prestador de serviço contratado por tempo certo, ou por obra determinada, não pode se ausentar, ou despedir, sem justa causa, antes de preenchido o tempo, ou concluída a obra. Se ocorrer dispensa sem justa causa, terá direito à retribuição vencida, mas responderá por perdas e danos. O mesmo se dará, se despedido por justa causa (art. 602 do CC).

f) Se o prestador de serviço for despedido sem justa causa, a outra parte será obrigada a pagar-lhe por inteiro a retribuição vencida, e por metade a que lhe tocaria de então ao termo legal do contrato (art. 603 do CC).

g) Findo o contrato, o prestador de serviço tem direito a exigir da outra parte a declaração de que o contrato está findo. Igual direito lhe cabe, se for despedido sem justa causa, ou se tiver havido motivo justo para deixar o serviço (art. 604 do CC).

h) O contrato de prestação de serviço acaba com a morte de qualquer das partes. Termina, ainda, pelo escoamento do prazo, pela conclusão da obra, pela rescisão do contrato mediante aviso prévio, por inadimplemento de qualquer das partes ou pela impossibilidade da continuação do contrato, motivada por força maior.

i) Aquele que aliciar pessoas obrigadas em contrato escrito a prestar serviço a outrem pagará a este a importância que ao prestador de serviço, pelo ajuste desfeito, houvesse de caber durante 2 anos.

j) A alienação do prédio agrícola, onde a prestação dos serviços se opera, não importa a rescisão do contrato, salvo ao prestador opção entre continuá-lo com o adquirente da propriedade ou com o primitivo contratante.

9.9 EMPREITADA (ARTS. 610 A 626 DO CC)

A empreitada é o contrato pelo qual o **empreiteiro** se obriga, sem subordinação ou dependência, a realizar, pessoalmente ou por meio de terceiro, certa obra para o **comitente ou o dono da obra**, com material próprio ou por este fornecido, mediante remuneração determinada, ou proporcional ao trabalho executado.

Trata-se de contrato bilateral, oneroso, típico e consensual.

9.9.1. Modalidades de empreitada

1) Empreitada de preço fixo ou *marché à forfait*: é aquela em que a remuneração é estipulada para a obra inteira, sem considerar o fracionamento da atividade, e fixada de antemão em quantia certa e invariável.

São subespécies de empreitada de preço fixo:

a) Empreitada de preço fixo absoluto: é aquela em que não se admite qualquer alteração na remuneração, seja qual for o custo da mão de obra ou dos materiais, e o empreiteiro não puder exigir do comitente quantia maior do que a ajustada;

b) Empreitada de preço fixo relativo: é aquela em que é permitida variação em decorrência do preço de algum dos componentes da obra, ou de alterações que já estejam programadas por influência de fatos previsíveis, ainda não constatados.

2) Empreitada por medida *ad mensuram* ou *marché sur dévis*: é aquela em que o preço é fixado por partes, para atender ao fracionamento da obra, considerando-se as partes em que ela se divide ou a medida. O pagamento será estipulado por unidade ou parte concluída. Exemplos: a terraplanagem e a colocação de asfalto.

3) Empreitada de valor reajustável: é aquela que contém cláusula permissiva de variação do preço em consequência de aumento ou diminuição valorativa da mão de obra e dos materiais. Pode o preço da obra variar conforme índices oficiais, procedendo a revisão periódica em datas preestabelecidas.

4) Empreitada por preço máximo: é aquela que estabelece um limite de valor que não poderá ser ultrapassado pelo empreiteiro. Este receberá previamente uma lista com a qualidade e quantidade dos materiais e da mão de obra necessárias, com os preços de materiais e salários dos operários.

5) Empreitada por preço de custo: é aquela em que o empreiteiro se obriga a realizar o trabalho, ficando sob sua responsabilidade o fornecimento dos materiais e pagamento de mão de obra, mediante o reembolso do despendido, acrescido do lucro assegurado. Nesta espécie o pagamento também é feito em razão de medidas, ou melhor, proporcionalmente ao valor de custo da obra.

6) Empreitada de lavor: é aquela em que o empreiteiro apenas assume a obrigação de prestar o trabalho necessário para a confecção, a produção, a construção ou a execução da obra.

7) Empreitada de materiais ou mista: é aquela em que o empreiteiro, na realização de uma obra, se obriga, em razão de lei ou do contrato (art. 610, § 1º, do CC), com o fornecimento dos materiais necessários à sua execução e com a mão de obra, contraindo, concomitantemente, uma obrigação de fazer e de dar.

As duas últimas modalidades acima têm origem no art. 610 do Código Civil, para quem o empreiteiro de uma obra pode contribuir para ela só com seu trabalho ou com ele e os materiais. A obrigação de fornecer os materiais não se presume; resulta da lei ou da vontade das partes.

9.9.2. Direitos e deveres do empreiteiro

São direitos do empreiteiro:

a) perceber remuneração convencionada;

b) exigir aceitação da obra concluída;

c) requerer medição das partes já concluídas, no caso de empreitada por medida (art. 614, §§ 1º e 2º, do CC), sob pena de que tudo o que se pagou presume-se verificado, e o que se mediu também se, em 30 dias, a contar da medição, não forem denunciados os vícios ou defeitos pelo dono da obra ou por quem estiver incumbido da sua fiscalização;

d) reter a obra para assegurar o recebimento do preço, se cumprir seus deveres (arts. 476, 242 e 1.219 do CC);

e) constituir o comitente em mora, consignando judicialmente a obra;

f) ceder o contrato, desde que não seja *intuitu personae*, dando origem à subempreitada;

g) suspender a obra nos seguintes casos (art. 625 do CC):

g1) por culpa do dono, ou por motivo de força maior;

g2) quando, no decorrer dos serviços, se manifestarem dificuldades imprevisíveis de execução, resultantes de causas geológicas ou hídricas, ou outras semelhantes, de modo que torne a empreitada excessivamente onerosa, e o dono da obra se opuser ao reajuste do preço inerente ao projeto por ele elaborado, observados os preços;

g3) se as modificações exigidas pelo dono da obra, por seu vulto e natureza, forem desproporcionais ao projeto aprovado, ainda que o dono se disponha a arcar com o acréscimo de preço.

São deveres do empreiteiro:

a) executar a obra conforme as determinações contratuais;

b) corrigir os vícios ou defeitos que a obra apresentar;

c) não fazer acréscimos ou mudanças sem necessidade e sem consentimento do comitente;

d) entregar a obra concluída ao dono no prazo;

e) pagar os materiais que recebeu do comitente, se por negligência ou imperícia os inutilizar (art. 617 do CC), e responder por perdas e danos se, sem justa causa, suspender a empreitada (art. 624 do CC);

f) denunciar ao comitente defeitos nos materiais entregues para a obra, que possam comprometer sua execução;

g) fornecer, se a empreitada for mista, os materiais de acordo com a qualidade e quantidade convencionadas.

9.9.3. Direitos e deveres do comitente

São direitos do comitente:

a) exigir do empreiteiro a observância do contrato;

b) suspender a obra, desde que pague ao empreiteiro as despesas e lucros relativos aos serviços já feitos, mais indenização razoável, calculada em função do que ele teria ganho, se concluída a obra;

c) receber a obra concluída conforme o convencionado ou o costume local (art. 615, primeira parte, do CC);

d) acompanhar a execução da obra em todos os seus trâmites;

e) enjeitar a obra ou pedir abatimento proporcional do preço se o empreiteiro se afastou das instruções recebidas e dos planos dados, ou das regras técnicas em trabalhos de tal natureza;

f) pedir o pagamento dos materiais que forneceu e que foram inutilizados por culpa do empreiteiro (art. 617 do CC);

g) pedir a revisão do preço se ocorrer diminuição do valor da mão de obra ou do material superior a um décimo do preço global convencionado (art. 620 do CC).

São deveres do comitente:

a) pagar a remuneração convencionada;

b) verificar tudo o que foi feito;

c) receber a obra concluída (art. 615 do CC);

d) fornecer materiais, quando isto lhe competir (art. 610, § 1º, do CC);

e) indenizar o empreiteiro pelos trabalhos e despesas que houver feito, se rescindir ou suspender o contrato sem justa causa, pagando ainda os lucros que este poderia ter, se concluísse a obra (art. 623 do CC);

f) não alterar projeto da obra já aprovado, sem anuência do seu autor, ainda que a execução seja confiada a terceiros, a não ser que, por motivos supervenientes ou razões de ordem técnica, fique comprovada a inconveniência ou a excessiva onerosidade de execução do projeto em sua forma originária.

9.9.4. Características da empreitada

a) o contrato de empreitada pode caracterizar uma relação de consumo, conforme já decidiu o STJ no **Resp 706.417/RJ, rel. Min. Fátima Nancy Andrighi, 3ª Turma, j. em 13-2-2007, v.u.**;

b) sendo de consumo a empreitada, a responsabilidade civil do empreiteiro é objetiva, consoante o art. 14 do Código de Defesa do Consumidor, exceto se forem profissionais liberais, hipótese em que responderão subjetivamente, por força do § 4º do mesmo diploma legal;

c) nos contratos de empreitada de edifícios ou outras construções consideráveis, o empreiteiro de materiais e execução responderá, durante o prazo irredutível de 5 anos[13], pela solidez e segurança do trabalho, assim em razão dos materiais, como do solo. Decairá desse direito o dono da obra que não propuser a ação contra o empreiteiro, nos 180 dias seguintes ao aparecimento do vício ou defeito. Assim, verifica-se que no caso em tela há dois prazos: (i) decadencial de 5 anos para reclamar defeitos quanto à solidez e segurança do trabalho, dos materiais e do solo; e (ii) decadencial de 180 dias para propor a ação redibitória, no intuito de resolver o contrato em caso de problema estrutural do que foi construído. Já para pleitear indenização pelas perdas e danos sofridos, serão aplicados os prazos prescricionais de 3 anos, se o contrato for civil (art. 206, § 3º, V, do CC), ou de 5 anos, se o contrato for de consumo (art. 27 do CDC);

d) quando, em razão da obra, ocorrerem danos a terceiros, aplicam-se os arts. 932, III, 933 e 934 do Código Civil;

e) no contrato de empreitada se aplica, também, o art. 937 do Código Civil, que trata da responsabilidade civil do dono do prédio em ruína;

f) o contrato de empreitada pode ser objeto de revisão, nos moldes do art. 317 do Código Civil, se o contrato for civil, ou do art. 6º do Código de Defesa do Consumidor, se o contrato for de consumo. Ainda que não tenha havido autorização escrita, o dono da obra é obrigado a pagar ao empreiteiro os aumentos e acréscimos, segundo o que for arbitrado, se, sempre presente à obra, por continuadas visitas, não podia ignorar o que se estava passando, e nunca protestou, hipótese em que teríamos uma revisão do contrato sem a necessidade da ocorrência de fato imprevisível;

g) quando o empreiteiro for pessoa física, a competência para julgar as ações relativas ao contrato de empreitada é da Justiça do Trabalho, em razão da Emenda Constitucional n. 40/2004, e da jurisprudência do TST (**TST-E-EDAIRR17.766/2002-014-09-40.1**).

9.10. DEPÓSITO (ARTS. 627 A 652 DO CC)

Depósito é o contrato pelo qual o depositário recebe do depositante um bem móvel, obrigando-se a guardá-lo, temporária e gratuitamente, para restituir-lhe quando for exigido.

O depósito é contrato unilateral e gratuito, exceto se, excepcionalmente, for ajustada uma remuneração ao depositário, hipótese em que o contrato se tornaria bilateral e oneroso. Trata-se de contrato real, que se aperfeiçoa somente com a entrega da coisa, e que é personalíssimo em razão de ser contrato de confiança. É também contrato típico.

9.10.1. Modalidades de depósito

Depósito voluntário ou convencional: é aquele resultante da vontade das partes, feito na forma escrita por meio de escritura pública ou instrumento particular.

---

13. Com essa disposição do art. 618 do Código Civil, fica revogada a Súmula n. 194 do STJ – Prescreve em vinte anos a ação para obter, do construtor, indenização por defeitos da obra.

Depósito necessário ou obrigatório: é aquele que independe da vontade das partes, e se subdivide em:

a) depósito legal: aquele imposto pela lei;

b) depósito miserável: feito em caso de calamidade pública, como incêndio, inundação, naufrágio, em que o depositante recorre à primeira pessoa que aceita depositar os bens; e

c) depósito do hospedeiro: aquele que compreende as bagagens dos viajantes ou hóspedes de hospedarias, incluindo internatos, colégios e hospitais. O depositário se responsabiliza por furtos e roubos dos bens depositados. Esse depósito é remunerado, já que seu valor está incluído nas diárias.

Depósito regular ou ordinário: é aquele que compreende coisa individuada, infungível e inconsumível, que deverá ser devolvida *in natura*;

Depósito irregular: é aquele que recai sobre bem fungível ou consumível, por exemplo, o depósito bancário. O depósito bancário rege-se pelas regras do mútuo, porém com ele não se confunde, já que a devolução pode ser exigida mesmo antes do prazo determinado;

Depósito judicial: é aquele determinado por mandado judicial, que entrega a terceiro coisa litigiosa móvel ou imóvel, com intuito de preservá-la até a decisão da causa.

9.10.2. Características do depósito

a) o depósito gera obrigação de custódia, pois o depositário deverá guardar a coisa que lhe foi confiada. O depósito não transfere a propriedade e nem permite o uso da coisa, em regra, pois, excepcionalmente, isso pode ocorrer por disposição contratual expressa;

b) é permitido o depósito para melhoramento da coisa (veículo entregue para guarda, limpeza e lubrificação);

c) a restituição da coisa deve ocorrer na ocasião ajustada ou quando reclamada. Não cabe mais prisão civil do depositário infiel, em qualquer modalidade. O Supremo Tribunal Federal assim se posicionou:

> Prisão civil. Depósito. Depositário infiel. Alienação fiduciária. Decretação da medida coercitiva. Inadmissibilidade absoluta. Insubsistência da previsão constitucional e das normas subalternas. Interpretação do art. 5º, inciso LXVII e §§ 1º, 2º e 3º, da CF, à luz do art. 7º, § 7º, da Convenção Americana de Direitos Humanos (Pacto de San José da Costa Rica). Recurso improvido. Julgamento conjunto do RE 349.703 e dos HC 87.585 e 92.566. É ilícita a prisão civil de depositário infiel, qualquer que seja a modalidade do depósito[14].

Isso se deu porque o Pacto de San José da Costa Rica (Convenção Americana de Direitos Humanos de 27-11-1969), ratificado pelo Brasil por meio do Decreto Legislativo n. 27, de 26-5-1992, proíbe prisão do depositário infiel no art. 7º, gerando uma antinomia legislativa em nosso sistema, principalmente após a EC n. 45/2004 equiparar os tratados internacionais às normas constitucionais.

14. RE 466.343.

O Supremo Tribunal Federal já havia decidido[15] que não haverá prisão para depósito em garantia, como no caso da alienação fiduciária sob fundamento que a interpretação da norma constitucional é restritiva.

Em virtude do julgamento do RE 466.343, foi editada a **Súmula Vinculante 25 pelo STF**, que determina ser ilícita a prisão civil de depositário infiel, qualquer que seja a modalidade do depósito.

Esse já era o posicionamento do STJ, que, inclusive, já havia editado a Súmula 419, afirmando que descabe a prisão civil do depositário judicial infiel.

Com isso está revogada a Súmula 619 do STF, que estabelecia: "A prisão do depositário judicial pode ser decretada no próprio processo em que se constituiu o encargo, independentemente da propositura de ação de depósito".

d) a temporariedade, pois não pode ser perpétuo o contrato de depósito, sob pena de termos uma doação.

9.10.3. Direitos e obrigações do depositário

São direitos do depositário:

a) receber as despesas necessárias feitas com a coisa e o prejuízo oriundos do depósito;

b) reter a coisa até o pagamento da remuneração, se prevista, e dos valores descritos no item anterior;

c) exigir remuneração, se expressa no contrato, o que afastaria a gratuidade como regra;

d) requerer o depósito judicial quando não puder guardar a coisa.

São obrigações do depositário:

a) guardar a coisa como se fosse sua;

b) não se utilizar da coisa sem autorização do depositante;

c) manter a coisa no estado em que foi entregue (fechada, selada);

d) restituir a coisa quando solicitado;

e) responder pelos riscos da coisa, inclusive caso fortuito e força maior se assim foi pactuado e o depositário esteja em mora.

9.10.4. Extinção do depósito

Dá-se nos seguintes casos:

a) vencimento do prazo;

b) manifestação unilateral do depositante (resilição unilateral);

c) iniciativa do depositário que não quer mais guardar a coisa (resilição unilateral);

d) perecimento da coisa por caso fortuito ou força maior;

e) morte ou incapacidade do depositário;

15. REsp 7.943-RS.

f) após 25 anos (Lei n. 2.313/54), quando a coisa não for reclamada (hipótese em que será recolhida para o Tesouro Nacional).

9.11. MANDATO (ARTS. 653 A 692 DO CC)

É o contrato pelo qual o mandatário recebe do mandante poderes para, em seu nome, praticar atos ou administrar interesses. Trata-se de um contrato que concede poderes de representação, que, segundo o art. 115 do CC, pode ser atribuída por lei ou pelo interessado (contrato).

9.11.1. Características do mandato

a) exige manifestação de duas vontades (outorga de poderes para dar ou fazer e aceitação expressa ou tácita do mandatário);

b) a aceitação do mandato pode ser expressa ou tácita;

c) o mandato pode ser verbal ou escrito;

d) trata-se de contrato bilateral (gera obrigações para ambas as partes; mandatário no art. 667 e mandante no art. 675, ambos do CC) que pode ser oneroso ou gratuito (presume-se oneroso se o ofício do mandatário se assemelhar ao objeto do mandato) e é também típico e comutativo. O mandato é contrato gratuito em regra;

e) a outorga do mandato está sujeita à forma exigida por lei para o ato a ser praticado. Não se admite mandato verbal quando o ato deva ser celebrado por escrito, como no caso da fiança, que exige forma escrita consoante o art. 819 do Código Civil;

f) o mandato presume-se gratuito quando não houver sido estipulada retribuição, exceto se o seu objeto corresponder ao daqueles que o mandatário trata por ofício ou profissão lucrativa. Se o mandato for oneroso, caberá ao mandatário a retribuição prevista em lei ou no contrato. Sendo estes omissos, será ela determinada pelos usos do lugar, ou, na falta destes, por arbitramento;

g) é *intuitu personae*, pois há uma relação de confiança entre as partes, que é excetuada por meio da permissão para substabelecer, que existe na lei;

h) o mandatário pode substabelecer o mandato, exceto se houver cláusula proibitiva, mas ficará responsável pelos atos da pessoa escolhida se esta agir com culpa. Havendo poderes de substabelecer, só serão imputáveis ao mandatário os danos causados pelo substabelecido, se tiver agido com culpa na escolha deste ou nas instruções dadas a ele. O substabelecimento pode ser:

h1) com reserva de poderes: quando o mandatário se faz substituir por outrem, nos limites dos poderes que lhe foram outorgados, conservando a possibilidade de exercer o mandato quando bem entender ou lhe convier;

h2) sem reserva de poderes: quando o mandatário se faz substituir por outrem definitivamente, sem mais conservar poder algum. Neste caso, significa que o mandatário renunciou ao mandato;

i) o substabelecimento poderá ser feito por instrumento particular, mesmo que a procuração seja pública (art. 655 do CC), e as partes no substabelecimento são: substabelecente e substabelecido;

j) por se tratar de contrato de confiança, admite a resilição unilateral (extinção do contrato por vontade das partes);

k) a procuração é o instrumento representativo do mandato;

l) a forma de constituição do mandato é livre, pois a forma pública só é necessária se a lei exigir (casamento, analfabeto, menor);

m) o reconhecimento de firma no instrumento particular de mandato será essencial para ter eficácia contra terceiros (art. 654, § 2º, do CC). O mandato *ad judicia* deve ter reconhecimento de firma para o exercício de poderes especiais, conforme entendimento do STJ, no **Resp 616.435/PE, rel. Min. José Arnaldo da Fonseca, 5ª Turma, j. em 4-8-2005, p. 5-9-2005, v.u.**;

n) o instrumento particular deve conter a indicação do lugar onde foi passado, a qualificação do mandante e do mandatário, a data e o objetivo da outorga com a designação e a extensão dos poderes conferidos;

o) todas as pessoas capazes são aptas para dar procuração mediante instrumento particular, que valerá desde que tenha a assinatura do outorgante;

p) o excesso de mandato se caracteriza quando os atos praticados forem além dos poderes atribuídos. Neste caso, só vincula o mandante se por ele forem ratificados;

q) os atos praticados por quem não tenha mandato, ou o tenha sem poderes suficientes, são ineficazes em relação àquele em cujo nome foram praticados, salvo se este os ratificar. A ratificação há de ser expressa, ou resultar de ato inequívoco, e retroagirá à data do ato;

r) sempre que o mandatário estipular negócios expressamente em nome do mandante, será este o único responsável, mas ficará, porém, o mandatário pessoalmente obrigado, se agir em seu próprio nome, ainda que o negócio seja de conta do mandante;

s) o mandatário tem o direito de reter, do objeto da operação que lhe foi cometida, quanto baste para pagamento de tudo que lhe for devido em consequência do mandato. Assim sendo, cumpre lembrar o conteúdo do Enunciado 184 do CJF, que determina:

> **En 184 do CJF** – Da interpretação conjunta desses dispositivos, extrai-se que o mandatário tem o direito de reter, do objeto da operação que lhe foi cometida, tudo o que lhe for devido em virtude do mandato, incluindo-se a remuneração ajustada e o reembolso de despesas.

t) o mandatário que exceder os poderes do mandato, ou proceder contra eles, será considerado mero gestor de negócios (arts. 861 a 875 do CC), enquanto o mandante não lhe ratificar os atos, que produzirá efeito *ex tunc* (art. 873 do CC);

u) o maior de 16 e menor de 18 anos não emancipado pode ser mandatário, mas o mandante não tem ação contra ele senão de conformidade com as regras gerais, aplicáveis às obrigações contraídas por menores (arts. 180 e 181 do CC);

v) o mandatário é obrigado a dar contas de sua gerência ao mandante, transferindo-lhe as vantagens provenientes do mandato, por qualquer título;

w) o mandato em termos gerais só confere poderes de administração. Para alienar, hipotecar, transigir ou praticar outros quaisquer atos que exorbitem da administração ordinária, depende a procuração de poderes especiais e expressos. Segundo o Enunciado 183 do CJF, "para os casos em que o parágrafo primeiro do art. 661 do Código Civil exige poderes especiais, a procuração deve conter a identificação do objeto";

x) o poder de transigir não importa o de firmar compromisso;

y) Conforme o art. 119 da Lei n. 6.404/76 (Lei das S/A), o acionista residente ou domiciliado no exterior deverá manter, no País, representante com poderes para receber citação em ações contra ele propostas. O exercício, no Brasil, de qualquer dos direitos de acionista confere ao mandatário ou representante legal qualidade para receber citação judicial.

9.11.2. Espécies de mandato

Mandato singular: é aquele que possui apenas um procurador.

Mandato plural: é aquele que possui mais de um procurador, e se subdivide em:

a) *mandato plural conjunto*, que é aquele em que há ação conjunta dos vários procuradores;

b) *mandato plural solidário*, que é aquele em que cada mandatário pode agir isoladamente, mas, mesmo assim, haverá entre todos os mandatários o compromisso de solidariedade (art. 680 do CC);

c) *mandato plural fracionário ou distributivo*, que é aquele em que cada mandatário age em seu setor, ou seja, cada um possui poderes específicos, pois estes são divididos entre todos;

d) *mandato plural substitutivo ou sucessivo*, que é aquele em que cada mandatário age na falta do outro, rcspcitando a ordcm dc nomcação.

Mandato expresso: é aquele feito por escrito, por palavras, ou por gestos que torna positiva e exterioriza a vontade.

Mandato tácito: é aquele em que a aceitação se dá por atos que a presumem.

Mandato verbal: é aquele feito verbalmente.

Mandato escrito: é aquele feito por instrumento público ou particular.

Mandato presumido: é aquele em que o mandatário silencia quanto à aceitação, mas o seu objetivo é relacionado com sua profissão (advogado/despachante).

Mandato civil: é aquele feito para o exercício de atos da vida civil.

Mandato mercantil ou empresarial: é aquele feito para a prática de atos do comércio.

Mandato geral: é aquele que compreende todos os negócios do mandante.

Mandato especial: é aquele que compreende um ou mais negócios determinados.

Mandato em termos gerais: é aquele que confere poderes de administração ordinária (poderes comuns).

Mandato com poderes especiais: é aquele que confere poderes de administração especial (atos diferenciados como por alienação ou disposição, casamento).

Mandato *ad negotia*: é aquele que confere poderes para atuação fora do Judiciário.

Mandato *ad judicia*: é aquele que confere poderes para atuação em juízo. O mandato judicial fica subordinado às normas que lhe dizem respeito, constantes da legislação processual, e, supletivamente, às estabelecidas no Código Civil.

Mandato em causa própria: é aquele que confere poderes ao mandatário para celebrar um negócio com ele mesmo (que possui a cláusula *in rem suam*, também chamada *in rem propriam*). É o mandato que autoriza a celebração do contrato consigo mesmo ou autocontrato (recomenda-se a leitura desse assunto quando tratamos do conceito de contrato).

9.11.3. Extinção do mandato

Cessa o mandato:

a) pela revogação do mandante (exemplo de resilição unilateral);

b) pela renúncia do mandatário (exemplo de resilição unilateral);

c) pela morte de uma das partes;

d) pela interdição de uma das partes[16];

e) pela mudança de estado que inabilite o mandante a conferir os poderes, ou o mandatário para exercê-los;

f) pelo término do prazo ou pela conclusão do negócio.

9.11.4. Normas sobre a extinção do mandato

a) quando o mandato contiver cláusula de irrevogabilidade e o mandante o revogar, pagará perdas e danos;

b) quando a cláusula de irrevogabilidade for condição de um negócio bilateral, ou tiver sido estipulada no exclusivo interesse do mandatário, a revogação do mandato será ineficaz;

c) conferido o mandato com a cláusula "em causa própria", sua revogação não terá eficácia, nem se extinguirá pela morte de qualquer das partes, ficando o mandatário dispensado de prestar contas e podendo transferir para si os bens móveis ou imóveis objeto do mandato, obedecidas as formalidades legais;

d) a revogação do mandato, notificada somente ao mandatário, não se pode opor aos terceiros que, ignorando-a, de boa-fé com ele trataram; mas ficam salvas ao constituinte as ações que no caso lhe possam caber contra o procurador. É irrevogável o mandato que contenha poderes de cumprimento ou confirmação de negócios já celebrados e efetivados pelo mandatário (chamados de encetados), aos quais se ache vinculado;

e) tanto que for comunicada ao mandatário a nomeação de outro, para o mesmo negócio, considerar-se-á revogado o mandato anterior;

---

16. A interdição foi substituída pela curatela, com o advento da Lei n. 13.146/2015 (Estatuto da Pessoa com Deficiência). Segundo o artigo 84 deste estatuto, a pessoa com deficiência tem assegurado o direito ao exercício de sua capacidade legal em igualdade de condições com as demais pessoas e, quando necessário, será submetida à curatela, conforme a lei. A mudança da interdição para curatela, é porque esta última é medida excepcional, e, segundo o art. 85, ela afetará tão somente os atos relacionados aos direitos de natureza patrimonial e negocial.

f) a renúncia do mandato será comunicada ao mandante, que, se for prejudicado pela sua inoportunidade, ou pela falta de tempo, a fim de prover à substituição do procurador, será indenizado pelo mandatário, salvo se este provar que não podia continuar no mandato sem prejuízo considerável e que não lhe era dado substabelecer. Quanto ao mandato *ad judicia*, o art. 5º da Lei n. 8.906/94 (Estatuto da Advocacia) estabelece regra especial, a saber:

Art. 5º O advogado postula, em juízo ou fora dele, fazendo prova do mandato.

§ 1º O advogado, afirmando urgência, pode atuar sem procuração, obrigando-se a apresentá-la no prazo de quinze dias, prorrogável por igual período.

§ 2º A procuração para o foro em geral habilita o advogado a praticar todos os atos judiciais, em qualquer juízo ou instância, salvo os que exijam poderes especiais.

§ 3º O advogado que renunciar ao mandato continuará, durante os dez dias seguintes à notificação da renúncia, a representar o mandante, salvo se for substituído antes do término desse prazo.

Vale a pena destacar que o advogado que renunciar ao mandato *ad judicia* continuará responsável nos 10 dias posteriores à notificação, para que o representado (cliente) possa providenciar a substituição e para que não haja prejuízo processual (prazo de carência);

g) são válidos, a respeito dos contratantes de boa-fé, os atos com estes ajustados em nome do mandante pelo mandatário, enquanto este ignorar a morte daquele ou a extinção do mandato, por qualquer outra causa;

h) se falecer o mandatário, pendente o negócio a ele cometido, os herdeiros, tendo ciência do mandato, avisarão o mandante e providenciarão a bem dele, como as circunstâncias exigirem;

i) os herdeiros, no caso do item anterior, devem limitar-se às medidas conservatórias, ou continuar os negócios pendentes que se não possam demorar sem perigo, regulando-se os seus serviços dentro desse limite, pelas mesmas normas a que os do mandatário estão sujeitos. O STJ[17] já firmou entendimento que os herdeiros do mandatário não estão obrigados a prestar contas, já que o contrato é personalíssimo.

17. Recurso especial. Ação de prestação de contas. Morte do mandatário. Transmissão da obrigação ao espólio. Inviabilidade. Ação de cunho personalíssimo. Extinção da ação sem o julgamento do mérito. Manutenção. Necessidade. Arts. 1.323 e 1.324 do CC/1916. Ausência de prequestionamento. Incidência do Enunciado n. 211 da súmula/STJ. Recurso especial improvido. I – O mandato é contrato personalíssimo por excelência, tendo como uma das causas extintivas, nos termos do art. 682, II, do Código Civil de 2002, a morte do mandatário; II – Sendo o dever de prestar contas uma das obrigações do mandatário perante o mandante e tendo em vista a natureza personalíssima do contrato de mandato, por consectário lógico, a obrigação de prestar contas também tem natureza personalíssima; III – Desse modo, somente é legitimada passiva na ação de prestação de contas a pessoa a quem incumbia tal encargo, por lei ou contrato, sendo tal obrigação intransmissível ao espólio do mandatário, que constitui, na verdade, uma ficção jurídica; IV – Considerando-se, ainda, o fato de já ter sido homologada a partilha no inventário em favor dos herdeiros, impõe-se a manutenção da sentença que julgou extinto o feito sem resolução do mérito, por ilegitimidade passiva, ressalvada à recorrente a pretensão de direito material perante as vias ordinárias; V – As matérias relativas aos arts. 1.323 e 1.324 do Código Civil de 1916 não foram objeto de prequestionamento, incidindo, na espécie, o teor do Enunciado n. 211 da Súmula/STJ; VI – Recurso especial improvido (REsp 1.055.819/SP, rel. Min. Massami Uyeda, 3ª Turma, j. em 16-3-2010, p. 7-4-2010, v.u.).

9.12. COMISSÃO (ARTS. 693 A 709 DO CC)

1) Conceito: trata-se do contrato que o comissário realiza a aquisição ou venda de bens, em seu próprio nome, à conta do comitente. Difere-se do mandato, pois neste o mandatário age em nome do mandante, e na comissão o comissário age em nome próprio.

2) Natureza jurídica: Trata-se de contrato bilateral, oneroso, consensual, comutativo, não solene e personalíssimo (contrato de confiança).

3) Classificação:

a) Comissão imperativa: é aquela em que o comissário não tem liberdade de atuação;

b) Comissão indicativa: é aquela em que o comissário tem certa liberdade de atuação;

c) Comissão facultativa: é aquela em que o comitente informa o seu interesse ao comissário, sem qualquer restrição.

4) Sujeitos do contrato:

a) comissário: é quem realiza a aquisição ou venda de bens, em seu próprio nome, à conta do comitente.

b) comitente: é o empresário que quer colocar os bens que produz no mercado e contrata o comissário para essa finalidade.

5) Características:

a) O comissário fica obrigado diretamente com as pessoas com quem contratar sem que estas tenham ação contra o comitente, nem este contra elas, salvo se o comissário ceder seus direitos a qualquer das partes.

b) Mesmo tendo autonomia, o comissário é obrigado a agir conforme as ordens e instruções do comitente, e, não sendo possível pedi-las a tempo, o comissário deverá agir conforme os usos e costumes do lugar da celebração.

c) O comissário deve agir com cuidado e diligência, para evitar prejuízo ao comitente e lhe gerar lucro. Como sua obrigação é de meio ou diligência, a sua responsabilidade civil será subjetiva.

d) O comissário não responde pela insolvência das pessoas, salvo se agir com culpa.

e) Havendo *cláusula del credere*, o comissário responde solidariamente com quem tratar em nome do comitente. Neste caso ele fará jus a uma remuneração mais elevada para compensar o ônus assumido. Essa cláusula é vedada no contrato de representação comercial (art. 43 da Lei n. 4.886/65).

f) O comissário pode conceder dilação de prazo para pagamento por terceiros, conforme os usos do lugar onde se realizar o negócio, salvo se existir instrução diversa expressa do comitente, hipótese em que este poderá exigir que o comissário pague imediatamente os valores devidos ou responda pelas consequências da dilação concedida. Essa regra vale, também, se o comissário não cientificar o comitente dos prazos concedidos e de seus beneficiários.

g) A remuneração do comitente também se chama comissão e é fixada segundo os usos do lugar da celebração.

h) Se o comissário falecer ou não puder realizar o negócio por caso fortuito ou força maior, será devida pelo comitente uma remuneração proporcional ao trabalho realizado.

i) Mesmo que o comissário tenha motivado a sua dispensa, terá ele direito a ser remunerado pelos serviços úteis prestados, ressalvando o direito do comitente de exigir os prejuízos sofridos. Serviços úteis é uma cláusula geral.

j) Quando a dispensa do comissário for sem justa causa, terá ele direito de receber o pagamento pelo serviço prestado, bem como as perdas e danos dela decorrentes. A expressão "justa causa" deve ser interpretada à luz do art. 482 da CLT.

k) Salvo disposição em contrário, o comitente pode alterar as instruções dadas ao comissário, a qualquer tempo, incluindo os negócios pendentes.

l) O comissário deve pagar juros ao comitente quando atrasar a entrega dos fundos que lhe pertencem, e este deverá pagar juros ao comissário pelo que recebeu adiantado para o cumprimento de ordens suas.

m) A pretensão para cobrança dos juros prescreve em 3 anos (art. 206, § 3º, III, CC).

n) No caso de falência ou insolvência do comitente, o crédito do comissário goza de privilégio geral.

o) Aplicam-se à comissão, no que couber, as regras do mandato.

9.13. AGÊNCIA E DISTRIBUIÇÃO (ARTS. 710 A 721 DO CC)

1) Conceito de agência: no contrato de agência uma pessoa assume, em caráter não eventual e sem vínculos de dependência, a obrigação de promover, à conta de outrem e mediante retribuição, a realização de certos negócios, em zona determinada.

2) Conceito de distribuição: caracteriza-se a distribuição quando o agente tem à sua disposição a coisa a ser negociada.

Para José Maria Trepat Cases[18], o contrato de agência não confunde com o de representação comercial, apesar de serem semelhantes.

Já Jones Figueirêdo Alves e Mário Luiz Delgado[19] entendem que são sinônimos.

José Maria Trepat Cases[20] e Pablo Stolze Gagliano e Rodolfo Pamplona Filho[21], entendem que agência e distribuição são contratos distintos e que por isso não deveriam ter sido tratados de forma uniforme.

O Enunciado 31 da I Jornada de Direito Comercial do CJF[22] corrobora tal entendimento, afirmando que a distribuição é uma modalidade de agência.

18. CASES, José Maria Trepat. *Código Civil comentado.* Artigos 693 a 817. São Paulo: Atlas, 2003, v. VIII, p. 53.
19. ALVES, Jones Figueirêdo; DELGADO, Mário Luiz. *Código Civil anotado.* Inovações comentadas artigo por artigo. São Paulo: Método, 2005, p. 320.
20. CASES, José Maria Trepat. *Código Civil comentado.* Artigos 693 a 817. São Paulo: Atlas, 2003, v. VIII, p. 64.
21. GAGLIANO, Pablo Stolze; PAMPLONA FILHO, Rodolfo. *Novo curso de direito civil.* Contratos em Espécie. São Paulo: Saraiva, 2008, p. 384-385. t. II.
22. Enunciado 31 da I Jornada de Direito Comercial do CJF (2012): "O contrato de distribuição previsto no art. 710 do Código Civil é uma modalidade de agência em que o agente atua como mediador ou mandatário do proponente e faz

3) Natureza jurídica da agência e distribuição: trata-se de contrato bilateral, oneroso, consensual, comutativo, informal e personalíssimo.

O art. 711 do Código Civil indica o caráter personalíssimo desses contratos, pois, salvo disposição contrária, o proponente (ou representado) não pode constituir ao mesmo tempo mais de um agente, na mesma zona, com a mesma incumbência, em veneração ao princípio da boa-fé objetiva. A exclusividade da representação comercial consta dos arts. 27 e 31 da Lei n. 4.886/65, que regula a atividade do representante comercial autônomo.

4) Sujeitos do contrato de agência: no Brasil, o Código Civil escolheu a nomenclatura recomendada pela antiga doutrina portuguesa, ou seja, **proponente** e **agente**, muito embora nos contratos de prestação de serviços com subordinação jurídica a tradição, entre nós, seja a de identificar o representado como **preponente** e não como **proponente**. Assim, o agente é um profissional que se encarrega de colaborar na promoção dos negócios do preponente, sem estabelecer vínculo de subordinação a este, e que deve ser remunerado em função do volume de operações promovidas, e o proponente é quem tem bens e serviços a colocar no mercado.

5) Espécies de distribuição: a distribuição pode ser de duas espécies.

a) distribuição por aproximação: o colaborador não é intermediário, ou seja, não adquire o produto do fornecedor para revendê-lo. Apenas identifica quem possa estar interessado em fazê-lo;

b) distribuição por intermediação: é aquela em que o colaborador celebra com o fornecedor um contrato de compra e venda; adquire os produtos (ou serviços) para os revender. Como exemplo, citamos o concessionário e o franqueado.

6) Remuneração: o agente ou distribuidor faz jus à remuneração correspondente aos negócios feitos em sua zona, ainda que sem a sua interferência. Essa remuneração é chamada de comissão e se subdivide em:

a) comissão variável: calculada sobre um percentual sobre o valor do negócio concluído;

b) comissão fixa: é aquela que estabelece valores para certo número de negócio, conforme previsão contratual expressa. Essa comissão não se aplica na representação comercial autônoma;

c) comissão mista: é aquela que combina as formas anteriores (fixa e variável), e também não se aplica à representação comercial autônoma.

Segundo o art. 716 do Código Civil, a remuneração é devida ao agente, também, quando o negócio deixar de ser realizado por fato imputável ao proponente ou representado.

Consoante o art. 712 do Código Civil o agente, no desempenho do que lhe foi cometido, deve agir com toda a diligência, atendo-se às instruções recebidas do proponente ou representado.

---

jus à remuneração devida por este, correspondente aos negócios concluídos em sua zona. No contrato de distribuição autêntico, o distribuidor comercializa diretamente o produto recebido do fabricante ou fornecedor, e seu lucro resulta das vendas que faz por sua conta e risco."

Em ambos os casos há motivo para gerar a resolução do contrato com a cobrança das perdas e danos por caracterizar um descumprimento contratual.

Se o proponente, sem justa causa, causar o atendimento das propostas e reduzir o atendimento a ponto de formar antieconômica a continuação do contrato, o agente ou distribuidor terá direito a indenização, conforme o art. 715 do Código Civil, por danos materiais e morais (se pessoa jurídica também, por força da Súmula 227 do STJ).

Esse contrato permite a dispensa do agente de duas formas:

a) com justa causa: o agente será remunerado pelos serviços úteis prestados do proponente e poderá pleitear perdas e danos;

b) sem justa causa: o agente terá direito à remuneração até então devida, inclusive sobre negócios pendentes, além das indenizações previstas em lei especial (art. 718 do CC).

Os arts. 35[23] e 36[24] da Lei n. 4.886/65 (Lei de Representação Comercial) podem ajudar na compreensão da expressão justa causa.

A indenização prevista em lei especial é aquela contida no art. 27 da Lei n. 4.886/65.

Se o agente não puder continuar o trabalho por motivo de força maior (inclui caso fortuito), terá direito à remuneração correspondente aos serviços realizados, cabendo esse direito aos herdeiros no caso de morte.

7) Extinção do contrato: por se tratar de contrato de confiança, cabe resilição bilateral e unilateral.

Na resilição unilateral, se o contrato for por tempo indeterminado, qualquer das partes poderá resolvê-lo, mediante aviso prévio de 90 dias, desde que transcorrido do prazo compatível com a natureza e vulto do investimento (art. 720 do CC, que contém íntima relação com art. 473).

Aplicam-se à agência e à distribuição as normas do mandato e comissão, além das leis especiais.

9.14. CORRETAGEM OU MEDIAÇÃO (ARTS. 722 A 729 DO CC)

1) Conceito: contrato em que o corretor (ou intermediário), não ligado a outro em virtude de mandato, de prestação de serviços ou por qualquer relação de dependência,

---

23. Art. 35. Constituem motivos justos para rescisão do contrato de representação comercial, pelo representado:
    a) a desídia do representante no cumprimento das obrigações decorrentes do contrato;
    b) a prática de atos que importem em descrédito comercial do representado;
    c) a falta de cumprimento de quaisquer obrigações inerentes ao contrato de representação comercial;
    d) a condenação definitiva por crime considerado infamante;
    e) força maior.
24. Art. 36. Constituem motivos justos para rescisão do contrato de representação comercial, pelo representante:
    a) redução de esfera de atividade do representante em desacordo com as cláusulas do contrato;
    b) a quebra, direta ou indireta, da exclusividade, se prevista no contrato;
    c) a fixação abusiva de preços em relação à zona do representante, com o exclusivo escopo de impossibilitar-lhe ação regular;
    d) o não pagamento de sua retribuição na época devida;
    e) força maior.

obriga-se a obter para o comitente um ou mais negócios, conforme as instruções recebidas. Quem busca o serviço do corretor é chamado de comitente (pessoa que encarrega, que dá comissão: constituinte).

2) Espécies de corretores:

a) oficiais: gozam de fé pública e se dividem em seis classes (fundos públicos, mercadorias, navios, operações de câmbio, seguros e valores). Suas atuações são regulamentadas por lei específica, tais como as do corretor de seguros, reguladas pela Lei n. 4.594/64, e as do corretor de valores (bolsa), regulamentadas pela Lei n. 2.146/53;

b) livres: não dependem de investidura oficial, basta terem capacidade civil e se submeterem à lei corporativa que regulamenta a profissão, por meio dos Conselhos Federais e Regionais, caso do corretor de imóveis, que se submete à Lei n. 6.530/78, regulamentada pelo Decreto n. 81.871/78. Há quem defenda os corretores matrimoniais.

3) Natureza jurídica: bilateral, oneroso, consensual, acessória, aleatório e informal.

4) Deveres do corretor:

a) executar o contrato com a diligência e prudência necessárias;

b) prestar ao cliente, espontaneamente, todas as informações sobre o andamento dos negócios;

c) prestar ao cliente esclarecimentos sobre a segurança, riscos do negócio, alterações de valores e tudo mais que possa influenciar nos resultados. A inobservância de tais deveres gera resolução do contrato com perdas e danos, que são impostos sem prejuízo daqueles específicos dos corretores oficiais.

5) Remuneração: a remuneração do corretor também é chamada de comissão, podendo ser fixa, variável ou mista, como ocorre na representação comercial, e fixada para pagamento periódico ou aleatório (se obtiver resultado).

Segundo o art. 724 do Código Civil, se a remuneração não estiver fixada em lei, nem ajustada pelas partes, será arbitrada segundo a natureza do negócio e os usos locais.

O corretor tem direito a remuneração, conforme o art. 725 do Código Civil, se o resultado previsto foi obtido, ou se não se efetivou por arrependimento das partes, pois houve um resultado útil da atuação do corretor.

O pagamento da comissão, no contrato de corretagem celebrado entre empresários, pode ser condicionado à celebração do negócio previsto no contrato ou à mediação útil ao cliente, conforme os entendimentos prévios entre as partes. Na ausência de ajuste ou previsão contratual, o cabimento da comissão deve ser analisado no caso concreto, à luz da boa-fé objetiva e da vedação ao enriquecimento sem causa, sendo devida se o negócio não vier a se concretizar por fato atribuível exclusivamente a uma das partes, conforme o Enunciado 36 da I Jornada de Direito Comercial do CJF.

Conforme o art. 726 do Código Civil, se iniciado e concluído o negócio diretamente entre as partes, sem a atuação do corretor, nenhuma remuneração será devida, salvo se o contrato de corretagem foi celebrado com exclusividade, por meio do instrumento que se chama opção, hipótese em que o corretor terá direito a remuneração integral, exceto se o corretor agir com injúria e ociosidade.

Se o corretor for dispensado e o dono do negócio realizar o negócio posteriormente com o fruto da corretagem, a remuneração será devida.

Havendo corretagem conjunta com mais de um corretor, a remuneração será dividida em partes iguais entre eles, salvo ajuste em contrário.

As regras sobre corretagem prevista no Código Civil não excluem as leis especiais nem Código de Defesa do Consumidor, se houver relação de consumo.

9.15. TRANSPORTE (ARTS. 730 A 756 DO CC)

9.15.1. Regras gerais de transporte

Pelo contrato de transporte, alguém se obriga, mediante retribuição, a transportar, de um lugar para outro, pessoas ou coisas.

O transporte exercido em virtude de autorização, permissão ou concessão rege-se pelas normas regulamentares e pelo que for estabelecido naqueles atos, sem prejuízo do que estabelece o Código Civil.

Aos contratos de transporte, em geral, são aplicáveis, quando couber, desde que não contrariem as disposições do Código Civil, os preceitos constantes da legislação especial e de tratados e convenções internacionais.

Nos contratos de transporte cumulativo, cada transportador se obriga a cumprir o contrato relativamente ao respectivo percurso, respondendo pelos danos nele causados a pessoas e coisas. O dano, resultante do atraso ou da interrupção da viagem, será determinado em razão da totalidade do percurso. Se houver substituição de algum dos transportadores no decorrer do percurso, a responsabilidade solidária estender-se-á ao substituto.

9.15.2. Do transporte de pessoas

O transportador responde pelos danos causados às pessoas transportadas e suas bagagens, salvo motivo de força maior, sendo nula qualquer cláusula excludente da responsabilidade. É lícito ao transportador exigir a declaração do valor da bagagem a fim de fixar o limite da indenização.

A responsabilidade contratual do transportador por acidente com o passageiro não é elidida por culpa de terceiro, contra o qual tem ação regressiva.

Não se subordina às normas do contrato de transporte o feito gratuitamente, por amizade ou cortesia. Não se considera gratuito o transporte quando, embora feito sem remuneração, o transportador auferir vantagens indiretas.

O transportador está sujeito aos horários e itinerários previstos, sob pena de responder por perdas e danos, salvo motivo de força maior.

A pessoa transportada deve sujeitar-se às normas estabelecidas pelo transportador, constantes no bilhete ou afixadas à vista dos usuários, abstendo-se de quaisquer atos que causem incômodo ou prejuízo aos passageiros, danifiquem o veículo ou dificultem ou impeçam a execução normal do serviço. Se o prejuízo sofrido pela pessoa transportada for atribuível à transgressão de normas e instruções regulamentares, o juiz reduzirá equitativamente a indenização, na medida em que a vítima houver concorrido para a ocorrência do dano.

O transportador não pode recusar passageiros, salvo os casos previstos nos regulamentos, ou se as condições de higiene ou de saúde do interessado o justificarem.

O passageiro tem direito a rescindir o contrato de transporte antes de iniciada a viagem, sendo-lhe devida a restituição do valor da passagem, desde que feita a comunicação ao transportador em tempo de ser renegociada. Ao passageiro é facultado desistir do transporte, mesmo depois de iniciada a viagem, sendo-lhe devida a restituição do valor correspondente ao trecho não utilizado, desde que provado que outra pessoa haja sido transportada em seu lugar. Não terá direito ao reembolso do valor da passagem o usuário que deixar de embarcar, salvo se provado que outra pessoa foi transportada em seu lugar, caso em que lhe será restituído o valor do bilhete não utilizado. Em tais hipóteses, o transportador terá direito de reter até 5% da importância a ser restituída ao passageiro, a título de multa compensatória.

Interrompendo-se a viagem por qualquer motivo alheio à vontade do transportador, ainda que em consequência de evento imprevisível, fica ele obrigado a concluir o transporte contratado em outro veículo da mesma categoria, ou, com a anuência do passageiro, por modalidade diferente, à sua custa, correndo também por sua conta as despesas de estada e alimentação do usuário, durante a espera do novo transporte.

O transportador, uma vez executado o transporte, tem direito de retenção sobre a bagagem de passageiro e outros objetos pessoais deste, como garantia do pagamento do valor da passagem que não tiver sido feito no início ou durante o percurso.

9.15.3. Do transporte de coisas

A coisa, entregue ao transportador, deve estar caracterizada pela sua natureza, valor, peso e quantidade, e o mais que for necessário para que não se confunda com outras, devendo o destinatário ser indicado ao menos pelo nome e endereço.

Ao receber a coisa, o transportador emitirá conhecimento com a menção dos dados que a identifiquem, obedecido o disposto em lei especial. O transportador poderá exigir que o remetente lhe entregue, devidamente assinada, a relação discriminada das coisas a serem transportadas, em duas vias, uma das quais, por ele devidamente autenticada, ficará fazendo parte integrante do conhecimento.

Em caso de informação inexata ou falsa descrição no documento a que se refere o parágrafo acima, será o transportador indenizado pelo prejuízo que sofrer, devendo a ação respectiva ser ajuizada no prazo de 120 a contar daquele ato, sob pena de decadência.

Poderá o transportador recusar a coisa cuja embalagem seja inadequada, bem como a que possa pôr em risco a saúde das pessoas, ou danificar o veículo e outros bens.

O transportador deverá obrigatoriamente recusar a coisa cujo transporte ou comercialização não sejam permitidos, ou que venha desacompanhada dos documentos exigidos por lei ou regulamento.

Até a entrega da coisa, pode o remetente desistir do transporte e pedi-la de volta, ou ordenar seja entregue a outro destinatário, pagando, em ambos os casos, os acréscimos de despesa decorrentes da contraordem, mais as perdas e danos que houver.

O transportador conduzirá a coisa ao seu destino, tomando todas as cautelas necessárias para mantê-la em bom estado e entregá-la no prazo ajustado ou previsto.

A responsabilidade do transportador, limitada ao valor constante do conhecimento, começa no momento em que ele, ou seus prepostos, recebe a coisa; termina quando é entregue ao destinatário, ou depositada em juízo, se aquele não for encontrado.

A coisa, depositada ou guardada nos armazéns do transportador, em virtude de contrato de transporte, rege-se, no que couber, pelas disposições relativas a depósito.

Desembarcadas as mercadorias, o transportador não é obrigado a dar aviso ao destinatário, se assim não foi convencionado, dependendo também de ajuste a entrega em domicílio, e devem constar do conhecimento de embarque as cláusulas de aviso ou de entrega em domicílio.

Se o transporte não puder ser feito ou sofrer longa interrupção, o transportador solicitará, incontinenti, instruções ao remetente e zelará pela coisa, por cujo perecimento ou deterioração responderá, salvo força maior.

Perdurando o impedimento, sem motivo imputável ao transportador e sem manifestação do remetente, poderá aquele depositar a coisa em juízo, ou vendê-la, obedecidos os preceitos legais e regulamentares, ou os usos locais, depositando o valor. Se o impedimento for responsabilidade do transportador, este poderá depositar a coisa, por sua conta e risco, mas só poderá vendê-la se perecível. Em ambos os casos, o transportador deve informar o remetente da efetivação do depósito ou da venda. Se o transportador mantiver a coisa depositada em seus próprios armazéns, continuará a responder pela sua guarda e conservação, sendo-lhe devida, porém, uma remuneração pela custódia, a qual poderá ser contratualmente ajustada ou se conformará aos usos adotados em cada sistema de transporte.

As mercadorias devem ser entregues ao destinatário, ou a quem apresentar o conhecimento endossado, devendo aquele que as receber conferi-las e apresentar as reclamações que tiver, sob pena de decadência dos direitos. No caso de perda parcial ou de avaria não perceptível à primeira vista, o destinatário conserva a sua ação contra o transportador, desde que denuncie o dano em 10 dias a contar da entrega.

Havendo dúvida acerca de quem seja o destinatário, o transportador deve depositar a mercadoria em juízo, se não lhe for possível obter instruções do remetente; se a demora puder ocasionar a deterioração da coisa, o transportador deverá vendê-la, depositando o saldo em juízo.

No caso de transporte cumulativo, todos os transportadores respondem solidariamente pelo dano causado perante o remetente, ressalvada a apuração final da responsabilidade entre eles, de modo que o ressarcimento recaia por inteiro, ou proporcionalmente, naquele ou naqueles em cujo percurso houver ocorrido o dano.

9.16. SEGURO (ARTS. 757 A 802 DO CC)

9.16.1. Regras gerais do seguro

Pelo contrato de seguro, o segurador se obriga, mediante o pagamento do prêmio, a garantir interesse legítimo do segurado, relativo a pessoa ou a coisa, contra riscos predeterminados. Somente pode ser parte, no contrato de seguro, como segurador, entidade para tal fim legalmente autorizada.

O contrato de seguro prova-se com a exibição da apólice ou do bilhete do seguro, e, na falta deles, por documento comprobatório do pagamento do respectivo prêmio.

A emissão da apólice deverá ser precedida de proposta escrita com a declaração dos elementos essenciais do interesse a ser garantido e do risco.

A apólice ou o bilhete de seguro serão nominativos, à ordem ou ao portador, e mencionarão os riscos assumidos, o início e o fim de sua validade, o limite da garantia e o prêmio devido, e, quando for o caso, o nome do segurado e o do beneficiário. No seguro de pessoas, a apólice ou o bilhete não podem ser ao portador.

Quando o risco for assumido em cosseguro, a apólice indicará o segurador que administrará o contrato e representará os demais, para todos os seus efeitos.

Nulo será o contrato para garantia de risco proveniente de ato doloso do segurado, do beneficiário, ou de representante de um ou de outro.

Não terá direito a indenização o segurado que estiver em mora no pagamento do prêmio, se ocorrer o sinistro antes de sua purgação.

Salvo disposição especial, o fato de se não ter verificado o risco, em previsão do qual se faz o seguro, não exime o segurado de pagar o prêmio.

O segurado e o segurador são obrigados a guardar na conclusão e na execução do contrato a mais estrita boa-fé e veracidade, tanto a respeito do objeto como das circunstâncias e declarações a ele concernentes.

Se o segurado, por si ou por seu representante, fizer declarações inexatas ou omitir circunstâncias que possam influir na aceitação da proposta ou na taxa do prêmio, perderá o direito à garantia, além de ficar obrigado ao prêmio vencido. Se a inexatidão ou omissão nas declarações não resultar de má-fé do segurado, o segurador terá direito a resolver o contrato, ou a cobrar, mesmo após o sinistro, a diferença do prêmio.

No seguro à conta de outrem, o segurador pode opor ao segurado quaisquer defesas que tenha contra o estipulante, por descumprimento das normas de conclusão do contrato ou de pagamento do prêmio.

O segurado perderá o direito à garantia se agravar intencionalmente o risco objeto do contrato.

O segurado é obrigado a comunicar ao segurador, logo que saiba, todo incidente suscetível de agravar consideravelmente o risco coberto, sob pena de perder o direito à garantia, se provar que silenciou de má-fé. O segurador, desde que o faça nos 15 dias seguintes ao recebimento do aviso da agravação do risco sem culpa do segurado, poderá dar-lhe ciência, por escrito, de sua decisão de resolver o contrato. A resolução só será eficaz 30 dias após a notificação, devendo ser restituída pelo segurador a diferença do prêmio.

Salvo disposição em contrário, a diminuição do risco no curso do contrato não acarreta a redução do prêmio estipulado; mas, se a redução do risco for considerável, o segurado poderá exigir a revisão do prêmio ou a resolução do contrato.

Sob pena de perder o direito à indenização, o segurado participará o sinistro ao segurador, logo que o saiba, e tomará as providências imediatas para minorar-lhe as consequências. Correm à conta do segurador, até o limite fixado no contrato, as despesas de salvamento consequentes ao sinistro.

A mora do segurador em pagar o sinistro obriga à atualização monetária da indenização devida segundo índices oficiais regularmente estabelecidos, sem prejuízo dos juros moratórios.

O segurador que, ao tempo do contrato, sabe estar passado o risco de que o segurado se pretende cobrir, e, não obstante, expede a apólice, pagará em dobro o prêmio estipulado.

A recondução tácita do contrato pelo mesmo prazo, mediante expressa cláusula contratual, não poderá operar mais de uma vez.

Os agentes autorizados do segurador presumem-se seus representantes para todos os atos relativos aos contratos que agenciarem.

O segurador é obrigado a pagar em dinheiro o prejuízo resultante do risco assumido, salvo se convencionada a reposição da coisa.

As regras acima aplicam-se, no que couber, aos seguros regidos por leis próprias.

Segundo o inciso II do art. 206 do Código Civil, prescreve em um ano a pretensão do segurado contra o segurador, ou a deste contra aquele. Essa é a posição do STJ:

> Agravo regimental no recurso especial. Civil e processo civil. Seguro de vida em grupo. Ausência de vontade de contratar. Inexistência do negócio jurídico. Prescrição trienal. 1. Não incide a prescrição anual prevista no art. 206, § 1º, do Código Civil quando inexiste contrato de seguro e, consequentemente, relação entre segurado e segurador. 2. Agravo regimental desprovido (**AgRg no Resp 1318365-RS, rel. Min. João Otávio de Noronha, 3ª Turma, j. 25-11-2014,** ***Dje*** **de 12-12-2014**).

O referido artigo estabelece, também, que é contado o prazo:

a) para o segurado, no caso de seguro de responsabilidade civil, da data em que é citado para responder à ação de indenização proposta pelo terceiro prejudicado, ou da data que a este indeniza, com a anuência do segurador;

b) quanto aos demais seguros, da ciência do fato gerador da pretensão.

Cumpre lembrar que a Súmula 229 do STJ estabelece que **o pedido do pagamento de indenização à seguradora suspende o prazo de prescrição até que o segurado tenha ciência da decisão** (aplicação do princípio da *actio nata).*

A **Súmula 573** do STJ explicou claramente como se analisa a ciência inequívoca do caráter permanente da invalidez:

> Nas ações de indenização decorrente de seguro DPVAT, a ciência inequívoca do caráter permanente da invalidez, para fins de contagem do prazo prescricional, depende de laudo médico, exceto nos casos de invalidez permanente notória ou naqueles em que o conhecimento anterior resulte comprovado na fase de instrução.

Entretanto, o prazo anual referenciado acima não é aplicado quando o credor for o terceiro beneficiário, como ocorre no seguro de vida. Assim sendo, o beneficiário tem o prazo de 10 anos, por se aplicar o art. 205 do Código Civil, para cobrar da seguradora o seu crédito. Essa é a posição do STJ:

> AGRAVO REGIMENTAL. AGRAVO EM RECURSO ESPECIAL. ALEGAÇÃO DE VIOLAÇÃO AO ART. 535 DO CPC. NÃO OCORRÊNCIA. SEGURO DE VIDA. AÇÃO DE COBRANÇA. TERCEIRO BENEFICIÁRIO. PRESCRIÇÃO. PRAZO DECENAL. SÚMULA 83/STJ. 1. Se as questões trazidas à discussão foram dirimidas, pelo Tribunal de origem, de forma suficientemente ampla, fundamentada e sem omissões deve ser afastada a alegada violação ao art. 535 do Código de Processo Civil. 2. **A jurisprudência do Superior Tribunal de Justiça possui entendimento no sentido de que, no caso de terceiro beneficiário de contrato de seguro de vida em grupo, o qual não se confunde com a figura do segurado, o prazo para propositura da ação indenizatória é decenal, em consonância com o artigo 205 do Código Civil de 2002.** Incidência da Súmula 83/STJ. 3. Agravo regimental a que se nega provimento (grifamos) (**STJ, AgRg no Resp 615.675/RS, 4ª T., Rel. Min. Maria Isabel Gallotti, *DJU* 10-2-2015**).

Há outros precedentes do STJ sobre esse tema[25].

9.16.2. Do seguro de dano

Nos seguros de dano, a garantia prometida não pode ultrapassar o valor do interesse segurado no momento da conclusão do contrato, sob pena do disposto no art. 766 do Código Civil, e sem prejuízo da ação penal que no caso couber.

O risco do seguro compreenderá todos os prejuízos resultantes ou consequentes, como sejam os estragos ocasionados para evitar o sinistro, minorar o dano ou salvar a coisa.

A vigência da garantia no seguro de coisas transportadas começa no momento em que são pelo transportador recebidas, e cessa com a sua entrega ao destinatário.

A indenização não pode ultrapassar o valor do interesse segurado no momento do sinistro e, em hipótese alguma, o limite máximo da garantia fixado na apólice, salvo em caso de mora do segurador.

O segurado que, na vigência do contrato, pretender obter novo seguro sobre o mesmo interesse, e contra o mesmo risco junto a outro segurador, deve previamente comunicar sua intenção por escrito ao primeiro, indicando a soma por que pretende segurar-se a fim de comprovar a obediência ao disposto no art. 778 do Código Civil.

Salvo disposição em contrário, o seguro de um interesse por menos do que valha acarreta a redução proporcional da indenização, no caso de sinistro parcial.

Não se inclui na garantia o sinistro provocado por vício intrínseco da coisa segurada, não declarado pelo segurado. Entende-se por vício intrínseco o defeito próprio da coisa, que se não encontra normalmente em outras da mesma espécie.

---

25. 1) EDcl no AREsp 372.417/GO, rel. Min. Luis Felipe Salomão, 4ª Turma, j. em 17-9-2013, *DJe* de 23-9-2013.
2) AgR no REsp 1.311.406/SP, rel. Min. Sidnei Beneti, 3ª Turma, j. em 15-2-2012, *DJe* de 28-5-2012.
3) AgRg no REsp 715.512/RJ, rel. Min. Sidnei Beneti, 3ª Turma, j. em 11-11-2008, *DJe* de 28-11-2008.
4) REsp 508.916/DF, rel. Min. Carlos Alberto Menezes Direito, rel. p/ Acórdão Min. Nancy Andrighi, 3ª Turma, j. em 14-2-2006, *DJ* de 22-5-2006.

Salvo disposição em contrário, admite-se a transferência do contrato a terceiro com a alienação ou cessão do interesse segurado. Se o instrumento contratual é nominativo, a transferência só produz efeitos em relação ao segurador mediante aviso escrito assinado pelo cedente e pelo cessionário. A apólice ou o bilhete à ordem só se transfere por endosso em preto, datado e assinado pelo endossante e pelo endossatário.

Paga a indenização, o segurador sub-roga-se, nos limites do valor respectivo, nos direitos e ações que competirem ao segurado contra o autor do dano. Salvo dolo, a sub-rogação não tem lugar se o dano foi causado pelo cônjuge do segurado, seus descendentes ou ascendentes, consanguíneos ou afins. É ineficaz qualquer ato do segurado que diminua ou extinga, em prejuízo do segurador, tais direitos.

No seguro de responsabilidade civil, o segurador garante o pagamento de perdas e danos devidos pelo segurado a terceiro. Tão logo saiba o segurado das consequências de seu ato, suscetível de lhe acarretar a responsabilidade incluída na garantia, comunicará o fato ao segurador. É defeso ao segurado reconhecer sua responsabilidade ou confessar a ação, bem como transigir com o terceiro prejudicado, ou indenizá-lo diretamente, sem anuência expressa do segurador. Intentada a ação contra o segurado, dará este ciência da lide ao segurador. Subsistirá a responsabilidade do segurado perante o terceiro, se o segurador for insolvente.

Nos seguros de responsabilidade legalmente obrigatórios, a indenização por sinistro será paga pelo segurador diretamente ao terceiro prejudicado. Demandado em ação direta pela vítima do dano, o segurador não poderá opor a exceção de contrato não cumprido pelo segurado sem promover a citação deste para integrar o contraditório.

9.16.3. Do seguro de pessoa

Nos seguros de pessoas, o capital segurado é livremente estipulado pelo proponente, que pode contratar mais de um seguro sobre o mesmo interesse, com o mesmo ou diversos seguradores.

No seguro sobre a vida de outros, o proponente é obrigado a declarar, sob pena de falsidade, o seu interesse pela preservação da vida do segurado. Até prova em contrário, presume-se o interesse quando o segurado é cônjuge, ascendente ou descendente do proponente.

Se o segurado não renunciar à faculdade, ou se o seguro não tiver como causa declarada a garantia de alguma obrigação, é lícita a substituição do beneficiário, por ato *entre vivos* ou de última vontade. O segurador, que não for cientificado oportunamente da substituição, desobrigar-se-á pagando o capital segurado ao antigo beneficiário.

Na falta de indicação da pessoa ou beneficiário, ou se por qualquer motivo não prevalecer a que for feita, o capital segurado será pago por metade ao cônjuge não separado judicialmente, e o restante, aos herdeiros do segurado, obedecida a ordem da vocação hereditária. Na falta das pessoas indicadas anteriormente, serão beneficiários os que provarem que a morte do segurado os privou dos meios necessários à subsistência. O STJ[26] entende

26. Recurso especial. Civil. Seguro de vida. Morte do segurado. Ausência de indicação de beneficiário. Pagamento administrativo à companheira e aos herdeiros. Pretensão judicial da ex-esposa. Separação de fato. Configuração. Art.

que na ausência de cônjuge o beneficiário será o companheiro, e se o falecido constituiu a união estável apenas estando separado de fato do ex-cônjuge (o art. 1.723 do CC permite), o valor do seguro destinado ao cônjuge/companheiro deverá ser dividido entre eles, já que o companheiro terá direito mas, segundo a lei, o ex-cônjuge não estava separado judicialmente.

É válida a instituição do companheiro como beneficiário, se ao tempo do contrato o segurado era separado judicialmente, ou já se encontrava separado de fato.

No seguro de vida ou de acidentes pessoais para o caso de morte, o capital estipulado não está sujeito às dívidas do segurado, nem se considera herança para todos os efeitos de direito.

É nula, no seguro de pessoa, qualquer transação para pagamento reduzido do capital segurado.

O prêmio, no seguro de vida, será conveniado por prazo limitado, ou por toda a vida do segurado. Em qualquer hipótese, no seguro individual, o segurador não terá ação para cobrar o prêmio vencido, cuja falta de pagamento, nos prazos previstos, acarretará, conforme se estipular, a resolução do contrato, com a restituição da reserva já formada, ou a redução do capital garantido proporcionalmente ao prêmio pago.

No seguro de vida para o caso de morte, é lícito estipular-se um prazo de carência, durante o qual o segurador não responde pela ocorrência do sinistro. Neste caso, o segurador é obrigado a devolver ao beneficiário o montante da reserva técnica já formada.

O beneficiário não tem direito ao capital estipulado quando o segurado se suicida nos primeiros 2 anos de vigência inicial do contrato, ou da sua recondução depois de suspenso, sendo, neste caso, também, obrigatório ao segurador devolver ao beneficiário o montante da reserva técnica já formada. Ressalvada essa hipótese, é nula a cláusula contratual que exclui o pagamento do capital por suicídio do segurado.

O segurador não pode eximir-se ao pagamento do seguro, ainda que da apólice conste a restrição, se a morte ou a incapacidade do segurado provier da utilização de meio de transporte mais arriscado, da prestação de serviço militar, da prática de esporte, ou de atos de humanidade em auxílio de outrem.

Nos seguros de pessoas, o segurador não pode sub-rogar-se nos direitos e ações do segurado, ou do beneficiário, contra o causador do sinistro.

O seguro de pessoas pode ser estipulado por pessoa natural ou jurídica em proveito de grupo que a ela, de qualquer modo, se vincule. O estipulante não representa o segurador perante o grupo segurado, e é o único responsável, para com o segurador, pelo cumprimento de todas as obrigações contratuais. A modificação da apólice em vigor dependerá da anuência expressa de segurados que representem três quartos do grupo.

Não se compreende nas disposições relativas ao seguro de pessoa, a garantia do reembolso de despesas hospitalares ou de tratamento médico, nem o custeio das despesas de luto e de funeral do segurado.

---

792 do CC. Interpretação sistemática e teleológica. Divisão igualitária entre o cônjuge não separado judicialmente e o convivente estável. Multa do art. 557, § 2º, do CPC. Afastamento. Exaurimento da instância ordinária. Necessidade. Intuito protelatório. Não configuração. REsp 1.198.108/RJ (representativo de controvérsia) (REsp 1.401.538/RJ, rel. Min. Ricardo Villas Bôas Cueva, 3ª Turma, j. em 4-8-2015, v.u.).

9.17. CONSTITUIÇÃO DE RENDA (ARTS. 803 A 813 DO CC)

É o contrato pelo qual uma pessoa recebe de outra certo capital, que pode ser em dinheiro, bem móvel ou imóvel, em troca da obrigação de pagar periodicamente, a este ou a um terceiro eleito como seu beneficiário, uma prestação por certo prazo, mas que também pode ser criada a título gratuito (arts. 803 e 804 do Código Civil). Na constituição da renda *inter vivos* aplicam-se as regras da doação, e na *causa mortis*, as do testamento.

É uma espécie de pensão mensal, que pode ser estabelecida a título gratuito ou oneroso. Porém, geralmente é feita a título oneroso, quando a pessoa entrega um bem a uma empresa administradora, que lhe paga a renda. O bem se incorpora no patrimônio da empresa a título de propriedade resolúvel.

Sendo o contrato a título oneroso, pode o credor, ao contratar, exigir que o rendeiro lhe preste garantia real (penhor, hipoteca e anticrese), ou fidejussória (fiança ou aval).

Neste contrato existe risco (álea), pois pode ser que o beneficiário faleça rapidamente ou não. Já na forma gratuita, este contrato se aproxima da doação.

São partes na constituição de renda:

a) o instituidor (censuísta ou censuente): é quem entrega o capital e constitui renda em benefício próprio ou alheio, podendo ser o credor da renda. Quando o credor da renda for terceira pessoa, teremos uma estipulação em favor de terceiro (art. 436 do CC), e essa pessoa será denominada **beneficiário**. Havendo mais de um beneficiário, em razão de a renda ser divisível, aplica-se, em regra, o *concursu parts fiunt*, salvo estipulação expressa em contrário.

b) o rendeiro (censuário ou censatário): é o devedor da renda, ou seja, quem se obriga a fazer certa prestação periódica a alguém.

Trata-se de contrato bilateral como regra, mas que também pode ser unilateral se não houver vantagem para o instituidor. Assim sendo, pode, também, o contrato ser oneroso, ou gratuito (excepcionalmente).

É um contrato temporário, pois deve ter um termo final certo ou uma condição. Pode também ser comutativo ou aleatório. Esse contrato pode ultrapassar a vida do devedor mas não a do credor, seja ele o contratante, seja terceiro. Não se admite contrato perpétuo, como no Direito francês e no italiano (arts. 1.861 a 1.871).

Havendo transferência de bens o contrato é real, pois somente se aperfeiçoa com a entrega da coisa. Se a transferência da renda for gratuita, o contrato é consensual.

Trata-se de um contrato solene porque requer escritura pública, e se o capital for dado em imóvel, deve-se levar a registro a transferência.

Os modos de constituição de renda são:

a) por ato *inter vivos*: quando feito por escritura pública;

b) por sentença judicial: que condena no pagamento de renda a título de alimentos ou de lucro cessante (arts. 950 e 948, II, do CC);

c) por ato *causa mortis*: por testamento, quando se institui o legado de um capital a alguém (legado de alimentos, do art. 1.920 do CC) com o encargo de esta pessoa pagar uma renda para um terceiro.

É nula a constituição de renda em favor de pessoa já falecida, ou que, nos 30 dias seguintes, vier a falecer de moléstia que já sofria, quando foi celebrado o contrato. Se o capital ou coisa foi entregue, pode ser reavido pela *condictio indebeti*. Nesse caso, há dois requisitos: moléstia já existente e prazo de 30 dias da restituição. Assim, havendo moléstia posterior ou falecimento após 30 dias, o contrato é válido. Vale lembrar que gravidez e velhice não são moléstias.

Quando a renda for constituída em benefício de duas ou mais pessoas, sem determinação da parte de cada uma, entende-se que os seus direitos são iguais, pois, segundo o art. 812 do Código Civil, em razão da renda ser divisível, não havendo previsão no contrato, ela será dividida em partes iguais aos vários beneficiários, aplicando-se a regra do *concursu parts fiunt*.

Ocorrendo a morte de algum dos beneficiários, a sua parte não acresce à dos demais (inexiste direito de acrescer), que continuarão a receber a sua parte. Porém o art. 812 do Código Civil permite estipulação em sentido diverso que institua o direito de acrescer. Exceção se dá na hipótese de os beneficiários serem casados, e a renda ter sido instituída gratuitamente, hipótese em que se aplica a regra de doação contida no parágrafo único do art. 551 do Código Civil, que estabelece o direito de acrescer.

Havendo vários beneficiários da renda, a morte de um deles por moléstia já existente nos 30 dias subsequentes ao contrato não o invalida, pois será válido quanto aos outros beneficiários. A renda constituída por título gratuito pode, por ato do instituidor, ficar isenta de todas as execuções pendentes e futuras.

O art. 809 do Código Civil estabelece que, com a tradição, os bens dados em compensação da renda passam a ser de propriedade do rendeiro desde a tradição. Porém, sendo o bem imóvel, haverá necessidade do registro do contrato para a transferência da propriedade.

Por ser proprietário, o rendeiro pode alienar o bem, salvo se houver cláusula de inalienabilidade, se o contrato for gratuito. O instituidor pode gravar o bem com cláusula de impenhorabilidade para evitar que seja executado por dívidas do rendeiro, se o contrato for gratuito. Não cabem cláusulas restritivas se o contrato for oneroso.

Os riscos da evicção são suportados pelo instituidor, conforme o art. 447 do Código Civil.

Se o rendeiro parar de pagar as prestações, pode ser acionado para quitá-las e/ou para prestar garantia das que ainda vencerão, sob pena de resolução do contrato (conforme o art. 810 do CC). A solicitação de garantia também pode ser pedida na hipótese de a situação financeira do rendeiro não se mostrar confiável, também sob pena de resolução. Com a extinção, as partes retornam ao *status quo ante*, devendo o bem entregue pelo instituidor ser devolvido a ele, que não deverá reembolsar o rendeiro o montante das parcelas já pagas.

Segundo o art. 811 do Código Civil, a renda é devida ao término de cada período, e é adquirida dia a dia. No caso de falecimento, a renda deve ser calculada proporcionalmente. Imaginemos que a prestação mensal da renda é de R$ 300,00. Nesse caso, a cada dia se adquirem R$ 10,00. Porém, o mesmo artigo permite que se estipule que a renda será devida no início de cada período. Feito isso, no dia em que o período se inicia, o credor já terá direito a receber prestação por inteiro.

O que faz com que este contrato seja pouco utilizado é a chance de a renda se desvalorizar em razão da inflação periódica. Para minimizar isso, o contrato deve prever o índice que fará a correção monetária da renda.

Já se admitem planos de previdência privada em que pessoas com idade avançada entregam um capital para uma instituição de previdência para receber renda vitalícia (pois não poderiam entrar em um plano comum por conta da idade elevada).

As formas de extinção da constituição de renda são:

a) pelo decurso do prazo contratual, quando firmado por termo certo;

b) pela morte do beneficiário na renda vitalícia (real ou presumida), que pode ser o instituidor ou um terceiro;

c) pela morte do devedor (rendeiro) (real ou presumida), desde que haja no contrato cláusula nesse sentido, senão a obrigação se transmite aos herdeiros até as forças da herança (regra em razão dos arts. 806 e 1.792 do CC);

d) morte do credor (beneficiário) na renda com prazo certo (real ou presumida) extingue de imediato – art. 806 do Código Civil –, pois não pode ultrapassar a vida do credor;

e) pela rescisão (resolução) do contrato (art. 810 do CC), na hipótese de não pagamento das prestações, ou de negativa em dar garantias para o pagamento das parcelas futuras ocorrendo inadimplemento;

f) pelo implemento de condição resolutiva: pode ser dado ao instituidor direito de preferência por meio do chamado pacto de opção, para o caso de o devedor decidir alienar o bem objeto da constituição de renda. O exercício desse pacto de opção cria condição resolutiva, pois extingue o contrato antes do prazo;

g) pela inoficiosidade da constituição de renda: sendo celebrada a título gratuito, equipara-se à doação, motivo pelo qual se aplica o art. 549 do Código Civil se invadir a legítima.

h) pela caducidade: se o beneficiário falecer antes de constituída a renda, ou nos 30 dias subsequentes à celebração do contrato, em razão de moléstia preexistente;

i) pelo decurso do prazo prescricional: transcorrido o prazo prescricional de três anos (art. 206, § 3º, II, do CC) sem que tenha sido proposta ação judicial para cobrar prestações vencidas, o contrato se extingue;

j) pela destruição do imóvel, desde que este não esteja segurado, senão haverá sub-rogação no valor indenizado;

k) pela confusão, se houver a aquisição do bem a que estiver vinculada a renda pelo credor.

9.18. JOGO E APOSTA (ARTS. 814 A 817 DO CC)

Apesar de o Código Civil tratar conjuntamente do jogo e da aposta, e de ambos terem um elemento comum, que é o azar, não podemos confundir os seus conceitos.

Jogo é o contrato em que duas ou mais pessoas que se entregam à prática de um mesmo ato, obrigam-se a pagar determinada quantia para quem sair vencedora por força da sorte ou da destreza.

Aposta é o contrato entre duas ou mais pessoas que prometem, entre si, pagar certa soma para aquele cuja opinião prevalecer, em razão de um acontecimento incerto.

Ambos são contratos bilateral, oneroso e aleatório.

O jogo e a aposta só produzem efeito jurídico se ocorrerem de forma onerosa. A forma gratuita não produz efeito.

Dentre as principais diferenças entre jogo e aposta temos:

a) ambos os contratos têm como características a álea ou o azar, mas o que os diferencia é que no jogo as partes envolvidas participam ativamente em busca da vitória, enquanto na aposta o acontecimento independe da atuação dos participantes, uma vez que depende de ato incerto de terceiro;

b) no jogo, a participação das partes pode ser física (no caso de uma corrida entre os jogadores) ou intelectual (na hipótese de um jogo de xadrez);

c) há outro critério, secundário, para diferenciar o jogo da aposta, que é o motivo;

d) no jogo, o motivo da jogatina é a distração ou o desejo de ganho, enquanto na aposta o motivo é somente corroborar uma afirmação.

Esses critérios podem ser antagônicos entre si, pois, se pegarmos o exemplo do jogo do bicho, temos que ele seria uma aposta, já que os envolvidos não participam, mas também seria um jogo, pois o seu objetivo é a distração e o ganho.

São espécies de jogo:

Jogo proibido: é o jogo de azar que tem na sorte o seu fator decisivo. Trata-se de jogos ilícitos que infringem o art. 50 da Lei de Contravenções Penais (Decreto-Lei n. 3.688/41). Exemplos: truco, canastra, sete e meio, jogo do bicho etc.

O Decreto-Lei n. 9.215/46 proíbe a prática ou exploração de jogos de azar em todo o território nacional.

Já o art. 58 do Decreto-Lei n. 6.259/44 tipifica o jogo do bicho como uma contravenção penal. Ademais, estabelece a Súmula 51 do STJ, de 17-9-1992, que *a punição do intermediador, no jogo do bicho, independe da identificação do "apostador" ou do "banqueiro"*.

Jogo tolerado: é o jogo que não está proibido, mas também não é permitido. Não depende da sorte, mas da habilidade do jogador.

Jogo autorizado: é o jogo lícito autorizado por lei. Exemplo: as loterias.

O jogo autorizado goza de exigibilidade e produz efeitos, já que o contrato é eficaz e a obrigação é perfeita, fazendo com que seja possível o credor executar o crédito judicialmente.

Já as dívidas de jogos proibidos e tolerados, que são malvistos pela sociedade, não podem ser cobradas judicialmente (são irrepetíveis). Consistem em obrigações naturais (também chamadas de imperfeitas), pois não obrigam pagamento. Trata-se de mais um exemplo de *Schuld* (débito) sem *Haftung* (responsabilidade).

Estende-se essa disposição a qualquer contrato que encubra ou envolva reconhecimento, novação ou fiança de dívida de jogo, mas a nulidade resultante não pode ser oposta ao terceiro de boa-fé.

Segundo o art. 814 do Código Civil não se pode repetir o que foi voluntariamente pago para quitar dívida de jogo ou aposta (pois há *Schuld* ainda). Trata-se da *solutio retentio,* que impede a restituição de pagamentos devidos. Estende-se esta disposição a qualquer contrato que encubra ou envolva reconhecimento, novação ou fiança de dívida de jogo, mas a nulidade resultante não pode ser oposta ao terceiro de boa-fé. Isso se dá para não ser permitido de forma indireta o que o legislador proibiu de forma direta. Assim, se um cheque, dado em pagamento de dívida de jogo e aposta, foi transferido para terceiro, e este não for pago, o terceiro, sendo de boa-fé, poderá cobrá-lo. Diante disso, é importante ressaltar que a dívida de jogo:

a) não pode ser garantida por fiança;

b) não pode ser garantida por ônus real;

c) não pode ser objeto de compensação;

d) não pode ser objeto de transação ou novação;

e) não pode ser reforçada por cláusula penal.

Essas regras se aplicam aos jogos tolerados e proibidos, mas não aos jogos permitidos, conforme o art. 814, § 2º, do Código Civil.

Existem, porém, duas exceções a essa irrepetibilidade, quando a quantia foi ganha por dolo, ou quando o perdente for menor ou interdito.

A quantia é ganha por dolo se alguém se utilizou de artifícios para sair vitorioso, e por isso deverá ser punido e desestimulado a praticar essa conduta. O dolo, neste caso, é usado para a pessoa se apoderar do resultado do jogo e não para convencer a parte a jogar.

Quanto ao perdente ser menor ou interdito, o legislador buscou proteger os interesses patrimoniais. Porém, cumpre notar que o legislador não usa a palavra "capacidade", o que exclui a emancipação.

Por esse motivo é que também não é possível exigir reembolso do que se emprestou para jogo ou aposta, no ato de apostar ou jogar. Assim, podemos afirmar que são exigíveis as dívidas de empréstimos feitos antes ou depois da jogatina (para pagar empréstimos anteriores).

As disposições que vimos acima não se aplicam aos contratos sobre títulos de bolsa, mercadorias ou valores, em que se estipulem a liquidação exclusivamente pela diferença entre o preço ajustado e a cotação que eles tiverem no vencimento do ajuste (contratos diferenciais).

Os contratos diferenciais são contratos de venda em que as partes não se propõem a entregar mercadoria, título ou valor e pagar o preço, mas, somente, liquidar a diferença entre o preço estipulado e a cotação do bem vendido no dia do vencimento, por exemplo, os celebrados na Bolsa de Mercadorias e Futuros (BM&F).

A 3ª Turma do Superior Tribunal de Justiça (STJ) decidiu no **Resp 1.628.974-SP**, j. em 13-6-2017, que é juridicamente possível a cobrança no Brasil, de dívida de jogo contraída em cassino no exterior.

No caso um procurador de justiça aposentado é cobrado a pagar mais de US$ 1 milhão por dívida contraída em um torneio de pôquer no Cassino Wynn, em Las Vegas, havendo nos autos informação de que ele é jogador que aparentemente já havia contraído dívidas junto a outro cassino, o Trump Taj Mahal.

Segundo o relator, ministro Ricardo Villas Bôas Cueva: "*Aquele que visita país estrangeiro, usufrui de sua hospitalidade e contrai livremente obrigações lícitas, não pode retornar a seu país de origem buscando a impunidade civil. A lesão à boa-fé de terceiro é patente, bem como o enriquecimento sem causa, motivos esses capazes de contrariar a ordem pública e os bons costumes*".

Cumpre lembrar, ainda, que o sorteio para dirimir questões ou dividir coisas comuns considera-se sistema de partilha ou processo de transação, conforme o caso, e não se confunde com jogo ou aposta.

O sorteio não tem por objetivo ganho ou divertimento, mas sim solucionar um impasse, ou estabelecer uma divisão, podendo assumir feição de transação ou sistema de partilha. O sorteio não é proibido, pelo contrário, é autorizado pela legislação civil (art. 817 do CC). Como exemplo do sorteio, citamos o de jurados do conselho de sentença no tribunal do júri (art. 457 do CPP) e o de vaga de garagem em condomínio edilício. Urge lembrar que o sorteio pode estabelecer, também, transação e partilha.

9.19. FIANÇA OU CAUÇÃO FIDEJUSSÓRIA (ARTS. 818 A 839 DO CC)

Fiança é o contrato pelo qual o fiador garante satisfazer ao credor uma obrigação assumida pelo devedor, caso este não a cumpra. É exemplo de *Haftung* (responsabilidade) sem *Schuld* (débito).

A fiança é **garantia pessoal**, já que o que garante o cumprimento da obrigação é o patrimônio da pessoa do fiador. Não se confunde com **garantia real**, em que quem garante é a coisa, o bem.

Trata-se de um contrato unilateral, gratuito, acessório e não solene.

Excepcionalmente se tem a fiança onerosa quando ela for prestada por instituição financeira (carta de fiança).

9.19.1. Características da fiança

a) a fiança deve se dar por escrito. Inexiste fiança verbal;

b) a fiança não admite interpretação extensiva;

c) a fiança pode ser estipulada sem o consentimento do devedor ou contra a sua vontade;

d) dívida futura pode ser objeto de fiança, mas a execução depende de certeza e liquidez;

e) não sendo limitada a fiança, ela compreenderá todos os acessórios da dívida principal, inclusive as despesas judiciais desde a citação. A limitação do valor da fiança depende de cláusula expressa para impedir a incidência da responsabilidade sobre os acessórios. Se a fiança é feita com valor inferior ao da obrigação, é lícito ter vários fiadores (todos com responsabilidade limitada), porém o somatório de todas não pode ultrapassar o montante da obrigação principal;

f) o credor só não será obrigado a aceitar fiador por indicação se este não for pessoa idônea, domiciliada no domicílio onde tenha que prestar a fiança, e não possua bens suficientes para cumprir a obrigação. Essa regra do art. 825 do Código Civil é importante no caso do art. 40 da Lei de Locação, que enumera hipótese em que o locatário deverá apresentar novo fiador, por exemplo, no caso de exoneração do antigo fiador;

g) a substituição do fiador após a celebração do contrato se dá somente se este se tornar insolvente ou incapaz;

h) a fiança, em regra, gera uma obrigação subsidiária, pois o fiador só será demandado após a execução dos bens do devedor, se exigir isso até a contestação da lide. Isso se dá em razão do **benefício de ordem**, que também pode ser chamado de **benefício de excussão.** O fiador que alegar o benefício de ordem deve nomear bens do devedor, situados no mesmo município, livres e desembargados, quantos bastem para solver o débito. O benefício de ordem pode ser renunciado, conforme o art. 828 do Código Civil, porém desde que expressamente. Por força do art. 424 do referido Código, a renúncia ao benefício de ordem não pode ocorrer em contrato de adesão. Também não aproveita esse benefício ao fiador, se ele obrigou como principal pagador, ou devedor solidário ou, ainda, se o devedor for insolvente, ou falido;

i) por força do art. 829 do Código Civil, a fiança conjunta prestada a um só débito importa solidariedade, salvo o **benefício de divisão** (que deve ser expresso). Estipulado este benefício, cada fiador responde unicamente pela parte que, em proporção, lhe couber no pagamento. Não se aplica essa regra se houver mais de um fiador para a mesma obrigação, em contratos isolados (autônomos);

j) o fiador que paga o débito se sub-roga nos direitos do credor, mas só poderá demandar a cada um dos outros fiadores pela respectiva quota. A parte do fiador insolvente distribuir-se-á pelos outros. Sub-rogação significa transferência de todos os direitos creditícios;

k) a fiança pode ser concedida por prazo determinado ou por prazo indeterminado;

l) o fiador poderá exonerar-se da fiança que tiver assinado sem limitação de tempo, sempre que lhe convier, ficando obrigado por todos os efeitos da fiança, durante 60 dias após a notificação do credor. Essa regra não se aplica à fiança locatícia por conta do art. 40, X, da Lei de Locação;

Na locação de imóvel urbano, só podem ser exigidos quatro tipos de garantia: caução, fiança, seguro-fiança e cessão fiduciária de quotas de fundo de investimento (art. 37 da Lei n. 8.245/91). Segundo o Código Civil, o fiador poderá exonerar-se da fiança que tiver assinado sem limitação de tempo, sempre que lhe convier, ficando obrigado por todos os efeitos da fiança, durante sessenta dias após a notificação do credor. Na Lei do Inquilinato, após as modificações da Lei n. 12.112/2009, essa regra não é aplicada, haja vista que o art. 40, X, estabelece que, prorrogada a locação por prazo indeterminado, o fiador pode notificar o locador da sua intenção de desoneração, ficando obrigado por todos os efeitos da fiança, durante 120 dias após a notificação ao locador;

m) as obrigações nulas não são suscetíveis de fiança, exceto se a nulidade resultar apenas de incapacidade pessoal do devedor, não se aplicando essa regra no caso de mútuo feito a menor;

n) cada fiador pode fixar no contrato a parte da dívida que toma sob sua responsabilidade, caso em que não será por mais obrigado;

o) o devedor responde também perante o fiador por todas as perdas e danos que este pagar, e pelos que sofrer em razão da fiança;

p) o fiador tem direito aos juros do desembolso pela taxa estipulada na obrigação principal, e, não havendo taxa convencionada, aos juros legais da mora;

q) quando o credor, sem justa causa, demorar a execução iniciada contra o devedor, poderá o fiador promover-lhe o andamento;

r) a obrigação do fiador passa aos herdeiros; mas a responsabilidade da fiança se limita ao tempo decorrido até a morte do fiador, e não pode ultrapassar as forças da herança;

s) o fiador pode opor ao credor as exceções que lhe forem pessoais, e as extintivas da obrigação que competem ao devedor principal, se não provierem simplesmente de incapacidade pessoal, salvo o caso do mútuo feito a pessoa menor;

t) se for invocado o benefício da excussão e o devedor, retardando-se a execução, cair em insolvência, ficará exonerado o fiador que o invocou, se provar que os bens por ele indicados eram, ao tempo da penhora, suficientes para a solução da dívida afiançada;

u) a fiança prestada por ascendente, para garantir obrigação contraída por descendente, caracteriza adiantamento de legítima quando o fiador paga o débito do afiançado, pois se assemelha à doação, hipótese em que se aplica a regra do art. 544 do Código Civil, e, por esse motivo, deverá ser levada à colação, consoante art. 2.002 do mesmo diploma legal;

v) o fiador, ainda que solidário, ficará desobrigado:

v1) se, sem consentimento seu, o credor conceder moratória ao devedor;

v2) se, por fato do credor, for impossível a sub-rogação nos seus direitos e preferências;

v3) se o credor, em pagamento da dívida, aceitar amigavelmente do devedor objeto diverso do que este era obrigado a lhe dar, ainda que depois venha a perdê-lo por evicção.

A **Súmula 549 do STJ** (que teve origem no **Resp 1.363.368**) estabelece que é válida a penhora de bem de família pertencente a fiador de contrato de locação. Mas, na sessão do dia 12-6-2018, a 1ª Turma do STF, quando da conclusão do julgamento do RE 605.709, iniciado em outubro de 2014, tendo como relator o ministro Dias Toffoli, então ainda integrante da turma, decidiu, por maioria de votos (3 a 2) Rosa Weber, Marco Aurélio e Luiz Fux favoráveis e Toffoli e Barroso contrários, pela impenhorabilidade do bem de família do fiador em contrato de locação comercial. A citada decisão relativiza a súmula 549 do STJ que determina ser válida a penhora de bem de família pertencente a fiador de contrato de locação. Com o julgamento, a interpretação da súmula deverá ser no sentido de que **é válida a penhora de bem de família pertencente a fiador, somente se o contrato de locação for residencial.**

9.20. TRANSAÇÃO (ARTS. 840 A 850 DO CC)

O Código Civil de 1916 elencava a transação como forma de pagamento indireto. Já o Código vigente enumerou-a como um contrato típico, a partir do art. 840.

A transação é um contrato em que as partes buscam prevenir ou terminar litígios mediante concessões mútuas.

O acordo de vontade entre os interessados (pois inexiste transação legal), o direito litigioso ou duvidoso (pois senão haverá renúncia ou reconhecimento de um direito) e a intenção de extinguir coisa litigiosa ou duvidosa (pois o objetivo é evitar riscos de uma futura demanda ou extinguir um litígio já instaurado, para transformar algo inseguro e incerto em seguro ou certo) são elementos constitutivos de uma transação.

a) tutor e curador não podem transacionar negócios dos tutelados e curatelados, salvo com autorização judicial (art. 1.748, III, do CC);

b) mandatário não pode transacionar sem poderes especiais expressos (art. 661, §1º, do CC);

c) pais não podem transigir sobre bens dos filhos menores, pois é necessária autorização judicial;

d) procuradores fiscais e judiciais da pessoa jurídica de direito público interno também não podem transigir (incluídas as autarquias, fundações, sociedades de economia mista);

e) representantes do Ministério Público também não podem transacionar;

f) pessoa casada com relação a bens imóveis, porque dependem de vênia conjugal, salvo no regime de separação absoluta (art. 1.647 do CC);

g) sócio que não tenha administração da sociedade;

h) administrador judicial da massa falida não pode transacionar, salvo autorização judicial e anuência do falido.

A transação é contrato bilateral, oneroso, comutativo, consensual e deve ser feita por escritura pública nas obrigações em que a lei o exige, ou por instrumento particular, nas em que ela o admite. Porém, se recair sobre direitos contestados em juízo, será feita por escritura pública, ou por termo nos autos, assinado pelos transigentes e homologado pelo juiz.

9.20.1. Características da transação

1) A transação é indivisível, pois, sendo nula qualquer das cláusulas da transação, nula será esta. Neste caso, não se aplica o princípio da conservação do negócio jurídico. Quando a transação versar sobre diversos direitos contestados, independentes entre si, o fato de não prevalecer em relação a um não prejudicará os demais.

2) A transação interpreta-se restritivamente, pois se aplica somente o que está descrito no instrumento (não admite analogia), e por ela não se transmitem, apenas se declaram ou reconhecem direitos.

3) É admissível, na transação, a pena convencional (cláusula penal), já que ela possui caráter declaratório, porém, a multa não pode ser superior à obrigação principal (art. 412 do CC), exceto em caso de relação de consumo (art. 52, § 1º, do CDC) e em débitos condominiais (art. 1.336, § 1º, do CC), em que não poderá ultrapassar 2%. Essa cláusula penal também está sujeita à redução equitativa, consoante o art. 413 do Código Civil.

4) Só quanto a direitos patrimoniais de caráter privado se permite a transação.

5) A transação não aproveita, e nem prejudica senão aos que nela intervierem, ainda que diga respeito a coisa indivisível.

6) Quando a transação é feita entre credor e devedor, o fiador está livre.

7) Quando a transação é feita entre um dos credores solidários, extingue a obrigação deste devedor para com os outros credores.

8) Quando a transação é feita entre um dos devedores solidários e o credor extingue a dívida em relação aos demais devedores.

9) Dada a evicção da coisa renunciada por um dos transigentes, ou por ele transferida à outra parte, não revive a obrigação extinta pela transação; mas ao evicto cabe o direito de reclamar perdas e danos. Se um dos transigentes adquirir, depois da transação, novo direito sobre a coisa renunciada ou transferida, a transação feita não o inibirá de exercê-lo.

10) A transação concernente a obrigações resultantes de delito não extingue a ação penal pública.

11) A transação só se anula por dolo, coação, ou erro essencial quanto à pessoa ou coisa controversa. A transação não se anula por erro de direito a respeito das questões que foram objeto de controvérsia entre as partes. Mesmo não estando previstos expressamente o estado de perigo e a lesão, é possível que a transação possa ser anulada por esses motivos que estão previstos na Parte Geral do Código Civil.

12) É nula a transação a respeito do litígio decidido por sentença passada em julgado, se dela não tinha ciência algum dos transatores, ou quando, por título posteriormente descoberto, se verificar que nenhum deles tinha direito sobre o objeto da transação. Como exemplo imaginemos que "A" transaciona imóvel que descobre posteriormente não ser seu.

São espécies de transação:

a) judicial ou extintiva: é aquela feita no curso de um processo por termo nos autos ou escritura pública, que deverá ser homologado pelo juiz;

b) extrajudicial: feita por instrumento público (quando a lei exigir) ou particular, sem homologação judicial. Vale lembrar que somente direitos obrigacionais de cunho patrimonial e de caráter privado podem ser objeto de transação (art. 841 do CC).

Existem vedações à transação, e dentre elas podemos destacar: bens inalienáveis; casamento; guarda de filhos; alimentos; poder familiar; investigação de paternidade.

Como no Direito do Trabalho vige o princípio da indisponibilidade dos direitos trabalhistas, a transação só poderá ocorrer sobre direitos trabalhistas patrimoniais de cunho privado, conforme os arts. 9º, 444 e 468 da CLT. Como exemplo citamos o ajuste da data de pagamento do salário e a sua periodicidade, a venda de 1/3 das férias e o ajuste de compensação de horas extras.

9.21. COMPROMISSO (ARTS. 851 A 853 DO CC)

Os arts. 1.037 a 1.048 do Código Civil de 1916 autorizavam incluir no contrato regras estabelecidas pelas partes para solucionar conflitos. Os arts. 1.072 a 1.102 do Código de Processo Civil de 1939 já tratavam do juízo arbitral. O Decreto n. 737, de 25-11-1850, já tratava de solução arbitral para solucionar conflitos entre comerciantes. Hoje, a questão é normatizada pelos arts. 851 a 853 do Código Civil (para a estipulação da arbitragem) e pela Lei n. 9.307/96 (para as regras da arbitragem).

Compromisso é o acordo de vontades em que as partes, preferindo não se submeter a decisão judicial, confiam a árbitros a solução de seus conflitos de cunho patrimonial.

Não podemos confundir compromisso com arbitragem, que é o processo para solucionar conflitos jurídicos nos quais o terceiro (árbitro) tenta conciliar e, sucessivamente, decidir a controvérsia.

Assim sendo, podemos afirmar que o compromisso é o caminho da arbitragem.

O compromisso é o acordo de vontades em que as partes, preferindo não se submeter à decisão judicial, confiam a árbitros a solução de seus conflitos de cunho patrimonial. Já a arbitragem é o processo de solução de conflitos jurídicos pelo qual o terceiro, estranho aos interesses das partes, tenta conciliar e, sucessivamente, decide a controvérsia (trata-se de uma exceção à obrigatoriedade de submeter conflitos à análise do Poder Judiciário).

O art. 4º da Lei de Arbitragem (Lei n. 9.307/96) apresenta o conceito de cláusula compromissória, que não deve ser confundido com o compromisso.

A cláusula compromissória é a convenção por meio da qual as partes em um contrato comprometem-se a submeter à arbitragem os litígios que possam vir a surgir, relativamente a tal contrato.

Diante do exposto, o compromisso é utilizado quando surge um litígio e as partes dispõem levá-lo a arbitragem. Já a cláusula compromissória é estipulada antes da existência de um litígio.

9.21.1. Estudo do compromisso

A natureza jurídica do compromisso é de contrato bilateral, oneroso, consensual e comutativo.

São espécies de compromisso:

a) judicial: celebrado na pendência de uma lide, por termo nos autos, que cessa à jurisdição do juiz togado;

b) extrajudicial: celebrado antes do ajuizamento de ação judicial, por escritura pública ou instrumento particular, assinado pelas partes e por duas testemunhas;

c) cláusula compromissória (*pactum de compromittendo*)**:** convenção que institui a obrigatoriedade de submeter litígios futuros à arbitragem. Pode ser celebrado no próprio contrato ou em documento apartado. Tal cláusula possui força vinculante e não pode estar em contrato de adesão de consumo (art. 51, VII, do CDC) ou civil (art. 4º, § 2º, da Lei n. 9.307/96).

O STF já declarou constitucional a arbitragem (**SE 5.206-AgR**), pois não ofende o art. 5º, XXXV, da Constituição Federal.

O reconhecimento judicial de nulidade da sentença arbitral (art. 32) não afasta definitivamente o Poder Judiciário.

De acordo com o STJ (**Resp n. 1.598.220-RN, *Dje* 1º-7-2019**), não é possível afastar a cláusula compromissória que prevê arbitragem com base em regras do Código de Defesa do Consumidor (CDC), já que nessas hipóteses deve ser respeitado o princípio da competência-competência e, de acordo com as regras do art. 8º da Lei n. 9.307/96, a Lei de Arbitragem, cabe ao juízo arbitral pronunciar-se acerca da validade da cláusula, antes que o juízo estatal possa se manifestar sobre a controvérsia.

Diferença entre cláusula compromissória e compromisso	
A cláusula compromissória é anterior ao conflito.	O compromisso é posterior ao conflito.

São características do compromisso:

a) É vedado compromisso para solução de questões de estado, de direito pessoal de família e de outras que não tenham caráter estritamente patrimonial.

b) É admitido compromisso, judicial ou extrajudicial, para resolver litígios entre pessoas que podem contratar.

c) Admite-se nos contratos a cláusula compromissória, para resolver divergências mediante juízo arbitral, na forma estabelecida em lei especial.

9.21.2. Estudo da arbitragem

Segue, abaixo, um resumo da experiência histórica brasileira com a arbitragem:

a) Tratado de Petrópolis (1903): tratava da demarcação de fronteiras com a Bolívia. Não foi usado o compromisso de arbitragem.

b) Tratado de Madrid (1750): discussão sobre a fronteira com Argentina. EUA (Presidente Cleveland) fez a arbitragem e deu ganho de causa ao Brasil em 1895.

c) Litígio sobre o Amapá com a França: a Suíça foi árbitra, proferindo laudo favorável ao Brasil em 1900.

d) Litígio sobre Guiana Inglesa: a Itália foi árbitra, e o Rei Vittorio Emanuele III deu ganho à Inglaterra em 1904.

e) Brasil como árbitro: no governo FHC, o Brasil, juntamente com Argentina, Chile e EUA, foi árbitro em conflito entre Peru e Equador.

São requisitos da arbitragem:

- a existência de um conflito;
- a atuação de um terceiro;
- uma sequência de atos ordenados (noção de processo);
- uma solução: conciliação ou decisão imposta.

A arbitragem difere da mediação, pois nesta o mediador busca facilitar o diálogo entre as partes para que por si só resolvam o conflito em questão, já que o seu objetivo é criar uma conscientização da parte. Sobre mediação, vale lembrar que esse procedimento é regulamentado pela Lei n. 13.140/2015.

São características da arbitragem:

a) Celeridade, pois a sentença independe de homologação judicial e, em regra, não cabe recurso de sentença arbitral. Além disso, as partes podem estabelecer o prazo que os árbitros terão para proferir a sentença. Se isso não for feito, eles terão que proferi-la em seis meses.

b) Informalidade, pois as próprias partes estipulam o procedimento.

c) **Confiabilidade**, pois o árbitro é pessoa de confiança das partes.

d) **Especialidade**, pois o árbitro não precisa ter formação jurídica, mas sim ser um especialista na área em que se estabeleceu o conflito.

e) **Sigilo**, pois não haverá publicação das decisões na imprensa oficial.

f) **Flexibilidade**, pois a arbitragem poderá ser de direito ou de equidade, a critério das partes. Na arbitragem de direito aplica-se a lei, e, na de equidade, não se aplica a lei.

g) **É voluntária** (não pode ser imposta).

h) **Tem natureza privada**, pois não há participação de representantes do Estado.

i) **Só cabe a direitos patrimoniais disponíveis** (art. 852 do CC), o que exclui direitos da personalidade (art. 11), questões de estado e de família.

São espécies de arbitragem:

a) **voluntária:** aquela que as partes optam pelo procedimento;

b) **obrigatória:** aquela imposta pelo Estado. É usada em vários países, mas não no Brasil, pois seria inconstitucional;

c) **de direito interno:** se aplicado o sistema jurídico de um país;

d) **de direito externo (*dépeçage*):** quando ocorre o despedaçamento do contrato, em que cada parte será regida pela lei de um país;

e) **institucional:** se utilizadas regras de uma entidade arbitral ou órgão técnico especializado;

f) ***ad hoc*:** se forem criadas regras para o caso concreto;

g) **arbitragem de oferta final (*final offer*):** arbitragem na qual o árbitro é obrigado a dar ganho de causa para uma das partes, sem a possibilidade de solução intermediária;

h) **arbitragem por "pacote" (*package*):** aquela em que há um conjunto de propostas para o árbitro analisar e escolher uma delas;

i) **arbitragem "medianeira" (*med-arb*):** aquela que o árbitro inicia como mediador, só podendo começar a arbitragem se frustradas as propostas de conciliação;

j) **arbitragem de queixas:** aquela em que não há qualquer condicionamento.

A arbitragem pode ser classificada no sistema de solução de conflito da seguinte forma:

a) como um mecanismo autocompositivo: aquele cujo resultado final pode decorrer do entendimento das partes. Como exemplos, citamos a conciliação e a mediação;

b) como um mecanismo heterocompositivo: aquela cujo resultado final decorre da imposição da vontade de um terceiro.

A arbitragem na Justiça do Trabalho é possível para direitos coletivos do trabalho, tal como estabelecem a Lei n. 7.783/89 (Lei de Greve), a Lei n. 10.101/2000 (que trata da participação de lucros) e a Lei n. 8.630/93 (Lei dos Portuários), e vedada para os direitos individuais do trabalho.

A Subseção I Especializada em Dissídios Individuais (SDI-1) do Tribunal Superior do Trabalho, em sessão realizada no dia 26-3-2015, determinou que o Conselho Arbitral do Sudoeste da Bahia e a Justiça Arbitral de Vitória da Conquista e Região não realizem arbitragem para solução de conflitos envolvendo direitos individuais trabalhistas em todo e qualquer caso. A decisão[27], que deu provimento a embargos do Ministério Público do Trabalho, ratificou precedentes do TST no sentido de que a arbitragem não é aconselhável na solução de conflitos individuais de trabalho. Em ação civil pública, o Ministério Público do Trabalho (MPT) pedia que o conselho arbitral se abstivesse de realizar arbitragem envolvendo direitos individuais trabalhistas. O pedido foi julgado improcedente pela primeira instância e pelo Tribunal Regional do Trabalho da 5ª Região (BA). A 4ª Turma do TST, em recurso de revista, considerou admissível a utilização da arbitragem quando já extinta a relação de emprego, proibindo a atuação do conselho apenas nos casos de cláusula que tenha sido objeto do contrato de trabalho ou de aditamento deste durante a vigência da relação empregatícia.

O ministro José Roberto Freire Pimenta, relator dos embargos, assinalou que, na esfera coletiva, a arbitragem é autorizada e incentivada devido à relativa igualdade de condições entre as partes negociadoras, pois empregados e empregadores têm respaldo igualitário de seus sindicatos. Destacou, porém, que a Lei n. 9.307/96, que traça diretrizes para a arbitragem, é clara quando limita o seu campo de atuação aos direitos patrimoniais disponíveis, "que não abrangem os direitos personalíssimos".

O relator ressaltou que, quando se trata da tutela de interesses individuais e concretos de pessoas identificáveis, por exemplo, o salário e as férias, é desaconselhável a arbitragem, por ser outro o contexto. "É imperativa a observância do princípio protetivo, fundamento do direito individual do trabalhador, que se justifica em face do desequilíbrio existente nas relações entre trabalhador e empregador", salientou. "É difícil admitir a possibilidade do comparecimento de um empregado, isoladamente, a uma entidade privada, que não vai observar o devido processo legal, o contraditório e o direito de defesa", observou. Segundo o ministro, a possibilidade da arbitragem nos dissídios individuais pode ser interessante *a priori*, mas, na prática, as dificuldades naturais que o empregado vai enfrentar, isolado, são desconsideradas. "Há o perigo de o instituto ser usado para inserir novas regras trabalhistas na relação de emprego, desviando-se de entendimentos sedimentados da Justiça do Trabalho", exemplificou. "São inimagináveis os prejuízos que poderão assolar o trabalhador ante o perigo de se flexibilizarem as normas trabalhistas, pois a arbitragem é realizada por intermédio de regras de direito livremente escolhidas pelas partes."

Porém, a Lei n. 13.467/2017, que consagrou a chamada **Reforma Trabalhista**, incluiu o art. 507-A na CLT para estabelecer que nos contratos cuja remuneração seja superior a duas vezes o limite máximo do Regime Geral de Previdência Social (e somente nesses casos), independentemente de o empregado ter concluído curso superior, poderá ser pactuada **cláusula compromissória de arbitragem** por iniciativa do empregado ou mediante a sua concordância expressa.

27. Processo: RR-27700-25.2005.5.05.0611.

9.22. SÚMULAS E ENUNCIADOS SOBRE CONTRATOS EM ESPÉCIE

- Súmulas do STF

A) Contrato de compra e venda

Súm. 166

É inadmissível o arrependimento no compromisso de compra e venda sujeito ao regime do Decreto-Lei n. 58, de 10 de dezembro de 1937.

Súm. 167

Não se aplica o regime do Decreto-Lei n. 58, de 10 de dezembro de 1937, ao compromisso de compra e venda não inscrito no registro imobiliário, salvo se o promitente vendedor se obrigou a efetuar o registro.

Súm. 168

Para os efeitos do Decreto-Lei n. 58, de 10 de dezembro de 1937, admite-se a inscrição imobiliária do compromisso de compra e venda no curso da ação.

Súm. 412

No compromisso de compra e venda com cláusula de arrependimento, a devolução do sinal, por quem o deu, ou a sua restituição em dobro, por quem o recebeu, exclui indenização maior, a título de perdas e danos, salvo os juros moratórios e os encargos do processo.

Súm. 413

O compromisso de compra e venda de imóveis, ainda que não loteados, dá direito à execução compulsória, quando reunidos os requisitos legais.

Súm. 489

A compra e venda de automóvel não prevalece contra terceiros, de boa-fé, se o contrato não foi transcrito no registro de títulos e documentos.

Súm. 494

A ação para anular venda de ascendente a descendente, sem consentimento dos demais, prescreve em vinte anos, contados da data do ato, revogada a Súmula 152.

B) Contrato de locação

Súm. 80

Para a retomada de prédio situado fora do domicílio do locador exige-se a prova da necessidade.

Súm. 109

É devida a multa prevista no art. 15, § 6º, da Lei n. 1.300, de 28 de dezembro de 1950, ainda que a desocupação do imóvel tenha resultado da notificação e não haja sido proposta ação de despejo.

Súm. 158

Salvo estipulação contratual averbada no registro imobiliário, não responde o adquirente pelas benfeitorias do locatário.

- Cf. art. 35 da Lei n. 8.245/91.

Súm. 174

Para a retomada do imóvel alugado, não é necessária a comprovação dos requisitos legais na notificação prévia.

- Cf. art. 6º da Lei n. 8.245/91.

Súm. 175

Admite-se a retomada de imóvel alugado para uso de filho que vai contrair matrimônio.

- Cf. Súmula 484.

Súm. 176

O promitente comprador, nas condições previstas na Lei n. 1.300, de 28 de dezembro de 1950, pode retomar o imóvel locado.

Súm. 177

O cessionário do promitente comprador, nas mesmas condições deste, pode retomar o imóvel locado.

- Súmula sem eficácia.

Súm. 410

Se o locador, utilizando prédio próprio para residência ou atividade comercial, pede o imóvel locado para uso próprio, diverso do que tem o por ele ocupado, não está obrigado a provar a necessidade, que se presume.

Súm. 411

O locatário autorizado a ceder a locação pode sublocar o imóvel.

Súm. 442

A inscrição do contrato de locação no registro de imóveis, para a validade da cláusula de vigência contra o adquirente do imóvel, ou perante terceiros, dispensa a transcrição no registro de títulos e documentos.

- Cf. art. 1.197 do CC e art. 8º da Lei n. 8.245/91.

Súm. 483

É dispensável a prova da necessidade, na retomada de prédio situado em localidade para onde o proprietário pretende transferir residência, salvo se mantiver, também, a anterior, quando dita prova será exigida.

Súm. 484

Pode, legitimamente, o proprietário pedir o prédio para a residência de filho, ainda que solteiro, de acordo com o art. 11, III, da Lei n. 4.494, de 25 de novembro de 1964.

- Cf. art. 47, III, da Lei n. 8.245/91.

Súm. 486

Admite-se a retomada para sociedade da qual o locador, ou seu cônjuge, seja sócio, com participação predominante no capital social.

- Cf. art. 52, II, da Lei n. 8.245/91.

C) Contrato de mandato

Súm. 165

A venda realizada diretamente pelo mandante ao mandatário não é atingida pela nulidade do art. 1.133, II, do Código Civil.

- Refere-se ao CC/16, sem correspondência no CC/2002. O inciso II do art. 1.133 do CC/16 não foi reproduzido no art. 497 do CC/2002.

D) Contrato de seguro

Súm. 105

Salvo se tiver havido premeditação, o suicídio do segurado no período contratual de carência não exime o segurador do pagamento do seguro.

Súm. 188

O segurador tem ação regressiva contra o causador do dano, pelo que efetivamente pagou, até ao limite previsto no contrato de seguro.

E) Contrato de transporte

Súm. 161

Em contrato de transporte, é inoperante a cláusula de não indenizar.

Súm. 187

A responsabilidade contratual do transportador, pelo acidente com o passageiro, não é elidida por culpa de terceiro, contra o qual tem ação regressiva.

F) Contrato de depósito

- Súmula Vinculante do STF sobre o contrato de depósito

Súm. Vinc. 25

É ilícita a prisão civil de depositário infiel, qualquer que seja a modalidade do depósito.

- Súmulas do STJ

A)Contrato de compromisso de compra e venda

Súm. 76

A falta de registro do compromisso de compra e venda de imóvel não dispensa a prévia interpelação para constituir em mora o devedor.

Súm. 239

O direito à adjudicação compulsória não se condiciona ao registro do compromisso de compra e venda no cartório de imóveis.

Súm. 308

A hipoteca firmada entre a construtora e o agente financeiro, anterior ou posterior à celebração da promessa de compra e venda, não tem eficácia perante os adquirentes do imóvel.

B) Contrato de locação e de fiança

Súm. 214

O fiador na locação não responde por obrigações resultantes de aditamento ao qual não anuiu.

Súm. 268

O fiador que não integrou a relação processual na ação de despejo não responde pela execução do julgado.

Súm. 332

A fiança prestada sem autorização de um dos cônjuges implica a ineficácia total da garantia.

Súm. 335

Nos contratos de locação, é válida a cláusula de renúncia à indenização das benfeitorias e ao direito de retenção.

Súm. 549

É válida a penhora de bem de família pertencente a fiador de contrato de locação.

Com o julgamento do RE 605.709, 1ª Turma do STF, em 12-6-2018, o conteúdo da Súmula 549 do STJ fica mitigado para "**é válida a penhora de bem de família pertencente a fiador, somente se o contrato de locação for residencial**".

C) Contrato de mútuo

Súm. 26

O avalista do título de crédito vinculado a contrato de mútuo também responde pelas obrigações pactuadas, quando no contrato figurar como devedor solidário.

Súm. 60

É nula a obrigação cambial assumida por procurador do mutuário vinculado ao mutuante, no exclusivo interesse deste.

D) Contrato de depósito

Súm. 419

Descabe a prisão civil do depositário judicial infiel.

E) Contrato de seguro

Súm. 61

O seguro de vida cobre o suicídio não premeditado.

(A Segunda Seção, na sessão de 25/04/2018, ao apreciar o Projeto de Súmula n. 1.154, determinou o CANCELAMENTO da Súmula 61 do STJ (Dje 07/05/2018)).

Súm. 101

A ação de indenização do segurado em grupo contra a seguradora prescreve em um ano.

Súm. 229

O pedido do pagamento de indenização à seguradora suspende o prazo de prescrição até que o segurado tenha ciência da decisão.

Súm. 257

A falta de pagamento do prêmio do seguro obrigatório de Danos Pessoais Causados por Veículos Automotores de Vias Terrestres (DPVAT) não é motivo para a recusa do pagamento da indenização.

Súm. 402

O contrato de seguro por danos pessoais compreende os danos morais, salvo cláusula expressa de exclusão.

Súm. 465

Ressalvada a hipótese de efetivo agravamento do risco, a seguradora não se exime do dever de indenizar em razão da transferência do veículo sem a sua prévia comunicação.

Súm. 470

O Ministério Público não tem legitimidade para pleitear, em ação civil pública, a indenização decorrente do DPVAT em benefício do segurado.

- Súmula cancelada pela 2ª Seção do STJ, ao julgar o **Resp 858.056-GO** em 27-5-2015.

Súm. 474

A indenização do seguro DPVAT, em caso de invalidez parcial do beneficiário, será paga de forma proporcional ao grau da invalidez.

Súm. 544

É válida a utilização de tabela do Conselho Nacional de Seguros Privados para estabelecer a proporcionalidade da indenização do seguro DPVAT ao grau de invalidez também na hipótese de sinistro anterior a 16-12-2008, data da entrada em vigor da Medida Provisória n. 451/2008.

Súm. 573

Nas ações de indenização decorrente de seguro DPVAT, a ciência inequívoca do caráter permanente da invalidez, para fins de contagem do prazo prescricional, depende de laudo médico, exceto nos casos de invalidez permanente notória ou naqueles em que o conhecimento anterior resulte comprovado na fase de instrução.

Súm. 580

A correção monetária nas indenizações do seguro DPVAT por morte ou invalidez, prevista no § 7º do art. 5º da Lei n. 6.194/1974, redação dada pela Lei n. 11.482/2007, incide desde a data do evento danoso.

Súm. 610

O suicídio não é coberto nos dois primeiros anos de vigência do contrato de seguro de vida, ressalvado o direito do beneficiário à devolução do montante da reserva técnica formada (Relativiza a Súmula 61 STJ).

Súm. 616

A indenização securitária é devida quando ausente a comunicação prévia do segurado acerca do atraso no pagamento do prêmio, por constituir requisito essencial para a suspensão ou resolução do contrato de seguro.

Súm. 620

A embriaguez do segurado não exime a seguradora do pagamento da indenização prevista em contrato de seguro de vida.

Súm. 632

Nos contratos de seguro regidos pelo Código Civil, a correção monetária sobre a indenização securitária incide a partir da contratação até o efetivo pagamento.

F) Contrato de transporte

Súm. 109

O reconhecimento do direito à indenização, por falta de mercadoria transportada via marítima, independe de vistoria.

Súm. 145

No transporte desinteressado, de simples cortesia, o transportador só será civilmente responsável por danos causados ao transportado quando incorrer em dolo ou culpa grave.

G) Contrato que envolve o Sistema Financeiro da Habitação

Súm. 31

A aquisição, pelo segurado, de mais de um imóvel financiado pelo Sistema Financeiro da Habitação, situados na mesma localidade, não exime a seguradora da obrigação de pagamento dos seguros.

Súm. 327

Nas ações referentes ao Sistema Financeiro da Habitação, a Caixa Econômica Federal tem legitimidade como sucessora do Banco Nacional da Habitação.

Súm. 422

O art. 6º, *e*, da Lei n. 4.380/64 não estabelece limitação aos juros remuneratórios nos contratos vinculados ao SFH.

Súm. 450

Nos contratos vinculados ao SFH, a atualização do saldo devedor antecede sua amortização pelo pagamento da prestação.

Súm. 454

Pactuada a correção monetária nos contratos do SFH pelo mesmo índice aplicável à caderneta de poupança, incide a taxa referencial (TR) a partir da vigência da Lei n. 8.177/91.

Súm. 473

O mutuário do SFH não pode ser compelido a contratar o seguro habitacional obrigatório com a instituição financeira mutuante ou com a seguradora por ela indicada.

H) Contrato de jogo e aposta

Súm. 51

A punição do intermediador, no jogo do bicho, independe da identificação do "apostador" ou do "banqueiro".

I)Contrato de compromisso

Súm. 485

A Lei de Arbitragem aplica-se aos contratos que contenham cláusula arbitral, ainda que celebrados antes da sua edição.

J) Contrato de arrendamento mercantil (*leasing*)

Súm. 564

No caso de reintegração de posse em arrendamento mercantil financeiro, quando a soma da importância antecipada a título de valor residual garantido (VRG) com o valor da venda do bem ultrapassar o total do VRG previsto contratualmente, o arrendatário terá direito de receber a respectiva diferença, cabendo, porém, se estipulado no contrato, o prévio desconto de outras despesas ou encargos pactuados.

- Enunciados das Jornadas de Direito Civil do CJF

A) Contrato de compra e venda

En. 177

Art. 496: Por erro de tramitação, que retirou a segunda hipótese de anulação de venda entre parentes (venda de descendente para ascendente), deve ser desconsiderada a expressão "em ambos os casos", no parágrafo único do art. 496.

En. 178

Art. 528: Na interpretação do art. 528, devem ser levadas em conta, após a expressão "a benefício de", as palavras "seu crédito, excluída a concorrência de", que foram omitidas por manifesto erro material.

En. 368

Art. 496: O prazo para anular venda de ascendente para descendente é decadencial de dois anos (art. 179 do CC).

En. 441

Art. 488, parágrafo único: Na falta de acordo sobre o preço, não se presume concluída a compra e venda. O parágrafo único do art. 488 somente se aplica se houverem diversos preços habitualmente praticados pelo vendedor, caso em que prevalecerá o termo médio.

En. 545

Arts. 179 e 496: O prazo para pleitear a anulação de venda de ascendente a descendente sem anuência dos demais descendentes e/ou do cônjuge do alienante é de 2 (dois) anos, contados da ciência do ato, que se presume absolutamente, em se tratando de transferência imobiliária, a partir da data do registro de imóveis.

En. 653

Art. 483: O quadro-resumo a que se refere o art. 35-A da Lei n. 4.591/1964 é obrigação do incorporador na alienação de imóveis em fase de construção ou já construídos.

B) Contrato estimatório

En. 32

Art. 534: No contrato estimatório (art. 534), o consignante transfere ao consignatário, temporariamente, o poder de alienação da coisa consignada com opção de pagamento do preço de estima ou sua restituição ao final do prazo ajustado.

C) Contrato de troca ou permuta

En. 435

Art. 462: O contrato de promessa de permuta de bens imóveis é título passível de registro na matrícula imobiliária.

D) Contrato de doação

En. 33

Art. 557: O novo Código Civil estabeleceu um novo sistema para a revogação da doação por ingratidão, pois o rol legal previsto no art. 557 deixou de ser taxativo, admitindo, excepcionalmente, outras hipóteses.

En. 549

Art. 538: A promessa de doação no âmbito da transação constitui obrigação positiva e perde o caráter de liberalidade previsto no art. 538 do Código Civil.

En. 654

Art. 544: Em regra, é válida a doação celebrada entre cônjuges que vivem sob o regime da separação obrigatória de bens.

E) Contrato de locação de coisas e de imóveis

En. 179

Art. 572: A regra do art. 572 do novo Código Civil é aquela que atualmente complementa a norma do art. 4º, segunda parte, da Lei n. 8.245/91 (Lei de Locações), balizando o controle da multa mediante a denúncia antecipada do contrato de locação pelo locatário durante o prazo ajustado.

En. 180

Arts. 575 e 582: A regra do parágrafo único do art. 575 do novo Código Civil, que autoriza a limitação pelo juiz do aluguel-pena arbitrado pelo locador, aplica-se também ao aluguel arbitrado pelo comodante, autorizado pelo art. 582, segunda parte, do novo Código Civil.

En. 418

Art. 206: O prazo prescricional de três anos para a pretensão relativa a aluguéis aplica-se aos contratos de locação de imóveis celebrados com a administração pública.

En. 547

Arts. 366 e 835 do Código Civil e 40, X, da Lei n. 8.245/1991: Na hipótese de alteração da obrigação principal sem o consentimento do fiador, a exoneração deste é automática, não se aplicando o disposto no art. 835 do Código Civil quanto à necessidade de permanecer obrigado pelo prazo de 60 (sessenta) dias após a notificação ao credor, ou de 120 (cento e dias) dias no caso de fiança locatícia.

F) Contrato de mútuo

En. 34

Art. 591: No novo Código Civil, quaisquer contratos de mútuo destinados a fins econômicos presumem-se onerosos (art. 591), ficando a taxa de juros compensatórios limitada ao disposto no art. 406, com capitalização anual.

G) Contrato de prestação de serviços

En. 541

Art. 594: O contrato de prestação de serviço pode ser gratuito.

H) Contrato de empreitada

En. 181

Art. 618: O prazo referido no art. 618, parágrafo único, do CC refere-se unicamente à garantia prevista no *caput*, sem prejuízo de poder o dono da obra, com base no mau cumprimento do contrato de empreitada, demandar perdas e danos.

I)Contrato de mandato

En. 182

Art. 655: O mandato outorgado por instrumento público previsto no art. 655 do CC somente admite substabelecimento por instrumento particular quando a forma pública for facultativa e não integrar a substância do ato.

En. 183

Arts. 660 e 661: Para os casos em que o parágrafo primeiro do art. 661 exige poderes especiais, a procuração deve conter a identificação do objeto.

En. 184

Arts. 664 e 681: Da interpretação conjunta desses dispositivos, extrai-se que o mandatário tem o direito de reter, do objeto da operação que lhe foi cometida, tudo o que lhe for devido em virtude do mandato, incluindo-se a remuneração ajustada e o reembolso de despesas.

En. 655

Art. 684: Nos casos do art. 684 do Código Civil, ocorrendo a morte do mandante, o mandatário poderá assinar escrituras de transmissão ou aquisição de bens para a conclusão de negócios jurídicos que tiveram a quitação enquanto vivo o mandante.

J) Contrato de transporte

En. 369

Diante do preceito constante no art. 732 do Código Civil, teleologicamente e em uma visão constitucional de unidade do sistema, quando o contrato de transporte constituir uma relação de consumo, aplicam-se as normas do Código de Defesa do Consumidor que forem mais benéficas a este.

En. 686

Aplica-se o sistema de proteção e defesa do consumidor, conforme disciplinado pela Lei n. 8.078, de 11 de setembro de 1990, às relações contratuais formadas entre os aplicativos de transporte de passageiros e os usuários dos serviços correlatos.

K) Contrato de seguro

En. 185

Art. 757: A disciplina dos seguros do Código Civil e as normas da previdência privada que impõem a contratação exclusivamente por meio de entidades legalmente autorizadas não impedem a formação de grupos restritos de ajuda mútua, caracterizados pela autogestão.

En. 186

Art. 790: O companheiro deve ser considerado implicitamente incluído no rol das pessoas tratadas no art. 790, parágrafo único, por possuir interesse legítimo no seguro da pessoa do outro companheiro.

En. 187

Art. 798: No contrato de seguro de vida, presume-se, de forma relativa, ser premeditado o suicídio cometido nos dois primeiros anos de vigência da cobertura, ressalvado ao beneficiário o ônus de demonstrar a ocorrência do chamado "suicídio involuntário".

En. 370

Nos contratos de seguro por adesão, os riscos predeterminados indicados no art. 757, parte final, devem ser interpretados de acordo com os arts. 421, 422, 424, 759 e 799 do Código Civil e 1º, inciso III, da Constituição Federal.

En. 371

A mora do segurado, sendo de escassa importância, não autoriza a resolução do contrato, por atentar ao princípio da boa-fé objetiva.

En. 372

Em caso de negativa de cobertura securitária por doença preexistente, cabe à seguradora comprovar que o segurado tinha conhecimento inequívoco daquela.

En. 373

Embora sejam defesos pelo § 2º do art. 787 do Código Civil, o reconhecimento da responsabilidade, a confissão da ação ou a transação não retiram ao segurado o direito à garantia, sendo apenas ineficazes perante a seguradora.

En. 374

No contrato de seguro, o juiz deve proceder com equidade, atentando às circunstâncias reais, e não a probabilidades infundadas, quanto à agravação dos riscos.

En. 375

No seguro em grupo de pessoas, exige-se o *quorum* qualificado de três quartos do grupo, previsto no § 2º do art. 801 do Código Civil, apenas quando as modificações impuserem novos ônus aos participantes ou restringirem seus direitos na apólice em vigor.

En. 376

Para efeito de aplicação do art. 763 do Código Civil, a resolução do contrato depende de prévia interpelação.

En. 542

Arts. 765 e 796: A recusa de renovação das apólices de seguro de vida pelas seguradoras em razão da idade do segurado é discriminatória e atenta contra a função social do contrato.

En. 543

Art. 765: Constitui abuso do direito a modificação acentuada das condições do seguro de vida e de saúde pela seguradora quando da renovação do contrato.

En. 544

Art. 787: O seguro de responsabilidade civil facultativo garante dois interesses, o do segurado contra os efeitos patrimoniais da imputação de responsabilidade e o da vítima à indenização, ambos destinatários da garantia, com pretensão própria e independente contra a seguradora.

En. 546

Arts. 787, § 2º, e 422: O § 2º do art. 787 do Código Civil deve ser interpretado em consonância com o art. 422 do mesmo diploma legal, não obstando o direito à indenização e ao reembolso.

En. 585

Arts. 765 e 766: Impõe-se o pagamento de indenização do seguro mesmo diante de condutas, omissões ou declarações ambíguas do segurado que não guardem relação com o sinistro.

En. 656

Art. 765: Do princípio da boa-fé objetiva, resulta o direito do segurado, ou do beneficiário, de acesso aos relatórios e laudos técnicos produzidos na regulação do sinistro.

En. 657

Art. 765: Diante do princípio da boa-fé objetiva, o regulador do sinistro tem o dever de probidade, imparcialidade e celeridade, o que significa que deve atuar com correção no cumprimento de suas atividades.

L) Contrato de transação

En. 442

Art. 844: A transação, sem a participação do advogado credor dos honorários, é ineficaz quanto aos honorários de sucumbência definidos no julgado.

- Enunciados das Jornadas de Direito Comercial do CJF

A) Contrato de *shopping center*

En. 30

Nos contratos de *shopping center*, a cláusula de fiscalização das contas do lojista é justificada desde que as medidas fiscalizatórias não causem embaraços à atividade do lojista.

B) Contrato de distribuição

En. 31

O contrato de distribuição previsto no art. 710 do Código Civil é uma modalidade de agência em que o agente atua como mediador ou mandatário do proponente e faz jus à remuneração devida por este, correspondente aos negócios concluídos em sua zona. No contrato de distribuição autêntico, o distribuidor comercializa diretamente o produto recebido do fabricante ou fornecedor, e seu lucro resulta das vendas que faz por sua conta e risco.

C) Contrato de prestação de serviços

En. 32

Nos contratos de prestação de serviços nos quais as partes contratantes são empresários e a função econômica do contrato está relacionada com a exploração de atividade empresarial, as partes podem pactuar prazo superior a quatro anos, dadas as especificidades da natureza do serviço a ser prestado, sem constituir violação do disposto no art. 598 do Código Civil.

En. 33

Nos contratos de prestação de serviços nos quais as partes contratantes são empresários e a função econômica do contrato está relacionada com a exploração de atividade empresarial, é lícito às partes contratantes pactuarem, para a hipótese de denúncia imotivada do contrato, multas superiores àquelas previstas no art. 603 do Código Civil.

D) Contrato de empreitada

En. 34

Com exceção da garantia contida no art. 618 do Código Civil, os demais artigos referentes, em especial, ao contrato de empreitada (arts. 610 a 626) aplicar-se-ão somente de forma subsidiária às condições contratuais acordadas pelas partes de contratos complexos de engenharia e construção, tais como EPC, EPC-M e Aliança.

E) Contrato de corretagem

En. 36

O pagamento da comissão, no contrato de corretagem celebrado entre empresários, pode ser condicionado à celebração do negócio previsto no contrato ou à mediação útil ao cliente, conforme os entendimentos prévios entre as partes. Na ausência de ajuste ou previsão contratual, o cabimento da comissão deve ser analisado no caso concreto, à luz da boa-fé objetiva e da vedação ao enriquecimento sem causa, sendo devida se o negócio não vier a se concretizar por fato atribuível exclusivamente a uma das partes.

F) Contrato de transporte

En. 37

Aos contratos de transporte aéreo internacional celebrados por empresários aplicam-se as disposições da Convenção de Montreal e a regra da indenização tarifada nela prevista (art. 22 do Decreto n. 5.910/2006).

G) Contrato de *leasing*

En. 38

É devida devolução simples, e não em dobro, do valor residual garantido (VRG) em caso de reintegração de posse do bem objeto de arrendamento mercantil celebrado entre empresários.

H) Contrato de locação *built-to-suit*

En. 67

Na locação *built-to-suit*, é válida a estipulação contratual que estabeleça cláusula penal compensatória equivalente à totalidade dos alugueres a vencer, sem prejuízo da aplicação do art. 416, parágrafo único, do Código Civil.

I) Contrato de comissão

En. 68

No contrato de comissão com cláusula *del credere*, responderá solidariamente com o terceiro contratante o comissário que tiver cedido seus direitos ao comitente, nos termos da parte final do art. 694 do Código Civil.

- Enunciados das Jornadas de Direito Notarial e Registral do CJF

A) Contrato de Compra e Venda

En. 42

O art. 1.015 do Código Civil refere-se à venda ou oneração de imóvel da sociedade, não sendo necessária autorização para aquisição de imóvel pelo administrador em nome da sociedade, no silêncio do contrato.

B) Contrato de Doação

En. 27

A cláusula de impenhorabilidade, imposta em doação ou testamento, não obsta a alienação do bem imóvel, nem a outorga de garantia real convencional ou o oferecimento voluntário à penhora, pelo beneficiário.

En. 82

Em regra, é válida a doação entre cônjuges que vivem sob o regime de separação obrigatória de bens.

C) Contrato de Locação de Imóvel Urbano

En. 29

A locação *built to suit* pode ser registrada ou averbada nas hipóteses previstas no art. 167, I, 3 (cláusula de vigência) e II, 16 (direito de preferência), da Lei n. 6.015/1973.

D) Contrato de Mandato

En. 41

O ato notarial de revogação do mandato outorgado por instrumento público é admitido sem a presença do mandatário, ainda que haja cláusula de irrevogabilidade.

10
Da Responsabilidade Civil Extracontratual

10.1. NOÇÃO HISTÓRICA

A origem da responsabilidade civil encontra-se na Lei de Talião (olho por olho, dente por dente), cujo objetivo era devolver o mal pelo mal (sistema arcaico).

A Lei das XII Tábuas (450 a.C.) adotou a Lei de Talião, e também estabelecia uma responsabilidade pessoal.

Com a *Lex Poetelia Papiria* a responsabilidade civil deixa de ser pessoal e passa a ser patrimonial (pecuniária), sistema que é adotado até hoje, seguindo a tradição romana.

10.2. O DIREITO CIVIL CONSTITUCIONAL E A RESPONSABILIDADE CIVIL

Como vimos anteriormente, devemos harmonizar as regras de Direito Civil (que normatiza a atuação de particulares) com as regras gerais da Constituição Federal (que, além de normatizar a função estatal, estabelece regras entre particulares).

A Constituição Federal, por ser a nossa Lei Maior, irá determinar a interpretação de todas as leis infraconstitucionais, dentre as quais ressaltamos o Código Civil.

Por esse motivo, a responsabilidade civil deverá ser interpretada à luz dos princípios constitucionais, dentre os quais destacamos:

a) Dignidade da pessoa humana (art. 1º, III): referido princípio, que é um dos fundamentos da República, tem como objetivo buscar a valorização do ser humano em detrimento do patrimônio (movimento de despatrimonialização), motivo pelo qual não produzem efeitos preceitos legais e contratuais que contrariam este princípio.

Para exemplificar a aplicação desse princípio na responsabilidade civil, citamos julgado pioneiro do STJ[1] no qual o tribunal se viu diante de uma antinomia. No julgamento de uma ação indenizatória proveniente da tortura que o autor sofreu durante o regime militar em nosso país (década de 1960), o que deveria prevalecer: o prazo para a reparação civil de 3 anos (contido no art. 206, § 3º, V, do CC), cujo objetivo é garantir a segurança jurídica da prescrição, ou entender que tal direito é imprescritível, já que o dano foi proveniente

1. "Administrativo. Atividade Política Durante a Ditadura Militar. Prisão e Tortura. Indenização. Lei n. 9.140/1995. Inocorrência de Prescrição. Reabertura de Prazo" (STJ, REsp 524.889/PR, rel. Min. Eliana Calmon, j. em 1º-9-2005, *DJ* de 19-9-2005, p. 253).

de tortura, o que acarretou uma violência contra a dignidade da pessoa humana? A Corte entendeu pela imprescritibilidade em decorrência de tal princípio estar em nossa Lei Maior, motivo pelo qual podemos dizer que, no Brasil, a indenização em decorrência de tortura é imprescritível, posicionamento que prevalece atualmente[2].

Essa posição se consolidou na jurisprudência do STJ, e se tornou conteúdo da Súmula 647, que estabelece: "*São imprescritíveis as ações indenizatórias por danos morais e materiais decorrentes de atos de perseguição política com violação de direitos fundamentais ocorridos durante o regime militar*".

b) *Igualdade ou isonomia* (art. 5º, *caput*): trata-se do princípio, conforme escreveu Rui Barbosa, segundo o qual devemos tratar os iguais de maneira igual e os desiguais de maneira desigual, à medida que se desigualam, pois, lembrando Chaïm Perelman, a igualdade absoluta é fonte de injustiças, pois se devem respeitar as desigualdades.

c) Solidariedade social (art. 3º, I): tal princípio tem por objetivo pregar uma sociedade justa, humana e solidária.

Exemplo disso é a tese da responsabilidade civil por abandono paterno-filial para o genitor ou genitora que não dá afeto aos seus filhos, mesmo que pague pensão alimentícia (assistência material). Trata-se de uma hipótese de responsabilidade civil no Direito de Família, que será tratado no próximo tópico.

10.3. A RESPONSABILIDADE CIVIL NO DIREITO DE FAMÍLIA

Com o advento da Constituição Federal de 1988, a família passou a ser dirigida conjuntamente pelo pai e pela mãe, e, com a mudança da codificação civil, em 2002, o antigo pátrio poder, que, na sua origem, limitava o poder da mulher, passou a ser denominado **poder familiar**.

Os deveres oriundos do poder familiar estão descritos no art. 1.634 do Código Civil. Tal dispositivo determina, além de outros deveres, que compete aos pais, quanto à pessoa dos filhos menores, dirigir-lhes a criação e educação e tê-los em sua companhia e guarda.

Para Maria Helena Diniz, o poder familiar engloba os deveres de criação e educação dos filhos menores, bem como de tê-los em sua companhia para dirigir-lhes a formação[3].

Com isso, verificamos que o Código Civil imputa aos pais os deveres de criação, educação e afeto, já que os filhos necessitam da companhia dos pais.

São inúmeras, portanto, as leis que convergem para o mesmo fim: estabelecer deveres aos pais que decidem exercer a paternidade e a maternidade, no intuito de proteger a criança para que ela possa crescer adequadamente, tornando-se um adulto sem problemas.

---

2. Direito administrativo. Imprescritibilidade da pretensão de indenização por dano moral decorrente de atos de tortura. É imprescritível a pretensão de recebimento de indenização por dano moral decorrente de atos de tortura ocorridos durante o regime militar de exceção. Precedentes citados: AgRg no AG 1.428.635-BA, 2ª Turma, *DJe* de 9-8-2012; e AgRg no AG 1.392.493-RJ, 2ª Turma, *DJe* de 1º-7-2011, REsp 1.374.376-CE, rel. Min. Herman Benjamin, j. em 25-6-2013.
3. DINIZ, Maria Helena. *Código Civil anotado*. 18. ed. São Paulo: Saraiva, 2017, p. 1.213.

Com isso, vemos que a inconsequente relação sexual, que muitas vezes acaba gerando uma vida, transporta para a criança que nasce toda a responsabilidade pelas consequências inerentes da paternidade/maternidade, ou seja, em muitas situações inexistia preparo para o exercício de tão importante função: a de pai e mãe, e quem "paga o pato" são sempre os filhos, que, repito mais uma vez, não pediram para vir ao mundo.

Cumpre ressaltar que a responsabilidade dos pais independe de casamento, mas advém da paternidade/maternidade. Observa muito bem Rainer Czajkowski que "as obrigações para com os filhos, notadamente na menoridade mas não só nela, existem para cada um dos pais independentemente do casamento"[4].

Poderíamos dizer que o dever dos pais para com os filhos deriva do dever conjugal de guarda, sustento e educação dos filhos. A inobservância desse dever pode configurar, também, segundo o Código Penal, crime de abandono material[5] ou abandono intelectual[6], além de dar causa à suspensão ou destituição do poder familiar[7], ou a separação litigiosa culposa[8], conforme estabelece o Código Civil vigente.

Aliás, a responsabilização civil no Direito de Família já é discutida há tempos, e existem outros precedentes, tais como o da violação de deveres conjugais, quando da separação judicial. Atualmente, com o advento da EC n. 66, que pôs fim ao instituto da separação, conforme demonstraremos no capítulo adiante que versa sobre Direito de Família, ao tratarmos de tal assunto, devemos interpretar que a possibilidade de pleitear indenização pela quebra dos deveres conjugais se dará com o divórcio. Porém, os casos registrados em nossa jurisprudência ocorreram no caso de separação, motivo pelo qual alertamos nosso leitor para que, onde está escrito "separação judicial", leia-se "divórcio".

O Desembargador Athos Gusmão Carneiro, do Tribunal de Justiça do Rio Grande do Sul, admitiu, em corajoso voto, a possibilidade de o cônjuge pleitear indenização por dano moral, após a separação judicial, que teve por fundamento sevícias e injúrias praticadas, desvinculando de qualquer relação que ela poderia ter com a pensão alimentícia[9].

Leciona Carlos Roberto Gonçalves que, "se o marido agride a esposa e lhe causa ferimentos graves, acarretando, inclusive, diminuição de sua capacidade laborativa, tal conduta,

---

4. CZAJKOWSKI, Rainer. *União livre*. Curitiba: Juruá, 1997, p. 88.
5. "Art. 244. Deixar, sem justa causa, de prover a subsistência do cônjuge, ou de filho menor de 18 (dezoito) anos ou inapto para o trabalho, ou de ascendente inválido ou maior de 60 (sessenta) anos, não lhes proporcionando os recursos necessários ou faltando ao pagamento de pensão alimentícia judicialmente acordada, fixada ou majorada; deixar, sem justa causa, de socorrer descendente ou ascendente, gravemente enfermo: Pena – detenção, de 1 (um) a 4 (quatro) anos e multa, de uma a dez vezes o maior salário mínimo vigente no País.

   Parágrafo único. Nas mesmas penas incide quem, sendo solvente, frustra ou ilide, de qualquer modo, inclusive por abandono injustificado de emprego ou função, o pagamento de pensão alimentícia judicialmente acordada, fixada ou majorada".
6. "Art. 246. Deixar, sem justa causa, de prover à instrução primária de filho em idade escolar: Pena – detenção, de 15 (quinze) dias a 1 (um) mês, ou multa".
7. "Art. 1.638. Perderá por ato judicial o poder familiar o pai ou a mãe que: I – castigar imoderadamente o filho; II – deixar o filho em abandono; III – praticar atos contrários à moral e aos bons costumes; IV – incidir, reiteradamente, nas faltas previstas no artigo antecedente".
8. "Art. 1.572. Qualquer dos cônjuges poderá propor a ação de separação judicial, imputando ao outro qualquer ato que importe grave violação dos deveres do casamento e torne insuportável a vida em comum".
9. *RT* 560/178-86.

além de constituir causa para a separação judicial, pode fundamentar ação de indenização de perdas e danos, com suporte nos arts. 186 e 950 do Código Civil"[10].

Álvaro Villaça Azevedo, com o brilhantismo de sempre, entende que, "provado o prejuízo decorrente do ato ilícito, seja qual for, o reclamo indenizatório não só de direito, como de justiça, é de satisfazer-se"[11].

Aliás, um estudo amplo, utilizando-se do direito comparado, foi feito por Inácio de Carvalho Neto, que diz ser "certo que, ao contrário dos Códigos francês, português e peruano, nossa lei não tem dispositivo expresso determinando a indenização em caso de casamento. Mas isto não impede que se fale em obrigação de indenizar os danos daí advindos"[12].

Desta feita, vimos que existem outros casos de responsabilização civil dentro do Direito de Família, não albergada de forma expressa pela nossa legislação, que demonstram ser possível a existência da necessidade de indenização no caso que estamos estudando.

Diante do exposto, conclui-se que a responsabilização civil, no Direito de Família, é possível, pois a Constituição Federal estabelece deveres para os pais com relação aos filhos, de assistência, criação e educação. Estes deveres não apresentam somente critérios materiais, mas também afetivos, já que não basta prover o sustento, mas se faz indispensável dar carinho e afeto, como pegar no colo, beijar, abraçar, permitindo o chamado "contato de pele", que serve para dar proteção e segurança.

A Carta Magna ainda determina que a família goza de proteção estatal. Não podemos esquecer que as crianças e os adolescentes estão incluídos no núcleo familiar, e que são destinatários da norma, haja vista sua situação de hipossuficiência.

Esta determinação é ratificada pelo Código Civil e pelo Estatuto da Criança e do Adolescente, reforçando a importância da referida proteção.

A crise existente nas relações familiares em razão das relações extraconjugais, dos casamentos precoces em razão de gravidez, denota o despreparo da maioria dos jovens para exercer com responsabilidade a paternidade/maternidade. Em razão disso, tendo em vista a formação das famílias monoparentais, infelizmente os chefes de família pensam apenas em prover aos filhos a satisfação de suas necessidades materiais, e não das afetivas, que requer dedicação, doação e sacrifício.

Tudo isso demonstra a existência do ato ilícito, conceituado pela nossa legislação como aquele ato que pode ser omissivo, não cumprindo o dever de pai e mãe, que venha a causar dano. E a teoria da responsabilização civil consagra que quem causa dano pela prática de um ato ilícito deve indenizar.

Não aceitamos o argumento de que seria ilógico ou imoral um filho processar seu pai ou sua mãe, já que essa é a única forma de coibir tal desatino, que irá gerar consequências gravíssimas para a vítima, e quiçá irreparáveis, pois entendemos que um dos maiores danos que um pai ou uma mãe pode causar ao filho é o de não lhe oferecer assistência afetiva. Não

---

10. GONÇALVES, Carlos Roberto. *Responsabilidade civil*. 17. ed. São Paulo: Saraiva, 2016, p. 81.
11. AZEVEDO, Álvaro Villaça. Contrato de casamento, sua extinção e renúncia a alimentos na separação consensual. In: *Estudos em homenagem ao Professor Washington de Barros Monteiro*. São Paulo: Saraiva, 1982, p. 52.
12. CARVALHO NETO. Inácio de. *Responsabilidade civil no direito de família*: pensamento jurídico. Curitiba: Juruá, 2003, v. IX, p. 302.

podemos esquecer que filhos não pedem para vir ao mundo, ou seja, nascem em razão de um ato de responsabilidade ou irresponsabilidade dos seus pais, motivo pelo qual a indenização por abandono afetivo teria um papel muito importante para consagrar o princípio da paternidade responsável, atribuindo um caráter pedagógico para essa indenização.

Assim sendo, torna-se possível verificar dois tipos de responsabilidade civil no Direito de Família:

1) **Responsabilidade horizontal** – que seria a responsabilidade entre cônjuges e companheiros entre si (situação mais comum);

2) **Responsabilidade vertical** – que seria a responsabilidade entre pais e filhos (casos mais raros).

São estes os motivos pelos quais a jurisprudência aceita, tranquilamente, nos dias de hoje, a responsabilidade civil no Direito de Família, e, como são diversos os casos, passaremos a citá-los abaixo.

10.3.1. A responsabilidade civil por abandono afetivo

O primeiro caso de responsabilidade civil por abandono afetivo reconhecido no Judiciário, que adotou a chamada "**Teoria do Desamor**", patrocinado por Rodrigo da Cunha Pereira, é um caso emblemático sobre esse tema que teve origem em Minas Gerais, onde o autor, nascido em março de 1981, desde o divórcio de seus pais, em 1987, época do nascimento da filha do pai com sua segunda esposa, por ele foi descurado o dever de lhe prestar assistência psíquica e moral, evitando o contato com o filho, apesar de cumprir a obrigação alimentar. O rapaz alegou que não teve oportunidade de conhecer e conviver com a meia-irmã, além de ignoradas todas as tentativas de aproximação do pai, quer por seu não comparecimento em ocasiões importantes, quer por sua atitude displicente, situação causadora de extremo sofrimento e humilhação, restando caracterizada a conduta omissa culposa a ensejar reparação.

Em 24-4-2012, o STJ, em decisão histórica, aceitou a tese do abandono afetivo, em decisão que obteve a seguinte ementa:

> Civil e processual civil. Família. Abandono afetivo. Compensação por dano moral. Possibilidade. 1. Inexistem restrições legais à aplicação das regras concernentes à responsabilidade civil e o consequente dever de indenizar/compensar no Direito de Família. 2. O cuidado como valor jurídico objetivo está incorporado no ordenamento jurídico brasileiro não com essa expressão, mas com locuções e termos que manifestam suas diversas desinências, como se observa do art. 227 da CF/88. 3. Comprovar que a imposição legal de cuidar da prole foi descumprida implica em se reconhecer a ocorrência de ilicitude civil, sob a forma de omissão. Isso porque o *non facere*, que atinge um bem juridicamente tutelado, leia-se, o necessário dever de criação, educação e companhia – de cuidado – importa em vulneração da imposição legal, exsurgindo, daí, a possibilidade de se pleitear compensação por danos morais por abandono psicológico. 4. Apesar das inúmeras hipóteses que minimizam a possibilidade de pleno cuidado de um dos genitores em relação à sua prole, existe um núcleo mínimo de cuidados parentais que, para além do mero cumprimento da lei, garantam aos filhos, ao menos quanto à afetividade, condições para uma adequada formação psicológica e inserção social. 5. A caracterização do abandono afetivo, a existência de excludentes ou, ainda, fatores atenuantes – por demandarem revolvimento de matéria fática – não podem ser objeto de reavaliação na estreita via do recurso especial. 6. A alteração do valor fixado a título de compensação por danos morais é possível, em recurso especial, nas hipóteses em que a quantia estipulada pelo Tribunal de origem revela-se irrisória ou exagerada. 7. Recurso especial parcialmente provido (**STJ, Resp 1.159.242/SP, rel. Min. Fátima Nancy Andrighi, 3ª Turma, j. em 24-4-2012, p. em 10-5-2012**).

O julgado acima reconheceu cinco coisas importantes:

1) que existe responsabilidade civil em questões que versem sobre Direito de Família;

2) que o cuidado é um valor jurídico;

3) que o dano moral, nesse caso, é *in re ipsa* (presumido);

4) que o afeto gera uma obrigação de fazer, por ser importante para a formação psicológica do ser humano;

5) que amar é faculdade e cuidar é dever.

Porém, de 2012 para cá o STJ **não mais aceita a tese de dano moral *in re ipsa*** para a hipótese de abandono afetivo. Para o Tribunal da Cidadania[13], o abandono afetivo de filho, **em regra**, não gera dano moral indenizável, podendo, em hipóteses excepcionais, se **comprovada a ocorrência de ilícito civil** que ultrapasse o mero dissabor, ser reconhecida a existência do dever de indenizar.

Como a ação indenizatória está sujeita a prazo, o STJ[14] firmou entendimento de que o início da **contagem do prazo prescricional** da pretensão reparatória de abandono afetivo começa a fluir a partir da maioridade do autor.

Mas, para ser justa essa forma de contagem do prazo, o STJ[15] complementou a regra determinando que não há responsabilidade por dano moral decorrente de abandono afetivo antes do reconhecimento da paternidade, pois senão o prazo teria início antes mesmo da paternidade ser estabelecida.

O abandono afetivo não gera apenas direito a indenização, mas também de supressão do sobrenome do genitor ou genitora que abandonou o filho (e não a exclusão da paternidade ou maternidade), conforme precedentes de vários tribunais estaduais, e inclusive, do STJ:

> RECURSO ESPECIAL. DIREITO CIVIL. REGISTRO CIVIL. NOME. **ALTERAÇÃO. SUPRESSÃO DO PATRONÍMICO PATERNO. ABANDONO PELO PAI NA INFÂNCIA.** JUSTO MOTIVO. RETIFICAÇÃO DO ASSENTO DE NASCIMENTO. INTERPRETAÇÃO DOS ARTIGOS 56 E 57 DA LEI N. 6.015/73. PRECEDENTES. 1. **O princípio da imutabilidade do nome não é absoluto** no sistema jurídico brasileiro. 2. O nome civil, conforme as regras dos artigos 56 e 57 da Lei de Registros Públicos, pode ser alterado no primeiro ano após atingida a maioridade, desde que não preju-

13. Julgados: AgInt no AREsp 492243/SP, rel. Min. Marco Buzzi, 4ª Turma, j. em 5-6-2018, *Dje* 12-6-2018; REsp 1.579.021/RS, rel. Min. Maria Isabel Gallotti, 4ª Turma, j. em 19-10-2017, *Dje* 29-11-2017; REsp 1.087.561/RS, rel. Min. Raul Araújo, 4ª Turma, j. em 13-6-2017, *Dje* 18-8-2017; AgRg no AREsp 811.059/RS , rel. Min. Marco Aurélio Bellizze, 3ª Turma, j. em 17-5-2016, *Dje* 27-5-2016; REsp 1.493.125/SP, rel. Min. Ricardo Villas Bôas Cueva, 3ª Turma, j. em 23-2-2016, *Dje* 1º-3-2016; REsp 1.557.978/DF, rel. Min. Moura Ribeiro, 3ª Turma, j. em 3-11-2015, *Dje* 17-11-2015 (*vide* Informativo de Jurisprudência n. 496).

14. Julgados: AgInt no AREsp 1.270.784/SP, rel. Min. Luis Felipe Salomão, 4ª Turma, j. em 12-6-2018, *Dje* 15-6-2018; REsp 1.579.021/RS, rel. Min. Maria Isabel Gallotti, 4ª Turma, j. em 19-10-2017, *Dje* 29-11-2017; REsp 1.298.576/RJ, rel. Min. Luis Felipe Salomão, 4ª Turma, j. em 21-8-2012, *Dje* 6-9-2012; AREsp 1.261.058/DF (decisão monocrática), rel. Min. Moura Ribeiro, 3ª Turma, j. em 30-4-2018, publicado em 7-5-2018; AREsp 1.152.894/SP (decisão monocrática), rel. Min. Ricardo Villas Bôas Cueva, 3ª Turma, j. em 22-9-2017, publicado em 17-10-2017; AREsp 842.666/SP (decisão monocrática), rel. Min. Paulo de Tarso Sanseverino, 3ª Turma, j. em 22-6-2017, publicado em 29-6-2017 (*vide* Informativo de Jurisprudência n. 502).

15. Julgados: AgInt no AREsp 492.243/SP , rel. Min. Marco Buzzi, 4ª Turma, j. em 5-6-2018, *Dje* 12-6-2018; AgRg no AREsp 766.159/M S, rel. Min. Moura Ribeiro, 3ª Turma, j. em 2-6-2016, *Dje* 9-6-2016; REsp 514.350/SP , rel. Min. Aldir Passarinho Junior, 4ª Turma, j. em 28-4-2009, *Dje* 25-5-2009; AREsp 1.311.884/SP (decisão monocrática), rel. Min. Ricardo Villas Bôas Cueva, 3ª Turma, j. em 26-6-2018, publicado em 3-8-2018; REsp 1628951/SP (decisão monocrática), rel. Min. Lázaro Guimarães (Desembargador convocado do TRF 5ª Região), 4ª Turma, j. em 10-5-2018, publicado em 14-5-2018 (*vide* Informativo de Jurisprudência n. 392).

dique os apelidos de família, ou, ultrapassado esse prazo, por justo motivo, mediante apreciação judicial e após ouvido o Ministério Público. 3. **Caso concreto no qual se identifica justo motivo no pleito do recorrente de supressão do patronímico paterno do seu nome, pois, abandonado pelo pai desde tenra idade, foi criado exclusivamente pela mãe e pela avó materna.** 4. Precedentes específicos do STJ, inclusive da Corte Especial. 5. RECURSO ESPECIAL PROVIDO. **RECURSO ESPECIAL N. 1.304.718 - SP (2011/0304875-5) RELATOR: MINISTRO PAULO DE TARSO SANSEVERINO**.

Concordamos integralmente com o julgado do STJ que firmou posição sobre a existência da responsabilidade civil por abandono afetivo, pois somos um entusiasta dessa tese, entendendo que ela tem por objetivo demonstrar à sociedade a importância do princípio da paternidade/maternidade responsável.

10.3.2. A responsabilidade civil pela quebra dos esponsais

Esponsais é o nome dado àquela fase anterior, preparatória do casamento, mais conhecida simplesmente por noivado. A responsabilidade civil pela quebra dos esponsais nada mais é do que a responsabilidade civil pela quebra da promessa de casamento.

O ordenamento jurídico pátrio nada dispõe sobre os esponsais, incumbindo à teoria da responsabilidade civil regular eventuais conflitos que se atinam à promessa de casamento. A análise da responsabilidade civil deve perpassar por três elementos: **conduta comissiva ou omissiva de ato ilícito, dano** e **nexo causal**.

No direito brasileiro, esteve disciplinado expressamente pela Lei de 6 de outubro de 1784 e pelos arts. 76 a 94 da Consolidação das Leis Civis de 1858, engendrada por Teixeira de Freitas. O Código Civil de 1916 inaugurou nova fase do tratamento jurídico dos esponsais no Brasil, omitindo-se quanto à figura, como também o fez o Código Civil de 2002.

Assim, a "simples" ruptura da promessa de casamento, por si só, não configura ato ilícito, pois consiste em expressão do direito fundamental à liberdade e à autonomia da vontade, conforme arts. 1.514, 1.535 e 1.538 do Código Civil.

A responsabilização civil do noivo ou da noiva pela quebra do noivado, entendemos, somente poderá ocorrer se esta se der de forma abrupta, no momento da celebração do casamento ou a poucos dias desta, haja vista que nossa sociedade não mais admite a ideia de que o noivado enseja a obrigatoriedade de casamento.

Não podemos deixar de lado a liberdade de iniciativa protegida pela Constituição Federal, em virtude da qual ninguém será obrigado a se casar se assim não quiser.

Não dá para aceitar que o rompimento de um noivado deve ter "motivo justo" e que o pagamento de indenização possa minimizar a dor que o nubente abandonado esteja sofrendo.

Seria a mesma coisa que obrigar a pessoa a se casar, mesmo a contragosto. Ou pior, parece que neste caso haveria a exigência do pagamento de uma "multa" pelo inadimplemento.

Assim, filiamo-nos ao posicionamento do TJSP, **Apelação 924547044.2005.8.26.0000, Ac. 5339022, Assis, 7ª Câmara de Direito Privado, rel. Des. Miguel Brandi, j. em 17-8-2011, *DJESP* 5-9-2011**, que assegura a liberdade de qualquer dos noivos de se arrepender da escolha feita, mas não perde de vista a responsabilidade para com o sentimento de afeição construído no caminho percorrido juntos, o que acarreta o pagamento de uma indenização reparatória e pedagógica do instituto.

Diante do exposto, a responsabilidade civil pela quebra dos esponsais se dá, somente, se o rompimento do noivado for nas vésperas do casamento, quando os preparativos já estiverem avançados, em razão da quebra da boa-fé objetiva, já que nesse estágio haverá expectativa de casamento, ou ainda quando se desfizer na hora da celebração.

10.4. CONCEITO DE RESPONSABILIDADE CIVIL

A responsabilidade civil pode ser conceituada como a obrigação imposta a uma pessoa de ressarcir os danos materiais e morais causados a outrem por fato próprio ou por fato de pessoas ou coisas que dela dependam. Ela deve ser inserida na estrutura das relações obrigacionais, porque é um dos aspectos relevantes do Direito das Obrigações.

Embora, historicamente, a responsabilidade civil tenha sido utilizada apenas para se reparar prejuízos, cresce a vertente doutrinária em todo o mundo que passa a entender ser ela muito mais do que isso, um verdadeiro conjunto de ressarcimento dos danos, administração dos seus riscos e prevenção de sua produção, o que se chama em outros países de **Direito de Danos**, e que em breve teremos em nosso país.

Como vimos, as relações obrigacionais se apresentam com uma estrutura dupla: há um **elemento moral da relação obrigacional**, que é o *débito* (*debitum* ou *Schuld*) ou dever jurídico primário, e de outro lado há a responsabilidade (*obligatio* ou *Haftung*).

As relações obrigacionais possuem tais elementos simultâneos, pois nascem com ambos.

Há duas formas de responsabilidade civil:

a) a de quem praticou o ato ilícito, chamada de responsabilidade por ato próprio;

b) a de um terceiro, responsável, geralmente, por quem cometeu o ilícito. Nesse caso, em que o maior exemplo pode ser encontrado no art. 932 do Código Civil, acarreta a responsabilidade por fato ou ato de terceiros, estabelece a discussão sobre o direito de regresso do terceiro que paga por débito alheio (já que é uma hipótese de *Haftung* sem *Schuld*), que será tratada mais adiante.

A responsabilidade pode pertencer tanto a quem tem o débito (é o que normalmente ocorre) quanto a outra pessoa. Como exemplo, citamos o fiador, que assume, no contrato de locação, uma *obligatio* sem que haja *debitum* próprio. Assim, verifica-se que o dever jurídico primário é do locatário.

O exemplo dado pertence à modalidade contratual de responsabilidade civil que já foi objeto de estudo anteriormente. Mas o débito e a obrigação também se apresentam nas relações extracontratuais quando há a violação de um dever jurídico, que se apresenta como ilicitude *lato sensu*, ou seja, o elemento moral da relação obrigacional não foi cumprido, surgindo, assim, o dever de indenizar, se causar dano a alguém. Como exemplo, citamos o caso de o motorista transitar com excesso de velocidade, a 120 km/h, em uma rodovia cuja velocidade máxima é de 60 km/h. Surge a relevância jurídica da *obligatio*. Aquele que, por ato ilícito, causar dano a outrem, fica obrigado a indenizar.

A responsabilidade, no Direito Civil, é eminentemente patrimonial e surge da violação de um dever jurídico, que pode ser **contratual** ou **extracontratual**.

A melhor doutrina as diferencia a partir da análise da natureza jurídica da obrigação, do dever jurídico. Quando temos um dever jurídico que tem por origem a vontade das partes em um contrato, temos a responsabilidade contratual. Quando a origem do direito violado é diretamente a lei, a responsabilidade é extracontratual. Não é adequada a distinção que determina que a responsabilidade extracontratual decorre da **culpa** e a contratual a que decorre da objetiva violação do contrato. A responsabilidade extracontratual, hoje, pode não depender de culpa.

O elemento dos negócios jurídicos (dentre os quais estão os contratos) é a **manifestação de vontade**. Se a responsabilidade contratual decorre da vontade e a extracontratual da lei, pergunta-se: **é possível a existência de cláusula de não indenizar?** Essa é uma questão controversa na doutrina.

Imaginemos uma circunstância em que se produza um dano por conta da violação culposa do direito de outrem. Na hipótese de ilicitude prevista no art. 186 do Código Civil, em que há responsabilidade extracontratual (também chamada de aquilina), é cabível cláusula de não indenizar? É possível, em uma relação contratual, fazer a previsão de que o contratante não responde por danos decorrentes de ato ilícito que venha a praticar por conta de dolo ou culpa?

Circunstância diferente é aquela em que se afasta o dever de indenizar por conta da violação de deveres oriundos da vontade.

Os deveres jurídicos decorrentes da lei não podem ser afastados, porque são deveres de ordem pública. Já os deveres jurídicos que decorrem do contrato podem, pelo menos em abstrato, ser afastados pelas partes – a doutrina, de modo geral, admite a possibilidade de existência de cláusula de não indenizar.

Sérgio Cavalieri Filho e Aguiar Dias entendem que tal cláusula não será lícita quando se tratar de norma de ordem pública.

Já nas relações de consumo, não cabe cláusula de não indenizar, pois o dever de responder por um dever jurídico é de ordem pública. Todas as normas do Código de Defesa do Consumidor são normas de ordem pública.

Se a cláusula de não indenizar violar a equidade ou a função social do contrato, será ilícita, pois teremos uma ilicitude *lato sensu*.

A **cláusula de não indenizar** não é cláusula de irresponsabilidade, mas sim cláusula que apenas afasta um efeito da responsabilidade civil.

Não pode haver cláusula que elimine a responsabilidade, porque haverá frustração da função social do contrato.

A função social do contrato possui um aspecto intrínseco (que diz respeito à equidade) e um aspecto extrínseco, em que, frustrado o aspecto intrínseco pela cláusula de não indenizar, estaria violada norma de ordem pública.

Imaginemos um contrato de locação de bem móvel, que se submete ao Código Civil celebrado com prazo de 30 meses. Nesse contrato há uma cláusula prevendo que, a qualquer tempo, qualquer dos contratantes poderá resilir a avença sem que haja obrigação de indenizar. Trata-se de cláusula de não indenizar que se apresenta na hipótese de resilição. Se um dos contratantes, no vigésimo quinto mês, decide resilir o contrato, não haverá o dever de indenizar. A cláusula em questão é lícita, não tendo havido violação de norma de ordem pública – não houve prática de ato ilícito – nem violação de obrigação essencial.

A palavra "indenização" significa tornar indene (*in* = sem e *dene* = dano), ou seja, afastar o dano, permitindo o retorno ao *statu quo ante.*

Mas, para responsabilizar civilmente uma pessoa que causou um dano, deve ser proposta a ação indenizatória em qual prazo? No prazo prescricional de 3 anos, consoante o art. 206, § 3º, V, do Código Civil, ou de 10 anos conforme o art. 205 do mesmo diploma legal?

Para tentar resolver essa celeuma, foi aprovado o enunciado 419 na V Jornada de Direito Civil, que foi realizada pelo CJF em 2011, com o seguinte texto:

En. 419 do CJF – Art. 206, § 3º, V: O prazo prescricional de três anos para a pretensão de reparação civil aplica-se tanto à responsabilidade contratual quanto à responsabilidade extracontratual.

Porém, cumpre salientar que esse entendimento não é adotado no STJ, pois a 2ª Seção deste Tribunal firmou entendimento ao julgar o **EREsp 1.280.825-RJ**, em 28-6-2018, processo relatado pela Min. Nancy Andrighi, que o prazo de prescrição de pretensão fundamentada em ilícito contratual, não havendo regra especial para o contrato em causa, é o previsto no art. 205 do Código Civil, ou seja, 10 (dez) anos, negando o conteúdo do **Enunciado 419 do CJF, estabelecendo prazos diferentes para a pretensão indenizatória na responsabilidade civil extracontratual (3 anos) e na contratual (10 anos).**

10.5. ELEMENTOS DA RESPONSABILIDADE CIVIL EXTRACONTRATUAL

A responsabilidade civil extracontratual é aquela que decorre da violação de um dever jurídico que tem por origem a lei.

Para que a responsabilidade civil extracontratual se configure, são necessários, em regra, os seguintes pressupostos:

a) ação ou omissão do agente (causa);

b) dano (prejuízo experimentado pela vítima);

c) culpa (elemento dispensável na responsabilidade objetiva);

d) nexo causal.

Esses pressupostos são encontrados no art. 186 do Código Civil:

Art. 186. Aquele que, por ação ou omissão voluntária, negligência ou imprudência, violar direito e causar dano a outrem, ainda que exclusivamente moral, comete ato ilícito.

Passaremos a estudar cada um desses pressupostos.

10.5.1. Ação ou omissão do agente

Primeiro, temos que analisar o conceito de ato ilícito, que é o primeiro elemento da responsabilidade civil e regra geral.

O ato ilícito pode ser analisado sob dois prismas: um *lato sensu* e outro *stricto sensu*.

Mas não é apenas o ato ilícito que gera dever de indenizar, mas alguns atos lícitos também podem gerar tal dever.

Segundo o art. 188 do Código Civil, não constituem atos ilícitos:

I – os praticados em legítima defesa ou no exercício regular de um direito reconhecido;

II – a deterioração ou destruição da coisa alheia, ou a lesão a pessoa, a fim de remover perigo iminente, o que se denomina **estado de necessidade**. Porém, esse ato somente será legítimo quando as circunstâncias o tornarem absolutamente necessário, não excedendo os limites do indispensável para a remoção do perigo.

Assim sendo, vemos no **art. 929 do Código Civil** uma hipótese excepcional de responsabilidade civil por ato lícito. Segundo o artigo, se a pessoa lesada, ou o dono da coisa, no caso o estado de necessidade (**art. 188, II**), não forem culpados do perigo, assistir-lhes-á direito à indenização do prejuízo que sofreram.

Imaginemos que um motorista, ao trafegar pela rua, vê um bebê engatinhando à sua frente. Para não atropelá-lo, ele vira o volante do veículo e sobe na calçada, atropelando 4 pessoas que estavam paradas no ponto de ônibus.

Pela dicção do dispositivo, o motorista terá que indenizar os danos causados a essas pessoas, mesmo agindo em estado de necessidade, pois os pedestres não foram os culpados pelo fato de a criança estar no meio da rua.

Nesse caso, o **art. 930 do Código Civil** garante que o motorista tenha direito de regresso para cobrar o que desembolsou para indenizar as vítimas, contra o responsável pelo fato de a criança estar no meio da rua, ao estabelecer que, se o perigo ocorrer por culpa de terceiro, contra este terá o autor do dano ação regressiva para haver a importância que tiver ressarcido ao lesado.

Embora na legítima defesa não exista o dever de indenizar, em regra, salvo se existir excesso, o referido artigo estabelece também que, no caso de legítima defesa de terceiro (agir protegendo a outrem) caberá ação regressiva de quem a utilizou, contra o beneficiado pelo ato, pois, se ele foi o beneficiado, deverá indenizar os prejuízos que foram causados. Mesmo não havendo no artigo menção de que isso se estende ao estado de necessidade, a posição doutrinária é no sentido de que a ele também se aplica tal regra.

Ilícito em sentido amplo é aquele ato que objetivamente viola a ordem jurídica. Pode abarcar tanto o ilícito civil como o penal e o administrativo.

O ilícito é fonte das obrigações, porém a **responsabilidade civil não se confunde com a responsabilidade penal**; assim sendo, a prática de determinado ato poderá causar dupla responsabilidade do agente. As principais diferenças entre o ilícito penal e o ilícito civil são:

Ilícito penal	Ilícito civil
Pode ocorrer ainda que o fato não tenha produzido resultados (a tentativa é punida).	Exige existência do dano para se falar em reparação (a tentativa **não** é punida).
A pena é privativa ou restritiva da liberdade ou de direitos.	A pena é pecuniária.
O dolo agrava a dosimetria da pena.	O dolo não aumenta o valor da indenização.
A imperícia é relevante para a análise da culpa.	A imperícia é irrelevante para a análise da culpa, pois é tratada como negligência ou imprudência.

Ademais, para o **art. 200 do Código Civil**, a prescrição não corre a partir do momento do procedimento penal instaurado, mas sim com a sentença definitiva (causa impeditiva da prescrição). Intentada a ação penal, o juiz da ação civil poderá suspender o curso desta, até o julgamento definitivo daquela. Conformando o que consta do *caput* do **art. 315 do CPC**, mas, cumpre ressaltar, consoante o § 1º do referido artigo, se a ação penal não for proposta no prazo de 3 meses, contados da intimação do ato de suspensão, cessará o efeito deste, incumbindo ao juiz cível examinar incidentemente a questão prévia. E, conforme o § 2º também do mesmo dispositivo, proposta a ação penal, o processo ficará suspenso pelo prazo máximo de 1 ano, ao final do qual caberá ao juiz cível, também, examinar incidentemente a questão prévia.

A ação ajuizada pelo ofendido, seu representante legal ou seus herdeiros, na esfera cível, contra o autor do crime ou seu responsável (pai do menor, por exemplo), para obter indenização pelo dano causado por um crime, quando existente, se chama **ação civil *ex delicto***. Essa ação envolve tanto a execução, no juízo cível, da sentença penal condenatória (**art. 63 do Código de Processo Penal**) quanto a ação indenizatória de conhecimento, também proposta no cível, em que se pleiteia a reparação dos danos causados pelo crime (art. 64 do Código de Processo Penal).

A sentença penal condenatória deve ser liquidada no juízo civil para verificação do valor devido (*quantum debeatur*), pois, conforme o **art. 935 do Código Civil**, a responsabilidade civil é independente da criminal, não se podendo questionar mais sobre a existência do fato, ou sobre quem seja o seu autor, quando estas questões se acharem decididas no juízo criminal.

O inciso IV do **art. 387 do Código de Processo Penal** (CPP), com a redação dada pela Lei n. 11.719/2008, mitiga a regra do art. 935 do Código Civil, criando o **sistema da confusão** (pretensões cível e penal discutida em uma única ação), ao estabelecer que o juiz, na sentença condenatória, fixará valor mínimo para reparação dos danos causados pela infração, considerando os prejuízos sofridos pelo ofendido. Já o parágrafo único do art. 63 do CPP permite que, transitada em julgado a sentença condenatória, a execução poderá ser efetuada pelo valor mínimo fixado pelo juiz criminal, sem prejuízo da liquidação para a apuração do dano efetivamente sofrido. O sistema da confusão só pode ser adotado se houver pedido expresso ao magistrado, e se forem provados os danos sofridos, sem interferirem ou tumultuarem a ação penal.

Já a sentença penal absolutória depende. Se a absolvição se deu **com provas**, a decisão **não pode** gerar ação indenizatória, por não ser possível mais discutir o *an debeatur* (se é devida), mas, se ocorreu **sem provas**, neste caso será possível, provando-se a ocorrência do fato, da autoria ou da culpa. Sérgio Cavalieri[16] defende que, se a absolvição se deu com provas, mas por falta de culpa, a decisão pode ensejar uma ação cível, já que a culpa na responsabilidade civil é mais branda que na responsabilidade penal, e porque há casos de responsabilidade civil objetiva.

16. CAVALIERI FILHO, Sérgio. *Programa de responsabilidade civil.* 12. ed. São Paulo: Atlas, 2015, p. 648.

Conforme o **art. 65 do CPP**, faz coisa julgada no cível a sentença penal que reconhecer ter sido o ato praticado em estado de necessidade, em legítima defesa, em estrito cumprimento de dever legal ou no exercício regular de direito.

Podem ser executadas no cível, ainda, (a) a sentença penal que concede o perdão judicial (embora reconheça a **Súmula 18 do STJ** que ela tem natureza declaratória, a doutrina entende que sua natureza é condenatória); (b) sentença penal estrangeira, depois de homologada pelo STJ.

Já o art. 67 da legislação processual penal determina que não impedirão igualmente a propositura da ação civil:

I – o despacho de arquivamento do inquérito ou das peças de informação;

II – a decisão que julgar extinta a punibilidade;

III – a sentença absolutória que decidir que o fato imputado não constitui crime.

Estabelece o **art. 68 do CPP** que, sendo o titular do direito à reparação do dano pobre (pessoa que não puder prover às despesas do processo sem privar-se dos recursos indispensáveis ao próprio sustento ou da família), a execução da sentença penal condenatória ou a ação indenizatória proposta no cível será promovida, a seu requerimento, pelo Ministério Público. Será prova suficiente de pobreza o atestado da autoridade policial em cuja circunscrição residir o ofendido.

O ato ilícito gera dever de indenizar quando causar dano a outrem (art. 927 do CC). Com relação ao ilícito civil, existem dois tipos:

Ilícito contratual	Ilícito extracontratual
Deriva do inadimplemento das obrigações, previsto nos arts. 389 e s. do Código Civil.	Trata-se da responsabilidade civil aquiliana (arts. 186 e 927 do CC), cujo nome se deu em homenagem ao Pretor Aquilio, autor da *Lex Aquilia de Damno*.

O ilícito contratual já foi por nós estudado no capítulo que trata do Direito das Obrigações, na parte intitulada "inadimplemento das obrigações". Recomendamos ao leitor que leia tal tópico, pois é lá que estão as regras de responsabilidade civil contratual. Na parte de teoria geral dos contratos, quando tratamos dos princípios, especificamente o da boa-fé objetiva, falamos que essa hipótese de responsabilidade pode ser, também, pré-contratual e pós-contratual, motivo pelo qual, novamente, recomendamos a leitura.

As hipóteses de responsabilidade objetiva não se restringem aos atos lícitos, pois, como regra, podem se apresentar no âmbito da ilicitude.

O ilícito *lato sensu* não se restringe às hipóteses de responsabilidade objetiva, pois podemos identificar circunstâncias de **responsabilidade objetiva** e circunstâncias de **abuso de direito**.

O abuso de direito pode ter, também, elemento subjetivo, porém, a moderna teoria se preocupa com seu elemento objetivo, que consiste na análise da **função social** e, principalmente, do cumprimento dos deveres pertinentes à boa-fé.

A boa-fé objetiva se apresenta como elemento de aferição do abuso de direito, pois é a boa-fé tomada como princípio, como dever-ser.

A boa-fé subjetiva (*guten Glauben*) é um estado em que a pessoa se encontra em que pode haver um vício, mas a pessoa não tem conhecimento.

A boa-fé objetiva (*Treu und Glauben*) é um conjunto de deveres jurídicos (relação entre lealdade e confiança) em que alguém age com boa-fé quando cumpre modelos exigíveis de conduta.

Como vimos, há certos deveres laterais que decorrem diretamente da boa-fé (e não da vontade das partes): sigilo, informação, transparência, proteção da pessoa e do patrimônio do outro contratante.

Também há abuso de direito quando se verifica o comportamento contraditório, ou *venire contra factum proprium*, que é o agir em contrariedade a fato anteriormente praticado, e também no *duty to mitigate the loss* (previsto no Enunciado 169 do CJF), quando há culpa delitual do credor, que deixa, propositalmente, agravar o seu próprio prejuízo (ambos os institutos foram explicados quando tratamos da boa-fé objetiva, na teoria geral dos contratos).

Nem sempre o abuso de direito se apresenta no âmbito de uma ilicitude apta a ensejar responsabilidade civil. Há casos concretos que dependerão da ponderação dos direitos das partes para a verificação da existência ou não do abuso de direito.

O art. 187 do Código Civil equiparou as consequências do ato ilícito ao abuso de direito, ou seja, em ambos os casos surge o dever de indenizar (art. 927 do CC).

A noção clássica do abuso de direito está no espírito emulativo, ou **atos de emulação**, que são os atos vazios, sem utilidade alguma para quem o pratica, e feitos para prejudicar terceiros. Trata-se do exercício irregular de um direito.

Como exemplo, citamos o caso do dono de um terreno que colocou lanças enormes e pontiagudas em sua propriedade para que ninguém a sobrevoasse de balão, ou ainda do proprietário que fez uma pocilga em seu enorme terreno, na linha divisória onde estava construída a casa do vizinho. Verifica-se em ambos os casos a existência do ato vazio, feito no intuito de prejudicar terceiros.

O direito mais fácil de dar margem a abuso quando o titular vai exercê-lo é o direito de propriedade. Por esse motivo é que o legislador vedou o ato emulativo na propriedade, ao estipular, no art. 1.228, § 2º, do Código Civil que "são defesos os atos que não trazem ao proprietário qualquer comodidade, ou utilidade, e sejam animados pela intenção de prejudicar outrem".

O abuso de direito não é ato ilícito, já que nasce lícito, mas suas consequências é que são consideradas ilícitas.

Para a doutrina majoritária, a responsabilidade por abuso de direito é objetiva e independe de culpa, já que deverão ser verificadas as consequências do ato. O Enunciado 37 do CJF estabelece que a responsabilidade civil decorrente do abuso de direito é objetiva, já que se fundamenta no critério objetivo finalístico (análise do resultado produzido).

São exemplos de abuso de direito:

1) abuso do direito de recorrer: os arts. 79 a 81 do CPC/2015 preveem penas pecuniárias de até 10% por litigância de má-fé pelo fim procrastinatório.

2) cobrança abusiva: o art. 42 do CDC estabelece que o devedor não pode ser exposto ao ridículo.

10.5.2. Dolo ou culpa

O ilícito em sentido estrito está previsto no art. 186 do Código Civil. A ilicitude *stricto sensu* está caracterizada por uma culpa *lato sensu*. A culpa em sentido amplo qualifica a ilicitude em sentido estrito. Há exigência de um elemento subjetivo da conduta.

A culpa *lato sensu* engloba dois conceitos:

Dolo é a intenção, a vontade, o desejo de causar prejuízo. Cumpre lembrar que a palavra "dolo" pode se referir a vício de consentimento (atua na vontade do agente) e à conduta intencional de se causar dano.

Culpa *stricto sensu* é o prejuízo causado pelo agente (não intencional), pela falta de cuidado (descuido).

Uma conduta realizada com dolo ou culpa será considerada ilícita, mas só haverá responsabilidade civil se gerar dano.

Há quem diga que tal distinção na responsabilidade civil é desnecessária, haja vista que o dolo não agrava o valor da indenização. Porém, na responsabilidade contratual podemos citar uma importante distinção, no art. 392 do Código Civil, em que nos contratos benéficos responde por simples culpa o contratante, a quem o contrato aproveite, e por dolo, aquele a quem não favoreça. Nos contratos onerosos, responde cada uma das partes por culpa, salvo as exceções previstas em lei.

Analisando os arts. 186 e 927 do Código Civil, concluímos que a ilicitude se apresenta na conduta culposa, mas não produzirá efeitos no Direito Civil se não houver dano.

O art. 944, parágrafo único, do Código Civil apresenta grande relevância para a distinção entre dolo e culpa, pois permite a redução equitativa da indenização, quando houver excessiva desproporção entre a gravidade da culpa e do dano. Assim sendo, se houver dolo do agente, o dispositivo não se aplica.

As modalidades de culpa são: **imprudência**, que é a culpa por ação (culpa *in cometendo*); **negligência**, que é a culpa por omissão (*in omitendo*); e **imperícia**, que é a falta de um cuidado técnico, profissional.

Por que o art. 186 do Código Civil não fala em imperícia? Para o legislador, como a imperícia pode ocorrer por ação ou omissão, ela será analisada ora como negligência, ora como imprudência.

Além da análise das modalidades de culpa, faz-se necessário o estudo dos seus graus, para que se possa verificar a existência, ou não, de desproporção entre a gravidade da culpa e dos danos causados.

A divisão em graus de culpa é irrelevante para acarretar o dever de indenizar (*an debeatur*), mas, em virtude do parágrafo único do art. 944 do CC, tornou-se relevante para a fixação do montante da indenização (*quantum debeatur*).

Os graus de culpa apresentam-se da seguinte forma:

Culpa lata ou grave: é aquela cometida de tal modo que até o mais descuidado ou medíocre dos homens teria evitado o dano. É um erro grosseiro, injustificável, e, por isso, ao dolo se equipara, já afirmava o jurisconsulto Nerva.

Culpa leve ou ligeira: é aquela em que o dano seria evitado com atenção ordinária e com a adoção de diligências próprias do *standard* jurídico (*bonus pater familias* – homem médio). Para analisar o padrão, deve-se levar em consideração determinada população naquele tempo e naquele lugar, pois o *standard* brasileiro é diferente do *standard* americano, por exemplo.

Culpa levíssima: é aquela em que o dano só poderia ser evitado com atenção extraordinária, ou por essencial habilidade e conhecimento. Para não incorrer nela, necessitaria a pessoa ter agido com cuidados meticulosos, ou prevendo fatos previsíveis somente a indivíduos muito cuidadosos.

Como o art. 944 autoriza a redução equitativa da indenização em razão de desproporção da gravidade da culpa e do dano, podemos afirmar que o referido dispositivo reafirmou o famoso fragmento do jurista Ulpiano, para quem, no âmbito da responsabilidade extracontratual, tem relevância até mesmo a *culpa levíssima* (*in lege aquilia et levissima culpa venit* – Ulp. 42 ad Sab., D. 9, 2, 44 pr.).

Porém, cumpre notar que o legislador não autoriza a majoração da indenização no caso de culpa grave, mas apenas a redução no caso de culpa levíssima.

O *caput* do art. 944 do Código Civil adota o **princípio da reparação integral** (*restitutio in integrum*), segundo o qual a indenização é calculada pela extensão do dano. O seu parágrafo único apresenta uma exceção a esse princípio, ao prever a redução equitativa se houver desproporção entre culpa e dano. Conforme estabelece o Enunciado 46 do CJF (com a nova redação conferida pelo Enunciado 380):

> **En. 46 do CJF** – Art. 944: a possibilidade de redução do montante da indenização em face do grau de culpa do agente, estabelecida no parágrafo único do art. 944 do novo Código Civil, deve ser interpretada restritivamente, por representar uma exceção ao princípio da reparação integral do dano.

A **redução equitativa** é a justiça no caso concreto, ou seja, é a suavização dos rigores da lei. Essa equidade decorre do princípio da socialidade, porém o seu problema é que ninguém responde pelo resto da indenização. No sistema do Código Civil de 1916 a indenização seria sempre completa, mas no atual sistema a vítima assumirá parte dos prejuízos, em decorrência da equidade.

É por tais motivos que o **Enunciado 457 do CJF**, acertadamente em nossa opinião, estabelece que a redução equitativa da indenização tem caráter excepcional e somente será realizada quando a amplitude do dano extrapolar os efeitos razoavelmente imputáveis à conduta do agente.

Outra exceção ao princípio da reparação integral está na aplicação da tese dos ***punitive damages***, ou teoria do desestímulo.

A aplicação dos *punitive damages* a partir do século XVIII ficou conhecida quando, no ano de 1763, o júri popular inglês, ao julgar o caso **Wilkes x Wood**, estabeleceu uma indenização punitiva, considerando a gravidade da conduta cometida. Mas existem ainda registros de que, desde o século XIII, na Inglaterra, em casos de lesões pessoais causadas intencionalmente, o juiz poderia condenar o réu a um ulterior pagamento a título de *punitive damage*.

O instituto dos *punitive damages*, também conhecido como *exemplary damages*, *vindictive damages* ou, ainda, *smart money*, visa imputar uma indenização pecuniária ao ofensor, capaz de puni-lo pelo ato ilícito praticado, visando, assim, inibir a repetição da conduta danosa e ainda servir de exemplo para a sociedade como uma ferramenta preventiva contra o cometimento de atos ilícitos. O referido instituto fundamenta-se no binômio punição x prevenção.

O STJ adota a tese da função punitiva da indenização por dano extrapatrimonial, considerando que deve acarretar desestímulo ao ofensor, porém sempre ressaltando que não deve haver aplicação irrestrita dos *punitive damages*, de modo a evitar o enriquecimento ilícito da vítima:

> Civil e processual civil. Responsabilidade civil. Danos morais. Acidente de trânsito com vítima fatal. Esposo e pai das autoras. Irrelevância da idade ou estado civil das filhas da vítima para fins indenizatórios. Legitimidade ativa. *Quantum* da indenização. Valor irrisório. Majoração. Possibilidade. Despesas de funeral. Fato certo. Modicidade da verba. Proteção à dignidade humana. Desnecessidade de prova da sua realização. 1. É presumível a ocorrência de dano moral aos filhos pelo falecimento de seus pais, sendo irrelevante, para fins de reparação pelo referido dano, a idade ou estado civil dos primeiros no momento em que ocorrido o evento danoso (Precedente: Resp 330.288/SP, rel. Min. Aldir Passarinho Júnior, *DJU* de 26-08-2002). 2. Há, como bastante sabido, na ressarcibilidade do dano moral, de um lado, uma expiação do culpado e, de outro, uma satisfação à vítima. 3. O critério que vem sendo utilizado por essa Corte Superior na fixação do valor da indenização por danos morais considera as condições pessoais e econômicas das partes, devendo o arbitramento operar-se com moderação e razoabilidade, atento à realidade da vida e às peculiaridades de cada caso, de forma a não haver o enriquecimento indevido do ofendido, bem como que sirva para desestimular o ofensor a repetir o ato ilícito. 4. Ressalte-se que a aplicação irrestrita dos "punitive damages" encontra óbice regulador no ordenamento jurídico pátrio que, anteriormente à entrada do Código Civil de 2002, vedava o enriquecimento sem causa como princípio informador do direito e, após a novel codificação civilista, passou a prescrevê-la expressamente, mais especificamente, no art. 884 do Código Civil de 2002. 5. Assim, cabe a alteração do *quantum* indenizatório quando este se revelar como valor exorbitante ou ínfimo, consoante iterativa jurisprudência desta Corte Superior de Justiça. 7. Dessa forma, considerando-se as peculiaridades do caso, bem como os padrões adotados por esta Corte na fixação do *quantum* indenizatório a título de danos morais, impõe-se a majoração da indenização total para o valor de R$ 100.000,00 (cem mil reais), o que corresponde a R$ 25.000,00 (vinte e cinco mil reais) por autora (**Resp 210.101/PR, Recurso Especial n. 1999/0031519-7, rel. Min. Carlos Fernando Mathias (Juiz Federal convocado do TRF 1ª Região) (8135), 4ª Turma, j. em 20-11-2008, *Dje* 9-12-2008**).

Em sentido contrário, o Tribunal Regional do Trabalho da 6ª Região tem proferido decisões afirmando que as indenizações por danos morais têm caráter meramente compensatório:

> Recurso ordinário – Danos morais – Inocorrência – Indenização indevida 1. À indenização por danos morais deve dar-se caráter exclusivamente compensatório. Para haver essa compensação, porém, tem que se ter sobejamente comprovada a repercussão danosa da alegada atitude do empregador na vida profissional e social do empregado, bem como o intuito de macular ou denegrir a imagem do obreiro, o que não ficou demonstrado na hipótese dos autos, de forma que incabível afigura-se o deferimento dessa indenização. 2. Recurso ordinário provido parcialmente (**TRT, RO 01274-2007-021-06-00-9, rel. Pedro Paulo Pereira Nóbrega**).

O CJF, por meio do **Enunciado 379**, entende que o art. 944, *caput*, do Código Civil não afasta a possibilidade de se reconhecer a função punitiva ou pedagógica da responsabilidade civil.

Esse é um assunto que está, ainda, longe de ser pacificado.

10.5.3. Dano

10.5.3.1. Introdução sobre os danos

O dano é elemento essencial da responsabilidade civil. Em que consiste o dano? É o evento lesivo propriamente dito?

Aguiar Dias ensina que é um defeito que ocorre quando há um evento lesivo. Quando há violação a direito subjetivo de outrem, o dano fica caracterizado – o direito se sujeita ao dano. O mesmo evento danoso pode gerar vários danos para a mesma pessoa ou vários danos para pessoas diferentes.

O dano pode ser patrimonial ou extrapatrimonial, conforme a situação jurídica que gere o direito violado.

Muitos doutrinadores entendem o dano extrapatrimonial como sinônimo de dano moral. Em nosso direito positivo há certa confusão entre os conceitos, mas, tecnicamente, o dano moral pode assumir várias acepções, tais como o dano que causa dor, angústia, sofrimento ou amargura, ou, ainda, aquele que acarreta lesão aos **direitos da personalidade**. Dentre os danos extrapatrimoniais estão os danos aos direitos da personalidade.

Os direitos da personalidade não são necessariamente tipificados em lei, mas partem da **tutela geral da personalidade**.

O Código Civil admite expressamente, no art. 186, o dano exclusivamente moral. No passado, o dano moral só era admitido se houvesse reflexo patrimonial. Essa mudança se deu porque o fundamento do dano moral é constitucional, previsto no art. 5º, V, e, no mesmo dispositivo, o inciso X elenca os direitos da personalidade.

A tutela geral da personalidade é inferida, primeiramente, do próprio texto constitucional, no art. 1º, III: *"É fundamento da República Federativa do Brasil a dignidade da pessoa humana"*.

Quando se fala em dignidade da pessoa humana, fala-se, também, em um conjunto de atributos ou de valores inerentes à pessoa, que, se violados, ensejarão dano moral.

O professor Gustavo Tepedino entende que a categoria **direito subjetivo** é muito **patrimonialista** para ser usada para os direitos da personalidade. Tais direitos devem ser tomados como **valores juridicamente protegidos**.

Nos ordenamentos jurídicos estrangeiros também há a tutela dos direitos da personalidade – **princípio do livre desenvolvimento da personalidade** (direito português, italiano e alemão). No Código Civil francês está disposto que **não prevalecerá qualquer ofensa à dignidade da pessoa humana**.

Para o professor Antonio Junqueira de Azevedo[17], os danos individuais são os patrimoniais, avaliáveis em dinheiro – danos emergentes e lucros cessantes – e os morais – caracterizados por exclusão e arbitrados como compensação para a dor, para as lesões de direito da personalidade e para danos patrimoniais de quantificação precisa possível.

---

17. AZEVEDO, Antonio Junqueira de. Por uma nova categoria de dano na responsabilidade civil: o dano social. In: AZEVEDO, Antonio Junqueira de. *Novos estudos e pareceres de direito privado*. São Paulo: Saraiva, 2009, p. 382.

10.5.3.2. Os tipos de danos

São espécies de danos:

DANO MATERIAL

1) **Dano material:** é aquele que atinge o patrimônio do lesado.

São subespécies de dano material:

a) **Dano emergente** (também chamado de *dano positivo*), caracterizados pelos prejuízos já sofridos.

b) **Lucros cessantes** (também chamados de *dano negativo*), caracterizados pelo que razoavelmente se deixou de ganhar.

A indenização por lucros cessantes em caso de dano que impossibilite a capacidade laborativa é devida até o fim da convalescença (art. 949 do CC) e é tida como pensão alimentícia (alimentos indenizatórios).

O STJ já decidiu que a circunstância de presumir a capacidade laborativa da vítima para outras atividades (soldado do exército que perde a perna e poderia ser utilizado em função administrativa), diversas daquela exercida no momento do acidente, não exclui o pensionamento civil, observado o princípio da reparação integral do dano, que, por esse motivo, deve compreender **100% do que a pessoa ganhava** quando trabalhava.

> Recurso especial. Acidente de trânsito. Militar. Redução da capacidade laborativa. Danos morais e materiais. Pensionamento civil. Culpa e nexo causal. Revisão. Reexame de provas. Súmula n. 7/STJ. Fixação do percentual. Último soldo na ativa. Princípio da reparação integral do dano. Proprietário do veículo. Legitimidade passiva. Liquidação por artigos. Dano moral. Inexistência de excesso. 1. Trata-se de ação de indenização por danos morais e materiais cumulada com pedido de pensão civil proposta por vítima de acidente de trânsito que sofreu redução parcial e permanente da capacidade laborativa. 2. As instâncias ordinárias reconheceram o nexo causal e a culpa exclusiva do preposto da recorrente no acidente. Nesse contexto, observa-se que a alteração de tal entendimento demandaria a análise do acervo fático-probatório, providência vedada pela Súmula n. 7/STJ. 3. A presumida capacidade laborativa da vítima para outras atividades, diversas daquela exercida no momento do acidente, não exclui por si só o pensionamento civil, observado o princípio da reparação integral do dano. 4. O soldo foi adotado como parâmetro para o cálculo da pensão civil. Sua fixação no percentual de 100% (cem por cento) encontra amparo no princípio da reparação integral do dano, sendo incabível a pretensão de incidirem descontos em virtude do afastamento da atividade militar, determinado pelo acidente causado pelo preposto da própria recorrente. 5. O proprietário responde direta e objetivamente pelos atos culposos de quem conduzia o veículo e provocou o acidente, independentemente de ser seu preposto ou não, podendo a seguradora denunciada responder solidariamente, nos limites contratados na apólice. Precedentes. 6. Se as partes, no curso do processo de conhecimento, não logram demonstrar a extensão de todo o dano causado à vítima, o ordenamento jurídico pátrio permite que se prove fato novo na liquidação por artigos, desde que não se promova indevida alteração do julgado, nos termos dos arts. 475-E e 475-G do Código de Processo Civil. 7. A indenização por dano moral fixada pelo acórdão recorrido no valor de R$ 30.600,00 (trinta mil e seiscentos reais) não se apresenta abusiva ou excessiva, de modo a justificar a intervenção do Superior Tribunal de Justiça. Incidência, no caso, do óbice da Súmula n. 7/STJ. 8. Recurso especial não provido (**Resp 1.344.962-DF, rel. Min. Ricardo Villas Bôas Cueva, 3ª Turma, j. em 25-8-2015, *Dje* 2-9-2015, v.u.**).

No caso de invalidez permanente, o fim da convalescença nunca ocorrerá, motivo pelo qual o STJ, nesse caso, entende que os lucros cessantes são devidos até o fim da vida da vítima, ou seja, são vitalícios, e podem, inclusive, ultrapassar a expectativa de vida do ser humano, por serem pagos à própria vítima:

É vitalícia a pensão fixada em ação indenizatória por danos causados em acidente automobilístico, na hipótese de perda permanente da capacidade laboral da vítima. O magistrado, ao estipular a periodicidade da pensão na ação indenizatória, leva em conta a duração temporal da incapacidade da vítima, considerando o momento de consolidação de suas lesões, as quais podem ser temporárias ou permanentes. A pensão correspondente à incapacidade permanente é vitalícia conforme previsto no art. 950 do CC. Assim, no caso de a pensão ser devida à própria vítima do acidente, não há falar em limitação do pensionamento até a idade provável de sobrevida da vítima, como ocorre nos casos de fixação de pensão em razão de homicídio (art. 948, II, do CC); pois, mesmo após atingir essa idade limite, continuará o ofendido necessitando da pensão, talvez até de forma mais rigorosa, em função da velhice e do incremento das despesas com saúde. Precedentes citados: Resp130.206-PR, *DJ* 15-12-1997, e Resp 280.391-RJ, *DJ* de 27-9-2004 (**Resp 1.278.627-SC, rel. Min. Paulo de Tarso Sanseverino, j. em 18-12-2012**)[18].

Neste caso, o TST já se manifestou no sentido de que são cumulativas a indenização por lucro cessante e a pensão previdenciária, em decorrência de invalidez permanente, pois ambas têm fatos geradores distintos:

Agravo de instrumento em recurso de revista interposto pela reclamante. Indenização por danos materiais. Lucros cessantes. Pensão mensal. Cumulação com benefício previdenciário. Constatada a aparente violação do art. 7º, XXVIII, da Constituição Federal, impõe-se prover o agravo de instrumento para determinar o processamento do recurso de revista. Agravo de instrumento conhecido e provido. **B) Recurso de revista interposto pela reclamante. Indenização por danos materiais. Lucros cessantes. Pensão mensal. Cumulação com benefício previdenciário.** A indenização devida pelo empregador é autônoma em relação aos direitos concedidos pela Previdência Social, razão pela qual é cabível a cumulação, sem nenhuma dedução ou compensação. Não se trata de *bis in idem*, visto que os benefícios previdenciários são pagos em razão dos riscos normais do trabalho, e a indenização prevista no art. 7º, XXVIII, da Constituição Federal tem como fato gerador o comportamento ilícito do empregador, que resulta no evento danoso. Recurso de revista conhecido e provido. **C) agravo de instrumento em recurso de revista interposto pelo reclamado. 1. Indenização por danos materiais. Pensão mensal.** Em relação ao tema, pelos fundamentos adotados na apreciação do apelo da reclamante, não se vislumbra a violação dos dispositivos invocados nem o dissenso pretoriano. **2. Indenização por danos morais. Valor arbitrado.** O valor da indenização foi arbitrado de forma razoável e proporcional à extensão do dano suportado pela reclamante. O Regional considerou, especialmente, o porte do reclamado, além do fato de ser total e definitiva a incapacidade laboral da reclamante, com restrições, inclusive, a atividades domésticas, esportivas e sociais que demandem movimentos bruscos e repetitivos, conforme salientado no laudo pericial. **3. Aposentadoria por invalidez. Suspensão do contrato de trabalho. Plano de saúde.** A decisão proferida pelo Regional está em consonância com a Súmula n. 440 desta Corte Superior. Hipótese de incidência da Súmula n. 333 do TST e do art. 896, § 4º, da CLT. Agravo de instrumento conhecido e não provido (**TST, ARR 252009620075050002 25200-96. 2007.5.05.0002, rel. Dora Maria da Costa, j. em 16-10-2013, 8ª Turma, data de publicação: *DEJT* de 18-10-2013**).

Já em caso de falecimento, o art. 948, II, do Código Civil determina que o pagamento deve ser feito levando-se em conta a expectativa de vida de uma pessoa.

Para o IBGE, a expectativa de vida média do brasileiro, em 2015, alcançou os **75,5 anos** (75 anos, 5 meses e 26 dias)[19]. Esse parâmetro é usado pelos nossos tribunais. Mas existem várias sentenças proferidas anteriormente a esse senso do IBGE, que fazem menção expressa a 65 anos, que era a expectativa anterior a 2015. Acreditamos que o correto é o magistrado fazer constar na sentença a expressão "expectativa de vida", em vez da idade, pois, ao longo do tempo, havendo mudança da expectativa de vida, isso deve impactar na

18. Notícia divulgada no site do STJ e publicada em nosso blog: <https://profcassettari.wordpress.com/2013/03/26/stj-entende-que-os-lucros-cessantes-devidos-em-decorrencia-da-perda-da-capacidade-laboral-e-vitalicio-e-pode-ultrapassar-a-expectativa-de-vida-do-ser-humano>. Acesso em: 23 jan. 2015.
19. Conforme a Tábua Completa de Mortalidade 2015, divulgada pelo IBGE em <https://agenciadenoticias.ibge.gov.br/9490-em-2015-esperanca-de-vida-ao-nascer-era-de-75-5-anos.html>, acesso em: 25 set. 2017.

decisão; se vivo estivesse, a vítima se beneficiaria do avanço da medicina e viveria mais. Por esse motivo, entendemos que a expectativa deve ser aferida no momento da exoneração da obrigação e não na sua criação, pois a mesma está no plano da eficácia da indenização e não no plano da validade.

Se a **vítima tinha mais de 75,5 anos**, a indenização deverá ser calculada para ser paga até o possível tempo de vida que ela teria.

A 3ª Turma do Superior Tribunal de Justiça (STJ) decidiu, por unanimidade, aceitar o **Recurso Especial 1.311.402-SP, julgado em 3-5-2016**, caso em que a recorrente questiona os critérios definidos para a concessão de pensão mensal.

A parte recorrente é parente de uma vítima de acidente de veículo em que foi comprovada a culpa da ré. A sentença de primeira instância condenou, entre outros itens, a ré a pagar pensão mensal de um salário mínimo à vítima.

Após recurso, o acórdão do Tribunal de Justiça de São Paulo (TJSP) delimitou o pagamento apenas à questão referente aos danos morais. Como a vítima tinha 76 anos, o TJSP entendeu que não havia parâmetros para definir uma pensão mensal, já que a expectativa de vida era de 72 anos na época. Ao recorrer ao STJ, a pensionista questionou a limitação imposta pelo tribunal.

O argumento aceito pelos Ministros da Turma é o de que a expectativa de vida no país é variável, e aponta uma trajetória de aumento nas últimas décadas. Portanto, a pensão mensal não poderia ter sido negada com base em um número variável.

Para o Ministro Relator do Recurso Especial, João Otávio de Noronha, é cabível a utilização da tabela de sobrevida do Instituto Brasileiro de Geografia e Estatística (IBGE) para uma definição melhor do prazo de duração da pensão.

Ter a vítima ultrapassado a expectativa média de vida, para o Ministro, não é obstáculo para concessão da pensão. "O fato de a vítima já ter ultrapassado a idade correspondente à expectativa de vida média do brasileiro, por si só, não é óbice ao deferimento do benefício, pois muitos são os casos em que referida faixa etária é ultrapassada", observou na decisão.

Ao acolherem o recurso, os Ministros destacaram o ineditismo do fato e disseram que são comuns os casos em que as pessoas ultrapassaram a faixa etária definida, por isso uma análise criteriosa deve ser feita antes da fixação dos prazos.

Com a decisão, a pensão foi fixada até o limite de 86,3 anos de idade da vítima, seguindo dados mais recentes do IBGE, além da utilização da tabela de sobrevida.

A indenização pelos lucros cessantes inclui não só o salário da vítima, mas também as férias, o 13º salário acrescido de um terço constitucional, além do FGTS, ou seja, tudo o que a vítima teria direito se estivesse trabalhando.

O Superior Tribunal de Justiça, porém, já pacificou o entendimento que em caso de morte serão devidos à família, a título de pensão, somente **2/3 da remuneração que era recebida**, pois o restante representa os gastos pessoais da vítima, que não era utilizado pela família.

Exemplo: se o valor do salário era de R$ 3.000,00, temos que:

a) um terço (R$ 1.000,00) refere-se a gastos pessoais da vítima, e que estará excluído da indenização;

b) dois terços (R$ 2.000,00) são o valor que será pago a título de indenização, acrescido de férias, 13º salário e FGTS.

E se o morto era menor que ajudava a sua família, como será calculada a indenização? Nesse caso será levado em consideração o valor que ele recebia em seu emprego.

Mas e se a vítima era menor e não trabalhava, terão os pais direito a indenização? Sim, a resposta é afirmativa, por conta da **Súmula 491 do STF**, que estabelece: *"É indenizável o acidente que cause a morte de filho menor, ainda que não exerça trabalho remunerado"*.

Nestes casos, a indenização é fixada em um salário mínimo, mas, infelizmente, alguns juízes fixam a indenização em 2/3 do salário mínimo, em razão da jurisprudência do Superior Tribunal de Justiça (**Resp 1.279.173-SP, rel. Min. Paulo de Tarso Sanseverino, j. 4-4-2013**).

A indenização, no caso de menor, será devida à família até a data em que ele completasse 25 anos de vida, data em que se presume que ele sairia de casa para constituir a sua família e deixaria de ajudar os seus pais. Porém, será que isso é uma verdade? Será que os filhos quando se casam deixam de ajudar os seus genitores? Infelizmente não, pois no país em que vivemos o idoso não tem aposentadoria digna, motivo pelo qual muitos dependem de seus filhos para sobreviver. Assim sendo, acertadamente, o Superior Tribunal de Justiça entende que após os 25 anos a indenização não se extingue, mas é reduzida à metade, sendo devida até a data em que a vítima completaria 75,5 anos (expectativa de vida). Vejamos:

> Civil e processual civil. Recurso especial. Acidente aéreo. Morte de filha. Valor da pensão. Redução a partir da data em que a vítima completaria 25 anos. Quantificação dos danos morais. Honorários de sucumbência. Parcelas vencidas e um ano das vincendas. Embargos de declaração. Intuito procrastinatório que não se coaduna com o explícito caráter prequestionador do recurso. Multa afastada. Súmula 98/STJ. Aplicação.
>
> *É inviável, em sede de recurso especial, o reexame de matéria fática.*
>
> *Incidência da Súmula 7/STJ.*
>
> ***O responsável pela morte de filha trabalhadora deve, aos familiares desta, pensão alimentícia mensal, fixada no patamar de dois terços da remuneração da vítima até a idade em que ela completaria 25 anos e, desde então, reduz-se tal valor pela metade, pois se presume que ela constituiria família, diminuindo o auxílio a seus parentes.***
>
> *Consignado que a vítima era empregada assalariada, a pensão fixada em favor de seus familiares deve contemplar os valores relativos a férias. Precedentes. (...)*[20].

Como afirmamos anteriormente, o devedor dos lucros cessantes da vítima, por decisões jurisprudenciais, não pode ser preso em razão do inadimplemento da obrigação que possui natureza alimentar. Isso pode ser verificado no TJSP, **HC 280.315-4/6; 3ª Câmara de Direito Privado, Orlândia, rel. Des. Carlos Roberto Gonçalves, j. em 18-3-2003**.

Ocorre, porém, que o Código de Processo Civil de 2015, no **art. 533**, inserido no Capítulo IV, que trata "*do cumprimento de sentença que reconheça a exigibilidade de obrigação de prestar alimentos*", que é o mesmo que versa sobre a prisão civil do devedor de alimentos fruto de decisão judicial, cuida especificamente da constituição de capital para o pagamento de indenização por ato ilícito a título de alimentos, dando a entender que se aplicará ao caso o mesmo procedimento da prisão dos alimentos oriundos do Direito de Família.

20. REsp 1.137.708-RJ, rel. Min. Nancy Andrighi, j. em 13-10-2009.

Corrobora esse entendimento o fato de que, na execução de alimentos provenientes de título executivo extrajudicial (art. 911 do CPC), há menção expressa de aplicação do art. 528 do mesmo diploma, que trata da prisão. Ou seja, o novo sistema criado pelo legislador é o de que a prestação alimentícia deve gerar prisão em qualquer hipótese.

Daniel Assumpção Neves defende tal prisão, afirmando, ainda, que deve ser ela interpretada como cabível tanto para dívida alimentar decorrente do poder familiar, como aquela oriunda de ato ilícito[21].

Vamos ver como a jurisprudência aceitará essas novas regras do processo civil.

DANO MORAL

2) Dano moral: o dano material é ressarcido; já o dano moral é reparado, pois o ressarcimento tem como objetivo reconduzir ao estado anterior, e no caso do dano moral isso é impossível, motivo pelo qual só é possível falar em reparação. O dano moral no Brasil exigia reflexos patrimoniais, mas, com o advento da Constituição Federal de 1988, atualmente o art. 186 do Código Civil admite o dano ainda que exclusivamente moral.

O dano moral se classifica em:

a) Dano moral próprio: é aquele que causa dor, tristeza, amargura, angústia ou sofrimento. É o *pretium doloris* (preço da dor).

b) Dano moral impróprio: é o que causa lesão aos direitos da personalidade, ponto estudado no capítulo que trata da parte geral, pois o assunto está disciplinado nos arts. 11 e seguintes do Código Civil.

O dano moral próprio é tido como clássico, enquanto que o impróprio como a evolução do dano moral. A maioria dos autores entendem que não existe mais esta divisão, e que o dano moral atualmente seria apenas impróprio. Nós preferimos entender que a esmagadora maioria de danos morais são impróprios, é verdade, até por conta do crescimento da doutrina dos direitos da personalidade, mas não vemos impossibilidade de se ter em hipóteses minoritárias o dano moral próprio. Como exemplo imaginemos um casal de noivos que contrata um fotógrafo para fazer a cobertura fotográfica de seu casamento. Se o fotógrafo não comparece para a realizar o serviço, o seu inadimplemento irá acarretar um dano moral também, pois não será possível fazer o álbum de casamento em outra ocasião, e não teremos nenhum direito da personalidade violado neste caso, mas sim dor e tristeza do casal que diferentemente da maioria dos casais não terá um álbum de casamento para mostrar aos amigos e familiares.

O dano moral cresceu muito nos últimos tempos, e por esse motivo ele ganhou, inclusive, uma subclassificação, podendo ser também:

b1) Dano moral objetivo (*in re ipsa*): trata-se do dano moral que é presumido, ou seja, que não precisa ser provado por quem alega.

21. NEVES, Daniel Amorim Assumpção. *Código de Processo Civil comentado artigo por artigo*. 6. ed. Salvador: JusPodivm, 2021, p. 928.

Como exemplos acatados pela jurisprudência citamos os pais que demandam a perda do filho e a pessoa incluída indevidamente no Serviço de Proteção ao Crédito (desde que já não esteja negativada antes[22]), o extravio de bagagem etc.

Existem duas súmulas do STJ que indicam bons exemplos de dano moral objetivo.

Súmula 388 do STJ	Súmula 403 do STJ
A simples devolução indevida de cheque caracteriza dano moral.	Independe de prova do prejuízo a indenização pela publicação não autorizada de imagem de pessoa com fins econômicos ou comerciais.

Mas é importante ressaltar, pela dificuldade que existe em quantificar o dano moral, que, conforme o **Enunciado 455 do CJF**, embora o reconhecimento dos danos morais se dê, em numerosos casos, independentemente de prova (*in re ipsa*), para a sua adequada quantificação deve o juiz investigar, sempre que entender necessário, as circunstâncias do caso concreto, inclusive por intermédio da produção de depoimento pessoal e da prova testemunhal em audiência.

B2) Dano moral subjetivo: é o que precisa ser provado por quem alega. Segundo o art. 373, I, do CPC, é a regra do nosso ordenamento, pois o dano moral objetivo é exceção.

B3) Dano (moral) morte: quando o dano é cobrado em razão da perda do direito à vida, ele é chamado de dano morte. O dano morte consiste no dano não patrimonial, indenizável, decorrente da perda da vida do sujeito de direito, reclamado e pago ao seu espólio. Com a morte de um sujeito, seus familiares sofrem tal perda, e a compensação por tal sofrimento se dá numa ação de danos morais. Outrossim, não tem se vislumbrado a compensação ao sujeito por ter perdido seu direito à vida ou mesmo pelo sofrimento antes da morte. Afinal, enquanto no primeiro o objeto é o sofrimento pela perda do ente querido, no segundo e terceiro casos os objetos são a perda pela chance de viver e a dor durante o processo. No tribunal português, as decisões que cumulam o dano moral dos familiares da vítima (compensando a dor por ter perdido o ente querido) com o dano morte (compensando ao espólio, por perdida a chance de viver do *de cujus*) são consolidadas, mas, no Brasil, isso ainda é muito polêmico, e os adeptos são minoria, por enquanto.

B4) Dano moral direto: é aquele que atinge somente a vítima do evento.

B5) Dano moral indireto: é aquele que atinge, além da vítima, uma terceira pessoa. Por esse motivo também é chamado de "**dano moral em ricochete**". Já demos exemplo disso quando tratamos dos Direitos da Personalidade, especificamente do art. 12, parágrafo único, do CC, para o qual remetemos o leitor.

A legitimidade para pleitear a reparação por danos morais é, em regra, do próprio ofendido, no entanto, em certas situações, são colegitimadas também aquelas pessoas que, sendo muito próximas afetivamente à vítima, são atingidas indiretamente pelo evento danoso, reconhecendo-se, em tais casos, o chamado **dano moral reflexo ou em ricochete**[23].

22. **Súmula 385 do STJ:** "Da anotação irregular em cadastro de proteção ao crédito, não cabe indenização por dano moral, quando preexistente legítima inscrição, ressalvado o direito ao cancelamento".
23. AgInt no AREsp 1.290.597/RJ, rel. Min. Lázaro Guimarães (Desembargador convocado do TRF 5ª Região), 4ª Turma, j. em 20-9-2018, *Dje* 26-9-2018; AgInt no AREsp 1.099.667/SP, rel. Min. Luis Felipe Salomão, 4ª Turma, j. em 24-4-2018, *Dje* 2-5-2018.

B6) Dano moral da pessoa jurídica: pessoa jurídica pode sofrer dano moral?

Quando se trata de direitos da personalidade, há um problema a ser enfrentado, pois a jurisprudência entende que a pessoa jurídica pode sofrer danos extrapatrimoniais e, assim sendo, pode ter direito a indenização. Tal entendimento qualificou o dano extrapatrimonial da pessoa jurídica como **dano moral**, e não como **dano institucional**, que seria mais indicado.

No **art. 52 do Código Civil** tem-se a previsão da aplicação dos direitos da personalidade à pessoa jurídica, mas apenas no que couber.

De acordo com o STJ[24], a pessoa jurídica pode sofrer dano moral, desde que demonstrada ofensa à sua **honra objetiva**.

Mas a pessoa jurídica tem direito de personalidade?

A pessoa jurídica é uma realidade técnica, institucional, sendo sua personalidade jurídica o atributo genérico que permite que contraia obrigações e que seja titular de direito subjetivo.

Os danos extrapatrimoniais são, portanto, **danos morais** e **institucionais**, mas a ordem jurídica brasileira atribui indenização por dano moral como sinônimo de indenização por dano extrapatrimonial também à pessoa jurídica. Isso pode ser verificado na **Súmula 227 do STJ**, segundo a qual a pessoa jurídica pode sofrer dano moral.

No entendimento de Gustavo Tepedino, Heloisa Helena Barboza e Maria Celina Bodin de Moraes[25], para as pessoas jurídicas sem fins lucrativos deve ser admitida a possibilidade de configuração de danos institucionais, aqui conceituados como aqueles que, diferentemente dos danos patrimoniais ou morais, atingem a pessoa jurídica em sua credibilidade ou reputação. Vale a pena ler o capítulo sobre a pessoa jurídica, no tópico que trata da sua capacidade.

Porém, cumpre ressaltar que, de acordo com o STJ[26], a **pessoa jurídica de direito público não é titular de direito à indenização por dano moral** relacionado à ofensa de sua honra ou imagem, porquanto, tratando-se de direito fundamental, seu titular imediato é o particular e o reconhecimento desse direito ao Estado acarreta a subversão da ordem natural dos direitos fundamentais.

Mas um sério problema existente com o **dano moral é a dificuldade de sua quantificação**, pois este não será ressarcido, mas sim reparado pela impossibilidade de regressar ao *status quo ante*.

Assim, diante da dificuldade de saber a extensão do dano moral, Fernando Noronha afirma que o dano moral é regido pelo princípio da satisfação compensatória, pois o quantitativo pecuniário a ser atribuído ao lesado nunca poderá ser equivalente a um preço. Por esse motivo ele sugere que o seu valor deve ser o necessário para lhe proporcionar um "lenitivo" ao sofrimento, numa compensação por uma ofensa à vida ou à integridade física. Esse conceito de lenitivo, ou seja, compensar a dor com alegria, não foi adotado pela jurisprudência.

---

24. AgRg no AREsp 454.848/RS, rel. Min. Ricardo Villas Bôas Cueva, 3ª Turma, j. em 1º-4-2019, *Dje* 10-4-2019.
25. TEPEDINO, Gustavo; BARBOZA, Heloisa Helena; MORAES, Maria Celina Bodin de. *Código Civil interpretado conforme a Constituição da República*. Rio de Janeiro: Renovar, 2004, p. 134.
26. REsp 1731782/MS, rel. Min. Regina Helena Costa, 1ª Turma, j. em 4-12-2018, *Dje* 11-12-2018.

A ideia de aplicação do lenitivo é excelente, e tenta afastar a questão da fábrica de indenizações do dano moral, pois várias pessoas chegam a torcer para sofrer um dano moral em nosso país. Mas a questão é que a tradição do brasileiro é de preferir sua parte em dinheiro. Assim sendo, não se pode olvidar que não é possível mais discutir que a nossa Constituição Federal, no art. 5º, ao reconhecer o dever de reparar o dano moral nos incisos V e X, autoriza sua fixação em dinheiro.

Apesar da tese do lenitivo não encontrar muitos adeptos, atualmente se admitem **formas de reparação não pecuniárias** que serão somadas às formas pecuniárias de indenização, sem excluí-las. Como exemplo, citamos a retratação pública, uma forma importante de reparação quando há dano à honra, que vem sendo usada na esfera cível e trabalhista, nos casos de assédio moral, também conhecido como ***mobbing***.

Algumas leis antigas tentaram tarifar o dano moral, como foi o caso da Lei de Imprensa (Lei n. 5.250/67). Mas mesmo antes de o STF reconhecer que a referida lei não foi recepcionada pela CF/88, o STJ já havia editado a Súmula 281, que possui a seguinte redação: "A indenização por dano moral não está sujeita à tarifação prevista na Lei de Imprensa".

Assim sendo, verifica-se que a doutrina e jurisprudência sempre repeliram a hipótese de tarifação do dano moral. Mas não podemos negar que existe uma tarifação "velada" do dano moral na jurisprudência, que não é divulgada para a sociedade, quando, em vários julgados, para definir o *quantum* indenizatório, o magistrado afirma que o valor foi fixado em razão de "precedentes da Corte".

Com o advento da Lei n. 13.467/2017, que consagrou a chamada **Reforma Trabalhista**, a CLT ganhou um título novo, denominado II-A, que passou a tratar do dano extrapatrimonial. Nesse título foi incluído o art. 223-A, que estabelece a aplicação às reparações de danos de natureza extrapatrimonial decorrentes da relação de trabalho **apenas dos dispositivos previstos na CLT**, afastando nesse caso a aplicação do Código Civil.

O art. 223-B **conceituou o dano de natureza extrapatrimonial trabalhista** como a ação ou omissão que ofenda a esfera moral ou existencial da pessoa física ou jurídica, as quais são as titulares exclusivas do direito à reparação.

Com isso, a CLT possui agora regra própria para o **Dano Moral Trabalhista**, e face a dificuldade de quantificação, como estamos abordando, o art. 223-G fez o que os civilistas mais criticam quanto a esse tipo de dano, e que já ocorreu e não deu certo no Direito Civil, que é a sua **tarifação**, que será explicada mais adiante de forma mais detalhada, no tópico destinado a responsabilidade civil no Direito do Trabalho, mas que aqui usamos para mostrar que a dificuldade de quantificação desse tipo de dano pode gerar um retrocesso no assunto.

Para o **Enunciado 458 do CJF**, o grau de culpa do ofensor, ou a sua eventual conduta intencional, deve ser levado em conta pelo juiz para a quantificação do dano moral.

Assim sendo, a falta de critérios para a fixação do dano moral no Brasil deu azo a verdadeiras decisões discrepantes e anti-isonômicas, motivo pelo qual a jurisprudência cível criou critérios para a sua quantificação. São eles:

a) a gravidade do dano;

b) a gravidade da culpa;

c) a capacidade econômica do ofensor;

d) a capacidade econômica do ofendido;

e) o tempo que o ofendido levou para pleitear seu direito ainda dentro do prazo.

Os critérios acima não encontram respaldo legal, motivo pelo qual leva a responsabilidade civil para o caminho da finalidade punitiva, tendência necessária na sociedade contemporânea, estranha à tradição dogmática de origem romana clássica em que os problemas eram outros, completamente diferentes.

Para comprovar isso, o STJ vem aplicando o **Método Bifásico**[27], criado pelo Ministro Paulo de Tarso Sanseverino, grande estudioso do tema da responsabilidade civil, que consiste em duas etapas: **PRIMEIRA** – estabelecer um valor levando em consideração o interesse jurídico do lesado, com base em grupo de precedentes jurisprudenciais que apreciaram casos semelhantes (uma espécie de tarifação, em nossa opinião) e **SEGUNDA** – considerar as circunstancias definitivas do caso para a fixação do valor, atendendo a determinação legal de arbitramento equitativo pelo juiz.[28]

MÉTODO BIFÁSICO PARA QUANTIFICAR DANO MORAL (STJ)
A fixação do valor devido a título de indenização por danos morais deve considerar o método bifásico, que conjuga os critérios da valorização das circunstâncias do caso e do interesse jurídico lesado, e minimiza eventual arbitrariedade ao se adotar critérios unicamente subjetivos do julgador, além de afastar eventual tarifação do dano.

Vale lembrar que, consoante a **Súmula 498 do STJ**, não incide imposto de renda sobre a indenização por danos morais.

DANO ESTÉTICO

3) Dano estético: o dano estético é tratado pela doutrina e pela jurisprudência como uma espécie autônoma e diferenciada de dano que tem expressão patrimonial e moral.

O dano estético é conceituado como aquele irreversível às partes do corpo, sendo toda alteração morfológica que implique, sobre qualquer aspecto, um afeamento (tornar mais feio) da vítima, consistindo uma simples lesão desgastante mas num permanente motivo de exposição ao ridículo, exercendo ou não influência sob sua capacidade laborativa.

O dano estético deve ser irreversível, ou seja, não pode ser passível de reparação por cirurgia plástica.

É possível a cumulação de indenização por dano material, moral e estético decorrentes de um mesmo fato (tríplice cumulação)?

Sim, e isso está sumulado pelo Superior Tribunal de Justiça da seguinte forma:

Súmula 37 do STJ – São cumuláveis as indenizações por dano material e dano moral oriundos do mesmo fato.

Súmula 387 do STJ – É lícita a cumulação das indenizações de dano estético e dano moral.

27. REsp 1.675.015/DF, rel. Min Nancy Andrighi, j. em 12-9-2017, 3ª Turma e REsp 1.445.240/SP, rel. Min Luis Felipe Salomão, j. em 10-10-2017, 4ª Turma (posição de ambas as turmas que julgam direito privado no STJ).

28. AgInt no REsp 1.533.342/PR, rel. Min. Paulo de Tarso Sanseverino, 3ª Turma, j. em 25-3-2019, D*je* 27-3-2019; AgInt no AREsp 900.932/MG, rel. Min. Moura Ribeiro, 3ª Turma, j. em 25-2-2019, D*je* 27-2-2019; REsp 1.771.866/DF, rel. Min. Marco Aurélio Bellizze, 3ª Turma, j. em 12-2-2019, D*je* 19-2-2019.

DANO SOCIAL

4) Dano social: é conceituado por Antônio Junqueira de Azevedo como aquele que atinge a sociedade como um todo, produzindo rebaixamento em seu nível de vida, em seu patrimônio moral e em sua qualidade de vida, dando azo a uma indenização punitiva ou dissuasória. Os danos sociais são causa, pois, de indenização punitiva por dolo ou culpa grave, especialmente, repetimos, se atos que reduzem as condições coletivas de segurança, e de indenização dissuasória, se atos em geral da pessoa jurídica, que trazem uma diminuição do índice de qualidade de vida da população[29].

O saudoso professor da Faculdade de Direito da USP lembra que alguns danos ultrapassam a esfera dos interesses individuais e atingem a coletividade, cabendo ao juiz fixar adicionalmente uma "pena" como indenização por dano social, e como exemplo cita o caso de uma companhia aérea que atrasa sistematicamente os voos, causando transtornos para os usuários em geral e produzindo rebaixamento no nível de bem-estar de toda a população.

A tese dos danos sociais alcançou aderência significativa na doutrina nacional, que em geral ressalta a natureza difusa de suas consequências e o aspecto sancionatório da reparação.

Disso se extrai que os danos sociais se distinguem dos danos individuais, em que temos o material, moral e estético, porque nestes a vítima é uma pessoa ou um grupo de pessoas, ao passo que naqueles a vítima é a coletividade como um todo.

A pandemia mundial da Covid-19 trouxe a necessidade de redimensionar a responsabilidade civil, mais uma vez, conforme a dignidade da pessoa humana e solidariedade social, previstas na Constituição Federal, a eticidade e a socialidade, previstas no Código Civil, do plano interindividual, entre o agente que causa e a vítima que sofre o dano, de modo a atribuir-lhe um sentido de responsabilidade social.

Diante da grave situação vivida pelo mundo no inesquecível ano de 2020, a conduta de cada pessoa afetou não somente as esferas de interesses individuais, de vítimas imediatas, mas atingiu a coletividade, colocando em risco a vida e a saúde das outras pessoas de maneira difusa, tudo porque a pandemia trouxe a necessidade de colaboração do poder público e das pessoas em geral para o enfrentamento da crise sanitária.

Nesse cenário o instituto do dano social se enquadra para coibir condutas lesivas que colocam em risco a vida de todos e para promover a reparação de danos causados à coletividade, mais do que isso, evidencia um sentido solidário da responsabilidade civil, a partir da noção de que a conduta de cada um repercute sobre as demais pessoas e sobre a coletividade como um todo.

Além disso, todas as pessoas têm direito a um meio ambiente saudável, que é um direito fundamental corolário de outros direitos fundamentais como o direito à vida e à saúde, que consiste em assegurar o bem-estar das pessoas em seu espaço de vida.

Não esqueçamos que não existem direitos absolutos, tanto que os diversos institutos de direito privado, como a propriedade, a empresa e o contrato, devem desempenhar uma

29. AZEVEDO, Antonio Junqueira de. Por uma nova categoria de dano na responsabilidade civil: o dano social. In: AZEVEDO, Antonio Junqueira de. *Novos estudos e pareceres de direito privado*. São Paulo: Saraiva, 2009, p. 382.

função social e por isso não é dado a nenhuma pessoa arvorar-se no direito de desafiar os direitos individuais das outras pessoas e os interesses da coletividade, a ponto de deteriorar o ambiente de vida das pessoas mediante decréscimo do nível de segurança sanitária a que todos têm direito igualitariamente.

Assim, tivemos vários danos sociais causados no fatídico ano de 2020, em razão da preponderância dos interesses coletivos sobre os individuais e o direito de todos a um meio ambiente saudável, quando uma pessoa, do alto de sua individualidade e de seu poder de autodeterminação, decidiu contrariar as medidas ditadas pelas autoridades sanitárias para enfrentamento da pandemia da Covid-19, colocando em risco a incolumidade física das pessoas em geral e produzindo rebaixamento no nível de vida da coletividade, especificamente em seu aspecto de segurança sanitária.

No Estado do Paraná, uma decisão judicial da 1ª Vara da Fazenda Pública da Comarca de União da Vitória, proferida no Processo 0004295-27.2020.8.16.0174, reconheceu a figura do dano social por descumprimento ostensivo e deliberado às regras de enfrentamento à pandemia da Covid-19.

Trata-se de ação civil pública intentada pelo Ministério Público estadual contra uma pessoa que testou positivo para o novo coronavírus, mas desprezou as recomendações de isolamento social feitas pelos médicos. Na ação, o Ministério Público pediu que o réu fosse condenado a cumprir o isolamento social e a pagar indenização por dano social em favor do Fundo Municipal de Saúde, sem prejuízo das medidas criminais cabíveis. A ação foi julgada procedente com reconhecimento da hipótese de dano social e condenação do réu ao pagamento de R$ 15.000,00 em favor do referido fundo.

Dessa forma, a classificação tradicional dos danos não é exaustiva, pois, a cada dia que passa, há quem trabalhe um novo tipo de dano que aumente a classificação. Prova disso é que o **Enunciado 456 do CJF** estabelece que a expressão "dano" no art. 944 abrange não só os danos individuais, materiais ou imateriais, mas também os danos sociais, difusos, coletivos e individuais homogêneos a serem reclamados pelos legitimados para propor ações coletivas.

O dano social também é combatido na Justiça do Trabalho:

> Recurso de revista do sindicato-reclamante. Indenização por dano social – desrespeito às normas de saúde e segurança no trabalho. (...) O fenômeno abordado, cujos pressupostos restaram bem delineados no caso concreto (conduta ilícita, culpa, nexo causal e dano extrapatrimonial) consiste no que a doutrina empresarial tem reconhecido como "dano social", modalidade de dano injusto de natureza extrapatrimonial e transcendente a situações individuais que é amparado pela teoria da responsabilidade civil, em seu momento evolutivo mais avançado. O reconhecimento e a coibição desse tipo de dano se amparam em fundamento constitucional: decorrem da função social da propriedade (da qual se extrai a função social da empresa) insculpida no art. 5º, XXIII, da Constituição Federal de 1988. Entretanto, cumpre observar que a plasticidade da responsabilidade civil não pode transformá-la em panaceia. É importante considerar que a identificação do dano social, com suas consequências jurídicas, pressupõe a adoção de critérios consistentes. Deve-se evitar a banalização do seu uso a fim de que o instituto não resulte esvaziado. A gravidade e a natureza extrapatrimonial do dano social exigem que se pense na responsabilidade civil não apenas sob a ótica tradicional (compensatória). O debate envolve a discussão sobre as distintas funções da responsabilidade civil e sobre o equilíbrio entre elas: (I) compensatória, (II) preventiva, (III) normativa, (IV) equitativa (evitar o locupletamento ilícito) e (V) punitiva, embora essa última perspectiva envolva muitas controvérsias. Em se tratando de dano de natureza extrapatrimonial, a problemática que se coloca refere-se à possibilidade de traduzir em um montante pecuniário algo que, por definição, não está sujeito tal mensuração. Os pressupostos teóricos da responsabilidade

civil, nesses casos, devem ser invocados em favor da construção de um valor concreto, que seja proporcional ao dano. Nesse sentido, enquanto valores mínimos podem gerar o estímulo à prática ilícita, valores excessivos, além de incompatíveis com os pressupostos da indenização, podem comprometer a preservação da empresa. Como parâmetros de quantificação, devem ser considerados: a) Reprovabilidade da conduta: se a responsabilidade objetiva é discutível, não há dúvidas de que casos de reincidência, dolo (violação calculada) e culpa grave devem ser tratados com rigor; b) capacidade econômica e patrimonial da empresa; c) montante da vantagem ilicitamente obtida. A perspectiva de uma política jurisdicional de enfrentamento de tais questões, que comumente é invocado sob a terminologia imprópria de combate ao "*dumping* social", muitas vezes reverberam em iniciativas não isonômicas podem gerar distorções. As múltiplas funções da responsabilidade civil precisam ser harmonizadas com o princípio da manutenção da empresa e com a necessidade de se observar os múltiplos interesses que sobre ela se projeta. Daí por que sobreleva-se a importância do raciocínio consequencialista, no sentido de compreender os impactos das condenações sobre a empresa e também sobre os consumidores, e, sobretudo, sobre o erário público, quando se tratar de empresa integrante da Administração Pública indireta. O princípio da preservação da empresa não é incompatível com o reconhecimento e a reparação de danos sociais, mas deve ser importante parâmetro para a identificação, o tratamento e a quantificação de tais danos. Indenização por dano social fixada no valor de R$ 30.000,00, destinados ao treinamento de mão de obra no local base, em programas de saúde ocupacional, a serem definidos previamente e em comum acordo entre o sindicato autor e o Ministério Público do Trabalho, comprovado nos autos o efetivo gasto. Recurso de revista conhecido e provido (**TST, RR 1850922010503011 1, rel. Luiz Philippe Vieira de Mello Filho, j. em 23-9-2015, 7ª Turma, *DEJT* 23-10-2015**).

As expressões ***dumping* social e dano social** geralmente são tratadas como sinônimas[30] na Justiça do Trabalho.

O termo *dumping* foi primeiro utilizado no Direito Comercial, para definir o ato de vender grande quantidade de produtos a um preço muito abaixo do praticado pelo mercado. No Direito Trabalhista, a ideia é bem similar: as empresas buscam eliminar a concorrência à custa dos direitos básicos dos empregados. O *dumping* social, portanto, caracteriza-se pela conduta de alguns empregadores que, de forma consciente e reiterada, violam os direitos dos trabalhadores, com o objetivo de conseguir vantagens comerciais e financeiras, através do aumento da competitividade desleal no mercado, em razão do baixo custo da produção de bens e prestação de serviços. Várias são as práticas que podem configurar o *dumping* social, como o descumprimento de jornada de trabalho, a terceirização ilícita, inobservância de normas de segurança e medicina do trabalho, entre outras.

O *dumping* social trabalhista vem muito bem conceituado no Enunciado 4 da 1ª Jornada de Direito Material e Processual na Justiça do Trabalho, realizada pela ANAMATRA em 2007, que o fundamenta nas normas de responsabilidade civil do Código Civil:

Enunciado 4 da 1ª Jornada de direito material e processual na justiça do trabalho (2007). "*Dumping* social". Dano à sociedade. Indenização suplementar. As agressões reincidentes e inescusáveis aos direitos trabalhistas geram um dano à sociedade, pois com tal prática desconsidera-se, propositalmente, a estrutura do Estado social e do próprio modelo capitalista com a obtenção de vantagem indevida perante a concorrência. A prática, portanto, reflete o conhecido "*dumping* social", motivando a necessária reação do Judiciário trabalhista para corrigi-la. O dano à sociedade configura ato ilícito, por exercício abusivo do direito, já que extrapola limites econômicos e sociais, nos exatos termos dos arts. 186, 187 e 927 do Código Civil. Encontra-se no art. 404, parágrafo único do Código Civil, o fundamento de ordem positiva para impingir ao agressor contumaz uma indenização suplementar, como, aliás, já previam os artigos 652, *d*, e 832, § 1º, da CLT.

30. INDENIZAÇÃO POR DANO SOCIAL. "DUMPING SOCIAL". JULGAMENTO *EXTRA PETITA*. Condenação ao pagamento de indenização por dano social (*dumping* social) que excede os limites da *litiscontestatio*, sendo *extra petita*. Recurso provido (TRT-4 – RO: 00003205120125040662/RS, 0000320-51.2012.5.04.0662, rel. João Ghisleni Filho, j. em 20-2-2014, 2ª Vara do Trabalho de Passo Fundo).

Mas não pode haver condenação por dano social ou por *dumping* social sem pedido na inicial, pois isso fere a Constituição Federal. Na Justiça do Trabalho já há decisões nesse sentido:

Recursos de revista. *Dumping* social. Indenização. Condenação *ex officio*. Princípios da ampla defesa e do contraditório. Julgamento *extra petita*. 1. A Constituição Federal garante aos litigantes em processo judicial o exercício do contraditório e da ampla defesa, com os meios e recursos a ela inerentes (art. 5º, LV, da CF). 2. Nos termos do art. 128 do CPC, o Juiz deverá decidir a lide nos limites em que foi proposta, sendo-lhe vedado conhecer de questões não suscitadas, para cujo conhecimento a lei exige a iniciativa das partes. 3. Acórdão regional que condena a empregadora, de ofício, ao pagamento de indenização por *dumping* social, não obstante a ausência de pedido e de oportunidade para a parte expor suas razões em contraditório e exercer a ampla defesa, viola a ordem constitucional vigente, bem como extrapola os limites da lide. 4. Recursos de revista das Reclamadas de que se conhece e a que se dá provimento (**RR 2899-93.2012.5.15.0070, rel. Min. João Oreste Dalazen, j. em 2-12-2015, 4ª Turma, *DEJT* 18-12-2015**).

O STJ também repudia a condenação em dano social de ofício pelo magistrado:

Reclamação. Juizados especiais. Direito do consumidor. Agência bancária. "Fila". Tempo de espera. Ação de indenização por danos morais. Condenação por danos sociais em sede de recurso inominado. Julgamento *ultra petita*. Reclamação procedente. 1. Os artigos 2º, 128 e 460 do Código de Processo Civil concretizam os princípios processuais consabidos da inércia e da demanda, pois impõem ao julgador – para que não prolate decisão inquinada de vício de nulidade – a adstrição do provimento jurisdicional aos pleitos exordiais formulados pelo autor, estabelecendo que a atividade jurisdicional está adstrita aos limites do pedido e da causa de pedir. 2. Na espécie, proferida a sentença pelo magistrado de piso, competia à Turma Recursal apreciar e julgar o recurso inominado nos limites da impugnação e das questões efetivamente suscitadas e discutidas no processo. Contudo, ao que se percebe, o acórdão reclamado valeu-se de argumentos jamais suscitados pelas partes, nem debatidos na instância de origem, para impor ao réu, de ofício, condenação por dano social. 3. Nos termos do Enunciado 456 da V Jornada de Direito Civil do CJF/STJ, os danos sociais, difusos, coletivos e individuais homogêneos devem ser reclamados pelos legitimados para propor ações coletivas. 4. Assim, ainda que o autor da ação tivesse apresentado pedido de fixação de dano social, há ausência de legitimidade da parte para pleitear, em nome próprio, direito da coletividade. 5. Reclamação procedente (**STJ, Rcl. 13.200/GO 2013/0197835-7, rel. Min. Luis Felipe Salomão, j. em 8-10-2014, 2ª Seção, *Dje* 14-11-2014**).

Cumpre lembrar o famoso caso, amplamente divulgado pela imprensa, da decisão do Juizado Especial Cível e Criminal de Jales/SP[31] que condenou a TIM a pagar R$ 5 milhões como forma de reparação de dano social, sem que isso tivesse sido pedido no processo, e para uma pessoa jurídica que não era parte do processo.

Os danos sociais não podem ser pleiteados individualmente, mas apenas em ações coletivas. O próprio Enunciado 456 do CJF indica que só podem ser pedidos pelos legitimados.

O STJ assim já decidiu na **Rcl. 13.200/GO, rel. Min. Luis Felipe Salomão, 2ª Seção, j. em 8-10-2014, *Dje* 14-11-2014**, cuja ementa já foi citada anteriormente.

E o TST também:

Legitimidade do indivíduo para pleitear indenização por dano social. O recurso não se viabiliza, porque o único aresto transcrito é inespecífico, uma vez que não enfrenta os mesmos fundamentos expendidos pelo Regional. Com efeito, nem trata da legitimidade do particular para pleitear indenização a título de dano social. Ainda não enfrenta os fundamentos do Regional, relativos ao Ministério Público do Trabalho, o que atrai a incidência da Súmula n. 296 do TST. Não conhecido (**TST, RR 1167000920095140041, 116700-09.2009.5.14.0041, rel. Emmanoel Pereira, j. em 4-5-2011, 5ª Turma, *DEJT* 13-5-2011**).

31. Proc. 1507/2013, Ação de Reparação por Danos Morais, Vara do Juizado Especial Cível e Criminal da Comarca de Jales (SP), decisão proferida em 10 de outubro de 2013, pelo Juiz Fernando Antônio de Lima.

Assim sendo, é plenamente possível pleitear responsabilização civil por dano social, desde que pela via processual adequada, que são as ações coletivas.

10.5.4. Nexo causal

Outro elemento essencial para a responsabilização civil é o *nexo de causalidade* – é a relação causa e efeito entre o ato ilícito e o dano.

10.5.4.1. Teorias sobre a relação de causalidade

O que caracteriza a relação de causalidade? As teorias têm por objetivo excluir fatos desnecessários e eleger qual, efetivamente, será o responsável pela causa do dano.

Tal cadeia pode ser infinita, por isso é preciso definir critérios.

Eis uma das questões mais polêmicas na responsabilidade civil.

Há teorias generalizadoras e teorias individualizadoras sobre o nexo de causalidade:

1) Teoria da equivalência dos antecedentes: é a única teoria generalizadora, **que considera causa do dano qualquer evento que tenha contribuído para a sua existência**. Tal teoria acaba confundindo condição concorrente para o surgimento do dano com a causa do dano. Não diferencia causa de condição para o surgimento do dano – todas as condições são trabalhadas como concausas. Não é adotada pelo nosso ordenamento jurídico.

2) Teoria da causa próxima: adota um critério estritamente cronológico – pois **considera como causa do dano o último ato praticado**. Não é possível, de modo puro e simples, ser adotado o último ato como causa do dano. Exemplo: um funcionário de determinado hospital tem o trabalho de selecionar os remédios a serem ministrados a um paciente, entregando um medicamento errado ao auxiliar, que vem a ministrá-lo, causando a morte do paciente. O auxiliar não pode ser responsabilizado – afasta-se a causa próxima.

3) Teoria da causa eficiente: no caso concreto, deve ser feita uma análise de relevância das condutas praticadas, para saber qual delas foi mais importante na produção do dano. Tal análise pode ser muito subjetiva, o que levaria a uma insegurança jurídica insustentável.

4) Teoria da causalidade adequada: boa parte da doutrina brasileira a adota para a definição do nexo causal, pois ela faz uma análise **em abstrato** da causalidade. Leva-se em conta, abstratamente, qual a probabilidade de que aquele ato levasse ao dano – é o que se chama de **prognose póstuma** (depois de o dano já ter se consumado). Porém, há certos atos que, em abstrato, são aptos a ensejar o dano, mas que não ensejam responsabilidade civil. O professor Canotilho cita o exemplo do ente público que decide pela supressão de uma estação rodoviária em determinado local. Toda a economia local depende dessa estação. É altamente provável que tal eliminação enseje danos patrimoniais aos comerciantes da região, gerando o dever de indenizar, mas uma análise pura e simples feita pela teoria da causalidade adequada poderia propiciar essa conclusão, por haver nexo de causalidade.

A teoria da causalidade adequada não leva em conta as peculiaridades do caso concreto. Se uma pessoa dá um tiro no chão, vindo outra a morrer de enfarte, genericamente não se trata de situação apta a causar a morte. Se aquele que atirou no chão sabia dos problemas cardíacos do outro, haveria nexo de causalidade.

Assim sendo, é preciso trabalhar a **teoria da causalidade adequada** com outros elementos.

5) Teoria do dano direto e imediato: não se confunde com causa próxima, porque o critério não é cronológico. **Ela analisa se o dever de reparar o dano surge quando o evento danoso é efeito direito e imediato de certa causa.** Deve ser ponderado se, caso não tivesse sido praticada a conduta, o dano teria ocorrido. **Daquele ato ocorreu necessariamente aquela consequência?**

Tal teoria pode se apresentar como temperamento para a teoria da causalidade adequada, pois o art. 403 do Código Civil entende que é relevante o caráter **direto e imediato** – a questão pertinente à **causalidade necessária.** Assim, podemos afirmar que no Brasil, portanto, temos duas teorias que se aplicam em conjunto.

É importante frisar que pela teoria das concausas em alguns casos o dano pode ser causado por causalidade múltipla. A concausalidade é a concorrência de causas para determinado resultado, e pode ser classificada como:

a) Concausalidade ordinária, conjunta ou comum, que tem a sequência de condutas, é coordenada e dependente de duas ou mais pessoas, que de forma relevante contribuem para a produção do evento danoso. Exemplo: briga de torcida organizada, em que uma pessoa é espancada até a morte por vários torcedores. Neste caso, todos os agentes respondem solidariamente, aplicando-se o art. 942, *caput*, do Código Civil.

b) Concausalidade acumulativa: é a existente entre condutas de duas ou mais pessoas que são independentes entre si, mas que causam prejuízo. Exemplo: duas pessoas, dirigindo em alta velocidade, atropelam um mesmo pedestre, no meio do cruzamento. Cada agente, nesse caso, deve responder na proporção de suas respectivas culpas.

c) Concausalidade alternativa ou disjuntiva: existe quando, entre duas ou mais condutas, apenas uma delas é importante para a ocorrência do dano. Exemplo: duas pessoas tentam espancar alguém, uma erra o golpe e a outro acerta, vindo a alvejar a cabeça da vítima e lhe fraturando inúmeros ossos. Apenas o último ofensor responderá pelas lesões corporais e danos provocados.

O nexo causal é pressuposto de responsabilidade civil, mas, como podemos perceber, trata-se de um dos mais complexos de se estudar. Assim, em algumas situações, a jurisprudência amplia o seu conceito para imputar o dever de reparar o dano, em casos não permitidos.

Mas existem casos dramáticos que comovem a doutrina e os tribunais, e que geram um necessário temperamento da regra posta.

Um exemplo é de uma criança que recebeu várias transfusões de sangue em vários hospitais e contraiu o vírus HIV. Nessa concausalidade alternativa apenas um deveria ser o responsável, mas como a medicina não tem como precisar quando se contraiu o vírus, a regra estudada excluiria a responsabilidade de todos os hospitais. Como essa injustiça não pode ocorrer, acertadamente o **TJRS, ao julgar o famoso caso da APCiv 593.008.808, 5ª Câm.**

Cív., rel. Des. Alfredo Guilherme Englert, j. em 1º-4-1993, condenou todos os hospitais, solidariamente, a promoverem a indenização. Essa decisão encontra óbice na proibição de presunção de solidariedade do art. 265 do CC, mas que pode ser fundamentada atualmente no art. 942 do CC, que impõe solidariedade na responsabilidade civil em certos casos.

Por esse motivo é que se discute, atualmente, a aplicação da **"teoria do resultado mais grave"**, consagrada pelas expressões inglesas "the thin skull rule" ou "the egg-shell skull rule".

Alguns autores começam a sustentar que o agente que pratica a conduta deve ser responsabilizado também pelo resultado mais grave, mesmo que tenha origem em condições particulares de saúde da vítima, que, embora agrave do resultado, em nada diminui a responsabilidade do agente. Como exemplo, citamos o caso da vítima de atropelamento de bicicleta que morre de infarto, em razão de problemas cardíacos congênitos. Se partirmos do pressuposto de que o citado atropelamento não acarretaria a morte, não haveria responsabilidade civil, mas, ao aplicar essa teoria, o agente deverá responder.

Apesar de não encontrar amparo na legislação, já que cria uma espécie de responsabilidade civil sem nexo causal, são vários os julgados que começam a aparecer aplicando-a, mesmo tendo ela poucos adeptos na doutrina.

10.5.4.2. Rompimento do nexo causal: das excludentes de responsabilidade civil

Há certas circunstâncias que rompem o nexo de causalidade, sendo elas denominadas excludentes de responsabilidade civil, e serão aplicadas tanto nas hipóteses de responsabilidade objetiva quanto subjetiva. Nesse caso não haverá o dever de indenizar:

1)Culpa exclusiva da vítima: o dano ocorre por culpa somente da vítima. Como exemplo, citamos o caso de ligar eletrodoméstico com voltagem 110V em tomada 220V. Outro exemplo é o do menor que pula o muro de um clube para nadar na piscina em dia em que o estabelecimento está fechado, e acaba morrendo afogado. Por fim, o pedestre que é atropelado por atravessar fora da faixa também é culpado exclusivamente.

O exemplo clássico de culpa exclusiva da vítima é do **acidente com o surfista ferroviário**[32].

Quanto à culpa exclusiva da vítima, parte da doutrina entende que seria mais adequado falar em **responsabilidade por causalidade exclusiva**.

2) Culpa de terceiro (Teoria do Corpo Neutro): ocorre nas hipóteses em que alguém só comete um dano por culpa de outrem. Como exemplo, citamos o caso do engavetamento de veículos.

32. Responsabilidade civil. Acidente ferroviário. Queda de trem. "Surfista ferroviário". Culpa exclusiva da vítima. I – A pessoa que se arrisca em cima de uma composição ferroviária, praticando o denominado "surf ferroviário", assume as consequências de seus atos, não se podendo exigir da companhia ferroviária efetiva fiscalização, o que seria até impraticável. II – Concluindo o acórdão tratar o caso de "surfista ferroviário", não há como rever tal situação na via especial, pois demandaria o revolvimento de matéria fático-probatória, vedado nesta instância superior (Súmula 7/STJ). III – Recurso especial não conhecido (REsp 160.051/RJ, rel. Min. Antônio De Pádua Ribeiro, 3ª Turma, j. 5-12-2002).

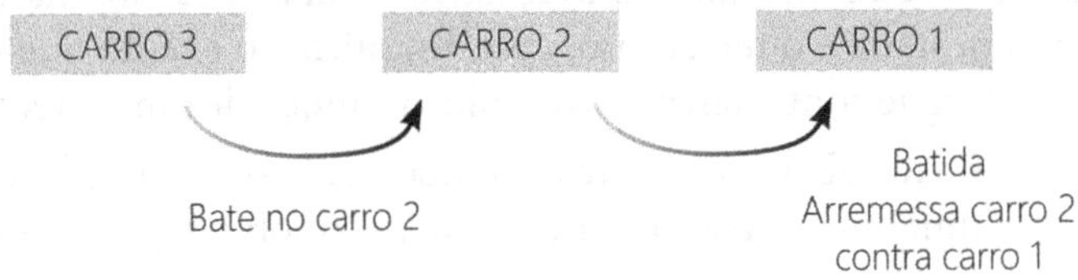

IMPORTANTE

Na **culpa concorrente** não há rompimento de nexo causal, já que a responsabilidade subsiste, porém o seu *quantum* é que será diminuído, pois o **art. 945 do Código Civil** estabelece que, se a vítima tiver concorrido culposamente para o evento danoso, a sua indenização será fixada tendo-se em conta a gravidade de sua culpa em confronto com a do autor do dano. Como exemplo, citamos o caso julgado pelo STJ de acidente com **"pingente" (pessoa que viaja sentada na escada do vagão do lado de fora)**. O Tribunal entendeu que houve culpa concorrente, pois o trem não estava lotado, mas a empresa permitiu que isso ocorresse: Recurso especial. Responsabilidade civil. Transporte ferroviário. "Pingente". Culpa concorrente. Precedentes da Corte. I – É dever da transportadora preservar a integridade física do passageiro e transportá-lo com segurança até o seu destino. II – A responsabilidade da companhia de transporte ferroviário não é excluída por viajar a vítima como "pingente", podendo ser atenuada se demonstrada a culpa concorrente. Precedentes. Recurso especial parcialmente provido **(Resp 226.348/SP, rel. Min. Castro Filho, 3ª Turma, j. em 19-9-2006)**.

3) Caso fortuito e força maior: o conceito de ambos os institutos é algo muito polêmico, pois existem seis teorias que buscam conceituá-los de forma diferente. São elas:

a) Teoria da extraordinariedade: para essa teoria, **força maior** é o acontecimento imprevisível e extraordinário, por exemplo, uma guerra e um furacão; **caso fortuito** é o evento previsível, mas não se sabe o lugar, o momento ou o modo de sua ocorrência, por exemplo, a geada no inverno.

b) Teoria da previsibilidade e da irresistibilidade[33]: para essa teoria: **força maior** é o evento que, apesar de previsível e inevitável, é também irresistível; **caso fortuito** é o acontecimento imprevisível, e por esse motivo inevitável.

c) Teoria das forças naturais e dos fatos de terceiros[34]: para essa teoria, **força maior** é o evento físico ou natural de índole ininteligente, por exemplo, a chuva de granizo, o raio, ou ainda a inundação (fato da natureza); **caso fortuito** decorre de fato alheio gerador de obstáculos, cuja causa a boa vontade do devedor não logra superar, por exemplo, um motim ou uma guerra (fato de terceiro grau).

d) Teoria da diferenciação quantitativa: para essa teoria, que analisa o grau de imprevisibilidade do evento, tem-se que **força maior** é o evento completamente imprevisível, que nenhuma diligência poderia evitá-lo, pois até mesmo o mais cuidadoso dos homens não poderia prever; **caso fortuito** ocorre quando o acontecimento não pode ser previsto por pessoa de diligência comum, mas a pessoa de diligência excepcional (acima da média) poderia detectar o fato. Como exemplo citamos a chuva no inverno, pois no inverno não tem chuva que alaga (mas e se chover a ponto de alagar?).

33. Essa corrente é adotada pelo STJ e por Sérgio Cavalieri Filho.
34. Essa teoria era adotada por Clóvis Beviláqua e Washington de Barros Monteiro.

e) Teoria do conhecimento: para essa teoria, **força maior** é a força natural conhecida, por exemplo, a tempestade e o terremoto; **caso fortuito** é o evento que nossa limitada experiência não consegue controlar, por exemplo, o choque de um meteoro com a Terra.

f) Teoria do reflexo sobre a vontade humana: para essa teoria; **força maior** é analisada sob o aspecto dinâmico; **caso fortuito** é analisado sob o aspecto estático (olhando só o evento).

Há doutrinadores que tentam diferenciar caso fortuito e força maior, tais como Sérgio Cavalieri Filho, para quem o caso fortuito pode ser caracterizado quando se tratar de evento imprevisível e, por isso, inevitável. Se se tratar de evento inevitável, ainda que previsível, como são os fatos da natureza, configurar-se-á a força maior (*acts of God*).

O sistema jurídico brasileiro, no entanto, não os diferencia no parágrafo único do art. 393 do Código Civil, tratando-os como sinônimos, como pensava Arnoldo Medeiros da Fonseca[35].

Para Agostinho Alvim[36], o caso fortuito e o de força maior seriam denominados fortuito interno e externo. Para o citado autor, o **caso fortuito** é o evento ligado à pessoa do devedor ou sua atividade, sendo denominado **fortuito interno**. Já a **força maior** é o evento inevitável estranho ao devedor e a sua atividade, recebendo a denominação de **fortuito externo**. O Superior Tribunal de Justiça também segue essa linha em alguns julgados[37] e na Súmula 479 que estabelece: "As instituições financeiras respondem objetivamente pelos danos gerados por **fortuito interno** relativo a fraudes e delitos praticados por terceiros no âmbito de operações bancárias."

O fortuito interno não exclui a responsabilidade civil, e o externo, sim.

Como exemplo de fortuito interno citamos o contrato de transporte, na hipótese de acontecer um mal súbito ao motorista, que vem a causar um acidente. Nesse caso a empresa transportadora não pode eximir-se da responsabilidade, porque se trata de caso fortuito interno. Já no caso de um assalto a mão armada, a hipótese é de caso fortuito externo, rompendo-se o nexo causal, ficando a empresa eximida de responsabilidade.

Para o STJ, o ato de vandalismo que resulta no rompimento de cabos elétricos de vagão de trem não exclui a responsabilidade da concessionária/transportadora (não se enquadra como fortuito externo), pois cabe a ela cumprir protocolos de atuação para evitar tumulto, pânico e submissão dos passageiros a mais situações de perigo (**Resp 1.786.722-SP, Rel. Min. Nancy Andrighi, 3ª Turma, por unanimidade, julgado em 9-6-2020, *Dje* 12-6-2020**).

Todas as excludentes estudadas acima vão ensejar o rompimento do nexo causal, pois a conduta praticada não gerou necessariamente o dano, mas sim aquele evento que se interpôs entre a conduta e a lesão. Nessas circunstâncias, haverá uma causa excludente de responsabilidade.

35. FONSECA, Arnoldo Medeiros da. *Caso fortuito e teoria da imprevisão*. 3. ed. Rio de Janeiro: Forense, 1958, p. 129.
36. ALVIM, Agostinho. *Da inexecução das obrigações e suas consequências*. 4. ed. São Paulo: Saraiva, 1972, p. 330.
37. "Processo civil. Recurso especial. Indenização por danos morais, estéticos e material. Assalto à mão armada no interior de ônibus coletivo. Caso fortuito externo. Exclusão de responsabilidade da transportadora. 1. A 2ª Seção desta Corte já proclamou o entendimento de que o fato inteiramente estranho ao transporte em si (assalto à mão armada no interior de ônibus coletivo) constitui caso fortuito, excludente de responsabilidade da empresa transportadora. 2. Recurso conhecido e provido" (REsp 726.371/RJ, rel. Min. Hélio Quaglia Barbosa, *DJ* de 5-2-2007).

10.5.4.3. A teoria da perda da chance

A perda de uma chance possibilita à vítima obter uma indenização junto a quem, por culpa, prive-a de alguma chance de obter determinada vantagem.

Como exemplo, citamos o atraso na entrega de cavalo no jóquei após início de corrida, e o estagiário de advocacia que não protocola recurso no prazo.

Nesses casos, não há dano, haja vista que não se saberia sobre a vitória do jóquei e o provimento do recurso.

A perda da chance está **entre o dano certo e o hipotético**, e por este motivo é estudada no nexo causal.

Para haver equilíbrio entre esses dois extremos, é necessário estabelecer bem os contornos da tese da perda de uma chance, que envolvem:

a) a existência de uma perda – há de existir uma perda efetiva, séria e real de se obter certa e determinada vantagem, que não se sabe se configuraria um dano real.

b) a quantificação da perda – onde será necessário investigar qual seria probabilidade de obtenção do resultado final, atribuindo-se um valor proporcional à perda da chance de obtê-lo.

A perda da chance é uma modalidade de dano autônoma, não se confundindo com o dano material, moral ou estético.

Só haverá indenização pela perda de uma chance se essa for **séria e real**. Nos modelos francês e americano, há uma dualidade na análise da seriedade da chance perdida, pois no primeiro se exige pouca seriedade e no segundo muita, que, inclusive, deve ser maior que 50%.

Mas, em recente julgado sobre perda da chance no caso de perda do prazo para recorrer, o Tribunal aponta para sensíveis modificações nos fundamentos da tese.

A teoria da perda de uma chance (*perte d'une chance*) visa à responsabilização do agente causador não de um dano emergente, tampouco de lucros cessantes, mas de algo intermediário entre um e outro, precisamente a perda da possibilidade de se buscar posição mais vantajosa que muito provavelmente se alcançaria, não fosse o ato ilícito praticado. Nesse passo, a perda de uma chance – desde que essa seja razoável, séria e real, e não somente fluida ou hipotética – é considerada uma lesão às justas expectativas frustradas do indivíduo, que, ao perseguir uma posição jurídica mais vantajosa, teve o curso normal dos acontecimentos interrompido por ato ilícito de terceiro (**Resp 1.190.180/RS (2010/0068537-8), rel. Min. Luis Felipe Salomão, 4ª Turma, j. em 16-11-2010, *Dje* 22-11-2010**).

O julgado mais famoso acerca da perda de uma chance é o do programa "Show do Milhão", que era exibido pelo SBT, em que um participante, na pergunta que valia R$ 1.000.000,00 não pôde ganhar o prêmio em razão da existência de duas respostas corretas nas alternativas (**STJ, Resp 788.459/BA (2005/0172410-9), j. em 8-11-2005**).

Concluímos, assim, que, infelizmente, não há uma aplicação da teoria de forma uniforme, mesmo sendo ela muito aceita nos tribunais estaduais, o que dificulta muito a criação de uma teoria geral que possa normatizar o seu uso.

Os casos mais emblemáticos da aplicação da teoria da perda de uma chance dizem respeito à seara trabalhista. Considerando que o meio ambiente de trabalho mescla o fator de produção com as chances aleatórias de cada trabalhador, muitas vezes a vítima encontra-se em uma situação vulnerável diante do poderio econômico do empregador, sem ter elementos que possibilitem a comprovação do dano sofrido.

A clara situação fática da posição de inferioridade do **empregado** na relação de emprego o torna vulnerável no momento do ajuste das cláusulas contratuais, sendo necessário que se lhe empreste tutela jurídica específica a fim de possibilitar a garantia do equilíbrio contratual.

Assim, com o intuito de sopesar o desnível dessa relação (princípio da proteção), admite-se a aplicação dessa teoria com o fito de indenizar integralmente o empregado, principalmente em hipóteses de **acidente de trabalho,** nas quais há uma gama imensurável de chances perdidas, desde que essas se apresentem como situações de vantagens reais e sérias.

A jurisprudência não assentou um parâmetro fixo para avaliar a seriedade das chances perdidas. Por vezes, ocorre a reparação de danos extremamente hipotéticos, em total desapego aos princípios da razoabilidade e proporcionalidade. Outras vezes, indenizam-se equivocadamente as chances conspurcadas, sendo estas enquadradas como danos morais ou lucros cessantes.

Por fim, em que pesem os reiterados erros cometidos, é possível vislumbrar um gradativo aperfeiçoamento na aplicação da teoria da perda de uma chance na Justiça do Trabalho do Brasil. O grande aumento do número de demandas que envolvem esse tema nos últimos anos é reflexo da repercussão dessa teoria entre os operadores jurídicos. Assim, utilizando-se do modelo estrangeiro como fonte direta para a produção de soluções domésticas, as chances perdidas são reparáveis, desde que considerados os critérios fixados e probabilidades de cada caso concreto.

10.5.4.3.1. A teoria da perda da chance na seara médica

A teoria da perda de uma chance também pode ser aplicada na **área médica**, e já defendíamos essa possibilidade quando estudamos o tema, ainda inédito no Brasil, em nosso doutorado na Faculdade de Direito do Largo de São Francisco, no ano de 2012, quando cursamos a disciplina de Direito à Saúde com o Prof. Fernando Scaff.

Na França, a tese sofreu uma adaptação que recebeu o nome de *perte d'une chance de survie ou guérison*, que significa a perda de uma chance de cura ou de sobrevivência.

Se por causa do médico seu cliente perder uma chance de cura ou sobrevivência, será condenado à reparação parcial do dano, mesmo que o nexo de causalidade entre a ação culposa do médico e o resultado danoso não possa ser estabelecido com certeza.

Na França há quem critique a teoria da perda de uma chance por dois motivos:

1) por ela adaptar-se mal ao campo da medicina;

2) por traduzir incerteza quanto à causalidade.

O motivo talvez seja porque na França se utiliza a perda da chance médica em razão de o paciente estar exposto, por exemplo, a vários riscos anormais numa cirurgia, e, principalmente, porque ela é realizada em segredo (somente com os médicos), com a vítima anestesiada, e as testemunhas são pessoas unidas por laços de amizade (médicos, anestesistas, enfermeiros etc.), o que dificulta apontar a causa do dano.

René Savatier foi um dos maiores críticos da teoria da perda da chance de cura e sobrevivência na França, pois nela não se analisa o fato futuro, mas o pretérito, em razão da certeza do resultado (morte ou invalidez), o que a diferencia da teoria clássica.

Acreditamos que a crítica se dá porque, na França, os juízes, em vez de perquirirem se a falha médica está em relação de causalidade com o dano, passam a perguntar aos peritos qual a probabilidade de existir nexo de causalidade, para que possam conceder uma reparação parcial, na hipótese de a causalidade com o dano não ser definitiva.

A teoria clássica da perda da chance não se utiliza desse expediente (buscar probabilidade de existir nexo causal), pois ela faz com que um resultado futuro (ganhar provimento num recurso, por exemplo), que já era em certa medida aleatório (antes da perda do prazo), reste absolutamente impossível.

Na teoria clássica, é o dano próprio e autônomo que destrói todas as chances da vítima, em razão da existência de um evento aleatório (nos exemplos acima, seria ganhar a corrida e obter provimento ao recurso).

Já na teoria médica é a causa que concorre para a ocorrência do dano final, pois as chances não foram destruídas, mas diminuídas. Assim, teremos um evento certo em que haverá dúvida na causalidade entre a ação e o dano final por culpa do médico.

Mas, infelizmente, no Brasil isso não anda ocorrendo (não buscar a probabilidade de existir nexo causal), pois o Judiciário, no caso de perda de prazo para recorrer, julga um recurso intempestivo para condenar o advogado a pagar o prejuízo total, como vemos no **Resp 1.190.180/RS (2010/0068537-8), STJ, rel. Min. Luis Felipe Salomão, 4ª Turma, j. em 16-11-2010, *Dje* de 22-11-2010**.

A Câmara Civil da Corte de Cassação, em 1965, considerou que, caso o médico faça seu cliente perder uma chance de cura ou sobrevivência, obriga-se à reparação parcial do dano, mesmo que o nexo de causalidade entre a ação culposa do médico e o resultado danoso não possa ser estabelecido com certeza.

Mas qual é o tipo de dano que se tem com a perda da chance? O que é reparação parcial de dano? É possível falar em responsabilidade civil mesmo que não haja certeza do nexo causal entre a ação médica e o dano?

Acreditamos que a perda de uma chance é um dano projetado no futuro. Mas, no direito à saúde, o dano já não ocorreu (morte ou invalidez)? O que haverá é uma álea que ocasionará dúvida se o dano poderia ser evitado.

Entendemos que no lugar do dano patrimonial ressarcível haverá um prejuízo frequentemente incerto, vinculado não de maneira clara, mas muito provável ao evento danoso.

Na perda da chance haverá prejuízo não hipotético por culpa médica. Porém, a indenização deverá ser mitigada, pois não se pode condenar ao pagamento de 100% do prejuízo (por exemplo, no caso de a vítima não mais poder trabalhar), sob pena de a condenação apenar um dano, e não pela perda da chance de ela continuar a trabalhar por um período que não se sabe qual seria (**Resp 1.254.141/PR, rel. Min. Fátima Nancy Andrighi, j. 4-12-2012**).

Porém o grande desafio do magistrado é verificar se a chance era séria, pois não se pode condenar o médico pela perda da chance se a chance de cura ou sobrevivência era mínima, mesmo havendo culpa dele no prejuízo causado (por exemplo, a falta de cuidados pós-operatórios, que na França é causa de indenização por si só).

Na França, utiliza-se a teoria da perda de uma chance para as hipóteses de quebra do dever de informar, como no caso de pessoa que ficou com paralisia facial (não informada) em decorrência de cirurgia contra surdez.

Mas, nesse caso, não seria inadimplemento contratual por quebra da base objetiva do contrato? Acreditamos que sim.

O cálculo da indenização geralmente é feito com base na chance perdida, ou seja, se tinha 30% de chance de ganhar um prêmio, a condenação é em 30% do valor do prêmio. Na seara médica, calcula-se em percentual sobre o que os tribunais entendem valer a vida, em caso de óbito (500 salários mínimos).

Porém, pode ser aplicado, no caso em tela, o parágrafo único do art. 944 do Código Civil, que permite a redução equitativa da indenização se houver excessiva desproporção entre a gravidade da culpa e o dano.

O erro médico pode causar prejuízos gigantes, mesmo se tiver origem num pecadilho (culpa levíssima), motivo pelo qual questiono se, nesses casos, para não acabar com a vida profissional do médico, seria justo reduzir equitativamente a indenização, mesmo que com isso não se tenha a reparação integral.

Nos julgados que negam indenização pela perda da chance, ao menos há unanimidade de que a prova de culpa médica é necessária e imprescindível, pois a responsabilidade do profissional liberal é subjetiva de acordo com o Código de Defesa do Consumidor, como podemos verificar no TJRS, **AC 70035082072, Pelotas, 10ª Câmara Cível, rel. Des. Paulo Antônio Kretzmann, j. em 22-7-2010, *DJERS* 9-8-2010.**

Desde a segunda edição deste livro (2012/2013) já defendíamos a possibilidade de aplicação da teoria da perda de uma chance na seara médica (cura e sobrevivência). Na época não havia julgados do STJ nesse sentido, mas agora já existe:

> Recurso especial. Responsabilidade civil. Violação do art. 53 do CP. Inexistência. Súmula n. 7/STJ. Não incidência. Hospital particular. Recusa de atendimento. Omissão. Perda de uma chance. Danos morais. Cabimento. (...) 3. A dignidade da pessoa humana, alçada a princípio fundamental do nosso ordenamento jurídico, é vetor para a consecução material dos direitos fundamentais e somente estará assegurada quando for possível ao homem uma existência compatível com uma vida digna, na qual estão presentes, no mínimo, saúde, educação e segurança. 4. Restando evidenciado que nossas leis estão refletindo e representando quais as prerrogativas que devem ser prioritariamente observadas, a recusa de atendimento médico, que privilegiou trâmites burocráticos em detrimento da saúde da menor, não tem respaldo legal ou moral. 5. A omissão adquire relevância jurídica e torna o omitente responsável quando este tem o dever jurídico de agir, de praticar um ato para impedir o resultado, como na hipótese, criando, assim, sua omissão, risco da ocorrência do resultado. 6. A simples chance (de cura ou sobrevivência) passa a ser considerada como bem juridicamente protegido, pelo que sua privação indevida vem a ser considerada como passível de ser reparada. 7. Na linha dos precedentes deste Tribunal Superior de Justiça, restando evidentes os requisitos ensejadores ao ressarcimento por ilícito civil, a indenização por danos morais é medida que se impõe. 8. Recurso especial parcialmente provido (**Resp 1.335.622-DF, rel. Min. Ricardo Villas Bôas Cueva, 3ª Turma, j. 18-12-2012, *Dje* de 27-2-2013**).

Foi motivo de muita felicidade verificar que um posicionamento por nós defendido foi adotado no Tribunal da Cidadania.

10.6. DA CLASSIFICAÇÃO DA RESPONSABILIDADE CIVIL EXTRACONTRATUAL

A responsabilidade civil extracontratual classifica-se em: **responsabilidade subjetiva**, que é aquela em que se analisa a presença da culpa *lato sensu*, e **responsabilidade objetiva**, que é aquela em que não há necessidade do elemento culpa, bastando o ato, o dano e o nexo de causalidade.

Assim sendo, verifica-se que a responsabilidade subjetiva é aquela decorrente de ato ilícito em sentido estrito, ou seja, ocorre quando o agente pratica uma conduta com dolo ou culpa, enquanto a responsabilidade objetiva é aquela decorrente de ato ilícito em sentido amplo, que independe da comprovação de dolo ou culpa.

O art. 186 do Código Civil define o ato ilícito em sentido estrito. Já o art. 927, *caput*, do mesmo Código se refere ao art. 186 (responsabilidade subjetiva) e ao art. 187 (abuso de direito – responsabilidade objetiva).

No Código Civil de 1916 a responsabilidade subjetiva era a regra e as leis especiais traziam hipóteses de responsabilidade objetiva. Com o tempo, as hipóteses de responsabilidade objetiva se avolumaram tanto que passaram a ser mais importantes do que as de responsabilidade subjetiva.

10.6.1. Da responsabilidade civil objetiva

A responsabilidade civil extracontratual é subjetiva, conforme estabelece o art. 927 do Código Civil.

Para ser objetiva, duas são as hipóteses:

a) se existir previsão legal expressa, como a descrita no art. 931 do Código Civil.

b) se a atividade normalmente desenvolvida pelo autor do dano implicar risco aos direitos de outrem.

A ideia de atividade significa a sequência encadeada de atos normalmente desenvolvidos.

Trata-se da teoria do risco consagrada no parágrafo único do art. 927 do Código Civil. Existem diversas teorias do risco. São as seguintes:

Teoria do risco-proveito: quem com a sua atividade ganha (proveito) deve arcar com os prejuízos. É a noção de atividade econômica, pois, se o risco que a atividade cria gera lucro, a pessoa deve responder objetivamente. Como exemplo, podemos citar o assalto em caixa eletrônico, instalado fora da agência bancária. Como o banco tem lucro com a utilização desse serviço, responde objetivamente. Outro exemplo interessante está na **Súmula 492 do STF**, pela qual a empresa locadora de veículos responde, civil e solidariamente com o locatário, pelos danos por este causados a terceiro no uso do carro locado.

Teoria do risco criado: o agente deve indenizar quando sua atividade gera risco, independentemente se tiver ou não proveito econômico.

O risco deve ser inerente à atividade. Não se confunde risco criado, também chamado adquirido, com risco inerente – o risco de morte durante uma cirurgia é um risco inerente. No exemplo do atropelamento ou quanto a um produto lançado no mercado, o risco é adquirido. Risco-proveito é a ideia de que a pessoa responde objetivamente, porque a atividade por meio da qual ela obtém proveito cria risco para outrem. Não há na doutrina um consenso sobre qual teoria o Código Civil adotou, se risco criado ou risco-proveito. São adeptos do risco criado: Sílvio de Salvo Venosa e Caio Mário da Silva Pereira, dentre outros. Já pelo risco-proveito advogam Carlos Roberto Gonçalves e Miguel Reale.

Entendemos ser a mais acertada, assim como Alvino Lima, a teoria do risco proveito, pois não se justifica a responsabilidade objetiva se não houver proveito para o agente causador do dano, por ser ele a razão de ser da teoria do risco. Se entendermos que o Código Civil adotou a teoria do risco criado, dirigir automóvel seria atividade de risco, e a responsabilidade seria objetiva num simples acidente de automóvel.

Teoria do risco administrativo: independe da comprovação de dolo ou culpa, bastando demonstrar que os danos foram causados (nexo de causalidade) por uma conduta da Administração Pública.

A teoria do risco administrativo, consagrada em sucessivos documentos constitucionais brasileiros desde 1946, confere fundamento doutrinário à responsabilidade civil objetiva do Poder Público pelos danos a que os agentes públicos houverem dado causa, por ação ou por omissão. Essa concepção, que informa o princípio constitucional da responsabilidade civil objetiva do Poder Público, determina que, com a mera ocorrência de ato lesivo causado à vítima pelo Estado, nascerá o dever de indenizá-la pelo dano pessoal e/ou patrimonial sofrido, independentemente de caracterização de culpa dos agentes estatais ou de demonstração de falta do serviço público.

Os elementos que compõem a estrutura e delineiam o perfil da responsabilidade civil objetiva do Poder Público compreendem:

a) a alteridade do dano;

b) a causalidade material entre o *eventu damni* e o comportamento positivo (ação) ou negativo (omissão) do agente público;

c) a oficialidade da atividade causal e lesiva, imputável a agente do Poder Público, que tenha, nessa condição funcional, incidido em conduta comissiva ou omissiva, independentemente da licitude, ou não, do comportamento funcional[38];

d) a ausência de causa excludente da responsabilidade estatal[39].

Encontramos a responsabilidade civil do Estado no texto constitucional, no seguinte dispositivo:

38. *RTJ* 140/636.
39. RE 109.615, rel. Min. Celso de Mello, *DJ* de 2-8-1996.

Art. 37. (...)

§ 6º As pessoas jurídicas de direito público e as de direito privado prestadoras de serviços públicos responderão pelos danos que seus agentes, nessa qualidade, causarem a terceiros, assegurado o direito de regresso contra o responsável nos casos de dolo ou culpa.

A doutrina e a jurisprudência vêm entendendo que a responsabilidade objetiva do Estado só existe diante de uma conduta comissiva (ação) praticada pelo agente público, por exemplo, em uma perseguição policial, em que o tiro desferido por um guarda acerta um particular.

Por outro lado, quando estivermos diante de uma omissão do Estado a responsabilidade deixa de ser objetiva e passa a ser subjetiva, ou seja, o particular lesado deverá demonstrar o dolo ou a culpa da Administração, em qualquer de suas modalidades: negligência, imprudência e imperícia, como no caso de enchente causada por fortes chuvas, onde será necessário demonstrar que não foi realizada a limpeza de bueiros e das "bocas de lobo", o que dificultou o escoamento das águas (teoria da culpa anônima).

Porém, vale lembrar que não apenas os atos ilícitos, mas também os atos lícitos dos agentes públicos são capazes de gerar a responsabilidade extracontratual do Estado, como no caso de policiais civis que, em uma perseguição de bandidos, batem em um veículo que estava no caminho. A perseguição policial é um ato lícito, porém acarretou prejuízos e o Estado deverá indenizar os danos causados.

Com relação ao prazo prescricional, o Superior Tribunal de Justiça[40] firmou entendimento que a pretensão de reparação civil contra a **Fazenda Pública prescreve em 5 anos**, ou seja, aplica-se o art. 1º do **Decreto n. 20.910/32**, em vez do art. 206, § 3º, V, do Código Civil. A referida norma estabelece que as dívidas passivas da União, dos Estados e dos Municípios, bem como todo e qualquer direito ou ação contra a Fazenda Federal, Estadual ou Municipal, seja qual for a sua natureza, prescrevem em 5 anos contados da data do ato ou fato do qual se originarem. Questão importante é que a prescrição contra a Fazenda Pública, a exemplo do que ocorre no Código Civil, só pode ser interrompida uma única vez, **mas a retomada do prazo não se dá por inteiro, apenas pela metade**, privilégio fazendário concedido pelo **art. 9º do Decreto 20.910/32**. Para não prejudicar o interesse de nenhum credor, existem duas súmulas que estabelecem as seguintes regras:

40. Administrativo e processual civil. Negativa de prestação jurisdicional. Inocorrência. Ação declaratória. Policial militar. Reclassificação. Decreto n. 20.910/1932. Prescrição quinquenal. Ocorrência. Divergência jurisprudencial não configurada. 1. Não ocorre a alegada negativa de prestação jurisdicional, visto que tal somente se configura quando, na apreciação de recurso, o órgão julgador insiste em omitir pronunciamento sobre questão que deveria ser decidida, e não foi. Precedentes. 2. O entendimento desta corte superior é no sentido de que a prescrição quinquenal prevista no art. 1º do Decreto n. 20.910/1932 deve ser aplicada a todo e qualquer direito ou ação contra a Fazenda Pública, seja ela federal, estadual ou municipal, independentemente da natureza da relação jurídica estabelecida entre a administração pública e o particular. Precedentes. 3. O conhecimento de Recurso Especial fundado na alínea "c" do art. 105, III, da CF/1988 requisita, além da indicação dos dispositivos legais violados, a demonstração analítica da divergência jurisprudencial invocada, por intermédio da transcrição dos trechos dos acórdãos que configuram o dissídio e da indicação das circunstâncias que identificam ou assemelham os casos confrontados, não sendo bastante a simples transcrição de ementas ou votos (artigos 541, parágrafo único, do Código de Processo Civil e 255, § 2º, do RISTJ). A não observância a esses requisitos legais e regimentais (art. 541, parágrafo único, do CPC e art. 255 do RI/STJ), tal como ocorrido, impede o conhecimento do Recurso Especial. Precedentes. 4. Agravo regimental não provido (**STJ; AgRg-REsp 1.491.034; Proc. 2013/0367925-6; DF; 2ª Turma; rel. Min. Mauro Campbell Marques; *DJE* 2-12-2014**) (grifo nosso).

SÚMULA 383 DO STF	SÚMULA 85 DO STJ
"A prescrição em favor da Fazenda Pública recomeça a correr, por dois anos e meio, a partir do ato interruptivo, mas não fica reduzida aquém de cinco anos, embora o titular do direito a interrompa durante a primeira metade do prazo."	"Nas relações jurídicas de trato sucessivo em que a Fazenda Pública figure como devedora, quando não tiver sido negado o próprio direito reclamado, a prescrição atinge apenas as prestações vencidas antes do quinquênio anterior à propositura da ação."

Com relação ao termo inicial do referido prazo, onde o citado decreto menciona que o mesmo é contado da data do ato ou fato do qual se originarem, o STJ já decidiu que ele tem a sua contagem iniciada com a ciência inequívoca dos efeitos decorrentes do ato lesivo, aplicando a *Teoria da Actio Nata*[41], em decorrência de o art. 10 do referido decreto determinar que o disposto nos artigos anteriores não altera as prescrições de menor prazo, constantes das leis e regulamentos, as quais ficam subordinadas às mesmas regras.

Atividade de extração de petróleo realizada por pessoa jurídica de direito privado é uma atividade de risco, motivo pelo qual se causar dano a outrem haverá dever de indenizar, independentemente de culpa, por ser a responsabilidade objetiva.

Teoria do risco integral: nessa teoria não se admitem as excludentes de responsabilidade civil, pois não se exige como pressuposto, sequer, o nexo causal. Ela é aplicada na responsabilidade objetiva por dano ambiental, pois bastam a atividade e o dano, já que o maior prejudicado é o meio ambiente. Essa é a posição do STJ:

> Recurso especial. Responsabilidade civil. Dano ambiental privado. Resíduo industrial. Queimaduras em adolescente. Reparação dos danos materiais e morais. 1 – Demanda indenizatória movida por jovem que sofreu graves queimaduras nas pernas ao manter contato com resíduo industrial depositado em área rural. 2 – A responsabilidade civil por danos ambientais, seja por lesão ao meio ambiente propriamente dito (dano ambiental público), seja por ofensa a direitos individuais (dano ambiental privado), é objetiva, fundada na teoria do risco integral, em face do disposto no art. 14, § 10, da Lei n. 6.938/81. 3 – A colocação de placas no local indicando a presença de material orgânico não é suficiente para excluir a responsabilidade civil. 4 – Irrelevância da eventual culpa exclusiva ou concorrente da vítima. 5 – *Quantum* indenizatório arbitrado com razoabilidade pelas instâncias de origem. Súmula 07/STJ. 6 – Alteração do termo inicial da correção monetária (Súmula 362/STJ). 7 – Recurso especial parcialmente provido (**Resp 1.373.788-SP. Rel. Min. Paulo de Tarso Sanseverino, j. 6-5-2014, 3ª Turma, v.u.**).

No sistema do Código Civil de 1916, como no art. 1.527, não havia a ideia de risco, mas de culpa presumida, pois era possível presumir a culpa *in eligendo*, *in vigilando* e *in custodiando*. Apresentavam-se como situações de culpa presumida (presunção relativa), podendo o culpado fazer prova em contrário. O empregador respondia pelos atos do empregado por culpa *in eligendo*, ou seja, culpa na sua escolha.

Atualmente o Código Civil não trabalha mais com presunção de culpa na responsabilidade extracontratual, mas com a ideia de risco como fator que acarretará a responsabilidade objetiva.

As hipóteses de responsabilidade presumida mostram-se como um avanço rumo à responsabilidade objetiva. Nas situações em que a pessoa responde, ainda que não tenha agido com culpa, o fundamento será o risco que certas atividades oferecem.

41. STJ, REsp 767.143/DF, rel. Min. Luiz Fux, *DJ* de 31-5-2007, p. 343.

Para Alvino Lima, em sua obra clássica *Da culpa ao risco*, a culpa é tão forte que para chegar ao risco passamos pelas presunções, primeiro relativa e depois absoluta. Josserand explicava que na presunção absoluta a culpa existe como fantasma por ser fictícia, já que não se admite prova da não culpa.

O marco da presunção absoluta de culpa estava no Decreto n. 2.681/12, que cuidava das estradas de ferro. Os donos das estradas de ferro respondem pelos danos decorrentes de desastres em suas linhas dos quais resultassem morte e ferimento de passageiros. A jurisprudência aplicou esse decreto, por analogia (suprimentos de lacunas da lei), para todos os transportes terrestres.

A responsabilidade civil subjetiva é fundada na culpa. A responsabilidade civil objetiva é fundada no risco.

10.6.1.1. Das principais hipóteses de responsabilidade civil objetiva

Responsabilidade civil por dano ao meio ambiente (art. 14, § 1º, da Lei n. 6.938/81 – Política Nacional do Meio Ambiente).

Responsabilidade civil por vício e fato do produto ou serviço, exceto no caso de profissionais liberais (arts. 12 e 14, § 4º, do CDC).

Responsabilidade civil por danos causados pelos agentes públicos (art. 37, § 6º, da CF).

Responsabilidade civil por danos nucleares (art. 4º da Lei n. 6.453/77 – Responsabilidade Civil e Criminal por Danos e Atos Nucleares): o art. 21, XXIII, *d*, da CF, com a redação dada pela EC n. 49/2006, estabelece que a responsabilidade civil por danos nucleares independe da existência de culpa.

Responsabilidade civil dos empresários individuais e empresas pelos produtos postos em circulação: de acordo com o art. 931 do Código Civil, ressalvados outros casos previstos em lei especial, os empresários individuais e as empresas respondem, independentemente de culpa, pelos danos causados pelos produtos postos em circulação.

Responsabilidade civil por danos causados pelo fato do animal (coisa animada): de acordo com o art. 936 do Código Civil, ter um animal significa riscos para os direitos de outrem:

> **Art. 936.** O dono, ou detentor, do animal ressarcirá o dano por este causado, se não provar culpa da vítima ou força maior.

Responsabilidade civil do dono do edifício ou construção em ruína: de acordo com o art. 937 do Código Civil, ter um prédio em ruína, mesmo que parcial, significa riscos para os direitos de outrem:

> **Art. 937.** O dono de edifício ou construção responde pelos danos que resultarem de sua ruína, se esta provier de falta de reparos, cuja necessidade fosse manifesta.

Responsabilidade civil por líquidos e sólidos lançados ou caídos de edifícios (responsabilidade *effusis et dejectis*): *effusis* significa líquidos e *dejectis* significa sólidos.

> **Art. 938.** Aquele que habitar prédio, ou parte dele, responde pelo dano proveniente das coisas que dele caírem ou forem lançadas em lugar indevido.

Cumpre salientar que essa responsabilidade é de quem habita o prédio, ou seja, pode abranger o locatário e o comodatário. Nos casos em que não se pode determinar de onde caiu o objeto, a responsabilidade objetiva será do condomínio, excetuados o próprio condômino vítima do dano, bem como os que não podem ter conseguido praticar o dano, por exemplo, os que moram na parte da frente do prédio, se o objeto lançado atingiu carro estacionado no fundo do prédio.

De acordo com o art. 938 do Código Civil, morar nas alturas significa riscos para os direitos de outrem.

Responsabilidade civil pela cobrança de dívida vincenda (art. 939 do CC).

> **Art. 939.** O credor que demandar o devedor antes de vencida a dívida, fora dos casos em que a lei o permita, ficará obrigado a esperar o tempo que faltava para o vencimento, a descontar os juros correspondentes, embora estipulados, e a pagar as custas em dobro.

Responsabilidade civil pela cobrança de dívida já paga no todo ou em parte (art. 940 do CC).

> **Art. 940.** Aquele que demandar por dívida já paga, no todo ou em parte, sem ressalvar as quantias recebidas ou pedir mais do que for devido, ficará obrigado a pagar ao devedor, no primeiro caso, o dobro do que houver cobrado e, no segundo, o equivalente do que dele exigir, salvo se houver prescrição.

As penas previstas nos arts. 939 e 940 do Código Civil não se aplicarão quando o autor desistir da ação antes de contestada a lide, salvo ao réu o direito de haver indenização por algum prejuízo que prove ter sofrido.

A 2ª seção do STJ definiu sobre o modo e a oportunidade de formulação do pedido de aplicação da penalidade prevista no art. 940 do CC para aquele que demandar por dívida já paga, no todo ou em parte, sem ressalvar as quantias recebidas ou pedir mais do que for devido.

A seção acolheu a tese do acórdão recorrido, assentando:

> É possível que a alegação seja feita no curso do processo e até mesmo poderá ser determinada pelo juiz de ofício, desde que comprovada a má-fé e a parte tenha tido a possibilidade de se defender sobre a matéria.

O julgado que originou a tese acima foi o EREsp n. 1.106.999/SC, publicado no *Dje* em 13 de março de 2019.

Responsabilidade civil por fato ou ato de terceiros (arts. 932 e 933 do CC).

Essa modalidade de responsabilidade é dupla, ou seja, o art. 932 estabelece que, além do causador do dano, também será responsável pela reparação civil. Trata-se de hipótese em que alguém é responsabilizado (*Haftung*) por um débito (*Schuld*) que não é seu.

De acordo com o art. 933, as pessoas elencadas no art. 932 respondem objetivamente somente se o autor do dano tiver agido com culpa ou dolo.

As hipóteses constantes do art. 932 são:

a) Responsabilidade dos pais pelos filhos menores que estiverem sob sua autoridade e em sua companhia: a responsabilidade dos pais pelos filhos se estende até eles deixarem de ser menores, ou seja, cessa quando completarem 18 anos. Se o filho estiver emancipado, há que se analisar em que circunstâncias se deu a emancipação. Se a emancipação for convencional (por ato de vontade dos pais), ainda haverá responsabilidade civil, porém se a emancipação for legal, por vontade da lei, nesse caso os pais não mais seriam responsabilizados, pois, segundo o STJ, a emancipação por outorga dos pais (voluntária) não exclui, por si só, a responsabilidade decorrente de atos ilícitos do filho (**Resp 122.573-PR, rel. Min. Eduardo Ribeiro, 3ª Turma, j. 23-6-1998, *DJ* 18-12-1998**). Sobre emancipação, recomendamos a leitura do tópico específico sobre o tema, no começo desse livro, quando tratamos da incapacidade, ao analisar a Parte Geral do Código Civil.

A palavra "autoridade" pressupõe poder familiar, ou seja, se um dos genitores for destituído do poder familiar não mais responderá por atos dos filhos menores, mas o seu representante legal.

Por fim, com relação à necessidade de o filho menor estar sob a companhia do genitor essa exigência não pressupõe a guarda.

No Código Civil de 1916 os pais respondiam subjetivamente por culpa presumida *in vigilando* (art. 1.521, I). Hoje, respondem objetivamente, pois a culpa dos pais é irrelevante nesse caso, mas pressupõe-se que o filho tenha praticado um ato ilícito em sentido estrito, pois a sua conduta deve ser eivada de dolo ou culpa. Assim sendo, o filho responderá subjetivamente e os pais objetivamente. Em qualquer caso, inclusive na guarda compartilhada, ambos os pais têm responsabilidade objetiva.

O Enunciado 450 do CJF reforça a tese de que a responsabilidade dos pais é conjunta, ainda que eles estejam separados, e acrescente, ainda, que a mesma é solidária:

> **En. 450 do CJF** – Art. 932, I: Considerando que a responsabilidade dos pais pelos atos danosos praticados pelos filhos menores é objetiva, e não por culpa presumida, ambos os genitores, no exercício do poder familiar, são, em regra, solidariamente responsáveis por tais atos, ainda que estejam separados, ressalvado o direito de regresso em caso de culpa exclusiva de um dos genitores.

O Superior Tribunal de Justiça já firmou entendimento de que genitor que não possui a guarda do filho é igualmente responsável por atos praticados quando o menor não estava na sua companhia, e concordou com a tese de que os pais serão solidariamente responsáveis pelos atos dos filhos menores[42].

b) Responsabilidade do tutor e do curador pelos pupilos e curatelados que estiverem sob sua autoridade e em sua companhia: o tutor representa o menor incapaz que não tem mais os pais para exercer o poder familiar. O curador representa aquele cuja causa da incapacidade se deu por conta de interdição.

42. "Responsabilidade civil. Pais separados. Ato ilícito. Menor. A Turma reiterou o entendimento de que ambos os genitores, inclusive aquele que não detém a guarda, são responsáveis pelos atos ilícitos praticados pelos filhos menores, salvo se comprovarem que não concorreram com culpa para a ocorrência do dano. Contudo, na espécie, a genitora assumiu o risco da ocorrência trágica, ao comprar um revólver três ou quatro dias antes de o filho cometer o crime, arma adquirida de modo irregular e sem cautela alguma. Assim, tal circunstância caracteriza excepcionalidade que isenta o genitor, que não detém a guarda e não habita no mesmo domicílio, de solidariamente responder pelo ato ilícito (homicídio) cometido pelo menor, ou seja, deve ser considerado parte ilegítima na ação proposta pelos pais da vítima" (REsp 777.327-RS, rel. Min. Massami Uyeda, j. em 17-11-2009).

As mesmas observações feitas acima para os pais valem também nessa hipótese para o tutor e curador, ou seja, o tutelado e o curatelado devem estar sob sua autoridade e sua companhia.

c) Responsabilidade do empregador ou comitente pelos atos dos seus empregados, serviçais e prepostos no exercício do trabalho que lhes competir ou em razão dele: no art. 932, III, do Código Civil, teremos conduta do empregado (com dolo ou culpa) e responsabilidade objetiva por parte do empregador, mesmo sem culpa. É a junção do art. 932, III, com o art. 927, parágrafo único.

Se o empregado agiu com culpa ou dolo, tanto ele quanto o empregador respondem: o empregado subjetivamente e o empregador objetivamente (responsabilidade solidária).

A responsabilidade civil do empregador por atos dos seus empregados é objetiva por disposição expressa do art. 933 do CC, e é solidária com o empregado (quem praticou o ato ilícito), consoante disposição expressa do art. 942, parágrafo único do CC.

Questão interessante sobre o tema é que a responsabilidade civil do empregador com relação ao empregado, descrita no art. 7º, XXVIII, da CF, é subjetiva, pois o texto constitucional determina que ele deve ter agido com dolo ou culpa.

Para Rodolfo Pamplona Filho, por uma questão de coerência, se o empregador responde objetivamente quanto aos danos causados por terceiros, não poderia responder subjetivamente pelos danos causados aos empregados, pois a atividade que pratica é uma só. Porém o tema é controverso, já que são normas hierarquicamente distintas, motivo pelo qual, analisando a jurisprudência do Tribunal Superior do Trabalho[43], verifica-se que tal posição é minoritária, motivo pelo qual a Constituição Federal é que deve prevalecer.

O comitente responde pelo seu preposto, por exemplo, no caso de o proprietário de um veículo automotor o emprestar para outra pessoa e esta vir a causar dano a alguém, o proprietário responde objetivamente (a jurisprudência equipara o proprietário do automóvel ao preposto). Quando o proprietário do automóvel o deixa na oficina e o mecânico usa-o indevidamente, sem autorização do dono, causando dano a outrem, não se fala em

---

43. Recurso de revista da reclamada. Indenização por danos morais e materiais. Inexistência de culpa ou dolo da reclamada. Responsabilidade objetiva. Impossibilidade. 1. Para a existência do dever de reparar o dano causado, alguns pressupostos devem estar presentes, sem os quais o próprio instituto da responsabilidade se torna inaplicável à hipótese, quais sejam, o dano experimentado pelo ofendido, a ação ou a omissão do causador, o nexo de causalidade e a culpa ou o dolo do agente. Trata-se do estabelecimento do nexo causal entre lesão e conduta omissiva ou comissiva do empregador, sabendo-se que o direito trabalhista brasileiro alberga tão somente a teoria da responsabilidade subjetiva, derivada de culpa ou dolo do agente da lesão em matéria trabalhista (CF, art. 7º, XXVIII). 2. *In casu*, o Regional condenou a reclamada ao pagamento de indenização por danos morais e materiais decorrentes de acidente de trabalho, sob o fundamento de que, independentemente de culpa da reclamada, a sua responsabilização seria objetiva, na forma do art. 927 do CC. 3. Se, por um lado, a norma civil não alcança a esfera trabalhista, iluminada pelo comando constitucional do art. 7º, XXVIII, por outro, nenhuma atividade laboral está infensa a riscos de acidente (no próprio dizer de Guimarães Rosa, em sua epopeia *Grande Sertão: Veredas*, viver é muito perigoso), mas a Consolidação das Leis do Trabalho somente admite o adicional de periculosidade para as atividades de risco acentuado, ínsito ao manuseio de explosivos, inflamáveis (art. 193) e energia elétrica (Lei n. 7.369/85, art. 1º), o que descartaria, em tese, a invocação da responsabilidade objetiva por risco em relação ao trabalho em caixa, que é a hipótese dos autos. 4. Assim, não há como se atribuir responsabilidade à empregadora pelos danos morais e materiais decorrentes de acidente de trabalho consistente em um assalto que resultou no óbito do reclamante apenas considerando a teoria da responsabilidade objetiva. Recurso de revista da reclamada provido, restando prejudicado o recurso de revista do reclamante" (RR-RRv 1.420/2005-120-15-00.7, publ. em 18-9-2009, *DEJT*, rel. Juíza Convocada Maria Doralice Novaes).

responsabilidade objetiva do proprietário, já que nesse caso o dono da oficina será responsável pelo ato.

d) Responsabilidade dos donos de hotéis, hospedarias ou estabelecimentos similares, mesmo para fins de educação, por seus hóspedes, moradores e educandos: neste caso, o inciso engloba tanto os estabelecimentos que hospedam por dinheiro quanto os educacionais. Cumpre salientar, porém, que o estabelecimento educacional somente responde quando o educando for menor de idade.

e) Aquele que participa gratuitamente do produto do crime: a referida responsabilidade se dá mesmo que a pessoa esteja de boa-fé, pois tal responsabilidade implica o dever de restituição do que foi auferido ilicitamente.

10.6.1.2. O direito de regresso na responsabilidade civil por fato ou ato de terceiros

De acordo com o art. 934 do Código Civil, aquele que ressarcir o dano causado por outrem pode reaver o que houver pagado daquele por quem pagou, salvo se o causador do dano for descendente seu, absoluta ou relativamente incapaz.

Surge, nessa hipótese, a classificação da responsabilidade objetiva proposta por Álvaro Villaça Azevedo[44], nos seguintes termos:

Responsabilidade objetiva pura: que é aquela em que não há direito de regresso, ou seja, o terceiro responde exclusivamente, sem que seja possível acionar o causador do dano regressivamente (não busca de terceiros). Essa hipótese encontra-se contemplada no art. 934 do Código Civil, que estabelece a impossibilidade de regresso quando o causador do dano for descendente do terceiro ou incapaz (absolutamente ou relativamente).

Responsabilidade objetiva impura: tem como origem a culpa de terceiro, ou seja, quem paga a indenização terá direito de regresso contra o causador do dano. Essa hipótese encontra-se contemplada no art. 934 do Código Civil, ao estabelecer que aquele que ressarcir o dano causado por outrem pode reaver o que houver pagado daquele por quem pagou.

No caso do direito de regresso do empregador contra o empregado, quando aquele indeniza por ato praticado por este, é importante ressaltar que, conforme as leis trabalhistas, isto só será possível se o funcionário agiu com dolo, pois se a ação foi culposa, deve existir previsão expressa no contrato de trabalho, que autorize a cobrança ou desconto, por determinação do art. 468 da CLT:

> **Art. 468.** Nos contratos individuais de trabalho só é lícita a alteração das respectivas condições por mútuo consentimento, e ainda assim desde que não resultem, direta ou indiretamente, prejuízos ao empregado, sob pena de nulidade da cláusula infringente desta garantia.
>
> Parágrafo único. Não se considera alteração unilateral a determinação do empregador para que o respectivo empregado reverta ao cargo efetivo, anteriormente ocupado, deixando o exercício de função de confiança.

A concordância do funcionário em ressarcir o empregador, quando este indeniza atos que ele praticou, pode ser dada no próprio contrato de trabalho, ou em documento autônomo.

44. Proposta de classificação da responsabilidade objetiva: pura e simples. *Revista do Advogado*, São Paulo, n. 44, p. 7-19, out. 1994.

A Súmula 342 do TST estabelece que não se presume viciado o documento ou cláusula onde consta tal autorização, devendo o empregado fazer a prova do mesmo, caso ele tenha existido:

> **Súmula 342 do TST** – Descontos salariais efetuados pelo empregador, com a autorização prévia e por escrito do empregado, para ser integrado em planos de assistência odontológica, médico-hospitalar, de seguro, de previdência privada, ou de entidade cooperativa, cultural ou recreativo-associativa de seus trabalhadores, em seu benefício e de seus dependentes, não afrontam o disposto no art. 462 da CLT, salvo se ficar demonstrada a existência de coação ou de outro defeito que vicie o ato jurídico.

Por fim, sendo o empregado menor, o empregador não terá direito de regresso contra ele, consoante o **art. 934 do Código Civil**, que estabelece a impossibilidade de regresso quando o causador do dano for incapaz (absolutamente ou relativamente).

10.6.1.3. A solidariedade entre autor do dano e terceiro, e o caso do incapaz

Como a responsabilidade por ato ou fato de terceiro envolve outra pessoa além do causador do dano, já que a referida responsabilidade é dupla, surge a dúvida se haveria ou não solidariedade entre os envolvidos. De acordo com o parágrafo único do art. 942 do Código Civil, são solidariamente responsáveis com os autores os coautores e as pessoas designadas no art. 932 do mesmo diploma legal.

A responsabilidade civil por atos do incapaz possui, porém, tratamento diferenciado do descrito acima. Os pais, o tutor ou curador são responsáveis em primeiro plano. Mas o incapaz responderá pelos prejuízos que causar, se as pessoas por ele responsáveis não tiverem obrigação de fazê-lo ou não dispuserem de meios suficientes. Assim sendo, verifica-se que a responsabilidade do incapaz é subsidiária, já que responde de forma supletiva. Porém, a indenização, que deverá ser equitativa, não terá lugar se privar do necessário o incapaz ou as pessoas que dele dependem.

Esse entendimento é extraído da redação do art. 928 do Código Civil.

Cumpre lembrar, que a emancipação voluntária, por si só, não afasta a responsabilidade civil dos pais por atos dos filhos menores, segundo a jurisprudência do STJ (**AgRg no Ag 1.239.557-RJ, rel. Min. Maria Isabel Galotti, 4ª Turma, j. em 9-10-2012**).

10.6.2. A fixação do valor da indenização

De acordo com o *caput* do art. 944 do Código Civil, a indenização mede-se pela extensão do dano. Porém, o parágrafo único do referido artigo estabelece que, havendo desproporção excessiva entre a gravidade da culpa e o dano, poderá o juiz reduzir equitativamente a indenização, motivo pelo qual deverão ser levados em consideração os graus de culpa estudados anteriormente. Trata-se de uma exceção ao *caput*, que contempla a *restitutio in integrum* (princípio da reparação integral).

O direito de exigir reparação e a obrigação de prestá-la transmitem-se com a herança.

Se a vítima tiver concorrido culposamente para o evento danoso (culpa concorrente), a sua indenização será fixada tendo-se em conta a gravidade de sua culpa em confronto com a do autor do dano. Assim, verifica-se que a culpa concorrente não é excludente de responsabilidade civil.

Se a obrigação for indeterminada, e não houver na lei ou no contrato disposição fixando a indenização devida pelo inadimplente, apurar-se-á o valor das perdas e danos na forma que a lei processual determinar. Se o devedor não puder cumprir a prestação na espécie ajustada, substituir-se-á pelo seu valor, em moeda corrente.

No caso de homicídio, a indenização consiste, sem excluir outras reparações:

a) no pagamento das despesas com o tratamento da vítima, seu funeral e o luto da família (dano emergente);

b) na prestação de alimentos às pessoas a quem o morto os devia, levando-se em conta a duração provável da vida da vítima (alimentos indenizatórios, próximo aos lucros cessantes).

No caso de lesão ou outra ofensa à saúde, o ofensor indenizará o ofendido das despesas do tratamento e dos lucros cessantes até o fim da convalescença, além de algum outro prejuízo que o ofendido prove haver sofrido.

Se da ofensa resultar defeito pelo qual o ofendido não possa exercer o seu ofício ou profissão, ou se lhe diminua a capacidade de trabalho, a indenização, além das despesas do tratamento e lucros cessantes até o fim da convalescença, incluirá pensão correspondente à importância do trabalho para que se inabilitou, ou da depreciação que ele sofreu. O prejudicado, se preferir, poderá exigir que a indenização seja arbitrada e paga de uma só vez.

Nas hipóteses acima, a indenização é devida ainda no caso de o ilícito ter sido praticado por aquele que, no exercício de atividade profissional, por negligência, imprudência ou imperícia, causar a morte do paciente, agravar-lhe o mal, causar-lhe lesão, ou inabilitá-lo para o trabalho.

Havendo usurpação ou esbulho do alheio, além da restituição da coisa, a indenização consistirá em pagar o valor das suas deteriorações e o devido a título de lucros cessantes; faltando a coisa, dever-se-á reembolsar o seu equivalente ao prejudicado. Para restituir o equivalente, quando não exista a própria coisa, estimar-se-á ela pelo seu preço ordinário e pelo de afeição, contanto que este não se avantaje àquele.

Já a indenização por injúria, difamação ou calúnia consistirá na reparação do dano que delas resulte ao ofendido. Se o ofendido não puder provar prejuízo material, caberá ao juiz fixar, equitativamente, o valor da indenização, na conformidade das circunstâncias do caso.

A indenização por ofensa à liberdade pessoal consistirá no pagamento das perdas e danos que sobrevierem ao ofendido, e se este não puder provar prejuízo, tem aplicação o disposto no parágrafo único do art. 942. Consideram-se ofensivos da liberdade pessoal:

a) o cárcere privado;

b) a prisão por queixa ou denúncia falsa e de má-fé;

c) a prisão ilegal.

O cárcere privado pode gerar indenização no âmbito das relações familiares, por exemplo, na hipótese de o marido prender a esposa em casa. Quanto a prisão por queixa ou denúncia falsa, sem má-fé, não haverá obrigação de indenizar, devendo haver uma análise subjetiva. Quanto à prisão ilegal é pertinente a responsabilidade do Estado, havendo balizamentos para a indenização. Alguns doutrinadores entendem que é o Código de Processo Penal que trará tais hipóteses, nos casos em que há condenação e posterior afastamento por revisão criminal. Será indenizado o condenado que ficou preso mais tempo do que deveria (mais tempo do que a pena imposta).

Entendemos que em outras hipóteses pode haver indenização, tais como:

a) se uma pessoa fica presa e, posteriormente, descobre-se que não foi ela quem praticou o crime;

b) se a absolvição posterior se der por insuficiência de provas, a maioria da jurisprudência entende que não há dever de indenizar;

c) se a pessoa sofre prisão cautelar e vem a ser absolvida posteriormente, sendo comprovada a sua inocência, há quem entenda que a prisão é ilegal, se não preenchidos os requisitos legais, havendo direito à indenização. Estando os requisitos preenchidos, não há direito a indenização, porque a prisão não é penal, mas sim processual. Uma terceira opinião defende que, ainda que presentes os requisitos, verificando-se futura absolvição, deverá haver indenização.

10.7. A RESPONSABILIDADE CIVIL NAS RELAÇÕES TRABALHISTAS

Com o advento da **Emenda Constitucional n. 45, de 8-12-2004**, a responsabilidade civil se tornou um dos grandes temas do Direito do Trabalho, já que o **art. 114, VI, da Constituição Federal** transferiu para a Justiça do Trabalho a competência para processar e julgar ações indenizatórias por dano moral e material, decorrentes da relação de trabalho, incluindo acidente de trabalho.

A **responsabilidade civil no Direito do Trabalho é objetiva**, pois o art. 2º da Consolidação das Leis do Trabalho, estabelece que se considera empregador a empresa, individual ou coletiva, que, assumindo os riscos da atividade econômica, admite, assalaria e dirige a prestação pessoal de serviço. É esse risco da atividade econômica do empregador, que objetiva sua responsabilidade civil.

O abuso de direito, apto a gerar o dever de indenizar, pode ser cometido nas relações trabalhistas, tanto por parte do empregador quanto do empregado.

Se o empregador dispensar o empregado doente, impedindo o seu direito de afastamento, haverá, por violação ao princípio da boa-fé objetiva, o dever de indenizar e de readmiti-lo (**TRT/SP-RO 01036.2002.036.02.00-00**).

Outro exemplo de abuso de direito cometido pelo empregador é a exposição vexatória de empregado demitido por justa causa, quando se dá publicidade do ocorrido a clientes da empresa (*vide* **Recurso Ordinário TRT/SP n. 00657200006402003(20030565582), 4ª Turma, Acórdão n. 20050288908, rel. Ricardo Artur Costa e Trigueiros, j. 10-5-2005**).

Interessante é observar que o Direito do Trabalho também passa por um processo de constitucionalização, semelhante ao do Direito Civil, que pode ser percebido no julgado quando o magistrado cita o princípio da dignidade da pessoa humana.

Outros exemplos de abuso de direito cometido pelo empregador seriam a remuneração aviltante, as multas contratuais abusivas, a criação de listagem de péssimos empregados, o assédio moral e sexual, dentre outros.

Porém, o empregado também pode cometer abuso de direito, por exemplo, no caso da greve abusiva, pois o direito de greve previsto na Constituição é relativo, consoante o seguinte julgado do STF no **RE 184.083, 2ª Turma, rel. Min. Marco Aurélio, *DJU* 18-5-2001**.

O mesmo artigo da Constituição Federal que assegura o direito de greve estabelece punição em caso de abuso (art. 9º, §§ 1º e 2º).

Em caso de dano coletivo, por exemplo, a paralisação dos meios de transporte público, enseja a responsabilização civil do sindicato.

Com o advento da Lei n. 13.467/2017, que consagrou a chamada **Reforma Trabalhista**, a CLT ganhou um título novo, denominado II-A, que passou a tratar do dano extrapatrimonial.

Todo e qualquer dano que não tenha natureza patrimonial é chamado de extrapatrimonial, categoria criada na Itália onde é amplamente aplicada, ou seja, aquilo que não for dano emergente e lucro cessante, sendo gênero do qual dano moral e estético são espécies.

Nesse título foi incluído o art. 223-A, que estabelece a aplicação às reparações de danos de natureza extrapatrimonial decorrentes da relação de trabalho **apenas dos dispositivos previstos na CLT**, afastando nesse caso a aplicação do Código Civil. Numa leitura a *contrario sensu*, constata-se que **aplica-se o Código Civil nas reparações de danos patrimoniais trabalhistas**.

O art. 223-B **conceituou o dano de natureza extrapatrimonial trabalhista** como a ação ou omissão que ofenda a esfera moral ou existencial da pessoa física ou jurídica, as quais são as titulares exclusivas do direito à reparação.

Na seara trabalhista, o **dano existencial** consiste em espécie de dano extrapatrimonial cuja principal característica é a frustração do projeto de vida pessoal do trabalhador, impedindo a sua efetiva integração à sociedade, limitando a vida do trabalhador fora do ambiente de trabalho e o seu pleno desenvolvimento como ser humano, em decorrência da conduta ilícita do empregador (conceito extraído do **Recurso de Revista (RR) 10347420145150002- julgado pelo TST – Publicação em 13-11-2015**).

Segundo o art. 223-C, a etnia, a idade, a nacionalidade, a honra, a imagem, a intimidade, a liberdade de ação, a autoestima, o gênero, a orientação sexual, a saúde, o lazer e a integridade física **são bens juridicamente tutelados inerentes à pessoa natural**, e, conforme o a art. 223-D, a imagem, a marca, o nome, o segredo empresarial e o sigilo da correspondência **são bens juridicamente tutelados inerentes à pessoa jurídica**. Ambos os dispositivos citados, infelizmente, **criaram um rol taxativo** de bens juridicamente tutelados, deixando claro que os outros direitos da personalidade não serão tutelados para fins de indenização por dano extrapatrimonial.

O art. 223-D comete uma imprecisão técnica ao falar em tutela da imagem da pessoa jurídica. Na verdade, a pessoa jurídica possui honra objetiva, que é a repercussão social da imagem. Assim o é, na clássica lição de Walter Moraes, na situação da *honra*, não sendo a pessoa jurídica titular de "honra subjetiva", mas sendo titular de *honra* "*objetiva*". Trata-se de "*honra objetiva*" da pessoa jurídica, que é *distinta* da *honra subjetiva* dos indivíduos que a compõem (sócios, *v.g.*)[45].

45. Moraes, Walter. Direito à honra. In: França, Rubens Limongi (Coord.). *Enciclopédia Saraiva de Direito*. São Paulo: Saraiva, 1977, p. 208. v. 25.

Conforme o art. 223-E, são responsáveis pelo dano extrapatrimonial todos os que tenham colaborado para a ofensa ao bem jurídico tutelado, na proporção da ação ou da omissão. O dispositivo criou uma responsabilidade conjunta, sem criar solidariedade, já que ela não se presume, consoante o art. 265 do CC.

Já o art. 223-F confirma a Súmula 37 do STJ, estabelecendo que a reparação por danos extrapatrimoniais pode ser pedida cumulativamente com a indenização por danos materiais decorrentes do mesmo ato lesivo. Se houver cumulação de pedidos, o juízo, ao proferir a decisão, discriminará os valores das indenizações a título de danos patrimoniais e das reparações por danos de natureza extrapatrimonial. A composição das perdas e danos, assim compreendidos os lucros cessantes e os danos emergentes, não interfere na avaliação dos danos extrapatrimoniais. Como a CLT afastou a aplicação do CC nos danos extrapatrimoniais, mas não nos danos patrimoniais, havendo cumulação de pedidos serão aplicados o CC e a CLT no mesmo pedido.

De acordo com o art. 223-G, ao apreciar o pedido, o juízo considerará:

I – a natureza do bem jurídico tutelado;

II – a intensidade do sofrimento ou da humilhação;

III – a possibilidade de superação física ou psicológica;

IV – os reflexos pessoais e sociais da ação ou da omissão;

V – a extensão e a duração dos efeitos da ofensa;

VI – as condições em que ocorreu a ofensa ou o prejuízo moral;

VII – o grau de dolo ou culpa;

VIII – a ocorrência de retratação espontânea;

IX – o esforço efetivo para minimizar a ofensa;

X – o perdão, tácito ou expresso;

XI – a situação social e econômica das partes envolvidas;

XII – o grau de publicidade da ofensa.

Nesse artigo foi incluída regra segundo a qual, ao julgar procedente o pedido, o juízo deverá fixar a reparação a ser paga, a cada um dos ofendidos, em um dos seguintes parâmetros, vedada a acumulação:

I – para **ofensa de natureza leve** – até **três vezes** o último salário contratual do ofendido;

II – para **ofensa de natureza média** – até **5 vezes** o último salário contratual do ofendido;

III – para **ofensa de natureza grave** – até **20 vezes** o último salário contratual do ofendido; ou

IV – para **ofensa de natureza gravíssima** – até **50 vezes** o último salário contratual do ofendido.

Se o ofendido for pessoa jurídica, a indenização será fixada com observância dos mesmos parâmetros vistos acima, mas em relação ao salário contratual do ofensor.

Na reincidência entre partes idênticas, o juízo poderá elevar ao dobro o valor da indenização.

A referida norma fez o que os civilistas mais odeiam, e sempre criticaram até que isso desaparecesse do Direito Civil, que é a **tarifação do dano moral trabalhista**, afastando o clássico Princípio da Reparação Integral, usado no Direito Civil para se fixar o valor da indenização.

10.8. SÚMULAS E ENUNCIADOS SOBRE RESPONSABILIDADE CIVIL EXTRACONTRATUAL

- Súmulas do STJ

Súm. 37

São cumuláveis as indenizações por dano material e dano moral oriundos do mesmo fato.

Súm. 39

Prescreve em vinte anos a ação para haver indenização, por responsabilidade civil, de sociedade de economia mista.

- Cf. art. 205 do Código Civil de 2002.

Súm. 43

Incide correção monetária sobre dívida por ato ilícito a partir da data do efetivo prejuízo.

Súm. 54

Os juros moratórios fluem a partir do evento danoso, em caso de responsabilidade extracontratual.

Súm. 109

O reconhecimento do direito a indenização, por falta de mercadoria transportada via marítima, independe de vistoria.

Súm. 132

A ausência de registro da transferência não implica a responsabilidade do antigo proprietário por dano resultante de acidente que envolva o veículo alienado.

Súm. 186

Nas indenizações por ato ilícito, os juros compostos somente são devidos por aquele que praticou o crime.

Súm. 194

Prescreve em vinte anos a ação para obter, do construtor, indenização por defeitos da obra.

Súm. 221

São civilmente responsáveis pelo ressarcimento de dano, decorrente de publicação pela imprensa, tanto o autor do escrito quanto o proprietário do veículo de divulgação.

Súm. 227

A pessoa jurídica pode sofrer dano moral.

Súm. 251

A meação só responde pelo ato ilícito quando o credor, na execução fiscal, provar que o enriquecimento dele resultante aproveitou ao casal.

Súm. 281

A indenização por dano moral não está sujeita à tarifação prevista na Lei de Imprensa. (Prejudicada pelo julgamento do STF que reconheceu sua inconstitucionalidade na **ADPF 130**, em 30-4-2009.)

Súm. 313

Em ação de indenização, procedente o pedido, é necessária a constituição de capital ou caução fidejussória para a garantia de pagamento da pensão, independentemente da situação financeira do demandado.

Súm. 326

Na ação de indenização por dano moral, a condenação em montante inferior ao postulado na inicial não implica sucumbência recíproca.

Súm. 362

A correção monetária do valor da indenização do dano moral incide desde a data do arbitramento.

Súm. 370

Caracteriza dano moral a apresentação antecipada de cheque pré-datado.

Súm. 385

Da anotação irregular em cadastro de proteção ao crédito, não cabe indenização por dano moral, quando preexistente legítima inscrição, ressalvado o direito ao cancelamento.

Súm. 387

É lícita a cumulação das indenizações de dano estético e dano moral.

Súm. 388

A simples devolução indevida de cheque caracteriza dano moral.

Súm. 403

Independe de prova do prejuízo a indenização pela publicação não autorizada de imagem de pessoa com fins econômicos ou comerciais.

Súm. 404

É dispensável o aviso de recebimento (AR) na carta de comunicação ao consumidor sobre a negativação de seu nome em bancos de dados e cadastros.

Súm. 475

Responde pelos danos decorrentes de protesto indevido o endossatário que recebe por endosso translativo título de crédito contendo vício formal extrínseco ou intrínseco, ficando ressalvado seu direito de regresso contra os endossantes e avalistas.

Súm. 476

O endossatário de título de crédito por endosso-mandato só responde por danos decorrentes de protesto indevido se extrapolar os poderes de mandatário.

Súm. 479

As instituições financeiras respondem objetivamente pelos danos gerados por fortuito interno relativo a fraudes e delitos praticados por terceiros no âmbito de operações bancárias.

Súm. 498

Não incide imposto de renda sobre a indenização por danos morais.

Súm. 529

No seguro de responsabilidade civil facultativo, não cabe o ajuizamento de ação pelo terceiro prejudicado direta e exclusivamente em face da seguradora do apontado causador do dano.

Súm. 532

Constitui prática comercial abusiva o envio de cartão de crédito sem prévia e expressa solicitação do consumidor, configurando-se ato ilícito indenizável e sujeito à aplicação de multa administrativa.

Súm. 537

Em ação de reparação de danos, a seguradora denunciada, se aceitar a denunciação ou contestar o pedido do autor, pode ser condenada, direta e solidariamente junto com o segurado, ao pagamento da indenização devida à vítima, nos limites contratados na apólice.

Súm. 624

É possível cumular a indenização do dano moral com a reparação econômica da Lei n. 10.559/2002 (Lei da Anistia Política).

Súm. 629

Quanto ao dano ambiental, é admitida a condenação do réu à obrigação de fazer ou à de não fazer cumulada com a de indenizar.

Súm. 638

É abusiva a cláusula contratual que restringe a responsabilidade de instituição financeira pelos danos decorrentes de roubo, furto ou extravio de bem entregue em garantia no âmbito de contrato de penhor civil.

Súm. 642

O direito à indenização por danos morais transmite-se com o falecimento do titular, possuindo os herdeiros da vítima legitimidade ativa para ajuizar ou prosseguir a ação indenizatória.

Súm. 647

São imprescritíveis as ações indenizatórias por danos morais e materiais decorrentes de atos de perseguição política com violação de direitos fundamentais ocorridos durante o regime militar.

- Súmulas do STF

Súm. 28

O estabelecimento bancário é responsável pelo pagamento de cheque falso, ressalvadas as hipóteses de culpa exclusiva ou concorrente do correntista.

Súm. 159

Cobrança excessiva, mas de boa-fé, não dá lugar às sanções do art. 1.531 do Código Civil.

- Refere-se ao Código Civil de 1916. *Vide* art. 940 do novo Código.

Súm. 341

É presumida a culpa do patrão ou comitente pelo ato culposo do empregado ou preposto.

Súm. 490

A pensão correspondente à indenização oriunda de responsabilidade civil deve ser calculada com base no salário mínimo vigente ao tempo da sentença e ajustar-se-á às variações ulteriores.

Súm. 491

É indenizável o acidente que cause a morte de filho menor, ainda que não exerça trabalho remunerado.

Súm. 492

A empresa locadora de veículos responde, civil e solidariamente com o locatário, pelos danos por este causados a terceiro, no uso do carro locado.

Súm. 562

Na indenização de danos materiais decorrentes de ato ilícito cabe a atualização de seu valor, utilizando-se, para esse fim, dentre outros critérios, dos índices de correção monetária.

- Súmula Vinculante do STF

Súm. Vinc. 22

A Justiça do Trabalho é competente para processar e julgar as ações de indenização por danos morais e patrimoniais decorrentes de acidente de trabalho propostas por empregado contra empregador, inclusive aquelas que ainda não possuíam sentença de mérito em primeiro grau quando da promulgação da Emenda Constitucional n. 45/2004.

- Enunciados das Jornadas de Direito Civil do CJF

En. 37

Art. 187: A responsabilidade civil decorrente do abuso do direito independe de culpa e fundamenta-se somente no critério objetivo-finalístico.

En. 38

Art. 927: A responsabilidade fundada no risco da atividade, como prevista na segunda parte do parágrafo único do art. 927 do novo Código Civil, configura-se quando a atividade normalmente desenvolvida pelo autor do dano causar a pessoa determinada um ônus maior do que aos demais membros da coletividade.

En. 39

Art. 928: A impossibilidade de privação do necessário à pessoa, prevista no art. 928, traduz um dever de indenização equitativa, informado pelo princípio constitucional da proteção à dignidade da pessoa humana. Como consequência, também os pais, tutores e curadores serão beneficiados pelo limite humanitário do dever de indenizar, de modo que a passagem ao patrimônio do incapaz se dará não quando esgotados todos os recursos do responsável, mas se reduzidos estes ao montante necessário à manutenção de sua dignidade.

En. 40

Art. 928: O incapaz responde pelos prejuízos que causar de maneira subsidiária ou excepcionalmente como devedor principal, na hipótese do ressarcimento devido pelos adolescentes que praticarem atos infracionais nos termos do art. 116 do Estatuto da Criança e do Adolescente, no âmbito das medidas socioeducativas ali previstas.

En. 41

(Enunciado suprimido pelo enunciado 660, aprovado na IX Jornada de Direito Civil do CJF)

En. 42

Art. 931: O art. 931 amplia o conceito de fato do produto existente no art. 12 do Código de Defesa do Consumidor, imputando responsabilidade civil à empresa e aos empresários individuais vinculados à circulação dos produtos.

En. 43

Art. 931: A responsabilidade civil pelo fato do produto, prevista no art. 931 do novo Código Civil, também inclui os riscos do desenvolvimento.

En. 44

Art. 934: Na hipótese do art. 934, o empregador e o comitente somente poderão agir regressivamente contra o empregado ou preposto se estes tiverem causado dano com dolo ou culpa.

En. 45

Art. 935: No caso do art. 935, não mais se poderá questionar a existência do fato ou quem seja o seu autor se essas questões se acharem categoricamente decididas no juízo criminal.

En. 46

Art. 944: A possibilidade de redução do montante da indenização em face do grau de culpa do agente, estabelecida no parágrafo único do art. 944 do novo Código Civil, deve ser interpretada restritivamente, por representar uma exceção ao princípio da reparação integral do dano, não se aplicando às hipóteses de responsabilidade objetiva.

En. 47

Art. 945: O art. 945 do Código Civil, que não encontra correspondente no Código Civil de 1916, não exclui a aplicação da teoria da causalidade adequada.

En. 48

Art. 950, parágrafo único: O parágrafo único do art. 950 do novo Código Civil institui direito potestativo do lesado para exigir pagamento da indenização de uma só vez, mediante arbitramento do valor pelo juiz, atendidos os arts. 944 e 945 e a possibilidade econômica do ofensor.

En. 159

Art. 186: O dano moral, assim compreendido todo o dano extrapatrimonial, não se caracteriza quando há mero aborrecimento inerente a prejuízo material.

En. 189

Art. 927: Na responsabilidade civil por dano moral causado à pessoa jurídica, o fato lesivo, como dano eventual, deve ser devidamente demonstrado.

En. 190

Art. 931: A regra do art. 931 do novo Código Civil não afasta as normas acerca da responsabilidade pelo fato do produto previstas no art. 12 do Código de Defesa do Consumidor, que continuam mais favoráveis ao consumidor lesado.

En. 191

Art. 932: A instituição hospitalar privada responde, na forma do art. 932, III, do Código Civil, pelos atos culposos praticados por médicos integrantes de seu corpo clínico.

En. 192

Arts. 949 e 950: Os danos oriundos das situações previstas nos arts. 949 e 950 do Código Civil de 2002 devem ser analisados em conjunto, para o efeito de atribuir indenização por perdas e danos materiais, cumulada com dano moral e estético.

En. 377

O art. 7º, inciso XXVIII, da Constituição Federal não é impedimento para a aplicação do disposto no art. 927, parágrafo único, do Código Civil quando se tratar de atividade de risco.

En. 378

Aplica-se o art. 931 do Código Civil, haja ou não relação de consumo.

En. 379

Art. 944: O art. 944, *caput*, do Código Civil não afasta a possibilidade de se reconhecer a função punitiva ou pedagógica da responsabilidade civil.

En. 380

Atribui-se nova redação ao Enunciado n. 46 da I Jornada de Direito Civil, com a supressão da parte final: não se aplicando às hipóteses de responsabilidade objetiva.

En. 381

O lesado pode exigir que a indenização, sob a forma de pensionamento, seja arbitrada e paga de uma só vez, salvo impossibilidade econômica do devedor, caso em que o juiz poderá fixar outra forma de pagamento, atendendo à condição financeira do ofensor e aos benefícios resultantes do pagamento antecipado.

En. 411

Art. 186: O descumprimento de contrato pode gerar dano moral quando envolver valor fundamental protegido pela Constituição Federal de 1988.

En. 412

Art. 187: As diversas hipóteses de exercício inadmissível de uma situação jurídica subjetiva, tais como *supressio, tu quoque, surrectio* e *venire contra factum proprium*, são concreções da boa-fé objetiva.

En. 413

Art. 187: Os bons costumes previstos no art. 187 do CC possuem natureza subjetiva, destinada ao controle da moralidade social de determinada época, e objetiva, para permitir a sindicância da violação dos negócios jurídicos em questões não abrangidas pela função social e pela boa-fé objetiva.

En. 414

Art. 187: A cláusula geral do art. 187 do Código Civil tem fundamento constitucional nos princípios da solidariedade, devido processo legal e proteção da confiança e aplica-se a todos os ramos do direito.

En. 419

Art. 206, § 3º, V: O prazo prescricional de três anos para a pretensão de reparação civil aplica-se tanto à responsabilidade contratual quanto à responsabilidade extracontratual.

En. 420

Art. 206, § 3º, V: Não se aplica o art. 206, § 3º, V, do Código Civil às pretensões indenizatórias decorrentes de acidente de trabalho, após a vigência da Emenda Constitucional n. 45, incidindo a regra do art. 7º, XXIX, da Constituição da República.

En. 443

Arts. 393 e 927: O caso fortuito e a força maior somente serão considerados como excludentes da responsabilidade civil quando o fato gerador do dano não for conexo à atividade desenvolvida.

En. 444

Art. 927: A responsabilidade civil pela perda de chance não se limita à categoria de danos extrapatrimoniais, pois, conforme as circunstâncias do caso concreto, a chance perdida pode apresentar também a natureza jurídica de dano patrimonial. A chance deve ser séria e real, não ficando adstrita a percentuais apriorísticos.

En. 445

Art. 927: O dano moral indenizável não pressupõe necessariamente a verificação de sentimentos humanos desagradáveis como dor ou sofrimento.

En. 446

Art. 927: A responsabilidade civil prevista na segunda parte do parágrafo único do art. 927 do Código Civil deve levar em consideração não apenas a proteção da vítima e a atividade do ofensor, mas também a prevenção e o interesse da sociedade.

En. 447

Art. 927: As agremiações esportivas são objetivamente responsáveis por danos causados a terceiros pelas torcidas organizadas, agindo nessa qualidade, quando, de qualquer modo, as financiem ou custeiem, direta ou indiretamente, total ou parcialmente.

En. 448

Art. 927: A regra do art. 927, parágrafo único, segunda parte, do CC aplica-se sempre que a atividade normalmente desenvolvida, mesmo sem defeito e não essencialmente perigosa, induza, por sua natureza, risco especial e diferenciado aos direitos de outrem. São critérios de avaliação desse risco, entre outros, a estatística, a prova técnica e as máximas de experiência.

En. 449

Art. 928, parágrafo único: A indenização equitativa a que se refere o art. 928, parágrafo único, do Código Civil não é necessariamente reduzida sem prejuízo do Enunciado n. 39 da I Jornada de Direito Civil.

En. 450

Art. 932, I: Considerando que a responsabilidade dos pais pelos atos danosos praticados pelos filhos menores é objetiva, e não por culpa presumida, ambos os genitores, no exercício do poder familiar, são, em regra, solidariamente responsáveis por tais atos, ainda que estejam separados, ressalvado o direito de regresso em caso de culpa exclusiva de um dos genitores.

En. 451

Arts. 932 e 933: A responsabilidade civil por ato de terceiro funda-se na responsabilidade objetiva ou independente de culpa, estando superado o modelo de culpa presumida.

En. 452

Art. 936: A responsabilidade civil do dono ou detentor de animal é objetiva, admitindo-se a excludente do fato exclusivo de terceiro.

En. 453

Art. 942: Na via regressiva, a indenização atribuída a cada agente será fixada proporcionalmente à sua contribuição para o evento danoso.

En. 454

Art. 943: O direito de exigir reparação a que se refere o art. 943 do Código Civil abrange inclusive os danos morais, ainda que a ação não tenha sido iniciada pela vítima.

En. 455

Art. 944: Embora o reconhecimento dos danos morais se dê, em numerosos casos, independentemente de prova (*in re ipsa*), para a sua adequada quantificação, deve o juiz investigar, sempre que entender necessário, as circunstâncias do caso concreto, inclusive por intermédio da produção de depoimento pessoal e da prova testemunhal em audiência.

En. 456

Art. 944: A expressão "dano" no art. 944 abrange não só os danos individuais, materiais ou imateriais, mas também os danos sociais, difusos, coletivos e individuais homogêneos a serem reclamados pelos legitimados para propor ações coletivas.

En. 457

Art. 944: A redução equitativa da indenização tem caráter excepcional e somente será realizada quando a amplitude do dano extrapolar os efeitos razoavelmente imputáveis à conduta do agente.

En. 458

Art. 944: O grau de culpa do ofensor, ou a sua eventual conduta intencional, deve ser levado em conta pelo juiz para a quantificação do dano moral.

En. 459

Art. 945: A conduta da vítima pode ser fator atenuante do nexo de causalidade na responsabilidade civil objetiva.

En. 460

Art. 951: A responsabilidade subjetiva do profissional da área da saúde, nos termos do art. 951 do Código Civil e do art. 14, § 4º, do Código de Defesa do Consumidor, não afasta a sua responsabilidade objetiva pelo fato da coisa da qual tem a guarda, em caso de uso de aparelhos ou instrumentos que, por eventual disfunção, venham a causar danos a pacientes, sem prejuízo do direito regressivo do profissional em relação ao fornecedor do aparelho e sem prejuízo da ação direta do paciente, na condição de consumidor, contra tal fornecedor.

En. 539

Art. 187: O abuso de direito é uma categoria jurídica autônoma em relação à responsabilidade civil. Por isso, o exercício abusivo de posições jurídicas desafia controle independentemente de dano.

En. 550

Arts. 186 e 944: A quantificação da reparação por danos extrapatrimoniais não deve estar sujeita a tabelamento ou a valores fixos.

En. 551

Arts. 186, 884, 927 e 944: Nas violações aos direitos relativos a marcas, patentes e desenhos industriais, será assegurada a reparação civil ao seu titular, incluídos tanto os danos patrimoniais como os danos extrapatrimoniais.

En. 552

Art. 786, *caput*: Constituem danos reflexos reparáveis as despesas suportadas pela operadora de plano de saúde decorrentes de complicações de procedimentos por ela não cobertos.

En. 553

Art. 927: Nas ações de responsabilidade civil por cadastramento indevido nos registros de devedores inadimplentes realizados por instituições financeiras, a responsabilidade civil é objetiva.

En. 554

Art. 927, parágrafo único: Independe de indicação do local específico da informação a ordem judicial para que o provedor de hospedagem bloqueie determinado conteúdo ofensivo na internet.

En. 555

Art. 927, parágrafo único: "Os direitos de outrem" mencionados no parágrafo único do art. 927 do Código Civil devem abranger não apenas a vida e a integridade física, mas também outros direitos, de caráter patrimonial ou extrapatrimonial.

En. 556

Art. 937: A responsabilidade civil do dono do prédio ou construção por sua ruína, tratada pelo art. 937 do CC, é objetiva.

En. 557

Art. 938: Nos termos do art. 938 do CC, se a coisa cair ou for lançada de condomínio edilício, não sendo possível identificar de qual unidade, responderá o condomínio, assegurado o direito de regresso.

En. 558

Art. 942, *caput* e parágrafo único do Código Civil, combinado com os arts. 3º, 4º, 5º e 6º da Lei n. 8.429, de 2-6-1992 (Lei de Improbidade Administrativa): São solidariamente responsáveis pela reparação civil, juntamente com os agentes públicos que praticaram atos de improbidade administrativa, as pessoas, inclusive as jurídicas, que para eles concorreram ou deles se beneficiaram direta ou indiretamente.

En. 559

Arts. 732 e 736 do Código Civil, 256, § 2º, *b*, da Lei n. 7.565/1986 e 1º do Decreto n. 5.910/2006: Observado o Enunciado 369 do CJF, no transporte aéreo, nacional e internacional, a responsabilidade do transportador em relação aos passageiros gratuitos, que viajarem por cortesia, é objetiva, devendo atender à integral reparação de danos patrimoniais e extrapatrimoniais.

En. 560

Art. 948: No plano patrimonial, a manifestação do dano reflexo ou por ricochete não se restringe às hipóteses previstas no art. 948 do Código Civil.

En. 561

Art. 952: No caso do art. 952 do Código Civil, se a coisa faltar, dever-se-á, além de reembolsar o seu equivalente ao prejudicado, indenizar também os lucros cessantes.

En. 562

Art. 931: Aos casos do art. 931 do Código Civil aplicam-se as excludentes da responsabilidade objetiva.

En. 587

Art. 927: O dano à imagem restará configurado quando presente a utilização indevida desse bem jurídico, independentemente da concomitante lesão a outro direito da personalidade, sendo dispensável a prova do prejuízo do lesado ou do lucro do ofensor para a caracterização do referido dano, por se tratar de modalidade de dano *in re ipsa*.

En. 588

Art. 927: O patrimônio do ofendido não pode funcionar como parâmetro preponderante para o arbitramento de compensação por dano extrapatrimonial.

En. 589

Art. 927: A compensação pecuniária não é o único modo de reparar o dano extrapatrimonial, sendo admitida a reparação *in natura*, na forma de retratação pública ou outro meio.

En. 590

Art. 932, I: A responsabilidade civil dos pais pelos atos dos filhos menores, prevista no art. 932, inc. I, do Código Civil, não obstante objetiva, pressupõe a demonstração de que a conduta imputada ao menor, caso o fosse a um agente imputável, seria hábil para a sua responsabilização.

En. 629

Art. 944: A indenização não inclui os prejuízos agravados, nem os que poderiam ser evitados ou reduzidos mediante esforço razoável da vítima. Os custos da mitigação devem ser considerados no cálculo da indenização.

En. 630

Art. 945: Culpas não se compensam. Para os efeitos do art. 945 do Código Civil, cabe observar os seguintes critérios: (i) há diminuição do quantum da reparação do dano causado quando, ao lado da conduta do lesante, verifica-se ação ou omissão do próprio lesado da qual resulta o dano, ou o seu agravamento, desde que (ii) reportadas ambas as condutas a um mesmo fato, ou ao mesmo fundamento de imputação, conquanto possam ser simultâneas ou sucessivas, devendo-se considerar o percentual causal do agir de cada um.

En. 631

Art. 946: Como instrumento de gestão de riscos na prática negocial paritária, é lícita a estipulação de cláusula que exclui a reparação por perdas e danos decorrentes do inadimplemento (cláusula excludente do dever de indenizar) e de cláusula que fixa valor máximo de indenização (cláusula limitativa do dever de indenizar).

En. 658

Arts. 402 e 927: As perdas e danos indenizáveis, na forma dos arts. 402 e 927, do Código Civil, pressupõem prática de atividade lícita, sendo inviável o ressarcimento pela interrupção de atividade contrária ao Direito.

En. 659

Art. 927: O reconhecimento da dificuldade em identificar o nexo de causalidade não pode levar à prescindibilidade da sua análise.

En. 660

Art. 928: Suprime-se o Enunciado 41 da I Jornada de Direito Civil do Conselho da Justiça Federal. ("A única hipótese em que poderá haver responsabilidade solidária do menor de 18 anos com seus pais é ter sido emancipado nos termos do art. 5º, parágrafo único, inc. I, do novo Código Civil.")

En. 661

Art. 931: A aplicação do art. 931 do Código Civil para a responsabilização dos empresários individuais e das empresas pelos danos causados pelos produtos postos em circulação não prescinde da verificação da antijuridicidade do ato.

En. 662

Art. 932: A responsabilidade civil indireta do curador pelos danos causados pelo curatelado está adstrita ao âmbito de incidência da curatela tal qual fixado na sentença de interdição, considerando o art. 85, *caput* e § 1º, da Lei n. 13.146/2015.

En. 682 (Comissão Direito Digital e Novos Direitos)

O consentimento do adolescente para o tratamento de dados pessoais, nos termos do art. 14 da LGPD, não afasta a responsabilidade civil dos pais ou responsáveis pelos atos praticados por aquele, inclusive no meio digital.

11
Do Direito das Coisas: o Estudo da Posse

O Direito das Coisas é o complexo das normas disciplinadoras das relações jurídicas referentes aos bens suscetíveis de apropriação exclusiva pelo homem. O fundamento primordial desse direito são a posse e os direitos reais.

Como para o Código Civil o instituto da posse não é tratado como Direito Real, neste capítulo estudaremos somente a posse e suas consequências e desdobramentos, para estudar os Direitos Reais no próximo capítulo.

A posse é explicada por duas teorias:

Teoria Subjetiva de Savigny: para essa teoria, posse é o poder que tem a pessoa de dispor fisicamente de uma coisa, com a intenção de tê-la para si e de defendê-la contra a intervenção de outrem. Dois são os elementos constitutivos da posse: (1) o poder físico sobre a coisa, ou seja, o fato material de ter à sua disposição a detenção da coisa (*corpus*); e (2) a intenção de tê-la como sua, de exercer sobre ela o direito de propriedade (*animus*). Assim, para ser possuidor não basta deter a coisa, requer-se ainda a vontade de tê-la, como proprietário ou com vontade de possuí-la para si. Isoladamente, nenhum desses elementos basta para constituir a posse, pois a falta do *animus* caracteriza-se como mera detenção. Esta teoria NÃO foi adotada pelo Código Civil.

Teoria Objetiva de Ihering: entende essa teoria que para constituir a posse basta o *corpus,* já que o *animus* está intrínseco no *corpus.* Ihering não contesta a necessidade do elemento intencional, apenas entende que esse elemento implícito se acha no poder do fato exercido pela coisa. A posse será a exteriorização da propriedade, o poder de dispor da coisa. É a visibilidade do domínio, tendo em vista a sua função econômica. O Código Civil adotou a Teoria Objetiva de Ihering no art. 1.196, que reza que se **considera possuidor todo aquele que tem de fato o exercício pleno, ou não, de algum dos poderes inerentes à propriedade.** É o sinal exterior da propriedade, direito de possuir, e pelo qual o proprietário, de modo geral, afirma seu poder sobre aquilo que lhe pertence.

11.1. DISTINÇÕES TERMINOLÓGICAS

Posse: constitui o sinal exterior da propriedade. É o direito de possuir, e pelo qual o proprietário afirma seu poder sobre aquilo que lhe pertence. É um direito, um interesse juridicamente protegido.

A posse não se confunde com a propriedade. Prova disso é que a *exceptio proprietatis* foi abolida pelo art. 1.210 do Código Civil, que dividiu o juízo possessório (em que se discute posse) do petitório (no qual se discute propriedade). Esse é o conteúdo do Enunciado 79 do CJF.

Detenção: o detentor (ou fâmulo [servo] da posse) é aquele que, por causa de sua dependência econômica ou de um vínculo de subordinação em razão de outra pessoa, exerce sobre o bem não uma posse própria, mas apenas conserva a posse que é de terceiro em nome dele, em obediência a uma ordem ou instrução (art. 1.198 do CC). Como exemplo, citamos os empregados e caseiros. Aquele que começou a comportar-se do modo descrito acima, em relação ao bem e à outra pessoa, presume-se detentor, até que prove o contrário. A mera detenção não gera o direito de invocar proteção possessória.

11.2. CLASSIFICAÇÃO DA POSSE

Posse direta: é a posse de quem tem materialmente a coisa nas mãos. Conforme o art. 1.197 do Código Civil, a posse direta, de pessoa que tem a coisa em seu poder, temporariamente, em virtude de direito pessoal, ou real, não anula a indireta, de quem aquela foi havida, podendo o possuidor direto defender a sua posse contra o indireto.

Posse indireta: é aquela que o proprietário conserva quando o exercício da posse direta é conferido a outrem.

Posse justa: o art. 1.200 do Código Civil define posse justa como aquela que **não** for: **violenta**, que é aquela adquirida pela força física ou violência moral; **clandestina**, que é aquela conquistada às escuras; **precária**, que é aquela originada no abuso de confiança por parte de quem recebe a coisa a título provisório, com o dever de restituí-la.

Posse injusta: é aquela considerada como posse violenta, clandestina ou precária. Não autorizam a aquisição da posse, os atos violentos, ou clandestinos, senão depois de cessar a violência ou a clandestinidade, conforme o art. 1.208 do Código Civil.

Posse de boa-fé: o possuidor ignora o vício ou obstáculo, que lhe impede a aquisição da coisa, ou do direito possuído, conforme o art. 1.201. É a posse em que o possuidor se encontra na convicção inabalável de que a coisa realmente lhe pertence. Trata-se da boa-fé subjetiva.

Há presunção de boa-fé em favor de quem tenha **justo título**. O justo título é o título hábil a transferir a propriedade, é o negócio jurídico pelo qual se adquire ou se transfere a propriedade. Exige a lei que o título seja justo, isto é, se ache formalizado. É um título hábil à aquisição do domínio, como a escritura de compra e venda, um formal de partilha ou uma carta de arrematação, com aparência de legítimo e válido.

A posse de boa-fé só perde este caráter no caso e desde o momento em que as circunstâncias façam presumir que o possuidor não ignora que possui indevidamente (art. 1.202 do CC).

Posse de má-fé: o possuidor tem ciência do vício.

Posse nova: é a posse de até ano e dia.

Posse velha: é a posse com mais de ano e dia.

De acordo com o **art. 558 do CPC**, o procedimento de manutenção e de reintegração de posse é regido pelas normas do procedimento especial das ações possessórias, estabelecido nos artigos subsequentes, quando a ação for proposta dentro de ano e dia da turbação ou do esbulho afirmado na petição inicial. Passado esse prazo, será comum o procedimento, não perdendo, contudo, o caráter possessório.

11.3. AQUISIÇÃO DA POSSE

Adquire-se a posse desde o momento em que se torna possível o exercício, em nome próprio, de qualquer dos poderes inerentes à propriedade.

A posse pode ser adquirida pela própria pessoa que a pretende, isto é, por quem se ache no gozo de sua capacidade de fato e venha a praticar o ato aquisitivo, ou por seu representante contratual (mandatário) ou legal (do absolutamente incapaz, da pessoa jurídica), ou por terceiro sem mandato, dependendo o ato de ratificação.

A posse se transmite, com os mesmos caracteres, aos herdeiros ou legatários do possuidor, porém o sucessor universal continua com direito à posse de seu antecessor, e ao sucessor singular é facultado unir a posse à do antecessor, para os efeitos legais.

A aquisição da posse pode ser originária ou derivada. Será originária quando não depender de translatividade. Será derivada quando se exigir a existência de uma posse anterior que será transmitida ao adquirente. A tradição e a acessão são as duas formas derivadas de aquisição da posse.

11.3.1. Modos de aquisição pela tradição

Tradição real ou material: este tipo de tradição ocorre quando se entrega a coisa fisicamente ao novo possuidor, como se dá, por exemplo, na entrega de um livro emprestado por uma biblioteca.

Tradição simbólica ou ficta[1]**:** neste tipo de tradição não há possibilidade de transferir a coisa fisicamente, devendo-se praticar um ato que demonstre a efetiva transferência da posse, como ocorre, por exemplo, na entrega das chaves de uma casa.

Tradição consensual: haverá essa forma quando se transferir a posse consensualmente, por contrato, numa hipótese em que o possuidor já está com ela. Nesse caso, muda-se apenas o fundamento (origem) da posse. Duas são as modalidades de tradição consensual:

a) *Traditio brevi manu*: é o inverso do constituto possessório, ou seja, ocorre quando alguém possuía em nome alheio, e passa a possuir em nome próprio. Exemplo: locatário que exerce direito de preferência e adquire imóvel na vigência do contrato de locação.

b) *Traditio longa manu*: hipótese em que, no ato de aquisição de um bem de imóvel de grande extensão territorial, existe uma presunção de posse integral quando a posse é investida na coisa.

---

1. Alguns autores, equivocadamente, colocam como sinônimo de tradição ficta a modalidade consensual. Porém, a doutrina clássica aponta que a tradição ficta é sinônimo de tradição simbólica, por ser uma forma espiritualizada de tradição, dentre os quais podemos destacar Maria Helena Diniz (*Curso de direito civil brasileiro*. 32. ed. São Paulo: Saraiva, 2018, v. 4, p. 69) e Orlando Gomes. (*Direitos reais*. 9. ed. Rio de Janeiro: Forense, 1985, p. 49).

11.3.2. Aquisição pelo constituto possessório

Constituto possessório: modo de aquisição da posse em que uma pessoa, que possuía em nome próprio, passa a possuir em nome de outrem. Exemplo: o proprietário aliena sua casa, mas nela permanece como representante do adquirente. Pelo constituto possessório, a posse desdobra-se em duas fases: o possuidor antigo, que tinha posse plena e unificada, se converte em possuidor direto, enquanto o novo proprietário se investe na posse indireta, em virtude da convenção. O constituto possessório não se presume, deve constar expressamente do ato por meio da ***clausula constituti***.

11.3.3. Modos de aquisição pela acessão

Duas são as formas de aquisição da posse por acessão:

Acessão por sucessão (*sucessio possessiones*): este tipo de acessão decorre da sucessão universal ou *causa mortis*, em que os herdeiros ou legatários continuarão na posse do falecido. De acordo com o art. 1.206 do Código Civil, a posse transmite-se aos herdeiros ou legatários do possuidor com os mesmos caracteres, já que, salvo prova em contrário, entende-se manter a posse o mesmo caráter com que foi adquirida (art. 1.203 do CC). Isso se dá porque o sucessor universal continua de direito a posse do seu antecessor (art. 1.207, primeira parte, do CC).

Acessão por união (*acessio possessiones*): este tipo de acessão se dá no caso de sucessão singular, quando o objeto adquirido constitui coisa certa ou determinada. Essa posse nasce desligada da posse do alienante, já que o adquirente constitui para si uma nova posse. Como exemplo citamos o caso da compra e venda, troca, doação ou dação em pagamento. De acordo com o art. 1.207, segunda parte, do Código Civil, o sucessor singular tem a faculdade de unir a sua posse à do seu antecessor, para os efeitos legais.

11.4. EFEITOS DA POSSE

Há vários efeitos da posse, que são exclusivos de quem é possuidor (o detentor não possui tais efeitos).

1º efeito: propositura dos interditos possessórios (art. 1.210, *caput*, do Código Civil): o direito de propor as ações possessórias (**arts. 554 e s. do CPC**), chamadas de **interditos possessórios**, é o mais importante efeito resultante da posse. A propriedade não pode existir sem essa proteção.

Para entender os interditos possessórios se faz necessário entender dois conceitos:

Turbação	Esbulho
RESTRIÇÃO (trata-se de uma restrição à utilização da posse – ainda está nela)	**PRIVAÇÃO** (trata-se de uma privação ao exercício da posse – está fora dela)

As espécies de interditos possessórios são:

a) Ação de manutenção de posse (art. 560 do CPC): cabe quando o possuidor sofrer turbação. A turbação caracteriza-se pela agressão material dirigida contra a posse, ou seja, possuidor continua na posse dos bens, porém foi cerceado em seu exercício. Numa única palavra, podemos definir a turbação como **restrição**.

b) Ação de reintegração de posse (art. 560 do CPC)**:** esse interdito tem por objetivo a recuperação da posse perdida ou esbulhada. O esbulho é o ato pelo qual o possuidor se vê privado da posse, de forma violenta, clandestina ou por abuso de confiança. Numa única palavra, podemos definir o esbulho como **privação**.

c) Ação de interdito proibitório (art. 567 do CPC)**:** destina-se a proteger a posse apenas ameaçada de ser turbada ou esbulhada. É a proteção preventiva da posse, na iminência ou sob a ameaça de ser molestada. Visa impedir que se consuma a violação da posse, motivo pelo qual o juiz determina uma obrigação de não fazer (a turbação ou esbulho), que pode ser cominada com *astreintes* (multa diária). Essa obrigação de não fazer representa uma tutela inibitória.

d) Embargos de terceiro senhor e possuidor: os embargos de terceiro possuem caráter de proteção possessória quando recair em uma penhora, um arresto, uma arrecadação, em bem de quem não é parte num processo.

O STJ entendeu, no Resp 1.484.304/DF, rel. Min. Moura Ribeiro, j. em 10-3-2016, que o invasor de terras públicas não é detentor pois não possui com o Poder Público relação de subordinação, mas é um possuidor anômalo com *animus domini,* já que sua posse não gera proteção possessória contra o proprietário e nem direito a usucapião. Mas essa posse diferenciada permite a propositura dos interditos possessórios contra particulares para decidir quem possui melhor posse

2º efeito: legítima defesa e desforço imediato (art. 1.210, § 1º, do Código Civil): possuidor, direto ou indireto, turbado ou esbulhado, poderá manter-se ou restituir-se por sua própria força, contanto que o faça logo.

A doutrina estabelece uma nomenclatura diferente nos casos de turbação ou esbulho. Quando a força for empregada em razão da ameaça de turbação, teremos a legítima defesa da posse. Já quando o uso se der em razão de esbulho, teremos o desforço imediato.

Preceitua o legislador que os atos de defesa, ou de desforço, não podem ir além do indispensável à manutenção, ou restituição, da posse, ou seja, não pode haver exagero.

OBSERVAÇÃO: Defesa contra turbação = legítima defesa da posse
Defesa contra esbulho = desforço imediato

3º efeito: percepção dos frutos e indenização pelas benfeitorias realizadas:

Possuidor de boa-fé	Possuidor de má-fé
Tem direito, enquanto ela durar, aos frutos percebidos.	Responde por todos os frutos colhidos e percebidos, bem como pelos que, por culpa sua, deixou de perceber, desde o momento em que se constituiu de má-fé; tem direito às despesas da produção e custeio.
Os frutos pendentes ao tempo em que cessar a boa-fé devem ser restituídos, depois de deduzidas as despesas da produção e custeio; devem ser também restituídos os frutos colhidos com antecipação.	

Possuidor de boa-fé	Possuidor de má-fé
Não responde pela perda ou deterioração da coisa a que não der causa.	Responde pela perda, ou deterioração da coisa, ainda que acidentais, salvo se provar que de igual modo se teriam dado, estando ela na posse do reivindicante.
Tem direito à indenização das benfeitorias necessárias e úteis, bem como, quanto às voluptuárias, se não lhe forem pagas, a levantá-las, quando o puder sem detrimento da coisa, e **poderá exercer o direito de retenção** pelo valor das benfeitorias necessárias e úteis.	Serão ressarcidas somente as benfeitorias necessárias; **não lhe assiste o direito de retenção** pela importância destas, nem o de levantar as voluptuárias.

O direito de retenção (*ius retentiones*) é o direito de reter a coisa (não devolver a posse) até que seja paga a indenização devida.

Os frutos naturais e industriais reputam-se colhidos e percebidos logo que são separados; os civis reputam-se percebidos dia por dia.

As benfeitorias compensam-se com os danos, e só obrigam ao ressarcimento se ao tempo da evicção ainda existirem.

O reivindicante, obrigado a indenizar as benfeitorias ao possuidor de má-fé, tem o direito de optar entre o seu valor atual e o seu custo; ao possuidor de boa-fé indenizará pelo valor atual.

11.5. CONCEITOS IMPORTANTES

a) Posse *ad interdicta*: é aquela que permite a propositura dos interditos possessórios.

b) Posse *ad usucapionem*: é aquela que, exercida com *animus domini*, possibilita a aquisição da propriedade pela usucapião.

c) Posse *pro labore* ou posse trabalho: é aquela em que o possuidor emprega o seu trabalho na posse, dando a ela uma função social. Como exemplo citamos o caso do possuidor que torna a terra produtiva.

d) Composse: é a posse comum e do mesmo grau entre duas ou mais pessoas, por exemplo, a de dois irmãos que locam um imóvel para morar.

e) *Jus possidendi*: é o direito à posse derivado do direito de propriedade. Tem tal direito quem possui um título que lhe confere o direito a exercer a posse, por exemplo, o locatário de um imóvel.

f) *Jus possessionis*: é a posse adquirida sem um título que a legitime.

12
Dos Direitos Reais

12.1. DIREITOS REAIS

Direito real é a relação jurídica em virtude da qual o titular pode retirar da coisa, de modo exclusivo e contra todos, as utilidades que ela é capaz de produzir. Traduz apropriação de riquezas e tem por objeto uma coisa material.

O Código Civil apresenta vários direitos reais, porém esta enumeração não exclui outros que poderão ser ou que já foram criados pelo legislador em leis extravagantes, tais como a alienação fiduciária de bem imóvel, prevista na Lei n. 9.154/97, e o patrimônio de afetação previsto na Lei n. 4.591/64 (Condomínio e Incorporações).

O rol dos direitos reais existentes em lei (ordenamento como um todo), porém, é taxativo (*numerus clausus*), pois as partes não poderão criar um direito real, já que este dependerá, para ser criado, de previsão legal. No Código Civil encontramos os seguintes Direitos Reais:

Propriedade	Uso	Hipoteca	Laje
Superfície	Habitação	Servidão	
Usufruto	Penhor	Anticrese	
Concessão de direito real de uso	Direito do promitente comprador do imóvel	Concessão de uso especial para fins de moradia	

O rol acima está previsto no art. 1.225 do Código Civil[1]. O referido artigo apresenta um rol exemplificativo, pois pode haver outros direitos reais em legislação extravagante (não precisa estar somente no Código Civil), como é o caso do **patrimônio de afetação**, que é um direito real sobre coisa própria de garantia, previsto nos arts. 31-A a 31-E da Lei n. 4.591/64 (Lei de Condomínio e Incorporações), incluído pela Lei n. 10.931/2004, após a falência da construtora Encol, que deixou muita gente sem o imóvel que foi comprado.

Cumpre ressaltar que o art. 1.368-B do Código Civil estabelece que a **alienação fiduciária em garantia** de bem móvel ou imóvel confere direito real de aquisição ao fiduciante,

1. Como a Medida Provisória n. 700, de 2015, não foi votada no Congresso Nacional, ela perdeu sua eficácia em 17-5-2016 em razão do ATO DECLARATÓRIO DO PRESIDENTE DA MESA DO CONGRESSO NACIONAL n. 23, de 2016. Ela incluía o inciso XIII no art. 1.225 do CC, dando status de direito real aos direitos oriundos da imissão provisória na posse, quando concedida à União, aos Estados, ao Distrito Federal, aos Municípios ou às suas entidades delegadas e respectiva cessão e promessa de cessão.

seu cessionário ou sucessor. Como tal hipótese foi inserida pela Lei n. 13.043/2014, ela não foi incluída no rol do art. 1.225 do Código Civil, apresentado acima.

O STJ decidiu em 26-4-2016, que a **multipropriedade imobiliária** (*time-sharing*) tem natureza jurídica de direito real, mesmo não estando prevista no rol do art. 1.225 do Código Civil. Vejamos:

> Processual civil e civil. Recurso especial. Embargos de terceiro. Multipropriedade imobiliária (*time-sharing*). Natureza jurídica de direito real. Unidades fixas de tempo. Uso exclusivo e perpétuo durante certo período anual. Parte ideal do multiproprietário. Penhora. Insubsistência. Recurso especial conhecido e provido. 1. O sistema *time-sharing* ou multipropriedade imobiliária, conforme ensina Gustavo Tepedino, é uma espécie de condomínio relativo a locais de lazer no qual se divide o aproveitamento econômico de bem imóvel (casa, chalé, apartamento) entre os cotitulares em unidades fixas de tempo, assegurando-se a cada um o uso exclusivo e perpétuo durante certo período do ano. 2. Extremamente acobertada por princípios que encerram os direitos reais, a multipropriedade imobiliária, nada obstante ter feição obrigacional aferida por muitos, detém forte liame com o instituto da propriedade, se não for sua própria expressão, como já vem proclamando a doutrina contemporânea, inclusive num contexto de não se reprimir a autonomia da vontade nem a liberdade contratual diante da preponderância da tipicidade dos direitos reais e do sistema de *numerus clausus*. 3. No contexto do Código Civil de 2002, não há óbice a se dotar o instituto da multipropriedade imobiliária de caráter real, especialmente sob a ótica da taxatividade e imutabilidade dos direitos reais inscritos no art. 1.225. 4. O vigente diploma, seguindo os ditames do estatuto civil anterior, não traz nenhuma vedação nem faz referência à inviabilidade de consagrar novos direitos reais. Além disso, com os atributos dos direitos reais se harmoniza o novel instituto, que, circunscrito a um vínculo jurídico de aproveitamento econômico e de imediata aderência ao imóvel, detém as faculdades de uso, gozo e disposição sobre fração ideal do bem, ainda que objeto de compartilhamento pelos multiproprietários de espaço e turnos fixos de tempo. 5. A multipropriedade imobiliária, mesmo não efetivamente codificada, possui natureza jurídica de direito real, harmonizando-se, portanto, com os institutos constantes do rol previsto no art. 1.225 do Código Civil; e o multiproprietário, no caso de penhora do imóvel objeto de compartilhamento espaço-temporal (*time-sharing*), tem, nos embargos de terceiro, o instrumento judicial protetivo de sua fração ideal do bem objeto de constrição. 6. É insubsistente a penhora sobre a integralidade do imóvel submetido ao regime de multipropriedade na hipótese em que a parte embargante é titular de fração ideal por conta de cessão de direitos em que figurou como cessionária. 7. Recurso especial conhecido e provido (**Resp 1.546.165-SP, 3ª Turma, rel. Min. Ricardo Villas Bôas Cueva, j. 26-04-2016, *Dje* 6-9-2016**).

No Direito Administrativo, o professor Celso Antônio Bandeira de Mello[2] entende que a **retrocessão** possui natureza de direito real, em face do princípio da supremacia da Constituição, ou seja, nenhuma lei poderia dar à matéria tratamento que contraditasse o que é simples resultado da proteção que a Lei Magna outorga à propriedade.

A professora Maria Sylvia Zanella Di Pietro[3] também entende que a retrocessão gera direito real, pois, demonstrando que o imóvel não foi utilizado nessa conformidade, o direito de propriedade do expropriado se restabelece em sua totalidade, com o direito à reivindicação do imóvel.

Para o Supremo Tribunal Federal (STF, *RT* 620/221), a retrocessão tem natureza de direito real. Esse é, também, o entendimento do STJ:

> Direito administrativo – Recurso especial – Retrocessão – Desvio de finalidade pública de bem desapropriado – Decreto expropriatório. Criação de parque ecológico. Não efetivação. Bens destinados ao atendimento de finalidade pública diversa. Tredestinação lícita. Inexistência de direito à retrocessão ou a perdas e danos. 2. **A retrocessão constitui-se direito real do ex-proprietário de reaver o bem expropriado**, mas não preposto

2. MELLO, Celso Antônio Bandeira de. *Curso de direito administrativo*. 33. ed. São Paulo: Malheiros, 2017, p. 787.
3. PIETRO, Maria Sylvia Zanella Di. *Direito administrativo*. 31. ed. São Paulo: Atlas, 2018, p. 181.

a finalidade pública (Celso Antônio Bandeira de Mello, *Curso de Direito Administrativo*, 17. Edição, p. 784). 3. Precedentes: Resp 623.511/RJ, 1ª Turma, deste relator, *DJ* de 6-6-2005) Resp n. 570.483/MG, 2ª Turma, rel. Min. Franciulli Netto, *DJ* de 30-6-2004). 4. Outrossim, o Supremo Tribunal Federal também assentou a natureza real da retrocessão: "DESAPROPRIAÇÃO – Retrocessão – Prescrição – Direito de natureza real – Aplicação do prazo previsto no art. 177 do Código Civil e não do quinquenal do De. 20.910/32 – Termo inicial – Fluência a partir da data da transferência do imóvel ao domínio particular, e não da desistência pelo Poder expropriante" (STF, ERE 104.591/RS, rel. Min. Djaci Falcão, *DJU* 10-4-87). 5. Consagrado no Código Civil, o direito de vindicar a coisa, ou as consequentes perdas e danos, forçoso concluir que a lei civil considera esse direito real, tendo em vista que é um sucedâneo do direito à reivindicação em razão da subtração da propriedade e do desvio de finalidade na ação expropriatória. 6. O Supremo Tribunal Federal concluiu que: "Desapropriação. Retrocessão. Alienação do imóvel. Responsabilidade solidária. Perdas e danos. Código Civil, art. 1.150 – Transitado em julgado o reconhecimento da impossibilidade de retrocessão do imóvel por já incorporado ao patrimônio público e cedido a terceiros, razoável é o entendimento, em consonância com doutrina e jurisprudência, do cabimento de perdas e danos ao expropriado" (**Resp 868.120/SP, RE 2006/0165438-4, rel. Min. Luiz Fux, 1ª Turma, j. em 27-11-2007, *DJ* 21-2-2008, p. 37**).

É por conta disso que entendemos que basta o direito real estar previsto em lei, implícito ou explícito, e não apenas no Código Civil, para cumprir o princípio da legalidade.

12.1.1. Classificação

Os direitos reais são classificados da seguinte forma:

1) Direito real sobre coisa própria (*jus in re propria*): a propriedade é o direito real sobre coisa própria por excelência, que permite ao seu titular o direito de usar, gozar, dispor e reivindicar a coisa. Se o proprietário transfere alguns desses poderes para terceiros, ele passa a ter uma propriedade limitada (já que o titular não estará com os quatro poderes em mãos) e será constituído para esse terceiro um direito real sobre coisa alheia. Porém, cumpre lembrar que a alienação fiduciária é classificada doutrinariamente como direito real sobre coisa própria de garantia. O recém-criado direito real de laje é também sobre coisa própria, pois terá matrícula individualizada no cartório de registro imobiliário e o art. 1.510-A do Código Civil lhe dá direito de disposição.

2) Direito real sobre coisa alheia (*jus in re aliena*): nessa modalidade o titular do direito real terá algum poder inerente à propriedade de outro, que ficará com a propriedade limitada. Esse tipo de direito real divide-se em:

a) direitos reais de gozo ou fruição: são assim classificados a superfície, a servidão, o usufruto, o uso, a habitação, a concessão especial de uso para fins de moradia e a concessão de direito real de uso;

b) direito real de aquisição: o direito do promitente comprador do imóvel;

c) direitos reais de garantia: têm por objetivo garantir o cumprimento de uma obrigação. São eles: o penhor, a hipoteca e a anticrese.

12.1.2. Características fundamentais dos direitos reais

1) adere imediatamente à coisa, sujeitando-se diretamente ao titular;

2) segue seu objeto onde quer que ele se encontre. É o direito de sequela que é atribuído ao seu titular;

3) é provido de ação real, que prevalece contra qualquer detentor da coisa;

4) são limitados, já que devem ter previsão legal;

5) são oponíveis *erga omnes*;

6) os direitos reais sobre coisas móveis, quando constituídos, ou transmitidos por atos entre vivos, só se adquirem com a tradição;

7) os direitos reais sobre imóveis constituídos ou transmitidos por atos entre vivos só se adquirem com o registro no Cartório de Registro de Imóveis dos referidos títulos. Como exemplo, citamos a hipoteca, que sem estar registrada é apenas um direito obrigacional, e com o registro tornar-se-á um direito real.

12.1.3. Outras características dos direitos reais

Absolutismo: trata-se da dominação que o titular terá sobre um objeto e da oponibilidade *erga omnes* que terá esse direito, após ser dada publicidade da sua existência. A publicidade será dada com o registro se o bem for imóvel e com a tradição se o bem for móvel.

Sequela (*jus persequendi*): trata-se do direito de perseguir esse direito contra terceiros.

Preferência: o titular do direito real tem preferência para obter o pagamento do seu crédito com o valor do bem dado em garantia no concurso de credores (art. 961 do CC). O art. 102 da Lei de Falências determina uma exceção a essa regra, ao estabelecer que o credor real terá preferência nos créditos obrigacionais, exceto quanto aos créditos trabalhistas, acidentário e fiscal. Porém, caso haja concurso de titulares, ou seja, se várias pessoas tiverem um direito real sobre o mesmo bem, a preferência será de quem o registrou primeiro (art. 1.476 do CC).

Tipicidade: não podem ser criados pelas partes, mas somente pela lei, já que o rol nela previsto é taxativo, ou seja, *numerus clausus*. Os direitos obrigacionais são *numerus apertus*, já que podem ser criados por vontade das partes, ou seja, possuem rol exemplificativo na lei.

12.2. DA PROPRIEDADE

A propriedade é o **direito real** por excelência, que dá ao proprietário a **faculdade** de usar, gozar e dispor da coisa, além do direito de reavê-la de quem injustamente a possua ou detenha. Ela não se confunde com domínio, já que ele recai somente sobre coisas corpóreas, ou seja, é mais restrito que propriedade (o termo domínio era usado pelo Código Civil de 1916 como sinônimo de propriedade). Já a propriedade recai sobre coisas corpóreas ou incorpóreas (propriedade intelectual – artística, literária, marcas, patentes, *software*). Propriedade é o termo usado pelo Código Civil vigente.

A propriedade de bens corpóreos é tratada pelo Código Civil. Já a propriedade de bens incorpóreos está normatizada em várias leis esparsas, tais como: **Lei n. 9.279/96 – Lei de Marcas e Patentes, Lei n. 9.609/98 – Lei de Programas de Computador e Lei n. 9.610/98 – Lei de Direitos Autorais.**

12.2.1. Extensão vertical da propriedade

A propriedade compreende o espaço aéreo e o subsolo correspondente (**art. 1.229 do CC**). O **art. 1.230 do Código Civil e o art. 20, IX e X, da CF** excepcionam essa regra ao afirmar que serão de propriedade da União os recursos minerais do subsolo, potenciais energéticos, sítios arqueológicos e bens referidos em lei especial. Se inexistirem riquezas minerais no subsolo, o proprietário poderá construir porões e garagens.

12.2.2. Faculdades inerentes à propriedade

O art. 1.228 do Código Civil determina:

> **Art. 1.228.** O proprietário tem a faculdade de usar, gozar e dispor da coisa, e o direito de reavê-la do poder de quem quer que injustamente a possua ou detenha.

Pelo exposto, verifica-se que o proprietário possui os seguintes poderes inerentes à propriedade:

Direito de usar (*jus utendi*): trata-se da faculdade de servir-se da coisa de acordo com a sua destinação econômica, para fins residenciais ou comerciais. Basta para o uso o bem estar em condições de servir o proprietário quando necessário. A faculdade do uso não prescreve pelo não uso só pela posse de outra pessoa (comportamento antissocial).

Direito de gozar (*jus fruendi*): trata-se do direito de fruição, em que o titular pode explorar economicamente o bem, retirando os frutos que a coisa produzir.

Cumpre lembrar que os frutos são bens acessórios que se renovam com o tempo, e se dividem em: **frutos naturais**, que são aqueles produzidos pela natureza. Como exemplo citamos o fruto de uma árvore; **frutos industriais**, que são aqueles produzidos pelo homem. Como exemplo citamos o artesanato; **frutos civis**, que são aqueles produzidos pela renda gerada na utilização do bem por um terceiro. Como exemplo citamos os juros.

OBSERVAÇÃO: Os frutos não se confundem com os outros bens acessórios, como os produtos, que não se renovam com a sua retirada (por exemplo, a mina, o ouro e o poço de petróleo), tampouco com as pertenças, que não constituem parte integrante da coisa, mas se destinam de modo duradouro ao uso, serviço ou aformoseamento de outro bem.

Direito de dispor (*jus abutendi*): é caracterizado pela faculdade do proprietário de alterar a própria substância da coisa. Ou seja, o direito de dispor é o poder de consumir a coisa, de aliená-la, de gravá-la de ônus e de submetê-la ao serviço de outrem (demoli-la ou vendê-la). A disposição pode ser: **disposição material**, que são atos físicos que importam em perda da propriedade, tais como a destruição ou o abandono; **disposição jurídica**, que são atos alienação/constituição ônus reais.

Direito de reivindicar (*rei vindicatio*): é a faculdade que permite excluir a ingerência de terceiros sobre a coisa, ou seja, é o poder que tem o proprietário de mover ação para obter o bem de quem injusta ou ilegitimamente o detenha, em razão do seu direito de sequela. Ele é exercido por meio da ação reivindicatória no juízo petitório. Cumpre lembrar que a *exceptio proprietatis* foi abolida pelo art. 1.210 do Código Civil, que dividiu o juízo possessório (em que se discute posse) do petitório (no qual se discute propriedade). Esse é o conteúdo do Enunciado n. 79 do CJF.

O exercício do direito de reivindicação se dá pela ação reipersecutória, quando o autor requer a restituição de algo que é seu e que se acha fora de seu patrimônio.

Como a ação reipersecutória é aquela que busca a entrega de alguma coisa, ela pode ser tanto real como pessoal. A ação de despejo é reipersecutória pessoal, já a reivindicatória é reipersecutória real. Reipersecutória é denominada de acordo com o pedido.

12.2.3. Espécies de propriedade

Propriedade plena: o proprietário tem em mãos os quatro elementos (uso, gozo, disposição e reivindicação), ou seja, a propriedade será plena quando seu titular poder usar, gozar, dispor do bem de forma absoluta, exclusiva e perpétua, bem como reivindicá-lo de quem injustamente o detenha.

Propriedade limitada ou restrita: o proprietário transfere o uso e/ou o gozo para alguém, impondo para si um ônus real em prol de terceiro, como ocorre no caso do usufruto, ficando somente com o direito de dispor e de reivindicar.

Propriedade resolúvel: a propriedade será resolúvel quando houver fixado um termo ou uma condição resolutiva que dará causa à sua extinção. Como exemplo citamos a propriedade fiduciária, que será estudada mais adiante.

12.2.4. Características do direito de propriedade

Exclusividade: a mesma coisa não pode pertencer exclusiva e simultaneamente a duas ou mais pessoas; por esse motivo, o proprietário pode excluir o outro pela ação reivindicatória. No condomínio não há contradição com esse princípio, já que, pelo estado de indiviso do bem, cada um tem uma fração ideal (são donos da sua parte e do todo).

Perpetuidade: a propriedade tem duração ilimitada, até ser transmitida por vontade do dono (venda) ou por disposição legal (usucapião), exceto se a propriedade for resolúvel ou revogável, na hipótese de no título a sua duração for subordinada ao implemento de condição resolutiva ou advento de termo. Assim, uma vez adquirida a propriedade, em regra não pode ser perdida senão pela vontade do proprietário.

Elasticidade: a propriedade comporta desmembramento em frações ideais para várias pessoas.

12.2.5. Conteúdo constitucional da propriedade

Os bens corpóreos ou incorpóreos podem constituir objeto de direito (art. 5º, XXII), desde que cumpram com sua função social (art. 5º, XXIII). A Constituição Federal elenca o direito de propriedade como uma garantia fundamental, prevista em cláusula pétrea, colocando o cumprimento da função social da propriedade como um requisito para o preenchimento do seu conceito.

Não há na Constituição um conceito fechado de função social da propriedade. Porém, o art. 186 apresenta os requisitos que devem ser obedecidos para o cumprimento da função social da propriedade rural. São eles:

a) o aproveitamento racional e adequado;

b) a utilização adequada dos recursos naturais disponíveis e preservação do meio ambiente;

c) a observância das disposições que regulam as relações de trabalho;

d) a exploração que favoreça o bem-estar dos proprietários e dos trabalhadores.

De acordo com o referido artigo, a função social é cumprida quando a propriedade rural atende, simultaneamente, segundo critérios e graus de exigência estabelecidos em lei, os requisitos acima descritos.

12.2.6. Função social da propriedade

A função social da propriedade possui origem constitucional, já que o inciso XXIII do art. 5º determina o seu cumprimento. O seu fundamento legal no Código Civil está descrito no art. 1.228, § 1º, que estabelece:

> **Art. 1.228.** (...)
>
> § 1º O direito de propriedade deve ser exercido em consonância com as suas finalidades econômicas e sociais e de modo que sejam preservados, de conformidade com o estabelecido em lei especial, a flora, a fauna, as belezas naturais, o equilíbrio ecológico e o patrimônio histórico e artístico, bem como evitada a poluição do ar e das águas.

A sua importância atual é tão grande que o Código Civil elevou a função social da propriedade a categoria de preceito de ordem pública no parágrafo único do art. 2.035.

Se é preceito de ordem pública, o princípio da função social da propriedade poderá ser reconhecido de ofício pelo juiz, e poderá retroceder aos contratos celebrados antes da entrada em vigor do Código Civil de 2002, já que tal princípio foi uma inovação da citada legislação.

12.2.6.1. Espécies de função social da propriedade

Função social da propriedade urbana: o art. 182, § 2º, da CF estabelece que a propriedade urbana cumpre sua função social quando atende às exigências fundamentais de ordenação da cidade expressas no plano diretor municipal, motivo pelo qual é ele quem tem competência para tratar da ordenação das cidades e da organização dos espaços habitáveis.

Como exemplo citamos lei municipal da cidade de Saquarema no Rio de Janeiro, que estabelece prazo para os proprietários de lote construírem sob pena de aumento do IPTU progressivo no tempo, conforme autoriza o art. 182, § 4º, da CF. Outro exemplo interessante é o do município de Nova Petrópolis, no Rio Grande do Sul, cidade colonizada por alemães, que concede isenção tributária para quem mantém e conserva suas casas no estilo colonial alemão denominado enxaimel (ou *Fachwerk*), para que tais construções se tornem um atrativo turístico. Se essa função social não for respeitada, poderá ocorrer a desapropriação para fins de reforma urbana.

Como o art. 182, § 1º, da CF estabelece que o plano diretor, aprovado pela Câmara Municipal, é o instrumento básico da política de desenvolvimento e de expansão urbana e obrigatório para cidades com mais de 20 mil habitantes, Vera Scarpinella Bueno[4] faz importante afirmação para o caso de cidades que não tenham o plano diretor:

> "Sem o plano diretor o Município não pode exigir do proprietário que ele cumpra o princípio constitucional da função social da propriedade. Isto porque cabe ao plano diretor – como lei introdutória de normas básicas de planejamento urbano – a delimitação das áreas urbanas onde podem ser aplicados o parcelamento, edificação ou utilização compulsórios, considerando a existência de infraestrutura e de demanda para utilização (arts. 41, III, e 42, I, do Estatuto da Cidade – Lei n. 10.257/01)".

Função social da propriedade rural: exige que a terra seja produtiva, que sejam criados empregos formais, e que se tome cuidado com o meio ambiente e com o bem-estar. Esses requisitos, que devem ser obedecidos simultaneamente (todos), como explicado anteriormente, encontram-se descritos no art. 186 da CF, e se não forem respeitados podem gerar uma desapropriação-sanção, que, no caso em tela, será denominada desapropriação para fins de reforma agrária (art. 184 da CF).

Ocorre, porém, que a propriedade produtiva não pode ser desapropriada, por força de disposição expressa do art. 185, I, da Constituição Federal. Assim, cumpre questionar se a propriedade produtiva que degrada o meio ambiente pode ser desapropriada para fins de reforma agrária. Há duas correntes:

- **1ª corrente:** no entendimento do professor José Afonso da Silva[5], é necessário interpretar literalmente a lei, motivo pelo qual a propriedade produtiva nunca poderá ser desapropriada, já que há outras formas de punir o proprietário por esta irregularidade, por exemplo, pecuniariamente com o ITR progressivo no tempo.
- **2ª corrente:** para os estudiosos do Direito Agrário, o art. 185, I, da Constituição Federal deve ser interpretado em harmonia com os arts. 184, *caput*, e 186 da própria Constituição, em que a imunidade à desapropriação existe somente se a propriedade produtiva cumprir com a função social (todos os quatro elementos exigidos pela Constituição).

O STF adota a 2ª corrente, pois o art. 2º da Lei n. 8.629/93 determina que a propriedade rural que não cumprir a função social prevista no art. 9º é passível de desapropriação, respeitados os dispositivos constitucionais. Compete à União desapropriar por interesse social, para fins de reforma agrária, o imóvel rural que não esteja cumprindo sua função social (*vide* **MS 22.164/SP, Tribunal Pleno, rel. Min. Celso de Mello, j. em 30-10-1995**).

Função social de outros tipos de propriedade: a função social abarca, também, outros tipos de propriedade, tais como a de marcas e patentes, de forma que os arts. 40 e 42 da Lei n. 9.279/96 concedem prazo de 20 anos de vigência da patente, salvo se for de interesse fundamental à vida e dignidade, tais como medicamentos vitais que já tiveram a sua patente quebrada pelo governo federal. Não são somente bens corpóreos podem ser objeto de desapropriação, mas o Poder Público pode desapropriar, também, bens incorpóreos, tais como obra literária.

---

4. BUENO, Vera Scarpinella. Parcelamento, edificação ou utilização compulsórios da propriedade urbana. In: DALLARI, Adilson Abreu. FERRAZ, Sérgio (Coord.). *Estatuto da Cidade comentado (Comentários à Lei Federal 10.257/2001)*. 1. ed. 2. tir., São Paulo: Malheiros, 2003, p. 92.
5. SILVA, José Afonso da. *Curso de direito constitucional positivo*. 41. ed. Malheiros, 2018, p. 689.

12.2.7. Outro exemplo de aplicação da função social da propriedade: a desapropriação judicial

O instituto descrito no art. 1.228, §§ 4º e 5º, do Código Civil é objeto de muita polêmica, tanto na doutrina quanto na jurisprudência, com relação a sua natureza jurídica, bem como o seu alcance e a sua eficácia. O referido artigo tem o seguinte conteúdo:

> **Art. 1.228.** (...)
>
> § 4º O proprietário também pode ser privado da coisa se o imóvel reivindicado consistir em extensa área, na posse ininterrupta e de boa-fé, por mais de 5 (cinco) anos, de considerável número de pessoas, e estas nela houverem realizado, em conjunto ou separadamente, obras e serviços considerados pelo juiz de interesse social e econômico relevante.
>
> § 5º No caso do parágrafo antecedente, o juiz fixará a justa indenização devida ao proprietário; pago o preço, valerá a sentença como título para registro do imóvel em nome dos possuidores.

Trata-se de uma forma de perda da propriedade, se os requisitos descritos no tipo forem preenchidos, porém desde que seja pago o valor de uma indenização.

Para Carlos Alberto Dabus Maluf, o referido instituto não é bem visto. Vejamos:

> "As regras contidas nos §§ 4º e 5º abalam o direito de propriedade, incentivando a invasão de glebas urbanas e rurais, criando uma forma nova de perda do direito de propriedade, mediante o arbitramento judicial de uma indenização, nem sempre justa e resolvida a tempo, impondo dano ao proprietário que pagou os impostos que incidiram sobre a gleba"[6].

Entende-se que a melhor interpretação é a de que o citado instituto busca dar efetividade à função social da propriedade – prevista como mandamento constitucional integrante ao conceito de propriedade – para privilegiar o seu cumprimento, e estimular o respeito à produção, ao meio ambiente e às relações trabalhistas e sociais.

Já Judith Martins-Costa e Gerson Luiz Carlos Branco enaltecem o referido instituto, dizendo que

> "... essa regra é digna de nota por variados motivos, entre eles a sua oportunidade num país como o Brasil, onde o problema fundiário permanece intocado e irresoluto através dos séculos. Aí se revela, para além da função social da propriedade, a função social da posse, que, no Código agora aprovado, não se prende apenas à concepção abstrata de Von Jhering, refletida no art. 485 do Código Civil de 1916, mas engloba, também, a noção autônoma de posse. Por isto, paralelamente ao regramento da posse como mera ocupação do bem, o conceito de posse-trabalho, aquela posse que 'vem acompanhada de um ato criador do trabalho humano' (Miguel Reale) e que, bem por isso, deve ter uma proteção maior do que a outra"[7].

Vemos, dessa forma, que não só a função social da propriedade terá um papel fundamental no Direito Civil, mas também, em razão da socialidade no nosso ordenamento, a posse, que também deverá cumprir uma função social. Aliás, a posse-trabalho, bem explorada no texto acima, no instituto ora estudado se sobrepõe ao conceito de propriedade, já que dará uma contribuição para que a propriedade alcance a sua função social.

---

6. MALUF, Carlos Alberto Dabus. O direito de propriedade e o instituto do usucapião no Código Civil de 2002. In: *Questões controvertidas*. São Paulo: Método, 2003, v. I, p. 287.
7. BRANCO, Gerson Luiz Carlos; MARTINS-COSTA, Judith. *Diretrizes teóricas do novo Código Civil*. São Paulo: Saraiva, 2002, p. 154-155.

Inicialmente alguns doutrinadores entenderam ser inconstitucional o referido instituto, haja vista que somente o chefe do Poder Executivo (municipal se o imóvel estiver localizado em zona urbana, e federal se o imóvel estiver localizado em zona rural) poderia decretar a desapropriação, e não o juiz, já que esta não poderia ocorrer por decisão judicial.

Esta tese, porém, logo foi refutada por outra parte da doutrina, que em discussões na I Jornada de Direito Civil do Conselho da Justiça Federal (CJF), realizada em setembro de 2002, criou o **Enunciado 82**, que determina ser constitucional esse instituto.

Esse posicionamento tornou-se majoritário na doutrina brasileira, haja vista que, de fato, o juiz não podia desapropriar, sendo esta uma faculdade do Poder Executivo. Porém, não se pode desconsiderar que o juiz adquiriu este poder por força de legislação expressa específica, qual seja, o referido artigo em comento, motivo pelo qual verifica-se ser constitucional o dispositivo legal.

Concluindo pela constitucionalidade do referido instituto, a doutrina não chegou a um consenso em como ele deve ser chamado.

Uns propugnavam em chamá-lo de **usucapião coletivo**, em razão de o texto de lei exigir um considerável número de pessoas para se adquirir a propriedade.

Pablo Stolze Gagliano comunga desse entendimento:

> "Nessa linha de raciocínio, uma vez que a perda da propriedade se dá pela posse exercida por uma coletividade de pessoas, dentro de um lapso de tempo previsto em lei (5 anos), não há, em nosso sentir, como negar a nota característica da prescrição aquisitiva, razão por que a tese do usucapião nos pareceria mais atrativa"[8].

Essa ideia deve ser refutada, haja vista que a verdadeira usucapião coletiva está prevista no Estatuto da Cidade, art. 10 da Lei n. 10.257/2001[9], que diz que inexiste necessidade de pagamento de indenização, como no caso do instituto em comento.

Também não se poderá denominar o citado instituto como **usucapião indenizável**, ideia que de plano também deve ser refutada, haja vista que, desde o tempo de Labeão[10], um

8. *Controvérsias constitucionais acerca do usucapião coletivo*. Disponível em: <www.professorchristiano.com.br/artigosconvidados.htm>. Acesso em: 19 fev. 2007.

9. "Art. 10. As áreas urbanas com mais de duzentos e cinquenta metros quadrados, ocupadas por população de baixa renda para sua moradia, por cinco anos, ininterruptamente e sem oposição, onde não for possível identificar os terrenos ocupados por cada possuidor, são suscetíveis de serem usucapidas coletivamente, desde que os possuidores não sejam proprietários de outro imóvel urbano ou rural.

§ 1º O possuidor pode, para o fim de contar o prazo exigido por este artigo, acrescentar sua posse à de seu antecessor, contanto que ambas sejam contínuas.

§ 2º A usucapião especial coletiva de imóvel urbano será declarada pelo juiz, mediante sentença, a qual servirá de título para registro no cartório de registro de imóveis.

§ 3º Na sentença, o juiz atribuirá igual fração ideal de terreno a cada possuidor, independentemente da dimensão do terreno que cada um ocupe, salvo hipótese de acordo escrito entre os condôminos, estabelecendo frações ideais diferenciadas.

§ 4º O condomínio especial constituído é indivisível, não sendo passível de extinção, salvo deliberação favorável tomada por, no mínimo, dois terços dos condôminos, no caso de execução de urbanização posterior à constituição do condomínio.

§ 5º As deliberações relativas à administração do condomínio especial serão tomadas por maioria de votos dos condôminos presentes, obrigando também os demais, discordantes ou ausentes."

10. Marco Antístio Labeão, jurisconsulto romano (c. 43 a.C.-c. 22 d.C.).

dos maiores doutrinadores no assunto do Direito Romano, até os dias de hoje em nenhum momento se viu uma modalidade de usucapião indenizável.

Dessa forma, em face da possibilidade atribuída por lei ao Judiciário de desapropriar, entendo que o referido instituto deve ser chamado de **desapropriação judicial**.

Partindo para a análise do artigo citado, no seu início utiliza-se da expressão **imóvel reivindicado** para gerar a perda da propriedade.

Entende-se não ser possível uma interpretação restritiva da citada expressão, pois, em uma leitura rápida, excluir-se-ia, de plano, a possibilidade da **desapropriação judicial** ser arguida em ações possessórias, por exemplo. A interpretação restritiva faria com que se reduzisse muito a aplicação do instituto, bem como se ignorasse a função social da posse.

Essa foi a conclusão a que o Conselho da Justiça Federal chegou na IV Jornada de Direito Civil, que foi retratada no Enunciado 310:

> **En. 310 do CJF** – Interpreta-se extensivamente a expressão "imóvel reivindicado" (art. 1.228, § 4º), abrangendo pretensões tanto no juízo petitório quanto no possessório.

Aliás, sobre o tema, o **Enunciado 496 do CJF** determina que o conteúdo do art. 1.228, §§ 4º e 5º, pode ser objeto de ação autônoma, não se restringindo à defesa em pretensões reivindicatórias.

Cumpre ressaltar que **o Enunciado 306 do CJF** estabelece que, preenchida a situação descrita no § 4º do art. 1.228 do Código Civil, isso ensejará a improcedência do pedido reivindicatório.

Nessa ação reivindicatória, o **Enunciado 305 do CJF** determina que o Ministério Público tem o poder-dever de atuação nas hipóteses de desapropriação, inclusive a indireta, que envolvam relevante interesse público determinado pela natureza dos bens jurídicos envolvidos, e no Enunciado 307 do CJF poderá o juiz determinar a intervenção dos órgãos públicos competentes para o licenciamento ambiental e urbanístico.

Corretamente, em nosso sentir, o **Enunciado 83 do CJF** estabelece que nas ações reivindicatórias propostas pelo Poder Público não são aplicáveis as disposições constantes dos §§ 4º e 5º do art. 1.228 do Código Civil. Esse pensamento, coerente com a hipótese de o próprio poder público ser obrigado a pagar a respectiva indenização, impede que ocorra a perda da propriedade de um bem público, sem o pagamento da indenização no caso de ela ficar a cargo do poder público, como se fosse uma espécie de usucapião. Não podemos esquecer que a jurisprudência refuta a ideia de usucapião de bens públicos, mesmo que seja dominical (sem utilização) e não exista cumprimento da função social, conforme a **Súmula 340 do STF**, que estabelece:

> **Súmula 340 do STF** – Desde a vigência do Código Civil, os bens dominicais, como os demais bens públicos, não podem ser adquiridos por usucapião.

Esse é o motivo pelo qual discordamos do conteúdo do **Enunciado 304** do CJF, que defende serem aplicáveis as disposições dos §§ 4º e 5º do art. 1.228 do Código Civil às ações reivindicatórias relativas a bens públicos dominicais, mantido, parcialmente, o Enunciado 83 da I Jornada de Direito Civil, no que concerne às demais classificações dos bens públicos.

Sabemos que o *caput* do art. 1.228 do Código Civil determina que são direitos do proprietário usar, gozar, dispor e reivindicar, este último exercido por meio de ação reivindicatória.

Ao ler o citado dispositivo legal, verifica-se que o legislador utiliza-se de conceitos legais indeterminados, que são aqueles que constam no texto de lei, porém sem nenhuma definição para que o magistrado, no momento de proferir a sua decisão, possa fazer justiça no caso concreto.

O primeiro deles é **extensa área**, da qual preferiu o legislador não se utilizar de um tamanho específico. Porém no INCRA, se o imóvel for rural, ou na Prefeitura, se o imóvel for urbano, há como verificar se determinada área é ou não extensa, motivo pelo qual acreditamos que tais conceitos podem servir de subsídios ao magistrado quando for proferir sua decisão, sem que se tornem obrigatórios.

O segundo é **considerável número de pessoas**, o que demonstra que, após a consumação do instituto, haverá a formação de um condomínio *sui generis*, já que os novos condôminos continuarão a exercer posse exclusiva sobre área certa.

O terceiro seria **considerado pelo juiz como de interesse social e econômico relevante**. Neste caso, o legislador dá ao magistrado poder discricionário pelo uso da expressão **considerado pelo juiz**, em que será o magistrado quem irá poder atestar que os possuidores estão dando à sua posse uma função social.

O quarto é a boa-fé. Urge lembrar que, segundo o Enunciado 309 do CJF, o conceito de posse de boa-fé de que trata o art. 1.201 do Código Civil não se aplica ao instituto previsto no § 4º do art. 1.228.

Partindo desse pressuposto, cumpre verificar quem seria o responsável pelo pagamento da indenização.

Num primeiro momento, pode-se dizer que seria o possuidor, situação esta facílima de visualizar, porém somente quando ele tiver condições para tanto. Comunga dessa opinião Teori Albino Zavascki, que defende:

> "Embora não seja expresso a respeito o dispositivo, não há dúvida de que tal pagamento deve ser feito pelos possuidores, réus na ação reivindicatória"[11].

Encontramos este pensamento no **Enunciado 84** da I Jornada de Direito Civil do Conselho da Justiça Federal, que estabelece:

> **En. 84 do CJF** – A defesa fundada no direito de aquisição com base no interesse social (art. 1.228, §§ 4º e 5º, do novo Código Civil) deve ser arguida pelos réus da ação reivindicatória, eles próprios responsáveis pelo pagamento da indenização.

Mas e se o possuidor não tiver dinheiro para pagar a indenização?

Partindo do pressuposto de que o proprietário foi negligente ao abandonar seu imóvel e permitir que os requisitos do mencionado instituto fossem preenchidos, verifica-se que o

11. A tutela da posse na Constituição e no Projeto do novo Código Civil. In: *A reconstrução do direito privado*. São Paulo: Revista dos Tribunais, 2002, p. 852.

referido imóvel não atingiu sua função social, motivo pelo qual esse proprietário torna-se indigno de continuar exercendo tal direito real, não podendo retornar ao bem já que perdeu a legitimidade de proprietário.

Com isso temos duas situações. Na primeira, mesmo o ocupante querendo ficar, em face da impossibilidade de pagamento, deve devolver o bem ao proprietário, já que estamos num Estado Democrático de Direito, em que a propriedade é garantida e **nunca** poderá ser confiscada. Porém esta saída não poderá ser adotada, já que, como explanado anteriormente, o proprietário não tem mais legitimidade para exercer seu direito subjetivo, haja vista o descumprimento da função social. Na segunda, permitir que o possuidor sem dinheiro fique, porém, sem utilizar-se da prática feita no período de ditaduras militares, no qual se pagava o quanto queria e podia, abrindo chance de se retirar uma propriedade de milhões por centavos.

Ao permitir que os possuidores fiquem, ressalte-se que o proprietário deverá **obrigatoriamente** ser ressarcido, sob pena de confisco.

Esta posição é compartilhada pela juíza federal Mônica Castro, que leciona:

> "Não se pode permitir que essa perda da coisa seja feita sem a devida indenização, sob pena de violação do comando inserido no art. 5º, XXII e XXIV, da Constituição Federal. Aliás, a norma expressamente veda a transferência da propriedade sem a prévia compensação pecuniária precedente, como se constata da leitura do § 5º do art. 1.228 antes transcrito"[12].

Dessa forma, qual seria a saída? Entende-se que não há outra solução senão o Estado realizar o pagamento, já que ele é que, também, deve garantir o direito à moradia, conforme o art. 6º da CF. Outro argumento que se soma a esse é o de que o Estado é conivente com a situação do possuidor, pois possui autorização para cobrar do possuidor o IPTU, motivo pelo qual merece arcar com os custos disso. Assim, o particular responde com o pagamento da indenização, e de forma subsidiária o Estado, quando o particular não tiver condições de arcar com esse custo.

Esse entendimento é compartilhado pelo Conselho da Justiça Federal, que em outubro de 2006, na IV Jornada de Direito Civil, o transformou no Enunciado 308, nos seguintes termos:

> **En. 308 do CJF** – Art. 1.228. A justa indenização devida ao proprietário em caso de desapropriação judicial (art. 1.228, § 5º) somente deverá ser suportada pela Administração Pública no contexto das políticas públicas de reforma urbana ou agrária, em se tratando de possuidores de baixa renda e desde que tenha havido intervenção daquela nos termos da lei processual. Não sendo os possuidores de baixa renda, aplica-se a orientação do Enunciado 84 da I Jornada de Direito Civil.

Com relação ao valor da indenização, o **Enunciado 240 do CJF** estabelece que a justa indenização a que alude o § 5º do art. 1.228 não tem como critério valorativo, necessariamente, a avaliação técnica lastreada no mercado imobiliário, sendo indevidos os juros compensatórios. Não concordamos com o teor da primeira parte do enunciado, pois o valor venal dos imóveis no Brasil não representa o seu valor real, motivo pelo qual não

---

12. A desapropriação judicial no novo Código Civil. Disponível em: <http://www.mundojuridico.adv.br/sis_artigos/artigos.asp?codigo=486>. Acesso em: 3 jun. 2010.

podem ser utilizados. Se pensarmos no princípio constitucional da vedação ao confisco, essa indenização deve ser justa, pelo valor de mercado do bem. Quanto à última parte do enunciado, concordamos, integralmente, que não são devidos juros compensatórios, haja vista que não há perda liminar da posse por parte do proprietário, que já a perdeu há tempos.

Já no que tange ao registro da sentença, que a lei exige para o pagamento da indenização, o **Enunciado 241 do CJF** determina que o registro da sentença em ação reivindicatória, que opera a transferência da propriedade para o nome dos possuidores, com fundamento no interesse social (art. 1.228, § 5º), é condicionado ao pagamento da respectiva indenização, cujo prazo será fixado pelo juiz. Esse prazo é importantíssimo para demonstrar o início do prazo prescricional para a cobrança desse crédito. Quanto a isso, o **Enunciado 311 do CJF** determina que, caso não seja pago o preço fixado para a desapropriação judicial, e ultrapassado o prazo prescricional para se exigir o crédito correspondente, estará autorizada a expedição de mandado para registro da propriedade em favor dos possuidores, sem o pagamento.

Pelos motivos aqui apresentados é que devemos interpretar o instituto da **desapropriação judicial** como uma forma de auxílio no cumprimento da função social da propriedade e da posse. Confirmando isso, o Enunciado 49 do CJF afirma que a regra do art. 1.228, § 2º, do Código Civil interpreta-se restritivamente em harmonia com o princípio da função social da propriedade e com o disposto no art. 187.

Pode-se afirmar que o Código Civil foi um marco por inaugurar uma nova era, que tem por objetivo romper definitivamente com a estrutura apresentada à época do Código Beviláqua.

12.2.7.1 O primeiro precedente do STJ sobre desapropriação judicial

O primeiro precedente no STJ sobre o instituto descrito no art. 1.228, §§ 4º e 5º, do Código Civil foi julgado pela Primeira Turma em 7 de dezembro de 2017 no **RECURSO ESPECIAL N. 1.442.440/AC**, publicado no *Dje* em 15 de fevereiro de 2018, que teve como relator o Ministro Gurgel de Faria.

Na ementa do julgado se reconhece que:

1) Caso em que, ao tempo do julgamento do primeiro grau, a lide foi analisada à luz do disposto no art. 1.228, §§ 4º e 5º, do CC/2002, que trata da desapropriação judicial, chamada também por alguns doutrinadores de desapropriação por posse-trabalho ou de desapropriação judicial indireta, cujo instituto autoriza o magistrado, sem intervenção prévia de outros Poderes, a declarar a perda do imóvel reivindicado pelo particular em favor de considerável número de pessoas que, na posse ininterrupta de extensa área, por mais de cinco anos, houverem realizado obras e serviços de interesse social e econômico relevante.

2) Os conceitos abertos existentes no art. 1.228 do CC/2002 propiciam ao magistrado uma margem considerável de discricionariedade ao analisar os requisitos para a aplicação do referido instituto, de modo que a inversão do julgado, no ponto, demandaria o reexame do conjunto fático-probatório, providência vedada no âmbito do recurso especial, em face do óbice da Súmula 7 do STJ.

3) Não se olvida a existência de julgados desta Corte de Justiça no sentido de que "inexiste desapossamento por parte do ente público ao realizar obras de infraestrutura em imóvel cuja invasão já se consolidara, pois a simples invasão de propriedade urbana por terceiros, mesmo sem ser repelida pelo Poder Público, não constitui desapropriação indireta" (AgRg no Resp 1.367.002/MG, rel. Min. Mauro Campbell Marques, 2ª Turma, j. em 20-6-2013, *Dje* 28-6-2013).

4) Situação em que tal orientação não se aplica ao caso estudado, pois, diante dos fatos delineados no acórdão recorrido, não há dúvida de que os danos causados à proprietária do imóvel decorreram de atos omissivos e comissivos da administração pública, tendo em conta que deixou de fornecer a força policial necessária para o cumprimento do mandado reintegratório, ainda na fase inicial da invasão, permanecendo omissa quanto ao surgimento de novas habitações irregulares, além de ter realizado obras de infraestrutura no local, com o objetivo de garantir a função social da propriedade, circunstâncias que ocasionaram o desenvolvimento urbano da área e a desapropriação direta de parte do bem.

5) O Município de Rio Branco, juntamente com o Estado do Acre, constituem sujeitos passivos legítimos da indenização prevista no art. 1.228, § 5º, do CC/2002, visto que os possuidores, por serem hipossuficientes, não podem arcar com o ressarcimento dos prejuízos sofridos pelo proprietário do imóvel (*ex vido* Enunciado 308 Conselho da Justiça Federal).

6) Diante da procedência parcial da ação indenizatória contra a Fazenda Pública municipal, tem-se aplicável, além do recurso voluntário, o reexame necessário, razão pela qual não se vislumbra a alegada ofensa aos arts. 475 e 515 do CPC/73, em face da reinclusão do Estado do Acre no polo passivo da demanda, por constituir a legitimidade *ad causam* matéria de ordem pública, passível de reconhecimento de ofício, diante do efeito translativo.

7) A solução da controvérsia exige que sejam levados em consideração os princípios da proporcionalidade, da razoabilidade e da segurança jurídica, em face das situações jurídicas já consolidadas no tempo, de modo a não piorar uma situação em relação à qual se busca a pacificação social, visto que "é fato público e notório que a área sob julgamento, atualmente, corresponde a pelo menos quatro bairros dessa cidade (Rio Branco), onde vivem milhares de famílias, as quais concedem função social às terras em litígio, exercendo seu direito fundamental social à moradia".

8) Os critérios para a apuração do valor da justa indenização serão analisados na fase de liquidação de sentença, não tendo sido examinados pelo juízo da primeira instância, de modo que não podem ser apreciados pelo Tribunal de origem, tampouco por esta Corte Superior, sob pena de supressão de instância.

Boa parte do que expusemos anteriormente sobre o instituto foi reconhecido pelo STJ neste belíssimo julgado reconhecendo a importância do instituto.

12.2.8. Modos de aquisição da propriedade

Existem dois modos de aquisição da propriedade em geral:

1) Modo originário: que é aquele em que inexiste a transmissão da propriedade, como ocorre, por exemplo, nos casos da acessão e da usucapião.

2) Modo derivado: que é aquele em que existe a transmissão, *inter vivos* ou *causa mortis*, da propriedade, como ocorre, por exemplo, no caso do registro do título.

12.2.9. Formas de aquisição da propriedade

PROPRIEDADE IMÓVEL

Formas originárias	Formas derivadas
Acessão natural e artificial	Registro do título
Usucapião	Sucessão

PROPRIEDADE MÓVEL

Formas originárias	Formas derivadas
Usucapião	Especificação
Ocupação	Confusão
Tesouro	Comistão
	Adjunção
	Tradição
	Sucessão

12.2.10. Formas de aquisição da propriedade imóvel

12.2.10.1. Registro (arts. 1.245 a 1.247 do CC)

Trata-se de uma forma de tradição solene (sistema romano), em que o título translativo é levado a registro do Cartório de Imóveis.

O título translativo é aquele que indica uma vontade de transferência da propriedade, e que quando levado a registro na matrícula do imóvel concretiza sua transferência. Esses títulos se dividem em títulos translativos judiciais e extrajudiciais, e como exemplos citamos:

Título translativo judicial	Título translativo extrajudicial
Formal de partilha Carta de arrematação Carta de adjudicação	Contrato de compra e venda de imóvel Contrato de troca (permuta) de imóvel Contrato de doação de imóvel Dação em pagamento com imóvel

Cumpre lembrar o que já foi dito no capítulo que trata do negócio jurídico, que a escritura só será essencial se o bem imóvel tiver valor superior a 30 salários mínimos (art. 108 do CC). As regras do sistema financeiro habitacional autorizam o registro do instrumento particular de compra e venda de imóvel, independentemente do valor, desde que feito pelo agente financeiro.

Características do registro:

a) Vinculação do modo ao título: a validade do registro depende do conteúdo do título, pois se nele houver vício o registro é contaminado.

b) Relatividade da presunção de propriedade (art. 1.245, § 2º, do CC)**:** há presunção *juris tantum* de propriedade quando o título é registrado, já que é possível ocorrer o seu cancelamento em face de alguma invalidade. O **Registro Torrens**, previsto nos arts. 277 a 288 da Lei n. 6.015/73, é uma exceção, pois permite presunção absoluta de propriedade por força do Decreto n. 451-B, de 1890, que continua em vigor consoante o art. 1º, item 90, da Lei n. 3.446/1917. Segundo o Enunciado 503 do CJF, é relativa a presunção de propriedade decorrente do registro imobiliário, ressalvado o sistema Torrens.

Atributos do registro:

a) Constitutividade: gera efeitos *ex nunc*, ou seja, no período da outorga e do registro, a propriedade continua sendo do alienante (art. 1.245, § 1º, do Código Civil). Existem duas exceções a essa regra: *sucessão* (pois pelo princípio da *saisine*, a morte transfere propriedade e posse aos herdeiros instantaneamente); *usucapião* (a ocorrência da prescrição aquisitiva é que gera a aquisição da propriedade).

b) Prioridade: trata-se da proteção que é concedida para quem registra primeiramente o título.

c) Força probante: induz presunção *juris tantum* de propriedade, produzindo efeitos legais enquanto não for o título cancelado (deve ser proposta ação de anulação da escritura cumulada com o cancelamento do registro).

d) Continuidade: o registro atual prende-se ao anterior (trata-se de uma cadeia que deve ser seguida), pois se o imóvel não estiver registrado em nome do alienante, não pode ser registrado em nome do adquirente. Como exceção temos a usucapião (existe uma aquisição originária, pois se rompe com a cadeia anterior), em que não pode ser alegado vício nos registros anteriores contra o possuidor usucapiente.

e) Publicidade: com a publicidade, a propriedade torna-se oponível *erga omnes*.

f) Legalidade: o registro só tem validade se baseado em título revestido das exigências legais. O registrador imobiliário, ao receber o título, realizará a chamada qualificação registral, que é a análise do título para verificar se ele preenche os requisitos legais e se pode ser objeto de registro.

g) Especialidade: o imóvel deve estar precisamente descrito no título e ser certo, individual e autônomo. Se isso não ocorrer, deverá ser feita a retificação do título ou do registro imobiliário (matrícula).

Da prenotação do título em cartório:

Feito o protocolo do título no cartório, o oficial do registro imobiliário realizará a prenotação no Livro 1 (livro de protocolo) e terá o prazo de 30 dias para fazer a análise positiva do registro (art. 188 da LRP).

A prenotação é o assentamento prévio no livro de protocolo, que assegura a precedência do direito real ao qual o título se refere (art. 182 da LRP). Os seus efeitos destinam-se à vida efêmera, pois cessam em 30 dias se o interessado se omitir no atendimento de exigências legais opostas pelo oficial. Mas, se o registro for cumprido, a precedência do direito real começa com a prenotação. Declarada a dúvida pelo serventuário e julgada esta improcedente, o registro vale desde a data da prenotação.

Se o oficial fizer uma análise negativa do título, estabelecendo exigências que devam ser cumpridas para que o registro seja processado, é possível a parte interessada suscitar a chamada dúvida, que é um processo administrativo de jurisdição voluntária endereçado ao juiz de direito, para que este verifique se as exigências são ou não pertinentes, proferindo decisão sobre se o juízo de legalidade feito pelo oficial deve ou não ser confirmado.

Se a dúvida for julgada improcedente, ou seja, o magistrado não confirmar o juízo de legalidade feito pelo oficial do registro de imóveis, efetiva-se o registro e adquire-se a propriedade retroagindo a ela até a data da prenotação (efeito *ex tunc*), conforme o art. 1.246 do Código Civil.

O oficial não pode suscitar dúvida *ex officio*, mas somente se existir provocação da parte.

Existe, porém, a chamada dúvida inversa, que é encaminhada pelo interessado diretamente ao magistrado, em caso de inércia do oficial do registro.

Caso a ilegalidade seja flagrante, haverá a possibilidade de impetração do mandado de segurança com pedido de liminar, para a obtenção do registro imobiliário.

Segundo o art. 1.247 do Código Civil, se o teor do registro não exprimir a verdade, poderá o interessado reclamar que se retifique (judicialmente pela ação de retificação de registro imobiliário, ou extrajudicialmente – arts. 212 e 213 da Lei n. 6.015/73) ou anule (ação anulatória).

Distinções terminológicas:

a) Matrícula: é a primeira inscrição da propriedade do imóvel, ou seja, é uma espécie de registro de nascimento da propriedade imobiliária.

b) Registro: é o ato jurídico de disposição total ou parcial da propriedade, de constituição de um direito real ou de outros ônus, tais como a penhora e o bem de família.

c) Averbação: é alteração secundária que não modifica a essência do registro, mas altera as características do imóvel (por exemplo, uma construção) ou qualificação do titular (por exemplo, o casamento).

Por ser o registro forma de transmissão da propriedade imóvel (art. 1.245 do CC), que o STF decidiu no **Agravo em Recurso Extraordinário (ARE) 1.294.969**, Rel. Min. Luiz Fux, julgado no plenário em 12/02/2021, serem inconstitucionais as leis municipais que exigem o pagamento do importo de transmissão (ITBI) nas promessas de compra e venda e cessões dessas promessas.

12.2.10.2. Usucapião

Trata-se de uma forma originária de aquisição da propriedade, pelo exercício da posse contínua durante certo lapso de tempo, conjugados com outros requisitos definidos em lei. Segundo o **art. 1.244 do Código Civil**, estende-se ao possuidor o disposto quanto ao devedor acerca das causas que obstam, suspendem ou interrompem a prescrição, as quais também se aplicam à usucapião. Esse artigo existe porque a doutrina entende que as regras da prescrição extintiva (da parte geral) não se aplicam à da prescrição aquisitiva (da usucapião) por serem institutos diferentes. Por esse motivo, o legislador se viu obrigado a colocar, expressamente no Código, uma regra que excepcionasse essa regra. Esse é o motivo pelo qual não corre prazo de usucapião contra absolutamente incapazes. Urge lembrar que contra relativamente incapazes corre.

A Lei n. 14.010 de 10 de junho de 2020, que instituiu o Regime Jurídico Emergencial e Transitório (RJET), nas relações de Direito Privado, no período da pandemia do novo coronavírus (Covid-19), estabeleceu no art. 10º que suspendem-se os prazos de aquisição para a propriedade imobiliária ou mobiliária, nas diversas espécies de usucapião, a partir da sua entrada em vigor. Essa lei temporária vigorou de 12-6-2020 a 30-10-2020, mas criou uma causa suspensiva da contagem do prazo de prescrição aquisitiva, que impactará, ainda, por muito tempo.

Para o STJ, a separação de fato por longo período afasta a regra de impedimento da fluência da prescrição entre cônjuges prevista no art. 197, I, do CC e viabiliza a efetivação da prescrição aquisitiva por usucapião **(Resp 1.693.732-MG, Rel. Min. Nancy Andrighi, 3ª Turma, por unanimidade, julgado em 5-5-2020, *Dje* 11-5-2020).**

O possuidor deve ter a coisa com ânimo de dono (*animus domini*), ininterruptamente e sem oposição, para ter direito à chamada posse *ad usucapionem*, que também não poderá ser violenta, clandestina ou precária.

De acordo com o **§ 3º do art. 183 da CF**, que foi reproduzido pelo art. 102 do Código Civil, os imóveis públicos não serão adquiridos por usucapião, mesmo que o bem seja dominical, pois, desde a vigência do Código Civil de 2010, os bens dominicais, como os demais bens públicos, não podem ser adquiridos por usucapião (texto da **Súmula 340 do STF**).

Circula na internet notícia de que o TJMG concedeu uma usucapião de bem público, em processo movido contra o DER/MG (Departamento de Estradas e Rodagem). Lendo o julgado, percebe-se que não se trata de bem público, motivo pelo qual não foi aberto um precedente com relação ao pensamento doutrinário e jurisprudencial dominante. No voto do desembargador relator, ele afirma textualmente que: "Ademais, cumpre ressaltar que malgrado os bens públicos não sejam passíveis de aquisição por usucapião (art. 183, § 3º, da CF; art. 102, do Código Civil) o imóvel usucapiendo não está incluído em área de domínio público (...)". O referido magistrado cita, ainda, três precedentes no Tribunal que deu ganho de causa aos seus autores contra o DER/MG em casos análogos, e, em um deles, a ementa possui a seguinte frase: "A existência de área 'non aedificandi' correspondente à parte da faixa de domínio de rodovia estadual não impede a prescrição aquisitiva do bem, por não se tratar de bem público, mas de bem particular sujeito à limitação administrativa" (**Ap. Cív. 1.0346.07.013776-2/001, rel. Des. Edgard Penna Amorim, 8ª Câm. Cív., j. em 10-11-2011, publicação da súmula em 27-1-2012**). A ementa do julgado noticiado na internet, o mais recente, pois os outros precedentes não foram noticiados com a mesma ênfase, não faz menção, em nenhum momento, a usucapião de bem público, que seria o assunto mais importante do aresto:

Apelação civil – Ação reivindicatória – Detenção – Inocorrência – Posse com "animus domini" – Comprovação – Requisitos demonstrados – Prescrição aquisitiva – Evidência – Possibilidade – Evidência – Precedentes – Negar provimento. – "A prescrição, modo de adquirir domínio pela posse contínua (isto é, sem intermitências), ininterrupta (isto é, sem que tenha sido interrompida por atos de outrem), pacífica (isto é, não adquirida por violência), pública (isto é, exercida à vista de todos e por todos sabida), e ainda revestida com o *animus domini*, e com os requisitos legais, transfere e consolida no possuidor a propriedade da coisa, transferência que se opera, suprindo a prescrição a falta de prova de título preexistente, ou sanando o vício do modo de aquisição" (**TJMG, Ap. Cív. 1.0194.10.011238-3/001 – Comarca de Coronel Fabriciano, rel. Des. Barros Levenhagen, 5ª Câm. Cív., *Dje* de 15-5-2014**).

Assim sendo, continua prevalecendo a tese da Súmula 340 do STF, sobre a impossibilidade de usucapião de bem público, qualquer que seja sua espécie.

Conforme o STJ[13], a inexistência de registro imobiliário de imóvel objeto de ação de usucapião não induz presunção de que o bem seja público (terras devolutas), cabendo ao Estado provar a titularidade do terreno como óbice ao reconhecimento da prescrição aquisitiva.

Várias são as modalidades de usucapião de bens imóveis. São elas:

Usucapião extraordinária (art. 1.238 do CC): nessa modalidade, aquele que, por 15 anos, sem interrupção, nem oposição, possuir como seu um imóvel, adquire-lhe a propriedade, independentemente de título e boa-fé, podendo requerer ao juiz que assim o declare por sentença, a qual servirá de título para o registro no Cartório de Registro de Imóveis.

O prazo de 15 anos pode ser reduzido para 10 se o possuidor houver estabelecido no imóvel a sua moradia habitual, ou nele realizado obras ou serviços de caráter produtivo.

Usucapião ordinária (art. 1.242 do CC): nessa modalidade, adquire a propriedade do imóvel aquele que, contínua e incontestadamente, com justo título e boa-fé, o possuir por 10 anos.

Segundo o art. 1.201 do Código Civil, é de boa-fé a posse, se o possuidor ignora o vício, ou o obstáculo que impede a aquisição da coisa. O parágrafo único do referido dispositivo determina que o possuidor com justo título tem por si a presunção de boa-fé, salvo prova em contrário, ou quando a lei expressamente não admite essa presunção.

Para o **Enunciado 86 do CJF**, a expressão "justo título" contida nos arts. 1.242 e 1.260 do Código Civil abrange todo e qualquer ato jurídico hábil, em tese, a transferir a propriedade, independentemente de registro.

De acordo com o STJ[14], o contrato de promessa de compra e venda constitui justo título apto a ensejar a aquisição da propriedade por usucapião.

O prazo de 10 anos pode ser reduzido para 5 anos se o imóvel houver sido adquirido, onerosamente, com base no registro constante do respectivo cartório, cancelada posteriormente, desde que os possuidores nele tiverem estabelecido a sua moradia, ou realizado investimentos de interesse social e econômico.

---

13. AgInt no AREsp 936508/PI, rel. Min. Luis Felipe Salomão, 4ª Turma, j. em 13-3-2018, *Dje* 20-3-2018.
14. AgRg no AREsp 600.900/SP, rel. Min. João Otávio de Noronha, 3ª Turma, j. em 1º-9-2015, *Dje* 8-9-2015.

Por exigir que o registro do imóvel seja cancelado posteriormente, essa modalidade prevista no parágrafo único do art. 1.242 do Código Civil é chamada de **Usucapião tabular**, ou de livro, que tem origem no § 900 do Código Civil alemão[15] (BGB). O STJ reconhece que essa é a denominação da usucapião, prevista no referido artigo, no **Resp 1.133.451-SP, 3ª Turma, rel. Min. Nancy Andrighi, j. 27-3-2012, *Dje* de 18-4-2012**, equiparando o cancelamento do registro (requisito legal) ao bloqueio de matrícula, que ocorre por determinação judicial.

Usucapião familiar (art. 1.240-A do CC): em 20 de junho de 2011 entrou em vigor a Lei n. 12.424, que dispõe sobre o Programa Minha Casa, Minha Vida II - PMCMV, e a regularização fundiária de assentamentos localizados em áreas urbanas. A referida lei introduziu no Código Civil o art. 1.240-A, que criou mais uma modalidade de usucapião. O citado dispositivo possui a seguinte redação:

> **Art. 1.240-A.** Aquele que exercer, por 2 (dois) anos ininterruptamente e sem oposição, posse direta, com exclusividade, sobre imóvel urbano de até 250m^2 (duzentos e cinquenta metros quadrados) cuja propriedade divida com ex-cônjuge ou ex-companheiro que abandonou o lar, utilizando-o para sua moradia ou de sua família, adquirir-lhe-á o domínio integral, desde que não seja proprietário de outro imóvel urbano ou rural.
>
> § 1º O direito previsto no *caput* não será reconhecido ao mesmo possuidor mais de uma vez.
>
> § 2º (VETADO).
>
> Algumas reflexões se fazem necessárias sobre a matéria, em razão da novidade e dos desmembramentos de tal instituto.

1) Da denominação: a citada modalidade visa tratar da usucapião entre ex-cônjuges e ex-companheiros, permitindo a aquisição da propriedade. Não é possível denominá-la como usucapião matrimonial, pois não abarca somente pessoas que foram casadas, mas também as que viveram em união estável. Assim sendo, por tratar de duas situações, a melhor nomenclatura é usucapião familiar, já que o casamento e a união estável são formas de entidades familiares.

2) Ex-cônjuges e ex-companheiros (hétero e homoafetivos): na norma que regulamenta o instituto, verifica-se que tal modalidade somente é aplicável entre ex-cônjuges e ex-companheiros. Porém, cumpre investigar o que seriam ex-cônjuges e ex-companheiros, sob a ótica do referido artigo.

O prefixo "ex" significa a descontinuação de uma situação, no caso em tela o casamento e a união estável. Assim sendo, poderão usucapir pessoas que foram casadas ou que viveram em união estável. Vale lembrar que essa modalidade não se aplica às pessoas que ainda estejam casadas. Dessa forma, o destinatário da norma é o separado judicialmente, extrajudicialmente ou de corpos (que possui liminar em ação cautelar), o divorciado, e o ex-companheiro, que, após o término do relacionamento, permaneceu no imóvel do casal.

Questão interessante é saber se o separado de fato também estaria incluído no conceito de "ex-cônjuge", e a resposta é afirmativa, pois o STJ já firmou entendimento de que, com

15. "Quem, como proprietário de um prédio, estiver inscrito no Livro de Imóveis, sem que tenha ele obtido a propriedade, adquirirá a propriedade quando a inscrição durar trinta anos e, durante esse tempo, tiver tido ele a posse do prédio a título de propriedade."

a separação, de fato ocorre a dissolução da sociedade conjugal e a consequente extinção do regime de bens (**Resp 1.065.209, Proc. 2008/0122794-7, SP, 4ª Turma, rel. Min. João Otávio de Noronha; j. em 8-6-2010, *DJE* 16-6-2010**).

Para a união estável, que é uma união fática, constituída por meio da convivência, basta, somente, o seu fim. A escritura ou a sentença de dissolução da união estável apenas serviriam como meio de prova, mas, repise-se, a prova maior que deve ser produzida é a do fim da convivência.

O Enunciado 501 do CJF reforça a ideia de que essa modalidade se estende aos separados de fato:

En. 501 do CJF – As expressões "ex-cônjuge" e "ex-companheiro", contidas no art. 1.240-A do Código Civil, correspondem à situação fática da separação, independentemente de divórcio.

Cumpre salientar que, após a decisão do STF na **ADIn 4.277** e **ADPF 132**, que estendeu os efeitos da união estável para a união homoafetiva, e da Resolução n. 175, de 14-5-2013, do CNJ, que chancelou o casamento homoafetivo no Brasil, a citada modalidade de usucapião será aplicada tanto nos casamentos e uniões estáveis heterossexuais como nos homossexuais.

O Enunciado 500 do CJF reforça a ideia de que essa modalidade se estende às uniões e casamentos homoafetivos.

3) Abandono do lar: outro requisito é o abandono do lar pelo ex-cônjuge ou companheiro. Trata-se de um requisito que deve ser objeto de crítica, haja vista que há muitas pessoas que abandonam o lar conjugal para que não ocorra violência ou até mesmo por conta de a vida em comum se tornar insuportável. A lei presume que essas pessoas abandonam, também, a família, o que nem sempre é verdade, pois muitas delas ainda continuam dando assistência moral aos filhos e financeira ao ex-cônjuge ou companheiro, por exemplo, pagando o condomínio do apartamento em que morava. Essa pessoa, pela simples leitura da lei, apesar de continuar pagando despesas do antigo lar, teria contra si iniciado o prazo da usucapião, mesmo não tendo abandonado a família.

O que a lei quer estimular é que as partes busquem o mais rápido possível a formalização da extinção do relacionamento. Acredito que nesse ponto é que aparece a importância do tabelião de notas, que pode lavrar escritura de separação de corpos (conforme defendemos em nossa obra *Separação, divórcio e inventário por escritura pública*, publicada pela Editora Método, 7ª edição, 2015) para impedir o início do prazo de tal modalidade, pois ela teria o condão de impedir a caracterização do abandono do lar.

O Enunciado 595 do CJF reforça a ideia da cautela para a interpretação da expressão "abandono do lar" ao estabelecer que:

En. 595 do CJF – O requisito "abandono do lar" deve ser interpretado na ótica do instituto da usucapião familiar como abandono voluntário da posse do imóvel somado à ausência da tutela da família, não importando em averiguação da culpa pelo fim do casamento ou união estável. Revogado o Enunciado 499.

Cumpre ressaltar que não caracteriza abandono do lar a retirada compulsória do cônjuge ou companheiro do lar conjugal, nas hipóteses dos arts. 22 e 23 da Lei n. 11.340/2006 (Maria da Penha).

4) O imóvel deve ser de propriedade do casal: o artigo menciona a necessidade de o imóvel ser de propriedade do casal, o que permite duas situações.

A primeira é de que o imóvel pertença ao casal em condomínio, com cada um sendo dono de uma fração ideal.

A segunda é de o bem pertencer exclusivamente a um dos dois na matrícula do imóvel, mas, em razão do regime de bens, o outro ter direito de meação. Por esse motivo, se faz necessário, nesse caso, estudar minuciosamente as regras do regime de bens.

O Enunciado 500 do CJF reforça a ideia da necessidade de o imóvel ser de propriedade comum do casal, ao estabelecer que:

> **En. 500 do CJF** – A modalidade de usucapião prevista no art. 1.240-A do Código Civil pressupõe a propriedade comum do casal e compreende todas as formas de família ou entidades familiares, inclusive homoafetivas.

Assim sendo, quando o Código fala em propriedade de ambos, leia-se em condomínio ou fruto de meação (de acordo com o regime de bens). Exclui-se a posse, pois, se ambos a exercem sobre o imóvel, o que como já foi dito é muito comum, este não pode ser usucapido nessa modalidade; mas ambos, se todos os requisitos forem preenchidos, ainda que após a dissolução da sociedade ou da união estável, poderão usucapir, em outras espécies, do proprietário que consta da matrícula do imóvel.

5) Metragem máxima, usar para moradia e não ser dono de outro imóvel: o imóvel a ser usucapido nessa modalidade não pode ter área superior a 250 metros quadrados. Como nos grandes centros urbanos um imóvel dessa grandeza vale muito (damos o exemplo do bairro do Leblon no Rio de Janeiro, cujo metro quadrado, o mais caro do Brasil, custa R$ 16.000,00, o que levaria o imóvel a custar R$ 4.000.000,00), entendemos que tal modalidade caracteriza uma penalidade muito excessiva ao ex-cônjuge ou companheiro, que com o possuidor dividiu sua vida, parcela significativa de seu patrimônio num curto espaço de tempo, e não tendo proteção à moradia.

Urge esclarecer que o cônjuge que permanece no imóvel deve utilizá-lo para sua moradia e não ser proprietário de outro imóvel urbano ou rural. Neste último caso, causa perplexidade que se a pessoa é possuidora de outro imóvel poderá usucapir normalmente, ignorando a lei que em várias regiões do país, como é sabido, vários imóveis, inclusive valorizados, não possuem matrícula no registro imobiliário. Como é difícil fazer prova negativa (de que não é dono de outro imóvel), basta uma certidão negativa de propriedade, emitida pelo cartório de registro de imóveis da comarca da localização do bem.

6) Prazo: o menor entre todas as modalidades: o prazo de posse ininterrupta e sem oposição que deve ser exercido pelo ex-cônjuge ou companheiro que permanece no imóvel é de 2 anos, o menor entre todas as modalidades de usucapião previsto em todo o ordenamento jurídico (o que inclui leis extravagantes), inclusive das hipóteses de bens móveis, motivo pelo qual acreditamos ser uma penalidade muito excessiva num momento conturbado vivido pela família, em que a Lei deveria respeitar o prazo de luto pelo fim do relacionamento, as partes envolvidas estarão reorganizando sua vida pessoal.

O **Enunciado 498 do CJF** estabelece que a fluência do prazo de 2 anos previsto pelo art. 1.240-A para a nova modalidade de usucapião nele contemplada tem início com a entrada em vigor da Lei n. 12.424/2011.

7) Necessidade de o imóvel estar localizado em área urbana: a novel modalidade de usucapião busca valorizar o direito à moradia, garantia fundamental insculpida no art. 6º da Constituição Federal, motivo pelo qual surgiu na lei que trata, dentre outros temas, de regularização fundiária. Assim sendo, imóveis em áreas rurais não poderão ser usucapidos.

8) Direito reconhecido uma única vez: de acordo com o § 1º do art. 1.240-A do Código Civil, a usucapião familiar só poderá ser concedida uma única vez à pessoa, motivo pelo qual não se estende aos relacionamentos futuros se a pessoa já se utilizou de tal benefício. O objetivo do legislador é evitar a especulação imobiliária, já que a norma busca proteger o direito à moradia, mas cria a vantagem de se casar ou de viver em união estável com alguém que já tenha usucapido nessas condições, no intuito de evitar riscos à propriedade.

Cumpre lembrar que o Enunciado 502 do CJF determina que o conceito de posse direta referido no art. 1.240-A do Código Civil não coincide com a acepção empregada no art. 1.197 do mesmo Código.

Usucapião especial urbana ou *pro misero* (art. 183 da CF, art. 1.240 do CC e art. 9º da Lei n. 10.257/2001 – Estatuto da Cidade): nessa modalidade, adquire a propriedade do imóvel aquele que possuir como sua área urbana de até 250 metros quadrados, por 5 anos, ininterruptamente e sem oposição, utilizando-a para sua moradia ou de sua família, adquirir-lhe-á o domínio, desde que não seja proprietário de outro imóvel urbano ou rural. Como é difícil fazer prova negativa (de que não é dono de outro imóvel), basta uma certidão negativa de propriedade, emitida pelo cartório de registro de imóveis da comarca da localização do bem.

Nesse caso o título de domínio e a concessão de uso serão conferidos ao homem ou à mulher, ou a ambos, independentemente do estado civil, e, cumpre lembrar **que esse direito não será reconhecido ao mesmo possuidor mais de uma vez**.

Para o STJ, a destinação de parte do imóvel para fins comerciais (mista – residencial e comercial) não impede o reconhecimento da usucapião especial urbana sobre a totalidade da área **(Resp 1.777.404-TO, Rel. Min. Nancy Andrighi, 3ª Turma, por unanimidade, julgado em 5-5-2020, *Dje* 11-5-2020)**.

Usucapião especial rural ou *pro labore* ou agrária (art. 191 da CF e art. 1.239 do CC): nessa modalidade, adquire a propriedade aquele que, não sendo proprietário de imóvel rural ou urbano, possua como sua, por 5 anos ininterruptos, sem oposição, área de terra, em zona rural, não superior a 50 hectares, tornando-a produtiva por seu trabalho ou de sua família, tendo nela sua moradia. Como é difícil fazer prova negativa (de que não é dono de outro imóvel), basta uma certidão negativa de propriedade, emitida pelo Cartório de Registro de Imóveis da comarca da localização do bem.

Usucapião coletiva (art. 10 da Lei n. 10.257/2001 – Estatuto da Cidade): nessa modalidade, os núcleos urbanos informais existentes sem oposição há mais de cinco anos e cuja área total dividida pelo número de possuidores seja inferior a duzentos e cinquenta metros quadrados por possuidor são suscetíveis de serem usucapidos coletivamente, desde que os possuidores não sejam proprietários de outro imóvel urbano ou rural. Como é difícil fazer prova negativa (de que não é dono de outro imóvel), basta uma certidão negativa de propriedade, emitida pelo Cartório de Registro de Imóveis da comarca da localização do bem.

O possuidor pode, para o fim de contar o prazo exigido, acrescentar sua posse à de seu antecessor, contanto que ambas sejam contínuas.

A usucapião especial coletiva de imóvel urbano será declarada pelo juiz, mediante sentença, a qual servirá de título para registro no cartório de registro de imóveis.

Na sentença, o juiz atribuirá igual fração ideal de terreno a cada possuidor, independentemente da dimensão do terreno que cada um ocupe, salvo hipótese de acordo escrito entre os condôminos, estabelecendo frações ideais diferenciadas.

O condomínio especial constituído é indivisível, não sendo passível de extinção, salvo deliberação favorável tomada por, no mínimo, dois terços dos condôminos, no caso de execução de urbanização posterior à constituição do condomínio. **Usucapião indígena** (art. 33 da Lei n. 6.001/73 – Estatuto do Índio): nessa modalidade, o índio, integrado ou não, que ocupe como próprio, por 10 anos consecutivos, trecho de terra inferior a 50 hectares, adquirir-lhe-á a propriedade plena. Essa disposição não se aplica às terras do domínio da União, ocupadas por grupos tribais, às áreas reservadas de que trata o Estatuto do Índio, nem às terras de propriedade coletiva de grupo tribal.

Usucapião administrativa (art. 216-A da Lei n. 6.015/73 – Lei de Registros Públicos): trata-se de modalidade incluída pelo art. 1.071 do CPC/2015, que permite a tramitação do pedido de usucapião sem a necessidade de propositura de uma ação judicial, diretamente no Cartório de Imóveis.

O procedimento é normatizado pelo **Provimento 65 de 14/12/2017**, alterado pelo **Provimento 121 de 13/07/2021**, do Conselho Nacional de Justiça (CNJ), e pelas normas das Corregedorias dos tribunais locais.

O dispositivo deixa claro que a opção por essa modalidade é uma faculdade da parte, que, caso queira, pode ingressar diretamente no Judiciário.

O pedido de reconhecimento extrajudicial de usucapião será processado diretamente perante o cartório do registro de imóveis da comarca em que estiver situado o imóvel usucapiendo, a requerimento do interessado, representado por advogado.

Foi aprovado em agosto de 2021 enunciado na II Jornada de Prevenção e Solução de Litígios do Conselho da Justiça Federal (CJF), que, sobre o tema, estabelece: "*Em caso de desistência ou suspensão do processo judicial de usucapião para utilização da via extrajudicial, poderão ser aproveitados os atos processuais já praticados na via judicial*".

Esse pedido deverá estar instruído com ata notarial lavrada pelo tabelião, atestando o tempo de posse do requerente e seus antecessores, conforme o caso e suas circunstâncias. A Lei n. 13.465/2017 modificou o art. 216-A da LRP, para que fossem aplicadas as normas de ata notarial estabelecidas no art. 384 do CPC também neste caso.

Deve conter também planta e memorial descritivo assinado por profissional legalmente habilitado, com prova de anotação de responsabilidade técnica no respectivo conselho de fiscalização profissional, e pelos titulares de direitos registrados ou averbados na matrícula do imóvel usucapiendo ou na matrícula dos imóveis confinantes. Importante destacar que a assinatura dos titulares de direitos registrados ou averbados nos imóveis confinantes **substitui** a dos que os possuem sobre o imóvel usucapiendo, por conta do uso da conjunção **"ou"**.

Não podemos esquecer que a usucapião é forma originária da propriedade, e, por esse motivo, não há transmissão do proprietário para o usucapiente. Aliás, é difícil imaginar que o proprietário aceite perder seu imóvel pela usucapião, sem receber absolutamente nada por isso. Na rara hipótese de isso ser possível, é mais prático fazer uma escritura de compra e venda ou doação do que enfrentar todos os requisitos dessa modalidade, exigidos pela lei.

Se assim não fosse, a norma seria natimorta, e o trabalho dos registradores imobiliários seria, apenas, o de arrumar toda a documentação para dar início a uma ação de usucapião.

Continuando com os requisitos, o pedido deverá estar instruído com certidões negativas dos distribuidores da comarca da situação do imóvel e do domicílio do requerente.

Deverá, também, ser apresentado justo título ou quaisquer outros documentos que demonstrem a origem, a continuidade, a natureza e o tempo da posse, tais como o pagamento dos impostos e das taxas que incidirem sobre o imóvel.

Deve ser juntado, ainda, instrumento de mandato, público ou particular, com poderes especiais, outorgado ao advogado pelo requerente e por seu cônjuge ou companheiro, conforme redação dada pelo Provimento n. 121, de 13/7/2021.

O pedido será autuado pelo registrador, prorrogando-se o prazo da prenotação até o acolhimento ou a rejeição do pedido.

Se a planta não contiver a assinatura de qualquer um dos titulares de direitos registrados ou averbados na matrícula do imóvel usucapiendo ou na matrícula dos imóveis confinantes, esse será notificado pelo registrador competente, pessoalmente ou pelo correio com aviso de recebimento, para manifestar seu consentimento expresso em 15 dias, interpretado o seu silêncio como concordância.

O oficial de registro de imóveis dará ciência à União, ao Estado, ao Distrito Federal e ao Município, pessoalmente, por intermédio do oficial de registro de títulos e documentos, ou pelo correio com aviso de recebimento, para que se manifestem, em 15 dias, sobre o pedido.

O registrador imobiliário promoverá a publicação de edital em jornal de grande circulação, onde houver, para a ciência de terceiros eventualmente interessados, que poderão se manifestar em 15 dias.

Transcorrido o prazo acima, sem pendência de diligências, pois para a elucidação de qualquer ponto de dúvida poderão ser solicitadas ou realizadas diligências pelo oficial de registro de imóveis, e achando-se em ordem a documentação, o oficial de registro de imóveis registrará a aquisição do imóvel com as descrições apresentadas, sendo permitida a abertura de matrícula, se for o caso.

Em qualquer caso, é lícito ao interessado suscitar o procedimento de dúvida, nos termos da Lei de Registros Públicos.

Ao final das diligências, se a documentação não estiver em ordem, o oficial de registro de imóveis rejeitará o pedido.

A rejeição do pedido extrajudicial não impede o ajuizamento de ação de usucapião.

No caso de o imóvel usucapiendo ser unidade autônoma de condomínio edilício, fica dispensado o consentimento dos titulares de direitos reais e outros direitos registrados ou averbados na matrícula dos imóveis confinantes e bastará a notificação do síndico pelo registrador competente, pessoalmente ou pelo correio com aviso de recebimento, para manifestar seu consentimento expresso em 15 dias, interpretado o seu silêncio como concordância. Se o imóvel confinante contiver um condomínio edilício, bastará a notificação do síndico nos mesmos moldes, dispensada a notificação de todos os condôminos.

Se o registrador competente não encontrar o notificado, pessoalmente ou pelo correio com aviso de recebimento, ou caso ele esteja em lugar incerto ou não sabido, tal fato será certificado por ele, que deverá promover a sua notificação por edital mediante publicação, por duas vezes, em jornal local de grande circulação, pelo prazo de 15 dias cada um, interpretado o silêncio do notificando como concordância.

Regulamento do órgão jurisdicional competente para a correição das serventias poderá autorizar a publicação do edital em meio eletrônico, caso em que ficará dispensada a publicação em jornais de grande circulação.

No caso de ausência ou insuficiência dos documentos exigidos em lei (justo título e outros que demostram o preenchimento dos requisitos), a posse e os demais dados necessários poderão ser comprovados em procedimento de justificação administrativa perante a serventia extrajudicial, que obedecerá, no que couber, ao disposto no § 5º do art. 381 e ao rito previsto nos arts. 382 e 383 do CPC.

Em caso de impugnação do pedido de reconhecimento extrajudicial de usucapião, apresentada por qualquer um dos titulares de direitos reais e de outros direitos registrados ou averbados na matrícula do imóvel usucapiendo, e, na matrícula dos imóveis confinantes, por algum dos entes públicos ou por algum terceiro interessado, o oficial de registro de imóveis remeterá os autos ao juízo competente da comarca da situação do imóvel, cabendo ao requerente emendar a petição inicial para adequá-la ao procedimento comum.

TABELA COMPARATIVA DAS DIVERSAS MODALIDADES DE USUCAPIÃO

Usucapião extraordinária	Usucapião ordinária	Usucapião familiar	Usucapião especial urbana	Usucapião especial rural	Usucapião coletiva	Usucapião indígena
Posse ininterrupta e sem oposição.	Posse ininterrupta e sem oposição.	Posse ininterrupta e sem oposição.	Posse ininterrupta e sem oposição.	Posse ininterrupta e sem oposição.	Posse ininterrupta e sem oposição.	Posse ininterrupta.
Prazo de 15 anos.	Prazo de 10 anos.	Prazo de 2 anos.	Prazo de 5 anos.	Prazo de 5 anos.	Prazo de 5 anos.	Prazo de 10 anos.
Possuir com *animus domini* (intenção de ser dono).	Possuir com *animus domini* (intenção de ser dono).	Possuir com *animus domini* (intenção de ser dono).	Possuir com *animus domini* (intenção de ser dono).	Possuir com *animus domini* (intenção de ser dono).	Possuir com *animus domini* (intenção de ser dono).	Possuir com *animus domini* (intenção de ser dono).
Dispensa justo título e boa-fé.	Exige justo título e boa-fé.	Dispensa justo título e boa-fé.	Dispensa o justo título, pois a boa-fé é presumida.	Dispensa o justo título, pois a boa-fé é presumida.	Dispensa o justo título, pois a boa-fé é presumida.	Dispensa o justo título, pois a boa-fé é presumida.
O prazo pode ser reduzido para 10 anos se o possuidor houver estabelecido no imóvel a sua moradia habitual, ou nele realizado obras ou serviços de caráter produtivo.	O prazo pode ser reduzido para 5 anos se o imóvel houver sido adquirido, onerosamente, com base no registro constante do respectivo cartório, cancelada posteriormente, desde que os possuidores nele tiverem estabelecido a sua moradia, ou realizado investimentos de interesse social e econômico.					
		O imóvel deve estar localizado em área urbana.	O imóvel deve estar localizado em área urbana.	O imóvel deve estar localizado em área rural.	O imóvel (núcleo) deve estar localizado em área urbana.	
		A área do imóvel deve ser de até 250 m^2.	A área do imóvel deve ser de até 250 m^2.	A área do imóvel deve ser de até 50 ha.	A área total dividida seja inferior a 250 m^2 por possuidor.	A área do imóvel deve ser inferior a 50 ha.
		O imóvel deve ser utilizado para moradia do possuidor.	O imóvel deve ser utilizado para moradia do possuidor.	O imóvel deve ser utilizado para moradia do possuidor.		

		O possuidor não pode ser proprietário de outro imóvel urbano ou rural.	O possuidor não pode ser proprietário de outro imóvel urbano ou rural.	O possuidor não pode ser proprietário de outro imóvel urbano ou rural.	O possuidor não pode ser proprietário de outro imóvel urbano ou rural.	
		A propriedade do imóvel deve ser dividida com ex-cônjuge ou ex-companheiro que abandonou o lar.				
				O possuidor deve tornar a terra produtiva por seu trabalho ou de sua família.		
					Exige litisconsórcio ativo necessário, pois a ação deve ser proposta pela coletividade de possuidores.	Exige que a propositura da ação seja feita por um índio, integrado ou não.
						Essa disposição não se aplica às terras do domínio da União, ocupadas por grupos tribais, às áreas reservadas de que trata o Estatuto do Índio, nem às terras de propriedade coletiva de grupo tribal.

12.2.10.2.1. Características importantes da usucapião

1) Em todos os casos de usucapião exige-se posse contínua e incontestada. Se o usucapiente vier a perdê-la por qualquer motivo, não mais será possível seu reconhecimento judicial.

2) ***Accessio possessiones*:** este tipo de acessão se dá no caso de sucessão singular, quando o objeto adquirido constitui coisa certa ou determinada. Essa posse nasce desligada da posse do alienante, apesar de recebê-la dele, já que o adquirente constitui para si uma nova posse. Exemplos: compra e venda, troca, doação e dação em pagamento. De acordo com o art. 1.207, segunda parte, do Código Civil, o sucessor singular tem a faculdade de unir a sua posse à do seu antecessor, para os efeitos legais.

3) ***Sucessio possessiones*:** este tipo de acessão decorre da sucessão universal ou *causa mortis*, na qual os herdeiros ou legatários continuarão na posse do falecido. De acordo com o art. 1.206 do Código Civil, a posse transmite-se aos herdeiros ou legatários do possuidor com os mesmos caracteres, já que, salvo prova em contrário, entende-se manter a posse o mesmo caráter com que foi adquirida (art. 1.203 do CC). Isso se dá porque o sucessor universal continua de direito a posse do seu antecessor (art. 1.207, primeira parte, do CC).

4) **Justo título:** ainda que o título translativo se ressinta de vício ou irregularidade, o decurso do tempo tem a virtude de eximi-lo de seus defeitos, desde que concorram os demais requisitos da usucapião.

5) **Boa-fé subjetiva:** valoriza e moralmente dignifica o usucapiente, pois este tem certeza de seu direito. É de boa-fé a posse, se o possuidor ignora o vício, ou o obstáculo que impede a aquisição da coisa. O possuidor com justo título tem por si a presunção de boa-fé, salvo prova em contrário, ou quando a lei expressamente não admite esta presunção.

6) Consoante o art. 1.243 do Código Civil, o possuidor pode, para o fim de contar o tempo exigido em todas as modalidades do Código Civil, acrescentar à sua posse a dos seus antecessores (art. 1.207 do CC), contanto que todas sejam contínuas, pacíficas e, nos casos da modalidade ordinária, com justo título e de boa-fé.

7) Poderá o possuidor requerer ao juiz seja declarada adquirida, mediante usucapião, a propriedade imóvel. Essa declaração constituirá título hábil para o registro no Cartório de Registro de Imóveis.

8) Para o maior tratadista de usucapião brasileiro, o Desembargador aposentado do TJSP Benedito Silvério Ribeiro, os ascendentes podem usucapir bens dos descendentes. Quanto à hipótese inversa, o TJSP autoriza a usucapião de bens dos pais pelos seus filhos (**Ap 994090417364-SP, rel. Enio Zuliani, 4ª Câm. De Dir. Priv., j. 25-3-2010, *Dje* 15-4-2010**). Porém, em ambos os casos, no caso de filhos, estes não podem estar sob o poder familiar (art. 197, II, do CC). Afirma, também, o referido autor que bens em condomínio pró-indiviso não permitem que o condômino possa usucapir a fração que pertence ao outro. Essa vedação inclui o condômino do condomínio edilício querer usucapir área comum, o inventariante ou o herdeiro querer usucapir bens do acervo hereditário, pendente a indivisibilidade, e

alguém querer usucapir vaga de garagem indeterminada. Pelas suas palavras, podemos crer que, se o condomínio for pró-diviso, haveria tal possibilidade[16].

9) De acordo com o STJ, a inscrição do imóvel no Registro Torrens não inviabiliza sua aquisição pelo usucapião (**Resp 1.542.820-RS, rel. Ricardo Villas Bôas Cueva, 3ª Turma, j. em 20-2-2018**).

10) A usucapião é forma de aquisição originária da propriedade, de modo que não permanecem os ônus reais que gravavam o imóvel antes da sua declaração (**Resp 1545457/SC, rel. Min. Regina Helena Costa, 1ª Turma, j. em 27-2-2018, *Dje* 9-5-2018**).

Regras de transição da usucapião entre o Código Civil de 1916 e o de 2002

Se o prazo para a usucapião começou a ser contado na vigência do Código Civil de 1916, como devemos proceder para saber se, em razão das reduções de prazos feitas pelo Código Civil de 2002, que entrou em vigor em 11 de janeiro de 2003, o possuidor pode usucapir o imóvel? Aplica-se o prazo do Código antigo, ou do atual, nesse caso?

De acordo com o art. 2.028 do Código vigente, serão os da lei anterior (Código Civil de 1916) os prazos, quando reduzidos pelo Código Civil de 2002, e se, na data de sua entrada em vigor, já houver transcorrido mais da metade do tempo estabelecido na lei revogada (Código Civil de 1916).

Cumpre lembrar que os prazos das modalidades extraordinária e ordinária de usucapião de imóvel foram reduzidos pelo Código Civil vigente.

O prazo da usucapião extraordinária de imóvel, contido no art. 550 do Código Civil de 1916, era de 20 anos, e foi reduzido pelo Código atual para 15 anos (art. 1.238).

Já o prazo da usucapião ordinária de imóvel, contido no art. 551 do Código Civil de 1916, era de 15 anos entre ausentes e 10 anos entre presentes, e foi reduzido pelo Código atual para 10 anos, independentemente de as pessoas estarem presentes ou ausentes (art. 1.242).

Assim sendo, na usucapião extraordinária e na ordinária de bens imóveis, entre pessoas ausentes, deverá ser analisado se em 11 de janeiro de 2003 já havia transcorrido mais da metade do prazo estabelecido no Código Civil de 1916, ou seja, 10 anos na modalidade extraordinária e 7 anos e meio na ordinária entre ausentes, hipótese em que se aplica o prazo do Código Civil de 1916 (20 e 15 anos, respectivamente). Se isso não ocorreu, aplicam-se os prazos do Código vigente (15 e 10 anos, respectivamente).

12.2.10.3. Acessão

É uma forma de aquisição da propriedade de tudo aquilo que se adere ao bem imóvel por ação humana ou causa natural. É modo originário de aquisição de propriedade que independe de registro na serventia competente.

A acessão classifica-se em:

1) Acessão natural: é aquela que depende de fenômeno da natureza para ocorrer. São espécies de acessão natural:

16. RIBEIRO, Benedito Silvério. *Tratado de usucapião*. 8. ed. São Paulo: Saraiva, 2012, v. 1, p. 360 e 534.

a) Formação de ilhas: em rios particulares não navegáveis (senão serão da pessoa jurídica de direito público, conforme o art. 1.249 do Código Civil e o art. 23 do Decreto n. 24.643/34 – Código de Águas).

As ilhas que se formarem no meio do rio consideram-se acréscimos sobrevindos aos terrenos ribeirinhos fronteiros de ambas as margens, na proporção de suas testadas, até a linha que dividir o álveo em duas partes iguais.

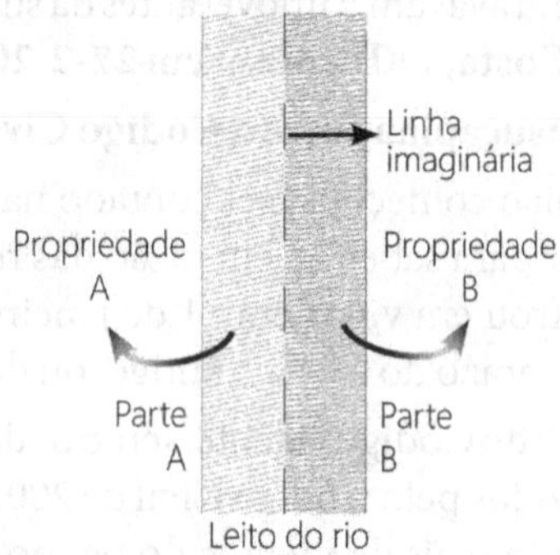

Já as ilhas que se formarem entre a referida linha e uma das margens consideram-se acréscimos aos terrenos ribeirinhos fronteiros desse mesmo lado.

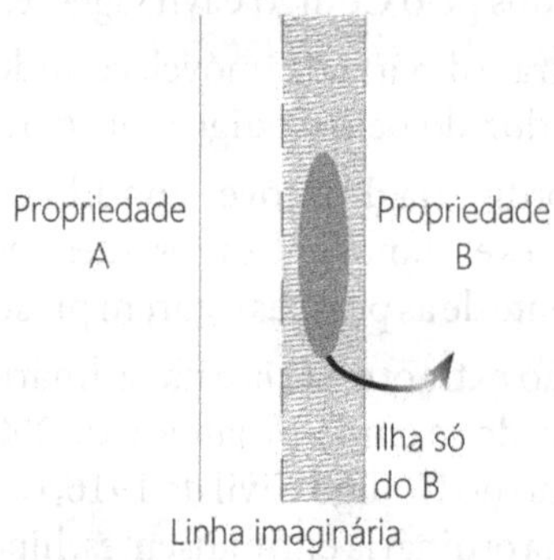

Por fim, as ilhas que se formarem pelo desdobramento de um novo braço do rio continuam a pertencer aos proprietários dos terrenos à custa dos quais se constituíram.

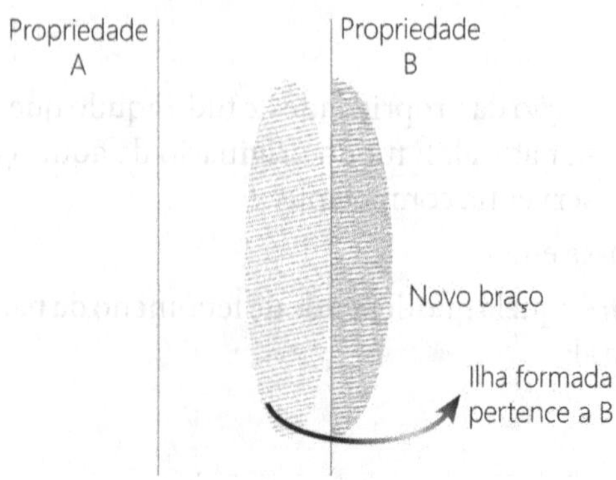

b) Aluvião: de acordo com o art. 1.250 do Código Civil, duas são as espécies de aluvião:

b1) Aluvião própria: acréscimo paulatino de terras que o rio deixa naturalmente nos terrenos ribeirinhos.

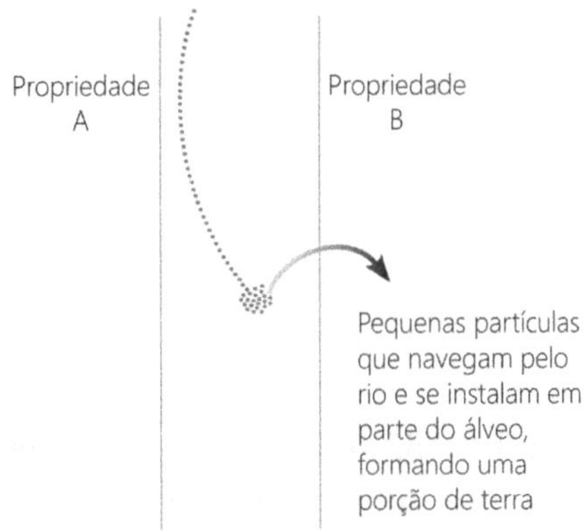

B2) Aluvião imprópria: acréscimo que se forma quando parte do álveo (leito do rio) descobre-se em razão do afastamento das águas correntes, muitas vezes como consequência de lesões ambientais.

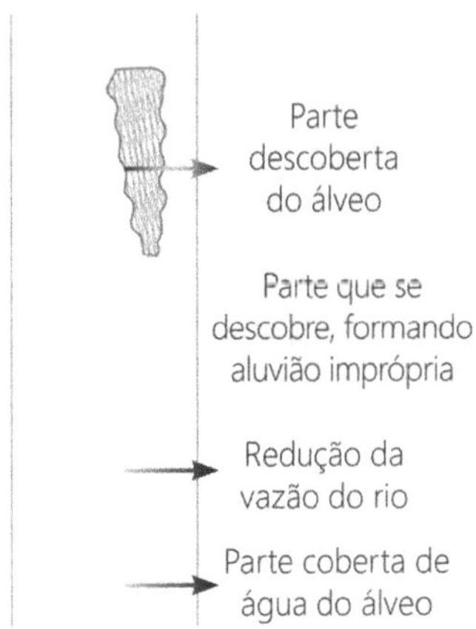

IMPORTANTE: Para que haja aluvião, necessário se faz o incremento realizar-se de forma lenta, sucessiva e imperceptível.

c) Avulsão: dá-se com o desprendimento, por força natural, violenta e abrupta, de uma porção de terra que se junta ao terreno de outro proprietário, conforme estabelece o art. 1.251 do Código Civil. O proprietário prejudicado pode reclamar a devolução da parte acrescida no prazo decadencial de um ano ou a indenização correspondente. Essa indenização não decorre da prática de um ato ilícito, motivo pelo qual o prazo é diferente do descrito no art. 206, § 3º, V, do Código Civil, já que o seu objetivo é evitar o enriquecimento sem causa.

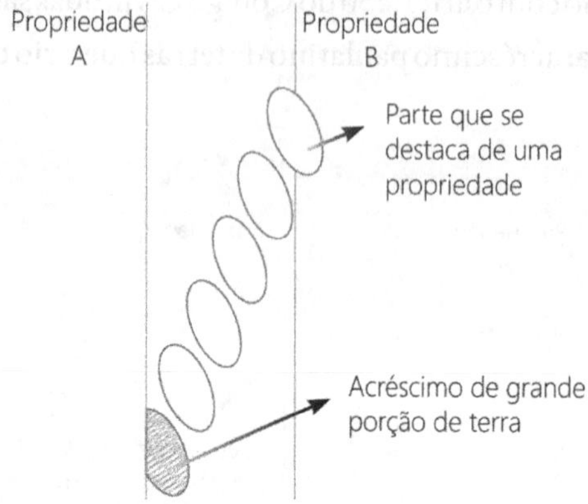

d) Álveo abandonado (art. 1.252 do CC): trata-se do total e permanente abandono do antigo leito (álveo significa leito), que fica descoberto por forças naturais (rio que seca). Nesse caso, o leito é dividido aos proprietários ribeirinhos, sem que tenham direito a indenização (art. 1.252 do Código Civil e art. 26 do Decreto n. 24.643/34 – Código de Águas).

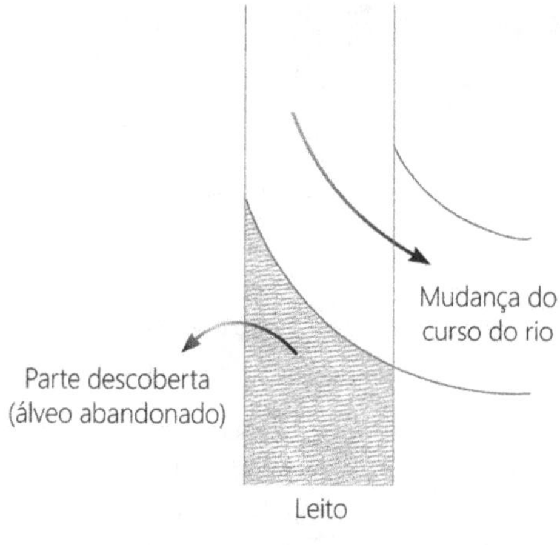

2) Acessão artificial: é aquela realizada pelo homem, e pode ocorrer de duas formas: **plantações** (semear com sementes e plantas) e **construções** (edificação em determinado terreno).

De acordo com o art. 1.253 do Código Civil, presume-se feita pelo proprietário, e à sua custa, a construção e plantação, até que se prove o contrário (presunção *juris tantum*).

Mas, se houver plantação ou edificação em terreno próprio **com materiais alheios** verifica-se que (a) se quem plantou ou edificou estiver de **boa-fé** (tenha um justo título), apenas reembolsa o valor dos materiais e das sementes, (b) mas, se a pessoa estiver de má-fé, além de reembolsar o dono dos materiais responderá, também, por perdas (art. 1.254 do CC).

Se, porém, a pessoa plantar, semear, ou edificar em **terreno alheio** com **material próprio**, perde em favor ao proprietário as sementes e materiais. Entretanto, se estiver de boa-fé, tem direito a indenização, o que não se verifica se o possuidor estiver de má-fé (art. 1.255 do CC).

Agora, se a construção ou a plantação exceder consideravelmente o valor do terreno, aquele que, de boa-fé, plantou ou edificou, adquirirá a propriedade do solo, mediante pagamento da indenização fixada judicialmente, se não houver acordo, estabelece o parágrafo único do art. 1.255 do CC, criando o instituto da **acessão invertida**, ao inverter a regra do *caput*.

Exceção: se houver má-fé bilateral, ou seja, se o proprietário sabe da realização da construção ou plantação e não se opõe, deverá indenizar o possuidor mesmo que ele esteja de má-fé (art. 1.256 do CC). Como exemplo, citamos a hipótese de uma mulher construir uma casa no fundo do terreno do sogro. Em caso de separação do casal, a casa será do sogro, só que ele deverá indenizar a "ex-nora" em 50%, já que sabia da construção (má-fé bilateral).

Presume-se má-fé do proprietário, quando o trabalho de construção, ou lavoura, se fez em sua presença e sem impugnação sua.

A regra ora estudada aplica-se ao caso de não pertencerem as sementes, plantas ou materiais a quem de boa-fé os empregou em solo alheio.

O proprietário das sementes, plantas ou materiais poderá cobrar do proprietário do solo a indenização devida, quando não puder havê-la do plantador ou construtor.

Se a construção, feita parcialmente em solo próprio, invade solo alheio em proporção não superior à vigésima parte deste, adquire o construtor de boa-fé a propriedade da parte do solo invadido, se o valor da construção exceder o dessa parte, e responde por indenização que represente, também, o valor da área perdida e a desvalorização da área remanescente.

Pagando em décuplo as perdas e danos previstos neste artigo, o construtor de má-fé adquire a propriedade da parte do solo que invadiu, se em proporção à vigésima parte deste e o valor da construção exceder consideravelmente o dessa parte não podendo demolir a porção invasora sem grave prejuízo para a construção.

Se o construtor estiver de boa-fé, e a invasão do solo alheio exceder a vigésima parte deste, adquire a propriedade da parte do solo invadido e responde por perdas e danos que abranjam o valor que a invasão acrescer à construção, mais o da área perdida e o da desvalorização da área remanescente; se de má-fé, é obrigado a demolir o que nele construiu, pagando as perdas e danos apurados, que serão devidos em dobro (art. 1.259 do CC).

12.2.11. Formas de aquisição da propriedade móvel

12.2.11.1. Formas originárias

1) Ocupação: trata-se da aquisição de coisa móvel ou semovente abandonada (*res derelictae*) ou que nunca foi apropriada (*res nullius*), consoante o art. 1.263 do Código Civil. Denomina-se ocupação propriamente dita aquela que tem por objeto seres vivos e coisas inanimadas (caça e pesca). A coisa perdida (*res perdita*) não pode ser objeto de ocupação. Segundo os arts. 1.233 e 1.244 do Código Civil, as coisas que são objeto de descoberta (perdidas pelo dono) devem ser devolvidas por quem as achar, gerando o direito a uma recompensa não inferior a 5% do seu valor, mais indenização pelas despesas de conservação e transporte. Em razão da necessidade de devolução ao legítimo dono, a descoberta não é diretamente (somente em casos excepcionais) uma forma de aquisição da propriedade, já que esse instituto, que no Código Civil de 1916 chamava-se invenção, foi deslocado pelo legislador, que o retirou da parte que tratava da aquisição da propriedade móvel, e o colocou em seção própria no Capítulo I, que trata da propriedade em geral.

2) Achado de tesouro: trata-se do achado de coisa preciosa e moedas que são encontradas em prédio de dono desconhecido, ocultas ou, no mínimo, enterradas (arts. 1.264 a 1.266 do CC).

O depósito antigo de coisas preciosas, oculto e de cujo dono não haja memória, será dividido por igual entre o proprietário do prédio e o que achar o tesouro casualmente. O tesouro pertencerá por inteiro ao proprietário do prédio, se for achado por ele, ou em pesquisa que ordenou, ou por terceiro não autorizado. Achando-se em terreno aforado (enfiteuse), o tesouro será dividido por igual entre o descobridor e o enfiteuta, ou será deste por inteiro quando ele mesmo seja o descobridor.

3) Usucapião: são duas as formas:

a) Extraordinária: caracteriza-se pela posse ininterrupta e sem oposição com *animus domini* pelo prazo de 5 anos (art. 1.261 do CC). Cumpre ressaltar que existe **usucapião extraordinária de bem móvel**, que exige a posse de coisa móvel por 5 anos, ininterruptos e sem oposição, usucapião independentemente de justo título e boa-fé. Em razão deste dispositivo é que a jurisprudência permite usucapião de carro roubado[17].

b) Ordinária: caracteriza-se pela posse ininterrupta e sem oposição com *animus domini* durante 3 anos, com justo título e boa-fé (art. 1.260 do CC).

12.2.11.2. Formas derivadas

1) Especificação: trata-se da transformação de matéria-prima em espécie nova por meio de trabalho, sendo impossível o retorno à forma anterior. Como exemplo, citamos o caso do artesanato do artista que transforma madeira em estátua, ou um bloco de folhas em livro.

São requisitos da especificação: (a) que a matéria-prima não pertença ao especificador; (b) que seja transformada pelo especificador em nova espécie.

Se o especificador estava de boa-fé, a nova coisa fica para ele se não puder ser restituída a forma primitiva. Mas, se isso puder ocorrer, devolve-se a coisa ao titular originário.

Mas se o especificador estava de má-fé, a coisa nova fica para o dono da matéria-prima, sem direito a indenização.

2) Confusão, comistão[18] e adjunção: a confusão trata-se da mistura de coisas líquidas de donos diferentes que não possam ser separadas e não formam coisa nova. Como exemplo

17. "Usucapião de coisa móvel. Automóvel furtado. Reconhece-se usucapião extraordinário pela posse superior a cinco anos, mesmo que o primeiro adquirente conhecesse o *vitium furti*. 'O ladrão pode usucapir; o terceiro usucape, de boa ou má-fé, a coisa furtada' (Pontes de Miranda). Sentença confirmada" (TARS, Ap. Cív. 190.012.799, 4ª C. rel. Ernani Graeff, j. em 17-5-1990, *RJ* 160/90).

18. O Código Civil, erroneamente, chamou o instituto da comistão de comissão, na Seção VI do Livro III da Parte Especial, que é inaugurada pelo art. 1.272.

citamos a mistura de duas marcas de vinho ou de água com vinho; a **comistão** trata-se da mistura de coisas secas ou sólidas de donos diversos que não podem ser separadas e que não formam coisa nova. Como exemplo citamos a mistura de café de diversos donos, de areia com cimento e de farinha com açúcar; e a **adjunção** trata-se da justaposição de uma coisa sólida a outra que não poderão ser separadas sem deterioração do bem formado. Como exemplo citamos a montagem de um anel de brilhantes, ou a tinta em relação à parede.

São particularidades desses institutos:

a) a mistura não pode formar coisa nova, senão haverá especificação (art. 1.269 do CC);

b) se a **mescla entre as coisas for intencional**, os proprietários decidirão o que fazer quanto à propriedade;

c) se a mescla entre as coisas for acidental, a propriedade é do dono do bem mais importante ou de maior valor, indenizando o outro. Se isto não puder ser verificado, haverá a formação de um condomínio forçado;

d) se existir má-fé de uma das partes, a outra adquire a propriedade indenizando à outra, deduzindo perdas e danos pelo ato ilícito, ou se renuncia a propriedade com ressarcimento por esse ato.

3) Tradição: trata-se da entrega do bem móvel pelo *tradens* ao adquirente (*accipiens*). São modalidades de tradição:

a) tradição real ou material: este tipo de tradição ocorre quando se entrega a coisa fisicamente ao novo possuidor, como se dá, por exemplo, na entrega de um livro emprestado por uma biblioteca;

b) tradição simbólica ou ficta[19]**:** neste tipo de tradição não há possibilidade de se transferir a coisa fisicamente, devendo-se praticar um ato que demonstre a efetiva transferência da posse, como ocorre, por exemplo, na entrega das chaves de uma casa;

c) tradição consensual: haverá essa forma quando se transferir a posse consensualmente, por contrato, numa hipótese em que o possuidor já está com ela. Nesse caso, muda-se apenas o fundamento (origem) da posse. Duas são as modalidades de tradição consensual:

- ***Traditio brevi manu*:** é o inverso do constituto possessório, ou seja, ocorre quando alguém possuía em nome alheio, e passa a possuir em nome próprio. Exemplo: locatário que exerce direito de preferência e adquire imóvel na vigência do contrato de locação;
- ***Traditio longa manu*:** hipótese em que no ato de aquisição de um bem imóvel de grande extensão territorial existe uma presunção de posse integral quando a posse é investida na coisa.

4) Constituto possessório: modo de aquisição da posse em que uma pessoa, que possuía em nome próprio, passa a possuir em nome de outrem. Exemplo: o proprietário

19. Alguns autores, equivocadamente, colocam como sinônimo de tradição ficta a modalidade consensual. Porém, a doutrina clássica aponta que a tradição ficta é sinônimo de tradição simbólica, por ser uma forma espiritualizada de tradição, dentre os quais podemos destacar, Maria Helena Diniz (*Curso de direito civil brasileiro*. 32. ed. São Paulo: Saraiva, 2018, v. 4, p. 69) e Orlando Gomes (*Direitos reais*. 9. ed. Rio de Janeiro: Forense, 1985, p. 49).

aliena sua casa, mas nela permanece como representante do adquirente. Pelo constituto possessório, a posse desdobra-se em duas faces: o possuidor antigo, que tinha posse plena e unificada, converte-se em possuidor direto, enquanto o novo proprietário se investe na posse indireta, em virtude da convenção. O constituto possessório não se presume, deve constar expressamente do ato por meio da ***clausula constituti***.

12.2.12. Modos de perda da propriedade (imóvel e móvel)

Os modos de perda da propriedade elencados no art. 1.275 do Código Civil são os seguintes:

a) Alienação: ocorre na hipótese da transferência voluntária da coisa para alguém de forma onerosa (venda) ou gratuita (doação).

b) Renúncia: trata-se de um ato unilateral do proprietário, que declara, expressamente, e de maneira formal, seu desejo de não mais ter o direito de propriedade. A renúncia translativa (em favor de alguém) não existe, representa uma doação, ou seja, toda renúncia é abdicativa (ato de repúdio).

c) Abandono: trata-se do ato em que o proprietário se desfaz do bem, já que não quer mais ser seu dono. Depois de três anos do abandono, o bem é arrecadado para o Município ou Distrito Federal se estiver nas respectivas circunscrições ou para a União se o imóvel for rural (art. 1.276 do CC).

d) Perecimento: trata-se de hipótese da perda das qualidades essenciais e do valor econômico do bem. Como exemplo, citamos o caso de uma ilha que vem submergir em virtude de fato da natureza (perece o objeto, perece o direito).

e) Desapropriação: trata-se de um modo originário de aquisição e perda da propriedade imobiliária, por interesse social ou utilidade pública (art. 1.228, § 3º, do CC).

Nos casos dos itens "a" e "b" acima, os efeitos da perda da propriedade imóvel serão subordinados ao registro do título transmissivo ou do ato renunciativo no Registro de Imóveis.

O imóvel urbano que o proprietário abandonar, com a intenção de não mais o conservar em seu patrimônio, e que se não encontrar na posse de outrem, poderá ser arrecadado, como bem vago, e passar, três anos depois, à propriedade do Município ou à do Distrito Federal, se se achar nas respectivas circunscrições.

O imóvel situado na zona rural, abandonado nas mesmas circunstâncias, poderá ser arrecadado, como bem vago, e passar, 3 anos depois, à propriedade da União, onde quer que ele se localize.

Presumir-se-á de modo absoluto a intenção de o proprietário abandonar, com a intenção de não mais o conservar em seu patrimônio, quando, cessados os atos de posse, deixar o proprietário de satisfazer os ônus fiscais.

Existem outras formas de perda da propriedade que não estão elencadas no art. 1.275 do Código Civil. São elas: arrematação, adjudicação, usucapião e casamento pela comunhão universal de bens.

12.2.13. Propriedade resolúvel (estudo da propriedade fiduciária)

A propriedade resolúvel é aquela em que a duração da propriedade se subordina a acontecimento futuro, certo (termo) ou incerto (condição), previsto no próprio título constitutivo. Nessa modalidade, o proprietário poderá usar, gozar, dispor e reivindicar dentro do lapso temporal.

Se a propriedade se resolver por outra causa superveniente, o possuidor, que a tiver adquirido por título anterior à sua resolução, será considerado proprietário perfeito, restando à pessoa, em cujo benefício houve a resolução, ação contra aquele cuja propriedade se resolveu para haver a própria coisa ou o seu valor.

Exemplo de propriedade resolúvel é a propriedade fiduciária, que existe na hipótese de o proprietário transferir ao credor a propriedade resolúvel de coisa móvel infungível, ou imóvel segundo lei específica, para garantir uma obrigação.

Constitui-se a propriedade fiduciária com o registro do contrato, celebrado por instrumento público ou particular, que lhe serve de título, no Registro de Títulos e Documentos do domicílio do devedor, ou, em se tratando de veículos, na repartição competente para o licenciamento, fazendo-se a anotação no certificado de registro.

Com a constituição da propriedade fiduciária, dá-se o desdobramento da posse, tornando-se o devedor possuidor direto da coisa.

A propriedade superveniente, adquirida pelo devedor, torna eficaz, desde o arquivamento, a transferência da propriedade fiduciária.

O contrato, que serve de título à propriedade fiduciária, conterá:

I – o total da dívida, ou sua estimativa;

II – o prazo, ou a época do pagamento;

III – a taxa de juros, se houver;

IV – a descrição da coisa objeto da transferência, com os elementos indispensáveis à sua identificação.

Nasce em contratos de alienação fiduciária, em que o devedor/proprietário pode ficar como depositário do bem, e inclusive utilizá-lo, assumindo qualquer risco. Se a dívida não for paga, o credor poderá propor ação de busca e apreensão do bem, se móvel, ou reintegração de posse, se imóvel, para vendê-lo no intuito de extinguir a dívida, devolvendo ao devedor o saldo remanescente, se houver.

O Decreto-Lei n. 911/69 se refere a uma ação específica, que tem por finalidade vender judicialmente o bem alienado fiduciariamente.

Deferida a liminar de busca a apreensão, se o bem for encontrado pelo oficial de justiça com base em sua certidão negativa, converte-se o procedimento na ação de depósito (nos próprios autos) para se exigir a devolução do bem ou a consignação do equivalente em dinheiro do saldo devedor.

O art. 2º do referido decreto-lei estabelece que, no caso de inadimplemento ou mora nas obrigações contratuais garantidas mediante alienação fiduciária, o proprietário fiduciário ou credor poderá vender a coisa a terceiros, independentemente de leilão, hasta pública, avaliação prévia ou qualquer outra medida judicial ou extrajudicial, salvo disposição expressa em contrário prevista no contrato, devendo aplicar o preço da venda no pagamento de seu crédito e das despesas decorrentes e entregar ao devedor o saldo apurado, se houver, com a devida prestação de contas. Esse crédito abrange o principal, juros e comissões, além das taxas, cláusula penal e correção monetária, quando expressamente convencionados pelas partes.

A propriedade fiduciária em garantia de bens móveis ou imóveis sujeita-se às disposições do CC, no que for específico, à legislação especial pertinente, não se equiparando, para quaisquer efeitos, à propriedade plena de que trata o art. 1.231 do CC.

A mora decorrerá do simples vencimento do prazo para pagamento e poderá ser comprovada por carta registrada com aviso de recebimento, não se exigindo que a assinatura constante do referido aviso seja a do próprio destinatário.

A mora e o inadimplemento de obrigações contratuais garantidas por alienação fiduciária, ou a ocorrência legal ou convencional de algum dos casos de antecipação de vencimento da dívida facultarão ao credor considerar, de pleno direito, vencidas todas as obrigações contratuais, independentemente de aviso ou notificação, judicial ou extrajudicial.

A Lei n. 4.728/65 equipara o alienante ao depositário, e o art. 1.363 do Código Civil também. Porém, cumpre salientar que o Supremo Tribunal Federal já decidiu não mais existir prisão civil do depositário infiel[20]. Esse entendimento já era esposado pelo Superior Tribunal de Justiça, no que tange à alienação fiduciária em garantia[21].

Há, porém, outra alternativa judicial, que é propor a ação de execução de título extrajudicial por quantia certa contra o fiduciante, pleiteando que a penhora recaia sobre algum bem do fiduciante, já que o bem dado em garantia é do fiduciário.

Na hipótese de inadimplemento do devedor, o credor fiduciário não poderá ficar em definitivo com o bem, já que a cláusula comissória é vedada, pois deverá ser alienado para extinguir o débito.

Ocorrendo o evento futuro (certo ou incerto), a propriedade se extingue, podendo o proprietário utilizar a ação reivindicatória, para buscar seus direitos.

Antes de vencida a dívida, o devedor, a suas expensas e risco, pode usar a coisa segundo sua destinação, sendo obrigado, como depositário:

I – a empregar na guarda da coisa a diligência exigida por sua natureza;

II – a entregá-la ao credor, se a dívida não for paga no vencimento.

Vencida a dívida, e não paga, fica o credor obrigado a vender, judicial ou extrajudicialmente, a coisa a terceiros, a aplicar o preço no pagamento de seu crédito e das despesas de cobrança, e a entregar o saldo, se houver, ao devedor.

É nula a cláusula que autoriza o proprietário fiduciário a ficar com a coisa alienada em garantia, se a dívida não for paga no vencimento.

---

20. RE 466.343.
21. REsp 149.518/90, rel. Min. Ruy Rosado de Aguiar.

O devedor pode, com a anuência do credor, dar seu direito eventual à coisa em pagamento da dívida, após o vencimento desta.

Quando, vendida a coisa, o produto não bastar para o pagamento da dívida e das despesas de cobrança, continuará o devedor obrigado pelo restante.

O terceiro, interessado ou não, que pagar a dívida se sub-rogará de pleno direito no crédito e na propriedade fiduciária..

É importante salientar que a propriedade fiduciária gera um direito real, já que é uma espécie de propriedade (arts. 1.361 a 1.368 do CC). Por esse motivo é que o art. 1.368-B do Código Civil estabelece que a alienação fiduciária em garantia de bem móvel ou imóvel confere direito real de aquisição ao fiduciante, seu cessionário ou sucessor.

Na alienação fiduciária o sujeito ativo é o fiduciário, que pode ser pessoa física ou jurídica (art. 1.361 do CC). Já o sujeito passivo é denominado fiduciante. Ela pode ter como objeto um bem móvel (art. 1.361 do CC) ou imóvel (Lei n. 9.514/97).

O STJ já fixou importante precedente tanto na 3ª turma (Resp 1.560.562/SC, *Dje* 24-9-2019) quanto na 4ª turma (Resp. 1.559.348-DF, *Dje* 5-8-2019), de que a impenhorabilidade do bem de família não prevalece em alienação fiduciária, pela garantia ter sido dada voluntariamente e o instituto não poder ser utilizado de forma abusiva.

E a 3ª Turma[22] do Superior Tribunal de Justiça (STJ) entendeu ser possível a extensão da Súmula 308, aplicável aos casos de hipoteca, às hipóteses em que o imóvel adquirido pelo comprador possui registro de garantia em virtude de alienação fiduciária firmada entre a construtora e a instituição financeira.

Para o colegiado, embora a Súmula 308 diga respeito ao instituto da hipoteca, o objetivo central do enunciado é proteger o comprador de boa-fé que cumpriu o contrato e quitou os valores negociados. Nesse sentido, o colegiado entendeu que as diferenças entre hipoteca e alienação fiduciária não são suficientes para impedir a aplicação do enunciado nos casos de alienação.

O art. 156, II, da CF excluiu do fato gerador do Imposto de Transmissão de Bens Imóveis a alienação fiduciária.

Resumindo:

Devedor transfere propriedade para credor

⇓

Desmembramento da posse em:

Direta – para o devedor

Indireta – para o credor

⇓

Assim, teremos um **constituto possessório** no início do contrato (quem possuía em nome próprio passa a possuir em nome alheio) e uma ***traditio brevi manu*** no final (pois quem possuía em nome alheio passa a possuir em nome próprio).

22. REsp n. 1.576.164/DF, *Dje* 23-5-2019.

O credor fiduciário que se tornar proprietário pleno do bem, por efeito de realização da garantia, mediante consolidação da propriedade, adjudicação, dação ou outra forma pela qual lhe tenha sido transmitida a propriedade plena, passa a responder pelo pagamento dos tributos sobre a propriedade e a posse, taxas, despesas condominiais e quaisquer outros encargos, tributários ou não, incidentes sobre o bem objeto da garantia, a partir da data em que vier a ser imitido na posse direta do bem.

Essa questão foi incluída no Código Civil pela Lei n. 13.043/2014, que criou o art. 1.368-B, com *caput* e parágrafo único.

O motivo para a inclusão de tal regra é de ordem tributária, devido ao fato de que as instituições financeiras vinham sofrendo tributação do IPVA de veículos alienados fiduciariamente. Muito embora o sujeito passivo do IPVA ser tão somente os proprietários dos veículos, os Fiscos Estaduais vinham imputando solidariedade às instituições financeiras, que nunca tiveram posse, mas a propriedade resolúvel do veículo, que figura, no contrato de alienação fiduciária, tão somente como garantia. Na alienação fiduciária, os veículos só podem ser retomados se houver inadimplência, mas os bancos não podem adjudicar o veículo, visto que a propriedade de veículos automotores não está prevista em seus objetos sociais, devendo o mesmo, imediatamente, após a retomada, ser novamente alienado, com o escopo exclusivo de pagar o valor remanescente do contrato. Com a vigência do art. 1.368-B do Código Civil, todas as leis estaduais que tratam da matéria terão que ser alteradas para a adequação ao novo artigo.

12.2.13.1. Hipóteses de propriedade resolúvel

Fideicomisso: trata-se de uma forma de substituição testamentária, em que o testador determina que a propriedade dos seus bens vá para o fiduciário, quando da abertura da sucessão, para que esse o transfira ao fideicomissário no momento descrito na cédula testamentária.

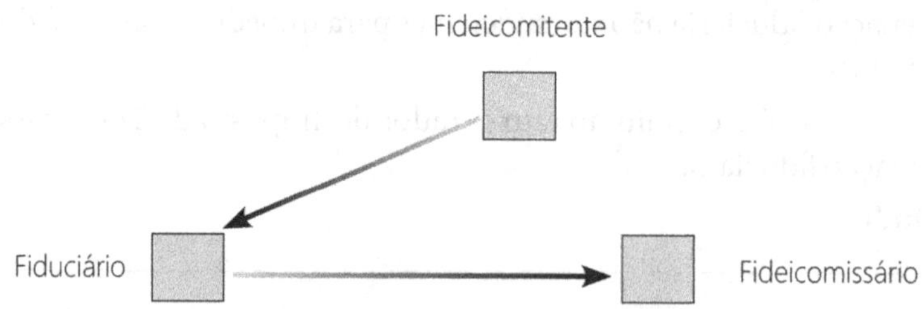

Retrovenda: trata-se de um pacto adjeto à compra e venda, em que o comprador recebe propriedade resolúvel em razão de o vendedor poder desfazer a venda no prazo máximo de três anos.

Doação com cláusula de reversão: trata-se de hipótese em que se convenciona na doação que se o donatário falecer antes do doador o bem doado retorna ao patrimônio do doador. Até que o doador faleça, o donatário terá somente propriedade resolúvel.

Para gerar direito real, o contrato de alienação fiduciária deve ser registrado na serventia competente:

a) se o bem for móvel: no Cartório de Títulos e Documentos (art. 129, item 5, da Lei n. 6.015/73);

b) se o bem for imóvel: no Cartório de Registro de Imóveis.

1) Se o bem alienado fiduciariamente for um veículo, a Súmula 92 do STJ dispõe que o contrato seja registrado no Detran.

2) Não confundir propriedade resolúvel com propriedade *ad tempus*, também chamada de revogável, pois nessa modalidade a extinção da propriedade se dá não por evento futuro, mas sim por um evento superveniente (cf. art. 1.360 do CC), motivo pelo qual ela é denominada revogável. Como exemplo podemos citar a revogação da doação por ingratidão (art. 557 do CC) ou pelo descumprimento de encargo (art. 555 do CC). A propriedade *ad tempus* não gera efeito contra terceiros, pois, por exemplo, se o imóvel foi vendido, após a ingratidão só resta indenização pelo valor do bem.

12.2.14. Dos direitos de vizinhança (arts. 1.277 a 1.313 do CC)

12.2.14.1. Características dos direitos de vizinhança

1) Trata-se de limitações impostas à propriedade com base na boa-fé objetiva (que estabelece regra conduta).

2) As regras que o normatiza são consideradas de ordem pública, pois geram interesse coletivo.

3) Vizinhança não se confunde com contiguidade, pois prédios vizinhos podem **não** ser contíguos, basta que um repercuta no outro. Exemplo: morador de uma casa que toca bateria e atrapalha o sono de todo o quarteirão.

4) As obrigações que surgem nesta matéria são *propter rem.*

5) A natureza da utilização da propriedade deve ser levada em consideração e obriga a análise do Plano Diretor Municipal. Exemplo: bares localizados numa área a eles destinada poderão produzir mais barulho do que os localizados em áreas eminentemente residenciais.

6) De acordo com o Enunciado 319 do CJF, "a condução e a solução das causas envolvendo conflitos de vizinhança devem guardar estreita sintonia com os princípios constitucionais da intimidade, da inviolabilidade da vida privada e da proteção do meio ambiente".

12.2.14.2. Do uso anormal da propriedade (art. 1.277 do CC)

A proteção estabelecida no art. 1.277 do Código Civil abrange proprietário e possuidor com relação à segurança, sossego e saúde. A solução dos conflitos de vizinhança deve guardar sintonia com vários outros direitos, tais como a intimidade, a vida privada e o meio ambiente. O uso nocivo da propriedade pode configurar abuso de direito (art. 187 do CC), que é repudiado pelo art. 1.228, § 2º, do Código Civil, e gera responsabilidade civil, ou seja, o dever de indenizar (art. 927 do CC).

As ações cabíveis na hipótese de uso anormal da propriedade são as seguintes:

Ação de nunciação de obra nova: referida ação tem cabimento quando o possuidor puder ser prejudicado na sua posse em razão de uma obra. O objetivo é buscar o embargo da obra que ameace prejudicar a posse ou a propriedade do prédio vizinho.

Ação de dano infecto: o objetivo desta ação é justamente evitar que os vícios ou ruínas de um prédio prejudiquem seu vizinho. Na sentença, o juiz condena o réu a prestar caução para garantir eventuais danos. Serve também para a proteção do sossego, segurança e saúde dos vizinhos em conflito (art. 1.280 do CC).

Tutela específica das obrigações de fazer e não fazer: a finalidade desta ação é obter uma ordem judicial que determine a alguém que faça algo no sentido de se impedir a ocorrência de danos, ou que não faça algo que esteja prejudicando alguém. Pode ser requerido ao magistrado que estipule *astreintes* (multa diária) para a hipótese de não cumprimento da determinação judicial (art. 497 do CPC/2015).

Ação demolitória: nesta ação judicial o objetivo do proprietário ou possuidor é obter uma decisão judicial que determine a demolição do prédio vizinho (total ou parcialmente), quando esse ameace ruína, ou desrespeite normas de vizinhança (art. 1.280 do CC).

12.2.14.3. Das árvores limítrofes (art. 1.282 do CC)

De acordo com o art. 1.282 do Código Civil, a árvore cujo tronco estiver na linha divisória (árvore meia), presume-se pertencer em comum aos donos dos prédios confinantes (trata-se de preservação relativa de condomínio). Com isso, a responsabilidade pela sua manutenção e pelos danos por ela causados é de ambos os confinantes.

O art. 1.283 do Código Civil autoriza o **direito de corte** de uma árvore (raízes e ramos), no plano vertical divisório, que invade outra propriedade. Porém, a ação de dano infecto para corte de árvore deve sujeitar-se à proteção ao bem ambiental, prevista no art. 225 da CF.

E se o direito de corte se chocar com a proteção ao bem ambiental, o que prevalece? Em interessante julgado, o Tribunal de Justiça de Santa Catarina impediu o corte de árvore em extinção (**Apelação 2006.015061-9, rel. Des. Fernando Carioni, j. em 19-9-2006**).

Estabelece o art. 1.284 do Código Civil que os frutos que caem em prédio vizinho pertencem ao dono do solo onde caírem (trata-se de uma exceção à regra de que o acessório segue o principal, pois quem tem o ônus – fruto podre que cai e suja a propriedade – deve ter o bônus).

12.2.14.4. Da passagem forçada

De acordo com o art. 1.285 do Código Civil, o dono do prédio que não tiver acesso a via pública, nascente ou porto, pode, mediante pagamento de indenização cabal, constranger o vizinho a lhe dar passagem, cujo rumo será judicialmente fixado, se necessário. A legitimidade para exercer a passagem é tanto do proprietário quanto do possuidor.

Nessa hipótese, sofrerá o constrangimento o vizinho cujo imóvel mais natural e facilmente se prestar à passagem, ou seja, o constrangimento é do imóvel com passagem mais fácil.

Mas, se ocorrer alienação parcial do prédio, de modo que uma das partes perca o acesso a via pública, nascente ou porto, o proprietário da outra deve tolerar a passagem. Isso também ocorre se, antes da alienação, existia passagem através de imóvel vizinho, não estando o proprietário deste constrangido, depois, a dar uma outra.

A passagem forçada gera uma obrigação *propter rem*, pois ela adere à coisa e a segue em caso de alienação do imóvel.

A palavra **encravada** abrange situações em que não há passagem, mas também quando essa for inadequada ou insuficiente. Isso é o que vemos do Enunciado 88 do CJF[23] e da jurisprudência do Superior Tribunal de Justiça[24].

Recomendamos a leitura do capítulo de servidão, mas adiante neste livro, onde se faz a distinção dela com este instituto.

12.2.14.5. *Da passagem de cabos e tubulações*

De acordo com o art. 1.286 do Código Civil, mediante recebimento de indenização que atenda, também, à desvalorização da área remanescente, o proprietário é obrigado a tolerar a passagem, através de seu imóvel, de cabos, tubulações e outros condutos subterrâneos de serviços de utilidade pública, em proveito de proprietários vizinhos, quando de outro modo for impossível ou excessivamente onerosa.

O proprietário prejudicado pode exigir que a instalação seja feita de modo menos gravoso ao prédio onerado, bem como, depois, seja removida, à sua custa, para outro local do imóvel. Cumpre salientar que cabe indenização ao proprietário do imóvel que tolerar a passagem, bem como o seu rumo deve ser fixado no local menos gravoso.

A passagem de cabos e tubulações justifica-se no interesse de terceiros por ser serviço de utilidade pública. Como exemplo podemos citar o imóvel localizado no alto que necessita escoar água, que exigirá a passagem de tubulação subterrânea no imóvel baixo para não alcançá-lo e nem causar prejuízo ambiental.

Se, porém, as instalações oferecerem grave risco, será facultado ao proprietário do prédio onerado exigir a realização de obras de segurança.

12.2.14.6. *Das águas*

As águas constituem um bem ambiental, conforme o art. 225 da CF, visto anteriormente, e é regulamentado pelo Código Civil nos arts. 1.288 a 1.296 e pelo Decreto n. 24.643/34, também conhecido como Código de Águas.

De acordo com o art. 1.288 do Código Civil, o dono ou o possuidor do prédio inferior é obrigado a receber as águas que correm naturalmente do superior, não podendo realizar obras que embaracem o seu fluxo. Porém, a condição natural e anterior do prédio inferior

23. Enunciado 88 do CJF: "O direito de passagem forçada, previsto no art. 1.285 do Código Civil, também é garantido nos casos em que o acesso à via pública for insuficiente ou inadequado, consideradas inclusive as necessidades de exploração econômica".
24. "Civil. Direitos de vizinhança. Passagem forçada (Código Civil, artigo 559). Imóvel encravado. Numa era em que a técnica da engenharia dominou a natureza, a noção de imóvel encravado já não existe em termos absolutos e deve ser inspirada pela motivação do instituto da passagem forçada, que deita raízes na supremacia do interesse público; juridicamente, encravado é o imóvel cujo acesso por meios terrestres exige do respectivo proprietário despesas excessivas para que cumpra a função social sem inutilizar o terreno do vizinho, que em qualquer caso será indenizado pela só limitação do domínio. Recurso especial conhecido e provido em parte" (REsp 316.336/MS, 3ª Turma, rel. Min. Ari Pargendler).

não pode ser agravada por obras feitas pelo dono ou possuidor do prédio superior (direito natural de escoamento entre prédio superior e inferior).

Essa norma justifica a do art. 1.286 do Código Civil, que trata da passagem de cabos e tubulações, e estabelece que mediante recebimento de indenização que atenda, também, à desvalorização da área remanescente, o proprietário é obrigado a tolerar a passagem, através de seu imóvel, de cabos, tubulações e outros condutos subterrâneos de serviços de utilidade pública, em proveito de proprietários vizinhos, quando de outro modo for impossível ou excessivamente onerosa. A passagem de cabos, tubulações e outros condutos subterrâneos de serviços de utilidade pública pode ter o condão de levar água para os prédios vizinhos.

Quando as águas, artificialmente levadas ao prédio superior (nascentes artificiais), ou aí colhidas, correrem dele para o inferior, poderá o dono deste reclamar que se desviem, ou se lhe indenize o prejuízo que sofrer, deduzido o valor do benefício obtido.

O proprietário de nascente, ou do solo onde caem águas pluviais (de chuvas), satisfeitas as necessidades de seu consumo, não pode impedir, ou desviar o curso natural das águas remanescentes pelos prédios inferiores (trata-se de um direito de uso das fontes naturais).

O art. 1.291 do Código Civil estabelece que o possuidor do imóvel superior não poderá poluir as águas indispensáveis às primeiras necessidades da vida dos possuidores dos imóveis inferiores. As demais, que poluir, deverá recuperar, ressarcindo os danos que estes sofrerem, se não for possível a recuperação ou o desvio do curso artificial das águas.

O citado dispositivo padece de inconstitucionalidade[25] (pois contraria o art. 225 da CF), haja vista que proíbe a poluição de águas indispensáveis às primeiras necessidades, mas parece autorizar a poluição das demais, já que, inclusive, estabelece o dever de recuperação se isso ocorrer.

De acordo com o Enunciado 244 do CJF, o art. 1.291 deve ser interpretado conforme a Constituição, não sendo facultada a poluição das águas, quer sejam essenciais ou não às primeiras necessidades da vida, ou seja, nenhuma água pode ser poluída, seja ela essencial ou não, já que hoje existem técnicas apuradas para despoluir águas.

O art. 1.292 do Código Civil contém o direito de represamento, pois determina que o proprietário tem direito de construir barragens, açudes, ou outras obras para represamento de água em seu prédio, e se as águas represadas invadirem prédio alheio, será o seu proprietário indenizado pelo dano sofrido, deduzido o valor do benefício obtido, e respeitando a norma do bem ambiental, prevista no art. 225 da CF.

Já o art. 1.293 do Código Civil trata do direito de aqueduto, pois permite a quem quer que seja, mediante prévia indenização aos proprietários prejudicados, construir canais, através de prédios alheios, para receber as águas a que tenha direito, indispensáveis às primeiras necessidades da vida, e, desde que não cause prejuízo considerável à agricultura e à indústria, bem como para o escoamento de águas supérfluas ou acumuladas, ou a drenagem de terrenos.

25. Marco Aurélio Bezerra de Melo, *Novo Código Civil anotado (arts. 1.196 a 1.510)*. 3. ed. Rio de Janeiro: Lumen Juris, 2004, v. V, p. 141.

Aplica-se ao aqueduto o mesmo regime da passagem de cabos e tubulações, previsto nos arts. 1.286 e 1.287 do Código Civil. Cumpre lembrar que o aqueduto não impedirá que os proprietários cerquem os imóveis e construam sobre ele, sem prejuízo para a sua segurança e conservação, pois os proprietários dos imóveis poderão usar das águas do aqueduto para as primeiras necessidades da vida.

Ao proprietário prejudicado, em tal caso, assiste o direito ao ressarcimento pelos danos que de futuro lhe advenham da infiltração ou irrupção das águas, bem como da deterioração das obras destinadas a canalizá-las, e poderá ele exigir que seja subterrânea a canalização que atravessa áreas edificadas, pátios, hortas, jardins ou quintais.

Cumpre lembrar que o aqueduto será construído de maneira que cause o menor prejuízo aos proprietários dos imóveis vizinhos, e a expensas do seu dono, a quem incumbem também as despesas de conservação.

De acordo com o art. 1.296 do Código Civil, havendo no aqueduto águas supérfluas, outros poderão canalizá-las, para criar o aqueduto, mediante pagamento de indenização aos proprietários prejudicados e ao dono do aqueduto, de importância equivalente às despesas que então seriam necessárias para a condução das águas até o ponto de derivação.

12.2.14.7. Do limite entre prédios e direito de tapagem

De acordo com o art. 1.297 do Código Civil, o proprietário tem direito a cercar, murar, valar ou tapar de qualquer modo o seu prédio, urbano ou rural (direito de colocar tapumes divisórios), e pode constranger o seu confinante a proceder com ele à demarcação entre os dois prédios, a aviventar rumos apagados e a renovar marcos destruídos ou arruinados, repartindo-se proporcionalmente entre os interessados as respectivas despesas.

O citado dispositivo reconhece a possibilidade de o proprietário ingressar com a ação demarcatória, normatizada pelo art. 569 do CPC/2015.

Os intervalos, muros, cercas e os tapumes divisórios, tais como sebes vivas, cercas de arame ou de madeira, valas ou banquetas, presumem-se, até prova em contrário, pertencer a ambos os proprietários confinantes, sendo estes obrigados, de conformidade com os costumes da localidade, a concorrer, em partes iguais, para as despesas de sua construção e conservação (previsão da formação do condomínio necessário).

As sebes vivas, as árvores, ou plantas quaisquer, que servem de marco divisório, só podem ser cortadas, ou arrancadas, de comum acordo entre os proprietários, e a construção de tapumes especiais para impedir a passagem de animais de pequeno porte, ou para outro fim, pode ser exigida de quem provocou a necessidade deles, pelo proprietário, que não está obrigado a concorrer para as despesas, desde que respeitada a proteção constitucional ao bem ambiental (art. 225 da CF).

O Código Civil não proíbe a instalação das **ofendículas**, que se constituem na defesa preventiva do proprietário para impedir invasão. Como exemplo citamos os cacos de vidro que são colocados em cima do muro de uma casa. Para o Direito Civil as ofendículas constituem exercício regular de direito (consoante o art. 188, I), desde que existam placas de advertência informando do perigo, em respeito ao dever anexo à boa-fé objetiva da informação, sob pena de se caracterizar abuso de direito.

12.2.14.8. Do direito de construir

De acordo com o art. 1.299 do Código Civil, o proprietário pode levantar em seu terreno as construções que lhe aprouver, salvo o direito dos vizinhos e os regulamentos administrativos (o dispositivo confere liberdade excetuada quando há proibição, por exemplo, no plano diretor municipal).

Se a referida norma não for respeitada, caberá ação demolitória, nunciação de obra nova ou dano infecto (todas as ações relacionadas ao uso anormal da propriedade).

O art. 1.300 do Código Civil veda o **estilicídio**, ao determinar que o proprietário construirá de maneira que o seu prédio não despeje águas, diretamente, sobre o prédio vizinho. O estilicídio é o despejo de água, mesmo pluvial, em outra propriedade.

É proibido abrir janelas, ou fazer eirado, terraço ou varanda, a menos de metro e meio do terreno vizinho. As janelas cuja visão não incida sobre a linha divisória, bem como as perpendiculares, não poderão ser abertas a menos de 75 centímetros. Tais disposições não abrangem as aberturas para luz ou ventilação, não maiores de 10 centímetros de largura sobre 20 de comprimento e construídas a mais de 2 metros de altura de cada piso.

De acordo com a **Súmula 120 do STF**, a parede de tijolos de vidro translúcido pode ser levantada a menos de metro e meio do prédio vizinho, não importando servidão sobre ele. Já para a Súmula 414 do mesmo Tribunal, não se distingue a visão direta da oblíqua na proibição de abrir janela, ou fazer terraço, eirado, ou varanda, a menos de metro e meio do prédio de outrem.

O proprietário pode, no prazo decadencial de ano e dia após a conclusão da obra, exigir que se desfaça janela, sacada, terraço ou goteira sobre o seu prédio. Escoado o prazo, não poderá, por sua vez, edificar sem atender ao disposto no art. 1.301, nem impedir, ou dificultar, o escoamento das águas da goteira, com prejuízo para o prédio vizinho. Em se tratando de vãos, ou aberturas para luz, seja qual for a quantidade, altura e disposição, o vizinho poderá, a todo tempo, levantar a sua edificação, ou contramuro, ainda que lhes vede a claridade.

Na zona rural, não será permitido levantar edificações a menos de três metros do terreno vizinho.

Nas cidades, vilas e povoados cuja edificação estiver adstrita a alinhamento, o dono de um terreno pode nele edificar, madeirando na parede divisória do prédio contíguo, se ela suportar a nova construção, mas terá de embolsar ao vizinho metade do valor da parede e do chão correspondentes. O confinante, que primeiro construir, pode assentar a parede divisória até meia espessura no terreno contíguo, sem perder por isso o direito a haver meio valor dela se o vizinho a travejar, caso em que o primeiro fixará a largura e a profundidade do alicerce. Se a parede divisória pertencer a um dos vizinhos, e não tiver capacidade para ser travejada pelo outro, não poderá este fazer-lhe alicerce ao pé sem prestar caução àquele, pelo risco a que expõe a construção anterior (trata-se do **direito de travejamento ou de madeiramento**).

O condômino da parede-meia pode utilizá-la até ao meio da espessura, não pondo em risco a segurança ou a separação dos dois prédios, e avisando previamente o outro condômino das obras que ali tenciona fazer, porém, não pode, sem consentimento do outro, fazer, na parede-meia, armários, ou obras semelhantes, correspondendo a outras, da mesma natureza, já feitas do lado oposto.

Qualquer dos confinantes pode altear a parede divisória, se necessário, reconstruindo-a, para suportar o alteamento, devendo arcar, porém, com todas as despesas, inclusive de conservação, ou com metade, se o vizinho adquirir meação também na parte aumentada (trata-se do **direito de alteamento**).

Não é lícito encostar à parede divisória chaminés, fogões, fornos ou quaisquer aparelhos ou depósitos suscetíveis de produzir infiltrações ou interferências prejudiciais ao vizinho, exceto as chaminés ordinárias e os fogões de cozinha.

São proibidas construções capazes de poluir, ou inutilizar, para uso ordinário, a água do poço, ou nascente alheia, a elas preexistentes.

Não é permitido ao proprietário fazer escavações ou quaisquer obras que tirem ao poço ou à nascente de outrem a água indispensável às suas necessidades normais, bem como a execução de qualquer obra ou serviço suscetível de provocar desmoronamento ou deslocação de terra, ou que comprometa a segurança do prédio vizinho, senão após haverem sido feitas as obras acautelatórias. O proprietário do prédio vizinho tem direito a ressarcimento pelos prejuízos que sofrer, não obstante haverem sido realizadas as obras acautelatórias.

Todo aquele que violar tais proibições, é obrigado a demolir as construções feitas, respondendo por perdas e danos.

O proprietário ou ocupante do imóvel é obrigado a tolerar que o vizinho entre no prédio, mediante prévio aviso, para:

a) dele temporariamente usar, quando indispensável à reparação, construção, reconstrução ou limpeza de sua casa ou do muro divisório;

b) apoderar-se de coisas suas, inclusive animais que aí se encontrem casualmente (uma vez entregues as coisas buscadas pelo vizinho, poderá ser impedida a sua entrada no imóvel).

Essa disposição (art. 1.313 do CC) aplica-se aos casos de limpeza ou reparação de esgotos, goteiras, aparelhos higiênicos, poços e nascentes e ao aparo de cerca viva.

Se, porém, do exercício dos direitos assegurados acima provier dano, terá o prejudicado direito a ressarcimento.

12.2.15. Do condomínio

Existem dois tipos de condomínio: o ordinário e o edilício.

12.2.15.1. Do condomínio ordinário

Ocorre o condomínio ordinário quando a mesma coisa pertence a mais de uma pessoa, cabendo a cada uma delas igual direito, idealmente, sobre o todo e cada uma das partes. Nesse caso, a coisa indivisa é distribuída em frações ideais, para consortes diversos.

O Código Civil adotou, no art. 1.314, o sistema romano de condomínio, no qual a propriedade da coisa indivisa é dividida em partes ideais, e cada condômino poderá exercê-la em sua plenitude, respeitando o direito dos demais. No sistema romano, a quota ideal é a medida da propriedade, pois, de acordo com essa fração, repartem-se os benefícios e ônus, direitos e obrigações entre os comunheiros.

Existe outro sistema na doutrina, que é o condomínio germânico, também denominado condomínio de mão comum, pois nele não há divisão da propriedade em partes ideais, ou seja, não existem quotas, sendo a coisa toda objeto de uso e gozo comum, já que a propriedade é exercida por todos, sobre o todo. Essa forma de condomínio foi adotada nos regimes de bens da comunhão universal e parcial, bem como na sucessão, já que a herança permanece indivisível até a partilha.

São espécies de condomínio ordinário:

a) Condomínio *pro indiviso*: é aquele que perdura de fato e de direito. Como exemplo citamos uma casa, onde os diversos proprietários não poderão dividir faticamente os cômodos.

b) Condomínio *pro diviso*: é aquele que só existe de direito e não de fato, pois cada condomínio já se localiza numa **parte certa** e **determinada** da coisa. Como exemplo citamos o terreno em que cada um dos vários proprietários, em razão de acordo entre todos, estabelece uma área de atuação individualizada.

c) Condomínio voluntário ou convencional: é aquele criado pelo acordo de vontade das partes. Como exemplo citamos a compra e venda de um imóvel em sociedade.

d) Condomínio legal: é aquele imposto pela lei. Existem dois tipos de condomínio legal:

d1) condomínio legal forçado, que é aquele onde existe um inevitável estado de indivisão, tais como ocorre com os muros e cercas;

d2) condomínio legal fortuito, que é aquele que se estabelece no momento da abertura da sucessão até a partilha.

Características do condomínio ordinário:

1) Cada condômino atua como proprietário exclusivo perante terceiros, pois tem o direito de reivindicar bem na totalidade.

2) Nas relações com os demais proprietários há limitação ao exercício dos poderes inerentes à propriedade, objetivando o respeito à destinação da coisa, sem prejudicar a comunhão.

3) Aplica-se a teoria da propriedade integral, ou seja, cada condômino pode agir como proprietário do todo perante terceiros, mas internamente, com os outros comunheiros, sofre restrições aos poderes inerentes à propriedade.

4) Cada condômino pode, individualmente, ajuizar ação reivindicatória e possessória.

5) O condômino é obrigado, na proporção de sua parte, a concorrer para as despesas de conservação ou divisão da coisa (obrigação *propter rem*), e a suportar os ônus a que estiver sujeito. Presumem-se iguais as partes ideais dos condôminos.

6) A constituição de um ônus real (servidão, usufruto), bem como ônus obrigacionais (locação, comodato), na totalidade do bem, depende da unanimidade expressa dos condôminos. A venda da fração ideal é permitida, porém deve ser dado aos demais proprietários o direito de preferência.

7) A fração ideal pode ser dada em garantia (art. 1.420, § 2º, do CC).

8) Cada condômino deve concorrer com o rateio das despesas de conservação, na proporção das respectivas frações, e não por cabeça (art. 1.315 do CC).

9) É permitida a renúncia à propriedade se o condômino quiser eximir-se do pagamento dos débitos comuns, que deverá ser levada a registro na matrícula do imóvel (art. 1.316 do CC). Se os outros condôminos assumirem as despesas geradas pela cota do renunciante, eles adquirem-na na proporção dos pagamentos feitos. Mas, se eles não puderem ou não quiserem fazer os pagamentos, a única alternativa é a divisão da coisa comum.

10) Se o condômino contrair dívidas em proveito da comunhão, somente ele é responsável perante terceiros, porém tem ação regressiva contra os demais condôminos.

11) Quando a dívida houver sido contraída por todos os condôminos, sem se discriminar a parte de cada um na obrigação, nem se estipular solidariedade, entende-se que cada qual se obrigou proporcionalmente ao seu quinhão na coisa comum.

12) Cada condômino responde aos outros pelos frutos que percebeu da coisa e pelo dano que lhe causou.

13) Se a **coisa for divisível**, qualquer condômino pode exigir a sua divisão, salvo se avençada a indivisibilidade por um prazo máximo de 5 anos, passível de mais uma prorrogação por idêntico período. Se a indivisão foi estabelecida por ato gratuito (testamento ou doação), o prazo máximo não poderá ser prorrogado (art. 1.320 do CC).

14) A indivisão convencional pode ser suprimida pelo juiz de direito em razão de motivos graves, por exemplo, o impedimento do cumprimento da função social da propriedade (art. 1.320, § 3º, do CC).

15) A divisão de coisa divisível, se não avençada a indivisibilidade, é feita por meio da **ação de divisão**, que é regulamentada pelos arts. 588 a 598 do CPC/2015, e pode ser proposta em qualquer prazo já que se trata de ação imprescritível.

16) Se o imóvel for indivisível (jurídica ou materialmente), a pretensão divisória é inviabilizada. Como exemplo citamos o caso de lotes urbanos e rurais que, se divididos, terão área inferior ao mínimo estabelecido em lei.

17) No caso de indivisibilidade, ou um condômino adjudica a fração dos demais, ou vende-se o bem para ratear o preço obtido.

18) Quando a coisa for indivisível, e os consortes não quiserem adjudicá-la a um só, indenizando os outros, será vendida e repartido o apurado, preferindo-se, na venda, em condições iguais de oferta, o condômino ao estranho, e entre os condôminos aquele que tiver na coisa benfeitorias mais valiosas, e, não as havendo, o de quinhão maior.

19) Se nenhum dos condôminos tem benfeitorias na coisa comum e participam todos do condomínio em partes iguais, realizar-se-á licitação entre estranhos e, antes de adjudicada a coisa àquele que ofereceu maior lanço, proceder-se-á à licitação entre os condôminos, a fim de que a coisa seja adjudicada a quem afinal oferecer melhor lanço, preferindo, em condições iguais, o condômino ao estranho.

20) Se um dos condôminos exercer posse exclusiva sobre o todo, poderá nascer o direito à usucapião (RESp. 1.840.561/SP, 3 Turma, Rel. Min. Marco Aurélio Bellizze, j. 03/05/2022, Dje 15/05/2022).

21) A escolha de um administrador é feita pela maioria absoluta do valor dos quinhões dos condôminos, e não por cabeça. O administrador responde ativa e passivamente pelo condomínio, podendo, inclusive, ser pessoa estranha (que não seja proprietário). Se não houver escolha, será o administrador quem tomar tal iniciativa, sem oposição dos demais.

22) Resolvendo alugar a coisa, terá a preferência para administrá-lo quem é condômino.

23) As deliberações serão obrigatórias, sendo tomadas por maioria absoluta. Não sendo possível alcançar maioria absoluta, decidirá o juiz, a requerimento de qualquer condômino, ouvidos os outros.

24) Os frutos da coisa comum, não havendo em contrato estipulação ou disposição de última vontade, serão partilhados na proporção dos quinhões.

12.2.15.2. Do condomínio edilício

Trata-se de um condomínio especial que pode se dar em edifícios (residenciais ou comerciais) ou casas, e que é também chamado de condomínio horizontal. Ele encontra-se disciplinado nos arts. 1.331 a 1.358 do Código Civil e também pela Lei n. 4.591/64 no que com ele não for incompatível.

Existe corrente jurisprudencial e doutrinária minoritária[26] que reconhece personalidade jurídica ao condomínio edilício, como ente de direitos e deveres, representados pelo síndico.

Ele é composto por dois tipos de propriedade: **propriedade autônoma**, cuja utilização é exclusiva do proprietário para salas, lojas ou apartamentos, e **propriedade comum**, cuja utilização é conjunta com todos os moradores. Como exemplo citamos o *hall* de entrada, os elevadores, as escadas, a piscina, a quadra etc., lembrando que elas não podem ser alienadas separadamente da propriedade autônoma (parte exclusiva).

A **vaga de garagem** (ou abrigo para veículos, como estabelece a lei) **não pode ser alienada ou alugada para pessoas estranhas ao condomínio**, salvo autorização expressa na convenção. Essa regra teve origem com a Lei n. 12.607/2012, que alterou o art. 1.331, § 1º, do Código Civil, que teve como objetivo propiciar tranquilidade aos condôminos, para que se evite a circulação de pessoas estranhas dentro do condomínio em época de violência em nosso país.

Essa regra acabou, no nosso sentir, mitigando os efeitos da **Súmula 449 do STJ**, que dispõe: "A vaga de garagem que possui matrícula própria no registro de imóveis não constitui bem de família para efeito de penhora". Com a modificação em comento, entendemos que a vaga de garagem continua não constituindo bem de família para efeito de penhora, mas que, se ela ocorrer, na hasta pública a alienação só poderá ocorrer para condôminos,

26. O Enunciado 246 do CJF determina: "Deve ser reconhecida personalidade jurídica ao condomínio edilício".

exceto se na convenção houver previsão expressa (como exige a lei) para que ela seja feita para pessoas estranhas aos moradores de condomínio.

Agora, resolvendo o condômino alugar a área no abrigo para veículos, somente nos casos em que a convenção expressamente autorize, preferir-se-á, em condições iguais, qualquer dos condôminos a estranhos, e, entre todos, os possuidores, consoante determina o art. 1.338 do Código Civil.

Já o terraço de cobertura é parte comum, salvo disposição contrária no ato de constituição do condomínio.

12.2.15.2.1. Elementos constitutivos do condomínio edilício

a) Ato de instituição: trata-se do ato inicial de constituição do condomínio, que pode ser realizado *inter vivos* ou por testamento.

Obrigatoriamente esse ato deve ser registrado no Ofício Imobiliário, constando a individualização e a discriminação das unidades autônomas, bem como a fração ideal de cada unidade, e das partes comuns, a determinação da fração atribuída a cada unidade, relativamente ao terreno e partes comuns e o fim a que as unidades se destinam.

b) Convenção de condomínio: é a norma interna do condomínio, que estipula os direitos e deveres de cada condômino, ou seja, é a lei interna do condomínio. Ela não possui natureza jurídica contratual, já que vincula locatários e futuros compradores (a sua natureza assemelha-se a um estatuto), e pode ser feita por instrumento público ou particular.

A convenção de condomínio tem caráter obrigatório para os condôminos, e deve ser registrada no Ofício Imobiliário para ter eficácia *erga omnes.*

Para a convenção de condomínio ser aprovada e modificada, exige-se a concordância de, no mínimo, dois terços dos condôminos, conforme nova redação dada pela Lei 14.405/22 ao artigo 1.351 do CC .

O seu objetivo é normatizar a individualização das partes comuns, a determinação da fração ideal, os direitos e deveres dos condôminos, a administração do condomínio, as funções do síndico, o poder da assembleia, as restrições para o uso da garagem e a guarda de animais.

c) Regimento interno: tem função complementar à convenção de condomínio, já que deverá conter normas minuciosas sobre o uso da coisa comum, quanto ao convívio e harmonia entre condôminos. Para que ele exista é necessário estar mencionado expressamente na convenção de condomínio, devendo ser descrito em documento autônomo, pois o *quórum* para sua aprovação e modificação é de maioria simples dos presentes na assembleia, salvo se a convenção estipular de outra forma (diferentemente do que ocorre com a convenção de condomínio).

Direitos dos condôminos:

a) usar, fruir e livremente dispor das suas unidades;

b) usar das partes comuns, conforme a sua destinação, e contanto que não exclua a utilização dos demais compossuidores;

c) votar nas deliberações da assembleia e delas participar, estando quite.

Deveres dos condôminos

a) concorrer para as despesas do condomínio (obrigação *propter rem*) na proporção das suas frações ideais, salvo disposição em contrário na convenção (art. 1.336, I, do CC). Existem dois tipos de despesas mensais no condomínio: **despesas ordinárias**, que são as despesas mensais fruto da manutenção do condomínio (folha de pagamento de funcionários, água, luz, impostos, manutenção de elevadores etc.). Essas despesas devem ser suportadas pelo locatário quando o imóvel estiver locado e pelo comodatário quando o bem tiver sido emprestado a alguém, e **despesas extraordinárias**, que são as despesas de ocorrência esporádica, tais como rateio para modernização de elevadores, reforma de quadras, impermeabilização, pintura e lavagem das fachadas etc. Tais despesas são do locador quando o imóvel estiver locado e do comodante quando o bem tiver sido emprestado a alguém, já que valorizam o imóvel;

b) obrigatoriedade da contratação de seguro de toda edificação contra incêndio ou destruição total ou parcial (art. 1.346 do CC);

c) não alterar a forma e a cor da fachada, bem como das esquadrias externas (art. 1.336, II, do CC). As redes para segurança dos filhos são toleráveis, por esse motivo. Se essa obrigação não for respeitada, poderá o condomínio ajuizar ação de nunciação de obra nova (se a obra estiver em andamento) ou ação demolitória (se a obra já foi concluída);

d) o condômino que não pagar a sua contribuição ficará sujeito aos juros moratórios convencionados ou, não sendo previstos, os de 1% ao mês e multa de até 2% sobre o débito. A cláusula penal moratória fixada na convenção não pode ser superior a 2% (art. 1.336, § 1º, do CC). Mesmo esse percentual sendo igual ao do Código de Defesa do Consumidor, no condomínio edilício não existe relação de consumo, conforme já se manifestou o Superior Tribunal de Justiça[27]. Urge lembrar que como existe multa pecuniária para o condômino inadimplente, ele não pode ser impedido de exercer poderes inerentes à propriedade, tais como ser proibido de usar a quadra do prédio;

e) pagar multa se tiver comportamento nocivo ou antissocial (art. 1.337 do CC), já que isso fere a função social da propriedade, e caracteriza abuso de direito (art. 187 do CC);

f) não realizar obras que comprometam a segurança da edificação;

g) dar às suas partes a mesma destinação que tem a edificação, e não as utilizar de maneira prejudicial ao sossego, salubridade e segurança dos possuidores, ou aos bons costumes.

Administração do condomínio:

a) Síndico: é o administrador escolhido pela assembleia geral, podendo ser eleito para um mandato de no máximo dois anos, podendo ser reeleito de forma indeterminada (art. 1.347 do CC). O procedimento de como será realizada a eleição é estabelecido pela convenção, já que o Código Civil é omisso. A sua destituição exige *quorum* de maioria absoluta, conforme o art. 1.349 do Código Civil.

27. REsp 239.578/SP.

As atribuições do síndico estão descritas em rol exemplificativo (*numerus apertus*), no art. 1.348 do Código Civil, que estabelece:

Art. 1.348. Compete ao síndico:

I - convocar a assembleia dos condôminos;

II - representar, ativa e passivamente, o condomínio, praticando, em juízo ou fora dele, os atos necessários à defesa dos interesses comuns;

III - dar imediato conhecimento à assembleia da existência de procedimento judicial ou administrativo, de interesse do condomínio;

IV - cumprir e fazer cumprir a convenção, o regimento interno e as determinações da assembleia;

V - diligenciar a conservação e a guarda das partes comuns e zelar pela prestação dos serviços que interessem aos possuidores;

VI - elaborar o orçamento da receita e da despesa relativa a cada ano;

VII - cobrar dos condôminos as suas contribuições, bem como impor e cobrar as multas devidas;

VIII - prestar contas à assembleia, anualmente e quando exigidas;

IX - realizar o seguro da edificação.

b) Conselho fiscal: é de constituição facultativa (art. 1.356), desde que exista permissão expressa na convenção condominial, sendo formado por três membros eleitos por assembleia para fiscalizar as contas prestadas pelo síndico.

c) Assembleia geral: é o órgão deliberativo constituído por todos os condôminos, que tem por função legislar as normas internas e executá-las. A soberania da assembleia está restrita à sua competência, pois ela não pode mudar a convenção ou dar isenções para condôminos.

Salvo quando exigido quórum especial, as deliberações da assembleia serão tomadas, em primeira convocação, por maioria de votos dos condôminos presentes que representem pelo menos metade das frações ideais. Os votos serão proporcionais às frações ideais no solo e nas outras partes comuns pertencentes a cada condômino, salvo disposição diversa da convenção de constituição do condomínio.

Em segunda convocação, a assembleia poderá deliberar por maioria dos votos dos presentes, salvo quando exigido quórum especial.

Quando a deliberação exigir quórum especial previsto em lei ou em convenção e ele não for atingido, a assembleia poderá, por decisão da maioria dos presentes, autorizar o presidente a converter a reunião em sessão permanente, desde que cumulativamente:

I – sejam indicadas a data e a hora da sessão em seguimento, que não poderá ultrapassar 60 (sessenta) dias, e identificadas as deliberações pretendidas, em razão do quórum especial não atingido;

II – fiquem expressamente convocados os presentes e sejam obrigatoriamente convocadas as unidades ausentes, na forma prevista em convenção;

III – seja lavrada ata parcial, relativa ao segmento presencial da reunião da assembleia, da qual deverão constar as transcrições circunstanciadas de todos os argumentos até então apresentados relativos à ordem do dia, que deverá ser remetida aos condôminos ausentes;

IV – seja dada continuidade às deliberações no dia e na hora designados, e seja a ata correspondente lavrada em seguimento à que estava parcialmente redigida, com a consolidação de todas as deliberações.

Os votos consignados na primeira sessão ficarão registrados, sem que haja necessidade de comparecimento dos condôminos para sua confirmação, os quais poderão, se estiverem presentes no encontro seguinte, requerer a alteração do seu voto até o desfecho da deliberação pretendida.

A sessão permanente poderá ser prorrogada tantas vezes quantas necessárias, desde que a assembleia seja concluída no prazo total de 90 (noventa) dias, contado da data de sua abertura inicial. A assembleia só poderá deliberar se todos os condôminos forem convocados e informados sobre os temas que serão objeto da discussão, sob pena de sua anulabilidade (art. 1.354 do CC).

A alteração da convenção exige *quorum* especial de 2/3 dos condôminos (art. 1.351 do CC), diferentemente do que ocorre com o regimento interno, que exige o *quorum* de maioria simples, mesma regra aplicável a mudança da destinação do edifício (de residencial para misto, por exemplo) ou da unidade imobiliária.

A convocação, a realização e a deliberação de quaisquer modalidades de assembleia poderão dar-se de forma eletrônica, desde que:

I – tal possibilidade não seja vedada na convenção de condomínio;

II – sejam preservados aos condôminos os direitos de voz, de debate e de voto.

Do instrumento de convocação deverá constar que a assembleia será realizada por meio eletrônico, bem como as instruções sobre acesso, manifestação e forma de coleta de votos dos condôminos.

A administração do condomínio não poderá ser responsabilizada por problemas decorrentes dos equipamentos de informática ou da conexão à internet dos condôminos ou de seus representantes nem por quaisquer outras situações que não estejam sob o seu controle.

Somente após a somatória de todos os votos e a sua divulgação será lavrada a respectiva ata, também eletrônica, e encerrada a assembleia geral.

A assembleia eletrônica deverá obedecer aos preceitos de instalação, de funcionamento e de encerramento previstos no edital de convocação e poderá ser realizada de forma híbrida, com a presença física e virtual de condôminos concomitantemente no mesmo ato.

Normas complementares relativas às assembleias eletrônicas poderão ser previstas no regimento interno do condomínio e definidas mediante aprovação da maioria simples dos presentes em assembleia convocada para essa finalidade.

Os documentos pertinentes à ordem do dia poderão ser disponibilizados de forma física ou eletrônica aos participantes.

Existem dois tipos de assembleia geral:

c1) Assembleia ordinária, de realização anual e obrigatória (art. 1.350 do CC) para aprovar o orçamento das despesas, as contribuições dos condôminos e a prestação de contas, e eventualmente eleger o substituto do síndico e alterar o regimento interno,

c2) Assembleia extraordinária, constituída para resolver outros assuntos que não foram elencados acima, e pode ser convocada pelo síndico ou por um quarto dos condôminos.

Principais características do condomínio edilício:

a) O condômino que não cumprir qualquer um dos seus deveres pagará a multa prevista no ato constitutivo ou na convenção, não podendo ela ser superior a 5 vezes o valor de suas contribuições mensais, independentemente das perdas e danos que se apurarem. Se não houver disposição expressa, caberá à assembleia geral, por 2/3 no mínimo dos condôminos restantes, deliberar sobre a cobrança da multa.

b) O condômino, ou possuidor, que persistir, reiteradamente, a desobedecer seus deveres perante o condomínio poderá, por deliberação de 3/4 dos condôminos restantes, ser constrangido a pagar multa correspondente até ao quíntuplo do valor atribuído à contribuição para as despesas condominiais, conforme a gravidade das faltas e a reiteração, independentemente das perdas e danos que se apurem.

c) O condômino ou possuidor que tiver reiterado comportamento antissocial, gerar incompatibilidade de convivência com os demais condôminos ou possuidores, poderá ser constrangido a pagar multa correspondente ao décuplo do valor atribuído à contribuição para as despesas condominiais, até deliberação da assembleia.

d) A construção de outro pavimento, ou, no solo comum, de outro edifício, destinado a conter novas unidades imobiliárias, depende da aprovação da unanimidade dos condôminos.

e) O adquirente de unidade responde pelos débitos do alienante, já que se trata de obrigação *propter rem*, em relação ao condomínio, inclusive multas e juros moratórios.

f) O síndico só tem poder para realizar obras necessárias, sem autorização dos condôminos.

Causas de extinção do condomínio edilício:

a) Destruição do prédio. Nesse caso será convocada uma assembleia extraordinária, com *quórum* de metade mais um dos condôminos, para ser decidido o que fazer com o dinheiro do seguro, cuja contratação é obrigatória, se é melhor realizar a reconstrução do prédio ou o rateio do dinheiro, vendendo o terreno e os materiais.

b) Ameaça de ruína;

c) Confusão (quando um condômino compra todas as unidades);

d) Desapropriação.

12.2.16. Prazo prescricional para a cobrança de cotas condominiais em atraso

A cobrança de cotas condominiais prescreve em 5 anos a partir do vencimento de cada parcela. Esse foi o entendimento da 3ª Turma do Superior Tribunal de Justiça (STJ), ao considerar que os débitos condominiais são dívida líquida constante de instrumento particular e o prazo prescricional aplicável é o estabelecido pelo art. 206, § 5º, I, do Código Civil (**Resp 1.139.030, RJ (2009/0086844-6), rel. Min. Fátima Nancy Andrighi, j. 18-8-2011**).

No caso, um condomínio carioca ajuizou ação de cobrança contra um morador, requerendo o pagamento das cotas condominiais devidas desde junho de 2001. O juízo de primeiro grau rejeitou a preliminar de prescrição, por considerar que, na ação de cobrança de cotas condominiais, incide a prescrição de 10 anos, prevista no art. 205 do Código de 2002. O condômino apelou, mas o Tribunal de Justiça do Rio de Janeiro (TJRJ) manteve a sentença, por entender não haver regra específica para a hipótese.

No recurso especial interposto no STJ, o morador sustentou que o valor das despesas condominiais encontra-se prescrito, nos termos do art. 206, § 5º, I, do Código Civil, que estabelece que a pretensão à cobrança de dívidas líquidas constantes de instrumento público ou particular prescreve em 5 anos.

A relatora do recurso, Ministra Nancy Andrighi, observou que são necessários dois requisitos para que a pretensão se submeta ao prazo prescricional de cinco anos: dívida líquida e definida em instrumento privado ou público. "A expressão 'dívida líquida' deve ser compreendida como obrigação certa, com prestação determinada", argumentou a Ministra. Já o conceito de "instrumento" deve ser interpretado como "documento formado para registrar um dever jurídico de prestação".

Nancy Andrighi destacou que alguns doutrinadores defendem que o prazo prescricional de 5 anos não se aplica às cotas condominiais, pois tais despesas não são devidas por força de declaração de vontade expressa em documento, mas em virtude da aquisição de um direito real. Entretanto, a Ministra apontou que a previsão do art. 206, § 5º, I, não se limita às obrigações em que a fonte seja um negócio jurídico.

Desse modo, o dispositivo incide nas hipóteses de obrigações líquidas – independentemente do fato jurídico que deu origem à relação obrigacional –, definidas em instrumento público ou particular. Tendo em vista que a pretensão de cobrança do débito condominial é lastreada em documentos, avaliou a ministra, aplica-se o prazo prescricional de 5 anos.

"Isso porque, apenas quando o condomínio define o valor das cotas condominiais, à luz da convenção (arts. 1.333 e 1.334 do CC) e das deliberações das assembleias (arts. 1.350 e 1.341 do CC), é que o crédito passa a ser líquido, tendo o condômino todos os elementos necessários para cumprir a obrigação a ele imposta", concluiu a relatora.

A relatora lembrou que, conforme jurisprudência do STJ, a citação válida interrompe a prescrição, que retroage à data de propositura da ação quando a demora na citação do executado se deve a outros fatores, não à negligência do credor. "Assim, para a solução da controvérsia, é imprescindível descobrir se a demora na citação ocorreu por motivos inerentes ao mecanismo da justiça ou em virtude da omissão/inércia do autor", frisou.

12.2.17. Questões polêmicas sobre condomínio edilício

1) Condomínio edilício tem personalidade jurídica?

Para a doutrina majoritária, sim, conforme o Enunciado 246 do CJF:

En. 246 do CJF – Art. 1.331 do Código Civil: Fica alterado o Enunciado n. 90, com supressão da parte final: "nas relações jurídicas inerentes às atividades de seu peculiar interesse". Prevalece o texto: "Deve ser reconhecida personalidade jurídica ao condomínio edilício".

O Superior Tribunal de Justiça decidiu da mesma forma:

Medida cautelar. Recurso especial. Plausibilidade do direito alegado. Urgência. Viabilidade do apelo. Juízo de cognição sumária. Liminar deferida. 1. Em situações excepcionais, o Superior Tribunal de Justiça admite a concessão de efeito suspensivo a Recurso Especial, desde que efetivamente demonstradas: a) a plausibilidade do direito alegado; b) a urgência da prestação jurisdicional; e c) a viabilidade do apelo nesta Corte. 2. Considera-se plausível o direito alegado quando as Turmas que integram a egrégia 1ª Seção do STJ já se pronunciaram no mesmo sentido, no caso, da qualificação do condomínio edilício como pessoa jurídica para fins de pagamento de contribuição previdenciária. 3. Reputa-se urgente a prestação jurisdicional quando demonstrada a proximidade da data aprazada para se realizar o leilão de bem penhorado nos autos de execução fiscal. 4. Medida liminar deferida[28].

A Corregedoria Geral da Justiça de São Paulo já admite que o condomínio edilício possa comprar, por escritura pública, terreno vizinho para ampliar espaço de estacionamento, e que a mesma deve ser registrada:

REGISTRO DE IMÓVEIS – Escritura pública de venda e compra – Aquisição de bens imóveis para ampliação das vagas de estacionamento – Negócio jurídico relacionado com atividade-fim do Condomínio – Aprovação pela unanimidade dos condôminos presentes em assembleia – Proveito dos condôminos evidenciado – Risco de sanção administrativa – Inconveniente prático da exigência relativa ao consentimento de todos os condôminos – Instrumentalidade registral – Ausência de personalidade jurídica não é óbice, in concreto, ao registro – Pertinência do assento pretendido – Dúvida improcedente – Recurso provido (**Corregedoria Geral da Justiça de São Paulo, Apelação Cível 0019910-77.2012.8.26.0071, rel. Des. José Renato Nalini, j. 18-4-2013**).

2) Pode o condomínio adquirir unidades autônomas?

Sim, conforme o art. 63, § 3º, da Lei de Condomínio (4.591/64), que determina:

Art. 63. (...)

§ 3º No prazo de vinte e quatro horas após a realização do leilão final, o condomínio, por decisão unânime de assembleia geral em condições de igualdade com terceiros, terá preferência na aquisição dos bens, caso em que serão adjudicados ao condomínio.

3) Qual a natureza jurídica da convenção?

Estatuto, pois vincula e obriga terceiros, coisa que não ocorre com o contrato, em decorrência do princípio da relatividade dos efeitos. Vejamos a posição da jurisprudência:

Condomínio. Despesas condominiais. Cobrança. Natureza jurídica. Ato normativo institucional. Pagamento. Obrigação de todos os condôminos. Cabimento. A natureza jurídica da Convenção de Condomínio vai além de simples relação contratual para assumir contornos de ato normativo institucional que obriga a todos os condôminos a obedecê-la e mesmo terceiros que eventualmente ingressem no campo de sua incidência[29].

4) Condômino inadimplente pode ser punido com proibição do exercício de certos direitos, por exemplo, o uso de piscina, playground, brinquedoteca, etc.?

Não, pois o Código Civil já estabelece multa pecuniária para o caso de o condômino não pagar com a cota em dia. Essa é a posição do STJ:

---

28. MC 15.422, Proc. 2009/0058227-6/SC, 2ª Turma, rel. Min. José de Castro Meira, j. em 14-4-2009, *DJ* de 4-5-2009.
29. 2º TACSP, Ap. s/Rev. 696.508-00/0, 11ª Câmara, rel. Juiz Artur Marques, j. em 29-7-2003.

DIREITO CIVIL. RECURSO ESPECIAL. CONDOMÍNIO. REGULAMENTO INTERNO. PROIBIÇÃO DE USO DE ÁREA COMUM, DESTINADA AO LAZER, POR CONDÔMINO INADIMPLENTE E SEUS FAMILIARES. IMPOSSIBILIDADE. SANÇÕES PECUNIÁRIAS TAXATIVAMENTE PREVISTAS NO CÓDIGO CIVIL. 1. No condomínio edilício, o titular da unidade autônoma, cotitular das partes comuns, exerce todos os poderes inerentes ao domínio, mas, em contrapartida, sujeita-se à regulamentação do exercício destes mesmos direitos, em razão das necessidades impostas pela convivência em coletividade. 2. O Código Civil, ao estabelecer um regramento mínimo sobre o condomínio edilício (arts. 1.332 e 1.334), determinou que a convenção deverá definir, entre outras cláusulas, "as sanções a que estão sujeitos os condôminos, ou possuidores" (art. 1.334, IV, do CC), tendo como contraponto, para tal mister, os deveres destes. 3. Segundo a norma, é direito do condômino "usar das partes comuns, conforme a sua destinação, e contanto que não exclua a utilização dos demais compossuidores" (CC, art. 1.335, II). Portanto, além do direito a usufruir e gozar de sua unidade autônoma, têm os condôminos o direito de usar e gozar das partes comuns, já que a propriedade da unidade imobiliária abrange a correspondente fração ideal de todas as partes de uso comum. 4. É ilícita a prática de privar o condômino inadimplente do uso de áreas comuns do edifício, incorrendo em abuso de direito a disposição condominial que proíbe a utilização como medida coercitiva para obrigar o adimplemento das taxas condominiais. Em verdade, o próprio Código Civil estabeleceu meios legais específicos e rígidos para se alcançar tal desiderato, sem qualquer forma de constrangimento à dignidade do condômino e dos demais moradores. 5. O legislador, quando quis restringir ou condicionar o direito do condômino, em razão da ausência de pagamento, o fez expressamente (CC, art. 1.335). Ademais, por questão de hermenêutica jurídica, as normas que restringem direitos devem ser interpretadas restritivamente, não comportando exegese ampliativa. 6. O Código Civil estabeleceu meios legais específicos e rígidos para se alcançar tal desiderato, sem qualquer forma de constrangimento à dignidade do condômino inadimplente: a) ficará automaticamente sujeito aos juros moratórios convencionados ou, não sendo previstos, ao de um por cento ao mês e multa de até dois por cento sobre o débito (§ 1º, art. 1.336); b) o direito de participação e voto nas decisões referentes aos interesses condominiais poderá ser restringido (art. 1.335, III); c) é possível incidir a sanção do art. 1.337, *caput*, do CC, sendo obrigado a pagar multa em até o quíntuplo do valor atribuído à contribuição para as despesas condominiais, conforme a gravidade da falta e a sua reiteração; d) poderá haver a perda do imóvel, por ser exceção expressa à impenhorabilidade do bem de família (Lei n. 8.009/90, art. 3º, IV). 7. Recurso especial provido (Recurso Especial n. 1.699.022/SP, *Dje* 1º-7-2019).

5) Constitui violação à liberdade individual a proibição de visitas após determinado horário, bem como a ocupação de unidades por família com prole numerosa?

Sim, pois afeta o direito de propriedade. Essa limitação só poderá ser estabelecida em contrato de locação, para evitar, por exemplo, que muitas pessoas loquem um imóvel pequeno em cidade litorânea, prejudicando os demais condôminos com algazarra.

6) A convenção de condomínio pode limitar o número de procuradores que irão votar na assembleia?

Sim, pois não há violação a nenhum direito. Qualquer pessoa poderá ser mandatária, porém de um número certo de pessoas.

7) A abertura de portas e janelas entre duas unidades vizinhas é lícita?

Sim, desde que não comprometa a segurança do edifício (comprovação por laudo técnico).

8) O proprietário de unidade no último andar pode construir para cima, aumentando a área do seu imóvel?

No Brasil o condômino **não tem direito de sobrelevação**, pois o teto do edifício é propriedade comum, conforme determina o art. 1.331, § 5º, do Código Civil. Diferentemente do que ocorre nas legislações francesa e italiana.

9) Condômino de unidade no térreo está dispensado do pagamento do condomínio, por não usar o elevador?

Não, pois no condomínio o rateio é feito em razão da fração ideal de cada unidade. Vejamos:

Apelação cível. Cotas condominiais. Unidade autônoma localizada no pavimento térreo. Decisão assemblear instituindo cobrança de cotas condominiais. Previsão de participação da demandada nas despesas em convenção condominial. Há elementos de prova suficientes no feito a demonstrar a instituição de cobrança de cotas condominiais da loja, localizado no pavimento térreo. Ademais, restou evidenciado que a demandada utiliza o mesmo quadro elétrico do edifício, além de outros serviços indiretos que lhe são disponibilizados pelo Condomínio. Com efeito, não vindo os demonstrativos do pagamento, procede a pretensão do condomínio autor. Apelação desprovida[30].

10) É lícita a cláusula da convenção de condomínio que proíbe animais de qualquer espécie?

Não, pois o condômino tem o direito de exercer o seu direito de propriedade, e não pode ser proibida a guarda de animais quando não ameaçar a higiene e segurança dos demais condôminos. Ademais, o STJ veda a proibição genérica em convenção ou regimento interno. Vejamos:

RECURSO ESPECIAL. CONDOMÍNIO. ANIMAIS. CONVENÇÃO. REGIMENTO INTERNO. PROIBIÇÃO. FLEXIBILIZAÇÃO. POSSIBILIDADE. 1. Recurso especial interposto contra acórdão publicado na vigência do Código de Processo Civil de 2015 (Enunciados Administrativos n. 2 e 3/STJ). 2. Cinge-se a controvérsia a definir se a convenção condominial pode impedir a criação de animais de qualquer espécie em unidades autônomas do condomínio. 3. Se a convenção não regular a matéria, o condômino pode criar animais em sua unidade autônoma, desde que não viole os deveres previstos nos arts. 1.336, IV, do CC/2002 e 19 da Lei n. 4.591/1964. 4. Se a convenção veda apenas a permanência de animais causadores de incômodos aos demais moradores, a norma condominial não apresenta, de plano, nenhuma ilegalidade. 5. Se a convenção proíbe a criação e a guarda de animais de quaisquer espécies, a restrição pode se revelar desarrazoada, haja vista determinados animais não apresentarem risco à incolumidade e à tranquilidade dos demais moradores e dos frequentadores ocasionais do condomínio. 6. Na hipótese, a restrição imposta ao condômino não se mostra legítima, visto que o condomínio não demonstrou nenhum fato concreto apto a comprovar que o animal (gato) provoque prejuízos à segurança, à higiene, à saúde e ao sossego dos demais moradores. 7. Recurso especial provido (Recurso Especial n. 1.783.076/DF, *Dje* 19-8-2019)[31].

11) O condômino pode dar destinação diversa a sua garagem?

Não, pois a garagem é destinada ao estacionamento de veículos. Vejamos:

Condomínio de edifício. Garagem. Obra. Ação demolitória. Legitimidade de parte. Sucumbência. Ação ordinária. Demolitória objetivando o desfazimento de obras em subsolo de prédio em condomínio. A inexistência de escritura de convenção ou a falta de seu registro não caracteriza ilegitimidade do autor para litigar em juízo. Ainda que a garagem seja de propriedade exclusiva do condômino réu, não pode este dar-lhe destinação diversa, transformando-a em depósito de supermercado e lixeira. A exclusão de uma das rés da lide obriga o autor a arcar com os ônus da sucumbência[32].

12) Pode o condômino nocivo ser expulso do condomínio edilício?

Não encontra amparo na legislação brasileira a exclusão do condômino nocivo à vida do condomínio (J. Nascimento Franco era favorável, com base na **função social da propriedade**), ao contrário do que ocorre na Espanha, Suíça, Uruguai e Argentina. No Brasil, a punição é só pecuniária (arts. 1.337, parágrafo único, e 1.336 do CC).

30. TJRS, Ap. Cív. 70027981588, 20ª Câmara Cível, rel. Des. Glênio José Wasserstein Hekman, j. em 18-2-2009, *DOERS* de 20-3-2009, p. 120.
31. Recurso Especial n. 1.783.076/DF, *DJe* 19-8-2019.
32. TJRJ, Ap. Cív. 2906/88, 1ª Câmara Cível, rel. Des. Roberto Maron, j. em 14-2-1989.

13) Pode o incorporador reservar para si paredes externas e telhados para exploração comercial?

É nula a cláusula em que o incorporador reserva para si o uso exclusivo de paredes externas e do telhado para exploração comercial, pois contraria a ordem pública, já que ele deve vender o empreendimento e não tem mais relação com ele.

14) O condomínio responde por furto de veículos ocorrido na garagem?

O condomínio não responde por furtos, salvo quando tiver previsão expressa na convenção, ou quando mantiver garagistas ou manobristas. Vejamos:

> **O condomínio não assume, em regra, dever de reparar prejuízo de furto de veículos da garagem do prédio, princípio que perde o valor quando contrata seguro facultativo e que alcança bens de visitantes.** Não se admite restrição para que o visitante obtenha o valor da indenização securitária (seguro facultativo), sem, contudo, acrescer, ao Condomínio, despesas extras (diferença do valor de mercado) e despesas de viagem, por não ter o Condomínio dever de reparar os danos. Provimento, em parte[33].

> **Indenização. Responsabilidade civil. Veículo. Furto. Inexistência de prova de que o condomínio tivesse mantido controle de entrada e saída de veículos. Estacionamento em vaga indeterminada. Imprevisão de responsabilidade civil em caso semelhante na convenção condominial. Acomodação dos veículos a cargo dos condôminos, não havendo manobrista. Inexistência de relação de guarda, depósito ou estacionamento. Embargos rejeitados. Voto vencido.** A entidade condominial não constitui um centro de interesses, uma pessoa jurídica, no plano material. Não passa do somatório de direitos e obrigações de cada um dos condôminos, encarado singularmente, sem que se enlacem eles, em processo mútuo, por solidariedade, salvo se estatuída convencionalmente[34].

15) Vagas indeterminadas de garagem podem ser transformadas em *boxes* individuais?

A transformação de vagas indeterminadas em *boxes* individuais exige unanimidade dos condôminos, pois envolve direito de propriedade.

16) O condômino isoladamente pode propor ação de prestação de contas?

É proibido ao condômino intentar, **individualmente**, ação de prestação de contas contra condomínio, pois só a assembleia é que pode exigir, consoante o art. 1.348, VIII, do Código Civil. Vejamos:

> **Apelação cível. Ação de prestação de contas. Condômino em face de síndica. Ilegitimidade ativa. Contas oferecidas em assembleia. Carência de ação por falta de interesse de agir.** Para propositura de ação de prestação de contas, mister a concorrência do trinômio interesse/legitimidade/necessidade. Nos termos do art. 22, § 1º, letra *f*, da Lei n 4.591/64, e do instrumento de instituição do condomínio, a assembleia geral ordinária é o órgão de representação coletiva, não possuindo o condômino, isoladamente, legitimidade para exigir judicialmente a prestação de contas. Preliminares suscitadas de ofício e processo extinto, sem resolução de mérito[35].

17) Pode o condomínio instituir o "abono pontualidade" (desconto para pagamento antecipado)?

33. TJSP, Ap. 561.563.4/5, Ac. 4005801, 4ª Câmara de Direito Privado, rel. Des. Ênio Santarelli Zuliani, j. em 30-7-2009, *DJESP* de 16-9-2009.
34. TJSP, EI 171.600-1, rel. Des. Ney Almada, j. em 24-6-1993.
35. TJMG, Ap. Cív. 1.0145.08.472870-1/0011, 10ª Câmara Cível, rel. Des. Pereira da Silva, j. em 29-9-2009, *DJEMG* de 19-10-2009.

É proibido ao condomínio instituir o "abono pontualidade", pois ele caracteriza sanção, e não pode ser cumulado com multa moratória. Cumpre salientar que no condomínio o rateio das despesas é feito de acordo com a área de cada unidade, e não com a data do pagamento. Vejamos:

Apelação cível. Ação de anulação de assembleia condominial. Aumento da taxa. Abono pontualidade. Multa mascarada. Impossibilidade da cobrança. Assembleia geral. Convocação. Inobservância dos preceitos legais. Nulidade decretada. O aumento da taxa de condomínio destinado apenas aos condôminos inadimplentes, em razão do abono pelo pagamento pontual, caracteriza multa mascarada. Sobre o débito dos condôminos em atraso irá incidir a multa moratória mais o aumento da taxa, o que caracteriza *bis in idem*. Aumento ilegal. Deliberação inválida. Assembleia que não observou os preceitos legais para a sua realização. Deliberação sobre matéria estranha à ordem do dia. Nulidade reconhecida. Efeito *ex tunc*. Por maioria, deram provimento ao apelo[36].

18) O envidraçamento e a colocação de redes ou grades de segurança podem ser considerados alteração de fachada?

Não, pois os vidros e as redes não alteram o aspecto externo, e estas últimas relacionam-se à segurança de menores. Vejamos:

Condomínio. Modificação de fachada. Fechamento por meio de vidros transparentes incolores. Não caracterização da infração ao art. 1.336, III, do Código Civil, antiga previsão do art. 10, I, da Lei n. 4.591/64, ou da norma da convenção condominial. Os vidros transparentes não alteram a forma da fachada, não influindo na estética do edifício, não alterando o aspecto externo. Ausência de especificação de proibição de fechamento de sacadas por envidraçamento e, nele, por vidros transparentes incolores. Possibilidade por opção de realização. Sentença de improcedência. Apelação desprovida[37].

19) É possível usucapião de áreas comuns por condomínio?

A questão é polêmica e há posicionamentos em ambos os sentidos (sim e não), mas, para não entrar em tal polêmica, chama a atenção julgado do Superior Tribunal de Justiça que aplicou os institutos da *supressio* e *surrectio*. Vejamos:

Processual. Civil. Condomínio. Área comum. Utilização exclusiva. Uso prolongado. Autorização da assembleia condominial. Princípio da boa-fé objetiva. Razão ponderável. Inocorrência. Detenção concedida pelo condomínio para que determinado condômino anexe à respectiva unidade, um fundo de corredor inútil para uso coletivo. Decorrido longo tempo e constatada a boa-fé, o condomínio, sem demonstrar fato novo, não pode retomar a área objeto da permissão[38].

Esse já era o entendimento do Conselho da Justiça Federal. Vejamos:

En. 247 do CJF – Art. 1.331: No condomínio edilício é possível a utilização exclusiva de área "comum" que, pelas próprias características da edificação, não se preste ao "uso comum" dos demais condôminos.

20) O condômino inadimplente pode votar na assembleia?

Não, ele perde o direito a voto, consoante o art. 1.335, III, do Código Civil, entendimento esse que também reflete na jurisprudência:

36. TJRS, Ap. Cív. 70024713075, 18ª Câmara Cível, rel. Des. Nelson José Gonzaga, j. em 25-6-2009, *DOERS* de 13-7-2009.
37. TJSP, Ap. c/Rev. 263.697-4/3, Ac. 3485180, 5ª Câmara de Direito Privado, rel. Des. Oscarlino Moeller, j. em 18-2-2009, *DJESP* de 24-3-2009.
38. REsp 325.870-RJ, rel. Min. Humberto Gomes de Barros, v. u. em 14-6-2004.

Condomínio. Anulação de assembleia. Condômino inadimplente. Direito de voto. Impossibilidade. Previsão em convenção condominial. Ocorrência. Recurso improvido. Estando o direito ao voto condicionado ao cumprimento das obrigações condominiais, de molde a refletir na pessoa do condômino, dada a inadimplência do apelante, ainda que parcial, não poderia ele votar na assembleia[39].

21) Locatário pode votar em assembleia condominial?

O art. 24, § 4º, da Lei n. 4.591/64 (Lei de Condomínio e Incorporações) estabelece que sim, se o condômino não estiver presente, e as deliberações não envolverem despesas extraordinárias (que são do locador). Essa regra não foi reproduzida no CC, que derrogou a referida lei por tratar amplamente do assunto. Assim sendo, há uma polêmica doutrinária, mas a maioria entende que a norma continua em vigor, e a minoria que ela foi revogada.

22) A correção monetária é devida em que tipo de cobrança: judicial ou extrajudicial?

A correção monetária só pode ser cobrada judicialmente do condômino, pois a cobrança extrajudicial exige autorização expressa da convenção, em razão do art. 1.336, § 1º, do Código Civil ser omisso.

23) As verbas de sucumbência, decorrentes de condenação em ação de cobrança de cotas condominiais, possuem natureza ambulatória (*propter rem*)?

O art. 1.345 do CC/2002 estabelece que o adquirente de unidade responde pelos débitos do alienante, em relação ao condomínio, inclusive multas e juros moratórios.

A obrigação de pagar as verbas de sucumbência, ainda que sejam elas decorrentes de sentença proferida em ação de cobrança de cotas condominiais, não pode ser qualificada como ambulatória (*propter rem*), seja porque tal prestação não se enquadra dentre as hipóteses previstas no art. 1.345 do CC/2002 para o pagamento de despesas indispensáveis e inadiáveis do condomínio, seja porque os honorários constituem direito autônomo do advogado, não configurando débito do alienante em relação ao condomínio, senão débito daquele em relação ao advogado deste. Esta é a posição do STJ no **Recurso Especial n. 1.730.651/SP, *Dje* 12-4-2019**.

24) O condomínio, por ser uma massa patrimonial, não possui honra objetiva apta a sofrer dano moral, posição referendada pelo STJ no **Resp 1.736.593-SP**, Rel. Min. Nancy Andrighi, 3ª Turma, por unanimidade, julgado em 11-2-2020, *Dje* 13-2-2020.

25) Convenção de condomínio pode proibir a locação das unidades autônomas na plataforma AIRBNB, conforme decidido pelo STJ no **Resp. 1.819.075/RS**, Rel. Min. Luiz Felipe Salomão, julgado em 20-04-2021 pela 4ª Turma.

12.2.18. Condomínio de lotes

A Lei n. 13.465, de 2017, incluiu no Código Civil o art. 1.358-A, para normatizar o condomínio de lotes. Loteamento e condomínio edilício são institutos diferentes, e, por esse motivo, quando loteadores fecham loteamento e dão a ele o nome de condomínio de casas, vários problemas ocorrem, por exemplo, a cobrança da taxa condominial, que neste caso

39. TJSP, Ap. c/ Rev. 231.412.4/5, Ac. 3578516, 3ª Câmara de Direito Privado, rel. Des. Jesus Lofrano, j. em 7-4-2009, *DJESP* de 18-5-2009.

não poderia ser feita. A solução que acaba sendo utilizada é a criação de uma associação para realizá-la, porém muitas discórdias e discussões judiciais ocorrem.

Por esse motivo o dispositivo acabou estabelecendo que pode haver, em terrenos, partes designadas de lotes que são propriedade exclusiva e partes que são propriedade comum dos condôminos.

Quando isso acontece, a fração ideal de cada condômino poderá ser proporcional à área do solo de cada unidade autônoma, ao respectivo potencial construtivo ou a outros critérios indicados no ato de instituição.

Aplica-se, no que couber, ao condomínio de lotes:

I – o disposto sobre condomínio edilício no Código Civil (arts 1.331 a 1.358);

II – o regime jurídico das incorporações imobiliárias de que trata o Capítulo I do Título II da Lei n. 4.591, de 16 de dezembro de 1964, equiparando-se o empreendedor ao incorporador quanto aos aspectos civis e registrários.

Para fins de incorporação imobiliária, a implantação de toda a infraestrutura do condomínio de lotes ficará a cargo do empreendedor.

Para solucionar qualquer outro conflito, aplica-se, no que couber, ao condomínio de lotes o disposto sobre condomínio edilício no Código Civil, respeitada a legislação urbanística.

12.2.19. Condomínio em multipropriedade

A Lei n. 13.777, de 20 de dezembro de 2018, incluiu o Capítulo VII-A no Código Civil, para nele colocar 20 artigos sobre o Condomínio em Multipropriedade, também chamada de Multipropriedade Imobiliária ou *Timesharing*.

Multipropriedade é o regime de condomínio em que cada um dos proprietários de um mesmo imóvel é titular de uma fração de tempo, à qual corresponde a faculdade de uso e gozo, com exclusividade, da totalidade do imóvel, a ser exercida pelos proprietários de forma alternada (art. 1.358-C).

A lei trata da instituição, administração, transferência e registro da multipropriedade e, também, das obrigações do multiproprietário.

A multipropriedade não se extinguirá automaticamente se todas as frações de tempo forem do mesmo multiproprietário.

O imóvel objeto da multipropriedade:

I – é indivisível, não se sujeitando a ação de divisão ou de extinção de condomínio;

II – inclui as instalações, os equipamentos e o mobiliário destinados a seu uso e gozo.

Cada fração de tempo é indivisível. O período correspondente a cada fração de tempo será de, no mínimo, 7 (sete) dias, seguidos ou intercalados, e poderá ser:

I – fixo e determinado, no mesmo período de cada ano;

II – flutuante, caso em que a determinação do período será realizada de forma periódica, mediante procedimento objetivo que respeite, em relação a todos os multiproprietários, o princípio da isonomia, devendo ser previamente divulgado; ou

III – misto, combinando os sistemas fixo e flutuante.

Todos os multiproprietários terão direito a uma mesma quantidade mínima de dias seguidos durante o ano, podendo haver a aquisição de frações maiores que a mínima, com o correspondente direito ao uso por períodos também maiores.

Institui-se a multipropriedade por ato entre vivos ou testamento, registrado no competente cartório de registro de imóveis, devendo constar daquele ato a duração dos períodos correspondentes a cada fração de tempo.

Além das cláusulas que os multiproprietários decidirem estipular, a convenção de condomínio em multipropriedade determinará:

I – os poderes e deveres dos multiproprietários, especialmente em matéria de instalações, equipamentos e mobiliário do imóvel, de manutenção ordinária e extraordinária, de conservação e limpeza e de pagamento da contribuição condominial;

II – o número máximo de pessoas que podem ocupar simultaneamente o imóvel no período correspondente a cada fração de tempo;

III – as regras de acesso do administrador condominial ao imóvel para cumprimento do dever de manutenção, conservação e limpeza;

IV – a criação de fundo de reserva para reposição e manutenção dos equipamentos, instalações e mobiliário;

V – o regime aplicável em caso de perda ou destruição parcial ou total do imóvel, inclusive para efeitos de participação no risco ou no valor do seguro, da indenização ou da parte restante;

VI – as multas aplicáveis ao multiproprietário nas hipóteses de descumprimento de deveres.

O instrumento de instituição da multipropriedade ou a convenção de condomínio em multipropriedade poderá estabelecer o limite máximo de frações de tempo no mesmo imóvel que poderão ser detidas pela mesma pessoa natural ou jurídica.

Em caso de instituição da multipropriedade para posterior venda das frações de tempo a terceiros, o atendimento a eventual limite de frações de tempo por titular estabelecido no instrumento de instituição será obrigatório somente após a venda das frações.

São direitos do multiproprietário, além daqueles previstos no instrumento de instituição e na convenção de condomínio em multipropriedade:

I – usar e gozar, durante o período correspondente à sua fração de tempo, do imóvel e de suas instalações, equipamentos e mobiliário;

II – ceder a fração de tempo em locação ou comodato;

III – alienar a fração de tempo, por ato entre vivos ou por causa de morte, a título oneroso ou gratuito, ou onerá-la, devendo a alienação e a qualificação do sucessor, ou a oneração, ser informadas ao administrador;

IV – participar e votar, pessoalmente ou por intermédio de representante ou procurador, desde que esteja quite com as obrigações condominiais, em:

a) assembleia geral do condomínio em multipropriedade, e o voto do multiproprietário corresponderá à quota de sua fração de tempo no imóvel;

b) assembleia geral do condomínio edilício, quando for o caso, e o voto do multiproprietário corresponderá à quota de sua fração de tempo em relação à quota de poder político atribuído à unidade autônoma na respectiva convenção de condomínio edilício.

São obrigações do multiproprietário, além daquelas previstas no instrumento de instituição e na convenção de condomínio em multipropriedade:

I – pagar a contribuição condominial do condomínio em multipropriedade e, quando for o caso, do condomínio edilício, ainda que renuncie ao uso e gozo, total ou parcial, do imóvel, das áreas comuns ou das respectivas instalações, equipamentos e mobiliário;

II – responder por danos causados ao imóvel, às instalações, aos equipamentos e ao mobiliário por si, por qualquer de seus acompanhantes, convidados ou prepostos ou por pessoas por ele autorizadas;

III – comunicar imediatamente ao administrador os defeitos, avarias e vícios no imóvel dos quais tiver ciência durante a utilização;

IV – não modificar, alterar ou substituir o mobiliário, os equipamentos e as instalações do imóvel;

V – manter o imóvel em estado de conservação e limpeza condizente com os fins a que se destina e com a natureza da respectiva construção;

VI – usar o imóvel, bem como suas instalações, equipamentos e mobiliário, conforme seu destino e natureza;

VII – usar o imóvel exclusivamente durante o período correspondente à sua fração de tempo;

VIII – desocupar o imóvel, impreterivelmente, até o dia e hora fixados no instrumento de instituição ou na convenção de condomínio em multipropriedade, sob pena de multa diária, conforme convencionado no instrumento pertinente;

IX – permitir a realização de obras ou reparos urgentes.

Conforme previsão que deverá constar da respectiva convenção de condomínio em multipropriedade, o multiproprietário estará sujeito a:

I – multa, no caso de descumprimento de qualquer de seus deveres;

II – multa progressiva e perda temporária do direito de utilização do imóvel no período correspondente à sua fração de tempo, no caso de descumprimento reiterado de deveres.

A responsabilidade pelas despesas referentes a reparos no imóvel, bem como suas instalações, equipamentos e mobiliário, será:

I – de todos os multiproprietários, quando decorrentes do uso normal e do desgaste natural do imóvel;

II – exclusivamente do multiproprietário responsável pelo uso anormal, sem prejuízo de multa, quando decorrentes de uso anormal do imóvel.

São equiparados aos multiproprietários os promitentes compradores e os cessionários de direitos relativos a cada fração de tempo.

A transferência do direito de multipropriedade e a sua produção de efeitos perante terceiros dar-se-ão na forma da lei civil e não dependerão da anuência ou cientificação dos demais multiproprietários.

Não haverá direito de preferência na alienação de fração de tempo, salvo se estabelecido no instrumento de instituição ou na convenção do condomínio em multipropriedade em favor dos demais multiproprietários ou do instituidor do condomínio em multipropriedade.

O adquirente será solidariamente responsável com o alienante pelas obrigações de que trata o § 5º do art. 1.358-J do CC caso não obtenha a declaração de inexistência de débitos referente à fração de tempo no momento de sua aquisição.

A administração do imóvel e de suas instalações, equipamentos e mobiliário será de responsabilidade da pessoa indicada no instrumento de instituição ou na convenção de condomínio em multipropriedade, ou, na falta de indicação, de pessoa escolhida em assembleia geral dos condôminos.

O administrador exercerá, além daquelas previstas no instrumento de instituição e na convenção de condomínio em multipropriedade, as seguintes atribuições:

I – coordenação da utilização do imóvel pelos multiproprietários durante o período correspondente a suas respectivas frações de tempo;

II – determinação, no caso dos sistemas flutuante ou misto, dos períodos concretos de uso e gozo exclusivos de cada multiproprietário em cada ano;

III – manutenção, conservação e limpeza do imóvel;

IV – troca ou substituição de instalações, equipamentos ou mobiliário, inclusive:

a) determinar a necessidade da troca ou substituição;

b) providenciar os orçamentos necessários para a troca ou substituição;

c) submeter os orçamentos à aprovação pela maioria simples dos condôminos em assembleia;

V – elaboração do orçamento anual, com previsão das receitas e despesas;

VI – cobrança das quotas de custeio de responsabilidade dos multiproprietários;

VII – pagamento, por conta do condomínio edilício ou voluntário, com os fundos comuns arrecadados, de todas as despesas comuns.

A convenção de condomínio em multipropriedade poderá regrar de forma diversa a atribuição prevista no inciso IV do § 1º do art. 1.358-M do CC.

O instrumento de instituição poderá prever fração de tempo destinada à realização, no imóvel e em suas instalações, em seus equipamentos e em seu mobiliário, de reparos indispensáveis ao exercício normal do direito de multipropriedade, e poderá ser atribuída:

I – ao instituidor da multipropriedade; ou

II – aos multiproprietários, proporcionalmente às respectivas frações.

Em caso de emergência, os reparos de que trata o *caput* do art. 1.358-N do CC poderão ser feitos durante o período correspondente à fração de tempo de um dos multiproprietários.

O condomínio edilício poderá adotar o regime de multipropriedade em parte ou na totalidade de suas unidades autônomas, mediante:

I – previsão no instrumento de instituição; ou

II – deliberação da maioria absoluta dos condôminos.

No caso previsto no inciso I do art. 1.358-O do CC, a iniciativa e a responsabilidade para a instituição do regime da multipropriedade serão atribuídas às mesmas pessoas e observarão os mesmos requisitos indicados nas alíneas *a*, *b* e *c* e no § 1º do art. 31 da Lei n. 4.591, de 16 de dezembro de 1964.

Na hipótese do art. 1.358-O do CC, a convenção de condomínio edilício deve prever, além das matérias elencadas nos arts. 1.332, 1.334 e, se for o caso, 1.358-G do mesmo Código:

I – a identificação das unidades sujeitas ao regime da multipropriedade, no caso de empreendimentos mistos;

II – a indicação da duração das frações de tempo de cada unidade autônoma sujeita ao regime da multipropriedade;

III – a forma de rateio, entre os multiproprietários de uma mesma unidade autônoma, das contribuições condominiais relativas à unidade, que, salvo se disciplinada de forma diversa no instrumento de instituição ou na convenção de condomínio em multipropriedade, será proporcional à fração de tempo de cada multiproprietário;

IV – a especificação das despesas ordinárias, cujo custeio será obrigatório, independentemente do uso e gozo do imóvel e das áreas comuns;

V – os órgãos de administração da multipropriedade;

VI – a indicação, se for o caso, de que o empreendimento conta com sistema de administração de intercâmbio, na forma prevista no § 2º do art. 23 da Lei n. 11.771, de 17 de setembro de 2008, seja do período de fruição da fração de tempo, seja do local de fruição, caso em que a responsabilidade e as obrigações da companhia de intercâmbio limitam-se ao contido na documentação de sua contratação;

VII – a competência para a imposição de sanções e o respectivo procedimento, especialmente nos casos de mora no cumprimento das obrigações de custeio e nos casos de descumprimento da obrigação de desocupar o imóvel até o dia e hora previstos;

VIII – o quórum exigido para a deliberação de adjudicação da fração de tempo na hipótese de inadimplemento do respectivo multiproprietário;

IX – o quórum exigido para a deliberação de alienação, pelo condomínio edilício, da fração de tempo adjudicada em virtude do inadimplemento do respectivo multiproprietário.

Na hipótese do art. 1.358-O do CC, o regimento interno do condomínio edilício deve prever:

I – os direitos dos multiproprietários sobre as partes comuns do condomínio edilício;

II – os direitos e obrigações do administrador, inclusive quanto ao acesso ao imóvel para cumprimento do dever de manutenção, conservação e limpeza;

III – as condições e regras para uso das áreas comuns;

IV – os procedimentos a serem observados para uso e gozo dos imóveis e das instalações, equipamentos e mobiliário destinados ao regime da multipropriedade;

V – o número máximo de pessoas que podem ocupar simultaneamente o imóvel no período correspondente a cada fração de tempo

VI – as regras de convivência entre os multiproprietários e os ocupantes de unidades autônomas não sujeitas ao regime da multipropriedade, quando se tratar de empreendimentos mistos;

VII – a forma de contribuição, destinação e gestão do fundo de reserva específico para cada imóvel, para reposição e manutenção dos equipamentos, instalações e mobiliário, sem prejuízo do fundo de reserva do condomínio edilício;

VIII – a possibilidade de realização de assembleias não presenciais, inclusive por meio eletrônico;

IX – os mecanismos de participação e representação dos titulares;

X – o funcionamento do sistema de reserva, os meios de confirmação e os requisitos a serem cumpridos pelo multiproprietário quando não exercer diretamente sua faculdade de uso;

XI – a descrição dos serviços adicionais, se existentes, e as regras para seu uso e custeio.

O regimento interno poderá ser instituído por escritura pública ou por instrumento particular.

O condomínio edilício em que tenha sido instituído o regime de multipropriedade em parte ou na totalidade de suas unidades autônomas terá necessariamente um administrador profissional.

O prazo de duração do contrato de administração será livremente convencionado.

O administrador do condomínio referido no *caput* do art. 1.358-R do CC será:

I – o administrador de todos os condomínios em multipropriedade de suas unidades autônomas;

II – o mandatário legal de todos os multiproprietários, exclusivamente para a realização dos atos de gestão ordinária da multipropriedade, incluindo manutenção, conservação e limpeza do imóvel e de suas instalações, equipamentos e mobiliário;

III – quem poderá modificar o regimento interno quanto aos aspectos estritamente operacionais da gestão da multipropriedade no condomínio edilício;

IV – ou não um prestador de serviços de hospedagem.

Na hipótese de inadimplemento, por parte do multiproprietário, da obrigação de custeio das despesas ordinárias ou extraordinárias, é cabível, na forma da lei processual civil, a adjudicação ao condomínio edilício da fração de tempo correspondente.

Na hipótese de o imóvel objeto da multipropriedade ser parte integrante de empreendimento em que haja sistema de locação das frações de tempo no qual os titulares possam ou sejam obrigados a locar suas frações de tempo exclusivamente por meio de uma administração única, repartindo entre si as receitas das locações independentemente da efetiva ocupação de cada unidade autônoma, poderá a convenção do condomínio edilício regrar que em caso de inadimplência:

I – o inadimplente fique proibido de utilizar o imóvel até a integral quitação da dívida;

II – a fração de tempo do inadimplente passe a integrar o *pool* da administradora;

III – a administradora do sistema de locação fique automaticamente munida de poderes e obrigada a, por conta e ordem do inadimplente, utilizar a integralidade dos valores líquidos a que o inadimplente tiver direito para amortizar suas dívidas condominiais, seja do condomínio edilício, seja do condomínio em multipropriedade, até sua integral quitação, devendo eventual saldo ser imediatamente repassado ao multiproprietário.

O multiproprietário somente poderá renunciar de forma translativa a seu direito de multipropriedade em favor do condomínio edilício, e só é admitida se o multiproprietário estiver em dia com as contribuições condominiais, com os tributos imobiliários e, se houver, com o foro ou a taxa de ocupação.

As convenções dos condomínios edilícios, os memoriais de loteamentos e os instrumentos de venda dos lotes em loteamentos urbanos poderão limitar ou impedir a instituição da multipropriedade nos respectivos imóveis, vedação que somente poderá ser alterada no mínimo pela maioria absoluta dos condôminos.

12.2.20. Fundo de investimento (um condomínio especial)

A Lei da Liberdade Econômica (Lei n. 13.874 de 2019), criou uma modalidade de condomínio especial chamada Fundo de Investimento, incluindo no Código Civil os arts. 1.368-C ao 1.368-F.

O fundo de investimento é uma comunhão de recursos, constituído sob a forma de condomínio de natureza especial, destinado à aplicação em ativos financeiros, bens e direitos de qualquer natureza.

Não se aplicam ao fundo de investimento as disposições constantes dos arts. 1.314 ao 1.358-A do CC.

Competirá à Comissão de Valores Mobiliários disciplinar os fundos de investimento, e o registro dos seus respectivos regulamentos dos fundos de investimentos na Comissão de Valores Mobiliários é condição suficiente para garantir a sua publicidade e a oponibilidade de efeitos em relação a terceiros.

O regulamento do fundo de investimento poderá, observado o disposto na regulamentação a que se refere o § 2º do art. 1.368-C do CC, estabelecer:

I – a limitação da responsabilidade de cada investidor ao valor de suas cotas;

II – a limitação da responsabilidade, bem como parâmetros de sua aferição, dos prestadores de serviços do fundo de investimento, perante o condomínio e entre si, ao cumprimento dos deveres particulares de cada um, sem solidariedade; e

III – classes de cotas com direitos e obrigações distintos, com possibilidade de constituir patrimônio segregado para cada classe. O patrimônio segregado só responderá por obrigações vinculadas à classe respectiva, nos termos do regulamento.

A adoção da responsabilidade limitada por fundo de investimento constituído sem a limitação de responsabilidade somente abrangerá fatos ocorridos após a respectiva mudança em seu regulamento.

A avaliação de responsabilidade dos prestadores de serviço deverá levar sempre em consideração os riscos inerentes às aplicações nos mercados de atuação do fundo de investimento e a natureza de obrigação de meio de seus serviços.

Os fundos de investimento respondem diretamente pelas obrigações legais e contratuais por eles assumidas, e os prestadores de serviço não respondem por essas obrigações, mas respondem pelos prejuízos que causarem quando procederem com dolo ou má-fé.

Se o fundo de investimento com limitação de responsabilidade não possuir patrimônio suficiente para responder por suas dívidas, aplicam-se as regras de insolvência previstas nos arts. 955 a 965 do CC.

A insolvência pode ser requerida judicialmente por credores, por deliberação própria dos cotistas do fundo de investimento, nos termos de seu regulamento, ou pela Comissão de Valores Mobiliários.

O fundo de investimento constituído por lei específica e regulamentado pela Comissão de Valores Mobiliários deverá, no que couber, seguir as disposições das regras sobre o tema previstas no CC.

12.3. DOS DIREITOS REAIS SOBRE COISAS ALHEIAS

De acordo com o art. 1.225 do Código Civil, os direitos reais se subdividem em:

Direitos reais sobre coisa própria (*jus in re propria*): aqueles em que o titular possui um direito sobre algo que lhe pertence (exemplo: a propriedade).

Direitos reais sobre coisa alheia (*jus in re aliena*): aqueles em que o titular possui um direito sobre algo que pertence a outra pessoa. Eles se dividem em:

a) Direitos reais sobre coisa alheia de gozo ou fruição: quando o titular do direito real sobre uma coisa alheia tiver como objetivo gozar ou fruir. Exemplos: a superfície, as servidões, o usufruto, o uso, a habitação, a concessão de uso especial para fins de moradia e a concessão de direito real de uso.

b) Direitos reais sobre coisa alheia à aquisição: quando o titular do direito real sobre uma coisa alheia tiver como objetivo adquirir a propriedade do bem sobre o qual recai esse direito. Exemplo: o direito do promitente comprador do imóvel.

c) Direitos reais sobre coisa alheia de garantia: quando o titular do direito real sobre uma coisa alheia tiver como objetivo um bem em garantia do adimplemento de uma obrigação da qual é credor. Exemplos: o penhor, a hipoteca e a anticrese.

Vamos começar o estudo dos direitos reais sobre coisas alheias pelos de gozo ou fruição.

12.3.1. Dos direitos reais sobre coisas alheias de gozo ou fruição

12.3.1.1. Direito real de superfície (arts. 1.369 a 1.377 do CC)

Trata-se da faculdade que tem o proprietário de conceder a um terceiro (superficiário) a propriedade das construções e plantações que este efetue sobre solo alheio (solo, subsolo ou espaço aéreo de terreno), por tempo determinado ou indeterminado, desde que institua por escritura pública e a registre no registro imobiliário.

Trata-se de um direito real que auxilia o imóvel a cumprir sua função social, evitando, assim, sanções municipais decorrentes da subutilização.

Não se confunde com a enfiteuse, que é um direito real que consiste no arrendamento perpétuo de terras improdutivas ou de terreno de marinha, que ensejava o pagamento anual do foro, e por ser um direito alienável sujeitava o enfiteuta (titular do direito real) a pagar ao senhorio direto (proprietário do imóvel) o laudêmio, calculado sobre o valor da alienação (em regra 5%).

O art. 2.038 do CC proíbe a constituição de novas enfiteuses e subenfiteuses, subordinando-se as existentes, até sua extinção, aos princípios do Código Civil de 1916, motivo pelo qual ela ainda prevalece em nossa sociedade.

A enfiteuse em terreno de marinha é regida pelo Decreto-Lei n. 3.438/41, que esclarece e amplia o Decreto-Lei n. 2.490/40, que trata das normas para o aforamento de terreno de marinha.

Os sujeitos na superfície são:

a) **fundieiro**, que é o dono do imóvel;

b) **superficiário**, que é o titular do direito real de superfície.

Esse direito real cria para o superficiário um direito de propriedade sobre as acessões do imóvel. Assim, a propriedade do terreno pertence ao fundieiro, mas o superficiário é dono das construções ou plantações que realizar no solo.

Quatro são as espécies de direito de superfície, por força de certas peculiaridades.

a) Direito de superfície simples: é aquele desprovido de qualquer peculiaridade que o individualize. Também denominado puro;

b) Direito de superfície social: é aquele destinado a solucionar o problema de escassez de moradia das classes menos favorecidas;

c) Direito de superfície *ad aedificandum* e *ad plantandum*: é o direito de superfície constituído com finalidade específica de construir ou plantar preestabelecida;

d) Direito de superfície por cisão: é aquele que incide sobre terreno já edificado ou plantado. O Enunciado 250 do CJF estabelece que o art. 1.369 do Código Civil admite a constituição do direito de superfície por cisão.

A superfície é regida pelo Código Civil (arts. 1.369 a 1.377) e pelo Estatuto da Cidade (arts. 21 a 24).

Características da superfície:

1) Pode ser gratuita ou onerosa. Neste último caso, a renda que será propiciada ao proprietário deverá ser paga de uma só vez, ou mensalmente pelo superficiário, hipótese em que será denominada **solarium** ou **cânon superficiário** (nome da remuneração mensal).

2) Trata-se de um direito alienável, já que a superfície pode ser transferida *inter vivos* ou *mortis causa* para alguém. Se a transferência for onerosa, o proprietário terá direito de preferência.

3) O superficiário pode manejar os interditos possessórios (ação de reintegração ou manutenção de posse e o interdito proibitório).

4) O contrato que originará a superfície deve ser celebrado por instrumento público e, obrigatoriamente, levado a registro no Cartório de Imóveis. Por previsão expressa do art. 1.369 do Código Civil, não se pode constituir superfície por instrumento particular, motivo pelo qual não se aplica *in casu* o art. 108 do Código Civil, que constitui uma regra geral.

5) O direito de superfície deverá ter prazo determinado (se regido pelo Código Civil) ou indeterminado (se regido pelo Estatuto da Cidade).

6) A superfície pode ser dada em usufruto ou ser hipotecada, já que o superficiário tem a propriedade das construções e plantações. O Enunciado 249 do CJF estabelece que o art. 1.369 do Código Civil permite que a propriedade superficiária pode ser autonomamente objeto de direitos reais de gozo e de garantia, cujo prazo não exceda a duração da concessão da superfície, não se lhe aplicando o art. 1.474.

7) Os tributos que incidem sobre o imóvel são de responsabilidade do superficiário.

8) Finda a superfície, as construções e plantações passam ao dono do imóvel, sem direito de indenização, salvo estipulação diversa no contrato.

9) A superfície regida pelo Código Civil não autoriza obras no subsolo, salvo se for inerente ao objeto da concessão; já a que é regulamentada pelo Estatuto da Cidade abrange o direito de utilizar o subsolo ou o espaço aéreo, respeitada a legislação urbanística.

10) A superfície regida pelo Código Civil não autoriza pagamento para realizar a sua transferência para terceiros; já a que é regulamentada pelo Estatuto da Cidade permite que isso ocorra, se estiver descrita no contrato que a criar.

11) A extinção da superfície se dá nas seguintes hipóteses:

a) pelo advento do prazo;

b) se for dada destinação diversa pelo superficiário;

c) se o superficiário nada executar no solo;

d) se houver falta de pagamento do *solarium* e dos tributos;

e) se houver desapropriação do imóvel, parte da indenização recebida pelo proprietário do imóvel irá para o superficiário.

TABELA COMPARATIVA SOBRE AS REGRAS DE SUPERFÍCIE

Código Civil (estabelece regras para a superfície rural)	Estatuto da Cidade (estabelece regras para a superfície urbana)
Art. 1.369. O proprietário pode conceder a outrem o direito de construir ou de plantar em seu terreno, por tempo determinado, mediante escritura pública devidamente registrada no Cartório de Registro de Imóveis.	**Art. 21.** O proprietário **urbano** poderá conceder a outrem o direito de superfície do seu terreno, por tempo determinado **ou indeterminado**, mediante escritura pública registrada no Cartório de Registro de Imóveis.
Parágrafo único. **O direito de superfície não autoriza obra no subsolo**, salvo se for inerente ao objeto da concessão.	§ 1º **O direito de superfície abrange o direito de utilizar o solo, o subsolo** ou o espaço aéreo relativo ao terreno, na forma estabelecida no contrato respectivo, atendida a legislação urbanística.
Art. 1.370. A concessão da superfície será gratuita ou onerosa; se onerosa, estipularão as partes se o pagamento será feito de uma só vez, ou parceladamente.	§ 2º A concessão do direito de superfície poderá ser gratuita ou onerosa.

Código Civil (estabelece regras para a superfície rural)	Estatuto da Cidade (estabelece regras para a superfície urbana)
Art. 1.371. O superficiário responderá pelos encargos e tributos que incidirem sobre o imóvel.	§ 3º O superficiário responderá integralmente pelos encargos e tributos que incidirem sobre a propriedade superficiária, arcando, ainda, proporcionalmente à sua parcela de ocupação efetiva, com os encargos e tributos sobre a área objeto da concessão do direito de superfície, salvo disposição em contrário do contrato respectivo.
Art. 1.372. O direito de superfície pode transferir-se a terceiros e, por morte do superficiário, aos seus herdeiros. Parágrafo único. **Não poderá ser estipulado** pelo concedente, a nenhum título, qualquer **pagamento pela transferência**.	§ 4º O direito de superfície pode ser transferido a terceiros, **obedecidos os termos do contrato respectivo**. § 5º Por morte do superficiário, os seus direitos transmitem-se a seus herdeiros.
Art. 1.373. Em caso de alienação do imóvel ou do direito de superfície, o superficiário ou o proprietário tem direito de preferência, em igualdade de condições.	**Art. 22.** Em caso de alienação do terreno, ou do direito de superfície, o superficiário e o proprietário, respectivamente, terão direito de preferência, em igualdade de condições à oferta de terceiros.
Art. 1.374. Antes do termo final, resolver-se-á a concessão se o superficiário der ao terreno destinação diversa daquela para que foi concedida.	§ 1º do art. 24 – Antes do termo final do contrato, extinguir-se-á o direito de superfície se o superficiário der ao terreno destinação diversa daquela para a qual for concedida.
Art. 1.375. Extinta a concessão, o proprietário passará a ter a propriedade plena sobre o terreno, construção ou plantação, independentemente de indenização, se as partes não houverem estipulado o contrário.	**Art. 24.** Extinto o direito de superfície, o proprietário recuperará o pleno domínio do terreno, bem como das acessões e benfeitorias introduzidas no imóvel, independentemente de indenização, se as partes não houverem estipulado o contrário no respectivo contrato.
Sem correspondente	**Art. 23.** Extingue-se o direito de superfície: I – pelo advento do termo; II – pelo descumprimento das obrigações contratuais assumidas pelo superficiário.
Sem correspondente	§ 2º do art. 24 – A extinção do direito de superfície será averbada no Cartório de Registro de Imóveis.
Art. 1.376. No caso de extinção do direito de superfície em consequência de desapropriação, a indenização cabe ao proprietário e ao superficiário, no valor correspondente ao direito real de cada um.	Sem correspondente
Art. 1.377. O direito de superfície, constituído por pessoa jurídica de direito público interno, rege-se por este Código, no que não for diversamente disciplinado em lei especial.	Sem correspondente

12.3.1.2. Servidão (arts. 1.378 a 1.389 do CC)

Trata-se de direito real que impõe restrições (de uso e gozo) a um bem imóvel em proveito de outro, pertencente a diferente dono. O prédio dominante é o favorecido pela restrição, enquanto o prédio serviente é o que suporta a restrição.

Neste caso, a propriedade sofre restrição às faculdades de uso e gozo, assume o encargo de suportar certas limitações instituídas em favor do dominante, restringindo assim a liberdade natural da coisa. Exemplos: servidão de passagem, servidão de aqueduto.

Elementos constitutivos:

a) Existência de ônus ou encargo: tal direito deve gerar a tolerância em não praticar determinado ato de utilização em seu bem, ou seja, haverá uma ação positiva do dominante e inércia do serviente.

b) Incidência num prédio em proveito de outro: a servidão exige a pluralidade de bens imóveis.

c) Prédios pertencerem a donos diferentes: se os prédios dominante e serviente pertencerem ao mesmo dono haverá serventia, que não é direito real, e não uma servidão.

Formas de constituição da servidão:

a) Negócios unilaterais: por exemplo, o testamento.

b) Contrato: é o modo mais comum de constituir a servidão, podendo ser gratuito ou oneroso, porém deverá ser levado a registro no Cartório de Imóveis. Como o art. 1.378 do Código Civil não exige a escritura pública, aplica-se no caso o art. 108 do mesmo Código, que permitirá o título constitutivo da servidão ser constituído por instrumento público ou particular.

c) Usucapião: se o possuidor exercer posse mansa e pacífica de uma servidão, sem *animus domini*, ele não poderá usucapir a propriedade, mas, sim, a servidão, que lhe dará legitimidade para ser titular do direito real mesmo não havendo título hábil. Para que seja possível a usucapião de servidão, ela deve ser contínua e aparente, ou seja, devem ter sido realizadas obras no imóvel pelo possuidor.

A servidão não aparente não possui sinais claros da posse, motivo pelo qual se configurará um ato de mera tolerância, que não irá induzir posse (art. 1.208 do CC), e que por isso não permitirá a usucapião.

O prazo da usucapião de servidão, previsto no art. 1.379 do Código Civil, é de 10 anos se o possuidor tiver título e de 20 anos se ele não tiver título. Cumpre salientar que o primeiro prazo está em consonância com a usucapião ordinária de bem imóvel (10 anos quando se exige justo título e boa-fé). Mas o segundo prazo não se coaduna com a usucapião extraordinária de bem imóvel (que exige 15 anos quando se dispensa o justo título e a boa-fé).

Assim sendo, verifica-se que o legislador, ao reduzir o prazo da usucapião extraordinária de bem imóvel de 20 para 15 anos (art. 1.238 do CC) não o fez com a servidão, que desde o Código Civil de 1916 possui tal prazo. Porém, sabemos que o direito de propriedade é muito mais importante que qualquer outro, motivo pelo qual o Enunciado 251 do CJF concluiu que "o prazo máximo para o usucapião extraordinário de servidões deve ser de 15 anos, em conformidade com o sistema geral de usucapião previsto no Código Civil". Não concordamos com o teor do Enunciado, mesmo entendendo os argumentos, haja vista que prazo não admite interpretação analógica, ou seja, não tem explicação lógica ou jurídica. O Projeto de Lei do Senado n. 309/2009 busca alterar o Código Civil para modificar esse prazo para 15 anos e adequá-lo ao art. 1.238 do referido *Codex*.

Classificação das servidões:

a) Servidão positiva: é aquela que confere poder de praticar algum ato. Exemplo: a servidão de trânsito ou passagem.

b) Servidão negativa: é aquela que impõe o dever de abster-se da prática de determinado ato. Exemplo: a proibição de construir acima de determinada altura, ou de fazer janelas próximas ao vizinho.

c) Servidão contínua: é aquela imposta pela natureza, tal como a servidão para passagem de água.

d) Servidão descontínua: é aquela fruto da intervenção humana, tal como a servidão de passagem.

e) Servidão aparente: é a visível, tal como a servidão de passagem.

f) Servidão não aparente: é aquela que não é visível, tal como a de não construir acima de determinada altura.

g) Servidão administrativa: é aquela em que o Estado utiliza a propriedade imóvel alheia para executar obras e serviços de interesse coletivo. Inexistindo prédio dominante, haverá uma utilidade pública como beneficiária.

Características da servidão:

a) A servidão é inalienável (pois é um direito acessório ao de propriedade), indivisível (pois não pode ser instituída servidão da servidão) e perpétua (pois só pode ser extinta nas hipóteses dos arts. 1.387 a 1.389 do CC).

b) A servidão deve estar no local menos gravoso para o prédio serviente, já que ela serve ao imóvel e não ao dono. O dono do prédio serviente pode remover a servidão de local, a suas expensas, desde que não prejudique o prédio dominante.

c) As despesas necessárias ao uso e à conservação da servidão são de responsabilidade do prédio dominante, salvo convenção diversa.

d) A servidão não pode ser utilizada para fim diverso do estabelecido, já que não se presume.

e) O local da servidão pode ser alterado pelo prédio serviente se não prejudicar o dominante, ou pelo dominante se também não prejudicar o serviente. As despesas ficam por conta de quem solicitou a mudança.

Formas de extinção da servidão:

a) Com o cancelamento do registro no Ofício Imobiliário, salvo no caso de desapropriação que fizer nascer a servidão administrativa. Assim, se o prédio dominante estiver hipotecado e a servidão mencionada no título hipotecário, o cancelamento se dará somente com anuência do credor hipotecário.

b) com a renúncia do dono do prédio dominante à servidão.

c) Com a perda da utilidade ao prédio dominante.

d) Se o dono do prédio serviente resgatar a servidão pagando ao dono do prédio dominante determinada quantia para liberar seu prédio do ônus.

e) Pela confusão, quando o prédio serviente e o dominante pertencerem à mesma pessoa (transforma-se em serventia).

f) Com a supressão de obras que indicavam o aproveitamento da servidão, com o consentimento das partes.

g) Pelo não uso durante 10 anos contínuos (hipótese em que ocorre a perda da função social da servidão).

Ações judiciais que são propostas na hipótese de servidão:

a) *Ação confessória:* que é proposta quando o reconhecimento do direito real for contestado pelo dono do prédio serviente ou por terceiros.

b) *Ação negatória:* que é proposta quando o dono do prédio serviente quiser ver negada a existência da servidão.

c) *Interditos possessórios:* são propostos nos casos de servidão aparente.

Não podemos confundir a servidão com o direito de passagem forçada, já estudado anteriormente, e que é um direito de vizinhança (às observações feitas quando o instituto foi estudado recomenda-se leitura). Por esse motivo, segue, abaixo, tabela comparativa dos dois institutos:

Servidão (art. 1.378 do CC)	Passagem forçada (art. 1.285 do CC)
Trata-se de direito real sobre coisa alheia de gozo ou fruição.	Trata-se de um direito de vizinhança.
É constituída mediante registro no Cartório de Imóveis.	É constituída mediante sentença.
Pode ser gratuita ou onerosa.	Obrigatoriamente é onerosa, pois exige pagamento de indenização.
É concedida quando houver utilidade para o vizinho.	É concedida quando houver necessidade (encravamento[40]) para o vizinho.

12.3.1.3. Usufruto (arts. 1.390 a 1.411 do CC)

Trata-se de um direito real temporário, intransmissível e impenhorável, concedido a uma pessoa para desfrutar um objeto alheio como se fosse próprio, sem alterar sua substância. Os poderes inerentes à propriedade ficam divididos entre os sujeitos da seguinte forma:

Nu-proprietário: terá os poderes de disposição e de reivindicação.

Usufrutuário: terá os poderes de uso e gozo (retirar os frutos naturais, industriais e civis).

Objeto do usufruto:

a) Bem imóvel: que deverá ser registrado no Ofício Imobiliário para ser constituído, salvo o usufruto dos pais com relação aos bens dos filhos enquanto menores, previsto no art. 1.689, I, do Código Civil (conforme o art. 167, I, item 7, da LRP).

b) Bem móvel: o bem móvel objeto de usufruto deve ser infungível e inconsumível. Existia na legislação anterior a figura do quase usufruto (ou usufruto impróprio), que incidia sobre bens consumíveis, porém tal modalidade não mais é prevista pelo Código Civil. O usufruto de bem móvel deve ser registrado no Cartório de Títulos e Documentos (art. 127, I, da LRP).

c) Direitos: o usufruto pode recair sobre direitos reais ou pessoais, desde que o direito seja transmissível (exemplo: usufruto do direito de superfície).

d) Créditos: nessa modalidade o usufrutuário cobra um crédito que pertence ao nu-proprietário e aplica o dinheiro em títulos, para no final do usufruto devolver o valor de crédito e reter os frutos civis.

40. Encravamento significa não ter acesso a via pública nascente ou porto, porém o Enunciado 88 do CJF afirma que o direito de passagem forçada, previsto no art. 1.285 do CC, também é garantido nos casos em que o acesso for insuficiente ou inadequado, consideradas, inclusive, as necessidades de exploração econômica.

Modalidades de usufruto:

a) Usufruto legal: é aquele instituído por lei. Exemplo: o usufruto dos pais sobre os bens dos filhos enquanto menores (art. 1.689, I, do CC).

b) Usufruto indígena: é aquele que recai sobre terras públicas ocupadas pelos indígenas (arts. 20, XI, e 231, § 2º, da CF).

c) Usufruto judicial: em caso de execução de crédito é lícito, com anuência das partes, a instituição pelo magistrado de usufruto por prazo determinado, em favor do exequente, até a satisfação do débito. Exemplo: o usufruto das cotas da empresa, até o pagamento do débito pela retirada do faturamento.

d) Usufruto convencional ou voluntário: é aquele constituído por negócio jurídico unilateral ou bilateral, *inter vivos* ou *mortis causa*. Duas são as espécies de usufruto convencional: a) usufruto convencional por alienação, que é aquele em que o proprietário concede o usufruto do seu bem por certo prazo; e b) usufruto convencional por retenção, que é aquele em que o proprietário doa um bem de sua propriedade, e reserva para si o usufruto ao efetuar a doação.

e) Usufruto por usucapião: trata-se de modalidade em que a aquisição do usufruto se dá pela prescrição aquisitiva. Exemplo: o caso do possuidor que obteve a posse direta de um bem por usufruto, que foi dado por uma pessoa que não é mais a legítima proprietária do bem (perdeu a propriedade por sentença judicial depois de conceder o usufruto). Pelo fato de desenvolver posse mansa e pacífica (denominada **quase posse** por incidir sobre direitos reais) com justo título e boa-fé, poderá usucapir o usufruto. No citado caso o possuidor não poderá usucapir a propriedade, pois a sua posse não tem *animus domini*, já que ele sempre respeitou a existência do nu-proprietário.

f) Usufruto simultâneo: é aquele instituído em favor de vários usufrutuários. De acordo com o art. 1.411 do Código Civil, constituído o usufruto vitalício em favor de duas ou mais pessoas, extinguir-se-á a parte em relação a cada uma das que falecerem, salvo se, por estipulação expressa, o quinhão desses couber ao sobrevivente, ou seja, não existe direito de acrescer, em regra, nessa modalidade, salvo previsão contratual expressa em sentido contrário.

Tal regra não se coaduna com o usufruto constituído por testamento, pois o art. 1.946 do CC estabelece que se for legado um só usufruto conjuntamente a duas ou mais pessoas, a parte da que faltar acresce aos colegatários, ou seja, quando advém do testamento o direito de acrescer é regra no usufruto simultâneo, que só poderá ser mudada por estipulação diversa.

g) Usufruto pleno: é aquele que não possui restrições. Essa modalidade incide, também, sobre os acessórios da coisa, como construções, plantações e acessões naturais (aluvião, avulsão, formação de ilhas, álveo abandonado). O *caput* do art. 1.392 do Código Civil estabelece que essa modalidade é regra.

h) Usufruto restrito: nessa modalidade, o usufrutuário terá limitação ao proveito da coisa, por exemplo, quando o usufruto de uma fazenda ficar limitado à sua sede.

i) Usufruto universal: é aquele que recai sobre a integralidade do patrimônio ou de uma fração.

j) Usufruto particular: é aquele que incide sobre bem certo e determinado.

k) Usufruto temporário: é aquele que possui prazo certo de duração.

l) Usufruto vitalício: é aquele que se extingue com a morte do usufrutuário. O usufruto deve ter um prazo, determinado ou indeterminado, para a sua extinção, pois, no Brasil, é vedado o usufruto sucessivo, ou seja, o que pode ser transmitido para terceiros. Cumpre lembrar que a morte do nu-proprietário não extingue o usufruto, já que a nua propriedade será transferida aos herdeiros, que terão que respeitar a existência do direito real.

Dos direitos do usufrutuário:

a) Direito à posse da coisa: o usufrutuário possui posse qualificada (justa e direta), motivo pelo qual poderá utilizar os interditos possessórios contra todos para defender a posse, e a ação confessória, no juízo petitório, para defender o usufruto.

b) Direito de fruir as utilidades da coisa: o usufrutuário poderá perceber frutos naturais, industriais e civis, bem como os produtos (utilidades que diminuem o valor da coisa à medida que são retiradas, por exemplo, o carvão que o bem possuir).

c) Direito de administrar a coisa: o usufrutuário deve preservar a substância da coisa, já que a posse do bem deverá, um dia, ser devolvida ao nu-proprietário (salvo no caso dos pais com relação aos bens dos filhos, já que os pais agem no interesse dos filhos).

d) Direito de ceder o exercício a título gratuito ou oneroso: o direito ao usufruto é inalienável e intransmissível, mas seu exercício pode ser cedido, por meio da locação ou do comodato, por exemplo. A intransmissibilidade do usufruto decorre do seu caráter personalíssimo, já que o usufrutuário não pode aliená-lo a terceiros (gratuita ou onerosamente), e nem o transferir por testamento, já que é vedado o usufruto sucessivo. Porém, excepcionalmente, a jurisprudência e a doutrina aceitam que o usufrutuário aliene o usufruto somente para uma pessoa: o nu-proprietário.

O usufruto é impenhorável, mas os seus frutos (aluguéis) podem ser objeto de penhora. A nua propriedade pode ser penhorada, mas o adquirente no leilão deverá respeitar o usufruto.

Obrigações do usufrutuário:

a) Inventariar os bens recebidos: ele deve descrever, de forma pormenorizada, os objetos que compõem o bem concedido em usufruto.

b) Dar garantia real (penhor, hipoteca ou anticrese) ou pessoal (fiança ou aval): se o nu-proprietário exigir, sob pena de não poder administrar o bem.

c) Conservar a coisa e restituí-la no estado em que a recebeu: trata-se do dever de efetuar as reparações ordinárias módicas (conservação e manutenção), inferior a 2/3 dos rendimentos líquidos anuais do usufrutuário, bem como de pagar as despesas tributárias sobre o bem e de condomínio, que poderão ser exigidas, também, do nu-proprietário, que terá direito de regresso se for obrigado a pagá-las.

Extinção do usufruto:

a) pela morte do usufrutuário;

b) por renúncia expressa ao usufruto;

c) por sentença, se provada culpa do usufrutuário na depreciação do bem;

d) por destruição total da coisa concedida em usufruto;

e) pela consolidação, que ocorre com a reunião da nua propriedade e do usufruto na titularidade de uma mesma pessoa (espécie de confusão). Como exemplo citamos o caso do usufrutuário que adquire a nua propriedade, ou do nu-proprietário que adquire o usufruto (exceção à inalienabilidade);

f) pelo termo de sua duração;

g) pelo implemento de condição resolutiva;

h) pela decadência, na hipótese do não uso da coisa em que o usufruto recai;

i) por cessação do motivo pelo qual se originou o usufruto, por exemplo, maioridade no caso do usufruto legal dos pais sobre bens de filho menor;

j) por resolução da propriedade, se quem concedeu o usufruto tinha propriedade resolúvel;

k) após 30 anos, se o usufruto foi concedido para pessoa jurídica, ou, ainda, se ela for extinta.

12.3.1.4. Uso (arts. 1.412 e 1.413 do CC)

O uso se distingue do usufruto já que o titular não tem direito de gozo. É um direito temporário, indivisível, intransmissível, personalíssimo, e serve para bens móveis e imóveis.

A finalidade de bens imóveis pode ser tanto para fins residenciais quanto comerciais, pois, para o art. 1.412 do Código Civil, o usuário usará da coisa e perceberá os seus frutos quanto o exigirem as necessidades suas e as de sua família.

As necessidades pessoais do usuário serão avaliadas conforme a sua condição social e o lugar onde viver, e as necessidades da família do usuário compreendem as de seu cônjuge, dos filhos solteiros e das pessoas de seu serviço doméstico.

Cumpre salientar que são aplicáveis ao uso, no que não forem contrárias à sua natureza, as disposições relativas ao usufruto.

12.3.1.5. Habitação (arts. 1.414 a 1.416 do CC)

Trata-se de um direito de uso limitado à habitação, que permite ao titular residir gratuita e temporariamente em imóvel alheio, pois, de acordo com o art. 1.414 do Código Civil, quando o uso consistir no direito de habitar gratuitamente imóvel alheia, o titular deste direito não a pode alugar, nem emprestar, mas simplesmente ocupá-la com sua família.

É um direito intransferível, restringe-se o uso de imóvel ao titular e sua família, não podendo alugar ou emprestar, sob pena de perder o direito real.

Se o direito real de habitação for conferido a mais de uma pessoa, qualquer delas que sozinha habite o imóvel não terá de pagar aluguel à outra, ou às outras, mas não as pode inibir de exercerem, querendo, o direito, que também lhes compete, de habitá-la.

O direito real de habitação que mais se vê na prática decorre do direito sucessório, já que o art. 1.831 do Código Civil estabelece que ao cônjuge sobrevivente, qualquer que seja o regime de bens, será assegurado, sem prejuízo da participação que lhe caiba na herança, o direito real de habitação relativamente ao imóvel destinado à residência da família, desde que seja o único daquela natureza a inventariar.

É um direito temporário para instituir moradia gratuita num bem imóvel, mas deve ser registrado no Cartório de Registro de Imóveis, mesmo que tal direito tenha origem na sucessão *mortis causa*, pelos argumentos que apresentamos no capítulo de sucessão (mais adiante), quando tratamos desse direito dado ao cônjuge e ao companheiro em decorrência da morte.

Por fim, também são aplicáveis à habitação, no que não forem contrárias à sua natureza, as disposições relativas ao usufruto.

12.3.2. Do direito real à aquisição de coisa alheia

12.3.2.1. Direito do promitente comprador do imóvel (arts. 1.417 e 1.418 do CC)

Trata-se de um direito real sobre coisas alheias à aquisição, pois a promessa de compra e venda, irretratável, por instrumento público ou particular, registrado no Cartório de Registro de Imóveis, dá ao promissário comprador o direito real à aquisição do imóvel. O Código Civil o normatiza nos arts. 1.417 e 1.418.

Mas cumpre salientar que a Súmula 239 do STJ estabelece que "o direito à adjudicação compulsória não se condiciona ao registro do compromisso de compra e venda no cartório de imóveis". Essa súmula criticada por alguns porque seria *contra legem*, vem sendo aplicada pela jurisprudência, no caso de adjudicação compulsória, contra o promitente vendedor, que foi quem assinou o contrato, já contra terceiros se faz necessário o registro na matrícula imobiliária.

Tal direito confere ao seu titular o poder de exigir do vendedor, ou de qualquer pessoa, a outorga da escritura definitiva que, se não feita voluntariamente, poderá ensejar o requerimento da adjudicação do imóvel em juízo.

Foi aprovado em agosto de 2021 enunciado na II Jornada de Prevenção e Solução de Litígios do Conselho da Justiça Federal (CJF), sobre a Adjudicação Compulsória Extrajudicial: "*ADJUDICAÇÃO COMPULSÓRIA EXTRAJUDICIAL: é de se fomentar a criação de procedimento extrajudicial visando à materialização de título hábil a ensejar o registro imobiliário para o alcance da propriedade plena em decorrência de contrato preliminar de promessa de compra e venda, registrado ou não, dispensando, facultativamente, a via judicial*".

A promessa de compra e venda é um contrato preliminar, cujo objetivo é a celebração de um contrato definitivo. Ela gera duas obrigações: de dar o preço ao promitente comprador e de fazer o contrato definitivo, após a quitação da promessa, ao promitente vendedor.

12.3.2.2. Características do direito do promitente comprador do imóvel, de acordo com o Código Civil – A promessa de compra e venda de bem imóvel

1) Para gerar direito real não se pode pactuar arrependimento no contrato.

2) O contrato pode ser celebrado por instrumento público ou particular.

3) O contrato deve ser registrado no Ofício Imobiliário para ser oponível *erga omnes.*

4) Se o promitente vendedor não fizer o contrato definitivo, pode o promitente comprador exigir dele, ou de terceiros, a outorga de escritura definitiva ou a adjudicação compulsória do imóvel judicialmente.

O Código Civil denomina o contrato preliminar de compra e venda de imóveis como promessa de compra e venda, porém a Lei de Parcelamento do Solo Urbano (Lei n. 6.766/79), nos arts. 25 a 36, denomina como compromisso de compra e venda de imóvel o contrato preliminar para a aquisição de imóveis loteados (lotes). Assim, se a compra e venda for de imóveis loteados, denomina-se o contrato **compromisso de compra e venda**, pois ele será normatizado pela Lei n. 6.766/79, mas, se tiver como objetivo qualquer outro tipo de imóvel, o nome a ser utilizado é **promessa de compra e venda**, pois a normatização será feita pelo Código Civil.

12.3.2.3. Características do direito do compromissário comprador do imóvel, de acordo com a Lei de Parcelamento do Solo Urbano – O compromisso de compra e venda de bem imóvel

1) São irretratáveis os compromissos de compra e venda, cessão e promessa de cessão, os que atribuam direito a adjudicação compulsória, e estando registrados, confiram direito real oponível a terceiros.

2) Os compromissos de compra e venda, as cessões, ou promessas de cessão, poderão ser feitos por escritura pública ou por instrumento particular, devendo constar as seguintes indicações:

a) nome, registro civil, cadastro fiscal no Ministério da Fazenda, nacionalidade, estado civil e residência dos contratantes;

b) denominação e situação do loteamento, número e data da inscrição;

c) descrição do lote ou dos lotes que forem objeto de compromissos, confrontações, área e outras características;

d) preço, prazo, forma e local de pagamento, bem como a importância do sinal;

e) taxa de juros incidentes sobre o débito em aberto e sobre as prestações vencidas e não pagas, bem como a cláusula penal, nunca excedente a 10% do débito e só exigível nos casos de intervenção judicial ou de mora superior a três meses;

f) indicação sobre a quem incumbe o pagamento dos impostos e taxas incidentes sobre o lote compromissado;

g) declaração das restrições urbanísticas convencionais do loteamento, supletivas da legislação pertinente.

3) O contrato deverá ser firmado em três vias ou extraído em três traslados, sendo um para cada parte e o terceiro para arquivo no registro imobiliário, após o registro e anotações devidas.

4) Quando o contrato houver sido firmado por procurador de qualquer das partes, será obrigatório o arquivamento da procuração no registro imobiliário.

5) Se aquele que se obrigou a concluir contrato de promessa de venda ou de cessão não cumprir a obrigação, o credor poderá notificar o devedor para outorga do contrato ou oferecimento de impugnação no prazo de 15 dias, sob pena de proceder-se ao registro do pré-contrato, desde que comprovado que o pagamento do imóvel já foi concluído, passando as relações entre as partes a serem regidas pelo contrato-padrão.

6) Qualquer alteração ou cancelamento parcial do loteamento registrado dependerá de acordo entre o loteador e os adquirentes de lotes atingidos pela alteração, bem como da aprovação pela Prefeitura Municipal, ou do Distrito Federal quando for o caso, devendo ser depositada no Registro de Imóveis, em complemento ao projeto original, com a devida averbação.

7) Aquele que adquirir a propriedade loteada mediante ato *inter vivos*, ou por sucessão *causa mortis*, sucederá o transmitente em todos os seus direitos e obrigações, ficando obrigado a respeitar os compromissos de compra e venda ou as promessas de cessão, em todas as cláusulas, sendo nula qualquer disposição em contrário, ressalvado o direito do herdeiro ou legatário de renunciar à herança ou ao legado.

8) A sentença declaratória de falência ou da insolvência de qualquer das partes não rescindirá os contratos de compromisso de compra e venda ou de promessa de cessão que tenham por objeto a área dela loteada ou seus lotes. Se a falência ou insolvência for do proprietário da área loteada ou do titular de direito sobre ela, incumbirá ao síndico ou ao administrador dar cumprimento aos referidos contratos, mas se for do adquirente do lote, seus direitos serão levados à praça.

9) O contrato particular pode ser transferido por simples **trespasse**, lançado no verso das vias em poder das partes, ou por instrumento em separado, declarando-se o número do registro do loteamento, o valor da cessão e a qualificação do concessionário, para o devido registro. A cessão independe da anuência do loteador mas, em relação a este, seus efeitos só se produzem depois de cientificado, por escrito, pelas partes ou quando registrada a cessão. Uma vez registrada a cessão, feita sem anuência do loteador, o Oficial do Registro dar-lhe-á ciência, por escrito, dentro de dez dias.

10) Vencida e não paga a prestação, o contrato será considerado rescindido 30 dias depois de constituído em mora o devedor, que deverá ser intimado, a requerimento do credor, pelo oficial do Registro de Imóveis, a satisfazer as prestações vencidas e as que se vencerem até a data do pagamento, os juros convencionados e as custas de intimação. Purgada a mora, convalescerá o contrato. Com a certidão de não haver sido feito o pagamento em cartório, o vendedor requererá ao oficial do registro o cancelamento da averbação.

11) Se o credor das prestações se recusar a recebê-las ou furtar-se ao seu recebimento, será constituído em mora mediante notificação do oficial do Registro de Imóveis para vir receber as importâncias depositadas pelo devedor no próprio Registro de Imóveis. Decorridos 15 dias após o recebimento da intimação, considerar-se-á efetuado o pagamento, a menos que o credor impugne o depósito e, alegando inadimplente o devedor, requeira a intimação deste para os fins do disposto no art. 32 da Lei n. 6.766/79.

12) Em qualquer caso de rescisão por inadimplemento do adquirente, as benfeitorias necessárias ou úteis por ele levadas a efeito no imóvel deverão ser indenizadas, sendo de nenhum efeito qualquer disposição contratual em contrário. Não serão indenizadas as benfeitorias feitas em desconformidade com o contrato ou com a lei.

13) Ocorrendo o cancelamento do registro por inadimplemento do contrato e tendo havido o pagamento de mais de um terço do preço ajustado, o oficial do Registro de Imóveis mencionará este fato e a quantia paga no ato do cancelamento, e somente será efetuado novo registro relativo ao mesmo lote se for comprovada a restituição do valor pago pelo vendedor ao titular do registro cancelado, ou mediante depósito em dinheiro à sua disposição junto ao Registro de Imóveis. Ocorrendo o depósito, o oficial do Registro de Imóveis intimará o interessado para vir recebê-lo no prazo de 10 dias, sob pena de ser devolvido ao depositante. No caso de não ser encontrado o interessado, o oficial do Registro de Imóveis depositará a quantia em estabelecimento de crédito, segundo a ordem prevista no inciso I do art. 840 do CPC/2015, em conta com incidência de juros e correção monetária.

14) O registro do compromisso, cessão ou promessa de cessão só poderá ser cancelado:

a) por decisão judicial;

b) a requerimento conjunto das partes contratantes;

c) quando houver rescisão comprovada do contrato.

12.3.3. Dos direitos reais de garantia

Os direitos reais de garantia têm por objetivo garantir o cumprimento de uma obrigação, motivo pelo qual se trata de um direito acessório, cuja existência depende da do principal (art. 1.419 do CC).

Nos primórdios a responsabilidade era física e moral. Os credores egípcios podiam adjudicar o devedor, e entre os hebreus, o devedor, sua mulher e seus filhos tornavam-se escravos do credor. Os romanos podiam vender o devedor em três feiras sucessivas, ou ainda matá-lo (Lei das XII Tábuas – Tábua III). Havendo concurso de credores, o devedor era morto no Rio Tibre e o seu corpo dividido.

Em 326 a.C., a *Lex Poetelia Papiria* estabelece que a garantia pelo adimplemento das obrigações é o patrimônio do devedor. Assim, para dar efetividade às garantias patrimoniais, surgem duas espécies de garantia: **garantia pessoal ou fidejussória**, que é aquela em que um terceiro se compromete a pagar em caso de inadimplemento. Exemplos: a fiança e o aval; **garantia real**, que é aquela em que parte do patrimônio do devedor, ou de terceiro, é usada para garantia.

A primeira garantia real da história foi a **fidúcia** (confiança), na qual o devedor transferia a propriedade de um bem para o credor, bem esse que só seria devolvido após o pagamento (não sobreviveu pelo risco de o devedor não receber o bem de volta).

A segunda garantia real da história foi o ***pignus***, em que se oferecia como garantia a posse, e não a propriedade, de certo bem, que era garantida pelos interditos possessórios.

A terceira garantia real da história foi a **hipoteca**, pois os romanos adotaram esse direito, que teve origem no *pignus* e que estava dando certo na Grécia, mas que, porém, só seria utilizado para bens imóveis.

Atualmente, temos quatro direitos reais de garantia: o penhor, a hipoteca, a anticrese e a alienação fiduciária em garantia.

Requisitos dos direitos reais de garantia:

Requisitos subjetivos: quem os confere deve ter capacidade para alienar o bem (art. 1.420 do CC – só quem pode alienar pode dar em garantia). Vejamos, abaixo, alguns exemplos que mostram pessoas impossibilitadas de dar algo em garantia:

1) Tutor ou curador precisam de autorização judicial para dar em garantia bens do tutelado ou curatelado (arts. 1.691 e 1.782 do CC).

2) Pessoa casada depende da vênia conjugal para dar bens imóveis em garantia, salvo se casada no regime da separação absoluta (art. 1.647, I, do CC).

3) O ascendente não pode dar um de seus bens em garantia de dívida de um descendente, salvo se os outros descendentes autorizarem, juntamente com o cônjuge do alienante, exceto se casado no regime da separação obrigatória (art. 496 do CC).

4) O inventariante depende de autorização judicial para dar bem da herança em garantia (art. 1.793 do CC).

5) O falido, privado da administração dos bens desde a declaração da falência, não pode constituir direito real de garantia (art. 103 da Lei n. 11.101/2005 – Lei de Falência e Recuperação de Empresas).

6) O mandatário só pode dar em garantia se tiver poderes especiais (art. 661, § 1º, do CC).

7) Bem em condomínio só pode ser dado em garantia real, na totalidade, com a anuência de todos os condôminos, mas cada condômino pode dar, individualmente, a parte que tiver (art. 1.420, § 2º, do CC).

8) Para dar o bem que pertence a pessoa jurídica em garantia, é necessário um ato da diretoria autorizando, desde que não exista vedação para isso no ato constitutivo.

9) Já para dar bens da pessoa jurídica de direito público em garantia, é necessária autorização legislativa.

10) O bem de terceiro pode ser dado em garantia, porém, como este não é codevedor e nem fiador, estará desobrigado de reforçá-la (art. 1.427 do CC).

Requisitos objetivos: somente bens alienáveis podem ser dados em garantia (art. 1.420, segunda parte, do CC). Vejamos, abaixo, alguns exemplos de bens que não podem ser dados em garantia:

1) O bem de família convencional não pode ser dado em garantia por ser inalienável (art. 1.717 do CC). Já o bem de família legal pode ser dado em garantia, já que é alienável (Lei n. 8.009/90).

2) A garantia dada por adquirente de venda *a non domino* é nula, pois ele não pode aliená-lo.

3) A propriedade superveniente de quem não era dono torna eficaz a garantia, pois retroage até o seu registro (*ex tunc*).

4) O bem gravado com cláusula de inalienabilidade não pode ser dado em garantia.

Requisitos formais: para o direito real ter eficácia (*erga omnes*), é necessária publicidade e especialização.

1) Publicidade: é dada pelo registro de bem imóvel e pela tradição de bem móvel (exceto no penhor, pois o art. 1.432 do CC exige o registro).

2) Especialização: é a descrição minuciosa dos elementos que compõem a obrigação (art. 1.424 do CC). São eles:

a) o valor do crédito, sua estimação ou valor máximo. Nos contratos de financiamento para construção ou de abertura de crédito em conta corrente, por não ser possível estabelecer o seu valor, deve-se estimar o valor máximo garantido. Do que ultrapassar, o mutuante será mero credor quirografário;

b) o prazo para pagamento do débito. Na ausência de prazo, aplicam-se os arts. 134, 331 e 332 do Código Civil;

c) a taxa de juros compensatórios e moratórios;

d) a especificação da coisa dada em garantia. No **penhor** a especificação deve contar a natureza do objeto, a qualidade, a quantidade, a marca, o número e a procedência. Já na **hipoteca** e na **anticrese** deve ter a situação, a denominação, a superfície e os dados do imóvel. Cumpre salientar que a ausência dos requisitos formais (publicidade e especialização) não invalida a garantia, mas a transforma em direito pessoal, com eficácia, somente, *inter partes*.

Efeitos dos direitos reais de garantia:

Preferência em benefício do credor pignoratício ou hipotecário (art. 1.422, segunda parte, do CC):

1) O valor da venda do bem é destinado ao pagamento de débito com garantia real.

2) O que sobrar é devolvido ao devedor ou se pagam os outros credores se instaurado um concurso entre eles (art. 956 do CC).

3) Se o valor do bem for insuficiente, o credor com garantia real pode buscar a diferença no patrimônio do devedor, mas será tido como credor quirografário (art. 1.430 do CC). Essa regra não se aplica ao credor anticrético que tem direito à retenção até o débito ser extinto. Esse direito à retenção se extingue em 15 anos contados da data do registro no Ofício Imobiliário (art. 1.423 do CC).

Ordem de preferência entre os créditos:

a) Créditos com garantia real (penhor, hipoteca e anticrese).

b) Créditos pessoais na seguinte ordem:

b1) Créditos privilegiados na seguinte ordem:

b1.1) privilégio especial (art. 964 do CC);

b1.2) privilégio geral (art. 965 do CC).

B2) Créditos simples (sem privilégios ou quirografários).

Na falência, a ordem dos créditos é a descrita no art. 83 da Lei n. 11.101/2005.

Direito à excussão da coisa hipotecada ou empenhada

1) Se o débito vencer e não for pago, o bem é vendido para pagamento da obrigação.

2) É vedado o **pacto comissório real** (art. 1.428 do CC), já que é nula a cláusula que autoriza o credor pignoratício, anticrético ou hipotecário a ficar com o objeto da garantia, se a dívida não for paga no vencimento. Na propriedade fiduciária existe, também, tal vedação, consoante o art. 1.365 do Código Civil. Também será nula a compra e venda com cláusula de retrovenda, para esconder um pacto comissório (pois caracteriza uma simulação se o vendedor vender bem para receber dinheiro e ganhar direito de resgate que pode ser exercido de forma parcelada).

3) A vedação ao pacto comissório real não gera proibição de se convencionar o **pacto marciano**[41], onde se clausula que, se o débito não for pago, a coisa poderá passar à propriedade plena do credor pelo seu justo valor, a ser estimado, antes ou depois de vencida a dívida, por terceiros[42]. Já há na jurisprudência julgados[43] que confirmam a licitude do pacto marciano. Por esse motivo, foi aprovado em agosto de 2021 enunciado na II Jornada de Prevenção e Solução de Litígios do Conselho da Justiça Federal (CJF), que, sobre o tema, estabelece: "*O pacto comissório vedado pelo art. 1.428 do Código Civil é relativo e só impede a apropriação da garantia pelo credor se esta se der sem a apuração do eventual excesso do valor do bem sobre a dívida e seu respectivo repasse ao devedor, a partir da fixação do valor do bem pelas próprias partes ou em avaliação prévia*".

4) Na hipótese de hipoteca, observa-se a prioridade do registro. Com isto o credor da segunda hipoteca, que tem privilégio em relação aos quirografários, só recebe após a extinção da dívida com o primeiro credor hipotecário.

5) Após o vencimento da dívida o devedor pode dar o bem em pagamento dela, se quiser (art. 1.428, parágrafo único, do CC).

6) Se isso não ocorrer, inicia-se a execução (art. 784, V, do CPC/2015), com exceção da **alienação fiduciária**, na qual o credor pode vender judicial ou extrajudicialmente o bem gravado, devolvendo ao devedor o que sobra (art. 1.364 do CC).

Direito de sequela: é o direito de perseguir o bem onde quer que ele esteja e na mão de quem quer que seja (*jus persequendi*).

Indivisibilidade dos direitos reais de garantia: pelo art. 1.421 do Código Civil, o pagamento de parte da dívida não importa exoneração proporcional da garantia. Se um condômino paga a sua parte da dívida, o bem em condomínio continua hipotecado. O mesmo ocorre na sucessão se o devedor falecer e vários forem os herdeiros.

Remição total do penhor e da hipoteca: o coerdeiro do devedor que quiser ver extinta a garantia deve pagar totalmente a dívida e se sub-rogar nos direitos creditícios na quota que pagou (art. 1.429, parágrafo único, do CC).

Foram aprovados, em agosto de 2021, enunciados na II Jornada de Prevenção e Solução de Litígios do Conselho da Justiça Federal (CJF), que estabelece regras sobre bens dados em garantia.

---

41. Que tem esse nome por ter sido defendido pelo jurisconsulto romano Marciano e confirmado em rescrito dos imperadores Severo e Antonino.
42. ALVES, José Carlos Moreira. *Da alienação fiduciária em garantia*. São Paulo: Saraiva, 1973, p. 127.
43. Como exemplo, citamos o Processo 9103689-29.2008.8.26.0000, julgado pela 4ª Câmara de Direito Privado do Tribunal de Justiça de São Paulo, em 27-8-2009, e relatado pelo Desembargador Enio Zuliani.

O primeiro trata da licitude de cláusula contratual que permite o credor vender o bem dado em garantia para satisfazer seu crédito: "*Não é inconstitucional ajustar-se, em cláusula contratual, que o credor possa alienar extrajudicialmente o objeto da garantia para satisfação do crédito inadimplido*".

Já o segundo, complementando o anterior, vem estabelecer regras para esta alienação ocorrer: "*A autorização para que o credor aliene extrajudicialmente o objeto dado em garantia de seu crédito deve constar do respectivo contrato, que também determinará: (i) o preço mínimo para alienação, ou a necessidade de avaliação prévia do bem, a ser feita, por exemplo, em conjunto pelas partes ou avaliador por eles escolhido; e, (ii) a restituição ao devedor do excesso obtido com a venda, após quitação integral do débito. É sempre assegurado aos contratantes o direito de questionamento em juízo*".

12.3.3.1. Do penhor (arts. 1.431 a 1.472 do CC)

Trata-se de um direito real em que o devedor ou um terceiro transfere a posse da coisa móvel ou mobilizável, de sua propriedade, suscetível de alienação, para garantir uma obrigação. Os sujeitos do penhor, que é um direito real de garantia e por isso pressupõe a existência de uma obrigação, são: credor pignoratício (que fica com a posse direta) e devedor pignoratício (que fica com a posse indireta).

Características do penhor:

1) É um direito real de garantia (art. 1.225, VIII, do CC).

2) Em regra, é registrado no Cartório de Títulos e Documentos (art. 1.432 do CC e art. 127, II da Lei. 6.015/73).

3) É um direito acessório, pois garante o cumprimento de uma obrigação principal.

4) Exige, em regra, a tradição do bem empenhado (art. 1.431 do CC), salvo nas hipóteses do penhor rural, industrial, mercantil e de veículos (parágrafo único do art. 1.431 do CC).

5) Feita a tradição, o credor pignoratício se torna depositário, motivo pelo qual não pode gozar do bem (art. 652 do CC).

6) Recai sobre coisa móvel, em regra, salvo no caso do penhor rural, industrial e de direitos, que recai sobre bens imóveis por acessão física, motivo pelo qual o contrato que o cria deve ser levado a registro no Cartório de Imóveis.

7) Trata-se de um direito temporário, pois não pode ultrapassar o prazo estabelecido pelas partes no contrato.

8) O credor pignoratício tem direito de retenção até o pagamento do débito.

9) Depois do pagamento, o bem deve ser restituído com seus frutos e acessões.

Formas de constituição do penhor:

a) Por convenção: essa modalidade depende de instrumento particular ou público, e que deverá ser registrado, em regra, no Cartório de Títulos e Documentos (art. 1.432 do CC e art. 127, II, , da LRP).

b) Por lei: trata-se de modalidade que independe de convenção, já que vem imposta pela lei nas hipóteses descritas no art. 1.467 do Código Civil, que estabelecem ser credores pignoratícios, independentemente de convenção:

1) os hospedeiros, ou fornecedores de pousada ou alimento, sobre as bagagens, móveis, joias ou dinheiro que os seus consumidores ou fregueses tiverem consigo nas respectivas casas ou estabelecimentos, pelas despesas ou consumo que aí tiverem feito;

2) o dono do prédio rústico ou urbano, sobre os bens móveis que o rendeiro ou inquilino tiver guarnecendo o mesmo prédio, pelos aluguéis ou rendas.

Essa modalidade depende de reconhecimento judicial (sentença), podendo-se requerer uma tutela antecipada.

Dos direitos e deveres do credor pignoratício:

De acordo com o art. 1.433 do Código Civil, o credor pignoratício tem direito:

a) à posse da coisa empenhada;

b) à retenção dela, até que o indenizem das despesas devidamente justificadas, que tiver feito, não sendo ocasionadas por culpa sua;

c) ao ressarcimento do prejuízo que houver sofrido por vício da coisa empenhada;

d) a promover a execução judicial, ou a venda amigável, se lhe permitir expressamente o contrato, ou lhe autorizar o devedor mediante procuração;

e) a apropriar-se dos frutos da coisa empenhada que se encontra em seu poder;

f) a promover a venda antecipada, mediante prévia autorização judicial, sempre que haja receio fundado de que a coisa empenhada se perca ou deteriore, devendo o preço ser depositado. O dono da coisa empenhada pode impedir a venda antecipada, substituindo-a, ou oferecendo outra garantia real idônea;

g) a não poder ser constrangido a devolver a coisa empenhada, ou uma parte dela, antes de ser integralmente pago, podendo o juiz, a requerimento do proprietário, determinar que seja vendida apenas uma das coisas, ou parte da coisa empenhada, suficiente para o pagamento do credor.

De acordo com o art. 1.435 do Código Civil, o credor pignoratício é obrigado:

a) à custódia da coisa, como depositário, e a ressarcir ao dono a perda ou deterioração de que for culpado, podendo ser compensada na dívida, até a concorrente quantia, a importância da responsabilidade;

b) à defesa da posse da coisa empenhada e a dar ciência, ao dono dela, das circunstâncias que tornarem necessário o exercício de ação possessória;

c) a imputar o valor dos frutos, de que se apropriar nas despesas de guarda e conservação, nos juros e no capital da obrigação garantida, sucessivamente;

d) a restituir a coisa, com os respectivos frutos e acessões, uma vez paga a dívida;

e) a entregar o que sobeje do preço, quando a dívida for paga, no caso de promover a execução judicial, ou a venda amigável, se lhe permitir expressamente o contrato, ou lhe autorizar o devedor mediante procuração.

Das espécies de penhor convencional:

a) Penhor rural: encontra-se normatizado pela Lei n. 492/37 e pelos arts. 1.442 a 1.446 do Código Civil. Trata-se de uma modalidade de penhor em que o devedor não precisa fazer a tradição da coisa empenhada ao credor. O penhor rural pode ser agrícola ou pecuário.

a1) Penhor rural agrícola: grava colheitas pendentes ou em vias de formação, frutos armazenados ou acondicionados para venda, lenha cortada e carvão vegetal, máquinas e instrumentos agrícolas, animais do serviço ordinário de estabelecimento agrícola (art. 1.442 do CC).

a2) Penhor rural pecuário: grava animais (bois, cavalos, ovelhas, cabras) que integram a atividade pastoril agrícola ou de laticínios (art. 1.444 do CC).

O penhor rural deve ser registrado no Cartório de Registro de Imóveis da localidade em que estiverem situados os bens ou animais empenhados (arts. 1.438 do Código Civil e 167, I, n. 15, da LRP). E para deixar isso claro, a Lei 14.382/2022, revogou o art. 127, IV da LRP, que previa duplicidade de registro, também, no Cartório de Títulos e Documentos, sede do registro do penhor nas hipóteses em geral (menos essa que ficou como exceção).

No penhor rural pecuário o devedor não pode vender o animal empenhado sem prévio consentimento, por escrito, do credor (art. 1.445 do CC), sob pena de se configurar o crime de defraudação do penhor (art. 171, § 2º, III, do CP).

Se animais falecerem, o devedor deve substituí-los. A compra de animais para substituir os que estavam empenhados e morreram presume sub-rogação, desde que averbada no Registro Imobiliário (art. 1.446 do CC).

O prazo máximo que pode ser convencionado para o penhor agrícola é de 3 anos, prorrogáveis por mais 3 (art. 1.439 do CC). Já para o penhor pecuário, o máximo são 4 anos, prorrogáveis por mais 4 (art. 1.439 do CC).

O devedor, prometendo pagar dívida em dinheiro, pode emitir, em favor do credor, um título de crédito denominado cédula rural pignoratícia (título de crédito negociável e transferível por endosso), que deverá ser registrado no Ofício Imobiliário. O oficial do Registro de Imóveis pode emiti-la a pedido do credor quando do registro do contrato (art. 15 da Lei n. 492/37). Esse título dispensa protesto para constituição em mora e não enseja pedido de falência.

b) Penhor industrial: encontra-se normatizado nos arts. 1.447 e seguintes do Código Civil. Podem ser objeto de penhor máquinas, aparelhos, materiais, instrumentos, instalados e em funcionamento, com os acessórios ou sem eles, animais, utilizados na indústria; sal e bens destinados à exploração das salinas, produtos de suinocultura, animais destinados à industrialização de carnes e derivados, matérias-primas e produtos industrializados. Tal modalidade também dispensa a tradição do bem ao credor.

Nesse caso, excepcionalmente, o registro do contrato deve ser feito no Ofício Imobiliário onde os bens gravados se encontrem (art. 1.448 do CC).

Pode ser emitida cédula de crédito industrial, se o pagamento for feito em dinheiro (art. 1.448, parágrafo único, do CC).

O devedor não pode alienar os bens empenhados sem autorização do credor (art. 1.449, segunda parte, do CC).

c) Penhor mercantil: que, também, encontra-se normatizado nos arts. 1.447 e seguintes do Código Civil, motivo pelo qual não há diferença entre este penhor e o penhor industrial, exceto quanto à obrigação que visa garantir (mesmas regras do penhor industrial).

d) Penhor de direitos: refere-se a bens incorpóreos, consoante o art. 1.472 do Código Civil. Como exemplo de bens incorpóreos, suscetíveis de penhor, temos: ações de sociedade anônima, frações do capital social de uma sociedade, patentes e direitos autorais. Deve ser celebrado por instrumento público ou particular, e registrado no Cartório de Títulos e Documentos. O titular de direito empenhado deve entregar ao credor os documentos comprobatórios desse direito, salvo se tiver interesse legítimo em conservá-lo.

e) Penhor de títulos de crédito: recai sobre títulos de crédito, tais como a NP, letra de câmbio etc. Essa modalidade também é chamada de caução, pois o credor não pode receber crédito antes do vencimento da obrigação, e o contrato deve, também, estar registrado no Cartório de Títulos e Documentos (art. 1.458 do Código Civil). Deve ser celebrado por instrumento público ou particular, e registrado no Cartório de Títulos e Documentos. Nessa modalidade o devedor do título de crédito precisa ser notificado, e declarar a sua ciência em instrumento público ou particular.

f) Penhor de veículos: trata-se de modalidade de penhor que tem por objeto veículos de transporte ou condução, consoante o art. 1.461 do Código Civil. Deve ser celebrado por instrumento público ou particular, e registrado no Cartório de Títulos e Documentos do domicílio do devedor e anotado no certificado de propriedade expedido pelo DETRAN.

Em função da desnecessidade de transferir a posse da coisa, esta modalidade de penhor permite que o devedor emita em favor do credor a cédula pignoratícia, prometendo quitar a dívida em dinheiro.

A Lei 14.179/2021 retirou a obrigatoriedade de fazer a contratação de seguro do bem que será dado em garantia, para celebrar o penhor de veículos.

O penhor só poderá ser feito após a contratação de seguro para o veículo empenhado. O prazo convencional máximo para essa modalidade é de dois anos, prorrogáveis por igual período.

Da extinção do penhor

Segundo o disposto no art. 1.436 do Código Civil, extingue-se o penhor:

a) extinguindo-se a obrigação principal (ocorrendo o pagamento direto ou indireto);

b) com o perecimento da coisa;

c) com a renúncia à garantia (e não à dívida) por parte do credor pignoratício. Se o credor devolve o bem ao devedor, opera-se a chamada **renúncia tácita**;

d) havendo confusão total entre credor e devedor;

e) por adjudicação, arrematação ou remissão do débito.

12.3.3.2. Da hipoteca (arts. 1.473 a 1.505 do CC)

Trata-se de um direito real de garantia, que visa garantir o cumprimento da obrigação principal, que incide sobre bens imóveis, em regra, podendo recair sobre certos bens móveis (art. 1.473 do CC). As partes do contrato de hipoteca são o credor hipotecário, que terá o direito de sequela, e o devedor hipotecário, que poderá usar, gozar e dispor do bem.

Na hipoteca ocorre a entrega de coisa imóvel para garantia de pagamento de dívida, sem transferência da posse. Ela é considerada contrato acessório porque serve de garantia para o principal, e deve estar registrada no Cartório de Registro de Imóveis.

O imóvel poderá ser hipotecado mais de uma vez, quer em favor do mesmo credor, quer de outra pessoa.

É direito real de garantia que grava coisa imóvel, pertencente ao devedor ou a terceiro, sem a transmissão de posse ao credor, conferindo a este o direito de promover sua venda judicial, pagando-se, preferentemente se inadimplente, o devedor.

O artigo 1.494 do CC, que proibia o registro, no mesmo dia, de duas hipotecas, ou uma hipoteca e outro direito real, sobre o mesmo imóvel, em favor de pessoas diversas, salvo se as escrituras, do mesmo dia, indicarem a hora em que foram lavradas, foi **revogado** pela Lei 14.382/2022, para deixar claro que tal proibição não existe mais.

Características da hipoteca:

1) O bem deve pertencer ao devedor, senão o terceiro deve autorizar.

2) A aquisição superveniente do bem revalida o ônus real.

3) Não podem ser hipotecados os bens inalienáveis, tais como:

a) bens públicos de uso comum do povo e de uso especial;

b) bem de família voluntário (art. 1.711 do CC);

c) bens de menores, salvo com autorização judicial;

d) bens de menores órfãos, que estejam sob tutela;

e) direitos hereditários;

f) bens gravados com cláusula de inalienabilidade.

4) A pluralidade de hipotecas é admitida (denomina-se sub-hipoteca) e a ordem de preferência é da que tiver prioridade no assento (art. 1.493, parágrafo único, do CC).

5) Quando se apresentar ao oficial do registro título de hipoteca que mencione a constituição de anterior, não registrada, sobrestará ele na inscrição da nova, depois de a prenotar, até 30 dias, aguardando que o interessado inscreva a precedente. Esgotado o prazo, sem que se requeira a inscrição desta, a hipoteca ulterior será registrada e obterá preferência.

6) A alienação do bem hipotecado pode ser feita e a cláusula que a proíbe é nula (art. 1.475 do CC). Exceção feita à hipótese de hipoteca já existente que favorece o Sistema Financeiro da Habitação (Lei n. 6.941/81), e nesse caso não pode haver, também, sub-hipoteca.

7) Pode ser convencionado o vencimento antecipado do crédito hipotecário se o imóvel for alienado.

8) O registro marca o termo inicial para a vigência da hipoteca, que não pode ultrapassar 30 anos (art. 1.485 do CC, modificado pela Lei n. 10.931/2004, com o mesmo prazo do art. 238 da Lei n. 6.015/73).

9) Pode ser constituída servidão e usufruto no bem hipotecado.

10) Se o devedor hipotecário se tornar insolvente, o usufruto registrado posteriormente à hipoteca torna-se ineficaz.

11) Segundo a **Súmula 308 do STJ**, a hipoteca firmada entre a construtora e o agente financeiro, anterior ou posterior à celebração da promessa de compra e venda, não tem eficácia perante os adquirentes do imóvel. E a 3ª Turma[44] do Superior Tribunal de Justiça (STJ) entendeu ser possível a extensão da Súmula 308, aplicável aos casos de hipoteca, às hipóteses em que o imóvel adquirido pelo comprador possui registro de garantia em virtude de alienação fiduciária firmada entre a construtora e a instituição financeira.

Bens que podem ser objeto de hipoteca (art. 1.473 do CC[45]):

Imóveis: incluindo acessões naturais (aluvião, avulsão) e artificiais (construções e plantações) feitas no solo. Se o bem for loteado ou for construído condomínio edilício (art. 1.488 do CC), o ônus será desmembrado. Os bens imóveis rurais dependem, para serem hipotecados, de certificado do INCRA (art. 22, § 1º, da Lei n. 4.947/66).

Domínio direto: do senhorio direto na enfiteuse.

Domínio útil: do enfiteuta. No caso de excussão hipotecária o laudêmio, nesta hipótese, não é devido.

Estradas de ferro: compreendem trilhos assentados, oficinas, estações, linhas telegráficas, equipamentos de sinalização, vagões, locomotivas etc. Neste caso a hipoteca pode se referir a todas as linhas ou a linha especificada na escritura (art. 1.504, primeira parte, do CC). Essa hipoteca deve ser registrada no município da estação inicial da respectiva linha (art. 1.502 do CC). O art. 1.505 do Código Civil confere direito de preferência na execução da hipoteca à União ou ao Estado.

Recursos naturais: jazidas, minas, pedreiras, minérios, potenciais de energia hidráulica. As minas dependem de concessão para ser hipotecadas, pois a União tem preferência na exploração, assim como outros recursos descritos no art. 176 da CF. As pedreiras não exigem concessão.

---

44. REsp n. 1.576.164/DF, *Dje* 23-5-2019.

45. Como a Medida Provisória n. 700, de 2015, não foi votada no Congresso Nacional, ela perdeu sua eficácia em 17-5-2016 em razão do ATO DECLARATÓRIO DO PRESIDENTE DA MESA DO CONGRESSO NACIONAL n. 23, de 2016. Ela incluía o inciso XI no art. 1.473 do CC, para permitir que pudesse ser objeto de hipoteca os direitos oriundos da imissão provisória na posse, quando concedida à União, aos Estados, ao Distrito Federal, aos Municípios ou às suas entidades delegadas e respectiva cessão e promessa de cessão.

Navios: o registro dessa hipoteca é feito na Capitania dos Portos ou no Tribunal Marítimo.

Aeronaves: o registro dessa hipoteca é feito no Registro Aeronáutico Brasileiro.

Direito de uso especial para fins de moradia: incluído pela Lei n. 11.481/2007, que alterou os arts. 1.225 e 1.473 do Código Civil, além de incluir o art. 290-A na LRP. Esse direito real é regulamentado pela Medida Provisória n. 2.220/2001.

Direito real de uso: também incluído pela Lei n. 11.481/2007.

Propriedade superficiária: também incluída pela Lei n. 11.481/2007.

Gasoduto: imóvel em que se tenham as estações de compressão e dutos (partes integrantes), maquinários e equipamentos. O registro dessa hipoteca é feito no Cartório de Imóveis onde se localiza a primeira estação de compressão (interpretação analógica - art. 4º da LINDB (antiga Lei de Introdução ao Código Civil - LICC) - do art. 1.502 do CC).

Espécies de hipoteca:

Convencional: é aquela constituída por acordo de vontades (negócio jurídico bilateral).

A hipoteca sobre bem de menor depende de autorização judicial. O bem dado em hipoteca pode garantir débito de terceiros. O condômino pode dar em hipoteca sua fração ideal (art. 1.420, § 2º, do CC). Bem de família legal (Lei n. 8.009/90) é suscetível de hipoteca (já que é apenas impenhorável).

Legal: é aquela constituída por lei e independe da vontade das partes, nas hipóteses do art. 1.489 do Código Civil, que confere hipoteca:

a) às pessoas de direito público interno sobre os imóveis pertencentes aos encarregados da cobrança, guarda ou administração dos respectivos fundos e rendas;

b) aos filhos, sobre os imóveis do pai ou da mãe que passar a outras núpcias, antes de fazer o inventário do casal anterior;

c) ao ofendido, ou aos seus herdeiros, sobre os imóveis do delinquente, para satisfação do dano causado pelo delito e pagamento das despesas judiciais;

d) ao coerdeiro, para garantia do seu quinhão ou torna da partilha, sobre o imóvel adjudicado ao herdeiro reponente;

e) ao credor sobre o imóvel arrematado, para garantia do pagamento do restante do preço da arrematação.

A hipoteca legal deve ser especializada por ação judicial e depois levada a registro.

Judicial: tem como objetivo garantir o cumprimento de uma decisão judicial futura.

De acordo com o art. 495 do CPC/2015, a sentença que condenar o réu no pagamento de uma prestação, consistente em dinheiro ou em coisa, valerá como título constitutivo de hipoteca judiciária, cuja inscrição será ordenada pelo juiz na forma prescrita na Lei de Registros Públicos. A sentença condenatória produz a hipoteca judiciária:

a) embora a condenação seja genérica;

b) pendente arresto de bens do devedor;

c) ainda quando o credor possa promover a execução provisória da sentença.

Cedular: garante o pagamento de valor descrito na cédula hipotecária, que consiste num título representativo de crédito com esse ônus real, sempre nominativo, mas transferível por endosso e emitido pelo credor, e que será registrado no Registro de Imóveis (art. 1.486 do CC e Decreto-Lei n. 70/66).

Extinção da hipoteca:

Segundo o disposto no art. 1.499 do Código Civil, a hipoteca extingue-se:

a) pela extinção da obrigação principal;

b) pelo perecimento da coisa;

c) pela resolução da propriedade;

d) pela renúncia pelo credor à garantia hipotecária (a garantia e não a dívida – torna-se credor quirografário);

e) pela remição – pagamento após o início da execução, antes da arrematação ou adjudicação;

f) pela arrematação ou adjudicação.

12.3.3.3. Da anticrese (arts. 1.506 a 1.510 do CC)

Trata-se de um direto real de garantia, em que o devedor anticrético entrega o gozo de um bem imóvel ao credor anticrético, para que o administre, retirando dele os frutos, rendimentos ou utilidades, que servirão para amortizar a dívida, incluindo os juros, até que ela seja integralmente paga. Todos os frutos são vinculados à solução da dívida. É uma transferência do imóvel dado em garantia ao credor, privando-se o devedor de sua posse e gozo. O credor administra a coisa e percebe-lhe os frutos, amortizando assim a dívida.

O credor deve guardar e conservar o imóvel como se fosse seu, prestar contas de sua administração, e restituir o imóvel, findo o prazo do contrato, ou quando o débito for liquidado. O devedor anticrético permanece como proprietário do bem gravado durante o período do contrato.

É permitido estipular que os frutos e rendimentos do imóvel sejam percebidos pelo credor à conta de juros, mas se o seu valor ultrapassar a taxa máxima permitida em lei para as operações financeiras, o remanescente será imputado ao capital.

Quando a anticrese recair sobre bem imóvel, este poderá ser hipotecado pelo devedor ao credor anticrético, ou a terceiros, assim como o imóvel hipotecado poderá ser dado em anticrese (pode haver cumulação da anticrese com hipoteca).

O credor anticrético pode administrar os bens dados em anticrese e fruir seus frutos e utilidades, mas deverá apresentar anualmente balanço, exato e fiel, de sua administração.

Se o devedor anticrético não concordar com o que se contém no balanço, por ser inexato, ou ruinosa a administração, poderá impugná-lo, e, se o quiser, requerer a transformação em arrendamento, fixando o juiz o valor mensal do aluguel, o qual poderá ser corrigido anualmente.

É permitido ao credor anticrético, salvo pacto em sentido contrário, arrendar os bens dados em anticrese a terceiro, mantendo, até ser pago, direito de retenção do imóvel, pelo prazo máximo de 15 anos, embora o aluguel desse arrendamento não seja vinculativo para o devedor.

São de responsabilidade do credor anticrético as deteriorações que, por culpa sua, o imóvel vier a sofrer, e pelos frutos e rendimentos que, por sua negligência, deixar de perceber.

O credor anticrético pode vindicar os seus direitos contra o adquirente dos bens, os credores quirografários e os hipotecários posteriores ao registro da anticrese.

Se executar os bens por falta de pagamento da dívida, ou permitir que outro credor o execute, sem opor o seu direito de retenção ao exequente, não terá preferência sobre o preço.

Não haverá direito de preferência ao credor anticrético sobre a indenização do seguro quando o prédio seja destruído, nem, se forem desapropriados os bens, com relação à desapropriação.

O adquirente dos bens dados em anticrese poderá remi-los, antes do vencimento da dívida, pagando a sua totalidade à data do pedido de remição e imitir-se-á, se for o caso, na sua posse.

12.3.3.4. Da laje

O direito real da laje teve origem com a Lei n. 13.465, de 11 de julho de 2017, que converteu a Medida Provisória n. 759/2016 em lei, responsável por fazer a sua primeira normatização.

Esse direito está previsto nos **arts. 1.510-A a 1.510-E** do Código Civil.

Segundo a norma, o proprietário de uma construção-base poderá ceder a superfície superior ou inferior de sua construção a fim de que o titular da laje mantenha unidade distinta daquela originalmente construída sobre o solo.

O direito real de laje contempla o espaço aéreo ou o subsolo de terrenos públicos ou privados, tomados em projeção vertical, como unidade imobiliária autônoma, não contemplando as demais áreas edificadas ou não pertencentes ao proprietário da construção-base.

O titular do direito real de laje responderá pelos encargos e tributos que incidirem sobre a sua unidade.

Os titulares da laje, unidade imobiliária autônoma constituída em matrícula própria, poderão dela usar, gozar e dispor.

A instituição do direito real de laje não implica a atribuição de fração ideal de terreno ao titular da laje ou a participação proporcional em áreas já edificadas.

Os Municípios e o Distrito Federal poderão dispor sobre posturas edilícias e urbanísticas associadas ao direito real de laje.

O titular da laje poderá ceder a superfície de sua construção para a instituição de um sucessivo direito real de laje, desde que haja autorização expressa dos titulares da construção-base e das demais lajes, respeitadas as posturas edilícias e urbanísticas vigentes.

É expressamente vedado ao titular da laje prejudicar com obras novas ou com falta de reparação a segurança, a linha arquitetônica ou o arranjo estético do edifício, observadas as posturas previstas em legislação local.

Sem prejuízo, no que couber, das normas aplicáveis aos condomínios edilícios, para fins do direito real de laje, as despesas necessárias à conservação e fruição das partes que sirvam a todo o edifício e ao pagamento de serviços de interesse comum serão partilhadas entre o proprietário da construção-base e o titular da laje, na proporção que venha a ser estipulada em contrato.

Art. 1.510-C. (...)

§ 1º (...)

São partes que servem a todo o edifício:

I – os alicerces, colunas, pilares, paredes-mestras e todas as partes restantes que constituam a estrutura do prédio;

II – o telhado ou os terraços de cobertura, ainda que destinados ao uso exclusivo do titular da laje;

III – as instalações gerais de água, esgoto, eletricidade, aquecimento, ar condicionado, gás, comunicações e semelhantes que sirvam a todo o edifício; e

IV – em geral, as coisas que sejam afetadas ao uso de todo o edifício.

É assegurado, em qualquer caso, o direito de qualquer interessado a promover reparações urgentes na construção, na forma do parágrafo único do art. 249 do Código Civil.

Em caso de alienação de qualquer das unidades sobrepostas, terão direito de preferência, em igualdade de condições com terceiros, os titulares da construção-base e da laje, nessa ordem, que serão cientificados por escrito para que se manifestem no prazo de 30 dias, salvo se o contrato dispuser de modo diverso.

O titular da construção-base ou da laje a quem não se der conhecimento da alienação poderá, mediante depósito do respectivo preço, haver para si a parte alienada a terceiros, se o requerer no prazo decadencial de 180 dias, contado da data de alienação.

Se houver mais de uma laje, terá preferência, sucessivamente, o titular das lajes ascendentes e o titular das lajes descendentes, assegurada a prioridade para a laje mais próxima à unidade sobreposta a ser alienada.

A ruína da construção-base implica a extinção do direito real de laje, sem afastar o direito a eventual reparação civil contra o culpado pela ruína, salvo:

I – se este tiver sido instituído sobre o subsolo;

II – se a construção-base for reconstruída no prazo de cinco anos. (redação dada pela Lei 14.382/2022)

Cumpre lembrar que, tal hipóteses, não afasta o direito a reparação civil contra o culpado pela ruína.

12.3.3.5. Da alienação fiduciária em garantia

No Direito Romano existiam dois tipos de contrato de fidúcia (que significa confiança), que deram origem à alienação fiduciária em garantia:

a) Fidúcia *cum amico*: trata-se de um contrato de confiança, no qual ocorria a alienação de bens até ocorrer certo fato, por exemplo, uma guerra.

b) Fidúcia *cum creditore*: trata-se de um contrato de garantia, em que o devedor vendia os seus bens para recuperá-los no futuro.

Atualmente, em nossa legislação, existem dois tipos de alienação fiduciária:

a) Alienação fiduciária de bem móvel: regulamentada pelas Leis n. 4.728/65 (atualizada pelo Decreto-Lei n. 911/69) e n. 6.071/74. Em caso de inadimplemento do fiduciante (devedor), pode o fiduciário (credor) propor busca e apreensão do bem móvel alienado fiduciariamente. Sobre o tema, foi aprovado em agosto de 2021 enunciado na II Jornada de Prevenção e Solução de Litígios do Conselho da Justiça Federal (CJF), que estabelece: "*O credor fiduciário deve prestar contas, extrajudicialmente, ao devedor fiduciante, na forma adequada, sempre que requerido, em caso de venda do bem móvel dado em garantia mediante alienação fiduciária de que trata o Decreto-Lei n. 911/1969*".

b) Alienação fiduciária de bem imóvel: regulamentada pelos arts. 22 a 33 da Lei n. 9.514/97. Em caso de inadimplemento do fiduciante (devedor), pode o fiduciário (credor) propor reintegração de posse do bem imóvel alienado fiduciariamente.

A alienação fiduciária é o negócio jurídico pelo qual o devedor, ou fiduciante, com o escopo de garantia, contrata a transferência ao credor, ou fiduciário, da propriedade resolúvel de coisa imóvel ou móvel.

Trata-se de negócio que poderá ser contratado por pessoa física ou jurídica, não sendo privativa das entidades que operam no SFI, podendo ter como objeto, além da propriedade plena:

I – bens enfitêuticos, hipótese em que será exigível o pagamento do laudêmio, se houver a consolidação do domínio útil no fiduciário.

II – o direito de uso especial para fins de moradia;

III – o direito real de uso, desde que suscetível de alienação;

IV – a propriedade superficiária.

Os direitos de garantia instituídos nas hipóteses dos itens III e IV acima ficam limitados à duração da concessão ou direito de superfície, caso tenham sido transferidos por período determinado.

A propriedade fiduciária de coisa imóvel é constituída mediante registro, no competente Registro de Imóveis, do contrato que lhe serve de título, quando ocorre o desdobramento da posse, tornando-se o fiduciante possuidor direto e o fiduciário possuidor indireto da coisa imóvel.

O contrato que serve de título ao negócio fiduciário deverá conter:

I – o valor do principal da dívida;

II – o prazo e as condições de reposição do empréstimo ou do crédito do fiduciário;

III – a taxa de juros e os encargos incidentes;

IV – a cláusula de constituição da propriedade fiduciária, com a descrição do imóvel objeto da alienação fiduciária e a indicação do título e modo de aquisição;

V – a cláusula assegurando ao fiduciante, enquanto adimplente, a livre utilização, por sua conta e risco, do imóvel objeto da alienação fiduciária;

VI – a indicação, para efeito de venda em público leilão, do valor do imóvel e dos critérios para a respectiva revisão;

VII – a cláusula dispondo sobre os procedimentos do leilão do bem na hipótese de consolidação da propriedade para o fiduciário. Caso o valor do imóvel convencionado pelas partes seja inferior ao utilizado pelo órgão competente como base de cálculo para a apuração do imposto sobre transmissão *inter* vivos, exigível por força da consolidação da propriedade em nome do credor fiduciário, este último será o valor mínimo para efeito de venda do imóvel no primeiro leilão.

Com o pagamento da dívida e seus encargos, resolve-se a propriedade fiduciária do imóvel, devendo o fiduciário, no prazo de trinta dias, a contar da data de liquidação da dívida, fornecer o respectivo termo de quitação ao fiduciante, sob pena de multa em favor deste, equivalente a meio por cento ao mês, ou fração, sobre o valor do contrato, para que o oficial do competente Registro de Imóveis efetue o cancelamento do registro da propriedade fiduciária.

Vencida e não paga, no todo ou em parte, a dívida e constituído em mora o fiduciante, consolidar-se-á a propriedade do imóvel em nome do fiduciário. Para que isso ocorra, o fiduciante, ou seu representante legal ou procurador regularmente constituído, será intimado, a requerimento do fiduciário, pelo oficial do competente Registro de Imóveis, a satisfazer, no prazo de quinze dias, a prestação vencida e as que se vencerem até a data do pagamento, os juros convencionais, as penalidades e os demais encargos contratuais, os encargos legais, inclusive tributos, as contribuições condominiais imputáveis ao imóvel, além das despesas de cobrança e de intimação.

O contrato definirá o prazo de carência após o qual será expedida a intimação.

A intimação far-se-á pessoalmente ao fiduciante, ou ao seu representante legal ou ao procurador regularmente constituído, podendo ser promovida, por solicitação do oficial do Registro de Imóveis, por oficial de Registro de Títulos e Documentos da comarca da situação do imóvel ou do domicílio de quem deva recebê-la, ou pelo correio, com aviso de recebimento.

Quando, por duas vezes, o oficial de registro de imóveis ou de registro de títulos e documentos ou o serventuário por eles credenciado houver procurado o intimando em seu domicílio ou residência sem o encontrar, deverá, havendo suspeita motivada de ocultação, intimar qualquer pessoa da família ou, em sua falta, qualquer vizinho de que, no dia útil imediato, retornará ao imóvel, a fim de efetuar a intimação, na hora que designar, aplicando-se subsidiariamente o disposto nos arts. 252, 253 e 254 da Lei no 13.105, de 16 de março de 2015 (Código de Processo Civil).

Nos condomínios edilícios ou outras espécies de conjuntos imobiliários com controle de acesso, a intimação acima citada poderá ser feita ao funcionário da portaria responsável pelo recebimento de correspondência.

Quando o fiduciante, ou seu cessionário, ou seu representante legal ou procurador encontrar-se em local ignorado, incerto ou inacessível, o fato será certificado pelo serventuário encarregado da diligência e informado ao oficial de Registro de Imóveis, que, à vista da certidão, promoverá a intimação por edital publicado durante 3 (três) dias, pelo menos, em um dos jornais de maior circulação local ou noutro de comarca de fácil acesso, se no local não houver imprensa diária, contado o prazo para purgação da mora da data da última publicação do edital.

Purgada a mora no Registro de Imóveis, convalescerá o contrato de alienação fiduciária. O oficial do Registro de Imóveis, nos três dias seguintes à purgação da mora, entregará ao fiduciário as importâncias recebidas, deduzidas as despesas de cobrança e de intimação.

Decorrido o prazo de 15 dias sem a purgação da mora, o oficial do competente Registro de Imóveis, certificando esse fato, promoverá a averbação, na matrícula do imóvel, da consolidação da propriedade em nome do fiduciário, à vista da prova do pagamento por este, do imposto de transmissão intervivos e, se for o caso, do laudêmio

O fiduciante pode, com a anuência do fiduciário, dar seu direito eventual ao imóvel em pagamento da dívida, dispensados os procedimentos previstos de leilão do imóvel.

Os procedimentos de cobrança, purgação de mora e consolidação da propriedade fiduciária relativos às operações de financiamento habitacional, inclusive as operações do Programa Minha Casa, Minha Vida, instituído pela Lei no 11.977, de 7 de julho de 2009, com recursos advindos da integralização de cotas no Fundo de Arrendamento Residencial (FAR), sujeitam-se às seguintes normas:

I – A consolidação da propriedade em nome do credor fiduciário será averbada no registro de imóveis trinta dias após a expiração do prazo para purgação da mora.

II – Até a data da averbação da consolidação da propriedade fiduciária, é assegurado ao devedor fiduciante pagar as parcelas da dívida vencidas e as despesas, consideradas como a soma das importâncias correspondentes aos encargos e custas de intimação e as necessárias à realização do público leilão, nestas compreendidas as relativas aos anúncios e à comissão do leiloeiro.

Uma vez consolidada a propriedade em seu nome, o fiduciário, no prazo de trinta dias, contados da data do registro, promoverá público leilão para a alienação do imóvel.

Se no primeiro leilão público o maior lance oferecido for inferior ao valor do imóvel, estipulado na forma já citada, será realizado o segundo leilão nos quinze dias seguintes.

No segundo leilão, será aceito o maior lance oferecido, desde que igual ou superior ao valor da dívida, das despesas, dos prêmios de seguro, dos encargos legais, inclusive tributos, e das contribuições condominiais.

As datas, horários e locais dos leilões serão comunicados ao devedor mediante correspondência dirigida aos endereços constantes do contrato, inclusive ao endereço eletrônico.

Após a averbação da consolidação da propriedade fiduciária no patrimônio do credor fiduciário e até a data da realização do segundo leilão, é assegurado ao devedor fiduciante o direito de preferência para adquirir o imóvel por preço correspondente ao valor da dívida, somado aos encargos e despesas, aos valores correspondentes ao imposto sobre transmissão inter vivos e ao laudêmio, se for o caso, pagos para efeito de consolidação da propriedade fiduciária no patrimônio do credor fiduciário, e às despesas inerentes ao procedimento de cobrança e leilão, incumbindo, também, ao devedor fiduciante o pagamento dos encargos tributários e despesas exigíveis para a nova aquisição do imóvel, inclusive custas e emolumentos.

Para os fins do parágrafo anterior, entende-se por:

I – Dívida: o saldo devedor da operação de alienação fiduciária, na data do leilão, nele incluídos os juros convencionais, as penalidades e os demais encargos contratuais;

II – Despesas: a soma das importâncias correspondentes aos encargos e custas de intimação e as necessárias à realização do público leilão, nestas compreendidas as relativas aos anúncios e à comissão do leiloeiro.

Nos cinco dias que se seguirem à venda do imóvel no leilão, o credor entregará ao devedor a importância que sobejar, considerando-se nela compreendido o valor da indenização de benfeitorias, depois de deduzidos os valores da dívida e das despesas e encargos, fato esse que importará em recíproca quitação, não se aplicando o disposto na parte final do art. 1.219 do Código Civil de 2002.

Se, no segundo leilão, o maior lance oferecido não for igual ou superior ao valor que contemple a dívida, as despesas, os prêmios de seguro, os encargos legais, inclusive tributos, e as contribuições condominiais, considerar-se-á extinta a dívida e, exonerado, o credor da obrigação do credor entregará ao devedor a importância que sobejar, hipótese que o credor, no prazo de cinco dias a contar da data do segundo leilão, dará ao devedor quitação da dívida, mediante termo próprio.

Se o imóvel estiver locado, a locação poderá ser denunciada com o prazo de trinta dias para desocupação, salvo se tiver havido aquiescência por escrito do fiduciário, devendo a denúncia ser realizada no prazo de noventa dias a contar da data da consolidação da propriedade no fiduciário, devendo essa condição constar expressamente em cláusula contratual específica, destacando-se das demais por sua apresentação gráfica.

Responde o fiduciante pelo pagamento dos impostos, taxas, contribuições condominiais e quaisquer outros encargos que recaiam ou venham a recair sobre o imóvel, cuja posse tenha sido transferida para o fiduciário, nos termos deste artigo, até a data em que o fiduciário vier a ser imitido na posse.

A cessão do crédito objeto da alienação fiduciária implicará a transferência, ao cessionário, de todos os direitos e obrigações inerentes à propriedade fiduciária em garantia, mas o fiduciante, com anuência expressa do fiduciário, poderá transmitir os direitos de que seja titular sobre o imóvel objeto da alienação fiduciária em garantia, assumindo o adquirente as respectivas obrigações.

É assegurada ao fiduciário, seu cessionário ou sucessores, inclusive o adquirente do imóvel por força do público leilão, a reintegração na posse do imóvel, que será concedida liminarmente, para desocupação em sessenta dias, desde que comprovada a consolidação da propriedade em seu nome.

Nas operações de financiamento imobiliário, inclusive nas operações do Programa Minha Casa, Minha Vida, instituído pela Lei nº 11.977, de 7 de julho de 2009, com recursos advindos da integralização de cotas no Fundo de Arrendamento Residencial (FAR), uma vez averbada a consolidação da propriedade fiduciária, as ações judiciais que tenham por objeto controvérsias sobre as estipulações contratuais ou os requisitos procedimentais de cobrança e leilão, excetuada a exigência de notificação do devedor fiduciante, serão resolvidas em perdas e danos e não obstarão a reintegração de posse do bem.

O fiador ou terceiro interessado que pagar a dívida ficará sub-rogado, de pleno direito, no crédito e na propriedade fiduciária.

Nos casos de transferência de financiamento para outra instituição financeira, o pagamento da dívida à instituição credora original poderá ser feito, a favor do mutuário, pela nova instituição credora.

Na hipótese de insolvência do fiduciante, fica assegurada ao fiduciário a restituição do imóvel alienado fiduciariamente, na forma da legislação pertinente.

Seja relativa a bem imóvel ou móvel, aplicam-se as normas da propriedade fiduciária descritas nos arts. 1.361 a 1.368-B do Código Civil, lembrando que a Lei n. 13.043/2014 modificou a alteração do art. 1.367 e incluiu os arts. 1.368-A e 1.368-B.

No art. 1.367 do Código Civil, a regra é que a propriedade fiduciária em garantia de bens móveis ou imóveis sujeita-se às disposições gerais do penhor, da hipoteca e da anticrese (arts. 1.419 a 1.430 do Código Civil) e, no que for específico, à legislação especial pertinente, não se equiparando, para quaisquer efeitos, à propriedade plena de que trata o art. 1.231 do mesmo Código.

Já no art. 1.368-A do Código Civil, a regra é que as demais espécies de propriedade fiduciária ou de titularidade fiduciária submetem-se à disciplina específica das respectivas leis especiais, somente se aplicando as disposições do Código Civil naquilo que não for incompatível com a legislação especial.

O art. 1.368-B do Código Civil afirma que a alienação fiduciária em garantia de bem móvel ou imóvel confere direito real de aquisição ao fiduciante, seu cessionário ou sucessor, e que o credor fiduciário que se tornar proprietário pleno do bem, por efeito de realização da garantia, mediante consolidação da propriedade, adjudicação, dação ou outra forma pela qual lhe tenha sido transmitida a propriedade plena, passa a responder pelo pagamento dos tributos sobre a propriedade e a posse, taxas, despesas condominiais e quaisquer outros encargos, tributários ou não, incidentes sobre o bem objeto da garantia, a partir da data em que vier a ser imitido na posse direta do bem, com isso o IPVA e o IPTU, por exemplo, durante o prazo contratual, deverão ser cobrados pelo fisco, exclusivamente, do fiduciante (devedor), até que o fiduciário (credor) consolide a propriedade em seu nome.

Foram aprovados, em agosto de 2021, enunciados na II Jornada de Prevenção e Solução de Litígios do Conselho da Justiça Federal (CJF), que, sobre o tema, na II Jornada de Prevenção e Solução Extrajudicial de Litígios, do Conselho da Justiça Federal (CJF), de que tive a alegria de participar como convidado na comissão de Desjudicialização, coordenada pelo Prof. Humberto Teodoro Júnior, um dos maiores juristas deste país na atualidade, que com suas lúcidas e pertinentes intervenções contribuiu imensamente para que a comissão produzisse muito e com qualidade.

O primeiro estabelece que: "INDISPONIBILIDADES X ALIENAÇÃO FIDUCIÁRIA DE IMÓVEL: é possível averbar a consolidação da propriedade plena pelo credor fiduciário em decorrência de prévio registro de alienação fiduciária de imóvel (Lei n. 9.514/1997) ou registrar a dação em pagamento, mesmo tendo sido averbada, posteriormente ao registro citado, ordem de indisponibilidade judicial dos direitos de devedor fiduciante".

Já o segundo determina que: "Não cabe defesa do devedor fiduciante perante o Cartório de Registro de Imóveis após recebimento da intimação realizada nos termos do art.

26 da Lei n. 9.514/97, para purga da mora de obrigação garantida por alienação fiduciária em garantia de imóvel, cabendo-lhe, contudo, propor demanda judicial, observado o art. 330, §§ 2º e 3º, do CPC".

12.4. SÚMULAS REFERENTES AO DIREITO DO PROMITENTE COMPRADOR DO IMÓVEL

- Súmulas do STJ

Súm. 76

A falta de registro do compromisso de compra e venda de imóvel não dispensa a prévia interpelação para constituir em mora o devedor.

Súm. 84

É admissível a oposição de embargos de terceiro fundados em alegação de posse advinda de compromisso de compra e venda de imóvel, ainda que desprovido do registro.

Súm. 239

O direito à adjudicação compulsória não se condiciona ao registro do compromisso de compra e venda no cartório de imóveis.

12.5. SÚMULAS E ENUNCIADOS SOBRE DIREITO DAS COISAS

- Súmulas do STJ

Súm. 193

O direito de uso de linha telefônica pode ser adquirido por usucapião.

Súm. 260

A convenção de condomínio aprovada, ainda que sem registro, é eficaz para regular as relações entre os condôminos.

Súm. 308

A hipoteca firmada entre a construtora e o agente financeiro, anterior ou posterior à celebração da promessa de compra e venda, não tem eficácia perante os adquirentes do imóvel.

Súm. 384

Cabe ação monitória para haver saldo remanescente oriundo de venda extrajudicial de bem alienado fiduciariamente em garantia.

Súm. 449

A vaga de garagem que possui matrícula própria no registro de imóveis não constitui bem de família para efeito de penhora.

Súm. 478

Na execução de crédito relativo a cotas condominiais, este tem preferência sobre o hipotecário.

Súm. 496

Os registros de propriedade particular de imóveis situados em terrenos de marinha não são oponíveis à União.

Súm. 637

O ente público detém legitimidade e interesse para intervir, incidentalmente, na ação possessória entre particulares, podendo deduzir qualquer matéria defensiva, inclusive, se for o caso, o domínio.

Súm. 638

É abusiva a cláusula contratual que restringe a responsabilidade de instituição financeira pelos danos decorrentes de roubo, furto ou extravio de bem entregue em garantia no âmbito de contrato de penhor civil.

- Súmulas do STF

Súm. 122

O enfiteuta pode purgar a mora enquanto não decretado o comisso por sentença.

- O novo Código Civil proibiu a constituição de novas enfiteuses (art. 2.038), subordinando-se as já existentes, até sua extinção, ao Código Civil de 1916.

Súm. 169

Depende de sentença a aplicação da pena de comisso.

Súm. 170

É resgatável a enfiteuse instituída anteriormente à vigência do Código Civil.

Súm. 237

O usucapião pode ser arguido em defesa.

Súm. 263

O possuidor deve ser citado pessoalmente para a ação de usucapião.

Súm. 340

Desde a vigência do Código Civil, os bens dominicais, como os demais bens públicos, não podem ser adquiridos por usucapião.

Súm. 391

O confinante certo deve ser citado, pessoalmente, para a ação de usucapião.

Súm. 414

Não se distingue a visão direta da oblíqua na proibição de abrir janela, ou fazer terraço, eirado, ou varanda, a menos de metro e meio do prédio de outrem.

Súm. 415

Servidão de trânsito não titulada, mas tornada permanente, sobretudo pela natureza das obras realizadas, considera-se aparente, conferindo direito à proteção possessória.

Súm. 487

Será deferida a posse a quem, evidentemente, tiver o domínio, se com base neste for ela disputada.

- Súmula Vinculante do STF

Súm. Vinc. 23

A Justiça do Trabalho é competente para processar e julgar ação possessória ajuizada em decorrência do exercício do direito de greve pelos trabalhadores da iniciativa privada.

- Enunciados das Jornadas de Direito Civil do CJF

En. 49

Art. 1.228, § 2º: A regra do art. 1.228, § 2º, do novo Código Civil interpreta-se restritivamente, em harmonia com o princípio da função social da propriedade e com o disposto no art. 187.

En. 76

Art. 1.197: O possuidor direto tem direito de defender a sua posse contra o indireto, e este, contra aquele (art. 1.197, *in fine*, do novo Código Civil).

En. 77

Art. 1.205: A posse das coisas móveis e imóveis também pode ser transmitida pelo constituto possessório.

En. 78

Art. 1.210: Tendo em vista a não recepção pelo novo Código Civil da *exceptio proprietatis* (art. 1.210, § 2º) em caso de ausência de prova suficiente para embasar decisão liminar ou sentença final ancorada exclusivamente no *ius possessionis*, deverá o pedido ser indeferido e julgado improcedente, não obstante eventual alegação e demonstração de direito real sobre o bem litigioso.

En. 79

Art. 1.210: A *exceptio proprietatis*, como defesa oponível às ações possessórias típicas, foi abolida pelo Código Civil de 2002, que estabeleceu a absoluta separação entre os juízos possessório e petitório.

En. 80

Art. 1.212: É inadmissível o direcionamento de demanda possessória ou ressarcitória contra terceiro possuidor de boa-fé, por ser parte passiva ilegítima diante do disposto no art. 1.212 do novo Código Civil. Contra o terceiro de boa-fé, cabe tão somente a propositura de demanda de natureza real.

En. 81

Art. 1.219: O direito de retenção previsto no art. 1.219 do Código Civil, decorrente da realização de benfeitorias necessárias e úteis, também se aplica às acessões (construções e plantações) nas mesmas circunstâncias.

En. 82

Art. 1.228: É constitucional a modalidade aquisitiva de propriedade imóvel prevista nos §§ 4º e 5º do art. 1.228 do novo Código Civil.

En. 83

Art. 1.228: Nas ações reivindicatórias propostas pelo Poder Público, não são aplicáveis as disposições constantes dos §§ 4º e 5º do art. 1.228 do novo Código Civil.

En. 84

Art. 1.228: A defesa fundada no direito de aquisição com base no interesse social (art. 1.228, §§ 4º e 5º, do novo Código Civil) deve ser arguida pelos réus da ação reivindicatória, eles próprios responsáveis pelo pagamento da indenização.

En. 85

Art. 1.240: Para efeitos do art. 1.240, *caput*, do novo Código Civil, entende-se por "área urbana" o imóvel edificado ou não, inclusive unidades autônomas vinculadas a condomínios edilícios.

En. 86

Art. 1.242: A expressão "justo título" contida nos arts. 1.242 e 1.260 do Código Civil abrange todo e qualquer ato jurídico hábil, em tese, a transferir a propriedade, independentemente de registro.

En. 87

Art. 1.245: Considera-se também título translativo, para fins do art. 1.245 do novo Código Civil, a promessa de compra e venda devidamente quitada (arts. 1.417 e 1.418 do CC e § 6º do art. 26 da Lei n. 6.766/79).

En. 88

Art. 1.285: O direito de passagem forçada, previsto no art. 1.285 do Código Civil, também é garantido nos casos em que o acesso à via pública for insuficiente ou inadequado, consideradas, inclusive, as necessidades de exploração econômica.

En. 89

Art. 1.331: O disposto nos arts. 1.331 a 1.358 do novo Código Civil aplica-se, no que couber, aos condomínios assemelhados, tais como loteamentos fechados, multipropriedade imobiliária e clubes de campo.

En. 90

Art. 1.331: Deve ser reconhecida personalidade jurídica ao condomínio edilício.

- Alterado pelo Enunciado 246 da III Jornada.

En. 91

Art. 1.331: A convenção de condomínio ou a assembleia geral podem vedar a locação de área de garagem ou abrigo para veículos a estranhos ao condomínio.

En. 92

Art. 1.337: As sanções do art. 1.337 do novo Código Civil não podem ser aplicadas sem que se garanta direito de defesa ao condômino nocivo.

En. 93

Art. 1.369: As normas previstas no Código Civil sobre direito de superfície não revogam as relativas a direito de superfície constantes do Estatuto da Cidade (Lei n. 10.257/2001) por ser instrumento de política de desenvolvimento urbano.

En. 94

Art. 1.371: As partes têm plena liberdade para deliberar, no contrato respectivo, sobre o rateio dos encargos e tributos que incidirão sobre a área objeto da concessão do direito de superfície.

En. 95

Art. 1.418: O direito à adjudicação compulsória (art. 1.418 do novo Código Civil), quando exercido em face do promitente vendedor, não se condiciona ao registro da promessa de compra e venda no cartório de registro imobiliário (Súmula 239 do STJ).

En. 236

Arts. 1.196, 1.205 e 1.212: Considera-se possuidor, para todos os efeitos legais, também a coletividade desprovida de personalidade jurídica.

En. 237

Art. 1.203: É cabível a modificação do título da posse – *interversio possessionis* – na hipótese em que o até então possuidor direto demonstrar ato exterior e inequívoco de oposição ao antigo possuidor indireto, tendo por efeito a caracterização do *animus domini*.

En. 238

Art. 1.210: Ainda que a ação possessória seja intentada além de "ano e dia" da turbação ou esbulho, e, em razão disso, tenha seu trâmite regido pelo procedimento ordinário (CPC/1973, art. 924[46]), nada impede que o juiz conceda a tutela possessória liminarmente, mediante antecipação de tutela, desde que presentes os requisitos autorizadores do art. 273, I ou II[47], bem como aqueles previstos no art. 461-A[48] e parágrafos, todos do Código de Processo Civil de 1973.

En. 239

Art. 1.210: Na falta de demonstração inequívoca de posse que atenda à função social, deve-se utilizar a noção de "melhor posse", com base nos critérios previstos no parágrafo único do art. 507 do Código Civil de 1916.

En. 240

Art. 1.228: A justa indenização a que alude o § 5º do art. 1.228 não tem como critério valorativo, necessariamente, a avaliação técnica lastreada no mercado imobiliário, sendo indevidos os juros compensatórios.

46. Equivale ao art. 558 do CPC/2015.
47. Equivale ao art. 300 do CPC/2015.
48. Equivale ao art. 498 do CPC/2015.

En. 241

Art. 1.228: O registro da sentença em ação reivindicatória, que opera a transferência da propriedade para o nome dos possuidores, com fundamento no interesse social (art. 1.228, § 5º), é condicionado ao pagamento da respectiva indenização, cujo prazo será fixado pelo juiz.

En. 242

Art. 1.276: A aplicação do art. 1.276 depende do devido processo legal, em que seja assegurado ao interessado demonstrar a não cessação da posse.

En. 243

Art. 1.276: A presunção de que trata o § 2º do art. 1.276 não pode ser interpretada de modo a contrariar a norma-princípio do art. 150, IV, da Constituição da República.

En. 244

Art. 1.291: O art. 1.291 deve ser interpretado conforme a Constituição, não sendo facultada a poluição das águas, quer sejam essenciais ou não às primeiras necessidades da vida.

En. 245

Art. 1.293: Muito embora omisso acerca da possibilidade de canalização forçada de águas por prédios alheios, para fins da agricultura ou indústria, o art. 1.293 não exclui a possibilidade da canalização forçada pelo vizinho, com prévia indenização aos proprietários prejudicados.

En. 246

Art. 1.331: Fica alterado o Enunciado n. 90, com supressão da parte final: "nas relações jurídicas inerentes às atividades de seu peculiar interesse". Prevalece o texto: "Deve ser reconhecida personalidade jurídica ao condomínio edilício".

En. 247

Art. 1.331: No condomínio edilício é possível a utilização exclusiva de área "comum" que, pelas próprias características da edificação, não se preste ao "uso comum" dos demais condôminos.

En. 248

Art. 1.334, V: O *quorum* para alteração do regimento interno do condomínio edilício pode ser livremente fixado na convenção.

En. 249

Art. 1.369: A propriedade superficiária pode ser autonomamente objeto de direitos reais de gozo e de garantia, cujo prazo não exceda a duração da concessão da superfície, não se lhe aplicando o art. 1.474.

En. 250

Art. 1.369: Admite-se a constituição do direito de superfície por cisão.

En. 251

Art. 1.379: O prazo máximo para o usucapião extraordinário de servidões deve ser de quinze anos, em conformidade com o sistema geral de usucapião previsto no Código Civil.

En. 252

Art. 1.410: A extinção do usufruto pelo não uso, de que trata o art. 1.410, inciso VIII, independe do prazo previsto no art. 1.389, inciso III, operando-se imediatamente. Tem-se por desatendida, nesse caso, a função social do instituto.

En. 253

Art. 1.417: O promitente comprador, titular de direito real (art. 1.417), tem a faculdade de reivindicar de terceiro o imóvel prometido à venda.

En. 299

Art. 2.028: Iniciada a contagem de determinado prazo sob a égide do Código Civil de 1916, e vindo a lei nova a reduzi-lo, prevalecerá o prazo antigo, desde que transcorrido mais de metade deste na data da entrada em vigor do novo Código. O novo prazo será contado a partir de 11 de janeiro de 2003, desprezando-se o tempo anteriormente decorrido, salvo quando o não aproveitamento do prazo já decorrido implicar aumento do prazo prescricional previsto na lei revogada, hipótese em que deve ser aproveitado o prazo já decorrido durante o domínio da lei antiga, estabelecendo-se uma continuidade temporal (aplicável à usucapião).

En. 301

Art. 1.198 c/c o art. 1.204: É possível a conversão da detenção em posse, desde que rompida a subordinação, na hipótese de exercício em nome próprio dos atos possessórios.

En. 302

Arts. 1.200 e 1.214: Pode ser considerado justo título para a posse de boa-fé o ato jurídico capaz de transmitir a posse *ad usucapionem*, observado o disposto no art. 113 do Código Civil.

En. 303

Art. 1.201: Considera-se justo título para presunção relativa da boa-fé do possuidor o justo motivo que lhe autoriza a aquisição derivada da posse, esteja ou não materializado em instrumento público ou particular. Compreensão na perspectiva da função social da posse.

En. 304

Art. 1.228: São aplicáveis as disposições dos §§ 4º e 5º do art. 1.228 do Código Civil às ações reivindicatórias relativas a bens públicos dominicais, mantido, parcialmente, o Enunciado 83 da I Jornada de Direito Civil, no que concerne às demais classificações dos bens públicos.

En. 305

Art. 1.228: Tendo em vista as disposições dos §§ 3º e 4º do art. 1.228 do Código Civil, o Ministério Público tem o poder-dever de atuação nas hipóteses de desapropriação, inclusive a indireta, que envolvam relevante interesse público, determinado pela natureza dos bens jurídicos envolvidos.

En. 306

Art. 1.228: A situação descrita no § 4º do art. 1.228 do Código Civil enseja a improcedência do pedido reivindicatório.

En. 307

Art. 1.228: Na desapropriação judicial (art. 1.228, § 4º), poderá o juiz determinar a intervenção dos órgãos públicos competentes para o licenciamento ambiental e urbanístico.

En. 308

Art. 1.228: A justa indenização devida ao proprietário em caso de desapropriação judicial (art. 1.228, § 5º) somente deverá ser suportada pela Administração Pública no contexto das políticas públicas de reforma urbana ou agrária, em se tratando de possuidores de baixa renda e desde que tenha havido intervenção daquela nos termos da lei processual. Não sendo os possuidores de baixa renda, aplica-se a orientação do Enunciado 84 da I Jornada de Direito Civil.

En. 309

Art. 1.228: O conceito de posse de boa-fé de que trata o art. 1.201 do Código Civil não se aplica ao instituto previsto no § 4º do art. 1.228.

En. 310

Interpreta-se extensivamente a expressão "imóvel reivindicado" (art. 1.228, § 4º), abrangendo pretensões tanto no juízo petitório quanto no possessório.

En. 311

Caso não seja pago o preço fixado para a desapropriação judicial, e ultrapassado o prazo prescricional para se exigir o crédito correspondente, estará autorizada a expedição de mandado para registro da propriedade em favor dos possuidores.

En. 312

Art. 1.239: Observado o teto constitucional, a fixação da área máxima para fins de usucapião especial rural levará em consideração o módulo rural e a atividade agrária regionalizada.

En. 313

Arts. 1.239 e 1.240: Quando a posse ocorre sobre área superior aos limites legais, não é possível a aquisição pela via da usucapião especial, ainda que o pedido restrinja a dimensão do que se quer usucapir.

En. 314

Art. 1.240: Para os efeitos do art. 1.240, não se deve computar, para fins de limite de metragem máxima, a extensão compreendida pela fração ideal correspondente à área comum.

En. 315

Art. 1.241: O art. 1.241 do Código Civil permite que o possuidor que figurar como réu em ação reivindicatória ou possessória formule pedido contraposto e postule ao juiz seja declarada adquirida, mediante usucapião, a propriedade imóvel, valendo a sentença como instrumento para registro imobiliário, ressalvados eventuais interesses de confinantes e terceiros.

En. 316

Art. 1.276: Eventual ação judicial de abandono de imóvel, caso procedente, impede o sucesso de demanda petitória.

En. 317

Art. 1.243: A *accessio possessionis*, de que trata o art. 1.243, primeira parte, do Código Civil, não encontra aplicabilidade relativamente aos arts. 1.239 e 1.240 do mesmo diploma legal, em face da normatividade do usucapião constitucional urbano e rural, arts. 183 e 191, respectivamente.

En. 318

Art. 1.258: O direito à aquisição da propriedade do solo em favor do construtor de má-fé (art. 1.258, parágrafo único) somente é viável quando, além dos requisitos explícitos previstos em lei, houver necessidade de proteger terceiros de boa-fé.

En. 319

Art. 1.277: A condução e a solução das causas envolvendo conflitos de vizinhança devem guardar estreita sintonia com os princípios constitucionais da intimidade, da inviolabilidade da vida privada e da proteção ao meio ambiente.

En. 320

Arts. 1.338 e 1.331: O direito de preferência de que trata o art. 1.338 deve ser assegurado não apenas nos casos de locação, mas também na hipótese de venda da garagem.

En. 321

Art. 1.369: Os direitos e obrigações vinculados ao terreno e, bem assim, aqueles vinculados à construção ou à plantação formam patrimônios distintos e autônomos, respondendo cada um dos seus titulares exclusivamente por suas próprias dívidas e obrigações, ressalvadas as fiscais decorrentes do imóvel.

En. 322

Art. 1.376: O momento da desapropriação e as condições da concessão superficiária serão considerados para fins da divisão do montante indenizatório (art. 1.376), constituindo-se litisconsórcio passivo necessário simples entre proprietário e superficiário.

En. 323

É dispensável a anuência dos adquirentes de unidades imobiliárias no "termo de afetação" da incorporação imobiliária.

En. 324

É possível a averbação do termo de afetação de incorporação imobiliária (Lei n. 4.591/64, art. 31b) a qualquer tempo, na matrícula do terreno, mesmo antes do registro do respectivo Memorial de Incorporação no Registro de Imóveis.

En. 325

É impenhorável, nos termos da Lei n. 8.009/90, o direito real de aquisição do devedor fiduciante.

En. 492

A posse constitui direito autônomo em relação à propriedade e deve expressar o aproveitamento dos bens para o alcance de interesses existenciais, econômicos e sociais merecedores de tutela.

En. 493

O detentor (art. 1.198 do Código Civil) pode, no interesse do possuidor, exercer a autodefesa do bem sob seu poder.

En. 494

A faculdade conferida ao sucessor singular de somar ou não o tempo da posse de seu antecessor não significa que, ao optar por nova contagem, estará livre do vício objetivo que maculava a posse anterior.

En. 495

No desforço possessório, a expressão "contanto que o faça logo" deve ser entendida restritivamente, apenas como a reação imediata ao fato do esbulho ou da turbação, cabendo ao possuidor recorrer à via jurisdicional nas demais hipóteses.

En. 496

O conteúdo do art. 1.228, §§ 4º e 5º, pode ser objeto de ação autônoma, não se restringindo à defesa em pretensões reivindicatórias.

En. 497

O prazo, na ação de usucapião, pode ser completado no curso do processo, ressalvadas as hipóteses de má-fé processual do autor.

En. 498

A fluência do prazo de 2 anos previsto pelo art. 1.240-A para a nova modalidade de usucapião nele contemplada tem início com a entrada em vigor da Lei n. 12.424/2011.

- O Enunciado 499 foi revogado pelo 595 na VII Jornada em 2015.

En. 500

A modalidade de usucapião prevista no art. 1.240-A do Código Civil pressupõe a propriedade comum do casal e compreende todas as formas de família ou entidades familiares, inclusive homoafetivas.

En. 501

As expressões "ex-cônjuge" e "ex-companheiro", contidas no art. 1.240-A do Código Civil, correspondem à situação fática da separação, independentemente de divórcio.

En. 502

O conceito de posse direta referido no art. 1.240-A do Código Civil não coincide com a acepção empregada no art. 1.197 do mesmo Código.

En. 503

É relativa a presunção de propriedade decorrente do registro imobiliário, ressalvado o sistema Torrens.

En. 504

A escritura declaratória de instituição e convenção firmada pelo titular único de edificação composta por unidades autônomas é título hábil para registro da propriedade horizontal no competente registro de imóveis, nos termos dos arts. 1.332 a 1.334 do Código Civil.

En. 505

É nula a estipulação que, dissimulando ou embutindo multa acima de 2%, confere suposto desconto de pontualidade no pagamento da taxa condominial, pois configura fraude à lei (Código Civil, art. 1.336, § 1º), e não redução por merecimento.

En. 506

Estando em curso contrato de alienação fiduciária, é possível a constituição concomitante de nova garantia fiduciária sobre o mesmo bem imóvel, que, entretanto, incidirá sobre a respectiva propriedade superveniente que o fiduciante vier a readquirir, quando do implemento da condição a que estiver subordinada a primeira garantia fiduciária; a nova garantia poderá ser registrada na data em que convencionada e será eficaz desde a data do registro, produzindo efeito *ex tunc*.

En. 507

Na aplicação do princípio da função social da propriedade imobiliária rural, deve ser observada a cláusula aberta do § 1º do art. 1.228 do Código Civil, que, em consonância com o disposto no art. 5º, inciso XXIII, da Constituição de 1988, permite melhor objetivar a funcionalização mediante critérios de valoração centrados na primazia do trabalho.

En. 508

Verificando-se que a sanção pecuniária mostrou-se ineficaz, a garantia fundamental da função social da propriedade (arts. 5º, XXIII, da CRFB e 1.228, § 1º, do CC) e a vedação ao abuso do direito (arts. 187 e 1.228, § 2º, do CC) justificam a exclusão do condômino antissocial, desde que a ulterior assembleia prevista na parte final do parágrafo único do art. 1.337 do Código Civil delibere a propositura de ação judicial com esse fim, asseguradas todas as garantias inerentes ao devido processo legal.

En. 509

A resolução da propriedade, quando determinada por causa originária, prevista no título, opera *ex tunc* e *erga omnes*; se decorrente de causa superveniente, atua *ex nunc* e *inter partes*.

En. 510

Ao superficiário que não foi previamente notificado pelo proprietário para exercer o direito de preferência previsto no art. 1.373 do CC é assegurado o direito de, no prazo de seis meses, contado do registro da alienação, adjudicar para si o bem mediante depósito do preço.

En. 511

Do leilão, mesmo que negativo, a que se refere o art. 27 da Lei n. 9.514/1997, será lavrada ata que, subscrita pelo leiloeiro, poderá ser averbada no registro de imóveis competente, sendo a transmissão da propriedade do imóvel levado a leilão formalizada mediante contrato de compra e venda.

En. 563

Art. 1.196: O reconhecimento da posse por parte do Poder Público competente anterior à sua legitimação nos termos da Lei n. 11.977/2009 constitui título possessório.

En. 564

Art. 1.238: As normas relativas à usucapião extraordinária (art. 1.238, *caput*, CC) e à usucapião ordinária (art. 1.242, *caput*, CC), por estabelecerem redução de prazo em benefício do possuidor, têm aplicação imediata, não incidindo o disposto no art. 2.028 do Código Civil.

En. 565

Art. 1.275, III: Não ocorre a perda da propriedade por abandono de resíduos sólidos, que são considerados bens socioambientais, nos termos da Lei n. 12.305/2012.

En. 566

Art. 1.335, I, do Código Civil e art. 19 da Lei n. 4.591/64: A cláusula convencional que restringe a permanência de animais em unidades autônomas residenciais deve ser valorada à luz dos parâmetros legais de sossego, insalubridade e periculosidade.

En. 567

Art. 27, § 1º, da Lei n. 9.514/97: A avaliação do imóvel para efeito do leilão previsto no § 1º do art. 27 da Lei n. 9.514/97 deve contemplar o maior valor entre a avaliação efetuada pelo município para cálculo do imposto de transmissão *inter vivos* (ITBI) devido para a consolidação da propriedade no patrimônio do credor fiduciário e o critério fixado contratualmente.

En. 568

Art. 1.369 do Código Civil e art. 21 do Estatuto da Cidade: O direito de superfície abrange o direito de utilizar o solo, o subsolo ou o espaço aéreo relativo ao terreno, na forma estabelecida no contrato, admitindo-se o direito de sobrelevação, atendida a legislação urbanística.

En. 569

Art. 1.242, parágrafo único: No caso do art. 1.242, parágrafo único, a usucapião, como matéria de defesa, prescinde do ajuizamento da ação de usucapião, visto que, nessa hipótese, o usucapiente já é o titular do imóvel no registro.

En. 591

Arts. 26, 27, 30 e 37-A da Lei n. 9.514/1997: A ação de reintegração de posse nos contratos de alienação fiduciária em garantia de coisa imóvel pode ser proposta a partir da consolidação da propriedade do imóvel em poder do credor fiduciário, e não apenas após os leilões extrajudiciais previstos no art. 27 da Lei n. 9.514/1997.

En. 592

Art. 519 e art. 35 do Decreto-Lei n. 3.365/1941: O art. 519 do Código Civil derroga o art. 35 do Decreto-Lei n. 3.365/1941 naquilo que diz respeito a cenários de tredestinação ilícita. Assim, ações de retrocessão baseadas em alegações de tredestinação ilícita não precisam, quando quatro julgadas depois da incorporação do bem desapropriado ao patrimônio da entidade expropriante, resolver-se em perdas e danos.

En. 593

Art. 1.196 e art. 56 e 57 da Lei n. 11.977/2009: É indispensável o procedimento de demarcação urbanística para regularização fundiária social de áreas ainda não matriculadas no Cartório de Registro de Imóveis como requisito à emissão dos títulos de legitimação da posse e de domínio.

En. 594

Art. 1.239: É possível adquirir a propriedade de área menor do que o módulo rural estabelecido para a região por meio da usucapião especial rural.

En. 595

Art. 1.240-A: O requisito "abandono do lar" deve ser interpretado na ótica do instituto da usucapião familiar como abandono voluntário da posse do imóvel somado à ausência da tutela da família, não importando em averiguação da culpa pelo fim do casamento ou união estável. Revogado o Enunciado 499.

En. 596

Art. 1.243-A: O condomínio edilício pode adquirir imóvel por usucapião.

En. 597

Art. 1.276: A posse impeditiva da arrecadação, prevista no art. 1.276 do Código Civil, é efetiva e qualificada por sua função social.

En. 598

Art. 1.293: Na redação do art. 1.293, "agricultura e indústria" não são apenas qualificadores do prejuízo que pode ser causado pelo aqueduto, mas também finalidades que podem justificar sua construção.

En. 623

Art. 504: Ainda que sejam muitos os condôminos, não há direito de preferência na venda da fração de um bem entre dois coproprietários, pois a regra prevista no art. 504, parágrafo único, do Código Civil, visa somente a resolver eventual concorrência entre condôminos na alienação da fração a estranhos ao condomínio.

En. 624

Art. 1.247: A anulação do registro, prevista no art. 1.247 do Código Civil, não autoriza a exclusão dos dados invalidados do teor da matrícula.

En. 625

Art. 1.358: A incorporação imobiliária que tenha por objeto o condomínio de lotes poderá ser submetida ao regime do patrimônio de afetação, na forma da lei especial.

En. 626

Art. 1.428: Não afronta o art. 1.428 do Código Civil, em relações paritárias, o pacto marciano, cláusula contratual que autoriza que o credor se torne proprietário da coisa objeto da garantia mediante aferição de seu justo valor e restituição do supérfluo (valor do bem em garantia que excede o da dívida).

En. 627

Art. 1.510: O direito real de laje é passível de usucapião.

En. 628

Art. 1.711: Os patrimônios de afetação não se submetem aos efeitos de recuperação judicial da sociedade instituidora e prosseguirão sua atividade com autonomia e incomunicáveis em relação ao seu patrimônio geral, aos demais patrimônios de afetação por ela constituídos e ao plano de recuperação até que extintos, nos termos da legislação respectiva, quando seu resultado patrimonial, positivo ou negativo, será incorporado ao patrimônio geral da sociedade instituidora.

En. 663

Art. 51, 3º: Para evitar a extinção do registro marcário, os sócios de sociedade liquidada poderão requerer ao Instituto Nacional da Propriedade Industrial - INPI a transferência da titularidade da marca.

En. 664

Art. 1.240-A: O prazo da usucapião contemplada no art. 1.240-A só iniciará seu curso caso a composse tenha cessado de forma efetiva, não sendo suficiente, para tanto, apenas o fim do contato físico com o imóvel.

En. 665

Art. 1.351: A reconstrução de edifício realizada com o propósito de comercialização das unidades durante a obra sujeita-se ao regime da incorporação imobiliária e torna exigível o registro do Memorial de Incorporação.

En. 666

Art. 1.424, IV: No penhor de créditos futuros, satisfaz o requisito da especificação, de que trata o art. 1.424, IV, do Código Civil, a definição, no ato constitutivo, de critérios ou procedimentos objetivos que permitam a determinação dos créditos alcançados pela garantia.

En. 667

Art. 1.424, IV: No penhor constituído sobre bens fungíveis, satisfaz o requisito da especificação de que trata o art. 1.424, IV, do Código Civil, a definição, no ato constitutivo, da espécie, qualidade e quantidade dos bens dados em garantia.

En. 668

Art. 1.431, parágrafo único: Os direitos de propriedade industrial caracterizados pela exclusividade são suscetíveis de penhor, observadas as necessidades de averbação junto ao Instituto Nacional da Propriedade Industrial para a plena eficácia perante terceiros.

En. 669

Art. 1.510-A: É possível o registro do direito real de laje sobre construção edificada antes da vigência da lei, desde que respeitados os demais requisitos previstos tanto para a forma quanto para o conteúdo material da transmissão

- Enunciados das Jornadas de Direito Notarial e Registral do CJF

En. 18

É registrável a constituição do direito real de superfície na matrícula de imóvel rural, independentemente de o art. 167, I, 39 e II, 20, da Lei n. 6.015/1973, referirem-se a imóveis urbanos.

En. 25

A existência de averbação de indisponibilidade de bens, por si só, não obsta a usucapião extraordinária processada extrajudicialmente.

En. 26

O condomínio urbano simples não se limita a imóveis residenciais.

En. 30

A instituição de condomínio, sem prévia incorporação, em prédio consideravelmente antigo ou anterior à Lei n. 4.591/1964, cuja construção já se encontra concluída e averbada no Registro de Imóveis, não depende da apresentação de novo projeto de construção aprovado pela municipalidade.

En. 32

A impugnação em usucapião extrajudicial fundada unicamente na presunção de que o imóvel constitui terra devoluta, ante a inexistência de registro da sua propriedade, deve ser considerada injustificada, nos termos do art. 216-A, § 10, da Lei n. 6.015/1973.

En. 33

O espólio, representado por seu inventariante, tem legitimidade para requerer a usucapião extrajudicial.

En. 35

A garantia para realização das obras de infraestrutura de loteamentos prevista no art. 18, V, da Lei n. 6.766/1979, quando cumprida com bens imóveis, deverá se revestir sob a forma de hipoteca ou alienação fiduciária.

En. 43

A existência de débitos junto ao IBAMA em relação ao imóvel rural não é óbice à lavratura de escritura pública de sua transferência ou constituição de ônus real.

En. 49

A divisão amigável tem como critério de avaliação dos imóveis resultantes o valor de cada área individualizada, especialmente quanto a localização, benfeitorias e tipo de solo. O tamanho da área a ser atribuída a cada condômino não é o critério determinante para aferir a equivalência dos pagamentos às frações ideais nem a eventual necessidade de recolhimento de imposto de transmissão (ITCD ou ITBI).

En. 51

O acordo feito entre o ente público expropriante e o expropriado, em desapropriação por utilidade pública, respeitadas as formalidades legais do art. 108 do Código Civil, é título hábil a ingresso no registro imobiliário, independentemente de homologação judicial.

13
Do Direito das Famílias

13.1. ASPECTOS CONSTITUCIONAIS DO DIREITO DE FAMÍLIA

Em razão da constitucionalização do Direito Civil, temos que interpretar o Código Civil à luz da Constituição Federal. No Direito de Família isso não é diferente, pois uma das consequências disso é verificar que o conceito de família é plural, não existindo entre as várias formas nenhum tipo de hierarquia, pois todas são amparadas pela Carta Magna.

A Constituição Federal estabelece, no art. 226, que a família é a base da nossa sociedade, e que goza de especial proteção do Estado, motivo pelo qual não se pode admitir a existência de um rol taxativo entre as suas formas de constituição, nem tampouco uma hierarquia entre elas.

Uma prova disso está no instituto do bem de família, que existe para promover a proteção da família, permitindo que ela possa ter acesso ao direito constitucional à moradia. Como o art. 1.711 do Código Civil permite que o bem de família seja instituído por escritura pública, devemos perguntar o que é uma família, para sabermos quem é que pode instituí-lo.

O referido artigo determina que os cônjuges, ou a entidade familiar, mediante escritura pública ou testamento, podem destinar parte de seu patrimônio para instituir bem de família, desde que não ultrapasse um terço do patrimônio líquido existente ao tempo da instituição, mantidas as regras sobre a impenhorabilidade do imóvel residencial estabelecida em lei especial.

O terceiro poderá igualmente instituir bem de família por testamento ou doação, dependendo a eficácia do ato da aceitação expressa de ambos os cônjuges beneficiados ou da entidade familiar beneficiada.

Além do que está descrito no dispositivo legal, o Superior Tribunal de Justiça já decidiu[1] que a pessoa solteira, viúva, separada ou divorciada sem filhos também conta com a proteção do bem de família. Isso mostra a possibilidade de se verificar a existência de uma família nos mais diversos moldes.

As normas do Direito de Família são essencialmente de ordem pública, pois estão relacionadas ao direito existencial da pessoa humana. As normas de Direito de Família do Código Civil são divididas em direito existencial, ou da pessoa humana, e direito patrimonial, que são normas de ordem privada, pois se relacionam aos regimes de bens. Dessa forma, verifica-se que somente as normas de direito existencial é que são de ordem pública.

1. REsp 276.004/SP.

Uma prova disso é que a mídia está explorando muito a possibilidade de realização de contrato de namoro, afirmando, inclusive, que muitos advogados estão se dedicando a essa parte da Advocacia. Mas, seria possível fazer um contrato de namoro? Evidente que não, pois o intuito dele é o de evitar a aplicação de normas de ordem pública, imperativa, que são as regras referentes à união estável. O grande problema desse contrato é que ele gera renúncia às consequências da união estável, por exemplo, o direito a alimentos, que é irrenunciável. Por esses motivos, verifica-se que o contrato de namoro é nulo, por ensejar renúncia a direitos essenciais que são irrenunciáveis, conforme disposto no art. 166, VI, do Código Civil:

Art. 166. É nulo o negócio jurídico quando: (...)

VI – tiver por objetivo fraudar lei imperativa.

Outra prova disso é a parentalidade socioafetiva, baseada no afeto, e que está consubstanciada na posse de estado de filho, podendo gerar direito aos alimentos e à sucessão. O Direito de Família moderno é baseado mais na afetividade do que na estrita legalidade.

13.2. PRINCIPAIS MUDANÇAS NO DIREITO DE FAMÍLIA, COMPARANDO O CÓDIGO CIVIL DE 1916 COM O DE 2002[2]

Como era	Como ficou
Só existia a família legítima, ou seja, aquela constituída pelo casamento. Antes de 1988, a união estável era tratada como concubinato puro. Tudo fora do casamento era ilegítimo.	Houve o reconhecimento de outras formas de família, como aquela formada pelo casamento, pela união estável, e ainda a família monoparental e homoafetiva.
Diferenças entre homem e mulher.	Igualdade entre homem e mulher (art. 226, § 5º, da Constituição Federal).
Diferenças entre filhos (filho sacrílego/incestuoso/adulterino/adotivo).	Igualdade entre filhos (art. 227, § 6º, da Constituição Federal).
O vínculo do casamento era indissolúvel (questão religiosa).	O vínculo do casamento é dissolúvel (valorização da autonomia privada) (art. 226, § 6º, da Constituição Federal).
Concubinato era ilegal. Não existia nenhum tipo de direito para quem vivia em concubinato. Na década de 1960 aparecem as primeiras jurisprudências julgando indenização de serviços prestados.	Aceitação da união estável como forma de constituição de família (tem origem no concubinato puro) (art. 226, § 3º, da Constituição Federal).
Muitos filhos (família patriarcal).	Poucos filhos (família nuclear).
A valorização do vínculo biológico fazia com que o DNA fosse uma verdade absoluta, pois, se há vínculo biológico, haverá direitos e deveres, se não tem, não há direitos.	Além do vínculo biológico há também o afetivo, que também pode gerar uma forma de parentalidade acarretando direitos e deveres. Dessa forma, verifica-se a consagração do ditado popular de que "não basta ser pai, tem que participar".
O casamento e a união estável exigiam a diversidade de sexo.	O casamento e a união estável admitem a igualdade de sexo após o reconhecimento, pelo STF, da união homoafetiva como entidade familiar.

2. LEITE, Eduardo de Oliveira. *Direito civil aplicado*: direito de família. São Paulo: Revista dos Tribunais, 2005, v. 5, p. 34.

13.3. PRINCÍPIOS DO DIREITO DE FAMÍLIA

Como vimos anteriormente, será importante estudar os princípios já que o nosso Código Civil adotou o sistema de cláusulas gerais, que são janelas abertas deixadas pelo legislador para a aplicação principiológica.

Como Miguel Reale foi o criador da Teoria Tridimensional do Direito, para quem o Direito é igual a fato + valor + norma, verifica-se que a sua teoria está presente no Código, já que os valores serão aplicados com os princípios. Princípio é uma regra básica retirada da doutrina, da jurisprudência, da lei e de aspectos políticos, econômicos e sociais, e que será aplicada aos institutos jurídicos.

Quando afirmamos que o princípio é uma regra básica, isso se dá pelo fato de que ele possui eficácia normativa. Esses princípios serão buscados na Constituição Federal, inclusive os que são garantias fundamentais, que também são aplicadas ao direito privado, o que se denomina eficácia horizontal dos direitos fundamentais, que consiste na aplicação das normas constitucionais que protegem a pessoa nas relações privadas.

São princípios de Direito de Família:

Princípio da dignidade da pessoa humana: no art. 1º, III, da CF encontramos o princípio máximo que estabelece uma despatrimonialização (deixar de valorizar o patrimônio) para valorizar a pessoa humana, o que se denomina personificação do direito privado. Um exemplo disso é que o imóvel em que reside uma pessoa solteira é bem de família[3], ou seja, o bem de família se tornou o bem de proteção da dignidade da pessoa humana.

Princípio da solidariedade familiar: determina o art. 3º, I, da CF que um dos objetivos fundamentais do país é a construção de uma sociedade livre, justa e solidária. Assim, temos que pensar nas relações familiares como uma sociedade justa e solidária.

Como exemplo disso, citamos o **Resp 102.819/RJ**, em que o STJ aplicou o referido princípio, ao conceder à(ao) companheira(o) que vivia em união estável constituída antes da Lei n. 8.971/94 o direito aos alimentos.

Princípio da igualdade na chefia familiar: o art. 226, § 5º, da CF estabelece que os direitos e deveres referentes à sociedade conjugal são exercidos igualmente pelo homem e pela mulher. Adotando a igualdade, a Constituição rompe com a expressão "pátrio poder" e adota o "poder familiar", já que consagrou a igualdade na chefia da sociedade conjugal, em que a gerência é exercida tanto pelo homem quanto pela mulher.

Princípio da igualdade entre filhos: de acordo com o art. 227, § 6º, da CF[4] e o art. 1.596 do Código Civil[5], verifica-se o fim da divisão das formas de filiação. Por força desses

3. STJ, REsp 276.004/SP.
4. "Art. 227. É dever da família, da sociedade e do Estado assegurar à criança e ao adolescente, com absoluta prioridade, o direito à vida, à saúde, à alimentação, à educação, ao lazer, à profissionalização, à cultura, à dignidade, ao respeito, à liberdade e à convivência familiar e comunitária, além de colocá-los a salvo de toda forma de negligência, discriminação, exploração, violência, crueldade e opressão.

   (...)

   § 6º Os filhos, havidos ou não da relação do casamento, ou por adoção, terão os mesmos direitos e qualificações, proibidas quaisquer designações discriminatórias relativas à filiação."
5. "Art. 1.596. Os filhos, havidos ou não da relação de casamento, ou por adoção, terão os mesmos direitos e qualificações, proibidas quaisquer designações discriminatórias relativas à filiação."

dispositivos, filho é sempre filho, independentemente da sua origem, e por esse motivo terá os mesmos direitos.

No Direito Sucessório há polêmica sobre isso no instituto da prole eventual, no qual alguém faz um testamento querendo favorecer uma pessoa que ainda não foi concebida quando da abertura da sucessão. O Código Civil estabelece prazo de 2 anos após a abertura da sucessão para a concepção do herdeiro. Assim, pergunta-se: nesse prazo, pode haver filho adotado ou ele deve ser filho biológico?

Entendemos que o filho pode ser adotado, pois na ausência de previsão sobre isso no testamento a lei é que deverá interpretá-lo, e por força desse princípio nem ela e nem os pais podem fazer distinção entre filhos.

O testador, porém, pode exigir que o filho seja biológico, pois ele pode fazer distinção entre filhos de terceiros, mas se o testamento é omisso, quem resolve é a lei, e a lei e os pais não podem fazer distinção, motivo pelo qual o filho adotivo pode ser beneficiado, neste caso.

Princípio da igualdade entre cônjuges e companheiros: de acordo com o art. 226, § 5º, da CF, os direitos e deveres referentes à sociedade conjugal são exercidos igualmente pelo casal, que pode ser formado pelo homem e pela mulher, ou por pessoas do mesmo sexo (família homoafetiva). O art. 1.511 do Código Civil, seguindo a norma citada, determina que o casamento estabelece comunhão plena de vida, com base na igualdade de direitos e deveres dos cônjuges.

Por força desse princípio, cônjuges e companheiros devem ter tratamentos isonômicos não podendo a legislação favorecer um em detrimento do outro, principalmente agora que se reconhece a possibilidade do casamento e união estável formados por pessoas do mesmo sexo.

Como exemplo de aplicação do referido princípio, citamos que o Código Civil inovou ao permitir que não apenas a mulher, mas também o homem, possa incluir ao seu nome o sobrenome do cônjuge (art. 1.565, § 1º, do Código Civil), sendo tal direito estendido a quem vive em união estável segundo o STJ.

Princípio da paternidade e maternidade responsável: o art. 226, § 7º, da CF estabelece que o exercício da paternidade e maternidade deve ser feito com responsabilidade, impondo aos pais os deveres de guarda, companhia, e, principalmente, o de cuidado, sob pena de responsabilidade civil por abandono afetivo.

Princípio da não intervenção ou liberdade: os arts. 1.513 e 1.565, § 2º, ambos do Código Civil, consagram e valorizam a autonomia privada, pois vedam a intervenção estatal na comunhão de vida da família, ou seja, o planejamento familiar é de livre decisão do casal e não compete ao Estado intervir.

Princípio do melhor interesse da criança e do adolescente: o *best interest of the child*, ou "melhor interesse da criança", tem origem na Convenção Internacional da Haia, que normatizou o sequestro internacional de crianças, questão essa que é de competência da Justiça Federal.

Como exemplo de aplicação desse princípio, podemos citar a inclusão do sistema de guarda compartilhada em nosso ordenamento (art. 1.584 do CC).

Princípio da afetividade: estabelece a importância do afeto nas relações familiares. Como vimos, existem inúmeras formas de constituição de família, já que ela se forma quando há vínculo afetivo entre as pessoas.

Na década de 1970, João Batista Vilella[6] escreveu sobre a "desbiologização da paternidade", sendo um dos primeiros a comentar sobre a parentalidade socioafetiva, que se forma quando há a posse de estado de filho, ou seja, alguém cria uma pessoa como se seu filho fosse.

Esse princípio também embasa a teoria do desamor, que dá origem à responsabilidade civil por abandono afetivo[7], tese essa renegada pelo Superior Tribunal de Justiça[8], que teve que decidir se dar carinho/afeto é uma faculdade ou uma obrigação. Infelizmente, para o Superior Tribunal, os pais dão afeto para os seus filhos, se quiserem, pois, argumentaram alguns ministros, há pessoas que não estão preparadas para dar afeto.

A ideia da responsabilidade civil dos pais por abandono afetivo pode ser aplicada, inclusive, se houver S.A.P. (Síndrome de Alienação Parental[9]), que ocorre quando um dos pais tenta alienar a cabeça do filho contra o outro, por exemplo, inventar uma falsa acusação de estupro para conseguir medidas judiciais para afastar o pai do filho. Esse princípio possui correlação com o da paternidade responsável, cujo objetivo também é o de impedir o abandono afetivo dos filhos, e que os pais os alienem contra o genitor que não possui a guarda.

A Lei n. 12.318/2010, dispõe sobre a alienação parental e alterou o art. 236 da Lei n. 8.069/90.

A referida lei conceitua o ato de alienação parental como a interferência na formação psicológica da criança ou do adolescente promovida ou induzida por um dos genitores, pelos avós ou pelos que tenham a criança ou adolescente sob sua autoridade, guarda ou vigilância para que repudie genitor ou que cause prejuízo ao estabelecimento ou à manutenção de vínculos com este. No art. 2º, a lei mostra que são formas exemplificativas de alienação parental, além dos atos assim declarados pelo juiz ou constatados por perícia, praticados diretamente ou com auxílio de terceiros:

I – realizar campanha de desqualificação da conduta do genitor no exercício da paternidade ou maternidade;

II – dificultar o exercício da autoridade parental;

III – dificultar contato de criança ou adolescente com genitor;

IV – dificultar o exercício do direito regulamentado de convivência familiar;

V – omitir deliberadamente a genitor informações pessoais relevantes sobre a criança ou adolescente, inclusive escolares, médicas e alterações de endereço;

VI – apresentar falsa denúncia contra genitor, contra familiares deste ou contra avós, para obstar ou dificultar a convivência deles com a criança ou adolescente;

VII – mudar o domicílio para local distante, sem justificativa, visando a dificultar a convivência da criança ou adolescente com o outro genitor, com familiares deste ou com avós.

---

6. "Desbiologização da paternidade", *Revista da Faculdade de Direito da UFMG*, n. 21, ano XXVII, Belo Horizonte, maio/79, p. 401 e s.
7. Sugerimos a leitura do capítulo de Responsabilidade Civil desta obra, no item em que tratamos minuciosamente sobre o tema.
8. REsp 757.411/MG.
9. Para entender melhor o instituto, recomendamos o documentário *A Morte Inventada*, do diretor Alan Minas <www.amorteinventada.com.br>. O primeiro filme que retratou a dificuldade do pai em lutar pela guarda do filho foi *Kramer vs. Kramer*.

Para a citada lei, a prática de ato de alienação parental fere direito fundamental da criança ou do adolescente de convivência familiar saudável, prejudica a realização de afeto nas relações com genitor e com o grupo familiar, constitui abuso moral contra a criança ou o adolescente e descumprimento dos deveres inerentes à autoridade parental ou decorrentes de tutela ou guarda.

Segundo o art. 4º da Lei n. 12.318/2010, declarado indício de ato de alienação parental, a requerimento ou de ofício, em qualquer momento processual, em ação autônoma ou incidentalmente, o processo terá tramitação prioritária, e o juiz determinará, com urgência, ouvido o Ministério Público, as medidas provisórias necessárias para preservação da integridade psicológica da criança ou do adolescente, inclusive para assegurar sua convivência com genitor ou viabilizar a efetiva reaproximação entre ambos, se for o caso. É louvável essa determinação, pois com a garantia de tramitação prioritária há um desejo de que a investigação não se eternize, prejudicando o relacionamento entre genitor acusado e filhos.

No mesmo dispositivo o parágrafo único assegura à criança, ao adolescente e ao genitor garantia mínima de visitação assistida, ressalvados os casos em que há iminente risco de prejuízo à integridade física ou psicológica da criança ou do adolescente, atestado por profissional eventualmente designado pelo juiz para acompanhamento das visitas.

Na hipótese de haver indício da prática de ato de alienação parental, em ação autônoma ou incidental, o juiz, se necessário, determinará perícia psicológica ou biopsicossocial. O laudo pericial terá base em ampla avaliação psicológica ou biopsicossocial, conforme o caso, compreendendo, inclusive, entrevista pessoal com as partes, exame de documentos dos autos, histórico do relacionamento do casal e da separação, cronologia de incidentes, avaliação da personalidade dos envolvidos e exame da forma como a criança ou adolescente se manifesta acerca de eventual acusação contra genitor. A perícia será realizada por profissional ou equipe multidisciplinar habilitados, exigida, em qualquer caso, aptidão comprovada por histórico profissional ou acadêmico para diagnosticar atos de alienação parental. O perito ou equipe multidisciplinar designada para verificar a ocorrência de alienação parental terá prazo de 90 dias para apresentação do laudo, prorrogável exclusivamente por autorização judicial baseada em justificativa circunstanciada.

Conforme o art. 6º da lei, caracterizados atos típicos de alienação parental ou qualquer conduta que dificulte a convivência de criança ou adolescente com genitor, em ação autônoma ou incidental, o juiz poderá, cumulativamente ou não, sem prejuízo da decorrente responsabilidade civil ou criminal e da ampla utilização de instrumentos processuais aptos a inibir ou atenuar seus efeitos, segundo a gravidade do caso:

> I – declarar a ocorrência de alienação parental e advertir o alienador;
>
> II – ampliar o regime de convivência familiar em favor do genitor alienado;
>
> III – estipular multa ao alienador;
>
> IV – determinar acompanhamento psicológico e/ou biopsicossocial;
>
> V – determinar a alteração da guarda para guarda compartilhada ou sua inversão;
>
> VI – determinar a fixação cautelar do domicílio da criança ou adolescente;
>
> VII – declarar a suspensão da autoridade parental.

Caracterizadas mudança abusiva de endereço, inviabilização ou obstrução à convivência familiar, o juiz também poderá inverter a obrigação de levar para ou retirar a criança ou adolescente da residência do genitor, por ocasião das alternâncias dos períodos de convivência familiar.

A atribuição ou alteração da guarda dar-se-á por preferência ao genitor que viabiliza a efetiva convivência da criança ou adolescente com o outro genitor nas hipóteses em que seja inviável a guarda compartilhada.

A alteração de domicílio da criança ou adolescente é irrelevante para a determinação da competência relacionada às ações fundadas em direito de convivência familiar, salvo se decorrente de consenso entre os genitores ou de decisão judicial.

Princípio da função social da família: a socialidade está presente de forma marcante na Constituição Federal, já que ela indica que todos os direitos devem cumprir com uma função social, que acarreta a relativização dos direitos como um todo. O objetivo desse princípio é mostrar que não há mais direito absoluto. Podemos afirmar que a sua origem está no art. 226, *caput*, que estabelece ser a família a *celula mater* da sociedade.

Como exemplo, citamos o caso de infidelidade virtual, em que o cônjuge trai o seu consorte em *chats* de relacionamento, fomentando a pornografia inclusive por meio de *webcam*. A jurisprudência já admite ser ela um fato para provocar a separação de um casal, mesmo não havendo contato físico na traição, mas o grande problema é o momento que a pessoa está privando a família do seu convívio, enquanto fica em salas de bate-papo. Dessa forma, quem trai não observa a função social que a família deve cumprir na sociedade, pois deixa de conviver com os filhos e com o cônjuge, não cumprindo com seu papel dentro do núcleo familiar.

13.4. NOVAS FORMAS DE CONSTITUIÇÃO DE FAMÍLIA

Com essa nova principiologia que acabamos de estudar, verifica-se a existência de várias formas de constituição de família, algumas delas novas, que passaremos a estudar.

Família matrimonial: é aquela que deriva do casamento (art. 226 da CF).

Família informal: é aquela em que não há uma forma rígida para ser constituída, como ocorre na união estável, que é uma união informal (sem forma solene).

Família monoparental: é aquela chefiada por uma única pessoa, o homem ou a mulher, e ocorre na hipótese de separação, divórcio e viuvez. Também está prevista no art. 226 da CF.

Família socioafetiva: é aquela formada quando a posse do estado de filho gera uma afeição, em que duas pessoas se tratam como pais e filhos.

Família que vive em multiparentalidade[10]**:** é aquela em que uma pessoa tem três ou mais pais em seu registro de nascimento.

Família homoafetiva: é aquela formada por pessoas do mesmo sexo. Essa expressão foi criada por Maria Berenice Dias.

10. Sobre o tema, recomendamos a leitura do livro de nossa autoria, único no país, intitulado *Multiparentalidade e parentalidade socioafetiva:* efeitos jurídicos, 3. ed., São Paulo: Atlas, 2017.

Família mosaico: é aquela formada por pessoas que já foram casadas por diversas vezes, e que trazem para essa família filhos de vários relacionamentos (os meus, os seus e os nossos filhos). É um exemplo de família reconstituída.

Família anaparental: é formada pela união de pessoas com ou sem vínculo de família, por exemplo, duas irmãs que moram juntas, ou amigas que estão estudando e vão morar fora da cidade de origem em um imóvel alugado.

Família eudemonista: a família eudemonista ou afetiva é aquela *que admite ser a felicidade individual ou coletiva o fundamento da conduta humana moral*, o que a aproxima da afetividade. Trata-se de um conceito moderno que se refere à família que busca a realização plena de seus membros, ou seja, a felicidade, caracterizando-se pela comunhão de afeto recíproco, a consideração e o respeito mútuos entre os membros que a compõem, independentemente do vínculo biológico.

13.5 CASAMENTO

13.5.1. Conceito

É a união de pessoas de sexos distintos ou do mesmo sexo (casamento homoafetivo[11]), reconhecida e regulamentada pelo Estado, constituída com objetivo de criação de uma família e baseada num **vínculo de afeto**. Porém, cumpre salientar, que o art. 1.513 do Código Civil estabelece que é defeso a qualquer pessoa, de direito público ou privado, interferir na comunhão de vida instituída pela família, e segundo o *caput* do art. 226 da CF, a família, base da sociedade, tem especial proteção do Estado.

13.5.2. Natureza jurídica

Há três teorias que a tentam explicar:

Teoria institucionalista: para quem casamento é uma instituição social com forte carga moral e religiosa. Essa teoria é defendida por Maria Helena Diniz. Para a doutrina majoritária, essa teoria se encontra superada, mas as pessoas ainda entendem que o casamento é uma instituição social, já que fazem do evento religioso um evento com pompa e circunstância, mesmo se os nubentes não comungam da fé católica.

Teoria contratualista: para os adeptos dessa teoria, o casamento é um contrato. Defendia essa teoria o professor Silvio Rodrigues. A doutrina majoritária também entende que essa teoria está superada, pois, como vimos no capítulo em que analisamos a sua teoria geral, o contrato é um negócio jurídico bilateral ou plurilateral que visa criar, modificar ou extinguir direitos e deveres de conteúdo patrimonial, o que não existe no casamento.

Teoria mista: pela teoria mista, ou eclética, o casamento é uma instituição quanto ao conteúdo e um contrato especial na formação. Essa é a teoria que prevalece atualmente em nossa doutrina.

---

11. Regulamentado no Brasil pela Resolução n. 175 do CNJ, de 14 de maio de 2013.

13.5.3. Princípios do casamento

Princípio da monogamia: decorre do art. 1.521, VI, do Código Civil, que estabelece que pessoas casadas não podem se casar (é um impedimento matrimonial que gera a nulidade do casamento).

Princípio da liberdade de união: decorre do art. 1.513 do Código Civil, que permite a livre escolha do cônjuge como exercício da autonomia privada, pois é defeso a qualquer pessoa, de direito público ou privado, interferir na comunhão de vida instituída pela família.

Princípio da comunhão plena de vida: no casamento, tanto o homem quanto a mulher devem renunciar os interesses individuais, já que há uma comunhão de interesses em prol da família. É o art. 1.511 do Código Civil que fundamenta este princípio, ao determinar que o casamento estabelece comunhão plena de vida, com base na igualdade de direitos e deveres dos cônjuges.

13.5.4. Capacidade para o casamento

Explicam Luiz Edson Fachin e Ruzyk[12] que a capacidade civil, por ser uma aptidão genérica, pode não ser suficiente para o ato matrimonial, pois exige-se a capacidade *ad hoc*, ou seja, uma capacidade específica denominada legitimação. Os citados autores alertam que o conceito de capacidade e legitimidade não se confunde, já que a primeira é requisito genérico e a segunda, específico.

A lei estabelece uma idade mínima para a realização do casamento, na qual presume que as pessoas estariam aptas a procriar e gerenciar uma família. A idade núbil, ou idade mínima para se casar, é de 16 anos. Mesmo havendo registros médicos do advento de menstruação em meninas com menos de 12 anos, idade em que o Estatuto da Criança e do Adolescente ainda considera ser a pessoa uma criança (art. 2º), não podemos esquecer que o casamento dá capacidade de fato, também chamada de exercício, em razão de ser uma forma de emancipação legal (art. 5º), que permitirá aos casados praticarem atos da vida civil pessoalmente.

Por esse motivo preferiu a lei criar regra (que veremos mais adiante ser relativa) exigindo que os nubentes tenham 16 anos no mínimo. Aos maiores de 18 anos (idade em que se alcança a maioridade civil) não se impõem restrições, mas ao maior de 16 e menor de 18 anos exige-se a autorização dos representantes legais.

Urge lembrar que o **art. 6º, inciso I**, do Estatuto da Pessoa com Deficiência concedeu plena capacidade civil ao deficiente para se casar e constituir união estável. Inclusive o interdito poderá se casar, pois o **art. 85, § 1º** da referida norma, estabelece que a curatela não alcança o direito ao matrimônio.

As **Normas de Serviço dos Cartórios Extrajudiciais da Corregedoria Geral da Justiça do Estado de São Paulo**, estabelecem no **capítulo XVII** dedicado ao Registro Civil das Pessoas Naturais, importante regra sobre a habilitação do casamento da pessoa com

12. Luiz Edson Fachin e Carlos Eduardo Pianovski Ruzyk. *Código Civil comentado*: direito de família. Casamento. São Paulo: Atlas, 2003, v. XV.

deficiência, ao determinar no **item 57.1**, que o **nubente interdito**, seja qual for a data ou os limites da interdição, **poderá contrair casamento.**

A norma exige para o casamento do menor de 18 e maior de 16 anos a autorização do representante legal. Inicialmente trata-se dos pais (ambos) que precisarão autorizar o casamento, independentemente de estarem separados, divorciados, ou de quem tem a guarda judicial ou de fato do menor, já que tal exigência está ligada ao exercício do poder familiar, que também é exercido por quem não tem a guarda. A autorização será de apenas um dos pais quando:

a) tiver ocorrido a morte de um dos cônjuges;

b) um deles tiver perdido o poder familiar por sentença em ação de destituição do poder familiar, pois, nesse caso, o outro cônjuge irá exercer, com exclusividade, o poder familiar.

Assim, ambos os pais devem consentir no casamento expressamente, de forma escrita, em escritura pública, conforme exige o **art. 1.537 do Código Civil**, porém há normas locais, em provimentos das Corregedorias Gerais de Justiça de vários Estados, que permitem que essa autorização seja dada como instrumento particular com firma reconhecida, ou, ainda, direta e pessoalmente ao Registrador Civil. Pontes de Miranda[13] explicava que o assentimento deve designar a pessoa com quem se vai casar o nubente, mas que, se isso não ocorrer, a negligência do assentinte não pode prejudicar o matrimônio, pois se os pais buscassem o Judiciário para invalidar a autorização dada, seria um *venire contra factum proprium*. Discorda desse posicionamento Carvalho Santos[14], para quem a autorização genérica acarretaria uma abdicação do poder familiar.

Concordamos com Pontes de Miranda, pois entendemos que, em virtude de o ato ser revogável até o momento da celebração, não haveria problema algum para os representantes que não concordassem com a escolha feita pelo autorizado.

Se um ou ambos os pais forem analfabetos, utilizará o tabelião o instituto da assinatura a rogo, ou seja, alguém irá assinar no lugar do analfabeto, após tal fato ser declarado na escritura pública.

Quando o casamento for celebrado no caso do menor, sem o consentimento dos pais ou do representante legal, será então anulável, conforme o **art. 1.550 do Código Civil**. Mas, se eles acompanharem a cerimônia do casamento, não poderá ser anulado, já que haveria um consentimento tácito neste caso. Na hipótese de o menor estar sob tutela, já que os pais não mais exercem o poder familiar por terem falecido, ou ainda por terem sido suspensos ou destituídos, caberá esse encargo ao tutor nomeado pelo juiz.

De acordo com o **art. 1.555 do Código Civil**, o casamento do menor em idade núbil, quando não autorizado por seu representante legal, só poderá ser anulado se a ação for proposta em 180 dias, por iniciativa do incapaz, ao deixar de sê-lo, por seus representantes legais ou por seus herdeiros necessários. O mesmo artigo estabelece no **§ 2º** que não se anulará o casamento quando à sua celebração houverem assistido os representantes legais

13. MIRANDA, Pontes de. *Tratado de direito privado*: parte especial. 3. ed. Rio de Janeiro: Borsoi, 1971, t. VII.
14. SANTOS, João Manuel de Carvalho. *Código Civil brasileiro interpretado*: direito de família. 11. ed. Rio de Janeiro: Freitas Bastos, 1986, v. IV, p. 62.

do incapaz, ou tiverem, por qualquer modo, manifestado sua aprovação, ou seja, estamos diante de um consentimento tácito.

A autorização que o art. 1.517 do Código Civil exige para o casamento do menor de 18 e maior de 16 anos **é ato revogável**, conforme determina o **art. 1.518 do mesmo Código**, que foi modificado pelo Estatuto da Pessoa com Deficiência (Lei n. 13.146/2015). Como o consentimento é requisito de validade do casamento do incapaz, o representante legal (pais e tutores) poderá revogar, até a celebração do casamento, a autorização concedida. A revogação deve ser feita por escrito e entregue ao oficial do registro civil, indicando o motivo justo e superveniente que o levou a tomar tal decisão.

No momento da celebração. A revogação poderá ser feita verbalmente ao oficial, que a fará constar no termo do casamento, e que será assinado pela autoridade celebrante, pelos nubentes, pelos representantes legais, pelas testemunhas e pelo oficial de registro. Cumpre salientar que apesar de todas essas providências o casamento não é celebrado. Se quem deu a autorização para o casamento vier a falecer antes da celebração, quem o suceder (tutor ou novo tutor) poderá revogá-la se achar conveniente. Porém, é importante frisar que, ocorrendo a revogação da autorização para o casamento, poderá o nubente ingressar com o pedido de suprimento judicial para conseguir se casar, de acordo com o que já expusemos nos comentários ao art. 1.517. Encerrada a celebração, há caducidade do direito de revogar a autorização. Por celebração entende-se a solenidade matrimonial que nem sempre coincide com cerimônia pertinente, exceção feita ao casamento religioso com efeito civil, em que tais atos ocorrem simultaneamente.

Se a negativa do representante legal (pais ou tutores) em dar consentimento para o casamento não estiver embasada numa justa causa (por exemplo, um mero capricho dos pais que não querem que a filha se case com rapaz pobre), o nubente prejudicado poderá requerer o suprimento desse requisito ao magistrado.

Se houver recusa injustificada dos pais ou tutor, se existir divergência entre os pais em consentir, ou se houver revogação do consentimento, poderá o menor socorrer-se do Judiciário para conseguir autorização para a celebração do casamento (**art. 1.631, parágrafo único, do CC**). Obtido o suprimento judicial, perderão os nubentes a possibilidade de escolher o regime de bens, já que o casamento será celebrado pelo regime da separação obrigatória de bens, consoante o art. 1.641, III, do Código Civil.

O **pedido é formulado pelo próprio menor**, representado por advogado ou pelo curador de menores. Não se trata de jurisdição contenciosa, ainda que, em concreto, haja conflito entre o menor e a pessoa que se recusa a consentir. Trata-se de **jurisdição voluntária**, porque tutela os interesses de um incapaz, sem que haja, de sua parte, direito subjetivo ao consentimento de seu pai, mãe ou tutor. Por esse motivo, excepcionalmente, o menor não precisará ser assistido por seus pais nesse processo judicial, cabendo, segundo o **art. 72, I, do CPC/2015**, a designação de um curador à lide[15].

Segundo Antonio Cláudio da Costa Machado[16], trata-se de uma ação de procedimento de jurisdição voluntária (**arts. 719 a 724 do CPC/2015**), que deverá ser proposta

15. RIBEIRO, Benedito Silvério. *Cautelares em família e sucessões*. São Paulo: Saraiva, 2009, p. 133.
16. MACHADO, Antonio Carlos da. *Código de Processo Civil interpretado*. 2. ed. Barueri: Manole, 2008, p. 1441.

no foro do domicílio do réu (regra geral contida no **art. 46 do CPC/2015**), que no caso é o representante legal, perante uma das Varas da Infância e da Juventude (**art. 148, parágrafo único, letra c, da Lei n. 8.069/90 – ECA**), ou o juiz que exerce essa função de acordo com a organização judiciária local.

Já Benedito Silvério Ribeiro[17] entende que é possível, também, a propositura da ação cautelar de afastamento do menor autorizado a contrair casamento contra a vontade dos pais, para obter a autorização para casar, fato que contraria a opinião de Antonio Cláudio da Costa Machado[18], pois, como o artigo da lei processual exige que o menor esteja autorizado a casar, haveria uma carência de ação por falta de interesse de agir.

Como a ação de suprimento judicial para o casamento é preparatória ao processo de habilitação, o pedido pode ser cumulado com o de afastamento do menor do seu lar. Se concedida a liminar, o juiz determinará o depósito do menor com parentes ou terceiro idôneo. Isso cabe tanto se a negativa for dos pais ou do tutor. Se não houver o pedido de afastamento na ação de suprimento, o juiz poderá decretar de ofício, segundo Benedito Silvério Ribeiro[19].

Da decisão, concessiva ou não, cabe recurso de apelação (arts. 1.009 e 724 do CPC/2015). Obtido tal suprimento (art. 68 da Lei n. 6.015/73), o casamento será celebrado pelo regime da separação obrigatória de bens (**art. 1.641, III, do Código Civil**). Cumpre salientar que o dispositivo em comento não mais exige o recurso necessário contra decisão em que o juiz supre tal necessidade, como determinava o art. 188 do Código Civil de 1916.

A lei não estabelece o que seria um justo motivo para ensejar a negativa do consentimento para o casamento. O juiz deverá verificar de acordo com o caso concreto, pois, pelo princípio da operabilidade, um dos princípios instituidores do Código Civil, o legislador se furtou de estabelecer conceitos na lei para que ela, com o tempo, não se torne obsoleta em decorrência da evolução da sociedade. Porém, apenas a título de exemplificação, utilizaremos o rol apresentado por Washington de Barros Monteiro[20]:

a) costumes desregrados ou mau proceder por parte do pretendente;

b) não ter algum dos pretendentes aptidão para contribuir com o sustento da família;

c) existência de impedimento legal;

d) grave risco de saúde para o incapaz;

e) rapto e condução do menor para casa de tolerância.

A regra de que a idade mínima para uma pessoa se casar é de 16 anos tornou-se absoluta com o advento da **Lei n. 13.811 de 12 de março de 2019**, que modificou o **art. 1.520 do CC**, vejamos:

> **Art. 1.520 do CC:** Não será permitido, em qualquer caso, o casamento de quem não atingiu a idade núbil, observado o disposto no art. 1.517 deste Código.

---

17. RIBEIRO, Benedito Silvério. *Cautelares em família e sucessões*. São Paulo: Saraiva, 2009, p. 133.
18. MACHADO, Antonio Carlos da. *Código de Processo Civil interpretado*. 2. ed. Barueri: Manole, 2008, p. 1441.
19. *Cautelares em família e sucessões*. São Paulo: Saraiva, 2009, p. 133.
20. *Curso de direito civil*: direito de família. 29. ed. São Paulo: Saraiva, 1992, v. 2, p. 27.

A norma acima proíbe **o casamento infantil** (do menor de 16 anos), em qualquer caso, sem mais nenhuma exceção nem possibilidade de autorização judicial (que era possível no caso de gravidez).

Dessa forma fica prejudicado o **Enunciado n. 329** da IV Jornada de Direito Civil do Conselho da Justiça Federal, que estabelece a necessidade da permissão para o casamento fora da idade núbil merecer interpretação orientada pela dimensão substancial do princípio da igualdade jurídica, ética e moral entre o homem e a mulher, evitando-se, sem prejuízo do respeito à diferença, tratamento discriminatório. O citado enunciado não tem mais aplicação.

A dúvida que agora surge com o advento da Lei n. 13.811/2019 é, se havendo um casamento envolvendo um menor de 16 anos, ele continuaria sendo anulável, como prevê o art. 1.550, I, do CC, ou se o mesmo seria alvo da chamada nulidade virtual, prevista no art. 166, VI, do CC, que determina ser nulo o negócio jurídico quando tiver por objeto fraudar lei imperativa. Veremos isso mais adiante quando tratarmos do casamento anulável.

Dessa feita, verifica-se que a legitimação[21] para o casamento depende da maioridade civil, que, como já foi estudado, se inicia aos 18 anos.

Assim, pergunta-se: menores entre 16 e 18 anos que já foram, anteriormente, emancipados, podem se casar?

A capacidade de fato pode ser adquirida pela maioridade ou pela emancipação. Dessa forma, quem é emancipado é porque não atingiu a maioridade, e mesmo sendo pessoa capaz continua sendo menor. Verifica-se, assim, que a emancipação não implica maioridade, mas capacidade. Dessa forma, entendemos que o menor em idade núbil emancipado não pode casar sem autorização dos pais, pois o Código Civil é claro no sentido de afirmar, no art. 1.517, que se exige autorização de ambos os pais, ou de seus representantes legais enquanto não atingida a **maioridade civil**. Assim, quem é emancipado tem capacidade mas não atingiu, ainda, a maioridade civil, motivo pelo qual entendemos que não é possível menor em idade núbil emancipado se casar sem autorização dos seus representantes legais.

Por tais motivos, não concordamos com o Enunciado 512 do CJF, que estabelece:

En. 512 do CJF – Art. 1.517. O art. 1.517 do Código Civil, que exige autorização dos pais ou responsáveis para casamento, enquanto não atingida a maioridade civil, não se aplica ao emancipado.

A capacidade civil é a aptidão para adquirir direitos e exercer por si, ou por outrem, atos da vida civil. Duas são as espécies de capacidade: de direito e de fato (sobre o tema, *vide* capítulo a respeito de capacidade e incapacidade no início desta obra).

A capacidade de fato é adquirida com a maioridade ou com a emancipação, motivo pelo qual a pessoa emancipada é qualificada como menor capaz até completar 18 anos, ou seja, adquirir a maioridade.

Com base nesse raciocínio, necessário se faz estudar duas questões polêmicas, que envolvem ambos os conceitos, e que geram inúmeros problemas aos notários e registradores.

21. Legitimação não se confunde com legitimidade. A legitimação é uma capacidade especial para a prática de certo ato, ou seja, se a pessoa precisar de representação ou autorização de alguém, significa que não possui legitimação para a prática desse ato.

A primeira é saber se uma pessoa emancipada pode casar sem autorização de seus representantes legais.

Essa questão está normatizada no art. 1.517 do Código Civil, que disciplina:

Art. 1.517. O homem e a mulher com dezesseis anos podem casar, exigindo-se autorização de ambos os pais, ou de seus representantes legais, enquanto não atingida a maioridade civil.

Com a leitura do artigo acima, verifica-se que a idade mínima (núbil) para o casamento se inicia aos 16 anos, e que até atingir a maioridade civil a pessoa que queira se casar precisará da autorização de seus representantes legais.

Diante do exposto, como a pessoa emancipada adquiriu a capacidade de fato, mas não a maioridade civil, tem-se que o seu casamento só poderá ocorrer com a autorização do seu representante legal.

Essa questão deve ser verificada no processo de habilitação do casamento. Para Walter Ceneviva[22], habilitar para o matrimônio consiste em definir a aptidão jurídica dos nubentes, que atuam no processo juntamente com o oficial, o representante do Ministério Público e o juiz. O processo de habilitação para o casamento está normatizado nos arts. 1.525 a 1.532 do Código Civil.

No art. 1.525, o Código Civil elenca os documentos que devem ser apresentados no requerimento de habilitação, e no inciso II exige a autorização por escrito das pessoas sob cuja dependência legal estiverem, ou ato judicial que a supra.

Assim, verifica-se que, se o nubente possui entre 16 e 18 anos, precisará, obrigatoriamente, da autorização do seu representante legal, pois, segundo o artigo acima, tal requisito somente é dispensável na hipótese de um ato judicial que o *supra*, obtido em ação de suprimento judicial.

A segunda questão polêmica é saber se um casal que tem filhos menores, mas emancipados, pode separar-se ou divorciar-se por escritura pública. O ponto nodal da polêmica está no texto do art. 733 do CPC/2015, que exige para o divórcio extrajudicial que não existam filhos menores ou incapazes do casal.

O texto legal permite a adoção do procedimento somente quando não houver filhos menores ou incapazes. Como o legislador foi abrangente, entendemos que a emancipação voluntária dos filhos maiores de 16 e menores de 18 anos (inciso I do parágrafo único do art. 5º do Código Civil) não é suficiente para permitir que a separação e o divórcio possam ser realizados por escritura pública, já que nesse caso haverá a aquisição da capacidade de direito, mas não da maioridade, que se dá aos 18 anos (idade em que se alcança a maioridade civil, segundo o art. 5º do Código Civil). Ao ser emancipado voluntariamente pelos pais, o filho se torna capaz, mas continua sendo menor até completar 18 anos.

Não vemos a emancipação como algo bom para o menor, em regra, visto que ele deixa de contar com a proteção que a dependência dos pais estabelecida na lei determina. Em razão disso, tememos que vários casais, no intuito de se separar ou divorciar, prejudiquem seus filhos emancipando-os, o que não seria aceitável.

22. CENEVIVA. Walter. *Lei dos Registros Públicos comentada*. 17. ed. São Paulo: Saraiva, 2006, p. 169.

Por tudo isso, entendemos necessário o debate para que se proíba o casamento do menor em idade núbil emancipado, se não autorizado pelo seu representante legal, bem como a separação e divórcio de casal, por escritura pública, que possui filhos menores, mas que tenham mais do que 16 anos, pois neste último caso é possível os pais quererem emancipar o filho não porque ele possui condições para tal, mas apenas porque eles querem se aproveitar da celeridade do procedimento, e o filho é quem acaba sendo prejudicado, por perder garantias legais com o fim da incapacidade relativa.

13.5.5. Tríade do casamento

Em regra, o casamento é composto por 3 fases (tríade):[23]

1ª fase	**Habilitação** no Cartório de Registro Civil das Pessoas Naturais
2ª fase	**Celebração** pela autoridade celebrante, que, em regra, é o Juiz de Paz (art. 98, II, e art. 26, da CF), eleito conforme o art. 14, § 3º, c, da CF
3ª fase	**Registro** no Cartório de Registro Civil das Pessoas Naturais

13.5.5.1. Habilitação para o casamento (arts. 1.525 a 1.532 do CC e arts. 67 a 69 da Lei Registros Públicos)

A habilitação para o casamento é feita no Cartório de Registro Civil das Pessoas Naturais da residência de um dos nubentes (art. 67 da Lei n. 6.015/73).

O parágrafo primeiro do art. 67 da Lei de Registros Públicos foi alterado pela Lei 14.382/2022, sendo por ela retirado a necessidade de encaminhamento do processo de habilitação ao Ministério Público. Para comprovar a desnecessidade de encaminhamento, a citada lei revogou, ainda, os parágrafos segundo e terceiro, que tratava desse tema. Com isso ficou evidenciado que não é mais necessário encaminhar o processo de habilitação do casamento ao Ministério Público, fato esse que gerou uma **derrogação tácita do artigo 1.526 do CC**, na parte que tratava da necessidade desse encaminhamento.

Com isso, o processo de habilitação do casamento pode ser finalizado pelo Registrador Civil sem a necessidade de encaminhamento do mesmo ao Ministério Público ou Juiz de Direito, dando ao Oficial maior autonomia, e claro responsabilidade, na condução desse ato, que fica mais ágil para as partes.

Se houver impedimento ou arguição de causa suspensiva, o oficial de registro dará ciência do fato aos nubentes, para que indiquem, em 24 (vinte e quatro) horas, provas que pretendam produzir, e remeterá os autos ao Juiz Corregedor Permanente, e, produzidas as provas pelo oponente e pelos nubentes, no prazo de 3 (três) dias, com ciência do Ministério Público, e ouvidos os interessados e o órgão do Ministério Público em 5 (cinco) dias, decidirá o juiz em igual prazo.

23. Art. 98 da CF: "A União, no Distrito Federal e nos Territórios, e os Estados criarão: (...) II – justiça de paz, remunerada, composta de cidadãos eleitos pelo voto direto, universal e secreto, com mandato de quatro anos e competência para, na forma da lei, celebrar casamentos, verificar, de ofício ou em face de impugnação apresentada, o processo de habilitação e exercer atribuições conciliatórias, sem caráter jurisdicional, além de outras previstas na legislação".

Essa hipótese indicada no § 5º do art. 67 da Lei de Registros Públicos, com a nova redação dada a esse dispositivo pela Lei 14.382/2022, é o único caso em que o processo de habilitação do casamento deverá ser encaminhado ao Juiz (e não ao MP, que irá intervir no processo judicial que será instaurado com esse encaminhamento), confirmando a disposição do parágrafo único do art. 1.526 do CC.

Conforme art. 68 da Lei de Registros Públicos, se o interessado quiser justificar fato necessário à habilitação para o casamento, deduzirá sua intenção perante o Juiz competente, em petição circunstanciada indicando testemunhas e apresentando documentos que comprovem as alegações. Ouvidas as testemunhas, se houver, dentro do prazo de cinco (5) dias, com a ciência do órgão do Ministério Público, este terá o prazo de vinte e quatro (24) horas para manifestar-se, decidindo o Juiz em igual prazo, sem recurso. Finalizado o procedimento, os autos da justificação serão encaminhados ao oficial do registro para serem anexados ao processo da habilitação matrimonial.

Tanto os impedimentos quanto as causas suspensivas serão opostos em declaração escrita e assinada, instruída com as provas do fato alegado, ou com a indicação do lugar onde possam ser obtidas. O oficial do registro dará aos nubentes ou a seus representantes nota da oposição, indicando os fundamentos, as provas e o nome de quem a ofereceu. Podem os nubentes requerer prazo razoável para fazer prova contrária aos fatos alegados, e promover as ações civis e criminais contra o oponente de má-fé.

O requerimento de habilitação para o casamento será firmado por ambos os nubentes, de próprio punho, ou, a seu pedido, por procurador, podendo, inclusive ser eletrônico, mediante recepção e comprovação da autoria e da integridade dos documentos, conforme permite o § 4º-A do art. 67 da Lei de Registros Públicos, com a nova redação dada a esse dispositivo pela Lei 14.382/2022, em razão dos problemas causados pela pandemia da Covid-19, que impediu a realização de muitos casamentos durante o período do isolamento social.

O pedido de abertura do processo de habilitação, deve ser instruído com os seguintes documentos:

> I – certidão de nascimento ou documento equivalente;
>
> II – autorização por escrito das pessoas sob cuja dependência legal estiverem, ou ato judicial que a supra;
>
> III – declaração de duas testemunhas maiores, parentes ou não, que atestem conhecê-los e afirmem não existir impedimento que os iniba de casar;
>
> IV – declaração do estado civil, do domicílio e da residência atual dos contraentes e de seus pais, se forem conhecidos;
>
> V – certidão de óbito do cônjuge falecido, de sentença declaratória de nulidade ou de anulação de casamento, transitada em julgado, ou do registro da sentença de divórcio.

O parágrafo primeiro do art. 67 da Lei de Registros Públicos foi alterado pela Lei 14.382/2022, passou a estabelecer que se estiver em ordem a documentação, o oficial de registro dará publicidade, em meio eletrônico, à habilitação e extrairá, no prazo de até 5 (cinco) dias, o certificado de habilitação, podendo os nubentes contrair matrimônio perante qualquer serventia de registro civil de pessoas naturais, de sua livre escolha.

Com isso, esse dispositivo provocou a revogação tácita do *caput* do artigo 1.527 do CC, pois o prazo dos editais de proclamas deixa de ser de 15 dias para ser de 05 dias, bem como se torna desnecessária a publicação dos editais na imprensa local, que passa a ser feita exclusivamente no meio eletrônico (internet), deixando, também, de ser afixado na sede da serventia (já não era sem tempo essa mudança).

O art. 69 da Lei de Registros Públicos, em virtude da alteração que sofreu pela Lei 14.382/2022, acabou revogando tacitamente o parágrafo único do artigo 1.527 do CC, pois alterou as regras para se pedir ao Registrador Civil a dispensa da publicação dos editais de proclamas, em caso de urgência.

Para a dispensa da publicação eletrônica dos proclamas, nos casos previstos em lei, os contraentes, em petição dirigida ao oficial de registro, deduzirão os motivos de urgência do casamento, provando o alegado, no prazo de 24 (vinte e quatro) horas, com documentos. O oficial de registro, no prazo de 24 (vinte quatro) horas, com base nas provas apresentadas, poderá dispensar ou não a publicação eletrônica, e caberá recurso da decisão ao juiz corregedor.

É dever do oficial do registro esclarecer os nubentes a respeito dos fatos que podem ocasionar a invalidade do casamento, bem como sobre os diversos regimes de bens.

Cumpridas as formalidades e verificada a inexistência de fato obstativo, o oficial do registro extrairá o certificado de habilitação, que terá prazo de eficácia de 90 dias, a contar da data em que foi extraído o certificado, devendo os nubentes se casarem nesse período, numa das modalidades previstas em lei, que veremos a seguir.

13.5.5.2. Celebração do casamento (arts. 1.533 a 1.542 do CC)

Como vimos, a celebração do casamento é feita pela autoridade celebrante, que em regra é o Juiz de Paz (art. 98, II, da CF), eleito conforme o art. 14, § 3º, VI, c, da Constituição Federal.

O art. 67, § 1º, da Lei n. 6.015/73 (Lei de Registros Públicos) autoriza 6º ser o casamento celebrado em qualquer cartório de Registro Civil dos países, podendo ser outra cidade ou estado, inclusive), dentro o prazo de eficácia da certidão de habilitação, devendo, neste caso, o oficial de registro em que foi realizada a habilitação ser comunicado, por meio eletrônico, para a devida anotação no procedimento de habilitação.

O casamento será celebrado no dia, hora e lugar solicitados pelos nubentes e designados pelo oficial de registro, que é quem tem o poder para essa definição (não cabe as partes e nem ao Juiz de Paz).

A celebração do casamento será imediatamente suspensa se algum dos contraentes: I – recusar a solene afirmação da sua vontade; II – declarar que esta não é livre e espontânea; III – manifestar-se arrependido. O nubente que, por algum dos fatos mencionados anteriormente, der causa à suspensão do ato, não será admitido a retratar-se no mesmo dia.

Presentes os contraentes, em pessoa ou por procurador especial, juntamente com as duas testemunhas e o oficial do registro, o presidente do ato, ouvida aos nubentes a afirmação de que pretendem casar por livre e espontânea vontade, declarará efetuado o casamento, nestes termos:

> *"De acordo com a vontade que ambos acabais de afirmar perante mim, de vos receberdes por marido e mulher, eu, em nome da lei, vos declaro casados".*

A celebração do casamento pode ocorrer das seguintes formas:

Casamento em cartório: é aquele celebrado dentro da própria serventia. A solenidade será realizada na sede do cartório, com toda publicidade, a portas abertas, presentes pelo menos 2 testemunhas, parentes ou não dos contraentes. Serão 4 as testemunhas se algum dos contraentes não souber ou não puder escrever.

Casamento por videoconferência é aquele celebrado, a requerimento dos nubentes, em meio eletrônico, por sistema de videoconferência em que se possa verificar a livre manifestação da vontade dos contraentes. Essa regra, descrita no § 8º do art. 67 da Lei de Registros Públicos, foi incluída pela Lei 14.382/2022, em virtude das dificuldades impostas pelo isolamento social na pandemia da Covid-19, em que diversos casamentos não puderam ser celebrados. Aplicam-se, também, as mesmas regras do casamento em cartório, inclusive no que tange as testemunhas.

Casamento em diligência: é aquele que ocorre em local escolhido pelos nubentes, tal como sítio, chácara etc. A lei autoriza que, querendo as partes e consentindo a autoridade celebrante, a celebração seja feita em qualquer edifício público ou particular, na presença de 4 testemunhas. Quando o casamento for em edifício particular, ficará este de portas abertas durante o ato.

Casamento religioso com efeito civil: essa modalidade é a mais usual. Uma autoridade religiosa faz o casamento e expede uma certidão religiosa que será registrada no Cartório de Registro Civil das pessoas naturais. Depois da lavratura no cartório, os efeitos são retroativos. O Tribunal de Justiça da Bahia possui um precedente histórico que autoriza o casamento celebrado em centro espírita a ser registrado em cartório como casamento religioso com efeito civil[24]. Acertada a decisão do corajoso tribunal, se considerarmos que a nossa Constituição é laica. Entendo que o objetivo é terminar com a hipocrisia de espíritas serem obrigados a casar em igreja católica, mesmo não comungando da fé por ela professada.

Segundo o art. 1.516, § 1º, do Código Civil, o registro civil do casamento religioso deverá ser promovido dentro de 90 dias de sua realização, mediante comunicação do celebrante ao ofício competente, ou por iniciativa de qualquer interessado, desde que haja sido homologada previamente a habilitação. Após o referido prazo, o registro dependerá de nova habilitação. Com isso, não prevalece mais o **art. 73 da Lei n. 6.015/73 (LRP)**, que estabelece o prazo de 30 dias para se fazer o registro do casamento religioso para ter efeitos civis, consoante a doutrina e jurisprudência majoritária (*vide* art. 86.1, Capítulo XVII, das Normas de Serviço da Corregedoria Geral de Justiça do Estado de São Paulo).

24. "Casamento religioso com efeito civil. Competência para a celebração. Omissão da lei. Impossibilidade de suprimento pela Corregedoria-Geral de Justiça. Ausência de poder regulamentar. O atual Código Civil, a exemplo da legislação anterior, não conferiu idoneidade para celebração do casamento religioso a qualquer rito confessional específico. Tal omissão não pode ser suprida pela Corregedoria, pois não lhe compete definir o que é religião, muito menos estabelecer um rol taxativo de religiões idôneas para a celebração. Admitir-se o contrário implicaria em afronta ao princípio da legalidade, estatuído no art. 5º, II, da Constituição Federal, além do sério risco de se resvalar para o arbítrio e a intolerância" (Proc. 21.207/05, Corregedoria de Justiça do TJBA, 21-9-2005).

13.5.5.2.1. Hipóteses excepcionais de celebração do casamento

Após estudarmos as hipóteses usuais de casamento, cumpre informar que existem casos excepcionais, tais como:

Casamento em caso de moléstia grave de um dos nubentes: é aquele em que um dos nubentes está acometido por moléstia grave (art. 1.539 do CC). De acordo com o citado dispositivo, no caso de moléstia grave de um dos nubentes, o presidente do ato irá celebrá-lo onde se encontrar o impedido, sendo urgente, ainda que à noite, perante duas testemunhas que saibam ler e escrever. A falta ou impedimento da autoridade competente para presidir o casamento suprir-se-á por qualquer dos seus substitutos legais, e a do oficial do Registro Civil, por outro *ad hoc*, nomeado pelo presidente do ato. O termo avulso, lavrado pelo oficial *ad hoc*, será registrado no respectivo registro dentro em 5 dias, perante duas testemunhas, ficando arquivado.

A moléstia grave gera a impossibilidade de o nubente comparecer até a autoridade para a celebração do casamento, ou seja, isso não significa que a pessoa irá falecer. Neste caso, está dispensado um dos requisitos do casamento, que é a publicidade.

Casamento nuncupativo: também chamado *in extremis vitae momentis*, ou *in articulo mortis*. Nesta modalidade, um ou ambos os nubentes celebram o casamento em hipótese de existência de risco de vida. De acordo com o art. 1.540 do Código Civil, quando algum dos contraentes estiver em iminente risco de vida, não obtendo a presença da autoridade à qual incumba presidir o ato, nem a de seu substituto, poderá o casamento ser celebrado na presença de seis testemunhas, que não tenham parentesco em linha reta, ou na colateral até o segundo grau, com os nubentes.

Não existe processo de habilitação anterior ao casamento, neste caso. Em tal hipótese, podemos dizer que a regra é invertida, pois o processo de habilitação é posterior à celebração.

Cumpre lembrar que, conforme regra do art. 1.542, § 2º, do CC, o nubente que não estiver em iminente risco de vida poderá fazer-se representar no casamento nuncupativo.

Celebrado o casamento, abre-se o prazo de 10 dias para as testemunhas requererem a sua homologação perante a autoridade judicial mais próxima. De acordo com o art. 1.541 do Código Civil, realizado o casamento, devem as testemunhas comparecer perante a autoridade judicial mais próxima, dentro em 10 dias, pedindo que lhes tome por termo a declaração de:

a) que foram convocadas por parte do enfermo;

b) que este parecia em perigo de vida, mas em seu juízo;

c) que, em sua presença, declararam os contraentes, livre e espontaneamente, receber-se como cônjuges.

Autuado o pedido e tomadas as declarações, o juiz procederá às diligências necessárias para verificar se os contraentes podiam ter se habilitado, na forma ordinária, ouvidos os interessados que o requererem, dentro de 15 dias. Verificada a idoneidade dos cônjuges para o casamento, assim o decidirá a autoridade competente, com recurso voluntário às partes. Se da decisão não se tiver recorrido, ou se ela passar em julgado, apesar dos recursos interpostos, o juiz mandará registrá-la no livro do Registro dos Casamentos. Os efeitos do casamento, se o assento for assim lavrado, retroagirá, quanto ao estado dos cônjuges, à data da celebração. Serão dispensadas as formalidades mencionadas, se o enfermo convalescer e puder ratificar o casamento na presença da autoridade competente e do oficial do registro.

Casamento celebrado por procuração (art. 1.542 do CC): é permitido que os contraentes se façam representar na celebração do casamento por procuração, que deve atender a algumas exigências, tais como:

a) a procuração deve ser pública (escritura pública);

b) devem conter na procuração poderes especiais que autorizem o casamento, que façam uma descrição minuciosa do nubente para evitar o erro sobre a pessoa;

c) o casamento deve ser celebrado em 90 dias, pois este é o prazo de eficácia da procuração (é o mesmo do processo de habilitação);

d) o mandatário pode ser de mesmo sexo ou de sexo oposto ao mandante;

e) não pode ser outorgada procuração por um dos contraentes para que o outro o represente no casamento. Apesar de o art. 117 do Código Civil autorizar o mandato em causa própria, se nele existir cláusula *in rem suam*, entendemos que *in casu* isso não seria possível, em virtude de nítido conflito de interesses;

f) o nubente que não estiver em iminente risco de vida poderá fazer-se representar no casamento nuncupativo;

g) a revogação dessa procuração, se necessária, somente pode ser feita por escritura pública.

A revogação do mandato não necessita chegar ao conhecimento do mandatário; mas, celebrado o casamento sem que o mandatário ou o outro contraente tivessem ciência da revogação, responderá o mandante por perdas e danos.

O nubente que não estiver em iminente risco de vida poderá fazer-se representar no casamento nuncupativo.

Questão interessante que existe, é se ambos os nubentes poderiam ser representados por um **único procurador**. Entendemos que **não**, pois o mandatário deve representar os interesses do mandante, e nesse caso haveria um conflito de interesses entre os mandantes, que devem ser representados por pessoas isentas sem vínculo algum com as partes. Essa é a posição também de Silvio de Salvo Venosa[25], citando Orlando Gomes:

> Também não deve ser admitido que os dois nubentes confiram poderes à mesma pessoa, porque desvirtuaria a natureza do consentimento. A lei não o diz expressamente, mas dela se infere quando menciona no texto "o outro contraente" (Gomes, 1983:102), expressão que é mantida no § 1º do artigo do vigente Código. Se os dois se casarem por procuração, deverão ser dois procuradores.

Advertem, corretamente, Mário de Carvalho Camargo Neto, Marcelo Salaroli e Andreia Ruzzante Gagliardi[26], que a procuração outorgada para a celebração, que acabamos de comentar, não se confunde com a procuração para dar início ao processo de habilitação, assinando o requerimento, pois esta pode ser dada por instrumento particular, com firma

25. VENOSA, Sílvio de Salvo. *Direito civil:* direito de família. 9. ed. São Paulo: Atlas, 2009, p. 92 (Coleção direito civil; v. 6).
26. CAMARGO NETO, Mário de Carvalho; SALAROLI, Marcelo; GAGLIARDI, Andreia Ruzzante. In: CASSETTARI, Christiano (Coord.). *Registro civil das pessoas naturais.* 3. ed. Indaiatuba: Foco, 2021, p. 401. (Coleção Cartórios).

reconhecida, conforme os arts. 654, § 2º, e 657, ambos do Código Civil. Essa regra não se aplica na conversão da união estável em casamento, por disposição expressa do art. 70-A, § 2º, da Lei de Registros Públicos (criado pela Lei 14.382/2022), que estabelece, expressamente, para o caso de requerimento de conversão de união estável por mandato, a procuração deverá ser pública e com prazo máximo de 30 (trinta) dias.

No caso de pedido de habilitação de casamento por procuração, a Corregedoria Geral de Justiça do TJ-SP se pronunciou no sentido de que não podem os nubentes serem representados pelo mesmo procurador, também pela existência de conflito de interesses (**Processo 0032937-69.2014.8.26.0100, 2ª VRP-SP, j. em 13-11-2014**). Concordamos integralmente com esta posição, para manter coerência com o que sustentamos no caso da representação na celebração do casamento, supraexposto.

13.5.5.3. Registro do casamento (arts. 1.543 a 1.547 do CC)

Do casamento, logo depois de celebrado, lavrar-se-á o assento no livro de registro (Livro B ou B-Auxiliar no caso de casamento religioso com efeito civil). No assento, assinado pelo presidente do ato, pelos cônjuges, as testemunhas, e o oficial do registro, serão exarados: I – os prenomes, sobrenomes, datas de nascimento, profissão, domicílio e residência atual dos cônjuges; II – os prenomes, sobrenomes, datas de nascimento ou de morte, domicílio e residência atual dos pais; III – o prenome e sobrenome do cônjuge precedente e a data da dissolução do casamento anterior; IV – a data da publicação dos proclamas e da celebração do casamento; V – a relação dos documentos apresentados ao oficial do registro; VI – o prenome, sobrenome, profissão, domicílio e residência atual das testemunhas; VII – o regime do casamento, com a declaração da data e do cartório em cujas notas foi lavrada a escritura antenupcial, quando o regime não for o da comunhão parcial, ou o obrigatoriamente estabelecido.

O instrumento da autorização para casar transcrever-se-á integralmente na escritura antenupcial.

13.5.6. Provas do casamento

O casamento celebrado no Brasil prova-se pela certidão do registro. Justificada a falta ou perda do registro civil, é admissível qualquer outra espécie de prova.

O casamento de brasileiro, celebrado no estrangeiro, perante as respectivas autoridades ou os cônsules brasileiros, deverá ser registrado em 180 dias, a contar da volta de um ou de ambos os cônjuges ao Brasil, no cartório do respectivo domicílio, ou, em sua falta, no 1º Ofício da Capital do Estado em que passarem a residir, no livro E.

O casamento de pessoas que, na posse do estado de casadas, não possam manifestar vontade, ou tenham falecido, não se pode contestar em prejuízo da prole comum, salvo mediante certidão do Registro Civil que prove que já era casada alguma delas, quando contraiu o casamento impugnado.

Quando a prova da celebração legal do casamento resultar de processo judicial, o registro da sentença no livro do Registro Civil produzirá, tanto no que toca aos cônjuges como no que respeita aos filhos, todos os efeitos civis desde a data do casamento.

Na dúvida entre as provas favoráveis e contrárias, julgar-se-á pelo casamento, se os cônjuges, cujo casamento se impugna, viverem ou tiverem vivido na posse do estado de casados.

13.5.7. Invalidade do casamento

A invalidade do casamento pode acarretar a sua nulidade ou anulabilidade, dependendo do caso. Vamos estudar as hipóteses separadamente, pois cada uma delas apresentará consequências distintas.

13.5.7.1. Casamento nulo

As hipóteses de nulidade do casamento estão descritas no art. 1.548 do Código Civil, que foi modificado pelo Estatuto da Pessoa com Deficiência (Lei n. 13.146/2015). Dessa maneira, será nulo o casamento apenas quando infringir impedimento matrimonial.

Com a modificação do art. 1.548 do Código Civil, pelo Estatuto da Pessoa com Deficiência (Lei n. 13.146/2015), **não** é mais causa de nulidade o casamento do enfermo mental sem o necessário discernimento para os atos da vida civil.

Os impedimentos matrimoniais totalizam sete hipóteses e todas elas estão descritas no art. 1.521 do Código Civil, que estabelece:

> **Art. 1.521.** Não podem casar:
>
> I – os ascendentes com os descendentes, seja o parentesco natural ou civil;
>
> II – os afins em linha reta;
>
> III – o adotante com quem foi cônjuge do adotado e o adotado com quem o foi do adotante;
>
> IV – os irmãos, unilaterais ou bilaterais, e demais colaterais, até o terceiro grau inclusive;
>
> V – o adotado com o filho do adotante;
>
> VI – as pessoas casadas;
>
> VII – o cônjuge sobrevivente com o condenado por homicídio ou tentativa de homicídio contra o seu consorte.

Segundo Clóvis Beviláqua[27], denomina-se impedimento matrimonial a ausência dos requisitos essenciais, que a lei exige na pessoa, para que possa se casar. Trata-se da incapacidade nupcial estabelecida pelo Direito. Os impedimentos matrimoniais estão baseados no interesse público, já que envolvem causas atinentes à instituição da família e à estabilidade social, motivo pelo qual poderão ser suscitados por qualquer interessado e pelo Ministério Público, que atuará representando a sociedade, já que a sua inobservância acarretará a nulidade do casamento, pois o citado dispositivo proíbe, no *caput*, o casamento nas hipóteses descritas nos seus incisos.

Os **impedimentos matrimoniais** dividem-se em três categorias:

a) impedimento resultante de parentesco;

b) impedimento resultante de vínculo conjugal;

c) impedimento resultante da prática de crime.

27. Clóvis Beviláqua. *Código Civil dos Estados Unidos do Brasil comentado*. Edição Histórica. Rio de Janeiro: Ed. Rio, 1940, v. II, p. 494.

Portanto, afastou-se o Código Civil vigente de uma tradição do Direito Ocidental Moderno de dividir os impedimentos em dirimente absoluto, dirimente relativo e impediente. Cumpre salientar que o rol previsto no artigo em comento é taxativo, ou seja, só é admitido impedimento se previsto em lei.

Dos impedimentos resultantes de parentesco:

Os impedimentos resultantes de parentesco estão descritos nos incisos I a V do art. 1.521 do Código Civil.

A primeira hipótese nesse caso é o impedimento que decorre da existência de parentesco consanguíneo entre os nubentes, situação em que o legislador, apegado às questões morais, pretende impedir as núpcias incestuosas e a concupiscência (pecado) no ambiente familiar, além de proteger uma futura prole de problemas eugênicos. Por esse motivo, não podem casar os parentes em linha reta, seja ela ascendente ou descendente, em qualquer grau, já que, neste caso, o parentesco é infinito.

Também não podem casar irmãos, quer sejam bilaterais ou unilaterais, provenientes de justas núpcias, adultério, relações esporádicas, ou até mesmo de adoção, já que pela Constituição Federal não há diferença entre irmãos legítimos ou adotados. Portanto, como o adotado torna-se parente dos parentes do adotante, verifica-se que o inciso V do artigo citado é mera repetição inútil do inciso IV. No caso da adoção, cumpre lembrar que a Lei n. 8.069/90 (Estatuto da Criança e do Adolescente), no art. 41, atribui a condição de filho ao adotado com os mesmos direitos e deveres, corroborando com o que foi dito anteriormente. Mas o mesmo dispositivo determina que a adoção desliga o adotado de qualquer vínculo com pais e parentes biológicos, exceto no caso de impedimentos matrimoniais. Trata-se de uma questão importante, pois o adotado, mesmo perdendo o vínculo de parentesco com sua irmã biológica, com ela não poderá se casar por força desse dispositivo.

Os colaterais, até o terceiro grau, inclusive, também não podem casar. Porém há uma exceção na hipótese de casamento entre tios e sobrinhos (colaterais de terceiro grau), em que o Decreto-Lei n. 3.200/41, no art. 2º, §§ 4º e 7º, permite a realização desse matrimônio se, após perícia médica, ficar constatada a inexistência de problemas com a futura prole[28]. O casamento entre tios e sobrinhos é denominado **casamento *avuncular***. Com a entrada em vigor do Código Civil de 2002, pairou dúvida sobre se o citado decreto-lei ainda estaria em

28. "Art. 2º Os colaterais do terceiro grau, que pretendam casar-se, ou seus representantes legais, se forem menores, requererão ao juiz competente para a habilitação que nomeie dois médicos de reconhecida capacidade, isentos de suspensão, para examiná-los e atestar-lhes a sanidade, afirmando não haver inconveniente, sob o ponto de vista da sanidade, afirmando não haver inconveniente, sob o ponto de vista da saúde de qualquer deles e da prole, na realização do matrimônio.

(...)

§ 4º Poderá o exame médico concluir não apenas pela declaração da possibilidade ou da irrestrita inconveniência do casamento, mas ainda pelo reconhecimento de sua viabilidade em época ulterior, uma vez feito, por um dos nubentes ou por ambos, o necessário tratamento de saúde. Nesta última hipótese, provando a realização do tratamento, poderão os interessados pedir ao juiz que determine novo exame médico, na forma do presente artigo.

(...)

§ 7º Quando o atestado dos dois médicos, havendo ou não desempatador, ou do único médico, no caso do § 2º deste artigo, afirmar a inexistência de motivo que desaconselhe o matrimônio, poderão os interessados promover o processo de habilitação, apresentando, com o requerimento inicial, a prova de sanidade, devidamente autenticada. Se o atestado declarar a inconveniência do casamento, prevalecerá, em toda a plenitude, o impedimento matrimonial."

vigor, ou se fora revogado pelo citado Código. Essa dúvida foi dirimida pelo **Enunciado 98 do CJF**[29], que reconheceu que ele ainda continua em vigor, bem como pela jurisprudência[30]. A Lei n. 5.891/73 permite que os nubentes, no caso do casamento avuncular, requeiram novo exame médico quando não se conformarem com o laudo médico. Provada a impotência do marido ou da mulher, os tribunais permitem, também, a realização desse tipo de casamento.

O parentesco por afinidade na linha reta também gera um impedimento matrimonial, ou seja, não podem casar ascendentes ou descendentes por afinidade, tais como sogra e genro, sogro e nora, padrasto e enteada, madrasta e enteado, ou qualquer outro descendente do cônjuge ou companheiro (netos, bisnetos, trinetos tataranetos etc.). Tanto a linha reta ascendente quanto a descendente são infinitas, ou seja, não sofrem limitação de grau. Assim, verifica-se novamente que o inciso II do referido artigo é, novamente, uma repetição inútil do inciso I, pois com a adoção já afirmamos que o adotado torna-se parente dos parentes do adotante. Cumpre lembrar, porém, que o parentesco por afinidade na linha reta (ascendente ou descendente) não se extingue com a dissolução do casamento ou da união estável, conforme o art. 1.595, § 2º, do Código Civil[31]. O mesmo artigo inovou, pois reconheceu a formação do parentesco por afinidade também na hipótese de união estável. Quanto aos colaterais por afinidade, o artigo não apresenta restrição alguma, ou seja, o viúvo pode casar com a irmã de sua mulher (ex-cunhada).

Impedimento resultante de vínculo conjugal:

Trata-se de impedimento que tem por objetivo impedir a bigamia, e que a consagra como um princípio jurídico ordenador das relações jurídicas da família do mundo ocidental, e não uma mera regra moral[32]. Por esse motivo, a existência do vínculo conjugal impede a realização de um segundo casamento. Cumpre salientar que no sistema civil brasileiro a separação, seja ela judicial ou extrajudicial, não extingue o vínculo conjugal, pois de acordo com o § 1º do art. 1.571 do Código Civil, o casamento válido somente se dissolve com a morte de um dos cônjuges ou com o divórcio[33].

---

29. Enunciado n. 98 da I Jornada de Direito Civil do CJF: "Art. 1.521, IV, do novo Código Civil: O inciso IV do art. 1.521 do novo Código Civil deve ser interpretado à luz do Decreto-Lei n. 3.200/41 no que se refere à possibilidade de casamento entre colaterais de terceiro grau".

30. "Casamento. Tio e sobrinha. Autorização judicial. Extinção do feito sob fundamento de impossibilidade jurídica do pedido. Dicção do art. 1.521, IV, do CC. Coexistência do Decreto-Lei n. 3.200/41. Prosseguimento para realização de exame por médicos de confiança do juízo. Recurso provido em parte" (Ap. Cív. s/ Rev. 4140534000, 5ª Câmara de Direito Privado, TJSP, rel. Francisco Casconi, data do registro: 2-5-2006).

31. Art. 1.595, § 2º: "Na linha reta, a afinidade não se extingue com a dissolução do casamento ou da união estável".

32. Rodrigo da Cunha Pereira. *Princípios fundamentais norteadores do direito de família*. 3. ed. São Paulo: Saraiva, 2016. p. 107.

33. "Direito de família. Relacionamento afetivo paralelo ao casamento. Impossibilidade de reconhecimento de união estável. Princípio da monogamia. Recurso não provido. O relacionamento afetivo da apelante com o seu amado não se enquadra no conceito de união estável, visto que o princípio da monogamia, que rege as relações afetivas familiares, impede o reconhecimento jurídico de um relacionamento afetivo paralelo ao casamento. Neste contexto, por se encontrar ausente elemento essencial para a constituição da união estável, qual seja, ausência de impedimento matrimonial entre os companheiros, e como o pai dos apelados não se encontrava separado de fato ou judicialmente, conforme restou suficientemente demonstrado nos autos, não é possível se caracterizar o concubinato existente como uma união estável. Entender o contrário seria vulgarizar e distorcer o conceito de união estável, instituto jurídico que foi consagrado pela Constituição Federal de 1988 com a finalidade de proteger relacionamentos constituídos com fito familiar e, ainda, viabilizar a bigamia, já que é possível a conversão da união estável em casamento. Por fim, ainda que haja no Superior Tribunal de Justiça um precedente extremamente eloquente e em tudo assemelhado ao

Impedimento resultante da prática de crime:

Trata-se de regra legitimada por imperativo ético, que tem por objetivo evitar o casamento do cônjuge sobrevivente com o condenado por homicídio ou tentativa de homicídio contra o seu consorte. Não basta a existência de um inquérito policial para acarretar tal impedimento, mas a condenação transitada em julgado, ainda que posterior ao casamento, hipótese em que o casamento seria nulo desde o início (o efeito seria retroativo - *ex tunc*). Porém o homicídio, ou a sua tentativa, deve ser doloso, não se cogitando da configuração desse impedimento se o crime for culposo.

Consequência e efeitos do casamento celebrado na infringência de impedimento:

Se o casamento for celebrado infringindo impedimento matrimonial, será nulo, conforme preceitua o art. 1.548, II, do Código Civil. Cumpre salientar que a ação declaratória de nulidade pode ser proposta a qualquer tempo (é imprescritível), por qualquer interessado ou pelo Ministério Público, consoante regra contida no art. 1.549 do citado Código. Porém, se contraído de boa-fé por um ou ambos os cônjuges, estes terão os efeitos jurídicos do casamento, já que se tornará putativo, consoante norma contida no art. 1.561 do referido diploma legal.

Segundo o art. 1.522 do Código Civil, a oposição dos impedimentos matrimoniais pode ser feita por qualquer pessoa capaz, que, até o momento da celebração, pode levar ao conhecimento do oficial do registro civil que processa a habilitação do casamento (se antes da celebração), ou da autoridade celebrante (se a oposição ocorrer no momento da celebração do casamento), algum dos fatos impeditivos descritos no art. 1.521 do Código Civil.

Tais impedimentos geram a nulidade do casamento, motivo pelo qual interessam à ordem pública. Por esse motivo, devem ser arguidos de ofício, desde que tenham conhecimento:

a) pelo oficial do registro civil;

b) por quem presidir a celebração do ato nupcial;

c) pelo representante do Ministério Público, por ser órgão que defende direitos objetivos da sociedade (art. 67, § 2º, da Lei n. 6.015/73 e art. 127 da CF).

Assim sendo, se um incapaz, que não pode opor impedimento segundo a lei, informar alguma das pessoas citadas acima da sua existência, o objetivo de impedir o casamento será alcançado, já que eles terão a obrigação, imposta pela lei, de declará-lo de ofício.

O oficial do registro civil não tem, porém, o dever de opor o impedimento que ele conheça se o casamento for celebrado em outra serventia, já que esse dever se dá somente no exercício das suas funções, ou seja, quando ele realizar o casamento. Aliás, a inobservância desse dever pode gerar responsabilidade civil se o casamento for celebrado mesmo com a ciência da existência do impedimento por parte do registrador, já que isso acarretaria dano moral para

caso que se examina, que consiste no REsp 742.685, do STJ, j. em 4-8-2005, de que foi relator o Ministro José Arnaldo da Fonseca, da 5ª Turma do STJ, admitindo o direito à pensão previdenciária, deixo de apreciar o tema, visto que tal pleito há de ser formulado perante a Justiça Federal, visto que A. B. M. era policial rodoviário federal, o que impede, por absoluta incompetência (art. 109, I, da Constituição da República), à Justiça Estadual reconhecer eventual direito previdenciário por parte da apelante" (TJMG, Ap. Cív. 1.0024.07.690802-9/0011, 5ª Câmara Cível, rel. Desa. Maria Elza, j. em 18-12-2008, *DJEMG* de 21-1-2009).

o cônjuge que o desconhecia. De acordo com o art. 1.529 do Código Civil, os impedimentos serão opostos em declaração escrita e assinada por quem os alegar, instruída com as provas do fato alegado, ou com a indicação do lugar onde possam ser obtidas. A publicidade, que é conferida com a publicação dos editais de proclamas, tem o condão, mesmo que apenas formalmente, de dar ciência sobre a intenção de casamento futuro, assim como ocorre com a exigência da celebração do casamento em prédio particular se dar com as portas abertas.

Assim sendo, se os impedimentos matrimoniais forem descobertos antes da celebração do casamento, eles impedem sua realização, motivo pelo qual o que se deve fazer é formalizar a oposição do mesmo em cartório, instruindo com as provas pertinentes, para que o Juiz de Registros Públicos tome uma decisão. Agora, sendo os impedimentos descobertos após a celebração do casamento, outra alternativa não há senão a propositura da ação declaratória de nulidade, para extinção do casamento. Cumpre lembrar que as pessoas legitimadas a opor impedimentos matrimoniais não são as mesmas que podem propor a ação declaratória de nulidade, motivo pelo qual montamos o quadro abaixo para facilitar a compreensão disso:

Legitimados a opor os impedimentos matrimoniais até a celebração (art. 1.522 do CC)	Legitimados a ingressar com ação declaratória de nulidade do casamento (art. 1.549 do CC)
Os impedimentos podem ser opostos, até o momento da celebração do casamento, por qualquer pessoa capaz. Se o juiz, ou o oficial de registro, tiver conhecimento da existência de algum impedimento, será obrigado a declará-lo.	A decretação de nulidade de casamento, por infringência de impedimento matrimonial, pode ser promovida mediante ação direta, por qualquer interessado, ou pelo Ministério Público.

OBSERVAÇÃO: Vamos pensar que quem casa violando impedimentos matrimoniais **entra pelo cano**, já que o casamento é nulo. Dessa forma, orientamos o leitor a lembrar que atualmente na construção civil os "canos" utilizados são de PVC. Assim, associe os impedimentos matrimoniais ao PVC, pois é nulo o casamento no caso de :

P **arentesco**

V **ínculo conjugal**

C **rime**

Essa regra ajuda o leitor, inclusive, a conseguir imaginar mais de um exemplo de concubinato que não seja o caso do "amante", já que, segundo o art. 1.727 do Código Civil, o concubinato se dá quando há relacionamento de pessoas impedidas de se casar, como entre irmãos, pais e filhos, noras e sogros etc. Lembre-se do PVC!!!

13.5.7.2. Casamento anulável

As hipóteses de anulabilidade do casamento estão descritas no art. 1.550 do Código Civil. De acordo com o citado artigo, é anulável o casamento:

I – de quem não completou a idade mínima para casar-se;

Quem não completou a idade mínima para casar-se tem menos de 16 anos de idade.

A dúvida que agora surge com o advento da **Lei n. 13.811/2019**, explicada no tópico sobre capacidade matrimonial, é se, havendo um casamento envolvendo um menor de 16 anos. ele continuaria sendo anulável, como prevê o art. 1.550, I, do CC, ou se o mesmo seria alvo da chamada **nulidade virtual**, prevista no **art. 166, VI, do CC**, que determina ser nulo o negócio jurídico **quando tiver por objeto fraudar lei imperativa**.

Numa primeira análise, como a Lei n. 13.811/2019, ao proibir o casamento infantil (do menor de 16 anos), não revogou o art. 1.550, I, do CC, a resposta mais óbvia e fácil é de que se a norma for transgredida o ato será anulável.

Mas, avaliando com mais cautela o caso, e a *ratio legis*, verificamos alguns problemas complicados que decorrem das redações dos arts. 1.553 e 1.551 do CC, que também não foram revogados.

De acordo com o art. 1.553 do CC, o menor que não atingiu a idade núbil poderá, depois de completá-la, confirmar seu casamento, com a autorização de seus representantes legais, se necessária, ou com suprimento judicial. Esta norma permite a convalidação de um casamento (porque ele é anulável em tese) que acaba de ser proibido pela norma, abrindo as portas para a fraude, pois, se as partes se casam com menos de 16 anos, ao completar esta idade poderiam corrigir a ilegalidade proibitiva da lei com a convalidação e com isso dando efeitos jurídicos ao casamento desde a sua origem, e não dali para frente (pois sabemos que aos 16 anos o menor já poderia se casar autorizado).

Mas a questão mais grave em nosso sentir é o texto do art. 1.551 do CC, segundo o qual não se anulará, por motivo de idade, o casamento de que resultou gravidez.

Ora, antes da Lei n. 13.811/2019, em caso de gravidez poderia ser pedida uma autorização judicial para o casamento do menor de 16 anos, o que agora não é mais possível.

Com a manutenção da anulabilidade e do art. 1.551 do CC, a regra se perpetua, só que agora sem autorização judicial, pois, se ocorrer o casamento do menor de 16 anos, bastaria a gravidez para evitar a sanção legal.

Assim sendo, mesmo na qualidade de registrador civil das pessoas naturais, que recebe requerimentos de habilitação de casamentos diariamente, saber que em razão do nosso dever funcional de analisar a capacidade das partes essa questão dificilmente ocorrerá, é importante ressaltar que muitas pessoas têm documentos com idades falsas, onde constam ser mais velhos do que são. Assim sendo, há casos em que se descobre posteriormente que a pessoa é mais nova do que seus documentos, e que pode ter casado com menos de 16 anos. Ai nesse caso **o casamento deve ser nulo** para que o efeito disso seja "*ex tunc*".

As opiniões estão divididas. Se prevalecer a tese da nulidade, caberá ação declaratória de nulidade do casamento a qualquer tempo, o que é ideal haja visto que o casamento infantil é visto muito mal em todo mundo por se tratar de algo nocivo ao desenvolvimento da pessoa em decorrência da pouca idade.

Mas, prevalecendo a tese da anulabilidade, caberá ação anulatória, que deverá ser proposta:

a) pelo próprio cônjuge menor;

b) por seus representantes legais;

c) por seus ascendentes.

Extingue-se, em **180 dias**, o direito de anular o casamento dos menores de 16 anos, contado o prazo para o menor do dia em que perfez essa idade, e da data do casamento, para seus representantes legais ou ascendentes.

Legitimidade para anular o casamento de quem não completou a idade mínima para casar	Contagem do prazo de 180 dias para anular o casamento de quem não completou a idade mínima para casar
Menor.	180 dias contados de quando completar 16 anos.
Representantes legais ou ascendentes do menor.	180 dias contados da celebração do casamento.

II – do menor em idade núbil, quando não autorizado por seu representante legal;

O menor em idade núbil, que ainda precisa de autorização do seu representante legal, é a pessoa que tem entre 16 e 18 anos. Nesse caso, também, não se anulará, por motivo de idade, o casamento de que resultou gravidez (art. 1.551 do CC).

O casamento do menor em idade núbil, quando não autorizado por seu representante legal, só poderá ser anulado se a ação for proposta em 180 dias, por iniciativa do incapaz, depois de completada a maioridade civil; de seus representantes legais ou de seus herdeiros necessários. O citado prazo será contado do dia em que cessou a incapacidade, no primeiro caso; a partir do casamento; no segundo; e, no terceiro, da morte do incapaz (art. 1.555 do CC).

Não se anulará o casamento quando à sua celebração houverem assistido os representantes legais do incapaz, ou tiverem, por qualquer modo, manifestado sua aprovação (art. 1.555, § 2º, do CC).

Legitimidade para anular o casamento de menor em idade núbil quando não autorizado pelo representante legal	Contagem do prazo de 180 dias para anular o casamento de menor em idade núbil quando não autorizado pelo representante legal
Menor.	180 dias contados de quando adquirir capacidade (maioridade, pois, com o casamento, a pessoa já adquiriu a capacidade pela emancipação)[36].
Representantes legais do menor.	180 dias contados da celebração do casamento.
Herdeiros necessários do menor, se falecido.	180 dias contados da morte do menor.

III – por vício da vontade, nos termos dos arts. 1.556 a 1.558;[34]

Dois são os vícios que podem anular o casamento: a coação e o erro. Somente o cônjuge que incidiu em erro, ou sofreu a coação, pode demandar a anulação do casamento; mas a coabitação, havendo ciência do vício, valida o ato, exceto no caso de erro essencial sobre a pessoa do cônjuge, apenas na hipótese da ignorância, anterior ao casamento, de defeito

34. Aqui há um **erro no art. 1.555 do Código Civil**, pois ele estabelece que o termo inicial para se anular o casamento no caso do menor em idade núbil, quando não autorizado pelo representante legal, começa com o fim da incapacidade, o que é um equívoco, pois ao se casar o menor adquiriu a capacidade pela emancipação, consoante o art. 5º, parágrafo único, I, do CC. Por esse motivo, o termo inicial deve ser contado de quando ele adquire a maioridade, já que foi vontade do legislador que ele não se iniciasse com a celebração.

físico irremediável que não caracterize deficiência ou de moléstia grave e transmissível, por contágio ou herança, capaz de pôr em risco a saúde do outro cônjuge ou de sua descendência (art. 1.559 do CC)

É anulável o casamento em virtude de coação, quando o consentimento de um ou de ambos os cônjuges houver sido captado mediante fundado temor de mal considerável e iminente para a vida, a saúde e a honra, sua ou de seus familiares (art. 1.558 do CC). O prazo para anular o casamento por coação é de 4 anos contados da celebração (a forma de contagem é diferente da coação como vício do negócio jurídico, pois o art. 178 do Código Civil, em tal caso, estabelece que o prazo é de 4 anos de quando a coação cessar).

No caso do erro, esta será a causa de anulação do casamento quando essencial sobre a pessoa do cônjuge. De acordo com o art. 1.557, considera-se erro essencial sobre a pessoa do outro cônjuge:

a) *o que diz respeito à sua identidade, sua honra e boa fama, sendo esse erro tal que o seu conhecimento ulterior torne insuportável a vida em comum ao cônjuge enganado;*

Nesse caso cumpre salientar que o conhecimento do problema quanto à identidade, honra e boa fama (casar-se com uma prostituta ou um garoto de programa, por exemplo), deve ser posterior ao casamento, pois, se o cônjuge já casou sabendo disso, presume-se que concordou com tal situação, e que ela não irá tornar insuportável a vida em comum.

Uma aplicação prática do referido inciso é a hipótese de uma pessoa se casar com um transexual que realizou a cirurgia de transgenitalização, e mudou o nome e sexo no seu registro civil. Como a averbação feita no assento do nascimento é sigilosa, o nubente não teria como descobrir o ocorrido. Nas relações jurídicas modernas deve-se privilegiar a boa-fé objetiva, motivo pelo qual, se tal situação foi escondida do nubente pela pessoa que por isso passou, o casamento pode ser anulado por esse motivo, com base nesse inciso do art. 1.557 do Código Civil, mas, se a verdade foi dita e o casamento se deu com a informação transmitida ao cônjuge antes da sua realização, esse casamento é válido e não poderá ser anulado.

b) *a ignorância de crime, anterior ao casamento, que, por sua natureza, torne insuportável a vida conjugal;*

Na presente hipótese, o crime, doloso ou culposo, deve ter sido cometido antes do casamento, e deve ser desconhecido pelo outro cônjuge, ou seja, só tomará conhecimento do problema depois do casamento, pois se o cônjuge já casou sabendo disso, presume-se que concordou com tal situação, e que ela não irá tornar insuportável a vida em comum.

c) *a ignorância, anterior ao casamento, de defeito físico irremediável que não caracterize deficiência ou de moléstia grave e transmissível, por contágio ou herança, capaz de pôr em risco a saúde do outro cônjuge ou de sua descendência*[35].

No caso em tela, também, o conhecimento do problema quanto ao defeito físico irremediável, ou moléstia grave e transmissível pelo contágio ou herança, deve ser posterior ao casamento, pois se o cônjuge já casou sabendo disso, presume-se que concordou com tal situação.

35. Redação com a modificação feita pelo Estatuto da Pessoa com Deficiência (Lei n. 13.146/2015).

O defeito físico irremediável é aquele capaz de impedir um dos fins do casamento, que é o da satisfação sexual. São exemplos de tais defeitos, que não caracterizam deficiência física: 1) hermafroditismo; 2) deformações genitais; 3) ulcerações penianas; 4) hérnias inguinais volumosas; 5) infantilismo; 6) vaginismo; 7) ausência vaginal congênita; 8) coitofobia; 9) impotência *coeundi*.

Impotência é a incapacidade para a prática de conjunção ou procriação. Por conjunção se entende o ato sexual, propriamente dito, e por procriação, a capacidade de gerar descendentes (filhos). Qualquer uma das incapacidades é considerada forma de impotência.

A **impotência masculina** pode ser: *coeundi*, que é a inaptidão para a prática do ato sexual; ou *generandi*, que é a incapacidade para a fecundação.

A **impotência *coeundi***, hoje chamada de disfunção erétil ou disfunção sexual, pode ser de três espécies:

a) *instrumental*: quando relacionada a má-formação ou lesões no aparelho reprodutor, aqui se incluindo problemas como o infantilismo (ausência de desenvolvimento do aparelho reprodutor), ausência de pênis (casos raros), amputação do membro (acidentes, complicações médicas), tumores e aumento volumoso do pênis;

b) *organofuncional*: quando algum problema orgânico impede o fenômeno da ereção. Dentre as causas, podemos citar: insuficiência de idade, lesões do sistema nervoso, alterações endócrinas, lesões nos corpos cavernosos do pênis;

c) *psicofuncional*: quando a pessoa sofre desvios psíquicos, como traumas, perversões e criação muito rígida.

A **impotência *generandi***, que ocorre quando o homem não apresenta problemas para realizar a relação sexual, mas não consegue gerar filhos, relaciona-se ou com os órgãos responsáveis pela produção do sêmen, ou com as vias de transmissão do sêmen. Podemos citar como causas da sua ocorrência a falta de testículos por problema de formação, acidente ou por necessidade de remoção cirúrgica, insuficiência de desenvolvimento das glândulas (criptorquidia, infantilismo), localizações anormais do canal urinário (hipospadia e epispadia), processos inflamatórios (epididimite = inflamação do epidídimo).

No homem, somente a impotência *coeundi* pode acarretar a anulação do casamento, mesmo que relativa, isto é, se ocorrer somente com relação ao outro cônjuge, e não com outros parceiros.

O Tribunal de Justiça do Rio de Janeiro firmou entendimento de que a mulher nova que casa com homem de idade avançada não pode anular o casamento em razão da impotência *coeundi*, em razão de esta ser presumida (**TJRJ, AC 34.277/2004, Rio de Janeiro, 1ª Câmara Cível, rel. Des. Maria Augusta Vaz Monteiro de Figueiredo, j. em 3-5-2005**).

Já a mulher pode sofrer de **acopulia**, isto é, a inaptidão à conjunção carnal de origem física, como ausência de vagina, ou psíquica, como a frigidez, vaginismo, dispareunia e coitofobia.

A frigidez é a impossibilidade feminina de gratificação orgástica a qualquer estímulo sexual, ou durante o coito.

Frigidez absoluta é a falta de qualquer resposta emocional satisfatória, e frigidez relativa é a capacidade de resposta em grau variável com a incapacidade de atingir o orgasmo, podendo ser primária ou secundária, de causas orgânicas ou psicoemocionais. Estatisticamente, predominam os fatores psicogênicos: dispareunia, medo da gravidez e do parto, receio de dor.

Vaginismo é uma contratura espática da musculatura pudenta, involuntária, ocasionada por hiperestesia vulvovaginal, que impede a penetração.

A coitofobia é o medo invencível da prática do coito, por problemas psicológicos, que acarretam perturbações como agressividade, depressão e fuga, atribuída a traumas e fixações durante o desenvolvimento da mulher; o vaginismo, quando a vagina apresenta constrição espasmódica durante o ato, "prendendo" o membro masculino e impedindo a relação (curável mediante tratamento adequado); e a disparemia, que é quando a mulher sente dores incômodas durante a relação, que pode ter como causa a insuficiência de lubrificação da vagina, provocada por fatores hormonais ou psicológicos.

A mulher pode ser incapaz para a concepção. Isso se dá por causas patológicas que provocam a infertilidade, dentre elas: acidez vaginal, que cria um meio hostil aos espermatozoides, retroversão de útero, quando o útero não se encontra em sua posição normal, lesões ou cistos no ovário, endometriose (inflamação no útero) ou miomas (tumores no útero), bem como outros problemas relacionados aos ovários, trompas (obstrução) e útero. Assim, verifica-se que a infertilidade na mulher não ocorre somente antes da puberdade, após a menopausa, ou nos períodos inférteis do ciclo menstrual.

Somente a impotência *coeundi* é que pode acarretar a anulação do casamento, mesmo que **relativa**, isto é, se ocorrer somente com relação ao outro cônjuge, e não com outros parceiros.

Com relação às moléstias graves e transmissíveis por contágio, podemos exemplificar: 1) AIDS; 2) hepatite B e C; 3) sífilis; 4) blenorragia ou gonorreia; 5) tuberculose; 6) lepra ou hanseníase.

A ignorância, anterior ao casamento, de doença mental grave que, por sua natureza, torne insuportável a vida em comum ao cônjuge enganado, não é mais causa de erro essencial sobre a pessoa do cônjuge, pois o Estatuto da Pessoa com Deficiência (Lei n. 13.146/2015) revogou o inciso IV do art. 1.557 do Código Civil. Somente o cônjuge que incidiu em erro pode demandar a anulação do casamento, mas a coabitação, havendo ciência do vício, valida o ato, ressalvada a última hipótese (letra "c").

O prazo para anular o casamento por erro essencial sobre a pessoa do cônjuge é de **três anos contados da celebração.**

Cumpre lembrar que, somente o cônjuge que incidiu em erro pode demandar a anulação do casamento, mas a coabitação, havendo ciência do vício, valida o ato, exceto no caso de erro essencial sobre a pessoa do cônjuge, apenas na hipótese da ignorância, anterior ao casamento, de defeito físico irremediável que não caracterize deficiência ou de moléstia grave e transmissível, por contágio ou herança, capaz de pôr em risco a saúde do outro cônjuge ou de sua descendência, onde ambos podem requerer a anulação do casamento (art. 1.559 do CC).

IV – do incapaz de consentir ou manifestar, de modo inequívoco, o consentimento;

Com as modificações introduzidas pelo Estatuto da Pessoa com Deficiência (Lei n. 13.146/2015), o deficiente passou a ter capacidade civil plena, inclusive para casar, conforme art. 6º, I, desta lei.

Isso também está expresso no § 2º do art. 1.550 do Código Civil, que autoriza a pessoa com deficiência mental ou intelectual em idade núbil[36] contrair matrimônio, expressando sua vontade diretamente ou por meio de seu responsável ou curador. Esse parágrafo incluído no Código Civil pelo Estatuto da Pessoa com Deficiência não andou bem, pois autoriza que a pessoa com deficiência manifeste sua vontade de casar por meio do seu responsável ou curador. Ora, no casamento a capacidade é analisada de forma estrema, ou seja, se a pessoa tem discernimento para manifestar sua vontade ela pode casar, e caso não tenha não poderá, pois não há nem representação e nem assistência para incapazes no casamento. Em tempos de igualdade, a norma é aplicada para pessoas com e sem deficiência, logo ela se torna importantíssima, pois, qualquer pessoa que seja incapaz de manifestar de modo inequívoco o seu consentimento, tenha ou não deficiência, não poderá se casar, sob pena de invalidade.

Essa causa de anulação do casamento se aplica também aos casos descritos nos incisos II e III do art. 4º do Código Civil[37], pois ébrios habituais e toxicômanos, por exemplo, também não poderão manifestar consentimento livre e consciente.

Extingue-se em 180 dias o direito de anular o casamento do incapaz de consentir ou manifestar, de modo inequívoco, o consentimento, contado o prazo da celebração do casamento.

V – realizado pelo mandatário, sem que ele ou o outro contraente soubesse da revogação do mandato, e não sobrevindo coabitação entre os cônjuges;

Se for outorgada procuração para um mandatário representar um dos nubentes na celebração do casamento, e esta for revogada sem que tal notícia chegue a um ou ao outro nubente, o casamento poderá ser anulado se não houve coabitação entre os cônjuges. A palavra "coabitação", aqui, é usada em seu sentido clássico, que é o de conotação sexual. Vale lembrar que se equipara à revogação a invalidade do mandato judicialmente decretada.

O mandante poderá anular o casamento no prazo de 180 dias a partir da data em que tiver conhecimento da celebração, desde que não tenha havido coabitação (relação sexual) entre os cônjuges, pois se houver, e for pleiteada a anulação, isso seria um comportamento contraditório, e a norma estabelece o ***venire contra factum proprium*** (vedação ao comportamento contraditório).

VI – por incompetência da autoridade celebrante.

Existem dois tipos possíveis de incompetências:

36. Equivocadamente, a norma usa a palavra "núbia", incorreta nesse contexto.
37. II – os ébrios habituais e os viciados em tóxico; (Redação dada pela Lei n. 13.146, de 2015)
III – aqueles que, por causa transitória ou permanente, não puderem exprimir sua vontade; (Redação dada pela Lei n. 13.146, de 2015)

a) ***ratione materiae*:** incompetência em razão da pessoa do juiz;

b) ***ratione loci* ou *ratione personarum*:** decorrente de casamento celebrado perante o juiz que não seja o do local da residência dos nubentes.

Com relação à incompetência ***ratione materiae***, se o casamento é celebrado por pessoa que não seja juiz de paz, ou seja, que não se enquadra na função, o casamento seria anulável segundo esse dispositivo do Código Civil.

Ocorre que essa interpretação é equivocada, pois, se o casamento é celebrado por pessoa que não seja juiz de paz, não pode produzir nenhum tipo de efeito, logo seria inexistente e não anulável, como estabelece a norma (cumpre esclarecer que o Código Civil não adotou o plano da existência, motivo pelo qual o legislador comete esse equívoco).

No entanto, como o ordenamento protege a teoria da aparência, mesmo que o casamento seja celebrado por qualquer pessoa (hipótese que seria de inexistência), subsistirá por conta da regra do **art. 1.554 do Código Civil**, que estabelece subsistir o casamento celebrado por aquele que, sem possuir a competência exigida na lei, exercer a publicamente as funções de juiz de casamentos e, nessa qualidade, tiver registrado o ato no Registro Civil.

O processo de habilitação deve ser feito, segundo o art. 68 da Lei de Registros Públicos, pelo registrador civil das pessoas naturais da circunscrição da residência (e não domicílio) de um dos nubentes. Se eles residirem em circunscrições diferentes, poderá ser feito em qualquer uma delas, todavia os editais de proclamas deverão ser publicados em ambas (art. 1.527 do Código Civil). Se nenhum dos nubentes tiver residência no Brasil, aplica-se o art. 7º da LINDB.

Porém, se houver fraude e a pessoa não exercer publicamente a função de juiz de casamento, haverá inexistência do ato.

Em relação à incompetência ***ratione loci*** ou ***ratione personarum*** (em razão do lugar da celebração), ocorre na hipótese de o casamento não ser celebrado pela autoridade celebrante do distrito em que se processou a habilitação do casamento. Porém, cumpre salientar que o **art. 67, § 6º, da Lei n. 6.015/73** permite que o casamento ocorra em circunscrição diferente daquela da habilitação. O oficial do registro comunicará habilitação esse fato, com os elementos necessários às anotações nos respectivos autos, ou seja, o Cartório de Registro Civil de Pessoas Naturais da residência dos nubentes faz a habilitação para o juiz de paz de outro cartório (outra cidade ou Estado) celebrar o casamento, sem que isso caracterize incompetência *ratione loci.*

O prazo para arguir tal caso de anulabilidade é de 2 anos da celebração do casamento.

Para resumir os prazos, podemos pensar numa escada crescente:

Prazos	Causas
2 anos	Incompetência *ratione loci* da autoridade celebrante.
3 anos	Erro essencial sobre a pessoa do cônjuge.
4 anos	Coação.
180 dias	Demais hipóteses do art. 1.550 do Código Civil.

Assim sendo, no estudo da anulabilidade do casamento, três informações são importantíssimas: (i) as hipóteses de anulação; (ii) os prazos para anular; (iii) a forma de contagem desses prazos. Para facilitar a pesquisa, elaboramos o quadro abaixo para indicar as normas em que se encontram as regras para cada um desses casos:

Hipóteses de anulação do casamento do casamento	Prazos para anular o casamento	Forma de contagem dos prazos para anular o casamento
Art. 1.550 do CC	Arts. 1.555 e 1.560, ambos do CC	Arts. 1.555 (parágrafos) e 1.560, ambos do CC (dependendo do legitimado).

13.5.7.3. Casamento putativo

O casamento putativo decorre de um casamento nulo ou anulável. Quando é declarado nulo ou anulado por sentença, este casamento só irá produzir efeitos para os filhos e para o cônjuge que estiver de boa-fé (um ou ambos). Para quem estiver de má-fé (um ou ambos), o casamento não produzirá efeitos.

Trata-se da boa-fé subjetiva, que significa um estado psicológico de crença ou ignorância. O verbo *putare*, do latim, significa crer, imaginar. Cumpre lembrar que a boa-fé subjetiva não se confunde com a boa-fé objetiva, que é norma de conduta baseada nos deveres anexos.

O cônjuge de má-fé não sofrerá os efeitos jurídicos do casamento (que serão vistos abaixo, tais como direito à meação, alimentos, sucessão e ao nome de casado), pois serão destinados somente ao cônjuge que estiver de boa-fé. Importante exemplo que deve ser citado neste ponto é o da **emancipação**, que, apesar de ser ato irrevogável, será revogada no caso de casamento putativo; já que é efeito do casamento, só é dada do cônjuge de boa-fé, ou seja, o que está de má-fé voltará a ser incapaz, conforme ensina o professor **Yussef Said Cahali**[38]. Entretanto esse retorno ao estado de incapaz não prejudicará terceiros em nenhuma hipótese, como se pode verificar, por exemplo, da dicção do **art. 1.563 do Código Civil**, para quem a sentença que decretar a nulidade do casamento **retroagirá à data da sua celebração, sem prejudicar a aquisição de direitos, a título oneroso, por terceiros de boa-fé, nem a resultante de sentença transitada em julgado**, motivo pelo qual não haveria prejuízo para terceiros da parte, que precisa ser punida pela má-fé, retornar ao estado de incapaz.

Efeito do casamento	Cônjuge de boa-fé	Cônjuge de má-fé
Partilha de bens	Sim	Não
Alimentos	Sim	Não
Direito de herança	Sim	Não
Continuidade do uso do nome de casado	Sim	Não
Continuar emancipado	Sim	Não

Se um homem se casasse com 3 pessoas diferentes, simultaneamente, em dias diversos, os dois últimos casamentos seriam nulos. Se considerarmos que o homem estava de má-fé,

38. CAHALI, Yussef Said. *O casamento putativo*. 2. ed. São Paulo: RT, 1979, p. 129.

ele não teria os efeitos jurídicos do casamento, mas, se as mulheres nada soubessem, elas teriam. Assim sendo, se a nulidade fosse pronunciada depois da morte desse homem, teríamos 3 mulheres participando da herança, por força da dicção do art. 1.561 do Código Civil.

13.5.8. Efeitos jurídicos do casamento (arts. 1.565 a 1.570 do CC)

São três:

Efeitos sociais: são aqueles que aparentam para a sociedade. São considerados efeitos sociais do casamento:

1) a constituição de uma família, na qual o casal assume, mutuamente, a responsabilidade pelos encargos da família, devendo cada um concorrer, na proporção de seus bens e rendimentos, para o sustento da família e educação dos filhos, independentemente do regime de bens adotado;

2) a assunção do estado de casado, além de permitir o planejamento familiar, que é feito por ambos os cônjuges, sempre no interesse do casal e dos filhos. Havendo divergência, qualquer um dos cônjuges poderá recorrer ao Judiciário, que decidirá levando em consideração tais interesses;

3) o domicílio do casal será escolhido por ambos, mas um e outro podem se ausentar dele para atender a encargos públicos, para exercer sua profissão, ou no caso de interesses particulares relevantes.

4) tanto o homem quanto a mulher podem incluir o sobrenome do outro cônjuge ao seu nome (art. 1.565, § 1º, do CC). Ambos podem incluir o sobrenome do outro simultaneamente, porém, nesse caso, como o casamento cria uma nova entidade familiar (art. 226 da CF), essa família deve ganhar um nome com os sobrenomes dos cônjuges, seguindo uma ordem que será adotada por ambos, para não perderem a identidade com prole futura.

O **§ 1º do art. 1.565 do Código Civil** determina que qualquer dos nubentes, querendo, poderá acrescer ao seu o sobrenome do outro, mas não fala nada se seria possível suprimir um dos patronímicos. Em nossa sociedade, para não se ter nome muito grande, muitas mulheres, ao acrescerem o sobrenome do marido, suprimem o patronímico materno e incluem o do esposo no final.

Essa questão sempre gerou debate, pois alguns registradores civis entendem que no casamento não se pode suprimir, mas somente incluir o sobrenome, já que não há regra expressa no ordenamento que regulamente tal questão, mas apenas usos e costumes de décadas.

O citado posicionamento não é o que prevalece, haja vista que até o STJ já se manifestou no caso em tela, no sentido da possibilidade de supressão de um dos patronímicos ao se realizar o acréscimo do sobrenome do cônjuge, ao julgar o **REsp 662.799/MG (2004/0051849-1), rel. Min. Castro Filho, j. em 8-11-2005, v.u.**

Assim, verifica-se ser possível acrescer e suprimir sobrenome (quantos se quiser, deixando pelo menos um para identificar a origem familiar) ao se realizar o casamento.

Muitas pessoas, após o casamento, se arrependem de ter ou não incluído o sobrenome do outro, e procuram o Cartório de Registro Civil das Pessoas Naturais para saber se podem, na constância do matrimônio, antes do seu fim, voltar a usar o nome que tinham anteriormente, ou acrescer o sobrenome do outro, sem necessidade de ação judicial.

Foi por esse motivo que levamos, na II Jornada de Prevenção e Solução de Litígios do Conselho da Justiça Federal (CJF), realizada em agosto de 2021, proposta de enunciado sobre o tema, que foi aprovado não apenas pela comissão da qual participamos (desjudicialização), mas também pela plenária, se tornando um enunciado dessa jornada com o seguinte conteúdo: "Art. 1.565, § 1º, e 1.571, § 2º, CC: são admissíveis a retomada do nome de solteiro e a inclusão do sobrenome do cônjuge de quem não o fez quando casou, a qualquer tempo, na constância da sociedade conjugal, por requerimento ao Registro Civil das Pessoas Naturais, independentemente de autorização judicial".

Esse enunciado que inspirou a Lei 14.382/2022 dar nova redação ao inciso II do art. 57 da Lei de Registros Públicos, para determinar que a alteração posterior de sobrenomes poderá ser requerida pessoalmente perante o oficial de registro civil, com a apresentação de certidões e de documentos necessários, e será averbada nos assentos de nascimento e casamento, independentemente de autorização judicial, a fim de incluir ou excluir o sobrenome do cônjuge, na **constância do casamento**. Na mesma jornada se aprovou, também, enunciado que permite o cônjuge retomar o nome que tinha antes de se casar, se no divórcio tal questão não foi decidida, diretamente no cartório de RCPN, independentemente de ação judicial: "É admissível o requerimento, pelo(a) interessado(a), ao Registro Civil de Pessoas Naturais para retorno ao nome de solteiro(a), após decretado o divórcio (art. 29, § 1º, alínea *f*, Lei n. 6.015/1973), dispensando-se a intervenção judicial".

Esse enunciado que inspirou a Lei 14.382/2022 dar nova redação **ao inciso III do art. 57 da Lei de Registros Públicos**, para determinar que a alteração posterior de sobrenomes poderá ser requerida pessoalmente perante o oficial de registro civil, com a apresentação de certidões e de documentos necessários, e será averbada nos assentos de nascimento e casamento, independentemente de autorização judicial, a fim de excluir sobrenomes do ex-cônjuge, **após a dissolução da sociedade conjugal**, por qualquer de suas causas, ocorrida judicialmente ou por escritura pública. **Efeitos pessoais:** estão ligados a deveres comuns do casamento, previstos no **art. 1.566 do Código Civil**, que são:

1) fidelidade recíproca;

2) mútua assistência [material (financeira) e imaterial (psicológica)]. Cumpre lembrar que o **art. 244 do CP** trata do crime de abandono material[39];

3) vida em comum, no domicílio conjugal, que não depende de as pessoas morarem sob o mesmo teto, *more uxorio* (como casados);

---

39. "**Art. 244.** Deixar, sem justa causa, de prover a subsistência do cônjuge, ou de filho menor de 18 (dezoito) anos ou inapto para o trabalho, ou de ascendente inválido ou maior de 60 (sessenta) anos, não lhes proporcionando os recursos necessários ou faltando ao pagamento de pensão alimentícia judicialmente acordada, fixada ou majorada; deixar, sem justa causa, de socorrer descendente ou ascendente, gravemente enfermo:

Pena – detenção, de 1 (um) a 4 (quatro) anos e multa, de uma a dez vezes o maior salário mínimo vigente no País.

Parágrafo único. Nas mesmas penas incide quem, sendo solvente, frustra ou ilide, de qualquer modo, inclusive por abandono injustificado de emprego ou função, o pagamento de pensão alimentícia judicialmente acordada, fixada ou majorada."

4) respeito e consideração mútuos;

5) guarda, sustento e educação dos filhos.

Os deveres do casamento se extinguem com a separação, divórcio, morte ou invalidade do casamento, exceto os deveres de respeito e consideração mútuos, bem como o de guarda, sustento e educação dos filhos. O dever de mútua assistência se transforma em alimentos entre cônjuges.

Efeitos patrimoniais: referem-se ao regime de bens.

13.5.9. Regime de bens

13.5.9.1. Disposições gerais

No Código Civil a matéria dos regimes de bens está disposta na parte que trata do direito patrimonial de família, e está dividida da seguinte forma: disposições gerais e especiais.

Nas disposições gerais o primeiro artigo sobre o tema trata do princípio da liberdade de escolha do regime de bens, estabelecendo ser lícito aos nubentes estipular, quanto aos seus bens, o que melhor lhes aprouver. Dessa forma, autoriza o Código Civil que os nubentes criem regimes híbridos ou mistos, que estabeleçam regras distintas das que estão descritas no citado Código. Esse é o conteúdo do **Enunciado 331 do CJF**[40].

Cumpre salientar que o regime de bens entre os cônjuges é escolhido antes, mas só começa a vigorar com a celebração do casamento.

O art. 1.642 estabelece:

> **Art. 1.642.** Qualquer que seja o regime de bens, tanto o marido quanto a mulher podem livremente, sem precisar de autorização do outro:
>
> I - praticar todos os atos de disposição e de administração necessários ao desempenho de sua profissão, exceto alienar ou gravar de ônus real os bens imóveis;
>
> II - administrar os bens próprios;
>
> III - desobrigar ou reivindicar os imóveis que tenham sido gravados ou alienados sem o seu consentimento ou sem suprimento judicial;
>
> IV - demandar a rescisão dos contratos de fiança e doação, ou a invalidação do aval, realizados pelo outro cônjuge sem a sua outorga conjugal;
>
> V - reivindicar os bens comuns, móveis ou imóveis, doados ou transferidos pelo outro cônjuge ao concubino, desde que provado que os bens não foram adquiridos pelo esforço comum destes, se o casal estiver separado de fato por mais de cinco anos;
>
> VI - praticar todos os atos que não lhes forem vedados expressamente;
>
> VII - comprar, ainda que a crédito, as coisas necessárias à economia doméstica;
>
> VIII - obter, por empréstimo, as quantias que a aquisição dessas coisas possa exigir.

---

40. **Enunciado 331 do CJF**: "Art. 1.639. O estatuto patrimonial do casal pode ser definido por escolha de regime de bens distinto daqueles tipificados no Código Civil (art. 1.639 e parágrafo único do art. 1.640), e, para efeito de fiel observância do disposto no art. 1.528 do Código Civil, cumpre certificação a respeito, nos autos do processo de habilitação matrimonial".

As dívidas contraídas nos últimos dois casos (incisos VII e VIII) obrigam solidariamente ambos os cônjuges.

As ações judiciais que possuem fundamento nas hipóteses n. III, IV e V competem somente ao cônjuge prejudicado e a seus herdeiros.

No caso das hipóteses n. III e IV, o terceiro, prejudicado com a sentença favorável ao autor, terá direito regressivo contra o cônjuge, que realizou o negócio jurídico, ou seus herdeiros.

13.5.9.2. Da outorga conjugal (marital e uxória)

A outorga conjugal, também chamada de vênia conjugal, é a autorização que deve ser dada pelo cônjuge, para que o outro possa praticar os atos acima descritos. Quando a autorização é dada pelo marido, ela é chamada de **outorga marital** e, quando dada pela mulher, de **outorga uxória**.

Questão importante sobre outorga conjugal é que ela é questão de ordem pública, pois busca proteger o cônjuge e a prole, ainda que não exista (futura), de ficar sem patrimônio. Por esse motivo, a outorga deverá ser dada, ainda que, de acordo com o regime de bens no casamento, o bem a ser alienado não se comunique.

Por esse motivo, não se pode convencionar no pacto antenupcial a dispensa da outorga no casamento, já que o art. 1.655 do CC estabelece que é nula a convenção ou cláusula que contravenha disposição absoluta de lei. A única exceção a essa regra se dá no regime da participação final nos aquestos, em que é possível convencionar no pacto antenupcial a livre disposição dos bens imóveis, desde que particulares (art. 1.656 do CC).

Conforme o art. 1.647 do CC, nenhum dos cônjuges pode, sem autorização do outro, exceto no regime da separação absoluta de bens:

a) alienar ou gravar de ônus real os bens imóveis;

b) pleitear, como autor ou réu, acerca desses bens ou direitos;

c) prestar fiança ou aval;

d) fazer doação, não sendo remuneratória, de bens comuns, ou dos que possam integrar futura meação.

São válidas as doações nupciais feitas aos filhos quando casarem ou estabelecerem economia separada.

Como vimos, a outorga conjugal é obrigatória para os atos descritos acima, independentemente do regime de bens do casamento, exceto no caso da **separação absoluta**. Porém, a dúvida que paira é: **o que é o regime da separação absoluta?**

Tal dúvida surge porque, quando se estuda o regime da separação de bens, duas são as formas possíveis de encontrá-lo. A separação pode ser convencional (aquela feita por pacto antenupcial) ou obrigatória (aquela imposta por lei). Ambos os regimes serão estudados mais adiante, mas, neste momento, cumpre saber qual das duas espécies de separação é absoluta. A palavra "absoluta" nos dá a ideia de que nada irá se comunicar. Assim sendo, podemos pensar numa separação relativa, na qual algo, excepcionalmente, poderá se comunicar, na hipótese de previsão nesse sentido.

Analisando inicialmente a separação convencional, verifica-se que pode ser ora absoluta, ora relativa. Será absoluta quando no pacto antenupcial estiver descrito que nenhum bem se comunica. Porém, a separação convencional pode ser relativa, quando no pacto antenupcial houver indicação de algum bem que, excepcionalmente, irá se comunicar entre o casal. Por exemplo, imaginemos a seguinte frase no pacto antenupcial: **"no nosso casamento nada irá se comunicar, exceto a casa X".** Nesse caso, teríamos uma separação convencional relativa (pois foi feita por pacto e permitiu a comunicação, excepcional, de algo).

Mas a resposta mais difícil é se a separação obrigatória, aquela imposta pela lei, é absoluta ou relativa. Ao analisarmos a Súmula 377 do STF, teremos que

Súmula 377 do STF – No regime de separação legal de bens, comunicam-se os adquiridos na constância do casamento.

Com base no teor dessa súmula, a conclusão lógica é que a separação obrigatória é relativa, pela comunicação dos bens adquiridos na constância do casamento.

Essa súmula, que é do mês de maio de 1964, teve origem, porém, no art. 259 do Código Civil de 1916, que estabelecia:

Art. 259. Embora o regime não seja o da comunhão de bens, prevalecerão, no silêncio do contrato, os princípios dela, quanto à comunicação dos adquiridos na constância do casamento.

Dessa forma, obrigava o dispositivo acima aos nubentes que fossem se casar pelo regime da separação convencional de bens que colocassem, expressamente, no pacto antenupcial que nada iria se comunicar, inclusive os bens adquiridos na constância do casamento, pois, no silêncio do pacto nesse sentido, determinar-se-ia a comunicação desses bens.

Ocorre, porém, que no regime da separação obrigatória de bens não se pode fazer pacto antenupcial, pois o casal teve a sua liberdade de escolha retirada pela lei, motivo pelo qual seria impossível haver tal cláusula para afastar a comunicação dos bens adquiridos na constância do casamento. Foi por esse motivo que o Supremo Tribunal Federal, quando tinha competência para examinar tal fato, criou a Súmula 377, após diversas decisões reiteradas sobre o tema.

O ponto nodal da polêmica é que o art. 259 do Código Civil de 1916 foi revogado, e não foi reproduzido em nenhum outro do Código Civil de 2002. Por esse motivo, surge a pergunta: **Súmula criada com base em artigo de lei revogado ainda está em vigor?**

Há duas correntes para responder a esse questionamento.

A **primeira corrente** entende que não, pois a revogação do art. 259 do Código Civil de 1916 e o fato de ele não ter sido reproduzido no Código vigente significam que não foi recepcionado pelo atual sistema. Tal posicionamento é seguido por Francisco José Cahali, em sua atualização da obra de Silvio Rodrigues[41], Mário Luiz Delgado e Jones Figueirêdo Alves[42] e Inácio de Carvalho Neto e Érika Harumi Fugie[43].

---

41. RODRIGUES, Silvio. *Direito civil*: direito de família. 27. ed. atualizada por Francisco José Cahali. São Paulo: Saraiva, 2002, v. 6, p. 190.
42. DELGADO, Mário Luiz; ALVES, Jones Figueiredo. *Código Civil anotado*. São Paulo: Método, 2005, p. 838.
43. CARVALHO NETO, Inácio; FUGIE, Érika Harumi. *Novo Código Civil comparado e comentado*: direito de família. 2. ed. Curitiba: Juruá, 2003, v. VI, p. 196.

Já a **segunda corrente** entende que a citada súmula não foi revogada: ela corrige uma imperfeição no sistema, a da imposição de um regime legal de bens, que impede a comunicação de bens adquiridos na constância da sociedade conjugal, que, presumidamente, foram adquiridos com esforço comum. Tal posicionamento é seguido por Maria Helena Diniz[44], Maria Berenice Dias[45] e Rolf Madaleno[46].

Comungamos do entendimento esposado pela segunda corrente, por ela se adequar mais ao conceito de Direito Civil Constitucional ao qual nos filiamos. Aliás, essa foi a tese adotada pelo Superior Tribunal de Justiça, ao julgar o **REsp 1.163.074-PB, rel. Min. Massami Uyeda, j. em 15-12-2009**.

Assim, partindo do pressuposto de que a Súmula 377 do STF não foi revogada, a separação obrigatória é relativa, e exige vênia conjugal para os atos elencados no art. 1.647 do Código Civil.

O STJ vem entendendo, não apenas no julgado acima, mas também no **REsp 1.199.790-MG (2010/0118288-3), rel. Min. Vasco Della Giustina (convocado do TJRS), v.u., j. em 14-12-2010, *DJE* 2-2-2011**, que a Súmula 377 do STF ainda está em vigor, o que transforma a separação obrigatória em relativa.

Se o cônjuge se recusar a dar a outorga conjugal ao outro nas hipóteses acima, sem um motivo justo, ou quando lhe seja impossível concedê-la, caberá ao juiz supri-la. A referida ação judicial poderá ser proposta, por razões óbvias, sem a outorga do cônjuge que se recusou a prestá-la.

Na hipótese de o ato ser praticado sem a outorga conjugal quando necessária, e não tiver autorização judicial (suprimento), será então anulável, podendo o outro cônjuge pleitear-lhe a anulação, até 2 anos depois de terminada a sociedade conjugal. A aprovação torna válido o ato, desde que feita por instrumento público, ou particular, autenticado.

A decretação de invalidade dos atos praticados sem outorga (anulabilidade), sem consentimento, ou sem suprimento do juiz, só poderá ser demandada pelo cônjuge a quem cabia concedê-la, ou por seus herdeiros, em até 2 anos após o término da sociedade conjugal. Entende-se que a ação anulatória, nessa hipótese, também poderá ser proposta antes de o prazo começar, mas, nesse caso, somente pelo cônjuge.

O Enunciado 114 do CJF estabelece que o aval não pode ser anulado por falta de vênia conjugal, mas se tornará inoponível ao cônjuge que não assentiu (deriva das regras de direito cambial).

Porém, o STJ vem entendendo que a ausência da vênia conjugal ao se dar o aval é passível de anulabilidade, consoante a regra do Código Civil (**AgRg no REsp 1.109.667/PB (2008/0281862-5), rel. Min. Paulo de Tarso Sanseverino, j. em 7-6-2011**).

Quando um dos cônjuges não puder exercer a administração dos bens que lhe incumbe, segundo o regime de bens, caberá ao outro, conforme o art. 1.651 do Código Civil:

a) gerir os bens comuns e os do consorte;

44. DINIZ, Maria Helena. *Curso de direito civil brasileiro*. Direito de Família. 32. ed. São Paulo: Saraiva, 2018, v. 5, p. 196.
45. DIAS, Maria Berenice. *Manual de direito das famílias*. 12. ed. São Paulo: Revista dos Tribunais, 2017, p. 232-233.
46. MADALENO, Rolf. *Direito de família*. 8. ed. Rio de Janeiro: Forense, 2018, p. 596.

b) alienar os bens móveis comuns;

c) alienar os imóveis comuns e os móveis ou imóveis do consorte, mediante autorização judicial.

O cônjuge, que estiver na posse dos bens particulares do outro, será para com este e seus herdeiros responsável:

a) como usufrutuário, se o rendimento for comum;

b) como procurador, se tiver mandato expresso ou tácito para os administrar;

c) como depositário, se não for usufrutuário, nem administrador.

13.5.9.3. Modificação do regime de bens

Introdução: de acordo com o **art. 230 do Código Civil de 1916**, o regime de bens escolhido pelos cônjuges era irrevogável:

> **Art. 230.** O regime dos bens entre cônjuges começa a vigorar desde a data do casamento, e é irrevogável.

Foi o art. 1.639 do Código vigente que, no § 2º, permitiu a modificação, nos seguintes termos:

> **Art. 1.639.** (...)
>
> § 2º É admissível alteração do regime de bens, mediante autorização judicial em pedido motivado de ambos os cônjuges, apurada a procedência das razões invocadas e ressalvados os direitos de terceiros.

Dessa forma, para que o regime de bens entre cônjuges possa ser modificado, devem ser observados os seguintes requisitos:

a) autorização judicial;

b) pedido formulado por ambos os cônjuges;

c) motivação do pedido;

d) demonstração da procedência das razões invocadas;

e) resguardo dos direitos dos próprios cônjuges e de terceiros.

O Código de Processo Civil de 2015 inovou ao trazer um artigo que trata do tema, nos seguintes termos:

> **Art. 734.** A alteração do regime de bens do casamento, observados os requisitos legais, poderá ser requerida, motivadamente, em petição assinada por ambos os cônjuges, na qual serão expostas as razões que justificam a alteração, ressalvados os direitos de terceiros.
>
> § 1º Ao receber a petição inicial, o juiz determinará a intimação do Ministério Público e a publicação de edital que divulgue a pretendida alteração de bens, somente podendo decidir depois de decorrido o prazo de 30 (trinta) dias da publicação do edital.
>
> § 2º Os cônjuges, na petição inicial ou em petição avulsa, podem propor ao juiz meio alternativo de divulgação da alteração do regime de bens, a fim de resguardar direitos de terceiros.
>
> § 3º Após o trânsito em julgado da sentença, serão expedidos mandados de averbação aos cartórios de registro civil e de imóveis e, caso qualquer dos cônjuges seja empresário, ao Registro Público de Empresas Mercantis e Atividades Afins.

A novel legislação processual reproduz a regra do Código Civil e inova em alguns pontos, resolvendo alguns problemas práticos que existiam antes da referida norma.

Algumas dúvidas práticas, porém, surgem em razão da simplicidade do legislador ao regulamentar tal matéria. É exatamente isso que pretendemos analisar.

Do procedimento da ação judicial de modificação do regime de bens: entende-se que, no caso em tela, o procedimento judicial adotado será o da jurisdição voluntária.

Explica Arruda Alvim[47] que a jurisdição voluntária é o instrumento de que se serve o Estado para resguardar, por ato do juiz, quando solicitado, bens reputados pelo legislador como de alta relevância social.

Tratando-se de jurisdição voluntária, o procedimento observado deverá ser o descrito nos arts. 719 a 724 do CPC, enquanto não for instituído por lei um procedimento especial para tal finalidade.

Ademais, cumpre salientar que a Corregedoria do Tribunal de Justiça do Rio Grande do Sul publicou o Provimento n. 24 em 10-9-2003, estabelecendo no art. 1º que a hipótese consiste em procedimento de jurisdição voluntária[48].

Da legitimidade ativa: a ação deve ser proposta, obrigatoriamente, por ambos os cônjuges (litisconsórcio ativo necessário), conforme estabelece o *caput* do art. 734 do CPC, ao exigir a assinatura de ambos os cônjuges na petição, pois ela é personalíssima, e por isso não pode ser ajuizada por terceiros.

Se um dos cônjuges não concordar com a mudança, **impossível** será a propositura da ação, já que não cabe suprimento judicial neste caso.

Possui o mesmo entendimento o Desembargador Luiz Felipe Brasil dos Santos:

> Como segundo requisito, dispõe a norma que o pedido deverá ser formulado por ambos os cônjuges. Assim, inadmissível postulação unilateral, que, se formulada, deverá ser de pronto rejeitada, por carência de ação. Sinale-se que não é cabível pedido de suprimento judicial de consentimento para a alteração de que se trata[49].

Como já mencionamos anteriormente, o art. 1º do Provimento n. 24/2003 da Corregedoria do Tribunal de Justiça do Rio Grande do Sul estabelece que a ação judicial de modificação do regime de bens deve ser proposta por ambos os cônjuges.

Para Paulo Luiz Netto Lôbo[50], a falta de concordância de um dos cônjuges não poderá ser suprida pelo juiz.

Débora Vanessa Caús Brandão[51] defende, excepcionalmente, o cabimento do suprimento judicial, quando ficar evidenciada a hipótese de que o cônjuge não está de acordo com a modificação por capricho pessoal, trazendo prejuízos sérios à família.

47. *Manual de direito processual civil*. 9. ed. São Paulo: Revista dos Tribunais, 2005, v. 1, p. 204.
48. "Art. 1º A modificação do regime de bens do casamento decorrerá de pedido manifestado por ambos os cônjuges, em procedimento de jurisdição voluntária, devendo o juízo competente publicar edital com prazo de trinta dias, a fim de imprimir a devida publicidade à mudança, visando resguardar direitos de terceiros."
49. *A mutabilidade dos regimes de bens*. Disponível em: <http://www.migalhas.com.br/mostra_noticia_articuladas.aspx?cod=2295>. Acesso em: 12 fev. 2010.
50. *Código Civil comentado*. São Paulo: Atlas, 2003, v. XVI, p. 234.
51. *Regime de bens no novo Código Civil*. São Paulo: Saraiva, 2007, p. 113.

Respeitamos o posicionamento, mas com ele não concordamos. Se o regime de bens foi escolhido por ambos, deve ser alterado somente havendo a vontade dos dois, não importando a justificativa para a negativa, nem tampouco se há ou não prejuízos sérios para a família, que não tem o direito de interferir na relação casamentária dos cônjuges.

Do pedido motivado: descreve o § 2º do art. 1.639 do Código Civil que a alteração do regime de bens exige um pedido motivado de ambos os cônjuges.

Mas o que seria pedido motivado?

O Código Civil vigente abandonou a técnica hermenêutica de se utilizar de dispositivos legais que utilizem conceitos, ou expliquem detalhadamente hipóteses de cabimento de algum instituto.

Isto se deu em razão do princípio da eticidade, visto que o legislador utiliza nos artigos de lei as chamadas cláusulas gerais, que são expressões impregnadas de subjetividade, que têm por objetivo não engessar o magistrado, permitindo que, em razão de maior flexibilização, ele possa, analisando cada caso, fazer justiça, motivo pelo qual podemos afirmar que o justo motivo apto a fundamentar a ação de modificação do regime de bens é uma cláusula geral que deve ser preenchida pelo juiz caso a caso.

Dessa forma, verifica-se que a expressão "pedido motivado" é uma cláusula geral.

Somente a análise dos casos jurisprudenciais é que pode dar uma ideia do que seria um motivo que poderia ensejar a modificação do regime de bens.

Possui o mesmo entendimento o Desembargador Luiz Felipe Brasil dos Santos:

> Penso, no entanto, que não deva ser por demais rígida (a fixação jurisprudencial das hipóteses que autorizará a modificação pretendida) a exigência quanto aos motivos que sirvam para justificar o pedido, caso contrário ficará esvaziada a própria finalidade da norma[52].

Já existem em nosso país inúmeras decisões que permitiram a modificação do regime de bens.

Um dos casos conhecidos é o dos cônjuges que, casados pela comunhão universal, modificaram o regime de bens para poder abrir uma sociedade empresarial, já que nesta situação há proibição do art. 977 do Código Civil:

Cumpre salientar que, segundo o Parecer do DNRC/COJUR[53] n. 125/2003, do Comunicado JUCESP n. 4/2003 e do Enunciado 29 da Uniformização do Critério de Julgamentos Singulares na JUCESP, a norma do art. 977 do Código Civil só produz efeito para as sociedades constituídas após a vigência do Código Civil de 2002, não atingindo as que foram criadas antes em veneração ao ato jurídico perfeito.

Da intervenção do Ministério Público: segundo o art. 734, § 1º, do CPC/2015, a intervenção do Ministério Público é obrigatória, pois, conforme o referido dispositivo, ao receber a petição inicial, o juiz determinará a intimação do Ministério Público.

---

52. *A mutabilidade dos regimes de bens*. Disponível em: <http://www.migalhas.com.br/mostra_noticia_articuladas.aspx?cod=2295>. Acesso em: 12 fev. 2010.
53. Parecer do Departamento Nacional de Registro do Comércio, junto à Secretaria do Desenvolvimento da Produção do Ministério do Desenvolvimento, Indústria e Comércio Exterior.

Com isso, a dúvida que existia quanto a essa questão fica superada.

Da citação de credores do casal e publicação de editais: na referida ação seria necessário:

A citação dos credores do casal (art. 721 do CPC)?

Abrir prazo para os credores impugnarem a pretensão, no prazo do art. 721 do CPC?

Juntar certidões negativas dos distribuidores forenses, da Justiça Comum, da Justiça Federal e Trabalhista, assim como certidões negativas de protesto de títulos?

A citação editalícia de credores incertos?

Primeiramente, não podemos esquecer que o **art. 1.513 do Código Civil** proíbe que qualquer pessoa de direito público ou privado interfira na comunhão de vida da família.

O **Enunciado 113 do CJF** estabelece que é necessária a perquirição de inexistência de dívida de qualquer natureza, sendo exigida ampla publicidade do desejo de mudança.

O Tribunal de Justiça da Bahia editou o Provimento n. 2, de 2003, que estabelece no seu art. 1º ser necessária a publicação de editais neste tipo de ação.

Em 10 de agosto de 2003, o Tribunal de Justiça do Rio Grande do Sul editou o Provimento n. 24 e, em 22 de agosto de 2003, o Tribunal de Justiça de Santa Catarina editou o Provimento n. 13. Ambos, no art. 1º, estabelecem os mesmos dizeres do Provimento do Tribunal de Justiça da Bahia.

O § 1º do art. 734 do CPC afirma, expressamente, que, ao receber a petição inicial, o juiz determinará a publicação de edital que divulgue a pretendida alteração de bens, somente podendo decidir depois de decorrido o prazo de 30 dias da publicação do edital.

A norma da novel legislação processual parece acabar de vez com a discussão sobre a necessidade da publicação de editais, já que o determina de forma expressa.

Porém, mesmo sendo minoritário, gostaria de esposar o nosso entendimento no sentido de que nada disso será necessário, pois o § 2º do art. 1.639 do Código Civil estabelece que a modificação do regime garante o direito de terceiros. Aliás, essa regra é reproduzida pelo *caput* do art. 734 do CPC.

Dessa forma, não se pode estipular **nenhuma** rigidez à modificação, sob pena de ela perder o seu alcance, já que independentemente da providência adotada no curso do processo, a modificação é **ineficaz** perante terceiros.

Ou será que, se editais forem publicados e credores citados, poderíamos permitir que **nunca** mais se pudesse discutir os direitos de terceiros? Obviamente que negativa será a resposta!!!

Possui o mesmo entendimento o Desembargador Luiz Felipe Brasil dos Santos:

> Ademais, não há que ter receio quanto a possíveis prejuízos que venham a ser causados a terceiros que já sejam detentores de direitos com relação ao casal, ou a qualquer dos cônjuges, uma vez que estão expressamente ressalvados os respectivos direitos. Logo, nenhuma eficácia terá contra eles a alteração produzida. Neste contexto, parece-me sem razão – por desnecessária a providência – o enunciado aprovado ao ensejo da Jornada sobre o novo Código Civil, levada a efeito no Superior Tribunal de Justiça de 11 a 13 de junho de 2002, no sentido de que a autorização judicial para alteração do regime de bens deva ser precedida de

comprovação acerca da inexistência de dívida de qualquer natureza, inclusive junto aos entes públicos, exigindo-se ampla publicidade[54].

Defendemos que a modificação do regime de bens é ineficaz perante credores existentes antes da sua ocorrência, só produzindo efeitos com relação aos terceiros que celebrarem relações jurídicas posteriores ao trânsito em julgado da decisão, motivo pelo qual a exigência do edital, que é uma ficção jurídica, apenas contribui para a morosidade e encarecimento das custas do processo.

Da necessidade de realização da audiência de instrução: entendemos ser necessária a realização de audiência para o juiz produzir as provas que achar necessárias e convenientes, por exemplo, para perquirir verdadeiras razões do pedido, esclarecendo o casal sobre as consequências de sua nova opção.

Como o **§ 2º do art. 1.639 do Código Civil** exige que seja apurada a procedência das razões invocadas para o pedido de alteração do regime de bens, os fatos alegados como causa de pedir deverão ser comprovados pelos meios de prova admitidos em lei, para a formação do convencimento do juiz, como a documental, a testemunhal ou a pericial.

O juiz, porém, não está vinculado a decidir de acordo com a produção de provas documentais, testemunhais ou periciais, já que pode se utilizar do depoimento pessoal dos cônjuges, para decidir atentando ao fim social a que a referida norma se dirige, e ao bem comum, como determina o art. 5º da LINDB.

Da desnecessidade de fazer pacto antenupcial por escritura pública em decorrência da modificação do regime: sentenciado o feito, não será necessária a confecção de pacto antenupcial por escritura pública, mesmo que a modificação seja para um regime que exija a convenção, tendo em vista que a sentença judicial fará o papel de pacto, já que trará todas as regras referentes ao novo regime, que deverão estar descritas na petição inicial, já que o ato judicial dispensa o ato notarial.

Este é o entendimento do TJRS, ao julgar a **Ap. Cív. 700006709950, 7ª Câmara Cível, rel. Sérgio Fernando de Vasconcellos Chaves, j. em 22-10-2003**.

O relator do presente recurso argumentou, ao proferir o seu voto:

> Assim, cabe ao julgador *a quo* apreciar o mérito do pedido e, sendo deferida a alteração de regime, desnecessário será lavrar escritura pública, sendo bastante a expedição do competente mandado judicial. O pacto antenupcial é ato notarial; a alteração do regime matrimonial é ato judicial.

Desse modo, verifica-se ser desnecessária a realização de pacto antenupcial quando da modificação do regime de bens, em razão de a sentença judicial cumprir com esse papel no referido caso.

Da necessidade de registrar a sentença no registro imobiliário: entendemos que a sentença deverá ser averbada à margem do assento de casamento e levada ao registro imobiliário competente.

---

54. *A mutabilidade dos regimes de bens*. Disponível em: <http://www.migalhas.com.br/mostra_noticia_articuladas.aspx?cod=2295>. Acesso em: 12 fev. 2010.

A Lei de Registros Públicos, que é anterior ao Código Civil, não exige a averbação da sentença que defere a alteração do regime de bens, motivo pelo qual deve ser feita interpretação analógica do art. 167, II, n. 1, da referida lei, bem como do art. 1.657 do Código Civil, que exige a averbação do pacto antenupcial para que ele tenha eficácia perante terceiros.

Esse registro será feito no Ofício de Imóveis do domicílio atual dos cônjuges.

Concordamos com o Desembargador Luiz Felipe Brasil dos Santos, para quem,

> (...) na hipótese de já ter ocorrido o registro de um pacto antenupcial no álbum imobiliário – o que, segundo remansosa doutrina, deve ocorrer no primeiro domicílio conjugal –, e se encontre o casal agora em outro domicílio, impositivo novo registro, agora no domicílio atual, além de averbar-se no registro original a alteração levada a efeito, como também na matrícula de cada imóvel de titularidade do casal[55].

Assim, necessário se faz averbar a sentença no Ofício Imobiliário em que o pacto antenupcial foi registrado, e, no caso de não ter sido feito pacto quando do casamento, registrar a decisão judicial que autorizou a mudança do regime no cartório do domicílio atual dos cônjuges, bem como deverá ela, também, ser averbada no Cartório de Registro Civil onde foi lavrado o casamento.

Sobre esse tema, o art. 734, § 3º, do CPC estabelece que, após o trânsito em julgado da sentença, serão expedidos mandados de averbação aos Cartórios de Registro Civil e de Imóveis e, caso qualquer dos cônjuges seja empresário, ao Registro Público de Empresas Mercantis e Atividades Afins, corroborando com o esposado acima.

Dos efeitos da sentença que modifica o regime de bens: *ex tunc* ou *ex nunc*? Ao se modificar o regime de bens, a sentença que estabelece o novo regime retroage até a data da celebração do casamento (efeito *ex tunc*) ou somente produzirá efeito a partir do seu trânsito em julgado (efeito *ex nunc*)?

Entendemos que, em razão da falta de orientação legal, devemos adotar como regra a **retroatividade** do regime de bens, gerando efeitos a sentença desde o momento da celebração do casamento, sob pena de a norma não produzir o efeito esperado.

Dessa forma, podem-se evitar dois problemas:

a) Da necessidade de fazer a partilha dos bens do casal, que provocaria gastos ao casal com o registro da sentença, e quiçá com o pagamento de impostos.

Nada obsta, porém, que, se as partes assim quiserem, seja efetuada a partilha de bens, mas trata-se de situação excepcional, que depende da manifestação da vontade das partes.

b) Da criação de regime misto, na qual haverá duas regras no casamento do casal que modificou o regime de bens, uma da celebração até a modificação, e outra deste instante até a extinção da sociedade conjugal.

Não há óbice que impeça a criação de regime misto no casamento de alguém. Aliás, o pacto antenupcial possui, dentre outras, esta função.

Tal afirmação é, inclusive, confirmada pelo Enunciado 331 da IV Jornada de Direito Civil do Conselho da Justiça Federal.

55. *A mutabilidade dos regimes de bens*. Disponível em: <http://www.migalhas.com.br/mostra_noticia_articuladas.aspx?cod=2295>. Acesso em: 12 fev. 2010.

Também entende que, em regra, a sentença deve retroagir (efeito *ex tunc*) o Desembargador Luiz Felipe Brasil dos Santos, já que

"... o Código não explicita se os efeitos da alteração serão *ex tunc* ou *ex nunc* entre os cônjuges (porque com relação a terceiros que já sejam portadores de direitos perante o casal, é certo que serão sempre *ex nunc*, uma vez que se encontram ressalvados os direitos destes). No particular, considero que se houver opção por qualquer dos regimes que o Código regula, a retroatividade é decorrência lógica, pois, p. ex., se o novo regime for o da comunhão universal, ela só será UNIVERSAL se implicar comunicação de todos os bens. Impossível seria pensar em comunhão universal que implicasse comunicação apenas dos bens adquiridos a partir da modificação. Do mesmo modo, se o novo regime for o de separação absoluta, necessariamente será retroativa a mudança, ou a separação não será absoluta!"[56].

Entendemos, todavia, que nada obsta a que as partes decidam pela **irretroatividade**, criando um regime misto em seu casamento, desde que isso esteja expresso na sentença por pedido das partes, sob pena de ter-se a retroatividade, por ser, no nosso sentir, a regra que deve prevalecer no caso. Nada impede, porém, que as partes, desde logo, já requeiram ao magistrado, no começo da ação judicial, o efeito retroativo (*ex tunc*).

Possui o mesmo pensamento o Desembargador Luiz Felipe Brasil dos Santos:

"Entretanto, face ao princípio da livre estipulação (art. 1.639, *caput*), sendo possível estipular regime não regrado no Código, a mudança poderá, a critério dos cônjuges, operar-se a partir do trânsito em julgado da sentença homologatória, caso em que teríamos a criação de um regime não regrado no CC"[57].

Para Silmara Juny de Abreu Chinelato[58], o novo regime de bens incide apenas a partir da sentença judicial que deferiu o pedido dos interessados, tendo efeito imediato, permanecendo o regime anteriormente adotado quanto aos bens adquiridos sob sua vigência.

Já Euclides de Oliveira[59], ao afirmar que, normalmente, os efeitos da sentença são *ex nunc*, ou seja, **não retroativos**, admite a possibilidade de os cônjuges requererem ao juiz que estabeleça efeitos *ex tunc*, ou seja, retroativos.

Com isso, em razão da diversidade de opiniões sobre o tema, necessário será acompanhar como se formará a jurisprudência nesse sentido, para verificar qual dos pensamentos prevalecerá nas decisões dos tribunais.

Por fim, cumpre ressaltar duas coisas:

a) Quando a mudança for de algum regime que adota a comunhão, para o regime da separação, a partilha de bens será **obrigatória**, sob pena de não se atender ao real desejo das partes.

b) Com relação a terceiros, a sentença **sempre** produzirá efeitos ***ex nunc***, já que os seus direitos estão resguardados por determinação legal expressa.

---

56. *A mutabilidade dos regimes de bens*. Disponível em: <http://www.migalhas.com.br/mostra_noticia_articuladas.aspx?cod=2295>. Acesso em: 12 fev. 2010.
57. Idem.
58. Direito patrimonial de família: a mutabilidade do regime de bens entre cônjuges no Código Civil de 2002. In: Mário Luiz Delgado e Jones Figueirêdo Alves. *Questões controvertidas no direito de família e das sucessões*. São Paulo: Método, 2005, v. 3, p. 158.
59. Alteração do regime de bens no casamento. In: Mário Luiz Delgado e Jones Figueirêdo Alves. *Questões controvertidas*. São Paulo: Método, 2003, v. 1, p. 394.

Da modificação do regime de bens em casamentos celebrados sob a égide do Código Civil de 1916: as pessoas casadas sob a égide do Código Civil de 1916, quando o regime de bens era imutável (art. 230), também podem modificar o regime de bens do seu casamento?

A dúvida surge em razão do art. 2.039 do Código Civil, que estabelece:

> **Art. 2.039.** O regime de bens nos casamentos celebrados na vigência do Código Civil anterior, Lei n. 3.071, de 1º de janeiro de 1916, é o por ele estabelecido.

A questão já está, praticamente, pacificada. Inicialmente citamos o Enunciado 260 da III Jornada de Direito Civil do Conselho da Justiça Federal, que em 2004 já estabelecia isso:

Ainda à época do presente enunciado, vários eram os entendimentos dos Tribunais Estaduais acerca da matéria. Mas em 2005, o Superior Tribunal de Justiça pacificou a questão, entendendo ser possível a modificação (**REsp 730.546/MG, 4ª Turma, rel. Min. Jorge Scartezzini, j. em 23-8-2005**).

Mas qual foi o argumento que os ministros utilizaram em seus votos, acerca da interpretação do art. 2.039 do Código Civil? Vejamos:

> "Isso porque, segundo tal exegese, a uma, o art. 2.039 do CC/2002, ao dispor que o regime de bens quanto aos casamentos celebrados na vigência do CC/1916 *é o por ele estabelecido, estaria determinando a incidência da legislação civil anterior exclusivamente no tocante às regras específicas a cada um dos regimes matrimoniais,* consignadas, como assinalado, nos arts. 262 a 314, alusivas aos aspectos peculiares dos regimes da comunhão universal e parcial, e da separação de bens, do regime dotal e das doações antenupciais. Ao revés, *as normas gerais concernentes aos interesses patrimoniais dos cônjuges na constância da sociedade conjugal, previstas nos arts. 1.639 a 1.652 da novel legislação civil, na medida em que contêm princípios norteadores dos diversos regimes particulares de bens, aplicar-se-iam imediatamente,* alcançando tanto os casamentos celebrados sob a égide do CC/1916, cujos regimes de bens encontram-se em curso de execução, como, por óbvio, os pactuados sob o CC/2002. Desta feita, o art. 1.639, § 2º, do CC/2002, abonador da alteração dos regimes de bens na vigência dos casamentos, constituindo-se em norma geral relativa aos direitos patrimoniais dos cônjuges, incidiria imediatamente, inclusive às sociedades conjugais formalizadas sob o pálio do CC/1916, afastando a vedação constante do art. 230 do CC/1916"[60].

As modificações que foram feitas nos regimes de bens que já eram contemplados no Código de 1916 para a legislação vigente são as seguintes:

1) no regime da separação de bens, não há mais necessidade de autorização do cônjuge para a prática dos atos elencados no art. 1.647;

2) no regime da comunhão universal, não estão mais excluídos da comunhão os bens antes relacionados nos incisos IV, V, VI, X e XII do art. 263 do Código Civil de 1916;

3) no regime da comunhão parcial, não mais se excluem os bens relacionados no inciso III do art. 269 do Código Civil de 1916, mas passam a não mais comunicar os proventos do trabalho pessoal de cada cônjuge (inciso VI do art. 1.659), expressamente excluídos antes pelo inciso VI do art. 271, sob a denominação de "frutos civis do trabalho, ou indústria de cada cônjuge, ou de ambos".

O Ministro Scartezzini, no seu voto, cita, inclusive, a professora Maria Helena Diniz, que entende não ser possível a modificação do regime para os casamentos celebrados sob a

60. Interpretação do art. 2.039 do CC pelo relator Ministro Jorge Scartezzini.

égide do Código Civil de 1916, mas que reconhece ser tal situação injusta, motivo pelo qual devem ser aplicados os arts. 4º e 5º da LINDB, para permitir, em certos casos, a modificação:

> Logo, o art. 2.039 (norma de direito intertemporal, de ordem pública e especial) é o aplicável ao regime matrimonial de bens, que, portanto, será imutável, se o casamento se deu sob a égide do Código de 1916, salvo as exceções admitidas pela jurisprudência, durante a sua vigência. Portanto, nada obsta a que se aplique o art. 1.639, § 2º, do novo Código, excepcionalmente, se o magistrado assim o entender, *aplicando os arts. 4º e 5º da LINDB*, para sanar lacuna axiológica que, provavelmente, se instauraria por *gerar uma situação em que se teria a não correspondência da norma do Código Civil de 1916 com os valores vigentes na sociedade*, acarretando injustiça[61].

Vejamos o que determinam os arts. 4º e 5º da LINDB:

> **Art. 4º** Quando a lei for omissa, o juiz decidirá o caso de acordo com a analogia, os costumes e os princípios gerais de direito.
>
> **Art. 5º** Na aplicação da lei, o juiz atenderá aos fins sociais a que ela se dirige e às exigências do bem comum.

Em razão disso, conclui o ministro nos seguintes termos:

> Ora, não entender no sentido da possibilidade de alteração incidental do regime de bens, ainda que celebrado o matrimônio sob o pálio do CC/1916, seria, a toda evidência, uma maneira de, olvidando-se a necessária interpretação legal teleológica, efetuada, nos moldes do art. 5º da LINDB, em atenção aos *fins sociais* e às *exigências do bem comum*, incentivar a concretização da fraude, na medida em que estimular-se-iam os cônjuges a, com vistas à mudança de regime, divorciarem-se, para que, em se casando novamente, pudessem contratar o regime que melhor lhes aprouvesse.

Concordamos com o posicionamento do Superior Tribunal de Justiça, já que entendemos que o regime de bens produz efeito diuturnamente, sempre que os cônjuges celebrarem relações jurídicas patrimoniais. Dessa forma, a análise do ato jurídico perfeito só deve ser feita quanto à escolha e à definição das regras do regime, se foi acometida por algum vício ou não, já que se refere ao plano da validade do negócio jurídico.

Desde então, o Superior Tribunal de Justiça passou a decidir dessa maneira (**REsp 821.807, Proc. 2006/0036029-5/PR, 3ª Turma, rel. Min. Fátima Nancy Andrighi, j. em 19-10-2006, *DJU* de 13-11-2006**).

Mas, quanto aos efeitos, não há falar em ato jurídico perfeito, pois sempre deve ser aplicada a lei vigente no momento da produção dos seus efeitos, o que se verifica no disposto no art. 2.035 do Código Civil.

Da modificação do regime de bens no casamento em que vige o regime da separação obrigatória: impõe o Código Civil, nas hipóteses descritas no art. 1.641, o regime da separação obrigatória de bens:

> **Art. 1.641.** É obrigatório o regime da separação de bens no casamento:
>
> I – das pessoas que o contraírem com inobservância das causas suspensivas da celebração do casamento;
>
> II – da pessoa maior de 70 anos;
>
> III – de todos os que dependerem, para casar, de suprimento judicial.

61. DINIZ, Maria Helena, *Curso de direito civil brasileiro*. Direito de família. 32. ed. São Paulo: Saraiva, 2018. v. 5, p. 164.

Para melhor elucidar a compreensão do referido artigo, apontamos quais são as causas suspensivas descritas no art. 1.523 do Código Civil:

> **Art. 1.523.** Não devem casar:
>
> I – o viúvo ou a viúva que tiver filho do cônjuge falecido, enquanto não fizer inventário dos bens do casal e der partilha aos herdeiros;
>
> II – a viúva, ou a mulher cujo casamento se desfez por ser nulo ou ter sido anulado, até dez meses depois do começo da viuvez, ou da dissolução da sociedade conjugal;
>
> III – o divorciado, enquanto não houver sido homologada ou decidida a partilha dos bens do casal;
>
> IV – o tutor ou o curador e os seus descendentes, ascendentes, irmãos, cunhados ou sobrinhos, com a pessoa tutelada ou curatelada, enquanto não cessar a tutela ou curatela, e não estiverem saldadas as respectivas contas.

Dessa forma, pergunta-se: é possível modificar o regime de bens quando ele é imposto pela lei?

Para Débora Gozzo[62], negativa é a resposta. Afirma a citada autora que, se os cônjuges tiveram que celebrar o casamento no regime da separação obrigatória, estão eles impedidos de ingressar com a ação para modificação do regime de bens, sob pena de serem tidos como carecedores de ação.

Discordamos do pensamento acima, já que entendemos ser possível a modificação do regime de bens de pessoas casadas no regime da separação obrigatória, quando a causa que a originou for superada, sob pena de se estimular a simulação do divórcio para que um novo casamento possa ser celebrado. Sem contar que seria uma enorme injustiça com as pessoas obrigadas a casar nesse regime por um motivo que já foi superado.

Esse é o entendimento do Enunciado 262 da III Jornada de Direito Civil, promovido pelo Conselho da Justiça Federal.

A posição adotada no enunciado, com a qual concordamos, inclusive, começa a aparecer em nossa jurisprudência (**TJMG, Ap. Cív. 1.0459.04.018578-5/001, rel. Des. Brandão Teixeira, j. em 22-2-2005**).

O relator do julgado justificou sua posição da seguinte forma:

> A mutabilidade do regime de bens no casamento não importará prejuízos a terceiros, porque, além dos documentos acostados na inicial que comprovam a situação de solvência e regularidade dos apelantes, o art. 1.639, § 2º, do Código Civil resguarda, expressamente, direitos de terceiros. Lado outro, a motivação apresentada pelos apelantes, ou seja, a valorização do trabalho direto e indireto envolvendo os cônjuges, constitui fator de estabilidade e harmonia entre os cônjuges, o que dignifica e qualifica positivamente os cônjuges, a família e a sociedade em que estão inseridos. *Por último, a causa para imposição legal do regime de separação de bens, ou seja, a menoridade da virago, já não mais existe, não havendo que se falar em eventuais prejuízos* já que a procedência do pedido não importará em prejuízos à virago nem tampouco a terceiros, cujos direitos estão resguardados.

O referido posicionamento também foi adotado pelo Tribunal de Justiça do Rio de Janeiro (**17ª Câmara Cível, Ap. Cív. 2003.001.24605, rel. Des. Severiano Ignacio Aragão, j. em 15-10-2003**).

---

62. Patrimônio no casamento e na união estável. In: Arruda Alvim, Joaquim Portes de Cerqueira César, Roberto Rosas. *Aspectos controvertidos do novo Código Civil*. São Paulo: Revista dos Tribunais, 2003, p. 146.

O Tribunal de Justiça de São Paulo também julga dessa forma (*vide* **Ap. s/ Rev. 552.439.4/9, Ac. 2630948, 3ª Câmara de Direito Privado, rel. Des. Beretta da Silveira, j. em 27-5-2008, *DJESP* de 28-7-2008**).

Para o Desembargador Luiz Felipe Brasil dos Santos, as pessoas casadas no regime da separação obrigatória podem modificar o regime de bens desde que tenha cessado o motivo que a originou:

> Nesse caso, tenho que nenhuma razão haverá que impeça a mudança do regime de bens, uma vez desaparecido, por circunstância superveniente, qualquer potencial prejuízo a terceiro, o que é a justificativa que impõe aquele regime[63].

Rolf Madaleno[64] também entende ser possível a modificação do regime de bens de quem é casado no regime da separação obrigatória.

O dever de observância das regras contidas no art. 1.641 do Código Civil para a realização da mudança: em razão de o Código Civil impor o regime da separação obrigatória nas hipóteses descritas no art. 1.641, não pode ser modificado o regime de bens nos referidos casos descritos na norma, que inclui as hipóteses do art. 1.523 do citado diploma legal.

Assim, não poderá haver modificação do regime de bens:

a) se, pelo menos, um dos cônjuges for maior de 70 anos, pois, se fosse casar, não teria liberdade de escolha;

b) se um dos cônjuges for curador do outro, conforme permite o art. 1.775 do Código Civil, não poderá ser modificado o regime até que a curatela seja extinta e as contas forem prestadas pelo curador.

13.5.9.4. Da escolha do regime de bens e do pacto antenupcial (arts. 1.653 a 1.657 do CC)

É lícito aos nubentes, antes de celebrado o casamento, estipular, quanto aos seus bens, o que lhes aprouver. A escolha é feita antes do processo de habilitação do casamento no pacto antenupcial, que determina as regras patrimoniais e a indicação do regime, ou por termo de opção pelo regime da comunhão parcial (legal), no próprio Cartório de Registro Civil das Pessoas Naturais.

Obrigatoriamente o pacto tem que ser feito por escritura pública no Tabelionato de Notas (toda escritura pública se faz no Tabelionato de Notas, exceto em alguns Estados, onde o Registro Civil, em caráter de extrema exceção, pode lavrar algumas escrituras, não todas), antes da celebração do casamento.

Até a celebração do casamento ele é ineficaz, apesar de ser válido. Depois da celebração do casamento, a eficácia do pacto nupcial é *inter partes*, pois a sua oponibilidade *erga omnes* depende do registro, que é realizado após a celebração do casamento, em livro próprio para registrar o pacto antenupcial (Livro 3, denominado Registro Auxiliar) no Cartório

---

63. *A mutabilidade dos regimes de bens*. Disponível em: <http://www.migalhas.com.br/mostra_noticia_articuladas.aspx?cod=2295>. Acesso em: 12 fev. 2010.
64. Do regime de bens entre os cônjuges. In: Maria Berenice Dias e Rodrigo da Cunha Pereira, *Direito de família e o novo Código Civil*. 4. ed. Belo Horizonte: Del Rey, 2005, p. 173.

de Registro de Imóveis do domicílio dos cônjuges, conforme o art. 1.657 do Código Civil. Caso os cônjuges tenham imóvel, será feita averbação na matrícula do imóvel. Caso o pacto não seja registrado, ele será ineficaz perante terceiros. Se o pacto for registrado muito tempo depois da realização do casamento, e o casal não estiver morando mais no primeiro domicílio conjugal, mas em outro, será nesse novo que o pacto deverá ser registrado, pois há uma "lenda" de que o registro deve ser feito no cartório do primeiro domicílio do casal, mas, na verdade, a lei diz, apenas, domicílio dos cônjuges.

É nulo o pacto antenupcial se não for feito por escritura pública, e ineficaz se não lhe seguir o casamento.

Há polêmica se um pacto antenupcial feito por escritura pública, que é ineficaz até o casamento, se ele poderia ser aproveitado como contrato de convivência na hipótese de as pessoas não casarem e irem viver em união estável.

O Tribunal de Justiça do Estado de SP entende que não:

APELAÇÃO – Ação de Reconhecimento de União Estável Alegações de Casamento Religioso, relacionamento anterior pelo período de 4 anos, Pacto Antenupcial não levado a registro, e separação depois de 6 meses – Sentença de improcedência. Inconformismo da autora, que alega a validade do pacto antenupcial, embora o casamento religioso realizado não tenha sido registrado em cartório, que presentes todos os requisitos da união estável e a existência de relacionamento público, com o intuito de constituir família – Descabimento – Não restaram cumpridos os requisitos legais necessários para a produção de efeitos civis do casamento religioso celebrado, posto que não houve a habilitação, tampouco o registro no Cartório de Registro Civil, nos termos do artigo 1.516, do CC. Reconhecida a união estável pelo período de 6 meses, regrada pelo regime da comunhão parcial de bens, "ex vi" do artigo 1.725 do CC. O pacto antenupcial não pode ser considerado para regrar a união estável, pois tem sua validade condicionada à realização de casamento civil. Recurso provido em parte, para reconhecer a união estável entre as partes no período de 28 de maio de 2012 até meados de fevereiro de 2013 (**TJSP, Apelação n. 0004728- 96.2013.8.26.0077, rel. José Aparício Coelho Prado Neto, 9ª Câmara de Direito Privado, data do julgamento: 23-2-2016**)[65].

O relator do caso cita em seu voto:

Reconhecida, portanto, a ocorrência da união estável, durante o período de 28 de maio de 2012 a meados de fevereiro de 2013, deve ela ser regrada pelo regime da comunhão parcial de bens, como preceitua o artigo 1.725, do Código Civil. Frise-se, por oportuno, que não se pode considerar o pacto antenupcial firmado pelas partes como sendo um contrato escrito passível de aplicação à união estável, pois tal documento tem a sua eficácia exclusivamente condicionada à realização do casamento civil, que como os autos informam, não ocorreu, "ex vi" do artigo 1.653, do Código Civil.

Já o Tribunal de Justiça do Rio Grande do Sul entende que, caso o pacto antenupcial seja realizado e não haja casamento, passando os nubentes a conviver em união estável, tem-se como possível o seu aproveitamento em um contrato de convivência, consoante o ideal da conservação dos atos:

APELAÇÃO CÍVEL. UNIÃO ESTÁVEL. 1) ALIMENTOS. Descabe o pensionamento, ainda que temporário ou a título indenizatório, se a mulher é jovem, apta para o trabalho, e independente. 2) REGIME DE BENS. O pacto antenupcial celebrado entre os litigantes que estabeleceu o regime da separação total de bens inclusive para aqueles adquiridos antes do casamento, é válido como ato de manifestação de vontade para estabelecer a separação

65. Esse julgado segue posicionamento anterior do referido Tribunal na Apelação n. 0318168-56.2009.8.26.0100, Relator: Luiz Antonio Costa, 7ª Câmara de Direito Privado, Data do Julgamento: 16-10-2013.

total relativamente aos bens adquiridos durante a união estável que precedeu o casamento. Precedente. 3) DANO MORAL. É descabido o pedido de dano moral em sede de reconhecimento de união estável, se esta não se rompeu, mas sim, foi transformada em casamento. 4) HONORÁRIOS ADVOCATÍCIOS. Tendo o réu decaído em parte mínima do pedido, deve a autora arcar com a sucumbência integral, inclusive os honorários advocatícios no valor fixado na sentença, que remunera dignamente o advogado. Apelação desprovida (**Apelação Cível n. 70016647547, 8ª Câmara Cível, Tribunal de Justiça do RS, rel. José Ataídes Siqueira Trindade, j. em 28-9-2006**)

Para o **STJ**, o Pacto Antenupcial deve prevalecer como contrato de união estável, conforme decisão proferida no **REsp 1.318.249/GO**. Concordamos com a posição do STJ, que aplica o princípio da conservação do negócio jurídico. Ademais, entendemos que tal caso seria um exemplo perfeito de conversão substancial do negócio jurídico nulo, autorizada pelo art. 170 do Código Civil.

Como vimos anteriormente, a outorga conjugal é questão de ordem pública, pois ela busca proteger o cônjuge e a prole, ainda que não exista (futura), de ficar sem patrimônio. Por esse motivo, a outorga deverá ser dada, ainda que, de acordo com o regime de bens no casamento, o bem a ser alienado não se comunique. Essa é a razão pela qual o art. 1.655 do CC estabelece ser nula a convenção ou cláusula que contravenha disposição absoluta de lei, como, por exemplo, a que estabeleça a **dispensa da outorga conjugal**. A única exceção a essa regra se dá no regime da participação final nos aquestos, em que é possível convencionar no pacto antenupcial a livre disposição dos bens imóveis, desde que particulares (art. 1.656 do CC).

A eficácia do pacto antenupcial realizado por menor fica condicionada à aprovação de seu representante legal, salvo as hipóteses de regime obrigatório de separação de bens.

Poderão os nubentes escolher qualquer um dos regimes regulados pelo Código Civil. Porém, o pacto antenupcial deve **obrigatoriamente** ser feito nos seguintes regimes: comunhão universal de bens, participação final nos aquestos e separação convencional de bens.

Não havendo convenção, ou sendo ela nula ou ineficaz, vigorará, quanto aos bens entre os cônjuges, o regime da comunhão parcial, que é conhecido como **regime legal**. No regime da comunhão parcial, apesar de não ser necessário fazer pacto antenupcial, é possível fazê-lo, já que sua elaboração é facultativa. O mesmo pode ter de ser feito, por exemplo, se os nubentes desejarem modificar alguma das regras previstas no Código Civil para o citado regime.

Já no regime da separação obrigatória de bens (aquele que é imposto pela lei), seria proibido fazer pacto antenupcial?

Nós entendemos que sim, pois se o regime da separação obrigatória de bens está sendo imposto pela lei, isso significa que os nubentes que casam nesse regime não possuem a liberdade de escolha, que é dada pelo Código Civil a todos. Como no caso não há liberdade de escolha e de disposição da regra patrimonial, o pacto não pode ser feito, nem mesmo para afastar a aplicação da Súmula 377 do STF. Isso sem contar que é um verdadeiro absurdo convencionar que uma Súmula de nossa Corte superior não se aplica ao casamento a ser celebrado por vontade das partes. Se está sumulado o entendimento, o tribunal é livre para decidir pela sua aplicação, e cabem às partes respeitar essa autonomia do poder judiciário.

Mas o argumento mais forte em nossa opinião é o sucessório. O art. 1.829, I, do CC, estabelece que o cônjuge **NÃO** concorre com o descendente quando o regime de bens for o da separação obrigatória (art. 1.641 do CC), e numa interpretação *contrário sensu* desse dispositivo **HAVERÁ** concorrência se o regime de bens for da separação convencional (feita por pacto antenupcial). Essa posição é referendada, inclusive, pela 2ª Seção do STJ (órgão colegiado que reúne os ministros das 3ª e 4ª Turmas, que são responsáveis por decidirem causas de Direito Civil) no julgamento do **REsp 1.382.170/SP, j. em 22-4-2015**.

Assim sendo, admitir pacto antenupcial no regime de separação obrigatória de bens, para dela retirar o único elemento que a difere da separação convencional de bens que é a súmula 377 do STF, o que acarreta uma equiparação entre ambos os regimes, representa uma fraude sucessória, pois por decisão do casal poderia o cônjuge ser incluído na concorrência com descendente quando não mereça. Dessa forma, teríamos um *pacta corvina*, já que o pacto antenupcial tem natureza contratual, e o art. 426 do CC estabelece que é nulo o contrato que estabeleçam regras sobre a herança de pessoa viva.

Todos esses argumentos acarretariam nulidade do pacto antenupcial por outro motivo, pois o art. 1.655 do CC estabelece ser nula a convenção ou cláusula dela que contravenha disposição absoluta de lei.

Mas, infelizmente, para nossa tristeza, a Corregedoria-Geral de Justiça do Estado de SP, possui uma decisão no **Recurso Administrativo 1065469-74.2017.8.26.0100, proferida em 6-12-2017**, permitindo a habilitação do casamento, com adoção do regime de separação obrigatória de bens, prevalecendo o pacto antenupcial que estipula a incomunicabilidade absoluta de aquestos.

Cumpre ressaltar que essa posição foi diametralmente oposta à tomada pelo Juiz Corregedor permanente dos cartórios extrajudiciais da capital do estado de São Paulo, da **2ª VRP/SP**, no mesmo processo, há menos de 3 meses da decisão supracitada, proferida no **dia 19-9-2017**, antes do mesmo ser submetido à Corregedoria-Geral, em grau de recurso, com a qual concordamos integralmente. São as palavras do magistrado:

> O regime de bens no casamento, em regra, está sujeito ao Princípio da Autonomia Privada, observada a forma pública (CC, art. 1.653). Há situações, todavia, nas quais o poder de reger as relações privadas é afastado por determinação legal, impondo-se o regime da separação legal de bens, a exemplo do que ocorre nestes autos (CC, art. 1.641, inc. II). Nessa hipótese, vigora o Princípio da Heteronomia da Vontade. No caso em exame, os nubentes, conforme pacto antenupcial, pugnaram por um regime que nominaram 'Regime Legal de Bens Separação Obrigatória', no qual, basicamente, afastavam a incidência da Súmula 377 do Supremo Tribunal Federal. Incidente a disposição legal, pelo Princípio da Heteronomia da Vontade, não há espaço para o poder dos interessados na regulação de suas relações patrimoniais; portanto, a natureza jurídica do pacto antenupcial apresentado, por envolver o poder de autodeterminação dos nubentes; a meu compreender, não tem a natureza do regime obrigatório (ou legal) da separação de bens. Desse modo, ao interpretar o negócio jurídico em questão, desde a aplicação plural teórica, compreendi tratar-se de regime da separação consensual, desde seus efeitos. Seja como for, a nomenclatura é o de menos, pois, não sendo o que mencionei, poder-se-ia cogitar de regime híbrido (CC, art. 1.639). Tenho pela impossibilidade de alteração do regime de separação legal por meio da vontade dos cônjuges, no que pese as questões doutrinárias acerca da aplicação Súmula 377 do Supremo Tribunal Federal na vigência do atual Código Civil.

Esperamos que esse entendimento não prevaleça pelas razões expostas anteriormente, mas cumpre advertir o leitor que esse tema foi objeto de uma prova de concurso público no dia 6-5-2018 para o MP-MG, e que a banca deu como correto o entendimento de que é possível fazer pacto antenupcial no regime de separação obrigatória para afastar a incidência da Súmula 377 do STF, portanto esse tema merece muita cautela, já que nesse caso ficou a dúvida se essa posição seria da instituição organizadora do concurso ou do MP-MG.

13.5.9.5. Das diversas espécies de regime de bens

Regime da comunhão parcial de bens (arts. 1.658 a 1.666 do CC): no regime da comunhão parcial comunicam-se os bens adquiridos na constância do casamento (em regra todos), com as seguintes exceções:

a) os bens que cada cônjuge possuir ao casar, e os que lhe sobrevierem, na constância do casamento, por doação ou sucessão, e os sub-rogados em seu lugar;

b) os bens adquiridos com valores exclusivamente pertencentes a um dos cônjuges em sub-rogação dos bens particulares;

c) as obrigações anteriores ao casamento;

d) as obrigações provenientes de atos ilícitos, salvo reversão em proveito do casal;

e) os bens de uso pessoal, os livros e instrumentos de profissão;

f) os proventos do trabalho pessoal de cada cônjuge;

g) as pensões, meios-soldos, montepios e outras rendas semelhantes.

É de questionar a interpretação devido à hipótese descrita na letra "f", pois, se proventos do trabalho pessoal de cada cônjuge não se comunicam, o que é que irá se comunicar?

Entendemos que aquele que não se comunica é o direito de receber os vencimentos (salário), mas, depois de recebidos, os depósitos em conta bancária ou seu uso para a aquisição de bens imóveis ou móveis fazem com que se comuniquem tais bens com o cônjuge.

Esse é o entendimento do STJ (**REsp 1.143.642/SP, rel. Min. Luis Felipe Salomão, j. em 17-4-2015, e REsp 1.024.169/RS, Recurso Especial 2008/0012694-7, rel. Min. Fátima Nancy Andrighi, j. em 13-4-2010**).

Esse é o motivo pelo qual a 2ª Seção do STJ, colegiado que reúne todos os ministros das 3ª e 4ª Turmas, decidiu, no **REsp 1.399.199/RS, j. em 9-3-2016**, que o **FGTS recebido na constância** do casamento, por cônjuge casado no regime da comunhão parcial de bens, **entra na partilha** de bens, ou seja, se comunica. Com isso, verifica-se numa interpretação a *contrario sensu* que o FGTS recebido antes do casamento nesse regime não se comunica.

Acima, vimos que, ao disciplinar o regime da comunhão parcial, o Código Civil, no art. 1.659, elencou os casos em que os bens não entram na partilha, e um deles se dá quando os bens foram adquiridos com recursos de somente um dos cônjuges em sub-rogação dos bens particulares. Sub-rogação consiste no ato de substituir uma pessoa ou coisa. Numa compreensão simplificada, sub-rogação significa substituição. Por esse motivo, ela pode ser pessoal ou real. Na sub-rogação pessoal ocorre a troca da pessoa do credor, como no Direito Obrigacional, em que um terceiro que paga dívida alheia se sub-roga nos direitos creditícios. Já na sub-rogação real opera-se a troca de uma coisa, e podemos encontrá-la no direito patrimonial de família.

A sub-rogação no regime de bens se refere à modalidade real. Ela consiste na troca da qualidade de incomunicável entre bens. É comum uma pessoa casada querer alienar um bem incomunicável e, com o dinheiro obtido, adquirir outro. Nesse caso, a sub-rogação existe para que o novo bem adquirido ganhe a característica da incomunicabilidade, que pertencia ao anterior. Sendo o regime da comunhão parcial de bens, por exemplo, o art. 1.658 do Código Civil vai estabelecer a comunicação de todos os que foram adquiridos na constância do casamento, com exceção das hipóteses previstas no art. 1.659 do Código Civil. Neste artigo, os incisos I e II excluem da comunhão os bens sub-rogados.

Assim sendo, para que não seja necessária a prova documental quando do divórcio ou do inventário, deve a sub-rogação constar do título aquisitivo do novo bem. Por exemplo, sendo ele imóvel, deve ser colocada na escritura a cláusula de sub-rogação, que indique ter sido o novo bem adquirido com o dinheiro do antigo, que era incomunicável. Essa escritura de compra deve ser assinada pelo cônjuge, para atestar a veracidade dos fatos. No regime da comunhão parcial sim, pois, mesmo sendo o bem particular, há previsão expressa de comunicação dos frutos no inciso V do art. 1.660 do Código Civil.

Se a sub-rogação for parcial, deve constar na escritura em percentual a parte sub-rogada, pois, futuramente, o imóvel irá se valorizar, e, com isso, essa parte também merecerá o acréscimo.

Cumpre ressaltar que entram na comunhão nesse regime:

a) os bens adquiridos na constância do casamento por título oneroso, ainda que só em nome de um dos cônjuges;

b) os bens adquiridos por fato eventual, com ou sem o concurso de trabalho ou despesa anterior;

c) os bens adquiridos por doação, herança ou legado, em favor de ambos os cônjuges;

d) as benfeitorias em bens particulares de cada cônjuge, por exemplo, as casas que são construídas em terrenos que não se comunicam;

e) os frutos dos bens comuns, ou dos particulares de cada cônjuge, percebidos na constância do casamento, ou pendentes ao tempo de cessar a comunhão. Como exemplos de frutos, citamos os aluguéis de imóveis que não se comunicam.

São incomunicáveis os bens cuja aquisição tiver por título uma causa anterior ao casamento, por exemplo, a hipótese de uma casa adquirida antes do casamento, e que a escritura de compra e venda não tenha ainda sido lavrada. Mesmo ela sendo feita após o casamento, não haverá comunicação.

No regime da comunhão parcial, presumem-se adquiridos na constância do casamento os bens móveis, quando não se provar que o foram em data anterior. Trata-se de uma presunção *juris tantum*, que admite prova em contrário.

A administração do patrimônio comum compete a qualquer dos cônjuges, mas as dívidas contraídas no exercício da administração obrigam os bens comuns e particulares do cônjuge que os administra, e os do outro na razão do proveito que houver auferido. A anuência de ambos os cônjuges é necessária para os atos, a título gratuito, que impliquem cessão do uso ou gozo dos bens comuns. Em caso de malversação dos bens, o juiz poderá atribuir a administração a apenas um dos cônjuges.

Os bens da comunhão respondem pelas obrigações contraídas pelo marido ou pela mulher para atender aos encargos da família, às despesas de administração e às decorrentes de imposição legal.

A administração e a disposição dos bens constitutivos do patrimônio particular competem ao cônjuge proprietário, salvo convenção diversa em pacto antenupcial.

As dívidas, contraídas por qualquer dos cônjuges na administração de seus bens particulares e em benefício destes, não obrigam os bens comuns.

Regime da comunhão universal de bens (arts. 1.667 a 1.671 do CC): o regime de comunhão universal importa a comunicação de todos os bens presentes e futuros dos cônjuges e suas dívidas passivas, com as seguintes exceções:

a) os bens doados ou herdados com a cláusula de incomunicabilidade e os sub-rogados em seu lugar;

b) os bens gravados de fideicomisso e o direito do herdeiro fideicomissário, antes de realizada a condição suspensiva;

c) as dívidas anteriores ao casamento, salvo se provierem de despesas com seus aprestos, ou reverterem em proveito comum;

d) as doações antenupciais feitas por um dos cônjuges ao outro com a cláusula de incomunicabilidade;

e) os bens de uso pessoal, os livros e instrumentos de profissão;

f) os proventos do trabalho pessoal de cada cônjuge;

g) as pensões, meios-soldos, montepios e outras rendas semelhantes.

A incomunicabilidade desses bens não se estende aos frutos, quando se percebam ou vençam durante o casamento.

A administração do patrimônio comum compete a qualquer dos cônjuges, também no regime da comunhão universal, assim como a dos bens constitutivos do patrimônio particular compete ao cônjuge proprietário, salvo convenção diversa em pacto antenupcial.

Extinta a comunhão, e efetuada a divisão do ativo e do passivo, cessará a responsabilidade de cada um dos cônjuges para com os credores do outro.

Regime da participação final nos aquestos (arts. 1.672 a 1.686 do CC): no regime de participação final nos aquestos, cada cônjuge possui patrimônio próprio, e lhe cabe, à época da dissolução da sociedade conjugal, direito à metade dos bens adquiridos pelo casal, a título oneroso, na constância do casamento.

Integram o patrimônio próprio do casal os bens que cada cônjuge possuía ao casar e os por ele adquiridos, a qualquer título, na constância do casamento. Salvo prova em contrário, presumem-se adquiridos durante o casamento os bens móveis.

Trata-se de um regime híbrido, pois é composto por duas regras: uma para a constância do casamento e outra para a dissolução. Na constância do casamento cada cônjuge possui patrimônio próprio; já na dissolução, cada cônjuge tem direito à metade dos bens adquiridos onerosamente na constância do casamento.

A administração desses bens é exclusiva de cada cônjuge, que os poderá livremente alienar, se forem móveis.

Sobrevindo a dissolução da sociedade conjugal, apurar-se-á o montante dos aquestos, excluindo-se da soma dos patrimônios próprios:

a) os bens anteriores ao casamento e os que em seu lugar se sub-rogaram;

b) os que sobrevieram a cada cônjuge por sucessão ou liberalidade;

c) as dívidas relativas a esses bens.

Ao determinar o montante dos aquestos, computar-se-á o valor das doações feitas por um dos cônjuges, sem a necessária autorização do outro (doação remuneratória e doação de bens particulares – art. 1.647, IV, do CC). Neste caso, o bem poderá ser reivindicado pelo cônjuge prejudicado ou por seus herdeiros, ou declarado no monte partilhável, por valor equivalente ao da época da dissolução.

Incorpora-se ao monte o valor dos bens alienados em detrimento da meação, se não houver preferência do cônjuge lesado, ou de seus herdeiros, de os reivindicar.

Pelas dívidas posteriores ao casamento, contraídas por um dos cônjuges, somente este responderá, salvo prova de terem revertido, parcial ou totalmente, em benefício do outro.

Se um dos cônjuges solveu uma dívida do outro com bens do seu patrimônio, o valor do pagamento deve ser atualizado e imputado, na data da dissolução, à meação do outro cônjuge.

No caso de bens adquiridos pelo trabalho conjunto, terá cada um dos cônjuges uma quota igual no condomínio ou no crédito por aquele modo estabelecido.

As coisas móveis, em face de terceiros, presumem-se do domínio do cônjuge devedor, salvo se o bem for de uso pessoal do outro.

Os bens imóveis são de propriedade do cônjuge cujo nome constar no registro. Impugnada a titularidade, caberá ao cônjuge proprietário provar a aquisição regular dos bens.

O direito à meação não é renunciável, cessível ou penhorável na vigência do regime matrimonial.

Na dissolução do regime de bens por separação judicial ou por divórcio, verificar-se-á o montante dos aquestos à data em que cessou a convivência.

Se não for possível nem conveniente a divisão de todos os bens em natureza, calcular-se-á o valor de alguns ou de todos para reposição em dinheiro ao cônjuge não proprietário. Não se podendo realizar a reposição em dinheiro, serão avaliados e, mediante autorização judicial, alienados tantos bens quantos bastarem.

No presente regime não foi adotada pelo Código a expressão "comunhão final", mas "participação final", porque o legislador não quis privilegiar a formação de condomínio quando da dissolução do casamento. Há dois sistemas de condomínio: o romano e o germânico. No sistema romano é possível fracionar o condomínio em frações ideais. Já no sistema germânico não, pois tudo é de todos sem fração (por isso também é chamado de condomínio de mão comum).

O condomínio que estudamos no Capítulo 11 adota o sistema romano, pois admite o fracionamento da propriedade em frações ideais. Já no direito sucessório – e neste, na parte de regime de bens, o Código adotou o sistema germânico –, não há fracionamento. Por esse motivo, dissolvida a sociedade conjugal, não haverá "comunhão", mas "participação" nos aquestos, que deve, sempre que possível, ser paga em dinheiro (indenização), para evitar a formação do condomínio romano.

Assim, nesse regime não há meação, mas participação (mesmo o Código Civil mencionando a palavra "meação' várias vezes, o que nos fez repeti-la no texto acima), devendo ser calculado o valor a que o cônjuge tem direito. Trata-se de um regime elitista, pois para indenizar o cônjuge a pessoa deve ter condições financeiras para tanto.

Na dissolução da sociedade conjugal por morte, verificar-se-á a meação do cônjuge sobrevivente, deferindo-se a herança aos herdeiros na forma estabelecida no Código.

As dívidas de um dos cônjuges, quando superiores à sua meação, não obrigam ao outro, ou a seus herdeiros.

Na participação final nos aquestos é necessária a outorga conjugal para os atos descritos no art. 1.647 do Código Civil, mesmo na constância do casamento cada cônjuge tendo patrimônio individual, motivo pelo qual não podemos afirmar que na constância do casamento o regime é igual ao da separação de bens.

Em regra, não se pode dispor sobre outorga conjugal no pacto antenupcial, já que é considerada matéria de ordem pública por proteger não só o cônjuge, mas também sua prole. Porém, o art. 1.656 do Código Civil estabelece uma exceção ao permitir que no pacto antenupcial que adotar o regime da participação final nos aquestos é possível convencionar a livre disposição dos bens imóveis particulares.

Regime da separação de bens (arts. 1.687 a 1.688 do Código Civil): trata-se de um regime em que haverá patrimônio individual, e incomunicabilidade dos bens.

Estipulada a separação de bens, estes permanecerão sob a administração exclusiva de cada um dos cônjuges, que os poderá livremente alienar ou gravar de ônus real.

Ambos os cônjuges são obrigados a contribuir para as despesas do casal na proporção dos rendimentos de seu trabalho e de seus bens, salvo estipulação em contrário no pacto antenupcial.

Há duas espécies de separação de bens: **separação convencional de bens**, que é aquela feita por pacto antenupcial quando os nubentes tiverem liberdade de escolha, e **separação obrigatória de bens**, que é aquela imposta pela lei.

O STJ já firmou posicionamento de que ainda deve ser aplicada a antiga Súmula 377 do STF:

> **Súmula 377 do STF** – No regime de separação legal de bens, comunicam-se os adquiridos na constância do casamento. (Aprovada em 3-4-1964.)

Mas, o STJ, para pôr fim a uma questão polêmica, decide que a aplicação da Súmula 377 do STF depende da prova de esforço comum, sem a qual não há comunicação dos bens adquiridos na constância do casamento:

> AGRAVO INTERNO. PROCESSUAL CIVIL E CIVIL. SUCESSÕES. CÔNJUGE OU COMPANHEIRO SEXAGENÁRIO. PARTILHA. PROVA DO ESFORÇO COMUM. 1. Por força do art. 258, parágrafo único, II, do Código Civil de 1916 (equivalente, em parte, ao art. 1.641, II, do Código Civil de 2002), ao casamento de sexagenário, se homem, ou cinquentenária, se mulher, é imposto o regime de separação obrigatória de bens – recentemente, a Lei n. 12.344/2010 alterou a redação do art. 1.641, II, do CC, modificando a idade protetiva de 60 para 70 anos –, regra também aplicável às uniões estáveis. **2. A Segunda Seção desta Corte, seguindo a linha da Súmula 377 do STF, pacificou o entendimento de que apenas os bens adquiridos onerosamente na constância da união, "e desde que**

comprovado o esforço comum na sua aquisição, devem ser objeto de partilha" (EREsp 1.171.820/PR, Rel. Min. Raul Araújo, 2ª Seção, julgado em 26/8/2015, *DJe* 21-9-2015). 3. Cabe ao juízo do inventário decidir, nos termos do art. 984 do CPC/73, "todas as questões de direito e também as questões de fato, quando este se achar provado por documento, só remetendo para os meios ordinários as que demandarem alta indagação ou dependerem de outras provas", entendidas como de alta indagação aquelas questões que não puderem ser provadas nos autos do inventário. Portanto, havendo o juiz de piso preconizado que a questão do esforço comum demanda produção de provas, sendo de alta indagação, esta deve ser dirimida nas vias ordinárias. 4. Agravo interno não provido. **(AgInt nos EDcl no REsp 1.873.590/RS, AGRAVO INTERNO NOS EMBARGOS DE DECLARAÇÃO NO RECURSO ESPECIAL 2020/0109295-2, 4ª Turma, Rel. Min. Luis Felipe Salomão, j. 19-10-2020, *DJe* 26-10-2020).**

A lei impõe a separação obrigatória nas seguintes hipóteses, descritas no art. 1.641 do Código Civil:

a) se um dos nubentes for maior de 70 anos (alterado pela Lei n. 12.344/2010);

b) se algum dos nubentes precisar de autorização judicial para casar (menor em idade núbil quando não autorizado pelos representantes legais ou no caso de gravidez);

c) se forem ignoradas algumas das causas suspensivas do casamento.

Da elevação da idade do idoso para a aplicação do regime da separação obrigatória: no dia 10 de dezembro de 2010, foi publicada a Lei n. 12.344, que alterou a redação do inciso II do art. 1.641 da Lei n. 10.406, de 10 de janeiro de 2002 (Código Civil), para aumentar para 70 anos a idade a partir da qual se torna obrigatório o regime da separação de bens no casamento.

A citada lei entrou em vigor na data da sua publicação, e, com a modificação, os panoramas antigo e atual podem ser vistos na tabela abaixo:

Como era	Como ficou
Art. 1.641 do Código Civil. É obrigatório o regime da separação de bens no casamento: I – das pessoas que o contraírem com inobservância das causas suspensivas da celebração do casamento; II – da pessoa maior de sessenta anos; III – de todos os que dependerem, para casar, de suprimento judicial.	**Art. 1.641 do Código Civil.** É obrigatório o regime da separação de bens no casamento: I – das pessoas que o contraírem com inobservância das causas suspensivas da celebração do casamento; II – da pessoa maior de 70 (setenta) anos; III – de todos os que dependerem, para casar, de suprimento judicial.

A referida lei teve origem no Projeto de Lei n. 108/2007, protocolado em fevereiro de 2007 pela deputada Solange Amaral, do Rio de Janeiro, que apresentou as seguintes justificativas:

> Nos primórdios do Século XX, a expectativa de vida média do brasileiro variava entre 50 e 60 anos de idade, a Lei n. 3.071, de 1º de janeiro de 1916, o que condicionou o legislador a estabelecer que nos casamentos envolvendo cônjuge varão maior de 60 anos e cônjuge virago maior de 50 anos deveria ser observado o Regime de Separação Obrigatória de Bens, norma expressa no inciso II do Art. 258 daquele Estatuto.
>
> Em decorrência dos avanços da ciência e da engenharia médica, que implicou profundas transformações no campo da medicina e da genética, o ser humano passou a desfrutar de uma nova e melhor condição de vida, resultando em uma maior longevidade.
>
> Tais mudanças induziram o legislador a aperfeiçoar o Código Civil de 1916, por intermédio da redação que substituiu o antigo Art. 256 pelo inciso II do Art. 1.641, que trata do Regime de Bens entre os cônjuges. Tal alteração estipulou que homens e mulheres, quando maiores de 60 anos, teriam, obrigatoriamente, de casar-se segundo o Regime de Separação de Bens.

> Hoje, no entanto, em pleno Século XXI, essa exigência não mais se justifica, na medida em que se contrapõe às contemporâneas condições de vida usufruídas pelos cidadãos brasileiros, beneficiados pela melhoria das condições de vida urbana e rural, graças aos investimentos realizados em projetos de saúde, saneamento básico, educação, eletrificação e telefonia. Iniciativas que se traduzem em uma expectativa média de vida, caracterizada pela higidez física e mental, superior a 70 anos.
>
> Em virtude dessa realidade, impõe-se seja alterado o inciso II do Artigo 1.641 do Código Civil Brasileiro, com o objetivo de adequá-lo a uma nova realidade, para que o Regime Obrigatório de Separação de Bens só seja exigível para pessoa maior de 70 anos. Pelas razões expostas, e por entender que esta proposição consolidará uma situação fática vivenciada por todos os brasileiros, conto com o apoiamento de nossos Pares para a aprovação desta iniciativa.

Não concordamos com tais justificativas, uma vez que não se pode atrelar essa absurda proibição que impede a escolha do regime de bens aos idosos, por conta de a expectativa de vida do brasileiro ter subido ao longo do tempo. Tal justificativa parece dizer nas entrelinhas que, após a expectativa de vida, ninguém mais merece viver, motivo pelo qual deve ser apenado com a impossibilidade de escolher o regime de bens do casamento.

O argumento de que os idosos estão suscetíveis de ser enganados por alguém que poderia lhes dar o popular "golpe do baú" fere um dos fundamentos da República, o princípio da dignidade da pessoa humana, previsto no art. 1º, III, da CF, motivo pelo qual a lei é flagrantemente inconstitucional. Os idosos devem ter dignidade e não podem ser tratados como amentais somente porque completaram 70 anos.

Qual é a mudança substancial que ocorre na vida de uma pessoa de um dia para outro? Pergunto isso porque aos 69 anos e 364 dias de vida a pessoa ainda pode escolher o regime de bens do seu casamento, mas no dia seguinte deve ser acometida por algo muito sério que a impede de escolher o regime.

Já passou da hora de o Congresso Nacional lutar para retirar do Código Civil esse vergonhoso dispositivo, e não aumentar a idade nele contida. Se fosse para aumentar, nós sugeriríamos 180 anos!

Como o art. 1.528 do Código Civil determina que é dever do oficial do registro civil esclarecer aos nubentes a respeito dos fatos que podem ocasionar a invalidade do casamento, bem como sobre os diversos regimes de bens, se houver no cartório de registro civil algum processo de habilitação em curso, que tenha uma pessoa maior de 60 anos e menor de 70, deverá o registrador comunicar a alteração legislativa para que essa pessoa possa escolher livremente o seu regime de bens, e realizar o pacto antenupcial se lhe convier, pois na sua ausência vigorará no casamento o regime da comunhão parcial, consoante o art. 1.640 do Código Civil ("Não havendo convenção, ou sendo ela nula ou ineficaz, vigorará, quanto aos bens entre os cônjuges, o regime da comunhão parcial.").

Assim, recomenda-se aos registradores civis que tomem por termo declaração dos nubentes que na falta de escolha do regime de bens vigorará o da comunhão parcial, por força do art. 1.640 do Código Civil. Dessa forma, dá-se aos nubentes a liberdade para que possam escolher o melhor regime que lhes aprouver.

Essa conduta deve ser seguida, também, quando os nubentes já tiverem obtido a certidão de habilitação para o casamento, que ainda não foi celebrado. Como a escolha do regime de bens é ineficaz até que ocorra a celebração do casamento, pode ser alterada até a sua efetivação, motivo pelo qual o procedimento ora descrito deve ser adotado tanto para os processos de habilitação em curso quanto aos que já foram concluídos, mas que o casamento não foi celebrado. Por se tratar de questão privada, que compete exclusivamente aos nubentes, está dispensada a publicação de um novo edital de proclamas, que ratifique o anterior, informando a alteração da escolha do regime. A função precípua do citado edital é de dar publicidade da realização do casamento, a fim de que alguém possa opor os impedimentos matrimoniais, e não de informar qual é o regime adotado, uma vez que ninguém pode contestar a escolha realizada.

Questionamento interessante que podemos fazer é se as pessoas já casadas no regime da separação obrigatória, mas que ainda não têm 70 anos, terão o regime de bens do casamento modificado.

Negativa será a resposta, pois a lei não irá retroagir para atingir o regime de bens de quem já celebrou o casamento. Porém, quem está casado no regime da separação obrigatória por conta da idade, mas ainda não completou 70 anos, poderá modificar o regime de bens do casamento.

Essa posição foi corroborada pelo Ministro Ricardo Villas Bôas Cueva, no voto que proferiu no julgamento do **REsp 1.403.419/MG, em 14-11-2014**. São suas as palavras:

> No caso concreto, quando a união estável se iniciou (meados de 2003), o art. 1.641, II, do Código Civil, que rege a relação ora em análise, dispunha que o regime de separação de bens no casamento, com pessoa maior de 60 (sessenta anos), seria o da separação obrigatória de bens. No entanto, a Lei n. 12.344, em 2010, majorou a idade para 70 (setenta anos), circunstância inaplicável à situação em apreço, porquanto *tempus regis actum*.

O maior de 60 anos que se casou no regime da separação obrigatória, poderá até completar 70 anos, ingressar com ação de modificação do regime de bens.

Passaremos a estudar agora as causas suspensivas do casamento, que se forem ignoradas, impõem o regime da separação obrigatória de bens (art. 1.641 do Código Civil).

13.5.10. Causas suspensivas do casamento

São causas suspensivas do casamento, descritas no **art. 1.523 do Código Civil**, motivo pelo qual não devem casar:

a) o viúvo ou a viúva que tiver filho do cônjuge falecido, enquanto não fizer inventário dos bens do casal e der partilha aos herdeiros;

b) a viúva, ou a mulher cujo casamento se desfez por ser nulo ou ter sido anulado, até dez meses depois do começo da viuvez, ou da dissolução da sociedade conjugal;

c) o divorciado, enquanto não houver sido homologada ou decidida a partilha dos bens do casal;

d) o tutor ou o curador e os seus descendentes, ascendentes, irmãos, cunhados ou sobrinhos, com a pessoa tutelada ou curatelada, enquanto não cessar a tutela ou curatela, e não estiverem saldadas as respectivas contas.

As causas suspensivas, que eram chamadas pelo Código Civil de 1916 de impedimentos impedientes, não proíbem a realização do casamento, mas apenas aconselham que não seja efetivado em razão de buscarem evitar uma confusão patrimonial. Entende o legislador que nos casos lá arrolados não é conveniente a ocorrência do casamento, motivo pelo qual a sua existência não o invalida, **mas impõe o regime da separação obrigatória** (art. 1.641, I, do CC).

O dispositivo desaconselha o casamento da viúva ou do viúvo, que tenha tido filhos com o cônjuge falecido, que ainda não deu partilha de bens aos herdeiros. É importante frisar que em muitos casos não foi dada partilha aos herdeiros porque não havia bens a inventariar. Neste caso, pode-se afastar essa causa suspensiva, conforme autoriza o parágrafo único do art. 1.523 do Código Civil, realizando o inventário negativo[66], que também pode ser feito por escritura pública se preenchidos os requisitos do art. 610 do CPC, como já tivemos oportunidade de afirmar em outra obra[67]. Cumpre salientar que em muitos Estados, como ocorre em São Paulo, por exemplo, a Corregedoria Geral de Justiça[68] autoriza, nas Normas de Serviço do Extrajudicial, substituir a apresentação do inventário negativo por declaração escrita do(a) viúvo(a), declarando que não havia bens do ex-cônjuge a partilhar.

Além de uma causa suspensiva, a hipótese acarreta hipoteca legal sobre os bens do ascendente que estiver se casando, conforme o art. 1.489, II, do Código Civil.

Para se evitar a *confusio sanguinis*, não se recomenda o casamento da viúva, ou da mulher cujo casamento se desfez por ser nulo ou ter sido anulado, até 10 meses depois do começo da viuvez, ou da dissolução da sociedade conjugal, já que o Código estabelece duas presunções de paternidade para o filho nascido na constância da sociedade conjugal, e após a extinção do casamento por morte, nulidade ou anulabilidade, que poderiam se tornar contraditórias (art. 1.597, I e II), salvo se antes do prazo provar o nascimento de filho ou a inexistência de gravidez, como autoriza o parágrafo único do artigo ora comentado.

Foi aprovado em agosto de 2021 enunciado na II Jornada de Prevenção e Solução de Litígios do Conselho da Justiça Federal (CJF), permitindo a simples declaração do nubente divorciado de que não há informação na averbação do seu divórcio sobre partilha de bens, porque não existiam bens a partilhar ou eles já foram divididos: "*Na hipótese prevista no artigo 1.523, inciso II, do Código Civil, onde a nubente esteja grávida do nubente, bastará a apresentação de declaração destes com a informação sobre a gravidez e o reconhecimento prévio da paternidade do nascituro que aguarda a nubente, junto ao Oficial do Registro Civil competente pela habilitação do casamento, para afastar a imposição do regime obrigatório de*

66. Civil. Sucessão. Inventário negativo. Criação da doutrina. Finalidade. Requisitos. Mitigação da regra. Necessidade diante dos reclames da prestação jurisdicional. 1. Embora sem previsão legal, o inventário negativo consiste em prática consagrada no meio forense. Pode ser manejado, na hipótese em que o viúvo ou a viúva deseje contrair novas núpcias, nos moldes do art. 1.523, inciso I, do Código Civil, ou, ainda, de herdeiro ou herdeira que receie responsabilidade além das forças da herança, com espeque no Código Civil, no art. 1.792. 2. Porém, dada a riqueza e a variedade dos fatos da vida bem como a necessidade maior da Justiça de prestar a jurisdição, viável mitigar a regra imposta pela praxe forense, a fim de deferir processamento de inventário negativo, com o fito de nomear a viúva como inventariante, para perseguir direitos trabalhistas do *de cujus*, junto à Justiça Obreira. 3. Apelo provido (TJDF, ApCív 2007.03.1.020326-2; Ac. 293651, 1ª Turma Cível, rel. Des. Flavio Rostirola, *DJU* de 7-2-2008. Publicado no DVD Magister n. 23, Repositório Autorizado do TST n. 31/2007).
67. CASSETTARI, Christiano. *Divórcio e inventário por escritura pública:* teoria e prática. 10. ed. Indaiatuba: Foco, 2022, p. 196.
68. Item 55 do capítulo XVII: "Nas hipóteses previstas no artigo 1.523, incisos I e III do Código Civil, bastará a apresentação de declaração assinada pelo nubente no sentido de ter feito a partilha dos bens ou de inexistirem bens a partilhar".

bens, sem a necessidade de autorização ou apreciação judicial. Havendo ausência da declaração antes mencionada, o Oficial do Registro Civil submeterá o pedido ao Juiz, que, após oitiva do Ministério Público, determinará ou não a imposição do regime obrigatório".

Também para evitar a confusão patrimonial, a lei não recomenda o casamento do divorciado, enquanto não houver sido homologada ou decidida a partilha dos bens do casal. Cumpre salientar que, também neste caso, o parágrafo único do art. 1.523 autoriza que tal causa suspensiva seja afastada se provada a inexistência de prejuízo para o ex-cônjuge.

Por fim, para evitar o casamento de uma pessoa que se acha sob o poder de outra, o que poderia acarretar um vício de consentimento, o dispositivo não recomenda o casamento do tutor ou do curador e os seus descendentes, ascendentes, irmãos, cunhados ou sobrinhos com a pessoa tutelada ou curatelada, enquanto não cessar a tutela ou curatela, e não estiverem saldadas as respectivas contas, salvo se comprovada a inexistência de prejuízo, também autorizada pelo parágrafo único do referido artigo. Como vimos em muitos casos acima, é possível aos nubentes requerer ao juiz que afaste as causas suspensivas se provada inexistência de prejuízo para os herdeiros, ex-cônjuge, tutelados ou curatelados nos casos dos incisos I, III e IV e a inexistência de gravidez no caso do inciso II, todos do art. 1.523 do Código Civil.

A existência de uma causa suspensiva gera a suspensão da celebração do casamento. Ela pode ser oposta durante o processo de habilitação, ou, após ele, até antes da celebração para a autoridade celebrante do casamento ou para o registrador civil. Cumpre salientar que por se tratar de interesse privado, a sua existência não pode ser oposta pelo oficial do registro civil, nem por quem presidir a celebração do ato nupcial, muito menos pelo representante do Ministério Público. A oposição de uma causa suspensiva, que deve ser feita por escrito (art. 1.529 do CC), pois os nubentes podem fazer prova em contrário (art. 1.530, parágrafo único, do CC), suspende a celebração do casamento.

Questão polêmica e importante é saber até quando a causa suspensiva suspende a celebração. Para Maria Berenice Dias[69], a expressão "causas suspensivas" é equivocada, e o correto deveria ser "causas restritivas", pois na prática não se verifica nenhuma suspensão.

Carlos Roberto Gonçalves[70] explica que as causas suspensivas devem ser opostas no prazo de 15 dias da publicação dos editais (cf. prazo contido no art. 1.527 do CC) para impedir a realização do casamento até que sejam sanadas. Se alegada posteriormente ao prazo, não consegue impedir o casamento, e se for depois da celebração, não invalida o casamento, mas em ambos os casos vigorará o regime da separação obrigatória de bens.

Já Francisco Cahali, na atualização à obra de Silvio Rodrigues[71], entende que a causa suspensiva impede a celebração somente até a verificação da sua existência. Se ela não existir, o casamento será celebrado pelo regime escolhido pelos nubentes, mas se ela existir, o casamento também será celebrado, mas pelo regime da separação obrigatória de bens.

---

69. DIAS, Maria Berenice. *Manual de direito das famílias*. 12. ed. São Paulo: Revista dos Tribunais, 2017, p. 149.
70. GONÇALVES, Carlos Roberto. *Direito civil brasileiro*. Direito de família. 15. ed. São Paulo: Saraiva, 2018, v. VI, p. 68.
71. RODRIGUES, Silvio. *Direito civil:* direito de família. 27. ed. atualizada por Francisco José Cahali. São Paulo: Saraiva, 2002, v. IV, p. 57.

Concorda com esse pensamento José Luiz Gavião de Almeida[72], ao afirmar que as causas suspensivas não impedem a realização do casamento.

Para nós, a última posição é a mais acertada, pois acreditamos que as causas suspensivas podem ser alegadas a qualquer momento até a celebração do casamento, o que provocará a suspensão da celebração. Suspensa a celebração, será aberto prazo para os nubentes se manifestarem (art. 1.530 do CC), em veneração ao princípio do contraditório e da ampla defesa, e posteriormente verificada, ou não, a sua existência. Feito isto, o casamento será celebrado normalmente, ou pelo regime da separação obrigatória, se comprovada a existência da causa suspensiva, ou por qualquer outro regime, se constatada a sua inexistência. Agora, se o casamento foi celebrado mediante certo regime de bens escolhido pelos cônjuges (seja a comunhão parcial ou outro regime qualquer) e a existência da causa suspensiva só foi verificada posteriormente, o casamento não será invalidado (não será nulo e muito menos anulável), mas o regime da separação obrigatória de bens irá vigorar somente para os cônjuges.

A fim de não prejudicar terceiros de boa-fé, para eles, continua vigendo o regime que aparece na certidão de casamento do casal. Para mudar essa situação, e o regime da separação obrigatória viger para o casal e para terceiros, necessária será a propositura de ação judicial para modificação do regime de bens, objetivando alterar o regime que consta no assento do casamento para o da separação legal.

A oposição das causas suspensivas ao casamento interessa exclusivamente à família dos nubentes. Isso pode ser verificado no fato de que, se realizado o casamento ignorando alguma das causas suspensivas, ele será válido, e a única sanção será a imposição do regime da separação obrigatória de bens (art. 1.641, I, do CC).

Assim, segundo o art. 1.524 do CC, a oposição das causas suspensivas do casamento só poderá ser feita:

a) pelos parentes em linha reta (ascendentes ou descendentes sem limitação de grau) de algum dos nubentes, seja por consanguinidade (aqueles que possuem laços de sangue - pais, avós bisavós, filhos, netos ou bisnetos) ou por afinidade (aqueles que decorrem do vínculo matrimonial de algum parente consanguíneo). Incluem-se no rol dos consanguíneos os parentes que foram adotados por algum membro da família;

b) pelos colaterais em segundo grau, sejam eles consanguíneos (irmãos) ou afins (cunhados).

De acordo com o **Enunciado 330 do CJF**, as causas suspensivas da celebração do casamento poderão ser arguidas inclusive pelos parentes em linha reta de um dos nubentes e pelos colaterais em segundo grau, por vínculo decorrente de parentesco civil. Esperava-se, porém, que o Código Civil permitisse que tal alegação pudesse ser feita por qualquer pessoa que tenha legítimo interesse em evitar a celebração do casamento, e que excluísse quem não o tivesse. Entendemos que o ex-cônjuge teria legítimo interesse em alegar a causa suspensiva prevista no inciso III do art. 1.523 do Código Civil, assim como os filhos exclusivos do *de cujus*, na hipótese do inciso I do mesmo artigo, mesmo não tendo com os cônjuges algum tipo de parentesco.

---

72. ALMEIDA, José Luiz Gavião de. *Direito civil:* família. São Paulo: Campus/Elsevier, 2008, p. 59.

Poderíamos, por outro lado, ter uma pessoa da família que apenas por espírito de emulação alegasse a existência de uma causa suspensiva, mesmo não tendo legítimo interesse, como no caso do irmão de um dos nubentes alegar a causa suspensiva do inciso III, em razão de o nubente, no casamento anterior, não ter feito a partilha. Ora, quem seria prejudicado com esse casamento é o ex-cônjuge e não o irmão do nubente. Essa é a justificativa de por que sustentamos que o rol do art. 1.523 do Código Civil não é taxativo, em virtude de uma interpretação teleológica desse dispositivo. De acordo com o art. 1.529 do referido Código, as causas suspensivas serão opostas em declaração escrita e assinada por quem o alegar, instruída com as provas do fato alegado, ou com a indicação do lugar onde possam ser obtidas.

13.5.11. Das formas de dissolução da sociedade conjugal

Estabelece o art. 1.571 do Código Civil:

A sociedade conjugal termina:

I – pela morte de um dos cônjuges;

II – pela nulidade ou anulação do casamento;

III – pela separação judicial;

IV – pelo divórcio.

13.5.11.1. Da extinção pela morte

Com a morte do cônjuge, extinguem-se o casamento e, por conseguinte, o regime de bens. Assim, antes de se falar em sucessão, vamos promover a extinção do regime de bens e a competente partilha. Dessa forma, tem-se:

a) os bens comuns que se comunicam serão divididos de acordo com o regime de bens, e cada parte será denominada meação. Assim, teremos a meação do morto e a meação do vivo;

b) os bens que não se comunicam em razão do regime de bens são denominados bens particulares, e cada um fica com o seu.

A meação do morto e seus bens particulares são chamados de herança e serão divididos de acordo com as regras sucessórias .

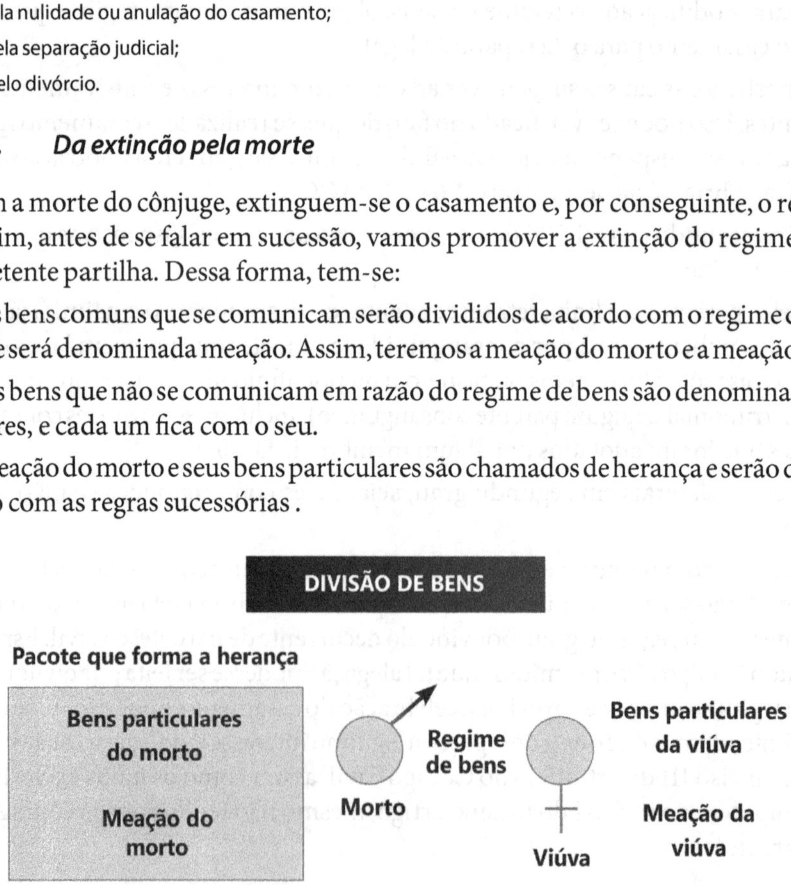

A morte que dissolve o casamento é tanto a morte real quanto a presumida (art. 1.571, § 1º, do CC). A morte presumida já foi objeto de estudo no capítulo dedicado à parte geral. De acordo com o art. 6º do Código Civil, a morte presumida quanto aos ausentes se dá nas hipóteses em que a lei autoriza a abertura da sucessão definitiva (art. 37 do CC).

Por ser necessário aguardar 10 anos para que a sucessão provisória se torne definitiva, momento em que se terá a morte presumida, verifica-se que a hipótese é muito demorada. A solução mais rápida seria o divórcio, mas o problema seria que o cônjuge não teria direito hereditário, ou seja, a pessoa não seria herdeira.

Mas e se depois da dissolução do casamento pela suposta morte, a pessoa que sumiu voltar, como fica o estado civil do cônjuge "viúvo", que se casou novamente com outra pessoa?

Nos EUA ocorreu um caso desse, onde Donald E. Miller. Jr., que morava no estado de Ohio, foi declarado morto a pedido de sua família em 1994, por ter sumido em 1986 sem notícias ou representante. Só que em 2013 ele reapareceu afirmando que tinha se mudado para outro estado em busca de emprego, e foi surpreendido com o cancelamento do seu número de seguridade social, motivo pelo qual requereu ao juiz Allan H. Davis que o declarasse vivo, mas seu pleito foi indeferido pelo magistrado, sob a alegação que no estado de Ohio não é permitida a reversão da declaração de morte após o prazo de três anos. Com isso, Donald se tornou um "morto vivo" para o Direito.

Nesse caso tem-se uma situação nova que não encontra resposta na doutrina. A única coisa que se pode afirmar é que se a pessoa casou-se novamente e o ausente volta, deve-se privilegiar o último casamento e não o primeiro pela quebra do afeto em razão do longo lapso temporal.

13.5.11.2. Da invalidade do casamento (nulidade e anulabilidade)

As hipóteses de nulidade do casamento (art. 1.548 do CC) e de anulabilidade (art. 1.550 do CC) já foram estudadas anteriormente neste capítulo.

13.5.11.3. Da separação do casal

A separação dissolvia a sociedade conjugal sem extinguir o vínculo, ou seja, punha fim ao regime de bens do casamento e aos deveres de fidelidade e coabitação. A jurisprudência admite que a separação de fato também extingue o regime de bens[73]. O problema é que na ação de separação os advogados devem comprovar a real data da separação de fato, e essa prova não é fácil de se fazer. Quando há separação de fato, o ideal é a propositura de ação

73. "Agravo de instrumento. Declaratória. Casal separado de fato. Imóveis objeto de doação pelos pais de um dos consortes. Falecimento do cônjuge-mulher. Inventário. Descabe a inclusão no acervo partilhável em autos de inventário dos bens imóveis doados a um dos consortes, pelos pais, após a separação fática do casal, embora casados pelo regime da comunhão universal de bens. A separação de fato extingue o regime de bens entre o casal, deixando de integrar o espólio conjugal, os bens adquiridos por qualquer dos separandos a qualquer título. Pendente de decisão judicial acerca do controvertido direito alegado, impõe-se sobrestar o andamento do inventário até solução da questão. Negaram provimento ao agravo de instrumento" (TJRS, AgI 70032729444, 7ª Câmara Cível, rel. Des. André Luiz Planella Villarinho, j. em 16-12-2009, *DJERS* de 4-1-2010).

cautelar de separação de corpos para documentar a data precisa da separação de fato, pois a aquisição patrimonial posterior a ela não gera comunicação de bens.

A PEC do Divórcio (413-C, de 2005), sugerida pelo IBDFAM (Instituto Brasileiro de Direito de Família) e encampada pelo Deputado Antonio Carlos Biscaia (PT-RJ) e depois por Sérgio Barradas Carneiro (PT-BA), foi, finalmente, promulgada pelo Congresso Nacional em 13 de julho de 2010 e publicada no *Diário Oficial da União* em 14 de julho de 2010, tornando-se a **Emenda Constitucional n. 66/2010**, que alterou a redação do § 6º do art. 226 da Constituição Federal, retirando do texto a referência à separação judicial e aos requisitos temporais para a obtenção do divórcio. Vejamos a comparação do texto antigo com o novo:

Antiga redação do § 6º do art. 226 da Constituição Federal	Nova redação do § 6º do art. 226 da Constituição Federal
§ 6º O casamento civil pode ser dissolvido pelo divórcio, após prévia separação judicial por mais de um ano nos casos expressos em lei, ou comprovada separação de fato por mais de dois anos.	§ 6º O casamento civil pode ser dissolvido pelo divórcio.

A festejada emenda colocou fim às causas objetivas da separação judicial e extrajudicial, que era a exigência de aguardar determinado lapso para a sua concessão, ou seja, o divórcio exigia 1 ano de separação formalizada por sentença ou escritura ou 2 anos de separação de fato.

Tal questão é indiscutível, haja vista que, se não bastasse a análise dos textos antigo e novo da referida norma constitucional, quando a Emenda Constitucional n. 66 foi publicada no *Diário Oficial* nela veio descrito que o seu objetivo é dar "nova redação ao § 6º do art. 226 da Constituição Federal, que dispõe sobre a dissolubilidade do casamento civil pelo divórcio, **suprimindo o requisito de prévia separação judicial por mais de 1 ano ou de comprovada separação de fato por mais de 2 anos**.

Porém, a questão que vem sendo debatida é se a separação judicial ou extrajudicial ainda persiste ou se foi revogada pela citada emenda constitucional. Esse é o ponto que queremos enfrentar a partir de agora.

No sentido de que a separação judicial e extrajudicial foi extirpada do ordenamento por conta da citada norma constitucional, a Assessoria Jurídica da Defensoria Pública do Estado do Rio de Janeiro já emitiu parecer ao seu corpo de defensores, explicando que não é mais possível juridicamente o exercício da pretensão de separação judicial, motivo pelo qual devem os Defensores Públicos em atuação perante os Núcleos de Primeiro Atendimento optar pela deflagração da pretensão de divórcio, sequer havendo necessidade de a separação de fato ocorrer pelo período de 2 anos, como até então prescrevia a redação primitiva do § 6º do art. 226 da Constituição Federal[74].

Da mesma maneira, o Departamento de Notas da Serjus-ANOREG/MG já emitiu orientação[75] no sentido de que a Emenda Constitucional n. 66 tem eficácia imediata, alte-

74. Disponível em: <http://www.ibdfam.org.br/_img/artigos/RIO%20DE%20JANEIRO%20-%20APLICAÇÃO%20DA%20NOVA%20LEI%20DO%20DIVÓRCIO.pdf>. Acesso em: 25 jul. 2010.

75. Disponível em: <http://www.arpenbrasil.org.br/index.php?option=com_content&task=view&id=4316&Itemid=83>. Acesso em: 25 jul. 2010.

rando a disciplina constitucional do tema divórcio, e que com isso a separação judicial ou extrajudicial não foi recepcionada pela Emenda Constitucional. A orientação menciona, ainda, que a legislação infraconstitucional a que se refere o divórcio continua em vigor, ressalvado apenas a exigência do prazo de 1 ano para conversão e de 2 anos para o divórcio direto, motivo pelo qual não há impedimento para que os notários lavrem as escrituras públicas de divórcio com base na EC n. 66, desde que observados todos os demais requisitos da legislação infraconstitucional.

Em igual posicionamento já escreveram Maria Berenice Dias, Paulo Luiz Netto Lôbo, Rodrigo da Cunha Pereira e Waldir Grisard, em excelentes artigos publicados no *website* do IBDFAM[76].

Já o desembargador gaúcho Luiz Felipe Brasil Santos[77], manifestando seu posicionamento em sentido diverso, afirmou que

> "... tal modificação (do Código Civil) é imprescindível e, enquanto não ocorrer, o instituto da separação judicial continua existente, bem como os requisitos para a obtenção do divórcio. Tudo porque estão previstos em lei ordinária, que não deixou de ser constitucional. E isso basta!".

Em nosso entendimento, a separação judicial e extrajudicial não mais sobrevive no nosso ordenamento. Não por ter sido revogada expressamente, ou pelo fato de a Constituição Federal ter proibido a sua ocorrência, o que não o fez e a lei infraconstitucional até permite, mas por acreditarmos que o motivo pelo qual isso tenha acontecido é a sua completa inutilidade prática, no argumento que reputamos ser o maior de todos: **se alguém se separar judicial ou extrajudicialmente, não poderá converter a separação em divórcio, já que não terá de aguardar nenhum prazo ou respeitar quaisquer requisitos, motivo pelo qual, ao buscar o que antigamente se chamava de conversão, na verdade irá realizar um divórcio, como já poderia ter feito anteriormente pela inexistência de observância de quaisquer regras que pudessem caracterizar um empecilho para a sua realização. Ou seja, em vez de converter essa hipotética separação, os cônjuges irão realizar um divórcio autônomo, que com a separação anterior não mantém nenhuma correlação. O divórcio indireto, ou por conversão, exige lastro, origem, sentença ou escritura de separação, o que não ocorrerá atualmente, já que, pela nova lei, o divórcio não exige requisito nem tampouco uma prévia separação.**

Por ser fato controvertido, esse posicionamento é sujeito a críticas, como a que fez o nosso amigo e notável jurista paraense Zeno Veloso, argumentando corretamente que poderiam os cônjuges, por qualquer motivo, quiçá religioso, não desejar o fim do vínculo matrimonial, mas somente o fim da sociedade conjugal, como era permitido antes da emenda, para que pudessem melhor refletir sobre o fim do casamento, por ainda pairar dúvida.

Porém, nesse caso, respondemos dizendo que o meio adequado seria o da separação de corpos, medida satisfativa que, segundo Benedito Silvério Ribeiro[78], tem como finalidade fazer cessar os deveres conjugais, o que impossibilita o adultério. Porém, se quiserem

76. Disponível em: <http://www.ibdfam.org.br>. Acesso em: 25 jul. 2010.
77. Disponível em: <http://www.ibdfam.org.br/?artigos&artigo=648>. Acesso em: 25 jul. 2010.
78. RIBEIRO, Benedito Silvério. *Cautelares em família e sucessões*. São Paulo: Saraiva, 2009, p. 138.

os cônjuges pensar melhor na decisão que estão tomando, afirma o referido doutrinador que eles podem continuar habitando na mesma casa ou prédio, sem que haja convivência conjugal[79]. Afirma, ainda, o ilustre magistrado que, por tratar-se de medida satisfativa, e não cautelar genuína, seus efeitos deverão se estender até a realização do divórcio (seja ele judicial ou extrajudicial), bem como que não existe o ônus de propor a ação principal (ou realizar a escritura) no prazo de 30 dias[80], consoante os arts. 308 e 309 do CPC. Por fim, também ressalta Benedito Silvério que essa medida satisfativa de separação de corpos pode ser requerida por ambos os cônjuges[81], o que não impede a sua realização no sentido por nós proposto. No que tange ao regime de bens, a jurisprudência do STJ comunga do entendimento de que a separação de corpos o extingue, não havendo comunicação de bens adquiridos após a sua concessão[82]. Ademais, defendemos, em livro sobre as escrituras de separação, divórcio e inventário[83], a possibilidade de a separação de corpos ser feita por escritura pública, na hipótese de ser consensual e de não haver filhos menores ou incapazes do casal, hipótese em que a assistência de um advogado será obrigatória.

Para demonstrar qual é a posição predominante na jurisprudência, fizemos uma pesquisa e constatamos que **existem 13 tribunais estaduais favoráveis ao fim da separação, e apenas 3 contra**. Seguem as ementas:

Acórdãos favoráveis ao fim da separação (SP, MG, DF, SC, PB, RO, CE, PE, PR, MS, RJ, SE, e GO):

1º Acórdão favorável: Tribunal de Justiça de São Paulo:

> **APELAÇÃO CÍVEL. SEPARAÇÃO JUDICIAL CUMULADA COM PARTILHA DE BENS, GUARDA E VISITAS DE FILHOS COMUNS. SENTENÇA DE PARCIAL PROCEDÊNCIA.** Partilha igualitária de bens amealhados na constância do casamento e fixação de guarda materna. Irresignação do genitor em relação a partilha de imóvel (matrícula n. 3399) e veículo (GM/Astra. Placas EXX 0203). Alegação de incomunicabilidade. Aplicação do princípio *tantum devolutum quantum apellatum*. Preliminar. **Sentença decretando separação judicial do casal com reconhecimento de culpa recíproca. Instituto jurídico extirpado do ordenamento pátrio a partir da EC 66/2010.** Ausência de justificativa das partes para requerimento de decretação de separação judicial. De qualquer modo, não mais se discute culpa em ações de dissolução do casamento. De ofício, decretado divórcio do casal. Mérito. Comunhão parcial de bens. Divisão igualitária de bens adquiridos na constância do casamento. Imóvel litigioso adquirido com numerário proveniente ação trabalhista do réu. Observação feita em escritura e matrícula de que o imóvel também pertence à parte autora. Partilha devida em 50% (cinquenta por cento) para cada consorte. Veículo automotor: Não evidenciada aquisição por sub-rogação. Questão resolvida à luz do art. 373, II, CPC/2015. Sentença mantida integralmente. Motivação do decisório adotado como julgamento em segundo grau. Inteligência do art. 252 do RITJ Honorários recursais. Aplicação da regra do artigo 85, §11, CPC/2015. Verba honorária majorada para R$ 2.000,00 (dois mil reais), observada a gratuidade da justiça concedida ao réu em sentença.

---

79. Idem, p. 138 e 139.
80. Idem, p. 140.
81. Idem, p. 141.
82. "Direito civil. Família. Sucessão. Comunhão universal de bens. Sucessão aberta quando havia separação de fato. Impossibilidade de comunicação dos bens adquiridos após a ruptura da vida conjugal. 1. O cônjuge que se encontra separado de fato não faz jus ao recebimento de quaisquer bens havidos pelo outro por herança transmitida após decisão liminar de separação de corpos. 2. *Na data em que se concede a separação de corpos, desfazem-se os deveres conjugais, bem como o regime matrimonial de bens*; e a essa data retroagem os efeitos da sentença de separação judicial ou divórcio. 3. Recurso Especial não conhecido" (STJ, REsp 1.065.209, Proc. 2008/0122794-7, São Paulo, 4ª Turma, rel. Min. João Otávio de Noronha, j. 8-6-2010, *DJE* 16-6-2010).
83. CASSETTARI, Christiano. *Divórcio e inventário por escritura pública*: teoria e prática. 10. ed. Indaiatuba: Foco, 2022, p. 95-114.

Resultado. Recurso não provido, com determinação. (**TJSP; AC 1000185-60.2018.8.26.0076; Ac. 14599756; Bilac; Nona Câmara de Direito Privado; Rel. Des. Edson Luiz de Queiroz; Julg. 3-5-2021; DJESP 10-5-2021**)

2º Acórdão favorável: Tribunal de Justiça de Minas Gerais:

APELAÇÃO CÍVEL. AÇÃO ORDINÁRIA. PENSÃO POR MORTE. CÔNJUGE DO FALECIDO SEGURADO. SEPARAÇÃO DE FATO. COMPROVAÇÃO. DEPENDÊNCIA ECONÔMICA. COMPROVAÇÃO. AUSÊNCIA. INCLUSÃO COMO BENEFICIÁRIA. IMPOSSIBILIDADE. A separação de fato, tal como **a separação judicial, instituto existente no ordenamento jurídico Brasileiro até a EC n 66/2010**, marca o fim da sociedade conjugal entre os cônjuges, bem como o fim da condição de dependente. O fato dos cônjuges estarem separados de fato há alguns anos retira do sobrevivente o direito de receber pensão por morte independentemente da comprovação da dependência econômica. Ausente a demonstração pelo cônjuge supérstite da dependência financeira em relação ao falecido, impõe-se o indeferimento do pedido de pensão por morte. V.V. A jurisprudência do Superior Tribunal de Justiça é firme no sentido de que a vigência de matrimônio não obsta a caracterização da união estável, desde que reste comprovada a separação de fato entre os ex-cônjuges. Nesses casos, admite-se o rateio do benefício previdenciário entre a ex-esposa e a companheira. (**TJMG; APCV 1.0024.14.220315-7/001; Rel. Des. Gilson Soares Lemes; Julg. 26/09/2018; DJEMG 25-10-2018**)

3º Acórdão favorável: Tribunal de Justiça do Distrito Federal:

APELAÇÃO CÍVEL. AÇÃO DE COBRANÇA. REVELIA. INTEMPESTIVIDADE DA CONTESTAÇÃO NÃO CONFIGURADA. SEGURO DE VIDA. COBERTURA EM CASO DE MORTE DE CÔNJUGE. CASAL SEPARADO JUDICIALMENTE NO CURSO DA RELAÇÃO CONTRATUAL. RECUSA DA SEGURADORA. PREVISÃO CONTRATUAL. HONORÁRIOS ADVOCATÍCIOS. BASE DE CÁLCULO. BENEFÍCIO ECONÔMICO EXTRAORDINÁRIO. ARTIGO 85, §§2º E 8º, DO CPC. ARBITRAMENTO POR EQUIDADE. APELAÇÕES CONHECIDAS. DESPROVIDA A DO AUTOR. PARCIALMENTE PROVIDA A DA RÉ. 1. Conforme os artigos 224 e 335, inciso I do CPC, o prazo para apresentação de contestação inicia-se da audiência de conciliação, com exclusão do dia do começo e inclusão do dia do vencimento. 2. Realizada a audiência em 12/07/2018, o prazo de 15 dias úteis para defesa iniciou-se em 13/07/2018 (excluindo-se o dia de início) e seu termo final em 02/08/2018, ocasião em que apresentada tempestivamente a defesa. 3. Na interpretação das cláusulas do contrasto, o interprete deve buscar a verdadeira intenção das partes. O seguro de vida contratado exigiu, para pagamento da indenização por morte, que a dependente do segurado ostentasse a condição de cônjuge ao tempo do sinistro. A sociedade conjugal fora extinta há cerca de 15 anos e por força da separação judicial, o que afasta o direito ao recebimento da indenização. 4. **A separação judicial, instituto existente no ordenamento jurídico Brasileiro até a EC n 66/2010**, marca o fim da sociedade entre os cônjuges, bem como o fim da condição de dependente, o que exclui o direito ao benefício contratual. 5. Nas causas de valor extraordinário ou inestimável, o Julgador não deve adotar simplesmente o critério automático definido no §2º do art. 85 do CPC, principalmente quando sua aplicação malferir os princípios da razoabilidade e proporcionalidade. Nesses casos, deve-se se socorrer de outro parâmetro igualmente estabelecido pelo legislador, estampado no §8º do art. 85 do CPC, como forma de garantir direitos constitucionais fundamentais, como o de petição e da inafastabilidade da jurisdição, sob pena de figurarem tão somente no plano formal. 6. RECURSOS CONHECIDOS. DESPROVIDO O DO AUTOR E PARCIALMENTE PROVIDO O DO RÉU. (**TJDF; Proc 07044.39-96.2018.8.07.0006; Ac. 119.9903; Quarta Turma Cível; Rel. Des. Luís Gustavo Barbosa de Oliveira; Julg. 11-9-2019; DJDFTE 18-9-2019**)

4º Acórdão favorável: Tribunal de Justiça da Santa Catarina:

Apelação cível. Família e processual civil. Ações de separação litigiosa convertida em divórcio e de alimentos. Parcial e total procedência na origem. Recurso do varão. (1) conversão em divórcio. EC 66/2010. Investigação da culpa. Discussão incabível. "(...) ingressar na subjetividade dos separandos para tentar identificar quem foi que deixou de amar em primeiro lugar ou porquê deixou de amar certamente não é o papel da justiça, pois viola o direito à privacidade e à intimidade das partes, mostrando-se inadequada a interferência do Estado em área tão subjetiva e privada"(TJRS, AC nº 70021725817, rela. Desa. Maria Berenice Dias, j. Em 23.04.2008), notadamente **após a vigência da Emenda Constitucional nº 66, que, na melhor interpretação, fez desaparecer a separação**, ao retirar-lhe suporte constitucional. (2) partilha. Comunhão parcial. Bens móveis incontroversos. Imóvel edificado em terreno de terceiro. Doação ao casal não demonstrada. Quinhão comum. Aferição em liquidação. Acolhimento. Se as próprias partes concordam quanto à aquisição dos bens móveis durante o enlace, e não há demonstração da suposta doação do terreno em que, juntos, edificaram a residência familiar, deve ser partilhado em partes iguais todo o patrimônio comum, do qual se exclui o terreno em nome do pai do varão. Sendo impossível aferir o montante relativo à meação de cada cônjuge, de rigor determinar a liquidação de sentença (3) alimentos entre cônjuges. Pretendida exoneração. Virago. Depressão e problemas de pele. Longa e exclusiva dedicação à família. Necessidades e possibilidades verificadas. Manutenção. Na fixação da verba alimentar deve o julgador atentar para as necessidades de quem pleiteia e as possibilidades do alimentante, atendendo, assim, ao binômio previsto no § 1º do artigo 1.694 do Código Civil. Frente às possibilidades do varão/alimentante, de rigor a manutenção da verba alimentar (de 15% sobre os ganhos) em favor da cônjuge acometida de transtorno depressivo recorrente e de enfermidade de pele, e que se dedicou à família por 24 (vinte e quatro) anos. (4) Assistência Judiciária Gratuita e justiça gratuita. Agraciados sucumbentes. Exegese do art. 12 da Lei n.º 1.060/50. Alteração *ex officio*. "Ainda que seja o litigante beneficiário da assistência judiciária, por restar sucumbente, sobre ele deve recair a obrigação de pagar a verba honorária, com observância ao disposto no artigo 12 da Lei n. 1.060/50" (TJSC; AC n. 2007.046335-1, Rel. Des. Marcus Tulio Sartorato, j. em 6.11.2007). Sentença alterada. Corrigenda de ofício. Recurso parcialmente provido. (**TJSC; AC 2013.069020-1; Urussanga; Quinta Câmara de Direito Civil; Rel. Des. Henry Petry Junior; Julg. 19-2-2015; DJSC 3-3-2015**)

5º Acórdão favorável: Tribunal de Justiça da Paraíba:

Processual civil. Apelação Cível. Separação judicial. Cerceamento de defesa. Preclusão. Rejeição. Bem adquirido na constância do casamento. Regime de bens. Comunhão parcial. Presunção de esforço comum. Partilha do bem. Alimentos. Mulher jovem e capaz. Aplicação do artigo 1.695 do Código Civil. Conversão da separação judicial em divórcio. Comando legal da Emenda Constitucional n. 66/2010. Reforma da sentença. Provimento parcial do recurso. "A nulidade dos atos deve ser alegada na primeira oportunidade em que couber à parte falar nos autos, sob pena de preclusão". Correto o entendimento firmado na sentença recorrida, devendo ocorrer a partilha do bem descrito na exordial, uma vez que foi adquirido na constância do casamento, cujo regime adotado era o da comunhão parcial de bens. "São devidos os alimentos quando quem os pretende não tem bens suficientes, nem pode prover, pelo seu trabalho, à própria mantença, e aquele, de quem se reclamam, pode fornecê-los, sem desfalque do necessário ao seu sustento." Verifica-se que após o advento da EC n. 66/2010, não há que se falar mais em separação judicial, por impossibilidade jurídica do pedido, tampouco há que se perquirir acerca de prazos para a concessão do divórcio (**AC 200.2005.034133-4/002, 3ª Câmara Cível, rel. Des. Genésio Gomes Pereira Filho, *DJPB* de 21-7-2011, p. 7**).

6º Acórdão favorável: Tribunal de Justiça de Rondônia:

Divórcio. Lapso temporal. Desnecessidade. Com o advento da Emenda Constitucional n. 66/2010, o divórcio passou a ser única medida para a dissolução da sociedade conjugal, não havendo que se falar em lapso temporal para conseguir o intento (**APL 0000086-63.2011.8.22.0012, rel. Des. Marcos Alaor Diniz Grangeia, j. em 21-9-2011, *DJERO* de 27-9-2011, p. 56**).

7º Acórdão favorável: Tribunal de Justiça do Ceará:

Apelação Cível. Ação de separação judicial litigiosa com pedido de alimentos. Emenda Constitucional n. 66/2010. Alteração do art. 226, § 6º, da CF/1988. Abolição do instituto da separação judicial. Não anuência da autora na conversão do feito em divórcio. Extinção do pleito de separação judicial sem resolução de mérito (art. 267, VI, do CPC/73[84]). Pensão alimentícia arbitrada em favor apenas da filha menor do casal. Redução do *quantum* para 2,5 (dois vírgula cinco) salários mínimos. Adequação ao caso concreto. Recurso parcialmente provido. *1. Após o advento da EC 66/2010, que alterou o art. 226, § 6º, da Constituição Federal, a separação judicial foi eliminada do ordenamento jurídico pátrio.* 2. A Juíza de 1º Grau, buscando adequar o feito aos termos da EC 66/2010, designou audiência para consultar as partes a respeito do assunto, havendo a Autora rejeitado a conversão da separação judicial em divórcio, de modo que, embora tenha havido a concordância do Demandado, a Magistrada *a quo*,

84. Equivale ao art. 485, VI, do CPC/2015.

acertadamente, ante a recusa manifestada pela Demandante, extinguiu o pedido de separação judicial sem examinar o seu mérito, por reputá-lo juridicamente impossível (art. 267, VI, do CPC73[85]), na medida em que cabia unicamente à Autora aceitar, ou não, a conversão do litígio em divórcio. 3. Considerando-se que os alimentos estipulados na sentença destinam-se exclusivamente à filha menor dos litigantes, o montante deve ser reduzido para 2,5 (dois vírgula cinco) salários mínimos, *quantum* que se afigura razoável e compatível com a realidade dos autos. 4. Apelação conhecida e parcialmente provida (**TJCE, AC 0084748-47.2005.8.06.0001, 3ª Câmara Cível, rel. Des. Rômulo Moreira de Deus, *DJCE* de 7-8-2012, p. 32**).

8º Acórdão favorável: Tribunal de Justiça de Pernambuco:

Recurso de agravo em apelação cível. Terminativa com fulcro no art. 557, *caput*, do CPC[86] que manteve a sentença que decretou o divórcio. Cerceamento de defesa por ausência de oitiva de testemunhas e audiência de instrução e julgamento. Inocorrência. Preliminar rejeitada. Decisões mantidas quanto ao mérito. Negado provimento ao agravo. À unanimidade de votos. Em se tratando de divórcio, e a partir das alterações introduzias no § 6º da Carta Magna, não mais é exigida a comprovação do tempo de separação do casal, quer seja judicial ou de fato, para decretação do divórcio. *In casu*, o agravado manifestou veementemente, que não tem mais condições e vontade de manter o casamento. Dessa união não resultaram filhos nem bens a partilhar. Também não cabe mais discussão sobre culpa, vez que **a EC 66/10 suprimiu o instituto da separação**, o que restou impossibilitada a reversão do Decreto do divórcio. Ausente, pois qualquer fundamento que ampare a preliminar de cerceamento de defesa, que formulou pedido para que seja restabelecido o contraditório antes da concessão do divórcio. Atualmente o que prevalece é a vontade, ainda que seja apenas de uma das partes, como no presente caso. Sentença que decretou o divórcio de acordo com a nova ordem jurídica que reger o instituto. (**TJPE; Rec. 0017124-89.2013.8.17.0810; Sexta Câmara Cível; Rel. Des. Fernando Martins; Julg. 2-10-2014; *DJEPE* 14-10-2014**)

9º Acórdão favorável: Tribunal de Justiça do Paraná:

Processual civil. Apelação Cível. Ação de separação judicial litigiosa convertida em divórcio. Reconvenção. Escorreita determinação em sentença de conversão da separação judicial em divórcio. EC n. 66/2010. Banido o instituto da separação. Norma de aplicação imediata. Alcance das ações em andamento, inclusive em grau de recurso. Irresignação contra a determinação de pensão alimentícia em favor da apelada. Observância do trinômio necessidade, possibilidade e proporcionalidade. Necessidade da alimentanda comprovada frente aos elementos lançados aos autos. Pensão alimentícia devida à apelada. Inconformismo acerca do patrimônio a ser partilhado. Bens imóveis adquiridos na constância do casamento. Presunção legal do esforço comum. Observância das regras atinentes ao regime de comunhão parcial de bens. Comprovada pela apelada nos autos a partilha extrajudicial dos valores acumulados como aplicações financeiras em pecúnia pelas partes na constância do casamento. Manutenção da partilha conforme determinado em sentença. Apelação Cível conhecida e não provida. 1. Com a vigência da Emenda Constitucional n. 66/2010, que conferiu nova redação ao § 6º, do art. 226, da Constituição Federal, o instituto da separação foi abolido da ordem jurídica, sendo o divórcio única ação para dissolução do casamento. 2. A fixação da obrigação alimentar deve ser realizada com observância de seu trinômio formador: necessidade, possibilidade e proporcionalidade. 3. O princípio da proporcionalidade, norteador da obrigação alimentar, consubstancia-se em ideias de justiça, equidade, bom senso, prudência, moderação, guardando relação com a capacidade econômica do alimentante e necessidade do alimentando (**TJPR, ApCiv 1107299-8, Campo Largo, 12ª Câmara Cível, rel. Juíza Conv. Ângela Maria Machado Costa, *DJPR* 5-6-2014**).

10º Acórdão favorável: Tribunal de Justiça do Mato Grosso do Sul

Ação rescisória. Citação por edital em ação de divórcio. Alegação de induzimento à revelia e pedido de rescisão da sentença com base no inc. III do art. 485 do CPC. Ausência de interesse processual. Inocorrência do binômio necessidade e utilidade. Processo extinto sem resolução do mérito. I) afigura-se o interesse de agir sempre que se constatar que o meio utilizado pelo autor haverá de ser necessário e útil à pretensão por ele deduzida. II) não se vislumbra melhoria da situação jurídica da autora e, portanto, utilidade da ação, com o acolhimento do pedido

85. Equivale ao art. 485, VI, do CPC/2015.
86. Atual art. 932 do Código de Processo Civil de 2015.

rescindendo, que redundará na mesma situação atual, que é o próprio divórcio entre as partes, já que a alteração do § 6º do art. 206 da CF, dada pela EC n. 66/2010, colocou FIM à separação judicial. III) quanto à partilha dos bens, ao constatar que, no divórcio, não houve provimento jurisdicional encerrando a questão, é de se ver que a pretensão contraria o teor do *caput* do art. 485 do CPC, segundo o qual o cabimento da ação rescisória está, necessariamente, atrelado a uma decisão definitiva de mérito, com a conseguinte formação da coisa julgada material a respeito da questão. IV) a necessidade se dirige ao ingresso de ação própria e independente para discutir o aspecto patrimonial do divórcio, ainda não decidido. Manobra perfeitamente possível à luz do art. 1.581 do CC e da jurisprudência contemporânea. V) processo extinto sem resolução do mérito, com fundamento no art. 267, VI, do Código de Processo Civil, de acordo com o parecer ministerial (**TJMS, AR 4012110-02.2013.8.12.0000, Campo Grande, 2ª Seção Cível, rel. Des. Dorival Renato Pavan, *DJMS* 19-5-2014**).

11º Acórdão favorável: Tribunal de Justiça do Rio de Janeiro:

Apelação. Ação de divórcio direto. Direito potestativo. Cerceamento de defesa não configurado. Desprovimento do recurso. 1. Trata-se de ação de divórcio direto em que o recorrente busca a anulação da sentença de procedência, alegando vício de consentimento ou de vontade da recorrida, além de cerceamento de defesa. 2. Cerceamento de defesa não configurado, tendo em vista a desnecessidade, para a solução do litígio, da produção de outras provas além daquelas já carreadas aos autos. 3. Manifestação do Ministério Público no sentido de inexistir interesse público a justificar sua intervenção no feito. 4. **Com a entrada em vigor da Emenda Constitucional n. 66/2010**, para ingressar com o pedido de divórcio não se faz necessário qualquer requisito legal ou lapso temporal. **Com a alteração, suprimiu-se a separação judicial**, desaparecendo, igualmente, o requisito temporal para o divórcio, que passou a ser exclusivamente direto, tanto por consentimento dos cônjuges, quanto na modalidade litigiosa, como na hipótese dos autos. 5. Impossibilidade de conciliação entre as partes demonstrada nos autos. 6. Aplicação dos princípios da intervenção mínima no Direito de Família e da ruptura do afeto. 7. Desprovimento do recurso (**TJRJ, Ap. 0001218-75.2013.8.19.0043, rel. Des. Elton Martinez Carvalho Leme, 17ª Câmara Cível, j. em 15-4-2015**).

12º Acórdão favorável: Tribunal de Justiça de Sergipe

Apelação Cível – Ação de divórcio direto litigioso – Menor com necessidades especiais – Pensão alimentícia – Majoração que não se impõe – Pleito de concessão em favor da apelante – Cabimento – Inclusão da apelante como dependente do plano de saúde do apelado pelo período de um ano – Manutenção do nome de casada – Faculdade do cônjuge que passou a adotar o patronímico do seu consorte – Recurso conhecido e parcialmente provido (**Ap. 201300223853, 2ª Câmara Cível, Tribunal de Justiça do Estado de Sergipe, rel. José dos Anjos, j. em 5-5-2014**).

Trecho do voto do Desembargador relator Dr. José dos Anjos, proferido no julgamento da Apelação n. 201300223853 em 5-5-2014: "A propósito, desde o advento da Emenda Constitucional 66/2010 que, atribuindo nova redação ao § 6º do art. 226 da CR/1988, autorizou a dissolução do casamento pelo divórcio, sem os requisitos anteriormente exigidos, eliminou-se o instituto da separação judicial, passando-se a desconsiderar qualquer discussão a respeito de culpa pela dissolução do matrimônio, *in verbis:* (...)".

13º Acórdão favorável: Tribunal de Justiça de Goiás

Apelação cível. Conversão litigiosa de separação em divórcio após EC n. 66/10. Mudança de paradigma. Art. 226, § 6º, CR/88. Norma constitucional de eficácia plena e aplicabilidade direta, imediata e integral fim do instituto da separação judicial. Princípio da intervenção mínima do Estado na vida privada. Autonomia da vontade do casal. Inexistência de requisito temporal ou cumprimento de obrigações ajustadas em processo de separação para decretação do divórcio. Direito potestativo. Com o advento da Emenda Constitucional n. 66/2010, foi alterada a redação do § 6º do artigo 226 da CF/88, suprimindo o requisito da prévia separação judicial por mais de um ano ou separação de fato por mais de dois anos, diante do que o divórcio passou a independer de restrição temporal ou causal, tornando-se simples exercício de um direito potestativo das partes. Assim, a decretação do divórcio não se condiciona ao cumprimento de decurso de prazo e de obrigações ajustadas em acordo homologado em separação consensual quanto à partilha de bens e alimentos à cônjuge virago. Apelação conhecida e improvida (**TJGO, AC 0024233-73.2015.8.09.0175, Goiânia, 1ª Câmara Cível, rel. Des. Orloff Neves Rocha, *DJGO* 7-7-2016**).

Acórdãos contra o fim da separação (RS, ES e MT):

1º Acórdão contrário: Tribunal de Justiça do Rio Grande do Sul:

Apelação. Direito civil. Família. Ação de separação. Divórcio. A Emenda Constitucional n. 66/2010 não revogou a legislação que regula a matéria, apenas deu nova redação ao art. 226, § 6º, da Constituição Federal, tornando desnecessário o decurso do prazo para o divórcio. Precedentes jurisprudenciais. Recurso provido (**TJRS, AC 0004235-44.2016.8.21.7000, Rio Pardo, 7ª Câmara Cível, Rel. Des. Liselena Schifino Robles Ribeiro, j. 25-1-2016; *DJERS* 1º-2-2016**).

2º Acórdão contrário: Tribunal de Justiça do Espírito Santo:

Ação de separação judicial. Sentença de extinção do processo sem resolução do mérito (art. 267, inc. VI, do CPC/73[87]). Carência da ação. Possibilidade jurídica do pedido reconhecida. Emenda Constitucional n. 66/2010. Reforma. Precedentes do TJES. Recurso conhecido e provido. 1. A Emenda Constitucional de n. 66/2010 conferiu nova redação ao art. 226, § 6º, da Constituição Federal para estabelecer que o casamento civil pode ser dissolvido pelo divórcio. 2. A pretensão de separação judicial não constitui caso de impossibilidade jurídica do pedido, a despeito da nova redação do art. 226, § 6º, da Constituição Federal. 3. Os dispositivos do Código Civil relativos à separação judicial não foram revogados. Desse modo, a separação continua disciplinada em nosso sistema normativo. 4. O legislador constituinte derivado, com a Emenda Constitucional n. 66/2010, em nenhum momento, vedou a possibilidade de separação judicial dos cônjuges, situação que se harmoniza com o amplo conteúdo dos direitos da personalidade. 5. Recurso conhecido e provido. Sentença anulada (**Apelação 48090104406, 3ª Câmara Cível, rel. Des. Dair José Bregunce de Oliveira, j. em 6-11-2012**).

3º Acórdão contrário: Tribunal de Justiça do Mato Grosso:

RECURSO DE APELAÇÃO CÍVEL. AÇÃO DE SEPARAÇÃO CONSENSUAL. HOMOLOGAÇÃO DE ACORDO. DECRETAÇÃO DO DIVÓRCIO. SENTENÇA ULTRA PETITA. REDUÇÃO AOS LIMITES DO ACORDO. RECURSO PROVIDO. A sentença que ao homologar acordo o faz de maneira diversa daquela firmada pelas partes caracteriza-se como *ultra petita*, competindo ao tribunal, nessa circunstância adequá-la aos termos do acordo. **A EC n. 66/2010 possibilitou a dissolução do casamento pelo divórcio independentemente da prévia separação judicial ou do lapso temporal para separação de fato, sem que tenha ocorrido a revogação tácita do instituto da separação judicial.** Assim, se as partes pugnaram pela homologação da separação judicial de forma consensual, há que ser homologado o pedido dentro dos limites pleiteados pelas partes. (**TJMT; APL 7358/2016; Tangará da Serra; Relª Desª Marilsen Andrade Addário; Julg. 4-05-2016; DJMT 10-5-2016**)

Analisando as decisões acima, verifica-se que o pensamento majoritário nos tribunais estaduais, atualmente, é no sentido de que não mais existe o instituto da separação em nosso ordenamento jurídico.

Ocorre, porém, que, no ano de 2017, duas decisões do STJ surpreenderam a comunidade jurídica. Nelas, o entendimento foi o de que a separação ainda existe no sistema, já que não foi revogada expressamente, contrariando o entendimento majoritário que se formou nos tribunais estaduais ao longo de sete anos, como vimos nas ementas acima.

A primeira decisão ficou ementada da seguinte forma:

Recurso especial. Direito civil. Família. Emenda Constitucional n. 66/10. Divórcio direto. Separação judicial. Subsistência. 1. A separação é modalidade de extinção da sociedade conjugal, pondo fim aos deveres de coabitação e fidelidade, bem como ao regime de bens, podendo, todavia, ser revertida a qualquer momento pelos cônjuges (Código Civil, arts. 1571, III e 1.577). O divórcio, por outro lado, é forma de dissolução do vínculo conjugal e extingue o casamento, permitindo que os ex-cônjuges celebrem novo matrimônio (Código Civil, arts. 1571, IV e

87. Equivale ao art. 485, VI, do CPC/2015.

1.580). São institutos diversos, com consequências e regramentos jurídicos distintos. 2. A Emenda Constitucional n. 66/2010 não revogou os artigos do Código Civil que tratam da separação judicial. 3. Recurso especial provido (**REsp 1.247.098-MS (2011/0074787-0), rel. Min. Maria Isabel Gallotti, 4ª Turma, j. 14-3-2017**).

Em **14 de setembro de 2017 o *site* do STJ** publicou notícia intitulada "Divórcio e separação coexistem no ordenamento jurídico mesmo após EC 66", divulgando a **segunda decisão sobre o tema.**

Segundo a notícia, a Emenda à Constituição n. 66/2010, que suprimiu do texto constitucional o prazo como pré-requisito para o divórcio, não eliminou do ordenamento jurídico o instituto da separação judicial, que continua sendo instrumento hábil para pôr fim ao matrimônio.

Esse entendimento do Superior Tribunal de Justiça foi reafirmado pela 3ª Turma ao julgar caso em que o Tribunal de Justiça de São Paulo, confirmando decisão do juízo de primeiro grau, não converteu uma separação em divórcio porque uma das partes se opôs expressamente a isso. O cônjuge que pediu a conversão em divórcio alegou que o instituto da separação judicial havia sido extinto pela EC n. 66/10.

De acordo com o Ministro Villas Bôas Cueva, o texto constitucional original condicionava, como requisito para o divórcio, a prévia separação judicial por mais de 1 ano ou a separação de fato por mais de 2 anos. Com o advento da emenda, o texto passou a ser: "O casamento civil pode ser dissolvido pelo divórcio". Entretanto, conforme explicou o relator, tal emenda apenas excluiu os requisitos temporais para facilitar o divórcio, sem, contudo, revogar o instituto da separação.

O ministro afirmou que "a supressão dos requisitos para o divórcio pela emenda constitucional não afasta categoricamente a existência de um procedimento judicial ou extrajudicial de separação conjugal, que passou a ser opcional a partir da sua promulgação".

Segundo Villas Bôas Cueva, a opção pela separação faculta às partes uma futura reconciliação, podendo a relação ser restabelecida a qualquer momento. Já o divórcio dissolve definitivamente o casamento.

O ministro disse que a dissolução da sociedade conjugal pela separação não se confunde com a dissolução definitiva do casamento pelo divórcio, por serem institutos completamente distintos. Ele considera que a emenda "apenas facilitou a obtenção do divórcio", mas não excluiu outros institutos do direito de família.

Villas Bôas Cueva explicou que o atual sistema brasileiro se adapta ao sistema dualista opcional, que "não condiciona o divórcio à prévia separação judicial ou de fato".

Assim, é possível concluir que a ruptura do casamento pode ocorrer pela via judicial ou extrajudicial das seguintes formas: a partir da dissolução simultânea do vínculo matrimonial e da sociedade conjugal pelo divórcio ou com a dissolução restrita à sociedade conjugal pela separação legal.

A Turma negou provimento ao recurso, pois considerou que, como uma das partes se opôs expressamente à conversão da separação em divórcio, estava correta a sentença que deu prosseguimento ao processo de separação.

Infelizmente o número desse processo não foi divulgado em razão de segredo judicial.

Assim sendo, a posição majoritária na doutrina e na jurisprudência dos Tribunais Estaduais (como visto) é a de que a separação não mais persiste no ordenamento jurídico brasileiro. Porém, temos dois julgados do STJ, de ambas as Turmas que julgam Direito Civil, que afirmam que a separação ainda persiste no ordenamento.

O debate ainda não acabou!!!

O **Supremo Tribunal Federal (STF)** irá analisar se, após a Emenda Constitucional (EC) 66/2010, a separação judicial é requisito para o divórcio e se ela se mantém como instituto autônomo no ordenamento jurídico brasileiro. Em votação unânime, o Plenário Virtual da Corte reconheceu a existência de repercussão geral da matéria discutida no **Recurso Extraordinário (RE) 1.167.478/RJ**. O relator da matéria, ministro Luiz Fux, manifestou-se pela existência de repercussão geral da questão constitucional, ao considerar que a discussão transcende os limites subjetivos da causa e afeta diversos casos semelhantes, pois a alteração constitucional deu origem a várias interpretações na doutrina e a posicionamentos conflitantes no Poder Judiciário sobre a manutenção da separação judicial no ordenamento jurídico e a exigência de observar prazo para o divórcio, citando jurisprudência de diferentes tribunais do país, entre eles do Superior Tribunal de Justiça (STJ), que assenta a coexistência dos dois institutos de forma autônoma e independente, e precedentes que declaram a insubsistência da separação judicial. Finalmente essa discussão tem data para terminar, aguardemos.

Mesmo acreditando que a separação, seja ela judicial ou extrajudicial, não mais sobrevive com a Emenda Constitucional n. 66, passaremos a tratar dos seus principais efeitos.

A) O fim da discussão sobre a culpa na extinção do casamento

O Código Civil admite a discussão da culpa pelo fim do casamento em sede de ação litigiosa de separação. O objetivo da norma é estabelecer as seguintes sanções:

a) De acordo com o art. 1.704 do Código Civil, o cônjuge culpado na separação perde o direito de pleitear alimentos, exceto se estiver inapto ao trabalho ou se precisar de pensão e não houver nenhum outro parente capaz de pensionar, hipótese em que os alimentos serão os indispensáveis à subsistência.

b) De acordo com o art. 1.578 do Código Civil, o cônjuge declarado culpado na ação de separação perde o direito de continuar utilizando o sobrenome do outro, exceto se a alteração acarretar prejuízo evidente para a sua identificação, ou manifesta distinção entre seu nome e o dos filhos da união dissolvida, ou, ainda, dano grave reconhecido na decisão judicial.

c) De acordo com o art. 1.830 do Código Civil, o cônjuge separado de fato há mais de 2 anos estará excluído da sucessão do seu consorte, se tiver sido culpado pela separação.

Será culpado pela separação o cônjuge que pratique algum ato que importe grave violação dos deveres do casamento e torne insuportável a vida em comum (art. 1.572 do Código Civil). Porém, o art. 1.573 do referido Código determina, também, que podem caracterizar a impossibilidade da comunhão de vida o adultério, a tentativa de morte, a sevícia ou injúria grave, o abandono voluntário do lar conjugal, durante um ano contínuo, a condenação por crime infamante e a conduta desonrosa.

Com o fim da separação, a culpa não poderá ser discutida na ação de divórcio. Assim sendo, a discussão sobre culpa fica mitigada com a modificação constitucional, pois ela será discutida em sede de ação de alimentos, para que o réu possa se defender quando buscar a improcedência do pedido com base no art. 1.704 do Código Civil, e em ação indenizatória, quando um cônjuge causar danos materiais, morais e estéticos ao outro, já que a culpa é elemento da responsabilidade civil. Porém, cumpre lembrar que, no caso dos alimentos, as sanções do citado artigo podem ser relativizadas, como já explicado anteriormente.

Na sucessão, a mudança era muito aguardada, pois a jurisprudência já tinha firmado entendimento no sentido de que a separação de fato põe fim ao regime de bens. Dessa forma, como a norma do art. 1.830 do Código Civil poderia admitir a legitimação sucessória, havendo separação de fato há muito mais de 2 anos, apenas porque a culpa pela sua ocorrência foi do falecido?

Assim sendo, não poderá o cônjuge sobrevivente ser excluído da sucessão porque foi o culpado pela separação se não houver sentença transitada em julgado nesse sentido. Quem já tem sentença desfavorável nesses termos pode ser excluído, mas a tendência é que isso, com o tempo, venha a desaparecer, motivo pelo qual teremos que debater qual será, depois disso, o real alcance da norma.

No nosso sentir, a lei se tornará de difícil aplicação prática, e explicaremos por quê. Por uma questão de coerência com o que já foi exposto, defendemos que a culpa não poderá ser discutida em ação de divórcio, mas ainda poderá ser em sede de ação autônoma, por exemplo, a ação de alimentos. Ocorre, porém, que no caso da sucessão a ação em que isso deveria ser discutido é a de inventário. Mas, se analisarmos os arts. 610 e seguintes do CPC, que estabelecem o procedimento especial de tal ação judicial, verifica-se que será incompatível com o seu rito a discussão da culpa se a prova exigir alta indagação.

De acordo com o art. 612 do CPC, o juiz decidirá no inventário todas as questões de direito e também as questões de fato, quando este se achar provado por documento, ou seja, somente nesses casos é que poderia haver a discussão de culpa em sede do inventário. Mas o citado artigo admite que o juiz possa remeter para os meios ordinários as questões que demandarem alta indagação ou dependerem de outras provas. Assim sendo, não há como ser proposta uma ação ordinária apenas para discutir a culpa, motivo pelo qual comungamos do entendimento de que, sendo questão de alta indagação, o art. 1.830 do Código Civil será ineficaz, por não ser possível a discussão da culpa em sede de inventário, nem a propositura de ação judicial autônoma somente para discutir a culpa.

B) O estado civil do separado judicial ou extrajudicialmente

Quem já é separado judicial ou extrajudicialmente continua com o estado civil de separado de direito, pois com a EC n. 66/2010 não passará a ser divorciado automaticamente. Como acreditamos que acabou o instituto da conversão de separação em divórcio, já que não há mais prazo nem requisitos para que isso ocorra, essas pessoas deverão se divorciar.

Mas, para pôr fim ao vínculo conjugal, terão de propor uma ação de divórcio direto (consensual ou litigioso) ou realizar uma escritura de divórcio, se preenchidos os requisitos do art. 733 do CPC. Em ambos os casos, não haverá necessidade de mencionar a separação que foi formalizada antes da EC n. 66/2010.

C) A reconciliação de quem já é separado

Como o Código Civil admite a reconciliação de pessoas que já estão separadas judicial ou extrajudicialmente, no art. 1.577, quem já era separado antes do início da vigência da EC n. 66 poderá se reconciliar judicialmente, ou por escritura pública, se preenchidos os requisitos do art. 733 do CPC. Quem ainda estiver na dúvida sobre a extinção da sociedade conjugal deve se socorrer da separação de corpos, como já afirmamos anteriormente.

D) A averbação da separação no assento do casamento e da reconciliação

As pessoas já separadas judicial ou extrajudicialmente antes do início da vigência da EC n. 66 (14-7-2010) devem, antes de buscar o divórcio, averbar no assento do casamento a sentença ou escritura de separação. Isso se deve ao fato de ser necessário atender ao comando do art. 10, I, do Código Civil, e do princípio da continuidade registral, segundo o qual todos os atos atinentes ao registro devem nele estar retratados, para que nenhum fato da vida de uma pessoa fique sem ser de conhecimento público. Assim, mesmo já não sendo possível a realização da separação de direito, não pode o registrador civil se negar a realizar esse registro.

O mesmo raciocínio deve ser feito quanto à reconciliação. Como é possível ocorrer a reconciliação de pessoas que já estão separadas, deve o registrador civil, também, averbá-la no assento do casamento, por força do referido artigo, que determina tal providência nesse caso.

E) As escrituras de separação extrajudicial

Acreditamos, pelas razões já expostas, que os notários estão proibidos de realizar escrituras de separação extrajudicial após o início da vigência da EC n. 66 (14-7-2010), sob pena de estas serem nulas, por contrariarem lei imperativa, conforme o art. 166, VI, do Código Civil.

Poderá o notário celebrar somente escrituras de divórcio, sendo vedado celebrar a de separação, se preenchidos os requisitos do art. 733 do CPC, ou de separação de corpos consensual, também seguindo os mesmos requisitos do citado artigo, somente se o casal tiver dúvida sobre o fim do vínculo conjugal, devendo essa informação estar expressa na escritura.

Assim sendo, ousamos discordar do Colégio Notarial de São Paulo[88], que, por meio da Circular n. 1.131/2010, emitiu orientações aos notários sobre a EC n. 66, no sentido de que "*Para a lavratura de escritura de separação consensual deve-se observar o prazo referido no art. 1.574 do Código Civil, pois muito embora a EC n. 66 tenha suprimido os prazos para realização*

88. Disponível em: <http://www.arpensp.org.br/principal/index.cfm?tipo_layout=SISTEMA&url=noticia_mostrar.cfm&id=11847>. Acesso em: 25 jul. 2010.

do divórcio, não fez referência à separação judicial ou extrajudicial", bem como do Colégio Notarial do Rio Grande do Sul[89], que também firmou posicionamento no sentido de que, "Tomando por base a Emenda Constitucional 66, de 13-7-2010, e respeitando os requisitos da Lei n. 11.441/07[90], na lavratura de escritura pública de divórcio direto não é mais necessário exigir comprovação de lapso temporal nem a presença de testemunhas. Já para lavratura de escritura pública de separação consensual, nada muda, sendo necessário observar o prazo referido no art. 1.574 do Código Civil Brasileiro", e do Colégio Notarial do Rio de Janeiro[91], que, por meio do Enunciado 3, manifestou o posicionamento de que: "Tendo em vista que a separação (consensual ou judicial) não é tão somente uma etapa prévia do divórcio, mas possui efeitos diferentes do mesmo (como a manutenção, por qualquer motivo, do vínculo matrimonial) e o fato de que dela não tratou a Emenda Constitucional 66/2010, continua sendo possível, como uma faculdade concedida aos cônjuges, a lavratura de escrituras de separação consensual, desde que assim requeiram, alertados que sejam pelo tabelião ou escrevente da possibilidade de realização do divórcio direto, tudo a ser consignado no corpo da escritura".

Comungamos do entendimento esposado pelo Departamento de Notas da Serjus da Anoreg/MG, que, como já afirmamos, emitiu orientação[92] no sentido de que a Emenda Constitucional n. 66 tem eficácia imediata, alterando a disciplina constitucional do tema divórcio, e que com isso a separação judicial ou extrajudicial não foi recepcionada pela Emenda Constitucional. A orientação menciona, ainda, que a legislação infraconstitucional a que se refere o divórcio continua em vigor, ressalvada apenas a exigência do prazo de 1 ano para conversão e de 2 anos para o divórcio direto, motivo pelo qual não há impedimento para que os notários lavrem as escrituras públicas de divórcio, com base na EC n. 66, desde que observados todos os demais requisitos da legislação infraconstitucional.

Ademais, acreditamos que esse será o posicionamento da nossa jurisprudência.

F) Cumulação de pedidos na ação de divórcio e a matéria de defesa

Na ação de divórcio não há matéria de defesa a ser alegada com relação à extinção do vínculo conjugal (prazo de casamento, como permitia na separação o art. 1.574 do Código Civil, a culpa do outro cônjuge, ou a existência de amor por alguma das partes). Porém, será possível cumular o pedido de divórcio com partilha de bens, alimentos, guarda dos filhos e direito de visita. Assim sendo, a discussão no divórcio litigioso limitar-se-á apenas a tais questões, mas sempre objetivando o melhor para a criança, que deverá prevalecer sobre o interesse particular dos cônjuges, lembrando que o juiz pode conceder o divórcio sem prévia partilha de bens, conforme o art. 1.581 do Código Civil.

Sabemos que a matéria ainda é muito recente e incipiente, motivo pelo qual tudo o que foi aqui tratado precisa ser referendado pelo Poder Judiciário, já que é apenas nosso

89. Disponível em: <http://www.colegionotarialrs.org.br/site/index.php?option=com_content&view=article&id=611:-divorcio&catid=58:colegio-notarial-do-brasil-secao-rs-&Itemid=187>. Acesso em: 25 jul. 2010.
90. Lei revogada, vigendo, sobre o tema, o art. 733 do CPC/2015.
91. Disponível em: <http://www.colegionotarial-rj.org.br>. Acesso em: 25 jul. 2010.
92. Disponível em: <http://www.arpenbrasil.org.br/index.php?option=com_content&task=view&id=4316&Itemid=83>. Acesso em: 25 jul. 2010.

posicionamento quanto aos problemas levantados, que urgem ser solucionados rapidamente, pois as pessoas que desejam colocar fim ao seu casamento, o que já começaram a fazer, não podem ficar desamparadas, mas ainda necessitam de auxílio para saber como proceder daqui por diante.

Assim, como a questão ainda é polêmica e não há um posicionamento definitivo em nossa doutrina e jurisprudência, trataremos a seguir do instituto da separação apenas como uma notícia histórica, por acreditarmos que ela foi extirpada do sistema; nossos leitores precisam saber, porém, quais as características do instituto, até mesmo para poder formar uma opinião sobre o tema.

A separação podia ser:

1) Consensual: ocorria quando não havia litígio entre os cônjuges. A separação consensual só podia ocorrer se os cônjuges fossem casados há mais de 1 ano e podia ser:

a) Extrajudicial: quando ocorria por escritura pública no Tabelionato de Notas. Essa modalidade foi incluída pelo art. 733 do CPC/2015, que exige, para que ela ocorra, além da consensualidade, que o casal não tenha filhos menores e incapazes, e que esteja assistido por advogado.

b) Judicial: quando ocorria por meio de ação judicial, em que os cônjuges deviam manifestar sua vontade perante o juiz de direito, para este homologar o pedido. O juiz podia recusar a homologação e não decretar a separação judicial se apurasse que a convenção não preservava suficientemente os interesses dos filhos ou de um dos cônjuges.

2) Litigiosa: que ocorria quando havia litígio entre os cônjuges. A separação litigiosa só podia ocorrer judicialmente e dividia-se em:

a) Com apuração de culpa: ocorria quando havia adultério, tentativa de morte, sevícia ou injúria grave, abandono voluntário do lar conjugal, durante um ano contínuo, condenação por crime infamante, conduta desonrosa, outros fatos que o juiz entendesse relevantes, ou a infringência de algum dos impedimentos matrimoniais, que tornasse insuportável a vida em comum. Nessa hipótese, o cônjuge inocente buscava a declaração de culpa do outro para que ele tivesse algumas sanções. A lei estabelece que o cônjuge declarado culpado na separação perde o direito de usar o nome de casado (exceto se houver prejuízo de identificação na sociedade ou com os filhos) e de pleitear alimentos (exceto se não houver mais ninguém capaz de pensionar). O cônjuge inocente na ação de separação judicial poderia renunciar, a qualquer momento, ao direito de usar o sobrenome do outro, e nos demais casos caberia a opção pela conservação do nome de casado.

b) Sem apuração de culpa: ocorria quando ninguém podia ser considerado culpado. Duas são as hipóteses: separação-falência e separação-remédio. A separação-falência dava-se com o rompimento da vida conjugal há mais de 1 ano. Já a separação-remédio dava-se quando um dos cônjuges estivesse acometido de doença mental grave, há mais de 2 anos, manifestada após o casamento, e que fosse reconhecida como de cura improvável. Neste último caso revertia ao cônjuge enfermo, que não houvesse pedido a separação judicial, o remanescente dos bens que levou para o casamento e, se o regime dos bens adotado o permitisse, a meação dos adquiridos na constância da sociedade conjugal.

O procedimento judicial da separação cabia somente aos cônjuges, e, no caso de incapacidade, eram representados pelo curador, pelo ascendente ou pelo irmão.

A sentença de separação judicial importava a separação de corpos e a partilha de bens, porém ela poderia não ocorrer, se os cônjuges preferissem realizá-la quando do divórcio. A partilha de bens podia ser feita mediante proposta dos cônjuges e homologada pelo juiz, ou por este decidida.

Independentemente da causa da separação judicial e do modo como esta se fizesse, era lícito aos cônjuges restabelecer, a todo tempo, a sociedade conjugal, por ato regular em juízo. A reconciliação em nada prejudicava o direito de terceiros, adquirido antes e durante o estado de separado, seja qual fosse o regime de bens.

13.5.11.4. Do divórcio

A principal diferença entre divórcio e separação é que o divórcio extingue o vínculo conjugal, o que permitirá um novo casamento. Como já vimos, a separação não extinguia o vínculo conjugal, apenas punha fim ao regime de bens e extinguia os deveres de fidelidade e coabitação. Por isso a alteração realizada com a EC n. 66 foi bem-vinda, já que acabou com o sistema dúplice (separação e divórcio) para adotar um sistema uno (somente o divórcio), sem a observância de prazos.

O divórcio pode ser:

1) Consensual: ocorre quando não há litígio entre os cônjuges. O divórcio consensual pode ser:

a) Extrajudicial: quando ocorrer por escritura pública no Tabelionato de Notas. Essa modalidade foi incluída pelo art. 733 do CPC, que exige, para que esta ocorra, além da consensualidade, que o casal não tenha filhos menores e incapazes, e que esteja assistido por advogado.

b) Judicial: quando ocorrer por meio de ação judicial, em que os cônjuges devem manifestar a sua vontade perante o juiz de direito, que irá homologar o pedido.

2) Litigioso: ocorre quando houver litígio entre os cônjuges.

O divórcio consensual, tanto extrajudicial quanto judicial, podia ser direto ou indireto.

Com a Emenda Constitucional n. 66, que eliminou os prazos para o divórcio, essa classificação não mais existe, pois hoje não falamos mais em divórcio direto ou indireto, apenas em "divórcio", já que não existe mais prazo a ser obedecido para a sua concessão.

Porém, apenas como notícia histórica, explicaremos como funcionava o divórcio indireto e direto, até que se tenha uma unanimidade na doutrina com relação ao fim da separação do nosso sistema.

O divórcio direto era aquele que exigia separação de fato há mais de 2 anos, ou seja, sem uma prévia separação formalizada (judicial ou extrajudicial), pois, nesse caso, partia-se diretamente para o divórcio. A separação de fato é aquela que não é de direito, ou seja, a pessoa simplesmente sai de casa.

Já o divórcio indireto, também chamado de divórcio por conversão, era aquele que exigia separação formalizada (judicial ou extrajudicial). A conversão em divórcio da separação dos cônjuges podia ser decretada por sentença, da qual não constava referência à causa que a determinou.

O prazo para converter uma separação formalizada em divórcio era de 1 ano. Esse prazo era contado do trânsito em julgado da sentença que houvesse decretado a separação judicial, ou da decisão concessiva da medida cautelar de separação de corpos, ou da data da lavratura da escritura de separação extrajudicial.

O divórcio não modifica os direitos e deveres dos pais com relação aos filhos, nem mesmo o novo casamento modifica essa relação. O novo casamento de qualquer um dos pais, ou de ambos, não poderá importar restrições aos direitos e deveres referentes aos filhos.

O divórcio pode ser concedido sem prévia partilha de bens, mas é interessante fazer a partilha de bens no momento do divórcio para que não se forme um condomínio romano, ou seja, frações de patrimônio entre os cônjuges. Essa autorização está descrita no art. 1.581 do Código Civil, que confirmou a **Súmula 197 do STJ**.

Questão tormentosa é saber se a competência para a partilha de bens pós-divórcio é da vara de família ou cível. O Tribunal de Justiça de São Paulo proferiu decisão no sentido de que é do juízo de família, por ter sido lá decretado o divórcio:

> Conflito negativo de competência – Pedido de sobrepartilha de bem adquirido na constância do casamento, não relacionado por ocasião do divórcio – Relação de acessoriedade com a ação de divórcio – Competência do Juízo que decretou o divórcio – Conflito procedente. Competência da 2ª Vara da Família e Sucessões do Foro Regional de Itaquera (**TJSP, CC 01583191820138260000-SP 0158319-18.2013.8.26.0000, rel. Pinheiro Franco (Pres. Seção de Direito Criminal), j. em 19-5-2014, Câmara Especial, data de publicação: 23-5-2014**).

A legitimidade para o pedido de divórcio é somente dos cônjuges, ou seja, é uma ação personalíssima. Mas, se o cônjuge for incapaz, o curador, ascendente ou irmão poderá propor o divórcio ou defendê-lo.

Dissolvido o casamento pelo divórcio direto ou por conversão, o cônjuge poderá manter o nome de casado, salvo se, no segundo caso, houver disposição em contrário na sentença de separação judicial.

13.5.11.5. Breves considerações sobre a separação e o divórcio extrajudicial[93]

Essa modalidade foi instituída pela Lei n. 11.441/2007, revogada pelo CPC/2015, que possibilitou que a separação e o divórcio sejam feitos extrajudicialmente, como também o inventário.

Na escritura, é possível incluir disposições sobre a descrição e a partilha dos bens comuns, sobre a pensão alimentícia dos cônjuges ou de filhos maiores, e, ainda, sobre o acordo quanto à retomada pelo cônjuge de seu nome de solteiro ou à manutenção do nome adotado quando se deu o casamento.

A escritura não depende de homologação judicial e constitui título hábil para o registro civil e o registro de imóveis.

---

93. *Vide*: CASSETTARI, Christiano. *Divórcio e inventário por escritura pública:* teoria e prática. 10. ed. Indaiatuba: Foco, 2022.

De acordo com a lei, a escritura e os demais atos notariais serão gratuitos àqueles que se declararem pobres sob as penas da lei.

O art. 733 do CPC vigente estabelece os seguintes requisitos para a separação e o divórcio extrajudiciais:

Consensualidade: a consensualidade refere-se somente ao desejo de dissolver a sociedade conjugal, pois a partilha dos bens, a pensão alimentícia e a definição do nome podem ser feitas posteriormente (judicial ou extrajudicialmente). No tocante à partilha, por ser questão patrimonial e disponível, esta também pode ser decidida, por meio de arbitragem.

Inexistência de filhos incapazes: a norma anterior (art. 1.124-A do CPC/73) autorizava a lavratura da escritura se não houvesse filho incapaz *do casal*. Assim, se o filho menor fosse somente de um dos cônjuges, isso não inviabilizava a separação e o divórcio extrajudiciais. Como não há mais no art. 733 do CPC/2015 a expressão "do casal", parece que o sumiço da regra foi proposital, motivo pelo qual, havendo filho incapaz de apenas um dos cônjuges, isso já inviabiliza a escritura de divórcio, o que nos parece um absurdo. Tomara que a jurisprudência conserte essa questão, retomando ao *statu quo ante* esse assunto.

Agora, havendo filho emancipado, como este deixa de ser incapaz e a nova regra do art. 733 do CPC/2015 não repete a anterior, que exigia filho maior capaz, a escritura pode ser lavrada normalmente.

Inexistência de nascituro: conforme o art. 733 do CPC/2015, se a mulher estiver grávida e a escritura for lavrada, esta será nula de pleno direito.

Assistência de advogado ou defensor público: como o ato é consensual, as partes podem ter um advogado cada ou um para todos.

Se esses requisitos não forem observados, consoante o art. 166, VI, do Código Civil, a escritura será nula, por fraude a lei imperativa. Cumpre lembrar que a ação declaratória de nulidade pode ser proposta por qualquer interessado, ou ainda pelo Ministério Público, e é imprescritível.

Depois de realizada, a escritura de separação e divórcio deve ser averbada no Cartório de Registro Civil onde foi lavrado o casamento (art. 10 do CC). Se houver partilha de bens imóveis deve, também, ser registrada no Cartório de Registro de Imóveis.

De acordo com o art. 8º da Lei n. 8.935/94 (Lei dos Notários e Registradores), a escritura pública de separação e divórcio pode ser feita em qualquer Tabelionato de Notas do País, independentemente do domicílio das partes e da localização dos bens.

Se os requisitos da modalidade extrajudicial de separação e divórcio forem preenchidos, as partes terão a faculdade de fazê-la no Tabelionato de Notas, podendo optar pela via judicial se assim acharem melhor. Dessa forma é que vem decidindo a nossa jurisprudência[94].

94. "Separação Consensual. Lei n. 11.441/2007. Opção pela via judicial ou extrajudicial. A Lei n. 11.441/2007 prevê a possibilidade de separações e divórcios consensuais serem realizados extrajudicialmente, por escritura pública, desde que os cônjuges não tenham filhos menores ou incapazes, o que, contudo, não retira a opção dos cônjuges pela via judicial. Apelação não provida" (TJDF, Rec. 2008.01.1.108701-6, Ac. 387.670, 6ª Turma Cível, rel. Des. Jair Soares, *DJDFTE* de 5-11-2009).

É plenamente possível os cônjuges serem representados no momento da lavratura da escritura de separação e divórcio, porém o mandato tem que ser público (art. 657 do CC) e deve conter poderes especiais (art. 661 do CC).

Porém, em razão de todos os argumentos expostos anteriormente, entendemos que a Emenda Constitucional n. 66 retirou do sistema a separação, seja judicial ou extrajudicial, motivo pelo qual entendemos que os notários estão proibidos de lavrar escrituras de separação. Nosso posicionamento foi seguido pelo Departamento de Notas da Serjus da Anoreg/MG, que já emitiu orientação[95] no sentido de que a Emenda Constitucional n. 66 tem eficácia imediata, alterando a disciplina constitucional do tema divórcio, e que com isso a separação judicial ou extrajudicial não foi recepcionada pela Emenda Constitucional. A orientação menciona, ainda, que a legislação infraconstitucional a que se refere o divórcio continua em vigor, ressalvada apenas a exigência do prazo de 1 ano para conversão e de 2 anos para o divórcio direto, motivo pelo qual não há impedimento para que os notários lavrem as escrituras públicas de divórcio com base na EC n. 66, desde que observados todos os demais requisitos da legislação infraconstitucional.

Não concordamos com o posicionamento do Colégio Notarial de São Paulo, do Rio de Janeiro e do Rio Grande do Sul, que entendeu ser a separação facultativa e que os cônjuges poderiam optar em fazer uma escritura de separação ou de divórcio. Não há previsão de facultatividade na norma, e temos que lembrar que o objetivo da emenda constitucional foi eliminar a separação do sistema, motivo pelo qual, se os cônjuges quiserem apenas colocar fim ao regime de bens e aos deveres de coabitação e fidelidade, deverão fazer uma escritura de separação de corpos, como defendemos há tempos em nossa obra *Separação, divórcio e inventário por escritura pública*: teoria e prática (9. ed. São Paulo: Método, 2018).

13.6. DA UNIÃO ESTÁVEL

13.6.1. Da evolução no tempo da união estável

A união estável é uma das formas de entidade familiar previstas na Constituição Federal, e é formada pela convivência pública duradoura e contínua de um homem e uma mulher, com o objetivo de constituir uma família.

A união estável foi criada pelo **art. 226, § 3º, da CF**, e sua primeira regulamentação se deu com a **Lei n. 8.971/94**, que institui como direitos dela decorrentes:

a) direito sucessório, igual ao do cônjuge;

b) usufruto vidual ao companheiro sobrevivente da quarta parte dos bens do falecido;

c) direito à meação dos bens adquiridos com esforço comum.

d) essa lei exigia um prazo de 5 anos de convivência ou que existisse prole para que a união estável ser constituída.

---

95. Disponível em: <http://www.arpenbrasil.org.br/index.php?option=com_content&task=view&id=4316&Itemid=83>. Acesso em: 25 jul. 2010.

Posteriormente, a citada lei foi alterada pela **Lei n. 9.278/96**, cujo esboço foi feito pelo meu querido e eterno professor Álvaro Villaça Azevedo, que:

a) retirou a necessidade de prazo para se constituir uma união estável;

b) instituiu direitos e deveres aos conviventes;

c) estabeleceu comunicabilidade dos bens adquiridos na constância da união, com presunção de esforço comum;

d) previu a possibilidade de se fazer contrato de convivência;

e) concedeu direito aos alimentos;

f) concedeu direito real de habitação ao companheiro sobrevivente em caso de extinção da união por morte, revogando o usufruto vidual;

g) normatizou a conversão da união estável em casamento;

h) estabeleceu a competência do juízo de família para discussão sobre questões relativas à união estável.

Atualmente, a união estável é regulamentada pelo Código Civil de 2002, nos arts. 1.723 a 1.727.

Essa evolução histórica tem importância quando se fala em sucessão, pois a lei aplicável é sempre a que está vigendo na data da morte (princípio da saisine), conforme art. 1.787 do CC, ou seja, ainda é possível aplicar ambas as leis que já foram revogadas, no caso de um inventário ser aberto hoje, e o falecimento ter ocorrido à época da sua vigência. A aplicação de lei revogada no tempo é possível e se denomina ultratividade.

A união estável acabou com a divisão do concubinato em puro (quando as pessoas estavam desimpedidas para o casamento) ou impuro (na hipótese de existir impedimento para o matrimônio). O concubinato puro se tornou união estável, e todo concubinato, segundo o art. 1.727 do Código Civil, é impuro.

13.6.2. Do conceito de união estável

Para a formação da união estável é necessário que as pessoas estejam desimpedidas para casar, exceto no caso de separação de fato ou de separação judicial ou extrajudicial (nesses casos, mesmo havendo impedimento para o casamento, pessoas nessas situações podem constituir união estável). O legislador aqui protege a boa-fé objetiva, pois quem é separado não está traindo ninguém.

Dessa forma, o concubinato se forma entre pessoas impedidas de casar, exceto se estiverem separadas de fato, judicial ou extrajudicialmente (pois constituem união estável nesse caso).

De acordo com o art. 226 da CF, a união estável se forma com a convivência entre homem e mulher. Porém, após o julgamento da **ADPF 132** e da **ADIn 4.277** pelo STF, firmou-se o entendimento de não ser esse um empecilho para a aplicação das suas regras para a união homoafetiva (entre pessoas do mesmo sexo), pois o fato de a lei só ter regulamentado a união informal entre homem e mulher não significa que tenha proibido a de pessoas do mesmo sexo. Assim sendo, com tal decisão deixamos de ter a união homoafetiva em nossa sociedade, mas sim a união estável entre pessoas de sexos distintos ou de mesmo sexo, pois a **ADIn 4.277** deu interpretação conforme à Constituição ao art. 1.723 do Código Civil, para que TODOS os efeitos da união estável fossem estendidos à união entre pessoas do mesmo sexo, inclusive a conversão em casamento, fazendo surgir no Brasil o casamento entre pessoas do mesmo sexo. Essa decisão tem efeito vinculante.

13.6.3. Do contrato de namoro em virtude da dificuldade de diferenciação com a união estável

O conceito de união estável previsto no art. 1.723 do Código Civil é o mesmo que estava contido no art. 1º da Lei n. 9.278/96. De lá para cá o conceito de união estável estagnou no tempo e o conceito de namoro evoluiu e muito, pois o conceito atual deste último é, completamente, diferente do que tínhamos em 1996. Por esse motivo ficou impossível diferenciar namoro de união estável nos dias de hoje.

Mesmo com a doutrina diferenciando o namoro em simples e qualificado, onde o primeiro se enquadra em um relacionamento aberto, às escondidas ou sem compromisso, e por isso não se confundiria com a união estável, o segundo existe quando há prática da relação amorosa e sexual madura, entre pessoas maiores e capazes, que apesar de apreciarem a companhia uma da outra, e por vezes até pernoitarem na casa de seus namorados, não tem o objetivo de constituir família. Por esse motivo é tão difícil, na prática, encontrar as diferenças entre a união estável e o namoro qualificado.

Segundo o STJ, no **namoro qualificado** se dá quando as partes projetam para o futuro, e não para o presente, o propósito de constituir família:

> (...) 3. Da análise acurada dos autos, tem-se que as partes litigantes, no período imediatamente anterior à celebração de seu matrimônio (de janeiro de 2004 a setembro de 2006), não vivenciaram uma união estável, mas sim um namoro qualificado, em que, em virtude do estreitamento do relacionamento projetaram para o futuro – e não para o presente –, o propósito de constituir uma entidade familiar, desiderato que, posteriormente, veio a ser concretizado com o casamento. (...) (**REsp 1.454.643-RJ (2014/0067781-5). rel. Min. Marco Aurélio Bellizze, 3ª Turma, julgamento unânime em 3-3-2015, *DJE* 10-3-2015**).

Mas cumpre salientar que é muito difícil, na prática, encontrar namoro simples por conta da seriedade que se exige dos namorados atualmente, que dormem um na casa do outro, dividem despesas, usam alianças, se responsabilizam por internação médica, acompanham o outro em exames complexos, ou seja, agem como se estivessem em união estável.

Urge lembrar que a jurisprudência pacífica do STJ entende que a coabitação não é elementos indispensável para a caracterização de uma união estável, podendo ambos viverem nas suas respectivas casas:

> Agravo regimental no agravo em recurso especial. União estável. 1. Ausência de provas do intuito de constituir família. Revisão. Impossibilidade. Súmula 7/STJ. 2. Agravo improvido. 1. Nos termos do artigo 1º da Lei n. 9.278/96, bem assim da jurisprudência desta Casa, a coabitação não constitui requisito necessário para a configuração da união estável, devendo encontrarem-se presentes, obrigatoriamente, outros relevantes elementos que denotem o imprescindível intuito de constituir uma família. Precedentes. 2. Na espécie, concluíram as instâncias de origem não se encontrarem presentes os requisitos necessários para a configuração de união estável. A coabitação foi reconhecida como ato de mera conveniência, ostentando as partes apenas um relacionamento de namoro. Para derruir as premissas firmadas necessário o reexame de fatos e provas, providência vedada nos termos do Enuncia-

do n. 7 da Súmula do Superior Tribunal de Justiça. Precedentes. 3. Agravo regimental a que se nega provimento (**AgRg no AREsp 649786/GO, rel. Min. Marco Aurélio Bellizze, 3ª Turma, j. em 4-8-2015, *DJE* 18-8-2015**).

Isto prova que persiste o entendimento esposado na Súmula 382 do STF, que por ser da década de 1960 nos obriga a interpretar[96] a palavra "concubinato" como sendo as modalidades pura (que hoje é união estável) e impura (cujo conceito se enquadra na definição do art. 1.727 do CC):

Súmula 382 do STF – A vida em comum sob o mesmo teto, *more uxorio*, não é indispensável à caracterização do concubinato. (a expressão *more uxorio* significa a sua maneira, ou seja, como se casados fossem – aparência)

Por conta dessa confusão, uma pseudosolução que foi encontrada para o caso foi a realização de um contrato de namoro para que se impedisse a caracterização da união estável.

Entendemos que tal negócio jurídico não pode ser celebrado, pois atenta de forma fulminante contra a função social do contrato, prevista no art. 421 do Código Civil, por ter como objetivo afastar a aplicação de uma lei imperativa.

A 3ª Câmara de Direito Privado do Tribunal de Justiça de São Paulo, no dia 28-6-2016, negou provimento, em votação unânime, ao **Recurso de Apelação n. 1025481-13.2015.8.26.0554**, da Comarca de Santo André, que ficou ementado da seguinte forma:

Ação de reconhecimento e dissolução de contrato de namoro consensual. Falta de interesse de agir e impossibilidade jurídica do pedido. Inicial indeferida. Processo julgado extinto. Sentença mantida. Recurso desprovido.

Em seu voto primoroso, o Desembargador relator Arthur Cesar Berreta da Silveira afirmou que:

No caso, o pedido posto na inicial é de ação de reconhecimento e dissolução de contrato de namoro consensual. Essa pretensão não encontra amparo no ordenamento jurídico, não podendo ser posta em juízo para solução pelo Poder Judiciário.

Assim sendo, não há mesmo interesse de agir quando se busca o reconhecimento de um contrato de namoro, já que este é nulo de pleno direito, pois contraria completamente o art. 166 do Código Civil.

Compartilhamos do entendimento de Paulo Luiz Netto Lôbo[97], para quem:

Se a intenção de constituir união estável fosse requisito para sua existência, então semelhante contrato produziria os efeitos desejados. Todavia, considerando que a relação jurídica da união estável é ato-fato-jurídico cujos efeitos independem da vontade das pessoas envolvidas, esse contrato é de eficácia nenhuma, jamais alcançando seu intento.

Concordamos com tais argumentos, pois, se ocorrer o fato descrito no conceito de união estável, descrito no art. 1.723 do Código Civil, nenhum negócio jurídico teria o condão de impedir a sua caracterização. Acreditamos que nenhum namorado pense em celebrar contrato de namoro, e quando isso passa pela cabeça das pessoas é porque elas já sabem que estão vivendo em união estável.

96. AZEVEDO, Álvaro Villaça. *Direito de família*. São Paulo: Atlas, 2013, p. 159.
97. LÔBO, Paulo Luiz Netto. *Direito civil:* famílias. 8. ed. São Paulo: Saraiva, 2018, p. 156.

13.6.4. Da união estável envolvendo menores de idade

Questão polêmica que existe na doutrina e jurisprudência é se a união estável pode ser constituída quando envolver pessoa menor de 18 anos.

O art. 1.517 do Código Civil estabelece que a idade mínima para casar (núbil) é de 16 anos, dependendo de autorização dos pais ou tutor para ocorrer até os 18 anos ou emancipação.

O casamento do menor de 16 anos é medida excepcional, e só ocorre no caso de gravidez (art. 1.520 do CC), se houver autorização judicial para tanto.

Assim sendo, em razão de não existir regra expressa no Código Civil sobre idade mínima para a união estável, podemos pensar em aplicação analógica da regra vista acima, aplicável ao casamento, consoante o art. 4º da LINDB determina.

Mas a questão não é tão fácil de responder, em razão de termos notícia que muitas meninas entre 16 e 18 anos, visitam presos solteiros ou divorciados na prisão, e propõem que eles assinem uma declaração de que vive em união estável com elas, em troca de visita íntima.

Feito isso, elas dão entrada no INSS para receberem o auxílio-reclusão.

O benefício do auxílio-reclusão do INSS é pago não ao presidiário, mas aos seus familiares ou dependentes.

O benefício é pago ao preso do regime fechado e semiaberto e somente durante o período de sua pena. Não é pago o auxílio-reclusão quando os presos estiverem em livramento condicional ou cumprindo pena em regime aberto.

Para receber o benefício de auxílio-reclusão da Previdência Social, é necessário o cumprimento de alguns requisitos: o preso deve não receber salário da empresa em que trabalhava; não estar em gozo de auxílio-doença, aposentadoria ou abono de permanência em serviço; a reclusão deve ter ocorrido durante o período em que o preso estivesse em gozo da qualidade de segurado da Previdência Social; além disso, só recebe esse benefício quem contribuiu para a previdência à data da reclusão ou da data do afastamento do trabalho.

O cônjuge, para ter direito ao benefício, deve ter convivido em união estável ou casamento por pelo menos 2 anos antes do beneficiário ser preso, e os filhos nascidos durante o período de prisão terão direito ao benefício a partir da data de nascimento. A duração do benefício também sofreu alterações, seguindo de acordo com a idade do cônjuge e de sua expectativa de vida, conforme a tábua de mortalidade publicada todos os anos pelo IBGE.

Também se incluem na mesma condição para o auxílio-reclusão o jovem entre 16 e 18 anos que tenha sido internado em estabelecimento educacional ou semelhante.

A condição para os beneficiários que recebem o auxílio-reclusão é que, assim que recebido o benefício, os dependentes do recluso é que vão a previdência social de 3 em 3 meses comprovando que o trabalhador está recluso.

Lembrando que o auxílio-reclusão deixará de ser pago quando o segurado morrer, em caso de fuga da prisão, liberdade condicional, se o recluso passar a receber aposentadoria ou auxílio-doença (que não podem ser pagos conjuntamente com o auxílio-reclusão); e os dependentes, no caso de filhos e irmãos que completarem 21 anos de idade.

Mas é importante ressaltar que muitas moças de 16 e 18 anos já viviam maritalmente com seus companheiros antes de eles serem presos. A questão que ora se levanta é da união estável formada dentro do presídio, com finalidades escusas. Esta é que deve ser combatida.

Sobre o tema, a jurisprudência vem aceitando o reconhecimento de união estável envolvendo pessoa entre 16 e 18 anos de idade, ao permitirem que eles ingressem no presídio para visita íntima.

> Processual penal. Lei de Execução Penal. Agravo em execução. Direito de visita. Companheira púbere com quase 17 anos. Adolescente já possuidora de certa maturidade. Visita acompanhada dos pais. Situação peculiar. Prevalência do direito do interno a ser visitado por amigos e parentes. Relação de união estável. Comprovada por outros meios que não documental. 1. A Lei de Execução Penal, em seu artigo 41, inciso X, garante ao preso o direito de receber visita do cônjuge, da companheira, de parentes e até mesmo de amigos. Sabe-se, todavia, que esse direito não é absoluto ou irrestrito, podendo ser restringido ou suspenso a depender das circunstâncias do caso concreto. 2. Na específica hipótese dos autos, a companheira do apenado conta com quase 17 (dezessete) anos, restando-lhe apenas mais uma estreita fase da vida para que atinja 18 (dezoito) anos; idade em que o direito brasileiro presume que sua personalidade esteja completamente desenvolvida. 3. Em se tratando de união estável, em que, ao revés do casamento, é caracterizada muitas vezes pela informalidade, mostra-se inócua a exigência de documento que a comprove, providência que pode acabar por inviabilizar o direito de visitas. Tem-se por suficiente a declaração da jovem e do preso de que vivem juntos com ânimo de constituir família, que, no caso em apreço, é corroborado pela declaração firmada pela genitora da agravante onde consta que a menor convive de forma estável com o recluso há cerca de oito meses. 4. Sopesadas a circunstâncias deste caso concreto e observada a imprescindibilidade de presença dos representantes legais, o princípio da proteção integral da criança e adolescente deve ter sua literalidade mitigada em prol do direito à visita do apenado. Ou seja, da especificidade posta, não é de se vislumbrar a possibilidade iminente de quaisquer prejuízos ou mesmo perturbações à integridade psíquica da menor, tão somente por contar com idade pouco inferior a 18 (dezoito) anos. 5. Agravo em execução conhecido e provido (**TJDF, RAG 2016.00.2.022917-2, Ac. 955.451, 2ª Turma Criminal, Rel. Des. César Laboissiere Loyola, j. 14-7-2016, *DJDFTE* 25-7-2016**).

> Recurso de agravo. Execução penal. Direito de visita íntima. Companheira de 17 anos. Emancipação civil. Escritura pública declaratória de união estável. Recurso provido. I. Comprovada a união estável, mediante escritura pública, entre adolescente de 17 anos de idade, emancipada civilmente, com o preso, não se mostra razoável indeferir o pedido de visitas íntimas entre eles, ao argumento de que ela não apresentou certidão de casamento, consoante disposto na Portaria n. 11/2003, vez que a união estável é equiparada à entidade familiar nos termos do art. 1.723 do Código Civil. II. Recurso provido (**TJDF, Rec. 2015.00.2.013257-5, Ac. 873.466, 3ª Turma Criminal, Rel. Des. Nilsoni de Freitas, *DJDFTE* 17-6-2015, p. 142**).

É dificílimo aceitar o fato do diretor de um presídio permitir que uma adolescente que tenha entre 16 e 18 anos entre lá para fazer visita íntima a pessoas que lá estão presas, e um Tribunal possa, em 2ª instancia confirmar essa tese.

Não podemos esquecer que união estável não é causa de emancipação, como o casamento, por ausência de previsão legal no art. 5º, parágrafo único, do CC, e mesmo se eventualmente fosse, a emancipação concede apenas capacidade de direito a pessoa natural, mas ela continua sendo menor de idade, motivo pelo qual esse menor capaz continua, ainda, sendo protegido pelo ECA, que NUNCA permitiria que um menor fosse ter relação sexual em um presídio.

Em Rondônia, o Tribunal de Justiça local reconheceu uma união estável envolvendo pessoa **menor de 14 e maior de 12 anos**, também pelo fato de ter anuência da família, para descaracterizar o crime de estupro de vulnerável:

Apelação criminal. Ministério Público. Estupro de vulnerável. Fato praticado na vigência da Lei 12.015/2009. Vulnerabilidade absoluta. Inocorrência. Consentimento da vítima (doze anos de idade). Gravidez. Namoro convolado em união estável. Consentimento familiar. Atipicidade material configurada. Absolvição mantida. 1. A edição da Lei 12.015/2009, que criou o tipo autônomo do estupro de vulnerável, não encerrou o debate sobre a relativização da antiga presunção de violência inserta no revogado art. 224,"a", do CP. O art. 217-A do CP tão somente incorporou em sua norma a antiga violência presumida, ao estabelecer como elemento objetivo cronológico a idade menor que 14 anos, agora sob a letra da vulnerabilidade, de sorte que, doravante, a análise a ser feita não é mais sobre a relativização presunção da violência, senão da relativização da vulnerabilidade. 2. **A vítima menor de quatorze e maior de doze anos de idade que comprovadamente possuía discernimento e determinação suficiente da prática dos atos sexuais e o agente que com ela se envolve, mantendo enlace amoroso e união estável, inclusive com a chancela da família, age fora do âmbito de proteção da norma do art. 217-A do CP, não configurando a espécie de tipicidade penal material**. 3. Recurso não provido. Absolvição mantida (**TJRO, APL 0001351-91.2015.8.22.0002, 2ª Câmara Criminal, rel. Des. Valdeci Castellar Citon, j. 20-7-2016, *DJERO* 2-8-2016, p. 95**).

O Tribunal de Justiça do Rio Grande do Sul, também reconheceu uma união estável envolvendo uma **menina de 12 anos de idade** com uma pessoa de 20, com o consentimento da mãe, para também descaracterizar o crime de estupro de vulnerável

Apelação crime. Estupro de vulnerável. Vítima com 12 anos de idade e acusado com 20 anos. Vulnerabilidade não evidenciada. Hipótese de manutenção da sentença absolutória. 1. Conquanto a redação do artigo 217-A, *caput*, do Código Penal seja clara ao estabelecer que a prática de conjunção carnal com menor de 14 anos tipifica o delito de estupro de vulnerável, a realidade social e as condições pessoais dos envolvidos, em determinados casos, permitem a relativização da presunção de vulnerabilidade da menor, de molde a afastar a tipicidade do fato. 2. Hipótese em que **o acusado e a suposta vítima, que tinham pouca diferença de idade, pois ela contava com doze anos e ele com vinte, mantiveram relacionamento amoroso, com o consentimento da mãe da ofendida, e que resultou em união estável por alguns meses**, não havendo falar violência, ainda que presumida, diante do evidente desenvolvimento físico, emocional e sexual da adolescente, que livremente anuiu com o relacionamento amoroso-sexual. Inclusive após o término deste, quando contava com 14 anos de idade, a adolescente já tinha um filho de outro companheiro. Apelação ministerial improvida (**TJRS, ACr 0164223-04.2016.8.21.7000, Gravataí, 5ª Câmara Criminal, Rel. Des. Cristina Pereira Gonzales, j. 20-7-2016, *DJERS* 27-7-2016**).

Assim sendo, verifica-se que não há rigidez na jurisprudência criminal para a caracterização da união estável envolvendo pessoa menor entre 12 e 18 anos.

Cumpre ressaltar, porém, que as decisões dos Tribunais de Rondônia e do Rio Grande do Sul, citadas acima, contrariam flagrantemente a **Súmula 593 do STJ**, que estabelece:

Súmula 593 do STJ – O crime de estupro de vulnerável se configura com a conjunção carnal ou prática de ato libidinoso com menor de 14 anos, sendo irrelevante eventual consentimento da vítima para a prática do ato, sua experiência sexual anterior ou existência de relacionamento amoroso com o agente.

Dessa forma, conforme a súmula acima o crime de estupro de vulnerável se configura ainda que exista consentimento da vítima e/ou relacionamento amoroso, que seria a união estável.

Isso se dá porque o STJ não adota no Direito Penal a "**Exceção de Romeu e Julieta**", onde se afasta o crime de estupro de vulnerável quando há relacionamento consensual entre 2 jovens, por exemplo um de 18 e outro de 13 anos.

Como as decisões de ambos os Tribunais são de julho de 2016 (RS) e agosto de 2016 (RO), considerando que a Súmula 593 do STJ foi editada/aprovada em novembro de 2017, esperamos que decisões como essas não mais ocorram.

Diante do exposto, podemos afirmar que nem mesmo mais no Direito Penal é admitida união estável entre pessoas menores de 16 anos (idade núbil).

Não conseguimos concordar com esta posição adotada nos julgados acima, já que, se existe na lei idade mínima para casar, deve ser a mesma para a união estável, pois as dificuldades que um menor pode enfrentar na sua vida conjugal ocorrem no casamento e na união estável de maneira igual, ou seja, serão as mesmas.

Não devemos esquecer do **Enunciado 530 do CJF**, que estabelece:

En. 530 do CJF – A emancipação, por si só, não elide a incidência do estatuto da criança e do adolescente.

A justificativa para tal enunciado se deveu ao fato da emancipação, em que pese assegurar a possibilidade de realizar pessoalmente os atos da vida civil por aqueles que não alcançaram a maioridade civil, não ter o condão, isoladamente considerada, de afastar as normas especiais de caráter protetivo, notadamente o Estatuto da Criança e do Adolescente.

O Estatuto da Criança e do Adolescente insere-se em um contexto personalista, garantindo tutela jurídica diferenciada em razão da vulnerabilidade decorrente do grau de discernimento incompleto. Assim, a antecipação da aquisição da capacidade de fato pelo adolescente não significa que ele tenha alcançado necessariamente o desenvolvimento para afastar as regras especiais.

Dessa forma, entendemos que a escritura e o contrato particular de união estável só poderão ser firmados por pessoas maiores de 18 anos, ou emancipadas, e por pessoas entre 16 e 18 anos, desde que autorizadas pelos pais ou tutor, por serem as mesmas regras vigentes para o casamento.

O eventual reconhecimento de união estável envolvendo pessoa menor de 16 anos, dependerá de decisão judicial.

13.6.5. A união estável da pessoa com deficiência após o advento da Lei n. 13.146/2015

O art. 2º do Estatuto da Pessoa com Deficiência define como pessoa com deficiência aquela que tem impedimento de longo prazo de natureza física, mental, intelectual ou sensorial, o qual, em interação com uma ou mais barreiras, pode obstruir sua participação plena e efetiva na sociedade em igualdade de condições com as demais pessoas, ou seja, a norma igualou todo e qualquer tipo de deficiência para efeitos de proteção do estatuto.

Com isso, todos os deficientes adquiriram capacidade civil, consoante regra do art. 84 da referida norma, segundo a qual a pessoa com deficiência tem assegurado o direito ao exercício de sua capacidade legal em igualdade de condições com as demais pessoas.

O art. 6º, I, do Estatuto afirma que a deficiência não afeta a plena capacidade civil da pessoa, inclusive para casar-se e constituir união estável.

O interdito, hoje pessoa curatelada, poderá constituir união estável, mesmo o § 1º do art. 85 do Estatuto da Pessoa com Deficiência não tendo indicado isso expressamente, silenciando quanto à união estável.

Como o *caput* do citado dispositivo estabelece que a curatela afetará tão somente os atos relacionados aos direitos de natureza patrimonial e negocial, o § 1º fez questão de ressaltar que a definição da curatela não alcança o direito ao matrimônio, sem nada falar em união estável.

Ora, se o interdito pode casar, entendemos que poderá também constituir união estável, nos mesmos moldes, e por aplicação analógica.

13.6.6. Do contrato de convivência e do direito à meação de bens

A meação na união estável é feita de acordo com a regra da comunhão parcial de bens (prevista nos arts. 1.658 a 1.666 do CC), consoante o art. 1.725 do Código Civil. Não existe regime de bens na união estável, só no casamento, pois o que ocorre na união estável é a aplicação das regras do regime da comunhão parcial de bens.

Para alteração dessa regra, para qualquer outra prevista ou não no Código Civil, o artigo fala na celebração de um "contrato de convivência", denominação dada por Francisco José Cahali, de cuja obra recomendamos a leitura[98].

Poderia, inclusive, ser criado regime híbrido (assim como ocorre no pacto antenupcial).

Porém, como o STF determinou que o art. 1.790 do Código Civil é inconstitucional, e que se aplica à sucessão do companheiro a mesma regra do cônjuge, alguns problemas surgirão e terão que ser solucionados.

O maior deles, em nossa opinião, é o de que a mudança do regime de bens no casamento só pode ocorrer com autorização judicial (art. 1.639 do CC), o que evita fraude na sucessão pela dificuldade imposta, já que ele é importante para saber se haverá ou não concorrência do cônjuge com o descendente do falecido.

Agora, na união estável não há essa dificuldade, podendo o casal mudar, por simples contrato escrito, por instrumento particular ou escritura pública, o regime de bens, sem intervenção judicial, conforme o art. 1.725 do Código Civil.

Assim sendo, há uma porta aberta para a fraude sucessória, pois fazendo esse contrato antes do falecimento é possível colocar ou tirar o companheiro da concorrência sucessória com o descendente, dependendo do regime escolhido, já que tal concorrência dele depende.

Mas ocorre que o direito de herança é indisponível, previsto em cláusula pétrea no art. 5º, XXX, da CF, e por isso não pode ser objeto de disposição, senão teríamos um *pacta corvina*, repudiado pelo art. 426 do Código Civil.

Dessa forma, para evitar fraude sucessória, e considerando que foi objeto de desejo geral uma equiparação da união estável a casamento, agora deverá ela ser plena e não apenas na parte boa, ou seja, em tudo.

Portanto, para evitar uma fraude sucessória, é necessário interpretar o art. 1.725 do Código Civil no sentido de dizer que os conviventes não mais poderão mudar a regra da comunhão parcial de bens por contrato escrito de união estável, devendo uma nova regra patrimonial depender de autorização judicial, como ocorre no casamento.

---

98. *Contrato de convivência na união estável*. São Paulo: Saraiva, 2002.

Por tais motivos, acreditamos que não mais prevalece o art. 1.725 do Código Civil, que permite mudar o regime da comunhão parcial, imputado para as uniões estáveis, por meio de contrato escrito, pois isso poderia caracterizar uma burla sucessória, já que o STJ decidiu que o referido contrato produz efeito *ex nunc* na meação, mas na sucessão prevaleceria o último escolhido, incluindo ou excluindo o companheiro da sucessão, caracterizando um verdadeiro *pacta corvina*, vedado pelo art. 426 do Código Civil, que proíbe que seja objeto de contrato a herança de pessoa viva.

Defendemos que a existência da união estável deve ser averbada no termo de nascimento dos conviventes, para que não se tenha mais de uma união estável, e também para que se tenha notícia da existência do contrato escrito entre as partes, pois qualquer mudança de regra patrimonial só poderia ocorrer com autorização judicial, aplicando-se as regras do art. 734 do CPC.

Outra forma de mudar a regra da união estável sem autorização judicial seria a conversão da união estável em casamento, hipótese em que outro regime poderia ser escolhido.

Muitos serão os problemas, e o tempo nos convidará a nos manifestarmos sobre eles.

Por ser uma união informal, a celebração do contrato de convivência é facultativa, podendo ela ocorrer mediante escritura pública ou por instrumento particular, em razão da omissão de normas quanto à forma desse negócio jurídico.

No contrato de convivência podem constar a regra patrimonial, a data de início da união estável, a constituição de direitos reais (como a habitação ou o usufruto), regras quanto à administração dos bens dos companheiros e de instituição de arbitragem.

Questão interessante que sempre é levantada é se podem os conviventes, em contrato de convivência, estabelecer efeitos patrimoniais retroativos para a união estável. Em outras palavras, pode o casal estabelecer que o regime de bens por eles eleito vale desde o início da sua união?

Em recente julgado, o Superior Tribunal de Justiça entendeu pela impossibilidade de os conviventes atribuírem efeitos retroativos (***ex tunc***) ao contrato de união estável, a fim de eleger regime de bens aplicável ao período de convivência anterior a sua assinatura, como já tinha sido decidido no **REsp 1.383.624/MG, rel. Min. Moura Ribeiro, 3ª Turma, j. em 2-6-2015**:

> Escritura pública de reconhecimento de união estável. Regime da separação de bens. Atribuição de eficácia retroativa. Não cabimento. Precedentes da 3ª Turma. 1. Ação de declaração e de dissolução de união estável, cumulada com partilha de bens, tendo o casal convivido por doze anos e gerado dois filhos. 2. No momento do rompimento da relação, em setembro de 2007, as partes celebraram, mediante escritura pública, um pacto de reconhecimento de união estável, elegendo retroativamente o regime da separação total de bens. 3. Controvérsia em torno da validade da cláusula referente à eficácia retroativa do regime de bens. 4. Consoante a disposição do art. 1.725 do Código Civil, "na união estável, salvo contrato escrito entre os companheiros, aplica-se às relações patrimoniais, no que couber, o regime da comunhão parcial de bens". 5. Invalidade da cláusula que atribui eficácia retroativa ao regime de bens pactuado em escritura pública de reconhecimento de união estável. 6. Prevalência do regime legal (comunhão parcial) no período anterior à lavratura da escritura. 7. Precedentes da 3ª Turma do STJ. 8. Voto divergente quanto à fundamentação. 9. Recurso especial desprovido (**REsp 1.597.675, rel. Paulo de Tarso Sanseverino, 3ª Turma, j. 25-10-2016**).

Segundo o entendimento fixado, o regime de bens entre os companheiros começa a vigorar na data da assinatura do contrato, assim como o regime de bens entre os cônjuges começa a produzir efeitos na data do casamento (art. 1.639, § 1º, do Código Civil). Em outros dizeres, o contrato de união estável é plenamente válido, mas somente pode gerar efeitos para o futuro, não sendo lícita a produção de efeitos pretéritos. Incabível, pois, cláusula de retroatividade do pacto patrimonial celebrado pelos conviventes.

Essa regra se aplica à primeira escritura feita pelos conviventes, bem como a outras, realizadas no decorrer de uma união estável, para modificar escrituras anteriores. Lembrando que, como se aplica a regra da separação obrigatória à união estável, não é possível fazer escritura de união estável, como mudança de regra patrimonial, a partir de quando um dos conviventes completar 70 anos.

O **TJSC** decidiu, em 18-8-2015, que pode ser pactuado efeito ***ex nunc*** (não retroativos) no contrato de convivência de união estável, na **Apelação Cível n. 2015.026497-8, 3ª Câmara de Direito Privado, relatada pela Desembargadora Maria do Rocio Luz Santa Rita**.

Cumpre ressaltar que o contrato de namoro, denominado pela imprensa dessa forma, é nulo de pleno direito, pois tem o condão de afastar a aplicação das normas da união estável, afastando lei imperativa do caso concreto.

Todo contrato só produz efeitos *inter partes*, ou seja, entre as partes, por força do princípio da relatividade dos efeitos do contrato. Para que um contrato produza efeitos *erga omnes*, é necessária a existência de lei que assim determine e que estabeleça em qual local ele deve ser registrado.

O art. 94-A da Lei de Registros Públicos, nela incluído pela Lei 14.382/2022, deu eficácia normativa ao Provimento n. 37 do CNJ, revestindo-o, agora, de norma prevista em lei, permitindo o registro da escritura pública, da sentença declaratória, e dos Termos Declaratórios formalizados perante o Oficial de Registro Civil das Pessoas Naturais, no Livro "E" deste cartório, para dar efeito perante terceiro do seu conteúdo.

Cumpre lembrar, conforme explicamos anteriormente, que existem Estados que possuem normas locais, de suas Corregedorias estaduais, que permitem o registro da escritura pública de união estável no Registro Imobiliário, para que tenha oponibilidade *erga omnes* e efeitos semelhantes do pacto antenupcial registrado no mesmo local, consoante o art. 1.657 do Código Civil, que não parece ser a saída mais adequada, por força do art. 94-A da Lei de Registros Públicos.

13.6.7. Da formalização documental da União Estável

Assim como o casamento, a união estável é uma das formas de entidade familiar, conforme o art. 226 da CF. Porém, trata-se de uma união informal, já que não exige solenidade para sua constituição. O professor Paulo Luiz Netto Lôbo a classifica como um "ato-fato-jurídico", pois para produzir efeito é necessário o fato da existência de uma convivência pública, duradoura e contínua.

A união estável se forma por uma convivência pública, duradoura e contínua, com o objetivo de constituir família, dispensando qualquer documento, contrato, escritura ou sentença para que a mesma exista, conforme determina o art. 1.723 do Código Civil.

Ocorre, porém, que face ao desejo que se formou ao longo do tempo, completamente equivocado no nosso sentir, de dar os efeitos do casamento à união estável, a sociedade começou a pleitear um documento comprobatório da união, numa relação que dispensa completamente essas formalidades documentais.

Assim sendo, quais seriam os documentos que podem ser feitos para comprovar que uma união estável exista, ou existiu? Vamos enumerá-los abaixo:

- **Termo Declaratório firmado no Cartório** => o art. 94-A da Lei de Registros Públicos, permite que as partes procurem o Cartório de Registro Civil das Pessoas Naturais, para pedir ao Oficial de Registro que lavre um termo onde as partes declaram que vivem em união estável, indicando sua data de início. Esse termo é um documento público, que faz prova da existência da união estável, por ser assinado pelos companheiros e pelo Registrador Civil;
- **Contrato Particular de União Estável (com ou sem distrato)** => o art. 1.725 do CC permite que as partes façam um contrato particular de convivência, onde declaram que vivem em união estável, indicando sua data de início;
- **Escritura Pública de União Estável (com ou sem distrato)** => o art. 1.725 do CC permite que as partes façam uma escritura pública de convivência, onde declaram que vivem em união estável, indicando sua data de início, perante um Tabelião de Notas (cartório diferente de onde é feito o Termo Declaratório de União Estável, que é mais simples e geralmente mais barato que a escritura, e também é documento público;
- **Distrato Particular de União Estável** => o art. 472 do CC permite que o distrato possa ser feito da mesma forma exigida ao contrato. Como o contrato de convivência não possui forma solene, pode ser feito por instrumento particular ou escritura pública;
- **Distrato por Escritura Pública de União Estável** => o art. 472 do CC permite que o distrato possa ser feito da mesma forma exigida ao contrato. Como o contrato de convivência não possui forma solene, pode ser feito por instrumento particular ou escritura pública;
- **Sentença Declaratória de União Estável (com ou sem reconhecimento de sua extinção)** => essa sentença é proferida em processo judicial após, numa instrução processual, ficar comprovado a data de início da união estável entre as partes.

Para fazer o Termo Declaratório, a Escritura Pública, ou o Instrumento Particular de Contrato, deve ser provado a inexistência de impedimento matrimonial mediante apresentação de certidões atualizadas (menos de 90 dias de emissão), em todos os casos, do nascimento (para solteiros) ou de casamento, com averbação de divórcio para divorciados, ou acompanhada da certidão de óbito se viúvo(a).

Isso se faz necessário porque o art. 1727 do CC estabelece que havendo impedimento matrimonial para o casamento, o relacionamento será um concubinato, e não uma união estável, exceção feita aos separados de fato, conforme permite o § 1º do art. 1.723 do CC.

Cumpre destacar que as Causas Suspensivas do Casamento, indicadas no art. 1.523 do CC, **não impedem a constituição** da união estável, conforme o § 2º, do art. 1.723, do CC, mas impõe o regime da **separação obrigatória de bens**, conforme art. 1.641, I, do CC.

A propositura da ação declaratória de reconhecimento de união estável é feita em Vara de Família, que na grande maioria dos casos é cumulada com o pedido de extinção, já que o interesse das pessoas em obter tal reconhecimento se dá somente quando ela não mais existe.

Nessa ação judicial, que é imprescritível, deve-se provar a ocorrência da convivência, por meio de testemunhas, fotos, cartas etc. Algumas pessoas sempre questionam se é possível provar a existência da união estável com a elaboração do contrato de convivência, permitido pelo art. 1.725 do Código Civil. Filiamo-nos ao posicionamento de Francisco José Cahali[99], responsável pela criação da expressão "contrato de convivência", que o referido contrato, por si só, não é prova de que a união estável existiu. Para o citado doutrinador, devemos analisar como foi celebrado o referido contrato, pois, dependendo dos seus termos, pode servir de prova de constituição da união estável ou não. Na hipótese de o contrato mencionar que as partes já vivem em união estável, ou seja, elas o celebraram para buscar efeitos retroativos, ele pode servir de prova, mas, no caso de ser feito afirmando que as partes irão viver em união estável, não servirá de prova, mas somente de indício, pois deverá ser provada a convivência pública, duradoura e contínua com o objetivo de constituir família.

O art. 732 do CPC inova ao estabelecer, expressamente, que as disposições relativas ao processo de homologação judicial de divórcio ou de separação consensuais aplicam-se, no que couber, ao processo de homologação da extinção consensual de união estável.

No art. 733, a referida lei processual estabelece que é possível formalizar a dissolução da união estável por meio de escritura pública, observados certos requisitos previstos na norma, que são os mesmos do divórcio extrajudicial.

Conforme o art. 94-A da Lei de Registros Públicos, os registros das sentenças declaratórias de reconhecimento e dissolução, bem como dos termos declaratórios formalizados perante o oficial de registro civil e das escrituras públicas declaratórias e dos distratos que envolvam união estável, serão feitos no Livro E do registro civil de pessoas naturais em que os companheiros têm ou tiveram sua última residência.

13.6.8. Da necessidade ou não de outorga convivencial na união estável

A norma do art. 1.647 do Código Civil, que exige a outorga conjugal para a prática de certos atos, não se aplica à união estável, pois se trata de norma restritiva, que não admite interpretação analógica.

Essa é posição do STJ, que, na ementa do **REsp 1.265.809/DF, rel. Min. Luis Felipe Salomão, 4ª Turma, j. em 5-6-2015, do REsp 1.299.894/DF, rel. Min. Luis Felipe Salomão, 4ª Turma, j. em 25-2-2014, e do REsp 1.299.866/DF, rel. Min. Luis Felipe Salomão, 4ª Turma, j. em 25-2-2014**, explica de maneira clara que:

99. *Contrato de convivência na união estável*. São Paulo: Saraiva, 2002, p. 60.

> A exigência de outorga uxória a determinados negócios jurídicos transita exatamente por este aspecto em que o tratamento diferenciado entre casamento e união estável é justificável. É por intermédio do ato jurídico cartorário e solene do casamento que se presume a publicidade do estado civil dos contratantes, de modo que, em sendo eles conviventes em união estável, hão de ser dispensadas as vênias conjugais para a concessão de fiança. Desse modo, não é nula nem anulável a fiança prestada por fiador convivente em união estável sem a outorga uxória do outro companheiro. Não incidência da Súmula 332/STJ[100] à união estável.

Concordamos, integralmente, com o acima exposto.

Mas, cumpre salientar que, como o Provimento n. 37 do CNJ, de 7-7-2014, que será estudado mais adiante, é possível dar publicidade à união estável, registrando uma sentença ou escritura pública que a reconheça no livro "E" do Cartório do Registro Civil das Pessoas Naturais (RCPN) da Sede, ou, onde houver, no 1º Subdistrito da Comarca em que os companheiros têm ou tiveram seu último domicílio. Assim sendo, pelos argumentos acima demonstrados na decisão do STJ, a outorga conjugal não é exigida na união estável, salvo se a mesma estiver registrada nestes moldes no RPCN, pois, *in casu*, é dada publicidade da sua existência.

O CPC já se modernizou quanto ao tema, e desde sua entrada em vigor, em 2016, exige outorga convivencial para uma hipótese em que o Código Civil (art. 1.647) exige outorga conjugal: pleitear como autor ou réu acerca de direitos reais sobre imóveis:

> **Art. 73.** O cônjuge necessitará do consentimento do outro para propor ação que verse sobre direito real imobiliário, salvo quando casados sob o regime de separação absoluta de bens.
>
> [...]
>
> § 3º Aplica-se o disposto neste artigo à união estável comprovada nos autos.

No caso do CPC, só haverá necessidade da outorga quando o companheiro for autor da demanda. Mas já é uma mudança que mostra o futuro, ou seja, o desejo da sociedade de impor a outorga para a união estável, tentando buscar maior segurança jurídica em uma relação fática que não pode oferecê-la.

13.6.9. Da aplicação da regra do regime de separação obrigatória na união estável

Na união estável não se aplicam as causas suspensivas do casamento (art. 1.523 do CC), por disposição expressa do art. 1.723, § 2º, do Código Civil, ou seja, elas não impedem a constituição da união estável.

Porém, se elas forem ignoradas, haverá impacto na regra patrimonial, pois será aplicado o regime de separação obrigatória de bens.

Desta forma, haverá a aplicação da regra de separação obrigatória na união estável, nas mesmas hipóteses do casamento, contida no art. 1.641 do Código Civil, nos seguintes casos: a) maior de 70 anos; b) ignorar as causas suspensivas do casamento, previstas no art. 1.523 do Código Civil; c) menores de 18 anos quando não autorizados pelos pais ou tutores.

No caso de um dos conviventes, no momento da constituição da união, ter mais de 70 anos (conforme o art. 1.641 do CC), entende o STJ que eles estariam proibidos de escolher

---

100. Súmula 332 do STJ: "A fiança prestada sem autorização de um dos cônjuges implica a ineficácia total da garantia".

uma regra patrimonial, tampouco se aplicaria a comunhão parcial de bens, pois nesse caso incide o regime da separação obrigatória:

> AGRAVO INTERNO. PROCESSUAL CIVIL E CIVIL. SUCESSÕES. CÔNJUGE OU COMPANHEIRO SEXAGENÁRIO. PARTILHA. PROVA DO ESFORÇO COMUM. 1. Por força do art. 258, parágrafo único, II, do Código Civil de 1916 (equivalente, em parte, ao art. 1.641, II, do Código Civil de 2002), ao casamento de sexagenário, se homem, ou cinquentenária, se mulher, **é imposto o regime de separação obrigatória de bens – recentemente, a Lei 12.344/2010 alterou a redação do art. 1.641, II, do CC, modificando a idade protetiva de 60 para 70 anos –, regra também aplicável às uniões estáveis. 2. A Segunda Seção desta Corte, seguindo a linha da Súmula 377 do STF, pacificou o entendimento de que apenas os bens adquiridos onerosamente na constância da união, "e desde que comprovado o esforço comum na sua aquisição, devem ser objeto de partilha" (EREsp 1171820/PR, Rel. Ministro Raul Araújo, Segunda Seção, julgado em 26-8-2015, *DJe* 21-9-2015)**. 3. Cabe ao juízo do inventário decidir, nos termos do art. 984 do CPC/73, "todas as questões de direito e também as questões de fato, quando este se achar provado por documento, só remetendo para os meios ordinários as que demandarem alta indagação ou dependerem de outras provas", entendidas como de alta indagação aquelas questões que não puderem ser provadas nos autos do inventário. Portanto, havendo o juiz de piso preconizado que a questão do esforço comum demanda produção de provas, sendo de alta indagação, esta deve ser dirimida nas vias ordinárias. 4. Agravo interno não provido. **(AgInt nos EDcl no REsp 1.873.590/RS, AGRAVO INTERNO NOS EMBARGOS DE DECLARAÇÃO NO RECURSO ESPECIAL 2020/0109295-2, 4ª Turma, Rel. Min. Luis Felipe Salomão, j. 19-10-2020, *DJe* 26-10-2020.)**

Neste julgado, verifica-se, ainda, que, a exemplo do que ocorre no casamento, por se tratar de separação obrigatória, mesmo sendo união estável, também se aplica a Súmula 377 do STF[101], sendo necessária, porém, a prova do esforço comum, para se falar em comunicação dos bens adquiridos na vigência da união.

Questão tormentosa, retratada pelo STJ, é que na união estável se aplica o regime de bens vigente à data da aquisição do bem. Com isso, há impacto no regime da separação obrigatória. Vejamos trecho da ementa de um julgado, disponibilizado como de número 1 na Jurisprudência em Teses de número 50:

> "A presunção legal de esforço comum na aquisição do patrimônio dos conviventes foi introduzida pela Lei 9.278/96, devendo os bens amealhados no período anterior à sua vigência ser divididos proporcionalmente ao esforço comprovado, direto ou indireto, de cada convivente, conforme disciplinado pelo ordenamento jurídico vigente quando da respectiva aquisição. **(AgInt no REsp 1519438/SP, AGRAVO INTERNO NO RECURSO ESPECIAL 2015/0051425-6, 4ª Turma, Rel. Ministro Raul Araújo, Rel. p/ Acórdão Ministra Izabel Gallotti, j. 17/12/2019, *DJe* 16-3-2020)**.

Com isso, verifica-se pela análise do julgado acima, no mesmo sentido em outros vários, que, se a regra patrimonial aplicável na união estável é a vigente no momento da aquisição do bem, independentemente de vigorar a comunhão parcial, ou qualquer outra regra por existir um contrato der convivência, se as partes completam 70 anos, muda-se a regra aplicável para separação obrigatória.

Essas decisões são conflitantes com outras, que reconhecem a inaplicabilidade da separação obrigatória, em uniões estáveis constituídas antes de um dos conviventes completar 70 anos:

101. "**SÚMULA 377 do STF:** No regime de separação legal de bens, comunicam-se os adquiridos na constância do casamento."

AGRAVO INTERNO NO AGRAVO EM RECURSO ESPECIAL. SÚMULA Nº 182/STJ. NÃO INCIDÊNCIA. RECONSIDERAÇÃO DA DECISÃO DA PRESIDÊNCIA. RECONHECIMENTO DE UNIÃO ESTÁVEL POST MORTEM CUMULADA COM DANOS MORAIS. PROCEDÊNCIA PARCIAL. UNIÃO ESTÁVEL RECONHECIDA EM RELAÇÃO AO PERÍODO POSTERIOR À SEPARAÇÃO DE FATO DO DE CUJUS. SEPARAÇÃO JUDICIAL POSTERIOR. EX-ESPOSA QUE ALEGA RECONCILIAÇÃO. MATÉRIA FÁTICO-PROBATÓRIA (SÚMULA Nº 7/STJ). REGIME DE BENS. SEPARAÇÃO LEGAL. INAPLICABILIDADE (CC, ART. 1.641, II, REDAÇÃO ANTERIOR À LEI Nº 12.344/2010). AGRAVO INTERNO PROVIDO. RECURSO ESPECIAL DESPROVIDO. 1. As instâncias ordinárias concluíram pela existência dos requisitos necessários ao reconhecimento da união estável, afastando expressamente a existência de relacionamento concomitante entre o *de cujus* e a ex-esposa. A inversão do que ficou decidido pelo acórdão recorrido demandaria, necessariamente, novo exame do conjunto fático-probatório dos autos, providência vedada em sede de Recurso Especial, a teor da Súmula nº 7 do Superior Tribunal de Justiça. 2. "É obrigatório o regime de separação legal de bens na união estável quando um dos companheiros, no início da relação, conta com mais de sessenta anos, à luz da redação originária do art. 1.641, II, do Código Civil, a fim de realizar a isonomia no sistema, evitando-se prestigiar a união estável no lugar do casamento" (RESP 1.403.419/MG, Rel. Ministro RICARDO Superior Tribunal de Justiça VILLAS BÔAS CUEVA, TERCEIRA TURMA, julgado em 11/11/2014, DJe de 14/11/2014). 3. Hipótese em que o regime de separação obrigatória de bens não se aplica, uma vez que, segundo o V. acórdão recorrido, o companheiro contava com menos de sessenta anos quando do início da união estável. 4. Agravo interno provido para conhecer do agravo e negar provimento ao Recurso Especial. (**STJ; AgInt-AREsp 1.772.769; Proc. 2020/0263662-7; SP; Quarta Turma; Rel. Min. Raul Araújo; Julg. 29-3-2021; DJE 29-4-2021**)

O que o julgado não explica é se a morte ocorreu antes ou depois de a pessoa completar 60 anos (já que o caso se deu antes da Lei 12.344/2010, que aumentou a idade da separação obrigatória para 70 anos.

Essa informação é relevante, pois, se ele morreu antes de completar essa idade, não há conflito com a decisão citada antes dessa, mas, se faleceu após completar essa idade, pelo conteúdo que vimos nela haveria mudança do regime por se aplicar a regra vigente no momento da aquisição do bem.

É importante mencionar essa questão, para comprovar, inclusive, que união estável e casamento tem mesmo diferenças, já que numa união fática não haveria a possibilidade do "congelamento" da regra patrimonial como ocorre no casamento, pois nela não existe regime de bens propriamente dito, mas a aplicação da regra do regime.

13.6.10. Do direito de visitas ao animal de estimação adquirido na constância da união estável, desde que demonstrada a relação de afeto, criado pela jurisprudência e reconhecido pelo STJ

A 4ª Turma do STJ reconheceu no **REsp 1.713.167-SP**, Rel. Min. Luis Felipe Salomão, por maioria de votos, julgado em 19-6-2018, *DJe* 9-10-2018, que, na dissolução de entidade familiar, é possível o reconhecimento do direito de visita a animal de estimação adquirido na constância da união estável, demonstrada a relação de afeto com o animal.

O fato de o animal ser tido como de estimação, recebendo o afeto da entidade familiar, não pode vir a alterar sua substância, a ponto de converter a sua natureza jurídica, atribuída pelo ordenamento jurídico, de bem móvel (semovente).

No entanto, sabemos que os *pets* possuem valor subjetivo único e peculiar, aflorando sentimentos bastante íntimos em seus donos, totalmente diversos de qualquer outro tipo de propriedade privada.

Assim sendo, o regramento jurídico dos bens não se vem mostrando suficiente para resolver, de forma satisfatória, a disputa familiar envolvendo os *pets*, visto que não se trata de simples discussão atinente à posse e à propriedade. Também não é o caso de efetivar-se alguma equiparação da posse de animais com a guarda de filhos.

Os animais, mesmo com todo afeto merecido, continuarão sendo não humanos e, por conseguinte, portadores de demandas diferentes das nossas. Nessa ordem de ideias, a premissa básica a se adotar é a atual tipificação e correspondente natureza jurídica dos animais de estimação, isto é, trata-se de semoventes, coisas, passíveis de serem objeto de posse e de propriedade, de contratos de compra e venda, de doação, entre outros.

A solução deve ter como norte o fato, cultural e da pós-modernidade, de que há uma disputa dentro da entidade familiar, em que prepondera o afeto de ambos os cônjuges pelo animal. Somado a isso, deve ser levado em conta o fato de que tais animais são seres que, inevitavelmente, possuem natureza especial e, como ser senciente – dotados de sensibilidade, sentindo as mesmas dores e necessidades biopsicológicas dos animais racionais –, o seu bem-estar deve ser considerado. Nessa linha, há uma série de limitações aos direitos de propriedade que recaem sobre eles, sob pena de abuso de direito.

Portanto, buscando atender os fins sociais, atentando para a própria evolução da sociedade, independentemente do *nomen iuris* a ser adotado, a resolução desse problema deve, realmente, depender da análise do caso concreto, mas será resguardada a ideia de que não se está diante de uma "coisa inanimada", sem lhe estender, contudo, a condição de sujeito de direito. Reconhece-se, assim, um terceiro gênero, em que sempre deverá ser analisada a situação contida nos autos, voltado para a proteção do ser humano, e seu vínculo afetivo com o animal.

13.6.11. Da possibilidade de se dar publicidade da união estável por meio de registro no Cartório de Registro Civil das Pessoas Naturais que faz surgir um estado civil aos conviventes

Uma inovação importante que ocorreu na união estável foi a possibilidade de registrá-la no Cartório de Registro Civil das Pessoas Naturais, mesmo local em que se registra o casamento, conforme permite o art. 94-A da Lei de Registros Públicos, criado pela Lei 14.382/2022, por inspiração do **Provimento 37 do CNJ, de 7-7-2014**.

O referido artigo, diferentemente do que estabelecia o Provimento 37, obriga o registro da união estável mantida entre homem e mulher, ou entre duas pessoas do mesmo sexo, em cartório. Ele será feito no Livro "E", pelo Oficial do Registro Civil das Pessoas Naturais da Sede, ou, onde houver, no 1º Subdistrito da Comarca em que os companheiros têm ou tiveram sua última residência .

O registro dependerá da existência de um Termo Declaratório formalizado no RCPN, ou de uma sentença declaratória de reconhecimento (com ou sem dissolução), ou de uma escritura pública de contrato (com ou sem distrato) envolvendo união estável.

Mesmo o art. 1.725 do Código Civil autorizando o contrato de convivência a ser feito por instrumento particular, o mesmo não poderá ser levado a registro no Livro "E" do RCPN, por exigência do art. 94-A da Lei de Registros Públicos, mas para as partes "não perderem viagem", podem fazer, na mesma serventia, o Termo Declaratório, esse sim apto a registro.

O instrumento particular, que se recomenda forma reconhecida, pode ser registrado no Cartório de Registro de Títulos e Documentos, para fins de conservação.

Voltando ao registro da união estável no Cartório de Registro Civil das Pessoas Naturais, nele deverão constar:

a) a data do registro;

b) nome, estado civil, data de nascimento, profissão, CPF e residência dos companheiros;

c) nome dos pais dos companheiros;

d) data e cartório em que foram registrados os nascimentos das partes, seus casamentos e uniões estáveis anteriores, bem como os óbitos de seus outros cônjuges ou companheiros, quando houver;

e) data da sentença, trânsito em julgado da sentença e vara e nome do juiz que a proferiu, quando for o caso;

f) data da escritura pública, mencionados o livro, a página e o tabelionato onde foi lavrado o ato;

g) regime de bens dos companheiros;

h) nome que os companheiros passam a ter em virtude da união estável.

Como visto anteriormente, não poderá ser promovido o registro, no Livro E, de união estável de pessoas casadas, ainda que separadas de fato, exceto se separadas judicialmente ou extrajudicialmente, ou se a declaração da união estável decorrer de sentença judicial transitada em julgado.

As sentenças estrangeiras de reconhecimento de união estável, os termos extrajudiciais, os instrumentos particulares ou escrituras públicas declaratórias de união estável, bem como os respectivos distratos, lavrados no exterior, nos quais ao menos um dos companheiros seja brasileiro, poderão ser levados a registro no Livro E do registro civil de pessoas naturais em que qualquer dos companheiros tem ou tenha tido sua última residência no território nacional.

Para fins de registro, as sentenças estrangeiras de reconhecimento de união estável, os termos extrajudiciais, os instrumentos particulares ou escrituras públicas declaratórias de união estável, bem como os respectivos distratos, lavrados no exterior, deverão ser devidamente legalizados ou apostilados e acompanhados de tradução juramentada.

Quando o estado civil dos companheiros não constar do título levado a registro, deverão ser exigidas e arquivadas as respectivas certidões de nascimento, ou de casamento com averbação do divórcio ou da separação judicial ou extrajudicial, ou de óbito do cônjuge, se o companheiro for viúvo, exceto se mantidos esses assentos no Registro Civil das Pessoas Naturais em que registrada a união estável, hipótese em que bastará sua consulta direta pelo Oficial de Registro.

O registro de união estável decorrente de escritura pública de reconhecimento ou extinção produzirá efeitos patrimoniais entre os companheiros, não prejudicando terceiros que não tiverem participado da escritura pública. O registro da sentença declaratória da união estável, ou de sua dissolução, não altera os efeitos da coisa julgada.

Porém, no Estado de São Paulo, existe regra expressa da Corregedoria que autoriza o registro da escritura que estabelece regra patrimonial no Livro 3 do Registro de Imóveis, nos mesmos moldes em que é feito o do pacto antenupcial, consoante o art. 1.657 do Código Civil, para que seja produzido efeito perante terceiros.

No capítulo XX das **Normas de Serviço do Extrajudicial da Corregedoria Geral da Justiça de São Paulo**, o item 83 estabelece que as escrituras antenupciais e as escrituras públicas que regulem regime de bens na união estável serão registradas no Registro de Imóveis da comarca em que os cônjuges ou companheiros têm ou tiverem seu último domicílio, sem prejuízo de sua averbação obrigatória no lugar da situação dos imóveis de propriedade ou dos que forem sendo adquiridos. O registro da convenção antenupcial ou da escritura pública envolvendo regime de bens na união estável mencionará, obrigatoriamente, os nomes e a qualificação dos cônjuges ou companheiros, as disposições ajustadas quanto ao regime de bens e a data em que se realizou o casamento ou da escritura pública, constante de certidão que deverá ser apresentada com a escritura. Se essa certidão não for arquivada em cartório, deverão, ainda, ser mencionados no registro o cartório em que se realizou o casamento, o número do assento, o livro e a folha em que tiver sido lavrado ou do registro da escritura envolvendo a união estável no Livro "E" do Registro Civil das Pessoas Naturais.

Já entendíamos, quando da vigência do Provimento 37/2014 do CNJ, que essa regra do Código de Normas da Corregedoria do TJ/SP estava prejudicada, agora, com o advento do art. 94-A da Lei de Registros Públicos, incluído pela Lei 14.382/2022, fica, claro, cristalino e evidente que o dispositivo está revogado, pois o local, correto, segundo a lei, para registro da união estável é o RCPN e não o Registro de Imóveis, sem prejuízo de averbação notícia na matrícula imobiliária mediante apresentação de certidão do registro no Livro "E".

Não é exigível o prévio registro da união estável para que seja registrada a sua dissolução, devendo, nessa hipótese, constar do registro somente a data da escritura pública de dissolução, que, obrigatoriamente, deve estar escrita por ambos. Mas, se existente o prévio registro da união estável, a sua dissolução será averbada à margem daquele ato. Contendo a sentença em que foi declarada a dissolução da união estável a menção ao período em que foi mantida, deverá ser promovido o registro da referida união estável e, na sequência, a averbação de sua dissolução.

O art. 733 do CPC exige, para que a extinção consensual de união estável seja realizada por escritura pública, que não haja nascituro ou filhos incapazes, que os interessados estejam assistidos por advogado ou por defensor público, cuja qualificação e assinatura constarão do ato notarial, e que sejam observados os requisitos legais. A escritura não depende de homologação judicial e constitui título hábil para qualquer ato de registro, bem como para levantamento de importância depositada em instituições financeiras.

A dissolução da união estável também pode ocorrer mediante a averbação da certidão de óbito de um dos conviventes, no registro realizado no Livro "E" do Registro Civil das Pessoas Naturais.

Em todas as certidões relativas ao registro de união estável no Livro "E", constará advertência expressa de que esse registro não produz os efeitos da conversão da união estável em casamento.

O Oficial deverá anotar o registro da união estável nos atos anteriores, com remissões recíprocas, se lançados em seu Registro Civil das Pessoas Naturais, ou comunicá-lo ao Oficial do Registro Civil das Pessoas Naturais em que estiverem os registros primitivos dos companheiros. O Oficial averbará, no registro da união estável, o óbito, o casamento, a constituição de nova união estável e a interdição dos companheiros, que lhe serão comunicados pelo Oficial de Registro que realizar esses registros, se distinto, fazendo constar o conteúdo dessas averbações em todas as certidões que forem expedidas. As comunicações previstas neste artigo poderão ser efetuadas por meio eletrônico seguro, com arquivamento do comprovante de envio, ou por outro meio previsto em norma da Corregedoria Geral da Justiça para as comunicações de atos do Registro Civil das Pessoas Naturais. Serão arquivados pelo Oficial de Registro Civil, em meio físico ou mídia digital segura, os documentos apresentados para o registro da união estável e de sua dissolução, com referência do arquivamento à margem do respectivo assento, de forma a permitir sua localização.

Como o **local em que se cria estado civil** é o Registro Civil das Pessoas Naturais, com a permissão de registro da união estável nesse cartório, entendemos que quem o faz muda o seu estado civil. Assim sendo, em nosso sentir, o Provimento n. 37 do CNJ criou o estado civil de convivente em união estável para quem opta por fazer o registro, que é facultativo.

Dessa forma, a facultatividade do registro da união estável foi um erro, pois teremos estado civil somente para quem a registrou.

Quem não registrou a união estável sofrerá os efeitos dela se confessar a sua existência. Por exemplo, o CPP vigente estabelece que o autor que vive em união estável deverá confessá-la na petição inicial:

> **Art. 319.** A petição inicial indicará: (...)
>
> II – os nomes, os prenomes, o estado civil, **a existência de união estável**, a profissão, o número de inscrição no Cadastro de Pessoas Físicas ou no Cadastro Nacional da Pessoa Jurídica, o endereço eletrônico, o domicílio e a residência do autor e do réu;

Reconheça-se, porém, que a previsão de registro das escrituras de união estável suscitou diversas questões entre os registradores civis, cujas respostas foram oferecidas em enunciados da ARPEN-SP, elaborados por uma comissão de registradores altamente qualificados. Segue o teor de tais enunciados para o conhecimento e estudo do leitor:

> **En. 7** – Não poderá ser registrada a escritura pública de união estável em que conste o estado civil de algum dos companheiros como casado ou separado. No entanto, o título judicial deverá ser registrado sem que o registrador adentre nesse mérito.
>
> **En. 8** – A escritura pública de união estável em que conste o estado civil de algum dos companheiros como casado ou separado poderá ser registrada desde que seja comprovado que na data de sua apresentação para registro o estado civil já não é mais de casado ou separado, devendo o registro a ser lavrado mencionar expressamente essa circunstância e o documento apresentado.
>
> **En. 9** – As certidões do registro da união estável não deverão mencionar o estado civil dos nubentes, mas tal informação poderá constar do registro.
>
> **En. 10** – Para o registro da união estável não é necessário que o registrador civil investigue o estado civil dos companheiros, devendo aceitar o que consta no instrumento, salvo se houver suspeita fundamentada de falsidade.

En. 11 – Para o registro da união estável, se na escritura pública não estiver mencionado o seu número de matrícula ou número de livro, fls. e termo, o oficial de registro civil poderá exigir a apresentação de certidões de nascimento, casamento ou outros documentos dos companheiros para fins de realizar as anotações e comunicações obrigatórias.

En. 12 – Se no título judicial em que se reconheceu a união estável constou que o companheiro acresceu o sobrenome do outro, tal alteração do nome deverá constar do registro da união estável e das respectivas certidões (REsp 1206656/GO, rel. Min. Nancy Andrighi, 3ª Turma, j. em 16-10-2012, *DJe* 11-12-2012) – Redação deste enunciado retificada por reunião da Diretoria em 9-4-2013.

En. 13 – A apresentação de escritura pública ou de título judicial que em um único instrumento contemple o reconhecimento e também a dissolução de união estável será objeto de um único registro.

En. 14 – A escritura pública de distrato de união estável não precisa cumprir os requisitos da escritura pública de divórcio previstos na Lei Federal n. 11.441/2007 e na Resolução n. 35/2007 do Conselho Nacional de Justiça.

En. 15 – É necessário comprovar o trânsito em julgado para o registro de sentença de reconhecimento ou dissolução de união estável.

En. 16 – É possível registrar a escritura pública ou o título judicial de união estável lavrados ainda em vida, mesmo que um dos companheiros, na data do registro, já tenha falecido, sendo anotado o óbito imediatamente após o registro da união estável.

En. 17 – Junto ao registro de união estável poderá ser anotado o casamento, ainda que não seja o casamento dos companheiros entre si, independentemente de prévia dissolução da união estável. Neste caso, a anotação do casamento faz presumir a extinção da união estável.

En. 18 – Se os companheiros são maiores de 70 (setenta) anos de idade na data da lavratura da escritura pública de união estável, o regime de bens entre eles será o da separação obrigatória de bens (**REsp 646.259/RS, rel. Min. Luis Felipe Salomão, 4ª Turma, j. em 22-6-2010, *DJe* 24-8-2010**).

En. 19 – Não há previsão legal de gratuidade para o registro de união estável devendo as partes serem orientadas a contraírem casamento.

En. 20 – Para a habilitação para o casamento não é necessário previamente cancelar ou dissolver eventual registro de união estável com outra pessoa.

En. 21 – A habilitação, a celebração, a conversão de união estável, o registro e a certidão referentes ao casamento entre pessoas do mesmo sexo deve seguir exatamente as mesmas regras de todos os casamentos.

13.6.12. Direitos decorrentes da união estável previstos em leis especiais

1) O Direito Previdenciário admite a pensão ao companheiro, no art. 76, § 1º, da Lei n. 8.213/91, que trata dos Planos de Benefícios da Previdência Social. Esse direito se estende tanto no caso de união estável hétero ou homoafetiva (*vide* **TJSP, CComp 170.046.0/6, Ac. 3571525-SP, Câmara Especial, rel. Des. Maria Olívia Alves, j. em 16-3-2009, *DJESP* de 30-6-2009**).

2) O art. 57, § 2º, da Lei n. 6.015/73 (Lei de Registros Públicos)[102] admite que a mulher pode acrescentar ao seu nome o sobrenome do companheiro. Por força do princípio constitucional da igualdade entre cônjuges, já estudado anteriormente, e do art. 1.565, § 1º, do

102. "Art. 57. (...) § 2º A mulher solteira, desquitada ou viúva, que viva com homem solteiro, desquitado ou viúvo, excepcionalmente e havendo motivo ponderável, poderá requerer ao juiz competente que, no registro de nascimento, seja averbado o patronímico de seu companheiro, sem prejuízo dos apelidos próprios, de família, desde que haja impedimento legal para o casamento, decorrente do estado civil de qualquer das partes ou de ambas."

Código Civil, devemos entender que o homem também poderá gozar de tal benefício, se assim quiser, consoante o que já foi decidido pelo STJ no **REsp 1.206.656/GO, rel. Min. Nancy Andrighi, j. em 16-10-2012**.

A inclusão do sobrenome do companheiro, excepcionalmente e havendo motivo ponderável, desde que haja impedimento legal para o casamento, decorrente do estado civil de qualquer das partes ou de ambas, adquire-se mediante autorização judicial (que exige uma ação no Judiciário) (art. 57 da LRP). No caso, inclui-se o sobrenome sem retirar nenhum já existente. A exigência de impedimento legal não vem sendo aplicada após a Constituição Federal criar a união estável como forma de entidade familiar, e o Código Civil permitir que ela exista mesmo havendo impedimento no caso de separação (judicial, extrajudicial ou por escritura pública), hipótese em que, se o companheiro tiver o nome do cônjuge, deverá renunciá-lo por escritura pública, que deverá ser averbada no assento do casamento. O juiz competente somente processará o pedido se tiver expressa concordância do companheiro, e se da vida em comum houverem decorrido, no mínimo, 5 anos ou existirem filhos da união (art. 57, §§ 2º e 3º, da LRP).

Essa inclusão pode constar da escritura pública que reconhece união estável ou de sentença judicial. Em ambos os casos, como o Provimento n. 37, de 2014, do CNJ, autoriza o registro da união estável no Cartório de Registro Civil das Pessoas Naturais, pois, em 1º de abril de 2015, a Corregedoria Geral da Justiça do Estado de São Paulo, por intermédio do Provimento CG n. 15/2015, permitiu o registro de escritura pública de união estável com o acréscimo do sobrenome do companheiro ao da companheira, no Livro "E" do Registro Civil das Pessoas Naturais, possibilitando, dessa forma, a adoção do sobrenome comum. Havendo alteração do nome de algum companheiro em razão de escritura de dissolução ou de restabelecimento da união estável, o Oficial de Registro Civil das Pessoas Naturais que registrar a escritura também anotará a alteração no respectivo assento de nascimento, se de sua Unidade de Serviço, ou, se de outra, comunicará ao Oficial competente para a necessária anotação. Com isso se aplica o art. 57, § 2º, da Lei n. 6.015/73 (Lei de Registros Públicos), sem a necessidade de ação judicial, para que seja feita a modificação de nome no Registro Civil, para que ela produza os seus regulares efeitos, e permita à parte que altere os seus documentos.

3) A Lei n. 8.009/90 e o Código Civil (arts. 1.711 e s.) permitem que o bem de família também possa proteger as famílias oriundas de união estável.

4) O art. 42, §§ 2º, 4º e 5º, da Lei n. 8.069/90, conhecida como Estatuto da Criança e do Adolescente, admite a adoção por companheiros que vivam em união estável.

Na leitura do artigo citado, verifica-se que a adoção conjunta exige casamento ou união estável, e que ainda poderá ser deferida se ocorrer a dissolução do casamento ou da união estável após o estágio de convivência.

5) A Lei n. 8.245/91, conhecida como Lei do Inquilinato, foi alterada pela Lei n. 12.112/2009, para permitir, no art. 12, a sub-rogação do contrato de locação residencial para o companheiro que permanecer no imóvel, finda a união estável. A redação original da lei falava em sociedade concubinária. O art. 11 da citada lei permite a referida sub-rogação ao companheiro que permanecer no imóvel na locação residencial, também, na hipótese de falecimento do seu convivente.

13.6.13. Direitos decorrentes da união estável previstos no Código Civil

13.6.13.1 *Direito aos alimentos*

O art. 1.694 do Código Civil estabelece que podem os parentes, os cônjuges ou companheiros pedir uns aos outros os alimentos de que necessitem para viver de modo compatível com a sua condição social, inclusive para atender às necessidades de sua educação.

13.6.13.2 *Direito à sucessão*

Os arts. 1.829, 1.831 e 1.845 do Código Civil, que dão direitos sucessórios ao cônjuge, são aplicados, também, ao companheiro sobrevivente, após o STF julgar inconstitucional o art. 1.790 do Código Civil, tema que será estudado no próximo capítulo.

13.6.13.3 *Direito à meação dos bens*

Já estudado anteriormente

13.6.14. Direitos decorrentes do concubinato

Historicamente, podemos dizer que a jurisprudência brasileira, em um primeiro momento, negava qualquer direito aos concubinos. O fundamento de tal pensamento se dá pelo fato de o concubinato ser tido como um ato imoral, que não pode ser protegido nem dele decorrerem vantagens[103].

Em um segundo momento a nossa jurisprudência dá para a companheira o direito de receber o pagamento por serviços domésticos[104]. As decisões nesse sentido se estendem até o início de 1980.

Atualmente a jurisprudência do Superior Tribunal de Justiça possui entendimento no sentido de que é inviável a concessão de indenização à concubina, que mantivera relacionamento com homem casado, uma vez que tal providência eleva o concubinato a nível de proteção mais sofisticado do que o existente no casamento e na união estável[105].

Já em um terceiro momento, revolucionário por sinal, nossos tribunais decidem no sentido de permitir à companheira participar do patrimônio adquirido pelo outro companheiro em decorrência do esforço comum, reconhecendo-se, desta feita, a sociedade de fato entre companheiros.

O grande marco dessa mudança de posicionamento em nossa jurisprudência foi a Súmula 380 do STF, datada de 3-4-1964, que busca evitar a ocorrência de enriquecimento sem causa:

---

103. *RT* 165/694.

104. "É justa a reparação dada à mulher, que não pede salários como amásia, mas sim pelos serviços caseiros" (*RT* 181/290). "Embora a mancebia constitua união ilegítima, nada impede reclame qualquer deles, do outro, a retribuição por serviços estranhos à relação concubinária" (*RT* 260/427).

105. AgRg no AREsp 7.705/SP, Agravo Regimental no Agravo em Recurso Especial 2015/0209157-5, 4ª Turma, Rel. Min. Maria Isabel Gallotti, j. 17-11-2015, *DJe* 23-22-2015.

Súmula 380 do STF – Comprovada a existência de sociedade de fato entre os concubinos, é cabível sua dissolução judicial com a partilha do patrimônio adquirido pelo esforço comum.

A palavra "concubinato" aqui empregada não se estende à união estável, mesmo na época desta súmula, década de 1960, existir as modalidades pura e impura, ou seja, essa súmula não se aplica à união estável, já que o esforço comum é presumido, por força do art. 1.725 do Código Civil, mas tão somente ao concubinato (que seria o da modalidade impura no seu significado de origem).

Ainda com mais precisão, Francisco José Cahali relata de forma magnífica essa evolução:

"Historicamente, conferiu-se direito à indenização decorrente da morte ao concubino em acidente de trabalho ou de transporte (Súmula 35 do STF); paralelamente, previram em favor da companheira viúva direitos previdenciários, e até mesmo a possibilidade de adição ao seu sobrenome do sobrenome do companheiro (Lei n. 6.015/73, art. 57, §§ 2º e 3º), e, como grande evolução, admitindo a caracterização da sociedade de fato, a jurisprudência permitiu a partilha de bens adquiridos com esforço comum durante a convivência (Súmula 380 do STF), esforço esse inicialmente real, comprovado através da participação direta na aquisição, e, ao depois, presumido, pela só assistência recíproca, caracterizada como participação indireta"[106].

A expressão "esforço comum" contida na súmula gera um problema, pois no casamento existe a presunção da existência do esforço comum, mas no concubinato deve-se comprovar que ele ocorreu, e nem sempre essa prova é fácil de fazer.

Questão muito discutida é se o direito conferido pela **Súmula 380 do STF** é pleiteado judicialmente em Vara Cível ou de Família. Atualmente, a jurisprudência majoritária entende que tal conflito é dirimido em Vara Cível e não de Família, por inexistência de uma entidade familiar amparada pela Constituição[107].

A palavra "concubinato" deriva do vocábulo latino *concubinatu* e significa mancebia, amasiamento. O verbo *concumbo* (derivado do grego) significa dormir com outra pessoa, copular, ter relação carnal, estar na cama.

O conceito moderno dispensa a vida em comum sob o mesmo teto, conforme a **Súmula 382 do STF**[108], bastando a manutenção do relacionamento, ainda que em lares distintos, com ou sem participação econômica.

---

106. Francisco José Cahali e Giselda Maria Fernandes Novaes Hironaka. *Curso avançado de direito civil*: direito das sucessões. São Paulo: Revista dos Tribunais, 2003, v. 6, p. 223.
107. "Processual civil. Agravo retido. Alegação de cerceamento de defesa por indeferimento de pergunta. Inocorrência. Desprovimento. Sendo o juiz o destinatário da prova, a ele incumbe a formação de seu convencimento, cabendo-lhe a condução do feito nos termos dos arts. 130 e 131 do CPC. Se, à vista dos elementos carreados ao feito lhe pareceu dispensável a complementação da prova, não há cogitar de cerceamento de defesa, além do que o indeferimento foi devidamente fundamentado. Processual civil. Preliminar de incompetência do juízo cível comum. Sociedade de fato. Reconhecimento. Efeitos meramente patrimoniais. Competência do juízo cível. Rejeição da prefacial. A competência para processar e julgar ação que visa ao reconhecimento de sociedade de fato entre um homem e uma mulher, para efeito de partilha de suposto patrimônio comum, é de se atribuir à Vara Cível para onde o feito foi originariamente distribuído. Civil. Ação de reconhecimento de sociedade de fato. Relação jurídica não caracterizada. Ausência de convivência *more uxoris*. Partilha de bens. Alegação de patrimônio adquirido durante a convivência com o *de cujus*. Pleito julgado improcedente. Apelo. Argumentos infundados. Conjunto probatório desfavorável à recorrente. Inexistência de prova de haver a autora contribuído para formação do patrimônio do *de cujus*. Desprovimento. Para o reconhecimento de sociedade de fato e consequente inclusão de alguém na divisão dos bens em partes iguais, o concubinato por si só não leva ao direito de participar dos bens deixados pelo concubino, sendo necessária a conjunção de esforços para a formação que se quer partilhar" (TJPB, Ap. Cív. 200.2002.001205-6/001, rel. Des. Alexandre Targino Gomes Falcão, *DJPB* de 16-9-2008).
108. "A vida em comum sob o mesmo teto *more uxorio* não é indispensável à caracterização do concubinato."

Euclides de Oliveira conceitua o concubinato como "a união entre o homem e mulher, com o intuito de vida em comum, sem as formalidades do casamento. Corresponde à chamada 'união livre' ou informal, porque sem as peias da celebração oficial e dos regramentos estabelecidos na lei para as pessoas casadas"[109].

Alguns doutrinadores conceituam o concubinato, em sentido amplo e estrito, como puro e impuro.

Ensina Álvaro Villaça Azevedo que "se deve considerar puro o concubinato quando ele se apresenta com os aludidos elementos do conceito expendido, ou seja, como uma união duradoura, sem casamento, entre homem e mulher, constituindo-se a família de fato, sem detrimento da família legítima"[110]. Citamos como exemplo a união entre solteiros, viúvos, separados judicialmente ou de fato.

Quanto ao concubinato impuro, ainda ensina o emérito professor das Arcadas: "tenha-se que o concubinato será impuro se for adulterino, incestuoso ou desleal (relativamente a outra união de fato), como o de um homem casado ou concubinado que mantenha, paralelamente a seu lar, outro de fato"[111].

Já que a nomenclatura "concubinato"[112] serve para denominar o concubinato impuro, que é aquele que decorre de incesto, adultério (todos os impedimentos matrimoniais) ou mesmo desleal (em razão da existência de outra união de fato), "união estável" será o termo usado para denominar o concubinato puro.

13.6.15. Deveres na união estável

Os deveres dos companheiros dentro de uma união estável sofreram poucas alterações com o advento do Código Civil vigente. Comparando a lei de 1996 e o referido Código, temos como inovação apenas o dever de lealdade, previsto no Código e não na referida lei.

Para facilitar o estudo, vejamos o quadro comparativo entre os deveres na união estável, analisando a legislação nova e antiga, bem como no casamento:

Deveres da união estável no Código Civil vigente	Deveres da união estável na Lei n. 9.278/96	Deveres do casamento no Código Civil vigente
Art. 1.724. As relações pessoais entre os companheiros obedecerão aos deveres **de lealdade**, respeito e assistência, e de guarda, sustento e educação dos filhos. **Súmula 382 do STF:** A vida em comum sob o mesmo teto *more uxorio* não é indispensável à caracterização do concubinato.	**Art. 2º** São direitos e deveres iguais dos conviventes: I – respeito e consideração mútuos; II – assistência moral e material recíproca; III – guarda, sustento e educação dos filhos comuns.	**Art. 1.566.** São deveres de ambos os cônjuges: I – fidelidade recíproca; II – vida em comum, no domicílio conjugal; III – mútua assistência; IV – sustento, guarda e educação dos filhos; V – respeito e consideração mútuos.

109. OLIVEIRA, Euclides. *União estável*: do concubinato ao casamento – antes e depois do novo Código Civil, 6. ed. São Paulo: Método, 2003, p. 73.
110. AZEVEDO, Álvaro Villaça. *Estatuto da família de fato*. 2. ed. São Paulo: Atlas, 2002, p. 190.
111. Idem, p. 190.
112. "Art. 1.727. As relações não eventuais entre o homem e a mulher, impedidos de casar, constituem concubinato."

O STJ já firmou entendimento de que a coabitação não é elemento indispensável à caracterização da união estável, conforme REsp 1.761.887/MS, RECURSO ESPECIAL 2018/0118417-0, 4ª Turma, Rel. Min Luis Felipe Salomão, j. 6-8-2019, *DJe* 24-9-2019, vejamos trecho interessante do voto do relator:

> "Somados a esses, há também os elementos acidentais, tais como o tempo de convivência, a existência de filhos, a construção patrimonial em comum, a lealdade e a coabitação, que, apesar de serem prescindíveis (conforme já decidiu o STF [Súmula 382: a vida em comum sob o mesmo teto, *more uxorio*, não é indispensável à caracterização do concubinato]), possibilitam que o julgador tenha mais substrato para a recognição do formato de tal entidade".

Esse posicionamento corrobora a ideia de que a Súmula 382 do STF está em vigor e se aplica tanto ao concubinato quanto à união estável (um dia chamada de concubinato puro).

13.6.16. Conversão da união estável em casamento

É mandamento constitucional, contido no art. 226, § 3º, de que a lei deve facilitar a conversão da união estável em casamento.

> **Art. 226.** (...)
>
> § 3º Para efeito da proteção do Estado, é reconhecida a união estável entre o homem e a mulher como entidade familiar, *devendo a lei facilitar sua conversão em casamento* (grifei).

O Código Civil trouxe a conversão da união estável em casamento no art. 1.726:

> **Art. 1.726.** A união estável poderá converter-se em casamento, mediante pedido dos companheiros ao juiz e assento no Registro Civil.

Assim, por força do dispositivo acima, que gera mais dúvidas do que esclarecimentos, a regulamentação da regra constitucional é feita pelo art. 70-A da Lei de Registros Públicos, que só apaziguou a questão quando passou a existir, graças a Lei 14.382/2022.

A conversão da união estável em casamento deverá ser requerida pelos companheiros perante o oficial de registro civil de pessoas naturais de sua residência (e não do seu domicílio), seguindo a mesma regra prevista para o casamento. Com isso ficam **revogados** os artigos existentes nos Códigos de Normas das Corregedorias Gerais de Justiça dos Estados e do Distrito Federal, que estabeleciam regra diversa, como a necessidade da propositura de ação judicial.

Recebido o requerimento, será iniciado o processo de habilitação sob o mesmo rito previsto para o casamento, e deverá constar dos editais de proclamas que se trata de conversão de união estável em casamento.

Em caso de requerimento de conversão de união estável por mandato, como não haverá celebração, e terminado o processo de habilitação será feito o registro, a procuração deverá ser pública e com prazo máximo de 30 (trinta) dias, diferentemente do que ocorre no casamento, pois nesse caso, se o convivente falecer no curso do processo de habilitação, não haverá óbice para o registro do casamento, pois a manifestação de vontade já havia sido manifestada em vida.

Se estiver em termos o pedido, será lavrado o assento da conversão da união estável em casamento, independentemente de autorização judicial, prescindindo o ato da celebração do matrimônio.

O assento da conversão da união estável em casamento será lavrado no Livro B, sem a indicação da data e das testemunhas da celebração, do nome do presidente do ato e das assinaturas dos companheiros e das testemunhas, anotando-se no respectivo termo que se trata de conversão de união estável em casamento.

A conversão da união estável dependerá da superação dos impedimentos legais para o casamento, sujeitando-se à adoção do regime patrimonial de bens, na forma dos preceitos da lei civil, ainda que a união tenha sido iniciada antes de uma ou ambas as partes terem 70 (setenta) anos, por exemplo, devendo o regime de bens do casamento ser o da separação obrigatória de bens (art. 1.641, II, do CC).

Essa regra, prevista no § 5º do art. 70-A da Lei de Registros Públicos, deve passar por um controle de constitucionalidade, pois, no nosso sentir, a mesma é inconstitucional, já que afronta o § 3º do art. 226 da CF, uma vez que, dessa forma, dificulta a conversão da união em casamento, por obrigar uma mudança da regra patrimonial.

Mas, enquanto isso não ocorre, fica o Enunciado 261 do CJF revogado/prejudicado, por contraria, expressamente, o § 5º do art. 70-A da Lei de Registros Públicos:

> **En. 261 do CJF** – A obrigatoriedade do regime da separação de bens ao maior de 60 anos não será aplicada no caso de conversão de união estável em casamento daquele que iniciou a união estável antes dos 60 anos de idade[113]. Assim, o regime poderá ser o mesmo da união estável – comunhão parcial. Qualquer interpretação diferente seria inconstitucional, pois é expresso na própria Constituição que a lei deve facilitar a conversão de união estável em casamento.

Não constará do assento de casamento convertido a partir da união estável a data do início ou o período de duração desta, salvo no caso de prévio procedimento de certificação eletrônica de união estável realizado perante oficial de registro civil, que passa a ser a única forma para que a data de começo conste no termo, devendo ser feita, ainda, que haja sentença judicial indicando-a.

Assim sendo, surge a questão sobre quais os efeitos do casamento que converte uma união estável já existente, se retroativo ou não

Entendemos que a conversão da união estável em casamento gera efeitos *ex tunc* (retroativos), pois não se trata de um casamento, mas da conversão de uma união já existente, e que produz efeitos jurídicos, em casamento.

Sobre o tema, nosso posicionamento é adotado no TJDFT:

> Apelação – Conversão da união estável em casamento – Efeitos *ex tunc* – Eficácia da norma – Interpretação sistemática. Considerando o dispositivo constitucional que determina que a lei deve facilitar a conversão da união estável em casamento (CF 226 §3º), é possível conceder efeitos retroativos à sentença que converte a união estável em casamento, sendo essa a vontade das partes. Conceder efeitos *ex nunc* à conversão de união estável em casamento fere a interpretação sistemática das normas porque não haveria diferença entre a conversão e o casamento propriamente dito. Negou-se provimento ao apelo interposto pelo MPDFT (**Acórdão n. 821116, 20130111476297-APC, rel. Sérgio Rocha, revisor: Mario-Zam Belmiro, 2ª Turma Cível, j. em 3-9-2014, *DJE* de 24-9-2014**).

113. Hoje, 70 anos depois da Lei n. 12.334/2010.

Mas, como não se pode citar a data de início da união estável no casamento, será necessário ter documento hábil a provar a data do seu início, lembrando que no casamento o regime de bens pode ser diferente ao que existia na união estável, motivo pelo qual ao retroagir as regras patrimoniais, aplicáveis num eventual divórcio ou sucessão, podem ser distintas.

13.6.17. Uniões estáveis concomitantes, sucessivas ou uniões plúrimas

É possível uma pessoa formar várias uniões estáveis sucessivas, plúrimas ou simultâneas? Para responder a essa pergunta existem três correntes:

1ª corrente: se existirem várias uniões estáveis, somente quem estiver de boa-fé é que terá os efeitos descritos na lei. Essa modalidade é chamada de **união estável putativa**, consoante regra aplicada ao casamento, descrita no art. 1.561 do Código Civil, e tem como adepto o professor Euclides de Oliveira. Há julgados que adotam essa teoria (*vide* **TJSP; AC 1021741-11.2016.8.26.0005**; Ac. 13842953; São Paulo; Sexta Câmara de Direito Privado; Rel. Des. Rodolfo Pellizari; Julg. 10-8-2020; DJESP 13-8-2020; **TJDF; Rec 07006.47--03.2019.8.07.0006**; Ac. 127.3604; 1ª Turma Cível; Relª Desª Diva Lucy de Faria Pereira; Julg. 12-8-2020; Publ. PJe 24-8-2020.

TJRJ, Ap. Cív. 15.225/2005-RJ, 2ª Câmara Cível, rel. Des. Leila Maria Carrilo Cavalcante Ribeiro Mariano, j. em 10-8-2005).

2ª corrente: se existirem várias uniões estáveis, todas elas produzirão efeitos jurídicos. Essa tese é defendida por Maria Berenice Dias. Há alguns julgados que também a adotam, como o do **TJBA; AP 0017670-24.2009.8.05.0001;** Salvador; Terceira Câmara Cível; Rel. Des. Ivanilton Santos da Silva; Julg. 18-6-2019; DJBA 26-6-2019; **TJPE; APL 0000858-69.2007.8.17.0670**; Rel. Des. José Viana Ulisses Filho; Julg. 30-1-2019; DJEPE 6-2-2019.

3ª corrente: se existirem várias uniões estáveis, somente produzirá efeitos a que foi constituída primeiro, pois a segunda seria uma união estável adulterina. Essa tese foi adotada pelo Superior Tribunal de Justiça no **AgInt-AREsp 455.777; Proc. 2013/0422348-8; DF; 4ª Turma; Rel. Min. Raul Araújo; *DJe* 8-9-2016.**

Face a dificuldade do tema, considerando o tamanho de nosso país e suas características regionais, os tribunais não se entendem e analisam caso a caso, mesmo o STJ já tendo fixado uma posição. Ressalte-se, porém, que a posição do STJ é a majoritária em nossos tribunais estaduais.

13.7. DAS UNIÕES ESTÁVEIS ENTRE PESSOAS DO MESMO SEXO (HOMOAFETIVAS)

No dia 5 de maio de 2011, o Supremo Tribunal Federal, ao julgar a **ADPF 132-RJ** e a **ADIn 4.277**, reconheceu, de forma unânime, a aplicação analógica das normas da união estável heterossexual para a união estável homossexual ou homoafetiva.

O embrião dessa decisão foi a **ADIn 3.300**, ajuizada no Supremo Tribunal Federal pela Associação da Parada do Orgulho de *Gays*, Lésbicas, Bissexuais, Travestis e Transgêneros (GLBT), que não foi conhecida pelo seu relator, Ministro Celso de Mello, por requerer a declaração de inconstitucionalidade de lei revogada (9.278/96 – Lei da União Estável), que no art. 1º exigia a existência de homem e mulher para a caracterização da união estável.

Como esse artigo foi revogado pelo art. 1.723 do Código Civil, o Supremo não conheceu da Ação Direta de Inconstitucionalidade. Porém, o Ministro Celso de Mello declinou em seu voto da necessidade de o Judiciário se pronunciar sobre o caso, e, inclusive, manifestou-se dizendo que o caminho correto seria a propositura de uma Arguição de Descumprimento de Preceito Fundamental (ADPF). Dessa forma, o governador do Rio de Janeiro entrou com ADPF, de número 132, que foi julgada como ADIn, com outra proposta posteriormente, que recebeu o número 4.277.

Essa decisão do STF faz com que todos os direitos que são dados aos companheiros em nosso sistema legislativo sejam estendidos para as pessoas que vivem em união estável homoafetiva.

A existência da união estável homoafetiva exige o preenchimento dos mesmos requisitos para se constituir a união estável heterossexual, ou seja, a convivência pública, duradoura e contínua com o objetivo de constituir família, conforme o art. 1.723 do Código Civil, que foi amplamente discutido pela Suprema Corte nesse julgamento histórico.

Para reforçar que a decisão deveria ser cumprida amplamente por todos, o Presidente do STF, Ministro Cezar Peluso, enviou, em 9 de maio de 2011, a todos os Tribunais de Justiça do país, o Ofício n. 81/P-MC, em que noticiava o julgamento que deu ao art. 1.723 do Código Civil interpretação conforme à Constituição, para dele excluir qualquer significado que impeça o reconhecimento da união pública, duradoura e contínua entre pessoas do mesmo sexo como "entidade familiar", entendida como sinônimo perfeito de família. Ainda, no mesmo ofício, o Ministro expressou que o reconhecimento da união homoafetiva deve ser feito segundo as mesmas regras e com as mesmas consequências da união estável heteroafetiva.

O STJ não reconhece os efeitos da união estável para uma união homossexual que, no período de convivência, teve sentença judicial que a qualificava como "parceria civil" e que tenha transitado em julgado, por não ter tido recurso da parte interessada:

> Processual civil. Direito civil. União estável homoafetiva. Equiparação a união estável heteroafetiva. 1. Relações estáveis homoafetivas. Decisão que fez coisa julgada formal, reconhecendo a existência de "sociedade de fato" e não de "união estável". 2. Nessa hipótese, os reflexos patrimoniais são os mesmos do período anterior à legislação que estabeleceu a união estável no direito pátrio. 3. A partilha dos bens restringe-se àqueles que foram adquiridos pelo esforço comum, durante o período em que vigorou a sociedade. 4. Recurso especial conhecido e provido em parte (**REsp 1.284.566/RS, rel. Min. João Otávio de Noronha, 3ª Turma, j. 23-6-2015**).

Como a decisão do STF fez com que todos os direitos que são dados aos companheiros heterossexuais em nosso sistema legislativo sejam estendidos às pessoas que vivem em união estável homoafetiva, é importante que se preencham os mesmos requisitos da união estável heterossexual, ou seja, a convivência pública, duradoura e contínua com o objetivo de constituir família, conforme o art. 1.723 do Código Civil, para se ter a união estável homoafetiva.

Assim, todos os efeitos da união estável heterossexual serão aplicados, também, à união homoafetiva.

Um deles é a possibilidade de converter a união estável em casamento. Essa possibilidade encontra-se regulamentada no art. 226, § 3º, da Constituição Federal.

Em 15 de maio de 2014 foi publicada, e entrou em vigor, a **Resolução n. 175, de 14 de maio de 2013 do Conselho Nacional de Justiça (CNJ)**, que dispõe sobre a habilitação, celebração de casamento civil, ou de conversão de união estável em casamento, entre pessoas de mesmo sexo.

Essa Resolução foi assinada pelo então presidente do CNJ, Ministro Joaquim Barbosa, em razão da decisão do plenário do CNJ, tomada no julgamento do Ato Normativo n. 0002626-65.2013.2.00.0000, na 169ª Sessão Ordinária, realizada em 14 de maio de 2013.

Ela levou em consideração que o Supremo Tribunal Federal, nos acórdãos prolatados em julgamento da **ADPF 132/RJ** e da **ADI 4.277/DF**, reconheceu a inconstitucionalidade de distinção de tratamento legal às uniões estáveis constituídas por pessoas de mesmo sexo, que as referidas decisões foram proferidas com eficácia vinculante à administração pública e aos demais órgãos do Poder Judiciário, e que o Superior Tribunal de Justiça, em julgamento do **REsp 1.183.378/RS**, decidiu inexistir óbices legais à celebração de casamento entre pessoas de mesmo sexo.

Em seus dois primeiros artigos, a citada Resolução estabelece que é vedada às autoridades competentes a recusa de habilitação, celebração de casamento civil ou de conversão de união estável em casamento entre pessoas de mesmo sexo, devendo a recusa para tanto implicar a imediata comunicação ao respectivo juiz corregedor para as providências cabíveis.

De lá para cá, o Brasil passou, então, por meio de uma Resolução do CNJ e não de uma Lei Federal, a ter casamento civil, com ou sem prévia união estável, entre pessoas homossexuais. Assim sendo, os efeitos do casamento estudado anteriormente valem tanto para o casamento entre pessoas de sexos distintos, quanto de mesmo sexo.

Diante disso, outro pedido irá chegar aos registradores civis de todo o país, para assentar casamentos homoafetivos celebrados em outros países, como já acontece em vários deles: **África do Sul, Argentina, Bélgica, Canadá, Espanha, Islândia, México (somente na Cidade do México), Noruega, Países Baixos (primeiro país do mundo a legalizar), Portugal**.

Nos **Estados Unidos**, somente alguns estados permitem o casamento homoafetivo (Connecticut, Iowa, Massachusetts, New Hampshire, Vermont, Washington e Nova York), e em Israel ele não é permitido, mas é possível registrá-lo para ganhar efeitos civis, quando realizado no exterior.

O **casamento de brasileiros celebrado no exterior** deve ser registrado no cartório do 1º Ofício da Capital do Estado onde residia o casal, por força do art. 1.544 do Código Civil, norma que se aplica, atualmente, também para pessoas do mesmo sexo.

Mas, para que isso seja possível, o casamento realizado no exterior deve ser legalizado pelo cônsul brasileiro do local da celebração, consoante determina o art. 32 da Lei de Registros Públicos, a saber:

> **Art. 32.** Os assentos de nascimento, óbito e de casamento de brasileiros em país estrangeiro serão considerados autênticos, nos termos da lei do lugar em que forem feitos, legalizadas as certidões pelos cônsules ou quando por estes tomados, nos termos do regulamento consular.

Considerando que o Brasil é signatário da Convenção sobre a Eliminação da Exigência de Legalização de Documentos Públicos Estrangeiros, celebrada na Haia, em 5 de outubro de 1961 (**Convenção da Apostila**), o documento estrangeiro, em vez de ser legalizado no consulado brasileiro do país que o produziu, pode vir apostilado, que tem a função, também, de legalizar documentos estrangeiros. Porém, apesar de serem mais de 110 países signatários dessa convenção, outros vários não são, e ai nesses países a legalização consular continua sendo a única opção.

Outro efeito do julgamento do STF é a possibilidade de se realizar um contrato de convivência de união estável entre pessoas do mesmo sexo.

Assim, o contrato de convivência entre pessoas do mesmo sexo pode ser celebrado, seja por instrumento particular ou por escritura pública, em razão do princípio da autonomia privada das partes. Por ser a escritura um ato declaratório, não poderia o tabelião se recusar a celebrá-lo se as partes, maiores e capazes, optarem pela forma pública de realizá-lo.

O art. 1.725 do Código Civil permite que as partes que queiram modificar as regras patrimoniais existentes na união estável possam fazê-lo por meio de contrato de convivência, mas, como vimos anteriormente, com as modificações sucessórias introduzidas na união estável com a inconstitucionalidade do art. 1.790 do Código Civil, essa alteração depende de ação judicial.

Porém, não estabelece o citado dispositivo regra formal que imponha a forma solene para esse tipo de negócio jurídico, podendo ser feito por instrumento particular ou escritura pública.

Mesmo havendo liberdade de solenidade para esse contrato, consagrada pelo art. 107 do Código Civil, entendemos que, no caso específico da união homossexual, seria melhor celebrar o contrato por escritura pública, haja vista que a sua aceitação perante terceiros seria maior, bem como impediria qualquer tipo de pensamento acerca da sua eficácia em razão do seu conteúdo.

Se o contrato for **feito por instrumento particular**, poderá ser realizado o **registro no Cartório de Títulos e Documentos com finalidade de conservação do documento**, ou seja, permitir-se-á que as partes tenham a possibilidade de obter segunda via em caso de extravio. Esse registro é autorizado pelo **art. 127, VIII, da Lei de Registros Públicos (6.015/73)**, nos seguintes termos:

> **Art. 127.** No Registro de Títulos e Documentos será feita a transcrição:
>
> (...)
>
> VII – facultativa, de quaisquer documentos, para sua conservação.

Feito esse registro no Cartório de Títulos e Documentos, serão aplicadas as regras do art. 127-A da Lei de Registros Públicos, que dentre outras regras, estabelece que o registro para fins de conservação não gera efeitos perante terceiros.

Sendo feito o contrato por escritura pública, poderá este ser **registrado no Cartório de Registro Civil das Pessoas Naturais (Livro "E")**, conforme autorizou o art. 94-A da Lei de Registros Públicos, para ter efeito perante terceiros, e gerar um estado civil, como defendemos anteriormente..

A vantagem de fazer esse contrato por escritura pública é que esta faz prova plena (art. 225 do CC), bem como, conforme já explicamos, nele pode constar que os companheiros querem adotar o sobrenome do outro, conforme autoriza a Lei de Registros Públicos. O STJ entende que ambos poderão fazer essa inclusão. Quando isso se tornou possível, defendemos a tese de que deve ser criado um nome para essa família que foi instituída com a união estável, com a conjugação dos sobrenomes de ambos, pois assim eles teriam o mesmo sobrenome, na mesma sequência. Ocorre que na união homoafetiva, se ambos tiverem o mesmo prenome, essa regra pode gerar um problema, pois se criaria uma homonímia entre os conviventes. Como esse problema é insolúvel, entendemos que **duas pessoas do mesmo sexo, que tenham o mesmo prenome, e desejam se casar ou viver em união estável, não poderão, ambas, incluir o sobrenome do outro, para evitar a homonímia**.

Deve o citado contrato mencionar que os requisitos do art. 1.723 do Código Civil, convivência pública, duradoura e contínua, com o objetivo de constituir família, foram ou serão preenchidos.

> **Art. 1.723.** É reconhecida como entidade familiar a união estável entre o homem e a mulher, configurada na convivência pública, contínua e duradoura e estabelecida com o objetivo de constituição de família.

Ou se especifica que a união irá começar a partir daquela data, ou se descreve a data em que a união começou para já fazer prova de que o ato descrito no citado artigo já ocorreu.

De acordo com o art. 1.725 do Código Civil, aplicam-se as regras do regime da comunhão parcial de bens, descritas nos arts. 1.658 e seguintes do citado diploma legal, às uniões estáveis, salvo se existir contrato escrito que disponha em sentido diverso.

Porém, o citado dispositivo permite, em que pese no nosso entendimento a alteração de regra patrimonial da união estável depender de autorização judicial, conforme já explicamos anteriormente, equiparando a norma ao casamento, que tal regra seja alterada.

É possível estipular que cada outorgante terá a livre e completa administração e disposição de seus bens, inclusive no que tange à movimentação de seus negócios financeiros, pelos quais cada outorgante será exclusivamente responsabilizado.

Também pode ser estipulado que cada outorgante estará autorizado a incluir o outro em:

a) plano de saúde;

b) plano de assistência odontológica;

c) plano de previdência privada complementar;

d) seguro de vida;

e) no Instituto Nacional de Seguridade Social (INSS) ou perante qualquer outro órgão, repartição, departamento, seção, escritório, de qualquer dos entes públicos federais, estaduais ou municipais.

Em decorrência de ausência de previsão legal específica, entendemos ser possível a existência de uma curatela contratual. Algo como a tutela testamentária prevista no art. 1.729 do Código Civil, em que os pais deixam testamento estabelecendo quem queriam ver como tutores dos filhos em sua ausência, para que tais pessoas ganhem a preferência na nomeação de acordo com o art. 1.732, I, do referido Código.

No caso da curatela contratual, não vemos nenhum óbice para que as partes estabeleçam quem querem ver como seus curadores em caso de serem interditadas, para afastar as pessoas descritas no art. 1.775 do Código Civil, que podem, inclusive, ser citadas no contrato.

É possível, ainda, pactuar que, na hipótese de doença grave ou terminal, ou estado de incapacidade psíquica definitiva ou temporária, atestadas por profissional habilitado, autorizará o outro a tomar as decisões pertinentes ao tratamento em benefício do enfermo, em preferência aos seus ascendentes e ou irmãos (especificar parentes existentes).

Poderia ser inserido um parágrafo único para estabelecer que as decisões previstas nessa cláusula também se referem à autorização para doação de órgãos e tecidos, após morte encefálica constatada por junta médica composta de, pelo menos, três profissionais capacitados em laudos independentes.

Cumpre indagar se caberia nesse contrato uma cláusula estabelecendo um mandato sob condição suspensiva. O Código Civil define condição no art. 121:

> **Art. 121.** Considera-se condição a cláusula que, derivando exclusivamente da vontade das partes, subordina o efeito do negócio jurídico a evento futuro e incerto.

Entendemos que somente se o evento futuro e incerto for a internação em hospital isso poderá ocorrer. Assim, é possível criar cláusula no contrato que outorgue poderes que devem estar especificados no contrato se um dos contratantes for internado em hospital. Até isso ocorrer, o mandato será ineficaz e só produzirá efeito com a comprovação da internação. Quando a parte receber alta hospitalar, o mandato volta a não produzir mais efeito e poderá produzir novamente se houver nova ocorrência.

Não caberia condição suspensiva se o evento futuro e incerto for doença grave ou terminal, ou estado de incapacidade psíquica definitiva ou temporária, já que a morte e a interdição são causas extintivas do mandato, conforme o art. 682, II, do Código Civil, motivo pelo qual, nesse caso, deverá ser outorgada procuração se a enfermidade não estiver descrita no rol apresentado nos arts. 3º e 4º do referido Código.

De acordo com o art. 653 do Código Civil, opera-se o mandato quando alguém recebe de outrem poderes para, em seu nome, praticar atos ou administrar interesses. A procuração é o instrumento do mandato.

Somente as pessoas capazes são aptas para dar procuração mediante instrumento particular, que valerá desde que tenha a assinatura do outorgante, conforme o art. 654 do Código Civil.

O § 1º do citado artigo determina que o instrumento particular deve conter a indicação do lugar onde foi passado, a qualificação do outorgante e do outorgado, a data e o objetivo da outorga com a designação e a extensão dos poderes conferidos.

Isso se faz necessário, pois o art. 661 do Código Civil estabelece que o mandato em termos gerais só confere poderes de administração. Portanto, para alienar, hipotecar, transigir ou praticar quaisquer outros atos que exorbitem da administração ordinária, depende a procuração de poderes especiais e expressos, conforme o § 1º do referido artigo.

Se houver previsão de cláusula de mandato que outorgue poderes para ambas as partes agirem em nome do outro, recomendamos que o contrato seja feito por escritura pública e não por instrumento particular, já que, de acordo com o art. 657 do Código Civil, a outorga do mandato está sujeita à forma exigida por lei para o ato a ser praticado. O mesmo dispositivo determina que não se admite mandato verbal quando precisa ser celebrado por escrito.

No referido contrato, deve haver previsão quanto à sua extinção. Por se tratar de entidade familiar que encontra no afeto o seu alicerce, deve ser inserido como cláusula que o referido instrumento será extinto mediante a manifestação da vontade:

a) de uma das partes (resilição unilateral – art. 473 do CC);

b) de ambas as partes (resilição bilateral ou distrato – art. 472 do CC).

Por esse motivo, deve ser inserido parágrafo único nessa cláusula, determinando que a manifestação da vontade em extinguir todos os direitos e obrigações estabelecidos no instrumento deve ser feita por escrito à outra parte, sem que exista, para isso, prazo de carência.

Cumpre salientar que, de acordo com o art. 472 do Código Civil, o distrato se faz pela mesma forma exigida para o contrato.

Opcionalmente, podem as partes convencionar um foro de eleição para se resolver eventual dúvida ou conflito acerca do referido contrato.

Cumpre lembrar que deve haver no contrato, se realizado por instrumento particular, a assinatura de duas testemunhas, para que seja título executivo, conforme preceitua o art. 784, II, do CPC. Segundo o referido dispositivo, a escritura pública já possui essa característica de título executivo.

Como já dito anteriormente, por se tratar de união estável, o art. 733 do CPC permite que se faça uma escritura pública de dissolução, para formalizá-la, que conste, também, a partilha de bens, manutenção ou não do nome alterado, caso tenha ocorrido, e pensão alimentícia para algum companheiro e/ou filhos maiores.

A escritura pública de extinção de união estável só pode ser lavrada se existir consensualidade entre as partes e não ter nascituro ou filhos incapazes

Essa escritura não depende de homologação judicial e constitui título hábil para qualquer ato de registro, bem como para levantamento de importância depositada em instituições financeiras. O tabelião somente a lavrará se os interessados estiverem assistidos por advogado ou por defensor público, cuja qualificação e assinatura constarão do ato notarial.

Diante do exposto, todos os efeitos da união estável aplicam-se à união homoafetiva e os do casamento, às pessoas de mesmo sexo que se casarem. Assim sendo, poucas dúvidas ainda persistem sobre as uniões homoafetivas, pois, se os homossexuais se casarem, serão aplicadas as regras do casamento, já estudadas anteriormente, e o mesmo ocorrerá se optarem por viverem em união estável.

13.8. DOS ALIMENTOS (ARTS. 1.694 A 1.710 DO CC)

Os alimentos têm como objetivo garantir o direito à vida, que é um direito da personalidade (art. 11 do CC) e o maior direito protegido pela Constituição. Um bom exemplo disso são os alimentos gravídicos, instituídos pela **Lei n. 11.804/2008**.

Os direitos sociais previstos no art. 6º da CF influenciam no valor dos alimentos, corroborando com a tese de Luiz Edson Fachin sobre a necessidade da existência de um patrimônio mínimo para a pessoa, que possa garantir a dignidade da pessoa humana. Assim, os alimentos devem garantir acesso à educação (escola), à saúde (plano de saúde), à moradia (aluguel, condomínio), ao lazer (cinema, teatro), à segurança, dentre outros direitos.

É por esse motivo que o STJ editou a Súmula 594, que estabelece:

Súmula 594 do STJ – O Ministério Público tem legitimidade ativa para ajuizar ação de alimentos em proveito de criança ou adolescente independentemente do exercício do poder familiar dos pais, ou do fato de o menor se encontrar nas situações de risco descritas no art. 98 do Estatuto da Criança e do Adolescente, ou de quaisquer outros questionamentos acerca da existência ou eficiência da Defensoria Pública na comarca. **Segunda Seção, aprovada em 25-10-2017, *DJe* 6-11-2017.**

Diante disso, verificamos que os alimentos não estão ligados apenas à alimentação (comida), mas a um gênero maior que abrange os direitos sociais acima descritos. O direito aos alimentos é um direito personalíssimo, porque pertence somente ao alimentado, traduzido no binômio necessidade × possibilidade.

Existe vedação de cessão, compensação e penhora no art. **1.707 do Código Civil**. Por força desse dispositivo é que podemos afirmar que os alimentos são inalienáveis, incompensáveis e impenhoráveis. Desse modo, é ilegal a penhora *on-line* em conta corrente do devedor, quando nela houver o depósito de pensão alimentícia.

De acordo com o art. 1.694 do Código Civil, têm direito aos alimentos o cônjuge, o companheiro (quem vive em união estável) e os parentes entre si. Antes do advento do Código Civil de 2002, as regulamentações sobre alimentos se encontravam em diplomas distintos, como a **Lei de Alimentos (Lei n. 5.478/68)**. Atualmente, as regras sobre alimentos estão unificadas no Código Civil.

13.8.1. A fixação dos alimentos

A fixação dos alimentos é feita a partir do binômio: **necessidade × possibilidade**, consoante o art. 1.694, § 1º, do Código Civil. Como já tivemos a oportunidade de afirmar no capítulo que trata do Direito das Obrigações, item "Fontes das obrigações", entendemos que a obrigação alimentar não decorre simplesmente de lei, mas do fato gerador nela descrito, que no caso dos alimentos é o binômio acima citado. Cumpre salientar, novamente, que nossa posição é minoritária, mas amparada por grandes juristas, como Pontes de Miranda e Paulo Luiz Netto Lôbo.

Por esse motivo não pode existir uma prefixação dos alimentos em percentual, por exemplo, como regra a ser adotada. Tudo dependerá do caso concreto, diante da análise do binômio: necessidade × possibilidade. Assim, existe a possibilidade de a pensão alimentícia ser maior que 30%, percentual que algumas pessoas acreditam, equivocadamente, que deva ser regra na fixação dos alimentos, pois tudo depende do caso concreto no que tange ao citado binômio, ou seja, a obrigatoriedade de 30% é dogma.

De acordo com a jurisprudência do STJ, a base de cálculo da pensão alimentícia fixada sobre o percentual do vencimento do alimentante abrange o décimo 13º e o terço constitucional de férias, salvo disposição expressa em contrário (**AgRg no AREsp 642.022/RS, rel. Min. Ricardo Villas Bôas Cueva, 3ª Turma, j. em 15-10-2015, *DJe* 20-10-2015**).

Outra questão importante é que não ofende o princípio da isonomia um filho ganhar uma pensão maior do que o seu irmão, pois o que deve ser levado em conta é o binômio necessidade-possibilidade, e sabemos que um recém-nascido tem necessidades maiores do que uma criança.

Há quem defenda, como Maria Berenice Dias[114], que a fixação da pensão alimentícia deve dar-se em razão de um trinômio: proporcionalidade-possibilidade-necessidade. Já há julgados que defendem o trinômio, por exemplo, o **Agravo de Instrumento-CV 1.0479.15.018777-7/001, do TJMG, rel. Des. Raimundo Messias Júnior, j. em 1º-6-2017**.

Deve ser respeitado o princípio da proporcionalidade na ocasião da fixação dos alimentos, pois, desrespeitado tal princípio, é necessário admitir a modificação dos alimentos, para ser estabelecido o equilíbrio exigido pela lei, já que o valor fixado judicialmente não transita em julgado (art. 15 da Lei de Alimentos), cabendo para tal adequação a ação revisional de alimentos, que poderá ser proposta, ainda que sua fixação tenha se dado mediante acordo extrajudicial, para que o valor devido se coadune ao citado princípio.

Desse modo, a obrigação alimentar deve ser baseada nas condições sociais da pessoa que possui direito a alimentos, a sua idade e saúde, devendo-se considerar, concomitantemente, a capacidade financeira do alimentante, para que não ocorra o desfalque do seu próprio sustento, e a extensão das necessidades do alimentado, com o intuito de coibir eventuais excessos, atentando-se sempre para que a equação final esteja em sintonia com o princípio da proporcionalidade.

Por tais fundamentos é que os adeptos dessa tese, invocando a primazia do princípio da proporcionalidade sobre a coisa julgada, entendem necessária equalização do valor dos alimentos, fixando-os de forma proporcional aos ganhos do alimentante, devendo o encargo alimentar estipulado, quer por acordo, quer por decisão judicial, ser objeto de revisão do montante quando houver o desatendimento do princípio da proporcionalidade, ainda que não tenha ocorrido alteração quer das possibilidades do alimentante, quer das necessidades do alimentado, impositiva a adequação, a qualquer tempo, do valor dos alimentos.

Para o STF, que, por maioria, reafirmou a jurisprudência dominante sobre a matéria, vencido o Ministro Marco Aurélio, e não se manifestaram as Ministras Cármen Lúcia e Rosa Weber, no julgamento do ARE 842157/DF, em 05.06.2015, firmou entendimento que é constitucional a fixação da pensão alimentícia com base em determinado número de salários mínimos. O STJ manteve essa linha após esse julgamento (**AgRg no AREsp 31.519/DF, rel. Min. João Otávio de Noronha, 3ª Turma, j. em 8-9-2015**).

---

114. DIAS, Maria Berenice. *Manual de direito das famílias*. 12. ed. São Paulo: Revista dos Tribunais, 2017, p. 578.

13.8.2. Das espécies de alimentos

Alimentos naturais: são aqueles indispensáveis à subsistência, sobrevivência, do alimentado. O cônjuge culpado só tem direito aos alimentos naturais, ou seja, aqueles indispensáveis à sobrevivência, consoante o art. 1.694, § 2º, do Código Civil.

Alimentos civis ou côngruos: são aqueles que têm por objetivo manter a condição social do credor.

Alimentos legais: são aqueles previstos na lei, ou seja, os decorrentes de parentesco ou entre cônjuges e companheiros, do art. 1.694 do Código Civil.

Alimentos voluntários: são aqueles que decorrem da vontade da parte. Como exemplo, citamos o legado de alimentos (legado é um bem específico e determinado que uma pessoa deixa para outra por testamento, e pode se dar na forma de pensão alimentícia), consoante o art. 1.920 do Código Civil[115]. Outro exemplo de alimentos voluntários é o que decorre da ação de oferecimento de alimentos (art. 24 da Lei n. 5.478/68)[116], em que o alimentante é que propõe a ação de alimentos, oferecendo a quantia necessária para prover o sustento do alimentado.

Alimentos indenizatórios: decorrem da pensão alimentícia devida a título de lucros cessantes, quando ocorre o falecimento de uma pessoa em virtude da prática de um ato ilícito. Como exemplo, citamos um acidente automobilístico causado por quem estava embriagado, gerando a morte de um pai de família que sustentava mulher e três filhos. Nesse caso haverá pagamento de alimentos indenizatórios. Como vimos quando estudamos a responsabilidade civil (Capítulo 10), esta pensão inclui todas as parcelas trabalhistas da vítima (salário, férias, 13º, FGTS).

Mesmo com o art. 533 do CPC, tratar dos alimentos indenizatórios no capítulo que dispõe sobre prisão civil (art. 528), o STJ solidificou o entendimento, no ano de 2022, da impossibilidade de prisão do seu devedor, vejamos:

> *HABEAS CORPUS*. PRISÃO CIVIL. FIXAÇÃO DE ALIMENTOS PROVISÓRIOS EM AÇÃO FUNDADA EM RESPONSABILIDADE CIVIL. HOMICÍDIO. ACIDENTE DE TRÂNSITO. ALIMENTOS INDENIZATÓRIOS. IMPOSSIBILIDADE DE ENCARCERAMENTO. PRISÃO CIVIL RESTRITA AO INADIMPLEMENTO VOLUNTÁRIO E INESCUSÁVEL DE ALIMENTOS DECORRENTES DE DIREITO DE FAMÍLIA. 1. A prisão civil, autorizada de forma excepcional pelo inciso LXV do art. 5º da CF e pelo art. 7º da Convenção Americana de Direitos Humanos, é restrita tão somente ao inadimplemento voluntário e inescusável da obrigação alimentar decorrente de relação familiar. 2. No seio das relações familiares, os alimentos constituem instrumento essencial à manutenção da subsistência digna e da própria vida do alimentando. 3. Pensão decorrente da responsabilidade, com natureza indenizatória, cujo fundamento não deriva da possibilidade do devedor, mas da própria extensão do dano causado pelo ato ilícito, servindo apenas de parâmetro para se alcançar a reparação integral a que alude o art. 944 do Código Civil. 4. Impossibilidade de prisão civil pelo inadimplemento de alimentos indenizatórios. 5. ORDEM DE *HABEAS CORPUS* CONCEDIDA. (**Habeas Corpus n. 708634 - RS (2021/0376727-8), Relator Ministro Paulo de Tarso Sanseverino, Terceira Turma, j. 3-5-2022**).

115. "Art. 1.920. O legado de alimentos abrange o sustento, a cura, o vestuário e a casa, enquanto o legatário viver, além da educação, se ele for menor."
116. "Art. 24. A parte responsável pelo sustento da família, e que deixar a residência comum por motivo que não necessitará declarar, poderá tomar a iniciativa de comunicar ao juízo os rendimentos de que dispõe e de pedir a citação do credor, para comparecer à audiência de conciliação e julgamento destinada à fixação dos alimentos a que está obrigado."

O relator do habeas corpus, ministro Paulo de Tarso Sanseverino, ressaltou que a jurisprudência do STJ entende que a prisão civil por alimentos se restringe às obrigações decorrentes do direito de família. Segundo o magistrado, a prisão civil, autorizada de forma excepcional pelo **inciso LXVII do artigo 5º da Constituição Federal** e pelo **artigo 7º da Convenção Americana de Direitos Humanos**, é restrita tão somente ao inadimplemento voluntário e inescusável da obrigação alimentar decorrente de relação familiar. Isso porque, explicou o relator, no seio das relações familiares, os alimentos constituem instrumento essencial à manutenção da subsistência digna e da própria vida do alimentando.

Sanseverino destacou ainda que as expressões "obrigação alimentícia" e "obrigação alimentar", previstas na Convenção Americana de Direitos Humanos, devem ser interpretadas restritivamente. "Tratando-se de regra de exceção, a prisão civil não comporta interpretação extensiva, sob pena de se alargarem excessivamente as hipóteses de encarceramento por dívidas, subvertendo-se, assim, o próprio comando constitucional do inciso LXVII do artigo 5º", reiterou.

No entender do ministro, a pensão decorrente da responsabilidade civil, com natureza indenizatória, cujo fundamento não deriva da possibilidade do devedor, mas da própria extensão do dano causado pelo ato ilícito, serve apenas de parâmetro para se alcançar a reparação integral prevista no **artigo 944 do Código Civil.**

Os alimentos indenizatórios, segundo a Súmula 491 do STF, são devidos mesmo que a vítima seja menor, independentemente de exercer trabalho remunerado.

Alimentos provisórios: são aqueles arbitrados pelo juiz, na ação de alimentos, antes da sentença.

Alimentos provisionais[117]**:** são aqueles fixados em sede de ação cautelar, podendo ser essa cautelar de alimentos, de divórcio, de separação, ou seja, sempre que for cautelar serão alimentos provisionais. Os alimentos provisionais também podem ser concedidos na ação de investigação de paternidade, cumulada com alimentos, em razão da inexistência de prova pré-constituída de paternidade.

Alimentos definitivos: são os alimentos fixados em sentença transitada em julgado ou em acordo (extrajudicial ou judicial).

Alimentos compensatórios: são os alimentos devidos no caso de ruptura do casamento ou da união estável, para restabelecer o equilíbrio financeiro que vigorava antes da extinção, no regime da separação absoluta de bens, quando o cônjuge ou companheiro não tiver bens ou condições para manter o nível de vida, compatível com a condição social a que se acostumou. Essa modalidade foi criada por Rolf Madaleno[118] e aceita pela jurisprudência[119].

Para o STJ, alimentos compensatórios não acarretam prisão se não forem pagos, **RHC 117.996/RS**, (2019/0278331-0), Rel. Min. Marco Aurélio Bellize, 3ª Turma, j. 17-2-2020, *DJe* 19-2-2020.

117. Há uma dúvida na doutrina se esta modalidade de alimentos ainda persiste no CPC/2015.
118. MADALENO, Rolf. *Direito de família*. 8. ed. Rio de Janeiro: Forense, 2018, p. 995.
119. REsp 1.290.313/AL, rel. Min. Antonio Carlos Ferreira, 4ª Turma, j. em 12-11-2013, *DJe* de 7-11-2014.

Alimentos *intuitu familiae*: são os alimentos fixados para o grupo familiar, sem a indicação de percentual individual, por exemplo, três filhos. A execução, em caso de inadimplemento, pode ser feita por qualquer um dos favorecidos. Já a exoneração exige um litisconsórcio passivo obrigatório, mas a maioridade de um dos filhos favorecidos, nesse caso, não altera o valor da pensão, sendo necessária uma ação revisional.

Alimentos transitórios: são os alimentos fixados por prazo determinado, como ocorre, por exemplo, no caso do ex-cônjuge ou o ex-companheiro para que possa regressar ao mercado de trabalho. De acordo com a jurisprudência do STJ, os alimentos devidos entre ex-cônjuges devem ter caráter excepcional, transitório e devem ser fixados por prazo determinado, exceto quando um dos cônjuges não possua mais condições de reinserção no mercado do trabalho ou de readquirir sua autonomia financeira (**REsp 1.370.778/MG, rel. Min. Marco Buzzi, 4ª Turma, j. em 10-3-2016, *DJe* 4-4-2016**).

13.8.3. A legitimidade ativa dos alimentos

Os alimentos podem ser pleiteados reciprocamente entre cônjuges, companheiros e parentes consanguíneos (descendentes, ascendentes e irmãos). Não há obrigação alimentar quando o parentesco for por afinidade, ou seja, os afins estão excluídos.

Cumpre lembrar que o parentesco na linha reta pode ser ascendente ou descendente, e essas situações são infinitas.

A linha colateral se extingue no quarto grau, e, dentre esses, somente os irmãos podem pedir alimentos uns para os outros.

Mas o sobrinho não tem obrigação alimentar em relação à tia, vez que esse familiar é considerado parente de terceiro grau. A obrigação é imposta apenas a pais, filhos e seus ascendentes e descendentes, segundo decisão da Terceira Turma do Superior Tribunal de Justiça (STJ) ao julgar um caso que aconteceu no Estado de São Paulo (**REsp 1510612-SP, rel. Min. RICARDO VILLAS BÔAS CUEVA, Terceira Turma, j. 26.04.2016, DJe 12.05.2016).**

Ao confirmar a decisão do TJSP, o ministro salientou que, como determina o artigo 1.696 do Código Civil, "o direito à prestação de alimentos é recíproco entre pais e filhos, e extensivo a todos os ascendentes, recaindo a obrigação nos mais próximos em grau, uns em falta de outros".

O relator anotou que, na linha colateral, somente os irmãos estão obrigados a alimentar, conforme determina o artigo 1.697 do Código Civil: "Na falta dos ascendentes cabe a obrigação aos descendentes, guardada a ordem de sucessão e, faltando estes, aos irmãos, assim germanos como unilaterais."

Mas, mesmo se tratando de hipótese de inexistência de obrigação alimentar, considerando que foram prestados voluntariamente, são irrepetíveis. O vínculo afetivo entre tios e sobrinhos, que por liberalidade/voluntariedade ajudam nos alimentos, não transmuda a obrigação natural em vínculo jurídico de obrigatoriedade de prestar pensão alimentícia. Mas, ainda assim, esses alimentos prestados por liberalidade se sujeitam ao princípio da irrepetibilidade.

Possui entendimento diverso do esposado acima Maria Berenice Dias, que defende que os alimentos são devidos por qualquer colateral até o quarto grau (o que inclui tios e sobrinhos). Isto porque o colateral até o quarto grau tem direito sucessório e, assim, já que tem o bônus da herança deve, também, ter o ônus dos alimentos. Essa posição é minoritária e pode ser encontrada em seu belíssimo livro[120].

Também não existe obrigação alimentar entre afins, como vem decidindo a jurisprudência[121]. Sobre o tema, também existe pensamento contrário, minoritário, de Maria Berenice Dias[122].

13.8.4. A renúncia aos alimentos

É o art. 1.707 do Código Civil que trata da renúncia aos alimentos, nos seguintes termos:

> **Art. 1.707.** Pode o credor não exercer, porém lhe é vedado renunciar o direito a alimentos, sendo o respectivo crédito insuscetível de cessão, compensação ou penhora.

O cônjuge sempre pôde renunciar aos alimentos, pois os juízes homologavam sem nenhum tipo de restrição acordo com essa cláusula, mesmo tal entendimento não sendo o que está descrito na **Súmula 379 do STF**, que, por ser de 3 de abril de 1964, ainda utiliza o termo "desquite", que não existe mais:

> **Súmula 379 do STF** – No acordo de desquite não se admite renúncia aos alimentos, que poderão ser pleiteados ulteriormente, verificados os pressupostos legais.

Mesmo existindo essa súmula, a jurisprudência, no passar dos anos, mostrou-se "simpática" à renúncia aos alimentos do cônjuge. Com o advento do Código Civil de 2002, a polêmica volta ao debate, pois muitos ex-cônjuges passaram a pleitear alimentos que no passado foram renunciados.

---

120. *Manual de direito das famílias*. 5. ed. São Paulo: Revista dos Tribunais, 2009, p. 485.

121. "Apelação cível. Ação de reconhecimento e dissolução de união estável cumulada com partilha de bens, alimentos e afastamento do companheiro do lar. Nulidade dos depoimentos de testemunha substituta. Estando as partes presentes com seus respectivos procuradores quando do pleito de substituição da testemunha, nada manifestando quanto ao deferimento pelo Juízo, descabe, após, alegar nulidade por prejuízo. Oitiva de testemunha não arrolada. É ao Magistrado que se destina a prova na busca da verdade real. Para alcançá-la, cabe-lhe tomar o depoimento das testemunhas que entenda relevantes ao deslinde da controvérsia. Inexistência de prejuízo às partes. Nulidade da sentença por *extra petita*. Pleito de cobrança de aluguel do imóvel comum das partes efetuado em sede de contestação. Não se mostra razoável exigir ajuizamento de ação própria apenas para analisar pedido de aluguel em relação ao imóvel comum do casal, tratando-se a contenda de ação de dissolução de união estável cumulada com partilha de bens. Tendo havido deferimento do pedido, atacado por agravo de instrumento pela parte adversa, tal pleito não se configura como estranho à lide, descabendo alegação de nulidade por sentença *extra petita*. Preliminares rejeitadas. Marco inicial da união estável. Não se mostrando clara a prova testemunhal quanto ao marco inicial da união estável entre as partes, há que se lançar mão do único elemento objetivo que indica o interesse do casal em constituir vida comum, contrato de compra e venda de um imóvel. Partilha do estabelecimento comercial do ex-companheiro, face a contribuição da autora com seu trabalho no local durante a relação. Descabimento. Ainda que tenha trabalhado no estabelecimento comercial do réu durante a união estável, tal fato, por si só, não torna a autora coproprietária da farmácia, cabendo-lhe retribuição através da partilha dos bens amealhados ao longo da relação, fruto de tal esforço. Obrigação alimentar em relação às filhas menores da ex-companheira. Inexistência. Mesmo admitindo a existência de vínculo de afinidade em linha reta entre as filhas menores da ex-companheira e o demandado, **é preciso ter presente que não há obrigação alimentar entre afins**. Alimentos à ex-companheira. Desnecessidade. A prestação de alimentos entre ex-companheiros se baseia no dever de assistência mútua, devendo ser fixados em observância ao binômio necessidade/possibilidade, isto é, de acordo com as necessidades do alimentando e as possibilidades do alimentante. Não identificada a necessidade, descabe manter a obrigação. Bem imóvel adquirido na constância da união. Partilha. Os bens adquiridos de forma onerosa na constância da união comunicam-se, descabendo perquirir acerca da maior ou menor contribuição de cada um para sua aquisição. Preliminares rejeitadas, Recursos desprovidos" (TJRS, Ap. Cív. 70022779524, 7ª Câmara Cível, rel. Des. Ricardo Raupp Ruschel, j. em 14-5-2008, *DOERS* de 20-5-2008).

122. DIAS, Maria Berenice. *Manual de direito das famílias*. 12. ed. São Paulo: Revista dos Tribunais, 2017, p. 486.

Na III Jornada de Direito Civil do Conselho da Justiça Federal, foi aprovado o **Enunciado 263,** que firmou posicionamento no sentido de, no exato momento em que se põe fim ao vínculo de direito de família (isso ocorre no divórcio ou na dissolução da união estável), a renúncia aos alimentos é válida e eficaz, sendo irrenunciáveis, somente, os alimentos decorrentes do parentesco.

Assim, de acordo com o citado enunciado, cabe, portanto, renúncia aos alimentos na dissolução da união estável e no divórcio, já que ambos põem fim ao vínculo de direito de família. Mas, e na separação do casal, como ficaria tal questão, considerando-se que não põe fim ao vínculo conjugal? Essa questão foi enfrentada pelo Superior Tribunal de Justiça, que decidiu, no **REsp 701.902-SP, rel. Min. Fátima Nancy Andrighi, v.u. em 15-9-2005**, ser a cláusula de renúncia aos alimentos constante na separação válida e eficaz.

De acordo, portanto, com o citado julgado do Superior Tribunal de Justiça, a irrenunciabilidade dos alimentos prevista no art. 1.707 somente se aplica quando há vínculo de parentesco (e não entre cônjuges ou companheiros). Como entre cônjuges e companheiros não há parentesco, apenas vínculo de direito de família, os alimentos, no caso de separação, divórcio ou união estável, são renunciáveis.

Com as decisões do STJ no sentido de permitir a renúncia do cônjuge e companheiro aos alimentos, vemos que a Súmula 379 do STF está superada.

O art. 1.707 do CC proíbe a compensação do crédito alimentar com algum débito do alimentado, por se tratar de verba imprescindível a subsistência. Mas o STJ entende que os valores pagos a título de alimentos podem ser compensados somente em caráter excepcional, para impedir o enriquecimento sem causa do alimentando (**REsp 1.287.950/RJ, rel. Min. Raul Araújo, 4ª Turma, j. em 6-5-2014, *DJe* 19-5-2014**).

Ainda conforme a jurisprudência do STJ, não é possível a compensação dos alimentos fixados em pecúnia com parcelas *pagas in natura* (**AgRg no AREsp 586.516/SP, rel. Min. Marco Buzzi, 4ª Turma, j. em 17-3-2016, *DJe* 31-3-2016**).

13.8.5. Divisibilidade da obrigação alimentar

Se mais de uma pessoa for obrigada a pagar os alimentos, a responsabilidade será dividida entre todas na proporção das possibilidades de cada uma.

Segundo o art. 1.698 do Código Civil, se o parente que deve alimentos em primeiro lugar não estiver em condições de suportar totalmente o encargo, serão chamados a concorrer os de grau imediato; sendo várias as pessoas obrigadas a prestar alimentos, todas devem concorrer na proporção dos respectivos recursos, e, intentada ação contra uma delas, poderão as demais ser chamadas a integrar a lide.

São hipóteses de divisibilidade no pagamento de alimentos:

Quando o alimentado for idoso (aplicação do Estatuto do Idoso – Lei n. 10.741/2003): é considerada idosa a pessoa maior de 60 anos. De acordo com o art. 11 do referido estatuto, os alimentos serão prestados ao idoso na forma da lei civil, ou seja, aplica-se ao idoso tudo o que foi estudado acima. Já o art. 12 do citado diploma legal estabelece que a obrigação alimentar é solidária, podendo o idoso optar pelos prestadores (trata-se de um exemplo de solidariedade fruto de lei). Por fim, o art. 13 do referido diploma legal, com redação alterada pela Lei n. 11.737, de 2008, trata da transação sobre alimentos ao idoso. O citado dispositivo determina que as transações relativas a alimentos do idoso poderão ser celebradas perante o promotor de justiça ou o defensor público, que as referendará, e passarão a ter efeito de título executivo extrajudicial nos termos da lei processual civil.

Quando o alimentante for avô ou avó: em regra, os alimentos são devidos pelo parente de grau mais próximo, motivo pelo qual os filhos devem buscar alimentos dos seus pais. Quando o alimentante é ascendente, os alimentos devem ser pedidos para o de grau mais próximo. Porém, é possível pular grau se comprovado que o ascendente de grau mais próximo não tem condição de pensionar quem precisa dos alimentos. Nesse caso, os alimentos pedidos para ascendentes têm caráter subsidiário, e o pagamento pode ser total, no caso de impossibilidade de pagar, ou parcial, no caso de complementação, ou seja, pagamento da diferença ou parte faltante.

O **Enunciado 342 do CJF** ressalta o caráter subsidiário dos alimentos, em que devem ser cobrados primeiro os genitores e depois os avós, além da possibilidade de se pular grau:

> **En. 342 do CJF** – Observadas as suas condições pessoais e sociais, os avós somente serão obrigados a prestar alimentos aos netos em caráter exclusivo, sucessivo, complementar e não solidário, quando os pais destes estiverem impossibilitados de fazê-lo, caso em que as necessidades básicas dos alimentandos serão aferidas, prioritariamente, segundo o nível econômico-financeiro dos seus genitores.

O STJ comunga deste entendimento, e por esse motivo editou a Súmula 596 que possui o seguinte conteúdo:

> **Súmula 596 do STJ** – A obrigação alimentar dos avós tem natureza complementar e subsidiária, somente se configurando no caso de impossibilidade total ou parcial de seu cumprimento pelos pais (**2ª Seção, aprovada em 8-11-2017, *DJe* 20-11-2017**).

Assim, como é que se poderia montar o litisconsórcio em uma ação de alimentos? Várias são as correntes que tentam responder esta pergunta. Vejamos:

A primeira corrente trata do **litisconsórcio alternativo passivo**, corrente defendida por Maria Berenice Dias[123], para quem os pais e os avós (todos) são colocados no polo passivo na ação de conhecimento, e no momento da execução é que será verificado qual terá a condição de prestar alimentos.

A segunda corrente trata do **litisconsórcio sucessivo passivo**, em que os avós somente serão citados depois da sentença que demonstrar que os pais não têm condições de pensionar o alimentado.

Esse posicionamento foi adotado por vários tribunais estaduais, dentre eles o de Minas Gerais (*vide* **REsp 1.0024.09.637217-2/0011, 3ª Câmara Cível, rel. Des. Dídimo Inocêncio de Paula, j. em 17-12-2009, *DJEMG* de 2-2-2010**).

Quando, porém, os pais não possuírem condições de pensionar os filhos, atendendo suas necessidades, e estes decidirem iniciar a ação de alimentos contra os avós, a jurisprudência dos tribunais estaduais não é unânime sobre a formação do litisconsórcio entre avós paternos e maternos, ou seja, se seria facultativo e de escolha do alimentado, não sendo obrigatório que todos os avós integrem a lide, ou se seria obrigatório, mas o STJ já possui entendimento sobre o tema.

123. *Manual de direito das famílias*. 5. ed. São Paulo: Revista dos Tribunais, 2009, p. 505.

Assim, surge a terceira corrente sobre o tema, que trata do litisconsórcio facultativo ulterior, criada pelo STJ.

Em 10-8-2021, a Terceira Turma do STJ, ao julgar o REsp. 1.897.373/MG, que foi relatado pelo Min Moura Ribeiro, Terceira Turma, reconheceu não se tratar de hipótese de litisconsórcio necessário – mas, sim, "**de** modalidade atípica, anômala ou especial de intervenção de terceiro, que se aproxima do litisconsórcio passivo facultativo ulterior", onde o relator destacou que a justificativa se dá porque a obrigação alimentar é divisível e não solidária, por isso, o encargo deve ser repartido entre todos os coobrigados (de grau imediato ao devedor principal), de acordo com as suas possibilidades, respondendo eles apenas por sua cota, pois a lei não autoriza a cobrança integral do valor de apenas um dos codevedores.

Entendem que **o litisconsórcio é facultativo**, e de escolha do alimentado, os Tribunais do Rio de Janeiro[124], Distrito Federal[125], Rio Grande do Sul[126] e Santa Catarina[127].

---

124. "Alimentos. Obrigação avoenga. Avós paternos e maternos. Obrigação sucessiva ou complementar. Binômio necessidade-possibilidade. Provas. Inexistência. Improcedência. Precedentes dos STJ e TJERJ. Apenas à sentença elaborada sem a devida fundamentação impõe-se a decretação da nulidade, por ausência de requisito essencial, nos termos do art. 93, IX, da CRFB/88 e art. 458, II, do CPC, podendo a nulidade ser decretada de ofício, por se tratar de norma de ordem pública. Sentença com fundamentação sucinta. Validade. Ausência de prejuízos à defesa. A responsabilidade dos avós no sentido de prestar alimentos aos netos não é apenas sucessiva, mas também complementar, quando demonstrada a insuficiência de recursos do genitor. De acordo com o novo Código Civil, frustrada a obrigação alimentar principal, de responsabilidade dos pais, a obrigação subsidiária deve ser diluída entre os avós paternos e maternos na medida de seus recursos, diante de sua divisibilidade e possibilidade de fracionamento. Cabe ao autor escolher a quem vai pedir os alimentos, na ordem obrigacional, aos parentes do mesmo grau, podendo optar por um, mais ou todos. No entanto, o art. 1.698 do CC não induz ao litisconsórcio necessário, mas apenas facultativo. A fixação dos alimentos deve levar em conta não apenas a necessidade de quem os pleiteia, mas também a efetiva possibilidade de quem os presta. O dever de sustentar os netos ocorre quando os pais não reúnem condições de prover a subsistência de sua prole ou quando os alimentos prestados pelos genitores não satisfazem as reais necessidades do menor. Direito à prestação de alimentos que é recíproco entre pais e filhos e extensivo a todos os ascendentes, sendo que, se o parente que deve alimentos em primeiro lugar não estiver em condições de suportar totalmente o encargo, serão chamados a concorrer os de grau imediato. No caso concreto, a improcedência decorreu da falta de prova da autora quanto aos ganhos da ré, octogenária, que são de irrisórios R$ 1.560,27 (mil e quinhentos e sessenta reais e vinte e sete centavos), ao invés dos alegados sete mil e tantos reais, o que leva, no caso concreto, à impossibilidade desta de arcar com os alimentos. Sentença de improcedência que deve ser mantida. Recurso a que se nega seguimento" (TJRJ, Ap. 2009.001.43958, rel. Des. Mario Assis Gonçalves, j. em 9-12-2009).
125. "Alimentos. Ascendentes. Litisconsórcio passivo facultativo. Integração da lide pelos avós maternos pleiteada pela ré. Indeferimento. Nas ações de alimentos, o litisconsórcio passivo entre ascendentes é facultativo, impondo, no caso, a denegação de pedido de integração da lide dos avós maternos postulada pela ré, bisavó paterna" (TJDF, Rec. 2008.00.2.018256-1, Ac. 353.298, 3ª Turma Cível, rel. Des. João Mariosa, *DJDFTE* de 5-5-2009).
126. "Agravo de instrumento. Ação de alimentos contra avós paternos. Chamamento ao processo dos avós maternos. Descabimento. A obrigação alimentar é divisível, e não solidária. E o art. 1.698 do CC fala em possibilidade – e não em obrigatoriedade – dos avós demandados chamarem os não demandados. Não ocorre litisconsórcio passivo obrigatório entre os avós maternos e paternos em demanda de alimentos ajuizada pelo neto. Se o pai, o devedor principal, mesmo sendo réu em ação de execução, ainda assim não paga o que deve, e tendo os avós possibilidades de arcar com o pensionamento postulado pelo neto, é de rigor a fixação de obrigação alimentar avoenga. Negaram provimento" (TJRS, Ap. Cív. 70023819949, 8ª Câmara Cível, rel. Des. Rui Portanova, j. em 14-8-2008, *DOERS* de 22-8-2008).
127. "Apelação cível. Ação de alimentos deflagrada pela neta contra os avós paternos. Arguição de litisconsórcio passivo necessário com os avós maternos. Inexistência. Obrigação alimentar. Necessidade de exoneração. Alimentantes que contam com mais de 80 anos cada. Modestos rendimentos. Gastos com medicamentos de uso contínuo e acompanhamento médico periódico. Prova documental suficiente. Recurso provido. Não há entre avós paternos e maternos litisconsórcio passivo necessário na obrigação de pagar alimentos aos netos. Por isso, além de válida a propositura da demanda apenas contra os avós paternos, não haveria mesmo de se cogitar da incidência do disposto no parágrafo único do art. 47 do Código de Processo Civil. Comprovados nos autos os parcos rendimentos mensais dos alimentantes, bem como os vultosos e necessários gastos que têm com medicamentos de uso contínuo, acompanhamento médico periódico e demais despesas com seu sustento e manutenção, imperiosa se mostra a exoneração da obrigação de pagar alimentos à apelada" (TJSC, Ap. Cív. 2007.008967-4, 2ª Câmara de Direito Civil, rel. Des. Jaime Luiz Vicari, *DJSC* de 25-8-2008).

Em virtude do posicionamento do STJ ser no sentido de que o litisconsórcio é **facultativo,** caem as posições no sentido contrário, que entendiam que o litisconsórcio seria obrigatório.

Como o STJ referendou o entendimento *supra*, os tribunais estaduais, enfim, começaram a seguir o seu posicionamento, desde o julgamento do **REsp 576.152/ES (2003/0142789-0), rel. Min. Aldir Passarinho Jr., j. em 8-6-2010, v.u.**

Assim, verifica-se que a responsabilidade dos avós é subsidiária e complementar à dos pais. Entre avós não há solidariedade (litisconsórcio e solidariedade não são sinônimos), e a responsabilidade será diluída entre todos em face das suas possibilidades.

Questão tormentosa é saber se os avós podem ser presos se não pagarem a pensão alimentícia aos netos. O tema é controverso, e a solução que mais vem sendo aplicada na jurisprudência é a de que, havendo meios executivos mais adequados e igualmente eficazes para a satisfação da dívida alimentar dos avós, é admissível a conversão da execução para o rito da penhora e da expropriação, a fim de afastar o decreto prisional em desfavor dos executados (informativo n. 617 do STJ.)

13.8.6. Prescritibilidade × imprescritibilidade da obrigação alimentar

A ação de alimentos é imprescritível, pois a qualquer momento é possível propor ação de alimentos, mas a pretensão de exigir os alimentos já fixados anteriormente prescreve em 2 anos (art. 206, § 2º, do CC).

Cumpre salientar que no caso da cobrança dos alimentos já fixados anteriormente, em razão de ela estar sujeita a prazo prescricional, devem ser verificadas as causas impeditivas e suspensivas da prescrição, já que o art. 197, II, do Código Civil determina que não corre a prescrição, entre ascendentes e descendentes, durante o poder familiar, e o art. 198, I, do Código Civil estabelece que também não corre a prescrição contra os absolutamente incapazes (art. 3º do citado diploma legal), hipótese em que o prazo começa a fluir quando o menor completa 16 anos (e se torna relativamente incapaz), ou quando for emancipado pelo casamento no caso do art. 1.520 do Código Civil (hipótese em que um menor de 16 anos pode ser emancipado). Assim, como não corre prescrição entre ascendentes e descendentes durante o poder familiar, é possível, dos 18 aos 20 anos, cobrar débito alimentar fixado quando o alimentado era recém-nascido, desde que não tenha sido emancipado, por ser essa, junto com a maioridade, uma das causas de extinção do poder familiar. Porém, se o pai ou a mãe foram destituídos do poder familiar, o prazo flui normalmente.

Imaginemos que, em 25-6-1998, transitou em julgado ação que condenou José a pagar pensão alimentícia no valor de 2 salários mínimos para seu filho Henrique, no dia em que ele completou 1 ano de vida. Se essa pensão nunca for paga e a mãe não iniciar a execução, pelo fato de o alimentado ser absolutamente incapaz, o prazo prescricional de 2 anos não se inicia. Assim, como o prazo, em regra, só começará a contar quando ele completar 16 anos (por ter se tornado relativamente incapaz), Henrique poderá cobrar até os 18 anos de idade (16 anos começa a contagem do prazo de 2 anos), 17 anos de pensão atrasada, por conta da causa impeditiva da prescrição.

Já na hipótese de o alimentante ser avô ou avó do alimentado, o raciocínio acima também será aplicado, pois será possível a cobrança de alimentos dos 16 aos 18 anos do alimentado, mesmo que os alimentos tenham sido fixados quando ele era recém-nascido, de todos os débitos pendentes, desde que não tenha sido emancipado pelo casamento, por força do art. 198, I, do Código Civil.

13.8.7. Da transmissibilidade da obrigação de alimentar

De acordo com o art. 1.700 do Código Civil, a obrigação de prestar alimentos transmite-se aos herdeiros na forma do art. 1.694 do referido Código.

Como já estudamos no Capítulo 7, o vínculo obrigacional se divide em *Schuld* (débito) e *Haftung* (responsabilidade). Por esse motivo, questiona-se: com a morte do alimentante, o que é transferido para os herdeiros, a responsabilidade pelo pagamento das prestações em aberto, o débito de continuar pagando a pensão alimentícia ou ambos?

Conforme entendimento do Superior Tribunal de Justiça, a transferência é apenas das parcelas vencidas, e não das vincendas, pois a obrigação de prestar alimentos se extingue com a morte do alimentante, vejamos:

> RECURSO ESPECIAL. AÇÃO DE ALIMENTOS. AVÔ PATERNO. OBRIGAÇÃO DE NATUREZA COMPLEMENTAR. COMPROVAÇÃO DE QUE A GENITORA E O ESPÓLIO DO GENITOR ESTÃO IMPOSSIBILITADOS DE ARCAREM COM A PRESTAÇÃO ALIMENTAR. NÃO OCORRÊNCIA. RECURSO PROVIDO. 1. A obrigação dos avós de prestar alimentos tem natureza complementar e somente exsurge se ficar demonstrada a impossibilidade de os dois genitores proverem os alimentos dos filhos, ou de os proverem de forma suficiente. Precedentes. 2. No julgamento do REsp 1.354.693/SP, ficou decidido que o espólio somente deve alimentos na hipótese em que o alimentado é também herdeiro, mantendo-se a obrigação enquanto perdurar o inventário. 3. Nesse contexto, não tendo ficado demonstrada a impossibilidade ou a insuficiência do cumprimento da obrigação alimentar pela mãe, como também pelo espólio do pai falecido, não há como reconhecer a obrigação do avô de prestar alimentos. 4. O falecimento do pai do alimentante não implica a automática transmissão do dever alimentar aos avós. 5. Recurso especial provido (**REsp 1.249.133/SC, rel. Min. Antonio Carlos Ferreira, rel. p/ acórdão Min. Raul Araújo, j. em 16-6-2016**).

Nesse julgado, verifica-se que a obrigação de prestar alimentos só se transfere ao espólio se o alimentado for também herdeiro, e somente enquanto perdurar o inventário.

Com efeito, ocorrida a morte do alimentante, serão transferidas para os herdeiros apenas as prestações vencidas, em razão de a obrigação alimentar ter um caráter personalíssimo e, portanto, intransmissível, mas a responsabilidade dos herdeiros com o pagamento da pensão alimentícia será limitada às forças da herança, consoante regra sucessória conhecidíssima, descrita no art. 1.792 do Código Civil[128], corroborado pelo **Enunciado 343 do CJF**[129].

Após o óbito, porém, cabe ação de revisão de alimentos, já que as dívidas do morto deverão ser liquidadas e as despesas com o funeral que pertencem ao espólio devem ser quitadas, motivo pelo qual a possibilidade de pagamento do espólio é menor (muda-se o binômio). A obrigação alimentar pode, inclusive, tocar a legítima dos herdeiros. O herdeiro

128. "Art. 1.792. O herdeiro não responde por encargos superiores às forças da herança; incumbe-lhe, porém, a prova do excesso, salvo se houver inventário que a escuse, demonstrando o valor dos bens herdados."

129. Enunciado 343 do CJF: "Art. 1.792. A transmissibilidade da obrigação alimentar é limitada às forças da herança".

poderá entrar com ação de revisional de alimentos com o fundamento de que a possibilidade não é a mesma. Se o herdeiro não quiser a responsabilidade pela prestação de alimentos, poderá renunciar a toda herança.

13.8.8. Dos alimentos pós-divórcio

O divórcio não extingue a prestação alimentar já fixada, pois é o binômio necessidade × possibilidade que prevalece.

O que se discute, porém, é sobre a possibilidade da propositura de ação de alimentos após a celebração do divórcio. Há duas correntes sobre esse tema.

A primeira corrente defende que é plenamente possível pleitear alimentos após o divórcio, somente na hipótese de o ex-cônjuge deles precisar e não existir nenhum parente dele para pensionar, em veneração ao princípio da dignidade da pessoa humana e da solidariedade social. Pensa dessa forma Maria Berenice Dias[130], que acrescenta ser o dever de mútua assistência outro argumento para a possibilidade de se pleitearem alimentos após o divórcio, já que com ele tal dever não se extingue. Tal corrente é minoritária, mas encontramos importante precedente no Tribunal de Justiça de São Paulo, onde a tese foi adotada no julgamento da **Ap. Cív. 646.232-4/4, Ac. 3711566, 4ª Câmara de Direito Privado, rel. Des. Maia da Cunha, j. em 18-6-2009, *DJESP* de 17-7-2009.**

A segunda corrente defende não ser possível pleitear alimentos, depois do divórcio, em razão da extinção do vínculo conjugal, hipótese em que deverá ser procurado algum parente capaz de pensionar. Essa corrente é majoritária, já que essa tese é adotada pelos Tribunais de Justiça de Minas Gerais[131], Goiás[132] e Mato Grosso do Sul[139].

Filiamo-nos à segunda corrente por entender que os alimentos não podem se perpetuar no tempo *ad infinitum*, sob pena de se criar uma injustiça, principalmente pelo fato de que o divórcio libera a pessoa para se casar novamente, mas talvez isso não seja possível acontecer se for necessário o indivíduo sustentar duas famílias. A segunda corrente também é a

---

130. DIAS, Maria Berenice. *Manual de direito das famílias*. 12. ed. São Paulo: Revista dos Tribunais, 2017. p. 474.

131. "Ação de alimentos. Separação judicial. Dispensa dos alimentos. Conversão em divórcio. Trânsito em julgado. Fim do vínculo matrimonial. Pedido de alimentos pela ex-esposa. Impossibilidade. É incabível o pedido de alimentos pela ex-cônjuge depois de efetivado o divórcio do casal, em vista da extinção da sociedade conjugal, cessados os efeitos dela decorrentes, máxime quando a mulher dispensa tais alimentos na oportunidade da separação judicial e não os reivindica na conversão do divórcio. Na hipótese em discussão, o ex-marido somente tem obrigação de sustentar a ex-mulher, de quem está divorciado, se a tanto se obrigou na oportunidade da separação judicial ou quando do pedido de conversão em divórcio. Com o divórcio rompem-se todos os vínculos pessoais, só se mantendo o dever de alimentos precedentes quando for de todo indispensável ao ex-cônjuge virago, o que não é a hipótese dos autos" (TJMG, Ap. Cív. 1.0024.04.308153-8/001, 1ª Câmara Cível, rel. Des. José Luciano Gouvêa Rios, j. em 9-8-2005, *DJMG* de 26-8-2005).

132. "Apelação cível. Divórcio. Renúncia. Pensão alimentícia. Carência da ação. I – O divórcio dissolve o casamento, colocando um fim no estado conjugal. Portanto, deixa de existir a condição de marido e mulher, e, consequentemente, os direitos e deveres da relação matrimonial. II – A partir do momento em que um dos cônjuges renuncia ao direito de perceber do outro pensão alimentícia, ele não pode, tempos depois, invocá-lo. Primeiro, pelo fato de não existir mais vínculo matrimonial e, segundo, pela renúncia expressa aos alimentos constante no acordo homologado pelo julgador na época do divórcio. III – Após o divórcio, a mulher faz-se carecedora da ação de alimentos se, no acordo homologado, renunciou expressamente a eles. IV – Apelação conhecida e improvida. Decisão unânime" (TJGO, Ap. Cív. 64461-0/188, Proc. 200200909740, 2ª Câmara Cível, rel. Desa. Marília Jungmann Santana, j. em 28-8-2003, *DJGO* de 18-9-2003).

adotada pelo Superior Tribunal de Justiça, no **REsp 933.355-SP, rel. Min. Fátima Nancy Andrighi, v.u. em 25-3-2008, *DJe* de 11-4-2008**[133].

13.8.9. Termo inicial dos alimentos

Os alimentos são devidos a partir da citação, consoante jurisprudência do Superior Tribunal de Justiça, que pode ser verificado no **AgRg-Ag 605.885, Proc. 2004/0062932-0-RJ, 3ª Turma, rel. Des. Convocado Vasco Della Giustina, j. em 6-8-2009, *DJe* de 28-8-2009.**

Esse posicionamento é muito criticado por vários doutrinadores, já que acaba por estimular a fuga da citação. Se os alimentos fossem devidos a partir da propositura da ação, o devedor teria pressa para ser citado para se defender, quebrando assim o estímulo para a fuga da citação.

O STJ acabou fixando este entendimento, e estendendo-o, inclusive, para as ações revisionais e de exonerações, confirmando, ainda, impossibilidade de compensar e repetir a obrigação alimentar, teses estas expressas na Súmula 621:

> **Súmula 621 do STJ:**
>
> Os efeitos da sentença que reduz, majora ou exonera o alimentante do pagamento retroagem à data da citação, vedadas a compensação e repetibilidade.

Idêntico entendimento foi fixado pelo STJ, também, no caso de ações que objetivam investigação de paternidade, que acabou gerando a súmula 277 desse Tribunal:

> **Súmula 277 do STJ:**
>
> Julgada procedente a investigação de paternidade, os alimentos são devidos a partir da citação.

Esta questão é muito importante no estudo dos alimentos.

13.8.10. Termo final dos alimentos

O termo final dos alimentos dá-se com o término da necessidade. Cumpre salientar que nem sempre o término da necessidade coincide com o advento da maioridade, motivo pelo qual o Superior Tribunal de Justiça sumulou tal entendimento:

> **Súmula 358 do STJ** – O cancelamento de pensão alimentícia de filho que atingiu a maioridade está sujeito à decisão judicial, mediante contraditório, ainda que nos próprios autos.

E essa é a orientação jurisprudencial que vem sendo seguida, em consonância com a Súmula 358 do STJ:

---

133. "Apelação cível. Alimentos. Mulher que os dispensou na separação judicial que foi convertida, anos depois, em divórcio. Pedido agora formulado contra ex-cônjuge, sob a alegação de necessidade. Impossibilidade. Obrigação alimentar que se rompe com o encerramento definitivo do vínculo conjugal. Sentença que corretamente julga improcedente o pedido. Recurso improvido. Correta a sentença que julga improcedente o pedido de alimentos formulado por mulher divorciada contra seu ex-marido, haja vista que não subsiste o encargo alimentar quando rompido, em definitivo, o vínculo matrimonial pelo divórcio, sendo que o artigo 1.704, do Código Civil, somente se aplica aos separados judicialmente, e não aos divorciados. Demonstrada a necessidade, nada impede que a mulher divorciada venha a postular os alimentos de seus filhos, nos termos do art. 1.696, do Código Civil" (TJMS, Ap. Cív. LEsp 2009.025639-8/0000-00, 5ª Turma Cível, rel. Des. Luiz Tadeu Barbosa Silva, *DJEMS* de 3-11-2009).

Revisional de alimentos. Decisão que reduziu o valor da pensão alimentícia em sede liminar. Pretendida maior redução em vista da exoneração dos alimentos em relação aos filhos que atingiram a maioridade civil. Descabimento. Questão que deve ser analisada no âmbito do contraditório. Agravo conhecido diretamente e desprovido[134].

No texto da súmula acima citada, percebe-se que não é permitida a extinção automática dos alimentos por conta da maioridade, e nem tampouco que se dê por meio de liminar, pois está sujeito ao contraditório.

Por ser necessária a instrução processual para que se ponha fim à pensão alimentícia recebida por pessoa menor que atinge a maioridade civil, é importante ressaltar que a jurisprudência do STJ se consolidou no sentido de que são devidos alimentos ao filho maior quando comprovada a frequência em curso universitário ou técnico, por força da obrigação parental de promover adequada formação profissional (**AgRg nos EDcl no AREsp 791322/SP, rel. Min. Marco Aurélio Bellizze, 3ª Turma, j. em 19-5-2016, *DJe* 1º-6-2016**).

13.8.11. Débito que autoriza a prisão do alimentante

A prisão do alimentante encontra amparo no art. 528 do CPC, que regula a matéria da seguinte forma:

Art. 528. No cumprimento de sentença que condene ao pagamento de prestação alimentícia ou de decisão interlocutória que fixe alimentos, o juiz, a requerimento do exequente, mandará intimar o executado pessoalmente para, em 3 (três) dias, pagar o débito, provar que o fez ou justificar a impossibilidade de efetuá-lo.

§ 1º Caso o executado, no prazo referido no *caput*, não efetue o pagamento, não prove que o efetuou ou não apresente justificativa da impossibilidade de efetuá-lo, o juiz mandará protestar o pronunciamento judicial, aplicando-se, no que couber, o disposto no art. 517.

§ 2º Somente a comprovação de fato que gere a impossibilidade absoluta de pagar justificará o inadimplemento.

§ 3º Se o executado não pagar ou se a justificativa apresentada não for aceita, o juiz, além de mandar protestar o pronunciamento judicial na forma do § 1º, decretar-lhe-á a prisão pelo prazo de 1 (um) a 3 (três) meses.

§ 4º A prisão será cumprida em regime fechado, devendo o preso ficar separado dos presos comuns.

§ 5º O cumprimento da pena não exime o executado do pagamento das prestações vencidas e vincendas.

§ 6º Paga a prestação alimentícia, o juiz suspenderá o cumprimento da ordem de prisão.

§ 7º O débito alimentar que autoriza a prisão civil do alimentante é o que compreende até as 3 (três) prestações anteriores ao ajuizamento da execução e as que se vencerem no curso do processo.

§ 8º O exequente pode optar por promover o cumprimento da sentença ou decisão desde logo, nos termos do disposto neste Livro, Título II, Capítulo III, caso em que não será admissível a prisão do executado, e, recaindo a penhora em dinheiro, a concessão de efeito suspensivo à impugnação não obsta a que o exequente levante mensalmente a importância da prestação.

§ 9º Além das opções previstas no art. 516, parágrafo único, o exequente pode promover o cumprimento da sentença ou decisão que condena ao pagamento de prestação alimentícia no juízo de seu domicílio.

De acordo com o citado dispositivo, a única possibilidade de o devedor não ser preso é se justificando perante o juiz. Dessa forma, uma artimanha muito utilizada por várias

134. TJSP, AgI 649.154.4/0, Ac. 3670970-SP, 6ª Câmara de Direito Privado, rel. Des. Sebastião Carlos Garcia, j. em 4-6-2009, *DJESP* de 14-7-2009.

pessoas na execução de alimentos para não serem presas era a de realizarem o pagamento das três últimas prestações vencidas, ao argumento de que a urgência do recebimento não mais existe, motivo pelo qual, em vez de serem executadas pelo rito da prisão, queriam ser executadas pelo rito do art. 528, § 8º, do CPC, que não permite prisão, mas somente a penhora de bens do devedor.

Por esse motivo essa questão foi discutida no Superior Tribunal de Justiça, o que acabou culminando com a edição da Súmula 309, que dispõe:

Súmula 309 do STJ – O débito alimentar que autoriza a prisão civil do alimentante é o que compreende as três prestações anteriores ao ajuizamento da execução e as que se vencerem no curso do processo.

Assim, inibiu-se a utilização da citada artimanha por parte do devedor, principalmente quando a citação do executado é muito demorada, pois para afastar pedido de prisão será necessário pagar não apenas as 3 últimas parcelas que venceram antes de ajuizada a ação, mas as que venceram no curso do processo, pois se o alimentante demorar um ano para ser citado, deverá pagar 15 parcelas para não ser preso.

O CPC/2015 resolveu algumas questões problemáticas sobre o tema.

E as novidades do art. 528 foram:

1) O § 1º autoriza o protesto em cartório da decisão, como já permitia alguns estados, para compelir o devedor a pagar, no intuito de evitar que seu nome ganhe uma restrição de crédito.

2) É por conta desse dispositivo que o STJ firmou entendimento que na execução de alimentos, é possível, além do protesto do título judicial ou extrajudicial (art. 528, § 3º, do NCPC), também a inscrição do nome do devedor nos cadastros de proteção ao crédito (**REsp 1.469.102/SP, rel. Min. Ricardo Villas Boas Cueva, 3ª Turma, j. em 8-3-2016, *DJe* 15-3-2016**).

3) O § 4º estabelece que a prisão civil do devedor de alimentos será cumprida em regime fechado, mas este ficará separado dos presos comuns.

4) O § 7º incorpora ao texto do Código de Processo Civil o enunciado da Súmula 309 do STJ.

5) O § 8º estabelece que será facultativa a opção pela execução que acarreta a prisão civil do devedor de alimentos, podendo o credor, caso queira, exigir o cumprimento pelo rito comum de penhora de bens.

Sobre a jurisprudência do STJ acerca da prisão do devedor de alimentos, podemos destacar:

1) O descumprimento de acordo celebrado em ação de execução de prestação alimentícia pode ensejar o decreto de prisão civil do devedor (**HC 350.101/MS, rel. Min. Paulo de Tarso Sanseverino, 3ª Turma, j. em 14-6-2016, *DJe* 17-6-2016**).

2) O cumprimento da prisão civil em regime semiaberto ou em prisão domiciliar é excepcionalmente autorizado quando demonstrada a idade avançada do devedor de alimentos ou a fragilidade de sua saúde. (**HC 327.445/SP, rel. Min. Paulo de Tarso Sanseverino, 3ª Turma, j. em 17-12-2015, *DJe* 3-2-2016**).

3) Não cabe prisão civil do inventariante em virtude do descumprimento pelo espólio do dever de prestar alimentos. (**HC 268.517/MT, rel. Min. Maria Isabel Gallotti, 4ª Turma, j. em 10-12-2013, *DJe* 3-2-2014**).

4) O atraso de uma só prestação alimentícia, compreendida entre as três últimas atuais devidas, já é hábil a autorizar o pedido de prisão do devedor, nos termos do art. 528, § 3º, do NCPC (**AgRg no AREsp 561.453/SC, rel. Min. Maria Isabel Gallotti, 4ª Turma, j. em 20-10-2015, *DJe* 27-10-2015**).

5) O pagamento parcial da obrigação alimentar não impede a prisão civil do devedor. (**HC 350.101/MS, rel. Min. Paulo de Tarso Sanseverino, 3ª Turma, j. em 14-6-2016, *DJe* 17-6-2016**).

6) Em 19-12-2017, o site do STJ divulgou notícia, sem indicar o número do processo por conta do segredo judicial, que a 3ª Turma, em decisão unânime, confirmou liminar anteriormente concedida pela Ministra Nancy Andrighi e concedeu *habeas corpus* para suspender ordem de prisão civil contra um casal de idosos em virtude de dívida de natureza alimentar. Por ser obrigação complementar e subsidiária, quando os alimentos devidos pelos avós não são pagos, não podem ser executados pelo rito da prisão, mas apenas pelo da penhora de bens, como dívida comum.

13.8.12. Obrigação alimentar do Estado

O **art. 14 do Estatuto do Idoso** estabelece que, "se o idoso ou seus familiares não possuírem condições econômicas de prover o seu sustento, impõe-se ao Poder Público esse provimento, no âmbito da assistência social". A ação é ajuizada na Justiça Federal, contra o INSS, e geralmente a pensão é fixada em um salário mínimo.

Essa regra teve sua importância diminuída, quando, em 2011, a Lei n. 12.435 alterou a Lei Orgânica da Assistência Social (LOAS), Lei n. 8.742, de 7 de dezembro de 1993, que, no art. 20, passou a estabelecer que o benefício de prestação continuada é a garantia de um salário mínimo mensal ao idoso com 65 anos ou mais que comprove não possuir meios de prover a própria manutenção nem de tê-la provida por sua família, que pode ser requerido administrativamente ao INSS.

No citado artigo há várias definições importantes. Explicita que a família é composta pelo requerente, o cônjuge ou companheiro, os pais e, na ausência de um deles, a madrasta ou o padrasto, os irmãos solteiros, os filhos e enteados solteiros e os menores tutelados, desde que vivam sob o mesmo teto. Considera-se incapaz de prover a manutenção da pessoa com deficiência ou idosa a família cuja renda mensal *per capita* seja inferior a 1/4 do salário mínimo. O benefício de que trata este artigo não pode ser acumulado pelo beneficiário com qualquer outro no âmbito da seguridade social ou de outro regime, salvo os da assistência médica e da pensão especial de natureza indenizatória. A condição de acolhimento em instituições de longa permanência não prejudica o direito do idoso ou da pessoa com deficiência ao benefício de prestação continuada.

Cumpre ressaltar que a LOAS só garante tal direito a partir dos 65 anos e o Estatuto do Idoso, a partir dos 60 anos. Assim, a ação judicial explicitada pode ser proposta dos 60 aos 65 anos para obrigar o Estado a pagar a pensão alimentícia.

13.8.13. Transação dos alimentos

Ensina Carlos Alberto Dabus Maluf[135] que ninguém pode transigir sobre o direito a alimentos futuros, mas, quanto aos alimentos pretéritos, não há a menor dúvida que podem constituir objeto de transação válida. Nessa linha, a transação dos alimentos encontra autorização legislativa para ocorrer, no tocante ao idoso. O **art. 13 do Estatuto do Idoso**, com redação alterada pela Lei n. 11.737/2008, regulamenta a transação relativa aos alimentos do idoso, permitindo a sua celebração perante o promotor de justiça ou defensor público, que a homologará, sem a necessidade de homologação judicial, para que tenha força de título executivo extrajudicial nos termos da lei processual civil vigente.

13.8.14. Características dos alimentos

1) Não se admite redução ou exoneração de alimentos de forma liminar[136], para não pegar o alimentado de surpresa (interpretação da Súmula 358 do STJ e julgados diversos).

2) É possível aplicar, para fins de alimentos, a desconsideração inversa de a personalidade jurídica[137] atingir patrimônio da empresa, na hipótese de o sócio empresário não ter retirada mensal em razão de todas as suas contas serem pagas pela pessoa jurídica.

3) Penhora em conta do FGTS e do PIS, na execução de alimentos é possível, somente nesses casos, em virtude de inúmeras decisões do Superior Tribunal de Justiça, tais como a do **AgRg no REsp 1.427.836-SP, 4ª Turma, rel. Min. Luis Felipe Salomão, j. em 24-4-2014**.

4) Não cabe desconto de pensão alimentícia no saldo da conta do FGTS pago na demissão do titular.

A **5ª Turma do Tribunal Regional Federal da 1ª Região** decidiu, por unanimidade, nos termos do voto do relator, desembargador federal Fagundes de Deus, em maio de 2018, nos autos da **Apelação Cível 2001.41.00.000069-5/RO**, que, em razão do caráter indenizatório do FGTS, sobre ele não incide percentual fixado sobre o salário a título de alimentos, exceto na hipótese de pactuação expressa ou de circunstâncias concretas para garantir o pagamento da verba alimentar.

Alegou o autor da ação que teve seu contrato de trabalho rescindido sem justa causa, surgindo a partir de então o direito de proceder ao saque do seu FGTS. Diz que foi retido indevidamente pela CEF o equivalente a 13,34% do saldo da referida conta, porque do termo de rescisão do contrato de trabalho constava a obrigação de pagar pensão alimentícia nesse percentual.

---

135. *A transação no direito civil*. São Paulo: Saraiva, 1985, p. 57.

136. "Agravo de instrumento. Ação revisional de alimentos. Liminar. Pedido de exoneração e redução. Alegada impossibilidade de prestá-los não evidenciada nos autos. Recomendável a dilação probatória. Em ação revisional de alimentos não se recomenda o deferimento de liminar para exoneração ou redução do *quantum* alimentar, mormente antes da resposta da parte contrária, sendo imprescindível o estabelecimento do contraditório para se aferir as reais modificações nas possibilidades do alimentante e/ou das necessidades dos alimentados" (TJMG, AgI 1.0024.08.268846-6/0011, 1ª Câmara Cível, rel. Des. Armando Freire, j. em 16-6-2009, *DJEMG* de 10-7-2009).

137. Execução de alimentos. Desconsideração da personalidade jurídica. Medida que visa atingir o patrimônio pessoal dos sócios quando a sociedade é utilizada como instrumento para a fraude, abuso de direito, for obstáculo ao ressarcimento de prejuízos causados, podendo ser invocada no presente caso. Impossibilidade. Executado que não figura no quadro societário da empresa. Decisão mantida. Agravo não provido" (TJSP, AgI 621.328.4/0, Ac. 4003553-SP, 7ª Câmara de Direito Privado, rel. Des. Élcio Trujillo, j. em 19-8-2009, *DJESP* de 23-10-2009).

5) A participação nos lucros e resultados integram a base de cálculo da pensão alimentícia fixada em percentual fixo, pois incrementa a possibilidade do alimentante (conf. **REsp 1.561.097-RJ, j. 6-2-2018, *DJe* 2-3-2018**).

6) O recurso contra a decisão judicial que determinou a prisão do devedor de alimentos é o agravo de instrumento, conforme estabelece o **art. 19, § 3º, da Lei de Alimentos (n. 5.478/68)**:

> **Art. 19.** O juiz, para instrução da causa ou na execução da sentença ou do acordo, poderá tomar todas as providências necessárias para seu esclarecimento ou para o cumprimento do julgado ou do acordo, inclusive a decretação de prisão do devedor até 60 (sessenta) dias.
>
> (...)
>
> § 3º A interposição do agravo não suspende a execução da ordem de prisão.

Esse entendimento é confirmado pelo **TJMG, AgRg 1.0024.07.408186-0/0021, 1ª Câmara Cível, rel. Des. Armando Freire, j. em 9-12-2008, *DJEMG* de 30-1-2009**.

Em alguns casos excepcionais, a jurisprudência também aceita a impetração do *habeas corpus*, porém cumpre salientar que o referido remédio jurídico não é via adequada para o exame aprofundado de provas e a verificação das justificativas fáticas apresentadas em relação à inadimplência do devedor dos alimentos e da necessidade dos alimentários, conforme verifica-se no julgamento proferido pelo STJ, no **RHC 13.598, 3ª Turma, rel. Min. Carlos Alberto Menezes Direito, *DJ* de 10-3-2003**.

7) É cabível ação de exigir de contas ajuizada pelo alimentante, em nome próprio, contra a genitora guardiã do alimentado para obtenção de informações sobre a destinação da pensão paga mensalmente, desde que proposta sem a finalidade de apurar a existência de eventual crédito (**REsp 1.814.639-RS, Rel. Min. Paulo de Tarso Sanseverino, Rel. Acd. Min. Moura Ribeiro, 3ª Turma, por maioria, julgado em 26-5-2020, *DJe* 9-6-2020**).

O ingresso no ordenamento jurídico da Lei n. 13.058/2014 incluiu a polêmica norma contida no § 5º do art. 1.583 do CC, versando sobre a legitimidade do genitor não guardião para exigir informações e/ou prestação de contas contra a(o) guardiã(o) unilateral, devendo a questão ser analisada, com especial ênfase, à luz dos princípios da proteção integral da criança e do adolescente, da isonomia e, principalmente, da dignidade da pessoa humana, que são consagrados pela ordem constitucional vigente. Como os alimentos prestados são imprescindíveis para a própria sobrevivência do alimentado, devem, ao menos, assegurar uma existência digna a quem os recebe. Assim, a função supervisora, por quaisquer dos detentores do poder familiar, em relação ao modo pelo qual a verba alimentar fornecida é empregada, além de ser um dever imposto pelo legislador, é um mecanismo que dá concretude ao princípio do melhor interesse e da proteção integral da criança ou do adolescente. Dessa forma, não há apenas interesse jurídico, mas também o dever legal do genitor alimentante de acompanhar os gastos com o filho alimentado que não se encontra sob a sua guarda, fiscalizando o atendimento integral de suas necessidades, materiais e imateriais, essenciais ao seu desenvolvimento físico e psicológico, aferindo o real destino do emprego da verba alimentar que paga mensalmente, pois ela é voltada para esse fim. Por fim, o que justifica o legítimo interesse processual em ação dessa natureza é exclusivamente a finalidade protetiva da criança ou do adolescente beneficiário dos alimentos, diante da sua possível malversação, e não o eventual acertamento de contas, perseguições ou picuinhas com a(o) guardiã(o), devendo ela ser dosada, ficando vedada a possibilidade de apuração de créditos ou preparação de revisional, pois os alimentos são irrepetíveis.

13.8.15. Alimentos gravídicos

Legitimidade ativa: o art. 1º da Lei n. 11.804/2008 (Lei de Alimentos Gravídicos) estabelece que a legitimidade ativa é da mulher gestante.

Objeto dos alimentos: o art. 2º da referida lei estabelece que o objeto dos alimentos é cobrir as despesas do período de gravidez entre a concepção e o parto, tais como alimentação especial, assistência médica e psicológica, exames complementares, pré-natal, internações, parto, medicamentos e demais prescrições preventivas e terapêuticas indispensáveis a juízo do médico. As citadas despesas serão custeadas em parte pelo futuro pai, mas a mulher grávida também deve contribuir. Cumpre salientar que os alimentos gravídicos são fixados desde a concepção e não desde a citação.

Termo final dos alimentos gravídicos: o art. 6º da citada lei estabelece que, havendo indícios de paternidade, o juiz fixará alimentos gravídicos que perdurarão até o nascimento da criança, momento em que serão convertidos em pensão alimentícia em favor do menor, até que uma das partes solicite revisão.

Resposta na ação de alimentos gravídicos: o art. 7º da mencionada lei estabelece que, depois de citado, deverá o réu responder em 5 dias.

13.8.16. A culpa na separação e os alimentos

A culpa pode influir na obrigação alimentar, pois o art. 1.694, § 2º, do Código Civil estabelece que os alimentos serão, apenas, os indispensáveis à subsistência quando a situação de necessidade resultar da culpa de quem os pleiteia.

Como exemplo, citamos o filho que sai, voluntariamente, de casa, e não tendo como se sustentar, acaba pleiteando alimentos para os seus pais. Como foi o filho quem deu causa à necessidade dos alimentos, serão os indispensáveis à subsistência (alimentos naturais).

O art. 1.704, parágrafo único, do Código Civil estabelece que o cônjuge culpado na separação perde direito aos alimentos. O cônjuge culpado somente poderá pleitear alimentos naturais se não tiver parentes em condições de prestá-los, e nem aptidão para o trabalho. O citado artigo relativiza a regra quanto à culpa do cônjuge na separação. Em razão de a Emenda Constitucional n. 66 ter abolido a separação do nosso sistema (nossa posição, como foi justificado anteriormente no ponto que trata da separação), não há mais como tratar da culpa em ação de separação, devendo ela, no caso em tela, ser tratada na própria ação de alimentos.

Como exemplo, citamos o caso de infidelidade conjugal, hipótese em que o cônjuge infiel será o responsável (culpado) pela separação e perderá o direito aos alimentos, exceto se precisar deles e não tiver ninguém em condições de pensionar, caso em que os alimentos serão apenas os naturais, indispensáveis à subsistência.

13.9. PROTEÇÃO DA PESSOA DOS FILHOS (ARTS. 1.583 A 1.590 DO CC)

Com a separação física do casal, uma das questões mais importantes que devem ser observadas e decididas pelo juiz, na maioria dos casos, é a guarda dos filhos menores e incapazes.

Em princípio respeita-se a vontade dos cônjuges, motivo pelo qual em grande parte dos casos o juiz homologa o que ficou acordado entre o casal.

Não havendo consenso, é importante saber algumas regras importantes que serão utilizadas pelo magistrado para a solução de tal caso.

Primeiramente a guarda é conferida a quem tem melhores condições para exercê-la, o que não significa ser o cônjuge com melhor condição financeira, em atenção ao princípio do melhor interesse da criança (*best interest of the child*, consagrado na Convenção da Haia).

13.9.1. Espécies de guarda

As espécies de guarda são:

Guarda unilateral: de acordo com o § 1º do art. 1.583 do Código Civil, é aquela atribuída a um só dos genitores ou a alguém que o substitua. A guarda unilateral será atribuída ao genitor que revele melhores condições para exercê-la e, objetivamente, mais aptidão para propiciar aos filhos os seguintes fatores: a) afeto nas relações com o genitor e com o grupo familiar; b) saúde e segurança; c) educação. A guarda unilateral obriga o pai ou a mãe que não a detenha a supervisionar os interesses dos filhos.

Guarda compartilhada: de acordo com o § 1º do art. 1.583 do Código Civil, entende-se por guarda compartilhada a responsabilização conjunta e o exercício de direitos e deveres do pai e da mãe que não vivam sob o mesmo teto, concernentes ao poder familiar dos filhos comuns. É a melhor opção porque a criança continua a conviver, diariamente, com o pai e com a mãe, evitando que um dos genitores, geralmente o pai, só veja o filho a cada 15 dias. Essa modalidade não se confunde com a guarda alternada, que será explicada abaixo.

Guarda alternada: explica Waldyr Grisard Filho[138] que, neste modelo, tanto a guarda jurídica quanto a material são atribuídas a um e a outro dos genitores, o que implica alternância no período em que o menor mora com cada um dos pais. Desta forma, cada um dos genitores, no período de tempo preestabelecido a eles, exerce de forma exclusiva a totalidade dos direitos e deveres que integram o poder parental. Essa modalidade é repudiada pela doutrina e pela jurisprudência[139], pois a criança perde a referência, já que não terá um lar fixo.

---

138. GRISARD FILHO, Waldyr. *Guarda compartilhada*: um novo modelo de responsabilidade parental. 8. ed. São Paulo: Revista dos Tribunais, 2016, p. 91.

139. "Família. Apelação. Ação de separação judicial litigiosa. Guarda compartilhada. Permanência alternada do menor com seus genitores. Compartilhamento da guarda física. Inviabilidade. Vínculo afetivo intenso com o pai. Provimento do recurso. A alternância da posse física do menor entre os genitores, sendo aquele submetido ora aos cuidados do pai, ora da mãe, configura guarda alternada, repudiada pela doutrina e pela jurisprudência, e não guarda compartilhada, na qual os pais regem, em conjunto, a vida da prole, tomando as decisões necessárias à sua educação e criação. Apurando-se através dos estudos sociais realizados nos autos que a criança tem maior vínculo afetivo com seu pai, deve ser fixada sua residência naquela do genitor" (TJMG, Ap. Cív. 1.0324.07.057434-2/0011, 3ª Câmara Cível, rel. Des. Dídimo Inocêncio de Paula, j. em 16-4-2009, *DJEMG* de 26-6-2009).

Guarda do ninho, aninhamento ou nidação: explica Waldyr Grisard Filho[140] que neste modelo são os pais que se revezam, mudando-se para a casa onde vivem os menores, em períodos alternados de tempo. Essa modalidade é inviável pelos altos custos que impõe para a sua manutenção, pois, além dos pais, os filhos têm a sua própria casa.

Guarda exercida por terceiros: é aquela atribuída a quem terá a tarefa de substituir os genitores. Esta pode ocorrer na hipótese da colocação da criança em tutela, se os pais falecerem ou forem destituídos do poder familiar, ou ainda se os pais, mesmo ainda investidos no poder familiar, não tiverem condições de criar a criança, motivo pelo qual ela é entregue a terceiros, por exemplo, os avós.

Guarda provisória ou temporária: é aquela atribuída provisoriamente a um dos genitores, ou a um terceiro, na pendência de uma ação judicial em que tal questão está sendo discutida.

Guarda definitiva: é aquela fixada em sentença transitada em julgado. Porém, cumpre salientar que a guarda nunca é perpétua, pois pode ser modificada a qualquer tempo, atendendo ao princípio do melhor interesse da criança (arts. 35 e 149, parágrafo único, do ECA).

Guarda de fato: é aquela exercida faticamente por alguma pessoa, sem a homologação judicial, por concordância dos pais ou guardião. Como exemplo, citamos o caso da mãe guardiã que se muda para trabalhar no exterior e deixa o filho com os avós até conseguir se estabilizar.

13.9.2. Características da guarda

1) Segundo o art. 1.583 do Código Civil, a guarda será unilateral ou compartilhada.

2) Na guarda compartilhada, o tempo de convívio com os filhos deve ser dividido de forma equilibrada com a mãe e com o pai, sempre tendo em vista as condições fáticas e os interesses dos filhos. Esse tempo de convívio equilibrado não pode ser buscado com conta matemática, sob pena de se confundir a guarda compartilhada com a alternada.

3) Na guarda compartilhada, a cidade considerada base de moradia dos filhos será aquela que melhor atender aos interesses destes.

4) A guarda unilateral obriga o pai ou a mãe que não a detenha a supervisionar os interesses dos filhos, e, para possibilitar tal supervisão, qualquer dos genitores sempre será parte legítima para solicitar informações e/ou **prestação de contas**, objetivas ou subjetivas, em assuntos ou situações que direta ou indiretamente afetem a saúde física e psicológica e a educação de seus filhos.

5) A guarda, unilateral ou compartilhada, poderá ser:

a) requerida, por consenso, pelo pai e pela mãe, ou por qualquer deles, em ação autônoma de separação, de divórcio, de dissolução de união estável ou em medida cautelar;

b) decretada pelo juiz, em atenção a necessidades específicas do filho, ou em razão da distribuição de tempo necessário ao convívio deste com o pai e com a mãe.

---

140. GRISARD FILHO, Waldyr. *Guarda compartilhada*: um novo modelo de responsabilidade parental. 8. ed. São Paulo: Revista dos Tribunais, 2016, p. 91.

6) Na audiência de conciliação, o juiz informará ao pai e à mãe o significado da guarda compartilhada, a sua importância, a similitude de deveres e direitos atribuídos aos genitores e as sanções pelo descumprimento de suas cláusulas.

7) Quando não houver acordo entre a mãe e o pai quanto à guarda do filho, encontrando-se ambos os genitores aptos a exercer o poder familiar, será aplicada a guarda compartilhada, salvo se um dos genitores declarar ao magistrado que não deseja a guarda do menor.

8) Para estabelecer as atribuições do pai e da mãe e os períodos de convivência sob guarda compartilhada, o juiz, de ofício ou a requerimento do Ministério Público, poderá basear-se em orientação técnico-profissional ou de equipe interdisciplinar, que deverá visar à divisão equilibrada do tempo com o pai e com a mãe.

9) A alteração não autorizada ou o descumprimento imotivado de cláusula de guarda unilateral ou compartilhada poderá implicar a redução de prerrogativas atribuídas ao seu detentor.

10) Se o juiz verificar que o filho não deve permanecer sob a guarda do pai ou da mãe, deferirá a guarda a pessoa que revele compatibilidade com a natureza da medida, considerados, de preferência, o grau de parentesco e as relações de afinidade e afetividade.

11) Qualquer estabelecimento público ou privado é obrigado a prestar informações a qualquer dos genitores sobre os filhos destes, sob pena de multa de R$ 200,00 a R$ 500,00 por dia pelo não atendimento da solicitação.

12) Em sede de medida cautelar de separação de corpos, em sede de medida cautelar de guarda ou em outra sede de fixação liminar de guarda, a decisão sobre guarda de filhos, mesmo que provisória, será proferida preferencialmente após a oitiva de ambas as partes perante o juiz, salvo se a proteção aos interesses dos filhos exigir a concessão de liminar sem a oitiva da outra parte.

13) Havendo motivos graves, poderá o juiz, em qualquer caso, a bem dos filhos, regular de maneira diferente da estabelecida nos artigos antecedentes a situação deles para com os pais.

14) O pai ou a mãe que contrair novas núpcias não perde o direito de ter consigo os filhos, que só lhe poderão ser retirados por mandado judicial, provado que não são tratados convenientemente.

15) As disposições relativas à guarda e prestação de alimentos aos filhos menores estendem-se aos maiores incapazes.

13.9.3. O direito de visita dos avós

O pai ou a mãe em cuja guarda não estejam os filhos poderá visitá-los e tê-los em sua companhia, segundo o que acordar com o outro cônjuge, ou for fixado pelo juiz, bem como fiscalizar sua manutenção e educação.

Mesmo a guarda sendo atribuída a um ou ambos os pais, os avós possuem direito de visitar os netos, pois esse contato é indispensável para o bem-estar de ambos.

Por conta disso é que a Lei n. 12.398, de 28 de março de 2011, tratou de regulamentar o assunto, acrescentando o parágrafo único ao art. 1.589 do Código Civil, para determinar que o direito de visita estende-se a qualquer dos avós, a critério do juiz, observados os interesses da criança ou do adolescente.

Assim, terão os avós direito de buscar judicialmente a regulamentação de visitas aos netos.

13.10. DAS RELAÇÕES DE PARENTESCO (ARTS. 1.591 A 1.595 DO CC)

O parentesco é um vínculo jurídico estabelecido por lei, que gera direitos e impõe deveres recíprocos, podendo se dividir em:

Parentesco natural biológico ou consanguíneo: é aquele em que as pessoas estão ligadas por um vínculo sanguíneo, por possuírem materiais genéticos semelhantes.

Parentesco por afinidade: é aquele estabelecido entre os parentes do cônjuge ou companheiro. Ele ocorre por força de lei: ao se casar ou viver em união estável, uma pessoa se liga aos parentes do cônjuge ou companheiro pela afinidade.

O parentesco por afinidade limita-se aos ascendentes, aos descendentes e aos irmãos do cônjuge ou companheiro, ou seja, no caso de colaterais não se estende até o quarto grau.

Na linha reta (ascendente ou descendente), a afinidade não se extingue com a dissolução do casamento ou da união estável, ou seja, sogro, sogra, enteado e enteada serão parentes para sempre.

Cumpre salientar que cônjuges e companheiros não são parentes entre si, pois com o casamento e com a união estável não se forma parentesco, mas um vínculo de direito de família.

Parentesco civil ou de outra origem: com a desbiologização da paternidade, que consagrou a famosa frase "pai é quem cria e não quem gera", esse parentesco é o que se forma pela socioafetividade. Cumpre ressaltar que essa modalidade de parentesco está prevista no art. 1.593 do Código Civil[141], motivo pelo qual podemos afirmar que a parentalidade socioafetiva possui amparo em nossa legislação.

Por muito tempo se afirmava que esse parentesco era aquele que se estabelecia com o vínculo da adoção. Cumpre ressaltar ser inconstitucional a distinção entre filhos legítimos e adotados, pois o art. 227, § 6º, da CF enuncia que os filhos, havidos ou não da relação de casamento, ou por adoção, terão os mesmos direitos e qualificações, proibidas quaisquer designações discriminatórias relativas à filiação. Assim, verifica-se que tal modalidade de parentesco encontra-se mitigada, pois os filhos adotivos devem ser tratados como parentes consanguíneos e não civis, pois a interpretação contrária, como vimos, é inconstitucional.

O parentesco se dá por linhas, da seguinte maneira:

Linha reta: são parentes em linha reta as pessoas que estão umas para com as outras na relação de ascendentes e descendentes. Assim, verifica-se que a linha reta do parentesco é formada por ascendentes e descendentes. É importante explicar que o parentesco na linha reta, seja ascendente ou descendente, é infinito, ou seja, nunca termina.

---

141. "Art. 1.593. O parentesco é natural ou civil, conforme resulte de consanguinidade **ou outra origem**."

Linha colateral, transversal ou oblíqua: são parentes em linha colateral ou transversal as pessoas provenientes de um só tronco, sem descenderem umas das outras. Cumpre salientar que a linha colateral se extingue no quarto grau.

A linha colateral pode ser:

a) Linha colateral igual: na hipótese da distância que os separa do tronco comum, em número de gerações é a mesma, como no caso de irmãos.

b) Linha colateral desigual: em razão de um dos parentes colaterais estar separado do tronco comum por duas gerações e o outro por uma, como ocorre entre tios e sobrinhos.

Pode, ainda, existir a **linha colateral dúplice**, como no caso de dois irmãos que se casam com duas irmãs. Neste caso, os filhos que nascerem dos dois casais serão parentes colaterais em linha duplicada.

Questão complexa que aparenta dificuldade na comunidade jurídica é a contagem de grau do parentesco. Para demonstrar que não há segredo em fazer isso, passaremos a explicar como esta ocorre e iremos demonstrar por meio de desenhos a sua aplicação prática.

Contam-se na linha reta os graus de parentesco pelo número de gerações, e, na colateral, também pelo número delas, subindo de um dos parentes até o ascendente comum, e descendo até encontrar o outro parente.

Assim, verifica-se que a contagem na linha reta, seja ela descendente ou ascendente, não apresenta dificuldade, pois basta subir ou descer para cada parente, adicionando sempre um grau quando for encontrando alguém .

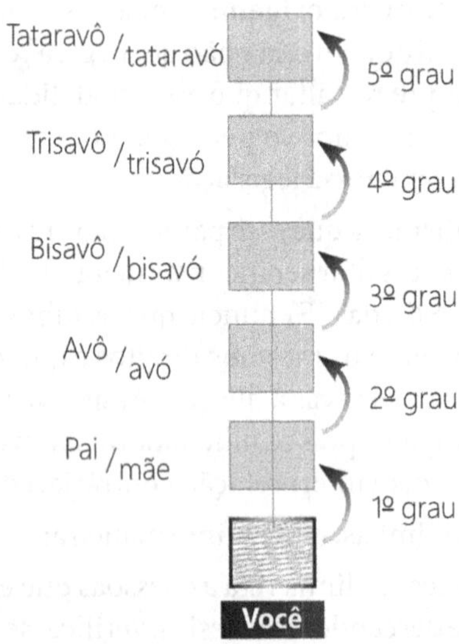

Já na linha colateral a contagem de parentesco depende de se localizar o ascendente comum (elo entre dois troncos ancestrais). Deve-se subir até o primeiro ascendente comum de ambas as pessoas com quem se quer fazer a comparação, para depois descer pelo outro tronco ancestral onde se encontra o parente colateral.

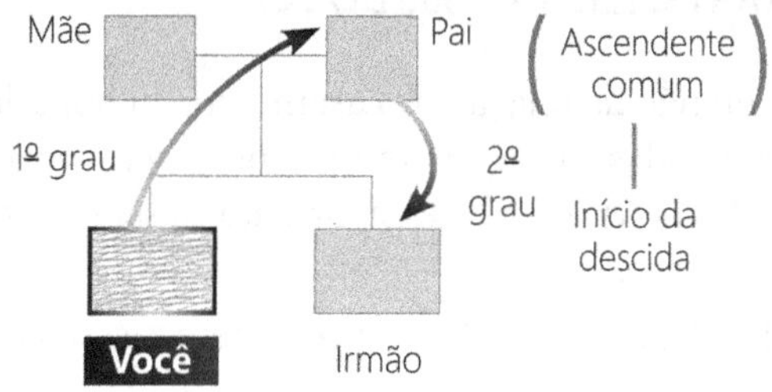
Mãe
Pai
Ascendente comum
1º grau
2º grau
Início da descida
Você
Irmão

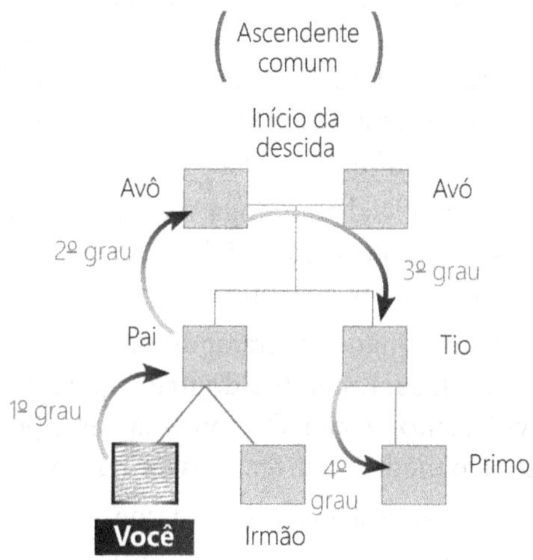
Ascendente comum
Início da descida
Avô
Avó
2º grau
3º grau
Pai
Tio
1º grau
4º grau
Primo
Você
Irmão

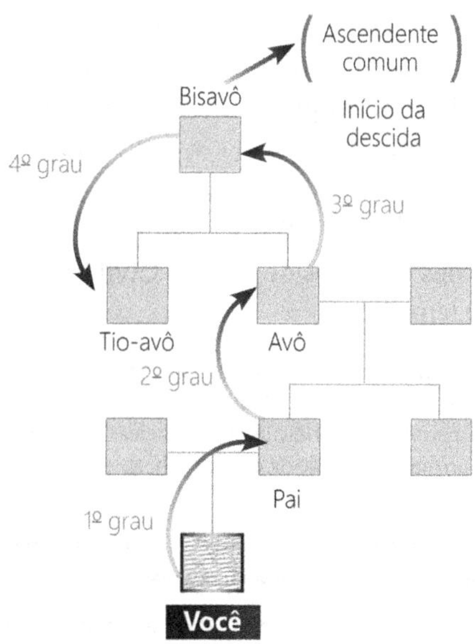
Ascendente comum
Bisavô
Início da descida
4º grau
3º grau
Tio-avô
Avô
2º grau
Pai
1º grau
Você

13.11. DA FILIAÇÃO (ARTS. 1.596 A 1.606 DO CC)

Os filhos, havidos ou não da relação de casamento, ou por adoção, terão os mesmos direitos e qualificações, proibidas quaisquer designações discriminatórias relativas à filiação. A norma decorre do art. 227, § 6º, da CF. Dessa forma, a classificação de filhos em legítimos e ilegítimos não mais prevalece.

Consoante o art. 1.597 do Código Civil, presumem-se concebidos na constância do casamento os filhos:

a) nascidos 180 dias, pelo menos, depois de estabelecida a convivência conjugal;

b) nascidos nos 300 dias subsequentes à dissolução da sociedade conjugal, por morte, separação, nulidade e anulação do casamento. Como a dissolução do casamento em muitos casos é precedida de uma separação de fato, o melhor seria a presunção ocorrer após 300 dias de finda a convivência. Trata-se da presunção *pater is est quem justae nuptiae demonstrant* (o pai legítimo é aquele que o matrimônio como tal indica);

c) havidos por fecundação artificial homóloga, mesmo que falecido o marido. A inseminação artificial homóloga se dá quando o material genético pertence ao casal interessado, e é utilizada quando eles não conseguem a fecundação por meio do ato sexual;

d) havidos, a qualquer tempo, quando se tratar de embriões excedentários, decorrentes de concepção artificial homóloga. Entende a doutrina que essa presunção depende de o marido ter deixado, em vida, autorização. O problema desse posicionamento é que ele penaliza o filho e não a mãe ou o médico que fez a inseminação;

e) havidos por inseminação artificial heteróloga, desde que tenha prévia autorização do marido. A inseminação artificial será heteróloga quando o espermatozoide ou o óvulo utilizado provém de um doador estranho ao casal, oriundo da doação de gametas. É aplicável, por exemplo, nos casos de esterilidade do homem ou da mulher e incompatibilidade sanguínea do fator Rh.

Salvo prova em contrário, se, antes de decorrer 10 meses depois do começo da viuvez, ou da dissolução da sociedade conjugal (por separação, divórcio, nulidade ou anulação do casamento), a mulher contrair novas núpcias e lhe nascer algum filho, este se presume do primeiro marido, se nascido dentro dos 300 dias a contar da data do falecimento deste e, do segundo, se o nascimento ocorrer após esse período e já decorrido o prazo de 180 dias, pelo menos, depois de estabelecida a convivência conjugal.

Há quatro enunciados das Jornadas de Direito Civil do CJF, acerca do art. 1.597 do Código Civil, que devem ser lembrados:

> **En. 104 do CJF** – Art. 1.597: no âmbito das técnicas de reprodução assistida envolvendo o emprego de material fecundante de terceiros, o pressuposto fático da relação sexual é substituído pela vontade (ou eventualmente pelo risco da situação jurídica matrimonial) juridicamente qualificada, gerando presunção absoluta ou relativa de paternidade no que tange ao marido da mãe da criança concebida, dependendo da manifestação expressa (ou implícita) da vontade no curso do casamento.

> **En. 105 do CJF** – Art. 1.597: as expressões "fecundação artificial", "concepção artificial" e "inseminação artificial" constantes, respectivamente, dos incs. III, IV e V do art. 1.597 deverão ser interpretadas como "técnica de reprodução assistida".

> **En. 106 do CJF** – Art. 1.597, inc. III: para que seja presumida a paternidade do marido falecido, será obrigatório que a mulher, ao se submeter a uma das técnicas de reprodução assistida com o material genético do falecido,

esteja na condição de viúva, sendo obrigatório, ainda, que haja autorização escrita do marido para que se utilize seu material genético após sua morte.

En. 107 do CJF – Art. 1.597, IV: finda a sociedade conjugal, na forma do art. 1.571, a regra do inc. IV somente poderá ser aplicada se houver autorização prévia, por escrito, dos ex-cônjuges para a utilização dos embriões excedentários, só podendo ser revogada até o início do procedimento de implantação desses embriões.

O enunciado 7 da I Jornada de Direito Notarial e Registral do CJF, realizada em Recife/ PE em 2022, estabelece que a presunção do art. 1.597 do CC se estende, também, a união estável, desde que esta esteja previamente registrada no Livro E do Registro Civil das Pessoas Naturais da Sede, ou, onde houver, no 1º Subdistrito da Comarca, nos termos do art. 94-A da Lei de Registros Públicos.

A prova da impotência do cônjuge para gerar, à época da concepção, ilide a presunção da paternidade.

Não basta o adultério da mulher, ainda que confessado, para ilidir a presunção legal da paternidade.

Cabe ao marido o direito de contestar a paternidade dos filhos nascidos de sua mulher, sendo tal ação imprescritível. Contestada a filiação, os herdeiros do impugnante têm direito de prosseguir na ação.

Não basta a confissão materna para excluir a paternidade.

A filiação prova-se pela certidão do termo de nascimento registrada no Registro Civil das Pessoas Naturais.

Ninguém pode vindicar estado contrário ao que resulta do registro de nascimento, salvo provando-se erro ou falsidade do registro.

Na falta, ou defeito, do termo de nascimento, poderá provar-se a filiação por qualquer modo admissível em direito:

a) quando houver começo de prova por escrito, proveniente dos pais, conjunta ou separadamente;

b) quando existirem veementes presunções resultantes de fatos já certos.

A ação de prova de filiação compete ao filho, enquanto viver, passando aos herdeiros, se ele morrer menor ou incapaz. Se iniciada a ação pelo filho, os herdeiros poderão continuá-la, salvo se julgado extinto o processo.

13.12. DO RECONHECIMENTO DE FILHOS (ARTS. 1.607 A 1.617 DO CC)

O filho havido fora do casamento pode ser reconhecido pelos pais, conjunta ou separadamente.

Quando a maternidade constar do termo do nascimento do filho, a mãe só poderá contestá-la, provando a falsidade do termo, ou das declarações nele contidas.

Uma das únicas verdades absolutas do Direito Civil, que advém do Direito Romano, era a de que *mater semper certa est pater nunquan* (a mãe é sempre certa, o pai nunca). Isso se dá porque o médico declara qual foi a mãe que pariu o recém-nascido por meio da DNV (declaração de nascido vivo), que é usada para o registro de nascimento da criança.

Ocorre que, em razão da prática da gravidez por substituição, popularmente conhecida pela equivocada expressão "barriga de aluguel", hoje é plenamente possível o gameta feminino e o masculino darem origem a um embrião em laboratório, que será implantado no útero de outra mulher, em decorrência de a dona do material genético ter algum tipo de problema que impede a gestação.

O reconhecimento dos filhos havidos fora do casamento é irrevogável e será feito:

a) no registro do nascimento;

b) por escritura pública ou escrito particular, a ser arquivado em cartório;

c) por testamento, ainda que incidentalmente manifestado;

d) por manifestação direta e expressa perante o juiz, ainda que o reconhecimento não haja sido o objeto único e principal do ato que o contém.

O reconhecimento não pode ser revogado, nem mesmo quando feito em testamento.

O filho havido fora do casamento, reconhecido por um dos cônjuges, não poderá residir no lar conjugal sem o consentimento do outro.

O reconhecimento pode preceder o nascimento do filho ou ser posterior ao seu falecimento, se ele deixar descendentes.

O filho reconhecido, enquanto menor, ficará sob a guarda do genitor que o reconheceu, e, se ambos o reconheceram e não houver acordo, sob a de quem melhor atender aos interesses do menor.

São ineficazes a condição e o termo apostos ao ato de reconhecimento do filho.

O filho maior não pode ser reconhecido sem o seu consentimento, e o menor pode impugnar o reconhecimento, nos 4 anos que se seguirem à maioridade, ou à emancipação.

Qualquer pessoa, que justo interesse tenha, pode contestar a ação de investigação de paternidade ou maternidade.

A sentença que julgar procedente a ação de investigação produzirá os mesmos efeitos do reconhecimento, mas poderá ordenar que o filho se crie e eduque fora da companhia dos pais ou daquele que lhe contestou essa qualidade.

A filiação materna ou paterna pode resultar de casamento declarado nulo, ainda mesmo sem as condições do putativo.

13.13. DA ADOÇÃO (ARTS. 1.618 A 1.629 DO CC)

Com a Lei Nacional de Adoção (Lei n. 12.010, de 3-8-2009), revogou-se a maior parte dos dispositivos do Código Civil sobre adoção, e os que ainda estão em vigor foram alterados.

No Código Civil a matéria vinha disciplinada nos arts. 1.618 a 1.629. Apenas para se ter uma ideia, os arts. 1.620 a 1.629 foram revogados pela citada lei. Apenas dois artigos ainda estão vigendo: o 1.618 e o 1.619.

O art. 1.618 do Código Civil, o primeiro a tratar do tema, foi modificado pela Lei Nacional de Adoção, para deixar claro que a adoção de crianças e adolescentes será deferida na forma prevista pelo Estatuto da Criança e do Adolescente (Lei n. 8.069, de 13-7-1990).

O segundo e último artigo que ainda está em vigência, que é o de número 1.619, determina que a adoção de maiores de 18 anos dependerá da assistência efetiva do Poder Público e de sentença constitutiva, aplicando-se, no que couber, as regras gerais do Estatuto da Criança e do Adolescente. Tal dispositivo apenas visa esclarecer que a adoção, seja ela de menor ou maior, será constituída por sentença judicial em ambos os casos, eliminando qualquer dúvida sobre a adoção de maiores, sempre regulada pelo Código Civil e que podia ser feita por escritura pública na época do Código Civil de 1916.

O § 2º do art. 42 do ECA determina que, para adoção conjunta de crianças e adolescentes, é indispensável que os adotantes sejam casados civilmente ou mantenham união estável (seja de união estável heterossexual ou homoafetiva), comprovada a estabilidade da família.

Com a decisão do STF na **ADIn 4.277** e **ADPF 132**, que dá à união homoafetiva os mesmos efeitos da união estável heterossexual, verifica-se que fica permitida a adoção conjunta homoafetiva (por casais do mesmo sexo), consoante o disposto no § 2º do art. 42 do ECA.

Antes mesmo da decisão do STF, o STJ já havia decidido pela possibilidade da adoção conjunta homoafetiva no **REsp 889.852, RS 2006/0209137-4, rel. Min. Luis Felipe Salomão, j. em 27-4-2010.**

Cumpre lembrar que a adoção por pessoas homossexuais solteiras sempre foi permitida pelo ECA. A evolução que comentamos é a adoção conjunta, em que a criança terá duas mães ou dois pais.

13.14. DO PODER FAMILIAR (ARTS. 1.630 A 1.638 DO CC)

Com a igualdade de direitos entre homem e mulher, não se usa mais a expressão "pátrio poder", mas sim "poder familiar". O poder familiar é o conjunto de direitos e deveres dos pais com relação à pessoa e aos bens dos filhos menores e não emancipados, para que os pais possam exercer o que a lei lhes determina para agir no interesse dos filhos. Os filhos estão sujeitos ao poder familiar enquanto menores.

Durante o casamento e a união estável, compete o poder familiar aos pais, e na falta ou impedimento de um deles, o outro o exercerá com exclusividade. Divergindo os pais quanto ao exercício do poder familiar, é assegurado a qualquer deles recorrer ao juiz para a solução do desacordo.

A separação, o divórcio e a dissolução da união estável não alteram as relações entre pais e filhos senão quanto ao direito que aos primeiros cabe de terem em sua companhia os segundos.

O filho não reconhecido pelo pai fica sob o poder familiar exclusivo da mãe, e se esta não for conhecida ou capaz de exercê-lo, dar-se-á tutor ao menor.

Compete aos pais, quanto à pessoa dos filhos menores:

a) dirigir-lhes a criação e educação;

b) tê-los em sua companhia e guarda;

c) conceder-lhes ou negar-lhes consentimento para casarem;

d) nomear-lhes tutor por testamento ou documento autêntico, se o outro dos pais não lhe sobreviver, ou o sobrevivo não puder exercer o poder familiar;

e) representá-los, até aos 16 anos, nos atos da vida civil, e assisti-los, após essa idade, nos atos em que forem partes, suprindo-lhes o consentimento;

f) reclamá-los de quem ilegalmente os detenha;

g) exigir que lhes prestem obediência, respeito e os serviços próprios de sua idade e condição.

Extingue-se o poder familiar:

a) pela morte dos pais ou do filho;

b) pela emancipação;

c) pela maioridade;

d) pela adoção;

e) por decisão judicial, na ação de destituição do poder familiar.

O pai ou a mãe que contrai novas núpcias, ou estabelece união estável, não perde, quanto aos filhos do relacionamento anterior, o direito ao poder familiar, exercendo-o sem qualquer interferência do novo cônjuge ou companheiro. Igual preceito aplica-se ao pai ou à mãe solteiros que casarem ou estabelecerem união estável.

Se o pai, ou a mãe, abusar de sua autoridade, faltando aos deveres a eles inerentes ou arruinando os bens dos filhos, cabe ao juiz, requerendo algum parente, ou o Ministério Público, adotar a medida que lhe pareça reclamada pela segurança do menor e seus haveres, até suspendendo o poder familiar, quando convenha.

Suspende-se igualmente o exercício do poder familiar ao pai ou à mãe condenado por sentença irrecorrível, em virtude de crime cuja pena exceda a dois anos de prisão (art. 1.637 do CC).

Perderá por ato judicial o poder familiar o pai ou a mãe que:

a) castigar imoderadamente o filho;

b) deixar o filho em abandono;

c) praticar atos contrários à moral e aos bons costumes;

d) incidir, reiteradamente, nas faltas previstas no art. 1.637 do Código Civil;

e) entregar de forma irregular o filho a terceiros para fins de adoção (incluído pela Lei n. 13.509/2017).

Poder familiar é um assunto que vem merecendo a atenção do legislador nos últimos tempos, e por tal motivo a Lei n. 13.715/2018 determinou a inclusão de um parágrafo único no art. 1.638 do CC, para nele estabelecer a regra de que perderá, também, por ato judicial o poder familiar aquele que:

I – praticar contra outrem igualmente titular do mesmo poder familiar:

a) homicídio, feminicídio ou lesão corporal de natureza grave ou seguida de morte, quando se tratar de crime doloso envolvendo violência doméstica e familiar ou menosprezo ou discriminação à condição de mulher;

b) estupro ou outro crime contra a dignidade sexual sujeito à pena de reclusão;

II – praticar contra filho, filha ou outro descendente:

a) homicídio, feminicídio ou lesão corporal de natureza grave ou seguida de morte, quando se tratar de crime doloso envolvendo violência doméstica e familiar ou menosprezo ou discriminação à condição de mulher;

b) estupro, estupro de vulnerável ou outro crime contra a dignidade sexual sujeito à pena de reclusão.

Busca-se com essa proteção livrar as crianças e adolescentes de tais mazelas que, infelizmente, ocorrem em nossa sociedade, mas que devem ser combatidas com rigidez e que não podem ser toleradas.

13.15. DO USUFRUTO E DA ADMINISTRAÇÃO DOS BENS DE FILHOS MENORES (ARTS. 1.689 A 1.693 DO CC)

O pai e a mãe, enquanto no exercício do poder familiar:

a) são usufrutuários dos bens dos filhos;

b) têm a administração dos bens dos filhos menores sob sua autoridade.

Compete aos pais, e na falta de um deles ao outro, com exclusividade, representar os filhos menores de 16 anos, bem como assisti-los até completarem a maioridade ou serem emancipados.

Os pais devem decidir em comum as questões relativas aos filhos e a seus bens; havendo divergência, poderá qualquer deles recorrer ao juiz para a solução necessária.

Não podem os pais alienar, ou gravar de ônus real os imóveis dos filhos, nem contrair, em nome deles, obrigações que ultrapassem os limites da simples administração, salvo por necessidade ou evidente interesse da prole, mediante prévia autorização do juiz.

Podem pleitear a declaração de nulidade dos atos acima:

a) os filhos;

b) os herdeiros;

c) o representante legal.

Sempre que no exercício do poder familiar colidir o interesse dos pais com o do filho, a requerimento deste ou do Ministério Público o juiz lhe dará curador especial.

Excluem-se do usufruto e da administração dos pais:

a) os bens adquiridos pelo filho havido fora do casamento, antes do reconhecimento;

b) os valores auferidos pelo filho maior de 16 anos, no exercício de atividade profissional e os bens com tais recursos adquiridos;

c) os bens deixados ou doados ao filho, sob a condição de não serem usufruídos, ou administrados, pelos pais;

d) os bens que aos filhos couberem na herança, quando os pais forem excluídos da sucessão.

Esse direito real não é passível de registro, consoante o art. 167, I, item 7, da Lei n. 6.015/73:

Art. 167. No Registro de Imóveis, além da matrícula, serão feitos.

I – o registro:

(...)

7) do usufruto e do uso sobre imóveis e da habitação, quando não resultarem do direito de família;

13.16. DA TUTELA (ARTS. 1.728 A 1.766 DO CC)

Os filhos menores são postos em tutela:

a) com o falecimento dos pais, ou sendo estes julgados ausentes;

b) em caso de os pais decaírem do poder familiar.

O direito de nomear tutor compete aos pais, em conjunto. A nomeação deve constar de testamento ou de qualquer outro documento autêntico e se denomina tutela testamentária. No caso de ser nomeado mais de um tutor por disposição testamentária sem indicação de precedência, entende-se que a tutela foi cometida ao primeiro e que os outros lhe sucederão pela ordem de nomeação, se ocorrer morte, incapacidade, escusa ou qualquer outro impedimento. É nula a nomeação de tutor pelo pai ou pela mãe que, ao tempo de sua morte, não tinha o poder familiar.

Em falta de tutor nomeado pelos pais incumbe a tutela aos parentes consanguíneos do menor, por esta ordem:

a) aos ascendentes, preferindo o de grau mais próximo ao mais remoto;

b) aos colaterais até o terceiro grau, preferindo os mais próximos aos mais remotos, e, no mesmo grau, os mais velhos aos mais moços. Em qualquer dos casos, o juiz escolherá entre eles o mais apto a exercer a tutela em benefício do menor.

O juiz nomeará tutor idôneo e residente no domicílio do menor:

a) na falta de tutor testamentário ou legítimo;

b) quando estes forem excluídos ou escusados da tutela;

c) quando removidos por não idôneos o tutor legítimo e o testamentário.

Aos irmãos órfãos dar-se-á um único tutor. Quem institui um menor herdeiro, ou legatário seu, poderá nomear-lhe curador especial para os bens deixados, ainda que o beneficiário se encontre sob o poder familiar ou tutela.

As crianças e os adolescentes cujos pais forem desconhecidos, falecidos ou que tiverem sido suspensos ou destituídos do poder familiar terão tutores nomeados pelo juiz ou serão incluídos em programa de colocação familiar, na forma prevista pela Lei n. 8.069, de 13-7-1990 (Estatuto da Criança e do Adolescente).

Não podem ser tutores e serão exonerados da tutela, caso a exerçam:

a) aqueles que não tiverem a livre administração de seus bens;

b) aqueles que, no momento de lhes ser deferida a tutela, se acharem constituídos em obrigação para com o menor, ou tiverem que fazer valer direitos contra este, e aqueles cujos pais, filhos ou cônjuges tiverem demanda contra o menor;

c) os inimigos do menor, ou de seus pais, ou que tiverem sido por estes expressamente excluídos da tutela;

d) os condenados por crime de furto, roubo, estelionato, falsidade, contra a família ou os costumes, tenham ou não cumprido pena;

e) as pessoas de mau procedimento, ou falhas em probidade, e as culpadas de abuso em tutorias anteriores;

f) aqueles que exercerem função pública incompatível com a boa administração da tutela.

Por ser a tutela um *munus publico* (encargo público), a escusa da tutela é hipótese excepcional, que só poderá ocorrer nos seguintes casos:

a) mulheres casadas;

b) maiores de 60 anos;

c) aqueles que tiverem sob sua autoridade mais de três filhos;

d) os impossibilitados por enfermidade;

e) aqueles que habitarem longe do lugar onde se haja de exercer a tutela;

f) aqueles que já exercerem tutela ou curatela;

g) militares em serviço.

A escusa apresentar-se-á nos 10 dias subsequentes à designação, sob pena de entender-se renunciado o direito de alegá-la, mas se o motivo escusatório ocorrer depois de aceita a tutela, os dez dias contar-se-ão do em que ele sobrevier.

Se o juiz não admitir a escusa, exercerá o nomeado a tutela, enquanto o recurso interposto não tiver provimento, e responderá desde logo pelas perdas e danos que o menor venha a sofrer.

Quem não for parente do menor não poderá ser obrigado a aceitar a tutela, se houver no lugar parente idôneo, consanguíneo ou afim, em condições de exercê-la.

Incumbe ao tutor, quanto à pessoa do menor:

a) dirigir-lhe a educação, defendê-lo e prestar-lhe alimentos, conforme os seus haveres e condição;

b) reclamar do juiz que providencie, como houver por bem, quando o menor haja mister correção;

c) adimplir os demais deveres que normalmente cabem aos pais, ouvida a opinião do menor, se este já contar 12 anos de idade.

Incumbe ao tutor, sob a inspeção do juiz, administrar os bens do tutelado, em proveito deste, cumprindo seus deveres com zelo e boa-fé. Para fiscalização dos atos do tutor, pode o juiz nomear um **protutor**.

Se os bens e interesses administrativos exigirem conhecimentos técnicos, forem complexos, ou realizados em lugares distantes do domicílio do tutor, poderá este, mediante aprovação judicial, delegar a outras pessoas físicas ou jurídicas o exercício parcial da tutela.

A responsabilidade do juiz será:

a) direta e pessoal, quando não tiver nomeado o tutor, ou não o houver feito oportunamente;

b) subsidiária, quando não tiver exigido garantia legal do tutor, nem o removido, tanto que se tornou suspeito.

Os bens do menor serão entregues ao tutor mediante termo especificado deles e seus valores, ainda que os pais o tenham dispensado. Se o patrimônio do menor for de valor considerável, poderá o juiz condicionar o exercício da tutela à prestação de caução bastante, podendo dispensá-la se o tutor for de reconhecida idoneidade.

Se o menor possuir bens, será sustentado e educado a expensas deles, arbitrando o juiz para tal fim as quantias que lhe pareçam necessárias, considerado o rendimento da fortuna do pupilo quando o pai ou a mãe não as houver fixado.

Compete mais ao tutor:

a) representar o menor, até os 16 anos, nos atos da vida civil, e assisti-lo, após essa idade, nos atos em que for parte;

b) receber as rendas e pensões do menor, e as quantias a ele devidas;

c) fazer-lhe as despesas de subsistência e educação, bem como as de administração, conservação e melhoramentos de seus bens;

d) alienar os bens do menor destinados a venda;

e) promover-lhe, mediante preço conveniente, o arrendamento de bens de raiz.

Compete também ao tutor, com autorização do juiz:

a) pagar as dívidas do menor;

b) aceitar por ele heranças, legados ou doações, ainda que com encargos;

c) transigir;

d) vender-lhe os bens móveis, cuja conservação não convier, e os imóveis nos casos em que for permitido;

e) propor em juízo as ações, ou nelas assistir o menor, e promover todas as diligências a bem deste, assim como defendê-lo nos pleitos contra ele movidos.

No caso de falta de autorização, a eficácia de ato do tutor depende da aprovação ulterior do juiz.

Ainda com a autorização judicial, não pode o tutor, sob pena de nulidade:

a) adquirir por si, ou por interposta pessoa, mediante contrato particular, bens móveis ou imóveis pertencentes ao menor;

b) dispor dos bens do menor a título gratuito;

c) constituir-se cessionário de crédito ou de direito contra o menor.

Os imóveis pertencentes aos menores sob tutela somente podem ser vendidos quando houver manifesta vantagem, mediante prévia avaliação judicial e aprovação do juiz.

Antes de assumir a tutela, o tutor declarará tudo o que o menor lhe deva, sob pena de não lhe poder cobrar, enquanto exerça a tutoria, salvo provando que não conhecia o débito quando a assumiu.

O tutor responde pelos prejuízos que, por culpa, ou dolo, causar ao tutelado, mas tem direito a ser pago pelo que realmente despender no exercício da tutela, salvo no caso das crianças e dos adolescentes cujos pais forem desconhecidos, falecidos ou que tiverem sido suspensos ou destituídos do poder familiar, e que tiveram tutores nomeados pelo Juiz ou foram incluídos em programa de colocação familiar, na forma prevista pelo Estatuto da Criança e do Adolescente. O tutor tem, ainda, o direito de receber remuneração proporcional à importância dos bens administrados. Ao protutor será arbitrada uma gratificação módica pela fiscalização efetuada.

São solidariamente responsáveis pelos prejuízos as pessoas às quais competia fiscalizar a atividade do tutor e as que concorreram para o dano.

Os tutores não podem conservar em seu poder dinheiro dos tutelados, além do necessário para as despesas ordinárias com o seu sustento, a sua educação e a administração de seus bens.

Se houver necessidade, os objetos de ouro e prata, pedras preciosas e móveis serão avaliados por pessoa idônea e, após autorização judicial, alienados, e o seu produto convertido em títulos, obrigações e letras de responsabilidade direta ou indireta da União ou dos Estados, atendendo-se preferentemente à rentabilidade, e recolhidos ao estabelecimento bancário oficial ou aplicado na aquisição de imóveis, conforme for determinado pelo juiz. O mesmo destino terá o dinheiro proveniente de qualquer outra procedência.

Os tutores respondem pela demora na aplicação dos valores acima referidos, pagando os juros legais desde o dia em que deveriam dar esse destino, o que não os exime da obrigação, que o juiz fará efetiva, da referida aplicação.

Os valores que existirem em estabelecimento bancário oficial, na forma acima, não se poderão retirar, senão mediante ordem do juiz, e somente:

a) para as despesas com o sustento e educação do tutelado, ou a administração de seus bens;

b) para se comprarem bens imóveis e títulos, obrigações ou letras, se houver necessidade de alienar os objetos de ouro e prata, pedras preciosas e móveis, após avaliação de pessoa idônea e de autorização judicial, e o seu produto dever ser convertido em títulos, obrigações e letras de responsabilidade direta ou indireta da União ou dos Estados;

c) para se empregarem em conformidade com o disposto por quem os houver doado ou deixado;

d) para se entregarem aos órfãos, quando emancipados, ou maiores, ou, mortos eles, aos seus herdeiros.

Os tutores, embora o contrário tivessem disposto os pais dos tutelados, são obrigados a prestar contas da sua administração.

No fim de cada ano de administração, os tutores submeterão ao juiz o balanço respectivo, que, depois de aprovado, será anexado aos autos do inventário.

Os tutores prestarão contas de 2 em 2 anos, e também quando, por qualquer motivo, deixarem o exercício da tutela ou toda vez que o juiz achar conveniente. As contas serão prestadas em juízo e julgadas depois da audiência dos interessados, recolhendo o tutor imediatamente a estabelecimento bancário oficial os saldos, ou adquirindo bens imóveis, ou títulos, obrigações ou letras.

Finda a tutela pela emancipação ou maioridade, a quitação do menor não produzirá efeito antes de aprovadas as contas pelo juiz, subsistindo inteira, até então, a responsabilidade do tutor.

Nos casos de morte, ausência, ou interdição do tutor, as contas serão prestadas por seus herdeiros ou representantes.

Serão levadas a crédito do tutor todas as despesas justificadas e reconhecidamente proveitosas ao menor. As despesas com a prestação das contas serão pagas pelo tutelado.

O alcance do tutor, bem como o saldo contra o tutelado, é dívida de valor e vence juros desde o julgamento definitivo das contas.

Cessa a condição de tutelado:

a) com a maioridade ou a emancipação do menor;

b) ao cair o menor sob o poder familiar, no caso de reconhecimento ou adoção.

Cessam as funções do tutor:

a) ao expirar o termo, em que era obrigado a servir;

b) ao sobrevir escusa legítima;

c) ao ser removido.

O tutor é obrigado a servir por espaço de 2 anos. Pode o tutor continuar no exercício da tutela, além do prazo previsto neste artigo, se o quiser e o juiz julgar conveniente ao menor.

Será destituído o tutor quando negligente, prevaricador ou incurso em incapacidade.

13.17. DA CURATELA (ARTS. 1.767 A 1.783 DO CC) E DA TOMADA DE DECISÃO APOIADA (ART. 1.783-A DO CC)

A curatela recai sobre maiores incapazes.

Com o Estatuto da Pessoa com Deficiência (Lei n. 13.146/2015), profundas mudanças ocorreram com o referido instituto.

A primeira é que o § 3º do art. 84 estabelece que a definição de curatela de pessoa com deficiência constitui medida protetiva extraordinária, proporcional às necessidades e às circunstâncias de cada caso, e durará o menor tempo possível.

Assim sendo, a curatela ficará restrita, inicialmente, às pessoas que possuem problemas para exprimir sua vontade, seja ou não deficiente. Porém, a curatela do deficiente ainda poderá ocorrer, pois o § 1º do art. 84 prevê que, quando necessário, a pessoa com deficiência será submetida à curatela, conforme a lei.

Isso se deve ao fato de o Estatuto da Pessoa com Deficiência ter criado um novo instituto: a **Tomada de Decisão Apoiada.**

A tomada de decisão apoiada vem prevista no art. 1.783-A do Código Civil.

Segundo este artigo, a tomada de decisão apoiada é o processo pelo qual a pessoa com deficiência elege pelo menos duas pessoas idôneas, com as quais mantenha vínculos e que gozem de sua confiança, para prestar-lhe apoio na tomada de decisão sobre atos da vida civil, fornecendo-lhes os elementos e informações necessários para que possa exercer sua capacidade.

Notem que segundo a norma é o deficiente quem indica os apoiadores, e não mais o juiz quem os elege, e estes não representam nem assistem o deficiente, mas apenas o orientam sobre eventuais dúvidas que ele possa ter quanto ao ato a ser praticado.

A explicação para isso se deve ao fato de o art. 2º do Estatuto da Pessoa com Deficiência ter equiparado todo o tipo de deficiente. Eis a sua redação:

> **Art. 2º** Considera-se pessoa com deficiência aquela que tem impedimento de longo prazo de natureza física, mental, intelectual ou sensorial, o qual, em interação com uma ou mais barreiras, pode obstruir sua participação plena e efetiva na sociedade em igualdade de condições com as demais pessoas.

Equiparados os deficientes, independentemente do tipo e grau de deficiência, o art. 6º do Estatuto lhes dão **plena** capacidade civil:

> **Art. 6º A deficiência não afeta a plena capacidade civil da pessoa**, inclusive para:
>
> I – casar-se e constituir união estável;
>
> II – exercer direitos sexuais e reprodutivos;
>
> III – exercer o direito de decidir sobre o número de filhos e de ter acesso a informações adequadas sobre reprodução e planejamento familiar;
>
> IV – conservar sua fertilidade, sendo vedada a esterilização compulsória;
>
> V – exercer o direito à família e à convivência familiar e comunitária; e
>
> VI – exercer o direito à guarda, à tutela, à curatela e à adoção, como adotante ou adotando, em igualdade de oportunidades com as demais pessoas. (destaque nosso)

Até casar e constituir uma união estável, dividindo integralmente o seu patrimônio com a outra pessoa, num regime de comunhão universal, independerá de qualquer tipo de representação ou assistência.

Corroborando com os dispositivos acima, o art. 84 do Estatuto da Pessoa com Deficiência estabelece que a pessoa com deficiência tem assegurado o direito ao exercício de sua capacidade legal em igualdade de condições com as demais pessoas.

Para formular pedido de tomada de decisão apoiada, a pessoa com deficiência e os apoiadores devem apresentar termo em que constem os limites do apoio a ser oferecido e os compromissos dos apoiadores, inclusive o prazo de vigência do acordo e o respeito à vontade, aos direitos e aos interesses da pessoa que devem apoiar.

O pedido de tomada de decisão apoiada será requerido pela pessoa a ser apoiada, com indicação expressa das pessoas aptas a prestarem o apoio previsto na lei.

Antes de se pronunciar sobre o pedido de tomada de decisão apoiada, o juiz, assistido por equipe multidisciplinar, após oitiva do Ministério Público, ouvirá pessoalmente o requerente e as pessoas que lhe prestarão apoio.

A decisão tomada por pessoa apoiada terá validade e efeitos sobre terceiros, sem restrições, desde que esteja inserida nos limites do apoio acordado.

O terceiro com quem a pessoa apoiada mantenha relação negocial pode solicitar que os apoiadores contra-assinem o contrato ou acordo, especificando, por escrito, sua função em relação ao apoiado.

Isso acabará sendo regra no caso de deficiência mental, pois os terceiros que negociam com estas pessoas, se não as tiverem enganando, terão receio de que o ato possa ser invalidado futuramente.

Mas notem, isso somente se o deficiente mental tiver um apoiador, pois caso ele não o tenha, em virtude da sua plena capacidade dada pelo Estatuto, não será possível exigir a assinatura de ninguém, sob pena de discriminação.

Vale lembrar que o § 2º do art. 84 estabelece que é facultado à pessoa com deficiência a adoção de processo de tomada de decisão apoiada.

Entretanto, se a exigência de que alguém assine o ato com o deficiente mental partir de um notário ou registrador, pior ainda será, pois há previsão expressa na lei de sanção para discriminação:

> **Art. 83.** Os serviços notariais e de registro não podem negar ou criar óbices ou condições diferenciadas à prestação de seus serviços em razão de deficiência do solicitante, devendo reconhecer sua capacidade legal plena, garantida a acessibilidade.
>
> Parágrafo único. O descumprimento do disposto no *caput* deste artigo constitui discriminação em razão de deficiência.

Agora, como saber se uma pessoa tem um apoiador judicialmente constituído na forma da lei?

A dúvida surge porque o Estatuto da Pessoa com Deficiência não exigiu que a decisão judicial que cria a tomada de decisão apoiada seja registrada em cartório.

As sentenças declaratórias (ou constitutivas) de interdição devem ser inscritas no Registro Civil das Pessoas Naturais do 1º Ofício da Comarca do domicílio do interditado, já que apenas no primeiro cartório é que terá o livro "E", em que se faz tal registro, por determinação expressa do art. 92 da Lei de Registros Públicos.

Para os processualistas, a natureza jurídica da sentença de interdição é **constitutiva**. Para os civilistas, é **meramente declaratória**.

O Estatuto da Pessoa com Deficiência, no nosso sentir, não quis que houvesse a necessidade de se registrar a sentença de tomada de decisão apoiada, pois acabou desprestigiando o Registro Civil das Pessoas Naturais modificando o art. 1.773 do Código Civil, para quem a sentença que declara a interdição produz efeitos desde logo, embora sujeita a recurso.

Assim sendo, fica clara a opção da norma de tornar desnecessário o registro da interdição, ao estabelecer que a sentença produz efeitos desde logo.

Mas esta hipótese não mais existe, pois foi revogada pelo CPC/2015, que ressuscita a necessidade do registro da sentença de interdição, prestigiando, novamente, o ato que há séculos se usa para dar oponibilidade *erga omnes* de alguma coisa.

Refiro-me ao § 3º do art. 755 do CPC/2015, para quem a sentença de interdição será inscrita no registro de pessoas naturais e imediatamente publicada na rede mundial de computadores, no sítio do tribunal a que estiver vinculado o juízo e na plataforma de editais do Conselho Nacional de Justiça, onde permanecerá por 6 meses, na imprensa local, 1 vez, e no órgão oficial, por 3 vezes, com intervalo de 10 dias, constando do edital os nomes do interdito e do curador, a causa da interdição, os limites da curatela e, não sendo total a interdição, os atos que o interdito poderá praticar autonomamente.

Aliás, acreditamos que essa norma deve ser aplicada analogicamente à tomada de decisão apoiada, por força do art. 4º da LINDB, por estarmos diante de um caso de omissão da lei.

O Código de Processo Civil de 2015 revogou uma série de artigos do Código Civil, alterados pelo Estatuto da Pessoa com Deficiência, por um fato curioso.

Por quê?

O Estatuto da Pessoa com Deficiência foi publicado em 7-7-2015, mas só entrou em vigor em 3-1-2016; já o Código de Processo Civil de 2015 foi publicado em 17-3-2015 e entrou em vigor em 18-3-2016.

Assim sendo, havendo antinomia entre as duas normas, como deveremos resolvê-la?

Sabemos que a lei posterior prevalece sobre a anterior, quando ambas forem hierarquicamente iguais e especiais, como no caso em tela, já que o CPC/2015, nesse aspecto, é lei especial por tratar especificamente e minuciosamente do processo de interdição.

Mas a pergunta a ser feita nesse caso é: qual será a posterior? A que foi publicada depois ou a que entrou em vigor depois? Se for a publicada depois, será o Estatuto da Pessoa com Deficiência, mas, se for a que posteriormente entrou em vigor, será o CPC/2015.

Entendemos que a lei posterior é a que entra em vigor posteriormente, pois é nesse momento em que ela passa a produzir os seus regulares efeitos e por esse motivo poderá ser exigida das pessoas.

Assim sendo, o Estatuto da Pessoa com Deficiência altera vários artigos do Código Civil que depois são novamente alterados pelo CPC/2015, muitos deles para retornar ao estado anterior.

Que loucura, não?

Mas essa nossa posição não é unânime. Comungam do entendimento de que o CPC/2015 revoga as normas postas no Código Civil pelo Estatuto da Pessoa com Deficiência sobre interdição Flávio Tartuce[142] e Maurício Requião[143]. Já Fredie Didier Jr.[144] entende que o Estatuto da Pessoa com Deficiência deve prevalecer. O debate está aberto, e a polêmica iniciada.

---

142. TARTUCE, Flávio. *Estatuto da Pessoa com Deficiência, Direito de Família e o Novo CPC. Segunda parte.* Disponível em: <http://genjuridico.com.br/2015/09/08/estatuto-da-pessoa-com-deficiencia-direito-de-familia-e-o-novo-cpc-segunda-parte/>. Acesso em: 26 jan. 2016.

143. REQUIÃO, Maurício. *Estatuto da Pessoa com Deficiência altera regime civil das incapacidades.* Disponível em: <http://www.conjur.com.br/2015-jul-20/estatuto-pessoa-deficiencia-altera-regime-incapacidades>. Acesso em: 26 jan. 2016.

144. DIDIER Jr., Fredie. *Estatuto da Pessoa com Deficiência, Código de Processo Civil de 2015 e Código Civil:* uma primeira reflexão. Disponível em: <http://www.frediedidier.com.br/editorial/editorial-187/>. Acesso em: 26 jan. 2016.

Em caso de negócio jurídico que possa trazer risco ou prejuízo relevante, havendo divergência de opiniões entre a pessoa apoiada e um dos apoiadores, deverá o juiz, ouvido o Ministério Público, decidir sobre a questão.

Se o apoiador agir com negligência, exercer pressão indevida ou não adimplir as obrigações assumidas, poderá a pessoa apoiada ou qualquer pessoa apresentar denúncia ao Ministério Público ou ao juiz.

Se procedente a denúncia, o juiz destituirá o apoiador e nomeará, ouvida a pessoa apoiada e se for de seu interesse, outra pessoa para prestação de apoio.

A pessoa apoiada pode, a qualquer tempo, solicitar o término de acordo firmado em processo de tomada de decisão apoiada.

O apoiador pode solicitar ao juiz a exclusão de sua participação do processo de tomada de decisão apoiada, sendo seu desligamento condicionado à manifestação do juiz sobre a matéria.

Aplicam-se à tomada de decisão apoiada, no que couber, as disposições referentes à prestação de contas na curatela.

Mas, como a curatela ainda poderá ser aplicada às pessoas que possuem problemas para exprimir sua vontade, bem como para deficientes, por força do § 1º do art. 84 do mencionado Estatuto, quando for necessário, passemos a estudar esse instituto, fazendo uma análise do Código Civil e do Código de Processo Civil de 2015, bem como se mais algum dispositivo da lei civil ficou prejudicado com o início da vigência da lei processual.

Segundo o **art. 1.767 do Código Civil**, alterado pelo Estatuto da Pessoa com Deficiência, somente estão **sujeitos à curatela**:

> I – aqueles que, por causa transitória ou permanente, não puderem exprimir sua vontade;
>
> II – os ébrios habituais e os viciados em tóxico;
>
> III – os pródigos.

A ação de interdição pode ser promovida pelos legitimados do art. 747 do CPC/2015, pois o art. 1.768 do Código Civil foi por ele revogado. Segundo o referido artigo da lei processual:

> **Art. 747.** A interdição pode ser promovida:
>
> I – pelo cônjuge ou companheiro;
>
> II – pelos parentes ou tutores;
>
> III – pelo representante da entidade em que se encontra abrigado o interditando;
>
> IV – pelo Ministério Público.
>
> Parágrafo único. A legitimidade deverá ser comprovada por documentação que acompanhe a petição inicial.

O Ministério Público possui legitimidade para propor ação de interdição somente no caso de doença mental grave, segundo o art. 748 do CPC/2015, motivo pelo qual o Estatuto da Pessoa com Deficiência enfraquece tal regra, pois o doente mental grave tem capacidade civil plena, segundo a referida norma. A única hipótese de o Ministério Público propor tal ação seria no caso de o deficiente mental grave não ter condição de exprimir sua vontade, hipótese em que seria relativamente incapaz, por força do inciso III do art. 4º do Código Civil.

A legitimidade do Ministério Público continua a existir mesmo com a modificação realizada pelo Estatuto da Pessoa com Deficiência no art. 1.769 do Código Civil, que antes dava legitimidade ao Ministério Público para promover a interdição do doente mental grave. O referido dispositivo ficou com a seguinte redação:

Art. 1.769. O Ministério Público somente promoverá o processo que define os termos da curatela:

I - nos casos de deficiência mental ou intelectual;

II - se não existir ou não promover a interdição alguma das pessoas designadas nos incisos I e II do artigo antecedente;

III - se, existindo, forem menores ou incapazes as pessoas mencionadas no inciso II.

Ocorre, porém, que o Código de Processo Civil de 2015, que entrou em vigor depois do Estatuto da Pessoa com Deficiência, estabelece no art. 748 que o Ministério Público só promoverá a interdição no caso de doença mental grave:

Art. 748. O Ministério Público só promoverá interdição em caso de doença mental grave:

I - se as pessoas designadas nos incisos I, II e III do art. 747 não existirem ou não promoverem a interdição;

II - se, existindo, forem incapazes as pessoas mencionadas nos incisos I e II do art. 747.

Assim sendo, o Estatuto da Pessoa com Deficiência altera o art. 1.769 do Código Civil, que depois é novamente alterado pelo CPC/2015, para retornar ao estado anterior. Isso se dá porque o CPC/2015 usa a palavra **somente** para indicar a legitimidade do Ministério Público para promover a interdição.

Nos casos em que a interdição for promovida pelo Ministério Público, o juiz nomeará defensor ao suposto incapaz; nos demais casos o Ministério Público será o defensor.

O art. 1.768 do Código Civil, com a nova redação dada pelo Estatuto da Pessoa com Deficiência, permitia, no inciso IV, a **autointerdição**, pois legitimava o próprio incapaz a pedir sua interdição. Ninguém melhor que o próprio incapaz para saber de suas limitações e pedir sua interdição. Essa modificação tinha sido muito positiva, mas, como o art. 747 do CPC/2015 não repete tal possibilidade, ela deixa de existir com a vigência da lei processual.

Antes de se pronunciar acerca dos termos da curatela, o juiz, que deverá ser assistido por equipe multidisciplinar, entrevistará pessoalmente o interditando.

O Estatuto da Pessoa com Deficiência alterou o *caput* do art. 1.772 do Código Civil para estabelecer que o juiz determinará, segundo as potencialidades da pessoa, os limites da curatela e indicará curador.

Esse mesmo dispositivo estabelece no parágrafo único, que para a escolha do curador, o juiz levará em conta a vontade e as preferências do interditando, a ausência de conflito de interesses e de influência indevida, a proporcionalidade e a adequação às circunstâncias da pessoa.

Ocorre, porém, que o art. 755 do CPC/2015 prejudicou o dispositivo, por estabelecer que, na sentença que decretar a interdição, o juiz:

I - nomeará curador, que poderá ser o requerente da interdição, e fixará os limites da curatela, segundo o estado e o desenvolvimento mental do interdito;

II - considerará as características pessoais do interdito, observando suas potencialidades, habilidades, vontades e preferências.

Notem que o dispositivo permite ao juiz considerar as características pessoais do interdito, coisa que o Código Civil não menciona.

Além disso, o § 1º do art. 755 do CPC/2015 estabelece que a curatela deve ser atribuída a quem melhor possa atender aos interesses do curatelado, o que amplia, demasiadamente, a abrangência do parágrafo único do art. 1.772 do Código Civil.

Essa regra também mitiga o art. 1.775 do Código Civil, que estabelece:

Art. 1.775. O cônjuge ou companheiro, não separado judicialmente ou de fato, é, de direito, curador do outro, quando interdito.

§ 1º Na falta do cônjuge ou companheiro, é curador legítimo o pai ou a mãe; na falta destes, o descendente que se demonstrar mais apto.

§ 2º Entre os descendentes, os mais próximos precedem aos mais remotos.

§ 3º Na falta das pessoas mencionadas neste artigo, compete ao juiz a escolha do curador.

Diante disso, como o Código de Processo Civil prevalece sobre o Código Civil, alterado pelo Estatuto da Pessoa com Deficiência, há liberdade plena do juiz na escolha do curador, pois a única coisa que ele deverá levar em consideração é o melhor interesse do curatelado.

Uma alteração interessante que o Estatuto da Pessoa com Deficiência fez foi criar o instituto da **curatela compartilhada**, incluída pelo art. 1.775-A do Código Civil, que permite ao juiz, na nomeação de curador para a pessoa com deficiência, estabelecer curatela compartilhada a mais de uma pessoa. O citado instituto tem inspiração na guarda compartilhada.

Outro problema existente é que o art. 1.777 do Código Civil, com nova redação dada pelo Estatuto da Pessoa com Deficiência, estabelece que as pessoas que estão sujeitas à curatela receberão todo o apoio necessário para ter preservado o direito à convivência familiar e comunitária, sendo evitado o seu recolhimento em estabelecimento que os afaste desse convívio.

O dispositivo acaba sendo revogado pelo art. 758 do CPC/2015, que impõe ao curador o **dever** de buscar tratamento e apoio apropriados à conquista da autonomia pelo interdito. Diante dessa regra, não será evitado o recolhimento do interdito, pois o curador poderá ser responsabilizado civil e criminalmente se não cumprir com esse dever.

Prevê o art. 1.778 do Código Civil, que a autoridade do curador estende-se à pessoa e aos bens dos filhos do curatelado, se menor de idade e não emancipado.

O art. 757 do CPC/2015 aumenta a abrangência do art. 1.778 do Código Civil, por determinar que a autoridade do curador estende-se à pessoa e aos bens do incapaz que se encontrar sob a guarda e a responsabilidade do curatelado ao tempo da interdição (o que inclui filho, um tutelado, um curatelado, ou de alguém que ele seja guardião), salvo se o juiz considerar outra solução como mais conveniente aos interesses do incapaz. A norma dá ao juiz poder de flexibilizar a regra criada.

Nessa esteira, o § 2º do art. 755 do CPC/2015 determina que, havendo, ao tempo da interdição, pessoa incapaz sob a guarda e a responsabilidade do interdito, o juiz atribuirá a curatela a quem melhor puder atender aos interesses do interdito e do incapaz.

Segundo o art. 1.779 do Código Civil, dar-se-á curador ao nascituro se o pai falecer, estando grávida a mulher e não tendo o poder familiar. E se a mulher estiver interdita, seu curador será o do nascituro.

Incumbe ao autor, na petição inicial da ação de interdição, especificar os fatos que demonstram a incapacidade do interditando para administrar seus bens e, se for o caso, para praticar atos da vida civil, bem como o momento em que a incapacidade se revelou.

Justificada a urgência, o juiz pode nomear curador provisório ao interditando para a prática de determinados atos.

O requerente deverá juntar laudo médico para fazer prova de suas alegações ou informar a impossibilidade de fazê-lo.

O interditando será citado para, em dia designado, comparecer perante o juiz, que o entrevistará minuciosamente acerca de sua vida, negócios, bens, vontades, preferências e laços familiares e afetivos e sobre o que mais lhe parecer necessário para convencimento quanto à sua capacidade para praticar atos da vida civil, devendo ser reduzidas a termo as perguntas e respostas. A entrevista poderá ser acompanhada por especialista.

Não podendo o interditando deslocar-se, o juiz o ouvirá no local onde estiver.

Durante a entrevista, é assegurado o emprego de recursos tecnológicos capazes de permitir ou de auxiliar o interditando a expressar suas vontades e preferências e a responder às perguntas formuladas.

A critério do juiz, poderá ser requisitada a oitiva de parentes e de pessoas próximas.

Dentro do prazo de 15 dias contado da entrevista, o interditando poderá impugnar o pedido.

O Ministério Público intervirá como fiscal da ordem jurídica.

O interditando poderá constituir advogado, e, caso não o faça, deverá ser nomeado curador especial. Caso o interditando não constitua advogado, o seu cônjuge, companheiro ou qualquer parente sucessível poderá intervir como assistente.

Decorrido o prazo de impugnação do pedido, o juiz determinará a produção de prova pericial para avaliação da capacidade do interditando para praticar atos da vida civil.

A perícia pode ser realizada por equipe composta por expertos com formação multidisciplinar.

O laudo pericial indicará especificadamente, se for o caso, os atos para os quais haverá necessidade de curatela.

Apresentado o laudo, produzidas as demais provas e ouvidos os interessados, o juiz proferirá sentença.

Levantar-se-á a curatela quando cessar a causa que a determinou. Assim sendo, como se exige processo judicial, não se extinguirá automaticamente as interdições que foram declaradas antes da vigência do Estatuto da Pessoa com Deficiência.

O pedido de levantamento da curatela poderá ser feito pelo interdito, pelo curador ou pelo Ministério Público e será apensado aos autos da interdição.

O juiz nomeará perito ou equipe multidisciplinar para proceder ao exame do interdito e designará audiência de instrução e julgamento após a apresentação do laudo.

Acolhido o pedido, o juiz decretará o levantamento da interdição e determinará a publicação da sentença, após o trânsito em julgado, que deverá ser, também, inscrita no registro de pessoas naturais e imediatamente publicada na rede mundial de computadores, no sítio do tribunal a que estiver vinculado o juízo e na plataforma de editais do Conselho Nacional de Justiça, onde permanecerá por 6 meses, na imprensa local, 1 vez, e no órgão oficial, por 3 vezes, com intervalo de 10 dias, e não sendo possível, na imprensa local e no órgão oficial, por 3 vezes, com intervalo de 10 dias, seguindo-se a averbação no registro de pessoas naturais.

A interdição poderá ser levantada parcialmente quando demonstrada a capacidade do interdito para praticar alguns atos da vida civil.

As regras a respeito do exercício da tutela aplicam-se ao da curatela, exceto as descritas abaixo:

a) que o juiz determinará, segundo as potencialidades da pessoa, os limites da curatela, e indicará curador.

b) que para a escolha do curador, o juiz levará em conta a vontade e as preferências do interditando, a ausência de conflito de interesses e de influência indevida, a proporcionalidade e a adequação às circunstâncias da pessoa.

c) que a interdição do pródigo só o privará de, sem curador, emprestar, transigir, dar quitação, alienar, hipotecar, demandar ou ser demandado, e praticar, em geral, os atos que não sejam de mera administração.

d) que se o curador for o cônjuge e o regime de bens do casamento for de comunhão universal, não será obrigado à prestação de contas, salvo determinação judicial.

O tutor ou o curador será intimado a prestar compromisso no prazo de 5 dias, contados da:

I – nomeação feita em conformidade com a lei;

II – intimação do despacho que mandar cumprir o testamento ou o instrumento público que o houver instituído.

O tutor ou o curador prestará o compromisso por termo em livro rubricado pelo juiz. Prestado o compromisso, o tutor ou o curador assume a administração dos bens do tutelado ou do interditado.

Tanto o tutor quanto o curador poderão eximir-se do encargo apresentando escusa ao juiz no prazo de 5 dias, contados:

I – antes de aceitar o encargo, da intimação para prestar compromisso;

II – depois de entrar em exercício, do dia em que sobrevier o motivo da escusa.

Não sendo requerida a escusa no prazo acima, considerar-se-á renunciado o direito de alegá-la.

O juiz decidirá de plano o pedido de escusa, e, não o admitindo, exercerá o nomeado a tutela ou a curatela enquanto não for dispensado por sentença transitada em julgado.

Incumbe ao Ministério Público ou a quem tenha legítimo interesse requerer, nos casos previstos em lei, a remoção do tutor ou do curador. O tutor ou o curador será citado para contestar a arguição no prazo de 5 dias, findo o qual observar-se-á o procedimento comum.

Em caso de extrema gravidade, o juiz poderá suspender o tutor ou o curador do exercício de suas funções, nomeando substituto interino.

Cessando as funções do tutor ou do curador pelo decurso do prazo em que era obrigado a servir, ser-lhe-á lícito requerer a exoneração do encargo.

Caso o tutor ou o curador não requeira a exoneração do encargo dentro dos 10 dias seguintes à expiração do termo, entender-se-á reconduzido, salvo se o juiz o dispensar.

Cessada a tutela ou a curatela, é indispensável a prestação de contas pelo tutor ou pelo curador, na forma da lei civil.

13.18. DO BEM DE FAMÍLIA (ARTS. 1.711 A 1.722 DO CC)

Bem de família é o bem que se encontra protegido de execução por dívidas. Tem por objetivo garantir o direito à moradia da família, ou seja, é um direito fundamental que tem íntima relação com a dignidade da pessoa humana.

Duas são as espécies de bem de família: o legal e o convencional.

Bem de família legal: é o protegido pela Lei n. 8.009/90. Não é necessário a família fazer nada, pois a lei protege o único bem destinado à moradia da família e, havendo mais de um, protege o de menor valor.

O art. 1º da Lei n. 8.009/90 determina que o imóvel residencial próprio do casal, ou da entidade familiar, é impenhorável e não responderá por qualquer tipo de dívida civil, comercial, fiscal, previdenciária ou de outra natureza, contraída pelos cônjuges ou pelos pais ou filhos que sejam seus proprietários e nele residam, salvo nas seguintes hipóteses:

a) pelo titular do crédito decorrente do financiamento destinado à construção ou à aquisição do imóvel, no limite dos créditos e acréscimos constituídos em função do respectivo contrato;

b) pelo credor da pensão alimentícia, resguardados os direitos, sobre o bem, do seu coproprietário que, com o devedor, integre união estável ou conjugal, observadas as hipóteses em que ambos responderão pela dívida; (Redação dada pela Lei n. 13.144, de 2015)

c) para cobrança de impostos, predial ou territorial, taxas e contribuições devidas em função do imóvel familiar;

d) para execução de hipoteca sobre o imóvel oferecido como garantia real pelo casal ou pela entidade familiar;

e) por ter sido adquirido com produto de crime ou para execução de sentença penal condenatória a ressarcimento, indenização ou perdimento de bens;

f) por obrigação decorrente de fiança concedida em contrato de locação.

Como houve muita discussão sobre a constitucionalidade do dispositivo da letra f acima, que determina ser o imóvel residencial próprio do casal, ou da entidade familiar, impenhorável e não respondendo por qualquer tipo de dívida civil, comercial, fiscal, previdenciária ou de outra natureza, contraída pelos cônjuges ou pelos pais ou filhos que sejam seus proprietários e nele residam, salvo por obrigação decorrente de fiança concedida em contrato de locação, o STJ, em outubro de 2015, editou a **Súmula 549**[145], corroborando a tese, mas, na sessão do dia 12-6-2018, a 1ª Turma do STF, ao concluir o julgamento do **RE 605.709**, iniciado em outubro de 2014, tendo como relator o ministro Dias Toffoli, então ainda integrante da turma, decidiu, por maioria de votos (3 a 2) – Rosa Weber, Marco Aurélio e Luiz Fux favoráveis e Toffoli e Barroso contrários –, pela impenhorabilidade do bem de família do fiador em contrato de locação comercial. A citada decisão relativiza a súmula 549 do STJ que determina ser válida a penhora de bem de família pertencente a fiador de contrato de locação. Com o julgamento, a interpretação da súmula deverá ser no sentido de que **é válida a penhora de bem de família pertencente a fiador, somente se o contrato de locação for residencial.**

Vale ressaltar que a impenhorabilidade é oponível em razão dos créditos de trabalhadores da própria residência e das respectivas contribuições previdenciárias, já que a Lei Complementar n. 150, de 1-6-2015, conhecida como Lei das Domésticas, revogou o inciso I do art. 3º da Lei n. 8.009/90, visto que deu os mesmos direitos aos trabalhadores domésticos que os demais.

A 4ª Turma do Superior Tribunal de Justiça entende que, na execução de sentença homologatória de acordo celebrado entre as partes no âmbito civil, é possível a penhora de imóvel residencial tido como bem de família, se o executado foi condenado criminalmente pelo mesmo fato. A decisão analisou recurso em que se alegava a nulidade da penhora de um imóvel, tendo em vista a não inclusão da circunstância na exceção prevista pelo inciso VI do art. 3º da Lei n. 8.009/90. Trata-se do **REsp 1.021.440/SP, rel. Min. Luis Felipe Salomão, j. em 2-5-2013.**

O bem de família, garantido por lei com respaldo constitucional, não pode ser objeto de renúncia por escritura. Esse é o posicionamento do STJ no AgRg nos Embargos de Divergência em **REsp 888.654/ES (2007/0212009-6), rel. Min. João Otávio de Noronha, j. 14-3-2011, v.u.**

A impenhorabilidade compreende o imóvel sobre o qual se assentam a construção, as plantações, as benfeitorias de qualquer natureza e todos os equipamentos, inclusive os de uso profissional, ou móveis que guarnecem a casa, desde que quitados.

Excluem-se da impenhorabilidade os veículos de transporte, obras de arte e adornos suntuosos.

No caso de imóvel locado, a impenhorabilidade aplica-se aos bens móveis quitados que guarneçam a residência e que sejam de propriedade do locatário.

Não se beneficiará do disposto na Lei n. 8.009/90 aquele que, sabendo-se insolvente, adquire de má-fé imóvel mais valioso para transferir a residência familiar, desfazendo-se ou não da moradia antiga. Neste caso, poderá o juiz, na respectiva ação do credor, transferir a impenhorabilidade para a moradia familiar anterior, ou anular-lhe a venda, liberando a mais valiosa para execução ou concurso, conforme a hipótese.

145. A **Súmula 549 do STJ** (que teve origem no REsp 1.363.368) estabelece que é válida a penhora de bem de família pertencente a fiador de contrato de locação.

Quando a residência familiar constituir-se em imóvel rural, a impenhorabilidade restringir-se-á à sede de moradia, com os respectivos bens móveis, e, nos casos do art. 5º, XXVI, da Constituição, à área limitada como pequena propriedade rural.

Tratando-se de bem de família que se constitua em imóvel rural, é possível que se determine a penhora da fração que exceda o necessário à moradia do devedor e de sua família. É certo que a Lei n. 8.009/90 assegura a impenhorabilidade do imóvel residencial próprio do casal ou da entidade familiar. Entretanto, de acordo com o § 2º do art. 4º dessa Lei, quando "*a residência familiar constituir-se em imóvel rural, a impenhorabilidade restringir-se-á à sede de moradia, com os respectivos bens móveis*". Assim, deve-se considerar como legítima a penhora incidente sobre a parte do imóvel que exceda o necessário à sua utilização como moradia. Isso ficou decidido no **REsp 1.237.176-SP, rel. Min. Eliana Calmon, j. em 4-4-2013**.

Para os efeitos de impenhorabilidade, de que trata a Lei n. 8.009/90, considera-se residência um único imóvel utilizado pelo casal ou pela entidade familiar para moradia permanente.

Na hipótese de o casal, ou entidade familiar, ser possuidor de vários imóveis utilizados como residência, a impenhorabilidade recairá sobre o de menor valor, salvo se outro tiver sido registrado, para esse fim, no Registro de Imóveis.

Caso ocorra esvaziamento do patrimônio do devedor em ofensa ao princípio da boa-fé, a impenhorabilidade do imóvel ocupado pela família pode ser afastada. Esse é o entendimento da **3ª Turma do STJ, no REsp 1.299.580/RJ, rel. Min. Nancy Andrighi, j. em 20-3-2012**.

Bem de família convencional: é o instituído pelos cônjuges ou pela entidade familiar, por meio de escritura pública, ou testamento, que deverá ser registrada na matrícula do imóvel (**art. 1.714 do CC e art. 167, I, da Lei n. 6.015/73**). Essa modalidade é importante quando a família tem mais de um bem imóvel destinado a moradia e não quer ver protegido o de menor valor. A parte do patrimônio a ser destinada como bem de família não pode ultrapassar um terço do patrimônio líquido existente ao tempo da instituição, mantidas as regras sobre a impenhorabilidade do imóvel residencial estabelecidas na Lei n. 8.009/90.

O bem de família convencional consistirá em prédio residencial urbano ou rural, com suas pertenças e acessórios, destinando-se, em ambos os casos, a domicílio familiar, e poderá abranger valores mobiliários, cuja renda será aplicada na conservação do imóvel e no sustento da família, e que não poderão exceder o valor do prédio instituído em bem de família, à época de sua instituição.

Deverão os valores mobiliários ser devidamente individualizados no instrumento de instituição do bem de família. Se se tratar de títulos nominativos, a sua instituição como bem de família deverá constar dos respectivos livros de registro. O instituidor poderá determinar que a administração dos valores mobiliários seja confiada a instituição financeira, bem como disciplinar a forma de pagamento da respectiva renda aos beneficiários, caso em que a responsabilidade dos administradores obedecerá às regras do contrato de depósito.

O bem de família convencional, quer instituído pelos cônjuges ou por terceiro, constitui-se pelo registro de seu título no Registro de Imóveis.

O bem de família convencional é isento de execução por dívidas posteriores à sua instituição, salvo as que provierem de tributos relativos ao prédio, ou de despesas de condomínio. No caso de execução pelas citadas dívidas, o saldo existente será aplicado em outro prédio, como bem de família, ou em títulos da dívida pública, para sustento familiar, salvo se motivos relevantes aconselharem outra solução, a critério do juiz. A referida isenção durará enquanto viver um dos cônjuges, ou, na falta destes, até que os filhos completem a maioridade.

O prédio e os valores mobiliários, constituídos como bem da família, não podem ter destino diverso do domicílio familiar, ou ser alienados sem o consentimento dos interessados e seus representantes legais, ouvido o Ministério Público. Por esse motivo é que se verifica ser o bem de família convencional inalienável, diferentemente do bem de família legal, que é alienável, já que é desnecessária a sua constituição por um ato formal.

Qualquer forma de liquidação da entidade administradora, no caso de o instituidor determinar que a administração dos valores mobiliários seja confiada a instituição financeira, bem como disciplinar a forma de pagamento da respectiva renda aos beneficiários, não atingirá os valores a ela confiados, ordenando o juiz a sua transferência para outra instituição semelhante, obedecendo-se, no caso de falência, ao disposto sobre pedido de restituição.

Comprovada a impossibilidade da manutenção do bem de família nas condições em que foi instituído, poderá o juiz, a requerimento dos interessados, extingui-lo ou autorizar a sub-rogação dos bens que o constituem em outros, ouvidos o instituidor e o Ministério Público.

Salvo disposição em contrário do ato de instituição, a administração do bem de família compete a ambos os cônjuges, resolvendo o juiz em caso de divergência. Com o falecimento de ambos os cônjuges, a administração passará ao filho mais velho, se for maior, e, do contrário, a seu tutor.

A dissolução da sociedade conjugal não extingue o bem de família. Dissolvida a sociedade conjugal pela morte de um dos cônjuges, o sobrevivente poderá pedir a extinção do bem de família, se for o único bem do casal.

Extingue-se, igualmente, o bem de família com a morte de ambos os cônjuges e a maioridade dos filhos, desde que não sujeitos a curatela.

A 3ª Turma do Superior Tribunal de Justiça do STJ ampliou o conceito de entidade familiar para proteção de bem de família, ao considerar possível que a impenhorabilidade do bem de família atinja simultaneamente dois imóveis do devedor – aquele onde ele mora com sua esposa e outro no qual vivem as filhas, nascidas de relação extraconjugal, conforme notícia divulgada no site do Tribunal em 27-5-2013.

13.19. ALGUMAS QUESTÕES INTERESSANTES NA JURISPRUDÊNCIA DO STJ SOBRE BEM DE FAMÍLIA

A **Súmula 364 do STJ** estabelece regra muito importante, no sentido de que *"O conceito de impenhorabilidade de bem de família abrange também o imóvel pertencente a pessoas solteiras, separadas e viúvas"*.

Conforme a **Súmula 449 do STJ**, temos uma inovação bem interessante, no sentido de que *"A vaga de garagem que possui matrícula própria no registro de imóveis não constitui bem de família para efeito de penhora"*.

Não menos importante é o conteúdo da **Súmula 486 do STJ**, que afirma ser *"impenhorável o único imóvel residencial do devedor que esteja locado a terceiros, desde que a renda obtida com a locação seja revertida para a subsistência ou a moradia da sua família"*.

A 2ª Seção do STJ reafirma no **REsp 1.363.368**, que bem de família do fiador em contrato de aluguel é penhorável.

O bem que retorna ao patrimônio do devedor, por força de reconhecimento de fraude à execução, não goza da proteção da impenhorabilidade disposta na Lei n. 8.009/90, como decide STJ, no **REsp 1.364.509-RS, rel. Min. Nancy Andrighi, j. em 10-6-2014**.

Também é bem de família insuscetível de penhora o único imóvel do devedor, mesmo que ele não resida nele, como decide STJ no **EREsp 1.216.187/SC, rel. Min. Arnaldo Esteves Lima, j. em 14-5-2014**.

É penhorável bem de família dado como garantia de dívida de empresa familiar, como decide STJ no **REsp 1.413.717**.

O STJ fixou importante precedente tanto na 3ª turma (**REsp 1.560.562/SC, *DJe* 24-9-2019**) quanto na 4ª turma (**REsp. 1.559.348-DF, *DJe* 5-8-2019**), de que a impenhorabilidade do bem de família não prevalece em alienação fiduciária, pela garantia ter sido dada voluntariamente e o instituto não poder ser utilizado de forma abusiva.

O TST profere magnífica decisão, respeitadas a Lei n. 8.009/90 do bem de família e a jurisprudência do STJ, em casos trabalhistas. Processo: **RR-1788-43.2010.5.03.0114**.

13.20. SÚMULAS E ENUNCIADOS SOBRE DIREITO DE FAMÍLIA

- Súmulas do STJ

Súm. 197

O divórcio direto pode ser concedido sem que haja prévia partilha dos bens.

Súm. 277

Julgada procedente a investigação de paternidade, os alimentos são devidos a partir da citação.

Súm. 301

Em ação investigatória, a recusa do suposto pai a submeter-se ao exame de DNA induz presunção *juris tantum* de paternidade.

Súm. 309

O débito alimentar que autoriza a prisão civil do alimentante é o que compreende as três prestações anteriores ao ajuizamento da execução e as que se vencerem no curso do processo.

- Julgando o HC 53.068-MS, na sessão de 22-3-2006, a 2ª Seção deliberou pela ALTERAÇÃO da Súmula 309. Redação anterior: "O débito alimentar que autoriza a prisão civil do alimentante é o que compreende as três prestações anteriores à citação e as que vencerem no curso do processo" (*DJU* de 4-5-2005).

Súm. 358

O cancelamento de pensão alimentícia de filho que atingiu a maioridade está sujeito à decisão judicial, mediante contraditório, ainda que nos próprios autos.

Súm. 364

O conceito de impenhorabilidade de bem de família abrange também o imóvel pertencente a pessoas solteiras, separadas e viúvas.

Súm. 383

A competência para processar e julgar as ações conexas de interesse de menor é, em princípio, do foro do domicílio do detentor de sua guarda.

Súm. 449

A vaga de garagem que possui matrícula própria no registro de imóveis não constitui bem de família para efeito de penhora.

Súm. 486

É impenhorável o único imóvel residencial do devedor que esteja locado a terceiros, desde que a renda obtida com a locação seja revertida para a subsistência ou a moradia da sua família.

Súm. 549

É válida a penhora de bem de família pertencente a fiador de contrato de locação.

Com o julgamento do RE 605.709, 1ª Turma do STF, em 12-6-2018, o conteúdo da súmula 549 do STJ fica mitigado para "**é válida a penhora de bem de família pertencente a fiador, somente se o contrato de locação for residencial**".

Súm. 594

O Ministério Público tem legitimidade ativa para ajuizar ação de alimentos em proveito de criança ou adolescente independentemente do exercício do poder familiar dos pais, ou do fato de o menor se encontrar nas situações de risco descritas no art. 98 do Estatuto da Criança e do Adolescente, ou de quaisquer outros questionamentos acerca da existência ou eficiência da Defensoria Pública na comarca (**2ª Seção, aprovada em 25-10-2017, *DJe* 6-11-2017**).

Súm. 596

A obrigação alimentar dos avós tem natureza complementar e subsidiária, somente se configurando no caso de impossibilidade total ou parcial de seu cumprimento pelos pais (**2ª Seção, aprovada em 8-11-2017, *DJe* 20-11-2017**).

Súm. 621

Os efeitos da sentença que reduz, majora ou exonera o alimentante do pagamento retroagem à data da citação, vedadas a compensação e repetibilidade.

- Súmulas do STF

Súm. 226

Na ação de desquite, os alimentos são devidos desde a inicial e não da data da decisão que os concede.

Súm. 305

Acordo de desquite ratificado por ambos os cônjuges não é retratável unilateralmente.

Súm. 377

No regime de separação legal de bens, comunicam-se os adquiridos na constância do casamento.

Súm. 379

No acordo de desquite não se admite renúncia aos alimentos, que poderão ser pleiteados ulteriormente, verificados os pressupostos legais.

Súm. 380

Comprovada a existência de sociedade de fato entre os concubinos, é cabível a sua dissolução judicial, com a partilha do patrimônio adquirido pelo esforço comum.

- A jurisprudência do STF tem aplicado a Súmula 380 para admitir a sociedade, pela existência do concubinato (*RTJ* 70/108, 69/723, 54/762).

Súm. 381

Não se homologa sentença de divórcio obtida, por procuração, em país de que os cônjuges não eram nacionais.

Súm. 382

A vida em comum sob o mesmo teto, *more uxorio*, não é indispensável à caracterização do concubinato.

- Enunciados das Jornadas de Direito Civil do CJF

En. 97

Art. 25: No que tange à tutela especial da família, as regras do Código Civil que se referem apenas ao cônjuge devem ser estendidas à situação jurídica que envolve o companheiro, por exemplo, na hipótese de nomeação de curador dos bens do ausente (art. 25 do Código Civil).

En. 98

Art. 1.521, IV, do Código Civil: O inciso IV do art. 1.521 do novo Código Civil deve ser interpretado à luz do Decreto-Lei n. 3.200/41 no que se refere à possibilidade de casamento entre colaterais de terceiro grau.

En. 99

Art. 1.565, § 2º: O art. 1.565, § 2º, do Código Civil não é norma destinada apenas às pessoas casadas, mas também aos casais que vivem em companheirismo, nos termos do art. 226, *caput*, §§ 3º e 7º, da Constituição Federal de 1988, e não revogou o disposto na Lei n. 9.263/96.

En. 100

Art. 1.572: Na separação, recomenda-se apreciação objetiva de fatos que tornem evidente a impossibilidade da vida em comum.

En. 101

Art. 1.583: Sem prejuízo dos deveres que compõem a esfera do poder familiar, a expressão "guarda de filhos", à luz do art. 1.583, pode compreender tanto a guarda unilateral quanto a compartilhada, em atendimento ao princípio do melhor interesse da criança.

En. 102

Art. 1.584: A expressão "melhores condições" no exercício da guarda, na hipótese do art. 1.584, significa atender ao melhor interesse da criança.

En. 103

Art. 1.593: O Código Civil reconhece, no art. 1.593, outras espécies de parentesco civil além daquele decorrente da adoção, acolhendo, assim, a noção de que há também parentesco civil no vínculo parental proveniente quer das técnicas de reprodução assistida heteróloga relativamente ao pai (ou mãe) que não contribuiu com seu material fecundante, quer da paternidade socioafetiva, fundada na posse do estado de filho.

En. 104

Art. 1.597: No âmbito das técnicas de reprodução assistida envolvendo o emprego de material fecundante de terceiros, o pressuposto fático da relação sexual é substituído pela vontade (ou eventualmente pelo risco da situação jurídica matrimonial) juridicamente qualificada, gerando presunção absoluta ou relativa de paternidade no que tange ao marido da mãe da criança concebida, dependendo da manifestação expressa (ou implícita) da vontade no curso do casamento.

En. 105

Art. 1.597: As expressões "fecundação artificial", "concepção artificial" e "inseminação artificial" constantes, respectivamente, dos incisos III, IV e V do art. 1.597, deverão ser interpretadas como "técnica de reprodução assistida".

En. 106

Art. 1.597, III: Para que seja presumida a paternidade do marido falecido, será obrigatório que a mulher, ao se submeter a uma das técnicas de reprodução assistida com o material genético do falecido, esteja na condição de viúva, sendo obrigatório, ainda, que haja autorização escrita do marido para que se utilize seu material genético após sua morte.

En. 107

Art. 1.597, IV: Finda a sociedade conjugal, na forma do art. 1.571, a regra do inciso IV somente poderá ser aplicada se houver autorização prévia, por escrito, dos ex-cônjuges para a utilização dos embriões excedentários, só podendo ser revogada até o início do procedimento de implantação desses embriões.

En. 108

Art. 1.603: No fato jurídico do nascimento, mencionado no art. 1.603, compreende-se, à luz do disposto no art. 1.593, a filiação consanguínea e também a socioafetiva.

En. 109

Art. 1.605: A restrição da coisa julgada oriunda de demandas reputadas improcedentes por insuficiência de prova não deve prevalecer para inibir a busca da identidade genética pelo investigando.

En. 110

Art. 1.621, § 2º: É inaplicável o § 2º do art. 1.621 do novo Código Civil às adoções realizadas com base no Estatuto da Criança e do Adolescente.

En. 111

Art. 1.626: A adoção e a reprodução assistida heteróloga atribuem a condição de filho ao adotado e à criança resultante de técnica conceptiva heteróloga; porém, enquanto na adoção haverá o desligamento dos vínculos entre o adotado e seus parentes consanguíneos, na reprodução assistida heteróloga sequer será estabelecido o vínculo de parentesco entre a criança e o doador do material fecundante.

En. 112

Art. 1.630: Em acordos celebrados antes do advento do novo Código, ainda que expressamente convencionado que os alimentos cessarão com a maioridade, o juiz deve ouvir os interessados, apreciar as circunstâncias do caso concreto e obedecer ao princípio *rebus sic stantibus.*

En. 113

Art. 1.639: É admissível a alteração do regime de bens entre os cônjuges, quando então o pedido, devidamente motivado e assinado por ambos os cônjuges, será objeto de autorização judicial, com ressalva dos direitos de terceiros, inclusive dos entes públicos, após perquirição de inexistência de dívida de qualquer natureza, exigida ampla publicidade.

En. 114

Art. 1.647: O aval não pode ser anulado por falta de vênia conjugal, de modo que o inciso III do art. 1.647 apenas caracteriza a inoponibilidade do título ao cônjuge que não assentiu.

En. 115

Art. 1.725: Há presunção de comunhão de aquestos na constância da união extramatrimonial mantida entre os companheiros, sendo desnecessária a prova do esforço comum para se verificar a comunhão dos bens.

En. 254

Art. 1.573: Formulado o pedido de separação judicial com fundamento na culpa (art. 1.572 e/ou art. 1.573 e incisos), o juiz poderá decretar a separação do casal diante da constatação da insubsistência da comunhão plena de vida (art. 1.511) – que caracteriza hipótese de "outros fatos que tornem evidente a impossibilidade da vida em comum" – sem atribuir culpa a nenhum dos cônjuges.

En. 255

Art. 1.575: Não é obrigatória a partilha de bens na separação judicial.

En. 256

Art. 1.593: A posse do estado de filho (parentalidade socioafetiva) constitui modalidade de parentesco civil.

En. 257

Art. 1.597: As expressões "fecundação artificial", "concepção artificial" e "inseminação artificial", constantes, respectivamente, dos incisos III, IV e V do art. 1.597 do Código Civil, devem ser interpretadas restritivamente, não abrangendo a utilização de óvulos doados e a gestação de substituição.

En. 258

Arts. 1.597 e 1.601: Não cabe a ação prevista no art. 1.601 do Código Civil se a filiação tiver origem em procriação assistida heteróloga, autorizada pelo marido nos termos do inciso V do art. 1.597, cuja paternidade configura presunção absoluta.

En. 259

Art. 1.621: A revogação do consentimento não impede, por si só, a adoção, observado o melhor interesse do adotando.

En. 260

Arts. 1.639, § 2º, e 2.039: A alteração do regime de bens prevista no § 2º do art. 1.639 do Código Civil também é permitida nos casamentos realizados na vigência da legislação anterior.

En. 261

(Prejudicado por força do § 5º do art. 70-A da Lei de Registros Públicos)

En. 262

Arts. 1.639 e 1.641: A obrigatoriedade da separação de bens, nas hipóteses previstas nos incisos I e III do art. 1.641 do Código Civil, não impede a alteração do regime, desde que superada a causa que o impôs.

En. 263

Art. 1.707: O art. 1.707 do Código Civil não impede seja reconhecida válida e eficaz a renúncia manifestada por ocasião do divórcio (direto ou indireto) ou da dissolução da "união estável". A irrenunciabilidade do direito a alimentos somente é admitida enquanto subsista vínculo de Direito de Família.

En. 264

Art. 1.708: Na interpretação do que seja procedimento indigno do credor, apto a fazer cessar o direito a alimentos, aplicam-se, por analogia, as hipóteses dos incisos I e II do art. 1.814 do Código Civil.

En. 265

Art. 1.708: Na hipótese de concubinato, haverá necessidade de demonstração da assistência material prestada pelo concubino a quem o credor de alimentos se uniu.

En. 329

A permissão para casamento fora da idade núbil merece interpretação orientada pela dimensão substancial do princípio da igualdade jurídica, ética e moral entre o homem e a mulher, evitando-se, sem prejuízo do respeito à diferença, tratamento discriminatório. **(Enunciado prejudicado pela Lei n. 13.811/2019 que modificou o art. 1.520 do CC, proibindo o casamento infantil.)**

En. 330

As causas suspensivas da celebração do casamento poderão ser arguidas inclusive pelos parentes em linha reta de um dos nubentes e pelos colaterais em segundo grau, por vínculo decorrente de parentesco civil.

En. 331

Art. 1.639: O estatuto patrimonial do casal pode ser definido por escolha de regime de bens distinto daqueles tipificados no Código Civil (art. 1.639 e parágrafo único do art. 1.640), e, para efeito de fiel observância do disposto no art. 1.528 do Código Civil, cumpre certificação a respeito, nos autos do processo de habilitação matrimonial.

En. 332

A hipótese de nulidade prevista no inciso I do art. 1.548 do Código Civil se restringe ao casamento realizado por enfermo mental absolutamente incapaz, nos termos do inciso II do art. 3º do Código Civil.

En. 333

(Cancelado pelo enunciado 672 da IX Jornada)

En. 334

A guarda de fato pode ser reputada como consolidada diante da estabilidade da convivência familiar entre a criança ou o adolescente e o terceiro guardião, desde que seja atendido o princípio do melhor interesse.

En. 335

A guarda compartilhada deve ser estimulada, utilizando-se, sempre que possível, da mediação e da orientação de equipe interdisciplinar.

En. 336

Art. 1.584: O parágrafo único do art. 1.584 aplica-se também aos filhos advindos de qualquer forma de família.

En. 337

O fato de o pai ou a mãe constituírem nova união não repercute no direito de terem os filhos do leito anterior em sua companhia, salvo quando houver comprometimento da sadia formação e do integral desenvolvimento da personalidade destes.

En. 338

A cláusula de não tratamento conveniente para a perda da guarda dirige-se a todos os que integrem, de modo direto ou reflexo, as novas relações familiares.

En. 339

A paternidade socioafetiva, calcada na vontade livre, não pode ser rompida em detrimento do melhor interesse do filho.

En. 340

No regime da comunhão parcial de bens é sempre indispensável a autorização do cônjuge, ou seu suprimento judicial, para atos de disposição sobre bens imóveis.

En. 341

Art. 1.696: Para os fins do art. 1.696, a relação socioafetiva pode ser elemento gerador de obrigação alimentar.

En. 342

Observadas as suas condições pessoais e sociais, os avós somente serão obrigados a prestar alimentos aos netos em caráter exclusivo, sucessivo, complementar e não solidário, quando os pais destes estiverem impossibilitados de fazê-lo, caso em que as necessidades básicas dos alimentandos serão aferidas, prioritariamente, segundo o nível econômico-financeiro dos seus genitores.

En. 343

Art. 1.792: A transmissibilidade da obrigação alimentar é limitada às forças da herança.

En. 344

A obrigação alimentar originada do poder familiar, especialmente para atender às necessidades educacionais, pode não cessar com a maioridade.

En. 345

O "procedimento indigno" do credor em relação ao devedor, previsto no parágrafo único do art. 1.708 do Código Civil, pode ensejar a exoneração ou apenas a redução do valor da pensão alimentícia para quantia indispensável à sobrevivência do credor.

En. 346

Na união estável o regime patrimonial obedecerá à norma vigente no momento da aquisição de cada bem, salvo contrato escrito.

En. 512

Art. 1.517: O art. 1.517 do Código Civil, que exige autorização dos pais ou responsáveis para casamento, enquanto não atingida a maioridade civil, não se aplica ao emancipado.

En. 513

Art. 1.527, parágrafo único: O juiz não pode dispensar, mesmo fundamentadamente, a publicação do edital de proclamas do casamento, mas sim o decurso do prazo.

En. 514

Art. 1.571: A Emenda Constitucional n. 66/2010 não extinguiu o instituto da separação judicial e extrajudicial.

En. 515

Art. 1.574, *caput*: Pela interpretação teleológica da Emenda Constitucional n. 66/2010, não há prazo mínimo de casamento para a separação consensual.

En. 516

Art. 1.574, parágrafo único: Na separação judicial por mútuo consentimento, o juiz só poderá intervir no limite da preservação do interesse dos incapazes ou de um dos cônjuges, permitida a cindibilidade dos pedidos com a concordância das partes, aplicando-se esse entendimento também ao divórcio.

En. 517

Art. 1.580: A Emenda Constitucional n. 66/2010 extinguiu os prazos previstos no art. 1.580 do Código Civil, mantido o divórcio por conversão.

En. 518

Arts. 1.583 e 1.584: A Lei n. 11.698/2008, que deu nova redação aos arts. 1.583 e 1.584 do Código Civil, não se restringe à guarda unilateral e à guarda compartilhada, podendo ser adotada aquela mais adequada à situação do filho, em atendimento ao princípio do melhor interesse da criança e do adolescente. A regra aplica-se a qualquer modelo de família. Atualizados os Enunciados n. 101 e 336 em razão de mudança legislativa, agora abrangidos por este enunciado.

En. 519

Art. 1.593: O reconhecimento judicial do vínculo de parentesco em virtude de socioafetividade deve ocorrer a partir da relação entre pai(s) e filho(s), com base na posse do estado de filho, para que produza efeitos pessoais e patrimoniais.

En. 520

Art. 1.601: O conhecimento da ausência de vínculo biológico e a posse de estado de filho obstam a contestação da paternidade presumida.

En. 521

Art. 1.606: Qualquer descendente possui legitimidade, por direito próprio, para propor o reconhecimento do vínculo de parentesco em face dos avós ou de qualquer ascendente de grau superior, ainda que o pai não tenha iniciado a ação de prova da filiação em vida.

En. 522

Arts. 1.694, 1.696, primeira parte, e 1.706: Cabe prisão civil do devedor nos casos de não prestação de alimentos gravídicos estabelecidos com base na Lei n. 11.804/2008, inclusive deferidos em qualquer caso de tutela de urgência.

En. 523

Art. 1.698: O chamamento dos codevedores para integrar a lide, na forma do art. 1.698 do Código Civil, pode ser requerido por qualquer das partes, bem como pelo Ministério Público, quando legitimado.

En. 524

Art. 1.723: As demandas envolvendo união estável entre pessoas do mesmo sexo constituem matéria de Direito de Família.

En. 526

Art. 1.726: É possível a conversão de união estável entre pessoas do mesmo sexo em casamento, observados os requisitos exigidos para a respectiva habilitação.

En. 570

Arts. 1.607 e 1.609: O reconhecimento de filho havido em união estável fruto de técnica de reprodução assistida heteróloga "a patre" consentida expressamente pelo companheiro representa a formalização do vínculo jurídico de paternidade-filiação, cuja constituição se deu no momento do início da gravidez da companheira.

En. 571

Arts. 1.571 a 1.582 do Código Civil, combinados com a Lei n. 11.441/2007[146]: Se comprovada a resolução prévia e judicial de todas as questões referentes aos filhos menores ou incapazes, o tabelião de notas poderá lavrar escrituras públicas de dissolução conjugal.

En. 572

Arts. 1.695 e 1.701, parágrafo único: Mediante ordem judicial, é admissível, para a satisfação do crédito alimentar atual, o levantamento do saldo de conta vinculada ao FGTS.

En. 573

Art. 1.694, § 1º: Na apuração da possibilidade do alimentante, observar-se-ão os sinais exteriores de riqueza.

En. 574

Art. 1.772: A decisão judicial de interdição deverá fixar os limites da curatela para todas as pessoas a ela sujeitas, sem distinção, a fim de resguardar os direitos fundamentais e a dignidade do interdito (art. 1.772).

En. 599

Art. 733 do Código de Processo Civil de 1973 (Lei n. 5.689/73), art. 528 do Código de Processo Civil de 2015 (Lei n. 13.105/2015), art. 19 da Lei de Alimentos (Lei n. 5.478/68): Deve o magistrado, em sede de execução de alimentos avoengos, analisar as condições do(s) devedor(es), podendo aplicar medida coercitiva diversa da prisão civil ou determinar seu cumprimento em modalidade diversa do regime fechado (prisão em regime aberto ou prisão domiciliar), se o executado comprovar situações que contraindiquem o rigor na aplicação desse meio executivo e o torne atentatório à sua dignidade, como corolário do princípio de proteção aos idosos e garantia à vida.

En. 601

Art. 1.514: É existente e válido o casamento entre pessoas do mesmo sexo.

En. 602

Art. 1.571: Transitada em julgado a decisão concessiva do divórcio, a expedição do mandado de averbação independe do julgamento da ação originária em que persista a discussão dos aspectos decorrentes da dissolução do casamento.

---

146. Lei revogada pelo Código de Processo Civil de 2015. É o art. 733 da lei processual que, atualmente, regulamenta o caso.

En. 603

Art. 1.583, § 2º: A distribuição do tempo de convívio na guarda compartilhada deve atender precipuamente ao melhor interesse dos filhos, não devendo a divisão de forma equilibrada, a que alude o § 2º do art. 1.583 do Código Civil, representar convivência livre ou, ao contrário, repartição de tempo matematicamente igualitária entre os pais.

En. 604

Art. 1.583, § 2º: A divisão, de forma equilibrada, do tempo de convívio dos filhos com a mãe e com o pai, imposta na guarda compartilhada pelo § 2º do art. 1.583 do Código Civil, não deve ser confundida com a imposição do tempo previsto pelo instituto da guarda alternada, pois esta não implica apenas a divisão do tempo de permanência dos filhos com os pais, mas também o exercício exclusivo da guarda pelo genitor que se encontra na companhia do filho.

En. 605

Art. 1.583: A guarda compartilhada não exclui a fixação do regime de convivência.

En. 606

Art. 1.583, § 2º: O tempo de convívio com os filhos "de forma equilibrada com a mãe e com o pai" deve ser entendido como divisão proporcional de tempo, da forma que cada genitor possa se ocupar dos cuidados pertinentes ao filho, em razão das peculiaridades da vida privada de cada um.

En. 607

Arts. 1.583, 1.694 e 1.701: A guarda compartilhada não implica ausência de pagamento de pensão alimentícia.

En. 608

Arts. 1.593 e 1.596: É possível o registro de nascimento dos filhos de pessoas do mesmo sexo originários de reprodução assistida, diretamente no Cartório do Registro Civil, sendo dispensável a propositura de ação judicial, nos termos da regulamentação da Corregedoria local.

En. 632

Art. 1.596: Nos casos de reconhecimento de multiparentalidade paterna ou materna, o filho terá direito à participação na herança de todos os ascendentes reconhecidos.

En. 633

Art. 1.597: É possível ao viúvo ou ao companheiro sobrevivente, o acesso à técnica de reprodução assistida póstuma – por meio da maternidade de substituição, desde que haja expresso consentimento manifestado em vida pela sua esposa ou companheira.

En. 634

Art. 1.641: É lícito aos que se enquadrem no rol de pessoas sujeitas ao regime da separação obrigatória de bens (art. 1.641 do Código Civil) estipular, por pacto antenupcial ou contrato de convivência, o regime da separação de bens, a fim de assegurar os efeitos de tal regime e afastar a incidência da Súmula 377 do STF.

En. 635

Art. 1.655: O pacto antenupcial e o contrato de convivência podem conter cláusulas existenciais, desde que estas não violem os princípios da dignidade da pessoa humana, da igualdade entre os cônjuges e da solidariedade familiar.

En. 636

Art. 1.735: O impedimento para o exercício da tutela do inc. IV do art. 1.735 do Código Civil pode ser mitigado para atender ao princípio do melhor interesse da criança.

En. 637

Art. 1.767: Admite-se a possibilidade de outorga ao curador de poderes de representação para alguns atos da vida civil, inclusive de natureza existencial, a serem especificados na sentença, desde que comprovadamente necessários para proteção do curatelado em sua dignidade.

En. 638

Art. 1.775: A ordem de preferência de nomeação do curador do art. 1.775 do Código Civil deve ser observada quando atender ao melhor interesse do curatelado, considerando suas vontades e preferências, nos termos do art. 755, II, e § 1º, do CPC.

En. 639

Art. 1.783-A: A opção pela tomada de decisão apoiada é de legitimidade exclusiva da pessoa com deficiência. A pessoa que requer o apoio pode manifestar, antecipadamente, sua vontade de que um ou ambos os apoiadores se tornem, em caso de curatela, seus curadores.

En. 640

Art. 1.783-A: A tomada de decisão apoiada não é cabível, se a condição da pessoa exigir aplicação da curatela.

En. 671

Art. 1.583, § 2º: A tenra idade da criança não impede a fixação de convivência equilibrada com ambos os pais.

En. 672

Art. 1.589, parágrafo único: O direito de convivência familiar pode ser estendido aos avós e pessoas com as quais a criança ou adolescente mantenha vínculo afetivo, atendendo ao seu melhor interesse. (O enunciado cancela o enunciado 333, da IV JDC)

En. 673

Art. 1.635: Na ação de destituição do poder familiar de criança ou adolescente que se encontre institucionalizada, promovida pelo Ministério Público, é recomendável que o juiz, a título de tutela antecipada, conceda a guarda provisória a quem esteja habilitado a adotá-lo, segundo o perfil eleito pelo candidato à adoção.

En. 674

Art. 1.659, inc. IV: Comprovada a prática de violência doméstica e familiar contra a mulher, o ressarcimento a ser pago à vítima deverá sair exclusivamente da meação do cônjuge ou companheiro agressor.

En. 675

Art. 1.694: As despesas com doula e consultora de amamentação podem ser objeto de alimentos gravídicos, observado o trinômio da necessidade, possibilidade e proporcionalidade para a sua fixação.

En. 684

O art. 14 da Lei n. 13.709/2018 (Lei Geral de Proteção de Dados - LGPD) não exclui a aplicação das demais bases legais, se cabíveis, observado o melhor interesse da criança.

En. 691

A possibilidade de divulgação de dados e imagens de crianças e adolescentes na internet deve atender ao seu melhor interesse e ao respeito aos seus direitos fundamentais, observados os riscos associados à superexposição.

En. 692

Aplica-se aos conceitos de criança e adolescente, dispostos no art. 14 da Lei Geral de Proteção de Dados, o contido no art. 2º do Estatuto da Criança e do Adolescente.

- Enunciados das Jornadas de Direito Notarial e Registral do CJF

En. 7

A presunção de paternidade, prevista no art. 1.597 do Código Civil, aplica-se aos conviventes em união estável, desde que esta esteja previamente registrada no Livro E do Registro Civil das Pessoas Naturais da Sede, ou, onde houver, no 1º Subdistrito da Comarca, nos termos do Provimento CNJ n. 37/2014.

En. 9

Em caso de suspeita ou dúvida acerca da declaração de pobreza para fins de habilitação de casamento, o Oficial de Registro Civil das Pessoas Naturais poderá solicitar documentos comprobatórios acerca da hipossuficiência.

En. 10

É possível a averbação, diretamente perante o Registro Civil das Pessoas Naturais, do divórcio consensual decretado no exterior, independentemente de intervenção judicial, cabendo ao interessado providenciar a homologação, pelo Superior Tribunal de Justiça, apenas dos demais capítulos da sentença estrangeira, tais como alimentos, partilha de bens e guarda (art. 961, §§2º e 5º, CPC/2015).

En. 11

A certidão do registro civil necessária à habilitação para casamento deve ter sido emitida há menos de 90 (noventa) dias contados da data da apresentação dos documentos para habilitação.

En. 12

A adoção unilateral da criança e do adolescente será averbada sem cancelamento do registro original.

En. 22

Para o ingresso da união estável no Registro de Imóveis não é necessário o seu prévio registro no Livro E do Registro Civil das Pessoas Naturais.

En. 47

Nas escrituras relativas a fatos, atos ou negócios relativos a imóveis, inclusive o inventário, separação, divórcio e dissolução de união estável, é cabível a menção à consulta feita ao sítio eletrônico da Receita Federal. A existência de débitos tributários será consignada na escritura, com a advertência das partes sobre os riscos relativos à realização do ato notarial.

En. 52

O divórcio consensual, a separação consensual e a extinção consensual de união estável, mesmo havendo filhos incapazes, poderão ser realizados por escritura pública, nas hipóteses em que as questões relativas à guarda, ao regime de convivência e aos alimentos dos filhos incapazes já estiverem previamente resolvidas na esfera judicial.

En. 53

É admissível a escritura de restabelecimento da sociedade conjugal, ainda que haja filhos incapazes ou nascituros.

En. 74

O divórcio extrajudicial, por escritura pública, é cabível mesmo quando houver filhos menores, vedadas previsões relativas a guarda e a alimentos aos filhos.

En. 80

Podem os cônjuges ou companheiros escolher outro regime de bens além do rol previsto no Código Civil, combinando regras dos regimes existentes (regime misto).

En. 81

Podem os cônjuges, por meio de pacto antenupcial, optar pela não incidência da Súmula 377 do STF.

- Enunciados do IBDFAM

En. 1

A Emenda Constitucional 66/2010, ao extinguir o instituto da separação judicial, afastou a perquirição da culpa na DISSOLUÇÃO do casamento e na quantificação dos alimentos.

En. 2

A separação de fato põe fim ao regime de bens e importa extinção dos deveres entre cônjuges e entre companheiros.

En. 3

Em face do princípio da igualdade das entidades familiares, é inconstitucional o tratamento discriminatório conferido ao cônjuge e ao companheiro.

En. 4

A constituição de entidade familiar paralela pode gerar efeito jurídico.

En. 5

Na adoção, o princípio do superior interesse da criança e do adolescente deve prevalecer sobre a família extensa.

En. 6

Do reconhecimento jurídico da filiação socioafetiva decorrem todos os direitos e deveres inerentes à autoridade parental.

En. 7

A posse de estado de filho pode constituir paternidade e maternidade.

En. 8

O abandono afetivo pode gerar direito à reparação pelo dano causado.

En. 9

A multiparentalidade gera efeitos jurídicos.

En. 10

É cabível o reconhecimento do abandono afetivo em relação aos ascendentes idosos.

En. 11

Na ação destinada a dissolver o casamento ou a união estável, pode o juiz disciplinar a custódia compartilhada do animal de estimação do casal.

En. 12

É possível o registro de nascimento dos filhos de casais homoafetivos, havidos de reprodução assistida, diretamente no Cartório do Registro Civil.

En. 13

Na hipótese de adoção *intuitu personae* de criança e de adolescente, os pais biológicos podem eleger os adotantes.

En. 14

Salvo expressa disposição em contrário, os alimentos fixados *ad valorem* incidem sobre todos os rendimentos percebidos pelo alimentante que possua natureza remuneratória, inclusive terço constitucional de férias, 13º salário, participação nos lucros e horas extras.

En. 15

Ainda que casado sob o regime da separação convencional de bens, o cônjuge sobrevivente é herdeiro necessário e concorre com os descendentes.

En. 16

Mesmo quando houver testamento, sendo todos os interessados capazes e concordes com os seus termos, não havendo conflito de interesses, é possível que se faça o inventário extrajudicial.

En. 17

A técnica de ponderação, adotada expressamente pelo art. 489, § 2º, do Novo CPC, é meio adequado para a solução de problemas práticos atinentes ao Direito das Famílias e das Sucessões.

En. 18

Nas ações de divórcio e de dissolução da união estável, a regra deve ser o julgamento parcial do mérito (art. 356 do Novo CPC), para que seja decretado o fim da conjugalidade, seguindo a demanda com a discussão de outros temas.

En. 19

O rol do art. 693 do Novo CPC é meramente exemplificativo, e não taxativo.

En. 20

O alimentante que, dispondo de recursos econômicos, adota subterfúgios para não pagar ou para retardar o pagamento de verba alimentar, incorre na conduta descrita no art. 7º, inc. IV, da Lei n. 11.340/2006 (violência patrimonial).

En. 21

O reconhecimento voluntário da parentalidade socioafetiva de pessoa que não possua parentalidade registral estabelecida poderá ser realizado diretamente no ofício de registro civil, desde que não haja demanda em curso e independentemente de homologação judicial.

En. 22

É possível a utilização da via extrajudicial para o divórcio e dissolução da união estável, nos termos do art. 733, do CPC/15 se, havendo consenso entre as partes, inexistir nascituro e as questões relativas às crianças e adolescentes e aos filhos não emancipados e curatelados (como guarda, convivência familiar e alimento) já tiverem definição na via judicial.

En. 23

Havendo atraso ou não pagamento da verba alimentar e indícios de que o devedor dispõe de recursos econômicos, o juiz cientificará ao Ministério Público para apurar a prática do crime de abandono material.

En. 24

Em pacto antenupcial ou contrato de convivência podem ser celebrados negócios jurídicos processuais.

En. 25

Depende de ação judicial o levantamento da curatela de pessoa interditada antes da vigência do Estatuto da Pessoa com Deficiência.

En. 26

A pessoa com deficiência pode pleitear a autocuratela.

En. 27

No caso de comunicação de atos de alienação parental nas ações de família, o seu reconhecimento poderá ocorrer na própria demanda, sendo desnecessária medida judicial específica para tanto.

En. 28

Havendo indício de prática de ato de alienação parental, devem as partes ser encaminhadas ao acompanhamento diagnóstico, na forma da Lei, visando ao melhor interesse da criança. O magistrado depende de avaliação técnica para avaliar a ocorrência ou não de alienação parental, não lhe sendo recomendado decidir a questão sem estudo prévio por profissional capacitado, na forma do § 2º do art. 5º da Lei n. 12.318/2010, salvo para decretar providências liminares urgentes.

En. 29

Em havendo o reconhecimento da multiparentalidade, é possível a cumulação da parentalidade socioafetiva e da biológica no registro civil.

En. 30

Nos casos de eleição de regime de bens diverso do legal na união estável, é necessário contrato escrito, a fim de assegurar eficácia perante terceiros.

En. 31

A conversão da união estável em casamento é um procedimento consensual, administrativo ou judicial, cujos efeitos serão ex tunc, salvo nas hipóteses em que o casal optar pela alteração do regime de bens, o que será feito por meio de pacto antenupcial, ressalvados os direitos de terceiros.

En. 32

É possível a cobrança de alimentos, tanto pelo rito da prisão como pelo da expropriação, no mesmo procedimento, quer se trate de cumprimento de sentença ou de execução autônoma.

En. 33

O reconhecimento da filiação socioafetiva ou da multiparentalidade gera efeitos jurídicos sucessórios, sendo certo que o filho faz jus às heranças, assim como os genitores, de forma recíproca, bem como dos respectivos ascendentes e parentes, tanto por direito próprio como por representação.

En. 34

É possível a relativização do princípio da reciprocidade, acerca da obrigação de prestar alimentos entre pais e filhos, nos casos de abandono afetivo e material pelo genitor que pleiteia alimentos, fundada no princípio da solidariedade familiar, que o genitor nunca observou.

En. 35

Nas hipóteses em que o processo de adoção não observar o prévio cadastro, e sempre que possível, não deve a criança ser afastada do lar em que se encontra sem a realização de prévio estudo psicossocial que constate a existência, ou não, de vínculos de socioafetividade.

En. 36

As famílias acolhedoras e os padrinhos afetivos têm preferência para adoção quando reconhecida a constituição de vínculo de socioafetividade.

En. 37

Nos casos que envolverem violência doméstica, a instrução processual em ações de família deve assegurar a integridade física, psicológica e patrimonial da vítima.

En. 38

A interação pela via digital, ainda que por videoconferência, sempre que possível, deve ser utilizada de forma complementar à convivência familiar, e não substitutiva.

En. 39

A liberdade de expressão dos pais em relação à possibilidade de divulgação de dados e imagens dos filhos na internet deve ser funcionalizada ao melhor interesse da criança e do adolescente e ao respeito aos seus direitos fundamentais, observados os riscos associados à superexposição.

En. 40

A herança digital pode integrar a sucessão do seu titular, ressalvadas as hipóteses envolvendo direitos personalíssimos, direitos de terceiros e disposições de última vontade em sentido contrário.

En. 41

Em tempos de pandemia, o regime de convivência que já tenha sido fixado em decisão judicial ou acordo deve ser mantido, salvo se, comprovadamente, qualquer dos pais for submetido a isolamento ou houver situação excepcional que não atenda ao melhor interesse da criança ou adolescente.

En. 42

O namoro qualificado, diferentemente da união estável, não engloba todos os requisitos cumulativos presentes no art. 1.723 do Código Civil.

En. 43

É desnecessária a manifestação do Ministério Público nos reconhecimentos extrajudiciais de filiação socioafetiva de pessoas maiores de dezoito anos.

En. 44

Existindo consenso sobre a filiação socioafetiva, esta poderá ser reconhecida no inventário judicial ou extrajudicial.

En. 45

A ação de divórcio já ajuizada não deverá ser extinta sem resolução de mérito, em caso do falecimento de uma das partes.

En. 46

Excepcionalmente, e desde que justificada, é possível a decretação do divórcio em sede de tutela provisória, mesmo antes da oitiva da outra parte.

14
Do Direito das Sucessões

14.1. SUCESSÃO EM GERAL

14.1.1. Conceito e classificação

Ensina J. M. Othon Sidou que a palavra "sucessão" define o ato de suceder, em que há a substituição de uma pessoa por outra, em caráter não transitório, na titularidade do conjunto de bens deixado pelo morto[1].

A palavra sucessão significa substituição, pois é a aglutinação dos vocábulos *sub + cedere.*

A sucessão pode se dar de várias formas e maneiras, e não somente na hipótese da ocorrência de óbito. Vejamos algumas dessas possibilidades para classificar a sucessão:

Sucessão a título universal: tal modalidade ocorre quando for feita a transferência de todo o patrimônio (transferência total), como no caso da incorporação de uma sociedade. O herdeiro, legítimo e testamentário, é sucessor universal, mesmo recebendo parte da herança, pois sucede sobre o todo.

Sucessão a título singular: neste caso não há transferência de todos os direitos e deveres, mas somente de alguns, por exemplo, no caso do legado, que ocorre quando o testador determina a transferência de bens determinados. O legatário, por ser sucessor singular, não responde por dívidas do falecido, mas o legatário só recebe o bem se a herança for solvível, pois onde só há dívidas não há herança e nem legado. Só com o inventário, apurando-se o ativo e deduzindo-se o passivo do falecido, é que se podem verificar as forças da herança.

Sucessão por determinação legal: trata-se de hipótese que se encontra descrita na própria lei que irá prever, no caso específico, como irá se proceder a substituição, conforme existe no **art. 12 da Lei n. 8.245/91 (Lei de Locações)**, que determina a continuidade do contrato de locação, automaticamente, quando ocorrer a dissolução da sociedade conjugal.

Sucessão por vontade das partes: tal modalidade se dá quando duas pessoas celebram um negócio jurídico, com o objetivo de determinar a substituição do titular de determinado direito, por exemplo, no caso da compra e venda que retrata uma substituição na titularidade do direito real de propriedade. O comprador irá substituir o vendedor na titularidade do direito real de propriedade.

Sucessão inter vivos: trata-se da sucessão que ocorre em vida.

Sucessão *mortis causa*: trata-se da sucessão que ocorre em razão da morte.

---

1. *Dicionário jurídico.* Academia Brasileira de Letras Jurídicas. 9. ed. Rio de Janeiro: Forense Universitária, 2004, p. 824.

O art. 1º do Código Civil determina que *toda pessoa é capaz de direitos e deveres na ordem civil*. Ao nascer com vida o indivíduo adquire personalidade plena, motivo pelo qual começa a amealhar direitos e deveres ao longo da sua vida. Com a ocorrência do óbito, esses direitos e deveres não podem ficar sem um titular, motivo pelo qual haverá modificação na sua titularidade, substituindo pelos herdeiros.

Considerando que ao longo de sua vida a pessoa natural adquire inúmeros direitos e contrai muitas obrigações, se ela falecer a titularidade dessas relações jurídicas deve ser alterada, substituindo o falecido por seus herdeiros. Assim, o complexo de direitos e deveres deixado pelo falecido, que se denomina herança, é transmitido para outrem para que o seu patrimônio não fique acéfalo.

Esse é o fundamento da função social do direito sucessório. A propriedade é um direito real que, em regra, possui caráter perpétuo. O direito sucessório terá, portanto, uma função importantíssima para permitir a continuidade da propriedade, que possui respaldo constitucional. O **art. 5º, XXX, da CF** eleva o direito à herança ao rol dos direitos fundamentais, motivo pelo qual temos que ter cuidado ao interpretá-lo para não ferir tal garantia.

No Código Civil, o direito sucessório possui o seguinte conteúdo:

1) Sucessão em geral: trata-se de regras para todo o direito sucessório.

2) Sucessão legítima (que deriva da lei)**:** trata-se daquela em que o legislador estabelece a sua vontade na norma.

3) Sucessão testamentária: hipótese em que a pessoa, não contente com a regra prevista em lei, deseja estabelecer outras regras para a sua sucessão.

4) Inventário e partilha: regras para a formalização da sucessão no inventário.

14.1.2. Terminologia da sucessão

1) Autor da herança: também pode ser chamado de *inventariado ou "de cujus"* (que surgiu da frase *de cuius successione agitur*), trata-se da pessoa de cuja sucessão se trata.

2) Herdeiro: também chamado de **sucessor**, é o substituto em razão da morte. Existem vários tipos de herdeiros:

a) Herdeiro legítimo: a sucessão legítima é aquela estabelecida em lei, assim são desta forma classificados aqueles que são encontrados na ordem da vocação hereditária do art. 1.829 do Código Civil. São eles os **descendentes, ascendentes, cônjuge** e **colaterais**.

Como, por força do **RE 646.721/RS, julgado pelo Plenário do STF em 10-5-2017**, o art. 1.790 do Código Civil, que tratava da sucessão do companheiro, foi declarado inconstitucional, ficou decidido que neste caso deverá ser aplicada a mesma regra aplicável ao cônjuge, prevista no art. 1.829 do Código Civil. Sendo assim, o companheiro também é herdeiro legítimo, pois a ele se aplica a regra prevista na ordem da vocação hereditária ao cônjuge.

b) Herdeiro necessário ou reservatário: trata-se do herdeiro que possui uma reserva no patrimônio de uma pessoa. Quem tem herdeiro necessário não pode dispor gratuitamente (por doação e testamento) de mais da metade do patrimônio (parte disponível). De acordo com o art. 1.845, são herdeiros necessários os descendentes, ascendentes e o cônjuge.

O art. 1.845 do Código Civil apresenta um rol taxativo de herdeiros necessários, e nele não se encontra o companheiro, mas, como já foi dito anteriormente, por força do **RE 646.721/RS**, julgado pelo Plenário do STF em 10-5-2017, o art. 1.790 do Código Civil, que tratava da sucessão do companheiro, foi declarado inconstitucional, e ficou decidido que neste caso deverá ser aplicada a mesma regra aplicável ao cônjuge, prevista no art. 1.829 do Código Civil.

No citado julgamento, foi fixado como tese desta repercussão geral 498 que:

> **No sistema constitucional vigente, é inconstitucional a distinção de regimes sucessórios entre cônjuges e companheiros**, devendo ser aplicado, em ambos os casos, o regime estabelecido no art. 1.829 do CC/2002 (grifei).

Se no sistema constitucional vigente é inconstitucional a distinção de regimes sucessórios entre cônjuges e companheiros, isso significa que **o companheiro passou a ser herdeiro necessário**, desde então.

Logo, todos os testamentos que forem abertos após a publicação desse julgamento, se excluírem o companheiro, deverão ser objeto de redução, conforme o art. 1.967 do Código Civil.

Para a maioria da doutrina, o companheiro não é herdeiro necessário, já que o rol do referido artigo é taxativo.

Qual a diferença entre herdeiro legítimo e herdeiro necessário? A diferença é o **colateral** (que é herdeiro legítimo, mas não necessário). É por esse motivo que o art. 1.850 do Código Civil estabelece que, para excluir da sucessão os herdeiros colaterais, basta que o testador disponha de seu patrimônio sem os contemplar.

Além disso, o art. 1.846 do Código Civil estabelece que pertence aos herdeiros necessários, de pleno direito, a metade dos bens da herança, constituindo a legítima, mas, segundo o art. 1.847 do mesmo Código, calcula-se a legítima sobre o valor dos bens existentes na abertura da sucessão, abatidas as dívidas e as despesas do funeral, adicionando-se, em seguida, o valor dos bens sujeitos à colação.

Conforme o art. 1.849 do Código Civil, o herdeiro necessário, a quem o testador deixar a sua parte disponível, ou algum legado, não perderá o direito à legítima.

c) Herdeiro testamentário: é aquele que é beneficiário de uma herança em testamento. Para ser herdeiro testamentário, a pessoa precisa ter legitimação sucessória, aferida no momento da abertura da sucessão (ver arts. 1.798 e 1.799 do CC).

3) Herança: também chamada de acervo hereditário, monte-mor, monte-partível, massa hereditária, patrimônio inventariado e espólio. É a universalidade das relações jurídicas do falecido. Trata-se do conceito previsto no art. 91 do Código Civil, para quem constitui universalidade de direito o complexo de relações jurídicas de uma pessoa dotadas de valor econômico.

Não podemos esquecer que a herança defere-se como um todo unitário, ainda que vários sejam os herdeiros (princípio da indivisibilidade da herança), e que, por esse motivo, até a partilha, o direito dos coerdeiros, quanto à propriedade e posse da herança, será indivisível e regular-se-á pelas normas relativas ao condomínio (art. 1.791, parágrafo único, do CC).

O acervo hereditário é considerado bem imóvel por força do art. 80, II, do Código Civil e, em razão disso, obedecerá a certas particularidades.

A massa hereditária não tem personalidade jurídica, mas somente legitimidade processual, que é exercida pelo inventariante (art. 75, VII, do CPC).

- Integram o acervo hereditário:
- bens móveis e imóveis (propriedade e posse);
- obrigações de dar e fazer de natureza fungível;
- outros direitos como ações e quotas sociais;
- crédito perante terceiro;
- direito de propor ações judiciais.

4) Ordem da vocação hereditária: trata-se da regra da sucessão legítima que estabelece uma sequência de pessoas ligadas ao falecido pelo parentesco ou vínculo conjugal. É a regra da sucessão legítima para estabelecer a preferência de herdeiros.

5) Inventário: é o procedimento (que pode ser judicial ou extrajudicial[2]) necessário para efetuar a partilha, momento em que se transmite individualmente os bens do acervo hereditário.

O **arrolamento** é um procedimento mais simples de inventário. Existem dois tipos:

a) arrolamento comum (art. 664 do CPC), que pode ser empregado nos casos de herança de pequeno valor (bens do espólio iguais ou inferiores a 1.000 salários mínimos), ou sempre que concordarem todas as partes e o Ministério Público, ainda que haja interessado incapaz (art. 665 do CPC – nova hipótese).

b) arrolamento sumário (art. 659 do CPC): ocorre no caso de partes capazes que estejam de acordo com os termos da partilha, hipótese em que o juiz homologa a partilha, e agora, como inovação da legislação processual, a expedição dos títulos translativos (formal de partilha ou adjudicação e alvarás) é feita antes do pagamento dos tributos à Fazenda Pública (art. 659, § 2º), que promoverá o lançamento administrativo em momento posterior – sem que fique adstrita, naturalmente, aos valores atribuídos aos bens pelos herdeiros.

Existe a possibilidade de resolver a herança sem inventário, por meio de **alvará judicial**, que pode ser incidental ou autônomo. O alvará incidental é requerido nos próprios autos do inventário, para vender um bem imóvel, por exemplo, objetivando o pagamento dos impostos devidos. Já o alvará autônomo independe de inventário, e é requerido ao juiz somente nas hipóteses previstas no Decreto n. 85.845/81, por exemplo, quando houver pequenas quantias depositadas em conta corrente, caderneta de poupança ou fundos de investimentos, ou quando a herança tiver origem em saldo de salários, restituição de IR e FGTS.

Há ainda a possibilidade de ingressar com **inventário negativo**, para se obter uma declaração de que não existem bens a serem inventariados. Seu objetivo é evitar a sanção do art. 1.523, I, do Código Civil.

---

2. O inventário extrajudicial, por escritura pública, só pode ser feito quando não houver testamento nem interessado incapaz na sucessão.

14.1.3. Relações excluídas da sucessão

Obrigações personalíssimas: obrigação de fazer de natureza infungível, fiança (que se extingue com a morte do fiador, mas os débitos que o afiançado tinha até esse momento se transferem aos herdeiros), mandato, entre outros.

Questões não patrimoniais: poder familiar (que se extingue com a morte dos pais), contrato de trabalho, usufruto (pois não existe no Brasil o usufruto sucessivo), pensão por morte, entre outros.

14.1.4. Momento da abertura da sucessão

Quanto ao lugar: conforme o art. 1.785 do Código Civil, a sucessão abre-se no local do último domicílio do falecido. Para qualquer ação relacionada ao direito sucessório (inventário [art. 610 do CPC], arrolamento [art. 659 do CPC], alvará, abertura, registro e cumprimento de testamento [art. 735 do CPC], petição de herança, indignidade, entre outras) aplica-se tal dispositivo, como regra de competência. Essa regra não se aplica ao inventário extrajudicial[3] (feito por escritura pública), previsto no art. 610 do CPC, em razão de o art. 8º da Lei n. 8.935/94 (Lei dos Notários e Registradores) estabelecer que:

> **Art. 8º** É livre a escolha do tabelião de notas, qualquer que seja o domicílio das partes ou o lugar de situação dos bens objeto do ato ou negócio.

Questão tormentosa é que o art. 71 do Código Civil estabelece ser possível uma pessoa ter pluralidade de domicílio, quando tiver diversas residências em que viva alternadamente.

Assim, qual seria o foro competente para ajuizamento de alguma ação sucessória (como o inventário, por exemplo) se o falecido tinha mais de um domicílio?

Entendemos que, nesse caso, poderá ser utilizado o foro de qualquer um dos domicílios, já que o Código Civil estabelece poder ser assim denominado qualquer um deles.

Cumpre lembrar que o **art. 10 da LINDB** determina que a sucessão por morte ou por ausência obedece à lei do país em que domiciliado o defunto ou o desaparecido, independentemente da sua nacionalidade, e qualquer que seja a natureza e a situação dos bens. Mas, a sucessão de bens de estrangeiros, situados no País, será regulada pela lei brasileira em benefício do cônjuge ou dos filhos brasileiros, ou de quem os represente, sempre que não lhes seja mais favorável a lei pessoal do *de cujus*.

Porém, o STJ entende que o ordenamento jurídico pátrio adota o **princípio da pluralidade de juízos sucessórios** (Informativo 563 de 2015), ao formar entendimento que mesmo o autor da herança não ter domicilio no Brasil, aplica-se a lei estrangeira da situação da coisa – e não a lei brasileira – na sucessão de bem imóvel situado no exterior.

O argumento é de que a LINDB, inegavelmente, elegeu o domicílio como relevante regra de conexão para solver conflitos decorrentes de situações jurídicas relacionadas a mais de um sistema legal (conflitos de leis interespaciais), porquanto consistente na própria sede

3. Sobre o tema indicamos a leitura da obra de nossa autoria intitulada *Divórcio, extinção de união estável e inventário por escritura pública*: teoria e prática, publicada pela Editora Foco.

jurídica do indivíduo. Assim, a lei do país em que for domiciliada a pessoa determina as regras sobre o começo e o fim da personalidade, o direito ao nome, a capacidade jurídica e dos direitos de família (art. 7º). Por sua vez, a lei do domicílio do autor da herança regulará a correlata sucessão, nos termos do art. 10 da lei sob comento.

Em que pese a prevalência da lei do domicílio do indivíduo para regular as suas relações jurídicas pessoais, conforme preceitua a LINDB, esta regra de conexão não é absoluta. Como bem pondera a doutrina, outros elementos de conectividade podem, a depender da situação sob análise, revelarem-se preponderantes e, por conseguinte, excepcionar a aludida regra, tais como a situação da coisa, a faculdade concedida à vontade individual na escolha da lei aplicável, quando isto for possível, ou por imposições de ordem pública. Esclarece, ainda, que "a adoção de uma norma de direito estrangeiro não é mera concessão do Estado, ou um favor emanado de sua soberania, mas a consequência natural da comunidade de direito, de tal forma que a aplicação da lei estrangeira resulta como imposição de um dever internacional.

Especificamente à lei regente da sucessão, pode-se assentar, de igual modo, que o art. 10 da LINDB, ao estabelecer a lei do domicílio do autor da herança para regê-la, não assume caráter absoluto. A conformação do direito internacional privado exige, como visto, a ponderação de outros elementos de conectividade que deverão, a depender da situação, prevalecer sobre a lei de domicílio do *de cujus*. Além disso, outras duas razões – a primeira de ordem legal; a segunda de ordem prática – corroboram com a conclusão de relatividade do disposto no art. 10, *caput*, da LINDB. No tocante ao primeiro enfoque, o dispositivo legal sob comento deve ser analisado e interpretado sistematicamente, em conjunto, portanto, com as demais normas internas que regulam o tema, em especial o art. 8º, *caput*, e § 1º do art. 12, ambos da LINDB e o art. 23 do CPC.

E, o fazendo, verifica-se que, na hipótese de haver bens imóveis a inventariar situados, simultaneamente, aqui e no exterior, o Brasil adota o princípio da pluralidade dos juízos sucessórios. Como se constata, a própria LINDB, em seu art. 8º, dispõe que as relações concernentes aos bens imóveis devem ser reguladas pela lei do país em que se encontrem. Inserem-se, inarredavelmente, no espectro de relações afetas aos bens imóveis aquelas destinadas a sua transmissão/alienação, seja por ato entre vivos, seja *causa mortis*, cabendo, portanto, à lei do país em que situados regê-las. Por sua vez, o CPC, em seu art. 23 (abrangendo disposição idêntica à contida no § 2º do art. 12 da LINDB), é expresso em reconhecer que a jurisdição brasileira, com exclusão de qualquer outra, deve conhecer e julgar as ações relativas aos imóveis situados no país, assim como proceder ao inventário e partilha de bens situados no Brasil, independente do domicílio ou da nacionalidade do autor da herança.

Sobressai, no ponto, a insubsistência da tese de que o Juízo sucessório brasileiro poderia dispor sobre a partilha de bem imóvel situado no exterior. Como assinalado, não resta sequer instaurada a jurisdição brasileira para deliberar sobre bens imóveis situados no estrangeiro, tampouco para proceder a inventario ou à partilha de bens imóveis sitos no exterior. O solo, em que se fixam os bens imóveis, afigura-se como expressão da própria soberania de um Estado e, como tal, não pode ser, sem seu consentimento ou em contrariedade ao seu ordenamento jurídico, objeto de ingerência de outro Estado.

No ponto, já se pode antever a segunda razão – esta de ordem prática – a justificar a assertiva de que o art. 10 da LINDB encerra, de fato, regramento que comporta exceções. É que um provimento judicial emanado do juízo sucessório brasileiro destinado a deliberar sobre imóvel situado no exterior, além de se afigurar inexistente, pois, como visto, não instaurada sequer sua jurisdição, não deteria qualquer eficácia em outro país, destinatário da "ordem" judicial.

Aliás, dentre os princípios que regem o Direito Internacional Privado, ganha cada vez mais relevo o da eficácia das decisões ou do Estado com melhor competência, informador da competência da *lex rei sitae* (lei da situação da coisa) para regular as relações concernentes aos bens imóveis, pois esta é a lei, inarredavelmente, que guarda melhores condições de impor a observância e o acatamento de seus preceitos. Assim, em havendo bens imóveis a serem inventariados ou partilhados simultaneamente no Brasil e no estrangeiro, a premissa de que a lei do domicílio do *de cujus*, sempre e em qualquer situação, regulará a sucessão, somente poderia ser admitida na remota - senão inexistente - hipótese de o Estado estrangeiro, cujas leis potencialmente poderiam reger o caso (em virtude de algum fator de conexão, v.g., situação da coisa, existência de testamento, nacionalidade etc.), possuir disposição legal idêntica à brasileira.

Mais do que isso. Seria necessário que, tanto o Brasil, em que domiciliado o autor da herança, assim como o país estrangeiro, país em que situado o imóvel a ser inventariado, adotassem o princípio da unidade ou universalidade do juízo da sucessão e que, em ambos os países, o juízo sucessório fosse (com prejuízo de qualquer outra regra de conexão) o do domicílio do autor da herança. Todavia, em se tratando de bem imóvel situado no estrangeiro, circunstância que se relaciona diretamente com a própria soberania do Estado, difícil, senão impossível, cogitar a hipótese de este mesmo Estado estrangeiro dispor que a sucessão deste bem, nele situado, fosse regulada pela lei de outro país.

No ordenamento jurídico nacional (art. 8º, *caput*, da LINDB, em conjunto com o art. 23 do CPC – abrangendo disposição idêntica à contida no § 2º do art. 12 da LINDB), tal hipótese seria inadmissível. A exegese ora propugnada, encontra ressonância na especializada doutrina, que bem esclarece a inidoneidade (e mesmo ineficácia) do critério unitário para reger a sucessão de bens imóveis situados em mais de um Estado, em claro descompasso com as demais normas internas que tratam do tema.

Ademais, a jurisprudência do STJ, na linha da doutrina destacada, já decidiu que, "Adotado no ordenamento jurídico pátrio o princípio da pluralidade de juízos sucessórios, inviável se cuidar, em inventário aqui realizado, de eventuais depósitos bancários existentes no estrangeiro" (**REsp 397.769-SP, 3ª Turma, *DJ* 19-12-2002**); **REsp 1.362.400-SP, rel. Min. Marco Aurélio Bellizze, j. em 28-4-2015, *DJe* 5-6-2015**).

Quanto ao tempo: no tempo é a morte que abre a sucessão, podendo ser ela **real** ou **presumida** (arts. 6º e 7º, ambos do Código Civil). Na hipótese de morte real, abre-se a sucessão definitiva. Já na hipótese de ausência, abre-se a sucessão provisória. De acordo com o art. 6º, a morte presumida se dá nos casos em que a lei autoriza a abertura da sucessão definitiva (arts. 37 e 38 do CC), e nas hipóteses contempladas no art. 7º do Código Civil.

Da morte deriva a sucessão *mortis causa*, de acordo com o **princípio do *droit de saisine***, que tem origem no direito gaulês e que está previsto no art. 724 do Código de Napoleão.

A morte transfere posse e propriedade aos herdeiros, porém da massa, ou seja, do acervo hereditário. A quebra dessa massa será feita somente com a partilha, que é formalizada no inventário. Com isso os herdeiros passam a ter legitimidade para as **ações petitórias** e **possessórias**.

São considerados efeitos do *droit de saisine*:

a) Definir a lei material aplicável na sucessão: a lei sucessória aplicável ao caso concreto é aquela vigente no momento da abertura da sucessão (art. 1.787 do CC), mesmo que esteja revogada, já que a Lei de Introdução às Normas do Direito Brasileiro – LINDB permite a sua aplicação, num fenômeno denominado *ultratividade*. Como exemplo, citamos o caso da união estável, que possui três leis que a regulamentam no que tange à sucessão: as Leis n. 8.971/94 e n. 9.278/96 e o Código Civil. Para definir qual lei deve ser aplicada, verificar-se-á o dia da ocorrência do óbito. Cumpre lembrar que lei processual tem aplicação automática.

b) Fixação da alíquota dos tributos: a alíquota tributária do ITCMD aplicável na sucessão é a vigente no momento da morte (**Súmula 112 do STF**).

c) Verificação dos herdeiros: pois devem estar vivos ou ter sido concebidos no momento da abertura da sucessão (art. 1.798 do CC).

d) Permissão da transmissão de direitos: o art. 426 do Código Civil proíbe o *pacta corvina*, ou seja, o pacto sucessório, pois não pode ser objeto de contrato a herança de pessoa viva. Para os herdeiros transmitirem a sua cota na herança, deverão fazer uma cessão de direitos hereditários, que exige estar a sucessão aberta (ter ocorrido a morte) e que o ato seja realizado por escritura pública, nos moldes do art. 1.793 do Código Civil.

14.1.5. Comoriência

De acordo com o art. 8º do Código Civil, comoriência é presunção de simultaneidade de morte. A comoriência é aplicada na impossibilidade de verificação da premoriência (situação em que um sujeito morre antes de outro). O principal efeito na sucessão é que comoriente não participa da sucessão do outro, pois é tido como morto. Dessa forma, na doação com cláusula de reversão, verificando-se comoriência não haverá reversão, pois o bem doado irá para os herdeiros do donatário (art. 547 do CC), e no seguro de vida o valor da indenização irá para o cônjuge e para os herdeiros do segurado, de acordo com a ordem da vocação hereditária, como se não houvesse beneficiário (art. 792 do CC).

Procedimento verificatório da comoriência:

1º) se existir prova contundente e segura, a comoriência pode ser verificada no inventário;

2º) se não houver prova contundente e segura a comoriência será verificada em ação própria nas vias ordinárias.

A comoriência é a presunção *juris tantum* de simultaneidade de morte, já que se admite prova em contrário. Recomendamos a leitura do capítulo que trata deste assunto, no início deste livro, quando falamos da Parte Geral do Código Civil.

14.1.6. Indivisibilidade da herança

Até a partilha a herança é indivisível, por ser um todo unitário (art. 1.791 do CC), motivo pelo qual haverá a formação de um condomínio forçado (imposição de lei), quando houver vários herdeiros, já que mais de uma pessoa será proprietária de algo indivisível. Nessa hipótese aplicam-se as regras de condomínio.

Cumpre lembrar que a herança é uma universalidade de direito (art. 91 do CC), pois é o complexo de relações jurídicas de uma pessoa dotada de valor econômico.

No Direito Sucessório a posse indireta será dos herdeiros enquanto a direta ficará com o inventariante. Quando mais de uma pessoa é possuidora de um bem indivisível, todos serão copossuidores, ou seja, forma-se uma composse.

14.1.7. Cessão de direitos hereditários

Cessão significa transferência. Na cessão teremos as figuras do cedente e do cessionário; cedente é quem irá transferir e cessionário é a parte que recebe a transferência.

Quando se inicia a possibilidade de cessão de direitos hereditários? Somente com a abertura da sucessão, pois o art. 426 do Código Civil determina que **não pode ser objeto de contrato a herança de pessoa viva ("pacta corvina")**. Tal artigo pode ser lido de outra forma, ou seja, só pode ser objeto de contrato a herança de pessoa morta.

De acordo com o art. 1.793 do Código Civil, a impossibilidade de cessão se dará quando a herança estiver gravada com **cláusula de inalienabilidade**.

A cessão de direitos hereditários deve ser feita por escritura pública (requisito formal), pois é ato solene. Toda escritura pública deve ser feita no cartório de notas.

Possui capacidade para ser cedente (fazer a cessão), tanto o herdeiro legítimo quanto o testamentário. Se for pessoa incapaz, dependerá de autorização judicial, com oitiva do Ministério Público.

Quanto ao conteúdo, a cessão de direitos hereditários pode ser total ou parcial. Porém, como a cessão é feita com relação ao quinhão, ou seja, a todos os direitos hereditários, ou ele é transferido total ou parcialmente, para dar legitimidade ao cessionário de abrir o inventário. Por esse motivo, cumpre ressaltar que é ineficaz a cessão de um bem da herança considerado singularmente (art. 1.793, § 2º, do CC). A ineficácia impede a produção de efeitos.

Deve ser colocado na cessão se o cessionário (destinatário dela), será ou não beneficiado com um eventual direito de acrescer. Se algum herdeiro renuncia a herança, a parte do renunciante, que é destinada aos demais herdeiros, vai para o cedente (por não estar incluída na cessão), ou para o cessionário? É isso que precisa ficar claro.

Para que haja a cessão de direitos hereditários não é preciso que o inventário esteja aberto, mas basta o desejo ou a vontade do herdeiro e a **aceitação da outra parte**.

A cessão de direitos hereditários pode ser onerosa ou gratuita, porém, como consequência, o cessionário se sub-roga nos direitos e **deveres** do herdeiro.

Em caso de transferência onerosa da quota hereditária, deve ser dado direito de preferência aos demais coerdeiros. A cessão de direitos hereditários a um dos outros herdeiros dispensa o direito de preferência, mesmo que a transferência seja onerosa.

Há necessidade de vênia conjugal? O direito à sucessão aberta é considerado **bem imóvel**, por força de lei (art. 80, II, do CC), e o art. 1.647, I, do Código Civil determina que a vênia conjugal é exigida na alienação de bens imóveis, salvo no regime da separação absoluta de bens. Assim sendo, entendemos que ela é necessária na cessão de direitos hereditários de pessoas casadas, exceto se o regime de bens do casamento for o da separação absoluta de bens. Vênia conjugal é a autorização que o cônjuge dá para que o outro pratique determinados atos.

O STJ entende que a vênia é necessária, sob pena de invalidação do ato, no **REsp 274.432/PR, Recurso Especial 2000/0086390-4, rel. Min. Aldir Passarinho Júnior, j. em 7-12-2006.**

Como a cessão de direitos hereditários é ato *inter vivos*, as suas regras aplicam-se imediatamente, mesmo que o processo de inventário tenha sido iniciado antes do advento do Código Civil vigente, já que essa matéria não era abordada no Código anterior, ou ainda se o óbito ocorreu antes do início da sua vigência, ou seja, nesse caso não é aplicável o **princípio da *saisine***.

O art. 1.793 do Código Civil estabelece a possibilidade de o herdeiro fazer a cessão dos seus direitos hereditários por meio de uma escritura pública. A cessão poderá ser gratuita ou onerosa, dependendo da existência, ou não, de alguma vantagem para o cedente.

A cessão de direitos hereditário equivale a uma renúncia translativa, motivo pelo qual exige o pagamento de imposto. O herdeiro (cedente) deve pagar ITCMD pela aceitação da herança (se transferiu seus direitos significa que aceitou), e o cessionário paga ITBI ou ITCMD, dependendo da modalidade da cessão. Se a cessão for onerosa incidirá o ITBI (competência do município), mas se for gratuita, o ITCMD (competência do Estado). Pagos esses tributos no ato da cessão, ao ser aberto o inventário o cessionário não pagará outro ITCMD, pois o mesmo já foi pago, sob pena de bitributação.

Porém, cumpre salientar que o art. 1.791 do Código Civil estabelece que a herança se defere como um todo unitário, ainda que vários sejam os seus herdeiros. No citado artigo, o parágrafo único consagra o princípio da indivisibilidade da herança, ao estabelecer que, até a partilha, o direito dos coerdeiros, quanto à propriedade e posse da herança, seja indivisível.

Isso se dá porque, quando uma pessoa falece, todo o seu conjunto de direitos e deveres adquiridos em vida se "fecha" num "pacote" chamado herança, monte-mor, monte-partível, espólio, acervo hereditário, que permanecerá intocável até a partilha. O inventário, seja ele extrajudicial ou judicial, tem por objetivo provocar a partilha, que significa dividir entre os coerdeiros o que existe dentro do citado "pacote".

Assim, impossível será fazer cessão de direitos hereditários de bens considerados singularmente, haja vista que os herdeiros, antes da partilha, não são proprietários da casa, do carro, do apartamento, do sítio, do dinheiro em banco, que eram do *de cujus*, mas são donos de uma parcela do acervo hereditário por ele deixado.

Se fosse possível fazer cessão de direitos hereditários de bens individuais, como um imóvel, por exemplo, não haveria necessidade de se fazer inventário, e isso seria perigoso, já que não se recolheria o ITCMD, exigido pela legislação tributária neste caso, nem tampouco se obteria a concordância da Fazenda Estadual sobre o seu recolhimento.

A proibição de se realizar cessão de direitos hereditários de bens singulares da herança, antes da partilha, consta dos §§ 2º e 3º do art. 1.793 do Código Civil, ao determinar que o direito à sucessão aberta, bem como o quinhão de que disponha o coerdeiro, pode ser objeto de cessão por escritura pública, mas é ineficaz a cessão, pelo coerdeiro, de seu direito hereditário sobre qualquer bem da herança considerado singularmente, assim como também será ineficaz a disposição, sem prévia autorização do juiz da sucessão, por qualquer herdeiro, de bem componente do acervo hereditário, pendente a indivisibilidade.

Para o citado artigo, a cessão de direitos hereditários, que tem por objeto bens considerados singularmente, é ineficaz, ou seja, não produz efeito. Se houver interesse em negociar um bem singular do acervo, antes da partilha, para pagar tributos, por exemplo, será necessária autorização judicial por meio de alvará, consoante a redação do § 3º do mesmo artigo.

Ademais, cumpre salientar que o cedente transfere todos os direitos que possui na sucessão, podendo ser de forma integral (100% dos direitos) ou parcial (menos que 100% dos direitos). Isso quer dizer que o cessionário entrará na sucessão como se herdeiro fosse, o que lhe dará responsabilidades pelo pagamento de dívidas do falecido até o limite da quota-parte recebida (100% ou menos dos direitos que o cedente tinha).

Para exemplificar, imaginemos que um coerdeiro tenha recebido 30% da herança de "X". Ele poderá transferir os 30% da herança (que corresponde a 100% dos direitos que possuía), ou um percentual menor (15% da herança, por exemplo, que corresponde à metade dos direitos que ele possuía) para alguém. Se, neste caso, o citado coerdeiro transferir 30% da herança para determinado cessionário, este entrará na sucessão como se herdeiro fosse, já que será responsabilizado por 30% das dívidas do morto (caso elas existam), até o limite do valor do percentual recebido.

Por esse motivo é que entendemos ser dever do tabelião orientar o cessionário, principalmente o que paga para entrar na sucessão, que ele pode ser responsabilizado por dívidas do morto, vindo a perder a cota sucessória recebida, mesmo tendo pagado para que isso ocorresse no momento da realização da cessão. Assim sendo, deve ser feita uma investigação patrimonial do espólio, para que o cessionário tenha ideia de suas responsabilidades por entrar na sucessão, que é chamada de "*Due Diligence*".

Imaginemos que ocorra uma penhora no bem singular antes da realização do inventário; poderia a cessão ser oposta perante o credor? A resposta é negativa, e tal risco, acreditamos, uma pessoa que adquire bem singular nunca deseja correr.

Assim, a cessão de direitos hereditários deve ser feita de forma genérica, em que se aponta qual será o percentual da cota hereditária que será transferido ao cessionário (100% ou menos). E, com essa escritura em mãos, o cessionário terá legitimidade para abrir o inventário, seja ele extrajudicial – se preenchidos os requisitos do art. 610 do CPC – ou judicial, para se realizar a partilha. Esse é o posicionamento do STJ (**REsp 546.077-SP, rel. Min. Nancy Andrighi, j. em 2-2-2006**).

As partes mais importantes da ementa do citado julgado são:

1) Só no momento da partilha é que se determina e especifica o quinhão de cada herdeiro e, automaticamente, o objeto da cessão.

2) Enquanto não houver partilha dos bens, o cessionário detém apenas direito expectativo, que só irá se concretizar efetivamente após a especificação do quinhão destinado ao herdeiro cedente.

3) Quanto à alegação dos recorrentes de ser inviável o registro da cessão de direitos hereditários, de fato, enquanto não ultimada a partilha, o referido negócio não podia ser levado a registro.

Assim, claro está que bens singularizados não podem ser objeto de cessão, pois essa deve ser feita de forma genérica. A legitimidade do cessionário para realizar a escritura de inventário vem descrita no art. 16 da **Resolução n. 35 do Conselho Nacional de Justiça**, nos seguintes termos:

> **Art. 16.** É possível a promoção de inventário extrajudicial por cessionário de direitos hereditários, mesmo na hipótese de cessão de parte do acervo, desde que todos os herdeiros estejam presentes e concordes.

Como aponta o citado dispositivo, se a cessão for total, poder-se-á fazer a escritura sozinho, mas, se a cessão foi parcial, haverá a necessidade de comparecimento dos outros herdeiros, que, a exemplo dele, devem ser capazes e concordes.

A cessão de direitos hereditários não pode ser registrada na matrícula do imóvel, por falta de previsão expressa no art. 167 da Lei n. 6.015/73 (Registros Públicos).

14.1.8. Aceitação ou *aditio*

O ato de aceitação do herdeiro tem por objetivo confirmar o que já ocorreu, motivo pelo qual possui efeito retro-operante. A aceitação existe para que o patrimônio não fique acéfalo, ou seja, sem um gestor (cabeça). Por conta disso é que o seu efeito é retro-operante. O período entre a abertura da sucessão e a aceitação do herdeiro chama-se delação, pois nele o patrimônio já está à disposição dos sucessores, como se eles tivessem aceitado. Isso só não irá se confirmar se o herdeiro renunciar à herança.

O tutor e o curador só podem aceitar a herança do tutelado e do curatelado mediante autorização judicial, em decorrência do disposto nos arts. 1.748, II, e 1.781, ambos do Código Civil. Já o mandatário só poderá aceitar uma herança se houver poderes especiais no mandato (art. 661, § 1º, do CC).

No Código Civil de 1916 (art. 1.590) a aceitação era retratável. Já no Código Civil vigente, segundo o art. 1.812, é **ato irrevogável**.

O problema surge quanto ao direito intertemporal, pois, **se a pessoa morreu em 2000 e o inventário foi aberto em 2006, a aceitação é revogável ou irrevogável?** A aceitação, por ser ato *inter vivos*, está subordinada à lei vigente no momento da sua realização, e não no momento da morte, ou seja, com isso as aceitações anteriores ao Código Civil vigente serão revogáveis até hoje e as celebradas na vigência da atual codificação serão irrevogáveis.

O ato de aceitação tem **natureza não receptícia**, pois independe de comunicação a outrem para produzir efeitos.

A aceitação deve ser incondicional (pois não admite condição – art. 1.808 do CC) e será ineficaz se houver exclusão do herdeiro ou vício no testamento.

De acordo com o **art. 1.808 do Código Civil**, a aceitação deve ser sempre total, pois é vedada a aceitação parcial. Quando o herdeiro é chamado à sucessão por motivos diferentes, por exemplo, na sucessão legítima e testamentária da mesma pessoa, deverá manifestar a aceitação mais de uma vez, podendo aceitar para um caso a herança da sucessão legítima e renunciar a da sucessão testamentária.

São espécies de aceitação:

a) aceitação expressa: a que é feita por declaração escrita (pública ou particular e por termo nos autos);

b) aceitação tácita: que ocorre na prática de ato típico de herdeiro. O art. 1.805, § 1º, do Código Civil estabelece que não haverá aceitação se o herdeiro cuidar do funeral do *de cujus* ou praticar atos meramente conservatórios ou de administração e guarda provisória. São exemplos de aceitação tácita nomear advogado no inventário, concordar com as primeiras declarações no inventário e entrar na posse dos bens do acervo;

De acordo com o art. 1.805, § 2º, do Código Civil não importa aceitação à cessão gratuita pura e simples da herança aos demais coerdeiros. Assim, importa aceitação à cessão de direitos hereditários para terceiros ou para outro coerdeiro onerosamente.

c) aceitação presumida: é aquela na qual o interessado em que o herdeiro declare se aceita ou não a herança poderá, 20 dias após aberta a sucessão, requerer ao juiz um prazo razoável, não maior de 30 dias, para nele se pronunciar se o herdeiro aceita ou não a herança, sob pena de se ter a herança por aceita. Essa hipótese está descrita no art. 1.807 do Código Civil;

d) aceitação direta: é aquela feita pelo próprio herdeiro;

e) aceitação indireta: feita por terceiro, por exemplo, o credor do herdeiro renunciante. A única exceção no nosso Código Civil, que permite a aceitação parcial, está descrita no art. 1.813, em que a lei permite que o credor do herdeiro aceite uma herança que foi renunciada para prejudicá-lo até o limite da dívida. A parte que sobra é tida como renunciada.

14.1.9. Renúncia da herança

A renúncia é a antítese da aceitação, ou seja, um ato de repúdio. Trata-se de um ato unilateral e não receptício (pois não precisa chegar ao conhecimento de ninguém para produzir efeitos). Obrigatoriamente a renúncia deve ser expressa e solene, podendo ser feita por escritura pública ou termo nos autos (**art. 1.806 do CC**). O mandatário pode renunciar somente se tiver poderes expressos (**art. 661, § 1º, do CC**), e este mandato deve ser feito por escritura pública, já que o **art. 657 do Código Civil**, estabelece que a outorga do mandato está sujeita à forma exigida por lei para o ato a ser praticado.

A renúncia só pode ocorrer após a abertura da sucessão, devendo ser total e nunca parcial, além de ser um ato irrevogável (art. 1.812 do CC). Não se pode renunciar sob condição ou a termo (art. 1.808 do CC).

Na renúncia ninguém sucede o herdeiro renunciante, já que a sua parte voltará para o monte a fim de ser dividida entre os outros herdeiros (art. 1.811 do CC).

Esse ato só pode ser praticado por agente capaz, pois o incapaz depende de autorização judicial para renunciar. Trata-se de um ato que exige vênia conjugal, por interpretação conjunta dos arts. 80, II, e 1.647, I, ambos do Código Civil. Essa é a posição majoritária na doutrina, pois entendem que a vênia conjugal é necessária na renúncia Euclides de Oliveira e Sebastião Amorim, Francisco Cahali e Giselda Hironaka e Sílvio de Salvo Venosa e Débora Gozzo. Já os autores José Luiz Gavião de Almeida e Maria Helena Diniz acham que ela é desnecessária.

Como vimos anteriormente, se a renúncia for feita para prejudicar o credor do herdeiro, este poderá aceitá-la em seu nome, de acordo com o valor da dívida, pois o que sobejar continuará sendo tido como renunciado, e será entregue aos demais herdeiros, conforme determina o art. 1.813 do Código Civil. Esse seria o único caso de aceitação parcial admitida pelo ordenamento, pois não é feito pelo herdeiro, mas por seu credor. A habilitação dos credores se fará no prazo de 30 dias seguintes ao conhecimento do fato, bastando que eles provem que o devedor é herdeiro legítimo da herança, e que não tem ele bens ou outros recursos para pagar a referida dívida.

Se o herdeiro for comerciante com pedido de falência, a renúncia é ineficaz quanto à massa falida, tenha ou não o contratante conhecimento do estado de crise econômico-financeira do devedor, seja ou não intenção de este fraudar credores, conforme o art. 129, V, da Lei de Falências (Lei n. 11.101/2005), para o qual a renúncia à herança ou a legado não produz efeitos relativamente à massa, se exercida até dois anos antes da declaração da falência.

Já findo o processo de inventário, deverá o credor fazer uso da ação pauliana, que tem por finalidade anular o negócio jurídico praticado pelo devedor, para que a herança retorne ao patrimônio do renunciante.

Cumpre lembrar que o herdeiro renunciante é tido como inexistente, hipótese em que a herança volta para o monte a fim de ser dividida entre os outros herdeiros, pois inexiste direito de representação na renúncia da herança legítima e testamentária. Excepcionalmente, o testador pode, expressamente, indicar a representação na sucessão testamentária, o que seria uma hipótese análoga à substituição. Se o renunciante for o único herdeiro de uma classe, deverá ser seguida a ordem da vocação hereditária.

Assim sendo lembre-se: **tenha o herdeiro renunciante, sempre, como se fosse inexistente (como se nunca fosse herdeiro)**.

No exercício do direito de representação temos várias aceitações, e, se ocorrer a renúncia da herança do parente mais próximo, ela acarreta a impossibilidade de o herdeiro premorto aceitar a dos mais remotos.

A pessoa chamada como herdeira e legatária pode aceitar uma herança e renunciar à outra herança, mesma hipótese ocorrendo no caso de o herdeiro ser chamado na sucessão legítima e testamentária.

Não deve ser confundido o repúdio com a exclusão da sucessão, pois o renunciante não está privado da administração e usufruto dos bens que, por força dela, venham a tocar a seus filhos menores.

Se o coerdeiro (ou herdeiro da classe subsequente) tiver cedido seus direitos hereditários, a renúncia beneficia o cessionário, que é chamado no lugar do cedente, salvo se, dos termos da cessão inferir-se que ela teve por objeto o quinhão do cedente, tal como existente no momento da cessão.

Segundo o **Enunciado 271 do CJF**, o cônjuge pode renunciar ao direito real de habitação nos autos do inventário ou por escritura pública, sem prejuízo de sua participação na herança.

O **Enunciado 575 do CJF** afirma que, concorrendo herdeiros de classes diversas, a renúncia de qualquer deles devolve sua parte aos que integram a mesma ordem dos chamados a suceder. A justificativa dada pela autora dessa proposta é de que, com o advento do Código Civil de 2002, a ordem de vocação hereditária passou a compreender herdeiros de classes diferentes na mesma ordem, em concorrência sucessória. Alguns dispositivos do Código Civil, entretanto, permaneceram inalterados em comparação com a legislação anterior. É o caso do art. 1.810, que prevê, na hipótese de renúncia, que a parte do herdeiro renunciante seja devolvida aos herdeiros da mesma classe. Em interpretação literal, v.g., concorrendo à sucessão cônjuge e filhos, em caso de renúncia de um dos filhos, sua parte seria redistribuída apenas aos filhos remanescentes, não ao cônjuge, que pertence a classe diversa. Tal interpretação, entretanto, não se coaduna com a melhor doutrina, visto que a distribuição do quinhão dos herdeiros legítimos (arts. 1.832 e 1.837) não comporta exceção, devendo ser mantida mesmo no caso de renúncia.

Outro exemplo de aplicação do referido Enunciado é a hipótese de todos os filhos do *de cujus* serem premortos, e cada um tiver dois filhos vivos. Se um deles renunciar à sua parte, esta vai para o irmão e não para todos os outros netos, pois se devolve para a mesma classe, grau e linha, conforme interpretação do art. 1.810 do Código Civil.

14.1.9.1. Espécies de renúncia

Há duas espécies de renúncia:

a) Renúncia abdicativa: também chamada de renúncia pura e simples, configura-se por ser um ato de repúdio à herança;

b) Renúncia translativa ou *in favorem*: é aquela que irá favorecer alguém (outro herdeiro ou um terceiro). É o mesmo que aceitação, motivo pelo qual não existe mais esse tipo de renúncia, já que no Código Civil ela equivale a uma cessão de direitos hereditários. Se gratuita, esse tipo de cessão enseja a cobrança do ITCMD duas vezes: uma pela transmissão *mortis causa* e outra pela doação (pois o herdeiro aceita e depois doa o quinhão).

14.1.9.2. Questões relevantes sobre a renúncia

1) Renúncia em favor do monte ou dos demais coerdeiros: em regra, a renúncia é pura e simples, e sempre em benefício do monte, mas, como vimos anteriormente, nada impede que o renunciante declare no respectivo ato que a renúncia beneficia os demais coerdeiros ou um terceiro, hipótese em que teremos uma cessão de direitos hereditários, pela existência da renúncia translativa, devendo ser recolhido o imposto devido por esse negócio jurídico.

2) Renúncia feita por tutor ou curador: o tutor ou o curador não pode, em nome de seus representados, renunciar a direitos de herança sem autorização judicial, pois tal ato pode implicar prejuízos aos tutelados e curatelados. Aliás, conforme os arts. 1.748, II, e 1.774 do Código Civil, nem mesmo a aceitação da herança pode ocorrer sem intervenção judicial, o que vem a justificar ainda mais a impossibilidade de a renúncia aqui tratada vir a se efetivar sem uma cautela maior.

3) Renúncia de herança gravada com a cláusula de inalienabilidade: se existir testamento que imponha a cláusula de inalienabilidade na herança, isso não inibe o herdeiro de renunciar à herança, desde que somente em favor do monte (abdicativa), transmitindo-se, em consequência, junto com a herança tal restrição aos demais herdeiros, que, por sua vez, terão de suportar a inalienabilidade imposta pelo titular do acervo. Porém, em face da inalienabilidade imposta não poderá o herdeiro fazer a cessão de direitos hereditários, pois, como ela importa em aceitação para se fazer a transmissão, a citada cláusula incorporou aos bens do acervo (**STJ, REsp 57217/SP 1994/0036027-4**).

4) Renúncia na herança legítima e no legado, quando recebidos de forma simultânea: como já exposto no estudo da aceitação da herança, encontrando-se o beneficiário como herdeiro legítimo e também como legatário em testamento feito pelo autor da herança, poderá ele, à vista do que temos no art. 1.808, § 2º, do Código Civil, aceitar ou renunciar o que lhe é conferido nos dois, ou aceitar ou renunciar o direito a que se firma cada um dos referidos institutos.

5) Renúncia da herança de pessoa ainda viva: não pode ela ocorrer, sob pena de termos um *pacta corvina*, vedado pelo art. 426 do Código Civil, que proíbe ser objeto de contrato a herança de pessoa viva.

6) Renúncia da meação do cônjuge ou companheiro: não se admite renúncia de meação, pois seu titular já a tem como integrante de seu patrimônio, devendo esta ser tratada como doação, e ser feita por escritura pública, não podendo ser exercida por meio do termo judicial como se permite na renúncia de herança, conforme entendimento do STJ no **REsp 1.196.992-MS, 3ª Turma, rel. Min. Nancy Andrighi, j. em 6-8-2013, *DJe* de 22-8-2013**.

7) Renúncia na sucessão testamentária: como já vimos, a renúncia pode ocorrer na sucessão proveniente de testamento, e, nesse caso, algumas peculiaridades devem ser examinadas, a saber:

a) Se o testador tiver previsto substituto ao renunciante, a parte renunciada é destinada ao substituto, como pretendido pelo testador.

b) Mas, se ele não previu tal substituição, e o herdeiro testamentário era único, a sucessão ocorrerá como se nenhum testamento tivesse sido feito, procedendo-se à entrega do patrimônio aos herdeiros legítimos do falecido.

c) Caso a instituição dos herdeiros foi conjunta, irá ocorrer aí o direito de acrescer (conforme os arts. 1.941 e 1.942, ambos do Código Civil).

d) No caso de ser nomeado no testamento mais de um beneficiário, mas de forma única, sem a característica de conjunção, será tal nomeação vista como isolada, não sendo admitido, no caso, o direito de acrescer, como previsto no item anterior, pois, com a renúncia de qualquer um deles, a parte que lhe seria atribuída é entregue para o herdeiro legítimo mais próximo (art. 1.943 do Código Civil).

14.1.10. Da ação de petição de herança (arts. 1.824 a 1.828 do CC)

O herdeiro pode, em ação de petição de herança, demandar o reconhecimento de seu direito sucessório, para obter a restituição da herança, ou de parte dela, contra quem, na qualidade de herdeiro, ou mesmo sem título, a possua.

A ação de petição de herança, ainda que exercida por um só dos herdeiros, poderá compreender todos os bens hereditários.

O possuidor da herança está obrigado à restituição dos bens do acervo, fixando-se-lhe a responsabilidade segundo a sua posse. A partir da citação, a responsabilidade do possuidor se há de aferir pelas regras concernentes à posse de má-fé e à mora.

O herdeiro pode demandar os bens da herança, mesmo em poder de terceiros, sem prejuízo da responsabilidade do possuidor originário pelo valor dos bens alienados. São eficazes as alienações feitas, a título oneroso, pelo herdeiro aparente a terceiro de boa-fé.

O herdeiro aparente, que de boa-fé houver pago um legado, não está obrigado a prestar o equivalente ao verdadeiro sucessor, ressalvado a este o direito de proceder contra quem o recebeu.

Conforme a **Súmula 149 do STF**, o prazo para propor a ação de petição de herança é prescricional. Como esse prazo não está descrito no art. 206 do Código Civil, ela deverá ser ajuizada em 10 anos, pois aplicando-se no caso o art. 205 do Código Civil.

O termo inicial para ajuizamento de ação de petição de herança é a data do trânsito em julgado da ação de investigação de paternidade, e não a do trânsito em julgado do inventário.

Esse foi o entendimento da 3ª Turma do Superior Tribunal de Justiça (STJ), ao julgar o **REsp 1.475.759/DF, rel. Min. João Otávio de Noronha, 3ª Turma, j. em 17-5-2016 e publicado no *DJe* em 20-5-2016**.

Nele, herdeiros de partilha de bens buscaram reconhecimento da prescrição em ação de petição de herança feita após reconhecimento tardio da paternidade.

Para o relator do caso, seria improcedente a alegação de que o termo inicial da prescrição seria a data do trânsito em julgado da ação de inventário. Isso porque, como ainda não havia sido reconhecida a paternidade e sua condição de herdeiro, não teria como a parte exercer o direito de pleitear participação na herança.

Há uma grande confusão entre o cabimento da ação rescisória e da ação de petição de herança. Quando há uma decisão que preteriu herdeiro ou incluiu quem não o seja, cabe a ação rescisória, desde que este esteja envolvido pela autoridade da coisa julgada, ou seja, tenha participado do inventário. Logo, o disposto no art. 966, IV, do CPC incide apenas para quem foi parte no processo perante o qual foi proferida a decisão sobre a partilha (art. 472 do CPC). Por esse motivo, não é a ação rescisória o *remedium iuris* apropriado de que dispõem os herdeiros que não participaram do inventário para atacar a partilha. Tal remédio é a ação de petição de herança, que tem por objetivo reconhecer o direito do herdeiro à herança, e, ao mesmo tempo, condenar o injusto possuidor da herança a restituí-la, no todo ou em parte, para que sobre ela possa o autor da petição de herança exercitar seus direitos legítimos, não havendo qualquer interesse de ação destinada à rescindibilidade da decisão de partilha.

14.1.11. Legitimação sucessória

A legitimação sucessória é a aptidão que deve ter o herdeiro legítimo e o testamentário para suceder. Ela depende de dois fatores importantes, que são:

a) a pessoa deve estar contemplada na ordem da vocação hereditária ou em testamento;

b) é necessário ter capacidade para suceder, ou seja, precisa estar viva ou já ter sido concebida no momento da abertura da sucessão, pois a verificação da legitimação se dá com a morte (**art. 1.798 do CC**).

Animais não podem ser herdeiros, pois o art. 1º do Código Civil estabelece que somente as pessoas são entes de direitos e deveres.

Existem algumas exceções às regras sobre legitimação sucessória, que obriga o herdeiro estar vivo ou ter sido concebido na abertura da sucessão, motivo pelo qual passaremos a abordá-las na sequência.

A **primeira exceção** é a pessoa jurídica, pois o **art. 1.799, III, do Código Civil** permite que a herança seja entregue a uma pessoa jurídica, cuja organização seja determinada pelo testador sob a forma de fundação.

A **segunda** é a contida no **Enunciado 267 do CJF**, para quem a regra do art. 1.798 do Código Civil deve ser estendida aos embriões formados mediante o uso de técnicas de reprodução assistida, abrangendo, assim, a vocação hereditária da pessoa humana a nascer cujos efeitos patrimoniais se submetem às regras previstas para a petição da herança.

Outra exceção seria o instituto da prole eventual, que vem previsto no art. 1.799, I, do Código Civil. Para o referido artigo, na sucessão testamentária podem ainda ser chamados a suceder os filhos, ainda não concebidos, de pessoas indicadas pelo testador, desde que vivas estas ao abrir-se a sucessão.

No caso em tela, os bens da herança serão confiados, após a liquidação ou partilha, a curador nomeado pelo juiz. Salvo disposição testamentária em contrário, a curatela caberá à pessoa cujo filho o testador esperava ter por herdeiro, e, sucessivamente, às pessoas indicadas no art. 1.775 do Código Civil. Os poderes, deveres e responsabilidades do curador, assim nomeado, regem-se pelas disposições concernentes à curatela dos incapazes, no que couber.

Nascendo com vida o herdeiro esperado, ser-lhe-á deferida a sucessão, com os frutos e rendimentos relativos à deixa, a partir da morte do testador.

Se, decorridos 2 anos após a abertura da sucessão, não for concebido o herdeiro esperado, os bens reservados, salvo disposição em contrário do testador, caberão aos herdeiros legítimos.

Na prole eventual são favorecidos somente os filhos de alguém, e não os seus demais descendentes.

Para a professora Maria Helena Diniz a adoção não gera direitos na prole eventual. Já o professor Francisco José Cahali entende que a adoção gera efeitos na prole eventual.

Agora, se o testador desejar, poderá fazer essa distinção, colocando expressamente no testamento que o filho deve ser biológico e não adotado. Isso porque, como o filho não será do testador, ele poderá "discriminar", pois a lei proíbe a discriminação entre filhos feita pelos pais ou pela lei, mas por terceiros ela é permitida, já que, no caso em tela, deve-se preservar o desejo do falecido.

Isso só não poderia ocorrer se o testador determinasse que alguém deveria ter um filho dele, fruto de inseminação artificial *post mortem*, no caso de haver embrião armazenado em clínica de reprodução humana, como autoriza o art. 1.597 do Código Civil, pois o filho seria dele mesmo, motivo pelo qual não haveria a possibilidade de discriminação.

Diante do que acabamos de ver, podemos concluir que estão impedidas de suceder, por via de regra, as pessoas que estão mortas, bem como as que ainda não nasceram com vida, e as que não foram concebidas no momento da abertura da sucessão.

Os arts. 1.801 a 1.803 do Código Civil enumeram aqueles que não podem ser nomeados herdeiros nem legatários:

> I – a pessoa que, a rogo, escreveu o testamento, nem o seu cônjuge ou companheiro, ou os seus ascendentes e irmãos;
>
> II – as testemunhas do testamento;
>
> III – o concubino do testador casado, salvo se este, sem culpa sua, estiver separado de fato do cônjuge há mais de cinco anos;
>
> IV – o tabelião, civil ou militar, ou o comandante ou escrivão, perante quem se fizer, assim como o que fizer ou aprovar o testamento;
>
> V – pessoas não legitimadas a suceder, ainda quando simuladas sob a forma de contrato oneroso, ou feitas mediante interposta pessoa. Presumem-se pessoas interpostas os ascendentes, os descendentes, os irmãos e o cônjuge ou companheiro do não legitimado a suceder. É, porém, lícita a deixa ao filho do concubino, quando também o for do testador.

14.1.12. Espécies sucessórias

A transferência ocorre de forma específica, seguindo algumas regras. Caso a pessoa natural queira estabelecer qual será a regra sucessória que deverá ser aplicada após a sua morte, ela poderá fazer um testamento, negócio jurídico unilateral que permite ao testador demonstrar o testemunho justo da sua mente. Porém, cumpre salientar que o testador terá limitações descritas na lei para fazer o seu testamento, que deverão ser integralmente respeitadas.

Mas, caso a pessoa natural faleça sem deixar testamento, e a maioria delas assim o faz, a regra que será aplicada na sucessão desta pessoa será aquela descrita na lei, denominada de sucessão legítima.

Assim, verifica-se que há três espécies de sucessão:

a) sucessão legítima: é a modalidade de sucessão que decorre da lei, ou seja, aquela cujas regras estão descritas na lei;

b) sucessão testamentária: trata-se de modalidade sucessória cuja regra é aquela descrita no testamento deixado pelo falecido. Se o testador não tem herdeiro necessário (descendentes, ascendentes e cônjuge), poderá testar 100% do seu patrimônio, mas, caso os tenha, poderá testar somente 50% que correspondem a sua parcela disponível;

c) sucessão mista: trata-se de modalidade sucessória em que se aplicam duas regras distintas: a descrita na lei e a prevista no testamento. Ocorre quando o morto deixou testamento que contempla somente parte do seu patrimônio, hipótese em que será necessário aplicar, também, a regra da sucessão legítima na outra parte.

14.2. SUCESSÃO LEGÍTIMA

14.2.1. Hipóteses de cabimento da sucessão legítima

A análise das hipóteses de sucessão legítima esbarra no estudo da sucessão testamentária, modalidade sucessória pouco utilizada no Brasil pela falta de costume em se fazer testamento.

Assim, passaremos a expor algumas das hipóteses em que ocorre a sucessão legítima.

A hipótese mais comum em que se tem a sucessão legítima é o caso de a pessoa **falecer *ab intestato***, ou seja, sem deixar testamento.

A existência de testamento, porém, não significa a exclusão da sucessão legítima, já que, como visto no item anterior, é possível uma pessoa deixar um testamento contemplando somente parte do seu patrimônio. Isto ocorre, por exemplo, quando há herdeiros necessários, hipótese em que a parte indisponível, ou legítima, deve ser dividida de acordo com as regras descritas na lei.

De acordo com o art. 1.845 do Código Civil, são herdeiros necessários o descendente, o ascendente e o cônjuge (e o companheiro conforme STF).

Outro caso em que se tem a sucessão legítima se dá na hipótese de ocorrer **pré-morte do herdeiro testamentário**. O art. 1.798 do Código Civil estabelece que a legitimidade sucessória exige que a pessoa tenha nascido ou sido concebida no momento da abertura da sucessão. Se o herdeiro escolhido pelo testador falece antes dele, teremos a impossibilidade de a regra prevista no testamento ser aplicada, já que a morte extingue a personalidade jurídica da pessoa natural, impedindo a aquisição de direitos e deveres. Com isso, neste caso, teremos mais uma hipótese de sucessão legítima, salvo se houver um substituto nomeado, expressamente, pelo testador na cédula testamentária.

Tem-se, ainda, a aplicação da sucessão legítima quando ocorre a **renúncia do herdeiro testamentário**. O ato de renúncia, que é unilateral e não receptício, pode ocorrer tanto na sucessão legítima como na testamentária. Se for praticado pelo herdeiro testamentário, impede que as regras descritas no testamento possam ser aplicadas, salvo se houver um substituto nomeado pelo testador expressamente na cédula testamentária.

A **substituição testamentária** é disciplinada no Código Civil nos arts. 1.947 e seguintes, podendo ser vulgar, recíproca ou fideicomissária. Desta forma, por ser ato de disposição de última vontade, a disposição testamentária deve ser respeitada, motivo pelo qual, ocorrendo a pré-morte do herdeiro testamentário, ou até mesmo a sua renúncia, deve ser aplicada a regra descrita na lei (sucessão legítima), podendo isto ser evitado com a inclusão de um substituto no momento da disposição testamentária (esta modalidade será estudada com mais profundidade neste capítulo, na parte que tratar da sucessão oriunda de testamento).

A sucessão legítima ainda pode ocorrer no caso do reconhecimento da invalidade do testamento (ser nulo ou anulável).

O **testamento será nulo** quando:

a) for celebrado por pessoa absolutamente incapaz (segundo o art. 1.860, parágrafo único, do Código Civil, a capacidade testamentária ativa se inicia aos 16 anos);

b) for ilícito, impossível ou indeterminável o seu objeto;

c) o motivo determinante, comum a ambas as partes, for ilícito;

d) não revestir a forma prescrita em lei;

e) for preterida alguma solenidade que a lei considere essencial para a sua validade (como os requisitos do testamento público, cerrado, particular, marítimo ou aeronáutico);

f) tiver por objetivo fraudar lei imperativa (como na hipótese do art. 1.802 do Código Civil, em que se veda o favorecimento indireto de certa pessoa por interposta pessoa, por exemplo, testar para o filho da amante para contemplá-la indiretamente, o que acarreta fraude à lei);

g) a lei taxativamente o declarar nulo, ou proibir-lhe a prática, sem cominar sanção (como nas hipóteses descritas no art. 1.900 do CC).

Já a **anulabilidade do testamento**, segundo o art. 1.909 do Código Civil, se dá quando houver os seguintes vícios da vontade: erro, dolo ou coação.

Por fim, haverá sucessão legítima quando o herdeiro testamentário for excluído da sucessão por indignidade, de acordo com as seguintes hipóteses descritas no art. 1.815 do Código Civil:

a) herdeiros que houverem sido autores, coautores ou partícipes de homicídio doloso, ou tentativa deste, contra a pessoa de cuja sucessão se tratar, seu cônjuge, companheiro, ascendente ou descendente;

b) herdeiros que houverem acusado caluniosamente em juízo o autor da herança ou incorrerem em crime contra a sua honra, ou de seu cônjuge ou companheiro;

c) herdeiros que, por violência ou meios fraudulentos, inibirem ou obstarem o autor da herança de dispor livremente de seus bens por ato de última vontade.

A **exclusão por indignidade**, segundo o art. 1.815 do Código Civil, dá-se por sentença em ação judicial que deve ser proposta no prazo de 4 anos, contados da abertura da sucessão.

14.2.2. Das pessoas contempladas na lei como herdeiros legítimos

Os herdeiros legítimos, aqueles que constam na lei, são pessoas que mantêm com o falecido um vínculo de direito de família, seja ele oriundo do parentesco, do casamento, ou ainda da união estável.

Quanto à questão do parentesco, algumas regras básicas devem ser relembradas, pois irão influir diretamente no estudo da sucessão legítima.

O parentesco pode ser **consanguíneo** (em que há vinculo biológico, de sangue) e **por afinidade** (que decorre do vínculo conjugal por unir os parentes de um cônjuge aos de outro).

Cumpre ressaltar, inicialmente, que o parente por afinidade não terá direito sucessório na sucessão legítima, pois a lei contempla somente os consanguíneos.

O parentesco consanguíneo, que irá importar no estudo da sucessão testamentária, pode se dar **na linha reta** (ascendente ou descendente) e **na linha colateral** (também chamada de transversal), nas hipóteses de pessoas ligadas entre si sem a relação de ascendência ou descendência.

O parentesco consanguíneo na linha reta ascendente e descendente é infinito, ou seja, não tem fim. Já na linha colateral só é considerado parente aquele até o quarto grau, sendo que depois deste grau não é mais considerado parente e, consequentemente, não participa da sucessão.

A regra da sucessão legítima chama-se **ordem da vocação hereditária**, que significa a ordem em que os herdeiros serão chamados. Segundo o art. 1.829 do Código Civil, a ordem é a seguinte:

1º) descendentes;

2º) ascendentes;

3º) cônjuge/companheiro;

4º) colaterais.

Se não há nenhum dos parentes descritos na ordem da vocação hereditária, isto inclui o companheiro, a herança será declarada jacente, posteriormente vacante, e entregue ao Município da localização do bem, ou ao Governo do Distrito Federal (GDF), se estiver lá localizada (**art. 1.844 do CC**).

Ao cônjuge é dado o direito de concorrer com os descendentes e ascendentes, mas veremos mais adiante como e de que maneira isto ocorre.

14.2.3. Das regras da sucessão legítima

Inicialmente, deve-se analisar qual será o parente que terá a preferência na sucessão. Primeiramente a herança será entregue aos descendentes, o que inclui filhos, netos, bisnetos, tataranetos, já que a linha descendente é infinita.

Como lembra Gustavo René Nicolau[4], o filho unigênito receberá a totalidade da herança.

Não havendo **nenhum** descendente, a herança será entregue aos ascendentes, o que inclui pais, avós, bisavós, trisavós, tataravós (tetravós), já que a linha ascendente, também, é infinita.

Inexistindo descendentes ou ascendentes, a herança será entregue integralmente ao cônjuge, independentemente do regime de bens do casamento.

Na falta de descendentes, ascendentes e de cônjuge, sucederão os colaterais até o quarto grau.

Dúvida que surge, porém, é sobre a existência de vários parentes dentro de uma mesma classe de herdeiros, por exemplo, no caso de o falecido ter deixado filhos, netos e bisnetos – quem herdará?

Dentro de uma mesma classe de herdeiros, os parentes de grau mais próximo excluem os de grau mais remoto, salvo a existência do direito de representação. Por este motivo é que a contagem de grau do parentesco se torna importantíssima para o presente estudo, motivo

4. NICOLAU, Gustavo René. *Direito civil*: sucessões. São Paulo, Atlas, 2005, v. 9, p. 72 (Série Leituras Jurídicas: Provas e Concursos).

pelo qual remetemos o leitor ao capítulo "Do Direito das Famílias", no qual estudamos as formas de contagem de grau de parentesco, inclusive apresentando desenhos gráficos que a exemplificam.

Nem sempre a regra de que o herdeiro mais próximo exclui o de grau mais remoto é aplicada, já que há exceção expressamente prevista em lei, chamada direito de representação.

Segundo o art. 1.851 do Código Civil, dá-se o direito de representação quando a lei chama certos parentes do falecido a suceder em todos os direitos, em que ele sucederia, se vivo fosse.

Cumpre, porém, saber quando se dá o direito de representação, ou quando, exclusivamente, o herdeiro de grau mais próximo exclui o de grau mais remoto.

Segundo o art. 1.852 do Código Civil, o direito de representação se dá na linha reta descendente, mas **nunca** na ascendente.

Já na linha colateral, a **única** hipótese de direito de representação se dá, segundo o art. 1.853 do Código Civil, para favorecer os filhos de irmãos do falecido, quando com irmãos deste concorrerem.

Assim, verifica-se que há duas **formas de suceder** diferentes:

a) direito próprio: quando o herdeiro herda o que é dele por direito;

b) *direito de representação*: quando o herdeiro representa o titular do direito que faleceu antes do *de cujus*.

As formas de suceder apresentadas acima não se confundem com a **maneira de partilhar:**

a) por cabeça: quando os herdeiros estiverem no mesmo grau, hipótese em que a divisão é feita *per capita*, ou seja, igualmente;

b) por estirpe: quando os herdeiros estiverem em graus diferentes.

c) por linha: no caso dos ascendentes.

Com o julgamento do STF, no dia 10-5-2017, apreciando o **tema 498 da repercussão geral**, deu **provimento ao RE 646.721/RS**, para reconhecer de forma incidental a **inconstitucionalidade do art. 1.790 do Código Civil de 2002** e declarar o direito do companheiro a participar da herança em conformidade com o regime jurídico estabelecido no art. 1.829 do Código Civil, a ordem da vocação hereditária ficou assim:

Classe	Herdeiros
1ª	Descendente + cônjuge ou companheiro
2ª	Ascendente + cônjuge ou companheiro
3ª	Cônjuge ou companheiro
4ª	Colaterais

Vamos estudar cada uma dessas classes de herdeiros separadamente.

14.2.4. Da sucessão do descendente

Entre os descendentes, aqueles em grau mais próximo excluem os mais remotos, salvo o direito de representação, conforme determina o art. 1.833 do Código Civil.

A sucessão do descendente, segundo o art. 1.835 do Código Civil, pode se dar:

Por cabeça, quando os descendentes estiverem no mesmo grau (hipótese em que herdam por direito próprio).

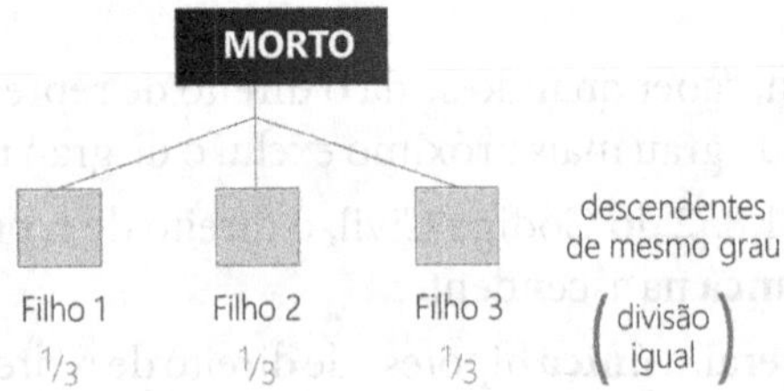

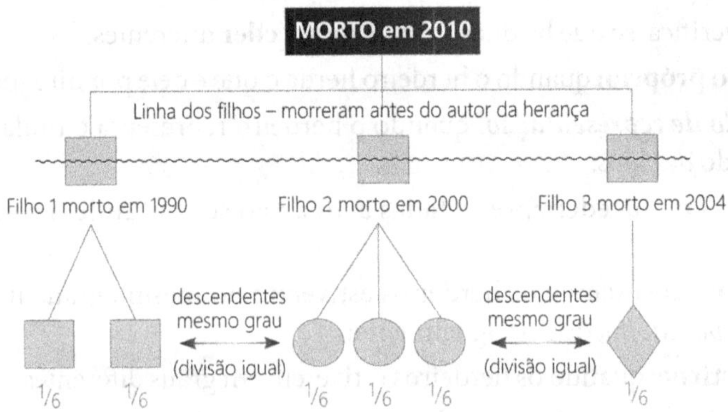

O exemplo acima é chamado de **sucessão avoenga**, ou seja, sucessão dos avós diretamente para os netos, já que não existe nenhum filho com legitimação sucessória.

Por estirpe, quando os descendentes estiverem em graus diferentes (hipótese em que herdam por direito de representação).

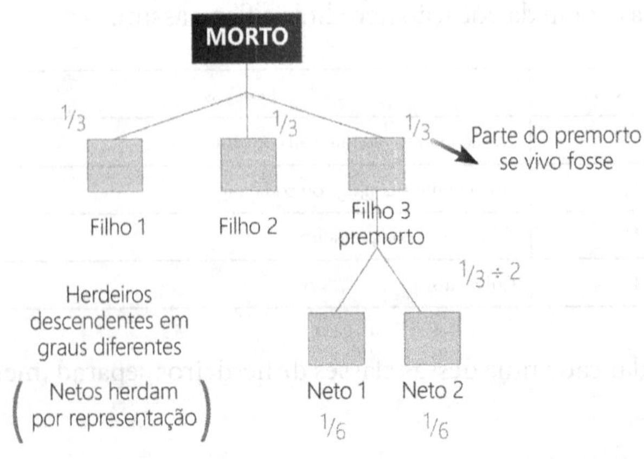

14.2.5. Da sucessão do ascendente

Vale lembrar, inicialmente, que na linha ascendente nunca haverá direito de representação (art. 1.852 do CC).

Na linha ascendente a sucessão é feita por linha: **materna** – ascendentes da mãe que dividirão 50% dos bens deixados pelo falecido; **paterna** – ascendentes do pai que dividirão os outros 50% dos bens deixados pelo falecido.

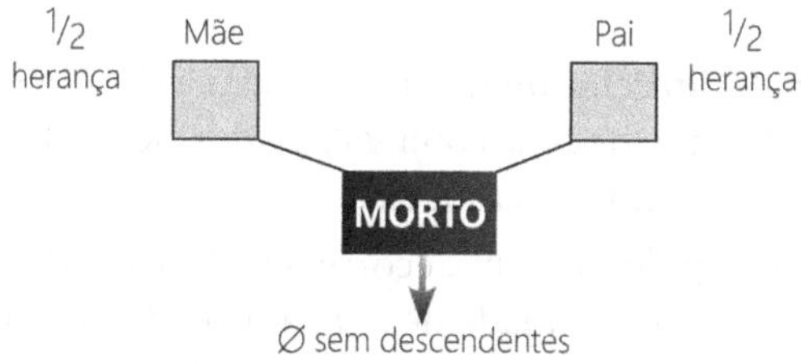

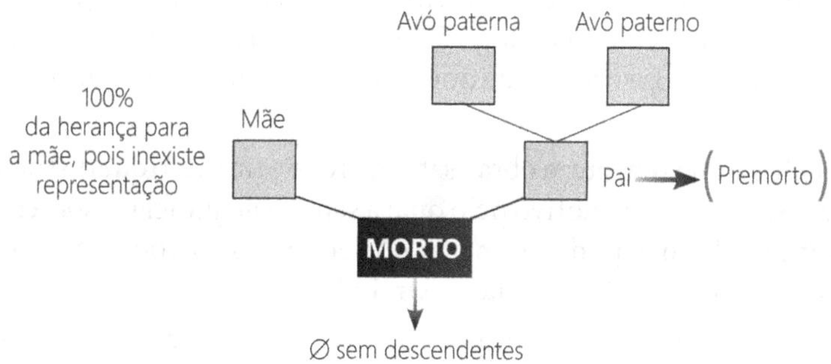

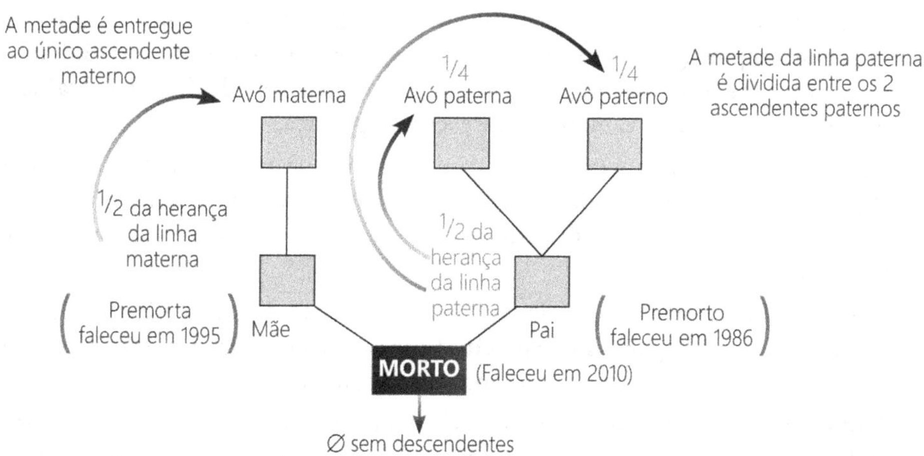

14.2.6. Da sucessão do cônjuge e do companheiro

14.2.6.1. Aspectos gerais

Não existindo descendente nem ascendente do *de cujus*, o cônjuge ou companheiro receberá toda a herança, independentemente do regime de bens, conforme regra contida no art. 1.838 do Código Civil.

O **cônjuge**, porém, estará **excluído da sucessão**, segundo o art. 1.830 do Código Civil, em duas hipóteses:

a) Se estiver separado judicialmente: a separação judicial não extinguia o vínculo do casamento, mas dissolvia a sociedade conjugal, conforme o art. 1.571 do Código Civil, motivo pelo qual o cônjuge é excluído da sucessão;

Nesta hipótese, há uma polêmica em decorrência do art. 733 do Código de Processo Civil de 2015, que autoriza a possibilidade de a separação de um casal ocorrer extrajudicialmente, quando houver consensualidade do casal, embora já foi por nós argumentado anteriormente que o referido instituto não é mais aplicável após a EC n. 66/2010. O motivo da confusão é que o art. 1.830 do Código Civil é taxativo ao excluir o cônjuge **separado judicialmente** da sucessão, e trata-se de norma restritiva de direito que não admite interpretação analógica.

Como já defendemos em outra obra[5], sabemos que o instituto que dissolve a sociedade conjugal chama-se separação, motivo pelo qual a separação judicial é somente um *nomen juris* deste instituto. Mas não podemos negar que podemos ter confusões à vista para distinguir o separado de fato, judicialmente e extrajudicialmente.

Para evitar tal situação, fizemos uma proposta de classificação do estado civil de separado, estabelecendo outras denominações para esse gênero. No nosso sentir a separação podia ser: **de fato**, quando os cônjuges resolvessem se separar por conta própria; **de direito**, quando os cônjuges formalizavam a separação por processo ou escritura.

Como a separação podia ser formalizada judicialmente ou extrajudicialmente, entendemos que a **separação de direito** podia ser: **separação de direito judicial**, quando os cônjuges a realizavam mediante processo judicial; **separação de direito extrajudicial**, quando os cônjuges a realizavam mediante escritura pública.

Desta forma, entendemos que, sendo a pessoa separada, o seu estado civil é o de **separada.** Para distinguir a separação de fato daquela formalizada juridicamente, propomos que se utilize a expressão **separado de direito** para aquele que fez a sua separação judicialmente ou por escritura.

Isto fará com que seja necessária uma reinterpretação de todo o Código Civil, para que entendamos como **separação de direito** (que inclui a judicial e a extrajudicial) toda vez que estiver escrito em algum artigo **separação judicial**.

Porém, cumpre salientar que com a Emenda Constitucional n. 66 a separação de direito foi abolida do nosso sistema, conforme tivemos oportunidade de explicar, e de mostrar que

---

5. *Divórcio, extinção de união estável e inventário por escritura pública*: teoria e prática. 10. ed. Indaiatuba: Foco, 2022, p. 122.

se trata de posicionamento jurisprudencial dominante, razão pela qual remetemos o leitor ao item que trata desse assunto no capítulo anterior, que versa sobre Direito de Família, para que possa conhecer nossos argumentos para tal afirmação e as citadas decisões.

b) Se estiver separado de fato do falecido há mais de dois anos, desde que tenha sido culpado pela separação: pela redação do art. 1.830 do Código Civil, a simples separação de fato não é suficiente para excluir o cônjuge da sucessão, o que é motivo de críticas pela nossa doutrina. É possível uma pessoa separada de fato há 30 anos participar da sucessão do seu cônjuge, se a culpa pela separação foi do falecido.

Mas o maior problema seria uma eventual concorrência do companheiro com o ex-cônjuge, o que é um verdadeiro absurdo.

Segundo o art. 1.723 do Código Civil, é reconhecida como entidade familiar a união estável entre o homem e a mulher, configurada na convivência pública, contínua e duradoura e estabelecida com o objetivo de constituição de família. Com isso, verifica-se que não há prazo para a constituição de uma união estável.

De acordo com o § 1º do citado dispositivo, a união estável pode se constituir se a pessoa casada se achar separada de fato ou judicialmente. Assim, surge o seguinte problema: se a pessoa estiver separada de fato há menos de dois anos, e, neste período, constitui uma união estável com outra pessoa, ocorrendo o seu falecimento teríamos uma hipótese esdrúxula de concorrência entre o cônjuge (art. 1.830 do CC) e o companheiro sobrevivente .

Assim, como proceder para resolver esta questão?

Entendemos que o casamento se dissolve com o fim do afeto e não com a separação de direito. A separação de fato já demonstra a inexistência de afeto entre o casal, motivo pelo qual seria inconcebível a possibilidade de concorrência entre cônjuge e companheiro.

O cônjuge receberá a sua meação até a ocorrência da separaçao de fato. O companheiro, a sua meação do período compreendido entre a separação de fato e a morte do companheiro. Mas, com relação à herança, esta será dividida somente entre parentes do falecido em concorrência com o companheiro sobrevivente, pessoa escolhida pelo morto para constituir o relacionamento afetivo.

Esse nosso posicionamento, defendido nas edições anteriores deste livro, foi adotado pelo STJ no seguinte julgado:

> Direito civil. Família. Sucessão. Comunhão universal de bens. Sucessão aberta quando havia separação de fato. Impossibilidade de comunicação dos bens adquiridos após a ruptura da vida conjugal. 1. O cônjuge que se encontra separado de fato não faz jus ao recebimento de quaisquer bens havidos pelo outro por herança transmitida após decisão liminar de separação de corpos. 2. Na data em que se concede a separação de corpos, desfazem-se os deveres conjugais, bem como o regime matrimonial de bens; e a essa data retroagem os efeitos da sentença de separação judicial ou divórcio. 3. Recurso especial não conhecido (**REsp 1.065.209-SP, 4ª Turma, rel. Min. João Otávio de Noronha, j. em 8-6-2010, *DJe* de 16-6-2010**).

Outra crítica pertinente à citada norma é que não há mais cabimento falar-se em apuração de culpa pela dissolução da sociedade conjugal. Isto está ultrapassado, já que, além de sem finalidade alguma, não tem sentido eleger um culpado pelo insucesso conjugal, uma vez que ele é de responsabilidade de ambos. Ademais, se entre pessoas vivas é complicadíssimo comprovar quem foi o culpado pela separação, quiçá considerando que uma delas faleceu, e que a prova deverá ser feita por um dos herdeiros que quer ver o cônjuge excluído da sucessão. Trata-se de um absurdo!

Concordamos com as palavras de Maria Berenice Dias[6], para quem o fim do amor é o único motivo da separação de um casal.

Para Paulo Nader[7] há, ainda, outra possibilidade de exclusão do cônjuge da sucessão. Seria a hipótese de falecimento de um dos cônjuges, durante ação judicial que perquirisse a invalidade do casamento, se o sobrevivente estivesse de má-fé (soubesse da existência do vício no casamento), caso contrário o casamento seria putativo e o cônjuge de boa-fé teria direito sucessório.

Assim sendo, o art. 1.830 do CC deve ser interpretado no sentido de que a simples separação de fato já é o suficiente para excluir o cônjuge sobrevivente da sucessão, independentemente do tempo e da culpa. A Escola Paulista da Magistratura (EPM) realizou no dia 10-11-2017 o 1º Encontro Estadual de Magistrados de Varas da Família e das Sucessões, que reuniu mais de 160 juízes que atuam nas varas especializadas do Estado e, na ocasião, foram aprovados 43 enunciados. O Enunciado de n. 32 confirma nossa tese de que o cônjuge sobrevivente estará excluído da sucessão, independentemente do tempo e da culpa, se o falecido estava separado de fato e tinha constituído união estável, pois o art. 1.723, § 1º, do CC admite.

14.2.6.2. Do direito real de habitação decorrente da sucessão

Ainda nos aspectos gerais da sucessão do cônjuge e do companheiro, o art. 1.831 do Código Civil concede o direito real de habitação.

Apesar do citado artigo não citar expressamente o companheiro, tal interpretação foi dada pelo STF ao equiparar o direito sucessório do companheiro ao do cônjuge, no julgamento do RE 646.721/RS, julgado em 10-5-2017. Esse é o entendimento que o STJ vem dando ao tema, conforme AgInt no REsp 1.554.976/RS, AGRAVO INTERNO NO RECURSO ESPECIAL 2015/0225656-8, Rel. Min Raul Araújo, 4ª Turma, j. 25-5-2020, *DJe* 4-6-2020.

O direito real de habitação está conceituado no art. 1.414 do Código Civil e ocorre quando o uso consiste no direito de habitar gratuitamente casa alheia; o titular deste direito não a pode alugar, nem emprestar, mas simplesmente ocupá-la com sua família. Ou seja, o cônjuge poderá residir gratuitamente no imóvel destinado à residência da família, tenha ele ou não uma parcela da propriedade.

O direito real de habitação será dado ao cônjuge ou ao companheiro se existir um único bem imóvel destinado à moradia a ser inventariado, independentemente do regime de bens do casamento.

Infelizmente, pela omissão do art. 1.831 do Código Civil, o direito real de habitação é vitalício, o que é temerário, no nosso sentir, em razão de vários problemas. O primeiro é de que na hipótese de a pessoa casar-se mais de uma vez, poderíamos ter que o imóvel do

6. DIAS, Maria Berenice. *Manual de direito das famílias*. 12. ed. São Paulo: Revista dos Tribunais, 2017, p. 283.
7. NADER, Paulo. *Curso de direito civil*: direito das sucessões. 7. ed. Rio de Janeiro: Forense, 2016, v. 6, p. 192.

falecido fosse entregue para o seu filho de 50 anos, e que a sua esposa (do quinto casamento e com apenas 22 anos) tivesse o direito real de habitação.

Desta forma, o filho nunca poderia ter o uso e gozo do imóvel, já que pela ordem natural das coisas faleceria primeiro que sua madrasta.

Outro problema é se o filho do falecido, que recebeu a propriedade do imóvel por herança, for incapaz, e a sua madrasta tiver direito real de habitação, seria uma grande injustiça porque ele, certamente, precisaria do imóvel.

Uma questão grave que também se apresenta é a hipótese de o bem estar em condomínio. Imaginemos que uma pessoa proprietária de 1% de uma casa faleça. Se ela só deixar isso como patrimônio a ser inventariado, haverá na herança um único bem imóvel destinado à moradia a ser inventariado, e por esse motivo o cônjuge teria o direito real de habitação sobre a totalidade do imóvel, mesmo a propriedade do falecido ser de 1%, pois a posse é indivisível, prejudicando, assim, o outro condômino, dono dos 99% restantes do bem. Isso é um verdadeiro absurdo, motivo pelo qual entendemos que o direito real de habitação só é conferido ao cônjuge se o falecido era dono da integralidade do único bem destinado à moradia a ser inventariado, posição essa que foi adotada pela Segunda Seção do STJ, que reúne todos os ministros das 3ª e 4ª turmas, responsáveis por decidir questões de Direito Privado, no **EREsp 1.520.294-SP**, Rel. Min. Maria Isabel Gallotti, Segunda Seção, por unanimidade, julgado em 26-8-2020, *DJe* 2-9-2020.

Mais um ponto controvertido quanto a esta matéria é saber se o cônjuge pode renunciar ao direito real de habitação e aceitar a herança.

Mais um ponto controvertido quanto a esta matéria é saber se o cônjuge pode renunciar ao direito real de habitação e aceitar a herança.

Para o **Enunciado 271 do Conselho da Justiça Federal** é possível, pois o "cônjuge pode renunciar ao direito real de habitação nos autos do inventário ou por escritura pública sem prejuízo da sua participação na herança". Esta interpretação é feita em razão de o art. 1.831 do Código Civil estabelecer que o direito real de habitação se dá sem prejuízo da participação que cabe ao cônjuge na herança.

Não concordamos integralmente com esse enunciado. De fato, o direito à herança é distinto do direito de habitação, e por essa razão seria possível renunciar à herança e aceitar o direito real de habitação, mas, quanto a este último, acreditamos que ele é irrenunciável, pois é conferido pela lei independentemente da vontade, e está ligado ao direito à moradia, previsto no art. 6º da Constituição Federal, motivo pelo qual, e razão do Direito Civil Constitucional que se construiu ao longo dos últimos anos, temos que ser coerentes com essa corrente que defendemos há anos, afirmando ser impossível renunciar a tal direito.

Assim sendo, por se tratar de direito real sobre bem imóvel, que será oponível *erga omnes* e irá gerar direito de sequela, pergunta-se se é necessário registrar tal direito na matrícula do imóvel.

Para a Lei de Registros Públicos, negativa é a resposta, por força do art. 167, I, item 7, que determina:

Art. 167. No Registro de imóveis, além da matrícula, serão feitos:

I – o registro:

(...)

7) do usufruto e do uso sobre imóveis e da habitação, quando não resultarem do direito de família;

Da leitura do citado artigo, verifica-se que não se registra direito real quando proveniente do direito de família.

O único direito real proveniente do direito de família é o usufruto mencionado na lei, e que possuem os pais com relação aos bens dos filhos menores, e que está descrito no art. 1.689 do Código Civil.

Mas, infelizmente, alguns registradores têm se recusado a registrá-lo alegando que é proveniente do direito de família. Entendemos que isso é um verdadeiro absurdo, pois não pode existir direito real sobre imóvel sem registro, já que isso causa imensa insegurança jurídica, haja vista que o adquirente de imóvel só retira certidão imobiliária para saber se o imóvel tem algum ônus e, certamente, nunca irá se preocupar em pegar o formal de partilha ou a escritura de inventário, se o alienante recebeu o imóvel a título de sucessão, para saber se há direito real de habitação do cônjuge ou companheiro. Ademais, cumpre salientar que o direito real de habitação que estamos mencionando não é proveniente do direito de família, mas do direito sucessório, motivo pelo qual não se aplica o art. 167, I, 7, da Lei de Registros Públicos.

Há precedente do STJ tratando do tema no **REsp 565.820/PR, rel. Min. Carlos Alberto Menezes Direito, j. em 16-9-2004.**

Verifica-se, *in casu*, que é desnecessário o registro do direito real de habitação proveniente da sucessão, já que ele decorre da lei. Mas isso não é um fato impeditivo para que conste da matrícula do imóvel, para dar ampla publicidade e segurança jurídica. Dessa forma, orientamos que os tabeliães façam constar tal direito na escritura, e que os registradores imobiliários façam constar, do extrato que será registrado na matrícula do imóvel, menção ao direito real de habitação, que pode ser feito em apenas uma linha, apenas para dar segurança jurídica para terceiros.

Por fim, segundo o STJ o direito real de habitação pode ser invocado em demanda possessória pelo companheiro sobrevivente, ainda que não se tenha buscado em ação declaratória própria o reconhecimento de união estável, conforme se decidiu no REsp 1.203.144/RS, RECURSO ESPECIAL 2010/0127865-4, Rel. Min. Luís Felipe Salomão, 4ª Turma, j. 27-5-2014, *DJe* 15-8-2014.

14.2.6.3. Concorrência do cônjuge ou companheiro com o descendente

A concorrência com o descendente permite ao cônjuge ou companheiro receber uma parte da herança que na época do Código Civil de 1916 era destinada exclusivamente ao descendente, independentemente da sua meação.

Euclides de Oliveira[8], acertadamente, critica tal situação afirmando que teria sido melhor manter o tratamento jurídico dispensado ao cônjuge pelo Código Civil de 1916,

8. *Direito de herança*: a nova ordem da sucessão. São Paulo: Saraiva, 2005, p. 93.

ainda que alterada a sua posição sucessória para concorrer com descendentes e ascendentes, mas que não o elevasse à categoria de herdeiro necessário.

Quando uma pessoa casada falece, primeiramente deve-se promover a dissolução do casamento, como estabelece o art. 1.571, I, do Código Civil. Esta dissolução é feita tomando-se como base o regime de bens do casamento, em que será feita a divisão do patrimônio, ou seja, a partilha .

DIVISÃO DE BENS

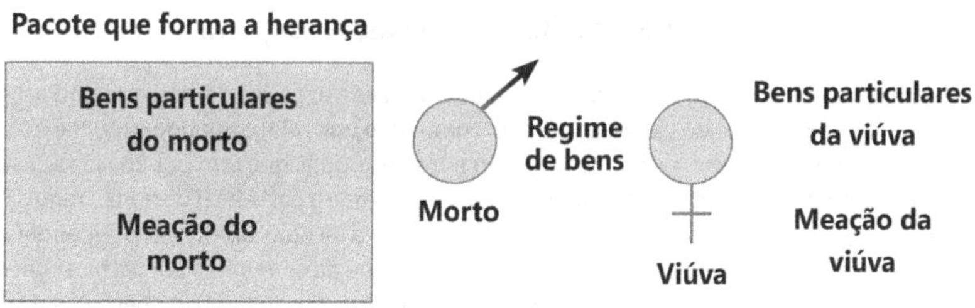

Do patrimônio do casal, ou seja, dos bens que estão em nome exclusivo de um dos cônjuges, pode haver alguns que não se comunicam em razão do regime adotado no casamento, que formam os bens particulares (do morto e do cônjuge sobrevivente), e outros que são comunicáveis, que por este motivo integrarão a meação de ambos.

O procedimento é o mesmo adotado quando do divórcio: partilha dos bens. Esta partilha deve ser feita para saber qual dos bens que estão em nome do morto o cônjuge sobrevivente tem direito e vice-versa.

Feito isto, os bens particulares do morto e a sua parte da meação se transformarão num todo unitário chamado herança, que deve ser dividido de acordo com a ordem da vocação hereditária, em regra.

A concorrência do cônjuge com o descendente permite que esses bens que compõem o acervo hereditário sejam divididos entre o cônjuge sobrevivente e os descendentes do falecido.

Para saber se o cônjuge concorre com os descendentes do falecido, deve-se observar o regime de bens, consoante o art. 1.829 do Código Civil.

Estabelece o inciso I do art. 1.829 que "a sucessão legítima defere-se aos descendentes, em concorrência com o cônjuge sobrevivente, salvo se casado este com o falecido no regime da comunhão universal, ou no da separação obrigatória de bens (art. 1.640, parágrafo único); ou se, no regime da comunhão parcial, o autor da herança não houver deixado bens particulares".

O citado dispositivo apresenta muitos problemas!

O primeiro é que a referência feita ao art. 1.640, parágrafo único, contida no inciso I do artigo, para exemplificar o conceito de separação obrigatória, está incorreta, já que o certo seria mencionar o art. 1.641 do mesmo Código, que elenca as hipóteses em que tal regime será adotado.

O segundo equívoco foi a utilização do ponto e vírgula após a menção ao regime da separação obrigatória. Numa técnica legislativa imprecisa, opta o legislador por estabelecer as hipóteses em que o cônjuge **não** concorre com o descendente, em vez de fazer menção aos casos em que **haverá** a citada concorrência.

Ao mencionar quando o cônjuge não concorre com o descendente, o citado dispositivo enumera três hipóteses: comunhão universal, separação obrigatória, comunhão parcial quando há bens particulares deixados pelo falecido.

Notem que, após fazer menção à separação obrigatória, o legislador não usa a conjunção aditiva "e", nem tampouco uma vírgula, mas um ponto e vírgula.

Isto foi objeto de crítica por Maria Berenice Dias, para quem

> "em um primeiro momento o legislador ressalva duas exceções. Fazendo uso da expressão 'salvo se' exclui a concorrência quando o regime do casamento é o da comunhão universal e quando o regime é o da separação obrigatória. Ao depois, é usado o sinal de pontuação ponto e vírgula, que tem por finalidade estabelecer um seccionamento entre duas ideias. Assim, imperioso reconhecer que a parte final da norma regula o direito concorrente quando o regime é o da comunhão parcial. Aqui abre a lei duas hipóteses, a depender da existência ou não de bens particulares. De forma clara diz o texto: no regime da comunhão parcial há a concorrência 'se' o autor da herança não houver deixado bens particulares. *A contrario sensu*, se deixou bens exclusivos, o cônjuge concorrerá com os descendentes"[9].

Na opinião da desembargadora, se o casamento tiver sido celebrado no regime da comunhão parcial e **não** houver bens particulares, teremos uma hipótese de concorrência, já que o ponto e vírgula é utilizado para estabelecer o seccionamento de ideias. Defende a citada doutrinadora que só seria justo o cônjuge concorrer com o descendente na hipótese do regime da comunhão parcial, quando não houver bens particulares, para que esta se dê nos bens comuns, que foram amealhados com o concurso de esforços entre o casal.

Este pensamento, porém, não é o dominante. O Desembargador Luiz Felipe Brasil dos Santos[10], que atuava na mesma Câmara da Desembargadora Maria Berenice Dias, antes dela se aposentar, escreveu um artigo rebatendo tais argumentos.

Ele afirma que os gramáticos não ensinam que o ponto e vírgula é utilizado somente para estabelecer o seccionamento de ideias e cita em seu artigo Adalberto J. Kaspary, para quem o "caráter impreciso do ponto e vírgula dificulta sobremaneira qualquer tentativa de normatizar-lhe o uso"[11]. Cita o desembargador que o referido autor passa a elencar diversas hipóteses de cabimento dessa pontuação, ensinando que, entre outras situações, utiliza-se o ponto e vírgula "para separar as partes, séries ou membros de frases que já estão anteriormente separados por vírgula". Em idêntico sentido é a lição de Rocha Lima[12].

9. Ponto e vírgula. Artigo disponível no sítio <http://www.professorchristiano.com.br/MaterialAula/berenice_sucessao.pdf>. Acesso em: 13 nov. 2012.
10. Artigo disponível (sem nome) no sítio <http://www.professorchristiano.com.br/MaterialAula/Lusi%20Felipe_sucessao.pdf>. Acesso em: 13 nov. 2012.
11. Adalberto J. Kaspary, *Habeas verba*: português para juristas. Porto Alegre: Livraria do Advogado, 1994.
12. Carlos Henrique da Rocha Lima, *Gramática normativa da língua portuguesa*. Rio de Janeiro: F. Briguiet & Cia. Editores, 1963, p. 548.

Assim, o entendimento dominante é que o ponto e vírgula descrito na norma possui sentido de vírgula, motivo pelo qual não estabelece o seccionamento, mas sim a junção de ideias. Isso se pode verificar na tabela[13] organizada por Francisco José Cahali.

Com isto, verifica-se a dificuldade imposta pela norma, pois, ao ler no artigo as hipóteses de não concorrência, temos que adivinhar quais são as hipóteses de concorrência.

Para elidir qualquer dúvida, apresentamos abaixo uma tabela para mostrar em quais hipóteses o cônjuge e o companheiro concorrerão com o descendente e em quais isso não irá ocorrer.

Hipóteses de não concorrência	Hipóteses de concorrência
Comunhão universal	Participação final nos aquestos
Separação obrigatória	Separação convencional
Comunhão parcial, se *não* houver bens particulares	Comunhão parcial, se existirem bens particulares

O **Enunciado 270 do CJF** também reforça esse posicionamento, ao demonstrar que haverá concorrência do cônjuge com descendentes no regime da separação convencional.

Miguel Reale, logo após a entrada em vigor do atual Código Civil, questionou se haveria concorrência do cônjuge com o descendente, na hipótese de o casamento ter sido celebrado no regime da separação convencional de bens.

Para ele, "há quem entenda que, desse modo, o cônjuge seria herdeiro necessário também na hipótese de ter casado no regime de separação de bens (art. 1.687), o que não me parece aceitável"[14]. O posicionamento do citado autor nos serve de parâmetro histórico, já que foi ele quem presidiu a Comissão Elaboradora do Projeto de Código Civil.

Ainda segundo o posicionamento de Miguel Reale,

> se, no entanto, apesar da argumentação por mim aqui desenvolvida, ainda persistir a dúvida sobre o inciso I do art. 1.829, o remédio será emendá-lo, eliminando o adjetivo "obrigatória". Com essa supressão o cônjuge sobrevivente não teria a qualidade de herdeiro, "se casado com o falecido no regime de comunhão universal, ou no de separação de bens"[15].

Citada posição, porém, não ganhou eco na doutrina, já que praticamente a unanimidade dos doutrinadores entende que, na hipótese de o casamento ter sido celebrado no regime da separação convencional de bens, haverá hipótese de concorrência. Ficamos com o posicionamento de Carlos Alberto Dabus Maluf, que, ao comentar o posicionamento de Miguel Reale citado acima, afirma que

> o cônjuge sobrevivente casado no regime da separação convencional de bens é herdeiro necessário, não estando abrangido pelas exceções previstas no inciso I do art. 1.829 do Código Civil e que só perderá ele esta condição quando ocorrer uma alteração legislativa eliminando o adjetivo "obrigatória"[16].

13. Ver tabela constante na p. 770.
14. Miguel Reale, *Estudos preliminares do Código Civil*. São Paulo: Revista dos Tribunais, 2003, p. 61.
15. Idem, p. 63.
16. Carlos Alberto Dabus Maluf. A sucessão do cônjuge sobrevivente casado no regime da separação convencional de bens. In: João Batista Amorim de Vilhena Nunes. *Família e sucessões*: reflexões atuais. Curitiba: Juruá, 2009, p. 380.

Na jurisprudência do STJ, a questão caminhou da seguinte forma:

NÃO existe concorrência do cônjuge casado na separação convencional de bens com o descendente do falecido (posicionamento de Miguel Reale)	Existe concorrência do cônjuge casado na separação convencional de bens com o descendente do falecido
REsp 992.749/MS, rel. Min. Nancy Andrighi, j. em 1º-12-2009, *DJe* de 5-2-2010.	REsp 1.346.324/SP, rel. Min. Nancy Andrighi (vencida), rel. p/ acórdão Min. João Otávio de Noronha, j. em 19-8-2014.
REsp 1.111.095/RJ, rel. Min. Carlos Fernando Mathias, j. em 1º-10-2009, *DJe* de 11-2-2010.	REsp 1.472.945/RJ, rel. Min. Ricardo Villas Bôas Cueva, j. em 23-10-2014.
	REsp 1.430.763/SP, rel. Min. Nancy Andrighi (vencida), rel. p/ acórdão Min. João Otávio de Noronha, j. em 13-11-2014.

Para finalizar a controvérsia, no dia 22 de abril de 2015, a **2ª seção do STJ**, órgão que reúne os ministros das duas Turmas de Direito Privado do Tribunal (3ª e 4ª), e que tem como um dos objetivos se pronunciar em razão da relevância da questão, e para prevenir divergência entre as suas Turmas, decidiu, no julgamento do **Recurso Especial 1.382.170/SP (2013/0131197-7)**, que teve como relator o Min. Moura Ribeiro e relator para o acórdão o Ministro João Otávio de Noronha, que o cônjuge concorre com os descendentes quando casado no regime da separação convencional de bens, segue a ementa:

> Civil. Direito das sucessões. Cônjuge. Herdeiro necessário. Art. 1.845 do CC. Regime de separação convencional de bens. Concorrência com descendente. Possibilidade. Art. 1.829, I, do CC. 1. O cônjuge, qualquer que seja o regime de bens adotado pelo casal, é herdeiro necessário (art. 1.845 do Código Civil). 2. No regime de separação convencional de bens, o cônjuge sobrevivente concorre com os descendentes do falecido. A lei afasta a concorrência apenas quanto ao regime da separação legal de bens prevista no art. 1.641 do Código Civil. Interpretação do art. 1.829, I, do Código Civil. 3. Recurso especial desprovido (**REsp 1.382.170/SP (2013/0131197-7), rel. Min. Moura Ribeiro, e rel. p/ acórdão Min. João Otávio de Noronha, 2ª Seção do STJ, j. 22-4-2015**).

Ainda nas hipóteses de concorrência do cônjuge com o descendente, a dúvida que surge é: **quanto será destinado ao cônjuge?** O art. 1.832 do Código Civil determina que o cônjuge, quando concorre com o descendente, recebe quota igual a cada um que sucede por cabeça.

Com isso surge outra pergunta: na comunhão parcial, a concorrência do cônjuge com o descendente se dá em todos os bens ou somente nos particulares? O referido artigo não responde tal indagação, motivo pelo qual devemos nos socorrer da doutrina.

O professor Miguel Reale, ao explicar por que o cônjuge foi elevado à categoria de herdeiro necessário, responde tal pergunta de forma negativa. Justificou o cotado autor que

> com o advento da Lei n. 6.515, de 21 de dezembro de 1977 (Lei do Divórcio), o regime legal da comunhão de bens no casamento passou a ser o da comunhão parcial. Ampliado o quadro, tornou-se evidente que o cônjuge, sobretudo quando desprovido de recursos, corria o risco de nada herdar no tocante aos bens particulares do falecido, cabendo a herança por inteiro aos descendentes ou aos ascendentes. *Daí a ideia de tornar o cônjuge herdeiro no concernente aos bens particulares do autor da herança*[17].

17. *Estudos preliminares do Código Civil*. São Paulo: Revista dos Tribunais, 2003, p. 61.

Essa posição do professor Miguel Reale, de que cônjuge deve concorrer com o descendente somente nos bens particulares, não foi adotada pela Ministra do STJ Fátima Nancy Andrighi, cujo voto de relatora foi vencedora em dois casos:

a) **REsp 1.117.563/SP, 3ª Turma, rel. Min. Nancy Andrighi, *DJ* de 6-4-2010.**

b) **REsp 1.377.084/MG, 3ª Turma, rel. Min. Nancy Andrighi, *DJ* de 15-10-2013.**

O posicionamento majoritário da nossa doutrina converge no sentido de permitir, na hipótese de casamento no regime da comunhão parcial, que o cônjuge concorra com o descendente somente nos bens particulares, pois os bens comuns já foram divididos quando da divisão da meação.

O STJ entendeu dessa forma ao julgar o **REsp 974.241/DF, 4ª Turma, rel. Min. Honildo Amaral de Mello Castro, rel. p/ acórdão Min. Maria Isabel Gallotti, *DJ* de 5-10-2011.**

Outra interpretação seria injusta, e não corroboraria com o sentido descrito pelo legislador. Verificamos isto na tabela organizada pelo professor Francisco José Cahali.

	Casamento
Autores	No regime da comunhão parcial, o cônjuge herda:
Christiano Cassettari, Eduardo de Oliveira Leite, Flávio Tartuce, Giselda Maria Fernandes Hironaka, Gustavo René Nicolau, Jorge Shiguemitsu Fujita, José Fernando Simão, Maria Helena Marques Braceiro Daneluzzi, Mário Delgado, Rodrigo da Cunha Pereira, Rolf Madaleno, Sebastião Amorim & Euclides de Oliveira, Zeno Veloso	Somente bens particulares
Francisco José Cahali, Guilherme Calmon Nogueira da Gama, Inacio de Carvalho Neto, Maria Helena Diniz, Mario Roberto Carvalho de Faria	Bens particulares e comuns
Maria Berenice Dias	Somente bens comuns

Este também é o posicionamento do Tribunal de Justiça do Estado de São Paulo, no **Agravo de Instrumento n. 537.2514/0-00, 4ª Câmara de Direito Privado, rel. Francisco Loureiro, j. em 8-11-2007, v.u.**

Nesse mesmo sentido, encontramos o **Enunciado 270 do CJF.**

Reafirmando que na separação convencional o cônjuge concorre com o descendente, o referido enunciado questiona a não aplicação da regra de concorrência na hipótese de comunhão parcial, para o regime da participação final nos aquestos.

O regime da participação final nos aquestos, no final do casamento, assemelha-se ao regime da comunhão parcial, motivo pelo qual naquele regime também deveria se verificar a existência ou não de bens particulares para determinar se haveria ou não concorrência do cônjuge com o descendente.

Concordamos com o teor do referido enunciado, mesmo sabendo que tal tese, ainda, é minoritária, por ausência de previsão legal expressa nesse sentido.

Assim sendo, em face desses diversos posicionamentos, foi necessário o STJ se manifestar, e, em face das divergências apresentadas em seus julgados, pacificar o tema.

Para finalizar a controvérsia, no dia 22 de abril de 2015, a 2ª seção do STJ decidiu, no julgamento do **REsp 1.368.123/SP (2012/0103103-3)**, que teve como relator o Min. Sidnei Beneti e relator para o acórdão o Ministro Raul Araújo, que o cônjuge sobrevivente, casado no regime de comunhão parcial de bens, concorrerá com os descendentes do cônjuge falecido somente quando este tiver deixado bens particulares, segue a ementa:

> Recurso especial. Civil. Direito das sucessões. Cônjuge sobrevivente. Regime de comunhão parcial de bens. Herdeiro necessário. Existência de descendentes do cônjuge falecido. Concorrência. Acervo hereditário. Existência de bens particulares do *de cujus*. Interpretação do art. 1.829, I, do Código Civil. Violação ao art. 535 do CPC. Inexistência. 1. Não se constata violação ao art. 535 do Código de Processo Civil quando a Corte de origem dirime, fundamentadamente, todas as questões que lhe foram submetidas. Havendo manifestação expressa acerca dos temas necessários à integral solução da lide, ainda que em sentido contrário à pretensão da parte, fica afastada qualquer omissão, contradição ou obscuridade. 2. Nos termos do art. 1.829, I, do Código Civil de 2002, o cônjuge sobrevivente, casado no regime de comunhão parcial de bens, concorrerá com os descendentes do cônjuge falecido somente quando este tiver deixado bens particulares. 3. A referida concorrência dar-se-á exclusivamente quanto aos bens particulares constantes do acervo hereditário do *de cujus*. 4. Recurso especial provido (**REsp 1.368.123/SP (2012/0103103-3), rel. Min. Sidnei Beneti, e rel. p/ acórdão Min. Raul Araújo, 2ª seção do STJ, j. em 22-4-2015**).

Verificadas as hipóteses de concorrência, cumpre analisar qual será o quinhão atribuído ao cônjuge, quando ela existir. Segundo o art. 1.832 do Código Civil, **o cônjuge receberá cota igual aos descendentes que sucederem por cabeça**.

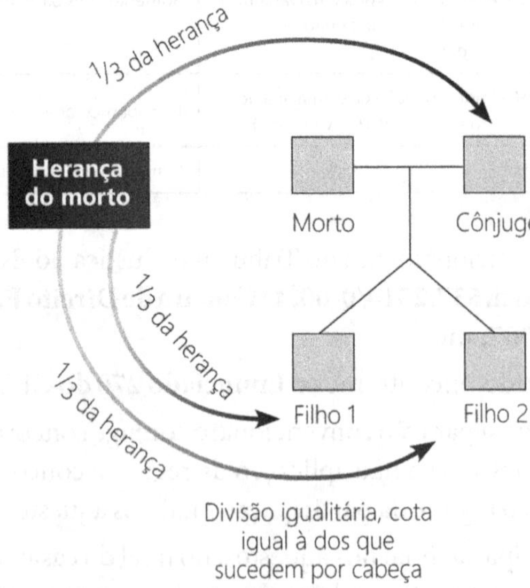

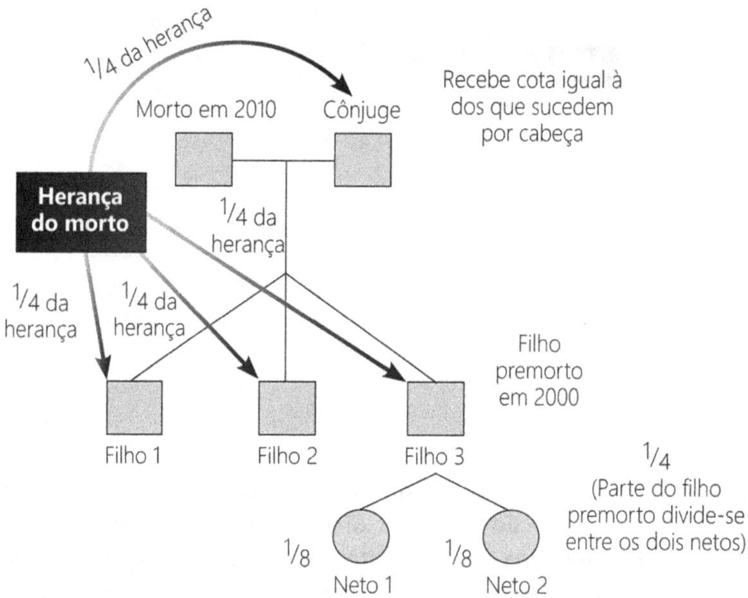

Segundo, porém, o referido dispositivo, o cônjuge terá direito a uma reserva legal, ou seja, a um mínimo que deverá ser-lhe entregue na hipótese de ser ascendente dos herdeiros com que concorrer.

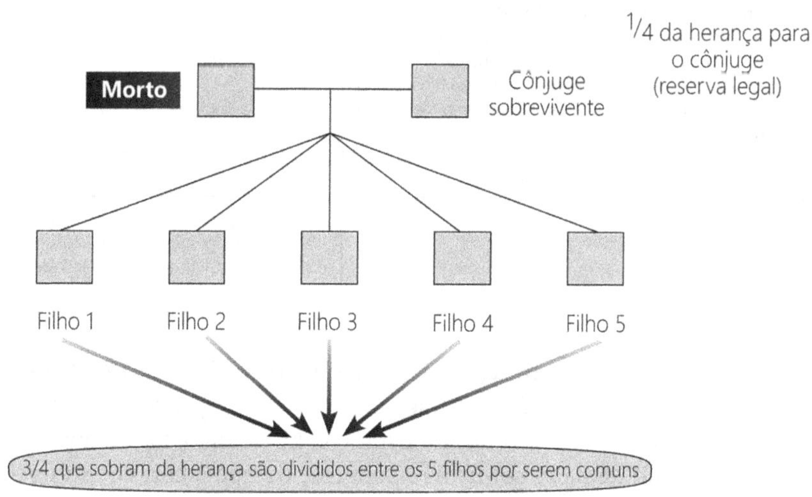

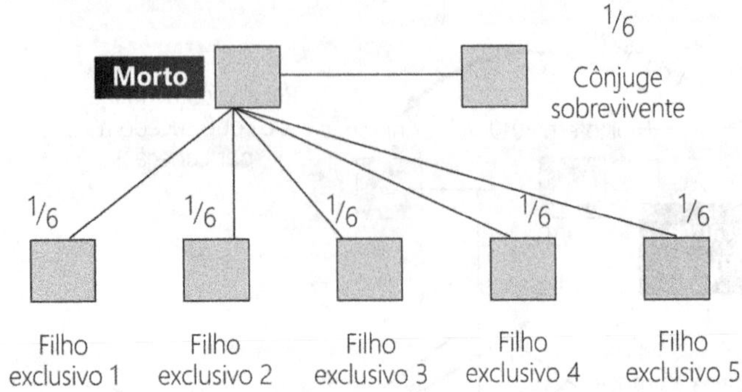

5 filhos exclusivos do morto, mais o cônjuge, dividem a herança em 6 partes (não há reserva legal)

A dúvida que surge será na hipótese de filiação híbrida, ou seja, o cônjuge concorrer com descendentes comuns e só do falecido. Como o Código não responde tal indagação, temos de nos socorrer da doutrina, que, majoritariamente, entende que não há reserva legal de um quarto na referida hipótese, como pode ser verificado no texto do **Enunciado 527 do CJF**, bem como na tabela organizada por Francisco José Cahali:

	Casamento
AUTORES	Filiação híbrida – cônjuge
Caio Mário da Silva Pereira, Christiano Cassettari, Flávio Tartuce, Guilherme Calmon Nogueira da Gama, Gustavo René Nicolau, Inacio de Carvalho Neto, Jorge Shiguemitsu Fujita, Maria Berenice Dias, Maria Helena Diniz, Maria Helena Marques Braceiro Daneluzzi, Mário Delgado, Mario Roberto Carvalho de Faria, Rodrigo da Cunha Pereira, Rolf Madaleno, Sebastião Amorim & Euclides de Oliveira, Zeno Veloso	Sem reserva de 1/4
Francisco José Cahali, José Fernando Simão, Sílvio de Salvo Venosa	Com reserva de 1/4
Giselda Maria Fernandes Hironaka	Não há posição firme e definitiva. Jurisprudência variará perigosamente. Solução: mudança da lei (Código Civil) ou consolidação de súmula, futuramente

A Escola Paulista da Magistratura (EPM) realizou no dia 10-11-2017 o 1º Encontro Estadual de Magistrados de Varas da Família e das Sucessões, que reuniu mais de 160 juízes que atuam nas varas especializadas do Estado e, na ocasião, foram aprovados 43 enunciados. O enunciado de n. 34 confirma nossa tese de que o cônjuge sobrevivente não terá direito a reserva legal de ¼ quando concorrer com descendentes comuns e exclusivos do falecido.

14.2.6.4. Concorrência do cônjuge e do companheiro com o ascendente

Com relação à concorrência do cônjuge com o ascendente não há requisito, ou seja, não se analisa o regime de bens do casamento, o que demonstra que, havendo cônjuge sobrevivente e ascendente do falecido, eles irão concorrer. Cumpre ressaltar que para que isso ocorra é necessário que não exista descendentes do *de cujus*.

Em havendo concorrência, é necessário saber qual será o quinhão do cônjuge. Assim, a concorrência do cônjuge com o ascendente ocorre da seguinte forma:

a) quando o cônjuge concorrer com **ascendente direto** do *de cujus* (pai e/ou mãe), ele receberá cota igual;

b) já na hipótese de o cônjuge concorrer com **ascendente não direto** do falecido (avós, bisavós, trisavós, tataravôs etc.), ele receberá a metade da herança.

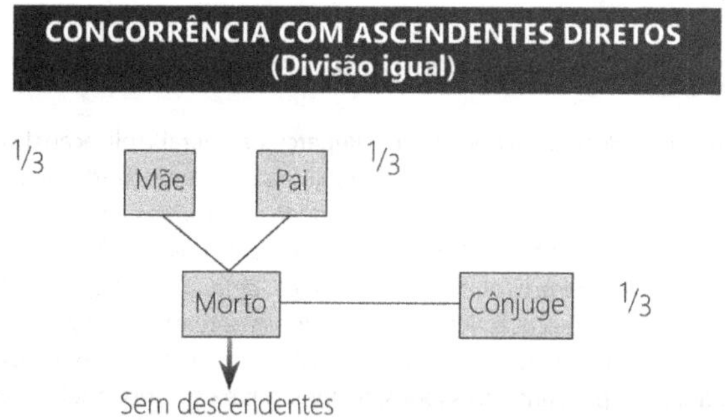

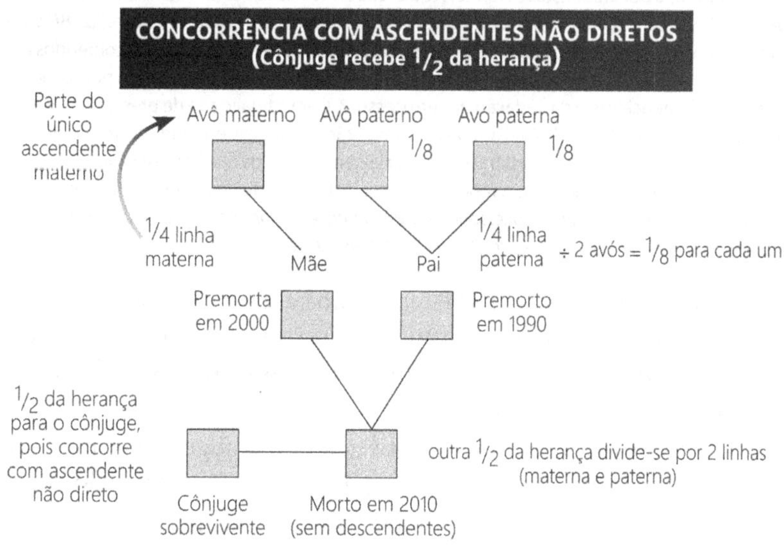

14.2.7. Do histórico da modificação na sucessão do companheiro e das consequências principais da mudança

No dia 10-5-2017, os Ministros do Supremo Tribunal Federal, por seu Tribunal Pleno, sob a presidência da Ministra Cármen Lúcia, por maioria de votos, apreciando o **Tema 498 da repercussão geral**, nos termos do voto divergente do Ministro Luís Roberto Barroso, que redigiu o acórdão, deram **provimento ao RE 646.721/RS**, para reconhecer de forma incidental a **inconstitucionalidade do art. 1.790 do Código Civil de 2002** e declarar o direito do recorrente de participar da herança de seu companheiro em conformidade com o regime jurídico estabelecido no art. 1.829 do Código Civil de 2002, vencidos os Ministros Marco Aurélio (Relator) e Ricardo Lewandowski.

Em seguida, acordaram, vencido o Ministro Marco Aurélio (Relator), e ausentes, justificadamente, os Ministros Dias Toffoli e Celso de Mello, e, neste julgamento, o Ministro Gilmar Mendes, em fixar a tese nos seguintes termos:

> É inconstitucional a distinção de regimes sucessórios entre cônjuges e companheiros prevista no art. 1.790 do CC/2002, devendo ser aplicado, tanto nas hipóteses de casamento quanto nas de união estável, o regime do art. 1.829 do CC/2002.

A ementa do julgado ficou assim definida:

> Direito constitucional e civil. Recurso extraordinário. Repercussão geral. Aplicação do artigo 1.790 do Código Civil à sucessão em união estável homoafetiva. Inconstitucionalidade da distinção de regime sucessório entre cônjuges e companheiros. 1. A Constituição brasileira contempla diferentes formas de família legítima, além da que resulta do casamento. Nesse rol incluem-se as famílias formadas mediante união estável, hétero ou homoafetivas. O STF já reconheceu a "*inexistência de hierarquia ou diferença de qualidade jurídica entre as duas formas de constituição de um novo e autonomizado núcleo doméstico*", aplicando-se a união estável entre pessoas do mesmo sexo as mesmas regras e mesas consequências da união estável heteroafetiva (ADI 4277 e ADPF 132, rel. Min. Ayres Britto, j. 05.05.2011). 2. Não é legítimo desequiparar, para fins sucessórios, os cônjuges e os companheiros, isto é, a família formada pelo casamento e a formada por união estável. Tal hierarquização entre entidades familiares é incompatível com a Constituição de 1988. Assim sendo, o art. 1790 do Código Civil, ao revogar as Leis n. 8.971/1994 e n. 9.278/1996 e discriminar a companheira (ou o companheiro), dando-lhe direitos sucessórios bem inferiores aos conferidos à esposa (ou ao marido), entra em contraste com os princípios da igualdade, da dignidade humana, da proporcionalidade como vedação à proteção deficiente e da vedação do retrocesso. 3. Com a finalidade de preservar a segurança jurídica, o entendimento ora firmado é aplicável apenas aos inventários judiciais em que não tenha havido trânsito em julgado da sentença de partilha e às partilhas extrajudiciais em que ainda não haja escritura pública. 4. Provimento do recurso extraordinário. Afirmação, em repercussão geral, da seguinte tese: "*No sistema constitucional vigente, é inconstitucional a distinção de regimes sucessórios entre cônjuges e companheiros, devendo ser aplicado, em ambos os casos, o regime estabelecido no art. 1.829 do CC/2002*" (**RE 646.721/RS**).

Como vimos, a tese fixada pelo STF tem como base ser inconstitucional a distinção de regimes sucessórios entre cônjuges e companheiros, ou seja, com isso não se pode fazer diferenciação entre ambos, pois de agora em diante **tudo o que se aplica ao cônjuge se aplica ao companheiro na sucessão**.

Dessa forma, tudo o que foi estudado na sucessão do cônjuge se aplica ao companheiro, pois a regra do art. 1.829 do Código Civil será aplicada, também, na união estável.

Por esse motivo, onde está escrito "cônjuge" na sucessão devemos colocar uma barra e incluir o "companheiro" (cônjuge/companheiro).

Assim sendo, quais são as principais consequências que a declaração de inconstitucionalidade do art. 1.790 do Código Civil produz no Direito das Sucessões?

1) A regra sucessória que será aplicada na sucessão do companheiro é a mesma aplicada ao cônjuge, consoante ao art. 1.829 do Código Civil.

2) Com isso, o companheiro passa a ser terceiro na ordem da vocação hereditária, recebendo toda a herança se só existirem ele e colaterais do falecido, que por esse motivo estariam excluídos da sucessão.

3) Além disso, o companheiro sobrevivente poderá concorrer com descendentes e ascendentes do falecido, nos mesmos moldes que o cônjuge.

4) O companheiro passa a ter direito à reserva legal de 1/4 da herança, se, quando concorrer com descendentes, for ascendente de todos os herdeiros com quem concorrer.

5) Os companheiros passam a ser herdeiros necessários, já que o cônjuge assim já é reconhecido pelo art. 1.845 do Código Civil. Dessa forma, ele não poderá ser excluído por testamento, pois terá direito à legítima; venda de ascendente para descendente deve ter autorização do companheiro (art. 496 do CC); doação entre companheiros importa adiantamento de legítima, e por isso deverá ser levada à colação etc.

A Escola Paulista da Magistratura (EPM) realizou no dia 10-11-2017 o 1º Encontro Estadual de Magistrados de Varas da Família e das Sucessões, que reuniu mais de 160 juízes que atuam nas varas especializadas do Estado e, na ocasião, foram aprovados 43 enunciados. O enunciado de n. 31 confirma nossa tese de que o companheiro passou a ser herdeiro necessário com o julgamento do STF.

6) É sepultada de vez a polêmica sobre o direito real de habitação do companheiro, que já era reconhecido pela jurisprudência, mas sem consenso sobre qual seria o fundamento, motivo pelo qual não se sabia quando ele seria extinto. De agora em diante se aplica o art. 1.831 do Código Civil na sucessão do companheiro, que terá direito real de habitação vitalício, se preenchido os requisitos do dispositivo, também aplicado ao cônjuge.

7) Será aplicado na sucessão do companheiro o art. 1.830 do Código Civil, e com isso o companheiro sobrevivente estará excluído da sucessão se estiver separado de fato do falecido na data do óbito.

Porém, alguns problemas surgirão e terão que ser solucionados. O maior deles, em nossa opinião, é que a mudança do regime de bens no casamento só pode ocorrer com autorização judicial (art. 1.639 do CC), o que evita fraude na sucessão pela dificuldade imposta, já que ele é importante para saber se haverá ou não concorrência do cônjuge com o descendente do falecido.

Agora, na união estável não há essa dificuldade, podendo o casal mudar, por simples contrato escrito, por instrumento particular ou escritura pública, o regime de bens, sem intervenção judicial, conforme o art. 1.725 do Código Civil.

Assim sendo, há uma porta aberta para a fraude sucessória, pois, fazendo esse contrato antes do falecimento, é possível colocar ou tirar o companheiro da concorrência sucessória com o descendente, dependendo do regime escolhido, já que tal concorrência dele depende.

Mas ocorre que o direito de herança é indisponível, previsto em cláusula pétrea no art. 5º, XXX, da CF, e por isso não pode ser objeto de disposição, senão teríamos um *pacta corvina*, repudiado pelo art. 426 do Código Civil.

Dessa forma, para evitar fraude sucessória, e considerando que foi objeto de desejo geral uma equiparação da união estável a casamento, esta agora deverá ser plena e não apenas na parte boa, ou seja, em tudo.

Portanto, para evitar uma fraude sucessória, é necessário interpretar o art. 1.725 do Código Civil no sentido de dizer que os conviventes não mais poderão mudar a regra da comunhão parcial de bens por contrato escrito de união estável, devendo uma nova regra patrimonial depender de autorização judicial, como ocorre no casamento.

Por tais motivos, acreditamos que não mais prevalece o art. 1.725 do Código Civil, que permite mudar o regime da comunhão parcial, imputado para as uniões estáveis, por meio de contrato escrito, pois isso poderia se caracterizar uma burla sucessória, já que o STJ decidiu que o referido contrato produz efeito *ex nunc* na meação, mas na sucessão prevaleceria o último escolhido, incluindo ou excluindo o companheiro da sucessão, caracterizando um verdadeiro *pacta corvina,* vedado pelo art. 426 do Código Civil, que proíbe que seja objeto de contrato a herança de pessoa viva.

Por isso é que defendemos que a existência da união estável deve ser averbada no termo de nascimento dos conviventes, para que não se tenha mais de uma união estável, e também para que se tenha notícia da existência do contrato escrito entre as partes, pois qualquer mudança de regra patrimonial só poderia ocorrer com autorização judicial.

Outra forma de mudar a regra da união estável sem autorização judicial seria a conversão da união estável em casamento, hipótese em que outro regime poderia ser escolhido.

Muitos serão os problemas, e o tempo nos convidará a nos manifestarmos sobre eles.

14.2.8. Da sucessão do colateral

Só é chamado à sucessão o colateral até o quarto grau. Os principais colaterais são: irmãos, tios, primos, sobrinhos e tios-avós. Os colaterais são considerados herdeiros facultativos, ou seja, não compõem o rol dos herdeiros necessários (arts. 1.845 e 1.850 do CC). Na sucessão do colateral, em razão das diversas possibilidades de parentes que podem existir, ganha ainda mais importância a regra de que o herdeiro de grau mais próximo exclui o de grau mais remoto. Principalmente porque na concorrência entre tio e sobrinho teremos um empate, já que ambos são colaterais de terceiro grau. Dessa forma, o art. 1.843 do Código Civil determina que, havendo concorrência entre tios e sobrinhos, este último terá a preferência.

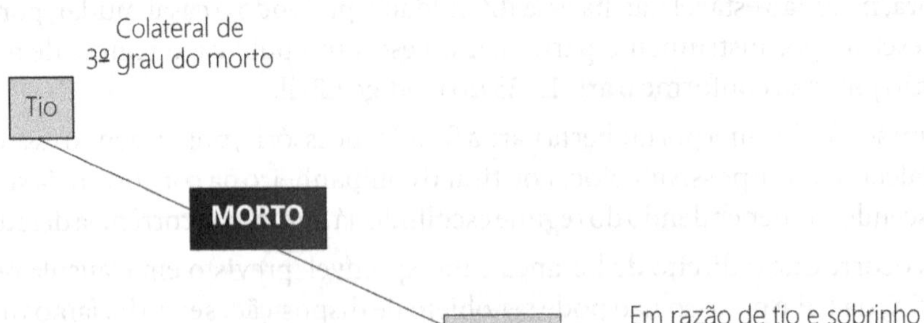

E os tios do falecido, também considerados colaterais em terceiro grau, somente serão convocados na ausência de sobrinhos do autor da herança.

Assim, verificada a inexistência de parentes colaterais até o terceiro grau, na ordem e na forma acima expostas, serão então convocados os de quarto grau (tios-avós e sobrinhos-netos, primos-irmãos), concorrendo entre si, por cabeça, de forma a distribuir-se a herança entre tantos quantos forem os colaterais vivos dessa proximidade, não havendo a permissão de participação na herança pela representação a eventual premorto de quarto grau, ou privilégio no quinhão de cada qual e entre eles.

Há direito de representação na sucessão do colateral? Sim, na linha colateral a representação se dará em um único caso: **para favorecer os filhos de irmãos do falecido (sobrinhos) quando com irmãos deste concorrerem** (art. 1.853 do CC).

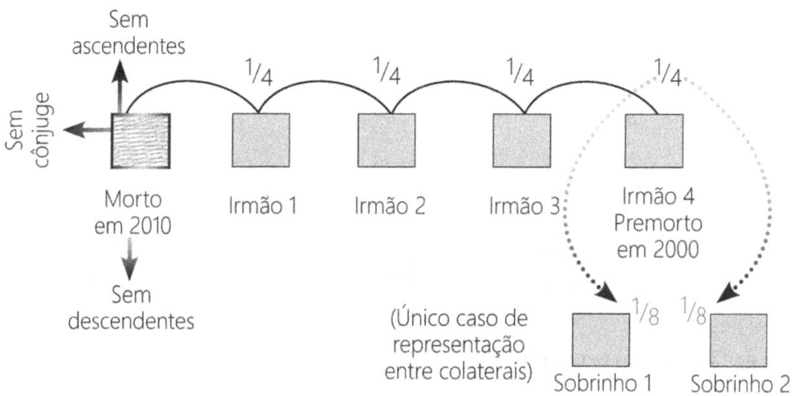

Quando houver concorrência entre **irmãos bilaterais** (filhos do mesmo pai *e* da mesma mãe) e **irmãos unilaterais** (filhos apenas de um mesmo pai *ou* de uma mesma mãe), estes receberão a metade do valor daqueles. Para fazer essa conta, devemos dar a cada irmão bilateral "2x" da herança, e para cada irmão unilateral apenas "1x". Feito isso, soma-se a cota de cada herdeiro e iguala-se ao valor da herança, momento em que teremos uma equação de primeiro grau para resolver.

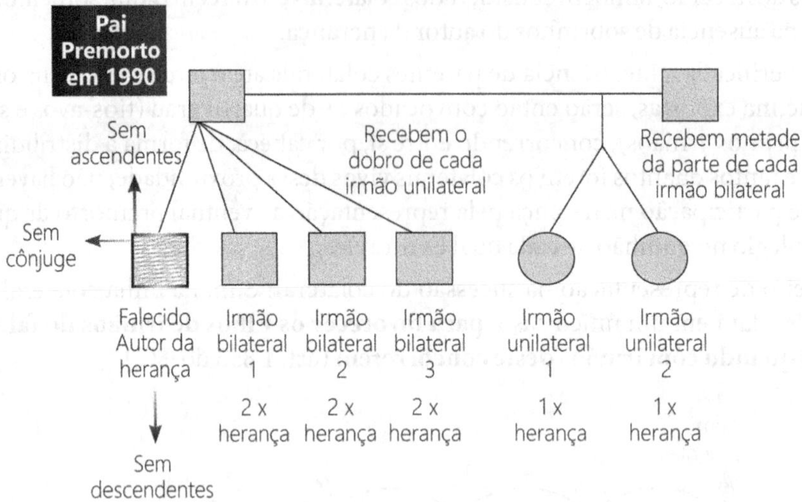

Nesse exemplo temos: $\underbrace{2x + 2x + 2x + 1x + 1x}_{\text{somatório das cotas de todos os irmãos}}$ = valor da herança

8x = Herança ⇒ x = $\frac{\text{Herança}}{8}$ (somente nesse exemplo)

Se a herança for 80, cada irmão bilateral recebe 20 (2x10) e cada unilateral recebe 10 (1x10); pois x = 10.

14.2.9. A sucessão para o poder público

De acordo com o art. 1.819 do Código Civil, quando falecer alguém sem deixar testamento nem herdeiro legítimo notoriamente conhecido, os bens da herança, depois de arrecadados, ficarão sob a guarda e administração de um curador, até a sua entrega ao sucessor devidamente habilitado ou à declaração de sua vacância.

Consoante o **art. 1.844 do Código Civil**, não sobrevivendo cônjuge, ou companheiro, nem parente algum sucessível, ou tendo eles renunciado à herança, esta se devolve ao Município ou ao Distrito Federal, se localizada nas respectivas circunscrições, ou à União, quando situada em território federal.

Nesse caso, deve ser feita a **arrecadação da herança jacente**. O inventário é que estabelecerá a arrecadação da herança jacente. O inventário deve ser aberto por quem está na posse ou administração dos bens da herança art. 615 do CPC, ou por algum interessado (art. 616 do CPC). O juiz podia abrir o inventário de ofício, conforme o art. 989 do CPC/73, mas como não há correspondente ao referido dispositivo na novel legislação processual, tal fato não mais poderá ocorrer.

No inventário deverá ocorrer a nomeação de um curador pelo juiz, para acompanhar todo o inventário e administrar os bens da herança, se for o caso.

O próximo passo é a lavratura do **auto circunstanciado**, que estabelecerá o arrolamento dos bens do morto feito pelo escrivão após comparecer na residência do falecido na companhia do curador.

O Ministério Público e a Fazenda Pública podem acompanhar a lavratura do auto circunstanciado se quiserem, pois isso não é obrigatório.

Existindo bens em outra comarca, o auto circunstanciado será feito por carta precatória.

Na impossibilidade do escrivão e do curador comparecerem na residência do morto, pode ser determinado que a autoridade policial vá até o local, juntamente com duas testemunhas.

Praticadas as diligências de arrecadação e ultimado o inventário, serão expedidos editais na forma da lei processual. Em seguida, serão publicados editais para tentar localizar algum herdeiro e, um ano após a publicação do primeiro edital, se nenhum herdeiro se habilitar, ou penda habilitação, a herança que era jacente se torna **vacante** (sem dono).

A herança pode ser declarada vacante dessa forma, ou quando houver renúncia de herdeiros conhecidos, sendo ignorada a existência de outros (art. 1.823 do CC).

É assegurado aos credores o direito de pedir o pagamento das dívidas reconhecidas, nos limites das forças da herança. A declaração de vacância da herança não prejudicará os herdeiros que legalmente se habilitarem.

Após a declaração de vacância, que o Município, ou o Governo do Distrito Federal (GDF), recebe a propriedade resolúvel da herança, pois o Código Civil estabeleceu um prazo para o caso de aparecer algum herdeiro, que é de 5 anos contados da abertura da sucessão (art. 1.822 do CC). Após esse prazo, a propriedade se consolida nas mãos do Município da localização dos bens, ou do Distrito Federal.

Não se habilitando até a declaração de vacância, os colaterais ficarão excluídos da sucessão.

14.3. SUCESSÃO TESTAMENTÁRIA

14.3.1. Introdução

A origem da sucessão testamentária está no Direito Romano, mais precisamente na Lei das XII Tábuas. Em Roma, era motivo de vergonha para uma família se alguém morresse sem deixar testamento. Por esse motivo, ele podia ser feito oralmente, em praça pública, e até mesmo durante as guerras os combatentes eram obrigados a dizer para o seu superior, antes de alguma batalha, qual era a sua disposição de última vontade, o que originou o testamento militar.

Para haver sucessão testamentária é necessária a realização de um negócio jurídico unilateral denominado testamento.

No conceito de Ulpiano, testamento é o testemunho justo da nossa mente, feito de forma solene, para produzir efeitos depois da morte.

A natureza jurídica do testamento é de negócio jurídico unilateral personalíssimo, motivo pelo qual a lei veda o testamento conjuntivo no art. 1.863 do Código Civil.

O **testamento conjuntivo** pode ser: **simultâneo**, aquele no qual duas ou mais pessoas testam, conjuntamente, beneficiando terceiros. É vedado, porque a morte ocorrerá em momentos diferentes; **recíproco**, o que comporta instituição recíproca de herdeiros, sucedendo aquele que sobreviver ao outro; e **correspectivo**, aquele que permite instituições testamentárias que têm natureza de retribuição de outras correspondentes.

A morte não extingue a vontade da pessoa natural que fez o testamento, o qual representa uma exceção ao fim da sua personalidade jurídica, pelo fato de a vontade ser aplicada após o óbito.

Pode haver testamento feito por procuração? A resposta é não, pois o testamento, por ser ato personalíssimo, não pode ser feito por mandatário ou assistente.

14.3.2. Normas regulamentadoras da sucessão testamentária

Quais são as normas que normatizam o testamento? Para responder a esta pergunta faz-se necessário analisar a capacidade testamentária ativa (que é a capacidade para fazer testamento) e a passiva (que é a capacidade de ser herdeiro).

Capacidade testamentária ativa: a regra aplicável é a vigente no momento da celebração do testamento, em veneração ao ato jurídico perfeito (*tempus regit actum*).

É esse o motivo pelo qual o art. 1.861 do Código Civil estabelece que a incapacidade superveniente do testador não invalida o testamento, nem o testamento do incapaz se valida com a superveniência da capacidade. Essa é mais uma aplicação do *tempus regit actum.*

Cumpre ressaltar que podem ser chamados a suceder:

a) a prole eventual de uma pessoa que ainda não possui filhos, desde que ela esteja viva no momento da abertura da sucessão (art. 1.799, I, do CC);

b) as pessoas jurídicas que não podem ser herdeiras legítimas, mas podem ser testamentárias;

c) as pessoas jurídicas cuja organização for determinada pelo testador sob a forma de fundação.

Sobre o tema cumpre lembrar que o art. 62 autoriza a criação da fundação por testamento, mas não indica a forma, motivo pelo qual entendemos que a ela poderá ser constituída por qualquer uma das formas ordinárias de testamentos (art. 1.862 do CC), quais sejam, público, cerrado ou particular.

Para finalizar, podemos afirmar que são capazes para fazer testamento: o idoso, o cego, o analfabeto, o surdo e o surdo-mudo, ou seja, todos eles possuem capacidade testamentária ativa.

Quanto ao cego, pergunta importante que se faz é se ele pode ser testemunha testamentária. A resposta é sim, pois o Estatuto da Pessoa com Deficiência revogou o inciso do art. 228 do Código Civil, que proibia o cego de ser testemunha em geral. Mas a pergunta que fica é: como seria possível o cego testemunhar ter visto que todos os requisitos legais do testamento foram observados? Só o tempo nos dirá como sanar essa dúvida.

Capacidade testamentária passiva: será regulamentada pela lei vigente ao tempo da abertura da sucessão, ou seja, do momento da produção dos efeitos, já que o testamento é ato ineficaz até o óbito.

Como exemplo, citamos o caso do cônjuge que não era herdeiro necessário à época do Código Civil de 1916. Imaginemos que uma pessoa casada, que só tenha seu irmão como único parente vivo, tenha feito um testamento em 5-1-2003 (época em que estava vigendo o Código Civil de 1916), deixando 100% dos seus bens para o irmão. No dia 15-1-2003 (já na vigência do Código Civil de 2002), o testador falece. Como o art. 1.845 do Código Civil vigente deu ao cônjuge a qualidade de herdeiro necessário, pergunta-se: **o que aconteceria com o testamento, nesse caso?**

Aqui o problema é de eficácia e não de validade, pois estamos tratando da possibilidade de o irmão ter ou não capacidade testamentária passiva para receber toda a herança, e para isso temos que analisar a lei vigente no momento da produção do efeito (morte).

Dessa forma, o testamento será parcialmente ineficaz, pois o cônjuge não poderia ser excluído da sucessão na vigência do atual Código e a vontade do testador deve ser preservada, motivo pelo qual se dará para o irmão 100% do que poderia ser objeto de testamento, ou seja, a parte disponível. Aplicam-se, no caso, as regras da redução das disposições testamentárias, descritas no art. 1.967 do Código Civil.

Na transmissão condicional, a capacidade testamentária passiva é analisada quando do implemento da condição.

14.3.3. Incapacidade testamentária

Dá-se de duas maneiras:

Incapacidade testamentária ativa: não podem fazer testamento:

a) incapazes;

b) pessoas que no ato de fazê-lo, não tiverem pleno discernimento (art. 1.860, *caput,* do CC);

c) menores de 16 anos de idade (art. 1.860, parágrafo único, do CC). O menor com 16 anos é capaz para testar. Aos 16 anos, a pessoa é relativamente incapaz para todos os atos da vida civil que não são permitidos por regra especial. Portanto, existem dois tipos de capacidade civil: a geral e a especial. Quando o referido artigo estabelece que podem testar os maiores de 16 anos, isso significa que a lei está dando ao menor capacidade testamentária ativa, ou seja, capacidade especial para a realização do testamento (legitimação), motivo pelo qual ele não precisa ser assistido para a realização do ato.

O Estatuto da Pessoa com Deficiência mudou, consideravelmente, a teoria das incapacidades, ao alterar o rol dos incapazes dos arts. 3º e 4º do Código Civil. Assim sendo, todas as pessoas lá contidas são incapazes e, por isso, não podem testar nem representada ou assistida. Quanto às pessoas que, no ato de testar, não tiverem pleno discernimento (art. 1.860, *caput,* do CC), sendo elas deficientes ou não, se isso ocorrer, não poderão realizar o testamento, pois a norma é genérica e não se refere a deficientes, mas a qualquer pessoa.

Incapacidade testamentária passiva: neste caso enquadram-se as pessoas que não podem ser herdeiras testamentárias.

O art. 1.798 do Código Civil dispõe que podem suceder as pessoas nascidas ou já concebidas no momento da abertura da sucessão. Portanto, não têm capacidade para herdar quem não é pessoa, ou seja, os mortos e os animais.

De acordo com o art. 1.801 do Código Civil, não podem ser nomeados herdeiros ou legatários:

a) a pessoa que, a rogo, escreveu o testamento, nem o seu cônjuge ou companheiro, ou os seus ascendentes e irmãos;

b) as testemunhas do testamento;

c) o concubino do testador casado, salvo se este, sem culpa sua, estiver separado de fato do cônjuge há mais de 5 anos. Verifica-se, assim, que o amante não tem capacidade testamentária passiva e que na união estável, existindo separação de fato, só é possível testar para o companheiro se o testador for separado de fato há mais de 5 anos, desde que não tenha culpa na separação;

d) o tabelião, civil ou militar, ou o comandante ou escrivão, perante quem se fizer, assim como o que fizer ou aprovar o testamento.

14.3.4. Do conteúdo do testamento

O testador possui liberdade para testar todo o seu patrimônio, desde que não tenha herdeiros necessários (descendente, ascendente e cônjuge). Se os tiver, só poderá testar 50% dos seus bens, que integram a chamada parte disponível.

Como vimos acima, cumpre dizer, entretanto, que a celebração não é o momento para se verificar a existência ou não de herdeiros necessários, já que o testamento só irá produzir efeitos com a morte do testador.

Se o testador testou mais do que poderia, irá ocorrer quando da abertura da sucessão a redução das disposições testamentárias (o testamento não é inválido por esse motivo), nos moldes do art. 1.967 do Código Civil.

O testamento não terá, exclusivamente, conteúdo patrimonial, já que nele é possível fazer disposição patrimonial, reconhecimento de filhos, reconhecimento de união estável, deserdação, instituição de tutela, instituição de fundação, dentre outras coisas.

14.3.5. Revogação do testamento

A revogação do testamento se dá por meio de outro testamento. Cumpre explicar que não há hierarquia entre as formas testamentárias, ou seja, a revogação de um testamento anterior por um posterior independe da forma. Por exemplo, o testamento particular posterior revoga o testamento público anterior.

É importante esclarecer uma confusão feita na interpretação do art. 1.969 do Código Civil, que permite a revogação do testamento pelo mesmo modo e forma como pode ser feito. Ele não está dizendo que o testamento público não pode ser revogado por um particular, por exemplo, já que, como vimos, não há hierarquia entre as formas de testamento. Assim sendo, verifica-se que o citado artigo não determina que o testamento deve ser revogado pelo mesmo modo e forma **que foi feito**, mas pelo mesmo modo e forma que **pode ser feito**.

Existem várias formas de ocorrer a revogação de um testamento, motivo pelo qual passaremos a exemplificar algumas delas.

Exemplo 1: imaginemos a hipótese de um testamento 1 ser feito em 2014 e indicar que Pedro é herdeiro de 100% dos bens do testador. Se for feito um testamento 2 em 2016 apontando que Maria é herdeira de 100% do patrimônio do testador, haverá incompatibilidade entre uma disposição testamentária anterior e a outra posterior, motivo pelo qual este último revoga aquele primeiro. Nesse caso teremos a **revogação total** do testamento.

Exemplo 2: imaginemos a hipótese de um testamento 1 ser feito em 2014, dispondo que Pedro é herdeiro de 100% do patrimônio do testador. Se for feito um testamento 2 em 2016 dispondo que Maria é herdeira de parte dos bens do testador, ocorrerá a **revogação parcial** do testamento 1, também por incompatibilidade. Nesse caso, por força do art. 1.970, parágrafo único, do Código Civil, o remanescente subsiste em tudo o que não for contrário ao testamento anterior, exceto se o testador declarar expressamente no novo testamento que o anterior está revogado integralmente.

Exemplo 3: imaginemos a hipótese de um testamento 1 ser feito em 2014, dispondo que 100% dos bens são destinados a Pedro. Se for feito um testamento 2 em 2016, em que o testador dispõe somente que revoga o testamento 1, ocorrerá a **revogação total** do testamento 1 e, como **não há determinação de herdeiros**, falecendo o testador, será aplicada a ordem da vocação hereditária.

Exemplo 4: imaginemos a hipótese de um testamento 1 ser feito em 2012, e que beneficiava Pedro com 100% do patrimônio. Em 2014 o testador fez outro testamento beneficiando Maria com 100% dos seus bens. Em 2016 faz um testamento 3 revogando o testamento 2 apenas, sem indicar herdeiros e nem colocar absolutamente mais nada. Com a revogação do testamento 2 sem que o testamento 3 indicasse herdeiros, voltam a valer as disposições do testamento 1? Pode haver repristinação do testamento 1? Repristinação é a revogaçao da norma revogadora, dando eficácia à norma por ela anteriormente revogada. Pode haver repristinação no Brasil, mas, segundo a Lei de Introdução às Normas do Direito Brasileiro (LINDB), deve haver previsão expressa. No caso acima citado, não pode haver repristinação, pois não há previsão expressa no testamento 3.

Em regra, o **testamento é ato revogável**, mas é possível haver testamento irrevogável, no caso de reconhecer filiação (art. 1.609, III, do CC). O testamento que reconhece filiação e estabelece disposição patrimonial só é irrevogável na parte que trata do reconhecimento de filhos.

A revogação produzirá seus efeitos, ainda quando o testamento, que a encerra, vier a caducar por exclusão, incapacidade ou renúncia do herdeiro nele nomeado; não valerá, se o testamento revogatório for anulado por omissão ou infração de solenidades essenciais ou por vícios intrínsecos.

O testamento cerrado que o testador abrir ou dilacerar, ou for aberto ou dilacerado com seu consentimento, haver-se-á como revogado.

14.3.6. Do rompimento do testamento

A revogação de um testamento produzida por lei denomina-se rompimento do testamento e é normatizada pelos arts. 1.973 e seguintes do Código Civil.

São hipóteses de rompimento do testamento:

a) se sobrevier descendente sucessível do testador que era ignorado ou não existia (art. 1.973 do CC);

b) se o testamento foi feito na ignorância da existência de herdeiros necessários (art. 1.974 do CC).

Nos casos acima, é a própria lei que revoga o testamento do testador.

14.3.7. Formas de testamento

O testamento se classifica em ordinário e especial.

As **formas ordinárias** são: o público, o cerrado e o particular.

As **formas especiais** abrangem: o marítimo, o aeronáutico e o militar.

Não se admitem outros testamentos especiais além dos contemplados acima.

14.3.7.1. Formas ordinárias de testamento

Testamento público (arts. 1.864 e s. do CC): o testamento público é aquele lavrado pelo tabelião de notas em cartório ou fora dele. Essa modalidade de testamento é o ato mais solene que existe no Direito Civil, já que muitos requisitos devem ser observados pelo tabelião de notas, sob pena de acarretar a sua responsabilização civil[18] se for invalidado posteriormente e o herdeiro testamentário sofrer prejuízos com a sua exclusão da sucessão. São requisitos do testamento público:

a) ser escrito em língua nacional (não pode ser verbal e nem escrito em língua estrangeira);

b) ser realizado pelo tabelião e, excepcionalmente, por seu substituto legal;

c) a declaração do testador deve ser falada verbalmente (princípio da oralidade);

d) as minutas, notas ou apontamentos só servem como lembrete para o testador, não eliminando a oralidade;

e) deve o testamento ser lido pelo tabelião ou pelo testador, na presença de duas testemunhas simultaneamente;

f) assinatura do testador, das testemunhas e do tabelião.

O fato de essa modalidade denominar-se testamento público não é indício de que deve ter publicidade, pois o termo "público" significa que passou pelo crivo do tabelião de notas, pessoa dotada de fé pública. Por esse motivo não pode ser concedida certidão com o conteúdo do testamento, em que se faz o arrolamento de todos os bens do testador, para qualquer pessoa, sob pena de se violar o direito da intimidade, que é direito personalís-

18. "Responsabilidade civil. Cartório extrajudicial. Os serventuários do cartório extrajudicial respondem pelos danos que causarem a terceiros na prática de atos próprios da serventia, responsabilidade esta expressamente prevista no art. 22 da Lei n. 8.935/94, que regulamenta o art. 236 da Carta Magna" (TJMG, Ap. Cív. 2.0000.00.423891-7/000(1), rel. Tarcísio Martins Costa, j. em 18-5-2004 e publicado em 26-6-2004, v.u.).

simo. Assim, a certidão de um testamento público só pode ser fornecida ao testador, seu mandatário ou por alguém que tenha autorização judicial.

O testamento público é forma exigida para o **cego** (art. 1.865 do CC – assinatura a rogo), o **analfabeto** (art. 1.865 do CC – assinatura a rogo) e o **surdo** (art. 1.866 do CC – se não souber ler, designará quem o faça em seu lugar).

Testamento cerrado (arts. 1.868 e s. do CC): é o testamento lacrado, fechado, sigiloso. Nesse caso o próprio testador deverá confeccionar sua disposição testamentária, colocá-la num envelope lacrado e levá-la ao cartório. O tabelião lavrará o auto de aprovação dizendo que o que consta do envelope é a última vontade do testador, devendo, depois disso, costurá-lo (fechá-lo), fazer os **pontos** ou **nós de retrós** (o testamento será costurado). Feito isso, o testador entregará o testamento a uma pessoa de sua confiança, que pode ser o testamenteiro (pessoa que terá a missão de executar o testamento quando o testador falecer), que terá direito a uma remuneração denominada vintena.

O auto de aprovação do testamento cerrado refere-se à afirmação de que o conteúdo do envelope fechado refere-se à última vontade do testador e deve ser assinado pelo testador e por duas testemunhas. Ocorrendo o óbito, esse testamento será aberto pelo magistrado.

Estão impedidos de testar pela forma cerrada os cegos, os surdos e os analfabetos (art. 1.872 do CC). Essa modalidade é a única forma permitida ao surdo-mudo, contanto que o escreva todo, e o assine de próprio punho, e que, ao entregá-lo ao oficial público, ante as duas testemunhas, escreva, na face externa do papel ou do envoltório, que aquele é o seu testamento, cuja aprovação lhe pede (art. 1.873 do CC).

O testamento cerrado pode ser escrito em língua nacional ou estrangeira, pelo próprio testador, ou por outrem, a seu rogo. Depois de aprovado e cerrado, será o testamento entregue ao testador, e o tabelião lançará, no seu livro, nota do lugar, dia, mês e ano em que o testamento foi aprovado e entregue.

Falecido o testador, o testamento será apresentado ao juiz, que o abrirá e o fará registrar, ordenando seja cumprido, se não achar vício externo que o torne eivado de nulidade ou suspeito de falsidade.

Testamento particular ou hológrafo (arts. 1.876 e s. do CC): o testamento particular pode ser escrito de próprio punho ou mediante processo mecânico. Se escrito de próprio punho, são requisitos essenciais à sua validade seja lido e assinado por quem o escreveu, na presença de pelo menos três testemunhas, que o devem subscrever. Se elaborado por processo mecânico, não pode conter rasuras ou espaços em branco, devendo ser assinado pelo testador, depois de o ter lido na presença de pelo menos três testemunhas, que o subscreverão (art. 1.876 do CC).

O STJ reconheceu válido testamento particular escrito por processo mecânico com impressão digital do testador que substituiu a sua assinatura exigida por lei (**REsp 1.633.254-MG**, Rel. Min. Nancy Andrighi, Segunda Seção, por maioria, julgado em 11-3-2020, *DJe* 18-3-2020)

Morto o testador, publicar-se-á em juízo o testamento, com citação dos herdeiros legítimos. Se as testemunhas forem contestes sobre o fato da disposição, ou, ao menos, sobre a sua leitura perante elas, e se reconhecerem as próprias assinaturas, assim como a do testador, o testamento será confirmado. Se faltarem testemunhas, por morte ou ausência, e se pelo menos uma delas o reconhecer, o testamento poderá ser confirmado se, a critério do juiz, houver prova suficiente de sua veracidade.

Em circunstâncias excepcionais declaradas na cédula, o testamento particular de próprio punho e assinado pelo testador, sem testemunhas, poderá ser confirmado, a critério do juiz. Se a situação excepcional envolver perigo de vida, o testamento particular será denominado nuncupativo.

O testamento particular pode ser escrito em língua estrangeira, contanto que as testemunhas a compreendam.

Em todas as hipóteses (público, cerrado e particular), cumpre ressaltar que o art. 228 do Código Civil determina que não podem ser admitidos como testemunhas:

> **Art. 228.** Não podem ser admitidos como testemunhas:
>
> I – os menores de dezesseis anos;
>
> II – (Revogado); (Redação dada pela Lei n. 13.146, de 2015)
>
> III – (Revogado); (Redação dada pela Lei n. 13.146, de 2015)
>
> IV – o interessado no litígio, o amigo íntimo ou o inimigo capital das partes;
>
> V – os cônjuges, os ascendentes, os descendentes e os colaterais, até o terceiro grau de alguma das partes, por consanguinidade, ou afinidade.
>
> § 1º Para a prova de fatos que só elas conheçam, pode o juiz admitir o depoimento das pessoas a que se refere este artigo. (Redação dada pela Lei n. 13.146, de 2015)
>
> § 2º A pessoa com deficiência poderá testemunhar em igualdade de condições com as demais pessoas, sendo-lhe assegurados todos os recursos de tecnologia assistiva. (Incluído pela Lei n. 13.146, de 2015)

Esse artigo ganhou nova redação com o Estatuto da Pessoa com Deficiência (Lei n. 13.146/2015).

14.3.7.2. Formas especiais de testamento

Testamento marítimo e aeronáutico (arts. 1.888 e s. do CC): quem estiver em viagem a bordo de navio nacional, de guerra ou mercante pode testar perante o comandante, em presença de duas testemunhas, por forma que corresponda ao testamento público ou ao cerrado. O registro do testamento será feito no Diário de Bordo da embarcação, sendo denominado testamento marítimo.

Quem estiver em viagem a bordo de aeronave militar ou comercial pode testar perante pessoa designada pelo comandante, em presença de duas testemunhas, por forma que corresponda ao testamento público ou ao cerrado. O registro do testamento será feito no Diário de Bordo da aeronave e será denominado testamento aeronáutico.

O testamento marítimo ou aeronáutico ficará sob a guarda do comandante, que o entregará às autoridades administrativas do primeiro porto ou aeroporto nacional, contra recibo averbado no Diário de Bordo.

Caducará o testamento marítimo, ou aeronáutico, se o testador não morrer na viagem, nem nos 90 dias subsequentes ao seu desembarque em terra, onde possa fazer, na forma ordinária, outro testamento.

Não valerá o testamento marítimo, ainda que feito no curso de uma viagem, se, ao tempo em que se fez, o navio estava em porto onde o testador pudesse desembarcar e testar na forma ordinária.

Testamento militar (arts. 1.893 e s. do CC): o testamento dos militares e demais pessoas a serviço das Forças Armadas em campanha, dentro do País ou fora dele, assim como em praça sitiada, ou que esteja de comunicações interrompidas, poderá fazer-se, não havendo tabelião ou seu substituto legal, ante duas ou três testemunhas, se o testador não puder, ou não souber assinar, caso em que assinará por ele uma delas. Se o testador pertencer a corpo ou seção de corpo destacado, o testamento será escrito pelo respectivo comandante, ainda que de graduação ou posto inferior. Já se o testador estiver em tratamento em hospital, o testamento será escrito pelo respectivo oficial de saúde, ou pelo diretor do estabelecimento. Na hipótese de o testador ser o oficial mais graduado, o testamento será escrito por aquele que o substituir.

Se o testador souber escrever, poderá fazer o testamento de seu punho, contanto que o date e assine por extenso, e o apresente, aberto ou cerrado, na presença de duas testemunhas ao auditor, ou ao oficial de patente, que lhe faça as vezes neste mister. O auditor, ou o oficial a quem o testamento se apresente, notará, em qualquer parte dele, lugar, dia, mês e ano em que lhe for apresentado, nota esta que será assinada por ele e pelas testemunhas.

Caduca o testamento militar desde que, depois dele, o testador esteja, 90 dias seguidos, em lugar onde possa testar na forma ordinária, salvo se esse testamento apresentar as solenidades descritas acima.

Os militares e demais pessoas a serviço das Forças Armadas, estando empenhados em combate, ou feridos, podem testar oralmente, confiando a sua última vontade a duas testemunhas. Não terá efeito o testamento se o testador não morrer na guerra ou convalescer do ferimento.

14.3.8. Dos codicilos

Toda pessoa capaz de testar poderá, mediante escrito particular seu, datado e assinado, fazer disposições especiais sobre o seu enterro, sobre esmolas de pouca monta a certas e determinadas pessoas, ou, indeterminadamente, aos pobres de certo lugar, assim como legar móveis, roupas ou joias de pouco valor, de seu uso pessoal, e ainda nomear ou substituir testamenteiros (**art. 1.881 do CC**). Tais atos, salvo direito de terceiro, valerão como codicilos, deixe ou não testamento o autor.

A expressão "esmolas de pouca monta" deve ser interpretada de acordo com a sociedade (*in abstrato*) e não de acordo com o indivíduo (*in concreto*).

Os codicilos revogam-se por atos iguais, e consideram-se revogados se, havendo testamento posterior, de qualquer natureza, este os não confirmar ou modificar.

Se estiver fechado o codicilo, abrir-se-á do mesmo modo que o testamento cerrado.

14.3.9. Das disposições testamentárias

A nomeação de herdeiro, ou legatário, pode fazer-se pura e simplesmente, sob condição, para certo fim ou modo, ou por certo motivo.

A designação do tempo em que deva começar ou cessar o direito do herdeiro, salvo nas disposições fideicomissárias, ter-se-á por não escrita.

Quando a cláusula testamentária for suscetível de interpretações diferentes, prevalecerá a que melhor assegure a observância da vontade do testador.

A disposição geral em favor dos pobres, dos estabelecimentos particulares de caridade, ou dos de assistência pública, entender-se-á relativa aos pobres do lugar do domicílio do testador ao tempo de sua morte, ou dos estabelecimentos lá situados, salvo se manifestamente constar que tinha em mente beneficiar os de outra localidade. Nessa hipótese as instituições particulares preferirão sempre às públicas.

Se o testador nomear dois ou mais herdeiros, sem discriminar a parte de cada um, partilhar-se-á por igual, entre todos, a porção descrita no testamento .

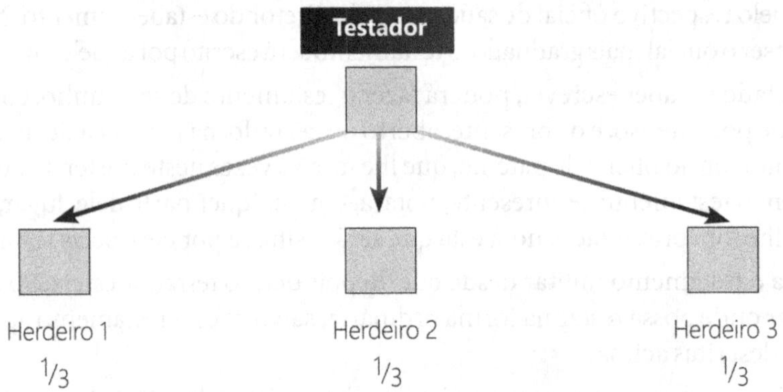

Divisão igual se o testador não indicar a quota de cada um.

Se o testador nomear certos herdeiros individualmente e outros coletivamente, a herança será dividida em tantas quotas quantos forem os indivíduos e os grupos designados .

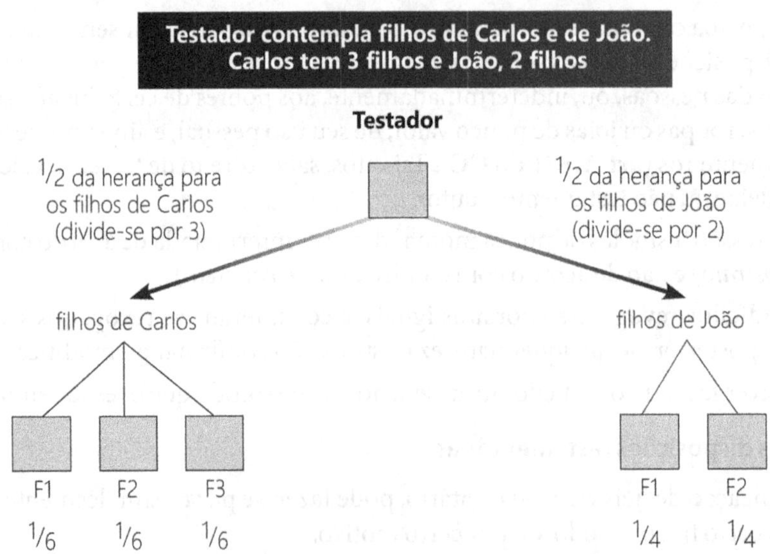

Se forem determinadas as quotas de cada herdeiro, e não absorverem toda a herança, o remanescente pertencerá aos herdeiros legítimos, segundo a ordem da vocação hereditária.

Testador contempla Carlos com 15% da herança

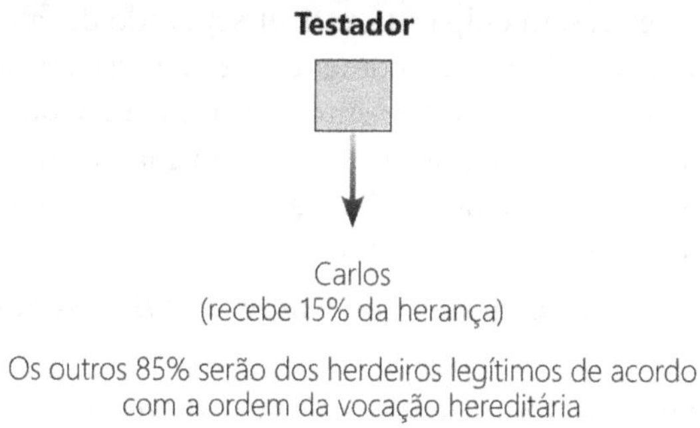

Se forem determinados os quinhões de uns e não os de outros herdeiros, distribuir-se-á por igual a estes últimos o que restar, depois de completas as porções hereditárias dos primeiros .

Testador contempla Maria com 10%, Jonas com 20% e Lucas e Rafael, sem dizer a parte dos dois últimos

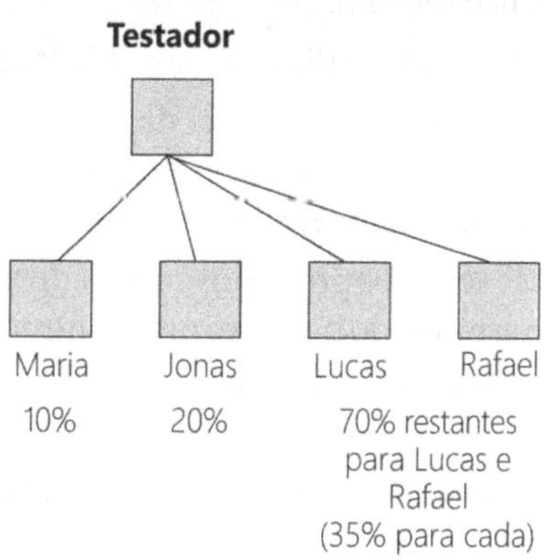

Dispondo o testador que não caiba ao herdeiro instituído certo e determinado objeto, dentre os da herança, tocará ele aos herdeiros legítimos.

A ineficácia de uma disposição testamentária importa a das outras que, sem aquela, não teriam sido determinadas pelo testador.

14.3.10. Da invalidade do testamento

De acordo com o **art. 1.900 do Código Civil, é nula a disposição testamentária**:

a) que institua herdeiro ou legatário sob a condição captatória de que este disponha, também por testamento, em benefício do testador ou de terceiro;

b) que se refira a pessoa incerta, cuja identidade não se possa averiguar;

c) que favoreça a pessoa incerta, cabendo a determinação de sua identidade a terceiro;

d) que deixe a arbítrio do herdeiro, ou de outrem, fixar o valor do legado;

e) que favoreça a pessoa que, a rogo, escreveu o testamento, seu cônjuge ou companheiro, ou os seus ascendentes e irmãos, as testemunhas do testamento, o concubino do testador casado, salvo se este, sem culpa sua, estiver separado de fato do cônjuge há mais de 5 anos, o tabelião, civil ou militar, ou o comandante ou escrivão, perante quem se fizer, assim como o que fizer ou aprovar o testamento (art. 1.801 do Código Civil), ou pessoas não legitimadas a suceder, ainda quando simuladas sob a forma de contrato oneroso, ou feitas mediante interposta pessoa (os ascendentes, os descendentes, os irmãos e o cônjuge ou companheiro do não legitimado a suceder).

De acordo com os **arts. 1.903 e 1.909 do Código Civil, é anulável a disposição testamentária**:

a) quando houver erro na designação da pessoa do herdeiro, do legatário, ou da coisa legada, salvo se, pelo contexto do testamento, por outros documentos, ou por fatos inequívocos, se puder identificar a pessoa ou coisa a que o testador queria referir-se;

b) quando inquinada de erro, dolo ou coação. Nesse caso extingue-se em 4 anos o direito de anular a disposição, contados de quando o interessado tiver conhecimento do vício. Entendemos que, mesmo não expresso no art. 1.909 do Código Civil, o testamento também pode ser anulado por lesão e estado de perigo, vícios descritos na Parte Geral do Código Civil, e o prazo seria o mesmo.

Cumpre salientar que não se invalida, ou seja, é lícita a disposição testamentária:

a) em favor de pessoa incerta que deva ser determinada por terceiro, dentre duas ou mais pessoas mencionadas pelo testador, ou pertencentes a uma família, ou a um corpo coletivo, ou a um estabelecimento por ele designado;

b) em remuneração de serviços prestados ao testador, por ocasião da moléstia de que faleceu, ainda que fique ao arbítrio do herdeiro ou de outrem determinar o valor do legado;

c) que deixa bens ao filho do concubino, quando esse também o for do testador.

14.3.11. Das cláusulas de inalienabilidade, incomunicabilidade e impenhorabilidade

Três são as cláusulas restritivas que podem ser inseridas pelo testador no testamento: de **inalienabilidade**, que impede a alienação do bem; de **incomunicabilidade**, que impede a comunicação do bem com o cônjuge (importante no regime da comunhão universal de bens); e de **impenhorabilidade**, que impede a penhora sobre o bem gravado.

O maior especialista sobre o tema no Brasil, Carlos Alberto Dabus Maluf[19], ensina que a cláusula de inalienabilidade pode ser classificada em: **inalienabilidade absoluta**, quando houver proibição de alienar todos os bens a quem quer que seja; **inalienabilidade relativa**, quando é permitida a alienação a determinadas pessoas, ou restrita a certos bens da herança; **inalienabilidade vitalícia**, quando a proibição durar toda a vida do herdeiro

19. *Cláusulas de inalienabilidade incomunicabilidade e impenhorabilidade*. 4. ed. São Paulo: Revista dos Tribunais, 2006, p. 47.

ou legatário. Importante ressaltar que não existe inalienabilidade perpétua, transmissível sucessivamente por direito hereditário; e **inalienabilidade temporária**, quando a proibição desaparece com o implemento de condição ou com o advento de um termo.

Em geral, as cláusulas são vitalícias (no silêncio do testamento), extinguindo-se com a morte do herdeiro, pois para ser temporária é necessária a existência de termo ou condição no testamento.

Importante ressaltar que a cláusula grava o patrimônio e não os herdeiros, motivo pelo qual, ainda que haja renúncia do herdeiro testamentário a determinado bem gravado com alguma dessas cláusulas, o bem continua gravado ao ser herdado pelo herdeiro legítimo.

Uma importante questão sobre os efeitos da cláusula de inalienabilidade é que ela implica impenhorabilidade e incomunicabilidade (**art. 1.911 do CC**). Para que não ocorra um esvaziamento do citado dispositivo, entendemos que ele se aplica à doação, por ser ela, a exemplo do testamento, um ato de liberalidade, conforme estabelece o artigo citado acima. Cumpre ressaltar que a impenhorabilidade e a incomunicabilidade, sozinhas, não trazem as outras como consequência.

No caso de desapropriação de bens clausulados, ou de sua alienação, por conveniência econômica do donatário ou do herdeiro, mediante autorização judicial, o produto da venda converter-se-á em outros bens sobre os quais incidirão as restrições apostas aos primeiros.

Pode haver cláusula de inalienabilidade, incomunicabilidade ou impenhorabilidade na legítima? De acordo com o **art. 1.848 do Código Civil** não, salvo se houver justa causa declarada no testamento. Por ser um preceito legal indeterminado, podemos exemplificar como justa causa para determinar a incomunicabilidade da legítima de uma filha o fato de ela ser casada no regime da comunhão universal de bens com um pródigo.

A legítima deve sempre ser respeitada, motivo pelo qual não é permitido ao testador converter bens da legítima em outros de espécie diversa. Como exemplo, citamos o caso do testador que possui três filhos e três bens no valor total de R$ 150.000,00 de patrimônio. Se ele quiser deixar um bem de R$ 50.000,00 para cada filho, entendemos que estará convertendo bens da legítima em outros de espécie diversa, haja vista que cada bem terá uma legítima e não o total do patrimônio. De costume, acreditamos ser praticamente impossível três bens terem exatamente o mesmo valor. Essa divisão, por melhor que seja feita, vai privilegiar alguém em detrimento de outrem.

De acordo com o § 2º do art. 1.848 do Código Civil, é possível, mediante autorização judicial e havendo justa causa, serem alienados os bens gravados com as referidas cláusulas, convertendo-se o produto em outros bens, que ficarão sub-rogados nos ônus dos primeiros.

A colocação das cláusulas restritivas nos bens da herança é denominada **deserdação *in bona mente*** (com boa intenção)[20].

Por fim, vale a pena lembrar que o art. 184 do CTN estabelece que, sem prejuízo dos privilégios especiais sobre determinados bens, que sejam previstos em lei, responde pelo pagamento do crédito tributário a totalidade dos bens e das rendas, de qualquer origem

20. VELOSO, Zeno; AZEVEDO, Antonio Junqueira de (Coord.). *Comentários ao Código Civil*. São Paulo: Saraiva, 2003, v. 21, p. 327.

ou natureza, do sujeito passivo, seu espólio ou sua massa falida, inclusive os gravados por ônus real ou cláusula de inalienabilidade ou impenhorabilidade, seja qual for a data da constituição do ônus ou da cláusula, excetuados unicamente os bens e rendas que a lei declare absolutamente impenhoráveis.

14.3.12. Dos legados

Legado é o bem, ou os bens, específico e determinado que o testador deixa a uma pessoa que não é herdeira, mas sim legatária. Legatário não se confunde com herdeiro, tanto que o primeiro não é responsável pelo pagamento de dívidas do falecido.

É ineficaz o legado de coisa certa que não pertença ao testador no momento da abertura da sucessão.

Se o testador ordenar que o herdeiro ou legatário entregue coisa de sua propriedade a outrem, não o cumprindo ele, entender-se-á que renunciou à herança ou ao legado.

Se tão somente em parte a coisa legada pertencer ao testador, ou, no caso do artigo antecedente, ao herdeiro ou ao legatário, só quanto a essa parte valerá o legado.

Na hipótese do legado ser de coisa que se determine pelo gênero, será o mesmo cumprido, ainda que tal coisa não exista entre os bens deixados pelo testador.

Se o testador legar coisa sua, singularizando-a, só terá eficácia o legado se, ao tempo do seu falecimento, ela se achava entre os bens da herança; se a coisa legada existir entre os bens do testador, mas em quantidade inferior à do legado, este será eficaz apenas quanto à existente.

O **legado de coisa** que deva encontrar-se em determinado lugar só terá eficácia se nele for achada, salvo se removida a título transitório.

O **legado de crédito**, ou de quitação de dívida, terá eficácia somente até a importância desta, ou daquele, ao tempo da morte do testador. Cumpre-se o legado, entregando o herdeiro ao legatário o título respectivo. Este legado não compreende as dívidas posteriores à data do testamento.

Não o declarando expressamente o testador, não se reputará **compensação da sua dívida o legado** que ele faça ao credor. Subsistirá integralmente o legado, se a dívida lhe foi posterior, e o testador a solveu antes de morrer.

O **legado de alimentos** abrange o sustento, a cura, o vestuário e a casa, enquanto o legatário viver, além da educação, se ele for menor.

O **legado de usufruto**, sem fixação de tempo, entende-se deixado ao legatário por toda a sua vida.

Se aquele que **legar um imóvel** lhe ajuntar depois novas aquisições, estas, ainda que contíguas, não se compreendem no legado, salvo expressa declaração em contrário do testador. Não se aplica esta regra às benfeitorias necessárias, úteis ou voluptuárias feitas no prédio legado.

Desde a abertura da sucessão, pertence ao legatário a coisa certa, existente no acervo, salvo se o legado estiver sob condição suspensiva. Não se defere de imediato a posse da coisa, nem nela pode o legatário entrar por autoridade própria. O legado de coisa certa existente na herança transfere também ao legatário os frutos que produzir, desde a morte do testador, exceto se dependente de condição suspensiva, ou de termo inicial.

O direito de pedir o legado não se exercerá, enquanto se litigue sobre a validade do testamento, e, nos legados condicionais, ou a prazo, enquanto esteja pendente a condição ou o prazo não se vença.

O **legado em dinheiro** só vence juros desde o dia em que se constituir em mora a pessoa obrigada a prestá-lo.

Se o **legado consistir em renda vitalícia** ou pensão periódica, esta ou aquela correrá da morte do testador.

Se o **legado for de quantidades certas, em prestações periódicas**, datará da morte do testador o primeiro período, e o legatário terá direito a cada prestação, uma vez encetado cada um dos períodos sucessivos, ainda que venha a falecer antes do termo dele.

Sendo periódicas as prestações, só no termo de cada período se poderão exigir. Se as prestações forem deixadas a título de alimentos, pagar-se-ão no começo de cada período, sempre que outra coisa não tenha disposto o testador.

Se o legado consiste em coisa determinada pelo gênero (**legado de dar coisa incerta**), ao herdeiro tocará escolhê-la, guardando o meio-termo entre as congêneres da melhor e pior qualidade, exceto se a escolha for deixada a arbítrio de terceiro; e, se este não a quiser ou não a puder exercer, ao juiz competirá fazê-la, observando, também, o critério mediano.

Se a opção foi deixada ao legatário, este poderá escolher, do gênero determinado, a melhor coisa que houver na herança; e, se nesta não existir coisa de tal gênero, dar-lhe-á de outra congênere o herdeiro, guardando o meio-termo entre as congêneres da melhor e pior qualidade.

No **legado alternativo**, presume-se deixada ao herdeiro a opção.

Se o herdeiro ou legatário a quem couber a opção falecer antes de exercê-la, passará este poder aos seus herdeiros.

No silêncio do testamento, o cumprimento dos legados incumbe aos herdeiros e, não os havendo, aos legatários, na proporção do que herdaram. O encargo, não havendo disposição testamentária em contrário, caberá ao herdeiro ou legatário incumbido pelo testador da execução do legado; quando indicados mais de um, os onerados dividirão entre si o ônus, na proporção do que recebam da herança.

Se algum legado consistir em coisa pertencente a herdeiro ou legatário só a ele incumbirá cumpri-lo, com regresso contra os coerdeiros, pela quota de cada um, salvo se o contrário expressamente dispôs o testador.

As despesas e os riscos da entrega do legado correm à conta do legatário, se não dispuser diversamente o testador.

A coisa legada entregar-se-á, com seus acessórios, no lugar e estado em que se achava ao falecer o testador, passando ao legatário com todos os encargos que a onerarem.

Nos legados com encargo, aplica-se ao legatário o disposto no Código Civil quanto às doações modal.

Caducará o legado:

I – se, depois do testamento, o testador modificar a coisa legada, a ponto de já não ter a forma nem lhe caber a denominação que possuía;

II – se o testador, por qualquer título, alienar no todo ou em parte a coisa legada; nesse caso, caducará até onde ela deixou de pertencer ao testador;

III – se a coisa perecer ou for evicta, vivo ou morto o testador, sem culpa do herdeiro ou legatário incumbido do seu cumprimento;

IV – se o legatário for excluído da sucessão, nos termos do art. 1.815 do CC;

V – se o legatário falecer antes do testador.

Se o legado for de duas ou mais coisas alternativamente, e algumas delas perecerem, subsistirá quanto às restantes; perecendo parte de uma, valerá, quanto ao seu remanescente, o legado.

Ocorre a **adenção dos legados** quando o testador o revoga ou o torna sem efeito no mesmo testamento ou em outro.

Já a **transladação dos legados** se dá quando mudar o legatário, o herdeiro, que o deve prestar quando der ao legatário outra coisa em vez daquilo que foi objeto do legado, ou tornar condicional o que se deixou sem condição.

14.3.13. Das substituições testamentárias

Se o herdeiro testamentário morrer antes do testador, ou renunciar à herança, ou for declarado indigno, o testamento não irá produzir efeitos. Para evitar que isso ocorra, hipótese em que serão aplicadas as regras da sucessão legítima, já que nesse caso não existe direito de representação, pode o testador indicar no testamento um substituto ao herdeiro escolhido. O substituto fica sujeito à condição ou encargo imposto ao substituído, quando não for diversa a intenção manifestada pelo testador, ou não resultar outra coisa da natureza da condição ou do encargo.

Daí é que surge o instituto da substituição testamentária, que se classifica da seguinte maneira:

Substituição vulgar ou ordinária: ocorre quando o testador substituir o herdeiro ou o legatário nomeado por outra pessoa, para o caso de um ou outro não querer ou não poder aceitar a herança ou o legado, presumindo-se que a substituição foi determinada para as duas alternativas, ainda que o testador só a uma se refira.

Testador contempla João e diz que, se ele renunciar ou não puder aceitar, a herança vai para Maria

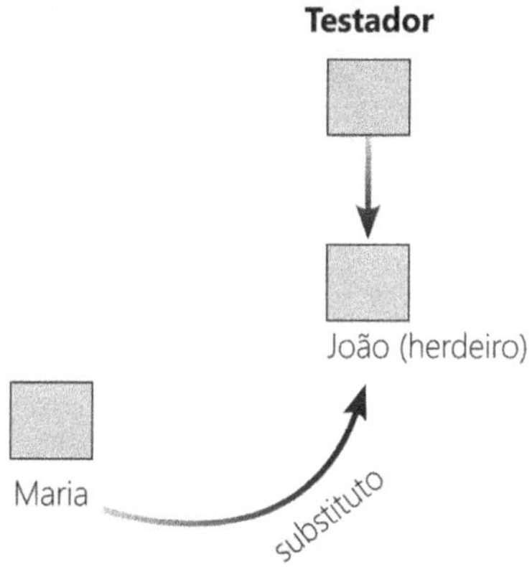

Substituição recíproca: ocorre quando o testador nomear mais de um herdeiro testamentário e substituir qualquer um deles pelos demais, se, por qualquer motivo, ele não puder receber a herança.

Se, entre muitos coerdeiros ou legatários de partes desiguais, for estabelecida substituição recíproca, a proporção dos quinhões fixada na primeira disposição entender-se-á mantida na segunda; se, com as outras anteriormente nomeadas, for incluída mais alguma pessoa na substituição, o quinhão vago pertencerá em partes iguais aos substitutos.

Testador contempla João, Pedro e Maria, e diz que, se alguém renunciar ou não puder aceitar, a parte dele será dividida entre os outros.

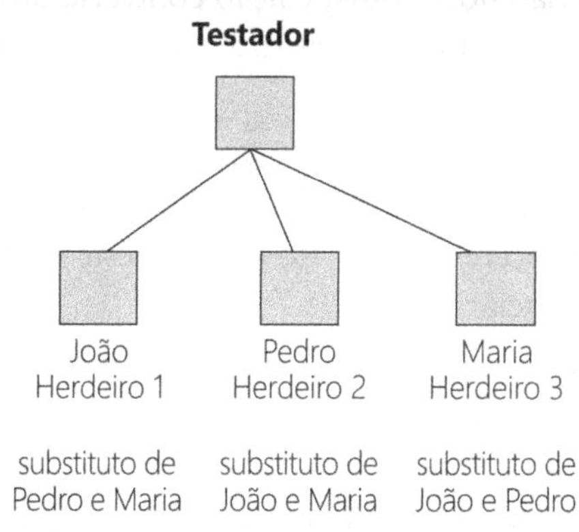

Substituição fideicomissária (fideicomisso): ocorre quando o testador instituir herdeiros ou legatários, estabelecendo que, por ocasião de sua morte, a herança ou o legado se transmita ao fiduciário, resolvendo-se o direito deste, por sua morte, a certo tempo ou sob certa condição, em favor de outrem, que se qualifica de fideicomissário.

Fideicomitente é o testador, **fiduciário** é quem recebe os bens com a morte e o **fideicomissário** é o destinatário final do patrimônio.

A substituição fideicomissária somente se permite em favor dos não concebidos ao tempo da morte do testador. Se, ao tempo da morte do testador, já houver nascido o fideicomissário, adquirirá este a propriedade dos bens fideicometidos, convertendo-se em usufruto o direito do fiduciário.

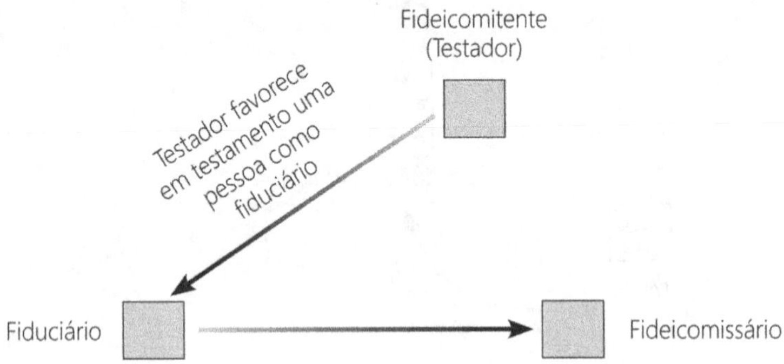

O fiduciário deverá entregar ao fideicomissário os bens herdados, já que este último não era concebido quando da abertura da sucessão, no momento fixado no testamento.

O fiduciário tem a propriedade da herança ou legado, mas restrita e resolúvel. O fiduciário é obrigado a proceder ao inventário dos bens gravados e a prestar caução de restituí-los se o exigir o fideicomissário.

Salvo disposição em contrário do testador, se o fiduciário renunciar a herança ou o legado, defere-se ao fideicomissário o poder de aceitar. O fideicomissário pode renunciar à herança ou ao legado, e, neste caso, o fideicomisso caduca, deixando de ser resolúvel a propriedade do fiduciário, se não houver disposição contrária do testador. Se o fideicomissário aceitar a herança ou o legado, terá direito à parte que ao fiduciário em qualquer tempo acrescer.

Ao sobrevir a sucessão, o fideicomissário responde pelos encargos da herança que ainda restarem. Caduca o fideicomisso se o fideicomissário morrer antes do fiduciário, ou antes de realizar-se a condição resolutória do direito deste último, hipótese em que a propriedade se consolida no fiduciário.

São nulos os fideicomissos além do segundo grau (quando o testador determina que o fideicomissário deverá repassar os bens para um terceiro, depois que recebê-los do fiduciário).

A nulidade da substituição ilegal não prejudica a instituição, que valerá sem o encargo resolutório.

Substituição compendiosa: é aquela que estabelece a junção das substituições vulgar e fideicomissária, por permitir a instituição de um substituto ao fiduciário e/ou fideicomissário. Apesar de não estar expressa no CC, esta modalidade é admitida pelo STJ, conforme **REsp. 1.221.887/PE**, rel. Min. Isabel Galotti, j. em 10-12-2013, por não violar o art. 1.959 do CC, já que o fideicomisso não ultrapassará o segundo grau.

Substituição quase-pupilar: é aquela em que o ascendente nomeia herdeiro testamentário para seu filho quando este não tem condições de externar discernimento para celebrar um testamento em razão de algum motivo que fosse permanente.

Presente nas Institutas de Gaio e nas Ordenações Filipinas, hoje está presente nos Códigos Civis de Portugal e da Espanha, mas não no brasileiro.

Pontes de Miranda (*Tratado de Direito Privado*, 3. ed., Rio de Janeiro, 1973, tomo LIX, § 5.873, p. 61) observa que é nulo o testamento feito no Brasil por procurador. Hoje, é princípio de ordem pública a *irrepresentabilidade* para testar. O princípio de que testamento é um negócio jurídico unilateral, pessoal – personalíssimo, como acentua a melhor doutrina –, encontra exceção nas substituições pupilar e quase-pupilar.

Essas substituições são um expediente para suprir a incapacidade testamentária de um filho. Noutra exceção aos princípios, uma pessoa faz testamento por outrem. O filho, que não tem a possibilidade de outorgar disposições de última vontade válidas, é substituído na autoria do testamento por seu pai. Presume-se que este ascendente tem muito afeto pelo filho – *quod plerumque fit* –, haverá de atuar com o maior respeito, responsabilidade e atenção, com vistas a superar a impossibilidade invencível do filho para outorgar testamento, escolhendo herdeiros e legatários que esse filho provavelmente elegeria, se pudesse fazer a sua própria disposição de última vontade. Essa presunção do amor e do carinho do pai por seu filho cai por terra e se desvanece se esse genitor teve limitado ou extinto o poder familiar (CC, arts. 1.635, 1.637 e 1.638).

Se um filho é acometido de doença mental profunda, permanente, e segundo o atual estágio da ciência médica, irreversível, irremediável, achando-se desprovido de vontade, não podendo resolver, escolher, decidir, independentemente de ter havido ou não uma sentença judicial reconhecendo esta situação, não possuindo, ademais, herdeiros necessários, seu pai deve ser autorizado a fazer um testamento, suprindo a incapacidade testamentária do filho, e indicando, por ele, herdeiros ou legatários. Admitida essa possibilidade, o testamento do pai pode abranger todos os bens do filho, sem considerar a procedência dos mesmos. Obviamente, o testamento do pai perde o efeito e caduca, se o filho adquirir ou readquirir o juízo perfeito, ou se tiver herdeiros necessários.

Há uma corrente de doutrinadores que defende a inclusão desta modalidade de substituição no ordenamento jurídico brasileiro em face de sua importância em vários casos concretos, como o maior jurista brasileiro sobre testamento no Brasil, o inigualável Zeno Veloso.

14.3.14. Da diferença entre indignidade e deserdação

A indignidade e a deserdação são institutos que geram consequências muito próximas da chamada **morte civil, não admitida no Direito brasileiro**, pois acarreta a privação da personalidade de pessoa ainda viva como forma de punição, já que os herdeiros são tratados como se mortos fossem para a titularidade do acervo hereditário.

Para melhor compreensão dos institutos da indignidade e da deserdação, que possuem o mesmo objetivo, o de excluir alguém da sucessão, elaboramos o quadro abaixo contendo as principais diferenças entre ambos.

Indignidade	Deserdação
O objetivo é excluir da sucessão os herdeiros legítimos ou testamentários (mesmo o legatário).	O objetivo é excluir da sucessão somente os herdeiros necessários.
Exige a propositura de ação judicial.	É feita por testamento.
Consoante o art. 1.814 do Código Civil, que possui um rol taxativo, para serem declarados indignos devem os herdeiros: a) ter sido autores, coautores ou partícipes de homicídio doloso, ou tentativa deste, contra a pessoa de cuja sucessão se tratar, seu cônjuge, companheiro, ascendente ou descendente; b) ter acusado caluniosamente em juízo o autor da herança ou incorrido em crime contra a sua honra, ou de seu cônjuge ou companheiro; c) ter, por violência ou meios fraudulentos, inibido ou obstado o autor da herança de dispor livremente de seus bens por ato de última vontade.	Consoante os arts. 1.962 e 1.963 (que incluem o art. 1.814), todos do Código Civil, para serem deserdados, devem os herdeiros: a) ter sido autores, coautores ou partícipes de homicídio doloso, ou tentativa deste, contra a pessoa de cuja sucessão se tratar, seu cônjuge, companheiro, ascendente ou descendente; b) ter acusado caluniosamente em juízo o autor da herança ou incorrido em crime contra a sua honra, ou de seu cônjuge ou companheiro; c) ter, por violência ou meios fraudulentos, inibido ou obstado o autor da herança de dispor livremente de seus bens por ato de última vontade. Ainda, deve ocorrer: d) ofensa física; e) injúria grave; f) relação ilícita com a madrasta, com o padrasto, com a mulher ou companheira do filho ou a do neto, ou com o marido ou companheiro da filha ou o da neta; g) desamparo do ascendente em alienação mental ou grave enfermidade, ou do filho ou neto com deficiência mental ou grave enfermidade.
A ação judicial com a prova de um dos motivos descritos acima deverá ser proposta no prazo decadencial de 4 anos, contados da **abertura da sucessão**.	O motivo acima descrito que for utilizado no testamento deverá ser provado em ação judicial proposta no prazo decadencial de 4 anos contados da **abertura do testamento**.
O perdão do ofendido, que obrigatoriamente deve ser expresso, pois o tácito é vedado, retira a legitimidade dos herdeiros para a ação de indignidade.	O perdão do ofendido é dado com a revogação do testamento que promoveu a deserdação. Quando ele ocorre na forma expressa, retira a legitimidade dos herdeiros para a ação de indignidade, já que o art. 1.814 está incluído no art. 1.962, ambos do Código Civil.
Foi incluído o § 2º no art. 1.815 do CC para dar legitimidade ao Ministério Público para propor a ação de indignidade, exclusivamente na hipótese do inciso I do art. 1.814 do mesmo diploma legal.	Existe uma modalidade de **deserdação** chamada *in bona mente* **(com boa intenção), que** ocorre com a colocação das cláusulas restritivas nos bens da herança[2121].

Não se exige a condenação penal para tipificar a indignidade; basta a prova da ocorrência do atentado contra a vida para sua efetiva aplicação. Mas, havendo a condenação criminal, não se discute mais a legitimidade da exclusão sucessória. Havendo, entretanto, excludente de criminalidade, tais como legítima defesa e estado de necessidade, fica afastada a pena de indignidade.

A exclusão da sucessão é questão privada, que não fere interesse público, nem quando há incapazes na sucessão, pois eles devem ser protegidos por seus representantes legais, motivo pelo qual entendemos que não cabe ao Ministério Público intervir.

Por esse motivo, não concordamos com o Enunciado 116 do CJF, que determina:

> **En. 116 do CJF** – O Ministério Público, por força do art. 1.815 do Código Civil, desde que presente o interesse público, tem legitimidade para promover a ação visando à declaração da indignidade de herdeiro ou legatário.

21. VELOSO, Zeno; AZEVEDO, Antonio Junqueira de (Coord.). *Comentários ao Código Civil.* São Paulo: Saraiva, 2003, v. 21, p. 327.

Porém, nosso entendimento não prevalece, pois a Lei n. 13.532/2017 alterou o art. 1.815 do Código Civil, para estabelecer que, na hipótese de os herdeiros terem sido autores, coautores ou partícipes de homicídio doloso, ou tentativa deste, contra a pessoa de cuja sucessão se tratar, seu cônjuge, companheiro, ascendente ou descendente, o **Ministério Público** tem legitimidade para demandar a exclusão do herdeiro ou legatário.

A ação para excluir o indigno da sucessão se chama **AÇÃO DE EREPÇÃO**.

Eis o motivo pelo qual os bens retirados do excluído são chamados de **ereptícios** e os sucessores que recebem este patrimônio são denominados **ereptores**.

São pessoais os efeitos da exclusão; os descendentes do herdeiro excluído sucedem, como se ele morto fosse antes da abertura da sucessão.

O excluído da sucessão não terá direito ao usufruto ou à administração dos bens que a seus sucessores couberem na herança, nem à sucessão eventual desses bens.

São válidas as alienações onerosas de bens hereditários a terceiros de boa-fé, e os atos de administração legalmente praticados pelo herdeiro, antes da sentença de exclusão; mas aos herdeiros subsiste, quando prejudicados, o direito de demandar-lhe perdas e danos.

O excluído da sucessão é obrigado a restituir os frutos e rendimentos que dos bens da herança houver percebido, mas tem direito a ser indenizado das despesas com a conservação deles.

Aquele que incorreu em atos que determinem a exclusão da herança será admitido a suceder, se o ofendido o tiver expressamente reabilitado em testamento, ou em outro ato autêntico. Não havendo reabilitação expressa, o indigno, contemplado em testamento do ofendido, quando o testador, ao testar, já conhecia a causa da indignidade, pode suceder no limite da disposição testamentária.

14.3.15. Do testamenteiro

O testador pode nomear um ou mais testamenteiros, conjunta ou separadamente, para lhe darem cumprimento às disposições de última vontade.

O testador pode conceder ao testamenteiro a posse e a administração da herança, ou de parte dela, não havendo cônjuge ou herdeiros necessários. Qualquer herdeiro pode requerer partilha imediata, ou devolução da herança, habilitando o testamenteiro com os meios necessários para o cumprimento dos legados, ou dando caução de prestá-los. Tendo o testamenteiro a posse e a administração dos bens, incumbe-lhe requerer inventário e cumprir o testamento.

Para o STJ, o testamenteiro e o cônjuge sobrevivente não possuem legitimidade para exigir a colação das liberalidades recebidas pelos filhos do inventariado:

> Recurso especial. Civil. Direito das sucessões. Processo de inventário. Distinção entre colação e imputação. Direito privativo dos herdeiros necessários. Ilegitimidade do testamenteiro. Interpretação do art. 1.785 do CC/16. 1. O direito de exigir a colação dos bens recebidos a título de doação em vida do "de cujus" é privativo dos herdeiros necessários, pois a finalidade do instituto é resguardar a igualdade das suas legítimas. 2. A exigência de imputação no processo de inventário desses bens doados também é direito privativo dos herdeiros necessários, pois sua função é permitir a redução das liberalidades feitas pelo inventariado que, ultrapassando a parte disponível, invadam a legítima a ser entre eles repartida. 3. Correto o acórdão recorrido ao negar legitimidade ao testamenteiro ou à

viúva para exigir a colação das liberalidades recebidas pelas filhas do inventariado. 4. Doutrina e jurisprudência acerca do tema. 5. Recursos especiais desprovidos (**REsp 167.421/SP (1998/0018520-8), rel. Min. Paulo de Tarso Sanseverino, 3ª Turma, j. 7-12-2010, v.u.**).

O testamenteiro nomeado, ou qualquer parte interessada, pode requerer, assim como o juiz pode ordenar, de ofício, ao detentor do testamento, que o leve a registro.

O testamenteiro é obrigado a cumprir as disposições testamentárias, no prazo marcado pelo testador, e a dar contas do que recebeu e despendeu, subsistindo sua responsabilidade enquanto durar a execução do testamento.

Compete ao testamenteiro, com ou sem o concurso do inventariante e dos herdeiros instituídos, defender a validade do testamento e cumprir as atribuições que o testador lhe conferir, nos limites da lei.

Não concedendo o testador prazo maior, cumprirá o testamenteiro o testamento e prestará contas em 180 dias, contados da aceitação da testamentaria. Pode esse prazo ser prorrogado se houver motivo suficiente.

Na falta de testamenteiro nomeado pelo testador, a execução testamentária compete a um dos cônjuges, e, em falta destes, ao herdeiro nomeado pelo juiz.

O encargo da testamentaria não se transmite aos herdeiros do testamenteiro, nem é delegável, mas o testamenteiro pode fazer-se representar em juízo e fora dele, mediante mandatário com poderes especiais.

Havendo simultaneamente mais de um testamenteiro, que tenha aceitado o cargo, poderá cada qual exercê-lo, em falta dos outros, mas todos ficam solidariamente obrigados a dar conta dos bens que lhes forem confiados, salvo se cada um tiver, pelo testamento, funções distintas, e a elas se limitar.

Salvo disposição testamentária em contrário, o testamenteiro que não seja herdeiro ou legatário terá direito a um prêmio (espécie de remuneração), denominado **vintena**, que, se o testador não houver fixado, será de 1 a 5%, arbitrado pelo juiz, sobre a herança líquida, conforme a importância dela e maior ou menor dificuldade na execução do testamento. O prêmio arbitrado será pago à conta da parte disponível, quando houver herdeiro necessário.

Não há impedimento para o testamenteiro ser o advogado da causa, e esse fato não lhe impede de receber seus honorários e o prêmio concomitantemente:

Inventário. Advogado testamenteiro. Prêmio. Art. 1.987 do CC/2002. O testamenteiro faz jus ao prêmio previsto em lei. Sua atuação como advogado nomeado pela viúva e herdeira não tem o condão de afastar seu direito à vintena, porquanto a natureza jurídica de tal parcela é distinta da dos honorários. Cumprimento das disposições de última vontade do finado a contento. Ausência de hipótese a justificar sua remoção (**TJRS, Agravo de Instrumento n. 70048470850, de Passo Fundo, rel. Des. Ricardo Moreira Lins Pastl, 8ª Câmara Cível, data da decisão: 31-5-2012**).

O herdeiro ou o legatário nomeado testamenteiro poderá preferir o prêmio à herança ou ao legado. Reverterá à herança o prêmio que o testamenteiro perder, por ser removido ou por não ter cumprido o testamento.

Se o testador tiver distribuído toda a herança em legados, exercerá o testamenteiro as funções de inventariante.

14.4. SÚMULAS E ENUNCIADOS SOBRE SUCESSÕES

- Súmulas do STF

Súm. 49

A cláusula de inalienabilidade inclui a incomunicabilidade dos bens.

Súm. 149

É imprescritível a ação de investigação de paternidade, mas não o é a de petição de herança.

Súm. 447

É válida a disposição testamentária em favor de filho adulterino do testador com sua concubina.

- Enunciados das Jornadas de Direito Civil do CJF

En. 116

Art. 1.815: O Ministério Público, por força do art. 1.815 do novo Código Civil, desde que presente o interesse público, tem legitimidade para promover ação visando à declaração da indignidade de herdeiro ou legatário.

En. 117

Art. 1.831: O direito real de habitação deve ser estendido ao companheiro, seja por não ter sido revogada a previsão da Lei n. 9.278/96, seja em razão da interpretação analógica do art. 1.831, informado pelo art. 6º, *caput*, da CF/88.

En. 118

Art. 1.967, *caput* e § 1º: O testamento anterior à vigência do novo Código Civil se submeterá à redução prevista no § 1º do art. 1.967 naquilo que atingir a porção reservada ao cônjuge sobrevivente, elevado que foi à condição de herdeiro necessário.

En. 119

Art. 2.004: Para evitar o enriquecimento sem causa, a colação será efetuada com base no valor da época da doação, nos termos do *caput* do art. 2.004, exclusivamente na hipótese em que o bem doado não mais pertença ao patrimônio do donatário. Se, ao contrário, o bem ainda integrar seu patrimônio, a colação se fará com base no valor do bem na época da abertura da sucessão, nos termos do art. 1.014 do CPC/1973[22], de modo a preservar a quantia que efetivamente integrará a legítima quando esta se constituiu, ou seja, na data do óbito (resultado da interpretação sistemática do art. 2.004 e seus parágrafos, juntamente com os arts. 1.832 e 884 do Código Civil).

En. 266

Art. 1.790: Aplica-se o inciso I do art. 1.790 também na hipótese de concorrência do companheiro sobrevivente com outros descendentes comuns, e não apenas na concorrência com filhos comuns.

22. Equivale ao art. 639 do CPC/2015.

En. 267

Art. 1.798: A regra do art. 1.798 do Código Civil deve ser estendida aos embriões formados mediante o uso de técnicas de reprodução assistida, abrangendo, assim, a vocação hereditária da pessoa humana a nascer cujos efeitos patrimoniais se submetem às regras previstas para a petição da herança.

En. 268

Art. 1.799: Nos termos do inciso I do art. 1.799, pode o testador beneficiar filhos de determinada origem, não devendo ser interpretada extensivamente a cláusula testamentária respectiva.

En. 269

Art. 1.801: A vedação do art. 1.801, inciso III, do Código Civil não se aplica à união estável, independentemente do período de separação de fato (art. 1.723, § 1º).

En. 270

Art. 1.829: O art. 1.829, inciso I, só assegura ao cônjuge sobrevivente o direito de concorrência com os descendentes do autor da herança quando casados no regime da separação convencional de bens ou, se casados nos regimes da comunhão parcial ou participação final nos aquestos, o falecido possuísse bens particulares, hipóteses em que a concorrência se restringe a tais bens, devendo os bens comuns (meação) ser partilhados exclusivamente entre os descendentes.

En. 271

Art. 1.831: O cônjuge pode renunciar ao direito real de habitação, nos autos do inventário ou por escritura pública, sem prejuízo de sua participação na herança.

En. 525

Arts. 1.723, § 1º, 1.790, 1.829 e 1.830: Os arts. 1.723, § 1º, 1.790, 1.829 e 1.830 do Código Civil admitem a concorrência sucessória entre cônjuge e companheiro sobreviventes na sucessão legítima, quanto aos bens adquiridos onerosamente na união estável.

En. 527

Art. 1.832: Na concorrência entre o cônjuge e os herdeiros do *de cujus*, não será reservada a quarta parte da herança para o sobrevivente no caso de filiação híbrida.

En. 528

Arts. 1.729, parágrafo único, e 1.857: É válida a declaração de vontade expressa em documento autêntico, também chamado "testamento vital", em que a pessoa estabelece disposições sobre o tipo de tratamento de saúde, ou não tratamento, que deseja no caso de se encontrar sem condições de manifestar a sua vontade.

En. 529

Art. 1.951: O fideicomisso, previsto no art. 1.951 do Código Civil, somente pode ser instituído por testamento.

En. 575

Art. 1.810: Concorrendo herdeiros de classes diversas, a renúncia de qualquer deles devolve sua parte aos que integram a mesma ordem dos chamados a suceder.

En. 600

Art. 610, § 1º, do Código de Processo Civil de 2015: Após registrado judicialmente o testamento e sendo todos os interessados capazes e concordes com os seus termos, não havendo conflito de interesses, é possível que se faça o inventário extrajudicial.

En. 609

Art. 1.829: O regime de bens no casamento somente interfere na concorrência sucessória do cônjuge com descendentes do falecido.

En. 610

Arts. 1.851 e 1.854: Nos casos de comoriência entre ascendente e descendente, ou entre irmãos, reconhece-se o direito de representação aos descendentes e aos filhos dos irmãos.

En. 611

Art. 1.879: O testamento hológrafo simplificado, previsto no art. 1.879 do Código Civil, perderá sua eficácia se, nos 90 dias subsequentes ao fim das circunstâncias excepcionais que autorizaram a sua confecção, o disponente, podendo fazê-lo, não testar por uma das formas testamentárias ordinárias.

En. 612

Art. 2.027: O prazo para exercer o direito de anular a partilha amigável judicial, decorrente de dissolução de sociedade conjugal ou de união estável, extingue-se em 1 (um) ano da data do trânsito em julgado da sentença homologatória, consoante dispõem o art. 2.027, parágrafo único, do Código Civil de 2002, e o art. 1.029, parágrafo único, do Código de Processo Civil (art. 657, parágrafo único, do Novo CPC).

En. 641

Art. 1.790: A decisão do Supremo Tribunal Federal que declarou a inconstitucionalidade do art. 1.790 do Código Civil não importa equiparação absoluta entre o casamento e a união estável. Estendem-se à união estável apenas as regras aplicáveis ao casamento que tenham por fundamento a solidariedade familiar. Por outro lado, é constitucional a distinção entre os regimes, quando baseada na solenidade do ato jurídico que funda o casamento, ausente na união estável.

En. 642

Art. 1.836: Nas hipóteses de multiparentalidade, havendo o falecimento do descendente com o chamamento de seus ascendentes à sucessão legítima, se houver igualdade em grau e diversidade em linha entre os ascendentes convocados a herdar, a herança deverá ser dividida em tantas linhas quantos sejam os genitores.

En. 643

Art. 1.973: O rompimento do testamento (art. 1.973 do Código Civil) se refere exclusivamente às disposições de caráter patrimonial, mantendo -se válidas e eficazes as de caráter extrapatrimonial, como o reconhecimento de filho e o perdão ao indigno.

En. 644

Art. 2.003: Os arts. 2.003 e 2.004 do Código Civil e o art. 639 do CPC devem ser interpretados de modo a garantir a igualdade das legítimas e a coerência do ordenamento.

O bem doado, em adiantamento de legítima, será colacionado de acordo com seu valor atual na data da abertura da sucessão, se ainda integrar o patrimônio do donatário. Se o donatário já não possuir o bem doado, este será colacionado pelo valor do tempo de sua alienação, atualizado monetariamente.

En. 676

Art. 1.836, § 2º: A expressão diversidade em linha, constante do §2º do art. 1.836 do Código Civil, não deve mais ser restrita à linha paterna e à linha materna, devendo ser compreendidas como linhas ascendentes.

En. 687

O patrimônio digital pode integrar o espólio de bens na sucessão legítima do titular falecido, admitindo-se, ainda, sua disposição na forma testamentária ou por codicilo.

- Enunciados das Jornadas de Direito Notarial e Registral do CJF

En. 27

A cláusula de impenhorabilidade, imposta em doação ou testamento, não obsta a alienação do bem imóvel, nem a outorga de garantia real convencional ou o oferecimento voluntário à penhora, pelo beneficiário.

En. 34

Em atenção aos princípios da disponibilidade e da continuidade registral, a alienação de bens individualizados a terceiros, na ocasião da partilha, deve ser objeto de registro imobiliário autônomo, não se confundindo com a cessão de direitos hereditários.

En. 47

Nas escrituras relativas a fatos, atos ou negócios relativos a imóveis, inclusive o inventário, separação, divórcio e dissolução de união estável, é cabível a menção à consulta feita ao sítio eletrônico da Receita Federal. A existência de débitos tributários será consignada na escritura, com a advertência das partes sobre os riscos relativos à realização do ato notarial.

En. 48

O inventariante nomeado pelos interessados poderá, desde que autorizado expressamente na escritura de nomeação, formalizar obrigações pendentes do falecido, a exemplo das escrituras de rerratificação, estremação e, especialmente, transmissão e aquisição de bens móveis e imóveis contratados e quitados em vida, mediante prova ao tabelião.

Referências

ALMEIDA, José Luiz Gavião de. *Direito civil*: família. São Paulo: Campus/Elsevier, 2008.

ALMEIDA, Silmara Juny de Abreu Chinelato e. *Tutela civil do nascituro*. São Paulo: Saraiva, 2000.

ALVES, Jones Figueirêdo; DELGADO, Mário Luiz. *Código Civil anotado*. Inovações comentadas artigo por artigo. São Paulo: Método, 2005.

ALVES, José Carlos Moreira. *Da alienação fiduciária em garantia*. São Paulo: Saraiva, 1973.

______. *Direito romano*. 6. ed. Rio de Janeiro: Forense, 1998. v. 2.

ALVIM, Agostinho. *Da inexecução das obrigações e suas consequências*. 4. ed. São Paulo: Saraiva, 1972.

AMARAL, Francisco. O direito civil na pós-modernidade. In: FIUZA, César; SÁ, Maria de Fátima Freire de; e NAVES, Bruno Torquato de Oliveira. *Direito civil*: atualidades. Belo Horizonte: Del Rey, 2003.

AMORIM FILHO, Agnelo. *Critério científico para distinguir a prescrição da decadência e para identificar as ações imprescritíveis*. Revista dos Tribunais, n. 300, out. 1960.

ARRUDA ALVIM, José Manoel de. *Direito processual civil*. São Paulo: Revista dos Tribunais, 1972. v. 1.

______. *Manual de direito processual civil*. 9. ed. São Paulo: Revista dos Tribunais, 2005. v. 1.

ASCENSÃO, José de Oliveira. A desconstrução do abuso de direito. In: DELGADO, Mário Luiz e ALVES, Jones Figueiredo. *Questões controvertidas*. São Paulo: Método, 2005. v. IV.

AZEVEDO, Álvaro Villaça. Contrato de casamento, sua extinção e renúncia a alimentos na separação consensual. In: *Estudos em homenagem ao professor Washington de Barros Monteiro*. São Paulo: Saraiva, 1982.

______. *Direito de família*. São Paulo: Atlas, 2013.

______. *Estatuto da família de fato*. 3. ed. São Paulo: Atlas, 2011.

______. Proposta de classificação da responsabilidade objetiva: pura e simples. *Revista do Advogado*: São Paulo, n. 44, p. 7-19, out. 1994.

AZEVEDO, Antonio Junqueira de. Por uma nova categoria de dano na responsabilidade civil: o dano social. In: AZEVEDO, Antonio Junqueira de. *Novos estudos e pareceres de direito privado*. São Paulo: Saraiva, 2009.

AZEVEDO JR., José Osório de. *Compromisso de compra e venda*. 6. ed. São Paulo: Malheiros, 2013.

BARBOSA, Camilo de Lelis Colani. *Casamento*. Rio de Janeiro: Forense, 2006.

______. *Direito de Família. Manual de direitos do casamento*. São Paulo: Suprema Cultura, 2003.

BARROSO, Lucas Abreu; SOARES, Mário Lúcio Quintão. A dimensão dialética do novo Código Civil em uma perspectiva principiológica. In: *Introdução crítica ao Código Civil*. Rio de Janeiro: Forense. Inédito.

______. Hermenêutica e operabilidade dos §§ 4º e 5º do art. 1.228 do Código Civil. *Revista de Direito Privado*, São Paulo: Revista dos Tribunais, 2005, v. 21.

BEVILÁQUA, Clóvis. *Código Civil dos Estados Unidos do Brasil comentado*. Edição Histórica. Rio de Janeiro: Rio, 1940. v. II.

BLIKSTEIN, Daniel. *DNA, paternidade e filiação*. Belo Horizonte: Del Rey, 2008.

BONAVIDES, Paulo. *Curso de direito constitucional.* 33. ed. São Paulo: Malheiros, 2018.

BORGES, Roxana Cardoso Brasileiro. Direito de morrer dignamente: eutanásia, ortotanásia, consentimento informado, testamento vital, análise constitucional e direito comparado. In: SANTOS, Maria Celeste Cordeiro Leite. *Biodireito* – Ciência da vida, os novos desafios. São Paulo: Revista dos Tribunais, 2001, p. 283-305.

BRANCO, Gerson Luiz Carlos; MARTINS-COSTA, Judith. *Diretrizes teóricas do novo Código Civil.* São Paulo: Saraiva, 2002.

BRANDÃO, Débora Vanessa Caús. *Regime de bens no novo Código Civil.* São Paulo: Saraiva, 2007.

BRITO, Rodrigo Azevedo Toscano de. *Equivalência material dos contratos:* civis, empresariais e de consumo. São Paulo: Saraiva, 2007.

______. Função social dos contratos como princípio orientador na interpretação das arras. In: DELGADO, Mário Luiz e ALVES, Jones Figueiredo. *Questões controvertidas.* São Paulo: Método, 2004. v. II.

______. *Incorporação imobiliária à luz do CDC.* São Paulo: Saraiva, 2002.

BRUSCHI, Gilberto Gomes; NOLASCO, Rita Dias; AMADEO, Rodolfo da Costa Manso Real. *Fraudes patrimoniais e a desconsideração da personalidade jurídica no Código de Processo Civil de 2015.* São Paulo: RT, 2016.

BUENO, Vera Scarpinella. Parcelamento, edificação ou utilização compulsórios da propriedade urbana. In: DALLARI, Adilson Abreu. FERRAZ, Sérgio (Coord.). *Estatuto da Cidade comentado (Comentários à Lei Federal 10.257/2001).* 1. ed. 2. tir., São Paulo: Malheiros, 2003.

CAHALI, Francisco José. *Contrato de convivência na união estável.* São Paulo: Saraiva, 2002.

______; HIRONAKA, Giselda Maria Fernandes Novaes. *Curso avançado de direito civil*: direito das sucessões. São Paulo: Revista dos Tribunais, 2003. v. 6.

______; HIRONAKA, Giselda Maria Fernandes Novaes. *Curso avançado de direito civil.* 3. ed. São Paulo: Revista dos Tribunais, 2007.

CAHALI, Yussef Said. *O casamento putativo.* 2. ed. São Paulo: RT, 1979.

CALDERÓN, Ricardo. *Princípio da afetividade no direito de família.* 2. ed. São Paulo: Forense, 2017.

CÂMARA, Alexandre Freitas. *Lições de direito processual civil.* 24. ed. São Paulo: Atlas, 2013. v. I.

CAMARGO NETO, Mário de Carvalho; SALAROLI, Marcelo; GAGLIARDI, Andreia Ruzzante. In: CASSETTARI, Christiano (Coord.). *Registro civil das pessoas naturais.* 3. ed. Indaiatuba: Foco, 2021, p. 401 (Coleção Cartórios).

CANOTILHO, José Joaquim Gomes. *Estudos sobre direitos fundamentais.* 2. ed. Coimbra: Coimbra Ed., 2008.

CARVALHO NETO, Inácio de. *Abuso de direito.* 6. ed. Curitiba: Juruá, 2015.

______. *Curso de direito civil brasileiro*: teoria geral das obrigações. 2. Ed. Curitiba: Juruá, 2016. v. 2.

______. *Responsabilidade civil no direito de família*: pensamento jurídico. Curitiba: Juruá, 2003, v. IX.

CASES, José Maria Trepat. *Código Civil comentado.* Artigos 693 a 817. São Paulo: Atlas, 2003, v. VIII.

CASSETTARI, Christiano. *Direito agrário.* 2. ed. São Paulo: Atlas, 2015.

______. *Multa contratual:* teoria e prática da cláusula penal. 5. ed. São Paulo: Saraiva, 2017.

______. *Multiparentalidade e parentalidade socioafetiva*: efeitos jurídicos. 3. ed. São Paulo: Atlas, 2017.

______. *Divórcio e inventário por escritura pública:* teoria e prática. 10. ed. Indaiatuba: Foco, 2022.

CASTRO, Mônica. A desapropriação judicial no novo Código Civil. Disponível em: <http://www.mundojuridico.adv.br/sis_artigos.asp?codigo=486>. Acesso em: 3 jun. 2010.

CATALAN, Marcos Jorge. *Descumprimento contratual:* modalidades, consequências e hipóteses de exclusão do dever de indenizar. Curitiba: Juruá, 2005.

CAVALIERI FILHO, Sérgio. *Programa de responsabilidade civil.* 12. ed. São Paulo: Atlas, 2015.

CENEVIVA. Walter. *Lei dos Registros Públicos comentada.* 17. ed. São Paulo: Saraiva, 2006.

CHINELATO, Silmara Juny de Abreu. Direito patrimonial de família: a mutabilidade do regime de bens entre cônjuges no Código Civil de 2002. In: DELGADO Mário Luiz; ALVES, Jones Figueiredo. *Questões controvertidas no direito de família e das sucessões.* São Paulo: Método, 2005. v. 3.

COELHO, Fábio Ulhoa. *Direito antitruste brasileiro.* São Paulo: Saraiva, 1995.

COLTRO, Antônio Carlos Mathias. *Contrato de corretagem imobiliária:* doutrina, jurisprudência e regulamentação. 4. ed. São Paulo: Atlas, 2013.

CUNHA, Wladimir Alcibíades Marinho Falcão. *Revisão judicial dos contratos*: do CDC ao Código Civil de 2002. São Paulo: Método, 2009.

CZAJKOWSKI, Rainer. *União livre.* Curitiba: Juruá, 1997.

DADALTO, Luciana. *Testamento vital.* 4. ed. Indaiatuba: Foco, 2018.

DANTAS, Santiago. *Nova dogmática jurídica.* RF, n. 98.

DELGADO, Mário Luiz; ALVES, Jones Figueiredo. *Código Civil anotado.* São Paulo: Método, 2005.

DIAS, Maria Berenice. *Manual de direito das famílias.* 12. ed. São Paulo: Revista dos Tribunais, 2017.

______. Ponto e vírgula. Artigo disponível em: <http://www.professorchristiano.com.br/ber_sucessao.pdf>. Acesso em: 3 jun. 2010.

DIDIER Jr., Fredie. *Estatuto da Pessoa com Deficiência, Código de Processo Civil de 2015 e Código Civil*: uma primeira reflexão. Disponível em: <http://www.frediedidier.com.br/editorial/editorial-187/>. Acesso em: 26 jan. 2016.

DINIZ, Maria Helena. *As lacunas no direito.* 9. ed. São Paulo: Saraiva, 2009.

______. *Código Civil anotado.* 18. ed. São Paulo: Saraiva, 2017.

______. *Curso de direito civil brasileiro*: direito de família. 32. ed. São Paulo: Saraiva, 2018. v. 5.

______. *Curso de direito civil brasileiro*: direito das sucessões. 32. ed. São Paulo: Saraiva, 2018, v. 6.

______. *Curso de direito civil brasileiro*: direito das coisas. 32. ed. São Paulo: Saraiva, 2018. v. 4.

______. *Curso de direito civil brasileiro*: teoria geral do direito civil. 35. ed. São Paulo: Saraiva, 2018. v. 1.

______. *O estado atual do biodireito.* 10. ed. São Paulo: Saraiva, 2017.

DONNINI, Rogério Ferraz. *Responsabilidade pós-contratual*: no novo Código Civil e no Código de Defesa do Consumidor. 3. ed. São Paulo: Saraiva, 2011.

EHRHARDT JUNIOR, Marcos. *Direito civil.*2. ed. Salvador: Juspodivm, 2011. v. 1.

______. *Revisão contratual*: a busca pelo equilíbrio negocial diante da mudança de circunstâncias. Salvador: Juspodivm, 2008.

FACHIN, Luiz Edson. *Estabelecimento da filiação e paternidade presumida.* Porto Alegre: Fabris, 1992.

______. *Estatuto jurídico do patrimônio mínimo.* 2. ed. Rio de Janeiro: Renovar, 2006.

______; RUZYK, Carlos Eduardo Pianovski. *Código Civil comentado*: direito de família. Casamento. São Paulo: Atlas, 2003, v. XV.

FARIAS, Cristiano Chaves de; ROSENVALD, Nelson. *Curso de direito civil: obrigações*. 15. ed. Salvador: Juspodivm, 2021.

______; ______. *Curso de Direito Civil*: Famílias. 13. ed. Salvador: Juspodium, 2021. v. 6.

FARINA, Roberto. *Transexualismo: do homem à mulher normal através dos estado de intersexualidade e das parafilias*. São Paulo: Novalunar, 1982.

FERREIRA, Paulo Roberto Gaiger; RODRIGUES, Felipe Leonardo. In. CASSETTARI, Christiano (Coord.). *Tabelionato de Notas*. 4. ed. Indaiatuba: Ed. Foco, 2021. (Coleção Cartórios).

FIGUEIRA JÚNIOR, Joel Dias. A extensão do conceito de "boa-fé" em limitação ao direito de propriedade definida no art. 1.228, § 4º, do Código Civil – o controvertido instituto da "expropriação judicial". *Revista de Direito Privado*, São Paulo: Revista dos Tribunais, 2005. v. 21.

FIUZA, César. Crise e interpretação no direito civil da Escola da Exegese às Teorias da Argumentação. In: FIÚZA, César; SÁ, Maria de Fátima Freire de e NAVES, Bruno Torquato de Oliveira. *Direito civil*: atualidades. Belo Horizonte: Del Rey, 2003.

FLORENCE, Tatiana Magalhães. Aspectos pontuais da cláusula penal, In: TEPEDINO, Gustavo (Coord.). *Obrigações*: estudos na perspectiva civil-constitucional. Rio de Janeiro: Renovar, 2005.

FONSECA, Arnoldo Medeiros da. *Caso fortuito e teoria da imprevisão*. 3. ed. Rio de Janeiro: Forense, 1958.

FRANÇA, Rubens Limongi. *Instituições de direito civil*. São Paulo: Saraiva, 1988.

FROTA, Pablo Malheiros da Cunha. *Danos morais e a pessoa jurídica*. São Paulo: Método, 2008.

GAGLIANO, Pablo Stolze. *O contrato de doação*. 4. ed. São Paulo: Saraiva, 2014.

______. Controvérsias constitucionais acerca do usucapião coletivo. Disponível em: <www.professorchristiano.com.br/artigosconvidados.htm>. Acesso em: 19 fev. 2007.

______; PAMPLONA FILHO, Rodolfo. *Novo curso de direito civil*. Contratos em Espécie. São Paulo: Saraiva, 2008, p. 384-385. t. II.

GAMA, Guilherme Calmon Nogueira da. *Direito civil*: obrigações. São Paulo: Atlas, 2008.

GATTI, Edmundo; ALTERINI, Jorge H. *El derecho real*: elementos para una teoría general. 2. ed. Buenos Aires: LexisNexis Abeledo-Perrot, 2005.

GODOY, Luciano de Souza. *O direito à moradia e o contrato de mútuo imobiliário*. Rio de Janeiro: Renovar, 2006.

GOMES, Orlando. *Contratos*. 9. ed. Rio de Janeiro: Forense, 1983.

______. *Contratos* (atual. Antonio Junqueira de Azevedo e Francisco Paulo de Crescenzo Marino). 26. ed. Rio de Janeiro: Forense, 2007.

______. *Direito de família*. 14. ed. Rio de janeiro: Forense, 2001.

______. *Direitos reais*. 9. ed. Rio de Janeiro: Forense, 1985.

______. *Obrigações*. 8. ed. Rio de Janeiro: Forense, 1986.

______. *Transformações gerais do direito das obrigações*. 2. ed. São Paulo: Revista dos Tribunais, 1980.

GONÇALVES, Carlos Roberto. *Direito civil brasileiro*: direito de família. 15. ed. São Paulo: Saraiva, 2018. v. 4.

______. *Direito civil brasileiro*: teoria geral das obrigações. 15. ed. São Paulo: Saraiva, 2018. v. 2.

______. *Responsabilidade civil.* 17. ed. São Paulo: Saraiva, 2016.

GOZZO, Débora. Patrimônio no casamento e na união estável. In: ALVIM, Arruda; CÉSAR, Joaquim Portes de Cerqueira; ROSAS, Roberto. *Aspectos controvertidos do novo Código Civil.* São Paulo: Revista dos Tribunais, 2003.

GRISARD FILHO, Waldyr. *Guarda compartilhada*: um novo modelo de responsabilidade parental. 8. ed. São Paulo: Revista dos Tribunais, 2016.

HIRONAKA, Giselda Maria Fernandes Novaes; AZEVEDO, Antonio Junqueira de (Coord.). *Comentários ao Código Civil*: do direito das sucessões. São Paulo: Saraiva, 2003. v. 20.

KASPARY, Adalberto J. *Habeas verba*: português para juristas. Porto Alegre: Livraria do Advogado, 1994.

LEAL, Antônio Luís da Câmara. *Da prescrição e da decadência.* 3. ed. Rio de Janeiro: Forense, 1978.

LEITE, Eduardo de Oliveira. *Direito civil aplicado*: direito de família. São Paulo: Revista dos Tribunais, 2005. v. 5.

LEONARDO, Rodrigo Xavier. *Associações sem fins econômicos.* São Paulo: RT, 2014.

LIMA, Carlos Henrique da Rocha. *Gramática normativa da língua portuguesa.* Rio de Janeiro: F. Briguiet & Cia. Editores, 1963.

Livro de Jeremias, capítulo 29, versículo 6, Bíblia Sagrada das Edições Loyola.

LÔBO, Paulo Luiz Netto. *Código Civil comentado.* São Paulo: Atlas, 2003. v. XVI.

______. Constitucionalização do direito civil. In: FIÚZA, César; SÁ, Maria de Fátima Freire de; NAVES, Bruno Torquato de Oliveira. *Direito civil*: atualidades. Belo Horizonte: Del Rey, 2003.

______. *Direito civil:* contratos. 8. ed. São Paulo: Saraiva, 2018. v. 3.

______. *Direito civil:* famílias.8. ed. São Paulo: Saraiva, 2018. v. 5.

______. *Direito civil: parte geral.* 7. ed. São Paulo: Saraiva, 2018. v. 1.

LOPES, Miguel Maria de Serpa. *Curso de direito civil*: fontes das obrigações – contratos. 7. ed. Rio de Janeiro: Freitas Bastos, 2001.

LOPEZ, Teresa Ancona. *O dano estético*: responsabilidade civil. 3. ed. rev., ampl. e atual. São Paulo: RT, 2004.

LORENZETTI, Ricardo Luis. *Fundamentos do direito privado.* Trad. Vera Maria Jacob de Fradera. São Paulo: Revista dos Tribunais, 1998.

LOTUFO, Renan. *Código Civil comentado.* São Paulo: Saraiva, 2003. v. 2.

MACHADO, Antonio Cláudio da Costa. *Código de Processo Civil interpretado.* 2. ed. Barueri: Manole, 2008.

MADALENO, Rolf. *Direito de família.* 8. ed. Rio de Janeiro: Forense, 2018.

______. Do regime de bens entre os cônjuges. In: DIAS, Maria Berenice; PEREIRA, Rodrigo da Cunha. *Direito de família e o novo Código Civil.* 4. ed. Belo Horizonte: Del Rey, 2005.

MALUF, Adriana Caldas do Rego Freitas Dabus. 3. ed. *Curso de bioética e biodireito.* São Paulo: Atlas, 2015.

MALUF, Carlos Alberto Dabus. A sucessão do cônjuge sobrevivente casado no regime da separação convencional de bens. In: NUNES, João Batista Amorim de Vilhena. *Família e sucessões*: reflexões atuais. Curitiba: Juruá, 2009.

______. *A transação no direito civil.* São Paulo: Saraiva, 1985.

______. *Cláusulas de inalienabilidade, incomunicabilidade e impenhorabilidade.* 4. ed. São Paulo: Revista dos Tribunais, 2006.

______. *Código Civil comentado*. São Paulo: Atlas, 2009. v. III.

______. O direito de propriedade e o instituto do usucapião no Código Civil de 2002. In: DELGADO, Mário Luiz; ALVES, Jones Figueiredo. *Questões controvertidas*. São Paulo: Método, 2003.

______; MALUF, Adriana Caldas do Rego Freitas Dabus. *Curso de Direito de Família*. 3. ed. São Paulo: Saraiva, 2018.

______; ______. *Curso de Direito das Sucessões*. 2. ed. São Paulo: Saraiva, 2018.

______; MARQUES, Márcio Antero Motta Ramos. *Condomínio edilício*. 3. ed. São Paulo: Saraiva, 2009.

______; MONTEIRO, Washington de Barros. *Curso de direito civil*: direito das obrigações. 1ª parte, 40. ed. São Paulo: Saraiva, 2015. v. 4.

MARINO, Francisco Paulo de Crescenzo. *Contratos coligados no direito brasileiro*. São Paulo: Saraiva, 2009.

MARQUES, Claudia Lima. *Contratos no Código de Defesa do Consumidor*. 4. ed. São Paulo: Revista dos Tribunais, 2004.

______. *Interpretação do negócio jurídico*. São Paulo: Saraiva, 2011.

MARTINS-COSTA, Judith. *Comentários ao novo Código Civil*: do inadimplemento das obrigações. Rio de Janeiro: Forense, 2004. v. V, t. II.

MELLO, Celso Antônio Bandeira de. *Curso de direito administrativo*. 33. ed. São Paulo: Malheiros, 2017.

MELLO, Marcos Bernardes de. *Teoria do fato jurídico*: plano da validade. 14. ed. São Paulo: Saraiva, 2015.

MELO, Marco Aurélio Bezerra de. *Direito das coisas*. Rio de Janeiro: Lumen Juris, 2007.

______. *Novo Código Civil anotado (arts. 1.196 a 1.510)*. 3. ed. Rio de Janeiro: Lumen Juris, 2004. v. V.

MIRANDA, Pontes de. *Tratado de direito de família*. São Paulo: Max Limonad, 1947. v. 1.

______. *Tratado de direito privado*. 3. ed., Rio de Janeiro: Borsoi, 1970, t. II.

______. *Tratado de direito privado*: parte especial. 3. ed. Rio de Janeiro: Borsoi, 1971.

______. *Tratado de direito privado*. Rio de Janeiro: Borsoi, 1972. v. 46.

MONTEIRO, Washington de; MALUF, Carlos Alberto Dabus. *Curso de direito civil*: direito das obrigações. 34. ed. 2. tir. São Paulo: Saraiva, 2009, v. 4, 1ª parte.

______. *Curso de direito civil*: direito de família. 43. ed. São Paulo: Saraiva, 2016. v. 2.

MORAES, Walter. Direito à honra. In: FRANÇA, Rubens Limongi (Coord.). *Enciclopédia Saraiva de Direito*. São Paulo: Saraiva, 1977. v. 25.

NADER, Paulo. *Curso de direito civil*: obrigações.8. ed. Rio de Janeiro: Forense, 2016. v. 2.

______. *Curso de direito civil*: direito das sucessões.7. ed. Rio de Janeiro: Forense, 2016. v. 6.

______; FUGIE, Érika Harumi. *Novo Código Civil comparado e comentado*: direito de família. 2. ed. Curitiba: Juruá, 2003. v. VI.

______. *Responsabilidade civil no direito de família*: pensamento jurídico. Curitiba: Juruá, 2003. v. IX.

NERY JUNIOR, Nelson; NERY, Rosa Maria de Andrade. *Código Civil comentado*. 12. ed. São Paulo: Revista dos Tribunais, 2017.

NEVES, Daniel Amorim Assumpção. *Código de Processo Civil comentado artigo por artigo*. 6. ed. Salvador: JusPodivm, 2021.

NEVES, José Roberto de Castro. *O Código do Consumidor e as cláusulas penais*. 2. ed. Rio de Janeiro: Forense, 2006.

NICOLAU, Gustavo René. *Direito civil*: parte geral. São Paulo: Atlas, 2005. v. 3 (Série Leitura Jurídica).

______. *Direito civil*: sucessões. São Paulo: Atlas, 2005. v. 9 (Série Leituras Jurídicas: provas e concursos).

OLIVEIRA, Euclides de. Alteração do regime de bens no casamento. In: DELGADO, Mário Luiz; ALVES, Jones Figueiredo. *Questões controvertidas*. São Paulo: Método, 2003. v. 1.

______. *Direito de herança*: a nova ordem da sucessão. São Paulo: Saraiva, 2005.

______. *União estável*: do concubinato ao casamento – antes e depois do novo Código Civil. 6. ed. São Paulo: Método, 2003.

PENTEADO, Luciano de Camargo. *Doação com encargo e causa contratual*. Campinas, SP: Millennium, 2004.

______. *Efeitos contratuais perante terceiros*. São Paulo: Quartier Latin, 2007.

PEREIRA, Caio Mário da Silva. *Instituições de direito civil*: introdução ao direito civil – teoria geral de direito civil. 31. ed. Rio de Janeiro: Forense, 2018.

PEREIRA, Rodrigo da Cunha. *Princípios fundamentais norteadores do direito de família*. 3. ed. São Paulo: Saraiva, 2016.

PERLINGIERI, Pietro. *Perfis do direito civil*: introdução ao direito civil constitucional. 2. ed. Rio de Janeiro: Renovar, 2002.

PIETRO, Maria Sylvia Zanella Di. *Direito administrativo*. 31. ed. São Paulo: Atlas, 2018.

PINTO, Carlos Alberto da Mota. *Teoria geral do direito civil*. 3. ed. Coimbra: Coimbra, 1996.

PIRES, Fernanda Ivo. *Responsabilidade civil e o caráter punitivo da reparação*. Curitiba: Juruá, 2014.

PODESTÁ, Fábio Henrique. *Direito das obrigações*: teoria geral e responsabilidade civil. 6. ed. São Paulo: Atlas, 2008.

RABINOVICH-BERKMAN, Ricardo D. *Responsabilidad del médico*. Buenos Aires: Astrea, 1999.

REALE, Miguel. *Estudos preliminares do Código Civil*. São Paulo: Revista dos Tribunais, 2003.

______. *História do novo Código Civil*. São Paulo: Revista dos Tribunais, 2005.

______. *Lições preliminares de direito*. 27. ed. São Paulo: Saraiva, 2002.

______. *O projeto do novo Código Civil*. 2. ed. São Paulo: Saraiva, 1999.

RÉGIS, Mário Luiz Delgado. *Problemas de direito intertemporal no Código Civil*. São Paulo: Saraiva, 2004.

REQUIÃO, Maurício. *Estatuto da Pessoa com Deficiência altera regime civil das incapacidades*. Disponível em: <http://www.conjur.com.br/2015-jul-20/estatuto-pessoa-deficiencia-altera-regime-incapacidades>. Acesso em: 26 jan. 2016.

RIBAS, Antonio Joaquim. *Curso de direito civil brasileiro*. Rio de Janeiro: B. L. Garnier, 1880. v. 2.

RIBEIRO, Benedito Silvério. *Cautelares em família e sucessões*. São Paulo: Saraiva, 2009.

______. *Tratado de usucapião*. 8. ed. São Paulo: Saraiva, 2012. v. 1.

RIPERT, Georges. *Aspectos do capitalismo moderno*. Rio de Janeiro: Freitas Bastos, 1947.

ROCHA, António Manuel da; CORDEIRO, Menezes. *Da boa-fé no direito civil*. Coimbra: Almedina, 2001.

RODRIGUES JUNIOR, Otavio Luiz. *Revisão judicial dos contratos*: autonomia da vontade e teoria da imprevisão. 2. ed. São Paulo: Atlas, 2006.

RODRIGUES, Silvio. *Direito civil*: parte geral das obrigações. 30. ed. São Paulo: Saraiva, 2002. v. II.

______. *Direito civil*: direito de família. 27. ed. atual. por Francisco José Cahali. São Paulo: Saraiva, 2002. v. 6.

ROSA, Conrado Paulino da. *Curso de Direito de Família Contemporâneo*. 4. ed. Salvador: JusPodivm, 2018.

______. *Guarda compartilhada coativa: efetivação dos direitos de crianças e adolescentes*. Salvador: JusPodivm, 2018.

ROSENVALD, Nelson. *O Direito Civil em Movimento*. Salvador: JusPodivm, 2018.

SANTOS, João Manuel de Carvalho. *Código Civil brasileiro interpretado*: direito de família. 11. ed. Rio de Janeiro: Freitas Bastos, 1986. v. IV.

SANTOS, Luiz Felipe Brasil dos. *A mutabilidade dos regimes de bens*. Disponível em <http://www.migalhas.com.br/mostra_noticia_articuladas.aspx?cod=2295>. Acesso em: 12 fev. 2010.

______. Artigo disponível (sem nome) em: <http://www.professorchristiano.com.br/Lp_sucessao.pdf>. Acesso em: 3 jun. 2010.

SARLET, Ingo Wolfgang. *A eficácia dos direitos fundamentais*. 6. ed. Porto Alegre: Livraria do Advogado, 2006.

SARMENTO, Daniel. *Direitos fundamentais e relações privadas*. 2. ed. Rio de Janeiro: Lumen Juris, 2006.

SCHIAVI, Mauro. *Manual de direito processual do trabalho*. 14. ed. São Paulo: LTr, 2018.

SCHREIBER, Anderson. *Novos paradigmas da responsabilidade civil*: da erosão dos filtros da reparação à diluição dos danos. 6. ed. São Paulo: Atlas, 2015.

______; TEPEDINO, Gustavo. As penas privadas no direito brasileiro. In: SARMENTO, Daniel; GALDINO, Flávio. *Direitos fundamentais*: estudos em homenagem ao professor Ricardo Lobo Torres. Rio de Janeiro: Renovar, 2006.

SIDOU, J. M. Othon. *Dicionário jurídico*. Academia Brasileira de Letras Jurídicas. 9. ed. Rio de Janeiro: Forense Universitária, 2004.

SILVA, Jorge Cesa Ferreira da. *Inadimplemento das obrigações*. São Paulo: Revista dos Tribunais, 2006.

SILVA, José Afonso da. *Curso de direito constitucional positivo*. 41. ed. São Paulo: Malheiros, 2018.

SILVA, Plácido e. *Vocabulário jurídico*. 25. ed. Rio de Janeiro: Forense, 2004.

SILVA, Rafael Peteffi da. *Responsabilidade civil pela perda de uma chance*. 3. ed. São Paulo: Atlas, 2013.

SIMÃO, José Fernando. Prescrição e sua alegação – Lei 11.280 e a revogação do art. 194 do Código Civil. Publicado no Jornal *Carta Forense* n. 34, em abril de 2006.

TARTUCE, Flávio. *Direito civil*: direito das obrigações e responsabilidade civil. 13. ed. São Paulo: Método, 2018.

______. *Estatuto da Pessoa com Deficiência, Direito de Família e o Novo CPC. Segunda parte*. Disponível em: <http://genjuridico.com.br/2015/09/08/estatuto-da-pessoa-com-deficiencia-direito-de-familia-e-o--novo-cpc-segunda-parte/>. Acesso em: 26 jan. 2016.

______. *Função social dos contratos*: do Código de Defesa do Consumidor ao Código Civil de 2002. 2. ed. São Paulo: Método, 2007. Coleção Professor Rubens Limongi França. v. 2.

______. O novo CPC e o direito civil.2. ed. São Paulo: Método, 2016.

______. *Responsabilidade civil objetiva e risco*: a teoria do risco concorrente. São Paulo: Método, 2011. Coleção Professor Rubens Limongi França. v. 10.

TEIXEIRA, Tarcísio. *Compromisso e promessa de compra e venda*. 2. ed. São Paulo: Saraiva, 2015.

______. *Curso de Direito e Processo Eletrônico*. 4. ed. São Paulo: Saraiva, 2018.

______. *Manual da compra e venda*. 3. ed. São Paulo: Saraiva, 2018.

______. *Direito empresarial sistematizado*. 7. ed. São Paulo: Saraiva, 2018.

TEPEDINO, Gustavo; BARBOZA, Heloísa Helena; MORAES, Maria Celina Bodin de. *Código Civil interpretado conforme a Constituição da República*. Rio de Janeiro: Renovar, 2004. v. I.

______. Efeitos da crise econômica na execução dos contratos. In: *Temas de direito civil*. 3. ed. Rio de Janeiro: Renovar, 2004.

______. Premissas metodológicas para constitucionalização do direito civil. In: *Temas de direito civil*. 3. ed. Rio de Janeiro: Renovar, 2004.

VELOSO, Zeno. *Comentários ao Código Civil*. São Paulo: Saraiva, 2003. v. 21.

______. *Direito hereditário do cônjuge e do companheiro*. São Paulo: Saraiva, 2010.

______. *Invalidade do negócio jurídico*: nulidade e anulabilidade. 2. ed. Belo Horizonte: Del Rey, 2005.

VENOSA, Silvio de Salvo. *Direito civil*: contratos em espécie. 18. ed. São Paulo: Atlas, 2018. v. 3.

______. *Direito civil*: direito de família. 9. ed. São Paulo: Atlas, 2009, p. 92. (Coleção direito civil; v. 6).

______. *Direito civil*: teoria geral das obrigações e teoria dos contratos. 18. ed. São Paulo: Atlas, 2018. v. 2.

VILLELA, João Baptista. Desbiologização da paternidade, *Revista da Faculdade de Direito da UFMG*, n. 21, ano XXVII. Belo Horizonte, maio/79.

ZAVASCKI, Teori Albino. A tutela da posse na Constituição e no projeto do novo Código Civil. In: *A reconstrução do direito privado*. São Paulo: Revista dos Tribunais, 2002.

